新编 房地产法小全书

LAWS AND REGULATIONS ON REAL ESTATE

8

法律出版社法规中心　编

图书在版编目(CIP)数据

新编房地产法小全书／法律出版社法规中心编. --
7版. -- 北京：法律出版社，2020
(新编法律小全书系列)
ISBN 978-7-5197-4193-8

Ⅰ. ①新… Ⅱ. ①法… Ⅲ. ①房地产法-汇编-中国
Ⅳ. ①D922.389

中国版本图书馆CIP数据核字(2020)第021229号

新编房地产法小全书
XINBIAN FANGDICHANFA XIAOQUANSHU

法律出版社法规中心 编

责任编辑 张发靖 张婉凝
装帧设计 李 瞻

编辑统筹 法规出版分社

出版 法律出版社
总发行 中国法律图书有限公司
经销 新华书店
印刷 三河市龙大印装有限公司
责任印制 吕亚莉

开本 A5
印张 22.5
字数 1050千
版本 2020年3月第7版
印次 2020年3月第1次印刷

法律出版社／北京市丰台区莲花池西里7号(100073)
网址／www.lawpress.com.cn
投稿邮箱／info@lawpress.com.cn
举报维权邮箱／jbwq@lawpress.com.cn
销售热线／400-660-8393
咨询电话／010-63939796

中国法律图书有限公司／北京市丰台区莲花池西里7号(100073)
全国各地中法图分、子公司销售电话：
统一销售客服／400-660-8393/6393
第一法律书店／010-83938432/8433 西安分公司／029-85330678 重庆分公司／023-67453036
上海分公司／021-62071639/1636 深圳分公司／0755-83072995

书号:ISBN 978-7-5197-4193-8 **定价**:65.00元

修订说明

“新编法律小全书系列”丛书自出版以来，得到了社会各界人士的认可与好评，本次修订，我们对丛书内容进行全面梳理，增补了2017年11月至2020年1月期间公布的法律、法规、司法解释及部门规章，同时删除了所有失效、废止法规。本丛书继续突出以下特点：

1. 突出热点。丛书根据法律适用的重点、热点和难点，按照文件类别共分为20个分册，其内容涵盖了宪法国家法、公司、金融、土地、征地拆迁、房地产、建筑、道路交通、劳动、社会保障、婚姻家庭、民事、物权、合同、侵权赔偿和刑事等诸多法律部门。

2. 全面收录。丛书全面收录了相关领域的各类规范性法律文件，包括全国人大及其常委会通过的法律、有关法律问题的决定，国务院发布的行政法规、法规性文件，最高人民法院和最高人民检察院公布的司法解释、司法业务文件，国务院各部委公布的部门规章等。

3. 方便实用。丛书秉承“法律小全书”一贯的编辑宗旨，竭力为读者提供更多、更方便的实用信息，包括：(1)常用的文书范本、典型案例和流程图表；(2)主体法律附加条文主旨；(3)部分分册增加收录更具指导意义的地方审判政策。

4. 动态增补。为了适应法律的不断发展，本丛书还为读者提供免费法规资讯增补服务(详见增补登记表)，并且请读者提出对本丛书的意见和建议。

希望本丛书能够为您的工作生活提供有益的帮助，本书不足之处，欢迎读者指正。

法律出版社法规中心

2020年2月

总　目　录

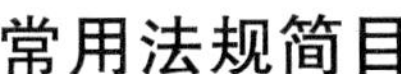

常用法规简目

一、一般规定

二、房地产开发用地

三、房地产开发

四、房地产建设

五、房地产交易

六、房产管理

七、房屋拆迁、补偿、安置

八、房地产税费

九、城市住房改革

目　　录

一、一般规定

二、房地产开发用地

1. 土地管理

2. 土地取得

典型案例

三、房地产开发

四、房地产建设

五、房地产交易

九、城市住房改革

1. 公有住房改革

2. 经济适用住房

附录

一、一般规定

中华人民共和国城市房地产管理法

1. 1994年7月5日第八届全国人民代表大会常务委员会第八次会议通过
2. 根据2007年8月30日第十届全国人民代表大会常务委员会第二十九次会议《关于修改〈中华人民共和国城市房地产管理法〉的决定》第一次修正
3. 根据2009年8月27日第十一届全国人民代表大会常务委员会第十次会议《关于修改部分法律的决定》第二次修正
4. 根据2019年8月26日第十三届全国人民代表大会常务委员会第十二次会议《关于修改〈中华人民共和国土地管理法〉、〈中华人民共和国城市房地产管理法〉的决定》第三次修正

目　　录

第一章　总　　则

第一条　【立法目的】[①]为了加强对城市房地产的管理,维护房地产市场秩序,保障房地产权利人的合法权益,促进房地产业的健康发展,制定本法。

第二条　【适用范围及概念解释】在中华人民共和国城市规划区国有土地(以下简称国有土地)范围内取得房地产开发用地的土地使用权,从事房地产开发、房地产交易,实施房地产管理,应当遵守本法。

本法所称房屋,是指土地上的房屋等建筑物及构筑物。

本法所称房地产开发,是指在依据本法取得国有土地使用权的土地上进行基础设施、房屋建设的行为。

本法所称房地产交易,包括房地产转让、房地产抵押和房屋租赁。

第三条　【土地使用制度及例外】国家依法实行国有土地有偿、有限期使用制度。但是,国家在本法规定的范围内划拨国有土地使用权的除外。

第四条　【发展目标】国家根据社会、经济发展水平,扶持发展居民住宅建设,逐步改善居民的居住条件。

第五条　【权利人的权利和义务】房地产权利人应当遵守法律和行政法规,依法纳税。房地产权利人的合法权益受法律保护,任何单位和个人不得侵犯。

第六条　【征收补偿】为了公共利益的需要,国家可以征收国有土地上单位和个人的房屋,并依法给予拆迁补偿,维护被征收人的合法权益;征收个人住宅的,还应当保障被征收人的居住条件。具体办法由国务院规定。

① 条文主旨为编者所加,下同。

第七条 【房地产管理机构】国务院建设行政主管部门、土地管理部门依照国务院规定的职权划分，各司其职，密切配合，管理全国房地产工作。

县级以上地方人民政府房产管理、土地管理部门的机构设置及其职权由省、自治区、直辖市人民政府确定。

第二章 房地产开发用地

第一节 土地使用权出让

第八条 【土地使用权出让】土地使用权出让，是指国家将国有土地使用权(以下简称土地使用权)在一定年限内出让给土地使用者，由土地使用者向国家支付土地使用权出让金的行为。

第九条 【有偿出让】城市规划区内的集体所有的土地，经依法征收转为国有土地后，该幅国有土地的使用权方可有偿出让，但法律另有规定的除外。

第十条 【出让条件】土地使用权出让，必须符合土地利用总体规划、城市规划和年度建设用地计划。

第十一条 【出让报批】县级以上地方人民政府出让土地使用权用于房地产开发的，须根据省级以上人民政府下达的控制指标拟订年度出让土地使用权总面积方案，按照国务院规定，报国务院或者省级人民政府批准。

第十二条 【出让步骤】土地使用权出让，由市、县人民政府有计划、有步骤地进行。出让的每幅地块、用途、年限和其他条件，由市、县人民政府土地管理部门会同城市规划、建设、房产管理部门共同拟定方案，按照国务院规定，报经有批准权的人民政府批准后，由市、县人民政府土地管理部门实施。

直辖市的县人民政府及其有关部门行使前款规定的权限，由直辖市人民政府规定。

第十三条 【出让方式】土地使用权出让，可以采取拍卖、招标或者双方协议的方式。

商业、旅游、娱乐和豪华住宅用地，有条件的，必须采取拍卖、招标方式；没有条件，不能采取拍卖、招标方式的，可以采取双方协议的方式。

采取双方协议方式出让土地使用权的出让金不得低于按国家规定所确定的最低价。

第十四条 【年限规定】土地使用权出让最高年限由国务院规定。

第十五条 【出让合同签订】土地使用权出让，应当签订书面出让合同。

土地使用权出让合同由市、县人民政府土地管理部门与土地使用者签订。

第十六条 【出让金支付】土地使用者必须按照出让合同约定，支付土地使用权出让金；未按照出让合同约定支付土地使用权出让金的，土地管理部门有权解除合同，并可以请求违约赔偿。

第十七条 【出让土地的提供】土地使用者按照出让合同约定支付土地使用权出让金的，市、县人民政府土地管理部门必须按照出让合同约定，提供出让的土地；未按照出让合同约定提供出让的土地的，土地使用者有权解除合同，由土地管理部门返还土地使用权出让金，土地使用者并可以请求违约赔偿。

第十八条 【用途改变】土地使用者需要改变土地使用权出让合同约定的土地用途的，必须取得出让方和市、县人民政府城市规划行政主管部门的同意，签订土地使用权出让合同变更协议或者重新签订土地使用权出让合同，相应调整土地使用权出让金。

第十九条 【出让金使用】土地使用权出让金应当全部上缴财政，列入预算，用于城市基础设施建设和土地开发。土地使用权出让金上缴和使用的具体办法由国务院规定。

第二十条 【土地使用权的收回】国家对土地使用者依法取得的土地使用权，在出让合同约定的使用年限届满前不收回；在特殊情况下，根据社会公共利益的需要，可以依照法律程序提前收回，并根据土地使用者使用土地的实际年限和开发土地的实际情况给予相应的补偿。

第二十一条　【使用权终止】土地使用权因土地灭失而终止。

第二十二条　【使用权续延】土地使用权出让合同约定的使用年限届满，土地使用者需要继续使用土地的，应当至迟于届满前一年申请续期，除根据社会公共利益需要收回该幅土地的，应当予以批准。经批准准予续期的，应当重新签订土地使用权出让合同，依照规定支付土地使用权出让金。

土地使用权出让合同约定的使用年限届满，土地使用者未申请续期或者虽申请续期但依照前款规定未获批准的，土地使用权由国家无偿收回。

第二节　土地使用权划拨

第二十三条　【使用权划拨】土地使用权划拨，是指县级以上人民政府依法批准，在土地使用者缴纳补偿、安置等费用后将该幅土地交付其使用，或者将土地使用权无偿交付给土地使用者使用的行为。

依照本法规定以划拨方式取得土地使用权的，除法律、行政法规另有规定外，没有使用期限的限制。

第二十四条　【划拨土地类别】下列建设用地的土地使用权，确属必需的，可以由县级以上人民政府依法批准划拨：

（一）国家机关用地和军事用地；

（二）城市基础设施用地和公益事业用地；

（三）国家重点扶持的能源、交通、水利等项目用地；

（四）法律、行政法规规定的其他用地。

第三章　房地产开发

第二十五条　【开发原则和总体规划】房地产开发必须严格执行城市规划，按照经济效益、社会效益、环境效益相统一的原则，实行全面规划、合理布局、综合开发、配套建设。

第二十六条　【出让开发条件】以出让方式取得土地使用权进行房地产开发的，必须按照土地使用权出让合同约定的土地用途、动工开发期限开发土地。超过出让合同约定的动工开发日期满一年未动工开发的，可以征收相当于土地使用权出让金百分之二十以下的土地闲置费；满二年未动工开发的，可以无偿收回土地使用权；但是，因不可抗力或者政府、政府有关部门的行为或者动工开发必需的前期工作造成动工开发迟延的除外。

第二十七条　【项目总体要求】房地产开发项目的设计、施工，必须符合国家的有关标准和规范。

房地产开发项目竣工，经验收合格后，方可交付使用。

第二十八条　【土地使用权处置】依法取得的土地使用权，可以依照本法和有关法律、行政法规的规定，作价入股，合资、合作开发经营房地产。

第二十九条　【国家扶持】国家采取税收等方面的优惠措施鼓励和扶持房地产开发企业开发建设居民住宅。

第三十条　【企业设立】房地产开发企业是以营利为目的，从事房地产开发和经营的企业。设立房地产开发企业，应当具备下列条件：

（一）有自己的名称和组织机构；

（二）有固定的经营场所；

（三）有符合国务院规定的注册资本；

（四）有足够的专业技术人员；

（五）法律、行政法规规定的其他条件。

设立房地产开发企业，应当向工商行政管理部门申请设立登记。工商行政管理部门对符合本法规定条件的，应当予以登记，发给营业执照；对不符合本法规定条件的，不予登记。

设立有限责任公司、股份有限公司，从事房地产开发经营的，还应当执行公司法的有关规定。

房地产开发企业在领取营业执照后的一个月内，应当到登记机关所在地的县级以上地方人民政府规定的部门备案。

第三十一条 【注册资本和投资额】房地产开发企业的注册资本与投资总额的比例应当符合国家有关规定。

房地产开发企业分期开发房地产的，分期投资额应当与项目规模相适应，并按照土地使用权出让合同的约定，按期投入资金，用于项目建设。

第四章 房地产交易

第一节 一般规定

第三十二条 【房屋、土地所有权随转】房地产转让、抵押时，房屋的所有权和该房屋占用范围内的土地使用权同时转让、抵押。

第三十三条 【地价确定】基准地价、标定地价和各类房屋的重置价格应当定期确定并公布。具体办法由国务院规定。

第三十四条 【价格评估】国家实行房地产价格评估制度。

房地产价格评估，应当遵循公正、公平、公开的原则，按照国家规定的技术标准和评估程序，以基准地价、标定地价和各类房屋的重置价格为基础，参照当地的市场价格进行评估。

第三十五条 【价格申报】国家实行房地产成交价格申报制度。

房地产权利人转让房地产，应当向县级以上地方人民政府规定的部门如实申报成交价，不得瞒报或者作不实的申报。

第三十六条 【权属登记】房地产转让、抵押，当事人应当依照本法第五章的规定办理权属登记。

第二节 房地产转让

第三十七条 【房地产转让】房地产转让，是指房地产权利人通过买卖、赠与或者其他合法方式将其房地产转移给他人的行为。

第三十八条 【禁止转让的房地产】下列房地产，不得转让：

（一）以出让方式取得土地使用权的，不符合本法第三十九条规定的条件的；

（二）司法机关和行政机关依法裁定、决定查封或者以其他形式限制房地产权利的；

（三）依法收回土地使用权的；

（四）共有房地产，未经其他共有人书面同意的；

（五）权属有争议的；

（六）未依法登记领取权属证书的；

（七）法律、行政法规规定禁止转让的其他情形。

第三十九条 【出让转让条件】以出让方式取得土地使用权的，转让房地产时，应当符合下列条件：

（一）按照出让合同约定已经支付全部土地使用权出让金，并取得土地使用权证书；

（二）按照出让合同约定进行投资开发，属于房屋建设工程的，完成开发投资总额的百分之二十五以上，属于成片开发土地的，形成工业用地或者其他建设用地条件。

转让房地产时房屋已经建成的，还应当持有房屋所有权证书。

第四十条 【划拨转让报批】以划拨方式取得土地使用权的，转让房地产时，应当按照国务院规定，报有批准权的人民政府审批。有批准权的人民政府准予转让的，应当由受让方办理土地使用权出让手续，并依照国家有关规定缴纳土地使用权出让金。

以划拨方式取得土地使用权的，转让房地产报批时，有批准权的人民政府按照国务院规定决定可以不办理土地使用权出让手续的，转让方应当按照国务院规定将转让房地产所获收益中的土地收益上缴国家或者作其他处理。

第四十一条 【转让合同】房地产转让，应当签订书面转让合同，合同中应当载明土地使用权取得的方式。

第四十二条 【合同权利义务转移】房地产转让时，土地使用权出让合同载明的权利、义务随之转移。

第四十三条 【出让转让使用权年限】以出让

方式取得土地使用权的，转让房地产后，其土地使用权的使用年限为原土地使用权出让合同约定的使用年限减去原土地使用者已经使用年限后的剩余年限。

第四十四条 【出让转让土地用途改变】以出让方式取得土地使用权的，转让房地产后，受让人改变原土地使用权出让合同约定的土地用途的，必须取得原出让方和市、县人民政府城市规划行政主管部门的同意，签订土地使用权出让合同变更协议或者重新签订土地使用权出让合同，相应调整土地使用权出让金。

第四十五条 【商品房预售条件】商品房预售，应当符合下列条件：

（一）已交付全部土地使用权出让金，取得土地使用权证书；

（二）持有建设工程规划许可证；

（三）按提供预售的商品房计算，投入开发建设的资金达到工程建设总投资的百分之二十五以上，并已经确定施工进度和竣工交付日期；

（四）向县级以上人民政府房产管理部门办理预售登记，取得商品房预售许可证明。

商品房预售人应当按照国家有关规定将预售合同报县级以上人民政府房产管理部门和土地管理部门登记备案。

商品房预售所得款项，必须用于有关的工程建设。

第四十六条 【预售再转让规定】商品房预售的，商品房预购人将购买的未竣工的预售商品房再行转让的问题，由国务院规定。

第三节 房地产抵押

第四十七条 【房地产抵押】房地产抵押，是指抵押人以其合法的房地产以不转移占有的方式向抵押权人提供债务履行担保的行为。债务人不履行债务时，抵押权人有权依法以抵押的房地产拍卖所得的价款优先受偿。

第四十八条 【抵押权设定】依法取得的房屋所有权连同该房屋占用范围内的土地使用权，可以设定抵押权。

以出让方式取得的土地使用权，可以设定抵押权。

第四十九条 【抵押办理凭证】房地产抵押，应当凭土地使用权证书、房屋所有权证书办理。

第五十条 【抵押合同】房地产抵押，抵押人和抵押权人应当签订书面抵押合同。

第五十一条 【抵押权人优先受偿限制】设定房地产抵押权的土地使用权是以划拨方式取得的，依法拍卖该房地产后，应当从拍卖所得的价款中缴纳相当于应缴纳的土地使用权出让金的款额后，抵押权人方可优先受偿。

第五十二条 【新增房屋处理】房地产抵押合同签订后，土地上新增的房屋不属于抵押财产。需要拍卖该抵押的房地产时，可以依法将土地上新增的房屋与抵押财产一同拍卖，但对拍卖新增房屋所得，抵押权人无权优先受偿。

第四节 房屋租赁

第五十三条 【房屋租赁】房屋租赁，是指房屋所有权人作为出租人将其房屋出租给承租人使用，由承租人向出租人支付租金的行为。

第五十四条 【租赁合同的签订与备案】房屋租赁，出租人和承租人应当签订书面租赁合同，约定租赁期限、租赁用途、租赁价格、修缮责任等条款，以及双方的其他权利和义务，并向房产管理部门登记备案。

第五十五条 【住房租赁】住宅用房的租赁，应当执行国家和房屋所在城市人民政府规定的租赁政策。租用房屋从事生产、经营活动的，由租赁双方协商议定租金和其他租赁条款。

第五十六条 【土地收益上缴】以营利为目的，房屋所有权人将以划拨方式取得使用权的国有土地上建成的房屋出租的，应当将租金中所含土地收益上缴国家。具体办法由国务院规定。

第五节　中介服务机构

第五十七条　【中介机构类别】房地产中介服务机构包括房地产咨询机构、房地产价格评估机构、房地产经纪机构等。

第五十八条　【中介机构条件】房地产中介服务机构应当具备下列条件：

（一）有自己的名称和组织机构；

（二）有固定的服务场所；

（三）有必要的财产和经费；

（四）有足够数量的专业人员；

（五）法律、行政法规规定的其他条件。

设立房地产中介服务机构，应当向工商行政管理部门申请设立登记，领取营业执照后，方可开业。

第五十九条　【价格评估资格认证】国家实行房地产价格评估人员资格认证制度。

第五章　房地产权属登记管理

第六十条　【登记发证制度】国家实行土地使用权和房屋所有权登记发证制度。

第六十一条　【使用权登记申请与权证颁发】以出让或者划拨方式取得土地使用权，应当向县级以上地方人民政府土地管理部门申请登记，经县级以上地方人民政府土地管理部门核实，由同级人民政府颁发土地使用权证书。

在依法取得的房地产开发用地上建成房屋的，应当凭土地使用权证书向县级以上地方人民政府房产管理部门申请登记，由县级以上地方人民政府房产管理部门核实并颁发房屋所有权证书。

房地产转让或者变更时，应当向县级以上地方人民政府房产管理部门申请房产变更登记，并凭变更后的房屋所有权证书向同级人民政府土地管理部门申请土地使用权变更登记，经同级人民政府土地管理部门核实，由同级人民政府更换或者更改土地使用权证书。

法律另有规定的，依照有关法律的规定办理。

第六十二条　【抵押登记】房地产抵押时，应当向县级以上地方人民政府规定的部门办理抵押登记。

因处分抵押房地产而取得土地使用权和房屋所有权的，应当依照本章规定办理过户登记。

第六十三条　【产权证书的颁发】经省、自治区、直辖市人民政府确定，县级以上地方人民政府由一个部门统一负责房产管理和土地管理工作的，可以制作、颁发统一的房地产权证书，依照本法第六十一条的规定，将房屋的所有权和该房屋占用范围内的土地使用权的确认和变更，分别载入房地产权证书。

第六章　法律责任

第六十四条　【非法出让使用权处罚】违反本法第十一条、第十二条的规定，擅自批准出让或者擅自出让土地使用权用于房地产开发的，由上级机关或者所在单位给予有关责任人员行政处分。

第六十五条　【未取得营业执照从事房地产开发的处罚】违反本法第三十条的规定，未取得营业执照擅自从事房地产开发业务的，由县级以上人民政府工商行政管理部门责令停止房地产开发业务活动，没收违法所得，可以并处罚款。

第六十六条　【违法转让土地使用权的处罚】违反本法第三十九条第一款的规定转让土地使用权的，由县级以上人民政府土地管理部门没收违法所得，可以并处罚款。

第六十七条　【违法转让房地产的处罚】违反本法第四十条第一款的规定转让房地产的，由县级以上人民政府土地管理部门责令缴纳土地使用权出让金，没收违法所得，可以并处罚款。

第六十八条　【违法预售商品房的处罚】违反本法第四十五条第一款的规定预售商品房的，由县级以上人民政府房产管理部门责令停止预售活动，没收违法所得，可以并处罚款。

第六十九条 【未取得营业执照从事房地产中介的处罚】违反本法第五十八条的规定，未取得营业执照擅自从事房地产中介服务业务的，由县级以上人民政府工商行政管理部门责令停止房地产中介服务业务活动，没收违法所得，可以并处罚款。

第七十条 【非法收费处理】没有法律、法规的依据，向房地产开发企业收费的，上级机关应当责令退回所收取的钱款；情节严重的，由上级机关或者所在单位给予直接责任人员行政处分。

第七十一条 【渎职、行贿、索贿处罚】房产管理部门、土地管理部门工作人员玩忽职守、滥用职权，构成犯罪的，依法追究刑事责任；不构成犯罪的，给予行政处分。

房产管理部门、土地管理部门工作人员利用职务上的便利，索取他人财物，或者非法收受他人财物为他人谋取利益，构成犯罪的，依法追究刑事责任；不构成犯罪的，给予行政处分。

第七章 附 则

第七十二条 【适用范围】在城市规划区外的国有土地范围内取得房地产开发用地的土地使用权，从事房地产开发、交易活动以及实施房地产管理，参照本法执行。

第七十三条 【生效日期】本法自1995年1月1日起施行。

中华人民共和国民法总则（节录）

1. 2017年3月15日第十二届全国人民代表大会第五次会议通过

2. 2017年3月15日中华人民共和国主席令第66号公布

3. 自2017年10月1日起施行

第五章 民事权利

第一百零九条 【人身自由、人格尊严受法律保护】自然人的人身自由、人格尊严受法律保护。

第一百一十条 【民事主体人格权】自然人享有生命权、身体权、健康权、姓名权、肖像权、名誉权、荣誉权、隐私权、婚姻自主权等权利。

法人、非法人组织享有名称权、名誉权、荣誉权等权利。

第一百一十一条 【个人信息受法律保护】自然人的个人信息受法律保护。任何组织和个人需要获取他人个人信息的，应当依法取得并确保信息安全，不得非法收集、使用、加工、传输他人个人信息，不得非法买卖、提供或者公开他人个人信息。

第一百一十二条 【因婚姻、家庭关系等产生的人身权利受法律保护】自然人因婚姻、家庭关系等产生的人身权利受法律保护。

第一百一十三条 【财产权利平等保护】民事主体的财产权利受法律平等保护。

第一百一十四条 【民事主体依法享有物权】民事主体依法享有物权。

物权是权利人依法对特定的物享有直接支配和排他的权利，包括所有权、用益物权和担保物权。

第一百一十五条 【物权客体】物包括不动产和动产。法律规定权利作为物权客体的，依照其规定。

第一百一十六条 【物权法定原则】物权的种类和内容，由法律规定。

第一百一十七条 【征收、征用】为了公共利益的需要，依照法律规定的权限和程序征收、征用不动产或者动产的，应当给予公平、合理的补偿。

第一百一十八条 【民事主体依法享有债权】民事主体依法享有债权。

债权是因合同、侵权行为、无因管理、不当得利以及法律的其他规定，权利人请求特定义务人为或者不为一定行为的权利。

第一百一十九条 【合同的约束力】依法成立的合同，对当事人具有法律约束力。

第一百二十条　【侵权责任的承担】民事权益受到侵害的，被侵权人有权请求侵权人承担侵权责任。

第一百二十一条　【无因管理】没有法定的或者约定的义务，为避免他人利益受损失而进行管理的人，有权请求受益人偿还由此支出的必要费用。

第一百二十二条　【不当得利】因他人没有法律根据，取得不当利益，受损失的人有权请求其返还不当利益。

第一百二十三条　【民事主体依法享有知识产权】民事主体依法享有知识产权。

知识产权是权利人依法就下列客体享有的专有的权利：

（一）作品；

（二）发明、实用新型、外观设计；

（三）商标；

（四）地理标志；

（五）商业秘密；

（六）集成电路布图设计；

（七）植物新品种；

（八）法律规定的其他客体。

第一百二十四条　【自然人依法享有继承权】自然人依法享有继承权。

自然人合法的私有财产，可以依法继承。

第一百二十五条　【民事主体依法享有投资性权利】民事主体依法享有股权和其他投资性权利。

第一百二十六条　【其他民事权益】民事主体享有法律规定的其他民事权利和利益。

第一百二十七条　【数据、网络虚拟财产的保护】法律对数据、网络虚拟财产的保护有规定的，依照其规定。

第一百二十八条　【弱势群体民事权利的特别保护】法律对未成年人、老年人、残疾人、妇女、消费者等的民事权利保护有特别规定的，依照其规定。

第一百二十九条　【民事权利的取得方式】民事权利可以依据民事法律行为、事实行为、法律规定的事件或者法律规定的其他方式取得。

第一百三十条　【按照自己意愿依法行使民事权利】民事主体按照自己的意愿依法行使民事权利，不受干涉。

第一百三十一条　【权利义务一致】民事主体行使权利时，应当履行法律规定的和当事人约定的义务。

第一百三十二条　【不得滥用民事权利】民事主体不得滥用民事权利损害国家利益、社会公共利益或者他人合法权益。

第六章　民事法律行为

第一节　一般规定

第一百三十三条　【民事法律行为定义】民事法律行为是民事主体通过意思表示设立、变更、终止民事法律关系的行为。

第一百三十四条　【民事法律行为成立】民事法律行为可以基于双方或者多方的意思表示一致成立，也可以基于单方的意思表示成立。

法人、非法人组织依照法律或者章程规定的议事方式和表决程序作出决议的，该决议行为成立。

第一百三十五条　【民事法律行为形式】民事法律行为可以采用书面形式、口头形式或者其他形式；法律、行政法规规定或者当事人约定采用特定形式的，应当采用特定形式。

第一百三十六条　【民事法律行为生效时间】民事法律行为自成立时生效，但是法律另有规定或者当事人另有约定的除外。

行为人非依法律规定或者未经对方同意，不得擅自变更或者解除民事法律行为。

第二节　意思表示

第一百三十七条　【有相对人的意思表示生效时间】以对话方式作出的意思表示，相对人知道其内容时生效。

以非对话方式作出的意思表示，到达相对人时生效。以非对话方式作出的采用数据电文形式的意思表示，相对人指定特定系统接收数据电文的,该数据电文进入该特定系统时生效;未指定特定系统的,相对人知道或者应当知道该数据电文进入其系统时生效。当事人对采用数据电文形式的意思表示的生效时间另有约定的,按照其约定。

第一百三十八条　【无相对人的意思表示生效时间】无相对人的意思表示,表示完成时生效。法律另有规定的,依照其规定。

第一百三十九条　【以公告方式作出的意思表示生效时间】以公告方式作出的意思表示,公告发布时生效。

第一百四十条　【作出意思表示的方式】行为人可以明示或者默示作出意思表示。

沉默只有在有法律规定、当事人约定或者符合当事人之间的交易习惯时,才可以视为意思表示。

第一百四十一条　【意思表示撤回】行为人可以撤回意思表示。撤回意思表示的通知应当在意思表示到达相对人前或者与意思表示同时到达相对人。

第一百四十二条　【意思表示解释】有相对人的意思表示的解释,应当按照所使用的词句,结合相关条款、行为的性质和目的、习惯以及诚信原则,确定意思表示的含义。

无相对人的意思表示的解释,不能完全拘泥于所使用的词句,而应当结合相关条款、行为的性质和目的、习惯以及诚信原则,确定行为人的真实意思。

第三节　民事法律行为的效力

第一百四十三条　【民事法律行为有效要件】具备下列条件的民事法律行为有效:

(一)行为人具有相应的民事行为能力;

(二)意思表示真实;

(三)不违反法律、行政法规的强制性规定,不违背公序良俗。

第一百四十四条　【无民事行为能力人实施的民事法律行为的效力】无民事行为能力人实施的民事法律行为无效。

第一百四十五条　【限制民事行为能力人实施的民事法律行为的效力】限制民事行为能力人实施的纯获利益的民事法律行为或者与其年龄、智力、精神健康状况相适应的民事法律行为有效;实施的其他民事法律行为经法定代理人同意或者追认后有效。

相对人可以催告法定代理人自收到通知之日起一个月内予以追认。法定代理人未作表示的,视为拒绝追认。民事法律行为被追认前,善意相对人有撤销的权利。撤销应当以通知的方式作出。

第一百四十六条　【虚假表示与隐藏行为效力】行为人与相对人以虚假的意思表示实施的民事法律行为无效。

以虚假的意思表示隐藏的民事法律行为的效力,依照有关法律规定处理。

第一百四十七条　【重大误解实施的民事法律行为的效力】基于重大误解实施的民事法律行为,行为人有权请求人民法院或者仲裁机构予以撤销。

第一百四十八条　【以欺诈手段实施的民事法律行为的效力】一方以欺诈手段,使对方在违背真实意思的情况下实施的民事法律行为,受欺诈方有权请求人民法院或者仲裁机构予以撤销。

第一百四十九条　【第三人欺诈的民事法律行为的效力】第三人实施欺诈行为,使一方在违背真实意思的情况下实施的民事法律行为,对方知道或者应当知道该欺诈行为的,受欺诈方有权请求人民法院或者仲裁机构予以撤销。

第一百五十条　【以胁迫手段实施的民事法律行为的效力】一方或者第三人以胁迫手段,使对方在违背真实意思的情况下实施的民事法律行为,受胁迫方有权请求人民法院或者仲裁机构予以撤销。

第一百五十一条　【显失公平的民事法律行为的效力】一方利用对方处于危困状态、缺乏判断能力等情形,致使民事法律行为成立时显失公平的,受损害方有权请求人民法院或者仲裁机构予以撤销。

第一百五十二条 【撤销权消灭期间】有下列情形之一的,撤销权消灭:

(一)当事人自知道或者应当知道撤销事由之日起一年内、重大误解的当事人自知道或者应当知道撤销事由之日起三个月内没有行使撤销权;

(二)当事人受胁迫,自胁迫行为终止之日起一年内没有行使撤销权;

(三)当事人知道撤销事由后明确表示或者以自己的行为表明放弃撤销权。

当事人自民事法律行为发生之日起五年内没有行使撤销权的,撤销权消灭。

第一百五十三条 【违反强制性规定与违背公序良俗的民事法律行为的效力】违反法律、行政法规的强制性规定的民事法律行为无效,但是该强制性规定不导致该民事法律行为无效的除外。

违背公序良俗的民事法律行为无效。

第一百五十四条 【恶意串通的民事法律行为的效力】行为人与相对人恶意串通,损害他人合法权益的民事法律行为无效。

第一百五十五条 【无效、被撤销的民事法律行为自始无效】无效的或者被撤销的民事法律行为自始没有法律约束力。

第一百五十六条 【民事法律行为部分无效】民事法律行为部分无效,不影响其他部分效力的,其他部分仍然有效。

第一百五十七条 【民事法律行为无效、被撤销及确定不发生效力的后果】民事法律行为无效、被撤销或者确定不发生效力后,行为人因该行为取得的财产,应当予以返还;不能返还或者没有必要返还的,应当折价补偿。有过错的一方应当赔偿对方由此所受到的损失;各方都有过错的,应当各自承担相应的责任。法律另有规定的,依照其规定。

第四节 民事法律行为的附条件和附期限

第一百五十八条 【附条件的民事法律行为】民事法律行为可以附条件,但是按照其性质不得附条件的除外。附生效条件的民事法律行为,自条件成就时生效。附解除条件的民事法律行为,自条件成就时失效。

第一百五十九条 【条件成就和不成就的拟制】附条件的民事法律行为,当事人为自己的利益不正当地阻止条件成就的,视为条件已成就;不正当地促成条件成就的,视为条件不成就。

第一百六十条 【附期限的民事法律行为】民事法律行为可以附期限,但是按照其性质不得附期限的除外。附生效期限的民事法律行为,自期限届至时生效。附终止期限的民事法律行为,自期限届满时失效。

第七章 代 理

第一节 一般规定

第一百六十一条 【代理适用范围】民事主体可以通过代理人实施民事法律行为。

依照法律规定、当事人约定或者民事法律行为的性质,应当由本人亲自实施的民事法律行为,不得代理。

第一百六十二条 【代理效力】代理人在代理权限内,以被代理人名义实施的民事法律行为,对被代理人发生效力。

第一百六十三条 【代理类型】代理包括委托代理和法定代理。

委托代理人按照被代理人的委托行使代理权。法定代理人依照法律的规定行使代理权。

第一百六十四条 【不当履职与恶意串通的民事责任】代理人不履行或者不完全履行职责,造成被代理人损害的,应当承担民事责任。

代理人和相对人恶意串通,损害被代理人合法权益的,代理人和相对人应当承担连带责任。

第二节 委托代理

第一百六十五条 【授权委托书】委托代理授权采用书面形式的,授权委托书应当载明代理人的姓名或者名称、代理事项、权限和期间，并由被代理人签名或者盖章。

第一百六十六条 【共同代理】数人为同一代理事项的代理人的，应当共同行使代理权，但是当事人另有约定的除外。

第一百六十七条 【代理违法的民事责任】代理人知道或者应当知道代理事项违法仍然实施代理行为，或者被代理人知道或者应当知道代理人的代理行为违法未作反对表示的，被代理人和代理人应当承担连带责任。

第一百六十八条 【禁止自己代理和双方代理】代理人不得以被代理人的名义与自己实施民事法律行为，但是被代理人同意或者追认的除外。

代理人不得以被代理人的名义与自己同时代理的其他人实施民事法律行为，但是被代理的双方同意或者追认的除外。

第一百六十九条 【复代理】代理人需要转委托第三人代理的，应当取得被代理人的同意或者追认。

转委托代理经被代理人同意或者追认的，被代理人可以就代理事务直接指示转委托的第三人，代理人仅就第三人的选任以及对第三人的指示承担责任。

转委托代理未经被代理人同意或者追认的，代理人应当对转委托的第三人的行为承担责任，但是在紧急情况下代理人为了维护被代理人的利益需要转委托第三人代理的除外。

第一百七十条 【职务代理】执行法人或者非法人组织工作任务的人员，就其职权范围内的事项，以法人或者非法人组织的名义实施民事法律行为，对法人或者非法人组织发生效力。

法人或者非法人组织对执行其工作任务的人员职权范围的限制，不得对抗善意相对人。

第一百七十一条 【无权代理】行为人没有代理权、超越代理权或者代理权终止后，仍然实施代理行为，未经被代理人追认的，对被代理人不发生效力。

相对人可以催告被代理人自收到通知之日起一个月内予以追认。被代理人未作表示的，视为拒绝追认。行为人实施的行为被追认前，善意相对人有撤销的权利。撤销应当以通知的方式作出。

行为人实施的行为未被追认的，善意相对人有权请求行为人履行债务或者就其受到的损害请求行为人赔偿，但是赔偿的范围不得超过被代理人追认时相对人所能获得的利益。

相对人知道或者应当知道行为人无权代理的，相对人和行为人按照各自的过错承担责任。

第一百七十二条 【表见代理】行为人没有代理权、超越代理权或者代理权终止后，仍然实施代理行为，相对人有理由相信行为人有代理权的，代理行为有效。

第三节 代理终止

第一百七十三条 【委托代理终止】有下列情形之一的，委托代理终止：

（一）代理期间届满或者代理事务完成；

（二）被代理人取消委托或者代理人辞去委托；

（三）代理人丧失民事行为能力；

（四）代理人或者被代理人死亡；

（五）作为代理人或者被代理人的法人、非法人组织终止。

第一百七十四条 【委托代理终止例外】被代理人死亡后，有下列情形之一的，委托代理人实施的代理行为有效：

（一）代理人不知道并且不应当知道被代理人死亡；

（二）被代理人的继承人予以承认；

（三）授权中明确代理权在代理事务完成时终止；

（四）被代理人死亡前已经实施，为了被代理人的继承人的利益继续代理。

作为被代理人的法人、非法人组织终止的，参照适用前款规定。

第一百七十五条 【法定代理终止】有下列情形之一的，法定代理终止：

（一）被代理人取得或者恢复完全民事行为能力；

（二）代理人丧失民事行为能力；

（三）代理人或者被代理人死亡；

（四）法律规定的其他情形。

第八章 民事责任

第一百七十六条 【民事主体依法承担民事责任】民事主体依照法律规定和当事人约定，履行民事义务，承担民事责任。

第一百七十七条 【按份责任】二人以上依法承担按份责任，能够确定责任大小的，各自承担相应的责任；难以确定责任大小的，平均承担责任。

第一百七十八条 【连带责任】二人以上依法承担连带责任的，权利人有权请求部分或者全部连带责任人承担责任。

连带责任人的责任份额根据各自责任大小确定；难以确定责任大小的，平均承担责任。实际承担责任超过自己责任份额的连带责任人，有权向其他连带责任人追偿。

连带责任，由法律规定或者当事人约定。

第一百七十九条 【承担民事责任方式】承担民事责任的方式主要有：

（一）停止侵害；

（二）排除妨碍；

（三）消除危险；

（四）返还财产；

（五）恢复原状；

（六）修理、重作、更换；

（七）继续履行；

（八）赔偿损失；

（九）支付违约金；

（十）消除影响、恢复名誉；

（十一）赔礼道歉。

法律规定惩罚性赔偿的，依照其规定。

本条规定的承担民事责任的方式，可以单独适用，也可以合并适用。

第一百八十条 【不可抗力】因不可抗力不能履行民事义务的，不承担民事责任。法律另有规定的，依照其规定。

不可抗力是指不能预见、不能避免且不能克服的客观情况。

第一百八十一条 【正当防卫】因正当防卫造成损害的，不承担民事责任。

正当防卫超过必要的限度，造成不应有的损害的，正当防卫人应当承担适当的民事责任。

第一百八十二条 【紧急避险】因紧急避险造成损害的，由引起险情发生的人承担民事责任。

危险由自然原因引起的，紧急避险人不承担民事责任，可以给予适当补偿。

紧急避险采取措施不当或者超过必要的限度，造成不应有的损害的，紧急避险人应当承担适当的民事责任。

第一百八十三条 【因保护他人民事权益受损时的责任承担】因保护他人民事权益使自己受到损害的，由侵权人承担民事责任，受益人可以给予适当补偿。没有侵权人、侵权人逃逸或者无力承担民事责任，受害人请求补偿的，受益人应当给予适当补偿。

第一百八十四条 【自愿实施紧急救助行为】因自愿实施紧急救助行为造成受助人损害的，救助人不承担民事责任。

第一百八十五条 【侵害英雄烈士等的姓名、肖像、名誉、荣誉的民事责任】侵害英雄烈士等的姓名、肖像、名誉、荣誉，损害社会公共利益的，应当承担民事责任。

第一百八十六条 【责任竞合】因当事人一方的违约行为，损害对方人身权益、财产权益的，受损害方有权选择请求其承担违约责任或者侵权责任。

第一百八十七条 【财产优先承担民事责任】民事主体因同一行为应当承担民事责任、行政责任和刑事责任的，承担行政责任或者刑事责任不影响承担民事责任；民事主体的财产不足以支付的，优先用于承担民事责任。

第九章　诉讼时效

第一百八十八条　【普通诉讼时效、最长权利保护期间】向人民法院请求保护民事权利的诉讼时效期间为三年。法律另有规定的，依照其规定。

诉讼时效期间自权利人知道或者应当知道权利受到损害以及义务人之日起计算。法律另有规定的，依照其规定。但是自权利受到损害之日起超过二十年的，人民法院不予保护；有特殊情况的，人民法院可以根据权利人的申请决定延长。

第一百八十九条　【分期履行债务的诉讼时效】当事人约定同一债务分期履行的，诉讼时效期间自最后一期履行期限届满之日起计算。

第一百九十条　【对法定代理人请求权的诉讼时效】无民事行为能力人或者限制民事行为能力人对其法定代理人的请求权的诉讼时效期间，自该法定代理终止之日起计算。

第一百九十一条　【未成年人遭受性侵害的损害赔偿请求权的诉讼时效】未成年人遭受性侵害的损害赔偿请求权的诉讼时效期间，自受害人年满十八周岁之日起计算。

第一百九十二条　【诉讼时效期间届满法律效果】诉讼时效期间届满的，义务人可以提出不履行义务的抗辩。

诉讼时效期间届满后，义务人同意履行的，不得以诉讼时效期间届满为由抗辩；义务人已自愿履行的，不得请求返还。

第一百九十三条　【诉讼时效援引】人民法院不得主动适用诉讼时效的规定。

第一百九十四条　【诉讼时效中止】在诉讼时效期间的最后六个月内，因下列障碍，不能行使请求权的，诉讼时效中止：

（一）不可抗力；

（二）无民事行为能力人或者限制民事行为能力人没有法定代理人，或者法定代理人死亡、丧失民事行为能力、丧失代理权；

（三）继承开始后未确定继承人或者遗产管理人；

（四）权利人被义务人或者其他人控制；

（五）其他导致权利人不能行使请求权的障碍。

自中止时效的原因消除之日起满六个月，诉讼时效期间届满。

第一百九十五条　【诉讼时效中断】有下列情形之一的，诉讼时效中断，从中断、有关程序终结时起，诉讼时效期间重新计算：

（一）权利人向义务人提出履行请求；

（二）义务人同意履行义务；

（三）权利人提起诉讼或者申请仲裁；

（四）与提起诉讼或者申请仲裁具有同等效力的其他情形。

第一百九十六条　【不适用诉讼时效的情形】下列请求权不适用诉讼时效的规定：

（一）请求停止侵害、排除妨碍、消除危险；

（二）不动产物权和登记的动产物权的权利人请求返还财产；

（三）请求支付抚养费、赡养费或者扶养费；

（四）依法不适用诉讼时效的其他请求权。

第一百九十七条　【诉讼时效法定、时效利益不得预先放弃】诉讼时效的期间、计算方法以及中止、中断的事由由法律规定，当事人约定无效。

当事人对诉讼时效利益的预先放弃无效。

第一百九十八条　【仲裁时效】法律对仲裁时效有规定的，依照其规定；没有规定的，适用诉讼时效的规定。

第一百九十九条　【除斥期间】法律规定或者当事人约定的撤销权、解除权等权利的存续期间，除法律另有规定外，自权利人知道或者应当知道权利产生之日起计算，不适用有关诉讼时效中止、中断和延长的规定。存续期间届满，撤销权、解除权等权利消灭。

中华人民共和国物权法（节录）

1. 2007年3月16日第十届全国人民代表大会第五次会议通过
2. 2007年3月16日中华人民共和国主席令第62号公布
3. 自2007年10月1日起施行

第二章　物权的设立、变更、转让和消灭

第一节　不动产登记

第九条　【不动产物权登记生效以及所有权可不登记的规定】不动产物权的设立、变更、转让和消灭，经依法登记，发生效力；未经登记，不发生效力，但法律另有规定的除外。

依法属于国家所有的自然资源，所有权可以不登记。

第十条　【不动产登记机构和国家统一登记制度】不动产登记，由不动产所在地的登记机构办理。

国家对不动产实行统一登记制度。统一登记的范围、登记机构和登记办法，由法律、行政法规规定。

第十一条　【申请登记应提供的必要材料】当事人申请登记，应当根据不同登记事项提供权属证明和不动产界址、面积等必要材料。

第十二条　【登记机构应当履行的职责】登记机构应当履行下列职责：

（一）查验申请人提供的权属证明和其他必要材料；

（二）就有关登记事项询问申请人；

（三）如实、及时登记有关事项；

（四）法律、行政法规规定的其他职责。

申请登记的不动产的有关情况需要进一步证明的，登记机构可以要求申请人补充材料，必要时可以实地查看。

第十三条　【登记机构禁止从事的行为】登记机构不得有下列行为：

（一）要求对不动产进行评估；

（二）以年检等名义进行重复登记；

（三）超出登记职责范围的其他行为。

第十四条　【登记效力】不动产物权的设立、变更、转让和消灭，依照法律规定应当登记的，自记载于不动产登记簿时发生效力。

第十五条　【合同效力和物权效力区分】当事人之间订立有关设立、变更、转让和消灭不动产物权的合同，除法律另有规定或者合同另有约定外，自合同成立时生效；未办理物权登记的，不影响合同效力。

第十六条　【不动产登记簿效力及其管理机构】不动产登记簿是物权归属和内容的根据。

不动产登记簿由登记机构管理。

第十七条　【不动产登记簿与不动产权属证书关系】不动产权属证书是权利人享有该不动产物权的证明。不动产权属证书记载的事项，应当与不动产登记簿一致；记载不一致的，除有证据证明不动产登记簿确有错误外，以不动产登记簿为准。

第十八条　【不动产登记资料查询、复制】权利人、利害关系人可以申请查询、复制登记资料，登记机构应当提供。

第十九条　【不动产更正登记和异议登记】权利人、利害关系人认为不动产登记簿记载的事项错误的，可以申请更正登记。不动产登记簿记载的权利人书面同意更正或者有证据证明登记确有错误的，登记机构应当予以更正。

不动产登记簿记载的权利人不同意更正的，利害关系人可以申请异议登记。登记机构予以异议登记的，申请人在异议登记之日起十五日内不起诉，异议登记失效。异议登记不当，造成权利人损害的，权利人可以向申请人请求损害赔偿。

第二十条　【预告登记】当事人签订买卖房屋或者其他不动产物权的协议，为保障将来实现物权，按照约定可以向登记机构申请预告登记。预告登记后，未经预告登记的

权利人同意,处分该不动产的,不发生物权效力。

预告登记后,债权消灭或者自能够进行不动产登记之日起三个月内未申请登记的,预告登记失效。

第二十一条 【登记错误赔偿责任】当事人提供虚假材料申请登记,给他人造成损害的,应当承担赔偿责任。

因登记错误,给他人造成损害的,登记机构应当承担赔偿责任。登记机构赔偿后,可以向造成登记错误的人追偿。

第二十二条 【登记收费问题】不动产登记费按件收取,不得按照不动产的面积、体积或者价款的比例收取。具体收费标准由国务院有关部门会同价格主管部门规定。

第六章 业主的建筑物区分所有权

第七十条 【建筑物区分所有权】业主对建筑物内的住宅、经营性用房等专有部分享有所有权,对专有部分以外的共有部分享有共有和共同管理的权利。

第七十一条 【业主对专有部分行使所有权】业主对其建筑物专有部分享有占有、使用、收益和处分的权利。业主行使权利不得危及建筑物的安全,不得损害其他业主的合法权益。

第七十二条 【业主对共有部分的权利义务】业主对建筑物专有部分以外的共有部分,享有权利,承担义务;不得以放弃权利不履行义务。

业主转让建筑物内的住宅、经营性用房,其对共有部分享有的共有和共同管理的权利一并转让。

第七十三条 【建筑区划内的场所归属】建筑区划内的道路,属于业主共有,但属于城镇公共道路的除外。建筑区划内的绿地,属于业主共有,但属于城镇公共绿地或者明示属于个人的除外。建筑区划内的其他公共场所、公用设施和物业服务用房,属于业主共有。

第七十四条 【车位、车库的规定】建筑区划内,规划用于停放汽车的车位、车库应当首先满足业主的需要。

建筑区划内,规划用于停放汽车的车位、车库的归属,由当事人通过出售、附赠或者出租等方式约定。

占用业主共有的道路或者其他场地用于停放汽车的车位,属于业主共有。

第七十五条 【业主大会、业主委员会设立】业主可以设立业主大会,选举业主委员会。

地方人民政府有关部门应当对设立业主大会和选举业主委员会给予指导和协助。

第七十六条 【业主决定建筑区划内重大事项及表决权】下列事项由业主共同决定:

(一)制定和修改业主大会议事规则;

(二)制定和修改建筑物及其附属设施的管理规约;

(三)选举业主委员会或者更换业主委员会成员;

(四)选聘和解聘物业服务企业或者其他管理人;

(五)筹集和使用建筑物及其附属设施的维修资金;

(六)改建、重建建筑物及其附属设施;

(七)有关共有和共同管理权利的其他重大事项。

决定前款第五项和第六项规定的事项,应当经专有部分占建筑物总面积三分之二以上的业主且占总人数三分之二以上的业主同意。决定前款其他事项,应当经专有部分占建筑物总面积过半数的业主且占总人数过半数的业主同意。

第七十七条 【将住宅改变为经营性用房的规定】业主不得违反法律、法规以及管理规约,将住宅改变为经营性用房。业主将住宅改变为经营性用房的,除遵守法律、法规以及管理规约外,应当经有利害关系的业主同意。

**第七十八条 【业主大会、业主委员会决定效力】业主大会或者业主委员会的决定,对业主具有约束力。

业主大会或者业主委员会作出的决定侵害业主合法权益的,受侵害的业主可以请求人民法院予以撤销。

第七十九条 【建筑物及其附属设施的维修基金的归属、用途以及筹集与使用】建筑物及其附属设施的维修资金,属于业主共有。经业主共同决定,可以用于电梯、水箱等共有部分的维修。维修资金的筹集、使用情况应当公布。

第八十条 【建筑物及其附属设施的费用分摊、收益分配】建筑物及其附属设施的费用分摊、收益分配等事项,有约定的,按照约定;没有约定或者约定不明确的,按照业主专有部分占建筑物总面积的比例确定。

第八十一条 【建筑物及其附属设施的管理】业主可以自行管理建筑物及其附属设施,也可以委托物业服务企业或者其他管理人管理。

对建设单位聘请的物业服务企业或者其他管理人,业主有权依法更换。

第八十二条 【物业服务企业或者其他管理人与业主关系】物业服务企业或者其他管理人根据业主的委托管理建筑区划内的建筑物及其附属设施,并接受业主的监督。

第八十三条 【业主义务】业主应当遵守法律、法规以及管理规约。

业主大会和业主委员会,对任意弃置垃圾、排放污染物或者噪声、违反规定饲养动物、违章搭建、侵占通道、拒付物业费等损害他人合法权益的行为,有权依照法律、法规以及管理规约,要求行为人停止侵害、消除危险、排除妨害、赔偿损失。业主对侵害自己合法权益的行为,可以依法向人民法院提起诉讼。

第十二章 建设用地使用权

第一百三十五条 【建设用地使用权概念】建设用地使用权人依法对国家所有的土地享有占有、使用和收益的权利,有权利用该土地建造建筑物、构筑物及其附属设施。

第一百三十六条 【建设用地使用权分层设立】建设用地使用权可以在土地的地表、地上或者地下分别设立。新设立的建设用地使用权,不得损害已设立的用益物权。

第一百三十七条 【建设用地使用权的设立方式】设立建设用地使用权,可以采取出让或者划拨等方式。

工业、商业、旅游、娱乐和商品住宅等经营性用地以及同一土地有两个以上意向用地者的,应当采取招标、拍卖等公开竞价的方式出让。

严格限制以划拨方式设立建设用地使用权。采取划拨方式的,应当遵守法律、行政法规关于土地用途的规定。

第一百三十八条 【建设用地使用权出让合同内容】采取招标、拍卖、协议等出让方式设立建设用地使用权的,当事人应当采取书面形式订立建设用地使用权出让合同。

建设用地使用权出让合同一般包括下列条款:

(一)当事人的名称和住所;

(二)土地界址、面积等;

(三)建筑物、构筑物及其附属设施占用的空间;

(四)土地用途;

(五)使用期限;

(六)出让金等费用及其支付方式;

(七)解决争议的方法。

第一百三十九条 【建设用地使用权登记】设立建设用地使用权的,应当向登记机构申请建设用地使用权登记。建设用地使用权自登记时设立。登记机构应当向建设用地使用权人发放建设用地使用权证书。

第一百四十条 【土地用途】建设用地使用权人应当合理利用土地,不得改变土地用途;需要改变土地用途的,应当依法经有关行政主管部门批准。

第一百四十一条 【建设用地使用权人支付出

让金等费用的义务】建设用地使用权人应当依照法律规定以及合同约定支付出让金等费用。

第一百四十二条 【建设用地使用权人建造的建筑物等设施的权属】建设用地使用权人建造的建筑物、构筑物及其附属设施的所有权属于建设用地使用权人,但有相反证据证明的除外。

第一百四十三条 【建设用地使用权流转方式】建设用地使用权人有权将建设用地使用权转让、互换、出资、赠与或者抵押,但法律另有规定的除外。

第一百四十四条 【处分建设用地使用权的合同形式和期限】建设用地使用权转让、互换、出资、赠与或者抵押的,当事人应当采取书面形式订立相应的合同。使用期限由当事人约定,但不得超过建设用地使用权的剩余期限。

第一百四十五条 【建设用地使用权流转应当申请变更登记】建设用地使用权转让、互换、出资或者赠与的,应当向登记机构申请变更登记。

第一百四十六条 【建筑物等设施随建设用地使用权的流转而一并处分】建设用地使用权转让、互换、出资或者赠与的,附着于该土地上的建筑物、构筑物及其附属设施一并处分。

第一百四十七条 【建设用地使用权随建筑物等设施的流转而一并处分】建筑物、构筑物及其附属设施转让、互换、出资或者赠与的,该建筑物、构筑物及其附属设施占用范围内的建设用地使用权一并处分。

第一百四十八条 【建设用地使用权提前收回及其补偿】建设用地使用权期间届满前,因公共利益需要提前收回该土地的,应当依照本法第四十二条的规定对该土地上的房屋及其他不动产给予补偿,并退还相应的出让金。

第一百四十九条 【建设用地使用权续期及土地上的房屋及其他不动产归属】住宅建设用地使用权期间届满的,自动续期。

非住宅建设用地使用权期间届满后的续期,依照法律规定办理。该土地上的房屋及其他不动产的归属,有约定的,按照约定;没有约定或者约定不明确的,依照法律、行政法规的规定办理。

第一百五十条 【建设用地使用权注销登记】建设用地使用权消灭的,出让人应当及时办理注销登记。登记机构应当收回建设用地使用权证书。

第一百五十一条 【集体所有的土地作为建设用地的规定】集体所有的土地作为建设用地的,应当依照土地管理法等法律规定办理。

中华人民共和国合同法(节录)

1. 1999年3月15日第九届全国人民代表大会第二次会议通过

2. 1999年3月15日中华人民共和国主席令第15号公布

3. 自1999年10月1日起施行

总　　则

第一章　一般规定

第一条 【立法目的】为了保护合同当事人的合法权益,维护社会经济秩序,促进社会主义现代化建设,制定本法。

第二条 【合同定义】本法所称合同是平等主体的自然人、法人、其他组织之间设立、变更、终止民事权利义务关系的协议。

婚姻、收养、监护等有关身份关系的协议,适用其他法律的规定。

第三条 【平等原则】合同当事人的法律地位平等,一方不得将自己的意志强加给另一方。

第四条 【合同自由原则】当事人依法享有自愿订立合同的权利,任何单位和个人不得非法干预。

第五条 【公平原则】当事人应当遵循公平原则确定各方的权利和义务。

第六条 【诚实信用原则】当事人行使权利、履行义务应当遵循诚实信用原则。

第七条 【遵纪守法原则】当事人订立、履行合同,应当遵守法律、行政法规,尊重社会公德,不得扰乱社会经济秩序,损害社会公共利益。

第八条 【依合同履行义务原则】依法成立的合同,对当事人具有法律约束力。当事人应当按照约定履行自己的义务,不得擅自变更或者解除合同。

依法成立的合同,受法律保护。

第二章 合同的订立

第九条 【订立合同的能力】当事人订立合同,应当具有相应的民事权利能力和民事行为能力。

当事人依法可以委托代理人订立合同。

第十条 【合同的形式】当事人订立合同,有书面形式、口头形式和其他形式。

法律、行政法规规定采用书面形式的,应当采用书面形式。当事人约定采用书面形式的,应当采用书面形式。

第十一条 【书面形式】书面形式是指合同书、信件和数据电文(包括电报、电传、传真、电子数据交换和电子邮件)等可以有形地表现所载内容的形式。

第十二条 【合同内容】合同的内容由当事人约定,一般包括以下条款:

(一)当事人的名称或者姓名和住所;

(二)标的;

(三)数量;

(四)质量;

(五)价款或者报酬;

(六)履行期限、地点和方式;

(七)违约责任;

(八)解决争议的方法。

当事人可以参照各类合同的示范文本订立合同。

第十三条 【订立合同方式】当事人订立合同,采取要约、承诺方式。

第十四条 【要约】要约是希望和他人订立合同的意思表示,该意思表示应当符合下列规定:

(一)内容具体确定;

(二)表明经受要约人承诺,要约人即受该意思表示约束。

第十五条 【要约邀请】要约邀请是希望他人向自己发出要约的意思表示。寄送的价目表、拍卖公告、招标公告、招股说明书、商业广告等为要约邀请。

商业广告的内容符合要约规定的,视为要约。

第十六条 【要约的生效】要约到达受要约人时生效。

采用数据电文形式订立合同,收件人指定特定系统接收数据电文的,该数据电文进入该特定系统的时间,视为到达时间;未指定特定系统的,该数据电文进入收件人的任何系统的首次时间,视为到达时间。

第十七条 【要约的撤回】要约可以撤回。撤回要约的通知应当在要约到达受要约人之前或者与要约同时到达受要约人。

第十八条 【要约的撤销】要约可以撤销。撤销要约的通知应当在受要约人发出承诺通知之前到达受要约人。

第十九条 【要约不得撤销的情形】有下列情形之一的,要约不得撤销:

(一)要约人确定了承诺期限或者以其他形式明示要约不可撤销;

(二)受要约人有理由认为要约是不可撤销的,并已经为履行合同作了准备工作。

第二十条 【要约的失效】有下列情形之一的,要约失效:

(一)拒绝要约的通知到达要约人;

(二)要约人依法撤销要约;

(三)承诺期限届满,受要约人未作出承诺;

(四)受要约人对要约的内容作出实质性变更。

第二十一条 【承诺的定义】承诺是受要约人

同意要约的意思表示。

第二十二条 【承诺的方式】承诺应当以通知的方式作出，但根据交易习惯或者要约表明可以通过行为作出承诺的除外。

第二十三条 【承诺的期限】承诺应当在要约确定的期限内到达要约人。

要约没有确定承诺期限的，承诺应当依照下列规定到达：

（一）要约以对话方式作出的，应当即时作出承诺，但当事人另有约定的除外；

（二）要约以非对话方式作出的，承诺应当在合理期限内到达。

第二十四条 【承诺期限的起点】要约以信件或者电报作出的，承诺期限自信件载明的日期或者电报交发之日开始计算。信件未载明日期的，自投寄该信件的邮戳日期开始计算。要约以电话、传真等快速通讯方式作出的，承诺期限自要约到达受要约人时开始计算。

第二十五条 【合同成立时间】承诺生效时合同成立。

第二十六条 【承诺的生效】承诺通知到达要约人时生效。承诺不需要通知的，根据交易习惯或者要约的要求作出承诺的行为时生效。

采用数据电文形式订立合同的，承诺到达的时间适用本法第十六条第二款的规定。

第二十七条 【承诺的撤回】承诺可以撤回。撤回承诺的通知应当在承诺通知到达要约人之前或者与承诺通知同时到达要约人。

第二十八条 【新要约】受要约人超过承诺期限发出承诺的，除要约人及时通知受要约人该承诺有效的以外，为新要约。

第二十九条 【迟到的承诺】受要约人在承诺期限内发出承诺，按照通常情形能够及时到达要约人，但因其他原因承诺到达要约人时超过承诺期限的，除要约人及时通知受要约人因承诺超过期限不接受该承诺的以外，该承诺有效。

第三十条 【承诺的变更】承诺的内容应当与要约的内容一致。受要约人对要约的内容作出实质性变更的，为新要约。有关合同标的、数量、质量、价款或者报酬、履行期限、履行地点和方式、违约责任和解决争议方法等的变更，是对要约内容的实质性变更。

第三十一条 【承诺的内容】承诺对要约的内容作出非实质性变更的，除要约人及时表示反对或者要约表明承诺不得对要约的内容作出任何变更的以外，该承诺有效，合同的内容以承诺的内容为准。

第三十二条 【合同成立时间】当事人采用合同书形式订立合同的，自双方当事人签字或者盖章时合同成立。

第三十三条 【确认书与合同成立】当事人采用信件、数据电文等形式订立合同的，可以在合同成立之前要求签订确认书。签订确认书时合同成立。

第三十四条 【合同成立地点】承诺生效的地点为合同成立的地点。

采用数据电文形式订立合同的，收件人的主营业地为合同成立的地点；没有主营业地的，其经常居住地为合同成立的地点。当事人另有约定的，按照其约定。

第三十五条 【书面合同成立地点】当事人采用合同书形式订立合同的，双方当事人签字或者盖章的地点为合同成立的地点。

第三十六条 【书面合同与合同成立】法律、行政法规规定或者当事人约定采用书面形式订立合同，当事人未采用书面形式但一方已经履行主要义务，对方接受的，该合同成立。

第三十七条 【合同书与合同成立】采用合同书形式订立合同，在签字或者盖章之前，当事人一方已经履行主要义务，对方接受的，该合同成立。

第三十八条 【依国家计划订立合同】国家根据需要下达指令性任务或者国家订货任务的，有关法人、其他组织之间应当依照有关法律、行政法规规定的权利和义务订立合同。

第三十九条　【格式合同条款定义及使用人义务】采用格式条款订立合同的，提供格式条款的一方应当遵循公平原则确定当事人之间的权利和义务，并采取合理的方式提请对方注意免除或者限制其责任的条款，按照对方的要求，对该条款予以说明。

格式条款是当事人为了重复使用而预先拟定，并在订立合同时未与对方协商的条款。

第四十条　【格式合同条款的无效】格式条款具有本法第五十二条和第五十三条规定情形的，或者提供格式条款一方免除其责任、加重对方责任、排除对方主要权利的，该条款无效。

第四十一条　【格式合同的解释】对格式条款的理解发生争议的，应当按照通常理解予以解释。对格式条款有两种以上解释的，应当作出不利于提供格式条款一方的解释。格式条款和非格式条款不一致的，应当采用非格式条款。

第四十二条　【缔约过失】当事人在订立合同过程中有下列情形之一，给对方造成损失的，应当承担损害赔偿责任：

（一）假借订立合同，恶意进行磋商；

（二）故意隐瞒与订立合同有关的重要事实或者提供虚假情况；

（三）有其他违背诚实信用原则的行为。

第四十三条　【保密义务】当事人在订立合同过程中知悉的商业秘密，无论合同是否成立，不得泄露或者不正当地使用。泄露或者不正当地使用该商业秘密给对方造成损失的，应当承担损害赔偿责任。

第三章　合同的效力

第四十四条　【合同的生效】依法成立的合同，自成立时生效。

法律、行政法规规定应当办理批准、登记等手续生效的，依照其规定。

第四十五条　【附条件的合同】当事人对合同的效力可以约定附条件。附生效条件的合同，自条件成就时生效。附解除条件的合同，自条件成就时失效。

当事人为自己的利益不正当地阻止条件成就的，视为条件已成就；不正当地促成条件成就的，视为条件不成就。

第四十六条　【附期限的合同】当事人对合同的效力可以约定附期限。附生效期限的合同，自期限届至时生效。附终止期限的合同，自期限届满时失效。

第四十七条　【限制行为能力人订立的合同】限制民事行为能力人订立的合同，经法定代理人追认后，该合同有效，但纯获利益的合同或者与其年龄、智力、精神健康状况相适应而订立的合同，不必经法定代理人追认。

相对人可以催告法定代理人在一个月内予以追认。法定代理人未作表示的，视为拒绝追认。合同被追认之前，善意相对人有撤销的权利。撤销应当以通知的方式作出。

第四十八条　【无权代理人订立的合同】行为人没有代理权、超越代理权或者代理权终止后以被代理人名义订立的合同，未经被代理人追认，对被代理人不发生效力，由行为人承担责任。

相对人可以催告被代理人在一个月内予以追认。被代理人未作表示的，视为拒绝追认。合同被追认之前，善意相对人有撤销的权利。撤销应当以通知的方式作出。

第四十九条　【表见代理】行为人没有代理权、超越代理权或者代理权终止后以被代理人名义订立合同，相对人有理由相信行为人有代理权的，该代理行为有效。

第五十条　【法定代表人越权行为】法人或者其他组织的法定代表人、负责人超越权限订立的合同，除相对人知道或者应当知道其超越权限的以外，该代表行为有效。

第五十一条　【无处分权人订立的合同】无处

分权的人处分他人财产,经权利人追认或者无处分权的人订立合同后取得处分权的,该合同有效。

第五十二条 【合同无效的法定情形】有下列情形之一的,合同无效:

(一)一方以欺诈、胁迫的手段订立合同,损害国家利益;

(二)恶意串通,损害国家、集体或者第三人利益;

(三)以合法形式掩盖非法目的;

(四)损害社会公共利益;

(五)违反法律、行政法规的强制性规定。

第五十三条 【合同免责条款的无效】合同中的下列免责条款无效:

(一)造成对方人身伤害的;

(二)因故意或者重大过失造成对方财产损失的。

第五十四条 【可撤销合同】下列合同,当事人一方有权请求人民法院或者仲裁机构变更或者撤销:

(一)因重大误解订立的;

(二)在订立合同时显失公平的。

一方以欺诈、胁迫的手段或者乘人之危,使对方在违背真实意思的情况下订立的合同,受损害方有权请求人民法院或者仲裁机构变更或者撤销。

当事人请求变更的,人民法院或者仲裁机构不得撤销。

第五十五条 【撤销权的消灭】有下列情形之一的,撤销权消灭:

(一)具有撤销权的当事人自知道或者应当知道撤销事由之日起一年内没有行使撤销权;

(二)具有撤销权的当事人知道撤销事由后明确表示或者以自己的行为放弃撤销权。

第五十六条 【合同自始无效与部分有效】无效的合同或者被撤销的合同自始没有法律约束力。合同部分无效,不影响其他部分效力的,其他部分仍然有效。

第五十七条 【合同解决争议条款的效力】合同无效、被撤销或者终止的,不影响合同中独立存在的有关解决争议方法的条款的效力。

第五十八条 【合同无效或被撤销的法律后果】合同无效或者被撤销后,因该合同取得的财产,应当予以返还;不能返还或者没有必要返还的,应当折价补偿。有过错的一方应当赔偿对方因此所受到的损失,双方都有过错的,应当各自承担相应的责任。

第五十九条 【恶意串通获取财产的返还】当事人恶意串通,损害国家、集体或者第三人利益的,因此取得的财产收归国家所有或者返还集体、第三人。

第四章 合同的履行

第六十条 【严格履行与诚实信用】当事人应当按照约定全面履行自己的义务。

当事人应当遵循诚实信用原则,根据合同的性质、目的和交易习惯履行通知、协助、保密等义务。

第六十一条 【合同约定不明的补救】合同生效后,当事人就质量、价款或者报酬、履行地点等内容没有约定或者约定不明确的,可以协议补充;不能达成补充协议的,按照合同有关条款或者交易习惯确定。

第六十二条 【合同约定不明时的履行】当事人就有关合同内容约定不明确,依照本法第六十一条的规定仍不能确定的,适用下列规定:

(一)质量要求不明确的,按照国家标准、行业标准履行;没有国家标准、行业标准的,按照通常标准或者符合合同目的的特定标准履行。

(二)价款或者报酬不明确的,按照订立合同时履行地的市场价格履行;依法应当执行政府定价或者政府指导价的,按照规定履行。

(三)履行地点不明确,给付货币的,在

接受货币一方所在地履行；交付不动产的，在不动产所在地履行；其他标的，在履行义务一方所在地履行。

（四）履行期限不明确的，债务人可以随时履行，债权人也可以随时要求履行，但应当给对方必要的准备时间。

（五）履行方式不明确的，按照有利于实现合同目的的方式履行。

（六）履行费用的负担不明确的，由履行义务一方负担。

第六十三条 【交付期限与价格执行】执行政府定价或者政府指导价的，在合同约定的交付期限内政府价格调整时，按照交付时的价格计价。逾期交付标的物的，遇价格上涨时，按照原价格执行；价格下降时，按照新价格执行。逾期提取标的物或者逾期付款的，遇价格上涨时，按照新价格执行；价格下降时，按照原价格执行。

第六十四条 【向第三人履行合同】当事人约定由债务人向第三人履行债务的，债务人未向第三人履行债务或者履行债务不符合约定，应当向债权人承担违约责任。

第六十五条 【第三人不履行合同的责任承担】当事人约定由第三人向债权人履行债务的，第三人不履行债务或者履行债务不符合约定，债务人应当向债权人承担违约责任。

第六十六条 【同时履行抗辩权】当事人互负债务，没有先后履行顺序的，应当同时履行。一方在对方履行之前有权拒绝其履行要求。一方在对方履行债务不符合约定时，有权拒绝其相应的履行要求。

第六十七条 【先履行义务】当事人互负债务，有先后履行顺序，先履行一方未履行的，后履行一方有权拒绝其履行要求。先履行一方履行债务不符合约定的，后履行一方有权拒绝其相应的履行要求。

第六十八条 【不安抗辩权】应当先履行债务的当事人，有确切证据证明对方有下列情形之一的，可以中止履行：

（一）经营状况严重恶化；

（二）转移财产、抽逃资金，以逃避债务；

（三）丧失商业信誉；

（四）有丧失或者可能丧失履行债务能力的其他情形。

当事人没有确切证据中止履行的，应当承担违约责任。

第六十九条 【不安抗辩权的行使】当事人依照本法第六十八条的规定中止履行的，应当及时通知对方。对方提供适当担保时，应当恢复履行。中止履行后，对方在合理期限内未恢复履行能力并且未提供适当担保的，中止履行的一方可以解除合同。

第七十条 【因债权人原因致债务履行困难的处理】债权人分立、合并或者变更住所没有通知债务人，致使履行债务发生困难的，债务人可以中止履行或者将标的物提存。

第七十一条 【债务的提前履行】债权人可以拒绝债务人提前履行债务，但提前履行不损害债权人利益的除外。

债务人提前履行债务给债权人增加的费用，由债务人负担。

第七十二条 【债务的部分履行】债权人可以拒绝债务人部分履行债务，但部分履行不损害债权人利益的除外。

债务人部分履行债务给债权人增加的费用，由债务人负担。

第七十三条 【债权人的代位权】因债务人怠于行使其到期债权，对债权人造成损害的，债权人可以向人民法院请求以自己的名义代位行使债务人的债权，但该债权专属于债务人自身的除外。

代位权的行使范围以债权人的债权为限。债权人行使代位权的必要费用，由债务人负担。

第七十四条 【债权人的撤销权】因债务人放弃其到期债权或者无偿转让财产，对债权人造成损害的，债权人可以请求人民法院撤销债务人的行为。债务人以明显不合理的低价转让财产，对债权人造成损害，并且受让人知道该情形的,债权人也可以请求人民法院撤销债务人的行为。

撤销权的行使范围以债权人的债权为限。债权人行使撤销权的必要费用,由债务人负担。

第七十五条 **【撤销权的期间】**撤销权自债权人知道或者应当知道撤销事由之日起一年内行使。自债务人的行为发生之日起五年内没有行使撤销权的,该撤销权消灭。

第七十六条 **【当事人变化对合同履行的影响】**合同生效后,当事人不得因姓名、名称的变更或者法定代表人、负责人、承办人的变动而不履行合同义务。

第五章 合同的变更和转让

第七十七条 **【合同变更条件】**当事人协商一致,可以变更合同。

法律、行政法规规定变更合同应当办理批准、登记等手续的,依照其规定。

第七十八条 **【合同变更内容不明的处理】**当事人对合同变更的内容约定不明确的,推定为未变更。

第七十九条 **【债权的转让】**债权人可以将合同的权利全部或者部分转让给第三人,但有下列情形之一的除外:

(一)根据合同性质不得转让;

(二)按照当事人约定不得转让;

(三)依照法律规定不得转让。

第八十条 **【债权转让的通知义务】**债权人转让权利的,应当通知债务人。未经通知,该转让对债务人不发生效力。

债权人转让权利的通知不得撤销,但经受让人同意的除外。

第八十一条 **【从权利的转移】**债权人转让权利的,受让人取得与债权有关的从权利,但该从权利专属于债权人自身的除外。

第八十二条 **【债务人的抗辩权】**债务人接到债权转让通知后,债务人对让与人的抗辩,可以向受让人主张。

第八十三条 **【债务人的抵销权】**债务人接到债权转让通知时,债务人对让与人享有债权,并且债务人的债权先于转让的债权到期或者同时到期的,债务人可以向受让人主张抵销。

第八十四条 **【债权人同意】**债务人将合同的义务全部或者部分转移给第三人的,应当经债权人同意。

第八十五条 **【承担人的抗辩】**债务人转移义务的,新债务人可以主张原债务人对债权人的抗辩。

第八十六条 **【从债的转移】**债务人转移义务的,新债务人应当承担与主债务有关的从债务,但该从债务专属于原债务人自身的除外。

第八十七条 **【合同转让形式要件】**法律、行政法规规定转让权利或者转移义务应当办理批准、登记等手续的,依照其规定。

第八十八条 **【概括转让】**当事人一方经对方同意,可以将自己在合同中的权利和义务一并转让给第三人。

第八十九条 **【概括转让的效力】**权利和义务一并转让的,适用本法第七十九条、第八十一条至第八十三条、第八十五条至第八十七条的规定。

第九十条 **【新当事人的概括承受】**当事人订立合同后合并的,由合并后的法人或者其他组织行使合同权利,履行合同义务。当事人订立合同后分立的,除债权人和债务人另有约定的以外,由分立的法人或者其他组织对合同的权利和义务享有连带债权,承担连带债务。

第六章 合同的权利义务终止

第九十一条 **【合同消灭的原因】**有下列情形之一的,合同的权利义务终止:

(一)债务已经按照约定履行;

(二)合同解除;

(三)债务相互抵销;

(四)债务人依法将标的物提存;

(五)债权人免除债务;

（六）债权债务同归于一人；

（七）法律规定或者当事人约定终止的其他情形。

第九十二条　【合同终止后的义务】合同的权利义务终止后，当事人应当遵循诚实信用原则，根据交易习惯履行通知、协助、保密等义务。

第九十三条　【合同约定解除】当事人协商一致，可以解除合同。

当事人可以约定一方解除合同的条件。解除合同的条件成就时，解除权人可以解除合同。

第九十四条　【合同的法定解除】有下列情形之一的，当事人可以解除合同：

（一）因不可抗力致使不能实现合同目的；

（二）在履行期限届满之前，当事人一方明确表示或者以自己的行为表明不履行主要债务；

（三）当事人一方迟延履行主要债务，经催告后在合理期限内仍未履行；

（四）当事人一方迟延履行债务或者有其他违约行为致使不能实现合同目的；

（五）法律规定的其他情形。

第九十五条　【解除权消灭】法律规定或者当事人约定解除权行使期限，期限届满当事人不行使的，该权利消灭。

法律没有规定或者当事人没有约定解除权行使期限，经对方催告后在合理期限内不行使的，该权利消灭。

第九十六条　【解除权的行使】当事人一方依照本法第九十三条第二款、第九十四条的规定主张解除合同的，应当通知对方。合同自通知到达对方时解除。对方有异议的，可以请求人民法院或者仲裁机构确认解除合同的效力。

法律、行政法规规定解除合同应当办理批准、登记等手续的，依照其规定。

第九十七条　【解除的效力】合同解除后，尚未履行的，终止履行；已经履行的，根据履行情况和合同性质，当事人可以要求恢复原状、采取其他补救措施，并有权要求赔偿损失。

第九十八条　【结算、清理条款效力】合同的权利义务终止，不影响合同中结算和清理条款的效力。

第九十九条　【债务的抵销及行使】当事人互负到期债务，该债务的标的物种类、品质相同的，任何一方可以将自己的债务与对方的债务抵销，但依照法律规定或者按照合同性质不得抵销的除外。

当事人主张抵销的，应当通知对方。通知自到达对方时生效。抵销不得附条件或者附期限。

第一百条　【债务的约定抵销】当事人互负债务，标的物种类、品质不相同的，经双方协商一致，也可以抵销。

第一百零一条　【提存的要件】有下列情形之一，难以履行债务的，债务人可以将标的物提存：

（一）债权人无正当理由拒绝受领；

（二）债权人下落不明；

（三）债权人死亡未确定继承人或者丧失民事行为能力未确定监护人；

（四）法律规定的其他情形。

标的物不适于提存或者提存费用过高的，债务人依法可以拍卖或者变卖标的物，提存所得的价款。

第一百零二条　【提存后的通知】标的物提存后，除债权人下落不明的以外，债务人应当及时通知债权人或者债权人的继承人、监护人。

第一百零三条　【提存的效力】标的物提存后，毁损、灭失的风险由债权人承担。提存期间，标的物的孳息归债权人所有。提存费用由债权人负担。

第一百零四条　【提存物的受领及受领权消灭】债权人可以随时领取提存物，但债权人对债务人负有到期债务的，在债权人未履行债务或者提供担保之前，提存部门根据债务人的要求应当拒绝其领取提存物。

债权人领取提存物的权利，自提存之日起五年内不行使而消灭，提存物扣除提存费用后归国家所有。

第一百零五条 【免除的效力】债权人免除债务人部分或者全部债务的，合同的权利义务部分或者全部终止。

第一百零六条 【混同的效力】债权和债务同归于一人的，合同的权利义务终止，但涉及第三人利益的除外。

第七章 违约责任

第一百零七条 【违约责任】当事人一方不履行合同义务或者履行合同义务不符合约定的，应当承担继续履行、采取补救措施或者赔偿损失等违约责任。

第一百零八条 【拒绝履行】当事人一方明确表示或者以自己的行为表明不履行合同义务的，对方可以在履行期限届满之前要求其承担违约责任。

第一百零九条 【金钱债务的违约责任】当事人一方未支付价款或者报酬的，对方可以要求其支付价款或者报酬。

第一百一十条 【非金钱债务的违约责任】当事人一方不履行非金钱债务或者履行非金钱债务不符合约定的，对方可以要求履行，但有下列情形之一的除外：

（一）法律上或者事实上不能履行；

（二）债务的标的不适于强制履行或者履行费用过高；

（三）债权人在合理期限内未要求履行。

第一百一十一条 【瑕疵履行】质量不符合约定的，应当按照当事人的约定承担违约责任。对违约责任没有约定或者约定不明确，依照本法第六十一条的规定仍不能确定的，受损害方根据标的的性质以及损失的大小，可以合理选择要求对方承担修理、更换、重作、退货、减少价款或者报酬等违约责任。

第一百一十二条 【履行、补救措施后的损失赔偿】当事人一方不履行合同义务或者履行合同义务不符合约定的，在履行义务或者采取补救措施后，对方还有其他损失的，应当赔偿损失。

第一百一十三条 【损害赔偿的范围】当事人一方不履行合同义务或者履行合同义务不符合约定，给对方造成损失的，损失赔偿额应当相当于因违约所造成的损失，包括合同履行后可以获得的利益，但不得超过违反合同一方订立合同时预见到或者应当预见到的因违反合同可能造成的损失。

经营者对消费者提供商品或者服务有欺诈行为的，依照《中华人民共和国消费者权益保护法》的规定承担损害赔偿责任。

第一百一十四条 【违约金】当事人可以约定一方违约时应当根据违约情况向对方支付一定数额的违约金，也可以约定因违约产生的损失赔偿额的计算方法。

约定的违约金低于造成的损失的，当事人可以请求人民法院或者仲裁机构予以增加；约定的违约金过分高于造成的损失的，当事人可以请求人民法院或者仲裁机构予以适当减少。

当事人就迟延履行约定违约金的，违约方支付违约金后，还应当履行债务。

第一百一十五条 【定金】当事人可以依照《中华人民共和国担保法》约定一方向对方给付定金作为债权的担保。债务人履行债务后，定金应当抵作价款或者收回。给付定金的一方不履行约定的债务的，无权要求返还定金；收受定金的一方不履行约定的债务的，应当双倍返还定金。

第一百一十六条 【违约金与定金的选择】当事人既约定违约金，又约定定金的，一方违约时，对方可以选择适用违约金或者定金条款。

第一百一十七条 【不可抗力】因不可抗力不能履行合同的，根据不可抗力的影响，部分或者全部免除责任，但法律另有规定的除外。当事人迟延履行后发生不可抗力的，不能免除责任。

本法所称不可抗力，是指不能预见、不能避免并不能克服的客观情况。

第一百一十八条　【不可抗力的通知与证明】当事人一方因不可抗力不能履行合同的，应当及时通知对方，以减轻可能给对方造成的损失，并应当在合理期限内提供证明。

第一百一十九条　【减损规则】当事人一方违约后，对方应当采取适当措施防止损失的扩大；没有采取适当措施致使损失扩大的，不得就扩大的损失要求赔偿。

当事人因防止损失扩大而支出的合理费用，由违约方承担。

第一百二十条　【双方违约的责任】当事人双方都违反合同的，应当各自承担相应的责任。

第一百二十一条　【因第三人的过错造成的违约】当事人一方因第三人的原因造成违约的，应当向对方承担违约责任。当事人一方和第三人之间的纠纷，依照法律规定或者按照约定解决。

第一百二十二条　【责任竞合】因当事人一方的违约行为，侵害对方人身、财产权益的，受损害方有权选择依照本法要求其承担违约责任或者依照其他法律要求其承担侵权责任。

第八章　其他规定

第一百二十三条　【其他规定的适用】其他法律对合同另有规定的，依照其规定。

第一百二十四条　【无名合同】本法分则或者其他法律没有明文规定的合同，适用本法总则的规定，并可以参照本法分则或者其他法律最相类似的规定。

第一百二十五条　【合同解除】当事人对合同条款的理解有争议的，应当按照合同所使用的词句、合同的有关条款、合同的目的、交易习惯以及诚实信用原则，确定该条款的真实意思。

合同文本采用两种以上文字订立并约定具有同等效力的，对各文本使用的词句推定具有相同含义。各文本使用的词句不一致的，应当根据合同的目的予以解释。

第一百二十六条　【涉外合同】涉外合同的当事人可以选择处理合同争议所适用的法律，但法律另有规定的除外。涉外合同的当事人没有选择的，适用与合同有最密切联系的国家的法律。

在中华人民共和国境内履行的中外合资经营企业合同、中外合作经营企业合同、中外合作勘探开发自然资源合同，适用中华人民共和国法律。

第一百二十七条　【合同监督机关】工商行政管理部门和其他有关行政主管部门在各自的职权范围内，依照法律、行政法规的规定，对利用合同危害国家利益、社会公共利益的违法行为，负责监督处理；构成犯罪的，依法追究刑事责任。

第一百二十八条　【合同争议的解决】当事人可以通过和解或者调解解决合同争议。

当事人不愿和解、调解或者和解、调解不成的，可以根据仲裁协议向仲裁机构申请仲裁。涉外合同的当事人可以根据仲裁协议向中国仲裁机构或者其他仲裁机构申请仲裁。当事人没有订立仲裁协议或者仲裁协议无效的，可以向人民法院起诉。当事人应当履行发生法律效力的判决、仲裁裁决、调解书；拒不履行的，对方可以请求人民法院执行。

第一百二十九条　【特殊时效】因国际货物买卖合同和技术进出口合同争议提起诉讼或者申请仲裁的期限为四年，自当事人知道或者应当知道其权利受到侵害之日起计算。因其他合同争议提起诉讼或者申请仲裁的期限，依照有关法律的规定。

分　则

第九章　买卖合同

第一百三十条　【定义】买卖合同是出卖人转移标的物的所有权于买受人，买受人支付价款的合同。

第一百三十一条 【买卖合同的内容】买卖合同的内容除依照本法第十二条的规定以外,还可以包括包装方式、检验标准和方法、结算方式、合同使用的文字及其效力等条款。

第一百三十二条 【标的物】出卖的标的物,应当属于出卖人所有或者出卖人有权处分。

法律、行政法规禁止或者限制转让的标的物,依照其规定。

第一百三十三条 【标的物所有权转移时间】标的物的所有权自标的物交付时起转移,但法律另有规定或者当事人另有约定的除外。

第一百三十四条 【标的物所有权转移的约定】当事人可以在买卖合同中约定买受人未履行支付价款或者其他义务的,标的物的所有权属于出卖人。

第一百三十五条 【出卖人的基本义务】出卖人应当履行向买受人交付标的物或者交付提取标的物的单证,并转移标的物所有权的义务。

第一百三十六条 【有关单证和资料的交付】出卖人应当按照约定或者交易习惯向买受人交付提取标的物单证以外的有关单证和资料。

第一百三十七条 【知识产权归属】出卖具有知识产权的计算机软件等标的物的,除法律另有规定或者当事人另有约定的以外,该标的物的知识产权不属于买受人。

第一百三十八条 【交付的时间】出卖人应当按照约定的期限交付标的物。约定交付期间的,出卖人可以在该交付期间内的任何时间交付。

第一百三十九条 【交付时间的推定】当事人没有约定标的物的交付期限或者约定不明确的,适用本法第六十一条、第六十二条第四项的规定。

第一百四十条 【占有标的物与交付时间】标的物在订立合同之前已为买受人占有的,合同生效的时间为交付时间。

第一百四十一条 【交付的地点】出卖人应当按照约定的地点交付标的物。

当事人没有约定交付地点或者约定不明确,依照本法第六十一条的规定仍不能确定的,适用下列规定:

(一)标的物需要运输的,出卖人应当将标的物交付给第一承运人以运交给买受人;

(二)标的物不需要运输,出卖人和买受人订立合同时知道标的物在某一地点的,出卖人应当在该地点交付标的物;不知道标的物在某一地点的,应当在出卖人订立合同时的营业地交付标的物。

第一百四十二条 【标的物的风险负担】标的物毁损、灭失的风险,在标的物交付之前由出卖人承担,交付之后由买受人承担,但法律另有规定或者当事人另有约定的除外。

第一百四十三条 【买受人违约交付的风险承担】因买受人的原因致使标的物不能按照约定的期限交付的,买受人应当自违反约定之日起承担标的物毁损、灭失的风险。

第一百四十四条 【在途标的物的风险承担】出卖人出卖交由承运人运输的在途标的物,除当事人另有约定的以外,毁损、灭失的风险自合同成立时起由买受人承担。

第一百四十五条 【标的物交付给第一承运人后的风险承担】当事人没有约定交付地点或者约定不明确,依照本法第一百四十一条第二款第一项的规定标的物需要运输的,出卖人将标的物交付给第一承运人后,标的物毁损、灭失的风险由买受人承担。

第一百四十六条 【买受人不履行接收标的物义务的风险承担】出卖人按照约定或者依照本法第一百四十一条第二款第二项的规定将标的物置于交付地点,买受人违反约定没有收取的,标的物毁损、灭失的风险自违反约定之日起由买受人承担。

第一百四十七条 【未交付单证、资料与风险承担】出卖人按照约定未交付有关标的物的单证和资料的,不影响标的物毁损、灭失风险的转移。

第一百四十八条 【标的物的瑕疵担保责任】因标的物质量不符合质量要求,致使不能实现合同目的的,买受人可以拒绝接受标的物或者解除合同。买受人拒绝接受标的物或者解除合同的,标的物毁损、灭失的风险由出卖人承担。

第一百四十九条 【风险承担不影响瑕疵担保】标的物毁损、灭失的风险由买受人承担的,不影响因出卖人履行债务不符合约定,买受人要求其承担违约责任的权利。

第一百五十条 【标的物权利瑕疵担保】出卖人就交付的标的物,负有保证第三人不得向买受人主张任何权利的义务,但法律另有规定的除外。

第一百五十一条 【权利瑕疵担保责任和免除】买受人订立合同时知道或者应当知道第三人对买卖的标的物享有权利的,出卖人不承担本法第一百五十条规定的义务。

第一百五十二条 【中止支付价款权】买受人有确切证据证明第三人可能就标的物主张权利的,可以中止支付相应的价款,但出卖人提供适当担保的除外。

第一百五十三条 【标的物的瑕疵担保】出卖人应当按照约定的质量要求交付标的物。出卖人提供有关标的物质量说明的,交付的标的物应当符合该说明的质量要求。

第一百五十四条 【法定质量担保】当事人对标的物的质量要求没有约定或者约定不明确,依照本法第六十一条的规定仍不能确定的,适用本法第六十二条第一项的规定。

第一百五十五条 【承受人权利】出卖人交付的标的物不符合质量要求的,买受人可以依照本法第一百一十一条的规定要求承担违约责任。

第一百五十六条 【标的物包装方式】出卖人应当按照约定的包装方式交付标的物。对包装方式没有约定或者约定不明确,依照本法第六十一条的规定仍不能确定的,应当按照通用的方式包装,没有通用方式的,应当采取足以保护标的物的包装方式。

第一百五十七条 【买受人的检验义务】买受人收到标的物时应当在约定的检验期间内检验。没有约定检验期间的,应当及时检验。

第一百五十八条 【买受人的通知义务及免除】当事人约定检验期间的,买受人应当在检验期间内将标的物的数量或者质量不符合约定的情形通知出卖人。买受人怠于通知的,视为标的物的数量或者质量符合约定。

当事人没有约定检验期间的,买受人应当在发现或者应当发现标的物的数量或者质量不符合约定的合理期间内通知出卖人。买受人在合理期间内未通知或者自标的物收到之日起两年内未通知出卖人的,视为标的物的数量或者质量符合约定,但对标的物有质量保证期的,适用质量保证期,不适用该两年的规定。

出卖人知道或者应当知道提供的标的物不符合约定的,买受人不受前两款规定的通知时间的限制。

第一百五十九条 【买受人的基本义务】买受人应当按照约定的数额支付价款。对价款没有约定或者约定不明确的,适用本法第六十一条、第六十二条第二项的规定。

第一百六十条 【支付价款的地点】买受人应当按照约定的地点支付价款。对支付地点没有约定或者约定不明确,依照本法第六十一条的规定仍不能确定的,买受人应当在出卖人的营业地支付,但约定支付价款以交付标的物或者交付提取标的物单证为条件的,在交付标的物或者交付提取标的物单证的所在地支付。

第一百六十一条 【支付价款的时间】买受人应当按照约定的时间支付价款。对支付时间没有约定或者约定不明确,依照本法第六十一条的规定仍不能确定的,买受人应当在收到标的物或者提取标的物单证的同时支付。

第一百六十二条 【多交标的物的处理】出卖

人多交标的物的，买受人可以接收或者拒绝接收多交的部分。买受人接收多交部分的，按照合同的价格支付价款；买受人拒绝接收多交部分的，应当及时通知出卖人。

第一百六十三条 【标的物孳息的归属】标的物在交付之前产生的孳息，归出卖人所有，交付之后产生的孳息，归买受人所有。

第一百六十四条 【解除合同与主物的关系】因标的物的主物不符合约定而解除合同的，解除合同的效力及于从物。因标的物的从物不符合约定被解除的，解除的效力不及于主物。

第一百六十五条 【数物并存的合同解除】标的物为数物，其中一物不符合约定的，买受人可以就该物解除，但该物与他物分离使标的物的价值显受损害的，当事人可以就数物解除合同。

第一百六十六条 【分批交付标的物的合同解除】出卖人分批交付标的物的，出卖人对其中一批标的物不交付或者交付不符合约定，致使该批标的物不能实现合同目的的，买受人可以就该批标的物解除。

出卖人不交付其中一批标的物或者交付不符合约定，致使今后其他各批标的物的交付不能实现合同目的的，买受人可以就该批以及今后其他各批标的物解除。

买受人如果就其中一批标的物解除，该批标的物与其他各批标的物相互依存的，可以就已经交付和未交付的各批标的物解除。

第一百六十七条 【分期付款买卖中的合同解除】分期付款的买受人未支付到期价款的金额达到全部价款的五分之一的，出卖人可以要求买受人支付全部价款或者解除合同。

出卖人解除合同的，可以向买受人要求支付该标的物的使用费。

第一百六十八条 【样品买卖】凭样品买卖的当事人应当封存样品，并可以对样品质量予以说明。出卖人交付的标的物应当与样品及其说明的质量相同。

第一百六十九条 【样品买卖特殊责任】凭样品买卖的买受人不知道样品有隐蔽瑕疵的，即使交付的标的物与样品相同，出卖人交付的标的物的质量仍然应当符合同种物的通常标准。

第一百七十条 【试用买卖的试用期间】试用买卖的当事人可以约定标的物的试用期间。对试用期间没有约定或者约定不明确，依照本法第六十一条的规定仍不能确定的，由出卖人确定。

第一百七十一条 【买受人对标的物的认可】试用买卖的买受人在试用期内可以购买标的物，也可以拒绝购买。试用期间届满，买受人对是否购买标的物未作表示的，视为购买。

第一百七十二条 【招标投标买卖】招标投标买卖的当事人的权利和义务以及招标投标程序等，依照有关法律、行政法规的规定。

第一百七十三条 【拍卖】拍卖的当事人的权利和义务以及拍卖程序等，依照有关法律、行政法规的规定。

第一百七十四条 【买卖合同准用于有偿合同】法律对其他有偿合同有规定的，依照其规定；没有规定的，参照买卖合同的有关规定。

第一百七十五条 【互易合同】当事人约定易货交易，转移标的物的所有权的，参照买卖合同的有关规定。

第十二章 借款合同

第一百九十六条 【定义】借款合同是借款人向贷款人借款，到期返还借款并支付利息的合同。

第一百九十七条 【合同形式及主要条款】借款合同采用书面形式，但自然人之间借款另有约定的除外。

借款合同的内容包括借款种类、币种、用途、数额、利率、期限和还款方式等条款。

第一百九十八条 【合同的担保】订立借款合同，贷款人可以要求借款人提供担保。担保依照《中华人民共和国担保法》的规定。

第一百九十九条 【借款人提供其真实情况的义务】订立借款合同，借款人应当按照贷款人的要求提供与借款有关的业务活动和财务状况的真实情况。

第二百条 【利息的预先扣除】借款的利息不得预先在本金中扣除。利息预先在本金中扣除的，应当按照实际借款数额返还借款并计算利息。

第二百零一条 【贷款违约责任】贷款人未按照约定的日期、数额提供借款，造成借款人损失的，应当赔偿损失。

借款人未按照约定的日期、数额收取借款的，应当按照约定的日期、数额支付利息。

第二百零二条 【贷款人的检查、监督权】贷款人按照约定可以检查、监督借款的使用情况。借款人应当按照约定向贷款人定期提供有关财务会计报表等资料。

第二百零三条 【借款使用的限制】借款人未按照约定的借款用途使用借款的，贷款人可以停止发放借款、提前收回借款或者解除合同。

第二百零四条 【利率】办理贷款业务的金融机构贷款的利率，应当按照中国人民银行规定的贷款利率的上下限确定。

第二百零五条 【利息的支付】借款人应当按照约定的期限支付利息。对支付利息的期限没有约定或者约定不明确，依照本法第六十一条的规定仍不能确定，借款期间不满一年的，应当在返还借款时一并支付；借款期间一年以上的，应当在每届满一年时支付，剩余期间不满一年的，应当在返还借款时一并支付。

第二百零六条 【借款的返还期限】借款人应当按照约定的期限返还借款。对借款期限没有约定或者约定不明确，依照本法第六十一条的规定仍不能确定的，借款人可以随时返还；贷款人可以催告借款人在合理期限内返还。

第二百零七条 【逾期利息】借款人未按照约定的期限返还借款的，应当按照约定或者国家有关规定支付逾期利息。

第二百零八条 【提前偿还借款的利息计算】借款人提前偿还借款的，除当事人另有约定的以外，应当按照实际借款的期间计算利息。

第二百零九条 【借款展期】借款人可以在还款期限届满之前向贷款人申请展期。贷款人同意的，可以展期。

第二百一十条 【自然人间借款合同的生效时间】自然人之间的借款合同，自贷款人提供借款时生效。

第二百一十一条 【自然人间借款合同的利率】自然人之间的借款合同对支付利息没有约定或者约定不明确的，视为不支付利息。

自然人之间的借款合同约定支付利息的，借款的利率不得违反国家有关限制借款利率的规定。

第十三章 租赁合同

第二百一十二条 【定义】租赁合同是出租人将租赁物交付承租人使用、收益，承租人支付租金的合同。

第二百一十三条 【合同的主要条款】租赁合同的内容包括租赁物的名称、数量、用途、租赁期限、租金及其支付期限和方式、租赁物维修等条款。

第二百一十四条 【租赁期限】租赁期限不得超过二十年。超过二十年的，超过部分无效。

租赁期间届满，当事人可以续订租赁合同，但约定的租赁期限自续订之日起不得超过二十年。

第二百一十五条 【租赁合同的形式】租赁期限六个月以上的，应当采用书面形式。当事人未采用书面形式的，视为不定期租赁。

第二百一十六条 【出租人基本义务】出租人应当按照约定将租赁物交付承租人，并在租赁期间保持租赁物符合约定的用途。

第二百一十七条 【承租人基本义务】承租人应当按照约定的方法使用租赁物。对租赁物的使用方法没有约定或者约定不明确，依照本法第六十一条的规定仍不能确定的，应当按照租赁物的性质使用。

第二百一十八条 【正当使用租赁物的责任】承租人按照约定的方法或者租赁物的性质使用租赁物，致使租赁物受到损耗的，不承担损害赔偿责任。

第二百一十九条 【未正当使用租赁物的责任】承租人未按照约定的方法或者租赁物的性质使用租赁物，致使租赁物受到损失的，出租人可以解除合同并要求赔偿损失。

第二百二十条 【租赁物的维修】出租人应当履行租赁物的维修义务，但当事人另有约定的除外。

第二百二十一条 【出租人履行维修义务】承租人在租赁物需要维修时可以要求出租人在合理期限内维修。出租人未履行维修义务的，承租人可以自行维修，维修费用由出租人负担。因维修租赁物影响承租人使用的，应当相应减少租金或者延长租期。

第二百二十二条 【租赁物的保管】承租人应当妥善保管租赁物，因保管不善造成租赁物毁损、灭失的，应当承担损害赔偿责任。

第二百二十三条 【租赁物的改善】承租人经出租人同意，可以对租赁物进行改善或者增设他物。

承租人未经出租人同意，对租赁物进行改善或者增设他物的，出租人可以要求承租人恢复原状或者赔偿损失。

第二百二十四条 【转租】承租人经出租人同意，可以将租赁物转租给第三人。承租人转租的，承租人与出租人之间的租赁合同继续有效，第三人对租赁物造成损失的，承租人应当赔偿损失。

承租人未经出租人同意转租的，出租人可以解除合同。

第二百二十五条 【租赁物的收益】在租赁期间因占有、使用租赁物获得的收益，归承租人所有，但当事人另有约定的除外。

第二百二十六条 【支付租金的期限】承租人应当按照约定的期限支付租金。对支付期限没有约定或者约定不明确，依照本法第六十一条的规定仍不能确定，租赁期间不满一年的，应当在租赁期间届满时支付；租赁期间一年以上的，应当在每届满一年时支付，剩余期间不满一年的，应当在租赁期间届满时支付。

第二百二十七条 【租金的未支付、迟延支付和逾期不支付】承租人无正当理由未支付或者迟延支付租金的，出租人可以要求承租人在合理期限内支付。承租人逾期不支付的，出租人可以解除合同。

第二百二十八条 【租赁物的权利瑕疵】因第三人主张权利，致使承租人不能对租赁物使用、收益的，承租人可以要求减少租金或者不支付租金。

第三人主张权利的，承租人应当及时通知出租人。

第二百二十九条 【所有权变动后的合同效力】租赁物在租赁期间发生所有权变动的，不影响租赁合同的效力。

第二百三十条 【优先购买权】出租人出卖租赁房屋的，应当在出卖之前的合理期限内通知承租人，承租人享有以同等条件优先购买的权利。

第二百三十一条 【租赁物的灭失】因不可归责于承租人的事由，致使租赁物部分或者全部毁损、灭失的，承租人可以要求减少租金或者不支付租金；因租赁物部分或者全部毁损、灭失，致使不能实现合同目的的，承租人可以解除合同。

第二百三十二条 【租期不明的处理】当事人对租赁期限没有约定或者约定不明确，依照本法第六十一条的规定仍不能确定的，视为不定期租赁。当事人可以随时解除合同，但出租人解除合同应当在合理期限之前通知承租人。

第二百三十三条 【租赁物的瑕疵担保】租赁物危及承租人的安全或者健康的,即使承租人订立合同时明知该租赁物质量不合格,承租人仍然可以随时解除合同。

第二百三十四条 【共同居住人的居住权】承租人在房屋租赁期间死亡的,与其生前共同居住的人可以按照原租赁合同租赁该房屋。

第二百三十五条 【租赁物的返还】租赁期间届满,承租人应当返还租赁物。返还的租赁物应当符合按照约定或者租赁物的性质使用后的状态。

第二百三十六条 【续租】租赁期间届满,承租人继续使用租赁物,出租人没有提出异议的,原租赁合同继续有效,但租赁期限为不定期。

第十五章 承揽合同

第二百五十一条 【定义】承揽合同是承揽人按照定作人的要求完成工作,交付工作成果,定作人给付报酬的合同。

承揽包括加工、定作、修理、复制、测试、检验等工作。

第二百五十二条 【合同的主要条款】承揽合同的内容包括承揽的标的、数量、质量、报酬、承揽方式、材料的提供、履行期限、验收标准和方法等条款。

第二百五十三条 【承揽工作的完成】承揽人应当以自己的设备、技术和劳力,完成主要工作,但当事人另有约定的除外。

承揽人将其承揽的主要工作交由第三人完成的,应当就该第三人完成的工作成果向定作人负责;未经定作人同意的,定作人也可以解除合同。

第二百五十四条 【承揽人对辅助性工作的责任】承揽人可以将其承揽的辅助工作交由第三人完成。承揽人将其承揽的辅助工作交由第三人完成的,应当就该第三人完成的工作成果向定作人负责。

第二百五十五条 【承揽人提供材料的义务】承揽人提供材料的,承揽人应当按照约定选用材料,并接受定作人检验。

第二百五十六条 【定作人提供材料及双方义务】定作人提供材料的,定作人应当按照约定提供材料。承揽人对定作人提供的材料,应当及时检验,发现不符合约定时,应当及时通知定作人更换、补齐或者采取其他补救措施。

承揽人不得擅自更换定作人提供的材料,不得更换不需要修理的零部件。

第二百五十七条 【承揽人的通知义务】承揽人发现定作人提供的图纸或者技术要求不合理的,应当及时通知定作人。因定作人怠于答复等原因造成承揽人损失的,应当赔偿损失。

第二百五十八条 【中途变更工作要求的责任】定作人中途变更承揽工作的要求,造成承揽人损失的,应当赔偿损失。

第二百五十九条 【定作人的协助义务】承揽工作需要定作人协助的,定作人有协助的义务。

定作人不履行协助义务致使承揽工作不能完成的,承揽人可以催告定作人在合理期限内履行义务,并可以顺延履行期限;定作人逾期不履行的,承揽人可以解除合同。

第二百六十条 【承揽人接受监督检查的义务】承揽人在工作期间,应当接受定作人必要的监督检验。定作人不得因监督检验妨碍承揽人的正常工作。

第二百六十一条 【验收质量保证】承揽人完成工作的,应当向定作人交付工作成果,并提交必要的技术资料和有关质量证明。定作人应当验收该工作成果。

第二百六十二条 【质量不合约定的责任】承揽人交付的工作成果不符合质量要求的,定作人可以要求承揽人承担修理、重作、减少报酬、赔偿损失等违约责任。

第二百六十三条 【支付报酬期限】定作人应当按照约定的期限支付报酬。对支付报酬的期限没有约定或者约定不明确，依照本法第六十一条的规定仍不能确定的，定作人应当在承揽人交付工作成果时支付；工作成果部分交付的，定作人应当相应支付。

第二百六十四条 【承揽人的留置权】定作人未向承揽人支付报酬或者材料费等价款的，承揽人对完成的工作成果享有留置权，但当事人另有约定的除外。

第二百六十五条 【材料的保管】承揽人应当妥善保管定作人提供的材料以及完成的工作成果，因保管不善造成毁损、灭失的，应当承担损害赔偿责任。

第二百六十六条 【承揽人的保密义务】承揽人应当按照定作人的要求保守秘密，未经定作人许可，不得留存复制品或者技术资料。

第二百六十七条 【共同承揽】共同承揽人对定作人承担连带责任，但当事人另有约定的除外。

第二百六十八条 【定作人的解除权】定作人可以随时解除承揽合同，造成承揽人损失的，应当赔偿损失。

第十六章 建设工程合同

第二百六十九条 【定义】建设工程合同是承包人进行工程建设，发包人支付价款的合同。

建设工程合同包括工程勘察、设计、施工合同。

第二百七十条 【合同形式】建设工程合同应当采用书面形式。

第二百七十一条 【招标投标】建设工程的招标投标活动，应当依照有关法律的规定公开、公平、公正进行。

第二百七十二条 【总包与分包】发包人可以与总承包人订立建设工程合同，也可以分别与勘察人、设计人、施工人订立勘察、设计、施工承包合同。发包人不得将应当由一个承包人完成的建设工程肢解成若干部分发包给几个承包人。

总承包人或者勘察、设计、施工承包人经发包人同意，可以将自己承包的部分工作交由第三人完成。第三人就其完成的工作成果与总承包人或者勘察、设计、施工承包人向发包人承担连带责任。承包人不得将其承包的全部建设工程转包给第三人或者将其承包的全部建设工程肢解以后以分包的名义分别转包给第三人。

禁止承包人将工程分包给不具备相应资质条件的单位。禁止分包单位将其承包的工程再分包。建设工程主体结构的施工必须由承包人自行完成。

第二百七十三条 【重大建设工程合同的订立】国家重大建设工程合同，应当按照国家规定的程序和国家批准的投资计划、可行性研究报告等文件订立。

第二百七十四条 【勘察、设计合同主要内容】勘察、设计合同的内容包括提交有关基础资料和文件（包括概预算）的期限、质量要求、费用以及其他协作条件等条款。

第二百七十五条 【施工合同主要条款】施工合同的内容包括工程范围、建设工期、中间交工工程的开工和竣工时间、工程质量、工程造价、技术资料交付时间、材料和设备供应责任、拨款和结算、竣工验收、质量保修范围和质量保证期、双方相互协作等条款。

第二百七十六条 【建设工程监理】建设工程实行监理的，发包人应当与监理人采用书面形式订立委托监理合同。发包人与监理人的权利和义务以及法律责任，应当依照本法委托合同以及其他有关法律、行政法规的规定。

第二百七十七条 【发包人检查权】发包人在不妨碍承包人正常作业的情况下，可以随时对作业进度、质量进行检查。

第二百七十八条 【隐蔽工程的验收】隐蔽工程在隐蔽以前，承包人应当通知发包人检查。发包人没有及时检查的，承包人可以顺延工程日期，并有权要求赔偿停工、窝工等损失。

第二百七十九条 【竣工验收】建设工程竣工

后，发包人应当根据施工图纸及说明书、国家颁发的施工验收规范和质量检验标准及时进行验收。验收合格的，发包人应当按照约定支付价款，并接收该建设工程。

建设工程竣工经验收合格后，方可交付使用；未经验收或者验收不合格的，不得交付使用。

第二百八十条　【勘察、设计人质量责任】勘察、设计的质量不符合要求或者未按照期限提交勘察、设计文件拖延工期，造成发包人损失的，勘察人、设计人应当继续完善勘察、设计，减收或者免收勘察、设计费并赔偿损失。

第二百八十一条　【施工人的质量责任】因施工人的原因致使建设工程质量不符合约定的，发包人有权要求施工人在合理期限内无偿修理或者返工、改建。经过修理或者返工、改建后，造成逾期交付的，施工人应当承担违约责任。

第二百八十二条　【质量保证责任】因承包人的原因致使建设工程在合理使用期限内造成人身和财产损害的，承包人应当承担损害赔偿责任。

第二百八十三条　【发包人违约责任】发包人未按照约定的时间和要求提供原材料、设备、场地、资金、技术资料的，承包人可以顺延工程日期，并有权要求赔偿停工、窝工等损失。

第二百八十四条　【发包人原因致工程停建、缓建的责任】因发包人的原因致使工程中途停建、缓建的，发包人应当采取措施弥补或者减少损失，赔偿承包人因此造成的停工、窝工、倒运、机械设备调迁、材料和构件积压等损失和实际费用。

第二百八十五条　【发包人原因致勘察、设计、返工、停工或修改设计的责任】因发包人变更计划，提供的资料不准确，或者未按照期限提供必需的勘察、设计工作条件而造成勘察、设计的返工、停工或者修改设计，发包人应当按照勘察人、设计人实际消耗的工作量增付费用。

第二百八十六条　【工程价款的支付】发包人未按照约定支付价款的，承包人可以催告发包人在合理期限内支付价款。发包人逾期不支付的，除按照建设工程的性质不宜折价、拍卖的以外，承包人可以与发包人协议将该工程折价，也可以申请人民法院将该工程依法拍卖。建设工程的价款就该工程折价或者拍卖的价款优先受偿。

第二百八十七条　【适用承揽合同的规定】本章没有规定的，适用承揽合同的有关规定。

第二十一章　委托合同

第三百九十六条　【定义】委托合同是委托人和受托人约定，由受托人处理委托人事务的合同。

第三百九十七条　【委托范围】委托人可以特别委托受托人处理一项或者数项事务，也可以概括委托受托人处理一切事务。

第三百九十八条　【委托费用】委托人应当预付处理委托事务的费用。受托人为处理委托事务垫付的必要费用，委托人应当偿还该费用及其利息。

第三百九十九条　【受托人服从指示的义务】受托人应当按照委托人的指示处理委托事务。需要变更委托人指示的，应当经委托人同意；因情况紧急，难以和委托人取得联系的，受托人应当妥善处理委托事务，但事后应当将该情况及时报告委托人。

第四百条　【亲自处理及转委托】受托人应当亲自处理委托事务。经委托人同意，受托人可以转委托。转委托经同意的，委托人可以就委托事务直接指示转委托的第三人，受托人仅就第三人的选任及其对第三人的指示承担责任。转委托未经同意的，受托人应当对转委托的第三人的行为承担责任，但在紧急情况下受托人为维护委托人的利益需要转委托的除外。

第四百零一条　【受托人的报告义务】受托人应当按照委托人的要求，报告委托事务的处理情况。委托合同终止时,受托人应当报告委托事务的结果。

第四百零二条　【委托人的介入权】受托人以自己的名义,在委托人的授权范围内与第三人订立的合同,第三人在订立合同时知道受托人与委托人之间的代理关系的,该合同直接约束委托人和第三人,但有确切证据证明该合同只约束受托人和第三人的除外。

第四百零三条　【委托人对第三人的权利及第三人选择相对人的权利】受托人以自己的名义与第三人订立合同时,第三人不知道受托人与委托人之间的代理关系的,受托人因第三人的原因对委托人不履行义务,受托人应当向委托人披露第三人,委托人因此可以行使受托人对第三人的权利,但第三人与受托人订立合同时如果知道该委托人就不会订立合同的除外。

受托人因委托人的原因对第三人不履行义务,受托人应当向第三人披露委托人,第三人因此可以选择受托人或者委托人作为相对人主张其权利,但第三人不得变更选定的相对人。

委托人行使受托人对第三人的权利的,第三人可以向委托人主张其对受托人的抗辩。第三人选定委托人作为其相对人的,委托人可以向第三人主张其对受托人的抗辩以及受托人对第三人的抗辩。

第四百零四条　【受托人交付财产义务】受托人处理委托事务取得的财产,应当转交给委托人。

第四百零五条　【委托人支付报酬的义务】受托人完成委托事务的,委托人应当向其支付报酬。因不可归责于受托人的事由,委托合同解除或者委托事务不能完成的,委托人应当向受托人支付相应的报酬。当事人另有约定的,按照其约定。

第四百零六条　【受托人的损害赔偿责任】有偿的委托合同,因受托人的过错给委托人造成损失的,委托人可以要求赔偿损失。无偿的委托合同,因受托人的故意或者重大过失给委托人造成损失的,委托人可以要求赔偿损失。

受托人超越权限给委托人造成损失的,应当赔偿损失。

第四百零七条　【委托人的赔偿责任】受托人处理委托事务时,因不可归责于自己的事由受到损失的,可以向委托人要求赔偿损失。

第四百零八条　【另行委托】委托人经受托人同意,可以在受托人之外委托第三人处理委托事务。因此给受托人造成损失的,受托人可以向委托人要求赔偿损失。

第四百零九条　【受托人的连带责任】两个以上的受托人共同处理委托事务的,对委托人承担连带责任。

第四百一十条　【任意解除权】委托人或者受托人可以随时解除委托合同。因解除合同给对方造成损失的,除不可归责于该当事人的事由以外,应当赔偿损失。

第四百一十一条　【委托合同的终止】委托人或者受托人死亡、丧失民事行为能力或者破产的,委托合同终止,但当事人另有约定或者根据委托事务的性质不宜终止的除外。

第四百一十二条　【受托人的后合同义务】因委托人死亡、丧失民事行为能力或者破产,致使委托合同终止将损害委托人利益的,在委托人的继承人、法定代理人或者清算组织承受委托事务之前,受托人应当继续处理委托事务。

第四百一十三条　【受托人死亡后其继承人等的义务】因受托人死亡、丧失民事行为能力或者破产,致使委托合同终止的,受托人的继承人、法定代理人或者清算组织应当及时通知委托人。因委托合同终止将损害委托人利益的,在委托人作出善后处理之前,受托人的继承人、法定代理人或者清算组织应当采取必要措施。

第二十二章　行纪合同

第四百一十四条　【定义】行纪合同是行纪人

以自己的名义为委托人从事贸易活动,委托人支付报酬的合同。

第四百一十五条 【处理委托事务的费用承担】行纪人处理委托事务支出的费用,由行纪人负担,但当事人另有约定的除外。

第四百一十六条 【行纪人对委托物的保管义务】行纪人占有委托物的,应当妥善保管委托物。

第四百一十七条 【委托物的处理】委托物交付给行纪人时有瑕疵或者容易腐烂、变质的,经委托人同意,行纪人可以处分该物;和委托人不能及时取得联系的,行纪人可以合理处分。

第四百一十八条 【未按指示进行行纪活动的后果】行纪人低于委托人指定的价格卖出或者高于委托人指定的价格买入的,应当经委托人同意。未经委托人同意,行纪人补偿其差额的,该买卖对委托人发生效力。

行纪人高于委托人指定的价格卖出或者低于委托人指定的价格买入的,可以按照约定增加报酬。没有约定或者约定不明确,依照本法第六十一条的规定仍不能确定的,该利益属于委托人。

委托人对价格有特别指示的,行纪人不得违背该指示卖出或者买入。

第四百一十九条 【行纪人的介入权】行纪人卖出或者买入具有市场定价的商品,除委托人有相反的意思表示的以外,行纪人自己可以作为买受人或者出卖人。

行纪人有前款规定情形的,仍然可以要求委托人支付报酬。

第四百二十条 【委托物的处置】行纪人按照约定买入委托物,委托人应当及时受领。经行纪人催告,委托人无正当理由拒绝受领的,行纪人依照本法第一百零一条的规定可以提存委托物。

委托物不能卖出或者委托人撤回出卖,经行纪人催告,委托人不取回或者不处分该物的,行纪人依照本法第一百零一条的规定可以提存委托物。

第四百二十一条 【行纪人与第三人的关系】行纪人与第三人订立合同的,行纪人对该合同直接享有权利、承担义务。

第三人不履行义务致使委托人受到损害的,行纪人应当承担损害赔偿责任,但行纪人与委托人另有约定的除外。

第四百二十二条 【行纪人的报酬请求权及留置权】行纪人完成或者部分完成委托事务的,委托人应当向其支付相应的报酬。委托人逾期不支付报酬的,行纪人对委托物享有留置权,但当事人另有约定的除外。

第四百二十三条 【对委托合同的适用】本章没有规定的,适用委托合同的有关规定。

第二十三章 居间合同

第四百二十四条 【定义】居间合同是居间人向委托人报告订立合同的机会或者提供订立合同的媒介服务,委托人支付报酬的合同。

第四百二十五条 【居间人如实报告义务】居间人应当就有关订立合同的事项向委托人如实报告。

居间人故意隐瞒与订立合同有关的重要事实或者提供虚假情况,损害委托人利益的,不得要求支付报酬并应当承担损害赔偿责任。

第四百二十六条 【居间人的报酬请求权】居间人促成合同成立的,委托人应当按照约定支付报酬。对居间人的报酬没有约定或者约定不明确,依照本法第六十一条的规定仍不能确定的,根据居间人的劳务合理确定。因居间人提供订立合同的媒介服务而促成合同成立的,由该合同的当事人平均负担居间人的报酬。

居间人促成合同成立的,居间活动的费用,由居间人负担。

第四百二十七条 【未促成合同成立的处理】居间人未促成合同成立的,不得要求支付报酬,但可以要求委托人支付从事居间活动支出的必要费用。

最高人民法院关于适用《中华人民共和国合同法》若干问题的解释(一)

1. 1999年12月1日最高人民法院审判委员会第1090次会议通过
2. 1999年12月19日公布
3. 法释〔1999〕19号
4. 自1999年12月29日起施行

为了正确审理合同纠纷案件,根据《中华人民共和国合同法》(以下简称合同法)的规定,对人民法院适用合同法的有关问题作出如下解释:

一、法律适用范围

第一条 合同法实施以后成立的合同发生纠纷起诉到人民法院的,适用合同法的规定;合同法实施以前成立的合同发生纠纷起诉到人民法院的,除本解释另有规定的以外,适用当时的法律规定,当时没有法律规定的,可以适用合同法的有关规定。

第二条 合同成立于合同法实施之前,但合同约定的履行期限跨越合同法实施之日或者履行期限在合同法实施之后,因履行合同发生的纠纷,适用合同法第四章的有关规定。

第三条 人民法院确认合同效力时,对合同法实施以前成立的合同,适用当时的法律合同无效而适用合同法合同有效的,则适用合同法。

第四条 合同法实施以后,人民法院确认合同无效,应当以全国人大及其常委会制定的法律和国务院制定的行政法规为依据,不得以地方性法规、行政规章为依据。

第五条 人民法院对合同法实施以前已经作出终审裁决的案件进行再审,不适用合同法。

二、诉讼时效

第六条 技术合同争议当事人的权利受到侵害的事实发生在合同法实施之前,自当事人知道或者应当知道其权利受到侵害之日起至合同法实施之日超过1年的,人民法院不予保护;尚未超过一年的,其提起诉讼的时效期间为2年。

第七条 技术进出口合同争议当事人的权利受到侵害的事实发生在合同法实施之前,自当事人知道或者应当知道其权利受到侵害之日起至合同法施行之日超过2年的,人民法院不予保护;尚未超过2年的,其提起诉讼的时效期间为4年。

第八条 合同法第五十五条规定的“1年”、第七十五条和第一百零四条第二款规定的“5年”为不变期间,不适用诉讼时效中止、中断或者延长的规定。

三、合同效力

第九条 依照合同法第四十四条第二款的规定,法律、行政法规规定合同应当办理批准手续,或者办理批准、登记等手续才生效,在一审法庭辩论终结前当事人仍未办理批准手续的,或者仍未办理批准、登记等手续的,人民法院应当认定该合同未生效;法律、行政法规规定合同应当办理登记手续,但未规定登记后生效的,当事人未办理登记手续不影响合同的效力,合同标的物所有权及其他物权不能转移。

合同法第七十七条第二款、第八十七条、第九十六条第二款所列合同变更、转让、解除等情形,依照前款规定处理。

第十条 当事人超越经营范围订立合同,人民法院不因此认定合同无效。但违反国家限制经营、特许经营以及法律、行政法规禁止经营规定的除外。

四、代位权

第十一条 债权人依照合同法第七十三条的规定提起代位权诉讼,应当符合下列条件:

(一)债权人对债务人的债权合法;

(二)债务人怠于行使其到期债权,对债权人造成损害;

(三)债务人的债权已到期;

（四）债务人的债权不是专属于债务人自身的债权。

第十二条 合同法第七十三条第一款规定的专属于债务人自身的债权，是指基于扶养关系、抚养关系、赡养关系、继承关系产生的给付请求权和劳动报酬、退休金、养老金、抚恤金、安置费、人寿保险、人身伤害赔偿请求权等权利。

第十三条 合同法第七十三条规定的“债务人怠于行使其到期债权，对债权人造成损害的”，是指债务人不履行其对债权人的到期债务，又不以诉讼方式或者仲裁方式向其债务人主张其享有的具有金钱给付内容的到期债权，致使债权人的到期债权未能实现。

次债务人（即债务人的债务人）不认为债务人有怠于行使其到期债权情况的，应当承担举证责任。

第十四条 债权人依照合同法第七十三条的规定提起代位权诉讼的，由被告住所地人民法院管辖。

第十五条 债权人向人民法院起诉债务人以后，又向同一人民法院对次债务人提起代位权诉讼，符合本解释第十三条的规定和《中华人民共和国民事诉讼法》第一百零八条规定的起诉条件的，应当立案受理；不符合本解释第十三条规定的，告知债权人向次债务人住所地人民法院另行起诉。

受理代位权诉讼的人民法院在债权人起诉债务人的诉讼裁决发生法律效力以前，应当依照《中华人民共和国民事诉讼法》第一百三十六条第（五）项的规定中止代位权诉讼。

第十六条 债权人以次债务人为被告向人民法院提起代位权诉讼，未将债务人列为第三人的，人民法院可以追加债务人为第三人。

两个或者两个以上债权人以同一次债务人为被告提起代位权诉讼的，人民法院可以合并审理。

第十七条 在代位权诉讼中，债权人请求人民法院对次债务人的财产采取保全措施的，应当提供相应的财产担保。

第十八条 在代位权诉讼中，次债务人对债务人的抗辩，可以向债权人主张。

债务人在代位权诉讼中对债权人的债权提出异议，经审查异议成立的，人民法院应当裁定驳回债权人的起诉。

第十九条 在代位权诉讼中，债权人胜诉的，诉讼费由次债务人负担，从实现的债权中优先支付。

第二十条 债权人向次债务人提起的代位权诉讼经人民法院审理后认定代位权成立的，由次债务人向债权人履行清偿义务，债权人与债务人、债务人与次债务人之间相应的债权债务关系即予消灭。

第二十一条 在代位权诉讼中，债权人行使代位权的请求数额超过债务人所负债务额或者超过次债务人对债务人所负债务额的，对超出部分人民法院不予支持。

第二十二条 债务人在代位权诉讼中，对超过债权人代位请求数额的债权部分起诉次债务人的，人民法院应当告知其向有管辖权的人民法院另行起诉。

债务人的起诉符合法定条件的，人民法院应当受理；受理债务人起诉的人民法院在代位权诉讼裁决发生法律效力以前，应当依法中止。

五、撤　销　权

第二十三条 债权人依照合同法第七十四条的规定提起撤销权诉讼的，由被告住所地人民法院管辖。

第二十四条 债权人依照合同法第七十四条的规定提起撤销权诉讼时只以债务人为被告，未将受益人或者受让人列为第三人的，人民法院可以追加该受益人或者受让人为第三人。

第二十五条 债权人依照合同法第七十四条的规定提起撤销权诉讼，请求人民法院撤销债务人放弃债权或转让财产的行为，人民法院应当就债权人主张的部分进行审理，依法撤销的，该行为自始无效。

两个或者两个以上债权人以同一债务

人为被告，就同一标的提起撤销权诉讼的，人民法院可以合并审理。

第二十六条 债权人行使撤销权所支付的律师代理费、差旅费等必要费用，由债务人负担；第三人有过错的，应当适当分担。

六、合同转让中的第三人

第二十七条 债权人转让合同权利后，债务人与受让人之间因履行合同发生纠纷诉至人民法院，债务人对债权人的权利提出抗辩的，可以将债权人列为第三人。

第二十八条 经债权人同意，债务人转移合同义务后，受让人与债权人之间因履行合同发生纠纷诉至人民法院，受让人就债务人对债权人的权利提出抗辩的，可以将债务人列为第三人。

第二十九条 合同当事人一方经对方同意将其在合同中的权利义务一并转让给受让人，对方与受让人因履行合同发生纠纷诉至人民法院，对方就合同权利义务提出抗辩的，可以将出让方列为第三人。

七、请求权竞合

第三十条 债权人依照合同法第一百二十二条的规定向人民法院起诉时作出选择后，在一审开庭以前又变更诉讼请求的，人民法院应当准许。对方当事人提出管辖权异议，经审查异议成立的，人民法院应当驳回起诉。

最高人民法院关于适用《中华人民共和国合同法》若干问题的解释（二）

1. *2009年2月9日最高人民法院审判委员会第1462次会议通过*
2. *2009年4月24日公布*
3. *法释〔2009〕5号*
4. *自2009年5月13日起施行*

为了正确审理合同纠纷案件，根据《中华人民共和国合同法》的规定，对人民法院适用合同法的有关问题作出如下解释：

一、合同的订立

第一条 当事人对合同是否成立存在争议，人民法院能够确定当事人名称或者姓名、标的和数量的，一般应当认定合同成立。但法律另有规定或者当事人另有约定的除外。

对合同欠缺的前款规定以外的其他内容，当事人达不成协议的，人民法院依照合同法第六十一条、第六十二条、第一百二十五条等有关规定予以确定。

第二条 当事人未以书面形式或者口头形式订立合同，但从双方从事的民事行为能够推定双方有订立合同意愿的，人民法院可以认定是以合同法第十条第一款中的“其他形式”订立的合同。但法律另有规定的除外。

第三条 悬赏人以公开方式声明对完成一定行为的人支付报酬，完成特定行为的人请求悬赏人支付报酬的，人民法院依法予以支持。但悬赏有合同法第五十二条规定情形的除外。

第四条 采用书面形式订立合同，合同约定的签订地与实际签字或者盖章地点不符的，人民法院应当认定约定的签订地为合同签订地；合同没有约定签订地，双方当事人签字或者盖章不在同一地点的，人民法院应当认定最后签字或者盖章的地点为合同签订地。

第五条 当事人采用合同书形式订立合同的，应当签字或者盖章。当事人在合同书上摁手印的，人民法院应当认定其具有与签字或者盖章同等的法律效力。

第六条 提供格式条款的一方对格式条款中免除或者限制其责任的内容，在合同订立时采用足以引起对方注意的文字、符号、字体等特别标识，并按照对方的要求对该格式条款予以说明的，人民法院应当认定符合合同法第三十九条所称“采取合理的方式”。

提供格式条款一方对已尽合理提示及说明义务承担举证责任。

第七条 下列情形，不违反法律、行政法规强制性规定的，人民法院可以认定为合同法所称“交易习惯”：

（一）在交易行为当地或者某一领域、某一行业通常采用并为交易对方订立合同时所知道或者应当知道的做法；

（二）当事人双方经常使用的习惯做法。

对于交易习惯，由提出主张的一方当事人承担举证责任。

第八条 依照法律、行政法规的规定经批准或者登记才能生效的合同成立后，有义务办理申请批准或者申请登记等手续的一方当事人未按照法律规定或者合同约定办理申请批准或者未申请登记的，属于合同法第四十二条第（三）项规定的“其他违背诚实信用原则的行为”，人民法院可以根据案件的具体情况和相对人的请求，判决相对人自己办理有关手续；对方当事人对由此产生的费用和给相对人造成的实际损失，应当承担损害赔偿责任。

二、合同的效力

第九条 提供格式条款的一方当事人违反合同法第三十九条第一款关于提示和说明义务的规定，导致对方没有注意免除或者限制其责任的条款，对方当事人申请撤销该格式条款的，人民法院应当支持。

第十条 提供格式条款的一方当事人违反合同法第三十九条第一款的规定，并具有合同法第四十条规定的情形之一的，人民法院应当认定该格式条款无效。

第十一条 根据合同法第四十七条、第四十八条的规定，追认的意思表示自到达相对人时生效，合同自订立时起生效。

第十二条 无权代理人以被代理人的名义订立合同，被代理人已经开始履行合同义务的，视为对合同的追认。

第十三条 被代理人依照合同法第四十九条的规定承担有效代理行为所产生的责任后，可以向无权代理人追偿因代理行为而遭受的损失。

第十四条 合同法第五十二条第（五）项规定的“强制性规定”，是指效力性强制性规定。

第十五条 出卖人就同一标的物订立多重买卖合同，合同均不具有合同法第五十二条规定的无效情形，买受人因不能按照合同约定取得标的物所有权，请求追究出卖人违约责任的，人民法院应予支持。

三、合同的履行

第十六条 人民法院根据具体案情可以将合同法第六十四条、第六十五条规定的第三人列为无独立请求权的第三人，但不得依职权将其列为该合同诉讼案件的被告或者有独立请求权的第三人。

第十七条 债权人以境外当事人为被告提起的代位权诉讼，人民法院根据《中华人民共和国民事诉讼法》第二百四十一条的规定确定管辖。

第十八条 债务人放弃其未到期的债权或者放弃债权担保，或者恶意延长到期债权的履行期，对债权人造成损害，债权人依照合同法第七十四条的规定提起撤销权诉讼的，人民法院应当支持。

第十九条 对于合同法第七十四条规定的“明显不合理的低价”，人民法院应当以交易当地一般经营者的判断，并参考交易当时交易地的物价部门指导价或者市场交易价，结合其他相关因素综合考虑予以确认。

转让价格达不到交易时交易地的指导价或者市场交易价百分之七十的，一般可以视为明显不合理的低价；对转让价格高于当地指导价或者市场交易价百分之三十的，一般可以视为明显不合理的高价。

债务人以明显不合理的高价收购他人财产，人民法院可以根据债权人的申请，参照合同法第七十四条的规定予以撤销。

第二十条 债务人的给付不足以清偿其对同一债权人所负的数笔相同种类的全部债务，应当优先抵充已到期的债务；几项债务均到期的，优先抵充对债权人缺乏担保或者担保数额最少的债务；担保数额相同的，优先抵充债务负担较重的债务；负担相同的，按照债务到期的先后顺序抵充；到期时间相同的，按比例抵充。但是，债权人与债务人对清偿的债务或者清偿抵充顺序有约定的除外。

第二十一条 债务人除主债务之外还应当支付利息和费用，当其给付不足以清偿全部债务时，并且当事人没有约定的，人民法院应当按照下列顺序抵充：

（一）实现债权的有关费用；

（二）利息；

（三）主债务。

四、合同的权利义务终止

第二十二条 当事人一方违反合同法第九十二条规定的义务，给对方当事人造成损失，对方当事人请求赔偿实际损失的，人民法院应当支持。

第二十三条 对于依照合同法第九十九条的规定可以抵销的到期债权，当事人约定不得抵销的，人民法院可以认定该约定有效。

第二十四条 当事人对合同法第九十六条、第九十九条规定的合同解除或者债务抵销虽有异议，但在约定的异议期限届满后才提出异议并向人民法院起诉的，人民法院不予支持；当事人没有约定异议期间，在解除合同或者债务抵销通知到达之日起三个月以后才向人民法院起诉的，人民法院不予支持。

第二十五条 依照合同法第一百零一条的规定，债务人将合同标的物或者标的物拍卖、变卖所得价款交付提存部门时，人民法院应当认定提存成立。

提存成立的，视为债务人在其提存范围内已经履行债务。

第二十六条 合同成立以后客观情况发生了当事人在订立合同时无法预见的、非不可抗力造成的不属于商业风险的重大变化，继续履行合同对于一方当事人明显不公平或者不能实现合同目的，当事人请求人民法院变更或者解除合同的，人民法院应当根据公平原则，并结合案件的实际情况确定是否变更或者解除。

五、违约责任

第二十七条 当事人通过反诉或者抗辩的方式，请求人民法院依照合同法第一百一十四条第二款的规定调整违约金的，人民法院应予支持。

第二十八条 当事人依照合同法第一百一十四条第二款的规定，请求人民法院增加违约金的，增加后的违约金数额以不超过实际损失额为限。增加违约金以后，当事人又请求对方赔偿损失的，人民法院不予支持。

第二十九条 当事人主张约定的违约金过高请求予以适当减少的，人民法院应当以实际损失为基础，兼顾合同的履行情况、当事人的过错程度以及预期利益等综合因素，根据公平原则和诚实信用原则予以衡量，并作出裁决。

当事人约定的违约金超过造成损失的百分之三十的，一般可以认定为合同法第一百一十四条第二款规定的“过分高于造成的损失”。

六、附　　则

第三十条 合同法施行后成立的合同发生纠纷的案件，本解释施行后尚未终审的，适用本解释；本解释施行前已经终审，当事人申请再审或者按照审判监督程序决定再审的，不适用本解释。

中华人民共和国城乡规划法

1. 2007年10月28日第十届全国人民代表大会常务委员会第三十次会议通过

2. 根据2015年4月24日第十二届全国人民代表大会常务委员会第十四次会议《关于修改〈中华人民共和国港口法〉等七部法律的决定》第一次修正

3. 根据2019年4月23日第十三届全国人民代表大会常务委员会第十次会议《关于修改〈中华人民共和国建筑法〉等八部法律的决定》第二次修正

目　　录

第一章 总 则

第一条 【立法目的】为了加强城乡规划管理，协调城乡空间布局，改善人居环境，促进城乡经济社会全面协调可持续发展，制定本法。

第二条 【适用范围】制定和实施城乡规划，在规划区内进行建设活动，必须遵守本法。

本法所称城乡规划，包括城镇体系规划、城市规划、镇规划、乡规划和村庄规划。城市规划、镇规划分为总体规划和详细规划。详细规划分为控制性详细规划和修建性详细规划。

本法所称规划区，是指城市、镇和村庄的建成区以及因城乡建设和发展需要，必须实行规划控制的区域。规划区的具体范围由有关人民政府在组织编制的城市总体规划、镇总体规划、乡规划和村庄规划中，根据城乡经济社会发展水平和统筹城乡发展的需要划定。

第三条 【应当编制规划的区域】城市和镇应当依照本法制定城市规划和镇规划。城市、镇规划区内的建设活动应当符合规划要求。

县级以上地方人民政府根据本地农村经济社会发展水平，按照因地制宜、切实可行的原则，确定应当制定乡规划、村庄规划的区域。在确定区域内的乡、村庄，应当依照本法制定规划，规划区内的乡、村庄建设应当符合规划要求。

县级以上地方人民政府鼓励、指导前款规定以外的区域的乡、村庄制定和实施乡规划、村庄规划。

第四条 【制定、实施规划的总体要求】制定和实施城乡规划，应当遵循城乡统筹、合理布局、节约土地、集约发展和先规划后建设的原则，改善生态环境，促进资源、能源节约和综合利用，保护耕地等自然资源和历史文化遗产，保持地方特色、民族特色和传统风貌，防止污染和其他公害，并符合区域人口发展、国防建设、防灾减灾和公共卫生、公共安全的需要。

在规划区内进行建设活动，应当遵守土地管理、自然资源和环境保护等法律、法规的规定。

县级以上地方人民政府应当根据当地经济社会发展的实际，在城市总体规划、镇总体规划中合理确定城市、镇的发展规模、步骤和建设标准。

第五条 【城市规划与其他规划的关系】城市总体规划、镇总体规划以及乡规划和村庄规划的编制，应当依据国民经济和社会发展规划，并与土地利用总体规划相衔接。

第六条 【城乡规划制定经费】各级人民政府应当将城乡规划的编制和管理经费纳入本级财政预算。

第七条 【城乡规则的效力】经依法批准的城乡规划，是城乡建设和规划管理的依据，未经法定程序不得修改。

第八条 【城乡规划的公开】城乡规划组织编制机关应当及时公布经依法批准的城乡规划。但是，法律、行政法规规定不得公开的内容除外。

第九条 【行政管理相对人的权利义务】任何单位和个人都应当遵守经依法批准并公布的城乡规划，服从规划管理，并有权就涉及其利害关系的建设活动是否符合规划的要求向城乡规划主管部门查询。

任何单位和个人都有权向城乡规划主管部门或者其他有关部门举报或者控告违反城乡规划的行为。城乡规划主管部门或者其他有关部门对举报或者控告，应当及时受理并组织核查、处理。

第十条 【鼓励科学规划】国家鼓励采用先进的科学技术，增强城乡规划的科学性，提高城乡规划实施及监督管理的效能。

第十一条 【城乡规划主管部门】国务院城乡规划主管部门负责全国的城乡规划管理工作。

县级以上地方人民政府城乡规划主管部门负责本行政区域内的城乡规划管理工作。

第二章 城乡规划的制定

第十二条 【全国城镇体系规划】国务院城乡规划主管部门会同国务院有关部门组织编制全国城镇体系规划，用于指导省域城镇体系规划、城市总体规划的编制。

全国城镇体系规划由国务院城乡规划主管部门报国务院审批。

第十三条 【省域城镇体系规划】省、自治区人民政府组织编制省域城镇体系规划，报国务院审批。

省域城镇体系规划的内容应当包括：城镇空间布局和规模控制，重大基础设施的布局，为保护生态环境、资源等需要严格控制的区域。

第十四条 【城市总体规划】城市人民政府组织编制城市总体规划。

直辖市的城市总体规划由直辖市人民政府报国务院审批。省、自治区人民政府所在地的城市以及国务院确定的城市的总体规划，由省、自治区人民政府审查同意后，报国务院审批。其他城市的总体规划，由城市人民政府报省、自治区人民政府审批。

第十五条 【镇总体规划】县人民政府组织编制县人民政府所在地镇的总体规划，报上一级人民政府审批。其他镇的总体规划由镇人民政府组织编制，报上一级人民政府审批。

第十六条 【人民代表大会在城乡规划制定中的作用】省、自治区人民政府组织编制的省域城镇体系规划，城市、县人民政府组织编制的总体规划，在报上一级人民政府审批前，应当先经本级人民代表大会常务委员会审议，常务委员会组成人员的审议意见交由本级人民政府研究处理。

镇人民政府组织编制的镇总体规划，在报上一级人民政府审批前，应当先经镇人民代表大会审议，代表的审议意见交由本级人民政府研究处理。

规划的组织编制机关报送审批省域城镇体系规划、城市总体规划或者镇总体规划，应当将本级人民代表大会常务委员会组成人员或者镇人民代表大会代表的审议意见和根据审议意见修改规划的情况一并报送。

第十七条 【城市、镇总体规划的内容】城市总体规划、镇总体规划的内容应当包括：城市、镇的发展布局，功能分区，用地布局，综合交通体系，禁止、限制和适宜建设的地域范围，各类专项规划等。

规划区范围、规划区内建设用地规模、基础设施和公共服务设施用地、水源地和水系、基本农田和绿化用地、环境保护、自然与历史文化遗产保护以及防灾减灾等内容，应当作为城市总体规划、镇总体规划的强制性内容。

城市总体规划、镇总体规划的规划期限一般为二十年。城市总体规划还应当对城市更长远的发展作出预测性安排。

第十八条 【乡、村庄规划的制定原则和内容】乡规划、村庄规划应当从农村实际出发，尊重村民意愿，体现地方和农村特色。

乡规划、村庄规划的内容应当包括：规划区范围，住宅、道路、供水、排水、供电、垃圾收集、畜禽养殖场所等农村生产、生活服务设施、公益事业等各项建设的用地布局、建设要求，以及对耕地等自然资源和历史文化遗产保护、防灾减灾等的具体安排。乡规划还应当包括本行政区域内的村庄发展布局。

第十九条 【控制性详细规划】城市人民政府城乡规划主管部门根据城市总体规划的要求，组织编制城市的控制性详细规划，经本级人民政府批准后，报本级人民代表大会常务委员会和上一级人民政府备案。

第二十条　【镇的详细规则】镇人民政府根据镇总体规划的要求，组织编制镇的控制性详细规划，报上一级人民政府审批。县人民政府所在地镇的控制性详细规划，由县人民政府城乡规划主管部门根据镇总体规划的要求组织编制，经县人民政府批准后，报本级人民代表大会常务委员会和上一级人民政府备案。

第二十一条　【修建性详细规则】城市、县人民政府城乡规划主管部门和镇人民政府可以组织编制重要地块的修建性详细规划。修建性详细规划应当符合控制性详细规划。

第二十二条　【乡、村庄规划的制定主体】乡、镇人民政府组织编制乡规划、村庄规划，报上一级人民政府审批。村庄规划在报送审批前，应当经村民会议或者村民代表会议讨论同意。

第二十三条　【首都的规则】首都的总体规划、详细规划应当统筹考虑中央国家机关用地布局和空间安排的需要。

第二十四条　【承担具体编制城乡规划任务的单位】城乡规划组织编制机关应当委托具有相应资质等级的单位承担城乡规划的具体编制工作。

从事城乡规划编制工作应当具备下列条件，并经国务院城乡规划主管部门或者省、自治区、直辖市人民政府城乡规划主管部门依法审查合格，取得相应等级的资质证书后，方可在资质等级许可的范围内从事城乡规划编制工作：

（一）有法人资格；

（二）有规定数量的经相关行业协会注册的规划师；

（三）有规定数量的相关专业技术人员；

（四）有相应的技术装备；

（五）有健全的技术、质量、财务管理制度。

编制城乡规划必须遵守国家有关标准。

第二十五条　【编制规划所需的基础资料】编制城乡规划，应当具备国家规定的勘察、测绘、气象、地震、水文、环境等基础资料。

县级以上地方人民政府有关主管部门应当根据编制城乡规划的需要，及时提供有关基础资料。

第二十六条　【规划编制的民主性】城乡规划报送审批前，组织编制机关应当依法将城乡规划草案予以公告，并采取论证会、听证会或者其他方式征求专家和公众的意见。公告的时间不得少于三十日。

组织编制机关应当充分考虑专家和公众的意见，并在报送审批的材料中附具意见采纳情况及理由。

第二十七条　【规划批准前的审查】省域城镇体系规划、城市总体规划、镇总体规划批准前，审批机关应当组织专家和有关部门进行审查。

第三章　城乡规划的实施

第二十八条　【实施城乡规划的总体要求】地方各级人民政府应当根据当地经济社会发展水平，量力而行，尊重群众意愿，有计划、分步骤地组织实施城乡规划。

第二十九条　【城、镇、乡、村庄建设和发展的原则】城市的建设和发展，应当优先安排基础设施以及公共服务设施的建设，妥善处理新区开发与旧区改建的关系，统筹兼顾进城务工人员生活和周边农村经济社会发展、村民生产与生活的需要。

镇的建设和发展，应当结合农村经济社会发展和产业结构调整，优先安排供水、排水、供电、供气、道路、通信、广播电视等基础设施和学校、卫生院、文化站、幼儿园、福利院等公共服务设施的建设，为周边农村提供服务。

乡、村庄的建设和发展，应当因地制宜、节约用地，发挥村民自治组织的作用，引导村民合理进行建设，改善农村生产、生活条件。

第三十条 【城市新区开发和建设的原则】城市新区的开发和建设,应当合理确定建设规模和时序,充分利用现有市政基础设施和公共服务设施,严格保护自然资源和生态环境,体现地方特色。

在城市总体规划、镇总体规划确定的建设用地范围以外,不得设立各类开发区和城市新区。

第三十一条 【旧城区改建的原则】旧城区的改建,应当保护历史文化遗产和传统风貌,合理确定拆迁和建设规模,有计划地对危房集中、基础设施落后等地段进行改建。

历史文化名城、名镇、名村的保护以及受保护建筑物的维护和使用,应当遵守有关法律、行政法规和国务院的规定。

第三十二条 【城市建设和发展与风景名胜区保护的关系】城乡建设和发展,应当依法保护和合理利用风景名胜资源,统筹安排风景名胜区及周边乡、镇、村庄的建设。

风景名胜区的规划、建设和管理,应当遵守有关法律、行政法规和国务院的规定。

第三十三条 【城市地下空间的开发和利用的原则】城市地下空间的开发和利用,应当与经济和技术发展水平相适应,遵循统筹安排、综合开发、合理利用的原则,充分考虑防灾减灾、人民防空和通信等需要,并符合城市规划,履行规划审批手续。

第三十四条 【近期建设规划】城市、县、镇人民政府应当根据城市总体规划、镇总体规划、土地利用总体规划和年度计划以及国民经济和社会发展规划,制定近期建设规划,报总体规划审批机关备案。

近期建设规划应当以重要基础设施、公共服务设施和中低收入居民住房建设以及生态环境保护为重点内容,明确近期建设的时序、发展方向和空间布局。近期建设规划的规划期限为五年。

第三十五条 【禁止擅自改变用途的用地】城乡规划确定的铁路、公路、港口、机场、道路、绿地、输配电设施及输电线路走廊、通信设施、广播电视设施、管道设施、河道、水库、水源地、自然保护区、防汛通道、消防通道、核电站、垃圾填埋场及焚烧厂、污水处理厂和公共服务设施的用地以及其他需要依法保护的用地,禁止擅自改变用途。

第三十六条 【需领取选址意见书的建设工程】按照国家规定需要有关部门批准或者核准的建设项目,以划拨方式提供国有土地使用权的,建设单位在报送有关部门批准或者核准前,应当向城乡规划主管部门申请核发选址意见书。

前款规定以外的建设项目不需要申请选址意见书。

第三十七条 【对划拨土地的规划管理】在城市、镇规划区内以划拨方式提供国有土地使用权的建设项目,经有关部门批准、核准、备案后,建设单位应当向城市、县人民政府城乡规划主管部门提出建设用地规划许可申请,由城市、县人民政府城乡规划主管部门依据控制性详细规划核定建设用地的位置、面积、允许建设的范围,核发建设用地规划许可证。

建设单位在取得建设用地规划许可证后,方可向县级以上地方人民政府土地主管部门申请用地,经县级以上人民政府审批后,由土地主管部门划拨土地。

第三十八条 【对出让土地的规划管理】在城市、镇规划区内以出让方式提供国有土地使用权的,在国有土地使用权出让前,城市、县人民政府城乡规划主管部门应当依据控制性详细规划,提出出让地块的位置、使用性质、开发强度等规划条件,作为国有土地使用权出让合同的组成部分。未确定规划条件的地块,不得出让国有土地使用权。

以出让方式取得国有土地使用权的建设项目,建设单位在取得建设项目的批准、核准、备案文件和签订国有土地使用权出让合同后,向城市、县人民政府城乡规划主管部门领取建设用地规划许可证。

城市、县人民政府城乡规划主管部门不

得在建设用地规划许可证中，擅自改变作为国有土地使用权出让合同组成部分的规划条件。

第三十九条　【规划对国有土地使用权出让合同效力的影响】规划条件未纳入国有土地使用权出让合同的，该国有土地使用权出让合同无效；对未取得建设用地规划许可证的建设单位批准用地的，由县级以上人民政府撤销有关批准文件；占用土地的，应当及时退回；给当事人造成损失的，应当依法给予赔偿。

第四十条　【建设工程规划许可证的申请程序】在城市、镇规划区内进行建筑物、构筑物、道路、管线和其他工程建设的，建设单位或者个人应当向城市、县人民政府城乡规划主管部门或者省、自治区、直辖市人民政府确定的镇人民政府申请办理建设工程规划许可证。

申请办理建设工程规划许可证，应当提交使用土地的有关证明文件、建设工程设计方案等材料。需要建设单位编制修建性详细规划的建设项目，还应当提交修建性详细规划。对符合控制性详细规划和规划条件的，由城市、县人民政府城乡规划主管部门或者省、自治区、直辖市人民政府确定的镇人民政府核发建设工程规划许可证。

城市、县人民政府城乡规划主管部门或者省、自治区、直辖市人民政府确定的镇人民政府应当依法将经审定的修建性详细规划、建设工程设计方案的总平面图予以公布。

第四十一条　【在乡、村规划区内进行建设的行政许可】在乡、村庄规划区内进行乡镇企业、乡村公共设施和公益事业建设的，建设单位或者个人应当向乡、镇人民政府提出申请，由乡、镇人民政府报城市、县人民政府城乡规划主管部门核发乡村建设规划许可证。

在乡、村庄规划区内使用原有宅基地进行农村村民住宅建设的规划管理办法，由省、自治区、直辖市制定。

在乡、村庄规划区内进行乡镇企业、乡村公共设施和公益事业建设以及农村村民住宅建设，不得占用农用地；确需占用农用地的，应当依照《中华人民共和国土地管理法》有关规定办理农用地转用审批手续后，由城市、县人民政府城乡规划主管部门核发乡村建设规划许可证。

建设单位或者个人在取得乡村建设规划许可证后，方可办理用地审批手续。

第四十二条　【城乡规划行政许可地域范围的限制】城乡规划主管部门不得在城乡规划确定的建设用地范围以外作出规划许可。

第四十三条　【规划条件的变更】建设单位应当按照规划条件进行建设；确需变更的，必须向城市、县人民政府城乡规划主管部门提出申请。变更内容不符合控制性详细规划的，城乡规划主管部门不得批准。城市、县人民政府城乡规划主管部门应当及时将依法变更后的规划条件通报同级土地主管部门并公示。

建设单位应当及时将依法变更后的规划条件报有关人民政府土地主管部门备案。

第四十四条　【临时建设的规划管理】在城市、镇规划区内进行临时建设的，应当经城市、县人民政府城乡规划主管部门批准。临时建设影响近期建设规划或者控制性详细规划的实施以及交通、市容、安全等的，不得批准。

临时建设应当在批准的使用期限内自行拆除。

临时建设和临时用地规划管理的具体办法，由省、自治区、直辖市人民政府制定。

第四十五条　【对建设工程是否符合规划条件的核实】县级以上地方人民政府城乡规划主管部门按照国务院规定对建设工程是否符合规划条件予以核实。未经核实或者经核实不符合规划条件的，建设单位不得组织竣工验收。

建设单位应当在竣工验收后六个月内向城乡规划主管部门报送有关竣工验收资料。

第四章 城乡规划的修改

第四十六条 【定期评估和征求意见】省域城镇体系规划、城市总体规划、镇总体规划的组织编制机关，应当组织有关部门和专家定期对规划实施情况进行评估，并采取论证会、听证会或者其他方式征求公众意见。组织编制机关应当向本级人民代表大会常务委员会、镇人民代表大会和原审批机关提出评估报告并附具征求意见的情况。

第四十七条 【城乡规划修改的条件和程序】有下列情形之一的，组织编制机关方可按照规定的权限和程序修改省域城镇体系规划、城市总体规划、镇总体规划：

（一）上级人民政府制定的城乡规划发生变更，提出修改规划要求的；

（二）行政区划调整确需修改规划的；

（三）因国务院批准重大建设工程确需修改规划的；

（四）经评估确需修改规划的；

（五）城乡规划的审批机关认为应当修改规划的其他情形。

修改省域城镇体系规划、城市总体规划、镇总体规划前，组织编制机关应当对原规划的实施情况进行总结，并向原审批机关报告；修改涉及城市总体规划、镇总体规划强制性内容的，应当先向原审批机关提出专题报告，经同意后，方可编制修改方案。

修改后的省域城镇体系规划、城市总体规划、镇总体规划，应当依照本法第十三条、第十四条、第十五条和第十六条规定的审批程序报批。

第四十八条 【控制性详细规则的修改】修改控制性详细规划的，组织编制机关应当对修改的必要性进行论证，征求规划地段内利害关系人的意见，并向原审批机关提出专题报告，经原审批机关同意后，方可编制修改方案。修改后的控制性详细规划，应当依照本法第十九条、第二十条规定的审批程序报批。控制性详细规划修改涉及城市总体规划、镇总体规划的强制性内容的，应当先修改总体规划。

修改乡规划、村庄规划的，应当依照本法第二十二条规定的审批程序报批。

第四十九条 【近期建设规划的修改】城市、县、镇人民政府修改近期建设规划的，应当将修改后的近期建设规划报总体规划审批机关备案。

第五十条 【修改规划给当事人造成损失的补偿】在选址意见书、建设用地规划许可证、建设工程规划许可证或者乡村建设规划许可证发放后，因依法修改城乡规划给被许可人合法权益造成损失的，应当依法给予补偿。

经依法审定的修建性详细规划、建设工程设计方案的总平面图不得随意修改；确需修改的，城乡规划主管部门应当采取听证会等形式，听取利害关系人的意见；因修改给利害关系人合法权益造成损失的，应当依法给予补偿。

第五章 监督检查

第五十一条 【城乡规划主管部门的监督】县级以上人民政府及其城乡规划主管部门应当加强对城乡规划编制、审批、实施、修改的监督检查。

第五十二条 【各级人大对规划实施的监督】地方各级人民政府应当向本级人民代表大会常务委员会或者乡、镇人民代表大会报告城乡规划的实施情况，并接受监督。

第五十三条 【城乡规划主管部门进行监督的权利和义务】县级以上人民政府城乡规划主管部门对城乡规划的实施情况进行监督检查，有权采取以下措施：

（一）要求有关单位和人员提供与监督事项有关的文件、资料，并进行复制；

（二）要求有关单位和人员就监督事项涉及的问题作出解释和说明，并根据需要进入现场进行勘测；

（三）责令有关单位和人员停止违反有关城乡规划的法律、法规的行为。

城乡规划主管部门的工作人员履行前

款规定的监督检查职责，应当出示执法证件。被监督检查的单位和人员应当予以配合，不得妨碍和阻挠依法进行的监督检查活动。

第五十四条　【监督结果的公开】监督检查情况和处理结果应当依法公开，供公众查阅和监督。

第五十五条　【国家机关工作人员违法行为的处理】城乡规划主管部门在查处违反本法规定的行为时，发现国家机关工作人员依法应当给予行政处分的，应当向其任免机关或者监察机关提出处分建议。

第五十六条　【对行政不作为的处理】依照本法规定应当给予行政处罚，而有关城乡规划主管部门不给予行政处罚的，上级人民政府城乡规划主管部门有权责令其作出行政处罚决定或者建议有关人民政府责令其给予行政处罚。

第五十七条　【对违法行政许可的处理】城乡规划主管部门违反本法规定作出行政许可的，上级人民政府城乡规划主管部门有权责令其撤销或者直接撤销该行政许可。因撤销行政许可给当事人合法权益造成损失的，应当依法给予赔偿。

第六章　法律责任

第五十八条　【未按规定制定规划的人民政府的法律责任】对依法应当编制城乡规划而未组织编制，或者未按法定程序编制、审批、修改城乡规划的，由上级人民政府责令改正，通报批评；对有关人民政府负责人和其他直接责任人员依法给予处分。

第五十九条　【委托不具资质的单位承担规划编制任务的法律责任】城乡规划组织编制机关委托不具有相应资质等级的单位编制城乡规划的，由上级人民政府责令改正，通报批评；对有关人民政府负责人和其他直接责任人员依法给予处分。

第六十条　【镇人民政府和县级以上城乡规划主管部门需承担法律责任的违法行为】镇人民政府或者县级以上人民政府城乡规划主管部门有下列行为之一的，由本级人民政府、上级人民政府城乡规划主管部门或者监察机关依据职权责令改正，通报批评；对直接负责的主管人员和其他直接责任人员依法给予处分：

（一）未依法组织编制城市的控制性详细规划、县人民政府所在地镇的控制性详细规划的；

（二）超越职权或者对不符合法定条件的申请人核发选址意见书、建设用地规划许可证、建设工程规划许可证、乡村建设规划许可证的；

（三）对符合法定条件的申请人未在法定期限内核发选址意见书、建设用地规划许可证、建设工程规划许可证、乡村建设规划许可证的；

（四）未依法对经审定的修建性详细规划、建设工程设计方案的总平面图予以公布的；

（五）同意修改修建性详细规划、建设工程设计方案的总平面图前未采取听证会等形式听取利害关系人的意见的；

（六）发现未依法取得规划许可或者违反规划许可的规定在规划区内进行建设的行为，而不予查处或者接到举报后不依法处理的。

第六十一条　【县级以上人民政府其他部门的法律责任】县级以上人民政府有关部门有下列行为之一的，由本级人民政府或者上级人民政府有关部门责令改正，通报批评；对直接负责的主管人员和其他直接责任人员依法给予处分：

（一）对未依法取得选址意见书的建设项目核发建设项目批准文件的；

（二）未依法在国有土地使用权出让合同中确定规划条件或者改变国有土地使用权出让合同中依法确定的规划条件的；

（三）对未依法取得建设用地规划许可证的建设单位划拨国有土地使用权的。

**第六十二条　【城乡规划编制单位的法律责

任】城乡规划编制单位有下列行为之一的，由所在地城市、县人民政府城乡规划主管部门责令限期改正，处合同约定的规划编制费一倍以上二倍以下的罚款；情节严重的，责令停业整顿，由原发证机关降低资质等级或者吊销资质证书；造成损失的，依法承担赔偿责任：

（一）超越资质等级许可的范围承揽城乡规划编制工作的；

（二）违反国家有关标准编制城乡规划的。

未依法取得资质证书承揽城乡规划编制工作的，由县级以上地方人民政府城乡规划主管部门责令停止违法行为，依照前款规定处以罚款；造成损失的，依法承担赔偿责任。

以欺骗手段取得资质证书承揽城乡规划编制工作的，由原发证机关吊销资质证书，依照本条第一款规定处以罚款；造成损失的，依法承担赔偿责任。

第六十三条 【规划编制单位取得资质证书后不再符合条件的法律责任】城乡规划编制单位取得资质证书后，不再符合相应的资质条件的，由原发证机关责令限期改正；逾期不改正的，降低资质等级或者吊销资质证书。

第六十四条 【建设单位违法行为的法律责任】未取得建设工程规划许可证或者未按照建设工程规划许可证的规定进行建设的，由县级以上地方人民政府城乡规划主管部门责令停止建设；尚可采取改正措施消除对规划实施的影响的，限期改正，处建设工程造价百分之五以上百分之十以下的罚款；无法采取改正措施消除影响的，限期拆除，不能拆除的，没收实物或者违法收入，可以并处建设工程造价百分之十以下的罚款。

第六十五条 【乡、村建设中违反规划行为的法律责任】在乡、村庄规划区内未依法取得乡村建设规划许可证或者未按照乡村建设规划许可证的规定进行建设的，由乡、镇人民政府责令停止建设、限期改正；逾期不改正的，可以拆除。

第六十六条 【临时建设违法行为的法律责任】建设单位或者个人有下列行为之一的，由所在地城市、县人民政府城乡规划主管部门责令限期拆除，可以并处临时建设工程造价一倍以下的罚款：

（一）未经批准进行临时建设的；

（二）未按照批准内容进行临时建设的；

（三）临时建筑物、构筑物超过批准期限不拆除的。

第六十七条 【建设工程竣工后不报收竣工验收资料的法律责任】建设单位未在建设工程竣工验收后六个月内向城乡规划主管部门报送有关竣工验收资料的，由所在地城市、县人民政府城乡规划主管部门责令限期补报；逾期不补报的，处一万元以上五万元以下的罚款。

第六十八条 【违章建筑的强制拆除】城乡规划主管部门作出责令停止建设或者限期拆除的决定后，当事人不停止建设或者逾期不拆除的，建设工程所在地县级以上地方人民政府可以责成有关部门采取查封施工现场、强制拆除等措施。

第六十九条 【刑事责任】违反本法规定，构成犯罪的，依法追究刑事责任。

第七章 附 则

第七十条 【施行日期】本法自 2008 年 1 月 1 日起施行。《中华人民共和国城市规划法》同时废止。

中华人民共和国招标投标法

1. 1999 年 8 月 30 日第九届全国人民代表大会常务委员会第十一次会议通过

2. 根据 2017 年 12 月 27 日第十二届全国人民代表大会常务委员会第三十一次会议《关于修改〈中华人民共和国招标投标法〉、〈中华人民共和国计量法〉的决定》修正

目 录

第一章　总　　则

第一条　【立法目的】为了规范招标投标活动，保护国家利益、社会公共利益和招标投标活动当事人的合法权益，提高经济效益，保证项目质量，制定本法。

第二条　【适用范围】在中华人民共和国境内进行招标投标活动，适用本法。

第三条　【必须进行招标的建设工程项目】在中华人民共和国境内进行下列工程建设项目包括项目的勘察、设计、施工、监理以及与工程建设有关的重要设备、材料等的采购，必须进行招标：

（一）大型基础设施、公用事业等关系社会公共利益、公众安全的项目；

（二）全部或者部分使用国有资金投资或者国家融资的项目；

（三）使用国际组织或者外国政府贷款、援助资金的项目。

前款所列项目的具体范围和规模标准，由国务院发展计划部门会同国务院有关部门制订，报国务院批准。

法律或者国务院对必须进行招标的其他项目的范围有规定的，依照其规定。

第四条　【规避招标的禁止】任何单位和个人不得将依法必须进行招标的项目化整为零或者以其他任何方式规避招标。

第五条　【招投标活动的原则】招标投标活动应当遵循公开、公平、公正和诚实信用的原则。

第六条　【招投标活动不受地区和部门的限制】依法必须进行招标的项目，其招标投标活动不受地区或者部门的限制。任何单位和个人不得违法限制或者排斥本地区、本系统以外的法人或者其他组织参加投标，不得以任何方式非法干涉招标投标活动。

第七条　【对招投标活动的监督】招标投标活动及其当事人应当接受依法实施的监督。

有关行政监督部门依法对招标投标活动实施监督，依法查处招标投标活动中的违法行为。

对招标投标活动的行政监督及有关部门的具体职权划分，由国务院规定。

第二章　招　　标

第八条　【招标人】招标人是依照本法规定提出招标项目、进行招标的法人或者其他组织。

第九条　【招标项目的批准】招标项目按照国家有关规定需要履行项目审批手续的，应当先履行审批手续，取得批准。

招标人应当有进行招标项目的相应资金或者资金来源已经落实，并应当在招标文件中如实载明。

第十条　【公开招标和邀请招标】招标分为公开招标和邀请招标。

公开招标，是指招标人以招标公告的方式邀请不特定的法人或者其他组织投标。

邀请招标，是指招标人以投标邀请书的方式邀请特定的法人或者其他组织投标。

第十一条　【适用邀请招标的情形】国务院发展计划部门确定的国家重点项目和省、自治区、直辖市人民政府确定的地方重点项目不适宜公开招标的，经国务院发展计划部门或者省、自治区、直辖市人民政府批准，可以进行邀请招标。

第十二条　【自行办理招标和招标代理】招标人有权自行选择招标代理机构，委托其办理招标事宜。任何单位和个人不得以任何方式为招标人指定招标代理机构。

招标人具有编制招标文件和组织评标能力的，可以自行办理招标事宜。任何单位和个人不得强制其委托招标代理机构办理招标事宜。

依法必须进行招标的项目，招标人自行

办理招标事宜的，应当向有关行政监督部门备案。

第十三条 【招标代理机构及条件】招标代理机构是依法设立、从事招标代理业务并提供相关服务的社会中介组织。

招标代理机构应当具备下列条件：

（一）有从事招标代理业务的营业场所和相应资金；

（二）有能够编制招标文件和组织评标的相应专业力量。

第十四条 【招标代理机构的认定】招标代理机构与行政机关和其他国家机关不得存在隶属关系或者其他利益关系。

第十五条 【招标代理机构的代理范围】招标代理机构应当在招标人委托的范围内办理招标事宜，并遵守本法关于招标人的规定。

第十六条 【招标公告】招标人采用公开招标方式的，应当发布招标公告。依法必须进行招标的项目的招标公告，应当通过国家指定的报刊、信息网络或者其他媒介发布。

招标公告应当载明招标人的名称和地址、招标项目的性质、数量、实施地点和时间以及获取招标文件的办法等事项。

第十七条 【邀请招标方式的行使】招标人采用邀请招标方式的，应当向三个以上具备承担招标项目的能力、资信良好的特定的法人或者其他组织发出投标邀请书。

投标邀请书应当载明本法第十六条第二款规定的事项。

第十八条 【潜在投标人】招标人可以根据招标项目本身的要求，在招标公告或者投标邀请书中，要求潜在投标人提供有关资质证明文件和业绩情况，并对潜在投标人进行资格审查；国家对投标人的资格条件有规定的，依照其规定。

招标人不得以不合理的条件限制或者排斥潜在投标人，不得对潜在投标人实行歧视待遇。

第十九条 【招标文件】招标人应当根据招标项目的特点和需要编制招标文件。招标文件应当包括招标项目的技术要求、对投标人资格审查的标准、投标报价要求和评标标准等所有实质性要求和条件以及拟签订合同的主要条款。

国家对招标项目的技术、标准有规定的，招标人应当按照其规定在招标文件中提出相应要求。

招标项目需要划分标段、确定工期的，招标人应当合理划分标段、确定工期，并在招标文件中载明。

第二十条 【招标文件的限制】招标文件不得要求或者标明特定的生产供应者以及含有倾向或者排斥潜在投标人的其他内容。

第二十一条 【潜在投标人对项目现场的踏勘】招标人根据招标项目的具体情况，可以组织潜在投标人踏勘项目现场。

第二十二条 【已获取招标文件者及标底的保密】招标人不得向他人透露已获取招标文件的潜在投标人的名称、数量以及可能影响公平竞争的有关招标投标的其他情况。

招标人设有标底的，标底必须保密。

第二十三条 【招标文件的澄清或修改】招标人对已发出的招标文件进行必要的澄清或者修改的，应当在招标文件要求提交投标文件截止时间至少十五日前，以书面形式通知所有招标文件收受人。该澄清或者修改的内容为招标文件的组成部分。

第二十四条 【编制投标文件的时间】招标人应当确定投标人编制投标文件所需要的合理时间；但是，依法必须进行招标的项目，自招标文件开始发出之日起至投标人提交投标文件截止之日止，最短不得少于二十日。

第三章 投 标

第二十五条 【投标人】投标人是响应招标、参加投标竞争的法人或者其他组织。

依法招标的科研项目允许个人参加投标的，投标的个人适用本法有关投标人的规定。

第二十六条 【投标人的资格条件】投标人应

当具备承担招标项目的能力；国家有关规定对投标人资格条件或者招标文件对投标人资格条件有规定的，投标人应当具备规定的资格条件。

第二十七条　【投标文件的编制】投标人应当按照招标文件的要求编制投标文件。投标文件应当对招标文件提出的实质性要求和条件作出响应。

招标项目属于建设施工的，投标文件的内容应当包括拟派出的项目负责人与主要技术人员的简历、业绩和拟用于完成招标项目的机械设备等。

第二十八条　【投标文件的送达】投标人应当在招标文件要求提交投标文件的截止时间前，将投标文件送达投标地点。招标人收到投标文件后，应当签收保存，不得开启。投标人少于三个的，招标人应当依照本法重新招标。

在招标文件要求提交投标文件的截止时间后送达的投标文件，招标人应当拒收。

第二十九条　【投标文件的补充、修改、撤回】投标人在招标文件要求提交投标文件的截止时间前，可以补充、修改或者撤回已提交的投标文件，并书面通知招标人。补充、修改的内容为投标文件的组成部分。

第三十条　【投标文件对拟分包项目的载明】投标人根据招标文件载明的项目实际情况，拟在中标后将中标项目的部分非主体、非关键性工作进行分包的，应当在投标文件中载明。

第三十一条　【共同投标】两个以上法人或者其他组织可以组成一个联合体，以一个投标人的身份共同投标。

联合体各方均应当具备承担招标项目的相应能力；国家有关规定或者招标文件对投标人资格条件有规定的，联合体各方均应当具备规定的相应资格条件。由同一专业的单位组成的联合体，按照资质等级较低的单位确定资质等级。

联合体各方应当签订共同投标协议，明确约定各方拟承担的工作和责任，并将共同投标协议连同投标文件一并提交招标人。联合体中标的，联合体各方应当共同与招标人签订合同，就中标项目向招标人承担连带责任。

招标人不得强制投标人组成联合体共同投标，不得限制投标人之间的竞争。

第三十二条　【串通投标的禁止】投标人不得相互串通投标报价，不得排挤其他投标人的公平竞争，损害招标人或者其他投标人的合法权益。

投标人不得与招标人串通投标，损害国家利益、社会公共利益或者他人的合法权益。

禁止投标人以向招标人或者评标委员会成员行贿的手段谋取中标。

第三十三条　【低于成本的报价竞标与骗取中标的禁止】投标人不得以低于成本的报价竞标，也不得以他人名义投标或者以其他方式弄虚作假，骗取中标。

第四章　开标、评标和中标

第三十四条　【开标的时间与地点】开标应当在招标文件确定的提交投标文件截止时间的同一时间公开进行；开标地点应当为招标文件中预先确定的地点。

第三十五条　【开标人与参加人】开标由招标人主持，邀请所有投标人参加。

第三十六条　【开标方式】开标时，由投标人或者其推选的代表检查投标文件的密封情况，也可以由招标人委托的公证机构检查并公证；经确认无误后，由工作人员当众拆封，宣读投标人名称、投标价格和投标文件的其他主要内容。

招标人在招标文件要求提交投标文件的截止时间前收到的所有投标文件，开标时都应当当众予以拆封、宣读。

开标过程应当记录，并存档备查。

第三十七条　【评标】评标由招标人依法组建的评标委员会负责。

依法必须进行招标的项目，其评标委员会由招标人的代表和有关技术、经济等方面的专家组成，成员人数为五人以上单数，其中技术、经济等方面的专家不得少于成员总数的三分之二。

前款专家应当从事相关领域工作满八年并具有高级职称或者具有同等专业水平，由招标人从国务院有关部门或者省、自治区、直辖市人民政府有关部门提供的专家名册或者招标代理机构的专家库内的相关专业的专家名单中确定；一般招标项目可以采取随机抽取方式，特殊招标项目可以由招标人直接确定。

与投标人有利害关系的人不得进入相关项目的评标委员会；已经进入的应当更换。

评标委员会成员的名单在中标结果确定前应当保密。

第三十八条 【评标的保密】招标人应当采取必要的措施，保证评标在严格保密的情况下进行。

任何单位和个人不得非法干预、影响评标的过程和结果。

第三十九条 【投标人对投标文件的说明义务】评标委员会可以要求投标人对投标文件中含义不明确的内容作必要的澄清或者说明，但是澄清或者说明不得超出投标文件的范围或者改变投标文件的实质性内容。

第四十条 【评标的方法】评标委员会应当按照招标文件确定的评标标准和方法，对投标文件进行评审和比较；设有标底的，应当参考标底。评标委员会完成评标后，应当向招标人提出书面评标报告，并推荐合格的中标候选人。

招标人根据评标委员会提出的书面评标报告和推荐的中标候选人确定中标人。招标人也可以授权评标委员会直接确定中标人。

国务院对特定招标项目的评标有特别规定的，从其规定。

第四十一条 【中标人的投标应符合的条件】中标人的投标应当符合下列条件之一：

（一）能够最大限度地满足招标文件中规定的各项综合评价标准；

（二）能够满足招标文件的实质性要求，并且经评审的投标价格最低；但是投标价格低于成本的除外。

第四十二条 【对所有投标的否决】评标委员会经评审，认为所有投标都不符合招标文件要求的，可以否决所有投标。

依法必须进行招标的项目的所有投标被否决的，招标人应当依照本法重新招标。

第四十三条 【确定中标人前对招标人与投标人进行谈判的禁止】在确定中标人前，招标人不得与投标人就投标价格、投标方案等实质性内容进行谈判。

第四十四条 【评标委员会成员的义务】评标委员会成员应当客观、公正地履行职务，遵守职业道德，对所提出的评审意见承担个人责任。

评标委员会成员不得私下接触投标人，不得收受投标人的财物或者其他好处。

评标委员会成员和参与评标的有关工作人员不得透露对投标文件的评审和比较、中标候选人的推荐情况以及与评标有关的其他情况。

第四十五条 【中标通知书的发出】中标人确定后，招标人应当向中标人发出中标通知书，并同时将中标结果通知所有未中标的投标人。

中标通知书对招标人和中标人具有法律效力。中标通知书发出后，招标人改变中标结果的，或者中标人放弃中标项目的，应当依法承担法律责任。

第四十六条 【按投标文件订立书面合同】招标人和中标人应当自中标通知书发出之日起三十日内，按照招标文件和中标人的投标文件订立书面合同。招标人和中标人不得再行订立背离合同实质性内容的其他协议。

招标文件要求中标人提交履约保证金

的，中标人应当提交。

第四十七条 【向有关行政监督部门提交招投标情况报告的期限】依法必须进行招标的项目，招标人应当自确定中标人之日起十五日内，向有关行政监督部门提交招标投标情况的书面报告。

第四十八条 【中标人对合同义务的履行】中标人应当按照合同约定履行义务，完成中标项目。中标人不得向他人转让中标项目，也不得将中标项目肢解后分别向他人转让。

中标人按照合同约定或者经招标人同意，可以将中标项目的部分非主体、非关键性工作分包给他人完成。接受分包的人应当具备相应的资格条件，并不得再次分包。

中标人应当就分包项目向招标人负责，接受分包的人就分包项目承担连带责任。

第五章　法律责任

第四十九条 【必须进行招标的项目不招标的责任】违反本法规定，必须进行招标的项目而不招标的，将必须进行招标的项目化整为零或者以其他任何方式规避招标的，责令限期改正，可以处项目合同金额千分之五以上千分之十以下的罚款；对全部或者部分使用国有资金的项目，可以暂停项目执行或者暂停资金拨付；对单位直接负责的主管人员和其他直接责任人员依法给予处分。

第五十条 【招标代理机构泄密、招投标人串通的责任】招标代理机构违反本法规定，泄露应当保密的与招标投标活动有关的情况和资料的，或者与招标人、投标人串通损害国家利益、社会公共利益或者他人合法权益的，处五万元以上二十五万元以下的罚款；对单位直接负责的主管人员和其他直接责任人员处单位罚款数额百分之五以上百分之十以下的罚款；有违法所得的，并处没收违法所得；情节严重的，禁止其一年至二年内代理依法必须进行招标的项目并予以公告，直至由工商行政管理机关吊销营业执照；构成犯罪的，依法追究刑事责任。给他人造成损失的，依法承担赔偿责任。

前款所列行为影响中标结果的，中标无效。

第五十一条 【限制或排斥潜在投标人的责任】招标人以不合理的条件限制或者排斥潜在投标人的，对潜在投标人实行歧视待遇的，强制要求投标人组成联合体共同投标的，或者限制投标人之间竞争的，责令改正，可以处一万元以上五万元以下的罚款。

第五十二条 【泄露招投标活动有关秘密的责任】依法必须进行招标的项目的招标人向他人透露已获取招标文件的潜在投标人的名称、数量或者可能影响公平竞争的有关招标投标的其他情况的，或者泄露标底的，给予警告，可以并处一万元以上十万元以下的罚款；对单位直接负责的主管人员和其他直接责任人员依法给予处分；构成犯罪的，依法追究刑事责任。

前款所列行为影响中标结果的，中标无效。

第五十三条 【串通投标的责任】投标人相互串通投标或者与招标人串通投标的，投标人以向招标人或者评标委员会成员行贿的手段谋取中标的，中标无效，处中标项目金额千分之五以上千分之十以下的罚款，对单位直接负责的主管人员和其他直接责任人员处单位罚款数额百分之五以上百分之十以下的罚款；有违法所得的，并处没收违法所得；情节严重的，取消其一年至二年内参加依法必须进行招标的项目的投标资格并予以公告，直至由工商行政管理机关吊销营业执照；构成犯罪的，依法追究刑事责任。给他人造成损失的，依法承担赔偿责任。

第五十四条 【骗取中标的责任】投标人以他人名义投标或者以其他方式弄虚作假，骗取中标的，中标无效，给招标人造成损失的，依法承担赔偿责任；构成犯罪的，依法追究刑事责任。

依法必须进行招标的项目的投标人有前款所列行为尚未构成犯罪的，处中标项目金额千分之五以上千分之十以下的罚款，对单位直接负责的主管人员和其他直接责任人员处单位罚款数额百分之五以上百分之十以下的罚款；有违法所得的，并处没收违法所得；情节严重的，取消其一年至三年内参加依法必须进行招标的项目的投标资格并予以公告，直至由工商行政管理机关吊销营业执照。

第五十五条 【招标人违规谈判的责任】依法必须进行招标的项目，招标人违反本法规定，与投标人就投标价格、投标方案等实质性内容进行谈判的，给予警告，对单位直接负责的主管人员和其他直接责任人员依法给予处分。

前款所列行为影响中标结果的，中标无效。

第五十六条 【评标委员会成员受贿、泄密的责任】评标委员会成员收受投标人的财物或者其他好处的，评标委员会成员或者参加评标的有关工作人员向他人透露对投标文件的评审和比较、中标候选人的推荐以及与评标有关的其他情况的，给予警告，没收收受的财物，可以并处三千元以上五万元以下的罚款，对有所列违法行为的评标委员会成员取消担任评标委员会成员的资格，不得再参加任何依法必须进行招标的项目的评标；构成犯罪的，依法追究刑事责任。

第五十七条 【招标人在中标候选之外确定中标人的责任】招标人在评标委员会依法推荐的中标候选人以外确定中标人的，依法必须进行招标的项目在所有投标被评标委员会否决后自行确定中标人的，中标无效，责令改正，可以处中标项目金额千分之五以上千分之十以下的罚款；对单位直接负责的主管人员和其他直接责任人员依法给予处分。

第五十八条 【中标人转让、分包中标项目的责任】中标人将中标项目转让给他人的，将中标项目肢解后分别转让给他人的，违反本法规定将中标项目的部分主体、关键性工作分包给他人的，或者分包人再次分包的，转让、分包无效，处转让、分包项目金额千分之五以上千分之十以下的罚款；有违法所得的，并处没收违法所得；可以责令停业整顿；情节严重的，由工商行政管理机关吊销营业执照。

第五十九条 【不按招投标文件订立合同的责任】招标人与中标人不按照招标文件和中标人的投标文件订立合同的，或者招标人、中标人订立背离合同实质性内容的协议的，责令改正；可以处中标项目金额千分之五以上千分之十以下的罚款。

第六十条 【中标人不履行合同义务的责任】中标人不履行与招标人订立的合同的，履约保证金不予退还，给招标人造成的损失超过履约保证金数额的，还应当对超过部分予以赔偿；没有提交履约保证金的，应当对招标人的损失承担赔偿责任。

中标人不按照与招标人订立的合同履行义务，情节严重的，取消其二年至五年内参加依法必须进行招标的项目的投标资格并予以公告，直至由工商行政管理机关吊销营业执照。

因不可抗力不能履行合同的，不适用前两款规定。

第六十一条 【行政处罚的决定】本章规定的行政处罚，由国务院规定的有关行政监督部门决定。本法已对实施行政处罚的机关作出规定的除外。

第六十二条 【干涉招投标活动的责任】任何单位违反本法规定，限制或者排斥本地区、本系统以外的法人或者其他组织参加投标的，为招标人指定招标代理机构的，强制招标人委托招标代理机构办理招标事宜的，或者以其他方式干涉招标投标活动的，责令改正；对单位直接负责的主管人员和其他直接责任人员依法给予警告、记过、记大过的处分，情节较重的，依法给予降级、撤职、开除的处分。

个人利用职权进行前款违法行为的，依照前款规定追究责任。

第六十三条 【行政监督、机关工作人员的责任】对招标投标活动依法负有行政监督职责的国家机关工作人员徇私舞弊、滥用职权或者玩忽职守,构成犯罪的,依法追究刑事责任;不构成犯罪的,依法给予行政处分。

第六十四条 【中标无效的处理】依法必须进行招标的项目违反本法规定,中标无效的,应当依照本法规定的中标条件从其余投标人中重新确定中标人或者依照本法重新进行招标。

第六章 附 则

第六十五条 【异议或投诉】投标人和其他利害关系人认为招标投标活动不符合本法有关规定的,有权向招标人提出异议或者依法向有关行政监督部门投诉。

第六十六条 【招标除外项目】涉及国家安全、国家秘密、抢险救灾或者属于利用扶贫资金实行以工代赈、需要使用农民工等特殊情况,不适宜进行招标的项目,按照国家有关规定可以不进行招标。

第六十七条 【适用除外】使用国际组织或者外国政府贷款、援助资金的项目进行招标,贷款方、资金提供方对招标投标的具体条件和程序有不同规定的,可以适用其规定,但违背中华人民共和国的社会公共利益的除外。

第六十八条 【生效日期】本法自2000年1月1日起施行。

住房和城乡建设部政府信息公开实施办法

1. 2009年8月31日公布

2. 建办〔2009〕145号

第一章 总 则

第一条 为推进和规范住房和城乡建设部政府信息公开工作,保障公民、法人和其他组织依法获取政府信息,提高政府工作透明度,促进依法行政,依据《中华人民共和国政府信息公开条例》和有关法规、规定,结合住房和城乡建设部工作实际,制定本办法。

第二条 本办法适用于住房和城乡建设部机关及其授权或者委托的事业单位、社会团体(以下简称部机关)在履行管理职能和提供公共服务过程中,依法向社会公众以及管理、服务对象公开相关政府信息的活动。

本办法所称政府信息,是指部机关在履行职责过程中制作或者获取的,以一定形式记录、保存的信息。

第三条 住房和城乡建设部政务公开领导小组负责领导和协调部政府信息公开工作,审定相关制度,研究解决信息公开工作中的重大问题。

部政务公开领导小组办公室(以下简称部公开办)负责部机关政府信息公开的日常工作,具体职责是:

(一)具体承办部机关的政府信息公开事宜;

(二)组织维护和更新部机关公开的政府信息;

(三)组织编制部机关的政府信息公开相关制度、政府信息公开指南、政府信息公开目录和政府信息公开年度报告;

(四)组织部机关各单位对拟公开的政府信息进行保密审查;

(五)部机关规定的与政府信息公开有关的其他职责。

第四条 政府信息公开应当作为住房和城乡建设部的一项基本工作制度,部机关各单位主要负责人负责对本单位政府信息公开工作进行组织领导,综合处长或办公室主任负责本单位政府信息公开相关事宜的具体组织协调工作。

第五条 部机关公开政府信息,应当遵循公平、公正和便民的原则。

第六条 部机关应当及时、准确地公开政府信息。部机关发现影响或者可能影响社会稳定、扰乱社会管理秩序的虚假或者不完整信息的，应当通过部新闻办公室发布准确的政府信息予以澄清。

第七条 部机关应当建立健全政府信息发布协调机制。各单位拟发布涉及部内其他司局、国务院有关部门、地方住房城乡建设行政主管部门或其他行政机关的政府信息，应当与有关行政机关进行沟通、确认，保证发布的信息准确一致。

部机关各单位发布政府信息依照国家有关规定需要批准的，未经批准不得发布。

第二章 公开的内容和范围

第八条 根据工作实际，住房和城乡建设部应当主动公开下列政府信息：

（一）机构职能类：部机关机构设置、工作职责及联系方式；

（二）部门规章类：住房和城乡建设部制定或者联合其他部门制定的部门规章；

（三）发展规划和产业政策类：住房和城乡建设事业中长期发展规划，有关专项发展规划，产业政策、发展战略，以及依法应当公开的部工作计划等；

（四）管理政策类：部机关制定印发的规范性文件；

（五）行政执法监督类：部机关作出的行政处罚决定书，行政处罚、行政复议、普法的有关制度规定；

（六）行政许可类：行政许可的事项、依据、条件、数量、程序、期限以及申请行政许可需要提交的全部材料目录及办理情况；

（七）工程建设标准规范类：发布工程建设标准规范的公告；

（八）统计数据类：依法应当公开的住房和城乡建设行业相关统计数据信息；

（九）工作动态类：依法应当公开的工作动态信息。

第九条 除本办法第八条规定的主动公开的政府信息外，公民、法人和其他组织根据自身生产、生活、科研等特殊需要，可向住房和城乡建设部申请获取相关政府信息。

第十条 下列信息不予公开：

（一）可能危及国家安全、公共安全、经济安全和社会稳定的；

（二）涉及国家秘密、商业秘密、个人隐私的；但是，经权利人同意公开或者不公开可能对公共利益造成重大影响的涉及商业秘密、个人隐私的政府信息，可以予以公开；

（三）与申请人生产、生活、科研等特殊需要无关的；

（四）法律、法规规定不得公开的信息。

第十一条 部机关各单位在拟公开政府信息前，应当依照《中华人民共和国保守国家秘密法》以及其他法律、法规和国家有关规定，对拟公开的政府信息进行保密审查。

第三章 主动公开的方式和程序

第十二条 对属于主动公开范围的信息，应当采取符合该信息特点、便于公众及时准确获得的以下一种或几种方式予以公开：

（一）住房和城乡建设部门户网站；

（二）中国建设报；

（三）住房和城乡建设部文告；

（四）新闻发布会、新闻通气会、记者招待会；

（五）中央主要新闻媒体。

其中，住房和城乡建设部门户网站是信息公开的主渠道。

第十三条 属于主动公开范围的政府信息，应当自该政府信息形成或者变更之日起20个工作日内予以公开。法律、法规对政府信息公开的期限另有规定的，从其规定。

第十四条 主动公开政府信息应当按照下列程序进行：

（一）部机关各单位在政府信息印制完成后5个工作日内，填写《拟主动公开政府信息签批单》（附件一），经主要负责人核签后，附上正式文本和定稿后的电子版，送部公开办。公开重大或敏感信息，主办单位应当报部领导批准；

（二）部公开办按照《住房和城乡建设

部政府信息公开目录》和国务院办公厅关于政府信息公开数据库的有关规定进行分类、编码、标注后,送部信息中心;

(三)部信息中心按照部公开办的要求,认真核对文稿后,将政府信息上传至部门户网站“信息公开专栏”。

第十五条 以规章形式发布的政府信息,由法规司在规章印制完成后15个工作日内,将规章文本及其电子版送部公开办,部公开办分类、编码、标注后,由信息中心上传至部门户网站“信息公开专栏”。

第十六条 工程建设标准、定额管理信息,由标准定额司按照工程建设标准管理的有关规定予以公开。

第四章 依申请公开的方式和程序

第十七条 申请人申请获取政府信息,应当采用书面形式,按照要求填写并提交《住房和城乡建设部政府信息公开申请表》(见附件二);采用书面形式确有困难的,申请人可以口头提出,由部公开办代为填写政府信息公开申请。

申请表包括下列内容:

(一)申请人的姓名或者名称、联系方式;

(二)申请公开的政府信息的内容描述;

(三)申请公开的政府信息的形式要求。

《住房和城乡建设部政府信息公开申请表》可以到住房和城乡建设部指定场所领取或自行复制,也可以从住房和城乡建设部门户网站下载。

第十八条 部公开办收到申请后,应当进行审查,对符合要求的,予以受理。对要件不完备、内容不具体或没有按要求提交有效身份证明或其他证明材料的,待申请人补齐后再予受理。

第十九条 部公开办收到政府信息公开申请,能够当场答复的,应当当场予以答复;不能当场答复的,应当自收到申请之日起15个工作日内予以答复;如需延长答复期限,应当告知申请人,延长答复的期限不得超过15个工作日。

申请公开的政府信息涉及第三方权益,需要征求第三方意见,或者根据需要应当征求国务院有关部门、地方住房城乡建设行政主管部门或其他行政机关意见的,征求意见所需时间不计算在上述期限内。

第二十条 对申请人提出的政府信息公开申请,按照以下程序办理:

(一)部公开办对信息公开申请进行登记;

(二)部公开办根据信息内容和部机关各单位分工确定主办单位,在3个工作日内将《政府信息公开申请转送单》(见附件三)和《依申请公开政府信息审查表》(见附件四)送主办单位;

(三)主办单位一般要在7个工作日内,对政府信息公开申请提出处理意见,经单位主要负责同志核签后送部公开办;

(四)部公开办在5个工作日内根据主办单位处理意见答复申请人。

第二十一条 部机关各单位对申请公开的政府信息提出是否公开意见时,应根据不同情况分别进行处理:

(一)已经公开的,应说明公开的方式和途径;

(二)可以依申请公开的,按规定程序予以公开;

(三)属于不予公开范围的,应当说明理由;

(四)申请公开的政府信息中含有不应当公开的内容,但是能够作区分处理的,应当向申请人提供可以公开的信息内容;

(五)涉及商业秘密、个人隐私,公开后可能损害第三方权益的,应当书面征求第三方意见;第三方不同意公开的,不得公开。但是,不公开可能对公共利益造成重大影响的,应当予以公开,并将决定公开的政府信息内容和理由书面通知第三方;

(六)涉及国务院有关部门、地方住房城

乡建设行政主管部门、其他行政机关及部内其他司局的,主办单位应当书面征求相关部门或单位意见。

第二十二条 部公开办在部机关各单位答复意见的基础上,根据下列情况对申请人分别作出答复:

(一)属于主动公开范围的,应告知申请人获取该政府信息的方式和途径;

(二)可以依申请公开的,应按照申请人要求的形式予以提供;无法按照申请人要求的形式提供的,可以通过安排申请人查阅相关资料、提供复制件或其他适当形式提供;

(三)属于不予公开范围的,应当告知申请人并说明理由;

(四)依法不属于本行政机关公开或者该政府信息不存在的,应当告知申请人,对能够确定该政府信息的公开机关的,应当告知申请人该行政机关的名称、联系方式;

(五)申请内容不明确的,应当告知申请人作出更改、补充。

第二十三条 部机关依申请提供政府信息,除可以收取检索、复制、邮寄等成本费用外,不得收取其他费用,不得通过其他组织、个人以有偿服务方式提供政府信息。

收取检索、复制、邮寄等成本费用的标准,按照国务院价格主管部门会同国务院财政部门制定的标准执行。

申请公开政府信息的公民确有经济困难的,经本人申请、部公开办负责人审核同意,可以减免相关费用。

第五章 附 则

第二十四条 已经移交中央档案馆的政府信息的管理,依照有关档案管理的法律、行政法规和国家有关规定执行。

第二十五条 对于同一申请人就同一内容反复提出公开申请的,部公开办可以不重复答复。

第二十六条 政府信息公开工作所需经费应当纳入部年度预算,以保障政府信息公开工作的正常开展。

第二十七条 部机关各单位违反《中华人民共和国政府信息公开条例》和本办法规定,有下列情形之一的,由住房和城乡建设部政务公开领导小组给予批评教育并限期整改;情节严重的,对机关各单位直接负责的主管人员和其他直接责任人依法予以处分;构成犯罪的,依法追究刑事责任:

(一)不依法履行政府信息公开义务的;

(二)不及时更新公开的政府信息内容、政府信息公开指南和政府信息公开目录的;

(三)违反规定收取费用的;

(四)通过其他组织、个人以有偿服务方式提供政府信息的;

(五)公开不应当公开的政府信息的;

(六)违反《中华人民共和国政府信息公开条例》和本办法规定的其他行为的。

第二十八条 本办法由住房和城乡建设部政务公开领导小组负责解释。

第二十九条 本办法自印发之日起实施。

附件:(略)

住房城乡建设行政复议办法

1. 2015年9月7日住房和城乡建设部令第25号发布
2. 自2015年11月1日起施行

第一章 总 则

第一条 为规范住房城乡建设行政复议工作,防止和纠正违法或者不当的行政行为,保护公民、法人和其他组织的合法权益,根据《中华人民共和国行政复议法》和《中华人民共和国行政复议法实施条例》等相关规定,制定本办法。

第二条 公民、法人和其他组织(以下统称申请人)依法向住房城乡建设行政复议机关申请行政复议,住房城乡建设行政复议机关(以下简称行政复议机关)开展行政复议工作,适用本办法。

第三条 行政复议机关应当认真履行行政复议职责,遵循合法、公正、公开、及时、便民的原则,坚持有错必纠,保障法律、法规和规章的正确实施。

行政复议机关应当依照有关规定配备专职行政复议人员,为行政复议工作提供必要的物质和经费保障。

第四条 行政复议机关负责法制工作的机构作为行政复议机构,办理行政复议有关事项,履行下列职责:

(一)受理行政复议申请;

(二)向有关组织和人员调查取证,查阅文件和资料,组织行政复议听证;

(三)通知第三人参加行政复议;

(四)主持行政复议调解,审查行政复议和解协议;

(五)审查申请行政复议的行政行为是否合法与适当,提出处理建议,拟订行政复议决定;

(六)法律、法规、规章规定的其他职责。

第五条 行政复议机关可以根据行政复议工作的需要,设立行政复议委员会,其主要职责是:

(一)制定行政复议工作的规则、程序;

(二)对重大、复杂、疑难的行政复议案件提出处理意见;

(三)对行政复议涉及的有权处理的规范性文件的审查提出处理意见;

(四)其他需要决定的重大行政复议事项。

第六条 专职行政复议人员应当具备与履行行政复议职责相适应的品行、专业知识和业务能力,定期参加业务培训。

第七条 国务院住房城乡建设主管部门对全国住房城乡建设行政复议工作进行指导。

县级以上地方人民政府住房城乡建设主管部门对本行政区域内的住房城乡建设行政复议工作进行指导。

第八条 各级行政复议机关应当定期总结行政复议工作,对在行政复议工作中做出显著成绩的单位和个人,依照有关规定给予表彰和奖励。

第二章 行政复议申请

第九条 有下列情形之一的,申请人可以依法向住房城乡建设行政复议机关提出行政复议申请:

(一)不服县级以上人民政府住房城乡建设主管部门作出的警告,罚款,没收违法所得,没收违法建筑物、构筑物和其他设施,责令停业整顿,责令停止执业,降低资质等级,吊销资质证书,吊销执业资格证书和其他许可证、执照等行政处罚的;

(二)不服县级以上人民政府住房城乡建设主管部门作出的限期拆除决定和强制拆除违法建筑物、构筑物、设施以及其他住房城乡建设相关行政强制行为的;

(三)不服县级以上人民政府住房城乡建设主管部门作出的行政许可决定以及行政许可的变更、延续、中止、撤销、撤回和注销决定的;

(四)向县级以上人民政府住房城乡建设主管部门申请履行法律、法规和规章规定的法定职责,但认为县级以上人民政府住房城乡建设主管部门没有依法履行的;

(五)认为县级以上人民政府住房城乡建设主管部门违法要求履行其他义务的;

(六)认为县级以上人民政府住房城乡建设主管部门的其他具体行政行为侵犯其合法权益的。

第十条 有下列情形之一的,申请人提出行政复议申请,行政复议机关不予受理:

(一)不服县级以上人民政府住房城乡建设主管部门作出的行政处分、人事任免有关决定,或者认为住房城乡建设主管部门应当履行但未依法履行有关行政处分、人事任免职责的;

(二)不服县级以上人民政府住房城乡建设主管部门对有权处理的信访事项,根据《信访条例》作出的处理意见、复查意见、复核意见和不再受理决定的;

(三)不服县级以上人民政府住房城乡建设主管部门制定的规范性文件,以及作出的行政调解行为、行政和解行为、行政复议决定的；

（四）以行政复议申请名义，向行政复议机关提出批评、意见、建议、控告、检举、投诉，以及其他信访请求的；

（五）申请人已就同一事项先向其他有权受理的行政复议机关提出行政复议申请的，或者人民法院已就该事项立案登记的；

（六）被复议的行政行为已为其他生效法律文书的效力所羁束的；

（七）法律、法规规定的不应纳入行政复议范围的其他情形。

第十一条 申请人书面申请行政复议的，可以采取当面递交、邮寄等方式，向行政复议机关提交行政复议申请书及有关材料；书面申请确有困难的，可以口头申请，由行政复议机关记入笔录，经由申请人核实后签名或者盖章确认。有条件的行政复议机关，可以提供行政复议网上申请的有关服务。

申请人不服县级以上人民政府住房城乡建设主管部门作出的两个及两个以上行政行为的，应当分别提出行政复议申请。

第十二条 申请人以书面方式申请行政复议的，应当提交行政复议申请书正本副本各一份。复议申请书应当载明下列内容：

（一）申请人姓名或者名称、地址；

（二）被申请人的名称、地址；

（三）行政复议请求；

（四）主要事实和理由（包括知道行政行为的时间）；

（五）提出行政复议申请的日期。

复议申请书应当由申请人或者申请人的法定代表人签字或者盖章，并附有必要的证据。申请人为自然人的，应当提交身份证件复印件；申请人为法人或者其他组织的，应当提交有效营业执照或者其他有效证件的复印件、法定代表人身份证明等。申请人授权委托人代为申请的，应当提交申请人与委托人的合法身份证明和授权委托书。

第十三条 申请人认为行政行为侵犯其合法权益的，可以自知道或者应当知道该行政行为之日起60日内提出行政复议申请；但是法律规定的申请期限超过60日的除外。因不可抗力或者其他正当理由耽误法定申请期限的，申请期限自障碍消除之日起继续计算。

申请人认为行政机关不履行法定职责的，可以在法律、法规、规章规定的履行期限届满后，按照前款规定提出行政复议申请；法律、法规、规章没有规定履行期限的，可以自向行政机关提出申请满60日后，按照前款规定提出行政复议申请。

对涉及不动产的行政行为从作出之日起超过20年、其他行政行为从作出之日起超过5年申请行政复议的，行政复议机关不予受理。

第十四条 有下列情形之一的，申请人应当提供相应的证明材料：

（一）认为被申请人行政不作为的，应当提供曾经要求被申请人履行法定职责而被申请人未履行的证明材料；

（二）行政复议申请超出本办法第十三条规定的行政复议申请期限的，应当提供因不可抗力或者其他正当理由耽误法定申请期限的证明材料；

（三）提出行政赔偿请求的，应当提供受行政行为侵害而造成损害的证明材料；

（四）法律、法规和规章规定需要申请人提供证明材料的其他情形。

第十五条 与行政行为有利害关系的其他公民、法人或者其他组织以书面形式提出申请，经行政复议机关审查同意，可以作为第三人参加行政复议。

行政复议机关认为必要时，也可以通知与行政行为有利害关系的其他公民、法人或者其他组织作为第三人参加行政复议。

第三人不参加行政复议的，不影响行政复议审查。

第十六条 申请人、被申请人、第三人可以委

托一至两人作为复议代理人。下列人员可以被委托为复议代理人:

(一)律师、基层法律服务工作者;

(二)申请人、第三人的近亲属或者工作人员;

(三)申请人、第三人所在社区、单位及有关社会团体推荐的公民。

申请人、被申请人、第三人委托代理人参加行政复议的,应当向行政复议机关提交由委托人签字或者盖章的委托书,委托书应当载明委托事项和具体权限;解除或者变更委托的,应当书面通知行政复议机关。

第三章 行政复议受理

第十七条 行政复议机关收到行政复议申请后,应当在5日内进行审查,对不符合本办法第十八条规定的行政复议申请,决定不予受理,并书面告知申请人;对不属于本机关受理的行政复议申请,应当告知申请人向有关行政复议机关提出。

除前款规定外,行政复议申请自行政复议机构收到之日起即为受理。

第十八条 行政复议机关对符合下列条件的行政复议申请,应当予以受理:

(一)有明确的申请人和符合规定的被申请人;

(二)申请人与行政行为有利害关系;

(三)有具体的行政复议请求和理由;

(四)在法定申请期限内提出;

(五)属于本办法规定的行政复议范围;

(六)属于收到行政复议申请的行政复议机构的职责范围;

(七)申请人尚未就同一事项向其他有权受理的行政复议机关提出行政复议申请,人民法院尚未就申请人同一事项立案登记的;

(八)符合法律、法规规定的其他条件。

第十九条 行政复议申请材料不齐全或者表述不清楚的,行政复议机构可以自收到该行政复议申请之日起5日内书面通知申请人补正。补正通知书应当载明下列事项:

(一)行政复议申请书中需要补充、说明、修改的具体内容;

(二)需要补正的材料、证据;

(三)合理的补正期限;

(四)逾期未补正的法律后果。

申请人应当按照补正通知书要求提交补正材料。申请人无正当理由逾期不补正的,视为放弃行政复议申请。申请人超过补正通知书载明的补正期限补正,或者补正材料不符合补正通知书要求的,行政复议机关可以不予受理其行政复议申请。

补正申请材料所用时间不计入行政复议审理期限。

第二十条 行政复议机关应当自行政复议申请受理之日起7日内,向被申请人发出答复通知书,并将行政复议申请书副本或者行政复议申请笔录复印件发送被申请人。被申请人应当自收到答复通知书之日起10日内,提出书面答复。

第二十一条 被申请人的书面答复应当载明以下内容:

(一)被申请人的基本情况;

(二)作出行政行为的过程和相关情况;

(三)作出行政行为的事实依据和有关证据材料;

(四)对申请人提出的事实和理由进行答辩;

(五)作出行政行为所依据的法律、法规、规章和规范性文件;

(六)作出答复的时间。

第四章 行政复议审查

第二十二条 行政复议案件原则上采取书面审查的办法。行政复议机关认为必要,或者申请人提出听证要求经行政复议机关同意的,可以采取听证的方式审查。听证所需时间不计入行政复议审理期限。

行政复议机关决定举行听证的,应当于举行听证5日前将举行听证的时间、地点、具体要求等事项,通知申请人、被申请人和第三人。申请人超过5人的,应当推选1至5名代表参加听证。申请人无正当理由不参加听证或者未经许可中途退出听证的,视为自动放弃听证权利,听证程序终止;第三人不参加听证的,不影响听证的举行;被申请人必须参加听证。

行政复议机关认为必要的,可以实地调查核实。被调查单位和人员应当予以配合,不得拒绝或者阻挠。

第二十三条 两个及两个以上的复议申请人不服县级以上人民政府住房城乡建设主管部门作出的一个行政行为或者基本相同的多个行政行为,向行政复议机关分别提起多件行政复议申请的,行政复议机关可以合并审理。

第二十四条 在行政复议中,被申请人应当对其作出的行政行为承担举证责任,对其提交的证据材料应当分类编号,对证据材料的来源、证明对象和内容作简要说明。

第二十五条 行政复议机关审查行政复议案件,应当以证据证明的案件事实为依据。定案证据应当具有合法性、真实性和关联性。

第二十六条 行政复议机关应当对被申请人作出的行政行为的下列事项进行审查:

(一)是否具有相应的法定职责;

(二)主要事实是否清楚,证据是否确凿;

(三)适用依据是否正确;

(四)是否符合法定程序;

(五)是否超越或者滥用职权;

(六)是否存在明显不当。

第二十七条 行政复议机关对申请人认为被申请人不履行法定职责的行政复议案件,应当审查下列事项:

(一)申请人是否曾经要求被申请人履行法定职责;

(二)被申请人是否具有法律、法规或者规章明确规定的具体法定职责;

(三)被申请人是否明确表示拒绝履行或者不予答复;

(四)是否超过法定履行期限;

(五)被申请人提出不能在法定期限内履行或者不能及时履行的理由是否正当。

第二十八条 行政复议决定作出前,申请人可以撤回行政复议申请。

申请人撤回行政复议申请的,不得再以同一事实和理由提出行政复议申请。但是,申请人能够证明撤回行政复议申请违背其真实意思表示的除外。

第二十九条 行政复议机关中止、恢复行政复议案件的审理,或者终止行政复议的,应当书面通知申请人、被申请人和第三人。

第五章 行政复议决定

第三十条 行政行为认定事实清楚,证据确凿,适用依据正确,程序合法,内容适当的,行政复议机关应当决定维持。

第三十一条 行政行为有下列情形之一的,行政复议机关应当决定撤销:

(一)主要事实不清,证据不足的;

(二)适用依据错误的;

(三)违反法定程序的;

(四)超越或者滥用职权的;

(五)行政行为明显不当的。

第三十二条 行政行为有下列情形之一的,行政复议机关可以决定变更该行政行为:

(一)认定事实清楚,证据确凿,程序合法,但是明显不当或者适用依据错误的;

(二)认定事实不清,证据不足,经行政复议程序审理查明事实清楚,证据确凿的。

第三十三条 有下列情形之一的,行政复议机关应当决定驳回行政复议申请:

(一)申请人认为被申请人不履行法定职责申请行政复议,行政复议机关受理后发现被申请人没有相应法定职责或者在受理前已经履行法定职责的;

(二)行政复议机关受理行政复议申请后,发现该行政复议申请不属于本办法规定的行政复议受案范围或者不符合受理条件的；

（三）被复议的行政行为，已为人民法院或者行政复议机关作出的生效法律文书的效力所羁束的；

（四）法律、法规和规章规定的其他情形。

第三十四条 有下列情形之一的，行政复议机关应当决定被申请人在一定期限内履行法定职责：

（一）属于被申请人的法定职责，被申请人明确表示拒绝履行或者不予答复的；

（二）属于被申请人的法定职责，并有法定履行期限，被申请人无正当理由逾期未履行或者未予答复的；

（三）属于被申请人的法定职责，没有履行期限规定，被申请人自收到申请满60日起无正当理由未履行或者未予答复的。

前款规定的法定职责，是指县级以上人民政府住房城乡建设主管部门根据法律、法规或者规章的明确规定，在接到申请人的履责申请后应当履行的职责。

第三十五条 行政行为有下列情形之一的，行政复议机关应当确认违法，但不撤销或者变更行政行为：

（一）行政行为依法应当撤销或者变更，但撤销或者变更该行政行为将会给国家利益、社会公共利益造成重大损害的；

（二）行政行为程序轻微违法，但对申请人权利不产生实际影响的；

（三）被申请人不履行法定职责或者拖延履行法定职责，判令履行没有意义的；

（四）行政行为违法，但不具有可撤销、变更内容的；

（五）法律、法规和规章规定的其他情形。

第三十六条 被申请人在复议期间改变原行政行为的，应当书面告知行政复议机关。

被申请人改变原行政行为，申请人撤回行政复议申请的，行政复议机关准予撤回的，行政复议终止；申请人不撤回行政复议申请的，行政复议机关经审查认为原行政行为违法的，应当作出确认其违法的行政复议决定；认为原行政行为合法的，应当驳回行政复议申请。

第三十七条 行政复议机关决定撤销行政行为，可以责令被申请人在一定期限内重新作出行政行为。重新作出行政行为的期限自《行政复议决定书》送达之日起最长不超过60日，法律、法规、规章另有规定的除外。

行政复议机关确认行政行为违法的，可以责令被申请人采取相应的补救措施。

申请人对行政机关重新作出的行政行为不服，可以依法申请行政复议或者提起行政诉讼。

第三十八条 行政复议机关在申请人的行政复议请求范围内，不得作出对申请人更为不利的行政复议决定。但利害关系人同为申请人，且行政复议请求相反的除外。

第三十九条 申请人与被申请人在行政复议决定作出前，依法自愿达成和解的，由申请人按照本办法规定向行政复议机关撤回行政复议申请。和解内容不得损害国家利益、社会公共利益和他人合法权益。

第四十条 有下列情形之一的，行政复议机关可以按照自愿、合法的原则进行调解：

（一）申请人对行政机关行使法律、法规规定的自由裁量权作出的行政行为不服申请行政复议的；

（二）当事人之间的行政赔偿或者行政补偿纠纷。

经调解达成协议的，行政复议机关应当制作行政复议调解书。行政复议调解书经双方当事人签字，即具有法律效力。调解未达成协议或者调解书送达前一方反悔的，行政复议机关应当及时作出行政复议决定。

第四十一条 行政复议文书有笔误的，行政复议机关可以对笔误进行更正。

第四十二条 申请人、第三人在行政复议期间以及行政复议决定作出之日起90日内,可以向行政复议机关申请查阅被申请人提出的书面答复、作出行政行为的证据、依据和其他有关材料,除涉及国家秘密、商业秘密或者个人隐私外,行政复议机关不得拒绝。查阅应当依照下列程序办理:

(一)申请人、第三人应当至少提前5日向行政复议机关预约时间;

(二)查阅时,申请人、第三人应当出示身份证件,行政复议机关工作人员应当在场;

(三)申请人、第三人不得涂改、毁损、拆换、取走、增添查阅材料;未经复议机关同意,不得进行复印、翻拍、翻录。

申请人、第三人通过政府信息公开方式,向县级以上人民政府住房城乡建设部门申请公开被申请人提出的书面答复、作出行政行为的证据、依据和其他有关材料的,县级以上人民政府住房城乡建设部门可以告知申请人、第三人按照前款规定申请查阅。

申请人、第三人以外的其他人,或者申请人、第三人超过规定期限申请查阅被申请人提出的书面答复、作出行政行为的证据、依据和其他有关材料的,行政复议机关可以不予提供查阅。

第四十三条 行政复议机关应当推进信息化建设,研究开发行政复议信息系统,逐步实现行政复议办公自动化和行政复议档案电子化。

第四十四条 行政复议案件审查结束后,行政复议机关应当及时将案卷进行整理归档。

第六章 行政复议监督

第四十五条 被申请人应当履行行政复议决定。被申请人不履行或者无正当理由拖延履行行政复议决定的,作出复议决定的行政复议机关可以责令其在规定期限内履行。

第四十六条 被责令重新作出行政行为的,被申请人不得以同一事实和理由作出与原行政行为相同或者基本相同的行政行为,但因违反法定程序被责令重新作出行政行为的除外。

第四十七条 行政复议期间行政复议机关发现被申请人或者其他下级行政机关有下列情形之一的,可以制作行政复议意见书;有关机关应当自收到行政复议意见书之日起60日内将纠正相关行政违法行为或者做好善后工作的情况报告行政复议机关:

(一)具体行政行为有违法或者不当情形,导致被撤销、变更或者确认违法的;

(二)行政机关不依法履行法定职责,存在不作为的;

(三)具体行政行为存在瑕疵或者其他问题的;

(四)具体行政行为依据的规范性文件存在问题的;

(五)行政机关在行政管理中存在问题和制度漏洞的;

(六)行政机关需要做好相关善后工作的;

(七)其他需要制作行政复议意见书的。

行政复议期间,行政复议机构发现法律、法规、规章实施中带有普遍性的问题,可以制作行政复议建议书,向有关机关提出完善制度和改进行政执法的建议。

第四十八条 国务院住房城乡建设主管部门可以对县级以上地方人民政府住房城乡建设主管部门的行政复议工作和制度执行情况进行监督检查。

省、自治区、直辖市人民政府住房城乡建设主管部门可以通过定期检查、抽查等方式,对本行政区域内行政复议工作和制度执行情况进行监督检查。

不履行行政复议决定,或者在收到行政复议意见书之日起60日内未将纠正相关行政违法行为的情况报告行政复议机关的,行政复议机关可以通报批评。

第四十九条 行政复议工作、行政复议决定的执行情况纳入县级以上地方人民政府住房城乡建设主管部门依法行政的考核范围。

第五十条　行政复议机关应当建立行政复议案件统计制度，并按规定向上级行政复议主管部门报送本行政区的行政复议情况。

第七章　附　　则

第五十一条　本办法所称"涉及不动产的行政行为"，是指直接发生设立、变更、转让和消灭不动产物权效力的行政行为。

第五十二条　行政复议机关可以使用行政复议专用章。行政复议专用章用于办理行政复议事项，与行政复议机关印章具有同等效力。

第五十三条　行政复议文书直接送达的，复议申请人在送达回证上的签收日期为送达日期。行政复议文书邮寄送达的，邮寄地址为复议申请人在行政复议申请书中写明的地址，送达日期为复议申请人收到邮件的日期。因复议申请人自己提供的地址不准确、地址变更未及时告知行政复议机关、复议申请人本人或者其指定的代收人拒绝签收以及逾期签收，导致行政复议文书被国家邮政机构退回的，文书退回之日视为送达之日。

行政复议文书送达第三人的，适用前款规定。

第五十四条　期间开始之日不计算在期间内。期间届满的最后一日是节假日的，以节假日后的第一日为期间届满的日期。

本办法关于行政复议期间有关"5日"、"7日"的规定是指工作日，不含节假日和当日。

第五十五条　外国人、无国籍人、外国组织在中华人民共和国境内向行政复议机关申请行政复议，参照适用本办法。

第五十六条　本办法未规定事项，依照《中华人民共和国行政复议法》和《中华人民共和国行政复议法实施条例》的规定执行。

第五十七条　本办法自2015年11月1日起实施。

城市设计管理办法

1. 2017年3月14日住房和城乡建设部令第35号公布
2. 自2017年6月1日起施行

第一条　为提高城市建设水平，塑造城市风貌特色，推进城市设计工作，完善城市规划建设管理，依据《中华人民共和国城乡规划法》等法律法规，制定本办法。

第二条　城市、县人民政府所在地建制镇开展城市设计管理工作，适用本办法。

第三条　城市设计是落实城市规划、指导建筑设计、塑造城市特色风貌的有效手段，贯穿于城市规划建设管理全过程。通过城市设计，从整体平面和立体空间上统筹城市建筑布局、协调城市景观风貌，体现地域特征、民族特色和时代风貌。

第四条　开展城市设计，应当符合城市（县人民政府所在地建制镇）总体规划和相关标准；尊重城市发展规律，坚持以人为本，保护自然环境，传承历史文化，塑造城市特色，优化城市形态，节约集约用地，创造宜居公共空间；根据经济社会发展水平、资源条件和管理需要，因地制宜，逐步推进。

第五条　国务院城乡规划主管部门负责指导和监督全国城市设计工作。

省、自治区城乡规划主管部门负责指导和监督本行政区域内城市设计工作。

城市、县人民政府城乡规划主管部门负责本行政区域内城市设计的监督管理。

第六条　城市、县人民政府城乡规划主管部门，应当充分利用新技术开展城市设计工作。有条件的地方可以建立城市设计管理辅助决策系统，并将城市设计要求纳入城市规划管理信息平台。

第七条　城市设计分为总体城市设计和重点地区城市设计。

第八条　总体城市设计应当确定城市风貌特色，保护自然山水格局，优化城市形态格局，明确公共空间体系，并可与城市(县人民政府所在地建制镇)总体规划一并报批。

第九条 下列区域应当编制重点地区城市设计：

(一)城市核心区和中心地区；

(二)体现城市历史风貌的地区；

(三)新城新区；

(四)重要街道，包括商业街；

(五)滨水地区，包括沿河、沿海、沿湖地带；

(六)山前地区；

(七)其他能够集中体现和塑造城市文化、风貌特色，具有特殊价值的地区。

第十条 重点地区城市设计应当塑造城市风貌特色，注重与山水自然的共生关系，协调市政工程，组织城市公共空间功能，注重建筑空间尺度，提出建筑高度、体量、风格、色彩等控制要求。

第十一条 历史文化街区和历史风貌保护相关控制地区开展城市设计，应当根据相关保护规划和要求，整体安排空间格局，保护延续历史文化，明确新建建筑和改扩建建筑的控制要求。

重要街道、街区开展城市设计，应当根据居民生活和城市公共活动需要，统筹交通组织，合理布置交通设施、市政设施、街道家具，拓展步行活动和绿化空间，提升街道特色和活力。

第十二条 城市设计重点地区范围以外地区，可以根据当地实际条件，依据总体城市设计，单独或者结合控制性详细规划等开展城市设计，明确建筑特色、公共空间和景观风貌等方面的要求。

第十三条 编制城市设计时，组织编制机关应当通过座谈、论证、网络等多种形式及渠道，广泛征求专家和公众意见。审批前应依法进行公示，公示时间不少于30日。

城市设计成果应当自批准之日起20个工作日内，通过政府信息网站以及当地主要新闻媒体予以公布。

第十四条 重点地区城市设计的内容和要求应当纳入控制性详细规划，并落实到控制性详细规划的相关指标中。

重点地区的控制性详细规划未体现城市设计内容和要求的，应当及时修改完善。

第十五条 单体建筑设计和景观、市政工程方案设计应当符合城市设计要求。

第十六条 以出让方式提供国有土地使用权，以及在城市、县人民政府所在地建制镇规划区内的大型公共建筑项目，应当将城市设计要求纳入规划条件。

第十七条 城市、县人民政府城乡规划主管部门负责组织编制本行政区域内总体城市设计、重点地区的城市设计，并报本级人民政府审批。

第十八条 城市、县人民政府城乡规划主管部门组织编制城市设计所需的经费，应列入城乡规划的编制经费预算。

第十九条 城市、县人民政府城乡规划主管部门开展城乡规划监督检查时，应当加强监督检查城市设计工作情况。

国务院和省、自治区人民政府城乡规划主管部门应当定期对各地的城市设计工作和风貌管理情况进行检查。

第二十条 城市、县人民政府城乡规划主管部门进行建筑设计方案审查和规划核实时，应当审核城市设计要求落实情况。

第二十一条 城市、县人民政府城乡规划主管部门开展城市规划实施评估时，应当同时评估城市设计工作实施情况。

第二十二条 城市设计的技术管理规定由国务院城乡规划主管部门另行制定。

第二十三条 各地可根据本办法，按照实际情况，制定实施细则和技术导则。

第二十四条 县人民政府所在地以外的镇可以参照本办法开展城市设计工作。

第二十五条 本办法自2017年6月1日起施行。

二、房地产开发用地

1. 土地管理

中华人民共和国土地管理法

1. 1986年6月25日第六届全国人民代表大会常务委员会第十六次会议通过
2. 根据1988年12月29日第七届全国人民代表大会常务委员会第五次会议《关于修改〈中华人民共和国土地管理法〉的决定》第一次修正
3. 1998年8月29日第九届全国人民代表大会常务委员会第四次会议修订
4. 根据2004年8月28日第十届全国人民代表大会常务委员会第十一次会议《关于修改〈中华人民共和国土地管理法〉的决定》第二次修正
5. 根据2019年8月26日第十三届全国人民代表大会常务委员会第十二次会议《关于修改〈中华人民共和国土地管理法〉、〈中华人民共和国城市房地产管理法〉的决定》第三次修正

目　　录

第一章　总　　则

第一条　【立法目的】为了加强土地管理，维护土地的社会主义公有制，保护、开发土地资源，合理利用土地，切实保护耕地，促进社会经济的可持续发展，根据宪法，制定本法。

第二条　【所有制形式】中华人民共和国实行土地的社会主义公有制，即全民所有制和劳动群众集体所有制。

全民所有，即国家所有土地的所有权由国务院代表国家行使。

任何单位和个人不得侵占、买卖或者以其他形式非法转让土地。土地使用权可以依法转让。

国家为了公共利益的需要，可以依法对土地实行征收或者征用并给予补偿。

国家依法实行国有土地有偿使用制度。但是，国家在法律规定的范围内划拨国有土地使用权的除外。

第三条　【基本国策】十分珍惜、合理利用土地和切实保护耕地是我国的基本国策。各级人民政府应当采取措施，全面规划，严格管理，保护、开发土地资源，制止非法占用土地的行为。

第四条　【土地用途管制制度】国家实行土地用途管制制度。

国家编制土地利用总体规划，规定土地用途，将土地分为农用地、建设用地和未利用地。严格限制农用地转为建设用地，控制建设用地总量，对耕地实行特殊保护。

前款所称农用地是指直接用于农业生产的土地，包括耕地、林地、草地、农田水利用地、养殖水面等；建设用地是指建造建筑物、构筑物的土地，包括城乡住宅和公共设施用地、工矿用地、交通水利设施用地、旅游用地、军事设施用地等；未利用地是指农用地和建设用地以外的土地。

使用土地的单位和个人必须严格按照土地利用总体规划确定的用途使用土地。

第五条　【主管部门】国务院自然资源主管部

门统一负责全国土地的管理和监督工作。

县级以上地方人民政府自然资源主管部门的设置及其职责,由省、自治区、直辖市人民政府根据国务院有关规定确定。

第六条 【督察机构】国务院授权的机构对省、自治区、直辖市人民政府以及国务院确定的城市人民政府土地利用和土地管理情况进行督察。

第七条 【单位、个人的权利和义务】任何单位和个人都有遵守土地管理法律、法规的义务,并有权对违反土地管理法律、法规的行为提出检举和控告。

第八条 【奖励】在保护和开发土地资源、合理利用土地以及进行有关的科学研究等方面成绩显著的单位和个人,由人民政府给予奖励。

第二章 土地的所有权和使用权

第九条 【所有权归属】城市市区的土地属于国家所有。

农村和城市郊区的土地,除由法律规定属于国家所有的以外,属于农民集体所有;宅基地和自留地、自留山,属于农民集体所有。

第十条 【单位、个人的土地使用权和相应义务】国有土地和农民集体所有的土地,可以依法确定给单位或者个人使用。使用土地的单位和个人,有保护、管理和合理利用土地的义务。

第十一条 【集体所有土地的经营、管理】农民集体所有的土地依法属于村农民集体所有的,由村集体经济组织或者村民委员会经营、管理;已经分别属于村内两个以上农村集体经济组织的农民集体所有的,由村内各该农村集体经济组织或者村民小组经营、管理;已经属于乡(镇)农民集体所有的,由乡(镇)农村集体经济组织经营、管理。

第十二条 【土地登记】土地的所有权和使用权的登记,依照有关不动产登记的法律、行政法规执行。

依法登记的土地的所有权和使用权受法律保护,任何单位和个人不得侵犯。

第十三条 【承包期限】农民集体所有和国家所有依法由农民集体使用的耕地、林地、草地,以及其他依法用于农业的土地,采取农村集体经济组织内部的家庭承包方式承包,不宜采取家庭承包方式的荒山、荒沟、荒丘、荒滩等,可以采取招标、拍卖、公开协商等方式承包,从事种植业、林业、畜牧业、渔业生产。家庭承包的耕地的承包期为三十年,草地的承包期为三十年至五十年,林地的承包期为三十年至七十年;耕地承包期届满后再延长三十年,草地、林地承包期届满后依法相应延长。

国家所有依法用于农业的土地可以由单位或者个人承包经营,从事种植业、林业、畜牧业、渔业生产。

发包方和承包方应当依法订立承包合同,约定双方的权利和义务。承包经营土地的单位和个人,有保护和按照承包合同约定的用途合理利用土地的义务。

第十四条 【争议解决】土地所有权和使用权争议,由当事人协商解决;协商不成的,由人民政府处理。

单位之间的争议,由县级以上人民政府处理;个人之间、个人与单位之间的争议,由乡级人民政府或者县级以上人民政府处理。

当事人对有关人民政府的处理决定不服的,可以自接到处理决定通知之日起三十日内,向人民法院起诉。

在土地所有权和使用权争议解决前,任何一方不得改变土地利用现状。

第三章 土地利用总体规划

第十五条 【规划要求、期限】各级人民政府应当依据国民经济和社会发展规划、国土整治和资源环境保护的要求、土地供给能力以及各项建设对土地的需求,组织编制土地利用总体规划。

土地利用总体规划的规划期限由国务

院规定。

第十六条 【规划权限】下级土地利用总体规划应当依据上一级土地利用总体规划编制。

地方各级人民政府编制的土地利用总体规划中的建设用地总量不得超过上一级土地利用总体规划确定的控制指标，耕地保有量不得低于上一级土地利用总体规划确定的控制指标。

省、自治区、直辖市人民政府编制的土地利用总体规划，应当确保本行政区域内耕地总量不减少。

第十七条 【编制原则】土地利用总体规划按照下列原则编制：

（一）落实国土空间开发保护要求，严格土地用途管制；

（二）严格保护永久基本农田，严格控制非农业建设占用农用地；

（三）提高土地节约集约利用水平；

（四）统筹安排城乡生产、生活、生态用地，满足乡村产业和基础设施用地合理需求，促进城乡融合发展；

（五）保护和改善生态环境，保障土地的可持续利用；

（六）占用耕地与开发复垦耕地数量平衡、质量相当。

第十八条 【规划体系】国家建立国土空间规划体系。编制国土空间规划应当坚持生态优先，绿色、可持续发展，科学有序统筹安排生态、农业、城镇等功能空间，优化国土空间结构和布局，提升国土空间开发、保护的质量和效率。

经依法批准的国土空间规划是各类开发、保护、建设活动的基本依据。已经编制国土空间规划的，不再编制土地利用总体规划和城乡规划。

第十九条 【土地用途】县级土地利用总体规划应当划分土地利用区，明确土地用途。

乡（镇）土地利用总体规划应当划分土地利用区，根据土地使用条件，确定每一块土地的用途，并予以公告。

第二十条 【分级审批】土地利用总体规划实行分级审批。

省、自治区、直辖市的土地利用总体规划，报国务院批准。

省、自治区人民政府所在地的市、人口在一百万以上的城市以及国务院指定的城市的土地利用总体规划，经省、自治区人民政府审查同意后，报国务院批准。

本条第二款、第三款规定以外的土地利用总体规划，逐级上报省、自治区、直辖市人民政府批准；其中，乡（镇）土地利用总体规划可以由省级人民政府授权的设区的市、自治州人民政府批准。

土地利用总体规划一经批准，必须严格执行。

第二十一条 【建设用地规模】城市建设用地规模应当符合国家规定的标准，充分利用现有建设用地，不占或者尽量少占农用地。

城市总体规划、村庄和集镇规划，应当与土地利用总体规划相衔接，城市总体规划、村庄和集镇规划中建设用地规模不得超过土地利用总体规划确定的城市和村庄、集镇建设用地规模。

在城市规划区内、村庄和集镇规划区内，城市和村庄、集镇建设用地应当符合城市规划、村庄和集镇规划。

第二十二条 【规划的衔接】江河、湖泊综合治理和开发利用规划，应当与土地利用总体规划相衔接。在江河、湖泊、水库的管理和保护范围以及蓄洪滞洪区内，土地利用应当符合江河、湖泊综合治理和开发利用规划，符合河道、湖泊行洪、蓄洪和输水的要求。

第二十三条 【计划管理】各级人民政府应当加强土地利用计划管理，实行建设用地总量控制。

土地利用年度计划，根据国民经济和社会发展计划、国家产业政策、土地利用总体规划以及建设用地和土地利用的实际状况编制。土地利用年度计划应当对本法第六十三条规定的集体经营性建设用地作出合理安排。土地利用年度计划的编制审批程序与土地利用总体规划的编制审批程序相同,一经审批下达,必须严格执行。

第二十四条 【计划执行情况报告】省、自治区、直辖市人民政府应当将土地利用年度计划的执行情况列为国民经济和社会发展计划执行情况的内容,向同级人民代表大会报告。

第二十五条 【规划的修改】经批准的土地利用总体规划的修改,须经原批准机关批准;未经批准,不得改变土地利用总体规划确定的土地用途。

经国务院批准的大型能源、交通、水利等基础设施建设用地,需要改变土地利用总体规划的,根据国务院的批准文件修改土地利用总体规划。

经省、自治区、直辖市人民政府批准的能源、交通、水利等基础设施建设用地,需要改变土地利用总体规划的,属于省级人民政府土地利用总体规划批准权限内的,根据省级人民政府的批准文件修改土地利用总体规划。

第二十六条 【土地调查】国家建立土地调查制度。

县级以上人民政府自然资源主管部门会同同级有关部门进行土地调查。土地所有者或者使用者应当配合调查,并提供有关资料。

第二十七条 【土地等级评定】县级以上人民政府自然资源主管部门会同同级有关部门根据土地调查成果、规划土地用途和国家制定的统一标准,评定土地等级。

第二十八条 【土地统计】国家建立土地统计制度。

县级以上人民政府统计机构和自然资源主管部门依法进行土地统计调查,定期发布土地统计资料。土地所有者或者使用者应当提供有关资料,不得拒报、迟报,不得提供不真实、不完整的资料。

统计机构和自然资源主管部门共同发布的土地面积统计资料是各级人民政府编制土地利用总体规划的依据。

第二十九条 【动态监测】国家建立全国土地管理信息系统,对土地利用状况进行动态监测。

第四章 耕地保护

第三十条 【耕地补偿制度】国家保护耕地,严格控制耕地转为非耕地。

国家实行占用耕地补偿制度。非农业建设经批准占用耕地的,按照“占多少,垦多少”的原则,由占用耕地的单位负责开垦与所占用耕地的数量和质量相当的耕地;没有条件开垦或者开垦的耕地不符合要求的,应当按照省、自治区、直辖市的规定缴纳耕地开垦费,专款用于开垦新的耕地。

省、自治区、直辖市人民政府应当制定开垦耕地计划,监督占用耕地的单位按照计划开垦耕地或者按照计划组织开垦耕地,并进行验收。

第三十一条 【耕地耕作层土壤】县级以上地方人民政府可以要求占用耕地的单位将所占用耕地耕作层的土壤用于新开垦耕地、劣质地或者其他耕地的土壤改良。

第三十二条 【耕地总量和质量】省、自治区、直辖市人民政府应当严格执行土地利用总体规划和土地利用年度计划,采取措施,确保本行政区域内耕地总量不减少、质量不降低。耕地总量减少的,由国务院责令在规定期限内组织开垦与所减少耕地的数量与质量相当的耕地;耕地质量降低的,由国务院责令在规定期限内组织整治。新开垦和整治的耕地由国务院自然资源主管部门会同农业农村主管部门验收。

个别省、直辖市确因土地后备资源匮乏,新增建设用地后,新开垦耕地的数量不足以补偿所占用耕地的数量的,必须报经国务院批准减免本行政区域内开垦耕地的数量,易地开垦数量和质量相当的耕地。

第三十三条 【基本农田保护制度】国家实行

永久基本农田保护制度。下列耕地应当根据土地利用总体规划划为永久基本农田，实行严格保护：

（一）经国务院农业农村主管部门或者县级以上地方人民政府批准确定的粮、棉、油、糖等重要农产品生产基地内的耕地；

（二）有良好的水利与水土保持设施的耕地，正在实施改造计划以及可以改造的中、低产田和已建成的高标准农田；

（三）蔬菜生产基地；

（四）农业科研、教学试验田；

（五）国务院规定应当划为永久基本农田的其他耕地。

各省、自治区、直辖市划定的永久基本农田一般应当占本行政区域内耕地的百分之八十以上，具体比例由国务院根据各省、自治区、直辖市耕地实际情况规定。

第三十四条　【永久基本农田的划定、管理】永久基本农田划定以乡（镇）为单位进行，由县级人民政府自然资源主管部门会同同级农业农村主管部门组织实施。永久基本农田应当落实到地块，纳入国家永久基本农田数据库严格管理。

乡（镇）人民政府应当将永久基本农田的位置、范围向社会公告，并设立保护标志。

第三十五条　【永久基本农田的转用、征收】永久基本农田经依法划定后，任何单位和个人不得擅自占用或者改变其用途。国家能源、交通、水利、军事设施等重点建设项目选址确实难以避让永久基本农田，涉及农用地转用或者土地征收的，必须经国务院批准。

禁止通过擅自调整县级土地利用总体规划、乡（镇）土地利用总体规划等方式规避永久基本农田农用地转用或者土地征收的审批。

第三十六条　【改良土壤】各级人民政府应当采取措施，引导因地制宜轮作休耕，改良土壤，提高地力，维护排灌工程设施，防止土地荒漠化、盐渍化、水土流失和土壤污染。

第三十七条　【非农业建设使用土地】非农业建设必须节约使用土地，可以利用荒地的，不得占用耕地；可以利用劣地的，不得占用好地。

禁止占用耕地建窑、建坟或者擅自在耕地上建房、挖砂、采石、采矿、取土等。

禁止占用永久基本农田发展林果业和挖塘养鱼。

第三十八条　【闲置、荒芜耕地】禁止任何单位和个人闲置、荒芜耕地。已经办理审批手续的非农业建设占用耕地，一年内不用而又可以耕种并收获的，应当由原耕种该幅耕地的集体或者个人恢复耕种，也可以由用地单位组织耕种；一年以上未动工建设的，应当按照省、自治区、直辖市的规定缴纳闲置费；连续二年未使用的，经原批准机关批准，由县级以上人民政府无偿收回用地单位的土地使用权；该幅土地原为农民集体所有的，应当交由原农村集体经济组织恢复耕种。

在城市规划区范围内，以出让方式取得土地使用权进行房地产开发的闲置土地，依照《中华人民共和国城市房地产管理法》的有关规定办理。

第三十九条　【土地开发】国家鼓励单位和个人按照土地利用总体规划，在保护和改善生态环境、防止水土流失和土地荒漠化的前提下，开发未利用的土地；适宜开发为农用地的，应当优先开发成农用地。

国家依法保护开发者的合法权益。

第四十条　【开垦条件】开垦未利用的土地，必须经过科学论证和评估，在土地利用总体规划划定的可开垦的区域内，经依法批准后进行。禁止毁坏森林、草原开垦耕地，禁止围湖造田和侵占江河滩地。

根据土地利用总体规划，对破坏生态环境开垦、围垦的土地，有计划有步骤地退耕还林、还牧、还湖。

第四十一条　【开垦组织使用权】开发未确定使用权的国有荒山、荒地、荒滩从事种植业、林业、畜牧业、渔业生产的，经县级以上人民政府依法批准，可以确定给开发单位或者个人长期使用。

第四十二条 【土地整理】国家鼓励土地整理。县、乡(镇)人民政府应当组织农村集体经济组织,按照土地利用总体规划,对田、水、路、林、村综合整治,提高耕地质量,增加有效耕地面积,改善农业生产条件和生态环境。

地方各级人民政府应当采取措施,改造中、低产田,整治闲散地和废弃地。

第四十三条 【土地复垦】因挖损、塌陷、压占等造成土地破坏,用地单位和个人应当按照国家有关规定负责复垦;没有条件复垦或者复垦不符合要求的,应当缴纳土地复垦费,专项用于土地复垦。复垦的土地应当优先用于农业。

第五章 建设用地

第四十四条 【农用地转用审批】建设占用土地,涉及农用地转为建设用地的,应当办理农用地转用审批手续。

永久基本农田转为建设用地的,由国务院批准。

在土地利用总体规划确定的城市和村庄、集镇建设用地规模范围内,为实施该规划而将永久基本农田以外的农用地转为建设用地的,按土地利用年度计划分批次按照国务院规定由原批准土地利用总体规划的机关或者其授权的机关批准。在已批准的农用地转用范围内,具体建设项目用地可以由市、县人民政府批准。

在土地利用总体规划确定的城市和村庄、集镇建设用地规模范围外,将永久基本农田以外的农用地转为建设用地的,由国务院或者国务院授权的省、自治区、直辖市人民政府批准。

第四十五条 【农村集体所有土地的征收】为了公共利益的需要,有下列情形之一,确需征收农民集体所有的土地的,可以依法实施征收:

(一)军事和外交需要用地的;

(二)由政府组织实施的能源、交通、水利、通信、邮政等基础设施建设需要用地的;

(三)由政府组织实施的科技、教育、文化、卫生、体育、生态环境和资源保护、防灾减灾、文物保护、社区综合服务、社会福利、市政公用、优抚安置、英烈保护等公共事业需要用地的;

(四)由政府组织实施的扶贫搬迁、保障性安居工程建设需要用地的;

(五)在土地利用总体规划确定的城镇建设用地范围内,经省级以上人民政府批准由县级以上地方人民政府组织实施的成片开发建设需要用地的;

(六)法律规定为公共利益需要可以征收农民集体所有的土地的其他情形。前款规定的建设活动,应当符合国民经济和社会发展规划、土地利用总体规划、城乡规划和专项规划;第(四)项、第(五)项规定的建设活动,还应当纳入国民经济和社会发展年度计划;第(五)项规定的成片开发并应当符合国务院自然资源主管部门规定的标准。

第四十六条 【土地征收的审批】征收下列土地的,由国务院批准:

(一)永久基本农田;

(二)永久基本农田以外的耕地超过三十五公顷的;

(三)其他土地超过七十公顷的。

征收前款规定以外的土地的,由省、自治区、直辖市人民政府批准。

征收农用地的,应当依照本法第四十四条的规定先行办理农用地转用审批。其中,经国务院批准农用地转用的,同时办理征地审批手续,不再另行办理征地审批;经省、自治区、直辖市人民政府在征地批准权限内批准农用地转用的,同时办理征地审批手续,不再另行办理征地审批,超过征地批准权限的,应当依照本条第一款的规定另行办理征地审批。

第四十七条 【土地征收的公告】国家征收土地的,依照法定程序批准后,由县级以上地方人民政府予以公告并组织实施。

县级以上地方人民政府拟申请征收土地的，应当开展拟征收土地现状调查和社会稳定风险评估，并将征收范围、土地现状、征收目的、补偿标准、安置方式和社会保障等在拟征收土地所在的乡（镇）和村、村民小组范围内公告至少三十日，听取被征地的农村集体经济组织及其成员、村民委员会和其他利害关系人的意见。

多数被征地的农村集体经济组织成员认为征地补偿安置方案不符合法律、法规规定的，县级以上地方人民政府应当组织召开听证会，并根据法律、法规的规定和听证会情况修改方案。

拟征收土地的所有权人、使用权人应当在公告规定期限内，持不动产权属证明材料办理补偿登记。县级以上地方人民政府应当组织有关部门测算并落实有关费用，保证足额到位，与拟征收土地的所有权人、使用权人就补偿、安置等签订协议；个别确实难以达成协议的，应当在申请征收土地时如实说明。

相关前期工作完成后，县级以上地方人民政府方可申请征收土地。

第四十八条 【征收土地补偿】征收土地应当给予公平、合理的补偿，保障被征地农民原有生活水平不降低、长远生计有保障。

征收土地应当依法及时足额支付土地补偿费、安置补助费以及农村村民住宅、其他地上附着物和青苗等的补偿费用，并安排被征地农民的社会保障费用。

征收农用地的土地补偿费、安置补助费标准由省、自治区、直辖市通过制定公布区片综合地价确定。制定区片综合地价应当综合考虑土地原用途、土地资源条件、土地产值、土地区位、土地供求关系、人口以及经济社会发展水平等因素，并至少每三年调整或者重新公布一次。

征收农用地以外的其他土地、地上附着物和青苗等的补偿标准，由省、自治区、直辖市制定。对其中的农村村民住宅，应当按照先补偿后搬迁、居住条件有改善的原则，尊重农村村民意愿，采取重新安排宅基地建房、提供安置房或者货币补偿等方式给予公平、合理的补偿，并对因征收造成的搬迁、临时安置等费用予以补偿，保障农村村民居住的权利和合法的住房财产权益。

县级以上地方人民政府应当将被征地农民纳入相应的养老等社会保障体系。被征地农民的社会保障费用主要用于符合条件的被征地农民的养老保险等社会保险缴费补贴。被征地农民社会保障费用的筹集、管理和使用办法，由省、自治区、直辖市制定。

第四十九条 【补偿费用收支情况公布】被征地的农村集体经济组织应当将征收土地的补偿费用的收支状况向本集体经济组织的成员公布，接受监督。

禁止侵占、挪用被征收土地单位的征地补偿费用和其他有关费用。

第五十条 【政府支持】地方各级人民政府应当支持被征地的农村集体经济组织和农民从事开发经营，兴办企业。

第五十一条 【大型工程征地】大中型水利、水电工程建设征收土地的补偿费标准和移民安置办法，由国务院另行规定。

第五十二条 【建设项目可行性审查】建设项目可行性研究论证时，自然资源主管部门可以根据土地利用总体规划、土地利用年度计划和建设用地标准，对建设用地有关事项进行审查，并提出意见。

第五十三条 【国有建设用地的审批】经批准的建设项目需要使用国有建设用地的，建设单位应当持法律、行政法规规定的有关文件，向有批准权的县级以上人民政府自然资源主管部门提出建设用地申请，经自然资源主管部门审查，报本级人民政府批准。

第五十四条 【使用权取得方式】建设单位使用国有土地，应当以出让等有偿使用方式取得；但是，下列建设用地，经县级以上人民政府依法批准，可以以划拨方式取得：

（一）国家机关用地和军事用地；

（二）城市基础设施用地和公益事业用地；

（三）国家重点扶持的能源、交通、水利等基础设施用地；

（四）法律、行政法规规定的其他用地。

第五十五条 【土地有偿使用费】以出让等有偿使用方式取得国有土地使用权的建设单位，按照国务院规定的标准和办法，缴纳土地使用权出让金等土地有偿使用费和其他费用后，方可使用土地。

自本法施行之日起，新增建设用地的土地有偿使用费，百分之三十上缴中央财政，百分之七十留给有关地方人民政府。具体使用管理办法由国务院财政部门会同有关部门制定，并报国务院批准。

第五十六条 【建设用途】建设单位使用国有土地的，应当按照土地使用权出让等有偿使用合同的约定或者土地使用权划拨批准文件的规定使用土地；确需改变该幅土地建设用途的，应当经有关人民政府自然资源主管部门同意，报原批准用地的人民政府批准。其中，在城市规划区内改变土地用途的，在报批前，应当先经有关城市规划行政主管部门同意。

第五十七条 【临时用地】建设项目施工和地质勘查需要临时使用国有土地或者农民集体所有的土地的，由县级以上人民政府自然资源主管部门批准。其中，在城市规划区内的临时用地，在报批前，应当先经有关城市规划行政主管部门同意。土地使用者应当根据土地权属，与有关自然资源主管部门或者农村集体经济组织、村民委员会签订临时使用土地合同，并按照合同的约定支付临时使用土地补偿费。

临时使用土地的使用者应当按照临时使用土地合同约定的用途使用土地，并不得修建永久性建筑物。

临时使用土地期限一般不超过二年。

第五十八条 【收回国有土地使用权】有下列情形之一的，由有关人民政府自然资源主管部门报经原批准用地的人民政府或者有批准权的人民政府批准，可以收回国有土地使用权：

（一）为实施城市规划进行旧城区改建以及其他公共利益需要，确需使用土地的；

（二）土地出让等有偿使用合同约定的使用期限届满，土地使用者未申请续期或者申请续期未获批准的；

（三）因单位撤销、迁移等原因，停止使用原划拨的国有土地的；

（四）公路、铁路、机场、矿场等经核准报废的。

依照前款第（一）项的规定收回国有土地使用权的，对土地使用权人应当给予适当补偿。

第五十九条 【乡镇建设用地规划及审批】乡镇企业、乡（镇）村公共设施、公益事业、农村村民住宅等乡（镇）村建设，应当按照村庄和集镇规划，合理布局，综合开发，配套建设；建设用地，应当符合乡（镇）土地利用总体规划和土地利用年度计划，并依照本法第四十四条、第六十条、第六十一条、第六十二条的规定办理审批手续。

第六十条 【乡镇企业用地审批】农村集体经济组织使用乡（镇）土地利用总体规划确定的建设用地兴办企业或者与其他单位、个人以土地使用权入股、联营等形式共同举办企业的，应当持有关批准文件，向县级以上地方人民政府自然资源主管部门提出申请，按照省、自治区、直辖市规定的批准权限，由县级以上地方人民政府批准；其中，涉及占用农用地的，依照本法第四十四条的规定办理审批手续。

按照前款规定兴办企业的建设用地，必须严格控制。省、自治区、直辖市可以按照乡镇企业的不同行业和经营规模，分别规定用地标准。

第六十一条 【公共设施公益事业建设用地审批】乡（镇）村公共设施、公益事业建设，需要使用土地的，经乡（镇）人民政府审核，向县级以上地方人民政府自然资源主管部门提出申请，按照省、自治区、直辖市规定的批准权限，由县级以上地方人民政府批准；其中，涉及占用农用地的，依照本法第四十四条的规定办理审批手续。

第六十二条 【**宅基地**】农村村民一户只能拥有一处宅基地，其宅基地的面积不得超过省、自治区、直辖市规定的标准。

人均土地少、不能保障一户拥有一处宅基地的地区，县级人民政府在充分尊重农村村民意愿的基础上，可以采取措施，按照省、自治区、直辖市规定的标准保障农村村民实现户有所居。

农村村民建住宅，应当符合乡（镇）土地利用总体规划、村庄规划，不得占用永久基本农田，并尽量使用原有的宅基地和村内空闲地。编制乡（镇）土地利用总体规划、村庄规划应当统筹并合理安排宅基地用地，改善农村村民居住环境和条件。

农村村民住宅用地，由乡（镇）人民政府审核批准；其中，涉及占用农用地的，依照本法第四十四条的规定办理审批手续。

农村村民出卖、出租、赠与住宅后，再申请宅基地的，不予批准。

国家允许进城落户的农村村民依法自愿有偿退出宅基地，鼓励农村集体经济组织及其成员盘活利用闲置宅基地和闲置住宅。

国务院农业农村主管部门负责全国农村宅基地改革和管理有关工作。

第六十三条 【**使用权转移**】土地利用总体规划、城乡规划确定为工业、商业等经营性用途，并经依法登记的集体经营性建设用地，土地所有权人可以通过出让、出租等方式交由单位或者个人使用，并应当签订书面合同，载明土地界址、面积、动工期限、使用期限、土地用途、规划条件和双方其他权利义务。

前款规定的集体经营性建设用地出让、出租等，应当经本集体经济组织成员的村民会议三分之二以上成员或者三分之二以上村民代表的同意。

通过出让等方式取得的集体经营性建设用地使用权可以转让、互换、出资、赠与或者抵押，但法律、行政法规另有规定或者土地所有权人、土地使用权人签订的书面合同另有约定的除外。

集体经营性建设用地的出租，集体建设用地使用权的出让及其最高年限、转让、互换、出资、赠与、抵押等，参照同类用途的国有建设用地执行。具体办法由国务院制定。

第六十四条 【**土地使用规范**】集体建设用地的使用者应当严格按照土地利用总体规划、城乡规划确定的用途使用土地。

第六十五条 【**禁止重建、扩建的情形**】在土地利用总体规划制定前已建的不符合土地利用总体规划确定的用途的建筑物、构筑物，不得重建、扩建。

第六十六条 【**收回集体土地使用权**】有下列情形之一的，农村集体经济组织报经原批准用地的人民政府批准，可以收回土地使用权：

（一）为乡（镇）村公共设施和公益事业建设，需要使用土地的；

（二）不按照批准的用途使用土地的；

（三）因撤销、迁移等原因而停止使用土地的。

依照前款第（一）项规定收回农民集体所有的土地的，对土地使用权人应当给予适当补偿。

收回集体经营性建设用地使用权，依照双方签订的书面合同办理，法律、行政法规另有规定的除外。

第六章 监督检查

第六十七条 【**检查机关**】县级以上人民政府自然资源主管部门对违反土地管理法律、法规的行为进行监督检查。

县级以上人民政府农业农村主管部门对违反农村宅基地管理法律、法规的行为进行监督检查的,适用本法关于自然资源主管部门监督检查的规定。

土地管理监督检查人员应当熟悉土地管理法律、法规,忠于职守、秉公执法。

第六十八条 【监督措施】县级以上人民政府自然资源主管部门履行监督检查职责时,有权采取下列措施:

(一)要求被检查的单位或者个人提供有关土地权利的文件和资料,进行查阅或者予以复制;

(二)要求被检查的单位或者个人就有关土地权利的问题作出说明;

(三)进入被检查单位或者个人非法占用的土地现场进行勘测;

(四)责令非法占用土地的单位或者个人停止违反土地管理法律、法规的行为。

第六十九条 【出示检查证件】土地管理监督检查人员履行职责,需要进入现场进行勘测、要求有关单位或者个人提供文件、资料和作出说明的,应当出示土地管理监督检查证件。

第七十条 【合作义务】有关单位和个人对县级以上人民政府自然资源主管部门就土地违法行为进行的监督检查应当支持与配合,并提供工作方便,不得拒绝与阻碍土地管理监督检查人员依法执行职务。

第七十一条 【对国家工作人员的监督】县级以上人民政府自然资源主管部门在监督检查工作中发现国家工作人员的违法行为,依法应当给予处分的,应当依法予以处理;自己无权处理的,应当依法移送监察机关或者有关机关处理。

第七十二条 【违法行为的处理】县级以上人民政府自然资源主管部门在监督检查工作中发现土地违法行为构成犯罪的,应当将案件移送有关机关,依法追究刑事责任;尚不构成犯罪的,应当依法给予行政处罚。

第七十三条 【上级监督下级】依照本法规定应当给予行政处罚,而有关自然资源主管部门不给予行政处罚的,上级人民政府自然资源主管部门有权责令有关自然资源主管部门作出行政处罚决定或者直接给予行政处罚,并给予有关自然资源主管部门的负责人处分。

第七章 法律责任

第七十四条 【非法转让土地、将农用地改为建设用地责任】买卖或者以其他形式非法转让土地的,由县级以上人民政府自然资源主管部门没收违法所得;对违反土地利用总体规划擅自将农用地改为建设用地的,限期拆除在非法转让的土地上新建的建筑物和其他设施,恢复土地原状,对符合土地利用总体规划的,没收在非法转让的土地上新建的建筑物和其他设施;可以并处罚款;对直接负责的主管人员和其他直接责任人员,依法给予处分;构成犯罪的,依法追究刑事责任。

第七十五条 【非法占用耕地责任】违反本法规定,占用耕地建窑、建坟或者擅自在耕地上建房、挖砂、采石、采矿、取土等,破坏种植条件的,或者因开发土地造成土地荒漠化、盐渍化的,由县级以上人民政府自然资源主管部门、农业农村主管部门等按照职责责令限期改正或者治理,可以并处罚款;构成犯罪的,依法追究刑事责任。

第七十六条 【拒绝复垦土地责任】违反本法规定,拒不履行土地复垦义务的,由县级以上人民政府自然资源主管部门责令限期改正;逾期不改正的,责令缴纳复垦费,专项用于土地复垦,可以处以罚款。

第七十七条 【非法占用土地责任】未经批准或者采取欺骗手段骗取批准,非法占用土地的,由县级以上人民政府自然资源主管部门责令退还非法占用的土地,对违反土地利用总体规划擅自将农用地改为建设用地的,限期拆除在非法占用的土地上新建的建筑物和其他设施,恢复土地原状,对符合土地利用总体规划的,没收在非法占用的土地上新建的建筑物和其他设施,可以并处罚款;对非法占用土地单位的直接负责的主管人员和其他直接责任人员，依法给予处分；构成犯罪的，依法追究刑事责任。

超过批准的数量占用土地，多占的土地以非法占用土地论处。

第七十八条 【非法建住宅责任】农村村民未经批准或者采取欺骗手段骗取批准，非法占用土地建住宅的，由县级以上人民政府农业农村主管部门责令退还非法占用的土地，限期拆除在非法占用的土地上新建的房屋。

超过省、自治区、直辖市规定的标准，多占的土地以非法占用土地论处。

第七十九条 【非法批准责任】无权批准征收、使用土地的单位或者个人非法批准占用土地的，超越批准权限非法批准占用土地的，不按照土地利用总体规划确定的用途批准用地的，或者违反法律规定的程序批准占用、征收土地的，其批准文件无效，对非法批准征收、使用土地的直接负责的主管人员和其他直接责任人员，依法给予处分；构成犯罪的，依法追究刑事责任。非法批准、使用的土地应当收回，有关当事人拒不归还的，以非法占用土地论处。

非法批准征收、使用土地，对当事人造成损失的，依法应当承担赔偿责任。

第八十条 【非法侵占征地补偿费责任】侵占、挪用被征收土地单位的征地补偿费用和其他有关费用，构成犯罪的，依法追究刑事责任；尚不构成犯罪的，依法给予处分。

第八十一条 【拒还土地责任】依法收回国有土地使用权当事人拒不交出土地的，临时使用土地期满拒不归还的，或者不按照批准的用途使用国有土地的，由县级以上人民政府自然资源主管部门责令交还土地，处以罚款。

第八十二条 【擅自转移土地使用权责任】擅自将农民集体所有的土地通过出让、转让使用权或者出租等方式用于非农业建设，或者违反本法规定，将集体经营性建设用地通过出让、出租等方式交由单位或者个人使用的，由县级以上人民政府自然资源主管部门责令限期改正，没收违法所得，并处罚款。

第八十三条 【不拆除责任】依照本法规定，责令限期拆除在非法占用的土地上新建的建筑物和其他设施的，建设单位或者个人必须立即停止施工，自行拆除；对继续施工的，作出处罚决定的机关有权制止。建设单位或者个人对责令限期拆除的行政处罚决定不服的，可以在接到责令限期拆除决定之日起十五日内，向人民法院起诉；期满不起诉又不自行拆除的，由作出处罚决定的机关依法申请人民法院强制执行，费用由违法者承担。

第八十四条 【渎职】自然资源主管部门、农业农村主管部门的工作人员玩忽职守、滥用职权、徇私舞弊，构成犯罪的，依法追究刑事责任；尚不构成犯罪的，依法给予处分。

第八章 附　　则

第八十五条 【法律适用】外商投资企业使用土地的，适用本法；法律另有规定的，从其规定。

第八十六条 【执行】在根据本法第十八条的规定编制国土空间规划前，经依法批准的土地利用总体规划和城乡规划继续执行。

第八十七条 【施行日期】本法自 1999 年 1 月 1 日起施行。

中华人民共和国土地管理法实施条例

1. 1998 年 12 月 27 日国务院令第 256 号公布

2. 根据 2011 年 1 月 8 日国务院令第 588 号《关于废止和修改部分行政法规的决定》第一次修订

3. 根据 2014 年 7 月 29 日国务院令第 653 号《关于修改部分行政法规的决定》第二次修订

第一章 总　　则

第一条 根据《中华人民共和国土地管理法》（以下简称《土地管理法》），制定本条例。

第二章 土地的所有权和使用权

第二条 下列土地属于全民所有即国家所有：

（一）城市市区的土地；

（二）农村和城市郊区中已经依法没收、征收、征购为国有的土地；

（三）国家依法征收的土地；

（四）依法不属于集体所有的林地、草地、荒地、滩涂及其他土地；

（五）农村集体经济组织全部成员转为城镇居民的，原属于其成员集体所有的土地；

（六）因国家组织移民、自然灾害等原因，农民成建制地集体迁移后不再使用的原属于迁移农民集体所有的土地。

第三条 国家依法实行土地登记发证制度。依法登记的土地所有权和土地使用权受法律保护，任何单位和个人不得侵犯。

土地登记内容和土地权属证书式样由国务院土地行政主管部门统一规定。

土地登记资料可以公开查询。

确认林地、草原的所有权或者使用权，确认水面、滩涂的养殖使用权，分别依照《森林法》、《草原法》和《渔业法》的有关规定办理。

第四条 农民集体所有的土地，由土地所有者向土地所在地的县级人民政府土地行政主管部门提出土地登记申请，由县级人民政府登记造册，核发集体土地所有权证书，确认所有权。

农民集体所有的土地依法用于非农业建设的，由土地使用者向土地所在地的县级人民政府土地行政主管部门提出土地登记申请，由县级人民政府登记造册，核发集体土地使用权证书，确认建设用地使用权。

设区的市人民政府可以对市辖区内农民集体所有的土地实行统一登记。

第五条 单位和个人依法使用的国有土地，由土地使用者向土地所在地的县级以上人民政府土地行政主管部门提出土地登记申请，由县级以上人民政府登记造册，核发国有土地使用权证书，确认使用权。其中，中央国家机关使用的国有土地的登记发证，由国务院土地行政主管部门负责，具体登记发证办法由国务院土地行政主管部门会同国务院机关事务管理局等有关部门制定。

未确定使用权的国有土地，由县级以上人民政府登记造册，负责保护管理。

第六条 依法改变土地所有权、使用权的，因依法转让地上建筑物、构筑物等附着物导致土地使用权转移的，必须向土地所在地的县级以上人民政府土地行政主管部门提出土地变更登记申请，由原土地登记机关依法进行土地所有权、使用权变更登记。土地所有权、使用权的变更，自变更登记之日起生效。

依法改变土地用途的，必须持批准文件，向土地所在地的县级以上人民政府土地行政主管部门提出土地变更登记申请，由原土地登记机关依法进行变更登记。

第七条 依照《土地管理法》的有关规定，收回用地单位的土地使用权的，由原土地登记机关注销土地登记。

土地使用权有偿使用合同约定的使用期限届满，土地使用者未申请续期或者虽申请续期未获批准的，由原土地登记机关注销土地登记。

第三章 土地利用总体规划

第八条 全国土地利用总体规划，由国务院土地行政主管部门会同国务院有关部门编制，报国务院批准。

省、自治区、直辖市的土地利用总体规划，由省、自治区、直辖市人民政府组织本级土地行政主管部门和其他有关部门编制，报国务院批准。

省、自治区人民政府所在地的市、人口在一百万以上的城市以及国务院指定的城市的土地利用总体规划，由各该市人民政府组织本级土地行政主管部门和其他有关部门编制，经省、自治区人民政府审查同意后，报国务院批准。

本条第一款、第二款、第三款规定以外的土地利用总体规划，由有关人民政府组织本级土地行政主管部门和其他有关部门编制,逐级上报省、自治区、直辖市人民政府批准;其中,乡(镇)土地利用总体规划,由乡(镇)人民政府编制,逐级上报省、自治区、直辖市人民政府或者省、自治区、直辖市人民政府授权的设区的市、自治州人民政府批准。

第九条 土地利用总体规划的规划期限一般为十五年。

第十条 依照《土地管理法》规定,土地利用总体规划应当将土地划分为农用地、建设用地和未利用地。

县级和乡(镇)土地利用总体规划应当根据需要,划定基本农田保护区、土地开垦区、建设用地区和禁止开垦区等;其中,乡(镇)土地利用总体规划还应当根据土地使用条件,确定每一块土地的用途。

土地分类和划定土地利用区的具体办法,由国务院土地行政主管部门会同国务院有关部门制定。

第十一条 乡(镇)土地利用总体规划经依法批准后,乡(镇)人民政府应当在本行政区域内予以公告。

公告应当包括下列内容:

(一)规划目标;

(二)规划期限;

(三)规划范围;

(四)地块用途;

(五)批准机关和批准日期。

第十二条 依照《土地管理法》第二十六条第二款、第三款规定修改土地利用总体规划的,由原编制机关根据国务院或者省、自治区、直辖市人民政府的批准文件修改。修改后的土地利用总体规划应当报原批准机关批准。

上一级土地利用总体规划修改后,涉及修改下一级土地利用总体规划的,由上一级人民政府通知下一级人民政府作出相应修改,并报原批准机关备案。

第十三条 各级人民政府应当加强土地利用年度计划管理,实行建设用地总量控制。土地利用年度计划一经批准下达,必须严格执行。

土地利用年度计划应当包括下列内容:

(一)农用地转用计划指标;

(二)耕地保有量计划指标;

(三)土地开发整理计划指标。

第十四条 县级以上人民政府土地行政主管部门应当会同同级有关部门进行土地调查。

土地调查应当包括下列内容:

(一)土地权属;

(二)土地利用现状;

(三)土地条件。

地方土地利用现状调查结果,经本级人民政府审核,报上一级人民政府批准后,应当向社会公布;全国土地利用现状调查结果,报国务院批准后,应当向社会公布。土地调查规程,由国务院土地行政主管部门会同国务院有关部门制定。

第十五条 国务院土地行政主管部门会同国务院有关部门制定土地等级评定标准。

县级以上人民政府土地行政主管部门应当会同同级有关部门根据土地等级评定标准,对土地等级进行评定。地方土地等级评定结果,经本级人民政府审核,报上一级人民政府土地行政主管部门批准后,应当向社会公布。

根据国民经济和社会发展状况,土地等级每六年调整一次。

第四章 耕地保护

第十六条 在土地利用总体规划确定的城市和村庄、集镇建设用地范围内,为实施城市规划和村庄、集镇规划占用耕地,以及在土地利用总体规划确定的城市建设用地范围外的能源、交通、水利、矿山、军事设施等建设项目占用耕地的,分别由市、县人民政府、农村集体经济组织和建设单位依照《土地管理法》第三十一条的规定负责开垦耕地;没有条件开垦或者开垦的耕地不符合要求的,应当按照省、自治区、直辖市的规定缴纳耕地开垦费。

第十七条 禁止单位和个人在土地利用总体规划确定的禁止开垦区内从事土地开发活动。

在土地利用总体规划确定的土地开垦区内，开发未确定土地使用权的国有荒山、荒地、荒滩从事种植业、林业、畜牧业、渔业生产的，应当向土地所在地的县级以上地方人民政府土地行政主管部门提出申请，按照省、自治区、直辖市规定的权限，由县级以上地方人民政府批准。

开发未确定土地使用权的国有荒山、荒地、荒滩从事种植业、林业、畜牧业或者渔业生产的，经县级以上地方人民政府依法批准，可以确定给开发单位或者个人长期使用，使用期限最长不得超过五十年。

第十八条 县、乡（镇）人民政府应当按照土地利用总体规划，组织农村集体经济组织制定土地整理方案，并组织实施。

地方各级人民政府应当采取措施，按照土地利用总体规划推进土地整理。土地整理新增耕地面积的60%可以用作折抵建设占用耕地的补偿指标。

土地整理所需费用，按照谁受益谁负担的原则，由农村集体经济组织和土地使用者共同承担。

第五章 建设用地

第十九条 建设占用土地，涉及农用地转为建设用地的，应当符合土地利用总体规划和土地利用年度计划中确定的农用地转用指标；城市和村庄、集镇建设占用土地，涉及农用地转用的，还应当符合城市规划和村庄、集镇规划。不符合规定的，不得批准农用地转为建设用地。

第二十条 在土地利用总体规划确定的城市建设用地范围内，为实施城市规划占用土地的，按照下列规定办理：

（一）市、县人民政府按照土地利用年度计划拟订农用地转用方案、补充耕地方案、征收土地方案，分批次逐级上报有批准权的人民政府。

（二）有批准权的人民政府土地行政主管部门对农用地转用方案、补充耕地方案、征收土地方案进行审查，提出审查意见，报有批准权的人民政府批准；其中，补充耕地方案由批准农用地转用方案的人民政府在批准农用地转用方案时一并批准。

（三）农用地转用方案、补充耕地方案、征收土地方案经批准后，由市、县人民政府组织实施，按具体建设项目分别供地。

在土地利用总体规划确定的村庄、集镇建设用地范围内，为实施村庄、集镇规划占用土地的，由市、县人民政府拟订农用地转用方案、补充耕地方案，依照前款规定的程序办理。

第二十一条 具体建设项目需要使用土地的，建设单位应当根据建设项目的总体设计一次申请，办理建设用地审批手续；分期建设的项目，可以根据可行性研究报告确定的方案分期申请建设用地，分期办理建设用地有关审批手续。

第二十二条 具体建设项目需要占用土地利用总体规划确定的城市建设用地范围内的国有建设用地的，按照下列规定办理：

（一）建设项目可行性研究论证时，由土地行政主管部门对建设项目用地有关事项进行审查，提出建设项目用地预审报告；可行性研究报告报批时，必须附具土地行政主管部门出具的建设项目用地预审报告。

（二）建设单位持建设项目的有关批准文件，向市、县人民政府土地行政主管部门提出建设用地申请，由市、县人民政府土地行政主管部门审查，拟订供地方案，报市、县人民政府批准；需要上级人民政府批准的，应当报上级人民政府批准。

（三）供地方案经批准后，由市、县人民政府向建设单位颁发建设用地批准书。有偿使用国有土地的，由市、县人民政府土地行政主管部门与土地使用者签订国有土地有偿使用合同；划拨使用国有土地的，由市、县人民政府土地行政主管部门向土地使用者核发国有土地划拨决定书。

（四）土地使用者应当依法申请土地登记。

通过招标、拍卖方式提供国有建设用地使用权的，由市、县人民政府土地行政主管部门会同有关部门拟订方案，报市、县人民政府批准后，由市、县人民政府土地行政主管部门组织实施，并与土地使用者签订土地有偿使用合同。土地使用者应当依法申请土地登记。

第二十三条 具体建设项目需要使用土地的，必须依法申请使用土地利用总体规划确定的城市建设用地范围内的国有建设用地。能源、交通、水利、矿山、军事设施等建设项目确需使用土地利用总体规划确定的城市建设用地范围外的土地，涉及农用地的，按照下列规定办理：

（一）建设项目可行性研究论证时，由土地行政主管部门对建设项目用地有关事项进行审查，提出建设项目用地预审报告；可行性研究报告报批时，必须附具土地行政主管部门出具的建设项目用地预审报告。

（二）建设单位持建设项目的有关批准文件，向市、县人民政府土地行政主管部门提出建设用地申请，由市、县人民政府土地行政主管部门审查，拟订农用地转用方案、补充耕地方案、征收土地方案和供地方案（涉及国有农用地的，不拟订征收土地方案），经市、县人民政府审核同意后，逐级上报有批准权的人民政府批准；其中，补充耕地方案由批准农用地转用方案的人民政府在批准农用地转用方案时一并批准；供地方案由批准征收土地的人民政府在批准征收土地方案时一并批准（涉及国有农用地的，供地方案由批准农用地转用的人民政府在批准农用地转用方案时一并批准）。

（三）农用地转用方案、补充耕地方案、征收土地方案和供地方案经批准后，由市、县人民政府组织实施，向建设单位颁发建设用地批准书。有偿使用国有土地的，由市、县人民政府土地行政主管部门与土地使用者签订国有土地有偿使用合同；划拨使用国有土地的，由市、县人民政府土地行政主管部门向土地使用者核发国有土地划拨决定书。

（四）土地使用者应当依法申请土地登记。

建设项目确需使用土地利用总体规划确定的城市建设用地范围外的土地，涉及农民集体所有的未利用地的，只报批征收土地方案和供地方案。

第二十四条 具体建设项目需要占用土地利用总体规划确定的国有未利用地的，按照省、自治区、直辖市的规定办理；但是，国家重点建设项目、军事设施和跨省、自治区、直辖市行政区域的建设项目以及国务院规定的其他建设项目用地，应当报国务院批准。

第二十五条 征收土地方案经依法批准后，由被征收土地所在地的市、县人民政府组织实施，并将批准征地机关、批准文号、征收土地的用途、范围、面积以及征地补偿标准、农业人员安置办法和办理征地补偿的期限等，在被征收土地所在地的乡（镇）、村予以公告。

被征收土地的所有权人、使用权人应当在公告规定的期限内，持土地权属证书到公告指定的人民政府土地行政主管部门办理征地补偿登记。

市、县人民政府土地行政主管部门根据经批准的征收土地方案，会同有关部门拟订征地补偿、安置方案，在被征收土地所在地的乡（镇）、村予以公告，听取被征收土地的农村集体经济组织和农民的意见。征地补偿、安置方案报市、县人民政府批准后，由市、县人民政府土地行政主管部门组织实施。对补偿标准有争议的，由县级以上地方人民政府协调；协调不成的，由批准征收土地的人民政府裁决。征地补偿、安置争议不影响征收土地方案的实施。

征收土地的各项费用应当自征地补偿、

安置方案批准之日起三个月内全额支付。

第二十六条 土地补偿费归农村集体经济组织所有;地上附着物及青苗补偿费归地上附着物及青苗的所有者所有。

征收土地的安置补助费必须专款专用,不得挪作他用。需要安置的人员由农村集体经济组织安置的,安置补助费支付给农村集体经济组织,由农村集体经济组织管理和使用;由其他单位安置的,安置补助费支付给安置单位;不需要统一安置的,安置补助费发放给被安置人员个人或者征得被安置人员同意后用于支付被安置人员的保险费用。

市、县和乡(镇)人民政府应当加强对安置补助费使用情况的监督。

第二十七条 抢险救灾等急需使用土地的,可以先行使用土地。其中,属于临时用地的,灾后应当恢复原状并交还原土地使用者使用,不再办理用地审批手续;属于永久性建设用地的,建设单位应当在灾情结束后六个月内申请补办建设用地审批手续。

第二十八条 建设项目施工和地质勘查需要临时占用耕地的,土地使用者应当自临时用地期满之日起一年内恢复种植条件。

第二十九条 国有土地有偿使用的方式包括:

(一)国有土地使用权出让;

(二)国有土地租赁;

(三)国有土地使用权作价出资或者入股。

第三十条 《土地管理法》第五十五条规定的新增建设用地的土地有偿使用费,是指国家在新增建设用地中应取得的平均土地纯收益。

第六章 监督检查

第三十一条 土地管理监督检查人员应当经过培训,经考核合格后,方可从事土地管理监督检查工作。

第三十二条 土地行政主管部门履行监督检查职责,除采取《土地管理法》第六十七条规定的措施外,还可以采取下列措施:

(一)询问违法案件的当事人、嫌疑人和证人;

(二)进入被检查单位或者个人非法占用的土地现场进行拍照、摄像;

(三)责令当事人停止正在进行的土地违法行为;

(四)对涉嫌土地违法的单位或者个人,停止办理有关土地审批、登记手续;

(五)责令违法嫌疑人在调查期间不得变卖、转移与案件有关的财物。

第三十三条 依照《土地管理法》第七十二条规定给予行政处分的,由责令作出行政处罚决定或者直接给予行政处罚决定的上级人民政府土地行政主管部门作出。对于警告、记过、记大过的行政处分决定,上级土地行政主管部门可以直接作出;对于降级、撤职、开除的行政处分决定,上级土地行政主管部门应当按照国家有关人事管理权限和处理程序的规定,向有关机关提出行政处分建议,由有关机关依法处理。

第七章 法律责任

第三十四条 违反本条例第十七条的规定,在土地利用总体规划确定的禁止开垦区内进行开垦的,由县级以上人民政府土地行政主管部门责令限期改正;逾期不改正的,依照《土地管理法》第七十六条的规定处罚。

第三十五条 在临时使用的土地上修建永久性建筑物、构筑物的,由县级以上人民政府土地行政主管部门责令限期拆除;逾期不拆除的,由作出处罚决定的机关依法申请人民法院强制执行。

第三十六条 对在土地利用总体规划制定前已建的不符合土地利用总体规划确定的用途的建筑物、构筑物重建、扩建的,由县级以上人民政府土地行政主管部门责令限期拆除;逾期不拆除的,由作出处罚决定的机关依法申请人民法院强制执行。

第三十七条 阻碍土地行政主管部门的工作人员依法执行职务的,依法给予治安管理处罚或者追究刑事责任。

第三十八条　依照《土地管理法》第七十三条的规定处以罚款的，罚款额为非法所得的50%以下。

第三十九条　依照《土地管理法》第八十一条的规定处以罚款的，罚款额为非法所得的5%以上20%以下。

第四十条　依照《土地管理法》第七十四条的规定处以罚款的，罚款额为耕地开垦费的二倍以下。

第四十一条　依照《土地管理法》第七十五条的规定处以罚款的，罚款额为土地复垦费的二倍以下。

第四十二条　依照《土地管理法》第七十六条的规定处以罚款的，罚款额为非法占用土地每平方米三十元以下。

第四十三条　依照《土地管理法》第八十条的规定处以罚款的，罚款额为非法占用土地每平方米十元以上三十元以下。

第四十四条　违反本条例第二十八条的规定，逾期不恢复种植条件的，由县级以上人民政府土地行政主管部门责令限期改正，可以处耕地复垦费二倍以下的罚款。

第四十五条　违反土地管理法律、法规规定，阻挠国家建设征收土地的，由县级以上人民政府土地行政主管部门责令交出土地；拒不交出土地的，申请人民法院强制执行。

第八章　附　　则

第四十六条　本条例自1999年1月1日起施行。1991年1月4日国务院发布的《中华人民共和国土地管理法实施条例》同时废止。

国务院关于深化改革严格土地管理的决定

1. 2004年10月21日

2. 国发〔2004〕28号

各省、自治区、直辖市人民政府，国务院各部委、各直属机构：

实行最严格的土地管理制度，是由我国人多地少的国情决定的，也是贯彻落实科学发展观，保证经济社会可持续发展的必然要求。去年以来，各地区、各部门认真贯彻党中央、国务院部署，全面清理各类开发区，切实落实暂停审批农用地转用的决定，土地市场治理整顿取得了积极进展，有力地促进了宏观调控政策的落实。但是，土地市场治理整顿的成效还是初步的、阶段性的，盲目投资、低水平重复建设，圈占土地、乱占滥用耕地等问题尚未根本解决。因此，必须正确处理保障经济社会发展与保护土地资源的关系，严格控制建设用地增量，努力盘活土地存量，强化节约利用土地，深化改革，健全法制，统筹兼顾，标本兼治，进一步完善符合我国国情的最严格的土地管理制度。现决定如下：

一、严格执行土地管理法律法规

（一）牢固树立遵守土地法律法规的意识。各地区、各有关部门要深入持久地开展土地法律法规的学习教育活动，深刻认识我国国情和保护耕地的极端重要性，本着对人民、对历史负责的精神，严格依法管理土地，积极推进经济增长方式的转变，实现土地利用方式的转变，走符合中国国情的新型工业化、城市化道路。进一步提高依法管地用地的意识，要在法律法规允许的范围内合理用地。对违反法律法规批地、占地的，必须承担法律责任。

（二）严格依照法定权限审批土地。农用地转用和土地征收的审批权在国务院和省、自治区、直辖市人民政府，各省、自治区、直辖市人民政府不得违反法律和行政法规的规定下放土地审批权。严禁规避法定审批权限，将单个建设项目用地拆分审批。

（三）严格执行占用耕地补偿制度。各类非农业建设经批准占用耕地的，建设单位必须补充数量、质量相当的耕地，补充耕地的数量、质量实行按等级折算，防止占多补少、占优补劣。不能自行补充的,必须按照各省、自治区、直辖市的规定缴纳耕地开垦费。耕地开垦费要列入专户管理,不得减免和挪作他用。政府投资的建设项目也必须将补充耕地费用列入工程概算。

(四)禁止非法压低地价招商。省、自治区、直辖市人民政府要依照基准地价制定并公布协议出让土地最低价标准。协议出让土地除必须严格执行规定程序外,出让价格不得低于最低价标准。违反规定出让土地造成国有土地资产流失的,要依法追究责任;情节严重的,依照《中华人民共和国刑法》的规定,以非法低价出让国有土地使用权罪追究刑事责任。

(五)严格依法查处违反土地管理法律法规的行为。当前要着重解决有法不依、执法不严、违法不究和滥用行政权力侵犯农民合法权益的问题。要加大土地管理执法力度,严肃查处非法批地、占地等违法案件。建立国土资源与监察等部门联合办案和案件移送制度,既查处土地违法行为,又查处违法责任人。典型案件,要公开处理。对非法批准占用土地、征收土地和非法低价出让国有土地使用权的国家机关工作人员,依照《监察部国土资源部关于违反土地管理规定行为行政处分暂行办法》给予行政处分;构成犯罪的,依照《中华人民共和国刑法》、《中华人民共和国土地管理法》、《最高人民法院关于审理破坏土地资源刑事案件具体应用法律若干问题的解释》和最高人民检察院关于渎职犯罪案件立案标准的规定,追究刑事责任。对非法批准征收、使用土地,给当事人造成损失的,还必须依法承担赔偿责任。

二、加强土地利用总体规划、城市总体规划、村庄和集镇规划实施管理

(六)严格土地利用总体规划、城市总体规划、村庄和集镇规划修改的管理。在土地利用总体规划和城市总体规划确定的建设用地范围外,不得设立各类开发区(园区)和城市新区(小区)。对清理后拟保留的开发区,必须依据土地利用总体规划和城市总体规划,按照布局集中、用地集约和产业集聚的原则严格审核。严格土地利用总体规划的修改,凡涉及改变土地利用方向、规模、重大布局等原则性修改,必须报原批准机关批准。城市总体规划、村庄和集镇规划也不得擅自修改。

(七)加强土地利用计划管理。农用地转用的年度计划实行指令性管理,跨年度结转使用计划指标必须严格规范。改进农用地转用年度计划下达和考核办法,对国家批准的能源、交通、水利、矿山、军事设施等重点建设项目用地和城、镇、村的建设用地实行分类下达,并按照定额指标、利用效益等分别考核。

(八)从严从紧控制农用地转为建设用地的总量和速度。加强农用地转用审批的规划和计划审查,强化土地利用总体规划和土地利用年度计划对农用地转用的控制和引导,凡不符合规划、没有农用地转用年度计划指标的,不得批准用地。为巩固土地市场治理整顿成果,2004 年农用地转用计划指标不再追加;对过去拖欠农民的征地补偿安置费在 2004 年年底前不能足额偿还的地方,暂缓下达该地区 2005 年农用地转用计划。

(九)加强建设项目用地预审管理。凡不符合土地利用总体规划、没有农用地转用计划指标的建设项目,不得通过项目用地预审。发展改革等部门要通过适当方式告知项目单位开展前期工作,项目单位提出用地预审申请后,国土资源部门要依法对建设项目用地进行审查。项目建设单位向发展改革等部门申报核准或审批建设项目时,必须附国土资源部门预审意见;没有预审意见或预审未通过的,不得核准或批准建设项目。

(十)加强村镇建设用地的管理。要按照控制总量、合理布局、节约用地、保护耕地的原则,编制乡(镇)土地利用总体规划、村

庄和集镇规划，明确小城镇和农村居民点的数量、布局和规模。鼓励农村建设用地整理，城镇建设用地增加要与农村建设用地减少相挂钩。农村集体建设用地，必须符合土地利用总体规划、村庄和集镇规划，并纳入土地利用年度计划，凡占用农用地的必须依法办理审批手续。禁止擅自通过"村改居"等方式将农民集体所有土地转为国有土地。禁止农村集体经济组织非法出让、出租集体土地用于非农业建设。改革和完善宅基地审批制度，加强农村宅基地管理，禁止城镇居民在农村购置宅基地。引导新办乡村工业向建制镇和规划确定的小城镇集中。在符合规划的前提下，村庄、集镇、建制镇中的农民集体所有建设用地使用权可以依法流转。

（十一）严格保护基本农田。基本农田是确保国家粮食安全的基础。土地利用总体规划修编，必须保证现有基本农田总量不减少，质量不降低。基本农田要落实到地块和农户，并在土地所有权证书和农村土地承包经营权证书中注明。基本农田保护图件备案工作，应在新一轮土地利用总体规划修编后三个月内完成。基本农田一经划定，任何单位和个人不得擅自占用，或者擅自改变用途，这是不可逾越的"红线"。符合法定条件，确需改变和占用基本农田的，必须报国务院批准；经批准占用基本农田的，征地补偿按法定最高标准执行，对以缴纳耕地开垦费方式补充耕地的，缴纳标准按当地最高标准执行。禁止占用基本农田挖鱼塘、种树和其他破坏耕作层的活动，禁止以建设"现代农业园区"或者"设施农业"等任何名义，占用基本农田变相从事房地产开发。

三、完善征地补偿和安置制度

（十二）完善征地补偿办法。县级以上地方人民政府要采取切实措施，使被征地农民生活水平不因征地而降低。要保证依法足额和及时支付土地补偿费、安置补助费以及地上附着物和青苗补偿费。依照现行法律规定支付土地补偿费和安置补助费，尚不能使被征地农民保持原有生活水平的，不足以支付因征地而导致无地农民社会保障费用的，省、自治区、直辖市人民政府应当批准增加安置补助费。土地补偿费和安置补助费的总和达到法定上限，尚不足以使被征地农民保持原有生活水平的，当地人民政府可以用国有土地有偿使用收入予以补贴。省、自治区、直辖市人民政府要制订并公布各市县征地的统一年产值标准或区片综合地价，征地补偿做到同地同价，国家重点建设项目必须将征地费用足额列入概算。大中型水利、水电工程建设征地的补偿费标准和移民安置办法，由国务院另行规定。

（十三）妥善安置被征地农民。县级以上地方人民政府应当制定具体办法，使被征地农民的长远生计有保障。对有稳定收益的项目，农民可以经依法批准的建设用地土地使用权入股。在城市规划区内，当地人民政府应当将因征地而导致无地的农民，纳入城镇就业体系，并建立社会保障制度；在城市规划区外，征收农民集体所有土地时，当地人民政府要在本行政区域内为被征地农民留有必要的耕作土地或安排相应的工作岗位；对不具备基本生产生活条件的无地农民，应当异地移民安置。劳动和社会保障部门要会同有关部门尽快提出建立被征地农民的就业培训和社会保障制度的指导性意见。

（十四）健全征地程序。在征地过程中，要维护农民集体土地所有权和农民土地承包经营权的权益。在征地依法报批前，要将拟征地的用途、位置、补偿标准、安置途径告知被征地农民；对拟征土地现状的调查结果须经被征地农村集体经济组织和农户确认；确有必要的，国土资源部门应当依照有关规定组织听证。要将被征地农民知情、确认的有关材料作为征地报批的必备材料。要加快建立和完善征地补偿安置争议的协调和裁决机制，维护被征地农民和用地者的合法权益。经批准的征地事项,除特殊情况外,应予以公示。

(十五)加强对征地实施过程监管。征地补偿安置不落实的,不得强行使用被征土地。省、自治区、直辖市人民政府应当根据土地补偿费主要用于被征地农户的原则,制订土地补偿费在农村集体经济组织内部的分配办法。被征地的农村集体经济组织应当将征地补偿费用的收支和分配情况,向本集体经济组织成员公布,接受监督。农业、民政等部门要加强对农村集体经济组织内部征地补偿费用分配和使用的监督。

四、健全土地节约利用和收益分配机制

(十六)实行强化节约和集约用地政策。建设用地要严格控制增量,积极盘活存量,把节约用地放在首位,重点在盘活存量上下功夫。新上建设项目首先要利用现有建设用地,严格控制建设占用耕地、林地、草原和湿地。开展对存量建设用地资源的普查,研究制定鼓励盘活存量的政策措施。各地区、各有关部门要按照集约用地的原则,调整有关厂区绿化率的规定,不得圈占土地搞"花园式工厂"。在开发区(园区)推广多层标准厂房。对工业用地在符合规划、不改变原用途的前提下,提高土地利用率和增加容积率的,原则上不再收取或调整土地有偿使用费。基础设施和公益性建设项目,也要节约合理用地。今后,供地时要将土地用途、容积率等使用条件的约定写入土地使用合同。对工业项目用地必须有投资强度、开发进度等控制性要求。土地使用权人不按照约定条件使用土地的,要承担相应的违约责任。在加强耕地占用税、城镇土地使用税、土地增值税征收管理的同时,进一步调整和完善相关税制,加大对建设用地取得和保有环节的税收调节力度。

(十七)推进土地资源的市场化配置。严格控制划拨用地范围,经营性基础设施用地要逐步实行有偿使用。运用价格机制抑制多占、滥占和浪费土地。除按现行规定必须实行招标、拍卖、挂牌出让的用地外,工业用地也要创造条件逐步实行招标、拍卖、挂牌出让。经依法批准利用原有划拨土地进行经营性开发建设的,应当按照市场价补缴土地出让金。经依法批准转让原划拨土地使用权的,应当在土地有形市场公开交易,按照市场价补缴土地出让金;低于市场价交易的,政府应当行使优先购买权。

(十八)制订和实施新的土地使用标准。依照国家产业政策,国土资源部门对淘汰类、限制类项目分别实行禁止和限制用地,并会同有关部门制订工程项目建设用地定额标准,省、自治区、直辖市人民政府可以根据实际情况制订具体实施办法。继续停止高档别墅类房地产、高尔夫球场等用地的审批。

(十九)严禁闲置土地。农用地转用批准后,满两年未实施具体征地或用地行为的,批准文件自动失效;已实施征地,满两年未供地的,在下达下一年度的农用地转用计划时扣减相应指标,对具备耕作条件的土地,应当交原土地使用者继续耕种,也可以由当地人民政府组织耕种。对用地单位闲置的土地,严格依照《中华人民共和国土地管理法》的有关规定处理。

(二十)完善新增建设用地土地有偿使用费收缴办法。新增建设用地土地有偿使用费实行先缴后分,按规定的标准就地全额缴入国库,不得减免,并由国库按规定的比例就地分成划缴。审计部门要加强对新增建设用地土地有偿使用费征收和使用的监督检查。对减免和欠缴的,要依法追缴。财政部、国土资源部要适时调整新增建设用地土地有偿使用费收取标准。新增建设用地土地有偿使用费要严格按法定用途使用,由中央支配的部分,要向粮食主产区倾斜。探索建立国有土地收益基金,遏制片面追求土地收益的短期行为。

五、建立完善耕地保护和土地管理的责任制度

(二十一)明确土地管理的权力和责任。

调控新增建设用地总量的权力和责任在中央，盘活存量建设用地的权力和利益在地方，保护和合理利用土地的责任在地方各级人民政府，省、自治区、直辖市人民政府应负主要责任。在确保严格实施土地利用总体规划，不突破土地利用年度计划的前提下，省、自治区、直辖市人民政府可以统筹本行政区域内的用地安排，依照法定权限对农用地转用和土地征收进行审批，按规定用途决定新增建设用地土地有偿使用费地方分成部分的分配和使用，组织本行政区域内耕地占补平衡，并对土地管理法律法规执行情况进行监督检查。地方各级人民政府要对土地利用总体规划确定的本行政区域内的耕地保有量和基本农田保护面积负责，政府主要领导是第一责任人。地方各级人民政府都要建立相应的工作制度，采取多种形式，确保耕地保护目标落实到基层。

（二十二）建立耕地保护责任的考核体系。国务院定期向各省、自治区、直辖市下达耕地保护责任考核目标。各省、自治区、直辖市人民政府每年要向国务院报告耕地保护责任目标的履行情况。实行耕地保护责任考核的动态监测和预警制度。国土资源部会同农业部、监察部、审计署、统计局等部门定期对各省、自治区、直辖市耕地保护责任目标履行情况进行检查和考核，并向国务院报告。对认真履行责任目标，成效突出的，要给予表彰，并在安排中央支配的新增建设用地土地有偿使用费时予以倾斜。对没有达到责任目标的，要在全国通报，并责令限期补充耕地和补划基本农田。对土地开发整理补充耕地的情况也要定期考核。

（二十三）严格土地管理责任追究制。对违反法律规定擅自修改土地利用总体规划的、发生非法占用基本农田的、未完成耕地保护责任考核目标的、征地侵害农民合法权益引发群体性事件且未能及时解决的、减免和欠缴新增建设用地土地有偿使用费的、未按期完成基本农田图件备案工作的，要严肃追究责任，对有关责任人员由上级主管部门或监察机关依法定权限给予行政处分。同时，上级政府要责令限期整改，整改期间暂停农用地转用和征地审批。具体办法由国土资源部会同有关部门另行制订。实行补充耕地监督的责任追究制，国土资源部门和农业部门负责对补充耕地的数量和质量进行验收，并对验收结果承担责任。省、自治区、直辖市国土资源部门和农业部门要加强监督检查。

（二十四）强化对土地执法行为的监督。建立公开的土地违法立案标准。对有案不查、执法不严的，上级国土资源部门要责令其作出行政处罚决定或直接给予行政处罚。坚决纠正违法用地只通过罚款就补办合法手续的行为。对违法用地及其建筑物和其他设施，按法律规定应当拆除或没收的，不得以罚款、补办手续取代；确需补办手续的，依法处罚后，从新从高进行征地补偿和收取土地出让金及有关规费。完善土地执法监察体制，建立国家土地督察制度，设立国家土地总督察，向地方派驻土地督察专员，监督土地执法行为。

（二十五）加强土地管理行政能力建设。2004年年底以前要完成省级以下国土资源管理体制改革，理顺领导干部管理体制、工作机制和加强基层队伍建设。市、县人民政府要保证基层国土资源管理所机构、编制、经费到位，切实发挥基层国土资源管理所在土地管理执法中的作用。国土资源部要会同有关部门抓紧建立和完善统一的土地分类、调查、登记和统计制度，启动新一轮土地调查，保证土地数据的真实性。组织实施“金土工程”。充分利用现代高新技术加强土地利用动态监测，建立土地利用总体规划实施、耕地保护、土地市场的动态监测网络。

各地区、各有关部门要以“三个代表”重要思想为指导，牢固树立科学发展观和正确的政绩观，把落实好最严格的土地管理制度作为对执政能力和依法行政能力的检验。

高度重视土地的保护和合理利用，认真总结经验，积极推进土地管理体制改革，不断完善土地法制，建立严格、科学、有效的土地管理制度，维护好广大人民群众的根本利益，确保经济社会的可持续发展。

国务院关于加强土地调控有关问题的通知

1. 2006年8月31日
2. 国发〔2006〕31号

各省、自治区、直辖市人民政府，国务院各部委、各直属机构：

党中央、国务院高度重视土地管理和调控。2004年印发的《国务院关于深化改革严格土地管理的决定》（国发〔2004〕28号），在严格土地执法、加强规划管理、保障农民权益、促进集约用地、健全责任制度等方面，作出了全面系统的规定。各地区、各部门采取措施，积极落实，取得了初步成效。但是，当前土地管理特别是土地调控中出现了一些新动向、新问题，建设用地总量增长过快，低成本工业用地过度扩张，违法违规用地、滥占耕地现象屡禁不止，严把土地“闸门”任务仍然十分艰巨。为进一步贯彻落实科学发展观，保证经济社会可持续发展，必须采取更严格的管理措施，切实加强土地调控。现就有关问题通知如下：

一、进一步明确土地管理和耕地保护的责任

地方各级人民政府主要负责人应对本行政区域内耕地保有量和基本农田保护面积、土地利用总体规划和年度计划执行情况负总责。将新增建设用地控制指标（包括占用农用地和未利用地）纳入土地利用年度计划，以实际耕地保有量和新增建设用地面积，作为土地利用年度计划考核、土地管理和耕地保护责任目标考核的依据；实际用地超过计划的，扣减下一年度相应的计划指标。国土资源部要加强对各地实际建设用地和土地征收情况的核查。

按照权责一致的原则，调整城市建设用地审批方式。在土地利用总体规划确定的城市建设用地范围内，依法由国务院分批次审批的农用地转用和土地征收，调整为每年由省级人民政府汇总后一次申报，经国土资源部审核，报国务院批准后由省级人民政府具体组织实施，实施方案报国土资源部备案。

严格实行问责制。对本行政区域内发生土地违法违规案件造成严重后果的，对土地违法违规行为不制止、不组织查处的，对土地违法违规问题隐瞒不报、压案不查的，应当追究有关地方人民政府负责人的领导责任。监察部、国土资源部要抓紧完善土地违法违规领导责任追究办法。

二、切实保障被征地农民的长远生计

征地补偿安置必须以确保被征地农民原有生活水平不降低、长远生计有保障为原则。各地要认真落实国办发〔2006〕29号文件的规定，做好被征地农民就业培训和社会保障工作。被征地农民的社会保障费用，按有关规定纳入征地补偿安置费用，不足部分由当地政府从国有土地有偿使用收入中解决。社会保障费用不落实的不得批准征地。

三、规范土地出让收支管理

国有土地使用权出让总价款全额纳入地方预算，缴入地方国库，实行“收支两条线”管理。土地出让总价款必须首先按规定足额安排支付土地补偿费、安置补助费、地上附着物和青苗补偿费、拆迁补偿费以及补助被征地农民社会保障所需资金的不足，其余资金应逐步提高用于农业土地开发和农村基础设施建设的比重，以及用于廉租住房建设和完善国有土地使用功能的配套设施建设。

四、调整建设用地有关税费政策

提高新增建设用地土地有偿使用费缴纳标准。新增建设用地土地有偿使用费缴纳范围，以当地实际新增建设用地面积为准。新增建设用地土地有偿使用费专项用于基本农田建设和保护、土地整理、耕地开发。对违规减免和欠缴的新增建设用地土地有偿使用费,要进行清理,限期追缴。其中,国发〔2004〕28 号文件下发后减免和欠缴的,要在今年年底前全额清缴;逾期未缴的,暂不办理用地审批。财政部会同国土资源部要抓紧制订新增建设用地土地有偿使用费缴纳标准和适时调整的具体办法,并进一步改进和完善新增建设用地土地有偿使用费的分配使用管理。

提高城镇土地使用税和耕地占用税征收标准,财政部、税务总局会同国土资源部、法制办要抓紧制订具体办法。财税部门要加强税收征管,严格控制减免税。

五、建立工业用地出让最低价标准统一公布制度

国家根据土地等级、区域土地利用政策等,统一制订并公布各地工业用地出让最低价标准。工业用地出让最低价标准不得低于土地取得成本、土地前期开发成本和按规定收取的相关费用之和。工业用地必须采用招标拍卖挂牌方式出让,其出让价格不得低于公布的最低价标准。低于最低价标准出让土地,或以各种形式给予补贴或返还的,属非法低价出让国有土地使用权的行为,要依法追究有关人员的法律责任。

六、禁止擅自将农用地转为建设用地

农用地转为建设用地,必须符合土地利用总体规划、城市总体规划、村庄和集镇规划,纳入年度土地利用计划,并依法办理农用地转用审批手续。禁止通过"以租代征"等方式使用农民集体所有农用地进行非农业建设,擅自扩大建设用地规模。农民集体所有建设用地使用权流转,必须符合规划并严格限定在依法取得的建设用地范围内。未依法办理农用地转用审批,国家机关工作人员批准通过"以租代征"等方式占地建设的,属非法批地行为;单位和个人擅自通过"以租代征"等方式占地建设的,属非法占地行为,要依法追究有关人员的法律责任。

七、强化对土地管理行为的监督检查

国家土地督察机构要认真履行国务院赋予的职责,加强对地方人民政府土地管理行为的监督检查。对监督检查中发现的违法违规问题,要及时提出纠正或整改意见。对纠正整改不力的,依照有关规定责令限期纠正整改。纠正整改期间,暂停该地区农用地转用和土地征收。

国土资源管理部门及其工作人员要严格执行国家土地管理的法律法规和方针政策,依法行政,对土地利用情况的真实性和合法性负责。凡玩忽职守、滥用职权、徇私舞弊、不执行和不遵守土地管理法律法规的,依照有关法律法规追究有关领导和人员的责任。

八、严肃惩处土地违法违规行为

国家机关工作人员非法批准征收、占用土地,或者非法低价出让国有土地使用权,触犯刑律的,依法追究刑事责任。对不执行国家土地调控政策、超计划批地用地、未按期缴纳新增建设用地土地有偿使用费及其他规定税费、未按期足额支付征地补偿安置费而征占土地,以及通过调整土地利用总体规划擅自改变基本农田位置,以规避建设占用基本农田应依法上报国务院审批的,要追究有关人员的行政责任。

完善土地违法案件的查处协调机制,加大对土地违法违规行为的查处力度。监察部要会同国土资源部等有关部门,在近期集中开展一次以查处非法批地、未批先用、批少用多、非法低价出让国有土地使用权等行为为重点的专项行动。对重大土地违法违规案件要公开处理,涉嫌犯罪的,要移送司法机关依法追究刑事责任。

各地区、各部门要以邓小平理论和"三个代表"重要思想为指导,全面落实科学发展观,充分认识实行最严格土地管理制度的重要性,认真贯彻、坚决执行中央关于加强土地调控的各项措施。各地区要结合执行本通知,对国发〔2004〕28 号文件实施以来的土地管理和利用情况进行全面自查,对清查出的土地违法违规行为必须严肃处理。发展改革委、监察部、财政部、劳动保障部、国土资源部、建设部、农业部、人民银行、税务总局、统计局、法制办等部门要各司其职、密切配合,尽快制定本通知实施的配套文件,共同做好加强土地调控的各项工作。国土资源部要会同监察部等有关部门做好对本通知贯彻执行情况的监督检查。各地区、各部门要在 2006 年年底前将贯彻执行本通知的情况向国务院报告。

国务院关于促进节约集约用地的通知

1. *2008 年 1 月 3 日*
2. *国发〔2008〕3 号*

各省、自治区、直辖市人民政府,国务院各部委、各直属机构:

我国人多地少,耕地资源稀缺,当前又正处于工业化、城镇化快速发展时期,建设用地供需矛盾十分突出。切实保护耕地,大力促进节约集约用地,走出一条建设占地少、利用效率高的符合我国国情的土地利用新路子,是关系民族生存根基和国家长远利益的大计,是全面贯彻落实科学发展观的具体要求,是我国必须长期坚持的一条根本方针。现就有关问题通知如下:

一、按照节约集约用地原则,审查调整各类相关规划和用地标准

(一)强化土地利用总体规划的整体控制作用。各类与土地利用相关的规划要与土地利用总体规划相衔接,所确定的建设用地规模必须符合土地利用总体规划的安排,年度用地安排也必须控制在土地利用年度计划之内。不符合土地利用总体规划和年度计划安排的,必须及时调整和修改,核减用地规模。

(二)切实加强重大基础设施和基础产业的科学规划。要按照合理布局、经济可行、控制时序的原则,统筹协调各类交通、能源、水利等基础设施和基础产业建设规划,避免盲目投资、过度超前和低水平重复建设浪费土地资源。

(三)从严控制城市用地规模。城市规划要按照循序渐进、节约土地、集约发展、合理布局的原则,科学确定城市定位、功能目标和发展规模,增强城市综合承载能力。要按照节约集约用地的要求,加快城市规划相关技术标准的制定和修订。尽快出台新修订的人均用地、用地结构等城市规划控制标准,合理确定各项建设建筑密度、容积率、绿地率,严格按国家标准进行各项市政基础设施和生态绿化建设。严禁规划建设脱离实际需要的宽马路、大广场和绿化带。

(四)严格土地使用标准。要健全各类建设用地标准体系,抓紧编制公共设施和公益事业建设用地标准。要按照节约集约用地的原则,在满足功能和安全要求的前提下,重新审改现有各类工程项目建设用地标准。凡与土地使用标准不一致的建设标准和设计规范,要及时修订。要采取先进节地技术、降低路基高度、提高桥隧比例等措施,降低公路、铁路等基础设施工程用地和取弃土用地标准。建设项目设计、施工和建设用地审批必须严格执行用地标准,对超标准用地的,要核减用地面积。今后,各地区、各部门不得开展涉及用地标准并有悖于节约集约用地原则的达标评比活动,已经部署开展的相关活动要坚决停下来。

二、充分利用现有建设用地,大力提高建设用地利用效率

(五)开展建设用地普查评价。各地要在第二次土地调查的基础上,认真组织开展建设用地普查评价,对现有建设用地的开发利用和投入产出情况做出评估,并按照法律法规和政策规定,处理好建设用地开发利用中存在的问题。今后各项建设要优先开发利用空闲、废弃、闲置和低效利用的土地，努力提高建设用地利用效率。

（六）严格执行闲置土地处置政策。土地闲置满两年、依法应当无偿收回的，坚决无偿收回，重新安排使用；不符合法定收回条件的，也应采取改变用途、等价置换、安排临时使用、纳入政府储备等途径及时处置、充分利用。土地闲置满一年不满两年的，按出让或划拨土地价款的20%征收土地闲置费。对闲置土地特别是闲置房地产用地要征缴增值地价，国土资源部要会同有关部门抓紧研究制订具体办法。2008年6月底前，各省、自治区、直辖市人民政府要将闲置土地清理处置情况向国务院做出专题报告。

（七）积极引导使用未利用地和废弃地。国土资源部门要对适宜开发的未利用地做出规划，引导和鼓励将适宜建设的未利用地开发成建设用地。积极复垦利用废弃地，对因单位撤销、迁移等原因停止使用，以及经核准报废的公路、铁路、机场、矿场等使用的原划拨土地，应依法及时收回，重新安排使用；除可以继续划拨使用的以外，经依法批准由原土地使用者自行开发的，按市场价补缴土地价款。今后，要严格落实被损毁土地的复垦责任，在批准建设用地或发放采矿权许可证时，责任单位应依法及时足额缴纳土地复垦费。

（八）鼓励开发利用地上地下空间。对现有工业用地，在符合规划、不改变用途的前提下，提高土地利用率和增加容积率的，不再增收土地价款；对新增工业用地，要进一步提高工业用地控制指标，厂房建筑面积高于容积率控制指标的部分，不再增收土地价款。财政、税务部门要严格落实和完善鼓励节约集约用地的税收政策。国土资源部要会同有关部门，依照《中华人民共和国物权法》的有关规定，抓紧研究制订土地空间权利设定和登记的具体办法。

（九）鼓励开发区提高土地利用效率。国土资源部要研究建立土地利用状况、用地效益和土地管理绩效等评价指标体系，加快开发区土地节约集约利用评估工作。凡土地利用评估达到要求并通过国家审核公告的开发区，确需扩区的，可以申请整合依法依规设立的开发区，或者利用符合规划的现有建设用地扩区。对符合“布局集中、产业集聚、用地集约”要求的国家级开发区，优先安排建设用地指标。

三、充分发挥市场配置土地资源基础性作用，健全节约集约用地长效机制

（十）深入推进土地有偿使用制度改革。国土资源部要严格限定划拨用地范围，及时调整划拨用地目录。今后除军事、社会保障性住房和特殊用地等可以继续以划拨方式取得土地外，对国家机关办公和交通、能源、水利等基础设施（产业）、城市基础设施以及各类社会事业用地要积极探索实行有偿使用，对其中的经营性用地先行实行有偿使用。其他建设用地应严格实行市场配置，有偿使用。要加强建设用地税收征管，抓紧研究各类建设用地的财税政策。

（十一）完善建设用地储备制度。储备建设用地必须符合规划、计划，并将现有未利用的建设用地优先纳入储备。储备土地出让前，应当处理好土地的产权、安置补偿等法律经济关系，完成必要的前期开发，缩短开发周期，防止形成新的闲置土地。土地前期开发要引入市场机制，按照有关规定，通过公开招标方式选择实施单位。经过前期开发的土地，依法由市、县人民政府国土资源部门统一组织出让。

（十二）合理确定出让土地的宗地规模。土地出让前要制订控制性详细规划和土地供应方案，明确容积率、绿地率和建筑密度等规划条件。规划条件一经确定，不得擅自调整。合理确定出让土地的宗地规模，督促及时开发利用，形成有效供给，确保节约集约利用每宗土地。未按合同约定缴清全部土地价款的，不得发放土地证书，也不得按土地价款缴纳比例分割发放土地证书。

（十三）严格落实工业和经营性用地招标拍卖挂牌出让制度。工业用地和商业、旅游、娱乐、商品住宅等经营性用地（包括配套的办公、科研、培训等用地），以及同一宗土地有两个以上意向用地者的，都必须实行招标拍卖挂牌等方式公开出让。国土资源部门要会同发展改革、城市规划、建设、水利、环保等部门制订工业用地招标拍卖挂牌出让计划，拟定出让地块的产业类型、项目建议、规划条件、环保要求等内容，作为工业用地出让的前置条件。工业和经营性用地出让必须以招标拍卖挂牌方式确定土地使用者和土地价格。严禁用地者与农村集体经济组织或个人签订协议圈占土地，通过补办用地手续规避招标拍卖挂牌出让。

（十四）强化用地合同管理。土地出让合同和划拨决定书要严格约定建设项目投资额、开竣工时间、规划条件、价款、违约责任等内容。对非经营性用地改变为经营性用地的，应当约定或明确政府可以收回土地使用权，重新依法出让。

（十五）优化住宅用地结构。合理安排住宅用地，继续停止别墅类房地产开发项目的土地供应。供应住宅用地要将最低容积率限制、单位土地面积的住房建设套数和住宅建设套型等规划条件写入土地出让合同或划拨决定书，确保不低于70%的住宅用地用于廉租房、经济适用房、限价房和90平方米以下中小套型普通商品房的建设，防止大套型商品房多占土地。

四、强化农村土地管理，稳步推进农村集体建设用地节约集约利用

（十六）高度重视农村集体建设用地的规划管理。要按照统筹城乡发展、节约集约用地的原则，指导、督促编制好乡（镇）土地利用总体规划和镇规划、乡规划、村庄规划，划定村镇发展和撤并复垦范围。利用农民集体所有土地进行非农建设，必须符合规划，纳入年度计划，并依法审批。严格禁止擅自将农用地转为建设用地，严格禁止“以租代征”将农用地转为非农业用地。

（十七）鼓励提高农村建设用地的利用效率。要在坚持尊重农民意愿、保障农民权益的原则下，依法盘活利用农村集体建设用地。按规划稳妥开展农村集体建设用地整理，改善农民生产生活条件。农民住宅建设要符合镇规划、乡规划和村庄规划，住宅建设用地要先行安排利用村内空闲地、闲置宅基地。对村民自愿腾退宅基地或符合宅基地申请条件购买空闲住宅的，当地政府可给予奖励或补助。

（十八）严格执行农村一户一宅政策。各地要结合本地实际完善人均住宅面积等相关标准，控制农民超用地标准建房，逐步清理历史遗留的一户多宅问题，坚决防止产生超面积占用宅基地和新的一户多宅现象。

五、加强监督检查，全面落实节约集约用地责任

（十九）建立健全土地市场动态监测制度。要对土地出让合同、划拨决定书的执行实施全程监管，及时向社会公开供地计划、结果及实际开发利用情况等动态信息。国土资源部门要对土地供应和开发利用情况进行定期评价分析，研究完善加强土地调控、促进节约集约用地的政策措施。

（二十）完善建设项目竣工验收制度。要将建设项目依法用地和履行土地出让合同、划拨决定书的情况，作为建设项目竣工验收的一项内容。没有国土资源部门的检查核验意见，或者检查核验不合格的，不得通过竣工验收。

（二十一）加强各类土地变化状况的监测。运用遥感等现代技术手段，做好年度土地变更调查，建立土地利用现状数据库，全面掌握各类土地变化状况。国家每年选择若干个省级行政区，进行全行政区域的土地利用状况监测。重点监测各地新增建设用地、耕地减少和违法用地等情况，监测结果要向社会公开。

（二十二）加强对节约集约用地工作的监管。国土资源部要会同监察部等有关部门持续开展用地情况的执法检查，重点查处严重破坏、浪费、闲置土地资源的违法违规案件，依法依纪追究有关人员的责任。要将企业违法用地、闲置土地等信息纳入有关部门信用信息基础数据库。金融机构对房地产项目超过土地出让合同约定的动工开发日期满一年，完成土地开发面积不足 1/3 或投资不足 1/4 的企业，应审慎贷款和核准融资，从严控制展期贷款或滚动授信；对违法用地项目不得提供贷款和上市融资，违规提供贷款和核准融资的，要追究相关责任人的责任。

（二十三）建立节约集约用地考核制度。制定单位 GDP 和固定资产投资规模增长的新增建设用地消耗考核办法。实行上一级人民政府对下一级人民政府分级考核，考核结果由国土资源部门定期公布，作为下达土地利用年度计划的依据。

各地区、各部门要充分认识节约集约用地的重要性和紧迫性，增强节约集约用地的责任感，切实转变用地观念，转变经济发展方式，调整优化经济结构，将节约集约用地的要求落实在政府决策中，落实到各项建设中，科学规划用地，着力内涵挖潜，以节约集约用地的实际行动全面落实科学发展观，实现经济社会的可持续发展。

土地储备管理办法

1. 2018 年 1 月 3 日国土资源部、财政部、中国人民银行、中国银行业监督管理委员会发布

2. 国土资规〔2017〕17 号

3. 自发布之日起实施，有效期 5 年

一、总体要求

（一）为贯彻落实党的十九大精神，落实加强自然资源资产管理和防范风险的要求，进一步规范土地储备管理，增强政府对城乡统一建设用地市场的调控和保障能力，促进土地资源的高效配置和合理利用，根据《国务院关于加强国有土地资产管理的通知》（国发〔2001〕15 号）、《国务院关于促进节约集约用地的通知》（国发〔2008〕3 号）、《国务院关于加强地方政府性债务管理的意见》（国发〔2014〕43 号）、《国务院办公厅关于规范国有土地使用权出让收支管理的通知》（国办发〔2006〕100 号），制定本办法。

（二）土地储备是指县级（含）以上国土资源主管部门为调控土地市场、促进土地资源合理利用，依法取得土地，组织前期开发、储存以备供应的行为。土地储备工作统一归口国土资源主管部门管理，土地储备机构承担土地储备的具体实施工作。财政部门负责土地储备资金及形成资产的监管。

（三）土地储备机构应为县级（含）以上人民政府批准成立、具有独立的法人资格、隶属于所在行政区划的国土资源主管部门、承担本行政辖区内土地储备工作的事业单位。国土资源主管部门对土地储备机构实施名录制管理。市、县级国土资源主管部门应将符合规定的机构信息逐级上报至省级国土资源主管部门，经省级国土资源主管部门审核后报国土资源部，列入全国土地储备机构名录，并定期更新。

二、储备计划

（四）各地应根据国民经济和社会发展规划、国土规划、土地利用总体规划、城乡规划等，编制土地储备三年滚动计划，合理确定未来三年土地储备规模，对三年内可收储的土地资源，在总量、结构、布局、时序等方面做出统筹安排，优先储备空闲、低效利用等存量建设用地。

（五）各地应根据城市建设发展和土地市场调控的需要，结合当地社会发展规划、土地储备三年滚动计划、年度土地供应计划、地方政府债务限额等因素，合理制定年度土地储备计划。年度土地储备计划内容应包括：

1. 上年度末储备土地结转情况(含上年度末的拟收储土地及入库储备土地的地块清单);

2. 年度新增储备土地计划(含当年新增拟收储土地和新增入库储备土地规模及地块清单);

3. 年度储备土地前期开发计划(含当年前期开发地块清单);

4. 年度储备土地供应计划(含当年拟供应地块清单);

5. 年度储备土地临时管护计划;

6. 年度土地储备资金需求总量。

其中,拟收储土地,是指已纳入土地储备计划或经县级(含)以上人民政府批准,目前已启动收回、收购、征收等工作,但未取得完整产权的土地;入库储备土地,是指土地储备机构已取得完整产权,纳入储备土地库管理的土地。

(六)国土资源主管部门应会同财政部门于每年第三季度,组织编制完成下一年度土地储备计划,提交省级国土资源主管部门备案后,报同级人民政府批准。因土地市场调控政策变化或低效用地再开发等原因,确需调整年度土地储备计划的,每年中期可调整一次,按原审批程序备案、报批。

三、入库储备标准

(七)储备土地必须符合土地利用总体规划和城乡规划。存在污染、文物遗存、矿产压覆、洪涝隐患、地质灾害风险等情况的土地,在按照有关规定由相关单位完成核查、评估和治理之前,不得入库储备。

(八)下列土地可以纳入储备范围:

1. 依法收回的国有土地;

2. 收购的土地;

3. 行使优先购买权取得的土地;

4. 已办理农用地转用、征收批准手续并完成征收的土地;

5. 其他依法取得的土地。

入库储备土地必须是产权清晰的土地。土地储备机构应对土地取得方式及程序的合规性、经济补偿、土地权利(包括用益物权和担保物权)等情况进行审核,不得为了收储而强制征收土地。对于取得方式及程序不合规、补偿不到位、土地权属不清晰、应办理相关不动产登记手续而尚未办理的土地,不得入库储备。

(九)收购土地的补偿标准,由土地储备机构与土地使用权人根据土地评估结果协商,经同级国土资源主管部门和财政部门确认,或地方法规规定的其他机构确认。

(十)储备土地入库前,土地储备机构应向不动产登记机构申请办理登记手续。储备土地登记的使用权类型统一确定为"其他(政府储备)",登记的用途应符合相关法律法规的规定。

四、前期开发、管护与供应

(十一)土地储备机构负责理清入库储备土地产权,评估入库储备土地的资产价值。

(十二)土地储备机构应组织开展对储备土地必要的前期开发,为政府供应土地提供必要保障。

储备土地的前期开发应按照该地块的规划,完成地块内的道路、供水、供电、供气、排水、通讯、围挡等基础设施建设,并进行土地平整,满足必要的"通平"要求。具体工程要按照有关规定,选择工程勘察、设计、施工和监理等单位进行建设。

前期开发工程施工期间,土地储备机构应对工程实施监督管理。工程完成后,土地储备机构应按规定组织开展验收或委托专业机构进行验收,并按有关规定报所属国土资源主管部门备案。

(十三)土地储备机构应对纳入储备的土地采取自行管护、委托管护、临时利用等方式进行管护;建立巡查制度,对侵害储备土地权利的行为要做到早发现、早制止、早处理。对储备土地的管护,可以由土地储备机构的内设机构负责,也可由土地储备机构按照相关规定选择管护单位。

（十四）在储备土地未供应前，土地储备机构可将储备土地或连同地上建（构）筑物，通过出租、临时使用等方式加以利用。储备土地的临时利用，一般不超过两年，且不能影响土地供应。储备土地的临时利用应报同级国土资源主管部门同意。其中，在城市规划区内储备土地的临时使用，需搭建建（构）筑物的，在报批前，应当先经城市规划行政主管部门同意，不得修建永久性建筑物。

（十五）储备土地完成前期开发，并具备供应条件后，应纳入当地市、县土地供应计划，由市、县国土资源主管部门统一组织土地供应。供应已发证的储备土地之前，应收回并注销其不动产权证书及不动产登记证明，并在不动产登记簿中予以注销。

五、资金管理

（十六）土地储备资金收支管理严格执行财政部、国土资源部关于土地储备资金财务管理的规定。土地储备资金通过政府预算安排，实行专款专用。

（十七）土地储备机构应当严格按照规定用途使用土地储备资金，不得挪用。土地储备机构所需的日常经费，纳入政府预算，与土地储备资金实行分账核算，不得相互混用。

（十八）土地储备机构按规定编制土地储备资金收支项目预算，经同级国土资源主管部门审核，报同级财政部门审定后执行。年度终了，土地储备机构向同级财政部门报送土地储备资金收支项目决算，由同级财政部门审核或者由同级财政部门指定具有良好信誉、执业质量高的会计师事务所等相关中介机构进行审核。

（十九）土地储备资金应当建立绩效评价制度，绩效评价结果作为财政部门安排年度土地储备资金收支项目预算的依据。

（二十）土地储备专项债券资金管理执行财政部、国土资源部有关地方政府土地储备专项债券管理的规定。

六、监管责任

（二十一）信息化监管。国土资源部利用土地储备监测监管系统，监测监管土地储备机构业务开展情况。

列入全国土地储备机构名录的机构应按要求在土地储备监测监管系统中填报储备土地、已供储备土地、储备土地资产存量和增量、储备资金收支、土地储备专项债券等相关信息，接受主管部门监督管理。土地储备机构应按相关法律法规和规范性文件开展工作，违反相关要求的，将被给予警示直至退出名录。

（二十二）部门分工监管。各级国土资源主管部门及财政部门应按照职责分工，互相配合，保证土地储备工作顺利开展。

市县级国土资源主管部门应制定相关管理办法，监管土地储备机构、业务运行、资产管理及资金使用，定期考核，加强对土地储备机构的管理与指导；及时核准上传土地储备机构在土地储备监测监管系统中的信息，审核调整土地储备计划及资金需求，并配合财政部门做好土地储备专项债券额度管理及发行等相关工作。

省级国土资源主管部门负责制定本行政辖区内土地储备监管制度，对土地储备业务进行政策和业务指导，监管土地储备机构及本地区土地储备业务运行情况，审核土地储备机构名录、土地储备规模、资金及专项债券的需求，配合财政部门做好土地储备专项债券额度分配及发行等相关工作。

财政部门负责审核土地储备资金收支预决算、监督管理资金支付和收缴及土地储备专项债券发行、还本付息等工作。

（二十三）各级国土资源主管部门、财政部门、中国人民银行分支机构和银行业监督管理部门应建立符合本地实际的联合监管机制。按照职责分工，对储备土地、资产、资金、专项债券进行监督和指导。

七、其他要求

（二十四）各省、自治区、直辖市及计划

单列市国土资源主管部门可依据本办法规定，结合当地实际，会同当地同级财政部门、人民银行及银行业监督管理部门制定具体实施办法。

（二十五）本办法由国土资源部会同财政部、中国人民银行及中国银行业监督管理委员会负责解释。

（二十六）本办法自发布之日起实施，有效期5年。《国土资源部 财政部 中国人民银行关于印发〈土地储备管理办法〉的通知》（国土资发〔2007〕277号）同时废止。

违反土地管理规定行为处分办法

1. *2008年5月29日监察部、人力资源和社会保障部、国土资源部公布*
2. *自2008年6月1日起施行*

第一条 为了加强土地管理，惩处违反土地管理规定的行为，根据《中华人民共和国土地管理法》、《中华人民共和国行政监察法》、《中华人民共和国公务员法》、《行政机关公务员处分条例》及其他有关法律、行政法规，制定本办法。

第二条 有违反土地管理规定行为的单位，其负有责任的领导人员和直接责任人员，以及有违反土地管理规定行为的个人，应当承担纪律责任，属于下列人员的（以下统称有关责任人员），由任免机关或者监察机关按照管理权限依法给予处分：

（一）行政机关公务员；

（二）法律、法规授权的具有公共事务管理职能的事业单位中经批准参照《中华人民共和国公务员法》管理的工作人员；

（三）行政机关依法委托的组织中除工勤人员以外的工作人员；

（四）企业、事业单位中由行政机关任命的人员。

法律、行政法规、国务院决定和国务院监察机关、国务院人力资源和社会保障部门制定的处分规章对违反土地管理规定行为的处分另有规定的，从其规定。

第三条 有下列行为之一的，对县级以上地方人民政府主要领导人员和其他负有责任的领导人员，给予警告或者记过处分；情节较重的，给予记大过或者降级处分；情节严重的，给予撤职处分：

（一）土地管理秩序混乱，致使一年度内本行政区域违法占用耕地面积占新增建设用地占用耕地总面积的比例达到15%以上或者虽然未达到15%，但造成恶劣影响或者其他严重后果的；

（二）发生土地违法案件造成严重后果的；

（三）对违反土地管理规定行为不制止、不组织查处的；

（四）对违反土地管理规定行为隐瞒不报、压案不查的。

第四条 行政机关在土地审批和供应过程中不执行或者违反国家土地调控政策，有下列行为之一的，对有关责任人员，给予记大过处分；情节较重的，给予降级或者撤职处分；情节严重的，给予开除处分：

（一）对国务院明确要求暂停土地审批仍不停止审批的；

（二）对国务院明确禁止供地的项目提供建设用地的。

第五条 行政机关及其公务员违反土地管理规定，滥用职权，非法批准征收、占用土地的，对有关责任人员，给予记过或者记大过处分；情节较重的，给予降级或者撤职处分；情节严重的，给予开除处分。

有前款规定行为，且有徇私舞弊情节的，从重处分。

第六条 行政机关及其公务员有下列行为之一的，对有关责任人员，给予记过或者记大过处分；情节较重的，给予降级或者撤职处分；情节严重的，给予开除处分：

（一）不按照土地利用总体规划确定的用途批准用地的；

（二）通过调整土地利用总体规划，擅自改变基本农田位置，规避建设占用基本农田由国务院审批规定的；

（三）没有土地利用计划指标擅自批准用地的；

（四）没有新增建设占用农用地计划指标擅自批准农用地转用的；

（五）批准以“以租代征”等方式擅自占用农用地进行非农业建设的。

第七条　行政机关及其公务员有下列行为之一的，对有关责任人员，给予警告或者记过处分；情节较重的，给予记大过或者降级处分；情节严重的，给予撤职处分：

（一）违反法定条件，进行土地登记、颁发或者更换土地证书的；

（二）明知建设项目用地涉嫌违反土地管理规定，尚未依法处理，仍为其办理用地审批、颁发土地证书的；

（三）在未按照国家规定的标准足额收缴新增建设用地土地有偿使用费前，下发用地批准文件的；

（四）对符合规定的建设用地申请或者土地登记申请，无正当理由不予受理或者超过规定期限未予办理的；

（五）违反法定程序批准征收、占用土地的。

第八条　行政机关及其公务员违反土地管理规定，滥用职权，非法低价或者无偿出让国有建设用地使用权的，对有关责任人员，给予记过或者记大过处分；情节较重的，给予降级或者撤职处分；情节严重的，给予开除处分。

有前款规定行为，且有徇私舞弊情节的，从重处分。

第九条　行政机关及其公务员在国有建设用地使用权出让中，有下列行为之一的，对有关责任人员，给予警告或者记过处分；情节较重的，给予记大过或者降级处分；情节严重的，给予撤职处分：

（一）应当采取出让方式而采用划拨方式或者应当招标拍卖挂牌出让而协议出让国有建设用地使用权的；

（二）在国有建设用地使用权招标拍卖挂牌出让中，采取与投标人、竞买人恶意串通，故意设置不合理的条件限制或者排斥潜在的投标人、竞买人等方式，操纵中标人、竞得人的确定或者出让结果的；

（三）违反规定减免或者变相减免国有建设用地使用权出让金的；

（四）国有建设用地使用权出让合同签订后，擅自批准调整土地用途、容积率等土地使用条件的；

（五）其他违反规定出让国有建设用地使用权的行为。

第十条　未经批准或者采取欺骗手段骗取批准，非法占用土地的，对有关责任人员，给予警告、记过或者记大过处分；情节较重的，给予降级或者撤职处分；情节严重的，给予开除处分。

第十一条　买卖或者以其他形式非法转让土地的，对有关责任人员，给予警告、记过或者记大过处分；情节较重的，给予降级或者撤职处分；情节严重的，给予开除处分。

第十二条　行政机关侵占、截留、挪用被征收土地单位的征地补偿费用和其他有关费用的，对有关责任人员，给予记大过处分；情节较重的，给予降级或者撤职处分；情节严重的，给予开除处分。

第十三条　行政机关在征收土地过程中，有下列行为之一的，对有关责任人员，给予警告或者记过处分；情节较重的，给予记大过或者降级处分；情节严重的，给予撤职处分：

（一）批准低于法定标准的征地补偿方案的；

（二）未按规定落实社会保障费用而批准征地的；

（三）未按期足额支付征地补偿费用的。

第十四条　县级以上地方人民政府未按期缴纳新增建设用地土地有偿使用费的，责令限期缴纳；逾期仍不缴纳的，对有关责任人员，给予记大过处分；情节较重的，给予降级或者撤职处分；情节严重的，给予开除处分。

第十五条 行政机关及其公务员在办理农用地转用或者土地征收申报、报批等过程中，有谎报、瞒报用地位置、地类、面积等弄虚作假行为，造成不良后果的，对有关责任人员，给予记过或者记大过处分；情节较重的，给予降级或者撤职处分；情节严重的，给予开除处分。

第十六条 国土资源行政主管部门及其工作人员有下列行为之一的，对有关责任人员，给予记过或者记大过处分；情节较重的，给予降级或者撤职处分；情节严重的，给予开除处分：

（一）对违反土地管理规定行为按规定应报告而不报告的；

（二）对违反土地管理规定行为不制止、不依法查处的；

（三）在土地供应过程中，因严重不负责任，致使国家利益遭受损失的。

第十七条 有下列情形之一的，应当从重处分：

（一）致使土地遭受严重破坏的；

（二）造成财产严重损失的；

（三）影响群众生产、生活，造成恶劣影响或者其他严重后果的。

第十八条 有下列情形之一的，应当从轻处分：

（一）主动交代违反土地管理规定行为的；

（二）保持或者恢复土地原貌的；

（三）主动纠正违反土地管理规定行为，积极落实有关部门整改意见的；

（四）主动退还违法违纪所得或者侵占、挪用的征地补偿安置费等有关费用的；

（五）检举他人重大违反土地管理规定行为，经查证属实的。

主动交代违反土地管理规定行为，并主动采取措施有效避免或者挽回损失的，应当减轻处分。

第十九条 任免机关、监察机关和国土资源行政主管部门建立案件移送制度。

任免机关、监察机关查处的土地违法违纪案件，依法应当由国土资源行政主管部门给予行政处罚的，应当将有关案件材料移送国土资源行政主管部门。国土资源行政主管部门应当依法及时查处，并将处理结果书面告知任免机关、监察机关。

国土资源行政主管部门查处的土地违法案件，依法应当给予处分，且本部门无权处理的，应当在作出行政处罚决定或者其他处理决定后10日内将有关案件材料移送任免机关或者监察机关。任免机关或者监察机关应当依法及时查处，并将处理结果书面告知国土资源行政主管部门。

第二十条 任免机关、监察机关和国土资源行政主管部门移送案件时要做到事实清楚、证据齐全、程序合法、手续完备。

移送的案件材料应当包括以下内容：

（一）本单位有关领导或者主管单位同意移送的意见；

（二）案件的来源及立案材料；

（三）案件调查报告；

（四）有关证据材料；

（五）其他需要移送的材料。

第二十一条 任免机关、监察机关或者国土资源行政主管部门应当移送而不移送案件的，由其上一级机关责令其移送。

第二十二条 有违反土地管理规定行为，应当给予党纪处分的，移送党的纪律检查机关处理；涉嫌犯罪的，移送司法机关依法追究刑事责任。

第二十三条 本办法由监察部、人力资源和社会保障部、国土资源部负责解释。

第二十四条 本办法自2008年6月1日起施行。

闲置土地处置办法

1. 2012年6月1日国土资源部令第53号修订公布
2. 自2012年7月1日起施行

第一章　总　　则

第一条　为有效处置和充分利用闲置土地，规范土地市场行为，促进节约集约用地，根据《中华人民共和国土地管理法》、《中华人民共和国城市房地产管理法》及有关法律、行政法规，制定本办法。

第二条　本办法所称闲置土地，是指国有建设用地使用权人超过国有建设用地使用权有偿使用合同或者划拨决定书约定、规定的动工开发日期满一年未动工开发的国有建设用地。

已动工开发但开发建设用地面积占应动工开发建设用地总面积不足三分之一或者已投资额占总投资额不足百分之二十五，中止开发建设满一年的国有建设用地，也可以认定为闲置土地。

第三条　闲置土地处置应当符合土地利用总体规划和城乡规划，遵循依法依规、促进利用、保障权益、信息公开的原则。

第四条　市、县国土资源主管部门负责本行政区域内闲置土地的调查认定和处置工作的组织实施。

上级国土资源主管部门对下级国土资源主管部门调查认定和处置闲置土地工作进行监督管理。

第二章　调查和认定

第五条　市、县国土资源主管部门发现有涉嫌构成本办法第二条规定的闲置土地的，应当在三十日内开展调查核实，向国有建设用地使用权人发出《闲置土地调查通知书》。

国有建设用地使用权人应当在接到《闲置土地调查通知书》之日起三十日内，按照要求提供土地开发利用情况、闲置原因以及相关说明等材料。

第六条　《闲置土地调查通知书》应当包括下列内容：

（一）国有建设用地使用权人的姓名或者名称、地址；

（二）涉嫌闲置土地的基本情况；

（三）涉嫌闲置土地的事实和依据；

（四）调查的主要内容及提交材料的期限；

（五）国有建设用地使用权人的权利和义务；

（六）其他需要调查的事项。

第七条　市、县国土资源主管部门履行闲置土地调查职责，可以采取下列措施：

（一）询问当事人及其他证人；

（二）现场勘测、拍照、摄像；

（三）查阅、复制与被调查人有关的土地资料；

（四）要求被调查人就有关土地权利及使用问题作出说明。

第八条　有下列情形之一，属于政府、政府有关部门的行为造成动工开发延迟的，国有建设用地使用权人应当向市、县国土资源主管部门提供土地闲置原因说明材料，经审核属实的，依照本办法第十二条和第十三条规定处置：

（一）因未按照国有建设用地使用权有偿使用合同或者划拨决定书约定、规定的期限、条件将土地交付给国有建设用地使用权人，致使项目不具备动工开发条件的；

（二）因土地利用总体规划、城乡规划依法修改，造成国有建设用地使用权人不能按照国有建设用地使用权有偿使用合同或者划拨决定书约定、规定的用途、规划和建设条件开发的；

（三）因国家出台相关政策，需要对约定、规定的规划和建设条件进行修改的；

（四）因处置土地上相关群众信访事项等无法动工开发的；

（五）因军事管制、文物保护等无法动工

开发的；

（六）政府、政府有关部门的其他行为。

因自然灾害等不可抗力导致土地闲置的，依照前款规定办理。

第九条 经调查核实，符合本办法第二条规定条件，构成闲置土地的，市、县国土资源主管部门应当向国有建设用地使用权人下达《闲置土地认定书》。

第十条 《闲置土地认定书》应当载明下列事项：

（一）国有建设用地使用权人的姓名或者名称、地址；

（二）闲置土地的基本情况；

（三）认定土地闲置的事实、依据；

（四）闲置原因及认定结论；

（五）其他需要说明的事项。

第十一条 《闲置土地认定书》下达后，市、县国土资源主管部门应当通过门户网站等形式向社会公开闲置土地的位置、国有建设用地使用权人名称、闲置时间等信息；属于政府或者政府有关部门的行为导致土地闲置的，应当同时公开闲置原因，并书面告知有关政府或者政府部门。

上级国土资源主管部门应当及时汇总下级国土资源主管部门上报的闲置土地信息，并在门户网站上公开。

闲置土地在没有处置完毕前，相关信息应当长期公开。闲置土地处置完毕后，应当及时撤销相关信息。

第三章 处置和利用

第十二条 因本办法第八条规定情形造成土地闲置的，市、县国土资源主管部门应当与国有建设用地使用权人协商，选择下列方式处置：

（一）延长动工开发期限。签订补充协议，重新约定动工开发、竣工期限和违约责任。从补充协议约定的动工开发日期起，延长动工开发期限最长不得超过一年；

（二）调整土地用途、规划条件。按照新用途或者新规划条件重新办理相关用地手续，并按照新用途或者新规划条件核算、收缴或者退还土地价款。改变用途后的土地利用必须符合土地利用总体规划和城乡规划；

（三）由政府安排临时使用。待原项目具备开发建设条件，国有建设用地使用权人重新开发建设。从安排临时使用之日起，临时使用期限最长不得超过两年；

（四）协议有偿收回国有建设用地使用权；

（五）置换土地。对已缴清土地价款、落实项目资金，且因规划依法修改造成闲置的，可以为国有建设用地使用权人置换其他价值相当、用途相同的国有建设用地进行开发建设。涉及出让土地的，应当重新签订土地出让合同，并在合同中注明为置换土地；

（六）市、县国土资源主管部门还可以根据实际情况规定其他处置方式。

除前款第四项规定外，动工开发时间按照新约定、规定的时间重新起算。

符合本办法第二条第二款规定情形的闲置土地，依照本条规定的方式处置。

第十三条 市、县国土资源主管部门与国有建设用地使用权人协商一致后，应当拟订闲置土地处置方案，报本级人民政府批准后实施。

闲置土地设有抵押权的，市、县国土资源主管部门在拟订闲置土地处置方案时，应当书面通知相关抵押权人。

第十四条 除本办法第八条规定情形外，闲置土地按照下列方式处理：

（一）未动工开发满一年的，由市、县国土资源主管部门报经本级人民政府批准后，向国有建设用地使用权人下达《征缴土地闲置费决定书》，按照土地出让或者划拨价款的百分之二十征缴土地闲置费。土地闲置费不得列入生产成本；

（二）未动工开发满两年的，由市、县国土资源主管部门按照《中华人民共和国土地管理法》第三十七条和《中华人民共和国城市房地产管理法》第二十六条的规定，报经有批准权的人民政府批准后，向国有建设用地使用权人下达《收回国有建设用地使用权决定书》，无偿收回国有建设用地使用权。闲置土地设有抵押权的，同时抄送相关土地抵押权人。

第十五条 市、县国土资源主管部门在依照本办法第十四条规定作出征缴土地闲置费、收回国有建设用地使用权决定前，应当书面告知国有建设用地使用权人有申请听证的权利。国有建设用地使用权人要求举行听证的，市、县国土资源主管部门应当依照《国土资源听证规定》依法组织听证。

第十六条 《征缴土地闲置费决定书》和《收回国有建设用地使用权决定书》应当包括下列内容：

（一）国有建设用地使用权人的姓名或者名称、地址；

（二）违反法律、法规或者规章的事实和证据；

（三）决定的种类和依据；

（四）决定的履行方式和期限；

（五）申请行政复议或者提起行政诉讼的途径和期限；

（六）作出决定的行政机关名称和作出决定的日期；

（七）其他需要说明的事项。

第十七条 国有建设用地使用权人应当自《征缴土地闲置费决定书》送达之日起三十日内，按照规定缴纳土地闲置费；自《收回国有建设用地使用权决定书》送达之日起三十日内，到市、县国土资源主管部门办理国有建设用地使用权注销登记，交回土地权利证书。

国有建设用地使用权人对《征缴土地闲置费决定书》和《收回国有建设用地使用权决定书》不服的，可以依法申请行政复议或者提起行政诉讼。

第十八条 国有建设用地使用权人逾期不申请行政复议、不提起行政诉讼，也不履行相关义务的，市、县国土资源主管部门可以采取下列措施：

（一）逾期不办理国有建设用地使用权注销登记，不交回土地权利证书的，直接公告注销国有建设用地使用权登记和土地权利证书；

（二）申请人民法院强制执行。

第十九条 对依法收回的闲置土地，市、县国土资源主管部门可以采取下列方式利用：

（一）依据国家土地供应政策，确定新的国有建设用地使用权人开发利用；

（二）纳入政府土地储备；

（三）对耕作条件未被破坏且近期无法安排建设项目的，由市、县国土资源主管部门委托有关农村集体经济组织、单位或者个人组织恢复耕种。

第二十条 闲置土地依法处置后土地权属和土地用途发生变化的，应当依据实地现状在当年土地变更调查中进行变更，并依照有关规定办理土地变更登记。

第四章 预防和监管

第二十一条 市、县国土资源主管部门供应土地应当符合下列要求，防止因政府、政府有关部门的行为造成土地闲置：

（一）土地权利清晰；

（二）安置补偿落实到位；

（三）没有法律经济纠纷；

（四）地块位置、使用性质、容积率等规划条件明确；

（五）具备动工开发所必需的其他基本条件。

第二十二条 国有建设用地使用权有偿使用合同或者划拨决定书应当就项目动工开发、竣工时间和违约责任等作出明确约定、规定。约定、规定动工开发时间应当综合考虑办理动工开发所需相关手续的时限规定和实际情况，为动工开发预留合理时间。

因特殊情况，未约定、规定动工开发日

期,或者约定、规定不明确的,以实际交付土地之日起一年为动工开发日期。实际交付土地日期以交地确认书确定的时间为准。

第二十三条 国有建设用地使用权人应当在项目开发建设期间,及时向市、县国土资源主管部门报告项目动工开发、开发进度、竣工等情况。

国有建设用地使用权人应当在施工现场设立建设项目公示牌,公布建设用地使用权人、建设单位、项目动工开发、竣工时间和土地开发利用标准等。

第二十四条 国有建设用地使用权人违反法律法规规定和合同约定、划拨决定书规定恶意囤地、炒地的,依照本办法规定处理完毕前,市、县国土资源主管部门不得受理该国有建设用地使用权人新的用地申请,不得办理被认定为闲置土地的转让、出租、抵押和变更登记。

第二十五条 市、县国土资源主管部门应当将本行政区域内的闲置土地信息按宗录入土地市场动态监测与监管系统备案。闲置土地按照规定处置完毕后,市、县国土资源主管部门应当及时更新该宗土地相关信息。

闲置土地未按照规定备案的,不得采取本办法第十二条规定的方式处置。

第二十六条 市、县国土资源主管部门应当将国有建设用地使用权人闲置土地的信息抄送金融监管等部门。

第二十七条 省级以上国土资源主管部门可以根据情况,对闲置土地情况严重的地区,在土地利用总体规划、土地利用年度计划、建设用地审批、土地供应等方面采取限制新增加建设用地、促进闲置土地开发利用的措施。

第五章 法律责任

第二十八条 市、县国土资源主管部门未按照国有建设用地使用权有偿使用合同或者划拨决定书约定、规定的期限、条件将土地交付给国有建设用地使用权人,致使项目不具备动工开发条件的,应当依法承担违约责任。

第二十九条 县级以上国土资源主管部门及其工作人员违反本办法规定,有下列情形之一的,依法给予处分;构成犯罪的,依法追究刑事责任:

(一)违反本办法第二十一条的规定供应土地的;

(二)违反本办法第二十四条的规定受理用地申请和办理土地登记的;

(三)违反本办法第二十五条的规定处置闲置土地的;

(四)不依法履行闲置土地监督检查职责,在闲置土地调查、认定和处置工作中徇私舞弊、滥用职权、玩忽职守的。

第六章 附 则

第三十条 本办法中下列用语的含义:

动工开发:依法取得施工许可证后,需挖深基坑的项目,基坑开挖完毕;使用桩基的项目,打入所有基础桩;其他项目,地基施工完成三分之一。

已投资额、总投资额:均不含国有建设用地使用权出让价款、划拨价款和向国家缴纳的相关税费。

第三十一条 集体所有建设用地闲置的调查、认定和处置,参照本办法有关规定执行。

第三十二条 本办法自 2012 年 7 月 1 日起施行。

2. 土地取得

中华人民共和国城镇国有土地使用权出让和转让暂行条例

1990 年 5 月 19 日国务院令第 55 号公布施行

第一章 总 则

第一条 为了改革城镇国有土地使用制度,合理开发、利用、经营土地，加强土地管理，促进城市建设和经济发展，制定本条例。

第二条　国家按照所有权与使用权分离的原则，实行城镇国有土地使用权出让、转让制度，但地下资源、埋藏物和市政公用设施除外。

前款所称城镇国有土地是指市、县城、建制镇、工矿区范围内属于全民所有的土地（以下简称土地）。

第三条　中华人民共和国境内外的公司、企业、其他组织和个人，除法律另有规定者外，均可依照本条例的规定取得土地使用权，进行土地开发、利用、经营。

第四条　依照本条例的规定取得土地使用权的土地使用者，其使用权在使用年限内可以转让、出租、抵押或者用于其他经济活动，合法权益受国家法律保护。

第五条　土地使用者开发、利用、经营土地的活动，应当遵守国家法律、法规的规定，并不得损害社会公共利益。

第六条　县级以上人民政府土地管理部门依法对土地使用权的出让、转让、出租、抵押、终止进行监督检查。

第七条　土地使用权出让、转让、出租、抵押、终止及有关的地上建筑物、其他附着物的登记，由政府土地管理部门、房产管理部门依照法律和国务院的有关规定办理。

登记文件可以公开查阅。

第二章　土地使用权出让

第八条　土地使用权出让是指国家以土地所有者的身份将土地使用权在一定年限内让与土地使用者，并由土地使用者向国家支付土地使用权出让金的行为。

土地使用权出让应当签订出让合同。

第九条　土地使用权的出让，由市、县人民政府负责，有计划、有步骤地进行。

第十条　土地使用权出让的地块、用途、年限和其他条件，由市、县人民政府土地管理部门会同城市规划和建设管理部门、房产管理部门共同拟定方案，按照国务院规定的批准权限报经批准后，由土地管理部门实施。

第十一条　土地使用权出让合同应当按照平等、自愿、有偿的原则，由市、县人民政府土地管理部门（以下简称出让方）与土地使用者签订。

第十二条　土地使用权出让最高年限按下列用途确定：

（一）居住用地七十年；

（二）工业用地五十年；

（三）教育、科技、文化、卫生、体育用地五十年；

（四）商业、旅游、娱乐用地四十年；

（五）综合或者其他用地五十年。

第十三条　土地使用权出让可以采取下列方式：

（一）协议；

（二）招标；

（三）拍卖。

依照前款规定方式出让土地使用权的具体程序和步骤，由省、自治区、直辖市人民政府规定。

第十四条　土地使用者应当在签订土地使用权出让合同后六十日内，支付全部土地使用权出让金。逾期未全部支付的，出让方有权解除合同，并可请求违约赔偿。

第十五条　出让方应当按照合同规定，提供出让的土地使用权。未按合同规定提供土地使用权的，土地使用者有权解除合同，并可请求违约赔偿。

第十六条　土地使用者在支付全部土地使用权出让金后，应当依照规定办理登记，领取土地使用证，取得土地使用权。

第十七条　土地使用者应当按照土地使用权出让合同的规定和城市规划的要求，开发、利用、经营土地。

未按合同规定的期限和条件开发、利用土地的，市、县人民政府土地管理部门应当予以纠正，并根据情节可以给予警告、罚款直至无偿收回土地使用权的处罚。

第十八条 土地使用者需要改变土地使用权出让合同规定的土地用途的,应当征得出让方同意并经土地管理部门和城市规划部门批准,依照本章的有关规定重新签订土地使用权出让合同,调整土地使用权出让金,并办理登记。

第三章 土地使用权转让

第十九条 土地使用权转让是指土地使用者将土地使用权再转移的行为,包括出售、交换和赠与。

未按土地使用权出让合同规定的期限和条件投资开发、利用土地的,土地使用权不得转让。

第二十条 土地使用权转让应当签订转让合同。

第二十一条 土地使用权转让时,土地使用权出让合同和登记文件中所载明的权利、义务随之转移。

第二十二条 土地使用者通过转让方式取得的土地使用权,其使用年限为土地使用权出让合同规定的使用年限减去原土地使用者已使用年限后的剩余年限。

第二十三条 土地使用权转让时,其地上建筑物、其他附着物所有权随之转让。

第二十四条 地上建筑物、其他附着物的所有人或者共有人,享有该建筑物、附着物使用范围内的土地使用权。

土地使用者转让地上建筑物、其他附着物所有权时,其使用范围内的土地使用权随之转让,但地上建筑物、其他附着物作为动产转让的除外。

第二十五条 土地使用权和地上建筑物、其他附着物所有权转让,应当依照规定办理过户登记。

土地使用权和地上建筑物、其他附着物所有权分割转让的,应当经市、县人民政府土地管理部门和房产管理部门批准,并依照规定办理过户登记。

第二十六条 土地使用权转让价格明显低于市场价格的,市、县人民政府有优先购买权。

土地使用权转让的市场价格不合理上涨时,市、县人民政府可以采取必要的措施。

第二十七条 土地使用权转让后,需要改变土地使用权出让合同规定的土地用途的,依照本条例第十八条的规定办理。

第四章 土地使用权出租

第二十八条 土地使用权出租是指土地使用者作为出租人将土地使用权随同地上建筑物、其他附着物租赁给承租人使用,由承租人向出租人支付租金的行为。

未按土地使用权出让合同规定的期限和条件投资开发、利用土地的,土地使用权不得出租。

第二十九条 土地使用权出租,出租人与承租人应当签订租赁合同。

租赁合同不得违背国家法律、法规和土地使用权出让合同的规定。

第三十条 土地使用权出租后,出租人必须继续履行土地使用权出让合同。

第三十一条 土地使用权和地上建筑物、其他附着物出租,出租人应当依照规定办理登记。

第五章 土地使用权抵押

第三十二条 土地使用权可以抵押。

第三十三条 土地使用权抵押时,其地上建筑物、其他附着物随之抵押。

地上建筑物、其他附着物抵押时,其使用范围内的土地使用权随之抵押。

第三十四条 土地使用权抵押,抵押人与抵押权人应当签订抵押合同。

抵押合同不得违背国家法律、法规和土地使用权出让合同的规定。

第三十五条 土地使用权和地上建筑物、其他附着物抵押,应当依照规定办理抵押登记。

第三十六条 抵押人到期未能履行债务或者在抵押合同期间宣告解散、破产的,抵押权人有权依照国家法律、法规和抵押合同的规定处分抵押财产。

因处分抵押财产而取得土地使用权和地上建筑物、其他附着物所有权的，应当依照规定办理过户登记。

第三十七条 处分抵押财产所得，抵押权人有优先受偿权。

第三十八条 抵押权因债务清偿或者其他原因而消灭的，应当依照规定办理注销抵押登记。

第六章 土地使用权终止

第三十九条 土地使用权因土地使用权出让合同规定的使用年限届满、提前收回及土地灭失等原因而终止。

第四十条 土地使用权期满，土地使用权及其地上建筑物、其他附着物所有权由国家无偿取得。土地使用者应当交还土地使用证，并依照规定办理注销登记。

第四十一条 土地使用权期满，土地使用者可以申请续期。需要续期的，应当依照本条例第二章的规定重新签订合同，支付土地使用权出让金，并办理登记。

第四十二条 国家对土地使用者依法取得的土地使用权不提前收回。在特殊情况下，根据社会公共利益的需要，国家可以依照法律程序提前收回，并根据土地使用者已使用的年限和开发、利用土地的实际情况给予相应的补偿。

第七章 划拨土地使用权

第四十三条 划拨土地使用权是指土地使用者通过各种方式依法无偿取得的土地使用权。

前款土地使用者应当依照《中华人民共和国城镇土地使用税暂行条例》的规定缴纳土地使用税。

第四十四条 划拨土地使用权，除本条例第四十五条规定的情况外，不得转让、出租、抵押。

第四十五条 符合下列条件的，经市、县人民政府土地管理部门和房产管理部门批准，其划拨土地使用权和地上建筑物、其他附着物所有权可以转让、出租、抵押：

（一）土地使用者为公司、企业、其他经济组织和个人；

（二）领有国有土地使用证；

（三）具有地上建筑物、其他附着物合法的产权证明；

（四）依照本条例第二章的规定签订土地使用权出让合同，向当地市、县人民政府补交土地使用权出让金或者以转让、出租、抵押所获收益抵交土地使用权出让金。

转让、出租、抵押前款划拨土地使用权的，分别依照本条例第三章、第四章和第五章的规定办理。

第四十六条 对未经批准擅自转让、出租、抵押划拨土地使用权的单位和个人，市、县人民政府土地管理部门应当没收其非法收入，并根据情节处以罚款。

第四十七条 无偿取得划拨土地使用权的土地使用者，因迁移、解散、撤销、破产或者其他原因而停止使用土地的，市、县人民政府应当无偿收回其划拨土地使用权，并可依照本条例的规定予以出让。

对划拨土地使用权，市、县人民政府根据城市建设发展需要和城市规划的要求，可以无偿收回，并可依照本条例的规定予以出让。

无偿收回划拨土地使用权时，对其地上建筑物、其他附着物，市、县人民政府应当根据实际情况给予适当补偿。

第八章 附 则

第四十八条 依照本条例的规定取得土地使用权的个人，其土地使用权可以继承。

第四十九条 土地使用者应当依照国家税收法规的规定纳税。

第五十条 依照本条例收取的土地使用权出让金列入财政预算，作为专项基金管理，主要用于城市建设和土地开发。具体使用管理办法，由财政部另行制定。

第五十一条 各省、自治区、直辖市人民政府应当根据本条例的规定和当地的实际情况选择部分条件比较成熟的城镇先行试点。

第五十二条 外商投资从事开发经营成片土地的，其土地使用权的管理依照国务院的有关规定执行。

第五十三条 本条例由国家土地管理局负责解释；实施办法由省、自治区、直辖市人民政府制定。

第五十四条 本条例自发布之日起施行。

国务院办公厅关于规范国有土地使用权出让收支管理的通知

1. 2006 年 12 月 17 日
2. 国办发〔2006〕100 号

各省、自治区、直辖市人民政府，国务院各部委、各直属机构：

我国是一个人多地少的发展中国家，加强土地管理，严格保护耕地，推进土地节约集约利用，始终是我国现代化建设中的一个全局性、战略性问题。将土地出让收支纳入地方预算，实行“收支两条线”管理，是落实科学发展观，构建社会主义和谐社会，加强土地调控的一项重要举措。根据《国民经济和社会发展第十一个五年规划纲要》、《国务院关于深化改革严格土地管理的决定》（国发〔2004〕28 号）以及《国务院关于加强土地调控有关问题的通知》（国发〔2006〕31 号）的规定，经国务院同意，现就有关事项通知如下：

一、明确国有土地使用权出让收入范围，加强国有土地使用权出让收入征收管理

国有土地使用权出让收入（以下简称土地出让收入）是政府以出让等方式配置国有土地使用权取得的全部土地价款，包括受让人支付的征地和拆迁补偿费用、土地前期开发费用和土地出让收益等。土地价款的具体范围包括：以招标、拍卖、挂牌和协议方式出让国有土地使用权所确定的总成交价款；转让划拨国有土地使用权或依法利用原划拨土地进行经营性建设应当补缴的土地价款；变现处置抵押划拨国有土地使用权应当补缴的土地价款；转让房改房、经济适用住房按照规定应当补缴的土地价款；改变出让国有土地使用权的土地用途、容积率等土地使用条件应当补缴的土地价款，以及其他和国有土地使用权出让或变更有关的收入等。按照土地出让合同规定依法向受让人收取的定金、保证金和预付款，在土地出让合同生效后可以抵作土地价款。

国土资源管理部门依法出租国有土地向承租者收取的土地租金收入；出租划拨土地上的房屋应当上缴的土地收益；土地使用者以划拨方式取得国有土地使用权，依法向市、县人民政府缴纳的土地补偿费、安置补助费、地上附着物和青苗补偿费、拆迁补偿费等费用（不含征地管理费），一并纳入土地出让收入管理。

土地出让收入由财政部门负责征收管理，可由国土资源管理部门负责具体征收。国土资源管理部门和财政部门应当督促土地使用者严格履行土地出让合同，确保将应缴的土地出让收入及时足额缴入地方国库。地方国库负责办理土地出让收入的收纳、划分、留解和拨付等各项业务，确保土地出让收支数据准确无误。对未按照合同约定足额缴纳土地出让收入，并提供有效缴款凭证的，国土资源管理部门不予核发国有土地使用证。要完善制度规定，对违规核发国有土地使用证的，收回土地使用证，并依照有关法律法规追究有关领导和人员的责任。已经实施政府非税收入收缴管理制度改革的地方，土地出让收入纳入政府非税收入收缴管理制度改革范围，统一收缴票据，规范收缴程序，提高收缴效率。任何地区、部门和单位都不得以“招商引资”、“旧城改造”、“国有企业改制”等各种名义减免土地出让收入，实行“零地价”，甚至“负地价”，或者以土地换项目、先征后返、补贴等形式变相减免土地出让收入。

二、将土地出让收支全额纳入预算，实行“收支两条线”管理

从2007年1月1日起，土地出让收支全额纳入地方基金预算管理。收入全部缴入地方国库，支出一律通过地方基金预算从土地出让收入中予以安排，实行彻底的“收支两条线”。在地方国库中设立专账，专门核算土地出让收入和支出情况。

建立健全年度土地出让收支预决算管理制度。每年第三季度，有关部门要严格按照财政部门规定编制下一年度土地出让收支预算；每年年度终了，有关部门要严格按照财政部门规定编制土地出让收支决算。同时，按照规定程序向同级人民政府报告，政府依法向同级人民代表大会报告。编制年度土地出让收支预算要坚持“以收定支、收支平衡”的原则。土地出让收入预算按照上年土地出让收入情况、年度土地供应计划、地价水平等因素编制；土地出让支出预算根据预计年度土地出让收入情况，按照年度土地征收计划、拆迁计划以及规定的用途、支出范围和支出标准等因素编制；其中，属于政府采购范围的，应当按照规定编制政府采购预算。

三、规范土地出让收入使用范围，重点向新农村建设倾斜

土地出让收入使用范围：(一)征地和拆迁补偿支出。包括土地补偿费、安置补助费、地上附着物和青苗补偿费、拆迁补偿费。(二)土地开发支出。包括前期土地开发性支出以及按照财政部门规定与前期土地开发相关的费用等。(三)支农支出。包括计提农业土地开发资金、补助被征地农民社会保障支出、保持被征地农民原有生活水平补贴支出以及农村基础设施建设支出。(四)城市建设支出。包括完善国有土地使用功能的配套设施建设支出以及城市基础设施建设支出。(五)其他支出。包括土地出让业务费、缴纳新增建设用地土地有偿使用费、计提国有土地收益基金、城镇廉租住房保障支出、支付破产或改制国有企业职工安置费支出等。

土地出让收入的使用要确保足额支付征地和拆迁补偿费、补助被征地农民社会保障支出、保持被征地农民原有生活水平补贴支出，严格按照有关规定将被征地农民的社会保障费用纳入征地补偿安置费用，切实保障被征地农民和被拆迁居民的合法利益。土地出让收入的使用要重点向新农村建设倾斜，逐步提高用于农业土地开发和农村基础设施建设的比重。用于农村基础设施建设的资金，要重点安排农村饮水、沼气、道路、环境、卫生、教育以及文化等基础设施建设项目，逐步改善农民的生产、生活条件和居住环境，努力提高农民的生活质量和水平。土地前期开发要积极引入市场机制、严格控制支出，通过政府采购招投标方式选择评估、拆迁、工程施工、监理等单位，努力降低开发成本。城市建设支出和其他支出要严格按照批准的预算执行。编制政府采购预算的，应严格按照政府采购的有关规定执行。

为加强土地调控，由财政部门从缴入地方国库的土地出让收入中，划出一定比例资金，用于建立国有土地收益基金，实行分账核算，具体比例由省、自治区、直辖市及计划单列市人民政府确定，并报送财政部和国土资源部备案。国有土地收益基金主要用于土地收购储备。

四、切实保障被征地农民和被拆迁居民利益，建立被征地农民生活保障的长效机制

各地在征地过程中，要认真执行国发〔2004〕28号和国发〔2006〕31号文件中有关征地补偿费的规定，切实保障被征地农民利益。各省、自治区、直辖市要尽快制订并公布各市县征地的统一年产值标准或区片综合地价，依法提高征地补偿标准。出让城市国有土地使用权过程中，要严格依照《城市房屋拆迁管理条例》(国务院令第305号)、有关法律法规和省、自治区、直辖市及计划

单列市有关规定支付相关补偿费用,有效保障被拆迁居民、搬迁企业及其职工的合法权益。

建立对被征地农民发放土地补偿费、安置补助费以及地上附着物和青苗补偿费的公示制度,改革对被征地农民征地补偿费的发放方式。有条件的地方,土地补偿费、安置补助费以及地上附着物和青苗补偿费等相关费用中应当支付给被征地农民的部分,可以根据征地补偿方案,由集体经济组织提供具体名单,通过发放记名银行卡或者存折方式直接发放给被征地农民,减少中间环节,防止被截留、挤占和挪用,切实保障被征地农民利益。

被征地农民参加有关社会保障所需的个人缴费,可以从其所得的土地补偿费、安置补助费中直接缴纳。地方人民政府可以从土地出让收入中安排一部分资金用于补助被征地农民社会保障支出,逐步建立被征地农民生活保障的长效机制。

五、加强国有土地储备管理,建立土地储备资金财务会计核算制度

国土资源部、财政部要抓紧研究制订土地储备管理办法,对土地储备的目标、原则、范围、方式和期限等作出统一规定,防止各地盲目储备土地。要合理控制土地储备规模,降低土地储备成本。土地储备实行项目预决算管理,国土资源管理部门应当于每年第三季度根据年度土地储备计划,编制下一年度土地储备资金收支预算,报财政部门审核;每年年度终了,要按照规定向财政部门报送土地储备资金收支决算。财政部要会同国土资源部抓紧研究制订土地储备资金财务管理办法、会计核算办法,建立健全土地储备成本核算制度。财政部门要加强对土地储备资金使用的监督管理,规范运行机制,严禁挤占、挪用土地储备资金。

六、加强部门间协作与配合,建立土地出让收支信息共享制度

国土资源管理部门与财政部门要加强协作,建立国有土地出让、储备及收支信息共享制度。国土资源管理部门应当将年度土地供应计划、年度土地储备计划以及签订的国有土地出让合同中有关土地出让总价款、约定的缴款时间等相关资料及时抄送财政部门,财政部门应当及时将土地出让收支情况反馈给国土资源管理部门。

财政部门、国土资源管理部门要与地方国库建立土地出让收入定期对账制度,对应缴国库、已缴国库和欠缴国库的土地出让收入数额进行定期核对,确保有关数据准确无误。

财政部门要会同国土资源管理部门、人民银行机构建立健全年度土地出让收支统计报表以及分季收支统计明细报表体系,统一土地出让收支统计口径,确保土地出让收支统计数据及时、准确、真实,为加强土地出让收支管理提供必要的基础数据。土地出让收支统计报表体系由财政部会同国土资源部、人民银行研究制订。

七、强化土地出让收支监督管理,防止国有土地资产收益流失

财政部门、国土资源管理部门、人民银行机构以及审计机关要建立健全对土地出让收支情况的定期和不定期监督检查制度,强化对土地出让收支的监督管理,确保土地出让收入及时足额上缴国库,支出严格按照财政预算管理的规定执行。

土地出让合同、征地协议等应约定对土地使用者不按时足额缴纳土地出让收入的,按日加收违约金额1‰的违约金。违约金随同土地出让收入一并缴入地方国库。对违反本通知规定,擅自减免、截留、挤占、挪用应缴国库的土地出让收入,不执行国家统一规定的会计、政府采购等制度的,要严格按照土地管理法、会计法、审计法、政府采购法、《财政违法行为处罚处分条例》(国务院令第427号)和《金融违法行为处罚办法》(国务院令第260号)等有关法律法规进行处理,并依法追究有关责任人的责任;触犯刑法的,依法追究有关人员的刑事责任。

规范土地出让收支管理，不仅有利于促进节约集约用地，而且有利于促进经济社会可持续发展，对于保持社会稳定，推进社会主义和谐社会建设，以及加强党风廉政建设都具有十分重要的意义。各地区、各部门必须高度重视，坚决把思想统一到党中央、国务院决策部署上来，采取积极有效措施，确保规范土地出让收支管理政策的贯彻落实。

城市国有土地使用权出让转让规划管理办法

1. 1992年12月4日建设部发布

2. 根据2011年1月26日《住房和城乡建设部关于废止和修改部分规章的决定》修正

第一条　为了加强城市国有土地使用权出让、转让的规划管理，保证城市规划实施，科学、合理利用城市土地，根据《中华人民共和国城乡规划法》、《中华人民共和国土地管理法》、《中华人民共和国城镇国有土地使用权出让和转让暂行条例》和《外商投资开发经营成片土地暂行管理办法》等制定本办法。

第二条　在城市规划区内城市国有土地使用权出让、转让必须符合城市规划，有利于城市经济社会的发展，并遵守本办法。

第三条　国务院城市规划行政主管部门负责全国城市国有土地使用权出让、转让规划管理的指导工作。

省、自治区、直辖市人民政府城市规划行政主管部门负责本省、自治区、直辖市行政区域内城市国有土地使用权出让、转让规划管理的指导工作。

直辖市、市和县人民政府城市规划行政主管部门负责城市规划区内城市国有土地使用权出让、转让的规划管理工作。

第四条　城市国有土地使用权出让的投放量应当与城市土地资源、经济社会发展和市场需求相适应。土地使用权出让、转让应当与建设项目相结合。城市规划行政主管部门和有关部门要根据城市规划实施的步骤和要求，编制城市国有土地使用权出让规划和计划，包括地块数量、用地面积、地块位置、出让步骤等，保证城市国有土地使用权的出让有规划、有步骤、有计划地进行。

第五条　出让城市国有土地使用权，出让前应当制定控制性详细规划。

出让的地块，必须具有城市规划行政主管部门提出的规划设计条件及附图。

第六条　规划设计条件应当包括：地块面积，土地使用性质，容积率，建筑密度，建筑高度，停车泊位，主要出入口，绿地比例，须配置的公共设施、工程设施，建筑界线，开发期限以及其他要求。

附图应当包括：地块区位和现状，地块坐标、标高，道路红线坐标、标高，出入口位置，建筑界线以及地块周围地区环境与基础设施条件。

第七条　城市国有土地使用权出让、转让合同必须附具规划设计条件及附图。

规划设计条件及附图，出让方和受让方不得擅自变更。在出让转让过程中确需变更的，必须经城市规划行政主管部门批准。

第八条　城市用地分等定级应当根据城市各地段的现状和规划要求等因素确定。土地出让金的测算应当把出让地块的规划设计条件作为重要依据之一。在城市政府的统一组织下，城市规划行政主管部门应当和有关部门进行城市用地分等定级和土地出让金的测算。

第九条　已取得土地出让合同的，受让方应当持出让合同依法向城市规划行政主管部门申请建设用地规划许可证。在取得建设用地规划许可证后，方可办理土地使用权属证明。

第十条　通过出让获得的土地使用权再转让时，受让方应当遵守原出让合同附具的规划设计条件，并由受让方向城市规划行政主管部门办理登记手续。

受让方如需改变原规划设计条件，应当

先经城市规划行政主管部门批准。

第十一条 受让方在符合规划设计条件外为公众提供公共使用空间或设施的，经城市规划行政主管部门批准后，可给予适当提高容积率的补偿。

受让方经城市规划行政主管部门批准变更规划设计条件而获得的收益，应当按规定比例上交城市政府。

第十二条 城市规划行政主管部门有权对城市国有土地使用权出让、转让过程是否符合城市规划进行监督检查。

第十三条 凡持未附具城市规划行政主管部门提供的规划设计条件及附图的出让、转让合同，或擅自变更的，城市规划行政主管部门不予办理建设用地规划许可证。

凡未取得或擅自变更建设用地规划许可证而办理土地使用权属证明的，土地权属证明无效。

第十四条 各级人民政府城市规划行政主管部门，应当对本行政区域内的城市国有土地使用权出让、转让规划管理情况逐项登记，定期汇总。

第十五条 城市规划行政主管部门应当深化城市土地利用规划，加强规划管理工作。城市规划行政主管部门必须提高办事效率，对申领规划设计条件及附图、建设用地规划许可证的应当在规定的期限内完成。

第十六条 各省、自治区、直辖市城市规划行政主管部门可以根据本办法制定实施细则，报当地人民政府批准后执行。

第十七条 本办法由建设部负责解释。

第十八条 本办法自 1993 年 1 月 1 日起施行。

划拨用地目录

2001 年 10 月 22 日国土资源部令第 9 号发布

一、根据《中华人民共和国土地管理法》和《中华人民共和国城市房地产管理法》的规定，制定本目录。

二、符合本目录的建设用地项目，由建设单位提出申请，经有批准权的人民政府批准，方可以划拨方式提供土地使用权。

三、对国家重点扶持的能源、交通、水利等基础设施用地项目，可以以划拨方式提供土地使用权。对以营利为目的，非国家重点扶持的能源、交通、水利等基础设施用地项目，应当以有偿方式提供土地使用权。

四、以划拨方式取得的土地使用权，因企业改制、土地使用权转让或者改变土地用途等不再符合本目录的，应当实行有偿使用。

五、本目录施行后，法律、行政法规和国务院的有关政策另有规定的，按有关规定执行。

六、本目录自发布之日起施行。原国家土地管理局颁布的《划拨用地项目目录》同时废止。

国家机关用地和军事用地

（一）党政机关和人民团体用地

1. 办公用地。

2. 安全、保密、通讯等特殊专用设施。

（二）军事用地

1. 指挥机关、地面和地下的指挥工程、作战工程。

2. 营区、训练场、试验场。

3. 军用公路、铁路专用线、机场、港口、码头。

4. 军用洞库、仓库、输电、输油、输气管线。

5. 军用通信、通讯线路、侦察、观测台站和测量、导航标志。

6. 国防军品科研、试验设施。

7. 其他军事设施。

城市基础设施用地和公益事业用地

（三）城市基础设施用地

1. 供水设施：包括水源地、取水工程、净水厂、输配水工程、水质检测中心、调度中心、控制中心。

2. 燃气供应设施：包括人工煤气生产设施、液化石油气气化站、液化石油气储配站、天然气输配气设施。

3. 供热设施:包括热电厂、热力网设施。

4. 公共交通设施:包括城市轻轨、地下铁路线路、公共交通车辆停车场、首末站(总站)、调度中心、整流站、车辆保养场。

5. 环境卫生设施:包括雨水处理设施、污水处理厂、垃圾(粪便)处理设施、其他环卫设施。

6. 道路广场:包括市政道路、市政广场。

7. 绿地:包括公共绿地(住宅小区、工程建设项目的配套绿地除外)、防护绿地。

(四)非营利性邮政设施用地

1. 邮件处理中心、邮政支局(所)。

2. 邮政运输、物流配送中心。

3. 邮件转运站。

4. 国际邮件互换局、交换站。

5. 集装容器(邮袋、报皮)维护调配处理场。

(五)非营利性教育设施用地

1. 学校教学、办公、实验、科研及校内文化体育设施。

2. 高等、中等、职业学校的学生宿舍、食堂、教学实习及训练基地。

3. 托儿所、幼儿园的教学、办公、园内活动场地。

4. 特殊教育学校(盲校、聋哑学校、弱智学校)康复、技能训练设施。

(六)公益性科研机构用地

1. 科学研究、调查、观测、实验、试验(站、场、基地)设施。

2. 科研机构办公设施。

(七)非营利性体育设施用地

1. 各类体育运动项目专业比赛和专业训练场(馆)、配套设施(高尔夫球场除外)。

2. 体育信息、科研、兴奋剂检测设施。

3. 全民健身运动设施(住宅小区、企业单位内配套的除外)。

(八)非营利性公共文化设施用地

1. 图书馆。

2. 博物馆。

3. 文化馆。

4. 青少年宫、青少年科技馆、青少年(儿童)活动中心。

(九)非营利性医疗卫生设施用地

1. 医院、门诊部(所)、急救中心(站)、城乡卫生院。

2. 各级政府所属的卫生防疫站(疾病控制中心)、健康教育所、专科疾病防治所(站)。

3. 各级政府所属的妇幼保健所(院、站)、母婴保健机构、儿童保健机构、血站(血液中心、中心血站)。

(十)非营利性社会福利设施用地

1. 福利性住宅。

2. 综合性社会福利设施。

3. 老年人社会福利设施。

4. 儿童社会福利设施。

5. 残疾人社会福利设施。

6. 收容遣送设施。

7. 殡葬设施。

国家重点扶持的能源、交通、水利等基础设施用地

(十一)石油天然气设施用地

1. 油(气、水)井场及作业配套设施。

2. 油(气、汽、水)计量站、转接站、增压站、热采站、处理厂(站)、联合站、注水(气、汽、化学助剂)站、配气(水)站、原油(气)库、海上油气陆上终端。

3. 防腐、防砂、钻井泥浆、三次采油制剂厂(站)、材料配制站(厂、车间)、预制厂(车间)。

4. 油(气)田机械、设备、仪器、管材加工和维修设施。

5. 油、气(汽)、水集输和长输管道、专用交通运输设施。

6. 油(气)田物资仓库(站)、露天货场、废旧料场、成品油(气)库(站)、液化气站。

7. 供排水设施、供配电设施、通讯设施。

8. 环境保护检测、污染治理、废旧料(物)综合处理设施。

9. 消防、安全、保卫设施。

(十二)煤炭设施用地

1. 矿井、露天矿、煤炭加工设施,共伴生矿物开采与加工场地。

2. 矿井通风、抽放瓦斯、煤层气开采、防火灌浆、井下热害防治设施。

3. 采掘场与疏干设施(含控制站)。

4. 自备发电厂、热电站、输变电设施。

5. 矿区内煤炭机电设备、仪器仪表、配件、器材供应与维修设施。

6. 矿区生产供水、供电、燃气、供气、通讯设施。

7. 矿山救护、消防防护设施。

8. 中心试验站。

9. 专用交通、运输设施。

(十三)电力设施用地

1. 发(变)电主厂房设施及配套库房设施。

2. 发(变)电厂(站)的专用交通设施。

3. 配套环保、安全防护设施。

4. 火力发电工程配电装置、网控楼、通信楼、微波塔。

5. 火力发电工程循环水管(沟)、冷却塔(池)、阀门井水工设施。

6. 火力发电工程燃料供应、供热设施,化学楼、输煤综合楼,启动锅炉房、空压机房。

7. 火力发电工程乙炔站、制氢(氧)站,化学水处理设施。

8. 核能发电工程应急给水储存室、循环水泵房、安全用水泵房、循环水进排水口及管沟、加氯间、配电装置。

9. 核能发电工程燃油储运及油处理设施。

10. 核能发电工程制氢站及相应设施。

11. 核能发电工程淡水水源设施,净水设施,污水、废水处理装置。

12. 新能源发电工程电机,厢变、输电(含专用送出工程)、变电站设施,资源观测设施。

13. 输配电线路塔(杆),巡线站、线路工区,线路维护、检修道路。

14. 变(配)电装置,直流输电换流站及接地极。

15. 输变电、配电工程给排水、水处理等水工设施。

16. 输变电工区、高压工区。

(十四)水利设施用地

1. 水利工程用地:包括挡水、泄水建筑物、引水系统、尾水系统、分洪道及其附属建筑物,附属道路、交通设施,供电、供水、供风、供热及制冷设施。

2. 水库淹没区。

3. 堤防工程。

4. 河道治理工程。

5. 水闸、泵站、涵洞、桥梁、道路工程及其管护设施。

6. 蓄滞洪区、防护林带、滩区安全建设工程。

7. 取水系统:包括水闸、堰、进水口、泵站、机电井及其管护设施。

8. 输(排)水设施(含明渠、暗渠、隧道、管道、桥、渡槽、倒虹、调蓄水库、水池等)、加压(抽、排)泵站、水厂。

9. 防汛抗旱通信设施,水文、气象测报设施。

10. 水土保持管理站、科研技术推广所(站)、试验地设施。

(十五)铁路交通设施用地

1. 铁路线路、车站及站场设施。

2. 铁路运输生产及维修、养护设施。

3. 铁路防洪、防冻、防雪、防风沙设施(含苗圃及植被保护带)、生产防疫、环保、水保设施。

4. 铁路给排水、供电、供暖、制冷、节能、专用通信、信号、信息系统设施。

5. 铁路轮渡、码头及相应的防风、防浪堤、护岸、栈桥、渡船整备设施。

6. 铁路专用物资仓储库(场)。

7. 铁路安全守备、消防、战备设施。

(十六)公路交通设施用地

1. 公路线路、桥梁、交叉工程、隧道和

渡口。

2. 公路通信、监控、安全设施。

3. 高速公路服务区(区内经营性用地除外)。

4. 公路养护道班(工区)。

5. 公路线路用地界外设置的公路防护、排水、防洪、防雪、防波、防风沙设施及公路环境保护、监测设施。

(十七)水路交通设施用地

1. 码头、栈桥、防波堤、防沙导流堤、引堤、护岸、围堰水工工程。

2. 人工开挖的航道、港池、锚地及停泊区工程。

3. 港口生产作业区。

4. 港口机械设备停放场地及维修设施。

5. 港口专用铁路、公路、管道设施。

6. 港口给排水、供电、供暖、节能、防洪设施。

7. 水上安全监督(包括沿海和内河)、救助打捞、港航消防设施。

8. 通讯导航设施、环境保护设施。

9. 内河航运管理设施、内河航运枢纽工程、通航建筑物及管理维修区。

(十八)民用机场设施用地

1. 机场飞行区。

2. 公共航空运输客、货业务设施:包括航站楼、机场场区内的货运库(站)、特殊货物(危险品)业务仓库。

3. 空中交通管理系统。

4. 航材供应、航空器维修、适航检查及校验设施。

5. 机场地面专用设备、特种车辆保障设施。

6. 油料运输、中转、储油及加油设施。

7. 消防、应急救援、安全检查、机场公用设施。

8. 环境保护设施:包括污水处理、航空垃圾处理、环保监测、防噪声设施。

9. 训练机场、通用航空机场、公共航运机场中的通用航空业务配套设施。

法律、行政法规规定的其他用地

(十九)特殊用地

1. 监狱。

2. 劳教所。

3. 戒毒所、看守所、治安拘留所、收容教育所。

协议出让国有土地使用权规定

1. 2003年6月11日国土资源部令第21号发布

2. 自2003年8月1日起施行

第一条 为加强国有土地资产管理,优化土地资源配置,规范协议出让国有土地使用权行为,根据《中华人民共和国城市房地产管理法》、《中华人民共和国土地管理法》和《中华人民共和国土地管理法实施条例》,制定本规定。

第二条 在中华人民共和国境内以协议方式出让国有土地使用权的,适用本规定。

本规定所称协议出让国有土地使用权,是指国家以协议方式将国有土地使用权在一定年限内出让给土地使用者,由土地使用者向国家支付土地使用权出让金的行为。

第三条 出让国有土地使用权,除依照法律、法规和规章的规定应当采用招标、拍卖或者挂牌方式外,方可采取协议方式。

第四条 协议出让国有土地使用权,应当遵循公开、公平、公正和诚实信用的原则。

以协议方式出让国有土地使用权的出让金不得低于按国家规定所确定的最低价。

第五条 协议出让最低价不得低于新增建设用地的土地有偿使用费、征地(拆迁)补偿费用以及按照国家规定应当缴纳的有关税费之和;有基准地价的地区,协议出让最低价不得低于出让地块所在级别基准地价的70%。

低于最低价时国有土地使用权不得

出让。

第六条 省、自治区、直辖市人民政府国土资源行政主管部门应当依据本规定第五条的规定拟定协议出让最低价，报同级人民政府批准后公布，由市、县人民政府国土资源行政主管部门实施。

第七条 市、县人民政府国土资源行政主管部门应当根据经济社会发展计划、国家产业政策、土地利用总体规划、土地利用年度计划、城市规划和土地市场状况，编制国有土地使用权出让计划，报同级人民政府批准后组织实施。

国有土地使用权出让计划经批准后，市、县人民政府国土资源行政主管部门应当在土地有形市场等指定场所，或者通过报纸、互联网等媒介向社会公布。

因特殊原因，需要对国有土地使用权出让计划进行调整的，应当报原批准机关批准，并按照前款规定及时向社会公布。

国有土地使用权出让计划应当包括年度土地供应总量、不同用途土地供应面积、地段以及供地时间等内容。

第八条 国有土地使用权出让计划公布后，需要使用土地的单位和个人可以根据国有土地使用权出让计划，在市、县人民政府国土资源行政主管部门公布的时限内，向市、县人民政府国土资源行政主管部门提出意向用地申请。

市、县人民政府国土资源行政主管部门公布计划接受申请的时间不得少于30日。

第九条 在公布的地段上，同一地块只有一个意向用地者的，市、县人民政府国土资源行政主管部门方可按照本规定采取协议方式出让；但商业、旅游、娱乐和商品住宅等经营性用地除外。

同一地块有两个或者两个以上意向用地者的，市、县人民政府国土资源行政主管部门应当按照《招标拍卖挂牌出让国有土地使用权规定》，采取招标、拍卖或者挂牌方式出让。

第十条 对符合协议出让条件的，市、县人民政府国土资源行政主管部门会同城市规划等有关部门，依据国有土地使用权出让计划、城市规划和意向用地者申请的用地项目类型、规模等，制订协议出让土地方案。

协议出让土地方案应当包括拟出让地块的具体位置、界址、用途、面积、年限、土地使用条件、规划设计条件、供地时间等。

第十一条 市、县人民政府国土资源行政主管部门应当根据国家产业政策和拟出让地块的情况，按照《城镇土地估价规程》的规定，对拟出让地块的土地价格进行评估，经市、县人民政府国土资源行政主管部门集体决策、合理确定协议出让底价。

协议出让底价不得低于协议出让最低价。

协议出让底价确定后应当保密，任何单位和个人不得泄露。

第十二条 协议出让土地方案和底价经有批准权的人民政府批准后，市、县人民政府国土资源行政主管部门应当与意向用地者就土地出让价格等进行充分协商，协商一致且议定的出让价格不低于出让底价的，方可达成协议。

第十三条 市、县人民政府国土资源行政主管部门应当根据协议结果，与意向用地者签订《国有土地使用权出让合同》。

第十四条 《国有土地使用权出让合同》签订后7日内，市、县人民政府国土资源行政主管部门应当将协议出让结果在土地有形市场等指定场所，或者通过报纸、互联网等媒介向社会公布，接受社会监督。

公布协议出让结果的时间不得少于15日。

第十五条 土地使用者按照《国有土地使用权出让合同》的约定，付清土地使用权出让金、依法办理土地登记手续后，取得国有土地使用权。

第十六条 以协议出让方式取得国有土地使

用权的土地使用者，需要将土地使用权出让合同约定的土地用途改变为商业、旅游、娱乐和商品住宅等经营性用途的，应当取得出让方和市、县人民政府城市规划部门的同意，签订土地使用权出让合同变更协议或者重新签订土地使用权出让合同，按变更后的土地用途，以变更时的土地市场价格补交相应的土地使用权出让金，并依法办理土地使用权变更登记手续。

第十七条 违反本规定，有下列行为之一的，对直接负责的主管人员和其他直接责任人员依法给予行政处分：

（一）不按照规定公布国有土地使用权出让计划或者协议出让结果的；

（二）确定出让底价时未经集体决策的；

（三）泄露出让底价的；

（四）低于协议出让最低价出让国有土地使用权的；

（五）减免国有土地使用权出让金的。

违反前款有关规定，情节严重构成犯罪的，依法追究刑事责任。

第十八条 国土资源行政主管部门工作人员在协议出让国有土地使用权活动中玩忽职守、滥用职权、徇私舞弊的，依法给予行政处分；构成犯罪的，依法追究刑事责任。

第十九条 采用协议方式租赁国有土地使用权的，参照本规定执行。

第二十条 本规定自2003年8月1日起施行。原国家土地管理局1995年6月28日发布的《协议出让国有土地使用权最低价确定办法》同时废止。

招标拍卖挂牌出让国有建设用地使用权规定

1. 2007年9月28日国土资源部令第39号公布

2. 自2007年11月1日起施行

第一条 为规范国有建设用地使用权出让行为，优化土地资源配置，建立公开、公平、公正的土地使用制度，根据《中华人民共和国物权法》、《中华人民共和国土地管理法》、《中华人民共和国城市房地产管理法》和《中华人民共和国土地管理法实施条例》，制定本规定。

第二条 在中华人民共和国境内以招标、拍卖或者挂牌出让方式在土地的地表、地上或者地下设立国有建设用地使用权的，适用本规定。

本规定所称招标出让国有建设用地使用权，是指市、县人民政府国土资源行政主管部门（以下简称出让人）发布招标公告，邀请特定或者不特定的自然人、法人和其他组织参加国有建设用地使用权投标，根据投标结果确定国有建设用地使用权人的行为。

本规定所称拍卖出让国有建设用地使用权，是指出让人发布拍卖公告，由竞买人在指定时间、地点进行公开竞价，根据出价结果确定国有建设用地使用权人的行为。

本规定所称挂牌出让国有建设用地使用权，是指出让人发布挂牌公告，按公告规定的期限将拟出让宗地的交易条件在指定的土地交易场所挂牌公布，接受竞买人的报价申请并更新挂牌价格，根据挂牌期限截止时的出价结果或者现场竞价结果确定国有建设用地使用权人的行为。

第三条 招标、拍卖或者挂牌出让国有建设用地使用权，应当遵循公开、公平、公正和诚信的原则。

第四条 工业、商业、旅游、娱乐和商品住宅等经营性用地以及同一宗地有两个以上意向用地者的，应当以招标、拍卖或者挂牌方式出让。

前款规定的工业用地包括仓储用地，但不包括采矿用地。

第五条 国有建设用地使用权招标、拍卖或者挂牌出让活动，应当有计划地进行。

市、县人民政府国土资源行政主管部门根据经济社会发展计划、产业政策、土地利用总体规划、土地利用年度计划、城市规划和土地市场状况，编制国有建设用地使用权出让年度计划，报经同级人民政府批准后，及时向社会公开发布。

第六条 市、县人民政府国土资源行政主管部门应当按照出让年度计划，会同城市规划等有关部门共同拟订拟招标拍卖挂牌出让地块的出让方案，报经市、县人民政府批准后，由市、县人民政府国土资源行政主管部门组织实施。

前款规定的出让方案应当包括出让地块的空间范围、用途、年限、出让方式、时间和其他条件等。

第七条 出让人应当根据招标拍卖挂牌出让地块的情况，编制招标拍卖挂牌出让文件。

招标拍卖挂牌出让文件应当包括出让公告、投标或者竞买须知、土地使用条件、标书或者竞买申请书、报价单、中标通知书或者成交确认书、国有建设用地使用权出让合同文本。

第八条 出让人应当至少在投标、拍卖或者挂牌开始日前20日，在土地有形市场或者指定的场所、媒介发布招标、拍卖或者挂牌公告，公布招标拍卖挂牌出让宗地的基本情况和招标拍卖挂牌的时间、地点。

第九条 招标拍卖挂牌公告应当包括下列内容：

（一）出让人的名称和地址；

（二）出让宗地的面积、界址、空间范围、现状、使用年期、用途、规划指标要求；

（三）投标人、竞买人的资格要求以及申请取得投标、竞买资格的办法；

（四）索取招标拍卖挂牌出让文件的时间、地点和方式；

（五）招标拍卖挂牌时间、地点、投标挂牌期限、投标和竞价方式等；

（六）确定中标人、竞得人的标准和方法；

（七）投标、竞买保证金；

（八）其他需要公告的事项。

第十条 市、县人民政府国土资源行政主管部门应当根据土地估价结果和政府产业政策综合确定标底或者底价。

标底或者底价不得低于国家规定的最低价标准。

确定招标标底，拍卖和挂牌的起叫价、起始价、底价，投标、竞买保证金，应当实行集体决策。

招标标底和拍卖挂牌的底价，在招标开标前和拍卖挂牌出让活动结束之前应当保密。

第十一条 中华人民共和国境内外的自然人、法人和其他组织，除法律、法规另有规定外，均可申请参加国有建设用地使用权招标拍卖挂牌出让活动。

出让人在招标拍卖挂牌出让公告中不得设定影响公平、公正竞争的限制条件。挂牌出让的，出让公告中规定的申请截止时间，应当为挂牌出让结束日前2天。对符合招标拍卖挂牌公告规定条件的申请人，出让人应当通知其参加招标拍卖挂牌活动。

第十二条 市、县人民政府国土资源行政主管部门应当为投标人、竞买人查询拟出让土地的有关情况提供便利。

第十三条 投标、开标依照下列程序进行：

（一）投标人在投标截止时间前将标书投入标箱。招标公告允许邮寄标书的，投标人可以邮寄，但出让人在投标截止时间前收到的方为有效。

标书投入标箱后，不可撤回。投标人应当对标书和有关书面承诺承担责任。

（二）出让人按照招标公告规定的时间、地点开标，邀请所有投标人参加。由投标人或者其推选的代表检查标箱的密封情况，当众开启标箱，点算标书。投标人少于三人的，出让人应当终止招标活动。投标人不少于三人的，应当逐一宣布投标人名称、投标价格和投标文件的主要内容。

（三）评标小组进行评标。评标小组由出让人代表、有关专家组成，成员人数为五人以上的单数。

评标小组可以要求投标人对投标文件作出必要的澄清或者说明，但是澄清或者说明不得超出投标文件的范围或者改变投标文件的实质性内容。

评标小组应当按照招标文件确定的评标标准和方法，对投标文件进行评审。

（四）招标人根据评标结果，确定中标人。

按照价高者得的原则确定中标人的，可以不成立评标小组，由招标主持人根据开标结果，确定中标人。

第十四条　对能够最大限度地满足招标文件中规定的各项综合评价标准，或者能够满足招标文件的实质性要求且价格最高的投标人，应当确定为中标人。

第十五条　拍卖会依照下列程序进行：

（一）主持人点算竞买人；

（二）主持人介绍拍卖宗地的面积、界址、空间范围、现状、用途、使用年期、规划指标要求、开工和竣工时间以及其他有关事项；

（三）主持人宣布起叫价和增价规则及增价幅度。没有底价的，应当明确提示；

（四）主持人报出起叫价；

（五）竞买人举牌应价或者报价；

（六）主持人确认该应价或者报价后继续竞价；

（七）主持人连续三次宣布同一应价或者报价而没有再应价或者报价的，主持人落槌表示拍卖成交；

（八）主持人宣布最高应价或者报价者为竞得人。

第十六条　竞买人的最高应价或者报价未达到底价时，主持人应当终止拍卖。

拍卖主持人在拍卖中可以根据竞买人竞价情况调整拍卖增价幅度。

第十七条　挂牌依照以下程序进行：

（一）在挂牌公告规定的挂牌起始日，出让人将挂牌宗地的面积、界址、空间范围、现状、用途、使用年期、规划指标要求、开工时间和竣工时间、起始价、增价规则及增价幅度等，在挂牌公告规定的土地交易场所挂牌公布；

（二）符合条件的竞买人填写报价单报价；

（三）挂牌主持人确认该报价后，更新显示挂牌价格；

（四）挂牌主持人在挂牌公告规定的挂牌截止时间确定竞得人。

第十八条　挂牌时间不得少于10日。挂牌期间可根据竞买人竞价情况调整增价幅度。

第十九条　挂牌截止应当由挂牌主持人主持确定。挂牌期限届满，挂牌主持人现场宣布最高报价及其报价者，并询问竞买人是否愿意继续竞价。有竞买人表示愿意继续竞价的，挂牌出让转入现场竞价，通过现场竞价确定竞得人。挂牌主持人连续三次报出最高挂牌价格，没有竞买人表示愿意继续竞价的，按照下列规定确定是否成交：

（一）在挂牌期限内只有一个竞买人报价，且报价不低于底价，并符合其他条件的，挂牌成交；

（二）在挂牌期限内有两个或者两个以上的竞买人报价的，出价最高者为竞得人；报价相同的，先提交报价单者为竞得人，但报价低于底价者除外；

（三）在挂牌期限内无应价者或者竞买人的报价均低于底价或者均不符合其他条件的，挂牌不成交。

第二十条　以招标、拍卖或者挂牌方式确定中标人、竞得人后，中标人、竞得人支付的投标、竞买保证金，转作受让地块的定金。出让人应当向中标人发出中标通知书或者与竞得人签订成交确认书。

中标通知书或者成交确认书应当包括出让人和中标人或者竞得人的名称，出让标的，成交时间、地点、价款以及签订国有建设用地使用权出让合同的时间、地点等内容。

中标通知书或者成交确认书对出让人

和中标人或者竞得人具有法律效力。出让人改变竞得结果，或者中标人、竞得人放弃中标宗地、竞得宗地的，应当依法承担责任。

第二十一条 中标人、竞得人应当按照中标通知书或者成交确认书约定的时间，与出让人签订国有建设用地使用权出让合同。中标人、竞得人支付的投标、竞买保证金抵作土地出让价款；其他投标人、竞买人支付的投标、竞买保证金，出让人必须在招标拍卖挂牌活动结束后5个工作日内予以退还，不计利息。

第二十二条 招标拍卖挂牌活动结束后，出让人应在10个工作日内将招标拍卖挂牌出让结果在土地有形市场或者指定的场所、媒介公布。

出让人公布出让结果，不得向受让人收取费用。

第二十三条 受让人依照国有建设用地使用权出让合同的约定付清全部土地出让价款后，方可申请办理土地登记，领取国有建设用地使用权证书。

未按出让合同约定缴清全部土地出让价款的，不得发放国有建设用地使用权证书，也不得按出让价款缴纳比例分割发放国有建设用地使用权证书。

第二十四条 应当以招标拍卖挂牌方式出让国有建设用地使用权而擅自采用协议方式出让的，对直接负责的主管人员和其他直接责任人员依法给予处分；构成犯罪的，依法追究刑事责任。

第二十五条 中标人、竞得人有下列行为之一的，中标、竞得结果无效；造成损失的，应当依法承担赔偿责任：

（一）提供虚假文件隐瞒事实的；

（二）采取行贿、恶意串通等非法手段中标或者竞得的。

第二十六条 国土资源行政主管部门的工作人员在招标拍卖挂牌出让活动中玩忽职守、滥用职权、徇私舞弊的，依法给予处分；构成犯罪的，依法追究刑事责任。

第二十七条 以招标拍卖挂牌方式租赁国有建设用地使用权的，参照本规定执行。

第二十八条 本规定自2007年11月1日起施行。

划拨国有建设用地使用权地价评估指导意见（试行）

1. 2019年5月31日自然资源部办公厅公布

2. 自然资办函〔2019〕922号

前　言

为规范国有划拨建设用地使用权地价（以下简称“划拨地价”）评估行为，根据《中华人民共和国物权法》《中华人民共和国土地管理法》《中华人民共和国城市房地产管理法》《中华人民共和国资产评估法》等相关法律法规和土地估价国家标准、行业标准，制定本指导意见。

本指导意见由自然资源部提出并归口。

本指导意见起草单位：自然资源部自然资源开发利用司、中国土地估价师与土地登记代理人协会。

本指导意见由自然资源部负责解释。

1. 地价定义

本指导意见所述划拨国有建设用地使用权地价，是指以划拨方式取得的、无年期限制的土地使用权价格。

2. 引用的标准

下列标准所包含的条文，通过在本指导意见中引用而构成本指导意见的条文。本指导意见颁布时，所示版本均为有效。使用本指导意见的各方应使用下列各标准的最新版本。

GB/T 18508－2014《城镇土地估价规程》

GB/T 18507－2014《城镇土地分等定级规程》

GB/T 21010－2017《土地利用现状分类》

TD/T 1052－2017《标定地价规程》

TD/T 1009－2007《城市地价动态监测技

术规范》

《国有建设用地使用权出让地价评估技术规范》(国土资厅发〔2018〕4号)

3. 评估方法

(1)成本逼近法

(2)市场比较法

(3)公示地价系数修正法

(4)收益还原法

(5)剩余法

划拨地价评估,应至少选用以上评估方法中的两种。

4. 评估要点

除遵循《城镇土地估价规程》一般规定外,各方法还可按以下要点评估:

4.1 成本逼近法

(1)采用成本逼近法评估划拨地价,应选用客观的土地取得及开发成本数据,包括土地取得费、土地开发费、税费、利息、利润等分项。

(2)合理确定土地取得费。结合估价对象所处区位及周边区域用地结构,分析在估价期日模拟获取估价对象类似用地可能采用的土地取得方式,测算相应土地取得费。

估价对象位于城市建成区外或远郊区域的,以估价对象周边区域平均征收补偿安置费用作为土地取得费。

估价对象位于城市建成区内的,可合理选择估价对象周边区域或类似地区的土地收储、国有土地上房屋征收或集体建设用地拆迁等案例,经期日、区位等修正后,算术平均确定估价对象土地取得费。有存量工业用地收储案例的,可优先选择使用。

4.2 市场比较法

(1)运用市场比较法时,应选择与估价对象同类型的比较实例。比较实例主要来源于政府实际划拨供地案例,选择实例时可不考虑供后实际用途。

(2)原则上应在同一供需圈内或类似地区收集不少于三个实例。同一供需圈内可比实例不足时,可适当扩大供需圈范围直至满足条件。原则上应采用三年以内的实例,三年内可选实例不足时,可将选择年限适当扩大直至满足条件,评估时根据市场情况进行期日修正。需要增加比较实例来源时按照先调整范围后调整时间的原则处理。

(3)选择比较实例时应注意因各地供地政策不同造成的价格内涵不同,应保障比较实例能够修正到估价对象同一价格内涵。

4.3 公示地价系数修正法

(1)待估宗地所在区域,政府已公布划拨土地使用权基准地价时,可选用基准地价系数修正法评估划拨地价。采用已完成更新但尚未向社会公布的划拨土地使用权基准地价,需经市、县自然资源主管部门书面同意。

(2)在已公布划拨土地使用权标定地价的城市,可运用标定地价系数修正法进行评估。

4.4 收益还原法

地方政府对划拨土地收益有处置政策或通过研究测算能够明确收益构成的,可依据《城镇土地估价规程》运用收益还原法。

4.5 剩余法

在《城镇土地估价规程》剩余法思路上衍生技术路线,通过出让土地使用权价格扣减土地增值收益的方法评估划拨地价,可定义为剩余(增值收益扣减)法。

地方已经公布经科学论证的土地增值收益的,可用出让土地使用权价格直接扣减相对应的土地增值收益。

对未公布土地增值收益的地区,估价机构可在满足数理统计要求的前提下,选择案例和技术路线测算土地增值收益。

对于仅在地方政府文件或基准地价中规定出让金缴纳比例的,不宜将其作为经科学论证的土地增值收益,不得直接扣减该比例测算划拨地价。

5. 其他规定

公共管理与公共服务用地、交通运输等用地,在运用上述方法评估划拨地价时,应统筹考虑当地出让案例实际,合理确定划拨地价水平。

国务院办公厅关于完善建设用地使用权转让、出租、抵押二级市场的指导意见

1. 2019年7月6日
2. 国办发〔2019〕34号

各省、自治区、直辖市人民政府,国务院各部委、各直属机构:

土地市场是我国现代市场体系的重要组成部分,是资源要素市场的重要内容。改革开放以来,通过大力推行国有建设用地有偿使用制度,我国基本形成了以政府供应为主的土地一级市场和以市场主体之间转让、出租、抵押为主的土地二级市场,对建立和完善社会主义市场经济体制、促进土地资源的优化配置和节约集约利用、加快工业化和城镇化进程起到了重要作用。随着经济社会发展,土地二级市场运行发展中的一些问题逐步凸显,交易规则不健全、交易信息不对称、交易平台不规范、政府服务和监管不完善等问题比较突出,导致要素流通不畅,存量土地资源配置效率较低,难以满足经济高质量发展的需要。为完善建设用地使用权转让、出租、抵押二级市场,结合各地改革试点实践,经国务院同意,现提出以下意见。

一、总体要求

(一)指导思想。以习近平新时代中国特色社会主义思想为指导,全面贯彻党的十九大和十九届二中、三中全会精神,紧紧围绕统筹推进"五位一体"总体布局和协调推进"四个全面"战略布局,认真落实党中央、国务院决策部署,充分发挥市场在资源配置中的决定性作用,更好发挥政府作用,坚持问题导向,以建立城乡统一的建设用地市场为方向,以促进土地要素流通顺畅为重点,以提高存量土地资源配置效率为目的,以不动产统一登记为基础,与国土空间规划及相关产业规划相衔接,着力完善土地二级市场规则,健全服务和监管体系,提高节约集约用地水平,为完善社会主义市场经济体制、推动经济高质量发展提供用地保障。

(二)基本原则。

把握正确方向。坚持社会主义市场经济改革方向,突出市场在资源配置中的决定性作用,着力减少政府微观管理和直接干预。落实"放管服"改革总体要求,强化监管责任,减少事前审批,创新和完善事中事后监管,激发市场活力,增强内生动力。

规范市场运行。完善交易规则,维护市场秩序,保证市场主体在公开、公平、公正的市场环境下进行交易,保障市场依法依规运行和健康有序发展,促进要素流动和平等交换,提高资源配置效率。

维护合法权益。坚持平等、全面、依法保护产权。充分尊重权利人意愿,保障市场主体合法权益,实现各类市场主体按照市场规则和市场价格依法平等使用和交易建设用地使用权,实现产权有效激励。切实维护土地所有权人权益,防止国有土地资产流失。

提高服务效能。强化服务意识,优化交易流程,降低交易成本,提高办事效率,方便群众办事,全面提升土地市场领域政府治理能力和水平。

(三)目标任务。建立产权明晰、市场定价、信息集聚、交易安全、监管有效的土地二级市场,市场规则健全完善,交易平台全面形成,服务和监管落实到位,市场秩序更加规范,制度性交易成本明显降低,土地资源配置效率显著提高,形成一、二级市场协调发展、规范有序、资源利用集约高效的现代土地市场体系。

(四)适用范围。建设用地使用权转让、出租、抵押二级市场的交易对象是国有建设用地使用权,重点针对土地交易以及土地连同地上建筑物、其他附着物等整宗地一并交易的情况。涉及到房地产交易的,应当遵守

《中华人民共和国城市房地产管理法》、《城市房地产开发经营管理条例》等法律法规规定。

二、完善转让规则，促进要素流通

（五）明确建设用地使用权转让形式。将各类导致建设用地使用权转移的行为都视为建设用地使用权转让，包括买卖、交换、赠与、出资以及司法处置、资产处置、法人或其他组织合并或分立等形式涉及的建设用地使用权转移。建设用地使用权转移的，地上建筑物、其他附着物所有权应一并转移。涉及到房地产转让的，按照房地产转让相关法律法规规定，办理房地产转让相关手续。

（六）明晰不同权能建设用地使用权转让的必要条件。以划拨方式取得的建设用地使用权转让，需经依法批准，土地用途符合《划拨用地目录》的，可不补缴土地出让价款，按转移登记办理；不符合《划拨用地目录》的，在符合规划的前提下，由受让方依法依规补缴土地出让价款。以出让方式取得的建设用地使用权转让，在符合法律法规规定和出让合同约定的前提下，应充分保障交易自由；原出让合同对转让条件另有约定的，从其约定。以作价出资或入股方式取得的建设用地使用权转让，参照以出让方式取得的建设用地使用权转让有关规定，不再报经原批准建设用地使用权作价出资或入股的机关批准；转让后，可保留为作价出资或入股方式，或直接变更为出让方式。

（七）完善土地分割、合并转让政策。分割、合并后的地块应具备独立分宗条件，涉及公共配套设施建设和使用的，转让双方应在合同中明确有关权利义务。拟分割宗地已预售或存在多个权利主体的，应取得相关权利人同意，不得损害权利人合法权益。

（八）实施差别化的税收政策。各地可根据本地实际，在地方权限内探索城镇土地使用税差别化政策，促进土地节约集约利用。

三、完善出租管理，提高服务水平

（九）规范以有偿方式取得的建设用地使用权出租管理。以出让、租赁、作价出资或入股等有偿方式取得的建设用地使用权出租或转租的，不得违反法律法规和有偿使用合同的相关约定。

（十）规范划拨建设用地使用权出租管理。以划拨方式取得的建设用地使用权出租的，应按照有关规定上缴租金中所含土地收益，纳入土地出让收入管理。宗地长期出租，或部分用于出租且可分割的，应依法补办出让、租赁等有偿使用手续。建立划拨建设用地使用权出租收益年度申报制度，出租人依法申报并缴纳相关收益的，不再另行单独办理划拨建设用地使用权出租的批准手续。

（十一）营造建设用地使用权出租环境。市、县自然资源主管部门应当提供建设用地使用权出租供需信息发布条件和场所，制定规范的出租合同文本，提供交易鉴证服务，保障权利人的合法权益。统计分析建设用地使用权出租情况及市场相关数据，定期发布出租市场动态信息和指南。

四、完善抵押机制，保障合法权益

（十二）明确不同权能建设用地使用权抵押的条件。以划拨方式取得的建设用地使用权可以依法依规设定抵押权，划拨土地抵押权实现时应优先缴纳土地出让收入。以出让、作价出资或入股等方式取得的建设用地使用权可以设定抵押权。以租赁方式取得的建设用地使用权，承租人在按规定支付土地租金并完成开发建设后，根据租赁合同约定，其地上建筑物、其他附着物连同土地可以依法一并抵押。

（十三）放宽对抵押权人的限制。自然人、企业均可作为抵押权人申请以建设用地使用权及其地上建筑物、其他附着物所有权办理不动产抵押相关手续，涉及企业之间债权债务合同的须符合有关法律法规的规定。

（十四）依法保障抵押权能。探索允许不以公益为目的的养老、教育等社会领域企业以有偿取得的建设用地使用权、设施等财产进行抵押融资。各地要进一步完善抵押权实现后保障原有经营活动持续稳定的配套措施，确保土地用途不改变、利益相关人权益不受损。探索建立建设用地使用权抵押风险提示机制和抵押资金监管机制，防控市场风险。

五、创新运行模式，规范市场秩序

（十五）建立交易平台。各地要在市、县自然资源主管部门现有的土地交易机构或平台基础上搭建城乡统一的土地市场交易平台，汇集土地二级市场交易信息，提供交易场所，办理交易事务，大力推进线上交易平台和信息系统建设。

（十六）规范交易流程。建立"信息发布—达成意向—签订合同—交易监管"的交易流程。交易双方可通过土地二级市场交易平台等渠道发布和获取市场信息；可自行协商交易，也可委托土地二级市场交易平台公开交易；达成一致后签订合同，依法申报交易价格，申报价格比标定地价低20%以上的，市、县人民政府可行使优先购买权。各地要加强交易事中事后监管，对违反有关法律法规或不符合出让合同约定、划拨决定书规定的，不予办理相关手续。

（十七）加强信息互通共享。加强涉地司法处置工作衔接，涉及建设用地使用权转移的案件，自然资源主管部门应当向人民法院提供所涉不动产的权利状况、原出让合同约定的权利义务情况等。建立健全执行联动机制，司法处置土地可进入土地二级市场交易平台交易。加强涉地资产处置工作衔接，政府有关部门或事业单位进行国有资产处置时涉及划拨建设用地使用权转移的，应征求自然资源主管部门意见，并将宗地有关情况如实告知当事人。自然资源、住房城乡建设、税务、市场监管等主管部门应加强对涉地股权转让的联合监管。加强建设用地使用权与房地产交易管理的衔接，建设用地使用权转让、出租、抵押涉及房地产转让、出租、抵押的，住房城乡建设主管部门与自然资源主管部门应当加强信息共享。

六、健全服务体系，加强监测监管

（十八）提供便捷高效的政务服务。在土地交易机构或平台内汇集交易、登记、税务、金融等相关部门或机构的办事窗口，大力发展"互联网＋政务服务"，积极推进"一窗受理、一网通办、一站办结"，大力精简证明材料，压缩办理时间，提高办事效率和服务水平。发挥土地交易机构或平台的专业优势，提供法律、政策咨询服务，协调矛盾，化解纠纷，营造良好的交易环境。

（十九）培育和规范中介组织。发挥社会中介组织在市场交易活动中的桥梁作用，发展相关机构，为交易各方提供推介、展示、咨询、估价、经纪等服务。各地要加强指导和监管，引导社会中介组织诚信经营。

（二十）加强市场监测监管与调控。健全土地二级市场动态监测监管制度，完善监测监管信息系统。严格落实公示地价体系，定期更新和发布基准地价或标定地价；完善土地二级市场的价格形成、监测、指导、监督机制，防止交易价格异常波动。土地转让涉及房地产开发的相关资金来源应符合房地产开发企业购地和融资的相关规定。强化土地一、二级市场联动，加强土地投放总量、结构、时序等的衔接，适时运用财税、金融等手段，加强对土地市场的整体调控，维护市场平稳运行。

（二十一）完善土地市场信用体系。土地转让后，出让合同所载明的权利义务随之转移，受让人应依法履约。要加强对交易各方的信用监管，健全以"双随机、一公开"为基本手段、以重点监管为补充、以信用监管为基础的新型监管机制。各地要结合本地区实际，制定土地市场信用评价规则和约束措施，对失信责任主体实施联合惩戒，推进土地市场信用体系共建共治共享。

七、保障措施

（二十二）加强组织领导。各地区各有关部门要充分认识完善土地二级市场的重要性，结合实际研究制定实施细则和配套措施，确保各项工作举措和要求落实到位。各级自然资源、财政、住房城乡建设、国有资产监督管理、税务、市场监管、金融等主管部门要建立联动机制，明确分工，落实责任，做好人员和经费保障，有序推进土地二级市场建设。已依法入市的农村集体经营性建设用地使用权转让、出租、抵押，可参照本意见执行。

（二十三）重视宣传引导。加大对土地二级市场相关政策的宣传力度，及时总结推广各地典型经验和创新做法，扩大土地二级市场影响力、吸引力，调动市场主体参与积极性。合理引导市场预期，及时回应公众关切，营造良好的土地市场舆论氛围，提升市场主体和全社会依法规范、节约集约用地的意识，切实提高资源利用效率。

（二十四）严格责任追究。强化监督问责，对违反土地二级市场相关规定的地方政府和有关部门、单位以及责任人员严格实行责任追究，坚决打击各种腐败行为。

最高人民法院关于审理涉及国有土地使用权合同纠纷案件适用法律问题的解释

1. *2004年11月23日最高人民法院审判委员会第1334次会议通过*
2. *2005年6月18日公布*
3. *法释〔2005〕5号*
4. *自2005年8月1日起施行*

根据《中华人民共和国民法通则》、《中华人民共和国合同法》、《中华人民共和国土地管理法》、《中华人民共和国城市房地产管理法》等法律规定，结合民事审判实践，就审理涉及国有土地使用权合同纠纷案件适用法律的问题，制定本解释。

一、土地使用权出让合同纠纷

第一条 本解释所称的土地使用权出让合同，是指市、县人民政府土地管理部门作为出让方将国有土地使用权在一定年限内让与受让方，受让方支付土地使用权出让金的协议。

第二条 开发区管理委员会作为出让方与受让方订立的土地使用权出让合同，应当认定无效。

本解释实施前，开发区管理委员会作为出让方与受让方订立的土地使用权出让合同，起诉前经市、县人民政府土地管理部门追认的，可以认定合同有效。

第三条 经市、县人民政府批准同意以协议方式出让的土地使用权，土地使用权出让金低于订立合同时当地政府按照国家规定确定的最低价的，应当认定土地使用权出让合同约定的价格条款无效。

当事人请求按照订立合同时的市场评估价格交纳土地使用权出让金的，应予支持；受让方不同意按照市场评估价格补足，请求解除合同的，应予支持。因此造成的损失，由当事人按照过错承担责任。

第四条 土地使用权出让合同的出让方因未办理土地使用权出让批准手续而不能交付土地，受让方请求解除合同的，应予支持。

第五条 受让方经出让方和市、县人民政府城市规划行政主管部门同意，改变土地使用权出让合同约定的土地用途，当事人请求按照起诉时同种用途的土地出让金标准调整土地出让金的，应予支持。

第六条 受让方擅自改变土地使用权出让合同约定的土地用途，出让方请求解除合同的，应予支持。

二、土地使用权转让合同纠纷

第七条 本解释所称的土地使用权转让合同，是指土地使用权人作为转让方将出让土地使用权转让于受让方，受让方支付价款的协议。

第八条 土地使用权人作为转让方与受让方订立土地使用权转让合同后，当事人一方以双方之间未办理土地使用权变更登记手续为由，请求确认合同无效的，不予支持。

第九条 转让方未取得出让土地使用权证书与受让方订立合同转让土地使用权，起诉前转让方已经取得出让土地使用权证书或者有批准权的人民政府同意转让的，应当认定合同有效。

第十条 土地使用权人作为转让方就同一出让土地使用权订立数个转让合同，在转让合同有效的情况下，受让方均要求履行合同的，按照以下情形分别处理：

（一）已经办理土地使用权变更登记手续的受让方，请求转让方履行交付土地等合同义务的，应予支持；

（二）均未办理土地使用权变更登记手续，已先行合法占有投资开发土地的受让方请求转让方履行土地使用权变更登记等合同义务的，应予支持；

（三）均未办理土地使用权变更登记手续，又未合法占有投资开发土地，先行支付土地转让款的受让方请求转让方履行交付土地和办理土地使用权变更登记等合同义务的，应予支持；

（四）合同均未履行，依法成立在先的合同受让方请求履行合同的，应予支持。

未能取得土地使用权的受让方请求解除合同、赔偿损失的，按照《中华人民共和国合同法》的有关规定处理。

第十一条 土地使用权人未经有批准权的人民政府批准，与受让方订立合同转让划拨土地使用权的，应当认定合同无效。但起诉前经有批准权的人民政府批准办理土地使用权出让手续的，应当认定合同有效。

第十二条 土地使用权人与受让方订立合同转让划拨土地使用权，起诉前经有批准权的人民政府同意转让，并由受让方办理土地使用权出让手续的，土地使用权人与受让方订立的合同可以按照补偿性质的合同处理。

第十三条 土地使用权人与受让方订立合同转让划拨土地使用权，起诉前经有批准权的人民政府决定不办理土地使用权出让手续，并将该划拨土地使用权直接划拨给受让方使用的，土地使用权人与受让方订立的合同可以按照补偿性质的合同处理。

三、合作开发房地产合同纠纷

第十四条 本解释所称的合作开发房地产合同，是指当事人订立的以提供出让土地使用权、资金等作为共同投资，共享利润、共担风险合作开发房地产为基本内容的协议。

第十五条 合作开发房地产合同的当事人一方具备房地产开发经营资质的，应当认定合同有效。

当事人双方均不具备房地产开发经营资质的，应当认定合同无效。但起诉前当事人一方已经取得房地产开发经营资质或者已依法合作成立具有房地产开发经营资质的房地产开发企业的，应当认定合同有效。

第十六条 土地使用权人未经有批准权的人民政府批准，以划拨土地使用权作为投资与他人订立合同合作开发房地产的，应当认定合同无效。但起诉前已经办理批准手续的，应当认定合同有效。

第十七条 投资数额超出合作开发房地产合同的约定，对增加的投资数额的承担比例，当事人协商不成的，按照当事人的过错确定；因不可归责于当事人的事由或者当事人的过错无法确定的，按照约定的投资比例确定；没有约定投资比例的，按照约定的利润分配比例确定。

第十八条 房屋实际建筑面积少于合作开发房地产合同的约定，对房屋实际建筑面积的分配比例，当事人协商不成的，按照当事人的过错确定；因不可归责于当事人的事由或者当事人过错无法确定的，按照约定的利润分配比例确定。

第十九条 在下列情形下，合作开发房地产合同的当事人请求分配房地产项目利益的，不予受理；已经受理的，驳回起诉：

（一）依法需经批准的房地产建设项目未经有批准权的人民政府主管部门批准；

（二）房地产建设项目未取得建设工程规划许可证；

（三）擅自变更建设工程规划。

因当事人隐瞒建设工程规划变更的事实所造成的损失，由当事人按照过错承担。

第二十条 房屋实际建筑面积超出规划建筑面积，经有批准权的人民政府主管部门批准后，当事人对超出部分的房屋分配比例协商不成的，按照约定的利润分配比例确定。对增加的投资数额的承担比例，当事人协商不成的，按照约定的投资比例确定；没有约定投资比例的，按照约定的利润分配比例确定。

第二十一条 当事人违反规划开发建设的房屋，被有批准权的人民政府主管部门认定为违法建筑责令拆除，当事人对损失承担协商不成的，按照当事人过错确定责任；过错无法确定的，按照约定的投资比例确定责任；没有约定投资比例的，按照约定的利润分配比例确定责任。

第二十二条 合作开发房地产合同约定仅以投资数额确定利润分配比例，当事人未足额交纳出资的，按照当事人的实际投资比例分配利润。

第二十三条 合作开发房地产合同的当事人要求将房屋预售款充抵投资参与利润分配的，不予支持。

第二十四条 合作开发房地产合同约定提供土地使用权的当事人不承担经营风险，只收取固定利益的，应当认定为土地使用权转让合同。

第二十五条 合作开发房地产合同约定提供资金的当事人不承担经营风险，只分配固定数量房屋的，应当认定为房屋买卖合同。

第二十六条 合作开发房地产合同约定提供资金的当事人不承担经营风险，只收取固定数额货币的，应当认定为借款合同。

第二十七条 合作开发房地产合同约定提供资金的当事人不承担经营风险，只以租赁或者其他形式使用房屋的，应当认定为房屋租赁合同。

四、其　　他

第二十八条 本解释自2005年8月1日起施行；施行后受理的第一审案件适用本解释。

本解释施行前最高人民法院发布的司法解释与本解释不一致的，以本解释为准。

典型案例

定安城东建筑装修工程公司与海南省定安县人民政府、第三人中国农业银行定安支行收回国有土地使用权及撤销土地证案

【裁判摘要】

行政机关作出对当事人不利的行政行为，未听取其陈述、申辩，违反正当程序原则的，属于行政诉讼法第五十四条第（二）项第3目"违反法定程序"的情形。行政机关根据《土地管理法》第五十八条第一款第（一）、（二）项规定，依法收回国有土地使用权的，对土地使用权人应当按照作出收回土地使用权决定时的市场评估价给予补偿。因行政补偿决定违法造成逾期付补偿款的，人民法院可以根据当事人的实际损失等情况，判决其承担逾期支付补偿款期间的同期银行利息损失。

最高人民法院行政判决书

（2012）行提字第26号

申请再审人（一审原告、二审被上诉人）定安城东建筑装修工程公司。住所地：海南省定安县定城镇大众中路克泽大厦一楼。

法定代表人莫克瑞，经理。

委托代理人吴昌平，海南鹏达律师事务所律师。

委托代理人莫克泽，定安县工商局退休干部。

被申请人（一审被告、二审上诉人）海南省定安县人民政府。住所地：定安县定城镇兴安大道。

法定代表人符立东，县长。

委托代理人周义桀，海南东方国信律师事务所律师。

委托代理人曾萍，定安县国土环境资源局公务员。

原审第三人中国农业银行定安支行。

负责人何日高，行长。

委托代理人何壮，海南省金裕律师事务所律师。

委托代理人钟冲，该行法律顾问。

申请再审人海南省定安城东建筑装修工程公司（以下简称城东公司）因诉被申请人海南省定安县人民政府（以下简称县政府）及原审第三人中国农业银行定安支行（以下简称定安支行）收回国有土地使用权及撤销土地证一案，不服海南省高级人民法院（以下简称海南高院）作出的（2008）琼行终字第159号行政判决，向本院申请再审。经审查，本院作出（2011）行监字第91号行政裁定，决定提审本案，并依法组成合议庭，于2013年8月30日在海南省高级人民法院第三法庭公开开庭审理本案，申请再审人的委托代理人吴昌平、莫克泽，被申请人的委托代理人周义桀、曾萍，原审第三人的委托代理人何壮、钟冲到庭参加诉讼。审理期间，本院依法委托杜鸣联合房地产评估（北京）有限公司对涉案土地价值进行评估，并组织各方当事人进行协调，但协调未果。本案现已审理终结。

一审经审理查明：1994年9月10日，定安县建设委员会（以下简称县建委）就定城人民北路东横街排水和路面建设工程与城东公司签订《工程承包合同》。后因县建委拖欠城东公司工程款80.472万元，县政府同意在该县塔岭工业开发区划出10亩土地作为补偿。1995年10月27日，县政府根据城东公司递交的《关于给人民北路东横街续建工程重新调整补偿用地问题的请示》，作出定府函〔1995〕117号《关于重新调整城东建筑装修工程公司补偿用地的批复》，决定在见龙路旁以每亩8万元的价格重新调整10亩土地给城东公司。同年12月8日，定安县土地管理局（以下简称县土地局）给城东公司颁发第14号《建设用地规划许可证》。同月27日，县政府作出定府〔1995〕299号《关于出让国有土地使用权给定安城东建筑装修工程公司的决定》，将位于塔岭开发区东北侧的6706平方米土地，以总价款80.472万元，出让给城东公司作为建设用地。随后城东公司与县土地局签订《国有土地使用权出让合同》。1995年12月28日，城东公司就出让所得6706平方米土地申请登记发证，但其填报申请土地登记时未写明土地用途，县土地局在审核过程中亦未在《地籍调查表》、《土地登记审批表》等文书上载明土地用途。1996年1月22日，县政府根据城东公司的申请和县土地局的审核，在城东公司缴纳土地登记费后，给该公司颁发了定安国用（96）字第6号《国有土地使用证》（以下简称第6号国土证）。此后，城东公司在该宗土地上开办了水泥预制厂。2001年11月9日，城东公司以该宗土地作为抵押物向定安支行贷款，并在定安县建设与国土环境资源局（原县土地局）办理抵押登记。2004年1月4日，县政府以城东公司土地闲置为由，在《海南日报》发布公告，拟无偿收回城东公司第6号国土证项下的土地使用权，但县政府并未实施无偿收地行为。2007年11月5日，县政府为落实塔岭规划新区城市规划用地的需要，作出定府〔2007〕112号《关于有偿收回国有土地使用权的通知》（以下简称112号通知），决定按原登记成本价80.6072万元有偿收回城东公司第6号国土证项下的土地使用权，并于11月8日送达城东公司。同年12月6日，县建设局（原定安县建设与国土环境资源局拆分为建设局、国土环境资源局）以海南省政府2007年1月27日已批准将城东公司受让的6706平方米综合公建用地调整为行政办公用地为由，决定撤销第14号《建设用地规划许可证》。同年12月7日，定安县国土环境资源局（以下简称县国土资源局）就有偿收回城东公司国有土地使用权事宜通知该公司和定安支行于12月11日举行听证会，城东公司没有参加听证。同年12月14日，县政府以城东公司申请土地登记发证未填写土地用途、县土地局在审核过程中亦未在《地籍调查登记表》、《土地登记审批表》等有关文书上载明土地用途导致错误登记发证为由，告知城东公司拟撤销第6号国土证。同年12月29日，县政府作出定府〔2007〕150号《关于撤销定安国用（96）字第6号〈国有土地使用证〉的决定》（以下简称150号撤证决定），撤销第6号国土证。城东公司不服该决定，向原海南省海南中级人民法院（现更名为海南省第一中级人民法院）提起行政诉讼。

一审判决认为：涉讼土地是县政府1996年为抵偿工程款而补偿给城东公司并颁证的土地。根据《中华人民共和国土地管理法》第五十八条的规定，县政府为公共利益的需要，可以有偿收回涉案土地使用权。但县政府112号通知决定按原抵偿价有偿收回其土地使用权，未考虑土地增值的因素，其收地行为显然是不适当的。县政府在作出112号通知前，没有提出有偿收回国有土地使用权的方案，并存在先决定收回后举行听证的情形，违反法定程序。鉴于本案涉讼土地现已由县政府作为行政办公用地使用，撤销112号通知将会给国家利益造成损失，故不宜判决撤销而应确认违法。《土地登记规则》第十一条规定，申请土地登记时应在土地登记申请书上载明土地用途。但土地登记申请书未载明土地用途并不是注销土地登记的法定事由。因此，县政府以城东公司申请土地登记时未填写土地用途为由撤销第6号国土证没有法律依据。但撤销该行为无实际意义，故应确认150号撤证决定违法。依照最高人民法院《关于执行〈中华人民共和国行政诉讼法〉若干问题的解释》第五十八条规定判决：一、确认县政府作出的112号通知违法。二、确认县政府作出的150号撤证决定违法。三、责令县政府对收回城东公司国有土地使用权的损失采取补救措施。县政府不服一审判决提起上诉。

海南高院二审判决对一审判决认定事实予以确认，但认为城东公司自1996年1月取得争议土地后，未对该土地进行实质性的开发，只是在该土地上办了简易的水泥预制厂。2004年1月，县政府根据争议土地闲置两年以上的事实，拟无偿收回争议土地。但为使城东公司合法权益不受损害，结合本案讼争土地已经海南省人民政府批准作为县政府行政办公用地的实际情况，县政府根据《中华人民共和国土地管理法》第五十八条第一款规定，作出有偿收回涉案土地的决定，其做法已经充分维护了城东公司的合法权益。因此，县政府作出的112号通知认定事实清楚，适用法律正确，应予维持。县政府作出的150号撤证决定是对112号通知有关事宜的完善，撤销第6号国土证并不意味着城东公司的合法权益无法得到保护，其可依据112号通知就有偿收地具体方案与县政府协商。依照《中华人民共和国行政诉讼法》第六十一条第（三）项和最高人民法院《关于执行〈中华人民共和国行政诉讼法〉若干问题的解释》第五十六条第（四）项和第七十条之规定判决：一、撤销（2008）海南行初字第69号行政判决。二、驳回城东公司的诉讼请求。

申请再审人称：海南高院判决的认定有悖法律与事实。一是涉案土地在1996年是一片尚未开发的土地，属工业商业住宅综合性建设用地。申诉人进行土地平整建水泥预制厂符合规划，已进行了实质性开发和利用。二是土地闲置两年以上不是事实。该土地抵偿给申诉人后就建了水泥预制厂从未闲置，不适用闲置土地法律规定，更不适用无偿收回，这也是被申诉人公告无偿收回后，又以公共利益为由有偿收回的原因所在。三是县政府为自己建设办公大楼，不能认定是“公共利益”，这与《中华人民共和国土地管理法》是背道而驰的。四是“适当补偿”要根据市场评估定价。海南高院(2008)琼行终字第159号行政判决适用法律错误，请求予以撤销。

被申请人答辩称：一、城东公司闲置土地事实明确。按照县国土部门与城东公司签订的《国有土地出让合同》约定，城东公司应当在1997年12月20日前完成项目建设，而城东公司建设与规划不相符的水泥预制厂项目，明显违反《中华人民共和国城市规划法》第二十九条的规定，构成闲置土地。二、行政办公用地可以界定为“公共利益”。参照《国有土地上房屋征收与补偿条例》第八条规定，政府组织的市政公用等公共事业需要属于公共利益范畴。三、有偿收回土地的补偿标准并无不当。县政府以80.6万元的价格有偿收回涉案土地使用权，此价格与当时土地价格差距不大。城东公司在长达10年的时间里未对涉案土地进行实质开发建设，属于严重闲置土地行为，本可无偿收回土地，但考虑社会和谐，选择了有偿收回。闲置土地的增值部分不应由县政府承担，城东公司这种意图通过囤积土地待价而沽的行为也是不值得提倡的。

原审第三人答辩称：一、涉案土地已经办理抵押登记手续，取得他项权利证书，抵押权合法有效，抵押优先受偿权应受法律保护。二、定安支行是善意抵押权人，没有过错，若涉案土地使用权被收回，将导致抵押权消灭，显失公平，也对交易安全造成巨大风险。县政府应当基于公平原则维护银行抵押权。三、就算县政府112号通知和150号撤证决定合法，依照《中华人民共和国担保法》第五十八条、最高人民法院《关于适用〈中华人民共和国担保法〉若干问题的解释》第八十条，以及《中华人民共和国物权法》第一百七十四条之规定，定安支行也有从城东公司的土地补偿金中优先受偿的权利。四、县政府112号通知和150号撤证决定存在违法，且严重损害抵押权人的合法权益，依法应予撤销。请求支持城东公司的诉讼请求，维护定安支行的主债权和抵押权。

本院庭审中，除以下三项事实外，各方当事人对原审判决认定主要事实均无异议，本院予以确认。

（一）城东公司对原审判决认定其“申请土地登记发证时未填报土地用途”提出异议，认为涉案土地是县政府因欠工程款抵债而来，应当由县政府办理，未填写土地用途不是该公司的错误。县政府辩称，涉案土地当时应当属于工业用地，但确实没有申报项目、没有规划，土地证上也未注明用途，未注明用途的原因不清楚。定安支行表示，对颁证过程不清楚。

本院认为，原审判决认定“申请土地登记发证时未填报土地用途”仅仅是一个事实陈述，各方当事人对此事实并无异议，未填写的过错责任不属于本案事实认定问题。因此，对原审判决认定的该项事实予以确认。

（二）城东公司对原审判决认定其未参加听证会的事实提出异议，称其代表提前10分钟到会场，但因会议室门未开，等了约一小时离开，并认为一审县政府提交的听证会记录是伪造的。县政府辩称：举证有听证会通知书、送达回证、会议记录等证据证明，已书面通知城东公司、定安支行参加听证会。定安支行到会，城东公司未到会。定安支行表示，参加听证会的人确是该行工作人员，但对听证会记录的真实性不予表态。

本院认为，根据一审县政府所举听证会通知书、送达回证及城东公司的陈述，可以认定事先通知城东公司和定安支行参加听证会；根据听证会会议记录和听证会签到单及定安支行对到会人员身份的认可，可以证明2007年12月11日就收回土地事宜举行听证会。城东公司认为听证会记录系伪造，没有提供相应证据证明，其抗辩理由不能成立。本院对原审判决认定的该项事实予以确认。

（三）县政府对原审判决认定城东公司取

得土地证后在该宗土地上办了水泥预制厂的事实提出异议，认为没有证据证明该公司在涉案土地上建了水泥预制厂。城东公司辩称，公司营业执照及拆除前的现场照片可以证明建水泥预制厂的事实。定安支行认可城东公司的意见。

本院认为，城东公司2007年营业执照经营范围主营项目栏中有“室内外装修工程”和“建筑材料销售”的内容，现场照片可见与涉案土地相邻的楼房及空地堆放大量预制水泥管，两者与城东公司及定安支行的陈述相互印证，可以认定涉案土地上建有水泥预制厂的事实。县政府否定该项事实，没有提供充分证据，本院不予支持。

审理过程中，本院委托杜鸣评估公司以住宅用地用途对涉案土地在2007年11月5日县政府决定收回土地使用权时的市场价格进行评估。杜鸣评估公司作出京杜鸣估F字〔2013〕第91292号《房地产估价报告》，评估结果为：估价对象在估价基准日的市场价值为人民币135万元。庭审中，本院对该项证据进行了质证。城东公司对评估主体、程序等无异议，但对评估结果有异议，认为以2007年11月5日作为评估基准日不当。县政府对该评估报告无异议。定安支行提出，庭后咨询相关人士后再发表意见。其在庭后提交书面意见认为，该评估价明显低于当地市场价。

本院认为，杜鸣评估公司及其评估人员具有法定的土地价格评估资质，评估主体合法；评估过程中，本院组织评估机构及各方当事人对评估材料进行质证、认证，并进行现场勘查；评估机构按照本院委托书要求和法定程序依法作出评估。以申请再审人合法权益受到具体行政行为影响即县政府决定收回土地使用权时的市场价格进行评估，并无不当。定安支行认为评估价明显低于当地市场价，但并未提出评估报告错误的理由和证据，经与评估时点定安县同区域同类土地市场价格相比较，涉案土地评估价格并不存在明显偏低的事实。城东公司及定安支行的抗辩理由不能成立。评估报告合法有效，本院予以采信。

本案争议焦点主要有：一是被诉112号通知中收回土地使用权决定的合法性问题；二是被诉112号通知中行政补偿决定的合法性问题；三是150号撤证决定的合法性问题。

（一）关于被诉112号通知中收回土地使用权决定的合法性问题。根据《中华人民共和国土地管理法》第五十八条第一款规定，县政府有偿收回涉案土地使用权，具有法定职权。但县政府在作出被诉112号通知之前，未听取当事人的陈述和申辩意见，事后通知城东公司和定安支行举行听证，违反“先听取意见后作决定”的基本程序规则。国务院国发〔2004〕10号《全面推进依法行政实施纲要》明确要求，行政机关实施行政管理要“程序正当”，“除涉及国家秘密和依法受到保护的商业秘密、个人隐私的外，应当公开，注意听取公民、法人和其他组织的意见；要严格遵循法定程序，依法保障行政管理相对人、利害关系人的知情权、参与权和救济权。”县政府作出112号通知前，未听取当事人意见，违反正当程序原则，本应依法撤销，但考虑到县政府办公楼已经建成并投入使用，撤销112号通知中有偿收回涉案土地使用权决定已无实际意义，且可能会损害公共利益。依据最高人民法院《关于执行〈中华人民共和国行政诉讼法〉若干问题的解释》第五十八条规定，应当依法判决确认该行政行为违法。

（二）关于112号通知中行政补偿内容的合法性问题。根据《中华人民共和国土地管理法》第五十八条第二款规定，因公共利益需要使用土地收回国有土地使用权的，对土地使用权人应当给予适当补偿。县政府根据省政府批准的总体规划要求为建设县政府办公楼需要使用涉案土地，收回城东公司的土地使用权，应当依法给予“适当补偿”。所谓“适当补偿”应当是公平合理的补偿，即按照被收回土地的性质、用途、区位等，以作出收地决定之日的市场评估价予以补偿。县政府按土地原成本价予以补偿于法无据。城东公司以收地决定违法，涉案土地使用权至今仍属于其享有为由，主张应以最终判决时的市场评估价予以补偿，其理由不能成立。本案收地决定属于违反程序，判决确认收地决定违法并未否定其法律效力。根据《中华人民共和国物权法》第二十八条规定，涉案土地使用权自收地决定生效之日已经发生物权转移的效力。考虑到涉案土地登记资料中“土地用途”栏系空白，结合当地土地交易市场情况，对涉案土地以使用年限最长、市场价值最高的“住宅用地”用途进行评估，有利于维护行政相对人的合法权益。鉴于县政府收回土地使用权行为违法，补偿价格明显不公，且收地决定作出后涉案土地升值较大，而当事人因不能以转让土地使用权方式及时偿还银行贷款，存在贷款利息损失，县政府在支付补偿款的同时，还应当支付自决定收回土地使用权之日起至实际支付全部补偿款之日的同期银行贷款利息。

（三）关于150号撤证决定的合法性问题。县政府作出112号通知后，并未要求城东公司持有关证明文件到土地管理部门申请注销土地登记，而是以该公司持有的《国有土地使用证》未按《土地登记规则》第十一条规定载明土地用途，土地管理部门也未按《土地登记规则》第十四条规定全面审核并填写土地登记审批表，造成错误登记发证为由，作出150号撤证决定。当初未填写土地用途，并非城东公司的原因所致，本可以补正方式解决，县政府却以此为由撤销城东公司合法持有的《国有土地使用证》，属于滥用行政职权，依法应予撤销。考虑到涉案土地已经收回并建成办公楼投入使用，根据最高人民法院《关于执行〈中华人民共和国行政诉讼法〉若干问题的解释》第五十八条规定，亦应依法确认该行政行为违法。

综上，112号通知中收地决定行为违反法定程序，被诉150号撤证决定滥用职权，应当依法判决确认违法；112号通知中行政补偿决定适用法律错误、违反法定程序，并显失公正，依法应予纠正。二审判决驳回原告诉讼请求错误，依法应予撤销。一审判决确认112号通知中行政补偿决定违法，并责令县政府对城东公司的损失采取补救措施，判决内容不具体，依法应予撤销和改判。城东公司申请再审理由部分成立，依法应予支持。原审定安支行对抵押物享有优先受偿权的主张成立，县政府在支付补偿款时应依法予以保护。依照最高人民法院《关于执行〈中华人民共和国行政诉讼法〉若干问题的解释》第五十八条、第七十八条规定，判决如下：

一、撤销海南省高级人民法院（2008）琼行终字第159号行政判决。

二、维持原海南省海南中级人民法院（2008）海南行初字第69号行政判决第一项对定安县人民政府2007年11月5日作出的定府〔2007〕112号《关于有偿收回国有土地使用权的通知》确认违法中有关收回国有土地使用权部分的内容；维持该判决第二项对定安县人民政府2007年12月29日作出的定府〔2007〕150号《关于撤销定国用（96）字第6号〈国有土地使用证〉的决定》确认违法的内容。

三、撤销原海南省海南中级人民法院（2008）海南行初字第69号行政判决第一项确认定安县人民政府2007年11月5日作出的定府〔2007〕112号《关于有偿收回国有土地使用权的通知》中有关“按成本价80.6072万元”对定安城东建筑装修工程公司进行行政补偿部分的内容。

四、撤销原海南省海南中级人民法院（2008）海南行初字第69号行政判决第三项责令定安县人民政府对收回定安城东建筑装修工程公司国有土地使用权的损失采取补救措施的判决；责令定安县人民政府自本判决送达之日起15日内一次性向定安城东建筑装修工程公司支付收回土地使用权补偿款135万元及同期银行贷款利息（贷款利息自2007年11月5日起计算，至本息实际支付完毕止）。

一、二审案件受理费共计100元，土地评估及其他费用16776元，合计16876元，由定安县人民政府负担。上述费用定安城东建筑装修工程公司已经支付，定安县人民政府在支付补偿款及贷款利息同时将上述款项一并支付给定安城东建筑装修工程公司。

本判决为终审判决。

（来源：《最高人民法院公报》2015 年第 2 期）

3. 建设用地管理

国务院办公厅关于清理整顿各类开发区加强建设用地管理的通知

1. 2003 年 7 月 30 日
2. 国办发〔2003〕70 号

各省、自治区、直辖市人民政府，国务院各部委、各直属机构：

改革开放以来，依照国务院规定批准兴办的开发区在改善投资环境、引进外资、促进产业结构调整和发展经济等方面起到了积极的辐射、示范和带动作用。但近一个时期以来，一些地方和部门擅自批准设立名目繁多的各类开发区（包括园区、度假区），下同，随意圈占大量耕地和违法出让、转让土地，越权出台优惠政策，导致开发区过多过滥，明显超出了实际需要，严重损害了农民利益和国家利益，对此，必须进行全面清理整顿。经国务院同意，现就清理整顿各类开发区，加强建设用地管理有关问题通知如下：

一、清理整顿开发区要以“三个代表”重要思想为指导，深入贯彻党的十六大精神，依据国家有关法律法规、土地利用总体规划和城市总体规划，纠正越权审批、违规圈占土地、低价出让土地等行为，促进各类开发区健康发展和土地资源的可持续利用。

二、要对各级人民政府及其有关部门批准设立的各类开发区进行全面清查。清查的重点是省及省级以下人民政府和国务院有关部门批准设立的各类开发区，以及未经批准而扩建的国家级开发区。清查的内容包括：开发区的名称、数量、批准机关、批准时间和批准规划面积；当前规划面积、征地面积、出让面积、收取出让金总额和已建成面积；选址和建设用地是否符合土地利用总体规划和城镇体系规划、城市总体规划，农用地转用、土地征用和土地供应是否符合法定程序；各类开发区招商引资项目和规模、国内生产总值、现有优惠政策（包括税收）等。

三、要在检查清理的基础上进行整顿规范。对未经国务院和省级人民政府批准擅自设立的各类开发区，以及虽经省级人民政府批准，但未按规定报国务院备案的各类开发区，先整改，对缺乏建设条件，项目、资金不落实的，要坚决停办，所占用的土地要依法坚决收回，能够恢复耕种的，要由当地人民政府组织复垦后还耕于农，严禁弃耕撂荒；对整改后确需保留的，由省级人民政府严格审核后，按有关规定报国务院审批。对经国务院批准或省级人民政府批准并已报国务院备案的开发区，要按照土地利用总体规划和城市总体规划对照检查，对超过规划建设用地规模和范围的开发土地，要依法处理；对确需扩建的，要严格核定规划面积，按法定程序办理审批手续。

四、加强对开发区建设用地的集中统一管理。开发区建设用地必须符合土地利用总体规划并纳入土地利用年度计划，选址必须纳入城市统一规划管理。凡是违法下放农用地转用、土地征用和供地审批权，违法下放规划管理权的，必须立即纠正，废止有关文件。要严格按照法定程序征用土地，并按法定标准给予农民合理补偿和妥善安置，严禁拖欠、截留和挪用被征地农民的补偿费用。严禁低价协议出让土地，协议供地必须提前公布供地方案。协议出让的土地改变为经营性用地的，必须先经城市规划部门同意，由国土资源行政主管部门统一招标拍卖挂牌出让。禁止将以征用方式取得的农民集体所有土地用于农业园区开发。各省、自治区、直辖市人民政府要对种植、养殖等农业园区的建设用地标准(或比例)做出规定,防止将农用地转为建设用地,变相搞房地产。

五、今后要更严格控制设立以成片土地开发为条件的开发区。鼓励工业项目向依法设立的国家级和省级开发区集中。市、县根据经济社会发展需要,进行工业、教育、科技和商贸等项目建设的,选址和建设用地必须符合土地利用总体规划和城镇体系规划、城市总体规划,未经批准不得使用开发区的名称。现有各类开发区扩区、改变区位、升级的审批,都要由地方人民政府提出申请,开发区主管部门提出意见,经国土资源和建设行政主管部门审核后,按批准权限报国务院或省级人民政府批准。

六、加强对开发区清理整顿工作的组织领导。清理整顿工作采取以省为主、部门配合,自下而上逐级进行的方法。各省、自治区、直辖市人民政府要组织力量对辖区内各类开发区以及建设用地管理情况进行全面的清查,对发现的问题,要依法主动纠正和处理。清理整顿工作要在2003年年底前完成,并向国务院报告清理整顿工作情况。国务院责成发展改革委、财政部、国土资源部、建设部、商务部会同监察部、审计署等有关部门组织联合工作组,制定清理整顿的具体标准和政策界限,组织检查验收,并在此基础上,提出进一步加强宏观调控、规范开发区发展的政策建议。对经验收合格的省、自治区、直辖市,要在2004年3月底前由联合工作组将名单报国务院。

实际耕地与新增建设用地面积确定办法

1. 2007年9月5日国土资源部发布
2. 国土资发〔2007〕207号

一、为客观评价各级人民政府履行土地管理和耕地保护责任落实情况,依据《中华人民共和国土地管理法》、《国务院关于加强土地调控有关问题的通知》(国发〔2006〕31号)等有关规定,制定本办法。

二、实际耕地面积是指在各省(区、市)、市(地、州)、县(区、市)行政辖区范围内当年实际耕地总数量。

三、新增建设用地面积是指当年依法批准的新增建设用地和未经依法批准的新增建设用地面积之和。

四、实际耕地面积与新增建设用地面积的确定以土地变更调查数据为依据。

五、依法批准的新增建设用地,按批准用地文件,将用地的范围标注到土地利用现状图上(以下简称上图),并填写《土地变更调查记录表》(以下简称上表)。

依法由国务院批准的城市建设用地,以省级人民政府审核同意的农用地转用和土地征收实施方案为依据,上图上表。

由省级人民政府批准农用地转用、国务院批准征收的土地,以土地征收批准文件为依据,上图上表。

六、未经依法批准的新增建设用地,按实际占地面积进行年度土地变更调查,上图上表。

七、农业结构调整、生态退耕、耕地灾毁等造成的耕地减少和土地开发整理等增加的耕地,按实地变化情况进行年度土地变更调查,上图上表。

八、实际耕地面积作为耕地保护责任目标考核的重要依据。

九、实际新增建设用地面积作为年度计划指标执行考核的重要依据,土地利用年度计划指标包括当年下发的计划指标和经依法批准结转使用的计划指标。

十、新增建设用地有偿使用费按当年批准用地的应缴额与未经依法批准的新增建设用地面积、相应等别和标准计算的应缴额之和进行考核,并限期追缴。

十一、国土资源部将利用遥感监测、抽查巡查等办法,对各省(区、市)当年耕地面积和实际新增建设用地面积数据进行核查。

十二、在土地变更调查中弄虚作假、虚报瞒报数据的行为,要依法依规追究有关人员的行政责任,触犯刑律的,依法追究刑事责任。

建设项目用地预审管理办法

1. 2001年7月25日国土资源部令第7号公布

2. 2004年11月1日国土资源部令第27号修订

3. 2008年11月29日国土资源部令第42号第一次修正

4. 根据2016年11月29日《国土资源部关于修改〈建设项目用地预审管理办法〉的决定》第二次修正

第一条 为保证土地利用总体规划的实施,充分发挥土地供应的宏观调控作用,控制建设用地总量,根据《中华人民共和国土地管理法》、《中华人民共和国土地管理法实施条例》和《国务院关于深化改革严格土地管理的决定》,制定本办法。

第二条 本办法所称建设项目用地预审,是指国土资源主管部门在建设项目审批、核准、备案阶段,依法对建设项目涉及的土地利用事项进行的审查。

第三条 预审应当遵循下列原则:

(一)符合土地利用总体规划;

(二)保护耕地,特别是基本农田;

(三)合理和集约节约利用土地;

(四)符合国家供地政策。

第四条 建设项目用地实行分级预审。

需人民政府或有批准权的人民政府发展和改革等部门审批的建设项目,由该人民政府的国土资源主管部门预审。

需核准和备案的建设项目,由与核准、备案机关同级的国土资源主管部门预审。

第五条 需审批的建设项目在可行性研究阶段,由建设用地单位提出预审申请。

需核准的建设项目在项目申请报告核准前,由建设单位提出用地预审申请。

需备案的建设项目在办理备案手续后,由建设单位提出用地预审申请。

第六条 依照本办法第四条规定应当由国土资源部预审的建设项目,国土资源部委托项目所在地的省级国土资源主管部门受理,但建设项目占用规划确定的城市建设用地范围内土地的,委托市级国土资源主管部门受理。受理后,提出初审意见,转报国土资源部。

涉密军事项目和国务院批准的特殊建设项目用地,建设用地单位可直接向国土资源部提出预审申请。

应当由国土资源部负责预审的输电线塔基、钻探井位、通讯基站等小面积零星分散建设项目用地,由省级国土资源主管部门预审,并报国土资源部备案。

第七条 申请用地预审的项目建设单位,应当提交下列材料:

(一)建设项目用地预审申请表;

(二)建设项目用地预审申请报告,内容包括拟建项目的基本情况、拟选址占地情况、拟用地是否符合土地利用总体规划、拟用地面积是否符合土地使用标准、拟用地是否符合供地政策等;

(三)审批项目建议书的建设项目提供项目建议书批复文件,直接审批可行性研究报告或者需核准的建设项目提供建设项目列入相关规划或者产业政策的文件。

前款规定的用地预审申请表样式由国土资源部制定。

第八条 建设单位应当对单独选址建设项目是否位于地质灾害易发区、是否压覆重要矿产资源进行查询核实;位于地质灾害易发区或者压覆重要矿产资源的,应当依据相关法律法规的规定,在办理用地预审手续后,完成地质灾害危险性评估、压覆矿产资源登记等。

第九条 负责初审的国土资源主管部门在转报用地预审申请时,应当提供下列材料:

(一)依据本办法第十一条有关规定,对申报材料作出的初步审查意见;

（二）标注项目用地范围的土地利用总体规划图、土地利用现状图及其他相关图件；

（三）属于《土地管理法》第二十六条规定情形，建设项目用地需修改土地利用总体规划的，应当出具规划修改方案。

第十条 符合本办法第七条规定的预审申请和第九条规定的初审转报件，国土资源主管部门应当受理和接收。不符合的，应当场或在五日内书面通知申请人和转报人，逾期不通知的，视为受理和接收。

受国土资源部委托负责初审的国土资源主管部门应当自受理之日起二十日内完成初审工作，并转报国土资源部。

第十一条 预审应当审查以下内容：

（一）建设项目用地是否符合国家供地政策和土地管理法律、法规规定的条件；

（二）建设项目选址是否符合土地利用总体规划，属《土地管理法》第二十六条规定情形，建设项目用地需修改土地利用总体规划的，规划修改方案是否符合法律、法规的规定；

（三）建设项目用地规模是否符合有关土地使用标准的规定；对国家和地方尚未颁布土地使用标准和建设标准的建设项目，以及确需突破土地使用标准确定的规模和功能分区的建设项目，是否已组织建设项目节地评价并出具评审论证意见。

占用基本农田或者其他耕地规模较大的建设项目，还应当审查是否已经组织踏勘论证。

第十二条 国土资源主管部门应当自受理预审申请或者收到转报材料之日起二十日内，完成审查工作，并出具预审意见。二十日内不能出具预审意见的，经负责预审的国土资源主管部门负责人批准，可以延长十日。

第十三条 预审意见应当包括对本办法第十一条规定内容的结论性意见和对建设用地单位的具体要求。

第十四条 预审意见是有关部门审批项目可行性研究报告、核准项目申请报告的必备文件。

第十五条 建设项目用地预审文件有效期为三年，自批准之日起计算。已经预审的项目，如需对土地用途、建设项目选址等进行重大调整的，应当重新申请预审。

未经预审或者预审未通过的，不得批复可行性研究报告、核准项目申请报告；不得批准农用地转用、土地征收，不得办理供地手续。预审审查的相关内容在建设用地报批时，未发生重大变化的，不再重复审查。

第十六条 本办法自2009年1月1日起施行。

建设用地审查报批管理办法

1. 1999年3月2日国土资源部令第3号发布
2. 根据2010年11月30日《国土资源部关于修改部分规章的决定》第一次修正
3. 根据2016年11月29日《国土资源部关于修改〈建设用地审查报批管理办法〉的决定》第二次修正

第一条 为加强土地管理，规范建设用地审查报批工作，根据《中华人民共和国土地管理法》（以下简称《土地管理法》）、《中华人民共和国土地管理法实施条例》（以下简称《土地管理法实施条例》），制定本办法。

第二条 依法应当报国务院和省、自治区、直辖市人民政府批准的建设用地的申请、审查、报批和实施，适用本办法。

第三条 县级以上国土资源主管部门负责建设用地的申请受理、审查、报批工作。

第四条 在建设项目审批、核准、备案阶段，建设单位应当向建设项目批准机关的同级国土资源主管部门提出建设项目用地预审申请。

受理预审申请的国土资源主管部门应当依据土地利用总体规划、土地使用标准和国家土地供应政策，对建设项目的有关事项进行预审，出具建设项目用地预审意见。

第五条 在土地利用总体规划确定的城市建设用地范围外单独选址的建设项目使用土地的，建设单位应当向土地所在地的市、县国土资源主管部门提出用地申请。

建设单位提出用地申请时，应当填写《建设用地申请表》，并附具下列材料：

（一）建设项目用地预审意见；

（二）建设项目批准、核准或者备案文件；

（三）建设项目初步设计批准或者审核文件。

建设项目拟占用耕地的，还应当提出补充耕地方案；建设项目位于地质灾害易发区的，还应当提供地质灾害危险性评估报告。

第六条 国家重点建设项目中的控制工期的单体工程和因工期紧或者受季节影响急需动工建设的其他工程，可以由省、自治区、直辖市国土资源主管部门向国土资源部申请先行用地。

申请先行用地，应当提交下列材料：

（一）省、自治区、直辖市国土资源主管部门先行用地申请；

（二）建设项目用地预审意见；

（三）建设项目批准、核准或者备案文件；

（四）建设项目初步设计批准文件、审核文件或者有关部门确认工程建设的文件；

（五）国土资源部规定的其他材料。

经批准先行用地的，应当在规定期限内完成用地报批手续。

第七条 市、县国土资源主管部门对材料齐全、符合条件的建设用地申请，应当受理，并在收到申请之日起30日内拟订农用地转用方案、补充耕地方案、征收土地方案和供地方案，编制建设项目用地呈报说明书，经同级人民政府审核同意后，报上一级国土资源主管部门审查。

第八条 在土地利用总体规划确定的城市建设用地范围内，为实施城市规划占用土地的，由市、县国土资源主管部门拟订农用地转用方案、补充耕地方案和征收土地方案，编制建设项目用地呈报说明书，经同级人民政府审核同意后，报上一级国土资源主管部门审查。

在土地利用总体规划确定的村庄和集镇建设用地范围内，为实施村庄和集镇规划占用土地的，由市、县国土资源主管部门拟订农用地转用方案、补充耕地方案，编制建设项目用地呈报说明书，经同级人民政府审核同意后，报上一级国土资源主管部门审查。

报国务院批准的城市建设用地，农用地转用方案、补充耕地方案和征收土地方案可以合并编制，一年申报一次；国务院批准城市建设用地后，由省、自治区、直辖市人民政府对设区的市人民政府分期分批申报的农用地转用和征收土地实施方案进行审核并回复。

第九条 建设只占用国有农用地的，市、县国土资源主管部门只需拟订农用地转用方案、补充耕地方案和供地方案。

建设只占用农民集体所有建设用地的，市、县国土资源主管部门只需拟订征收土地方案和供地方案。

建设只占用国有未利用地，按照《土地管理法实施条例》第二十四条规定应由国务院批准的，市、县国土资源主管部门只需拟订供地方案；其他建设项目使用国有未利用地的，按照省、自治区、直辖市的规定办理。

第十条 建设项目用地呈报说明书应当包括用地安排情况、拟使用土地情况等，并应附具下列材料：

（一）经批准的市、县土地利用总体规划图和分幅土地利用现状图，占用基本农田的，同时提供乡级土地利用总体规划图；

（二）有资格的单位出具的勘测定界图及勘测定界技术报告书；

（三）地籍资料或者其他土地权属证明材料；

（四）为实施城市规划和村庄、集镇规划占用土地的，提供城市规划图和村庄、集镇规划图。

第十一条 农用地转用方案，应当包括占用农用地的种类、面积、质量等，以及符合规划计划、基本农田占用补划等情况。

补充耕地方案，应当包括补充耕地的位置、面积、质量，补充的期限，资金落实情况等，以及补充耕地项目备案信息。

征收土地方案，应当包括征收土地的范围、种类、面积、权属，土地补偿费和安置补助费标准，需要安置人员的安置途径等。

供地方案，应当包括供地方式、面积、用途等。

第十二条 有关国土资源主管部门收到上报的建设项目用地呈报说明书和有关方案后，对材料齐全、符合条件的，应当在5日内报经同级人民政府审核。同级人民政府审核同意后，逐级上报有批准权的人民政府，并将审查所需的材料及时送该级国土资源主管部门审查。

对依法应由国务院批准的建设项目用地呈报说明书和有关方案，省、自治区、直辖市人民政府必须提出明确的审查意见，并对报送材料的真实性、合法性负责。

省、自治区、直辖市人民政府批准农用地转用、国务院批准征收土地的，省、自治区、直辖市人民政府批准农用地转用方案后，应当将批准文件和下级国土资源主管部门上报的材料一并上报。

第十三条 有批准权的国土资源主管部门应当自收到上报的农用地转用方案、补充耕地方案、征收土地方案和供地方案并按规定征求有关方面意见后30日内审查完毕。

建设用地审查应当实行国土资源主管部门内部会审制度。

第十四条 农用地转用方案和补充耕地方案符合下列条件的，国土资源主管部门方可报人民政府批准：

（一）符合土地利用总体规划；

（二）确属必需占用农用地且符合土地利用年度计划确定的控制指标；

（三）占用耕地的，补充耕地方案符合土地整理开发专项规划且面积、质量符合规定要求；

（四）单独办理农用地转用的，必须符合单独选址条件。

第十五条 征收土地方案符合下列条件的，国土资源主管部门方可报人民政府批准：

（一）被征收土地界址、地类、面积清楚，权属无争议的；

（二）被征收土地的补偿标准符合法律、法规规定的；

（三）被征收土地上需要安置人员的安置途径切实可行。

建设项目施工和地质勘查需要临时使用农民集体所有的土地的，依法签订临时使用土地合同并支付临时使用土地补偿费，不得办理土地征收。

第十六条 供地方案符合下列条件的，国土资源主管部门方可报人民政府批准：

（一）符合国家的土地供应政策；

（二）申请用地面积符合建设用地标准和集约用地的要求；

（三）只占用国有未利用地的，符合规划、界址清楚、面积准确。

第十七条 农用地转用方案、补充耕地方案、征收土地方案和供地方案经有批准权的人民政府批准后，同级国土资源主管部门应当在收到批件后5日内将批复发出。

未按规定缴纳新增建设用地土地有偿使用费的，不予批复建设用地。其中，报国务院批准的城市建设用地，省、自治区、直辖市人民政府在设区的市人民政府按照有关规定缴纳新增建设用地土地有偿使用费后办理回复文件。

第十八条 经批准的农用地转用方案、补充耕地方案、征收土地方案和供地方案，由土地所在地的市、县人民政府组织实施。

第十九条 建设项目补充耕地方案经批准下

达后，在土地利用总体规划确定的城市建设用地范围外单独选址的建设项目，由市、县国土资源主管部门负责监督落实；在土地利用总体规划确定的城市和村庄、集镇建设用地范围内，为实施城市规划和村庄、集镇规划占用土地的，由省、自治区、直辖市国土资源主管部门负责监督落实。

第二十条　征收土地公告和征地补偿、安置方案公告，按照《征收土地公告办法》的有关规定执行。

征地补偿、安置方案确定后，市、县国土资源主管部门应当依照征地补偿、安置方案向被征收土地的农村集体经济组织和农民支付土地补偿费、地上附着物和青苗补偿费，并落实需要安置农业人口的安置途径。

第二十一条　在土地利用总体规划确定的城市建设用地范围内，为实施城市规划占用土地的，经依法批准后，市、县国土资源主管部门应当公布规划要求，设定使用条件，确定使用方式，并组织实施。

第二十二条　以有偿使用方式提供国有土地使用权的，由市、县国土资源主管部门与土地使用者签订土地有偿使用合同，并向建设单位颁发《建设用地批准书》。土地使用者缴纳土地有偿使用费后，依照规定办理土地登记。

以划拨方式提供国有土地使用权的，由市、县国土资源主管部门向建设单位颁发《国有土地划拨决定书》和《建设用地批准书》，依照规定办理土地登记。《国有土地划拨决定书》应当包括划拨土地面积、土地用途、土地使用条件等内容。

建设项目施工期间，建设单位应当将《建设用地批准书》公示于施工现场。

市、县国土资源主管部门应当将提供国有土地的情况定期予以公布。

第二十三条　各级国土资源主管部门应当对建设用地进行跟踪检查。

对违反本办法批准建设用地或者未经批准非法占用土地的，应当依法予以处罚。

第二十四条　本办法自发布之日起施行。

财政部、国土资源部、中国人民银行关于调整新增建设用地土地有偿使用费政策等问题的通知

1. 2006年11月7日

2. 财综〔2006〕48号

各省、自治区、直辖市、计划单列市财政厅（局）、国土资源厅（国土环境资源厅、国土资源局、国土资源和房屋管理局、房屋土地资源管理局），新疆生产建设兵团财务局、国土资源局，中国人民银行上海总部，各分行、营业管理部，省会（首府）城市中心支行，副省级城市中心支行：

根据《国务院关于深化改革严格土地管理的决定》（国发〔2004〕28号）和《国务院关于加强土地调控有关问题的通知》（国发〔2006〕31号）的有关规定，为了进一步保护耕地，促进节约集约用地，加强土地调控管理，控制固定资产投资过快增长，现就调整新增建设用地土地有偿使用费政策等问题通知如下：

一、进一步明确新增建设用地土地有偿使用费征收范围

新增建设用地为农用地和未利用地转为建设用地。新增建设用地土地有偿使用费，由市、县人民政府按照国土资源部或省、自治区、直辖市国土资源管理部门核定的当地实际新增建设用地面积、相应等别和征收标准缴纳。新增建设用地土地有偿使用费的征收范围为：土地利用总体规划确定的城市（含建制镇）建设用地范围内的新增建设用地（含村庄和集镇新增建设用地）；在土地利用总体规划确定的城市（含建制镇）、村庄和集镇建设用地范围外单独选址、依法以出

让等有偿使用方式取得的新增建设用地；在水利水电工程建设中，移民迁建用地占用城市（含建制镇）土地利用总体规划确定的经批准超出原建设用地面积的新增建设用地。

因违法批地、占用而实际发生的新增建设用地，应按照国土资源部认定的实际新增建设用地面积、相应等别和征收标准缴纳新增建设用地土地有偿使用费。

二、调整新增建设用地土地有偿使用费征收等别和征收标准

从 2007 年 1 月 1 日起，新批准新增建设用地的土地有偿使用费征收标准在原有基础上提高 1 倍，提高后的新增建设用地土地有偿使用费征收标准详见附件 1。同时，根据各地行政区划变动情况，相应细化新增建设用地土地有偿使用费征收等别，细化后的《新增建设用地土地有偿使用费征收等别》详见附件 2。

今后，财政部将会同国土资源部根据国家土地调控政策需要，结合各地基准地价水平、耕地总量和人均耕地面积、社会经济发展水平等状况，适时调整新增建设用地土地有偿使用费征收等别和征收标准，并向全社会公布。

三、调整地方新增建设用地土地有偿使用费分成管理方式

新增建设用地土地有偿使用费征收标准提高后，仍实行中央与地方30:70分成体制。同时，为加强对土地利用的调控，从 2007 年 1 月 1 日起，调整地方分成的新增建设用地土地有偿使用费管理方式。地方分成的 70% 部分，一律全额缴入省级（含省、自治区、直辖市、计划单列市，下同）国库。

四、加强新增建设用地土地有偿使用费征收管理

新增建设用地土地有偿使用费由国土资源部和各省、自治区、直辖市国土资源管理部门在办理用地审批手续时负责征收，由财政部门负责征收管理，由财政部驻各省、自治区、直辖市、计划单列市财政监察专员办事处（以下简称财政部驻各地财政监察专员办事处）以及省级财政部门共同负责监督解缴。

国土资源部和各省、自治区、直辖市国土资源管理部门在办理用地审批手续时，应当开具新增建设用地土地有偿使用费缴款通知书，通知申请办理新增建设用地审批手续的市、县人民政府在规定的时间内依法足额缴纳新增建设用地土地有偿使用费，同时将缴款通知书抄送财政部、财政部驻各地财政监察专员办事处以及省级财政部门备查。缴款通知书应明确新增建设用地的地类、面积、适用的征收等别、征收标准以及应缴纳的新增建设用地土地有偿使用费具体数额。

市、县人民政府在收到国土资源管理部门开具的缴款通知书后，应当及时通知市、县财政部门填写一份“一般缴款书”，将应当缴纳的新增建设用地土地有偿使用费全额就地缴入国库。市、县财政部门在缴款时，“一般缴款书”中收款单位栏填写“财政部门”，预算级次填写“中央和省级共享收入”，收款国库栏填写当地实际收纳款项的国库名称；填写预算科目时，30% 填列政府收支分类科目 103013301 目“中央新增建设用地土地有偿使用费收入”科目，70% 填列政府收支分类科目 103013302 目“地方新增建设用地土地有偿使用费收入”科目。国库部门办理缴库手续后，将加盖国库印章的“一般缴款书”第四、五联退市、县财政部门。市、县财政部门将收到的“一般缴款书”第四、五联分别报送省级财政部门和财政部驻当地财政监察专员办事处备查。已经实施非税收入收缴管理制度改革的地方，新增建设用地土地有偿使用费的缴库方式，按照非税收入收缴管理制度改革的有关规定执行。市、县财政部门缴纳新增建设用地土地有偿使用费，可以从国有土地使用权出让收入等财政性资金中列支，并填列政府收支分类科目 2120899 项“其他土地使用权出让金支

出”等相应科目。

国土资源部和各省、自治区、直辖市国土资源管理部门应当在收到市、县人民政府已足额缴纳新增建设用地土地有偿使用费的有效凭证后，再依法办理用地批准文件，并抄送财政部、财政部驻各地财政监察专员办事处以及省级财政部门。财政部驻各地财政监察专员办事处以及省级财政部门，要按照国土资源管理部门开具的新增建设用地土地有偿使用费缴款通知书、缴款凭证、用地批准文件等，抽查核实市、县人民政府是否及时足额缴纳新增建设用地土地有偿使用费，并按月做好与国库以及国土资源管理部门的对账工作，确保有关数据准确无误。严禁市、县人民政府和有关部门将新增建设用地土地有偿使用费转嫁由用地单位缴纳。严禁在审批新增建设用地时采取“以租代征”等方式，逃避缴纳新增建设用地土地有偿使用费。市、县人民政府凡不按国家规定的等别和征收标准及时足额缴纳新增建设用地土地有偿使用费的，国土资源部和各省、自治区、直辖市国土资源管理部门一律不得办理用地审批手续和批准文件。任何地区、部门、单位和个人，均不得减免、缓缴、挤占、截留和挪用新增建设用地土地有偿使用费。

五、认真做好新增建设用地土地有偿使用费清欠工作

国土资源管理部门和财政部门要加强新增建设用地土地有偿使用费征收工作，对于地方违反规定减免和欠缴新增建设用地土地有偿使用费的，要进行逐项清理，并限期追缴。其中：对于2004年《国务院关于深化改革严格土地管理的决定》（国发〔2004〕28号）发布后，各地违反规定减免和欠缴的，要在2006年12月31日前全部清缴完毕。2006年12月31日前清缴的新增建设用地土地有偿使用费，按照原有规定解缴入库；2006年12月31日以后清缴的新增建设用地土地有偿使用费，一律按照本通知第四条规定解缴入库。逾期未缴的，一律暂停审批该市、县下一年度新增建设用地指标，并按其滞纳金额及日期按日加收1‰的滞纳金。滞纳金随同清缴的新增建设用地土地有偿使用费一并按规定比例分别缴入中央和省级国库。拒不缴纳的，除了由国土资源部和各省、自治区、直辖市国土资源管理部门会同同级财政部门进行公示、暂停办理新的新增建设用地审批手续和下达该市、县下一年度新增建设用地指标、加收滞纳金以外，还应由财政部和省级财政部门在办理年终结算时予以相应抵扣。

六、改进和完善新增建设用地土地有偿使用费使用管理

为提高新增建设用地土地有偿使用费使用效率，进一步改进和完善新增建设用地土地有偿使用费使用管理。从2007年1月1日起，中央分成的新增建设用地土地有偿使用费，由财政部会同国土资源部主要参照各地国土资源管理部门核实的截至上一年底基本农田面积和国家确定的土地开发整理重点任务分配给各省、自治区、直辖市、计划单列市，并向中西部地区和粮食主产区倾斜，专项用于基本农田建设和保护、土地整理、耕地开发等开支。各省、自治区、直辖市、计划单列市分成的部分，加上中央财政专项分配的新增建设用地土地有偿使用费，统一由省级财政部门会同国土资源管理部门，主要参照各地国土资源管理部门核实的截至上一年底基本农田面积、国家和省级确定的土地开发整理重点任务分配给市、县，专项用于基本农田建设和保护、土地整理、耕地开发等开支。

将政府收支分类科目212类“城乡社区事务”08款“国有土地使用权出让金支出”中的06项“耕地开发专项支出”科目，修改为12项“耕地开发专项支出”科目，增设13项“基本农田建设和保护支出”、14项“土地整理支出”科目，分别反映新增建设用地土地有偿使用费用于上述各项支出情况。

七、强化新增建设用地土地有偿使用费收支管理监督检查

省级财政部门以及财政部驻各地财政监察专员办事处要加强对新增建设用地土地有偿使用费管理的监督检查,建立定期检查制度。国土资源管理部门要建立新增建设用地和基本农田保有量监督检查制度,充分运用航空、遥感等技术方法和手段,核实当年新增建设用地面积和耕地面积,强化新增建设用地土地有偿使用费征收管理与监督。对未依法办理农用地审批、未利用地转用审批、"以租代征"和未批先用等违法批地、用地行为占用土地的,不按规定及时足额解缴新增建设用地土地有偿使用费的,以及擅自减免、缓缴、截留、挤占、挪用新增建设用地土地有偿使用费的,要严格按照《土地管理法》以及《财政违法行为处罚处分条例》(国务院令第427号)等有关法律法规规定进行处理,按日加收滞纳金,并依法追究有关责任人的责任。

各地收到本通知后,要严格按照本通知规定,抓紧做好相关工作。此前有关规定凡与本通知规定不一致的,一律以本通知规定为准。

附件:1. 新增建设用地土地有偿使用费征收标准(略)

2. 新增建设用地土地有偿使用费征收等别①(略)

国土资源部关于严格建设用地管理促进批而未用土地利用的通知

2009年8月11日

各省、自治区、直辖市国土资源厅(国土环境资源厅、国土资源局、国土资源和房屋管理局、规划和国土资源管理局),新疆生产建设兵团国土资源局,各派驻地方的国家土地督察局:

为促进城市新增建设用地及时有效供应并得到充分利用,进一步加强建设用地管理,依法纠正和遏制违法违规使用农村集体土地等行为,现就有关工作事宜通知如下:

一、加快城市建设用地审批和土地征收实施

各级国土资源管理部门要切实增强主动工作意识,提高工作效率,积极采取有效措施,对国务院批准的2007、2008年度城市建设用地,凡未上报或审核同意实施方案的,省级国土资源管理部门要督促城市人民政府尽快编制和上报实施方案,并尽快向省(区、市)人民政府汇报,在9月底前完成审核工作。

省级国土资源管理部门要加强对地方的指导,督促各地加快征地实施工作进度,确保已批准的城市建设用地能够及时形成供地条件,保障扩内需、保增长、调结构用地的供应。

省级国土资源管理部门要加强对城市建设用地批后实施的跟踪管理和督促。国务院批准的城市建设用地,自省级人民政府审核同意实施方案后满两年未实施具体征地或用地行为的,该部分土地的农用地转用失效,并应以适当方式予以公告。

二、切实抓好批而未征土地的处理

各地要按照《关于在保增长保红线行动中加快处理批而未用土地等工作的通知》(国土资电发〔2009〕44号)的部署,在全面清理、摸清底数的基础上,及时制订批而未征、征而未供、供而未用、用而未尽土地的处理意见和整改方案,并认真抓好落实。省级国土资源管理部门要加强对城市建设用地批后实施情况的调查研究,帮助市、县协调解决工作中的困难和问题。

允许在一定条件下适当调整建设用地

① 2009年4月22日,财政部、国土资源部公布的《关于调整部分地区新增建设用地土地有偿使用费征收等别的通知》(财综〔2009〕24号)废止了本文件的附件2。——编者注

区位。国务院批准的2007、2008年度城市建设用地,至今未实施征地,但各种原因确需对原批准的建设用地区位进行调整的,且拟调整用地在符合土地利用总体规划和城市规划、不突破国务院批准的城市总用地和新增建设用地规模、"三类住房"等民生用地面积不减少的条件下,允许适当调整。城市人民政府应在申报实施方案时连同调整方案一并报省级人民政府审核。城市人民政府申报调整方案时应明确拟调整土地的具体位置、图幅图斑号、地类、面积等情况。凡涉及区位调整的,经省级人民政府批准后,应及时将相关批准文件报部备案,并抄送派驻地方的国家土地督察局。省级人民政府审批的城市建设用地满足上述条件的,可参照执行。

三、进一步规范和加强建设项目用地管理

规范城市基础设施等用地的供地手续。城市公共道路、公共绿地、公共污水雨水排放管线、公共休憩广场等基础设施、公用设施用地等,凡以建设项目运作实施的,必须严格依法办理供地手续,颁发《建设用地批准书》和《国有建设用地划拨决定书》,及时通过电子备案系统进行备案;对用地主体不明确,且已实际使用土地进行开发建设的,可视为已供地予以备案,待竣工后通过土地变更进行登记,用地主体确定为城市人民政府。

完善工业用地出让备案制度。对以招标拍卖挂牌方式确定使用权的工业项目用地,可在签订《成交确认书》后通过电子备案系统进行预备案,待正式签订《国有建设用地出让合同》后再规范填报供地备案;若后期因未取得其他相关部门批准手续而放弃土地使用权的,应及时在电子备案系统中注销预备案。

采取切实措施促进建设用地的有效利用。对已完成土地征收和前期土地开发,原意向项目不落实的,应及时调整给其他用地者。对因城市规划调整造成已供地项目不能落地的,应允许用地者报经批准后改变土地具体用途,或者通过协商调整安排给其他符合规划的项目,但应依法办理相关供地手续。对取得土地后满2年未动工的建设项目用地,应依照闲置土地的处置政策依法处置,促进尽快利用。

四、坚决查处违法批地和用地行为

各级国土资源管理部门要继续加大土地执法工作力度。当前,要围绕保增长、保民生、保稳定和社会关注的热点问题,切实抓好违法用地案件的查处。

加强土地执法监察。要通过进一步建立健全动态巡查、举报等制度,对苗头性、倾向性问题早发现、早制止、早处置,及时纠正和查处以预审代审批、通过办理临时用地方式变相开工建设等未批先用、批而不用、批少占多等违法违规用地行为。

严肃查处违反土地管理法律法规新建"小产权房"和高尔夫球场项目用地。必须严格按照《土地管理法》和《关于严格执行有关农村集体建设用地法律和政策的通知》(国办发〔2007〕71号)的规定执行。对在建在售的以新农村建设、村庄改造、农民新居建设和设施农业、观光农业等名义占用农村集体土地兴建商品住宅,在地方政府统一组织协调下,必须采取强力措施,坚决叫停管住并予以严肃查处。

五、加强建设用地批后监管

健全建设用地动态监管制度。加快运行建设用地"批、供、用、补、查"综合监管平台,重点对土地利用规划和计划执行、土地审批及土地征收、土地供应、项目用地开发利用等情况进行动态监管,切实预防和防止未批即用、批而未征、征而未供、供而未用等现象的发生。省级国土资源管理部门要认真做好建设用地审批备案工作,适时掌握国务院批准城市用地的农用地转用、土地征收方案实施情况和省级人民政府审批建设用地情况。市、县国土资源管理部门要全面运行土地市场动态监测与监管系统。建设用地供应，必须通过系统填报并由系统生成配电子编号和条形码的《国有建设用地出让合同》、《国有建设用地划拨决定书》，并对执行情况实施全程监管，及时向社会公开供地计划、供应结果和实际开发利用情况动态信息。

各派驻地方的国家土地督察局要加强对建设用地审批事项的督察，将城市建设用地批后实施作为督察重点，特别是对调整用地区位的建设用地要加大抽查力度。把违法违规使用农村集体土地建设纳入专项督察范围，对问题严重地区发出整改意见，督促地方政府纠正整改。

国土资源部、住房城乡建设部关于印发《利用集体建设用地建设租赁住房试点方案》的通知

1. *2017年8月21日*
2. *国土资发〔2017〕100号*

北京、辽宁、上海、江苏、浙江、安徽、福建、河南、湖北、广东、四川省（市）国土资源主管部门、住房城乡建设主管部门：

为增加租赁住房供应，缓解住房供需矛盾，构建购租并举的住房体系，建立健全房地产平稳健康发展长效机制，国土资源部会同住房城乡建设部根据地方自愿，确定第一批在北京、上海、沈阳、南京、杭州、合肥、厦门、郑州、武汉、广州、佛山、肇庆、成都等13个城市开展利用集体建设用地建设租赁住房试点，制定了《利用集体建设用地建设租赁住房试点方案》，现印发给你们，请指导、督促各有关城市认真执行。

利用集体建设用地建设租赁住房试点方案

利用集体建设用地建设租赁住房，可以增加租赁住房供应，缓解住房供需矛盾，有助于构建购租并举的住房体系，建立健全房地产平稳健康发展长效机制；有助于拓展集体土地用途，拓宽集体经济组织和农民增收渠道；有助于丰富农村土地管理实践，促进集体土地优化配置和节约集约利用，加快城镇化进程。按照中央有关精神，结合当前管理工作实际，制定本试点方案。

一、总体要求

（一）指导思想。全面贯彻党的十八大和十八届三中、四中、五中、六中全会精神，深入学习贯彻习近平总书记系列重要讲话精神，紧紧围绕统筹推进“五位一体”总体布局和协调推进“四个全面”战略布局，牢固树立创新、协调、绿色、开放、共享的发展理念，按照党中央、国务院决策部署，牢牢把握“房子是用来住的，不是用来炒的”定位，以构建购租并举的住房体系为方向，着力构建城乡统一的建设用地市场，推进集体土地不动产登记，完善利用集体建设用地建设租赁住房规则，健全服务和监管体系，提高存量土地节约集约利用水平，为全面建成小康社会提供用地保障，促进建立房地产平稳健康发展长效机制。

（二）基本原则。

把握正确方向。坚持市场经济改革方向，发挥市场配置资源的决定性作用，注重与不动产统一登记、培育和发展住房租赁市场、集体经营性建设用地入市等改革协同，加强部门协作，形成改革合力。

保证有序可控。政府主导，审慎稳妥推进试点。项目用地应当符合城乡规划、土地利用总体规划及村土地利用规划，以存量土地为主，不得占用耕地，增加住房有效供给。以满足新市民合理住房需求为主，强化监管责任，保障依法依规建设、平稳有序运营，做到供需匹配。

坚持自主运作。尊重农民集体意愿，统筹考虑农民集体经济实力，以具体项目为抓手，合理确定项目运作模式，维护权利人合

法权益，确保集体经济组织自愿实施、自主运作。

提高服务效能。落实"放管服"要求，强化服务意识，优化审批流程，降低交易成本，提升服务水平，提高办事效率，方便群众办事。

（三）试点目标。通过改革试点，在试点城市成功运营一批集体租赁住房项目，完善利用集体建设用地建设租赁住房规则，形成一批可复制、可推广的改革成果，为构建城乡统一的建设用地市场提供支撑。

（四）试点范围。按照地方自愿原则，在超大、特大城市和国务院有关部委批准的发展住房租赁市场试点城市中，确定租赁住房需求较大，村镇集体经济组织有建设意愿、有资金来源，政府监管和服务能力较强的城市（第一批包括北京市，上海市，辽宁沈阳市，江苏南京市，浙江杭州市，安徽合肥市，福建厦门市，河南郑州市，湖北武汉市，广东广州市、佛山市、肇庆市，四川成都市），开展利用集体建设用地建设租赁住房试点。

除北京、上海外，由省级国土资源主管部门和住房城乡建设主管部门汇总本辖区计划开展试点城市的试点实施方案，报国土资源部和住房城乡建设部批复后启动试点。

二、试点内容

（一）完善试点项目审批程序。试点城市应当梳理项目报批（包括预审、立项、规划、占地、施工）、项目竣工验收、项目运营管理等规范性程序，建立快速审批通道。健全集体建设用地规划许可制度，推进统一规划、统筹布局、统一管理，统一相关建设标准。试点项目区域基础设施完备，医疗、教育等公共设施配套齐全，符合城镇住房规划设计有关规范。

（二）完善集体租赁住房建设和运营机制。村镇集体经济组织可以自行开发运营，也可以通过联营、入股等方式建设运营集体租赁住房。兼顾政府、农民集体、企业和个人利益，理清权利义务关系，平衡项目收益与征地成本关系。完善合同履约监管机制，土地所有权人和建设用地使用权人、出租人和承租人依法履行合同和登记文件中所载明的权利和义务。

（三）探索租赁住房监测监管机制。集体租赁住房出租，应遵守相关法律法规和租赁合同约定，不得以租代售。承租的集体租赁住房，不得转租。探索建立租金形成、监测、指导、监督机制，防止租金异常波动，维护市场平稳运行。国土资源、住房城乡建设部门应与相关部门加强协作、各负其责，在建设用地使用权登记、房屋所有权登记、租赁备案、税务、工商等方面加强联动，构建规范有序的租赁市场秩序。

（四）探索保障承租人获得基本公共服务的权利。承租人可按照国家有关规定凭登记备案的住房租赁合同依法申领居住证，享受规定的基本公共服务。有条件的城市，要进一步建立健全对非本地户籍承租人的社会保障机制。

三、组织实施

（一）加强组织保障。国土资源部和住房城乡建设部共同部署试点。省级国土资源主管部门和住房城乡建设主管部门负责试点工作的督促、检查和指导。城市政府全面负责试点组织领导工作，制定试点工作规则和组织实施方案，建立试点协调决策机构。各地区各有关部门要加强协调配合，稳妥有序推进试点。

（二）推进试点实施。

1. 编制实施方案。试点城市根据本方案编制实施方案，经省级国土资源主管部门和住房城乡建设主管部门汇总后，2017 年 11 月底前报国土资源部和住房城乡建设部批复。

2. 试点实施、跟踪及总结。省级国土资源主管部门和住房城乡建设主管部门负责试点工作的督促、检查和指导，及时研究解决试点中存在的问题。

2019 年 11 月，省级国土资源主管部门和住房城乡建设主管部门组织开展试点中期评估,形成评估报告报国土资源部和住房城乡建设部。

2020年底前,省级国土资源主管部门和住房城乡建设主管部门总结试点工作,总结报告报国土资源部和住房城乡建设部。

(三)强化指导监督。各地区各有关部门要按照职责分工,加强对试点工作的指导监督,依法规范运行。要加强分类指导,尊重基层首创精神,健全激励和容错纠错机制,允许进行差别化探索,切实做到封闭运行、风险可控,发现问题及时纠偏。

(四)做好宣传引导。试点地区要加强对试点工作的监督管理,密切关注舆情动态,妥善回应社会关切,重大问题及时报告。

4. 土地登记与权属

确定土地所有权和使用权的若干规定

1. 1995年3月11日国家土地管理局发布

2. 根据2010年12月3日《国土资源部关于修改部分规范性文件的决定》修正

第一章 总　　则

第一条 为了确定土地所有权和使用权,依法进行土地登记,根据有关的法律、法规和政策,制订本规定。

第二条 土地所有权和使用权由县级以上人民政府确定,土地管理部门具体承办。

土地权属争议,由土地管理部门提出处理意见,报人民政府下达处理决定或报人民政府批准后由土地管理部门下达处理决定。

第二章 国家土地所有权

第三条 城市市区范围内的土地属于国家所有。

第四条 依据一九五〇年《中华人民共和国土地改革法》及有关规定,凡当时没有将土地所有权分配给农民的土地属于国家所有;实施一九六二年《农村人民公社工作条例修正草案》(以下简称《六十条》)未划入农民集体范围内的土地属于国家所有。

第五条 国家建设征收的土地,属于国家所有。

第六条 开发利用国有土地,开发利用者依法享有土地使用权,土地所有权仍属国家。

第七条 国有铁路线路、车站、货场用地以及依法留用的其他铁路用地属于国家所有。土改时已分配给农民所有的原铁路用地和新建铁路两侧未经征收的农民集体所有土地属于农民集体所有。

第八条 县级以上(含县级)公路线路用地属于国家所有。公路两侧保护用地和公路其他用地凡未经征收的农民集体所有的土地仍属于农民集体所有。

第九条 国有电力、通讯设施用地属于国家所有。但国有电力通讯杆塔占用农民集体所有的土地,未办理征收手续的,土地仍属于农民集体所有,对电力通讯经营单位可确定为他项权利。

第十条 军队接收的敌伪地产及解放后经人民政府批准征收、划拨的军事用地属于国家所有。

第十一条 河道堤防内的土地和堤防外的护堤地,无堤防河道历史最高洪水位或者设计洪水位以下的土地,除土改时已将所有权分配给农民,国家未征收,且迄今仍归农民集体使用的外,属于国家所有。

第十二条 县级以上(含县级)水利部门直接管理的水库、渠道等水利工程用地属于国家所有。水利工程管理和保护范围内未经征收的农民集体土地仍属于农民集体所有。

第十三条 国家建设对农民集体全部进行移民安置并调剂土地后,迁移农民集体原有土地转为国家所有。但移民后原集体仍继续使用的集体所有土地,国家未进行征收的,其所有权不变。

第十四条　因国家建设征收土地，农民集体建制被撤销或其人口全部转为非农业人口，其未经征收的土地，归国家所有。继续使用原有土地的原农民集体及其成员享有国有土地使用权。

第十五条　全民所有制单位和城镇集体所有制单位兼并农民集体企业的，办理有关手续后，被兼并的原农民集体企业使用的集体所有土地转为国家所有。乡(镇)企业依照国家建设征收土地的审批程序和补偿标准使用的非本乡(镇)村农民集体所有的土地，转为国家所有。

第十六条　一九六二年九月《六十条》公布以前，全民所有制单位，城市集体所有制单位和集体所有制的华侨农场使用的原农民集体所有的土地(含合作化之前的个人土地)，迄今没有退给农民集体的，属于国家所有。

《六十条》公布时起至一九八二年五月《国家建设征收土地条例》公布时止，全民所有制单位、城市集体所有制单位使用的原农民集体所有的土地，有下列情形之一的，属于国家所有：

1. 签订过土地转移等有关协议的；
2. 经县级以上人民政府批准使用的；
3. 进行过一定补偿或安置劳动力的；
4. 接受农民集体馈赠的；
5. 已购买原集体所有的建筑物的；
6. 农民集体所有制企事业单位转为全民所有制或者城市集体所有制单位的。

一九八二年五月《国家建设征收土地条例》公布时起至一九八七年《土地管理法》开始施行时止，全民所有制单位、城市集体所有制单位违反规定使用的农民集体土地，依照有关规定进行了清查处理后仍由全民所有制单位、城市集体所有制单位使用的，确定为国家所有。

凡属上述情况以外未办理征地手续使用的农民集体土地，由县级以上地方人民政府根据具体情况，按当时规定补办征地手续，或退还农民集体。一九八七年《土地管理法》施行后违法占用的农民集体土地，必须依法处理后，再确定土地所有权。

第十七条　一九八六年三月中共中央、国务院《关于加强土地管理、制止乱占耕地的通知》发布之前，全民所有制单位、城市集体所有制单位租用农民集体所有的土地，按照有关规定处理后，能够恢复耕种的，退还农民集体耕种，所有权仍属于农民集体；已建成永久性建筑物的，由用地单位按租用时的规定，补办手续，土地归国家所有。凡已经按照有关规定处理了的，可按处理决定确定所有权和使用权。

第十八条　土地所有权有争议，不能依法证明争议土地属于农民集体所有的，属于国家所有。

第三章　集体土地所有权

第十九条　土地改革时分给农民并颁发了土地所有证的土地，属于农民集体所有；实施《六十条》时确定为集体所有的土地，属农民集体所有。依照第二章规定属于国家所有的除外。

第二十条　村农民集体所有的土地，按目前该村农民集体实际使用的本集体土地所有权界线确定所有权。

根据《六十条》确定的农民集体土地所有权，由于下列原因发生变更的，按变更后的现状确定集体土地所有权。

(一)由于村、队、社、场合并或分割等管理体制的变化引起土地所有权变更的；

(二)由于土地开发、国家征地、集体兴办企事业或者自然灾害等原因进行过土地调整的；

(三)由于农田基本建设和行政区划变动等原因重新划定土地所有权界线的。行政区划变动未涉及土地权属变更的，原土地权属不变。

第二十一条　农民集体连续使用其他农民集体所有的土地已满二十年的，应视为现使用者所有；连续使用不满二十年，或者虽满二十年但在二十年期满之前所有者曾向现使用者或有关部门提出归还的，由县级以上人民政府根据具体情况确定土地所有权。

第二十二条 乡（镇）或村在集体所有的土地上修建并管理的道路、水利设施用地，分别属于乡（镇）或村农民集体所有。

第二十三条 乡（镇）或村办企事业单位使用的集体土地，《六十条》公布以前使用的，分别属于该乡（镇）或村农民集体所有；《六十条》公布时起至一九八二年国务院《村镇建房用地管理条例》发布时止使用的，有下列情况之一的，分别属于该乡（镇）或村农民集体所有：

1. 签订过用地协议的（不含租借）；

2. 经县、乡（公社）、村（大队）批准或同意，并进行了适当的土地调整或者经过一定补偿的；

3. 通过购买房屋取得的；

4. 原集体企事业单位体制经批准变更的。

一九八二年国务院《村镇建房用地管理条例》发布时起至一九八七年《土地管理法》开始施行时止，乡（镇）、村办企事业单位违反规定使用的集体土地按照有关规定清查处理后，乡（镇）、村集体单位继续使用的，可确定为该乡（镇）或村集体所有。

乡（镇）、村办企事业单位采用上述以外的方式占用的集体土地，或虽采用上述方式，但目前土地利用不合理的，如荒废、闲置等，应将其全部或部分土地退还原村或乡农民集体，或按有关规定进行处理。一九八七年《土地管理法》施行后违法占用的土地，须依法处理后再确定所有权。

第二十四条 乡（镇）企业使用本乡（镇）、村集体所有的土地，依照有关规定进行补偿和安置的，土地所有权转为乡（镇）农民集体所有。经依法批准的乡（镇）、村公共设施、公益事业使用的农民集体土地，分别属于乡（镇）、村农民集体所有。

第二十五条 农民集体经依法批准以土地使用权作为联营条件与其他单位或个人举办联营企业的，或者农民集体经依法批准以集体所有的土地的使用权作价入股，举办外商投资企业和内联乡镇企业的，集体土地所有权不变。

第四章 国有土地使用权

第二十六条 土地使用权确定给直接使用土地的具有法人资格的单位或个人。但法律、法规、政策和本规定另有规定的除外。

第二十七条 土地使用者经国家依法划拨、出让或解放初期接收、沿用，或通过依法转让、继承、接受地上建筑物等方式使用国有土地的，可确定其国有土地使用权。

第二十八条 土地公有制之前，通过购买房屋或土地及租赁土地方式使用私有的土地，土地转为国有后迄今仍继续使用的，可确定现使用者国有土地使用权。

第二十九条 因原房屋拆除、改建或自然坍塌等原因，已经变更了实际土地使用者的，经依法审核批准，可将土地使用权确定给实际土地使用者；空地及房屋坍塌或拆除后两年以上仍未恢复使用的土地，由当地县级以上人民政府收回土地使用权。

第三十条 原宗教团体、寺观教堂宗教活动用地，被其他单位占用，原使用单位因恢复宗教活动需要退还使用的，应按有关规定予以退还。确属无法退还或土地使用权有争议的，经协商、处理后确定土地使用权。

第三十一条 军事设施用地（含靶场、试验场、训练场）依照解放初土地接收文件和人民政府批准征收或划拨土地的文件确定土地使用权。土地使用权有争议的，按照国务院、中央军委有关文件规定处理后，再确定土地使用权。

国家确定的保留或地方代管的军事设施用地的土地使用权确定给军队，现由其他单位使用的，可依照有关规定确定为他项权利。

经国家批准撤销的军事设施，其土地使

用权依照有关规定由当地县级以上人民政府收回并重新确定使用权。

第三十二条 依法接收、征收、划拨的铁路线路用地及其他铁路设施用地，现仍由铁路单位使用的，其使用权确定给铁路单位。铁路线路路基两侧依法取得使用权的保护用地，使用权确定给铁路单位。

第三十三条 国家水利、公路设施用地依照征收、划拨文件和有关法律、法规划定用地界线。

第三十四条 驻机关、企事业单位内的行政管理和服务性单位，经政府批准使用的土地，可以由土地管理部门商被驻单位规定土地的用途和其他限制条件后分别确定实际土地使用者的土地使用权。但租用房屋的除外。

第三十五条 原由铁路、公路、水利、电力、军队及其他单位和个人使用的土地，一九八二年五月《国家建设征收土地条例》公布之前，已经转由其他单位或个人使用的，除按照国家法律和政策应当退还的外，其国有土地使用权可确定给实际土地使用者，但严重影响上述部门的设施安全和正常使用的，暂不确定土地使用权，按照有关规定处理后，再确定土地使用权。一九八二年五月以后非法转让的，经依法处理后再确定使用权。

第三十六条 农民集体使用的国有土地，其使用权按县级以上人民政府主管部门审批、划拨文件确定；没有审批、划拨文件的，依照当时规定补办手续后，按使用现状确定；过去未明确划定使用界线的，由县级以上人民政府参照土地实际使用情况确定。

第三十七条 未按规定用途使用的国有土地，由县级以上人民政府收回重新安排使用，或者按有关规定处理后确定使用权。

第三十八条 一九八七年一月《土地管理法》施行之前重复划拨或重复征收的土地，可按目前实际使用情况或者根据最后一次划拨或征收文件确定使用权。

第三十九条 以土地使用权为条件与其他单位或个人合建房屋的，根据批准文件、合建协议或者投资数额确定土地使用权，但一九八二年《国家建设征收土地条例》公布后合建的，应依法办理土地转让手续后再确定土地使用权。

第四十条 以出让方式取得的土地使用权或以划拨方式取得的土地使用权补办出让手续后作为资产入股的，土地使用权确定给股份制企业。

国家以土地使用权作价入股的，土地使用权确定给股份制企业。

国家将土地使用权租赁给股份制企业的，土地使用权确定给股份制企业。企业以出让方式取得的土地使用权或以划拨方式取得的土地使用权补办出让手续后，出租给股份制企业的，土地使用权不变。

第四十一条 企业以出让方式取得的土地使用权，企业破产后，经依法处置，确定给新的受让人；企业通过划拨方式取得的土地使用权，企业破产时，其土地使用权由县级以上人民政府收回后，根据有关规定进行处置。

第四十二条 法人之间合并，依法属于应当以有偿方式取得土地使用权的，原土地使用权应当办理有关手续，有偿取得土地使用权；依法可以以划拨形式取得土地使用权的，可以办理划拨土地权属变更登记，取得土地使用权。

第五章 集体土地建设用地使用权

第四十三条 乡(镇)村办企业事业单位和个人依法使用农民集体土地进行非农业建设的，可依法确定使用者集体土地建设用地使用权。对多占少用、占而不用的，其闲置部分不予确定使用权，并退还农民集体，另行安排使用。

第四十四条 依照本规定第二十五条规定的农民集体土地，集体土地建设用地使用权确定给联营或股份企业。

第四十五条 一九八二年二月国务院发布《村镇建房用地管理条例》之前农村居民建房占

用的宅基地,超过当地政府规定的面积,在《村镇建房用地管理条例》施行后未经拆迁、改建、翻建的,可以暂按现有实际使用面积确定集体土地建设用地使用权。

第四十六条 一九八二年二月《村镇建房用地管理条例》发布时起至一九八七年一月《土地管理法》开始施行时止,农村居民建房占用的宅基地,其面积超过当地政府规定标准的,超过部分按一九八六年三月中共中央、国务院《关于加强土地管理、制止乱占耕地的通知》及地方人民政府的有关规定处理后,按处理后实际使用面积确定集体土地建设用地使用权。

第四十七条 符合当地政府分户建房规定而尚未分户的农村居民,其现有的宅基地没有超过分户建房用地合计面积标准的,可按现有宅基地面积确定集体土地建设用地使用权。

第四十八条 非农业户口居民(含华侨)原在农村的宅基地,房屋产权没有变化的,可依法确定其集体土地建设用地使用权。房屋拆除后没有批准重建的,土地使用权由集体收回。

第四十九条 接受转让、购买房屋取得的宅基地,与原有宅基地合计面积超过当地政府规定标准,按照有关规定处理后允许继续使用的,可暂确定其集体土地建设用地使用权。继承房屋取得的宅基地,可确定集体土地建设用地使用权。

第五十条 农村专业户宅基地以外的非农业建设用地与宅基地分别确定集体土地建设用地使用权。

第五十一条 按照本规定第四十五条至第四十九条的规定确定农村居民宅基地集体土地建设用地使用权时,其面积超过当地政府规定标准的,可在土地登记卡和土地证书内注明超过标准面积的数量。以后分户建房或现有房屋拆迁、改建、翻建或政府依法实施规划重新建设时,按当地政府规定的面积标准重新确定使用权,其超过部分退还集体。

第五十二条 空闲或房屋坍塌、拆除两年以上未恢复使用的宅基地,不确定土地使用权。已经确定使用权的,由集体报经县级人民政府批准,注销其土地登记,土地由集体收回。

第六章 附 则

第五十三条 一宗地由两个以上单位或个人共同使用的,可确定为共有土地使用权。共有土地使用权面积可以在共有使用人之间分摊。

第五十四条 地面与空中、地面与地下立体交叉使用土地的(楼房除外),土地使用权确定给地面使用者,空中和地下可确定为他项权利。

平面交叉使用土地的,可以确定为共有土地使用权;也可以将土地使用权确定给主要用途或优先使用单位,次要和服从使用单位可确定为他项权利。

上述两款中的交叉用地,如属合法批准征收、划拨的,可按批准文件确定使用权,其他用地单位确定为他项权利。

第五十五条 依法划定的铁路、公路、河道、水利工程、军事设施、危险品生产和储存地、风景区等区域的管理和保护范围内的土地,其土地的所有权和使用权依照土地管理有关法规确定。但对上述范围内的土地的用途,可以根据有关的规定增加适当的限制条件。

第五十六条 土地所有权或使用权证明文件上的四至界线与实地一致,但实地面积与批准面积不一致的,按实地四至界线计算土地面积,确定土地的所有权或使用权。

第五十七条 他项权利依照法律或当事人约定设定。他项权利可以与土地所有权或使用权同时确定,也可在土地所有权或使用权确定之后增设。

第五十八条 各级人民政府或人民法院已依法处理的土地权属争议,按处理决定确定土地所有权或使用权。

第五十九条 本规定由国家土地管理局负责解释。

第六十条 本规定自一九九五年五月一日起施行。一九八九年七月五日国家土地管理局印发的《关于确定土地权属问题的若干意见》同时停止执行。

土地登记规则

1. 1989年11月18日国家土地管理局发布
2. 1995年12月28日国家土地管理局修订
3. 〔1995〕国土〔法〕字第184号
4. 自1996年2月1日起施行

第一章 总 则

第一条 根据《中华人民共和国土地管理法》、《中华人民共和国城市房地产管理法》规定，为建立土地登记制度，维护土地的社会主义公有制，保障土地权利人的合法权益，特制定本规则。

第二条 土地登记是国家依法对国有土地使用权、集体土地所有权、集体土地使用权和土地他项权利的登记。

本规则所称土地他项权利，是指土地使用权和土地所有权以外的土地权利，包括抵押权、承租权以及法律、行政法规规定需要登记的其他土地权利。

土地登记分为初始土地登记和变更土地登记。初始土地登记又称总登记，是指在一定时间内，对辖区全部土地或者特定区域的土地进行的普遍登记；变更土地登记，是指初始土地登记以外的土地登记，包括土地使用权、所有权和土地他项权利设定登记，土地使用权、所有权和土地他项权利变更登记，名称、地址和土地用途变更登记，注销土地登记等。

第三条 国有土地使用者、集体土地所有者、集体土地使用者和土地他项权利者，必须依照本规则规定，申请土地登记。

申请土地登记，申请者可以授权委托代理人办理。授权委托书应当载明委托事项和权限。

依法登记的土地使用权、所有权和土地他项权利受法律保护，任何单位和个人不得侵犯。

第四条 土地登记以县级行政区为单位组织进行。具体工作由县级以上人民政府土地管理部门负责。

第五条 土地登记以宗地为基本单元。

拥有或者使用两宗以上土地的土地使用者或土地所有者，应当分宗申请登记。

两个以上土地使用者共同使用一宗土地的，应当分别申请登记。

跨县级行政区使用土地的，应当分别向土地所在地县级以上地方人民政府土地管理部门申请登记。

第六条 土地登记依照下列程序进行：

（一）土地登记申请；

（二）地籍调查；

（三）权属审核；

（四）注册登记；

（五）颁发或者更换土地证书。

第七条 国家土地管理局主管全国的土地登记工作。

县级以上地方人民政府土地管理部门主管本行政区域内的土地登记工作。

第二章 初始土地登记

第八条 初始土地登记，由县级以上地方人民政府发布通告。通告的主要内容包括：

（一）土地登记区的划分；

（二）土地登记的期限；

（三）土地登记收件地点；

（四）土地登记申请者应当提交的有关证件；

（五）其他事项。

第九条 国有土地使用权由使用国有土地的单位及法定代表人或者使用国有土地的个人申请登记。

集体土地所有权由村民委员会或者农

业集体经济组织及法定代表人申请登记。

集体土地使用权由使用集体土地的单位及法定代表人或者使用集体土地的个人申请登记。

土地他项权利需要单独申请的，由有关权利人申请登记。

第十条 土地登记申请者申请土地使用权、所有权和土地他项权利登记，必须向土地管理部门提交下列文件资料：

（一）土地登记申请书；

（二）单位、法定代表人证明，个人身份证明或者户籍证明；

（三）土地权属来源证明；

（四）地上附着物权属证明。

委托代理人申请土地登记的，还应当提交授权委托书和代理人资格身份证明。

第十一条 申请土地登记，申请者须向土地管理部门领取土地登记申请书。

土地登记申请书应当载明下列基本事项，并由申请者签名盖章：

（一）申请者名称、地址；

（二）土地坐落、面积、用途、等级、价格；

（三）土地所有权、使用权和土地他项权利权属来源证明；

（四）其他事项。

第十二条 土地管理部门接受土地登记申请者提交的申请书及权属来源证明，应当在收件簿上载明名称、页数、件数，并给申请者开具收据。

第十三条 土地管理部门负责组织辖区内的地籍调查。地籍调查规程由国家土地管理局制定。

第十四条 土地管理部门应当根据地籍调查和土地定级估价成果，对土地权属、面积、用途、等级、价格等逐宗进行全面审核，填写土地登记审批表。

土地登记审批表以宗地为单位填写。两个以上土地使用者共同使用一宗土地的，应当分别填写土地登记审批表。

第十五条 经土地管理部门审核，对认为符合登记要求的宗地予以公告。

公告的主要内容包括：

（一）土地使用者、所有者和土地他项权利者的名称、地址；

（二）准予登记的土地权属性质、面积、坐落；

（三）土地使用者、所有者和土地他项权利者及其他土地权益有关者提出异议的期限、方式和受理机关；

（四）其他事项。

第十六条 土地登记申请者及其他土地权益有关者在公告规定的期限内，可以向土地管理部门申请复查，并按规定缴纳复查费。经复查无误的，复查费不予退还；经复查确有差错的，复查费由造成差错者承担。

第十七条 土地登记过程中的土地权属争议，按照《中华人民共和国土地管理法》第十三条规定进行处理后，再行登记。

第十八条 公告期满，土地使用者、所有者和土地他项权利者及其他土地权益有关者对土地登记审核结果未提出异议的，由人民政府批准后，按照以下规定办理注册登记：

（一）根据对土地登记申请的调查审核结果，以宗地为单位逐项填写土地登记卡，并由登记人员和土地管理部门主管领导在土地登记卡的经办人、审核人栏签字；

（二）根据土地登记卡的有关内容填写土地归户卡，并由登记人员在土地归户卡的经办人栏签字。土地归户卡以权利人为单位填写，凡在一个县级行政区范围内对两宗以上土地拥有权利的，应当填写在同一土地归户卡上；

（三）根据土地登记卡的相关内容填写土地证书。土地证书以宗地为单位填写。两个以上土地使用者共同使用一宗土地的，应当分别填写土地证书。

第十九条 由县级以上地方人民政府向国有土地使用者、集体土地所有者、集体土地使用者分别颁发《国有土地使用证》、《集体土地所有证》和《集体土地使用证》。

县级以上地方人民政府土地管理部门向土地他项权利者颁发土地他项权利证明书。

第二十条 尚未确定土地使用权、所有权的土地，由土地管理部门进行登记造册，不发土地证书。

第二十一条 本章除有关通告和公告的规定外适用于变更土地登记。

第三章 土地使用权、所有权和土地他项权利设定登记

第二十二条 设定土地使用权、所有权和土地他项权利，必须依照本章规定向土地管理部门申请登记。

第二十三条 以划拨方式取得国有土地使用权的，按照以下规定办理土地登记手续：

(一)新开工的大中型建设项目使用划拨国有土地的，建设单位应当在接到县级以上人民政府发给的建设用地批准书之日起三十日内，持建设用地批准书申请土地预登记，建设项目竣工验收后，建设单位应当在该建设项目竣工验收之日起三十日内，持建设项目竣工验收报告和其他有关文件申请国有土地使用权设定登记；

(二)其他项目使用划拨国有土地的，土地使用单位或者个人应当在接到县级以上人民政府批准用地文件之日起三十日内，持批准用地文件申请国有土地使用权设定登记。

划拨新征用农民集体所有土地的，被征地单位应当依照本规则规定，同时申请集体土地所有权注销登记或者变更登记。

第二十四条 集体土地依法转为国有土地后，原集体土地使用者继续使用该国有土地的，应当在土地所有权性质变更后三十日内，持原《集体土地使用证》和其他有关文件申请国有土地使用权设定登记。

第二十五条 使用本集体土地进行建设或者生产的，集体土地使用单位或者个人应当在接到有批准权的地方人民政府批准用地文件或者农地使用合同签订之日起三十日内，持批准用地文件或者农地使用合同申请集体土地使用权设定登记。

第二十六条 以出让方式取得国有土地使用权的，受让方应当在按出让合同约定支付全部土地使用权出让金后三十日内，持土地使用权出让合同和土地使用权出让金支付凭证申请国有土地使用权设定登记。

成片开发用地采取一次出让、分期付款、分期提供出让国有土地使用权的，受让方应当在每期付款后三十日内，持土地使用权出让合同和土地使用权出让金支付凭证申请国有土地使用权设定登记。

第二十七条 国家将国有土地使用权以作价入股方式让与股份制企业的，该企业应当在签订入股合同之日起三十日内，持土地使用权入股合同和其他有关证明文件申请国有土地使用权设定登记。

第二十八条 依法向政府土地管理部门承租国有土地的，承租人应当在签订租赁合同之日起三十日内，持土地租赁合同和其他有关证明文件申请承租国有土地使用权登记。

第二十九条 依法抵押土地使用权的，当事人应当在抵押合同签订后十五日内，持抵押合同以及有关文件申请土地使用权抵押登记。土地管理部门应当在被抵押土地的土地登记卡上登记，并向抵押权人颁发土地他项权利证明书。

同一宗地多次抵押时，以收到抵押登记申请先后为序办理抵押登记和实现抵押权。

第三十条 有出租权的土地使用者依法出租土地使用权的，出租人与承租人应当在租赁合同签订后十五日内，持租赁合同及有关文件申请土地使用权出租登记。土地管理部门应当在出租土地的土地登记卡上进行登记，并向承租人颁发土地他项权利证明书。

第三十一条 设定法律、行政法规规定需要登记的其他土地他项权利的，当事人应当在确定之日起十五日内，申请设定登记。

第四章 土地使用权、所有权和土地他项权利变更登记

第三十二条 依法变更土地使用权、所有权和土地他项权利的,必须依照本章规定向土地管理部门申请登记。

第三十三条 申请土地使用权、所有权变更登记时,申请者应当依照规定申报地价;未申报地价的,按宗地标定地价进行登记。

第三十四条 划拨土地使用权依法办理土地使用权出让手续的,土地使用者应当在缴纳土地使用权出让金后三十日内,持土地使用权出让合同、出让金缴纳凭证及原《国有土地使用证》申请变更登记。

第三十五条 企业将通过出让或者国家入股等形式取得的国有土地使用权,再以入股方式转让的,转让双方当事人应当在入股合同签订之日起三十日内,持以出让或者国家入股等方式取得土地使用权的合法凭证、入股合同和原企业的《国有土地使用证》申请变更登记。

第三十六条 集体土地所有者将集体土地使用权作为联营条件兴办三资企业和内联企业的,双方当事人应当在联营合同签订后三十日内,持县级以上人民政府批准文件和入股合同申请变更登记。

第三十七条 有下列情形之一的,土地使用权转让双方当事人应当在转让合同或者协议签订后三十日内,涉及房产变更的,在房产变更登记发证后十五日内,持转让合同或者协议、土地税费缴纳证明文件和原土地证书等申请变更登记:

(一)依法转让土地使用权的;

(二)因买卖、转让地上建筑物、附着物等一并转移土地使用权的。

房屋所有权变更而使土地使用权变更的,在申请变更登记时,应当提交变更后的房屋所有权证书。

第三十八条 因单位合并、分立、企业兼并等原因引起土地使用权变更的,有关各方应当在合同签订后三十日内或者在接到上级主管部门的批准文件后三十日内,持合同或者上级主管部门的批准文件和原土地证书申请变更登记。

第三十九条 因交换、调整土地而发生土地使用权、所有权变更的,交换、调整土地的各方应当在接到交换、调整协议批准文件后三十日内,持协议、批准文件和原土地证书共同申请变更登记。

第四十条 因处分抵押财产而取得土地使用权的,取得土地使用权的权利人和原抵押人应当在抵押财产处分后三十日内,持有关证明文件申请变更登记。

第四十一条 商品房预售,预售人应当在预售合同签订后三十日内,将预售合同报县级以上人民政府房产管理部门和土地管理部门登记备案。

县级以上人民政府土地管理部门建立商品房预售合同登记备案簿,记录预售人和预购人名称、商品房所占土地位置、预售金额、交付使用日期、预售面积等内容。

第四十二条 出售公有住房,售房单位与购房职工应当在县级以上地方人民政府房产管理部门登记房屋所有权之日起三十日内,持公房出售批准文件、售房合同、房屋所有权证书和售房单位原土地证书申请变更登记。

第四十三条 土地使用权抵押期间,抵押合同发生变更的,抵押当事人应当在抵押合同发生变更后十五日内,持有关文件申请变更登记。

第四十四条 土地使用权出租期间,租赁合同发生变更的,出租人和承租人应当在租赁合同发生变更后十五日内,持有关文件申请变更登记。

第四十五条 变更法律、行政法规规定需要登记的其他土地他项权利的,当事人应当在变更之日起十五日内,申请变更登记。

第四十六条 依法继承土地使用权和土地他项权利的,继承人应当在办理继承手续后三十日内,持有关证明文件申请变更登记。

第四十七条 其他形式的土地使用权、所有权和土地他项权利变更,当事人应当在发生变

更之日起三十日内,持有关证明文件申请变更登记。

第五章 名称、地址和土地用途变更登记

第四十八条 土地使用者、所有者和土地他项权利者更改名称、地址和依法变更土地用途的,必须依照本章规定向土地管理部门申请登记。

第四十九条 土地使用者、所有者和土地他项权利者更改名称、地址的,应当在名称、地址发生变更之日起三十日内,持有关证明文件申请名称、地址变更登记。

第五十条 国有土地的用途发生变更的,土地使用者应当在批准变更之日起三十日内,持有关部门批准文件和原《国有土地使用证》申请土地用途变更登记。以出让方式取得国有土地使用权的用途发生变更的,土地使用者还应当提交签订的土地使用权出让合同变更协议或者重新签订的土地使用权出让合同。

第五十一条 农村集体所有土地进行农业结构调整涉及已登记地类变化的,集体土地所有者应当在农业结构调整后三十日内,持批准文件、《集体土地所有证》和《集体土地使用证》申请土地用途变更登记。

第五十二条 集体土地建设用地的用途发生变更的,土地使用者应当在接到有批准权的地方人民政府批准文件之日起三十日内,持批准文件和原《集体土地使用证》申请土地变更登记。

第六章 注销土地登记

第五十三条 集体所有的土地依法被全部征用或者农业集体经济组织所属成员依法将建制转为城镇居民的,应当在集体土地被全部征用或者办理农转非的同时,注销集体土地所有权登记。

第五十四条 县级以上人民政府依法收回国有土地使用权的,土地管理部门在收回土地使用权的同时,办理国有土地使用权注销登记,注销土地证书。

第五十五条 国有土地使用权出让或者租赁期满,未申请续期或者续期申请未获批准的,原土地使用者应当在期满之日前十五日内,持原土地证书申请国有土地使用权注销登记。

第五十六条 因自然灾害等造成土地权利灭失的,原土地使用者或者土地所有者应当持原土地证书及有关证明材料,申请土地使用权或者土地所有权注销登记。

第五十七条 土地他项权利终止,当事人应当在该土地他项权利终止之日起十五日内,持有关证明文件申请土地他项权利注销登记。

第五十八条 土地使用者、所有者和土地他项权利者未按照本规则规定申请注销登记的,土地管理部门可以依照规定直接办理注销土地登记,注销土地证书。

第七章 土地登记文件资料

第五十九条 土地登记形成的文件资料主要有以下几种:

(一)土地登记申请书;

(二)土地登记收件单;

(三)土地权属证明文件、资料;

(四)土地登记审批表;

(五)地籍图;

(六)土地登记簿(卡);

(七)土地证书签收簿;

(八)土地归户册(卡);

(九)土地登记复查申请表;

(十)土地登记复查结果表;

(十一)确权过程中形成的协议书、决定书等文件、资料。

土地登记文件资料由土地管理部门指定专人管理、更新、提供应用。

第六十条 土地登记卡以街道(乡、镇)为单位,按街坊(村)及宗地号顺序排列组装土地登记簿。

宗地分割的,在原土地登记卡顺序上按

宗地分割后支号的顺序排列。

宗地合并的,以合并后的宗地号顺序排列。

第六十一条 土地归户卡以县级行政区为单位,按土地权利人名称第一个字(或姓氏)笔画排列组装土地归户册。

第六十二条 土地登记文件资料的查阅,按照土地管理部门规定办理。未经允许不得向第三者提供或者公布。

土地使用权转让、抵押和出租应当以土地登记文件资料为准。需要查询土地登记文件资料的,受让人、抵押权人和承租人应当提出书面请求。凡符合查询规定的,土地管理部门应当出具书面查询结果或资料。

第六十三条 任何单位和个人不得伪造、擅自涂改和复制土地证书、土地登记文件资料。

第六十四条 《国有土地使用证》、《集体土地所有证》、《集体土地使用证》和土地他项权利证明书式样由国家土地管理局统一制定,由国家土地管理局或其授权的单位统一印制。

土地登记卡和土地归户卡由国家土地管理局统一格式,由县级以上地方人民政府土地管理部门印制。

土地登记所需的其他表、卡、簿按照国家土地管理局制订的基本格式要求,各省、自治区、直辖市人民政府土地管理部门可进行适当补充规定。

任何单位和个人不得非法印制土地证书。非法印制的土地证书无效。

第六十五条 土地登记卡是土地登记的主件,也是土地使用权、所有权和土地他项权利的法律依据;土地证书是土地登记卡部分内容的副本,是土地使用者、所有者和土地他项权利者持有的法律凭证。

第八章 附　　则

第六十六条 有下列情形之一的,土地管理部门不予受理土地登记申请:

(一)申请登记的土地不在本登记区的;

(二)提供的证明材料不齐全的;

(三)不能提供合法证明的;

(四)土地使用权转让、出租、抵押期限超过土地使用权出让年限的;

(五)按规定应当申报地价而未申报的,或者地价应当经土地管理部门确认而未办理确认手续的;

(六)其他依法不予受理的。

第六十七条 有下列情形之一的,土地管理部门可以作出暂缓登记的决定:

(一)土地权属争议尚未解决的;

(二)土地违法行为尚未处理或者正在处理的;

(三)依法限制土地权利或者依法查封地上建筑物、其他附着物而限制土地权利的;

(四)法律、法规规定暂缓登记的其他事项。

第六十八条 土地管理部门应当在受理土地使用权、所有权设定登记,土地使用权、所有权变更登记,名称、地址和土地用途变更登记申请之日起三十日内,对登记申请和地籍调查结果进行审核,并报经批准后进行注册登记,颁发、更换或者更改土地证书。

土地管理部门应当在受理土地他项权利设定登记,土地他项权利变更登记和注销土地登记申请之日起十五日内,对登记申请和地籍调查结果进行审核后办理注册登记或者注销登记,颁发或者更换土地他项权利证明书,或者将注销登记的结果书面通知当事人。

土地管理部门作出不予受理土地登记申请或者暂缓登记决定的,应当自接到申请之日起十五日内将作出决定的理由书面通知当事人。

第六十九条 土地使用者、所有者凡不按规定如期申请初始土地登记的,按照非法占地的处理办法论处;对凡不按规定如期申请变更土地登记的,除按违法占地处理外,视情节轻重报经县级以上人民政府批准,注销土地登记,注销土地证书。

第七十条 土地管理部门工作人员违反本规则,严重失职的,应当根据情节给予政纪处分和经济处罚,直至依法追究刑事责任。

第七十一条 土地登记后,发现错登或者漏登的,土地管理部门应当办理更正登记;利害关系人也可以申请更正登记。

第七十二条 临时用地的登记办法由省、自治区、直辖市人民政府土地管理部门制定,报省、自治区、直辖市人民政府批准后执行。

第七十三条 土地证书实行定期查验制度。土地使用者、所有者和土地他项权利者应当按照土地管理部门规定的期限办理土地证书查验手续。具体办法由省、自治区、直辖市人民政府土地管理部门制定。

第七十四条 土地使用者、所有者和土地他项权利者应当按照国家规定缴纳土地登记费用。

第七十五条 土地管理部门具体负责土地登记的人员及执业土地登记申请代理人员须经考核合格、领取资格证书后,持证上岗。具体办法另行规定。

第七十六条 经省、自治区、直辖市人民政府确定,县级以上地方人民政府由一个部门统一负责房产管理和土地管理工作的,可以制作、颁发统一的房地产权证书,依法将房屋的所有权和该房屋占用范围内的土地使用权的确认和变更,分别载入房地产权证书。房地产权证书中有关土地权利的记载格式和内容应当符合国家土地管理局的有关规定并报经批准。

第七十七条 本规则由国家土地管理局负责解释。

第七十八条 本规则自1996年2月1日起施行。

土地权属争议调查处理办法

1. 2003年1月3日国土资源部发布

2. 根据2010年11月30日《国土资源部关于修改部分规章的决定》修正

第一条 为依法、公正、及时地做好土地权属争议的调查处理工作,保护当事人的合法权益,维护土地的社会主义公有制,根据《中华人民共和国土地管理法》,制定本办法。

第二条 本办法所称土地权属争议,是指土地所有权或者使用权归属争议。

第三条 调查处理土地权属争议,应当以法律、法规和土地管理规章为依据。从实际出发,尊重历史,面对现实。

第四条 县级以上国土资源行政主管部门负责土地权属争议案件(以下简称争议案件)的调查和调解工作;对需要依法作出处理决定的,拟定处理意见,报同级人民政府作出处理决定。

县级以上国土资源行政主管部门可以指定专门机构或者人员负责办理争议案件有关事宜。

第五条 个人之间、个人与单位之间、单位与单位之间发生的争议案件,由争议土地所在地的县级国土资源行政主管部门调查处理。

前款规定的个人之间、个人与单位之间发生的争议案件,可以根据当事人的申请,由乡级人民政府受理和处理。

第六条 设区的市、自治州国土资源行政主管部门调查处理下列争议案件:

一、跨县级行政区域的;

二、同级人民政府、上级国土资源行政主管部门交办或者有关部门转送的。

第七条 省、自治区、直辖市国土资源行政主管部门调查处理下列争议案件:

一、跨设区的市、自治州行政区域的;

二、争议一方为中央国家机关或者其直属单位，且涉及土地面积较大的；

三、争议一方为军队，且涉及土地面积较大的；

四、在本行政区域内有较大影响的；

五、同级人民政府、国土资源部交办或者有关部门转送的。

第八条 国土资源部调查处理下列争议案件：

一、国务院交办的；

二、在全国范围内有重大影响的。

第九条 当事人发生土地权属争议，经协商不能解决的，可以依法向县级以上人民政府或者乡级人民政府提出处理申请，也可以依照本办法第五、六、七、八条的规定，向有关的国土资源行政主管部门提出调查处理申请。

第十条 申请调查处理土地权属争议的，应当符合下列条件：

一、申请人与争议的土地有直接利害关系；

二、有明确的请求处理对象、具体的处理请求和事实根据。

第十一条 当事人申请调查处理土地权属争议，应当提交书面申请书和有关证据材料，并按照被申请人数提交副本。

申请书应当载明以下事项：

一、申请人和被申请人的姓名或者名称、地址、邮政编码、法定代表人姓名和职务；

二、请求的事项、事实和理由；

三、证人的姓名、工作单位、住址、邮政编码。

第十二条 当事人可以委托代理人代为申请土地权属争议的调查处理。委托代理人申请的，应当提交授权委托书。授权委托书应当写明委托事项和权限。

第十三条 对申请人提出的土地权属争议调查处理的申请，国土资源行政主管部门应当依照本办法第十条的规定进行审查，并在收到申请书之日起7个工作日内提出是否受理的意见。

认为应当受理的，在决定受理之日起5个工作日内将申请书副本发送被申请人。被申请人应当在接到申请书副本之日起30日内提交答辩书和有关证据材料。逾期不提交答辩书的，不影响案件的处理。

认为不应当受理的，应当及时拟定不予受理建议书，报同级人民政府作出不予受理决定。

当事人对不予受理决定不服的，可以依法申请行政复议或者提起行政诉讼。

同级人民政府、上级国土资源行政主管部门交办或者有关部门转办的争议案件，按照本条有关规定审查处理。

第十四条 下列案件不作为争议案件受理：

一、土地侵权案件；

二、行政区域边界争议案件；

三、土地违法案件；

四、农村土地承包经营权争议案件；

五、其他不作为土地权属争议的案件。

第十五条 国土资源行政主管部门决定受理后，应当及时指定承办人，对当事人争议的事实情况进行调查。

第十六条 承办人与争议案件有利害关系的，应当申请回避；当事人认为承办人与争议案件有利害关系的，有权请求该承办人回避。承办人是否回避，由受理案件的国土资源行政主管部门决定。

第十七条 承办人在调查处理土地权属争议过程中，可以向有关单位或者个人调查取证。被调查的单位或者个人应当协助，并如实提供有关证明材料。

第十八条 在调查处理土地权属争议过程中，国土资源行政主管部门认为有必要对争议的土地进行实地调查的，应当通知当事人及有关人员到现场。必要时，可以邀请有关部门派人协助调查。

第十九条 土地权属争议双方当事人对各自提出的事实和理由负有举证责任，应当及时向负责调查处理的国土资源行政主管部门提供有关证据材料。

第二十条 国土资源行政主管部门在调查处理争议案件时，应当审查双方当事人提供的下列证据材料：

一、人民政府颁发的确定土地权属的凭证；

二、人民政府或者主管部门批准征收、划拨、出让土地或者以其他方式批准使用土地的文件；

三、争议双方当事人依法达成的书面协议；

四、人民政府或者司法机关处理争议的文件或者附图；

五、其他有关证明文件。

第二十一条 对当事人提供的证据材料，国土资源行政主管部门应当查证属实，方可作为认定事实的根据。

第二十二条 在土地所有权和使用权争议解决之前，任何一方不得改变土地利用的现状。

第二十三条 国土资源行政主管部门对受理的争议案件，应当在查清事实、分清权属关系的基础上先行调解，促使当事人以协商方式达成协议。调解应当坚持自愿、合法的原则。

第二十四条 调解达成协议的，应当制作调解书。调解书应当载明以下内容：

一、当事人的姓名或者名称、法定代表人姓名、职务；

二、争议的主要事实；

三、协议内容及其他有关事项。

第二十五条 调解书经双方当事人签名或者盖章，由承办人署名并加盖国土资源行政主管部门的印章后生效。

生效的调解书具有法律效力，是土地登记的依据。

第二十六条 国土资源行政主管部门应当在调解书生效之日起15日内，依照民事诉讼法的有关规定，将调解书送达当事人，并同时抄报上一级国土资源行政主管部门。

第二十七条 调解未达成协议的，国土资源行政主管理部门应当及时提出调查处理意见，报同级人民政府作出处理决定。

第二十八条 国土资源行政主管部门应当自受理土地权属争议之日起6个月内提出调查处理意见。因情况复杂，在规定时间内不能提出调查处理意见的，经该国土资源行政主管部门的主要负责人批准，可以适当延长。

第二十九条 调查处理意见应当包括以下内容：

一、当事人的姓名或者名称、地址、法定代表人的姓名、职务；

二、争议的事实、理由和要求；

三、认定的事实和适用的法律、法规等依据；

四、拟定的处理结论。

第三十条 国土资源行政主管部门提出调查处理意见后，应当在5个工作日内报送同级人民政府，由人民政府下达处理决定。

国土资源行政主管部门的调查处理意见在报同级人民政府的同时，抄报上一级国土资源行政主管部门。

第三十一条 当事人对人民政府作出的处理决定不服的，可以依法申请行政复议或者提起行政诉讼。

在规定的时间内，当事人既不申请行政复议，也不提起行政诉讼，处理决定即发生法律效力。

生效的处理决定是土地登记的依据。

第三十二条 在土地权属争议调查处理过程中，国土资源行政主管部门的工作人员玩忽职守、滥用职权、徇私舞弊，构成犯罪的，依法追究刑事责任；不构成犯罪的，由其所在单位或者其上级机关依法给予行政处分。

第三十三条 乡级人民政府处理土地权属争议，参照本办法执行。

第三十四条 调查处理争议案件的文书格式，由国土资源部统一制定。

第三十五条 调查处理争议案件的费用，依照国家有关规定执行。

第三十六条 本办法自2003年3月1日起施行。1995年12月18日原国家土地管理局发布的《土地权属争议处理暂行办法》同时废止。

最高人民法院关于破产企业国有划拨土地使用权应否列入破产财产等问题的批复

1. *2002年10月11日最高人民法院审判委员会第1245次会议通过*
2. *2003年4月16日公布*
3. *法释〔2003〕6号*
4. *自2003年4月18日起施行*

湖北省高级人民法院：

你院鄂高法〔2002〕158号《关于破产企业国有划拨土地使用权应否列入破产财产以及有关抵押效力认定等问题的请示》收悉。经研究，答复如下：

一、根据《中华人民共和国土地管理法》第五十八条第一款第(四)项及《城镇国有土地使用权出让和转让暂行条例》第四十七条的规定，破产企业以划拨方式取得的国有土地使用权不属于破产财产，在企业破产时，有关人民政府可以予以收回，并依法处置。纳入国家兼并破产计划的国有企业，其依法取得的国有土地使用权，应依据国务院有关文件规定办理。

二、企业对其以划拨方式取得的国有土地使用权无处分权，以该土地使用权为标的物设定抵押，除依法办理抵押登记手续外，还应经具有审批权限的人民政府或土地行政管理部门批准。否则，应认定抵押无效。如果企业对以划拨方式取得的国有土地使用权设定抵押时，履行了法定的审批手续，并依法办理了抵押登记，应认定抵押有效。根据《中华人民共和国城市房地产管理法》第五十条和《中华人民共和国担保法》第五十六条的规定，抵押权人只有在以抵押标的物折价或拍卖、变卖所得价款缴纳相当于土地使用权出让金的款项后，对剩余部分方可享有优先受偿权。但纳入国家兼并破产计划的国有企业，其用以划拨方式取得的国有土地使用权设定抵押的，应依据国务院有关文件规定办理。

三、国有企业以关键设备、成套设备、厂房设定抵押的效力问题，应依据法释〔2002〕14号《关于国有工业企业以机器设备等财产为抵押物与债权人签订的抵押合同的法律效力问题的批复》办理。

国有企业以建筑物设定抵押的效力问题，应区分两种情况处理：如果建筑物附着于以划拨方式取得的国有土地使用权之上，将该建筑物与土地使用权一并设定抵押的，对土地使用权的抵押需履行法定的审批手续，否则，应认定抵押无效；如果建筑物附着于以出让、转让方式取得的国有土地使用权之上，将该建筑物与土地使用权一并设定抵押的，即使未经有关主管部门批准，亦应认定抵押有效。

本批复自公布之日起施行，正在审理或者尚未审理的案件，适用本批复，但对提起再审的判决、裁定已经发生法律效力的案件除外。

此复

典型案例

四川省聚丰房地产开发有限责任公司与达州广播电视大学合资、合作开发房地产合同纠纷案

【裁判摘要】

根据《中华人民共和国物权法》的规定，不动产物权应当依不动产登记簿的内容确定，不动产权属证书只是权利人享有该不动产物权的证明。行政机关注销国有土地使用证但并未注销土地登记的，国有土地的使用权人仍然是土地登记档案中记载的权利人。国有土地使用权转让法律关系中的转让人以国有土地使用证被注销、其不再享有土地使用权为由主张解除合同的，人民法院不应支持。

最高人民法院民事判决书

(2013)民一终字第18号

上诉人(一审原告)：四川省聚丰房地产开发有限责任公司，住所地四川省达县南外镇开发区二号南北干道鸿福新村一楼19号。

法定代表人：廖玻，该公司总经理。

委托代理人：周忻，四川金世达律师事务所律师。

委托代理人：张兴剑，北京市君致律师事务所律师。

被上诉人(一审被告)：达州广播电视大学(达州财贸学校)，住所地四川省达州市通川区金山南路183号。

法定代表人：张永霞，该校校长。

委托代理人：唐隆茂，四川法之缘律师事务所律师。

委托代理人：陈光健，四川奥飞律师事务所律师。

上诉人四川省聚丰房地产开发有限责任公司(以下简称聚丰公司)与被上诉人达州广播电视大学(达州财贸学校)(以下简称电大财校)合资、合作开发房地产合同纠纷一案，四川省高级人民法院于2012年10月24日作出(2012)川民初字第11号民事判决。聚丰公司不服该判决，向本院提起上诉。本院依法组成合议庭，于2013年2月28日开庭审理了本案。聚丰公司的法定代表人廖玻，委托代理人周忻、张兴剑，电大财校的委托代理人唐隆茂、陈光健到庭参加诉讼。本案现已审理终结。

一审法院经审理查明：2001年12月7日，达州市政府向电大财校发出达市府土函〔2001〕75号《关于同意达州广播电视大学原划拨用地补办土地出让手续的批复》，同意该校位于四川省达州市通川区西外镇金山路与南北干道交汇处的划拨用地18681.15平方米补办土地出让手续，要求该校与达州国土局签订土地出让合同，并申请办理土地变更登记手续。

2001年12月12日达州国土局颁发达州市国用(2001)字第3683号《国有土地使用权证》载明：土地使用者电大财校，坐落四川省达州市通川区西外镇金山路西侧与南北干道交汇处，地号G/12/145－2，用途企建用地，使用权类型出让，使用权面积18681.15平方米。

2002年6月达州国土局颁发《土地他项权利证明书》主要载明：权利人中国农业银行达州市分行营业部，义务人电大财校，坐落四川省达州市通川区西外镇金山路西侧与南北干道交汇处，地号G/12/145－2，使用权类型出让，他项权利种类及范围设定抵押权：1. 土地证书号：达州市国用(2001)字第3683号；2. 抵押面积：18681.15平方米；3. 抵押金额1100万元整；4. 抵押期限：3年(2002年6月13日至2005年6月12日)。设定期限2002年6月13日。存续期限3年，终止日期2005年6月12日。

2005年1月30日电大财校通过招商引资

形式与聚丰公司签订《引资协议书》,将四川省达州市通川区西外镇金山路与南北干道交汇处面积约18亩土地使用权作价投资与聚丰公司合作建设。

2005年3月15日电大财校与聚丰公司签订《联合开发投资新建西外校区临街部分协议书》约定:电大财校以四川省达州市通川区西外镇金山路与南北干道交汇处面积约8422m^{2}性质为商住用地的土地(道路规划发生变化的新增土地约12亩,原达市府土函〔2001〕75号批复的土地下剩约6亩)的使用权作为投资,不承担项目投资盈亏风险及销售之责,聚丰公司筹集工程建设所需的资金,并负责工程的开发建设及房地产销售。

2005年9月23日电大财校向达州市政府提交达州电大校发(2005)17号《关于改变土地用途的请示》主要载明:该校分三次在四川省达州市通川区西外镇征地63.12亩,其中35.12亩由划拨变为出让地28亩(根据抵押贷款要求)。因达州市政府的规划调整,致使电大财校在四川省达州市通川区西外镇的新基地临金山路和南北干道边沿10余亩土地(含道路占地)未被综合利用。为充分发挥土地资源的最大效益,经电大财校研究,将这10余亩土地由教育用地改变为商住综合用地,综合利用。

2005年11月3日达州教育局、达州国土局、达州规建局向达州市政府提交达市国土资发〔2005〕350号《关于市电大西外新校区部分用地改变性质的请示》主要载明:根据达州市政府领导批示,现请示如下:电大财校在四川省达州市通川区西外镇分三次征地63.12亩建新校区,经过7年建设,新建了教学楼等,篮球场等设施正在通过招商的办法筹集资金建设。2002年达州市政府对四川省达州市通川区西外镇南北干道南延线道路线路走向进行了调整,电大财校新增加用地约8400平方米,并按划拨地价补交了使用费。2001年年底新校区全面启动建设以来,电大财校报经达州市政府同意后,通过招商引资筹集资金。按照中国农业银行达州市分行要求,出让取得的土地才能抵押贷款,达州市政府以达市府土函75号文件同意电大财校补办28亩土地由划拨变为出让的手续,获得了2000万元贷款。现电大财校再次申请对划拨土地约12亩补交土地出让金,土地用途变更为商住用地,作为申请贷款抵押物。鉴于电大财校已通过划拨取得了约12亩土地使用权,特建议:1. 同意将土地用途调整为商住用地。2. 鉴于南北干道道路线形走向调整,新增加的约12亩已划拨给电大财校使用,由于用地形状呈楔形无法单独使用,建议参照该地块相邻地块拍卖成交价补交土地出让金,依法办理土地变更手续。

2006年1月11日达州市政府向达州教育局、达州国土局、达州规建局发出达市府函〔2006〕6号《关于同意达州广播电视大学部分划拨用地补办土地出让手续的批复》主要载明:达市国土资发〔2005〕350号收悉,经达州市政府研究,现批复如下:一、同意电大财校位于四川省达州市通川区西外镇金山路与南北干道交汇处已取得划拨土地使用权、面积为8422平方米的土地依法办理土地出让手续。用地范围以2005年5月四川省达州市国土勘测规划队2005-189号《宗地图》为准。二、该宗土地由电大财校依法补办土地出让手续。土地出让金参照相邻地块拍卖成交价进行补交,补差价格要公正合理并报达州市政府批准。

2007年1月11日达州市政府向达州国土局发出达市府函〔2007〕3号《关于达州广播电视大学补办土地出让手续的批复》主要载明:同意电大财校补办四川省达州市通川区西外镇金山路与南北干道交汇处8056.20平方米出让手续,并补交土地出让金。同意四川锦都恒缘实业有限公司将出让土地使用权365.80平方米转让给电大财校。用地范围均以2005年5月四川省达州市国土勘测规划队2005-189号《宗地图》为准。

2007年3月7日达州市政府向电大财校颁发达州市国用(2007)第01499号《国有土地

使用证》坐落四川省达州市通川区西外镇金山路与南北干道交汇处，地号7/7/2－500，图号2005—189，地类商住综合用地，使用权类型出让，使用权面积8422m^2。

2008年1月28日达市府阅〔2008〕6号《研究达州电大和财贸校临街出让土地化解学校债务的会议纪要》主要载明：会议要求（一）电大财校临街出让土地开发化解学校债务事宜是在原电大财校已同开发商签订合同并由该开发商全额交付土地出让金的基础上形成的，与一般的开发项目有着本质的区别。各相关职能部门要确保该项目的顺利实施。（二）根据达州市政府领导的要求，由电大财校与开发商再洽谈一次，尽力为学校争取更大的收益。（三）以电大财校为主体及早拟订合作合同。

2008年3月15日电大财校与聚丰公司签订《合作开发协议书》主要载明：为化解电大财校债务，根据达市府阅〔2008〕6号《研究达州电大和财贸校临街出让土地化解学校债务的会议纪要》精神，双方达成如下协议。一、合作开发项目名称：学府铭苑。二、项目地址：四川省达州市通川区西外镇金山南路与南北街道交汇处。三、项目规模：按达州市政府批准的电大财校《校园总体规划调整方案》，临街开发建设规模129800平方米（包括电大财校享有的6200平方米教学用房）。四、合作方式：电大财校以达州市政府批准的《校园总体规划调整方案》及学校临街开发的出让土地使用权作为投资，聚丰公司以现金全额投资并独立开发建设学府铭苑。五、电大财校的权利和义务：1. 电大财校有权按约定获取开发效益，且不承担项目开发建设风险……4. 将达州市政府批准的《校园总体规划调整方案》中的由聚丰公司独自开发部分的土地使用权转让至聚丰公司名下。5. 确保聚丰公司项目建设规模达到129800平方米。若因规划变更导致建设规模增减，增减幅度在2%以内（含2%），电大财校收益不变；增减幅度超过2%，电大财校的收益则相应地按同比例增减……7. 协助配合聚丰公司办理土地过户等相关手续。六、聚丰公司的权利和义务：1. 有权按约定享有开发效益。2. 有权按达州市政府批准的电大财校《校园总体规划调整方案》受让电大财校临街土地使用权。3. 有权自主开发、自主销售、独自承担开发建设风险。4. 确保完成设计图纸要求的建设规模129800平方米，并按约兑现电大财校利益……八、利益分配：1. 电大财校按约定分享的开发利益：①2500万元人民币；②6200平方米的教学用房（2900平方米的图书馆、实验楼和3300平方米的学生公寓）；③200米塑胶环形跑道运动场，建设资金200万元，不足200万元由聚丰公司向电大财校补足，超出200万元由电大财校支付超出部分。2. 聚丰公司享有受让的土地使用权和支付电大财校所得的开发利益后的剩余利润。九、双方利益实现方式：1. 电大财校享有人民币2500万元收益由聚丰公司按以下方式支付：聚丰公司在合同签订后土地使用权过户前向电大财校首付500万元人民币现金；首付款付清后的6个月内聚丰公司向电大财校再付款500万元人民币现金，自首付款付清后18个月内聚丰公司向电大财校再付款500万元人民币现金，保证电大财校享有的2500万元人民币兑现总额达到2300万元。剩余200万元聚丰公司在首付款付清后24个月内付清电大财校。……3. 聚丰公司的利益在兑现电大财校利益并缴纳了开发建设有关税费后实现，并按约定受让土地使用权。4. 办理土地使用权转让期限，电大财校在聚丰公司付清首付款后二十日内办理土地使用权过户手续。十、双方的其他约定：1. 聚丰公司未按照本合同第九条第一款约定按期兑现电大财校利益，则视为违约，电大财校可解除合同……5. 本协议为双方合作开发之正式合同文本，电大财校与聚丰公司在此之前签订的相关协议与本协议不一致的，以本协议为准。双方合同还约定了图纸及工期、违约责任等内容。

2011年5月9日电大财校向聚丰公司发出达电大财校函〔2010〕3号《解除函》主要载

明:2010 年 6 月 22 日达州市政府召开专题会议,对学校临街出让土地实行阳光操作,以招拍挂方式公开进行交易。因此,学校已无法履行《合作开发协议书》,并决定解除此协议,请贵公司尽快派人到电大财校办理相关手续,开展清算工作,理清账务,处理善后事宜。

2011 年 11 月 17 日达州市政府在《达州日报》刊登《关于注销土地使用证的公告》主要载明:根据《中华人民共和国城市房地产管理法》(以下简称《城市房地产管理法》)等法律法规的规定及 2011 年 10 月 27 日市政府专题会议精神,决定注销市广播电视大学ⅡF3 - 1 - b 地块内达州市国用〔2007〕第 01499 号、达州市国用〔2001〕第 3683 号土地使用证,达州市国用〔2007〕第 01499 号、达州市国用〔2001〕第 3683 号土地使用证作废。

一审诉讼中,2012 年 4 月 27 日电大财校向聚丰公司发出达电大校发〔2012〕25 号《解除通知》,以聚丰公司未按期支付 500 万元首付款、达州市政府不予批准《校园规划整体方案》导致合同无法履行、达州市政府要求收回土地为由,通知解除合同。

一审庭审中,电大财校确认聚丰公司在签订《合作开发协议书》后已付款为 5717000 元。

2012 年 9 月 14 日、26 日,一审法院就双方签订的《合作开发协议书》已不能履行,聚丰公司是否变更诉讼请求问题组织双方到庭,向聚丰公司进行释明。聚丰公司当庭向一审法院提交一份其于 2012 年 9 月 20 日作出的《关于是否变更诉讼请求的说明》,明确表示不变更诉讼请求。同时向一审法院提交两份《民事起诉状》,均注明"复印属实 2012 年 9 月 20 日",并加盖有四川省达州市中级人民法院印章。拟证明其在法定期限内已向法院提起诉讼主张权利,请求继续履行合同。其中一份《民事起诉状》系聚丰公司于 2010 年 5 月 11 日向四川省达州市中级人民法院出具,另一份系聚丰公司于 2011 年 11 月 6 日向一审法院出具。两份《民事起诉状》载明起诉请求均为:请求确认聚丰公司与电大财校于 2008 年 3 月 15 日签订的《合作开发协议书》合法有效,并判决电大财校严格履行合同约定。

电大财校认为该证据不能证明聚丰公司在法定的异议期限内已向法院提起诉讼主张权利,不能证明其主张。并明确表明拒绝对聚丰公司超出法定期限提交的上述证据予以质证。

聚丰公司于 2012 年 2 月 28 日向一审法院提起诉讼,请求:1. 判令电大财校因单方解除与聚丰公司于 2008 年 3 月 15 日签订的《合作开发协议书》给聚丰公司造成的经济损失 11200 万元(前期投入约 3200 万元,最低预期利益 8000 余万元);2. 诉讼费由电大财校承担。2012 年 3 月 7 日,聚丰公司向一审法院提交《变更诉讼请求申请书》载明:因聚丰公司前期在此项目投入资金数额巨大,解除合同将会造成重大经济损失,故申请将原诉讼请求第一项变更为:判令电大财校立即全面履行与聚丰公司于 2008 年 3 月 15 日签订的《合作开发协议书》,确定规模为 129800 平方米的合作开发项目(前期投入约 3200 万元,预期利益最低不少于 8000 余万元)。

电大财校答辩称:1. 电大财校与聚丰公司签订的《合作开发协议书》约定电大财校只享有收益,不承担风险,该协议应为土地使用权转让合同,该转让行为因违反了法律的强制性规定而无效。2. 假定双方签订的《合作开发协议书》没有违反法律的强制性规定,电大财校也有权按约行使解除权。聚丰公司未按协议第九条第一项的约定付清 2300 万元价款,故按约应解除《合作开发协议书》。3. 假如《合作开发协议书》有效,电大财校也有权解除。达州市政府已决定将该宗土地收回整体处置,使双方的合同目的无法实现,故应解除《合作开发协议书》。且用于合作开发的国有土地使用权证已被达州市政府公告注销,双方无法履行合同,故应解除《合作开发协议书》。

一审法院认为,关于合同性质及合同效力应如何认定问题。根据 2008 年 3 月 15 日电大财校与聚丰公司签订《合作开发协议书》约定的电大财校以达州市政府批准的《校园总体规划调整方案》及学校临街开发的部分土地使用权作为投资，聚丰公司以现金全额投资并独立开发建设学府铭苑，开发利润的分配等内容表明，电大财校与聚丰公司签订的《合作开发协议书》符合合资、合作开发房地产合同的法律特征，系合资、合作开发房地产合同。电大财校认为系土地使用权转让合同纠纷的抗辩理由不能成立，一审法院不予支持。《合作开发协议书》系双方当事人的真实意思表示，不违反法律、行政法规的强制性规定，不损害国家、集体或者第三人的利益，合法有效。

关于双方签订的《合作开发协议书》是否应当继续履行，是否能够继续履行的问题。根据查明的事实，2011 年 5 月 9 日电大财校以因政府拟对合作开发的土地重新进行拍卖，无法履行合作协议向聚丰公司发出《解除函》，通知聚丰公司解除合同。聚丰公司在《解除函》到达之日起三个月内并未向人民法院或者仲裁机构确认能否解除合同。根据《中华人民共和国合同法》（以下简称《合同法》）第九十六条第一款“当事人一方依照本法第九十三条第二款、第九十四条的规定主张解除合同的，应当通知对方。合同自通知到达对方时解除。对方有异议的，可以请求人民法院或者仲裁机构确认解除合同的效力”以及最高人民法院《关于适用〈中华人民共和国合同法〉若干问题的解释（二）》（以下简称合同法解释二）第二十四条“当事人对合同法第九十六条、第九十九条规定的合同解除或者债务抵销虽有异议，但在约定的异议期限届满后才提出异议并向人民法院起诉的，人民法院不予支持；当事人没有约定异议期间，在解除合同或者债务抵销通知到达之日起三个月以后才向人民法院起诉的，人民法院不予支持”之规定，《解除函》到达聚丰公司时就已发生法律效力，《合作开发协议书》已经解除。况且达州市政府已公告注销了双方合同项下土地的《国有土地使用权证》，在法律上或事实上也不能继续履行合同。为此，根据最高人民法院《关于民事诉讼证据的若干规定》（以下简称民事证据规定）第三十五条第一款“诉讼过程中，当事人主张的法律关系的性质或者民事行为的效力与人民法院根据案件事实作出的认定不一致的，不受本规定第三十四条规定的限制，人民法院应当告知当事人可以变更诉讼请求”的规定，一审法院向聚丰公司释明，告知其可以变更诉讼请求，但聚丰公司明确表明不变更诉讼请求，故一审法院对聚丰公司的诉讼请求予以驳回。

关于聚丰公司在一审法院释明后，向一审法院提供的 2010 年 5 月 11 日、2011 年 11 月 6 日的《民事起诉状》问题。根据民事证据规定第三十四条第一款、第二款“当事人应当在举证期限内向人民法院提交证据材料，当事人在举证期限内不提交的，视为放弃举证权利。对于当事人逾期提交的证据材料，人民法院审理时不组织质证。但对方当事人同意质证的除外”的规定，电大财校明确拒绝对聚丰公司超过法定举证期限提交的上述证据予以质证，故一审法院不组织质证。一审法院认为，该证据复印件不能证明聚丰公司在法定期限内已向人民法院提起诉讼，也不能证明人民法院在法定期限内对聚丰公司的起诉立案受理的事实。经查证《民事起诉状》载明的起诉请求为确认《合作开发协议书》有效，双方继续履行合同，并不是请求撤销合同解除行为，或者确认解除合同行为无效。聚丰公司提供的两份《民事起诉状》不能证明其主张，一审法院不予采信。

一审法院依照《合同法》第四十四条第一款、第九十六条第一款，合同法解释二第二十四条，民事证据规定第二条、第三十四条第一款、第二款、第三十五条第一款，《中华人民共和国民事诉讼法》第九条、第一百三十八条之规定，判决：驳回聚丰公司的诉讼请求。案件受理费 601800 元，由聚丰公司负担。

聚丰公司不服一审判决，向本院提起上诉

称：1. 电大财校解除合同的理由既非约定，也不符合法律规定，其在诉讼中的合同解除行为否定了诉讼前的解除行为，双方合同并未解除，应当继续履行；2. 聚丰公司已经依法向达州市中级人民法院提起诉讼，一审法院对此不予确认，认定事实不清，适用法律错误；3. 双方之间的合作关系不止表现为《合作开发协议》，即使《合作开发协议》解除，也不能终止双方合作开发房地产的权利义务；4. 达州市政府无权收回双方合同项下的土地使用权，更无权注销该土地的国有土地使用证，其违法侵权行为最多只是中止而不是终止合同履行，且涉案土地使用权仍然在电大财校名下，该土地保持现状，双方合同没有到无法履行的程度；5. 电大财校和达州市政府违反诚实信用原则，应当受到法律制裁。故请求：1. 撤销（2012）川民初字第 11 号民事判决；2. 判令电大财校立即全面履行与聚丰公司 2008 年 3 月 15 日签订的《合作开发协议书》；3. 一、二审诉讼费用由电大财校承担。

电大财校答辩称：1. 双方签订的《合作开发协议书》性质是土地使用权转让合同，该合同违反了《国有资产评估管理办法》第三条第（一）项、《城镇国有土地使用权出让和转让暂行条例》第十九条、《城市房地产管理法》第三十九条，且该土地使用权没有通过招、拍、挂的方式转让，也违反了《事业单位国有资产管理暂行办法》第二十八条的规定，因此，该合作开发协议应当认定无效；2. 聚丰公司没有在收到电大财校《解除合同函》之日起三个月内对该解除函提出异议并向人民法院起诉，如果人民法院认定协议有效，电大财校解除《合作开发协议书》符合约定解除权和法定解除权的条件；3. 达州市国土资源局向电大财校发出了收回土地的函告，达州市政府已经依法注销了合作开发的土地使用证，而用于合作开发的土地在政府出让的批文中已经明确仅用于抵押给银行贷款不能用于其他目的，且合作开发协议内容一直没有获政府相关部门受理，达州市政府 2010 年 6 月 22 日的专题会议上明确决定电大财校不能与任何单位和个人进行房地产合作开发，因此，合作开发协议已经无法实际履行。

本院二审另查明，二审诉讼期间，涉案土地的土地登记档案载明的权利人为达州市广播电视大学。

本院认为，本案当事人争议的焦点问题是：1.《合作开发协议书》性质和效力问题；2.《合作开发协议书》是否解除；3.《合作开发协议书》能否继续履行。

（一）关于合同性质和效力问题。

本院认为，涉案合同虽然冠以“合作开发协议书”之名，但合同中明确约定电大财校只享有固定开发收益，不承担开发经营的风险。根据最高人民法院《关于审理涉及国有土地使用权合同纠纷案件适用法律问题的解释》第二十四条“合作开发房地产合同约定提供土地使用权的当事人不承担经营风险，只收取固定利益的，应当认定为土地使用权转让合同”的规定，《合作开发协议书》性质为土地使用权转让合同。一审法院关于合同性质的认定有误，本院予以纠正。

根据最高人民法院《关于适用〈中华人民共和国合同法〉若干问题的解释（一）》第四条“合同法实施以后，人民法院确认合同无效，应当以全国人大及其常委会制定的法律和国务院制定的行政法规为依据，不得以地方性法规、行政规章为依据”的规定，以及合同法解释二第十四条关于“合同法第五十二条第（五）项规定的‘强制性规定’，是指效力性强制性规定”的规定，因“违反法律、行政法规的强制性规定”而无效的合同，是指违反了法律、行政法规中的效力性强制性规定，法律、行政法规中的管理性强制性规定不能作为认定合同无效的依据。本案中，电大财校主张合同无效的理由是《合作开发协议书》违反了《国有资产评估管理办法》第三条第（一）项、《招标拍卖挂牌出让国有建设用地使用权规定》《事业单位国有资产管理暂行办法》第二十八条，以及《城镇国有土地使用权出让和转让暂行条例》第十九条、《城市房地产管理法》第三十九条第二项的规定，但《国有资产评估管理办法》、《招标拍卖挂牌出让国有建设用地使用权规定》和《事业单位国有资产管理暂行办法》系行政规章，而《城市房地产管理法》第三十九条第二项、《城镇国有土地使用权出让和转让暂行条例》第十九条为法律、行政法规中的管理性强制性规定，均不能作为认定合同无效的依据。电大财校关于合同无效的主张，缺乏法律依据，本院不予支持。聚丰公司和电大财校之间订立的《合作开发协议书》是双方当事人真实的意思表示，不违反法律、行政法规的强制性规定，合同有效。

（二）关于《合作开发协议书》是否解除问题。

本院认为，根据《合同法》第九十三条的规定，"当事人协商一致，可以解除合同。当事人可以约定一方解除合同的条件。解除合同的条件成就时，解除权人可以解除合同"。第九十四条规定："有下列情形之一的，当事人可以解除合同：（一）因不可抗力致使不能实现合同目的；（二）在履行期限届满之前，当事人一方明确表示或者以自己的行为表明不履行主要债务；（三）当事人一方迟延履行主要债务，经催告后在合理期限内仍未履行；（四）当事人一方迟延履行债务或者有其他违约行为致使不能实现合同目的；（五）法律规定的其他情形"。本案中，双方在《合作开发协议》第十条中约定电大财校可以解除合同的条件为，"在乙方（聚丰公司）未按照本合同第九条第一款约定按期兑现甲方（电大财校）利益"以及"乙方（聚丰公司）违反合同第六条第七款之规定（即不得将本项目整体或部分转让给其他任何单位或个人开发）"。电大财校所主张的政府拟对合作开发的土地重新拍卖、无法履行合作协议的解除合同的理由，并非合同约定的电大财校可以解除合同的条件，也不属于《合同法》第九十四条可以行使法定解除权的情形。《合同法》第九十六条和合同法解释二第二十四条关于合同的约定解除和法定解除权利行使方式和期限的规定，不能适用于本案电大财校通知解除合同的情形。电大财校以《解除函》通知聚丰公司解除合同的行为，不发生解除合同的效力。一审判决根据《合同法》第九十六条和合同法解释二第二十四条的规定认定《合作开发协议书》已经解除，适用法律错误，本院予以纠正。

（三）关于《合作开发协议书》能否继续履行问题。

2011年11月17日，达州市人民政府在《达州日报》刊登《关于注销土地使用证的公告》，注销了涉案土地的国有土地使用证。一审判决据此认定合同在法律上或事实上不能继续履行。电大财校在二审期间亦辩称，达州市国土资源局向其发出了收回土地的函告，达州市人民政府已经注销了土地使用权证，其"不再享有该宗土地使用权"，"双方合作开发房地产这行为丧失了履行合同的基础和条件，该协议书在客观上已经不能履行"。

本院认为，根据《中华人民共和国物权法》（以下简称《物权法》）第十四条的规定，"不动产物权的设立、变更、转让和消灭，依照法律规定应当登记的，自记载于不动产登记簿时发生效力"；第十七条规定，"不动产权属证书是权利人享有该不动产物权的证明。不动产权属证书记载的事项，应当与不动产登记簿一致；记载不一致的，除有证据证明不动产登记簿确有错误外，以不动产登记簿为准"。上述法律规定表明，不动产权利人的确定，应当以不动产登记簿的记载为依据。达州市人民政府虽然公告注销了作为涉案土地不动产物权证明的国有土地使用证，但并未注销土地登记，且至二审诉讼期间，涉案土地的土地登记档案中载明的权利人仍然是达州市广播电视大学。这一事实说明，达州市人民政府注销国有土地使用证的行为，并未改变涉案土地的权属状况。根据《中华人民共和国城镇国有土地使用权出让和转让暂行条例》第四十二条的规定，"国家对土地使用者依法取得的土地使用权不提前收回。在特殊情况下,根据社会公共利益的需要,国家可以依照法律程序提前收回,并根据土地使用者已使用的年限和开发、利用土地的实际情况给予相应的补偿”。《物权法》第四十二条、第四十四条也对为了公共利益以及因抢险、救灾等紧急需要,依照法律规定的权限和程序可以征收单位、个人的不动产作出规定。但迄今并无证据证明涉案土地已经被依法征收、征用的事实。综上,涉案土地使用权的权属并未发生变化,电大财校仍然是涉案土地使用权的权利人,《合作开发协议书》的履行不存在法律上的障碍,能够继续履行。

关于电大财校提出的涉案土地的政府出让批文中明确表示该宗土地仅用于抵押给银行贷款不能用于其他目的、合作开发协议书无法履行的抗辩,本院认为,2008年1月28日达市府阅〔2008〕6号《研究达州电大和财贸校临街出让土地化解学校债务的会议纪要》的内容已经表明,电大财校与聚丰公司就涉案土地进行合作开发已获达州市人民政府同意,电大财校的此项抗辩无事实依据,本院不予支持。关于电大财校提出的政府不可能受理审批《校园总体规划调整方案》、合作开发协议书不可能履行的抗辩,本院认为,政府是否受理审批《校园总体规划调整方案》系尚未确定的事实,以此作为合同不能实际履行的依据,缺乏事实基础,本院不予支持。

综上所述,一审判决认定事实清楚,但适用法律错误。依照《中华人民共和国民事诉讼法》第一百七十条第一款第(二)项之规定,判决如下:

一、撤销四川省高级人民法院于2012年10月24日作出(2012)川民初字第11号民事判决;

二、达州广播电视大学(达州财贸学校)继续履行与四川省聚丰房地产开发有限责任公司2008年3月15日签订的《合作开发协议书》。

一审案件受理费601800元、二审案件受理费601800元,均由达州广播电视大学(达州财贸学校)负担。

本判决为终审判决。

审　判　长　张进先
审　判　员　宋春雨
代理审判员　王毓莹
二〇一三年五月二十八日
书　记　员　王楠楠

(来源:《最高人民法院公报》2014年第10期)

5. 土地抵押

最高人民法院关于能否将国有土地使用权折价抵偿给抵押权人问题的批复

1. *1998年9月1日最高人民法院审判委员会第1019次会议通过*
2. *1998年9月3日公布*
3. *法释〔1998〕25号*
4. *自1998年9月9日起施行*

四川省高级人民法院:

你院川高法〔1998〕19号《关于能否将国有土地使用权以国土部门认定的价格抵偿给抵押权人的请示》收悉。经研究,答复如下:

在依法以国有土地使用权作抵押的担保纠纷案件中,债务履行期届满抵押权人未受清偿的,可以通过拍卖的方式将土地使用权变现。如果无法变现,债务人又没有其他可供清偿的财产时,应当对国有土地使用权依法评估。人民法院可以参考政府土地管理部门确认的地价评估结果将土地使用权折价,经抵押权人同意,将折价后的土地使用权抵偿给抵押权人,土地使用权由抵押权人享有。

最高人民法院关于转发国土资源部《关于国有划拨土地使用权抵押登记有关问题的通知》的通知

1. 2004年3月23日
2. 法发〔2004〕11号

各省、自治区、直辖市高级人民法院，解放军军事法院，新疆维吾尔自治区高级人民法院生产建设兵团分院：

国土资源部于2004年1月15日发布了国土资发〔2004〕9号《关于国有划拨土地使用权抵押登记有关问题的通知》。现将该《通知》转发给你们，在《通知》发布之日起，人民法院尚未审结的涉及国有划拨土地使用权抵押经过有审批权限的土地行政管理部门依法办理抵押登记手续的案件，不以国有划拨土地使用权抵押未经批准而认定抵押无效。已经审结的案件不应依据该《通知》提起再审。

特此通知。

附：

国土资源部关于国有划拨土地使用权抵押登记有关问题的通知

（2004年1月15日
国土资发〔2004〕9号）

各省、自治区、直辖市国土资源厅（国土环境资源厅、国土资源和房屋管理局、房屋土地管理局、规划和国土资源局）：

根据国家有关法律法规的规定，现将国有划拨土地使用权抵押登记中的有关问题通知如下：

以国有划拨土地使用权为标的物设定抵押，土地行政管理部门依法办理抵押登记手续，即视同已经具有审批权限的土地行政管理部门批准，不必再另行办理土地使用权抵押的审批手续。

文书范本

GF－2008－2601

国有建设用地使用权出让合同

（示范文本）

中华人民共和国国土资源部
中华人民共和国国家工商行政管理总局 制定

合同编号：____________

国有建设用地使用权出让合同

本合同双方当事人：

出让人：中华人民共和国________省（自治区、直辖市）________市（县）________局；

通讯地址：____；

邮政编码：____；

电话：____；

传真：____；

开户银行：____；

账号：____。

受让人：____；

通讯地址：____；

邮政编码：____；

电话：____；

传真：____；

开户银行：____；

账号：____。

第一章 总　　则

第一条　根据《中华人民共和国物权法》、《中华人民共和国合同法》、《中华人民共和国土地管理法》、《中华人民共和国城市房地产管理法》等法律、有关行政法规及土地供应政策规定，双方本着平等、自愿、有偿、诚实信用的原则，订立本合同。

第二条　出让土地的所有权属中华人民共和国，出让人根据法律的授权出让国有建设用地使用权，地下资源、埋藏物不属于国有建设用地使用权出让范围。

第三条　受让人对依法取得的国有建设用地，在出让期限内享有占有、使用、收益和依法处置的权利，有权利用该土地依法建造建筑物、构筑物及其附属设施。

第二章 出让土地的交付与出让价款的缴纳

第四条　本合同项下出让宗地编号为__________，宗地总面积大写________________平方米（小写____________平方米），其中出让宗地面积为大写________________平方米（小写____________平方米）。

本合同项下的出让宗地坐落于____。

本合同项下出让宗地的平面界址为____；

出让宗地的平面界址图见附件1。

本合同项下出让宗地的竖向界限以____为界限，以________________________________为下界限，高差为________米。出让宗地竖向界限见附件2。

出让宗地空间范围是以上述界址点所构成的垂直面和上、下界限高程平面封闭形成的空间范围。

第五条 本合同项下出让宗地的用途为______________________________

______________________________。

第六条 出让人同意在________年____月____日前将出让宗地交付给受让人，出让人同意在交付土地时该宗地应达到本条第____项规定的土地条件：

（一）场地平整达到______________________________

______________________________；

周围基础设施达到______________________________

______________________________；

（二）现状土地条件______________________________

______________________________。

第七条 本合同项下的国有建设用地使用权出让年期为____年，按本合同第六条约定的交付土地之日起算；原划拨（承租）国有建设用地使用权补办出让手续的，出让年期自合同签订之日起算。

第八条 本合同项下宗地的国有建设用地使用权出让价款为人民币大写________________元（小写____________元），每平方米人民币大写________________元（小写____________元）。

第九条 本合同项下宗地的定金为人民币大写________________元（小写____________元），定金抵作土地出让价款。

第十条 受让人同意按照本条第一款第____项的规定向出让人支付国有建设用地使用权出让价款：

（一）本合同签订之日起____日内，一次性付清国有建设用地使用权出让价款；

（二）按以下时间和金额分____期向出让人支付国有建设用地使用权出让价款。

第一期 人民币大写________________元（小写____________元），付款时间：________年____月____日之前。

第二期 人民币大写________________元（小写____________元），付款时间：________年____月____日之前。

第__期 人民币大写________________元（小写____________元），付款时间：________年____月____日之前。

第__期 人民币大写________________元（小写____________元），付款时间：________年____月____日之前。

分期支付国有建设用地使用权出让价款的，受让人在支付第二期及以后各期国有建设用地使用权出让价款时，同意按照支付第一期土地出让价款之日中国人民银行公布的贷款利率，向出让人支付利息。

第十一条 受让人应在按本合同约定付清本宗地全部出让价款后，持本合同和出让价款缴纳凭证等相关证明材料，申请出让国有建设用地使用权登记。

第三章 土地开发建设与利用

第十二条 受让人同意本合同项下宗地开发投资强度按本条第____项规定执行：

（一）本合同项下宗地用于工业项目建设，受让人同意本合同项下宗地的项目固定资产总投资不低于经批准或登记备案的金额人民币大写＿＿＿＿＿＿＿＿万元（小写＿＿＿＿＿＿万元），投资强度不低于每平方米人民币大写＿＿＿＿＿＿＿＿元（小写＿＿＿＿＿＿元）。本合同项下宗地建设项目的固定资产总投资包括建筑物、构筑物及其附属设施、设备投资和出让价款等。

（二）本合同项下宗地用于非工业项目建设，受让人承诺本合同项下宗地的开发投资总额不低于人民币大写＿＿＿＿＿＿＿＿万元（小写＿＿＿＿＿＿万元）。

第十三条　受让人在本合同项下宗地范围内新建建筑物、构筑物及其附属设施的，应符合市（县）政府规划管理部门确定的出让宗地规划条件（见附件3）。其中：

主体建筑物性质＿＿＿＿＿＿＿＿＿＿＿＿＿＿＿＿＿＿＿＿＿＿＿＿＿＿＿＿＿＿＿＿＿＿＿；

附属建筑物性质＿＿＿＿＿＿＿＿＿＿＿＿＿＿＿＿＿＿＿＿＿＿＿＿＿＿＿＿＿＿＿＿＿＿＿；

建筑总面积＿＿＿＿＿＿＿＿＿＿＿＿＿＿＿＿＿＿＿＿＿＿＿＿＿＿＿＿＿＿＿＿＿平方米；

建筑容积率不高于＿＿＿＿＿＿＿＿＿＿＿＿＿＿＿＿＿＿不低于＿＿＿＿＿＿＿＿＿；

建筑限高＿＿＿＿＿＿＿＿＿＿＿＿＿＿＿＿＿＿＿＿＿＿＿＿＿＿＿＿＿＿＿＿＿＿＿＿＿；

建筑密度不高于＿＿＿＿＿＿＿＿＿＿＿＿＿＿＿＿＿＿不低于＿＿＿＿＿＿＿＿＿＿；

绿地率不高于＿＿＿＿＿＿＿＿＿＿＿＿＿＿＿＿＿＿不低于＿＿＿＿＿＿＿＿＿＿；

其他土地利用要求＿＿＿＿＿＿＿＿＿＿＿＿＿＿＿＿＿＿＿＿＿＿＿＿＿＿＿＿＿＿＿＿＿。

第十四条　受让人同意本合同项下宗地建设配套按本条第＿＿项规定执行：

（一）本合同项下宗地用于工业项目建设，根据规划部门确定的规划设计条件，本合同受让宗地范围内用于企业内部行政办公及生活服务设施的占地面积不超过受让宗地面积的＿＿%，即不超过＿＿＿＿＿＿平方米，建筑面积不超过＿＿＿＿＿＿方米。受让人同意不在受让宗地范围内建造成套住宅、专家楼、宾馆、招待所和培训中心等非生产性设施；

（二）本合同项下宗地用于住宅项目建设，根据规划建设管理部门确定的规划建设条件，本合同受让宗地范围内住宅建设总套数不少于＿＿套。其中，套型建筑面积90平方米以下住房套数不少于＿＿套，住宅建设套型要求为＿＿＿＿＿＿＿＿＿＿＿＿＿＿＿＿＿＿。本合同项下宗地范围内套型建筑面积90平方米以下住房面积占宗地开发建设总面积的比例不低于＿＿%。本合同项下宗地范围内配套建设的经济适用住房、廉租住房等政府保障性住房，受让人同意建成后按本项下第＿＿种方式履行：

1. 移交给政府；

2. 由政府回购；

3. 按政府经济适用住房建设和销售管理的有关规定执行；

4. ＿＿＿＿＿＿＿＿＿＿＿＿＿＿＿＿＿＿＿＿＿＿＿＿＿＿＿＿＿＿＿＿＿＿＿＿＿＿＿；

5. ＿＿＿＿＿＿＿＿＿＿＿＿＿＿＿＿＿＿＿＿＿＿＿＿＿＿＿＿＿＿＿＿＿＿＿＿＿＿＿。

第十五条　受让人同意在本合同项下宗地范围内同步修建下列工程配套项目，并在建成后无偿移交给政府：

（一）＿＿＿＿＿＿＿＿＿＿＿＿＿＿＿＿＿＿＿＿＿＿＿＿＿＿＿＿＿＿＿＿＿＿＿＿＿＿；

（二）＿＿＿＿＿＿＿＿＿＿＿＿＿＿＿＿＿＿＿＿＿＿＿＿＿＿＿＿＿＿＿＿＿＿＿＿＿＿；

（三）＿＿＿＿＿＿＿＿＿＿＿＿＿＿＿＿＿＿＿＿＿＿＿＿＿＿＿＿＿＿＿＿＿＿＿＿＿＿。

第十六条　受让人同意本合同项下宗地建设项目在＿＿＿＿年＿＿月＿＿日之前开工，在＿＿＿＿年＿＿月＿＿日之前竣工。

受让人不能按期开工,应提前30日向出让人提出延建申请,经出让人同意延建的,其项目竣工时间相应顺延,但延建期限不得超过一年。

第十七条　受让人在本合同项下宗地内进行建设时,有关用水、用气、污水及其他设施与宗地外主管线、用电变电站接口和引入工程,应按有关规定办理。

受让人同意政府为公用事业需要而敷设的各种管道与管线进出、通过、穿越受让宗地,但由此影响受让宗地使用功能的,政府或公用事业营建主体应当给予合理补偿。

第十八条　受让人应当按照本合同约定的土地用途、容积率利用土地,不得擅自改变。在出让期限内,需要改变本合同约定的土地用途的,双方同意按照本条第____项规定办理:

(一)由出让人有偿收回建设用地使用权;

(二)依法办理改变土地用途批准手续,签订国有建设用地使用权出让合同变更协议或者重新签订国有建设用地使用权出让合同,由受让人按照批准改变时新土地用途下建设用地使用权评估市场价格与原土地用途下建设用地使用权评估市场价格的差额补缴国有建设用地使用权出让价款,办理土地变更登记

第十九条　本合同项下宗地在使用期限内,政府保留对本合同项下宗地的规划调整权,原规划如有修改,该宗地已有的建筑物不受影响,但在使用期限内该宗地建筑物、构筑物及其附属设施改建、翻建、重建,或者期限届满申请续期时,必须按届时有效的规划执行。

第二十条　对受让人依法使用的国有建设用地使用权,在本合同约定的使用年限届满前,出让人不得收回;在特殊情况下,根据社会公共利益需要提前收回国有建设用地使用权的,出让人应当依照法定程序报批,并根据收回时地上建筑物、构筑物及其附属设施的价值和剩余年期国有建设用地使用权的评估市场价格及经评估认定的直接损失给予土地使用者补偿。

第四章　国有建设用地使用权转让、出租、抵押

第二十一条　受让人按照本合同约定支付全部国有建设用地使用权出让价款,领取国有土地使用证后,有权将本合同项下的全部或部分国有建设用地使用权转让、出租、抵押。首次转让的,应当符合本条第____项规定的条件:

(一)按照本合同约定进行投资开发,完成开发投资总额的百分之二十五以上;

(二)按照本合同约定进行投资开发,已形成工业用地或其他建设用地条件。

第二十二条　国有建设用地使用权的转让、出租及抵押合同,不得违背国家法律、法规规定和本合同约定。

第二十三条　国有建设用地使用权全部或部分转让后,本合同和土地登记文件中载明的权利、义务随之转移,国有建设用地使用权的使用年限为本合同约定的使用年限减去已经使用年限后的剩余年限。

本合同项下的全部或部分国有建设用地使用权出租后,本合同和土地登记文件中载明的权利、义务仍由受让人承担。

第二十四条　国有建设用地使用权转让、抵押的,转让、抵押双方应持本合同和相应的转让、抵押合同及国有土地使用证,到国土资源管理部门申请办理土地变更登记。

第五章　期限届满

第二十五条　本合同约定的使用年限届满,土地使用者需要继续使用本合同项下宗地的,应当至迟于届满前一年向出让人提交续期申请书,除根据社会公共利益需要收回本合同项下宗地的,出让人应当予以批准。

住宅建设用地使用权期限届满的，自动续期。

出让人同意续期的，土地使用者应当依法办理出让、租赁等有偿用地手续，重新签订出让、租赁等土地有偿使用合同，支付土地出让价款、租金等土地有偿使用费。

第二十六条　土地出让期限届满，土地使用者申请续期，因社会公共利益需要未获批准的，土地使用者应当交回国有土地使用证，并依照规定办理国有建设用地使用权注销登记，国有建设用地使用权由出让人无偿收回。出让人和土地使用者同意本合同项下宗地上的建筑物、构筑物及其附属设施，按本条第____项约定履行：

（一）由出让人收回地上建筑物、构筑物及其附属设施，并根据收回时地上建筑物、构筑物及其附属设施的残余价值，给予土地使用者相应补偿；

（二）由出让人无偿收回地上建筑物、构筑物及其附属设施。

第二十七条　土地出让期限届满，土地使用者没有申请续期的，土地使用者应当交回国有土地使用证，并依照规定办理国有建设用地使用权注销登记，国有建设用地使用权由出让人无偿收回。本合同项下宗地上的建筑物、构筑物及其附属设施，由出让人无偿收回，土地使用者应当保持地上建筑物、构筑物及其附属设施的正常使用功能，不得人为破坏。地上建筑物、构筑物及其附属设施失去正常使用功能的，出让人可要求土地使用者移动或拆除地上建筑物、构筑物及其附属设施，恢复场地平整。

第六章　不可抗力

第二十八条　合同双方当事人任何一方由于不可抗力原因造成的本合同部分或全部不能履行，可以免除责任，但应在条件允许下采取一切必要的补救措施以减少因不可抗力造成的损失。当事人迟延履行期间发生的不可抗力，不具有免责效力。

第二十九条　遇有不可抗力的一方，应在7日内将不可抗力情况以信函、电报、传真等书面形式通知另一方，并在不可抗力发生后15日内，向另一方提交本合同部分或全部不能履行或需要延期履行的报告及证明。

第七章　违约责任

第三十条　受让人应当按照本合同约定，按时支付国有建设用地使用权出让价款。受让人不能按时支付国有建设用地使用权出让价款的，自滞纳之日起，每日按迟延支付款项的____‰向出让人缴纳违约金，延期付款超过60日，经出让人催交后仍不能支付国有建设用地使用权出让价款的，出让人有权解除合同，受让人无权要求返还定金，出让人并可请求受让人赔偿损失。

第三十一条　受让人因自身原因终止该项目投资建设，向出让人提出终止履行本合同并请求退还土地的，出让人报经原批准土地出让方案的人民政府批准后，分别按以下约定，退还除本合同约定的定金以外的全部或部分国有建设用地使用权出让价款（不计利息），收回国有建设用地使用权，该宗地范围内已建的建筑物、构筑物及其附属设施可不予补偿，出让人还可要求受让人清除已建建筑物、构筑物及其附属设施，恢复场地平整；但出让人愿意继续利用该宗地范围内已建的建筑物、构筑物及其附属设施的，应给予受让人一定补偿：

（一）受让人在本合同约定的开工建设日期届满一年前不少于60日向出让人提出申请的，出让人在扣除定金后退还受让人已支付的国有建设用地使用权出让价款；

（二）受让人在本合同约定的开工建设日期超过一年但未满二年，并在届满二年前不少于60日向出让人提出申请的，出让人应在扣除本合同约定的定金，并按照规定征收土地闲置费后，将剩余的已付国有建设用地使用权出让价款退还受让人。

第三十二条　受让人造成土地闲置，闲置满一年不满两年的，应依法缴纳土地闲置费；土地闲置满两年且未开工建设的，出让人有权无偿收回国有建设用地使用权。

第三十三条　受让人未能按照本合同约定日期或同意延建所另行约定日期开工建设的，每延期一日，应向出让人支付相当于国有建设用地使用权出让价款总额____‰的违约金，出让人有权要求受让人继续履约。

受让人未能按照本合同约定日期或同意延建所另行约定日期竣工的，每延期一日，应向出让人支付相当于国有建设用地使用权出让价款总额____‰的违约金。

第三十四条　项目固定资产总投资、投资强度和开发投资总额未达到本合同约定标准的，出让人可以按照实际差额部分占约定投资总额和投资强度指标的比例，要求受让人支付相当于同比例国有建设用地使用权出让价款的违约金，并可要求受让人继续履约。

第三十五条　本合同项下宗地建筑容积率、建筑密度等任何一项指标低于本合同约定的最低标准的，出让人可以按照实际差额部分占约定最低标准的比例，要求受让人支付相当于同比例国有建设用地使用权出让价款的违约金，并有权要求受让人继续履行本合同；建筑容积率、建筑密度等任何一项指标高于本合同约定最高标准的，出让人有权收回高于约定的最高标准的面积部分，有权按照实际差额部分占约定标准的比例，要求受让人支付相当于同比例国有建设用地使用权出让价款的违约金。

第三十六条　工业建设项目的绿地率、企业内部行政办公及生活服务设施用地所占比例、企业内部行政办公及生活服务设施建筑面积等任何一项指标超过本合同约定标准的，受让人应当向出让人支付相当于宗地出让价款____‰的违约金，并自行拆除相应的绿化和建筑设施。

第三十七条　受让人按本合同约定支付国有建设用地使用权出让价款的，出让人必须按照本合同约定按时交付出让土地。由于出让人未按时提供出让土地而致使受让人本合同项下宗地占有延期的，每延期一日，出让人应当按受让人已经支付的国有建设用地使用权出让价款的____‰向受让人给付违约金，土地使用年期自实际交付土地之日起算。出让人延期交付土地超过60日，经受让人催交后仍不能交付土地的，受让人有权解除合同，出让人应当双倍返还定金，并退还已经支付国有建设用地使用权出让价款的其余部分，受让人并可请求出让人赔偿损失

第三十八条　出让人未能按期交付土地或交付的土地未能达到本合同约定的土地条件或单方改变土地使用条件的，受让人有权要求出让人按照规定的条件履行义务，并且赔偿延误履行而给受让人造成的直接损失。土地使用年期自达到约定的土地条件之日起算。

第八章　适用法律及争议解决

第三十九条　本合同订立、效力、解释、履行及争议的解决，适用中华人民共和国法律。

第四十条　因履行本合同发生争议，由争议双方协商解决，协商不成的，按本条第____项约定的方式解决：

（一）提交__________仲裁委员会仲裁；

（二）依法向人民法院起诉。

第九章　附　　则

第四十一条　本合同项下宗地出让方案业经__________人民政府批准，本合同自双方签订之日起生效。

第四十二条　本合同双方当事人均保证本合同中所填写的姓名、通讯地址、电话、传真、开户银行、代理人等内容的真实有效，一方的信息如有变更，应于变更之日起15日内以书面形式告知对方，否则由此引起的无法及时告知的责任由信息变更方承担。

第四十三条　本合同和附件共____页，以中文书写为准。

第四十四条　本合同的价款、金额、面积等项应当同时以大、小写表示，大小写数额应当一致，不一致的，以大写为准。

第四十五条　本合同未尽事宜，可由双方约定后作为合同附件，与本合同具有同等法律效力。

第四十六条　本合同一式____份，出让人、受让人各执____份，具有同等法律效力。

出让人(章)：　　　　受让人(章)：

法定代表人(委托代理人)　　　　法定代表人(委托代理人)：
(签字)：　　　　(签字)：

二〇　　年　　月　　日

附件1

出让宗地平面界限图

北

界址图粘贴线

比例尺:1:__________

附件 2

出让宗地竖向界限图

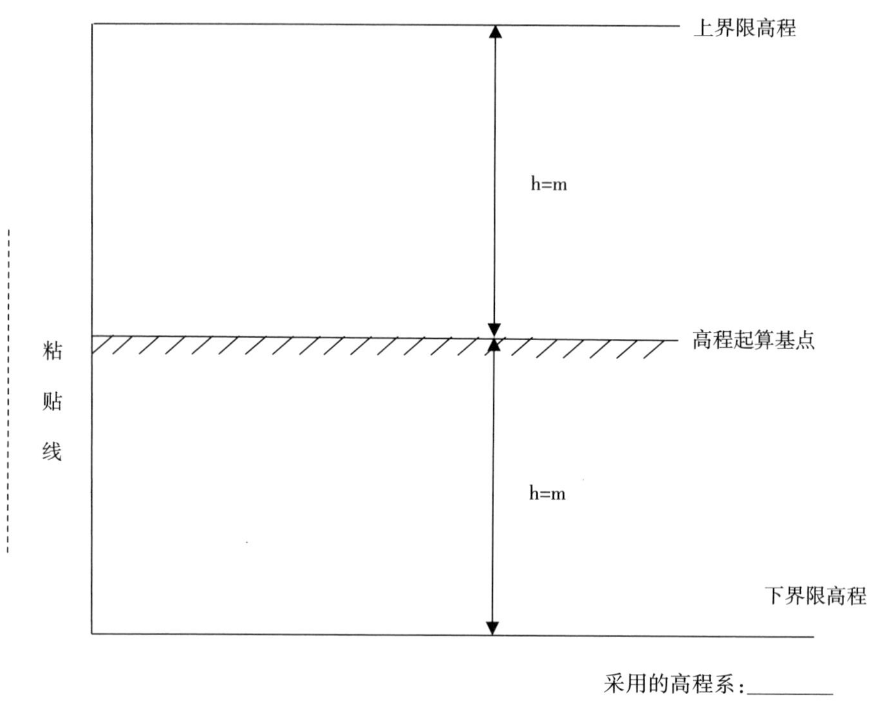

采用的高程系：________

比例尺：1：____________

附件 3

__________市（县）政府规划管理部门确定的出让宗地规划条件

国有建设用地使用权出让合同使用说明

一、《国有建设用地使用权出让合同》包括合同正文、附件1(出让宗地平面界址图)、附件2(出让宗地竖向界限)和附件3(市县政府规划管理部门确定的出让宗地规划条件)。

二、本合同中的出让人为有权出让国有建设用地使用权的市、县人民政府国土资源行政主管部门。

三、出让人出让的土地必须是国有建设用地。本合同以宗地为单位进行填写。宗地是指土地权属界线封闭的地块或者空间。

四、本合同第四条中,出让宗地空间范围是以平面界址点所构成的垂直面和上、下界限高程平面封闭形成的空间范围。出让宗地的平面界限按宗地的界址点坐标填写;出让宗地的竖向界限,可以按照1985年国家高程系统为起算基点填写,也可以按照各地高程系统为起算基点填写。高差是垂直方向从起算面到终止面的距离。如:出让宗地的竖向界限以标高+60米(1985年国家高程系统)为上界限,以标高-10米(1985年国家高程系统)为下界限,高差为70米。

五、本合同第五条中,宗地用途按《土地利用现状分类》(中华人民共和国国家标准GB/T21010-2007)规定的土地二级类填写。依据规划用途可以划分为不同宗地的,应先行分割成不同的宗地,再按宗地出让。属于同一宗地中包含两种或两种以上不同用途的,应当写明各类具体土地用途的出让年期及各类具体用途土地占宗地的面积比例和空间范围。

六、本合同第六条中,土地条件按照双方实际约定选择和填写。属于待开发建设的用地,选择第一项;属于原划拨(承租)建设用地使用权补办出让手续的,选择第二项

七、本合同第十条中,建设用地使用权出让价款支付方式按双方实际约定选择和填写。双方约定建设用地使用权出让价款一次性付清的,选择第一款第一项;分期支付的,选择第一款第二项。

八、本合同第十二条中,宗地开发投资强度根据建设项目的性质选择和填写。属于工业项目建设的,选择第一项;不属于工业项目建设的,选择第二项。

九、本合同第十三条中,受让宗地用于工业项目建设的,应当按照国土资源部《关于发布和实施〈工业项目建设用地控制指标〉的通知》(国土资发〔2008〕24号)要求,建筑容积率、建筑密度只填写最低限指标,即"不低于"。新出台的法律政策对工业项目建筑容积率、建筑密度等有规定的,签订出让合同时,应当按照最新政策规定填写。

十、本合同第十四条中,宗地建设配套情况根据建设项目的性质选择和填写。宗地用于工业项目建设的,选择第一项;宗地用于住宅项目建设的,选择第二项。选择第一项的,宗地范围内用于企业行政办公及生活服务设施的占地面积占受让宗地面积的比例,按照国土资源部《关于发布和实施〈工业项目建设用地控制指标〉的通知》(国土资发〔2008〕24号)的有关规定填写,原则上不得超过7%;选择第二项的,按照《国务院关于促进节约集约用地的通知》(国发〔2008〕3号)、国土资源部《关于认真贯彻〈国务院关于解决城市低收入家庭住房困难的若干意见〉进一步加强土地供应调控的通知》(国土资发〔2007〕236号)的有关规定填写。新出台的法律政策对工业项目用地中企业行政办公及生活服务设施的用地面积比例、套型建筑面积90平方米以下住房套数及面积比例、商品住宅项目中配建经济适用住房和廉租住房等有规定的,签订出让合同时,应当按照最新政策规定填写。

十一、本合同第十六条中,受让宗地用于商品住宅项目建设的,出让宗地的开工时间和竣

工时间,按照国土资源部《关于认真贯彻〈国务院关于解决城市低收入家庭住房困难的若干意见〉进一步加强土地供应调控的通知》(国土资发〔2007〕236号)的有关规定填写,原则上开发时间最长不得超过三年。国家新出台的法律政策对出让宗地开工时间和竣工时间有规定的,签订出让合同时,应当按照最新规定填写。

十二、本合同第十八条中,在土地出让期限内,非经营性用地改变为经营性用地的,应当按照《国务院关于促进节约集约用地的通知》(国发〔2008〕3号)的规定执行。国家新出台的法律政策对改变土地用途有规定的,签订出让合同时,应当按照最新规定填写。

十三、本合同第二十一条中,属于房屋开发的,选择第一项;属于土地综合开发的,选择第二项。

十四、本合同第三十条和第三十七条中,受让人不能按合同约定及时支付国有建设用地使用权出让价款,出让人不能按合同约定及时提供出让土地的,应当根据《国务院办公厅关于规范国有土地使用权出让收支管理的通知》(国办发〔2006〕100号)的有关规定和双方当事人权利义务对等原则,违约金比例按1‰填写。国家新出台的法律政策对受让人不能按时支付国有建设用地使用权出让价款的违约金比例有规定的,签订出让合同时,应当按照最新规定填写。

十五、本合同由省、自治区、直辖市国土资源管理部门统一编号。

十六、本合同由国土资源部和国家工商行政管理总局负责解释。

集体土地征收补偿安置协议

甲方:________建设单位

乙方:________省(自治区、直辖市)、________市(县)________乡(镇)________村

甲、乙双方根据《中华人民共和国土地管理法》和省(自治区、直辖市)、市(县)政府的有关规定,就________省(自治区、直辖市)、________市(县)________乡(镇)________村征地补偿安置事宜达成如下协议:

一、征收土地面积及安置人数

甲方征收乙方集体所有、使用的土地,面积为________平方米,四至(见附图),常住户口________人(其中应安置________人),由甲方依据________确认。

二、手续的办理

乙方自签订本协议之日起____日内办理________手续,并将原所有、使用的________所列项目完整地交给甲方,甲方应派员验收。验收中如发现与________所列项目不符时,对意外情况,乙方应向甲方如实说明情况;对因乙方过错而造成的损失,乙方应负赔偿责任。

三、征地费用及其标准

征地费用包括____________费用,以《土地管理法》第40条第2款规定为基本标准(标准的数额应具体化)。

四、补偿、安置费的结算

土地补偿费和安置补助费的结算,按照财政部、国土资源部《新增建设用地土地有偿使用费收缴使用管理办法》和省(自治区、直辖市)、市(县)政府的有关规定,在________年____月____日前到甲方所在地办理。

五、违约责任

违反本协议规定的,由违约方向对方支付违约金________元人民币,并赔偿因此而造成的

损失。

六、生效

本协议自甲、乙双方签字之日起生效。本协议一式____份,甲乙双方各执____份。

甲方:　　　　　　　　　　　　　　　　乙方:

______建设单位(签章)　　　　　　　　______乡(镇)______村(签章)

附件1

被征收土地有关证件________件,其中《土地所有权证》,编号为________;《土地使用权证》,编号为________。

附件2

地理位置图(略)

土地使用权租赁合同

(订立合同单位)

____________________(以下简称甲方);

____________________(以下简称乙方)。

为明确责任,恪守信用,特签订本合同,共同遵守。

合同内容如下:

____

____

____

____

____

____

____

____

违约责任:

____

____

其他:

____

____

____

____

____

____

____

____

本合同附件有：

____

____

____

与本合同有同等效力。

本合同的修改、补充需经甲、乙双方签订变更合同协议书，作为合同的补充部分。

甲方：________________（公章）　　乙方：________________（公章）

地址：________________　　地址：________________

法定代表人：__________（签字）　　法定代表人：__________（签字）

开户银行及账号：________　　开户银行及账号：________

订立合同日期：________年____月____日

建设工程征用土地合同

签订合同双方：

征用土地单位：____________，以下简称甲方；

被征土地单位：____________，以下简称乙方。

根据________（审批权力机关）批准的________建设项目的计划任务书和工程选点报告等文件，按照《国家建设征用土地条例》和________省（或自治区、直辖市）政府的有关规定，经甲方向征地所在地的土地管理机关申请和________县（或市、省）人民政府审查批准，经甲乙双方实地查看、反复协商，特签订本合同，以供双方共同遵守。

第一条　征用土地数量及方位

甲方征用乙方土地共____亩，其中，稻田____亩，水塘____亩，菜地____亩，坡地____亩，宅基地____亩，林木____亩，共有树木____株。所征土地东起______，南起______，西起______，北起______。（以上根据实际情况填写）

第二条　征用土地的各类补偿费和安置补助费

1. 根据______省（或自治区、直辖市）政府关于征用土地的补偿规定，各类耕地（包括菜地）按该地年产值的______倍（一般为该耕地年产值的三至六倍）补偿。征用无收益的土地，不予补偿。（征用园地、鱼塘、藕塘、苇塘、宅基地、林地、牧场草原等的补偿标准，按省、自治区、直辖市政府制定的办法执行，征用城市郊区的菜地，还应按当地政府的有关规定，向国家缴纳新菜地开发基金。）

2. 根据______省（自治区、直辖市）政府的规定，所征土地上的青苗按该地产值的____%补偿，所征土地上的水井、林木、水塘等附着物按______办法补偿。房屋的补偿办法另订拆迁合同。乙方人员在开始协商征地方案以后抢种的作物、树木和抢建的设施，甲方一律不予补偿。

3. 各类耕地的年产值按耕地被征用前三年的平均年产量和国家规定的价格补偿，稻田按平均亩产大米为____公斤，每公斤计价____元，年产值每亩核定____元；旱地按平均亩产玉米（或小麦）____公斤，每公斤计价____元，年产值每亩核定为____元；菜地按平均亩产大白菜____公斤计算，每公斤计价____元，年产值每亩核定为____元。

4. 根据《国家建设征用土地条例》的规定，乙方需要安置的农业人口数，按征地前农业人口和耕地面积的比例及征地数量计算，共计____人；甲方对乙方农业人口的安置补助费标准，按所征耕地每亩产值的二至三倍计算（年产值按被征用前三年的平均年产量和国家规定的价格计算，但每亩耕地的安置补助费，最高不得超过其年产值的十倍）；征用宅基地不付安置补助费。（征用园地、鱼塘、藕塘、林地、牧场、草原等土地的安置补助费，按省、市、自治区政府制定的标准计算。）

甲乙双方在本合同上签字，并实地勘验征用地界、订立永久性界桩后____日内，甲方向乙方一次（或商定于某段时期内几次）支付全部各类补偿费、安置补助费共____元（其中，土地补偿费和安置补助费的总和不得超过被征土地年产值的二十倍），付款均通过建设银行转账托付。

第三条　减免公、余粮交售任务

甲乙双方按照________人民政府的规定，根据被征土地的亩数，向________人民政府呈递减免公、余粮交售任务的申请报告。实际减免量，以________人民政府的批文为准。

第四条　安置办法

乙方因被征用土地造成农业剩余劳力，甲方应向有关单位联系，采取以下第____项办法解决：

1. 发展农业生产。甲方协助乙方改良土壤，兴修水利，改善耕作条件；在可能和合理的条件下，经县、市土地管理机关批准，适当开荒，扩大耕种面积；也可由甲方结合工程施工帮助造地，但要从安置补助费中扣除甲方的资助费用。

2. 发展社队工副业生产。在符合国家有关规定的条件下，甲方帮助乙方因地制宜，兴办对国计民生有利的工副业和服务性事业，但要从安置补助费中扣除甲方的资助费用。

3. 迁队或并队。土地已被征完或基本征完的生产队，在有条件的地方，可以组织迁队；也可按照自愿互利的原则，与附近生产队合并，甲方要积极为乙方迁队或并队创造条件。

（按照上述途径确实安置不完的剩余劳动力，经________省或自治区、直辖市人民政府批准，在劳动计划范围内，符合条件的可以安排到集体所有制单位就业，并将相应的安置补助费转拨给吸收劳动力的单位；甲方如有招工指标，经________省或自治区或直辖市人民政府同意，也可以选招其中符合条件的当工人，并相应核减被征地单位的安置补助费。乙方的土地被征完，又不具备迁队、并队条件的，乙方原有的农业户口，经省或自治区、直辖市人民政府审查批准，可转为非农业户口或城镇户口，乙方原有集体所有的财产和所得的补偿费、安置补助费，由县市以上人民政府与有关乡村商定处理，用于组织生产和不能就业人员的生活补助。）

乙方用补偿费和安置补助费兴建生产生活设施所需建设物资，乡村能够解决的，由乡村自行解决；乡村不能解决的，由当地政府协助解决。地方无法解决的少数统配部管物资，经县（或市）土地管理机关审查核实后，由甲方随同建设项目向国家有关部门申请分配，物资价款由乙方支付。

第五条　甲方的责任

1. 甲方征用土地上有青苗的，在不影响工程正常进行的情况下，应当等待乙方收获，不得铲毁；凡在当地一个耕种收获期内尚不需要使用的土地，甲方应当与乙方签订协议，允许乙方耕种。

2. 甲方已征用二年还不使用的土地(铁路沿线以及因安全防护等特殊需要,符合国家规定的留用土地,不得视为征而未用的土地),除经原批准征地的机关同意延期使用的土地外,当地县(或市)人民政府有权收回处理,甲方均不得擅自侵占或处理。

3. 甲方如逾期不向乙方支付征地的各种补偿费和安置补助费,乙方可凭本合同正本申请建设银行从甲方银行账户内拨付,并可请求甲方按银行关于延期付款的规定偿付违约金。

第六条　乙方的责任

1. 自本合同订立之日起,乙方有责任告知所属村民不得在征用土地内种植作物,不得砍伐林木和损坏其他附着物,有违反者,乙方必须赔偿甲方的损失。经甲方同意在征地上种植作物的,乙方应统一安排,不得逾期。

2. 乙方在本合同订立后需在征用土地上架设电线、兴修沟渠等,应经甲方同意,乙方应在不影响建设工程的前提下动工,否则按侵犯公有财产报请有关机关处理。

第七条　工程临时用地

甲方在工程施工过程中,需要建设材料堆场、运输通路和其他临时设施的,应当尽量在征地范围内安排。确实需要另行增加临时用地的,由甲方向原批准工程项目用地的主管机关提出临时用地数量和期限的申请,经批准后,同乙方签订临时用地协议,并按乙方前三年土地平均年产值逐年给予补偿。甲方在临时用地上不得修建永久性建筑物。甲方使用期满,应当恢复乙方土地的耕种条件,及时归还乙方,或按恢复土地耕种条件的工作量向乙方支付费用。

第八条　其他____________

本合同自甲乙双方签字之日起生效,合同生效后,甲乙双方均不得擅自修改或解除合同。合同中如有未尽事宜,须经双方共同协商,作出补充规定。补充规定与本合同具有同等效力。合同执行中如发生纠纷,双方协商不能解决的,可报请建设工程管理部门和______县(或市)政府调解,调解不成的,可报请合同管理机关仲裁,也可提请有管辖权的人民法院裁决。

本合同正本一式两份,甲乙双方各执一份;合同副本一式____份,送______人民政府、计委、建委、建设银行、农委……各留存一份。

征用土地单位(甲方):______(盖章)
地址:________________
法定代表人:__________(盖章)
联系人:______________
电话:________________
银行账户:____________

被征土地单位(乙方):______(盖章)
地址:________________
法定代表人:__________(盖章)
联系人:______________
电话:________________
银行账户:____________

________年____月____日

三、房地产开发

城市房地产开发经营管理条例

1. 1998年7月20日国务院令第248号发布
2. 根据2011年1月8日国务院令第588号《关于废止和修改部分行政法规的决定》第一次修订
3. 根据2018年3月19日国务院令第698号《关于修改和废止部分行政法规的决定》第二次修订
4. 根据2019年3月24日国务院令第710号《关于修改部分行政法规的决定》第三次修订

第一章　总　　则

第一条　为了规范房地产开发经营行为，加强对城市房地产开发经营活动的监督管理，促进和保障房地产业的健康发展，根据《中华人民共和国城市房地产管理法》的有关规定，制定本条例。

第二条　本条例所称房地产开发经营，是指房地产开发企业在城市规划区内国有土地上进行基础设施建设、房屋建设，并转让房地产开发项目或者销售、出租商品房的行为。

第三条　房地产开发经营应当按照经济效益、社会效益、环境效益相统一的原则，实行全面规划、合理布局、综合开发、配套建设。

第四条　国务院建设行政主管部门负责全国房地产开发经营活动的监督管理工作。

县级以上地方人民政府房地产开发主管部门负责本行政区域内房地产开发经营活动的监督管理工作。

县级以上人民政府负责土地管理工作的部门依照有关法律、行政法规的规定，负责与房地产开发经营有关的土地管理工作。

第二章　房地产开发企业

第五条　设立房地产开发企业，除应当符合有关法律、行政法规规定的企业设立条件外，还应当具备下列条件：

（一）有100万元以上的注册资本；

（二）有4名以上持有资格证书的房地产专业、建筑工程专业的专职技术人员，2名以上持有资格证书的专职会计人员。

省、自治区、直辖市人民政府可以根据本地方的实际情况，对设立房地产开发企业的注册资本和专业技术人员的条件作出高于前款的规定。

第六条　外商投资设立房地产开发企业的，除应当符合本条例第五条的规定外，还应当依照外商投资企业法律、行政法规的规定，办理有关审批手续。

第七条　设立房地产开发企业，应当向县级以上人民政府工商行政管理部门申请登记。工商行政管理部门对符合本条例第五条规定条件的，应当自收到申请之日起30日内予以登记；对不符合条件不予登记的，应当说明理由。

工商行政管理部门在对设立房地产开发企业申请登记进行审查时，应当听取同级房地产开发主管部门的意见。

第八条　房地产开发企业应当自领取营业执照之日起30日内，提交下列纸质或者电子材料，向登记机关所在地的房地产开发主管部门备案：

（一）营业执照复印件；

（二）企业章程；

（三）企业法定代表人的身份证明；

（四）专业技术人员的资格证书和聘用合同。

第九条　房地产开发主管部门应当根据房地

产开发企业的资产、专业技术人员和开发经营业绩等，对备案的房地产开发企业核定资质等级。房地产开发企业应当按照核定的资质等级，承担相应的房地产开发项目。具体办法由国务院建设行政主管部门制定。

第三章 房地产开发建设

第十条 确定房地产开发项目，应当符合土地利用总体规划、年度建设用地计划和城市规划、房地产开发年度计划的要求；按照国家有关规定需要经计划主管部门批准的，还应当报计划主管部门批准，并纳入年度固定资产投资计划。

第十一条 确定房地产开发项目，应当坚持旧区改建和新区建设相结合的原则，注重开发基础设施薄弱、交通拥挤、环境污染严重以及危旧房屋集中的区域，保护和改善城市生态环境，保护历史文化遗产。

第十二条 房地产开发用地应当以出让方式取得；但是，法律和国务院规定可以采用划拨方式的除外。

土地使用权出让或者划拨前，县级以上地方人民政府城市规划行政主管部门和房地产开发主管部门应当对下列事项提出书面意见，作为土地使用权出让或者划拨的依据之一：

（一）房地产开发项目的性质、规模和开发期限；

（二）城市规划设计条件；

（三）基础设施和公共设施的建设要求；

（四）基础设施建成后的产权界定；

（五）项目拆迁补偿、安置要求。

第十三条 房地产开发项目应当建立资本金制度，资本金占项目总投资的比例不得低于20%。

第十四条 房地产开发项目的开发建设应当统筹安排配套基础设施，并根据先地下、后地上的原则实施。

第十五条 房地产开发企业应当按照土地使用权出让合同约定的土地用途、动工开发期限进行项目开发建设。出让合同约定的动工开发期限满1年未动工开发的，可以征收相当于土地使用权出让金20%以下的土地闲置费；满2年未动工开发的，可以无偿收回土地使用权。但是，因不可抗力或者政府、政府有关部门的行为或者动工开发必需的前期工作造成动工迟延的除外。

第十六条 房地产开发企业开发建设的房地产项目，应当符合有关法律、法规的规定和建筑工程质量、安全标准、建筑工程勘察、设计、施工的技术规范以及合同的约定。

房地产开发企业应当对其开发建设的房地产开发项目的质量承担责任。

勘察、设计、施工、监理等单位应当依照有关法律、法规的规定或者合同的约定，承担相应的责任。

第十七条 房地产开发项目竣工，依照《建设工程质量管理条例》的规定验收合格后，方可交付使用。

第十八条 房地产开发企业应当将房地产开发项目建设过程中的主要事项记录在房地产开发项目手册中，并定期送房地产开发主管部门备案。

第四章 房地产经营

第十九条 转让房地产开发项目，应当符合《中华人民共和国城市房地产管理法》第三十九条、第四十条规定的条件。

第二十条 转让房地产开发项目，转让人和受让人应当自土地使用权变更登记手续办理完毕之日起30日内，持房地产开发项目转让合同到房地产开发主管部门备案。

第二十一条 房地产开发企业转让房地产开发项目时，尚未完成拆迁补偿安置的，原拆迁补偿安置合同中有关的权利、义务随之转移给受让人。项目转让人应当书面通知被拆迁人。

第二十二条 房地产开发企业预售商品房，应当符合下列条件：

（一）已交付全部土地使用权出让金，取

得土地使用权证书；

（二）持有建设工程规划许可证和施工许可证；

（三）按提供的预售商品房计算，投入开发建设的资金达到工程建设总投资的25%以上，并已确定施工进度和竣工交付日期；

（四）已办理预售登记，取得商品房预售许可证明。

第二十三条 房地产开发企业申请办理商品房预售登记，应当提交下列文件：

（一）本条例第二十三条第（一）项至第（三）项规定的证明材料；

（二）营业执照和资质等级证书；

（三）工程施工合同；

（四）预售商品房分层平面图；

（五）商品房预售方案。

第二十四条 房地产开发主管部门应当自收到商品房预售申请之日起10日内，作出同意预售或者不同意预售的答复。同意预售的，应当核发商品房预售许可证明；不同意预售的，应当说明理由。

第二十五条 房地产开发企业不得进行虚假广告宣传，商品房预售广告中应当载明商品房预售许可证明的文号。

第二十六条 房地产开发企业预售商品房时，应当向预购人出示商品房预售许可证明。

房地产开发企业应当自商品房预售合同签订之日起30日内，到商品房所在地的县级以上人民政府房地产开发主管部门和负责土地管理工作的部门备案。

第二十七条 商品房销售，当事人双方应当签订书面合同。合同应当载明商品房的建筑面积和使用面积、价格、交付日期、质量要求、物业管理方式以及双方的违约责任。

第二十八条 房地产开发企业委托中介机构代理销售商品房的，应当向中介机构出具委托书。中介机构销售商品房时，应当向商品房购买人出示商品房的有关证明文件和商品房销售委托书。

第二十九条 房地产开发项目转让和商品房销售价格，由当事人协商议定；但是，享受国家优惠政策的居民住宅价格，应当实行政府指导价或者政府定价。

第三十条 房地产开发企业应当在商品房交付使用时，向购买人提供住宅质量保证书和住宅使用说明书。

住宅质量保证书应当列明工程质量监督单位核验的质量等级、保修范围、保修期和保修单位等内容。房地产开发企业应当按照住宅质量保证书的约定，承担商品房保修责任。

保修期内，因房地产开发企业对商品房进行维修，致使房屋原使用功能受到影响，给购买人造成损失的，应当依法承担赔偿责任。

第三十一条 商品房交付使用后，购买人认为主体结构质量不合格的，可以向工程质量监督单位申请重新核验。经核验，确属主体结构质量不合格的，购买人有权退房；给购买人造成损失的，房地产开发企业应当依法承担赔偿责任。

第三十二条 预售商品房的购买人应当自商品房交付使用之日起90日内，办理土地使用权变更和房屋所有权登记手续；现售商品房的购买人应当自销售合同签订之日起90日内，办理土地使用权变更和房屋所有权登记手续。房地产开发企业应当协助商品房购买人办理土地使用权变更和房屋所有权登记手续，并提供必要的证明文件。

第五章 法律责任

第三十三条 违反本条例规定，未取得营业执照，擅自从事房地产开发经营的，由县级以上人民政府工商行政管理部门责令停止房地产开发经营活动，没收违法所得，可以并处违法所得5倍以下的罚款。

第三十四条 违反本条例规定，未取得资质等级证书或者超越资质等级从事房地产开发经营的，由县级以上人民政府房地产开发主管部门责令限期改正，处5万元以上10万元以下的罚款；逾期不改正的，由工商行政管理部门吊销营业执照。

第三十五条 违反本条例规定，擅自转让房地产开发项目的，由县级以上人民政府负责土地管理工作的部门责令停止违法行为，没收违法所得，可以并处违法所得5倍以下的罚款。

第三十六条 违反本条例规定，擅自预售商品房的，由县级以上人民政府房地产开发主管部门责令停止违法行为，没收违法所得，可以并处已收取的预付款1%以下的罚款。

第三十七条 国家机关工作人员在房地产开发经营监督管理工作中玩忽职守、徇私舞弊、滥用职权，构成犯罪的，依法追究刑事责任；尚不构成犯罪的，依法给予行政处分。

第六章　附　　则

第三十八条 在城市规划区外国有土地上从事房地产开发经营，实施房地产开发经营监督管理，参照本条例执行。

第三十九条 城市规划区内集体所有的土地，经依法征收转为国有土地后，方可用于房地产开发经营。

第四十条 本条例自发布之日起施行。

房地产开发企业资质管理规定

1. 2000年3月29日建设部令第77号发布

2. 根据2015年5月4日住房和城乡建设部令第24号《关于修改〈房地产开发企业资质管理规定〉等部门规章的决定》第一次修正

3. 根据2018年12月22日住房和城乡建设部令第45号《关于修改〈建筑业企业资质管理规定〉等部门规章的决定》第二次修正

第一条 为了加强房地产开发企业资质管理，规范房地产开发企业经营行为，根据《中华人民共和国城市房地产管理法》、《城市房地产开发经营管理条例》，制定本规定。

第二条 本规定所称房地产开发企业是指依法设立、具有企业法人资格的经济实体。

第三条 房地产开发企业应当按照本规定申请核定企业资质等级。

未取得房地产开发资质等级证书(以下简称资质证书)的企业，不得从事房地产开发经营业务。

第四条 国务院建设行政主管部门负责全国房地产开发企业的资质管理工作；县级以上地方人民政府房地产开发主管部门负责本行政区域内房地产开发企业的资质管理工作。

第五条 房地产开发企业按照企业条件分为一、二、三、四四个资质等级。

各资质等级企业的条件如下：

(一)一级资质：

1. 从事房地产开发经营5年以上；

2. 近3年房屋建筑面积累计竣工30万平方米以上，或者累计完成与此相当的房地产开发投资额；

3. 连续5年建筑工程质量合格率达100%；

4. 上一年房屋建筑施工面积15万平方米以上，或者完成与此相当的房地产开发投资额；

5. 有职称的建筑、结构、财务、房地产及有关经济类的专业管理人员不少于40人，其中具有中级以上职称的管理人员不少于20人，持有资格证书的专职会计人员不少于4人；

6. 工程技术、财务、统计等业务负责人具有相应专业中级以上职称；

7. 具有完善的质量保证体系，商品住宅销售中实行了《住宅质量保证书》和《住宅使用说明书》制度；

8. 未发生过重大工程质量事故。

(二)二级资质：

1. 从事房地产开发经营3年以上；

2. 近3年房屋建筑面积累计竣工15万平方米以上，或者累计完成与此相当的房地产开发投资额；

3. 连续3年建筑工程质量合格率达

100%；

4. 上一年房屋建筑施工面积10万平方米以上，或者完成与此相当的房地产开发投资额；

5. 有职称的建筑、结构、财务、房地产及有关经济类的专业管理人员不少于20人，其中具有中级以上职称的管理人员不少于10人，持有资格证书的专职会计人员不少于3人；

6. 工程技术、财务、统计等业务负责人具有相应专业中级以上职称；

7. 具有完善的质量保证体系，商品住宅销售中实行了《住宅质量保证书》和《住宅使用说明书》制度；

8. 未发生过重大工程质量事故。

（三）三级资质：

1. 从事房地产开发经营2年以上；

2. 房屋建筑面积累计竣工5万平方米以上，或者累计完成与此相当的房地产开发投资额；

3. 连续2年建筑工程质量合格率达100%；

4. 有职称的建筑、结构、财务、房地产及有关经济类的专业管理人员不少于10人，其中具有中级以上职称的管理人员不少于5人，持有资格证书的专职会计人员不少于2人；

5. 工程技术、财务等业务负责人具有相应专业中级以上职称，统计等其他业务负责人具有相应专业初级以上职称；

6. 具有完善的质量保证体系，商品住宅销售中实行了《住宅质量保证书》和《住宅使用说明书》制度；

7. 未发生过重大工程质量事故。

（四）四级资质：

1. 从事房地产开发经营1年以上；

2. 已竣工的建筑工程质量合格率达100%；

3. 有职称的建筑、结构、财务、房地产及有关经济类的专业管理人员不少于5人，持有资格证书的专职会计人员不少于2人；

4. 工程技术负责人具有相应专业中级以上职称，财务负责人具有相应专业初级以上职称，配有专业统计人员；

5. 商品住宅销售中实行了《住宅质量保证书》和《住宅使用说明书》制度；

6. 未发生过重大工程质量事故。

第六条 新设立的房地产开发企业应当自领取营业执照之日起30日内，在资质审批部门的网站或平台提出申请备案事项，提交营业执照、企业章程、专业技术人员资格证书和劳动合同的电子材料。

房地产开发主管部门应当在收到备案申请后30日内向符合条件的企业核发《暂定资质证书》。

《暂定资质证书》有效期1年。房地产开发主管部门可以视企业经营情况延长《暂定资质证书》有效期，但延长期限不得超过2年。

自领取《暂定资质证书》之日起1年内无开发项目的，《暂定资质证书》有效期不得延长。

第七条 房地产开发企业应当在《暂定资质证书》有效期满前1个月内向房地产开发主管部门申请核定资质等级。房地产开发主管部门应当根据其开发经营业绩核定相应的资质等级。

第八条 申请《暂定资质证书》的条件不得低于四级资质企业的条件。

第九条 临时聘用或者兼职的管理、技术人员不得计入企业管理、技术人员总数。

第十条 申请核定资质等级的房地产开发企业，应当提交下列证明文件：

（一）企业资质等级申报表；

（二）房地产开发企业资质证书（正、副本）；

（三）企业资产负债表；

（四）企业法定代表人和经济、技术、财务负责人的职称证件；

（五）已开发经营项目的有关证明材料；

（六）房地产开发项目手册及《住宅质量保证书》、《住宅使用说明书》执行情况报告；

（七）其他有关文件、证明。

第十一条　房地产开发企业资质等级实行分级审批。

一级资质由省、自治区、直辖市人民政府建设行政主管部门初审，报国务院建设行政主管部门审批。

二级资质及二级资质以下企业的审批办法由省、自治区、直辖市人民政府建设行政主管部门制定。

经资质审查合格的企业，由资质审批部门发给相应等级的资质证书。

第十二条　资质证书由国务院建设行政主管部门统一制作。资质证书分为正本和副本，资质审批部门可以根据需要核发资质证书副本若干份。

第十三条　任何单位和个人不得涂改、出租、出借、转让、出卖资质证书。

企业遗失资质证书，必须在新闻媒体上声明作废后，方可补领。

第十四条　企业发生分立、合并的，应当在向工商行政管理部门办理变更手续后的30日内，到原资质审批部门申请办理资质证书注销手续，并重新申请资质等级。

第十五条　企业变更名称、法定代表人和主要管理、技术负责人，应当在变更30日内，向原资质审批部门办理变更手续。

第十六条　企业破产、歇业或者因其他原因终止业务时，应当在向工商行政管理部门办理注销营业执照后的15日内，到原资质审批部门注销资质证书。

第十七条　房地产开发企业的资质实行年检制度。对于不符合原定资质条件或者有不良经营行为的企业，由原资质审批部门予以降级或者注销资质证书。

一级资质房地产开发企业的资质年检由国务院建设行政主管部门或者其委托的机构负责。

二级资质及二级资质以下房地产开发企业的资质年检由省、自治区、直辖市人民政府建设行政主管部门制定办法。

房地产开发企业无正当理由不参加资质年检的，视为年检不合格，由原资质审批部门注销资质证书。

房地产开发主管部门应当将房地产开发企业资质年检结果向社会公布。

第十八条　一级资质的房地产开发企业承担房地产项目的建设规模不受限制，可以在全国范围承揽房地产开发项目。

二级资质及二级资质以下的房地产开发企业可以承担建筑面积25万平方米以下的开发建设项目，承担业务的具体范围由省、自治区、直辖市人民政府建设行政主管部门确定。

各资质等级企业应当在规定的业务范围内从事房地产开发经营业务，不得越级承担任务。

第十九条　企业未取得资质证书从事房地产开发经营的，由县级以上地方人民政府房地产开发主管部门责令限期改正，处5万元以上10万元以下的罚款；逾期不改正的，由房地产开发主管部门提请工商行政管理部门吊销营业执照。

第二十条　企业超越资质等级从事房地产开发经营的，由县级以上地方人民政府房地产开发主管部门责令限期改正，处5万元以上10万元以下的罚款；逾期不改正的，由原资质审批部门吊销资质证书，并提请工商行政管理部门吊销营业执照。

第二十一条　企业有下列行为之一的，由原资质审批部门公告资质证书作废，收回证书，并可处以1万元以上3万元以下的罚款：

（一）隐瞒真实情况、弄虚作假骗取资质证书的；

（二）涂改、出租、出借、转让、出卖资质证书的。

第二十二条　企业开发建设的项目工程质量低劣，发生重大工程质量事故的，由原资质审批部门降低资质等级;情节严重的吊销资质证书,并提请工商行政管理部门吊销营业执照。

第二十三条 企业在商品住宅销售中不按照规定发放《住宅质量保证书》和《住宅使用说明书》的,由原资质审批部门予以警告、责令限期改正、降低资质等级,并可处以1万元以上2万元以下的罚款。

第二十四条 企业不按照规定办理变更手续的,由原资质审批部门予以警告、责令限期改正,并可处以5000元以上1万元以下的罚款。

第二十五条 各级建设行政主管部门工作人员在资质审批和管理中玩忽职守、滥用职权,徇私舞弊的,由其所在单位或者上级主管部门给予行政处分;构成犯罪的,由司法机关依法追究刑事责任。

第二十六条 省、自治区、直辖市人民政府建设行政主管部门可以根据本规定制定实施细则。

第二十七条 本规定由国务院建设行政主管部门负责解释。

第二十八条 本规定自发布之日起施行。1993年11月16日建设部发布的《房地产开发企业资质管理规定》(建设部令第28号)同时废止。

城市紫线管理办法

1. 2003年12月17日建设部令第119号发布
2. 根据2011年1月26日《住房和城乡建设部关于废止和修改部分规章的决定》修正

第一条 为了加强对城市历史文化街区和历史建筑的保护,根据《中华人民共和国城乡规划法》、《中华人民共和国文物保护法》和国务院有关规定,制定本办法。

第二条 本办法所称城市紫线,是指国家历史文化名城内的历史文化街区和省、自治区、直辖市人民政府公布的历史文化街区的保护范围界线,以及历史文化街区外经县级以上人民政府公布保护的历史建筑的保护范围界线。本办法所称紫线管理是划定城市紫线和对城市紫线范围内的建设活动实施监督、管理。

第三条 在编制城市规划时应当划定保护历史文化街区和历史建筑的紫线。国家历史文化名城的城市紫线由城市人民政府在组织编制历史文化名城保护规划时划定。其他城市的城市紫线由城市人民政府在组织编制城市总体规划时划定。

第四条 国务院建设行政主管部门负责全国城市紫线管理工作。

省、自治区人民政府建设行政主管部门负责本行政区域内的城市紫线管理工作。

市、县人民政府城乡规划行政主管部门负责本行政区域内的城市紫线管理工作。

第五条 任何单位和个人都有权了解历史文化街区和历史建筑的紫线范围及其保护规划,对规划的制定和实施管理提出意见,对破坏保护规划的行为进行检举。

第六条 划定保护历史文化街区和历史建筑的紫线应当遵循下列原则:

(一)历史文化街区的保护范围应当包括历史建筑物、构筑物和其风貌环境所组成的核心地段,以及为确保该地段的风貌、特色完整性而必须进行建设控制的地区。

(二)历史建筑的保护范围应当包括历史建筑本身和必要的风貌协调区。

(三)控制范围清晰,附有明确的地理坐标及相应的界址地形图。

城市紫线范围内文物保护单位保护范围的划定,依据国家有关文物保护的法律、法规。

第七条 编制历史文化名城和历史文化街区保护规划,应当包括征求公众意见的程序。审查历史文化名城和历史文化街区保护规划,应当组织专家进行充分论证,并作为法定审批程序的组成部分。

市、县人民政府批准保护规划前,必须

报经上一级人民政府主管部门审查同意。

第八条　历史文化名城和历史文化街区保护规划一经批准，原则上不得调整。因改善和加强保护工作的需要，确需调整的，由所在城市人民政府提出专题报告，经省、自治区、直辖市人民政府城乡规划行政主管部门审查同意后，方可组织编制调整方案。

调整后的保护规划在审批前，应当将规划方案公示，并组织专家论证。审批后应当报历史文化名城批准机关备案，其中国家历史文化名城报国务院建设行政主管部门备案。

第九条　市、县人民政府应当在批准历史文化街区保护规划后的一个月内，将保护规划报省、自治区人民政府建设行政主管部门备案。其中国家历史文化名城内的历史文化街区保护规划还应当报国务院建设行政主管部门备案。

第十条　历史文化名城、历史文化街区和历史建筑保护规划一经批准，有关市、县人民政府城乡规划行政主管部门必须向社会公布，接受公众监督。

第十一条　历史文化街区和历史建筑已经破坏，不再具有保护价值的，有关市、县人民政府应当向所在省、自治区、直辖市人民政府提出专题报告，经批准后方可撤销相关的城市紫线。

撤销国家历史文化名城中的城市紫线，应当经国务院建设行政主管部门批准。

第十二条　历史文化街区内的各项建设必须坚持保护真实的历史文化遗存，维护街区传统格局和风貌，改善基础设施、提高环境质量的原则。历史建筑的维修和整治必须保持原有外形和风貌，保护范围内的各项建设不得影响历史建筑风貌的展示。

市、县人民政府应当依据保护规划，对历史文化街区进行整治和更新，以改善人居环境为前提，加强基础设施、公共设施的改造和建设。

第十三条　在城市紫线范围内禁止进行下列活动：

（一）违反保护规划的大面积拆除、开发；

（二）对历史文化街区传统格局和风貌构成影响的大面积改建；

（三）损坏或者拆毁保护规划确定保护的建筑物、构筑物和其他设施；

（四）修建破坏历史文化街区传统风貌的建筑物、构筑物和其他设施；

（五）占用或者破坏保护规划确定保留的园林绿地、河湖水系、道路和古树名木等；

（六）其他对历史文化街区和历史建筑的保护构成破坏性影响的活动。

第十四条　在城市紫线范围内确定各类建设项目，必须先由市、县人民政府城乡规划行政主管部门依据保护规划进行审查，组织专家论证并进行公示后核发选址意见书。

第十五条　在城市紫线范围内进行新建或者改建各类建筑物、构筑物和其他设施，对规划确定保护的建筑物、构筑物和其他设施进行修缮和维修以及改变建筑物、构筑物的使用性质，应当依照相关法律、法规的规定，办理相关手续后方可进行。

第十六条　城市紫线范围内各类建设的规划审批，实行备案制度。

省、自治区、直辖市人民政府公布的历史文化街区，报省、自治区人民政府建设行政主管部门或者直辖市人民政府城乡规划行政主管部门备案。其中国家历史文化名城内的历史文化街区报国务院建设行政主管部门备案。

第十七条　在城市紫线范围内进行建设活动，涉及文物保护单位的，应当符合国家有关文物保护的法律、法规的规定。

第十八条　省、自治区建设行政主管部门和直辖市城乡规划行政主管部门，应当定期对保护规划执行情况进行检查监督，并向国务院建设行政主管部门提出报告。

对于监督中发现的擅自调整和改变城市紫线，擅自调整和违反保护规划的行政行为,或者由于人为原因,导致历史文化街区和历史建筑遭受局部破坏的,监督机关可以提出纠正决定,督促执行。

第十九条 国务院建设行政主管部门,省、自治区人民政府建设行政主管部门和直辖市人民政府城乡规划行政主管部门根据需要可以向有关城市派出规划监督员,对城市紫线的执行情况进行监督。

规划监督员行使下述职能:

(一)参与保护规划的专家论证,就保护规划方案的科学合理性向派出机关报告;

(二)参与城市紫线范围内建设项目立项的专家论证,了解公示情况,可以对建设项目的可行性提出意见,并向派出机关报告;

(三)对城市紫线范围内各项建设审批的可行性提出意见,并向派出机关报告;

(四)接受公众的投诉,进行调查,向有关行政主管部门提出处理建议,并向派出机关报告。

第二十条 违反本办法规定,未经市、县人民政府城乡规划行政主管部门批准,在城市紫线范围内进行建设活动的,由市、县人民政府城乡规划行政主管部门按照《中华人民共和国城乡规划法》等法律、法规的规定处罚。

第二十一条 违反本办法规定,擅自在城市紫线范围内审批建设项目和批准建设的,对有关责任人员给予行政处分;构成犯罪的,依法追究刑事责任。

第二十二条 本办法自2004年2月1日起施行。

城市蓝线管理办法

1. 2005年12月20日建设部令第145号发布

2. 根据2011年1月26日《住房和城乡建设部关于废止和修改部分规章的决定》修正

第一条 为了加强对城市水系的保护与管理,保障城市供水、防洪防涝和通航安全,改善城市人居生态环境,提升城市功能,促进城市健康、协调和可持续发展,根据《中华人民共和国城乡规划法》、《中华人民共和国水法》,制定本办法。

第二条 本办法所称城市蓝线,是指城市规划确定的江、河、湖、库、渠和湿地等城市地表水体保护和控制的地域界线。

城市蓝线的划定和管理,应当遵守本办法。

第三条 国务院建设主管部门负责全国城市蓝线管理工作。

县级以上地方人民政府建设主管部门(城乡规划主管部门)负责本行政区域内的城市蓝线管理工作。

第四条 任何单位和个人都有服从城市蓝线管理的义务,有监督城市蓝线管理、对违反城市蓝线管理行为进行检举的权利。

第五条 编制各类城市规划,应当划定城市蓝线。

城市蓝线由直辖市、市、县人民政府在组织编制各类城市规划时划定。

城市蓝线应当与城市规划一并报批。

第六条 划定城市蓝线,应当遵循以下原则:

(一)统筹考虑城市水系的整体性、协调性、安全性和功能性,改善城市生态和人居环境,保障城市水系安全;

(二)与同阶段城市规划的深度保持一致;

(三)控制范围界定清晰;

(四)符合法律、法规的规定和国家有关技术标准、规范的要求。

第七条 在城市总体规划阶段,应当确定城市规划区范围内需要保护和控制的主要地表水体,划定城市蓝线,并明确城市蓝线保护和控制的要求。

第八条 在控制性详细规划阶段,应当依据城市总体规划划定的城市蓝线,规定城市蓝线范围内的保护要求和控制指标,并附有明确的城市蓝线坐标和相应的界址地形图。

第九条 城市蓝线一经批准,不得擅自调整。

因城市发展和城市布局结构变化等原因，确实需要调整城市蓝线的，应当依法调整城市规划，并相应调整城市蓝线。调整后的城市蓝线，应当随调整后的城市规划一并报批。

调整后的城市蓝线应当在报批前进行公示，但法律、法规规定不得公开的除外。

第十条 在城市蓝线内禁止进行下列活动：

（一）违反城市蓝线保护和控制要求的建设活动；

（二）擅自填埋、占用城市蓝线内水域；

（三）影响水系安全的爆破、采石、取土；

（四）擅自建设各类排污设施；

（五）其他对城市水系保护构成破坏的活动。

第十一条 在城市蓝线内进行各项建设，必须符合经批准的城市规划。

在城市蓝线内新建、改建、扩建各类建筑物、构筑物、道路、管线和其他工程设施，应当依法向建设主管部门（城乡规划主管部门）申请办理城市规划许可，并依照有关法律、法规办理相关手续。

第十二条 需要临时占用城市蓝线内的用地或水域的，应当报经直辖市、市、县人民政府建设主管部门（城乡规划主管部门）同意，并依法办理相关审批手续；临时占用后，应当限期恢复。

第十三条 县级以上地方人民政府建设主管部门（城乡规划主管部门）应当定期对城市蓝线管理情况进行监督检查。

第十四条 违反本办法规定，在城市蓝线范围内进行各类建设活动的，按照《中华人民共和国城乡规划法》等有关法律、法规的规定处罚。

第十五条 县级以上地方人民政府建设主管部门（城乡规划主管部门）违反本办法规定，批准在城市蓝线范围内进行建设的，对有关责任人员依法给予处分；构成犯罪的，依法追究刑事责任。

第十六条 本办法自2006年3月1日起施行。

城市黄线管理办法

1. 2005年12月20日建设部令第144号发布

2. 根据2011年1月26日《住房和城乡建设部关于废止和修改部分规章的决定》修正

第一条 为了加强城市基础设施用地管理，保障城市基础设施的正常、高效运转，保证城市经济、社会健康发展，根据《中华人民共和国城乡规划法》，制定本办法。

第二条 城市黄线的划定和规划管理，适用本办法。

本办法所称城市黄线，是指对城市发展全局有影响的、城市规划中确定的、必须控制的城市基础设施用地的控制界线。

本办法所称城市基础设施包括：

（一）城市公共汽车首末站、出租汽车停车场、大型公共停车场；城市轨道交通线、站、场、车辆段、保养维修基地；城市水运码头；机场；城市交通综合换乘枢纽；城市交通广场等城市公共交通设施。

（二）取水工程设施（取水点、取水构筑物及一级泵站）和水处理工程设施等城市供水设施。

（三）排水设施；污水处理设施；垃圾转运站、垃圾码头、垃圾堆肥厂、垃圾焚烧厂、卫生填埋场（厂）；环境卫生车辆停车场和修造厂；环境质量监测站等城市环境卫生设施。

（四）城市气源和燃气储配站等城市供燃气设施。

（五）城市热源、区域性热力站、热力线走廊等城市供热设施。

（六）城市发电厂、区域变电所（站）、市区变电所（站）、高压线走廊等城市供电设施。

（七）邮政局、邮政通信枢纽、邮政支局；电信局、电信支局；卫星接收站、微波站；广播电台、电视台等城市通信设施。

（八）消防指挥调度中心、消防站等城市消防设施。

（九）防洪堤墙、排洪沟与截洪沟、防洪闸等城市防洪设施。

（十）避震疏散场地、气象预警中心等城市抗震防灾设施。

（十一）其他对城市发展全局有影响的城市基础设施。

第三条 国务院建设主管部门负责全国城市黄线管理工作。

县级以上地方人民政府建设主管部门（城乡规划主管部门）负责本行政区域内城市黄线的规划管理工作。

第四条 任何单位和个人都有保护城市基础设施用地、服从城市黄线管理的义务，有监督城市黄线管理、对违反城市黄线管理的行为进行检举的权利。

第五条 城市黄线应当在制定城市总体规划和详细规划时划定。

直辖市、市、县人民政府建设主管部门（城乡规划主管部门）应当根据不同规划阶段的规划深度要求，负责组织划定城市黄线的具体工作。

第六条 城市黄线的划定，应当遵循以下原则：

（一）与同阶段城市规划内容及深度保持一致；

（二）控制范围界定清晰；

（三）符合国家有关技术标准、规范。

第七条 编制城市总体规划，应当根据规划内容和深度要求，合理布置城市基础设施，确定城市基础设施的用地位置和范围，划定其用地控制界线。

第八条 编制控制性详细规划，应当依据城市总体规划，落实城市总体规划确定的城市基础设施的用地位置和面积，划定城市基础设施用地界线，规定城市黄线范围内的控制指标和要求，并明确城市黄线的地理坐标。

修建性详细规划应当依据控制性详细规划，按不同项目具体落实城市基础设施用地界线，提出城市基础设施用地配置原则或者方案，并标明城市黄线的地理坐标和相应的界址地形图。

第九条 城市黄线应当作为城市规划的强制性内容，与城市规划一并报批。城市黄线上报审批前，应当进行技术经济论证，并征求有关部门意见。

第十条 城市黄线经批准后，应当与城市规划一并由直辖市、市、县人民政府予以公布；但法律、法规规定不得公开的除外。

第十一条 城市黄线一经批准，不得擅自调整。

因城市发展和城市功能、布局变化等，需要调整城市黄线的，应当组织专家论证，依法调整城市规划，并相应调整城市黄线。调整后的城市黄线，应当随调整后的城市规划一并报批。

调整后的城市黄线应当在报批前进行公示，但法律、法规规定不得公开的除外。

第十二条 在城市黄线内进行建设活动，必须贯彻安全、高效、经济的方针，处理好近远期关系，根据城市发展的实际需要，分期有序实施。

第十三条 在城市黄线范围内禁止进行下列活动：

（一）违反城市规划要求，进行建筑物、构筑物及其他设施的建设；

（二）违反国家有关技术标准和规范进行建设；

（三）未经批准，改装、迁移或拆毁原有城市基础设施；

（四）其他损坏城市基础设施或影响城市基础设施安全和正常运转的行为。

第十四条 在城市黄线内进行建设，应当符合经批准的城市规划。

在城市黄线内新建、改建、扩建各类建筑物、构筑物、道路、管线和其他工程设施，应当依法向建设主管部门（城乡规划主管部门）申请办理城市规划许可，并依据有关法律、法规办理相关手续。

迁移、拆除城市黄线内城市基础设施的，应当依据有关法律、法规办理相关手续。

第十五条 因建设或其他特殊情况需要临时占用城市黄线内土地的，必须依法办理相关审批手续。

第十六条 县级以上地方人民政府建设主管部门（城乡规划主管部门）应当定期对城市黄线管理情况进行监督检查。

第十七条 违反本办法规定，有下列行为之一的，依据《中华人民共和国城乡规划法》等法律、法规予以处罚：

（一）未经直辖市、市、县人民政府建设主管部门（城乡规划主管部门）批准在城市黄线范围内进行建设活动的；

（二）擅自改变城市黄线内土地用途的；

（三）未按规划许可的要求进行建设的。

第十八条 县级以上地方人民政府建设主管部门（城乡规划主管部门）违反本办法规定，批准在城市黄线范围内进行建设的，对有关责任人员依法给予处分；构成犯罪的，依法追究刑事责任。

第十九条 本办法自2006年3月1日起施行。

建设部关于规范房地产开发企业开发建设行为的通知

1. 2002年2月25日
2. 建住房〔2002〕44号

各省、自治区建设厅，直辖市建委（开发办、房地产管理局）：

按照国务院关于整顿和规范建筑市场经济秩序的要求，依据《中华人民共和国城市房地产管理法》、《中华人民共和国建筑法》、《中华人民共和国招标投标法》、《城市房地产开发经营管理条例》、《建设工程质量管理条例》等有关法律、行政法规，现就规范房地产开发企业的开发建设行为通知如下：

一、加强对房地产开发项目管理。对开发项目不符合条件或者有下列情形之一的房地产开发企业，建设行政主管部门不得审批或同意其新开发建设项目：

（一）未取得房地产开发企业资质证书或者超越其资质等级从事房地产开发经营业务的；

（二）房地产开发项目资本金达不到规定标准的；

（三）已开发建设项目严重拖欠工程款的。

对于未取得房地产开发企业资质证书或者超越资质等级从事房地产开发经营业务的，房地产开发主管部门还应当依据《城市房地产开发经营管理条例》、《房地产开发企业资质管理规定》进行处罚。

二、房地产开发企业应当依照有关规定对工程建设项目的勘察、设计、施工、监理以及与工程建设有关的重要设备、材料等采购进行招标。对于依法必须招标而未招标的，建设行政主管部门不得颁发施工许可证，并要依法进行处罚。

三、房地产开发企业不得将工程发包给不具有相应资质等级的勘察、设计、施工、监理单位或者将工程肢解发包，不得迫使承包方以低于成本的价格竞标，不得任意压缩合理工期，不得明示或者暗示设计单位或者施工单位违反工程建设强制性标准、降低建设工程质量或者使用不合格的建筑材料、建筑构配件和设备。凡有上述行为的，建设行政主管部门应当责令改正，并依据《建设工程质量管理条例》进行处罚。

四、房地产开发企业应当依法将施工图设计文件报县级以上人民政府建设行政主管部门或者其他有关部门审查。对于施工图设计文件未经审查或者审查不合格而擅自施工的，建设行政主管部门应当责令改正，并依据《建设工程质量管理条例》进行处罚。

五、依法应当实行监理的房地产开发项目，房地产开发企业应当委托具有相应资质等级的工程监理单位监理。对于依法应当委托监理而未委托或者将监理业务委托给不具有相应资质等级的监理单位的，建设行政主管部门应当责令改正，并依据《建设工程质量管理条例》进行处罚。

六、房地产开发企业应当依法办理工程质量监督手续。对于未按照国家规定办理工程质量监督手续的，建设行政主管部门不得颁发施工许可证，并依据《建设工程质量管理条例》进行处罚。

七、房地产开发项目经竣工验收合格后，房地产开发企业应当及时向建设行政主管部门备案。对于住宅小区等群体房地产开发项目，还应当按照有关规定进行综合验收。凡未组织竣工验收（包括综合验收，下同）或者验收不合格的房地产开发项目不得交付使用。对于房地产开发企业将未经验收或者验收不合格的房地产开发项目交付使用的，应当依据《城市房地产开发经营管理条例》、《建设工程质量管理条例》，责令改正并进行处罚。

八、房地产开发企业开发建设的项目，凡是工程质量低劣或者发生重大工程质量事故的，建设行政部门应当责令改正，并依据《建筑法》、《建设工程质量管理条例》、《房地产开发企业资质管理规定》进行处罚。在处罚决定书规定的停业整顿期间内，房地产开发主管部门不得审批或同意其新开项目。

九、对于已完工的房地产开发项目有违反合同约定拖欠工程款的，建设行政主管部门对其新开发建设项目不得颁发施工许可证。

十、房地产开发企业向购买人交付商品房时，应当提供住宅质量保证书和使用说明书，并严格按照住宅质量保证书承诺的内容进行保修。凡未按规定提供住宅质量保证书、使用说明书或者未按住宅质量保证书的承诺进行保修的，房地产开发主管部门要依据《房地产开发企业资质管理规定》进行处罚。

十一、房地产开发企业转让房地产开发项目的，应当符合《中华人民共和国城市房地产管理法》第三十八条、第三十九条规定的条件，并在规定的时间内报房地产开发主管部门备案。对于擅自转让房地产开发项目的，房地产开发主管部门应当依据《城市房地产开发经营管理条例》进行处罚。

十二、房地产开发企业有下列不良行为的，房地产开发主管部门应当依据《房地产开发企业资质管理规定》，在资质年检中予以降级或者注销资质证书：

（一）超越资质等级从事房地产开发经营业务的；

（二）擅自转让房地产开发项目的；

（三）未取得施工许可证擅自施工的；

（四）未按规定向房地产开发主管部门报送《房地产开发项目手册》，并拒不整改的；

（五）按国家规定办应当实行监理的项目未委托监理的；

（六）未经验收、备案或将验收不合格的工程擅自交付使用的；

（七）有明示或暗示勘察、设计、施工、监理单位违反强制性标准，或明示或暗示施工单位使用不合格的建筑材料、构配件、设备的；

（八）房屋销售中存在虚假广告、销售面积"缺斤短两"等欺诈行为，造成消费者损失未予改正的；

（九）商品房销售中，未按规定向购房者提供《住宅质量保证书》和《住宅使用说明书》，未依照《住宅质量保证书》承诺的内容进行保修的；

（十）未取得预售许可证擅自预售商品房的；

（十一）违反合同约定拖欠工程款的；

（十二）工程质量低劣或者发生重大质量事故的。

十三、房地产开发主管部门要加快建立房地产开发企业经营业绩和不良经营行为公示制度，定期向社会公布，接受社会监督。

建设部关于在房地产开发项目中推行工程建设合同担保的若干规定（试行）

1. 2004年8月6日
2. 建市〔2004〕137号

第一章 总 则

第一条 为进一步规范建筑市场主体行为，降低工程风险，保障从事建设工程活动各方的合法权益和维护社会稳定，根据《中华人民共和国建筑法》、《中华人民共和国招投标法》、《中华人民共和国合同法》、《中华人民共和国担保法》及有关法律法规，制定本规定。

第二条 工程建设合同造价在1000万元以上的房地产开发项目（包括新建、改建、扩建的项目），适用本规定。其他建设项目可参照本规定执行。

第三条 本规定所称工程建设合同担保，是指在工程建设活动中，根据法律法规规定或合同约定，由担保人向债权人提供的，保证债务人不履行债务时，由担保人代为履行或承担责任的法律行为。

本规定所称担保的有效期，是指债权人要求担保人承担担保责任的权利存续期间。在有效期内，债权人有权要求担保人承担担保责任。有效期届满，债权人要求担保人承担担保责任的实体权利消灭，担保人免除担保责任。

第四条 保证人提供的保证方式为一般保证或连带责任保证。

第五条 本规定所称担保分为投标担保、业主工程款支付担保、承包商履约担保和承包商付款担保。投标担保可采用投标保证金或保证的方式。业主工程款支付担保，承包商履约担保和承包商支付担保应采用保证的方式。当事人对保证方式没有约定或者约定不明确的，按照连带责任保证承担保证责任。

第六条 工程建设合同担保的保证人应是中华人民共和国境内注册的有资格的银行业金融机构、专业担保公司。

本规定所称专业担保公司，是指以担保为主要经营范围和主要经营业务，依法登记注册的担保机构。

第七条 依法设立的专业担保公司可以承担工程建设合同担保。但是，专业担保公司担保余额的总额不得超过净资产的10倍；单笔担保金额不得超过该担保公司净资产的50%。不符合该条件的，可以与其他担保公司共同提供担保。

第八条 工程建设合同担保的担保费用可计入工程造价。

第九条 国务院建设行政主管部门负责对工程建设合同担保工作实行统一监督管理，县级以上地方人民政府建设行政主管部门负责对本行政区域内的工程建设合同担保进行监督管理。

第十条 各级建设行政主管部门将业主（房地产开发商）、承包商违反本办法的行为记入房地产信息管理系统、建筑市场监督管理系统等不良行为记录及信用评估系统。

第二章 业主工程款支付担保

第十一条 业主工程款支付担保，是指为保证业主履行工程合同约定的工程款支付义务，由担保人为业主向承包商提供的，保证业主支付工程款的担保。

业主在签订工程建设合同的同时，应当向承包商提交业主工程款支付担保。未提交业主工程款支付担保的建设工程，视作建设资金未落实。

第十二条 业主工程款支付担保可以采用银行保函、专业担保公司的保证。

业主支付担保的担保金额应当与承包商履约担保的担保金额相等。

第十三条 业主工程款支付担保的有效期应

当在合同中约定。合同约定的有效期截止时间为业主根据合同的约定完成了除工程质量保修金以外的全部工程结算款项支付之日起30天至180天。

第十四条 对于工程建设合同额超过1亿元人民币以上的工程,业主工程款支付担保可以按工程合同确定的付款周期实行分段滚动担保,但每段的担保金额为该段工程合同额的10%—15%。

第十五条 业主工程款支付担保采用分段滚动担保的,在业主、项目监理工程师或造价工程师对分段工程进度签字确认或结算,业主支付相应的工程款后,当期业主工程款支付担保解除,并自动进入下一阶段工程的担保。

第十六条 业主工程款支付担保与工程建设合同应当由业主一并送建设行政主管部门备案。

第三章 投标担保

第十七条 投标担保是指由担保人为投标人向招标人提供的,保证投标人按照招标文件的规定参加招标活动的担保。投标人在投标有效期内撤回投标文件,或中标后不签署工程建设合同的,由担保人按照约定履行担保责任。

第十八条 投标担保可采用银行保函、专业担保公司的保证,或定金(保证金)担保方式,具体方式由招标人在招标文件中规定。

第十九条 投标担保的担保金额一般不超过投标总价的2%,最高不得超过80万元人民币。

第二十条 投标人采用保证金担保方式的,招标人与中标人签订合同后5个工作日内,应当向中标人和未中标的投标人退还投标保证金。

第二十一条 投标担保的有效期应当在合同中约定。合同约定的有效期截止时间为投标有效期后的30天至180天。

第二十二条 除不可抗力外,中标人在截标后的投标有效期内撤回投标文件,或者中标后在规定的时间内不与招标人签订承包合同的,招标人有权对该投标人所交付的保证金不予返还;或由保证人按照下列方式之一,履行保证责任:

(一)代承包商向招标人支付投标保证金,支付金额不超过双方约定的最高保证金额;

(二)招标人依法选择次低标价中标,保证人向招标人支付中标价与次低标价之间的差额,支付金额不超过双方约定的最高保证金额;

(三)招标人依法重新招标,保证人向招标人支付重新招标的费用,支付金额不超过双方约定的最高保证金额。

第四章 承包商履约担保

第二十三条 承包商履约担保,是指由保证人为承包商向业主提供的,保证承包商履行工程建设合同约定义务的担保。

第二十四条 承包商履约担保的担保金额不得低于工程建设合同价格(中标价格)的10%。采用经评审的最低投标价法中标的招标工程,担保金额不得低于工程合同价格的15%。

第二十五条 承包商履约担保的方式可采用银行保函、专业担保公司的保证。具体方式由招标人在招标文件中作出规定或者在工程建设合同中约定。

第二十六条 承包商履约担保的有效期应当在合同中约定。合同约定的有效期截止时间为工程建设合同约定的工程竣工验收合格之日后30天至180天。

第二十七条 承包商由于非业主的原因而不履行工程建设合同约定的义务时,由保证人按照下列方式之一,履行保证责任:

(一)向承包商提供资金、设备或者技术援助,使其能继续履行合同义务;

(二)直接接管该项工程或者另觅经业主同意的有资质的其他承包商,继续履行合同义务,业主仍按原合同约定支付工程款,超出原合同部分的,由保证人在保证额度内代为支付；

（三）按照合同约定，在担保额度范围内，向业主支付赔偿金。

第二十八条 业主向保证人提出索赔之前，应当书面通知承包商，说明其违约情况并提供项目总监理工程师及其监理单位对承包商违约的书面确认书。如果业主索赔的理由是因建筑工程质量问题，业主还需同时提供建筑工程质量检测机构出具的检测报告。

第二十九条 同一银行分支行或专业担保公司不得为同一工程建设合同提供业主工程款支付担保和承包商履约担保。

第五章 承包商付款担保

第三十条 承包商付款担保，是指担保人为承包商向分包商、材料设备供应商、建设工人提供的，保证承包商履行工程建设合同的约定向分包商、材料设备供应商、建设工人支付各项费用和价款，以及工资等款项的担保。

第三十一条 承包商付款担保可以采用银行保函、专业担保公司的保证。

第三十二条 承包商付款担保的有效期应当在合同中约定。合同约定的有效期截止时间为自各项相关工程建设分包合同（主合同）约定的付款截止日之后的30天至180天。

第三十三条 承包商不能按照合同约定及时支付分包商、材料设备供应商、工人工资等各项费用和价款的，由担保人按照担保函或保证合同的约定承担担保责任。

建设部关于落实新建住房结构比例要求的若干意见

1. 2006年7月6日

2. 建住房〔2006〕165号

各省、自治区建设厅，直辖市建委、房地局、规划局（委）：

为贯彻《国务院办公厅转发建设部等部门关于调整住房供应结构稳定住房价格意见的通知》（国办发〔2006〕37号），切实调整住房供应结构，现就落实新建住房结构比例要求提出如下意见，各地要认真贯彻执行。

一、明确新建住房结构比例

各地要根据总量与项目相结合的原则，充分考虑城镇中低收入居民家庭生活对交通等设施条件的需求，合理安排普通商品住房的区位布局，统筹落实新建住房结构比例要求。自2006年6月1日起，各城市（包括县城，下同）年度（从6月1日起计算，下同）新审批、新开工的商品住房总面积中，套型建筑面积90平方米以下住房（含经济适用住房）面积所占比重，必须达到70%以上。各地应根据当地住房调查的实际状况以及土地、能源、水资源和环境等综合承载能力，分析住房需求，制定住房建设规划，合理确定当地新建商品住房总面积的套型结构比例。城市规划主管部门要会同建设、房地产主管部门将住房建设规划纳入当地国民经济和社会发展中长期规划和近期建设规划，按资源节约型和环境友好型城镇建设的总体要求，合理安排套型建筑面积90平方米以下住房为主的普通商品住房和经济适用住房布局，方便居民工作和生活，并将住房套型结构比例分解到具体区域。

城市规划主管部门要依法组织完善控制性详细规划编制工作，首先应当对拟新建或改造住房建设项目的居住用地明确提出住宅建筑套密度（每公顷住宅用地上拥有的住宅套数）、住宅面积净密度（每公顷住宅用地上拥有的住宅建筑面积）两项强制性指标，指标的确定必须符合住房建设规划关于住房套型结构比例的规定；依据控制性详细规划，出具套型结构比例和容积率、建筑高度、绿地率等规划设计条件，并作为土地出让前置条件，落实到新开工商品住房项目。

套型建筑面积是指单套住房的建筑面积,由套内建筑面积和分摊的共有建筑面积组成。经济适用住房建设要严格执行《经济适用住房管理办法》,有计划有步骤地解决低收入家庭的住房困难。

住房建设规划、近期建设规划和控制性详细规划,以及套型结构比例等,按法定程序审定、备案,并按照国务院要求的时限及时向社会公布。

年度土地供应计划中已明确用于中低价位、中小套型普通商品住房用地和依法收回土地使用权的居住用地,应当主要用于安排90平方米以下的住房建设。

各地要严格按照上述要求,落实新建商品住房项目的规划设计条件,确定套型结构比例要求,且不得擅自突破。对擅自突破的,城市规划主管部门不得核发建设工程规划许可证;对不符合规划许可内容的,施工图设计文件审查机构不得出具审查合格书,建设主管部门不得核发施工许可证,房地产主管部门不得核发预售许可证。直辖市、计划单列市、省会城市在已完成住房状况调查的基础上,经深入分析当地居民合理住房需求和供应能力,确需调整新建住房结构比例的,必须报建设部批准,并附住房状况分析和市场预测报告。

二、妥善处理已审批但未取得施工许可证的商品住房项目

对于2006年6月1日前已审批但未取得施工许可证的商品住房项目,由城市人民政府根据当地年度新建商品住房结构比例要求,区别规划用地性质、项目布局,因地制宜地确定需要调整套型结构的具体项目。建设主管部门要会同城市规划、房地产主管部门对6月1日前已审批但未取得施工许可证的项目集中进行一次清理。清理结果要报同级发展改革主管部门备案。经城市人民政府明确需要调整套型结构比例的项目,其规划设计方案和施工图须按要求进行调整,送相关部门重新审查合格并办理相关调整手续后,建设主管部门方可发放施工许可证。

需要调整的项目,要明确具体的套型结构比例要求,并纳入规划设计条件,重新审查规划设计方案。要首先调整过去违反规定批建的各类住宅项目特别是别墅类项目,按照国办发〔2005〕26号文件要求在土地出让合同中约定了销售价位、套型面积等控制性要求但企业未执行的普通商品住房项目,以及以协议出让方式取得土地使用权的项目。其他需要调整的项目,地方人民政府也要依法妥善处理。

要积极引导和鼓励项目建设单位主动按要求调整套型结构,并在调整后向原审批机关申请变更规划等许可内容,有关审批机关应当依照文件规定及时办理变更手续。对城市人民政府已明确为需要调整套型结构比例的项目,建设单位拒不调整的,原审批机关应依据《行政许可法》第八条的有关规定,作出变更规划等许可的决定。

三、严肃查处违法违规行为

各地建设、规划、房地产主管部门要根据有关法律法规的规定,加强市场监管,严肃查处违反或规避套型结构要求的违法违规行为。对情节恶劣、性质严重的违法违规行为,要公开曝光、从严处罚。对违规建设的住房,依法该没收的,要坚决予以没收,所没收的住房主要用于解决低收入家庭居住困难。

当前应重点查处下列行为:开发建设单位不按照批准的规划设计条件委托设计;明示或暗示设计单位违反设计规范中住宅层高、套内基本空间的规定,规避套型结构要求;在建设过程中擅自变更设计,违反套型结构要求等行为。设计单位接受开发建设单位明示或暗示,不严格按照国家法律法规、技术标准进行设计,或采用不正当技术手段规避有关规划控制性要求,或向建设单位提供与审查合格的施工图设计文件不符的图纸,擅自改变套型建筑面积的行为。施

工单位不按审查合格的施工图设计文件进行施工，擅自更改设计、预留空间，改变套型建筑面积的行为。监理单位接受开发建设单位明示或暗示，不严格按照技术标准和规划要求进行监理，致使套型结构要求没有得到落实的行为。

四、加强监督检查，落实责任追究制度

国办发〔2006〕37号文件明确要求，“各地区、特别是城市人民政府要切实负起责任，把调整住房供应结构、控制住房价格过快上涨纳入经济社会发展工作的目标责任制，促进房地产业健康发展。”城市规划、建设、房地产等有关主管部门要在当地政府领导下，认真履行职责，建立健全协调配合工作机制，严格程序，密切合作，各司其职。对没有按要求严格审查，违规发放规划、施工、商品房预售许可证和施工图设计文件审查合格书的单位和个人，要及时予以严肃查处；属于失职、渎职的，要提请有关机关依法追究有关人员的责任。

省、自治区建设主管部门要会同有关部门，加强对市、县落实新建住房结构比例工作的指导、监督。对不及时公布住房建设规划并按规定上报备案、套型结构比例没有按要求公布或公布后未予落实的，要予以通报批评。

各地建设（规划）主管部门要会同监察机关按照《建设部监察部关于开展城乡规划效能监察的通知》（建规〔2005〕161号），把落实近期建设规划、调整住房供应结构情况作为规划效能监察工作重点，加强监督监察。对措施不落实、工作不到位的，要责成整改，并依法追究有关单位和人员的责任。建设部将会同监察部对有关工作情况进行监督检查。

建设部、商务部、发展改革委、人民银行、工商总局、外汇局关于规范房地产市场外资准入和管理的意见

1. 2006年7月11日
2. 建住房〔2006〕171号

各省、自治区、直辖市人民政府；国务院各部委、各直属机关：

2006年以来，我国房地产领域外商投资增长较快，境外机构和个人在境内购买房地产也比较活跃、为促进房地产市场健康发展，经国务院同意，现就规范房地产市场外资准入和管理提出以下意见：

一、规范外商投资房地产市场准入

（一）境外机构和个人在境内投资购买非自用房地产，应当遵循商业存在的原则，按照外商投资房地产的有关规定，申请设立外商投资企业，经有关部门批准并办理有关登记后方可按照核准的经营范围从事相关业务。

（二）外商投资设立房地产企业，投资总额超过1000万美元（含1000万美元）的，注册资本不得低于投资总额的50%。投资总额低于1000万美元的，注册资本金仍按现行规定执行。

（三）设立外商投资房地产企业，有商务主管部门和工商行政管理机关依法批准设立和办理注册登记手续，颁发一年期《外商投资企业批准证书》和《营业执照》，到税务机关办理税务登记。

（四）外商投资房地产企业的股份和项目转让，以及境外投资者并购内房地产企业，由商务主管等部门严格按照有关法律法规和政策规定进行审批。投资者应提交履行《国有土地使用权出让合同》、《建设用地规划许可证》、《建设工程规划许可证》等的

保证函,《国有土地许可证》,建设(房地产)主管部门的变更备案证明,以及税务机关出具的相关纳税证明材料。

(五)境外投资者通过股权转让其他方式并购的境内房地产企业,收购合资企业中方股权的,需妥善安置职工,处理银行债务,并以自有资金一次性支付全部转让金。对有不良记录的境外投资者,不允许其在境内进行上述活动。

二、加强外商投资企业房地产开发商经营管理

(六)对投资房地产未取得《外商投资企业批准证书》和《营业执照》的境外投资者,不得进行房产开发商和经营活动。

(七)外商投资房地产企业注册资本金来全部缴付的,未取得《国有土地使用证》的,或开发项目资本金未达到项目投资总额的35%的,不得办理境内、境外贷款,外汇管理部门不予批准该企业的外汇借款结汇。

(八)外商投资房地产企业的中外投资各方,不得以任何形式在合同、章程、股权转让协议以及其他文件中,订立保证任何一方固定回报或变相固定回报的条款。

(九)外商投资房地产企业应当遵守房地产有关法律法规和政策规定,严格执行土地出让合同约定规划许可批准的期限和条件。有关部门要加强对外商投资房地产企业开放、销售等连续活动的监管,发现囤积土地和房源,哄抬房价等违法违规行为的,要根据国办发〔2006〕37号文件及其他有关规定严肃查处。

三、境外机构和个人购房管理

(十)境外机构在境内设立的分支、代表机构(经批准从事经营房地产的企业除外)和在境内工作、学习时间超过一年的境外个人可以购买符合实际需要的自用、自住的商品房,不得购买非自用、非自住商品房。在境内没有设立分支、代表机构的境外机构和在境内工作、学习时间一年一下的境外个人,不得购买商品房。港澳台地区居民和华侨因生活需要,可在境内限购一定面积的自住商品房。

(十一)符合规定的境外机构和个人购买自用、自住商品房必须采取实名制。并持有效证明(境外机构应持我政府有关部门批准设立住境内机构的证明,境外个人应持其来境外内工作、学习,经我方批准的证明,下同)到土地和房地产部门办理相应的土地使用权及房屋产权登记手续。房地产产权登记部门必须严格按照自用、自住原则办理境外机构和个人的产权登记,对不符合条件的不予登记。

(十二)外汇管理部门要严格按照有关规定和本意见的要求审核外商投资企业、境外机构和个人购房的资金汇入和结汇,符合条件的允许汇入并结汇;相关房地产转让所得人民币资金经合规性审核并确认性规定办理纳税等手续后,方允许购汇出。

四、进一步规划和落实监管责任

(十三)各地区,特别是城市人民政府要切实负起责任,高度重视当前外资进入房地产市场可能引发的问题,进一步加强领导,落实监管责任。各地不得擅自出台对外商投资房地产企业的优惠政策,已经出台的需要清理整理并予以纠正。建设部、商业部、发展改革委、国土资源部、人民银行、税务总局、工商总部、银监会、外汇局等有关部门要及时制定有关操作细节,加强对各地落实规范房地产市场外资准入和管理政策的指导和监督检查,对擅自降低企业注册资本金和项目资本金比例。积极管理不到位出现其他违法违规行为的,要依法查处。同时要进一步加分大对房地产违规跨境交易和汇兑法违规行为的查处力度。

(十四)完善市场监测分析工作机制。建设部、商务部、统计局、国土资源部、人民银行、税务总局、工商总局、外汇局等有关部门要建立健全外资进入房地产市场信息监测系统,完善外资房地产信息网络。有关部门要加强协调配合,强化对跨境资本流动的监测,尽快实现外资房地产统计数据的信息共享。

住房和城乡建设部、监察部关于对房地产开发中违规变更规划、调整容积率问题开展专项治理的通知

1. 2009年4月10日
2. 建规〔2009〕53号

各省、自治区住房和城乡建设厅、监察厅，直辖市规划委(局)、监察局：

为贯彻落实第十七届中央纪委第三次全会、国务院第二次廉政工作会议精神和《建立健全惩治和预防腐败体系2008—2012年工作规划》部署，推进重点领域和关键环节改革，深化从源头上防治腐败工作，提高城乡规划依法行政水平，住房和城乡建设部、监察部决定针对房地产开发中违规变更规划、调整容积率等问题开展专项治理。现将有关事宜通知如下：

一、指导思想和工作依据

(一)指导思想

以邓小平理论和“三个代表”重要思想为指导，深入贯彻落实科学发展观，按照第十七届中央纪委第三次全会、国务院第二次廉政工作会议的部署和要求，坚持标本兼治、注重治本，以有效预防房地产开发领域中违规变更规划、调整容积率等突出问题为切入点，完善制度，规范程序，严明纪律，加强监管，推进房地产开发领域突出问题治理，力争通过1至2年的专项治理，使房地产开发领域违规变更规划、调整容积率等问题明显减少，房地产开发中规划审批环节腐败问题易发多发的势头得到有效遏制；促进城乡规划依法行政和房地产市场健康发展，推进惩治和预防腐败体系建设。

(二)工作依据

1. 法律法规：《中华人民共和国城乡规划法》、《中华人民共和国行政监察法》、《历史文化名城名镇名村保护条例》、《风景名胜区条例》、《城市绿线管理办法》、《城市黄线管理办法》、《城市紫线管理办法》、《城市蓝线管理办法》等。

2. 政策文件：中共中央《建立健全惩治和预防腐败体系2008—2012年工作规划》、《国务院关于加强城乡规划监督管理的通知》(国发〔2002〕13号)，《关于印发〈中共中央纪委监察部关于领导干部利用职权违反规定干预和插手建设工程招投标、经营性土地使用权转让、房地产开发与经营等市场经济活动，为个人和亲友谋取私利的处理规定〉的通知》(中纪发〔2004〕3号)、《国务院办公厅关于促进房地产市场健康发展的若干意见》(国办发〔2008〕131号)，《住房和城乡建设部、监察部关于加强建设用地容积率管理和监督检查的通知》(建规〔2008〕227号)等。

二、主要内容

(一)完善相关政策、制度

1. 各地要根据《住房和城乡建设部、监察部关于加强建设用地容积率管理和监督检查的通知》要求，对本地区建设用地容积率调整的具体条件、审批程序及管理措施作出明确规定，抓紧完善容积率管理的相关制度。

2. 对地方各级人民政府及其所属部门制定的城乡规划管理方面的规范性文件中违反国家关于建设用地容积率管理法律法规和政策规定的相关内容进行清理。对清理出的规范性文件，按照“谁发布谁纠正”的原则，提请或督促原发布机构予以纠正。

3. 各级城乡规划主管部门和监察机关要进一步完善违规变更规划、调整容积率等违法违纪行为的责任追究办法。

(二)加强对控制性详细规划修改特别是建设用地容积率管理情况的监督检查

1. 对建设用地容积率指标的规划管理情况进行检查。重点检查在城市规划区内以划拨、出让、转让方式提供国有土地使用权的建设用地容积率等强制性指标的管理

情况,风景名胜区范围内的建设用地容积率等强制性指标的管理情况,同一房地产项目(含分期开发的房地产项目)在给出规划条件、建设用地规划许可、规划方案审查、建设工程规划许可、建设项目竣工规划核实过程中对建设用地容积率等强制性指标的管理情况。

2. 对调整容积率指标、改变土地使用性质的情况进行检查。对 2007 年 1 月 1 日至 2009 年 3 月 31 日期间领取规划许可的所有房地产项目进行清理。重点对其中涉及提高容积率,以及将基础设施和公共服务设施用地、城市水源和河湖水系用地、绿化用地、自然与历史文化遗产保护用地、工业用地变更为商业、住宅用地的房地产项目进行逐一清理检查。查清项目提高容积率、改变土地使用性质是否有法定依据,是否按照法定程序进行,是否依法公开,是否有土地价款和配套规费流失等情况。对检查发现的违法违规问题,要严格依法处理。

(三)严肃查处违纪违法案件

完善部门间沟通协调机制,通过监督检查、受理群众举报等多种渠道拓宽案件线索来源,加大案件查办力度,严肃查处国家机关工作人员在建设用地规划变更、容积率调整中玩忽职守、权钱交易等违纪违法行为。

三、进度安排

专项治理工作采取自查自纠与逐级抽查相结合的方法,分三个阶段展开:

(一)部署动员阶段(2009 年 4 月)。本通知下发后,住房和城乡建设部、监察部将召开电视电话会议,对专项治理工作进行动员部署,组织举办专项治理骨干学习培训班。各省(自治区、直辖市)要结合本地区实际情况,研究制定实施方案,并于 2009 年 4 月 30 日前上报本地区专项治理工作方案。

(二)实施阶段(2009 年 5 月至 12 月)。各省(区、市)城乡规划主管部门和监察机关组织本地区的自查自纠,开展清理检查。7 月底,各地要完成对规定的房地产项目的自查自纠,并上报工作进展情况和各类汇总统计表;10 月底,各省(区、市)完成对各地(市)的抽查,并上报工作进展情况和各类汇总统计表。

住房和城乡建设部、监察部将适时组织调研督导组,对各地专项治理工作开展情况进行调研和督导。10 至 11 月,两部对各地专项治理开展情况进行抽查,对各地自查自纠中发现的问题和有投诉举报的房地产项目进行重点检查;年底前,两部联合召开新闻发布会,向社会通报专项治理工作情况及查结的典型案例。

(三)巩固、深化阶段(2010 年 1 月至 12 月)。对前期专项治理工作情况进行总结,针对存在的问题,研究提出巩固、深化前期专项治理工作成果的思路、措施;进一步深化制度改革,组织修订完善城乡规划相关法律法规,建立健全城乡规划管理的长效机制,规范新时期城乡规划管理工作。

四、有关要求

(一)提高思想认识,加强组织领导。深入开展房地产开发中违规变更规划、调整容积率问题专项治理,对于推进重点领域和关键环节改革,遏制房地产领域腐败问题易发多发的势头,深化从源头上治理腐败工作,促进城乡建设和房地产市场健康发展,具有重要意义。第十七届中央纪委第三次全会和国务院第二次廉政工作会议对此都作出了部署。各地区、各部门要进一步提高对专项治理工作重要性的认识,增强政治责任感和工作紧迫感,加强领导,精心组织,切实把这项工作抓好。

专项治理由住房和城乡建设部牵头,会同监察部共同组织开展,两部成立专项治理工作领导小组及其办公室,对专项治理实施工作和政策指导。各级城乡规划主管部门和监察机关要根据各自职能分工,各负其责,协调配合,共同做好专项治理工作。

(二)突出治理重点,提高工作实效。各地要加强调查研究,切实摸清本地房地产开发中规划变更、容积率调整中存在的主要问题,突出重点,标本兼治,务求实效。在专项治理内容上,要紧紧围绕完善制度、清理检查、查处案件这三项任务。在完善制度上,重点要尽快对本地建设用地容积率调整的具体条件、审批程序及管理措施作出明确规定;在清理检查上,重点是要对提高容积率、改变土地使用性质的房地产项目进行深入检查;在查处案件上,重点要查处利用审批权搞以权谋私、权钱交易,损害国家和群众利益的违法违规问题。在专项治理对象上,要以地级及以上城市为重点,切实加强对地级及以上城市人民政府、有关主管部门的行政管理和行政审批行为的监督检查。各省(区、市)要加强对专项治理重点内容、重点地区的监督检查,对组织领导不得力、健全制度不及时、项目清理不彻底、整改纠正不到位的地区,要重点检查,督促落实。

(三)认真整改纠正,严肃责任追究。各地要严格执行法律法规,准确把握政策界限,严格监管,严肃纪律。自查自纠中发现的问题要认真制定并落实整改措施,依法依规处理到位,对违规审批的要及时纠正;对损害国家和群众利益的要坚决制止;对利用审批权索贿受贿的要予以严惩;对清理检查搞形式、走过场和敷衍塞责、弄虚作假的,要严肃处理并追究有关责任人员的责任。工作中遇到重要问题要及时报告。

加强社会监督,注意通过电视、广播、报刊、网络等媒体,公布专项治理举报电话,设立举报信箱,畅通举报渠道。对群众举报的案件线索,要及时组织力量进行核查,做到件件有着落、事事有交待。集中力量查办一批在变更规划、调整容积率中搞权钱交易、损害国家和群众利益的典型案件,严肃追究有关责任人员的责任,涉嫌犯罪的要移送司法机关处理。

附件:1. 房地产开发中变更规划调整容积率专项清理检查统计表(略)

2. 房地产项目中变更规划调整容积率自查自纠登记表(略)

3. 专项治理期间违法违纪案件查处情况统计汇总表(略)

住房和城乡建设部关于完善房地产开发企业一级资质核定工作的通知

1. 2009年6月9日

2. 建房〔2009〕101号

各省、自治区住房和城乡建设厅,直辖市建委(房地局):

为进一步落实中央关于规范行政许可行为的精神,严格房地产市场准入,结合《关于建设部机关直接实施的行政许可事项有关规定和内容的公告》(建设部公告278号,以下简称278号公告)实施以来的有关情况,现就完善房地产开发企业一级资质核定行政许可工作的有关事项通知如下:

一、严格做好一级资质企业初审工作

根据《房地产开发企业资质管理规定》(建设部令第77号),房地产开发企业一级资质由省、自治区、直辖市人民政府住房和城乡建设(房地产)行政主管部门(以下简称省级主管部门)初审。省级主管部门要切实负起责任,严格审查,重点做好以下工作:

(一)规范申报材料。按照资质申报的有关要求,认真核验企业申报材料,确保材料齐备、清晰、有效、规范。对于不符合要求的,不予受理。

(二)明确初审意见。按照资质管理规定的要求,认真履行初审职责,对申报材料是否真实、是否符合法定条件等进行审查,明确提出同意或者不同意的初审意见,并在《房地产开发企业资质申报表》中注明。不同意的,应说明原因;有特殊事项的,需专函说明。

(三)提高工作效率。严格遵守《行政

许可法》规定的期限要求,按时完成初审工作,并及时报住房和城乡建设部。

二、调整和规范申报事项

(一)关于一级资质申报。在278号公告基础上,对申报材料作如下调整(调整后的具体材料目录及要求见附件):

1.将提交原资质等级证书副本原件,调整为提交资质等级证书正、副本复印件,原件在领取新证时提交。

2.增加已竣工项目和在建项目的有关证明材料。

3.规范材料复印件盖章。提交材料复印件的,应当经过核验并盖章。根据具体材料和各地实际情况,可选择下列方式之一盖章:

(1)由政府部门核发的许可、备案材料,加盖相应部门公章或业务专用章;由政府部门出具的文件,加盖相应部门公章;由社会机构出具的材料,加盖该机构公章;企业内部的文件资料,加盖企业公章。

(2)省级主管部门核验材料后,在复印件上加盖"经核对与原件相符"的行政许可专用核验章。

(3)地方城建档案管理机构在对相关存档资料核验无误后,在复印件上加盖该机构公章或查档业务专用章。

复印件盖章位置原则上应在原盖章位置附近,盖章要清晰。复印材料不得涂改,原件确有涂改的,复印件要在原涂改位置加盖相应印章。

(二)关于一级资质延续。房地产开发企业申报资质延续时,应参照一级资质申报的要求提交资料,经省级主管部门初审后,在一级资质证书有效期届满30日前向住房和城乡建设部提出延续申请。在有效期届满前未提出延续申请的,住房和城乡建设部不再受理延续申请,并依据《行政许可法》第七十条的规定办理一级资质行政许可注销手续。

(三)关于一级资质变更。因企业名称、法定代表人、注册资本等资质登记事项发生变更而申请资质变更的,房地产开发企业应当根据具体变更事项提交资质证书、企业法人营业执照副本、公司章程、股东会决议、拟变更事项的证明文件等材料,经省级主管部门初审后报住房和城乡建设部。有关申请材料的具体内容和要求参见住房和城乡建设部网(http://www.mohurd.gov.cn)上公示的企业资质变更受理审核内容清单,资质证书提交和材料盖章的要求参照前述关于一级资质申报的规定。

三、加强一级资质企业管理

(一)加强动态监管。加强对一级资质企业开发项目的全过程监管,特别是在《房地产开发项目手册》报送、商品房预(销)售合同联机备案、预售款监管、信用档案建立等方面,要发挥一级资质企业的示范带头作用。对于存在严重违法、违规行为的一级资质企业,省级主管部门要及时查处,并提出有关资质处理意见报住房和城乡建设部。

(二)完善评审信息公开制度。对于一级资质的申报和延续,住房和城乡建设部将及时向社会公示评审结果,对其中审批未通过的附相关原因说明。

(三)严格资质证书管理。各地房地产开发主管部门要加强对房地产开发企业资质证书的管理,严肃查处开发企业涂改、出租、出借、转让、出卖资质证书等行为。

附件:房地产开发企业一级资质申报材料目录及要求

附件

房地产开发企业一级资质申报材料目录及要求

一、材料目录

(一)房地产开发企业资质申报表

(二)房地产开发企业资质等级证书正、副本复印件

(三)企业法人营业执照副本复印件

（四）公司章程原件或复印件

（五）企业验资报告和上年度财务报告（附审计报告）原件或复印件

（六）企业法定代表人、高级管理人员的任职文件和身份证的复印件，企业工程技术、财务、统计等业务负责人的任职文件、职称证书（执业资格证书）和身份证的复印件，符合规定数量的建筑、结构、财务、房地产及有关经济类的专业管理人员的劳动合同或社会保险缴纳凭证、职称证书（执业资格证书）和身份证的复印件

（七）近三年房地产开发统计年报基层表复印件

（八）近三年房地产开发项目资料复印件（按项目组卷）：

1. 已竣工项目，须提供项目的投资计划批准（备案）文件、国有土地使用权证、建设用地规划许可证、建设工程规划许可证、建筑工程施工许可证、商品房预售许可证及建设工程竣工验收备案文件；

2. 在建项目，按项目实际进度提供项目的投资计划批准（备案）文件、国有土地使用权证、建设用地规划许可证、建设工程规划许可证、建筑工程施工许可证、商品房预售许可证等文件，并附项目进度说明。

（九）已竣工项目提供《房地产开发项目手册》复印件和《住宅质量保证书》、《住宅使用说明书》（按项目组卷）样本或复印件以及相关执行情况报告；在建项目提供《房地产开发项目手册》复印件（按项目组卷）以及相关执行情况报告。

二、有关要求

（一）申报材料要书写（填写）规范、印鉴齐全、字迹清晰；复印件必须清晰、可辨，不得提交扫描件，必要时可提交原件。

（二）要规范材料复印件盖章。提交材料复印件的，应当经过核验并盖章。根据具体材料和各地实际情况，可选择下列方式之一盖章：

1. 由政府部门核发的许可、备案材料，加盖相应部门公章或业务专用章；由政府部门出具的文件，加盖相应部门公章；由社会机构出具的材料，加盖该机构公章；企业内部的文件资料，加盖企业公章。

2. 省级主管部门核验材料后，在复印件上加盖“经核对与原件相符”的行政许可专用核验章。省级主管部门核验章参考样式：

经核对与原件相符

×××省住房和城乡
建 设 厅 核 验 章
审核人：×××

3. 地方城建档案管理机构在对相关存档资料核对无误后，在复印件上加盖该机构公章或查档业务专用章。

复印件盖章位置原则上应在原盖章位置附近，盖章要清晰。复印材料不得涂改，原件确有涂改的，复印件要在原涂改位置加盖相应印章。

（三）申报材料只需报1套，上报后一律不再退还。请省级主管部门和企业根据需要做好有关材料的备份、存档等工作。

（四）申报材料装订要求：

1. 材料目录（一）项单独放置，不和其他资料合订。

2. 综合卷：材料目录（二）、（三）（四）、（五）、（六）、（七）项和（九）项中的《房地产开发项目手册》、《住宅质量保证书》和《住宅使用说明书》的执行情况报告并成综合卷。内容多的，可分册装订，并在封面上注明。

3. 业绩卷（项目资料按单个项目组装）：

（1）近3年已竣工项目：材料目录（八）项中的“1. 已竣工项目”资料及（九）项中的《房地产开发项目手册》、《住宅质量保证书》和《住宅使用说明书》样本；

（2）在建项目：材料目录（八）项中的“2. 在建项目”资料。

业绩卷的近3年已竣工项目业绩和在建项目业绩分别装订，并在封面上注明。

4. 综合卷、业绩卷采用A4纸装订成册，

软封面封底,每卷应有标明页码的目录,逐页编写页码。综合卷中技术人员的劳动合同或社会保险交纳凭证、职称证书(执业资格证书)、身份证的复印件等证明材料应按《房地产开发企业资质申报表》中所列企业在册有职称专业人员名单顺序装订。

(五)新核准的一级资质房地产开发企业在领取资质证书时,须提交全国资质一级房地产开发企业信用档案联络员(2人)登记表(表格样式在住房和城乡建设部网站http://www.mohurd.gov.cn“诚信体系”栏目中下载),并领取房地产企业信用信息管理系统软件。

商务部、国家外汇管理局关于进一步加强、规范外商直接投资房地产业审批和监管的通知

1. 2007年5月23日商资函〔2007〕50号发布

2. 根据2015年10月28日《商务部关于修改部分规章和规范性文件的决定》修正

各省、自治区、直辖市、计划单列市及新疆生产建设兵团商务主管部门、外汇管理部门:

为规范房地产市场外资准入和管理,国务院六部门联合下发了《关于规范房地产市场外资准入和管理的意见》(建住房〔2006〕171号,以下称《意见》)。各地、各部门认真执行《意见》的各项规定和要求,取得一定的实效。但少数地区仍存在一些问题。根据外商投资法律法规和《意见》的有关规定,现就进一步加强、规范外商投资房地产审批、备案和监管相关事宜通知如下:

一、各地商务主管部门要严格执行《意见》和《商务部办公厅关于贯彻落实〈关于规范房地产市场外资准入和管理的通知〉有关问题的通知》(商资字〔2006〕192号),依法加强外商投资房地产企业的审批和监管,严格控制外商投资高档房地产。

二、外商投资从事房地产开发、经营,应遵循项目公司原则:

(一)申请设立房地产公司,应先取得土地使用权、房地产建筑物所有权,或已与土地管理部门、土地开发商/房地产建筑物所有人签订土地使用权或房产权的预约出让/购买协议。未达到上述要求,审批部门不予批准。

(二)已设立外商投资企业新增地产开发或经营业务,以及外商投资房地产企业从事新的房地产项目开发经营,应按照外商投资有关法律法规向审批部门申请办理增加经营范围或扩大经营规模的相关手续。

三、严格控制以返程投资方式(包括同一实际控制人)并购或投资境内房地产企业。境外投资者不得以变更境内房地产企业实际控制人的方式,规避外商投资房地产审批。外汇管理部门一经发现以采取蓄意规避、虚假陈述等手段违规设立的外商投资房地产企业,将对其擅自汇出资本及附生收益的行为追究其逃骗汇责任。

四、境外投资者在境内从事房地产开发或经营业务,应当遵守商业存在原则,依法申请设立外商投资房地产企业,按核准的经营范围从事相关业务。外商投资房地产企业的中外投资各方,不得以任何形式订立保证任何一方固定回报或变相固定回报的条款。

五、地方审批部门批准设立外商投资房地产企业,应即时依法向商务部备案。

六、外汇管理部门、外汇指定银行对未完成商务部备案手续的外商投资房地产企业,不予办理资本项目结售汇手续。

七、对地方审批部门违规审批外商投资房地产企业,商务部将予以查处纠正,外汇管理部门对违规设立的外商投资房地产企业不予办理外汇登记等手续。

住房和城乡建设部办公厅关于外商投资企业申请建设工程勘察资质有关事项的通知

1. 2019年1月10日
2. 建办市〔2019〕1号

各省、自治区住房和城乡建设厅，直辖市住房和城乡建设（管）委，北京市规划和自然资源委，新疆生产建设兵团住房和城乡建设局：

《外商投资准入特别管理措施（负面清单）（2018年版）》明确建设工程勘察业务不属于禁止外商投资的领域。为贯彻实施准入前国民待遇加负面清单管理制度，推进建设工程勘察市场对外开放，营造良好营商环境，按照内外资一致原则，自本通知印发之日起，资质审批部门受理外商投资企业（含新成立、改制、重组、合并、并购等）申请建设工程勘察资质，审批标准和要求与内资企业一致。

文书范本

（房地产项目开发）委托合同

甲方（委托方）：【　　】房地产开发公司

乙方（受托方）：

鉴于：

1. 甲方——【　　】房地产开发公司，系由【　　】公司与乙方合作投资的房地产开发公司，甲方已获得了【　　】房地产项目的开发权。

2. 项目概况：【　　】房地产项目规划占地面积约【　　】亩，建设用地面积约【　　】亩，代征地面积约【　　】亩，容积率约【　　】。

3. 根据乙方与【　　】公司于【　　】年【　　】月【　　】日签订的《股权转让协议》中约定：乙方应协助甲方尽量以协议出让的方式取得【　　】房地产项目的土地使用权和开发权。如该地块需按照有关规定进行招投标（挂牌），乙方承诺以等同于协议出让的价格条件协助甲方获得【　　】房地产项目的土地使用权和开发权。

4. 甲方经公司董事会决定，将开发【　　】房地产项目的所有政府批准文件及征地手续，包括土地补偿、拆迁、安置等工作，委托乙方进行办理。

经甲、乙双方友好协商达成如下协议，以兹共同遵照执行：

第1条　委托事项

1.1　授权乙方以甲方的名义取得开发【　　】房地产项目的所有政府文件的批复及项目征地、农民的安置补偿、拆迁等事宜。

第2条　委托费用

2.1　甲方应向乙方支付乙方完成第1条1.1款委托事项的委托费用适用包干原则，多不退少不补。

2.2　第1条1.1款委托事项，即【　　】房地产项目的委托费用按照建设规划用地每亩【　　】万元人民币、规划代征用地每亩【　　】万元人民币的标准计算，甲方应向乙方支付的委托费用共计【　　】万元人民币。

2.3　甲方支付的【　　】房地产项目的委托费用，包含征地补偿费、拆迁费、青苗补偿费，该费用应计入甲方的成本。

2.4 除上述所列费用之外产生的其他开发费用，包括但不限于土地出让金及相关税费、建设成本、管理费用等，由甲方——【 】房地产开发公司的股东按照股权比例分别承担。

第3条 委托时间

3.1 开始时间：甲方原股东【 】向【 】转让股权完成的时间为准，即以甲方办理完毕工商变更登记，取得新的营业执照为委托事项开始之日。

3.2 完成时间：在【 】年【 】月【 】日之前完成本合同第1.1款约定的委托事项。

第4条 付款时间

4.1 【 】房地产项目的委托费用，由甲方按照实际征地交款（不包括土地出让金）的时间和金额予以按期足额支付。用款时乙方需提前申请用款，并将用款时间、用途填写清楚，甲方应按照急款急用、不影响项目开发进度的原则及时审核、及时支付。

第5条 委托溢价

5.1 经甲方财务核算，若【 】房地产项目的利润已经超过【 】万元（不含【 】万元）时，甲方应在财务报告出具之日起【 】日内向乙方支付利润的【 】%。

5.2 经甲方财务核算，若【 】房地产项目的利润在【 】万元（含【 】万元）以下时，甲方应按向乙方支付实际利润的【 】%。

第6条 违约责任

6.1 本协议生效后，甲、乙任何一方无故提出终止协议，应按委托费用总额的5%向对方支付违约金。

6.2 甲方未按约定支付委托包干费用的，应每日按当期应付费用的3‰向乙方支付违约金。如逾期超过30天，则乙方有权解除本合同，甲方应向乙方支付违约金【 】万元人民币，乙方有权不退还已为该项目支付的全部款项。若违约金不足以赔偿乙方因此所遭受的损失，乙方有权向甲方追偿赔偿款。

6.3 若乙方未按本合同第3条的约定完成委托事项，甲方除有权解除本合同，并有权要求乙方按委托费用总额的5%向甲方支付违约金。但是因为甲方逾期支付委托费用导致乙方未能按期完成委托事项的，应相应的免除乙方的违约责任。

6.4 若乙方非因甲方原因而不能完成委托事项，给甲方造成损失的，乙方同意在甲方按投资股权比例所分配的利润中予以直接扣除。

6.5 由于一方的过错造成本合同不能履行、不能完全履行或被政府有关部门认定为无效时，由过错的一方承担违约责任，双方均有过错的，则由双方按责任大小承担各自相应的责任。

第7条 争议的解决

7.1 如本合同各方就本合同之履行或解释发生任何争议的，应首先协商解决；若协商不成，应向北京仲裁委员会提请仲裁，仲裁适用该会之《仲裁规则》，仲裁裁决书终局对双方均有约束力。

第8条 其他

8.1 本协议一式二份，双方各执一份，具有同等的法律效力。

8.2 本协议经甲、乙双方法定代表人签字并盖章后，自乙方与【 】签订的《股权转让协议》生效之日起生效。

甲方:【　　】房地产开发公司　　　　　　乙方:
　　年　　月　　日　　　　　　　　　　　　年　　月　　日

典型案例

中信实业银行诉北京市京工房地产开发总公司保证合同纠纷案

原告:中信实业银行。住所地:北京市东城区朝阳门北大街。

法定代表人:窦建中,该行行长。

委托代理人:徐猛,北京市劳赛德律师事务所律师。

被告:北京市京工房地产开发总公司。住所地:北京市通州区甘棠工业区。

法定代表人:冯长辉,该公司总经理。

委托代理人:蒋历,北京市北斗律师事务所律师。

原告中信实业银行(以下简称中信银行)因与被告北京市京工房地产开发总公司(以下简称京工公司)发生保证合同纠纷,向北京市第二中级人民法院提起诉讼。

原告诉称:原告贷给北京金辉灯饰工程有限公司(以下简称金辉公司)50万美元,被告是这笔贷款的保证人,同意当金辉公司违约时,代金辉公司偿还全部应付款项。借款期限届满后,金辉公司未按期偿还借款本金及利息,被告也未履行保证责任。现金辉公司已被吊销企业法人营业执照,其资产、人员均不知去向,被告应依法承担保证责任。故请求判令被告偿还借款50万美元及利息、罚息,并负担本案的诉讼费用。

被告辩称:1. 金辉公司虽被吊销企业法人营业执照,但仍具备诉讼主体资格,故应追加其为本案被告。2. 原告给金辉公司提供贷款并开立外汇账户,违反了外汇管理的法律法规,该贷款协议应属无效。3. 本案所诉贷款事实已被北京市公安局立案审查,故本案应中止审理。4. 本案的立案时间为1996年7月8日,根据法律规定,法院审查立案的时间为7天,故原告向法院起诉的最早时间应该是1996年7月1日。被告早于1996年5月23日就致函原告,要求其主张诉讼权利。而原告于1个月以后才向法院起诉。依照最高人民法院在《关于审理经济合同纠纷案件有关保证的若干问题的规定》(法发〔1994〕8号,以下简称"有关保证的规定")第11条中关于"债权人在收到保证人的书面请求后1个月内未行使诉讼请求权的,保证人不再承担保证责任"的规定,被告依法不再承担保证责任。5. 法律规定的保证期间是主债务履行期届满之日起6个月。原告超过了6个月的保证期间以后才起诉,被告依法也不再承担保证责任。

北京市第二中级人民法院经审理查明:

1994年11月10日,原告中信银行与金辉公司、被告京工公司签订〔94〕银贷字第305号贷款协议(以下简称"305协议"),约定:中信银行向金辉公司提供贷款50万美元,用于购买原材料;本贷款采用浮动利率,年利率为每次提款日前两个银行工作日中国银行公布的一年期六个月浮动美元贷款利率上浮5%,以后每年6月20日与12月20日各调整一次;金辉公司应自第一次提款之日起,每年6月20日与12月20日用美元现汇向中信银行支付应付利息;本贷款自签约之日起至1995年11月10日期满;金辉公司未能按本协议约定的时间还本付息,中信银行有权加收相当于原定利率20%的罚息;京工公司作为担保方,同意当金辉公司违约时,在接到中信银行书面索偿通知15天内,代金辉公司用现金或现汇偿还全部应付款项。

“305 协议”签订后，原告中信银行按约履行了放贷义务。1995 年 11 月 10 日借款期限届满，金辉公司未按期偿还借款本金及利息，被告京工公司亦未履行保证义务。1996 年 5 月 13 日，中信银行致函京工公司，要求京工公司履行保证责任。同年 5 月 23 日，京工公司回函称：贵行致我司的函件收悉，我司的责任已解除，请贵行主张诉讼权利。

另查明，原告中信银行是于 1996 年 6 月 21 日向法院起诉。

北京市第二中级人民法院认为：

原告中信银行与金辉公司、被告京工公司签订的“305 协议”，不违反国家法律、法规的规定，是当事人的真实意思表示，应当认定有效。最高人民法院在《关于适用〈中华人民共和国担保法〉若干问题的解释》（以下简称“担保法解释”）第一百三十三条第一款规定：“担保法施行以前发生的担保行为，适用担保行为发生时的法律、法规和有关司法解释。”第三款规定：“担保法施行以后因担保行为发生的纠纷案件，在本解释公布施行后尚在一审或二审阶段的，适用担保法和本解释。”《中华人民共和国担保法》自 1995 年 10 月 1 日起施行，京工公司的担保行为发生在担保法施行前，应当适用当时有效的、最高人民法院发布的《关于审理经济合同纠纷案件有关保证的若干问题的规定》（以下简称“有关保证的规定”）。

“有关保证的规定”第 7 条规定：“保证合同没有约定保证人承担何种保证责任，或者约定不明确的，视为保证人承担赔偿责任。当被保证人不履行合同时，债权人应当首先请求被保证人清偿债务。强制执行被保证人的财产仍不足以清偿其债务的，由保证人承担赔偿责任。”担保法第十七条第一款也规定：“当事人在保证合同中约定，债务人不能履行债务时，由保证人承担保证责任的，为一般保证。”“305 协议”中没有约定保证责任，因此被告京工公司应当承担一般保证责任。

担保法第十七条第二款规定：“一般保证的保证人在主合同纠纷未经审判或者仲裁，并就债务人财产依法强制执行仍不能履行债务前，对债权人可以拒绝承担保证责任。”这是法律赋予一般保证的保证人享有的先诉抗辩权。担保法第十七条第三款同时规定了一般保证的保证人不得行使先诉抗辩权的三种情形，其中之一是：“债务人住所变更，致使债权人要求其履行债务发生重大困难的”。“有关保证的规定”中，对先诉抗辩权问题未作规定，故本案在解决这个问题时，应参照适用担保法的这一规定。由于借款人金辉公司已被吊销企业法人营业执照，其人员也不知去向，致使原告中信银行要求其履行债务发生重大困难，故被告京工公司作为一般保证的保证人，在这种情形下不得行使先诉抗辩权，中信银行有权直接请求京工公司承担保证责任。

“有关保证的规定”第 11 条关于债权人在收到保证人的书面请求后 1 个月内行使诉讼请求权的规定，应当以债权人诉至法院的时间为准。原告中信银行在收到被告京工公司 1996 年 5 月 23 日的回函后，已于同年 6 月 21 日提起诉讼，故中信银行的起诉未超过时效。

被告京工公司辩称本案所涉贷款合同已由公安局立案，法院应中止审理。对此，京工公司未提供相应证据，故不予采信。

“305 协议”履行期限届满，金辉公司未按时还款，被告京工公司也未按约定履行保证义务，均属违约行为。原告中信银行起诉请求京工公司偿还借款本金 50 万美元及利息、罚息，有事实根据和法律依据，应当支持。

综上所述，北京市第二中级人民法院判决：

1. 原告中信银行与金辉公司、被告京工公司于 1994 年 11 月 10 日签订的〔94〕银贷字第 305 号贷款协议有效。

2. 被告京工公司于本判决生效后 10 日内，偿还原告中信银行借款本金 50 万美元及利息（自 1994 年 11 月 10 日起至 1995 年 11 月 10 日止，按中国银行公布的一年期六个月浮动美元贷款利率上浮 5% 计算）、罚息（自 1995

年11月11日起至本金付清之日止,按中国银行公布的一年期六个月浮动美元贷款利率上浮25%计算)。

第一审宣判后,被告京工公司不服,向北京市高级人民法院提出上诉。理由是:1. 担保法第二十五条规定:“一般保证的保证人与债权人未约定保证期间的,保证期间为主债务履行期届满之日起六个月。”“在合同约定的保证期间和前款规定的保证期间,债权人未对债务人提起诉讼或者申请仲裁的,保证人免除保证责任;债权人已提起诉讼或者申请仲裁的,保证期间适用诉讼时效中断的规定。”金辉公司的贷款于1995年11月10日即到期,而中信银行在1996年7月才起诉要求金辉公司还款并要求承担保证责任。根据担保法的规定,中信银行的起诉已超过6个月的保证期间。2. 一审认定中信银行是在1996年6月21日起诉,没有任何证据。中信银行的起诉时间,确实超过了“有关保证的规定”第11条规定的一个月期限。故保证期间已过,上诉人不应承担保证责任。

对京工公司的上诉,被上诉人中信银行答辩称:1. 本案的借款及担保行为均发生在1994年11月,根据“担保法解释”第一百三十三条的规定,对本案应适用“有关保证的规定”。2.“有关保证的规定”第29条规定:“保证合同未约定保证责任期限的,主债务的诉讼时效中断,保证债务的诉讼时效亦中断。”根据这一规定,京工公司认为被上诉人主张权利已超过6个月的保证期间,理由不能成立。3. 被上诉人于1996年6月21日提起诉讼,有人民法院的收案登记证实。京工公司不能提供相反的证据予以否定,应当认定这一事实。

北京市高级人民法院二审查明:

“305协议”中对保证部分的约定原文是:“保证人同意当借款方违约时,在接到贷款方书面索函通知十五天内,代用现金或现汇偿还全部应付款项,包括逾期罚息及其他费用。如违反本条款规定的义务,则逾期一天,贷款方即对担保人收取相当于全部应付款项0.1%的罚金,直至上述款项全部还清为止。”

1997年1月20日,北京市工商行政管理局以京工商处字(1997)439号《处罚决定书》决定:“吊销北京金辉灯饰工程有限公司《中华人民共和国企业法人营业执照》。”金辉公司在营业执照上登记的企业地址是北京市海淀区八里庄北洼村路32号。2002年5月13日,北京市恩济庄派出所出具证明:“本派出所辖区内无北京市海淀区八里庄北洼村路32号该地址。”金辉公司是中外合资经营企业。中方投资者是北京金宝精细化工新技术公司,投资额为人民币现金设备60%;外方投资者是伟来实业有限公司(香港),投资额为设备美元现金40%。1998年9月18日,金辉公司的中方投资者北京金宝精细化工新技术公司被注销营业执照。除此以外,二审确认了一审认定的其他事实。

上述事实,有“305协议”、借据、处罚决定书、金辉公司营业执照、北京市工商行政管理局的注销证明、派出所证明、往来函件及庭审笔录证实。

北京市高级人民法院认为:

“305协议”合法有效。被上诉人中信银行已经依约发放贷款,金辉公司应到期偿还贷款,上诉人京工公司应按照约定承担保证责任。“305协议”于1994年11月10日签订,根据协议实施的借款和担保行为发生在担保法施行前,应适用担保行为发生时的法律、法规和司法解释,一审适用“有关保证的规定”处理本案纠纷,是正确的。

“305协议”中没有约定保证方式,对保证期限的起止时间也没有明确界定,属保证责任期限约定不明。“有关保证的规定”第11条规定:“保证合同中没有约定保证责任期限或者约定不明确的,保证人应当在被保证人承担责任的期限内承担保证责任。”被保证人承担责任的期限,是自其借款期满后的两年。被保证人承担责任的这两年,也是保证人承担保证责任的期间。保证期间是除斥期间,它与诉讼时效不同,不发生中止、中断的问题。本案被保证人金辉公司的借款期满日是1995年11月10日，因此上诉人京工公司承担一般保证责任的期间是从1995年11月11日起至1997年11月10日止的两年内。在此期间，只要作为债权人的被上诉人中信银行向作为保证人的京工公司主张权利，京工公司就应承担保证责任。事实证明，中信银行在1996年5月13日向京工公司主张权利，并于1996年6月21日以京工公司为被告提起诉讼。由此可见，中信银行主张权利，并未超过两年的保证期间。担保法第二十五条规定的六个月保证期间，对本案不适用。京工公司上诉称中信银行向其主张权利已超过六个月的保证期间，与法律不符，不予支持，京工公司作为保证人应当承担本案的保证责任。

上诉人京工公司在本案中承担的是一般保证责任，依法享有先诉抗辩权。只要主合同纠纷未经审判或仲裁，并就债务人财产依法强制执行仍不能履行债务前，一般保证的保证人都可以对债权人拒绝承担保证责任。但是，先诉抗辩权在遇到法律规定的情形时，不得行使。本案中，被保证人金辉公司的住所不明、营业执照被吊销，其中方投资者的营业执照也被注销，外方投资者的情况不明。这种情况，使被上诉人中信银行向金辉公司请求清偿债务发生很大困难，符合担保法第十七条第三款第一项规定的情形。因此，京工公司的先诉抗辩权不得行使。一审认定京工公司不再享有先诉抗辩权，判决其向中信银行承担保证责任，并无不当。

综上，上诉人京工公司的上诉理由不能成立，应当驳回。一审判决认定事实清楚、适用法律正确，应当维持。北京市高级人民法院依照《中华人民共和国民事诉讼法》第一百五十三条第一款第（一）项的规定，于2002年5月20日判决：

驳回上诉，维持原判。

一审案件受理费33909元，财产保全费39304元，由上诉人京工公司负担。

二审案件受理费33909元，由上诉人京工公司负担。

（来源：《最高人民法院公报》2002年第6期）

四、房地产建设

中华人民共和国建筑法

1. 1997年11月1日第八届全国人民代表大会常务委员会第二十八次会议通过
2. 根据2011年4月22日第十一届全国人民代表大会常务委员会第二十次会议《关于修改〈中华人民共和国建筑法〉的决定》第一次修正
3. 根据2019年4月23日第十三届全国人民代表大会常务委员会第十次会议《关于修改〈中华人民共和国建筑法〉等八部法律的决定》第二次修正

目　　录

第一章　总　　则

第一条　【立法目的】为了加强对建筑活动的监督管理，维护建筑市场秩序，保证建筑工程的质量和安全，促进建筑业健康发展，制定本法。

第二条　【适用范围】在中华人民共和国境内从事建筑活动，实施对建筑活动的监督管理，应当遵守本法。

本法所称建筑活动，是指各类房屋建筑及其附属设施的建造和与其配套的线路、管道、设备的安装活动。

第三条　【建筑活动要求】建筑活动应当确保建筑工程质量和安全，符合国家的建筑工程安全标准。

第四条　【国家扶持】国家扶持建筑业的发展，支持建筑科学技术研究，提高房屋建筑设计水平，鼓励节约能源和保护环境，提倡采用先进技术、先进设备、先进工艺、新型建筑材料和现代管理方式。

第五条　【从业要求】从事建筑活动应当遵守法律、法规，不得损害社会公共利益和他人的合法权益。

任何单位和个人都不得妨碍和阻挠依法进行的建筑活动。

第六条　【管理部门】国务院建设行政主管部门对全国的建筑活动实施统一监督管理。

第二章　建筑许可

第一节　建筑工程施工许可

第七条　【许可证的领取】建筑工程开工前，建设单位应当按照国家有关规定向工程所在地县级以上人民政府建设行政主管部门申请领取施工许可证；但是，国务院建设行政主管部门确定的限额以下的小型工程除外。

按照国务院规定的权限和程序批准开工报告的建筑工程，不再领取施工许可证。

第八条　【许可证申领条件】申请领取施工许可证，应当具备下列条件：

（一）已经办理该建筑工程用地批准手续；

（二）依法应当办理建设工程规划许可证的，已经取得建设工程规划许可证；

（三）需要拆迁的，其拆迁进度符合施工要求；

（四）已经确定建筑施工企业；

（五）有满足施工需要的资金安排、施工图纸及技术资料；

（六）有保证工程质量和安全的具体措施。

建设行政主管部门应当自收到申请之日起七日内，对符合条件的申请颁发施工许可证。

第九条　【开工期限】建设单位应当自领取施工许可证之日起三个月内开工。因故不能按期开工的，应当向发证机关申请延期；延期以两次为限，每次不超过三个月。既不开工又不申请延期或者超过延期时限的，施工许可证自行废止。

第十条　【施工中止与恢复】在建的建筑工程因故中止施工的，建设单位应当自中止施工之日起一个月内，向发证机关报告，并按照规定做好建筑工程的维护管理工作。

建筑工程恢复施工时，应当向发证机关报告；中止施工满一年的工程恢复施工前，建设单位应当报发证机关核验施工许可证。

第十一条　【不能按期施工处理】按照国务院有关规定批准开工报告的建筑工程，因故不能按期开工或者中止施工的，应当及时向批准机关报告情况。因故不能按期开工超过六个月的，应当重新办理开工报告的批准手续。

第二节　从业资格

第十二条　【从业条件】从事建筑活动的建筑施工企业、勘察单位、设计单位和工程监理单位，应当具备下列条件：

（一）有符合国家规定的注册资本；

（二）有与其从事的建筑活动相适应的具有法定执业资格的专业技术人员；

（三）有从事相关建筑活动所应有的技术装备；

（四）法律、行政法规规定的其他条件。

第十三条　【资质等级】从事建筑活动的建筑施工企业、勘察单位、设计单位和工程监理单位，按照其拥有的注册资本、专业技术人员、技术装备和已完成的建筑工程业绩等资质条件，划分为不同的资质等级，经资质审查合格，取得相应等级的资质证书后，方可在其资质等级许可的范围内从事建筑活动。

第十四条　【执业资格的取得】从事建筑活动的专业技术人员，应当依法取得相应的执业资格证书，并在执业资格证书许可的范围内从事建筑活动。

第三章　建筑工程发包与承包

第一节　一般规定

第十五条　【承包合同】建筑工程的发包单位与承包单位应当依法订立书面合同，明确双方的权利和义务。

发包单位和承包单位应当全面履行合同约定的义务。不按照合同约定履行义务的，依法承担违约责任。

第十六条　【活动原则】建筑工程发包与承包的招标投标活动，应当遵循公开、公正、平等竞争的原则，择优选择承包单位。

建筑工程的招标投标，本法没有规定的，适用有关招标投标法律的规定。

第十七条　【禁止行贿、索贿】发包单位及其工作人员在建筑工程发包中不得收受贿赂、回扣或者索取其他好处。

承包单位及其工作人员不得利用向发包单位及其工作人员行贿、提供回扣或者给予其他好处等不正当手段承揽工程。

第十八条　【造价约定】建筑工程造价应当按照国家有关规定，由发包单位与承包单位在合同中约定。公开招标发包的，其造价的约定，须遵守招标投标法律的规定。

发包单位应当按照合同的约定，及时拨付工程款项。

第二节　发　　包

第十九条　【发包方式】建筑工程依法实行招标发包，对不适于招标发包的可以直接发包。

第二十条 【公开招标、开标方式】建筑工程实行公开招标的，发包单位应当依照法定程序和方式，发布招标公告，提供载有招标工程的主要技术要求、主要的合同条款、评标的标准和方法以及开标、评标、定标的程序等内容的招标文件。

开标应当在招标文件规定的时间、地点公开进行。开标后应当按照招标文件规定的评标标准和程序对标书进行评价、比较，在具备相应资质条件的投标者中，择优选定中标者。

第二十一条 【招标组织和监督】建筑工程招标的开标、评标、定标由建设单位依法组织实施，并接受有关行政主管部门的监督。

第二十二条 【发包约束】建筑工程实行招标发包的，发包单位应当将建筑工程发包给依法中标的承包单位。建筑工程实行直接发包的，发包单位应当将建筑工程发包给具有相应资质条件的承包单位。

第二十三条 【禁止限定发包】政府及其所属部门不得滥用行政权力，限定发包单位将招标发包的建筑工程发包给指定的承包单位。

第二十四条 【总承包原则】提倡对建筑工程实行总承包，禁止将建筑工程肢解发包。

建筑工程的发包单位可以将建筑工程的勘察、设计、施工、设备采购一并发包给一个工程总承包单位，也可以将建筑工程勘察、设计、施工、设备采购的一项或者多项发包给一个工程总承包单位；但是，不得将应当由一个承包单位完成的建筑工程肢解成若干部分发包给几个承包单位。

第二十五条 【建筑材料采购】按照合同约定，建筑材料、建筑构配件和设备由工程承包单位采购的，发包单位不得指定承包单位购入用于工程的建筑材料、建筑构配件和设备或者指定生产厂、供应商。

第三节 承　　包

第二十六条 【资质等级许可】承包建筑工程的单位应当持有依法取得的资质证书，并在其资质等级许可的业务范围内承揽工程。

禁止建筑施工企业超越本企业资质等级许可的业务范围或者以任何形式用其他建筑施工企业的名义承揽工程。禁止建筑施工企业以任何形式允许其他单位或者个人使用本企业的资质证书、营业执照，以本企业的名义承揽工程。

第二十七条 【共同承包】大型建筑工程或者结构复杂的建筑工程，可以由两个以上的承包单位联合共同承包。共同承包的各方对承包合同的履行承担连带责任。

两个以上不同资质等级的单位实行联合共同承包的，应当按照资质等级低的单位的业务许可范围承揽工程。

第二十八条 【禁止转包、分包】禁止承包单位将其承包的全部建筑工程转包给他人，禁止承包单位将其承包的全部建筑工程肢解以后以分包的名义分别转包给他人。

第二十九条 【分包认可和责任制】建筑工程总承包单位可以将承包工程中的部分工程发包给具有相应资质条件的分包单位；但是，除总承包合同中约定的分包外，必须经建设单位认可。施工总承包的，建筑工程主体结构的施工必须由总承包单位自行完成。

建筑工程总承包单位按照总承包合同的约定对建设单位负责；分包单位按照分包合同的约定对总承包单位负责。总承包单位和分包单位就分包工程对建设单位承担连带责任。

禁止总承包单位将工程分包给不具备相应资质条件的单位。禁止分包单位将其承包的工程再分包。

第四章 建筑工程监理

第三十条 【监理制度推行】国家推行建筑工程监理制度。

国务院可以规定实行强制监理的建筑工程的范围。

第三十一条 【监理委托】实行监理的建筑工

程，由建设单位委托具有相应资质条件的工程监理单位监理。建设单位与其委托的工程监理单位应当订立书面委托监理合同。

第三十二条　【监理监督】建筑工程监理应当依照法律、行政法规及有关的技术标准、设计文件和建筑工程承包合同，对承包单位在施工质量、建设工期和建设资金使用等方面，代表建设单位实施监督。

工程监理人员认为工程施工不符合工程设计要求、施工技术标准和合同约定的，有权要求建筑施工企业改正。

工程监理人员发现工程设计不符合建筑工程质量标准或者合同约定的质量要求的，应当报告建设单位要求设计单位改正。

第三十三条　【监理事项通知】实施建筑工程监理前，建设单位应当将委托的工程监理单位、监理的内容及监理权限，书面通知被监理的建筑施工企业。

第三十四条　【监理范围与职责】工程监理单位应当在其资质等级许可的监理范围内，承担工程监理业务。

工程监理单位应当根据建设单位的委托，客观、公正地执行监理任务。

工程监理单位与被监理工程的承包单位以及建筑材料、建筑构配件和设备供应单位不得有隶属关系或者其他利害关系。

工程监理单位不得转让工程监理业务。

第三十五条　【违约责任】工程监理单位不按照委托监理合同的约定履行监理义务，对应当监督检查的项目不检查或者不按照规定检查，给建设单位造成损失的，应当承担相应的赔偿责任。

工程监理单位与承包单位串通，为承包单位谋取非法利益，给建设单位造成损失的，应当与承包单位承担连带赔偿责任。

第五章　建筑安全生产管理

第三十六条　【管理方针、目标】建筑工程安全生产管理必须坚持安全第一、预防为主的方针，建立健全安全生产的责任制度和群防群治制度。

第三十七条　【工程设计要求】建筑工程设计应当符合按照国家规定制定的建筑安全规程和技术规范，保证工程的安全性能。

第三十八条　【安全措施编制】建筑施工企业在编制施工组织设计时，应当根据建筑工程的特点制定相应的安全技术措施；对专业性较强的工程项目，应当编制专项安全施工组织设计，并采取安全技术措施。

第三十九条　【现场安全防范】建筑施工企业应当在施工现场采取维护安全、防范危险、预防火灾等措施；有条件的，应当对施工现场实行封闭管理。

施工现场对毗邻的建筑物、构筑物和特殊作业环境可能造成损害的，建筑施工企业应当采取安全防护措施。

第四十条　【地下管线保护】建设单位应当向建筑施工企业提供与施工现场相关的地下管线资料，建筑施工企业应当采取措施加以保护。

第四十一条　【污染控制】建筑施工企业应当遵守有关环境保护和安全生产的法律、法规的规定，采取控制和处理施工现场的各种粉尘、废气、废水、固体废物以及噪声、振动对环境的污染和危害的措施。

第四十二条　【须审批事项】有下列情形之一的，建设单位应当按照国家有关规定办理申请批准手续：

（一）需要临时占用规划批准范围以外场地的；

（二）可能损坏道路、管线、电力、邮电通讯等公共设施的；

（三）需要临时停水、停电、中断道路交通的；

（四）需要进行爆破作业的；

（五）法律、法规规定需要办理报批手续的其他情形。

第四十三条　【安全生产管理部门】建设行政主管部门负责建筑安全生产的管理，并依法接受劳动行政主管部门对建筑安全生产的指导和监督。

第四十四条　【施工企业安全责任】建筑施工企业必须依法加强对建筑安全生产的管理，执行安全生产责任制度，采取有效措施，防止伤亡和其他安全生产事故的发生。

建筑施工企业的法定代表人对本企业的安全生产负责。

第四十五条　【现场安全责任单位】施工现场安全由建筑施工企业负责。实行施工总承包的，由总承包单位负责。分包单位向总承包单位负责，服从总承包单位对施工现场的安全生产管理。

第四十六条　【安全生产教育培训】建筑施工企业应当建立健全劳动安全生产教育培训制度，加强对职工安全生产的教育培训；未经安全生产教育培训的人员，不得上岗作业。

第四十七条　【施工安全保障】建筑施工企业和作业人员在施工过程中，应当遵守有关安全生产的法律、法规和建筑行业安全规章、规程，不得违章指挥或者违章作业。作业人员有权对影响人身健康的作业程序和作业条件提出改进意见，有权获得安全生产所需的防护用品。作业人员对危及生命安全和人身健康的行为有权提出批评、检举和控告。

第四十八条　【企业承保】建筑施工企业应当依法为职工参加工伤保险缴纳工伤保险费。鼓励企业为从事危险作业的职工办理意外伤害保险，支付保险费。

第四十九条　【变动设计方案】涉及建筑主体和承重结构变动的装修工程，建设单位应当在施工前委托原设计单位或者具有相应资质条件的设计单位提出设计方案；没有设计方案的，不得施工。

第五十条　【房屋拆除安全】房屋拆除应当由具备保证安全条件的建筑施工单位承担，由建筑施工单位负责人对安全负责。

第五十一条　【事故应急处理】施工中发生事故时，建筑施工企业应当采取紧急措施减少人员伤亡和事故损失，并按照国家有关规定及时向有关部门报告。

第六章　建筑工程质量管理

第五十二条　【工程质量管理】建筑工程勘察、设计、施工的质量必须符合国家有关建筑工程安全标准的要求，具体管理办法由国务院规定。

有关建筑工程安全的国家标准不能适应确保建筑安全的要求时，应当及时修订。

第五十三条　【质量体系认证】国家对从事建筑活动的单位推行质量体系认证制度。从事建筑活动的单位根据自愿原则可以向国务院产品质量监督管理部门或者国务院产品质量监督管理部门授权的部门认可的认证机构申请质量体系认证。经认证合格的，由认证机构颁发质量体系认证证书。

第五十四条　【工程质量保证】建设单位不得以任何理由，要求建筑设计单位或者建筑施工企业在工程设计或者施工作业中，违反法律、行政法规和建筑工程质量、安全标准，降低工程质量。

建筑设计单位和建筑施工企业对建设单位违反前款规定提出的降低工程质量的要求，应当予以拒绝。

第五十五条　【工程质量责任制】建筑工程实行总承包的，工程质量由工程总承包单位负责，总承包单位将建筑工程分包给其他单位的，应当对分包工程的质量与分包单位承担连带责任。分包单位应当接受总承包单位的质量管理。

第五十六条　【工程勘察、设计职责】建筑工程的勘察、设计单位必须对其勘察、设计的质量负责。勘察、设计文件应当符合有关法律、行政法规的规定和建筑工程质量、安全标准、建筑工程勘察、设计技术规范以及合同的约定。设计文件选用的建筑材料、建筑构配件和设备，应当注明其规格、型号、性能等技术指标，其质量要求必须符合国家规定的标准。

第五十七条　【建筑材料供给】建筑设计单位对设计文件选用的建筑材料、建筑构配件和设备，不得指定生产厂、供应商。

第五十八条　【施工质量责任制】建筑施工企业对工程的施工质量负责。

建筑施工企业必须按照工程设计图纸和施工技术标准施工，不得偷工减料。工程设计的修改由原设计单位负责，建筑施工企业不得擅自修改工程设计。

第五十九条　【建筑材料设备检验】建筑施工企业必须按照工程设计要求、施工技术标准和合同的约定，对建筑材料、建筑构配件和设备进行检验，不合格的不得使用。

第六十条　【地基和主体结构质量保证】建筑物在合理使用寿命内，必须确保地基基础工程和主体结构的质量。

建筑工程竣工时，屋顶、墙面不得留有渗漏、开裂等质量缺陷；对已发现的质量缺陷，建筑施工企业应当修复。

第六十一条　【工程验收】交付竣工验收的建筑工程，必须符合规定的建筑工程质量标准，有完整的工程技术经济资料和经签署的工程保修书，并具备国家规定的其他竣工条件。

建筑工程竣工经验收合格后，方可交付使用；未经验收或者验收不合格的，不得交付使用。

第六十二条　【工程质量保修】建筑工程实行质量保修制度。

建筑工程的保修范围应当包括地基基础工程、主体结构工程、屋面防水工程和其他土建工程，以及电气管线、上下水管线的安装工程，供热、供冷系统工程等项目；保修的期限应当按照保证建筑物合理寿命年限内正常使用，维护使用者合法权益的原则确定。具体的保修范围和最低保修期限由国务院规定。

第六十三条　【质量投诉】任何单位和个人对建筑工程的质量事故、质量缺陷都有权向建设行政主管部门或者其他有关部门进行检举、控告、投诉。

第七章　法 律 责 任

第六十四条　【擅自施工处罚】违反本法规定，未取得施工许可证或者开工报告未经批准擅自施工的，责令改正，对不符合开工条件的责令停止施工，可以处以罚款。

第六十五条　【非法发包、承揽处罚】发包单位将工程发包给不具有相应资质条件的承包单位的，或者违反本法规定将建筑工程肢解发包的，责令改正，处以罚款。

超越本单位资质等级承揽工程的，责令停止违法行为，处以罚款，可以责令停业整顿，降低资质等级；情节严重的，吊销资质证书；有违法所得的，予以没收。

未取得资质证书承揽工程的，予以取缔，并处罚款；有违法所得的，予以没收。

以欺骗手段取得资质证书的，吊销资质证书，处以罚款；构成犯罪的，依法追究刑事责任。

第六十六条　【非法转让承揽工程处罚】建筑施工企业转让、出借资质证书或者以其他方式允许他人以本企业的名义承揽工程的，责令改正，没收违法所得，并处罚款，可以责令停业整顿，降低资质等级；情节严重的，吊销资质证书。对因该项承揽工程不符合规定的质量标准造成的损失，建筑施工企业与使用本企业名义的单位或者个人承担连带赔偿责任。

第六十七条　【转包处罚】承包单位将承包的工程转包的，或者违反本法规定进行分包的，责令改正，没收违法所得，并处罚款，可以责令停业整顿，降低资质等级；情节严重的，吊销资质证书。

承包单位有前款规定的违法行为的，对因转包工程或者违法分包的工程不符合规定的质量标准造成的损失，与接受转包或者分包的单位承担连带赔偿责任。

第六十八条　【行贿、索贿刑事责任】在工程发包与承包中索贿、受贿、行贿，构成犯罪的，依法追究刑事责任；不构成犯罪的，分别处以罚款，没收贿赂的财物，对直接负责的主管人员和其他直接责任人员给予处分。

对在工程承包中行贿的承包单位，除依照前款规定处罚外，可以责令停业整顿，降低资质等级或者吊销资质证书。

第六十九条　【非法监理处罚】工程监理单位与建设单位或者建筑施工企业串通，弄虚作假、降低工程质量的，责令改正，处以罚款，降低资质等级或者吊销资质证书；有违法所得的，予以没收；造成损失的，承担连带赔偿责任；构成犯罪的，依法追究刑事责任。

工程监理单位转让监理业务的，责令改正，没收违法所得，可以责令停业整顿，降低资质等级；情节严重的，吊销资质证书。

第七十条　【擅自变动施工处罚】违反本法规定，涉及建筑主体或者承重结构变动的装修工程擅自施工的，责令改正，处以罚款；造成损失的，承担赔偿责任；构成犯罪的，依法追究刑事责任。

第七十一条　【安全事故处罚】建筑施工企业违反本法规定，对建筑安全事故隐患不采取措施予以消除的，责令改正，可以处以罚款；情节严重的，责令停业整顿，降低资质等级或者吊销资质证书；构成犯罪的，依法追究刑事责任。

建筑施工企业的管理人员违章指挥、强令职工冒险作业，因而发生重大伤亡事故或者造成其他严重后果的，依法追究刑事责任。

第七十二条　【质量降低处罚】建设单位违反本法规定，要求建筑设计单位或者建筑施工企业违反建筑工程质量、安全标准，降低工程质量的，责令改正，可以处以罚款；构成犯罪的，依法追究刑事责任。

第七十三条　【非法设计处罚】建筑设计单位不按照建筑工程质量、安全标准进行设计的，责令改正，处以罚款；造成工程质量事故的，责令停业整顿，降低资质等级或者吊销资质证书，没收违法所得，并处罚款；造成损失的，承担赔偿责任；构成犯罪的，依法追究刑事责任。

第七十四条　【非法施工处罚】建筑施工企业在施工中偷工减料的，使用不合格的建筑材料、建筑构配件和设备的，或者有其他不按照工程设计图纸或者施工技术标准施工的行为的，责令改正，处以罚款；情节严重的，责令停业整顿，降低资质等级或者吊销资质证书；造成建筑工程质量不符合规定的质量标准的，负责返工、修理，并赔偿因此造成的损失；构成犯罪的，依法追究刑事责任。

第七十五条　【不保修处罚及赔偿】建筑施工企业违反本法规定，不履行保修义务或者拖延履行保修义务的，责令改正，可以处以罚款，并对在保修期内因屋顶、墙面渗漏、开裂等质量缺陷造成的损失，承担赔偿责任。

第七十六条　【行政处罚机关】本法规定的责令停业整顿、降低资质等级和吊销资质证书的行政处罚，由颁发资质证书的机关决定；其他行政处罚，由建设行政主管部门或者有关部门依照法律和国务院规定的职权范围决定。

依照本法规定被吊销资质证书的，由工商行政管理部门吊销其营业执照。

第七十七条　【非法颁证处罚】违反本法规定，对不具备相应资质等级条件的单位颁发该等级资质证书的，由其上级机关责令收回所发的资质证书，对直接负责的主管人员和其他直接责任人员给予行政处分；构成犯罪的，依法追究刑事责任。

第七十八条　【限包处罚】政府及其所属部门的工作人员违反本法规定，限定发包单位将招标发包的工程发包给指定的承包单位的，由上级机关责令改正；构成犯罪的，依法追究刑事责任。

第七十九条　【非法颁证、验收处罚】负责颁发建筑工程施工许可证的部门及其工作人员对不符合施工条件的建筑工程颁发施工许可证的，负责工程质量监督检查或者竣工验收的部门及其工作人员对不合格的建筑工程出具质量合格文件或者按合格工程验收的，由上级机关责令改正，对责任人员给予行政处分；构成犯罪的，依法追究刑事责任；

造成损失的，由该部门承担相应的赔偿责任。

第八十条 【损害赔偿】在建筑物的合理使用寿命内，因建筑工程质量不合格受到损害的，有权向责任者要求赔偿。

第八章 附 则

第八十一条 【适用范围补充】本法关于施工许可、建筑施工企业资质审查和建筑工程发包、承包、禁止转包，以及建筑工程监理、建筑工程安全和质量管理的规定，适用于其他专业建筑工程的建筑活动，具体办法由国务院规定。

第八十二条 【监管收费】建设行政主管部门和其他有关部门在对建筑活动实施监督管理中，除按照国务院有关规定收取费用外，不得收取其他费用。

第八十三条 【适用范围特别规定】省、自治区、直辖市人民政府确定的小型房屋建筑工程的建筑活动，参照本法执行。

依法核定作为文物保护的纪念建筑物和古建筑等的修缮，依照文物保护的有关法律规定执行。

抢险救灾及其他临时性房屋建筑和农民自建低层住宅的建筑活动，不适用本法。

第八十四条 【军用工程特别规定】军用房屋建筑工程建筑活动的具体管理办法，由国务院、中央军事委员会依据本法制定。

第八十五条 【生效日期】本法自 1998 年 3 月 1 日起施行。

建设工程质量管理条例

1. 2000 年 1 月 30 日国务院令第 279 号公布

2. 根据 2017 年 10 月 7 日国务院令第 687 号《关于修改部分行政法规的决定》第一次修订

3. 根据 2019 年 4 月 23 日国务院令第 714 号《关于修改部分行政法规的决定》第二次修订

第一章 总 则

第一条 为了加强对建设工程质量的管理，保证建设工程质量，保护人民生命和财产安全，根据《中华人民共和国建筑法》，制定本条例。

第二条 凡在中华人民共和国境内从事建设工程的新建、扩建、改建等有关活动及实施对建设工程质量监督管理的，必须遵守本条例。本条例所称建设工程，是指土木工程、建筑工程、线路管道和设备安装工程及装修工程。

第三条 建设单位、勘察单位、设计单位、施工单位、工程监理单位依法对建设工程质量负责。

第四条 县级以上人民政府建设行政主管部门和其他有关部门应当加强对建设工程质量的监督管理。

第五条 从事建设工程活动，必须严格执行基本建设程序，坚持先勘察、后设计、再施工的原则。

县级以上人民政府及其有关部门不得超越权限审批建设项目或者擅自简化基本建设程序。

第六条 国家鼓励采用先进的科学技术和管理方法，提高建设工程质量。

第二章 建设单位的质量责任和义务

第七条 建设单位应当将工程发包给具有相应资质等级的单位。

建设单位不得将建设工程肢解发包。

第八条 建设单位应当依法对工程建设项目的勘察、设计、施工、监理以及与工程建设有关的重要设备、材料等的采购进行招标。

第九条 建设单位必须向有关的勘察、设计、施工、工程监理等单位提供与建设工程有关的原始资料。

原始资料必须真实、准确、齐全。

第十条 建设工程发包单位不得迫使承包方以低于成本的价格竞标，不得任意压缩合理工期。

建设单位不得明示或者暗示设计单位或者施工单位违反工程建设强制性标准，降低建设工程质量。

第十一条 施工图设计文件审查的具体办法，由国务院建设行政主管部门、国务院其他有关部门制定。

施工图设计文件未经审查批准的，不得使用。

第十二条 实行监理的建设工程，建设单位应当委托具有相应资质等级的工程监理单位进行监理，也可以委托具有工程监理相应资质等级并与被监理工程的施工承包单位没有隶属关系或者其他利害关系的该工程的设计单位进行监理。

下列建设工程必须实行监理：

（一）国家重点建设工程；

（二）大中型公用事业工程；

（三）成片开发建设的住宅小区工程；

（四）利用外国政府或者国际组织贷款、援助资金的工程；

（五）国家规定必须实行监理的其他工程。

第十三条 建设单位在开工前，应当按照国家有关规定办理工程质量监督手续，工程质量监督手续可以与施工许可证或者开工报告合并办理。

第十四条 按照合同约定，由建设单位采购建筑材料、建筑构配件和设备的，建设单位应当保证建筑材料、建筑构配件和设备符合设计文件和合同要求。

建设单位不得明示或者暗示施工单位使用不合格的建筑材料、建筑构配件和设备。

第十五条 涉及建筑主体和承重结构变动的装修工程，建设单位应当在施工前委托原设计单位或者具有相应资质等级的设计单位提出设计方案；没有设计方案的，不得施工。

房屋建筑使用者在装修过程中，不得擅自变动房屋建筑主体和承重结构。

第十六条 建设单位收到建设工程竣工报告后，应当组织设计、施工、工程监理等有关单位进行竣工验收。

建设工程竣工验收应当具备下列条件：

（一）完成建设工程设计和合同约定的各项内容；

（二）有完整的技术档案和施工管理资料；

（三）有工程使用的主要建筑材料、建筑构配件和设备的进场试验报告；

（四）有勘察、设计、施工、工程监理等单位分别签署的质量合格文件；

（五）有施工单位签署的工程保修书。

建设工程经验收合格的，方可交付使用。

第十七条 建设单位应当严格按照国家有关档案管理的规定，及时收集、整理建设项目各环节的文件资料，建立、健全建设项目档案，并在建设工程竣工验收后，及时向建设行政主管部门或者其他有关部门移交建设项目档案。

第三章 勘察、设计单位的质量责任和义务

第十八条 从事建设工程勘察、设计的单位应当依法取得相应等级的资质证书，并在其资质等级许可的范围内承揽工程。

禁止勘察、设计单位超越其资质等级许可的范围或者以其他勘察、设计单位的名义承揽工程。禁止勘察、设计单位允许其他单位或者个人以本单位的名义承揽工程。

勘察、设计单位不得转包或者违法分包所承揽的工程。

第十九条 勘察、设计单位必须按照工程建设强制性标准进行勘察、设计，并对其勘察、设计的质量负责。

注册建筑师、注册结构工程师等注册执业人员应当在设计文件上签字，对设计文件负责。

第二十条 勘察单位提供的地质、测量、水文等勘察成果必须真实、准确。

第二十一条 设计单位应当根据勘察成果文件进行建设工程设计。

设计文件应当符合国家规定的设计深度要求，注明工程合理使用年限。

第二十二条 设计单位在设计文件中选用的建筑材料、建筑构配件和设备，应当注明规格、型号、性能等技术指标，其质量要求必须符合国家规定的标准。

除有特殊要求的建筑材料、专用设备、工艺生产线等外，设计单位不得指定生产厂、供应商。

第二十三条 设计单位应当就审查合格的施工图设计文件向施工单位作出详细说明。

第二十四条 设计单位应当参与建设工程质量事故分析，并对因设计造成的质量事故，提出相应的技术处理方案。

第四章 施工单位的质量责任和义务

第二十五条 施工单位应当依法取得相应等级的资质证书，并在其资质等级许可的范围内承揽工程。

禁止施工单位超越本单位资质等级许可的业务范围或者以其他施工单位的名义承揽工程。禁止施工单位允许其他单位或者个人以本单位的名义承揽工程。

施工单位不得转包或者违法分包工程。

第二十六条 施工单位对建设工程的施工质量负责。

施工单位应当建立质量责任制，确定工程项目的项目经理、技术负责人和施工管理负责人。

建设工程实行总承包的，总承包单位应当对全部建设工程质量负责；建设工程勘察、设计、施工、设备采购的一项或者多项实行总承包的，总承包单位应当对其承包的建设工程或者采购的设备的质量负责。

第二十七条 总承包单位依法将建设工程分包给其他单位的，分包单位应当按照分包合同的约定对其分包工程的质量向总承包单位负责，总承包单位与分包单位对分包工程的质量承担连带责任。

第二十八条 施工单位必须按照工程设计图纸和施工技术标准施工，不得擅自修改工程设计，不得偷工减料。

施工单位在施工过程中发现设计文件和图纸有差错的，应当及时提出意见和建议。

第二十九条 施工单位必须按照工程设计要求、施工技术标准和合同约定，对建筑材料、建筑构配件、设备和商品混凝土进行检验，检验应当有书面记录和专人签字；未经检验或者检验不合格的，不得使用。

第三十条 施工单位必须建立、健全施工质量的检验制度，严格工序管理，作好隐蔽工程的质量检查和记录。隐蔽工程在隐蔽前，施工单位应当通知建设单位和建设工程质量监督机构。

第三十一条 施工人员对涉及结构安全的试块、试件以及有关材料，应当在建设单位或者工程监理单位监督下现场取样，并送具有相应资质等级的质量检测单位进行检测。

第三十二条 施工单位对施工中出现质量问题的建设工程或者竣工验收不合格的建设工程，应当负责返修。

第三十三条 施工单位应当建立、健全教育培训制度，加强对职工的教育培训；未经教育培训或者考核不合格的人员，不得上岗作业。

第五章 工程监理单位的质量责任和义务

第三十四条 工程监理单位应当依法取得相应等级的资质证书，并在其资质等级许可的范围内承担工程监理业务。

禁止工程监理单位超越本单位资质等级许可的范围或者以其他工程监理单位的名义承担工程监理业务。禁止工程监理单位允许其他单位或者个人以本单位的名义承担工程监理业务。

工程监理单位不得转让工程监理业务。

第三十五条 工程监理单位与被监理工程的施工承包单位以及建筑材料、建筑构配件和设备供应单位有隶属关系或者其他利害关系的，不得承担该项建设工程的监理业务。

第三十六条 工程监理单位应当依照法律、法规以及有关技术标准、设计文件和建设工程承包合同，代表建设单位对施工质量实施监理，并对施工质量承担监理责任。

第三十七条 工程监理单位应当选派具备相应资格的总监理工程师和监理工程师进驻施工现场。

未经监理工程师签字，建筑材料、建筑构配件和设备不得在工程上使用或者安装，施工单位不得进行下一道工序的施工。未经总监理工程师签字，建设单位不拨付工程款，不进行竣工验收。

第三十八条 监理工程师应当按照工程监理规范的要求，采取旁站、巡视和平行检验等形式，对建设工程实施监理。

第六章 建设工程质量保修

第三十九条 建设工程实行质量保修制度。

建设工程承包单位在向建设单位提交工程竣工验收报告时，应当向建设单位出具质量保修书。质量保修书中应当明确建设工程的保修范围、保修期限和保修责任等。

第四十条 在正常使用条件下，建设工程的最低保修期限为：

（一）基础设施工程、房屋建筑的地基基础工程和主体结构工程，为设计文件规定的该工程的合理使用年限；

（二）屋面防水工程、有防水要求的卫生间、房间和外墙面的防渗漏，为5年；

（三）供热与供冷系统，为2个采暖期、供冷期；

（四）电气管线、给排水管道、设备安装和装修工程，为2年。

其他项目的保修期限由发包方与承包方约定。

建设工程的保修期，自竣工验收合格之日起计算。

第四十一条 建设工程在保修范围和保修期限内发生质量问题的，施工单位应当履行保修义务，并对造成的损失承担赔偿责任。

第四十二条 建设工程在超过合理使用年限后需要继续使用的，产权所有人应当委托具有相应资质等级的勘察、设计单位鉴定，并根据鉴定结果采取加固、维修等措施，重新界定使用期。

第七章 监督管理

第四十三条 国家实行建设工程质量监督管理制度。

国务院建设行政主管部门对全国的建设工程质量实施统一监督管理。国务院铁路、交通、水利等有关部门按照国务院规定的职责分工，负责对全国的有关专业建设工程质量的监督管理。

县级以上地方人民政府建设行政主管部门对本行政区域内的建设工程质量实施监督管理。县级以上地方人民政府交通、水利等有关部门在各自的职责范围内，负责对本行政区域内的专业建设工程质量的监督管理。

第四十四条 国务院建设行政主管部门和国务院铁路、交通、水利等有关部门应当加强对有关建设工程质量的法律、法规和强制性标准执行情况的监督检查。

第四十五条 国务院发展计划部门按照国务院规定的职责，组织稽察特派员，对国家出资的重大建设项目实施监督检查。

国务院经济贸易主管部门按照国务院规定的职责，对国家重大技术改造项目实施监督检查。

第四十六条 建设工程质量监督管理，可以由建设行政主管部门或者其他有关部门委托的建设工程质量监督机构具体实施。

从事房屋建筑工程和市政基础设施工程质量监督的机构，必须按照国家有关规定经国务院建设行政主管部门或者省、自治区、直辖市人民政府建设行政主管部门考核；从事专业建设工程质量监督的机构，必须按照国家有关规定经国务院有关部门或者省、自治区、直辖市人民政府有关部门考核。经考核合格后,方可实施质量监督。

第四十七条 县级以上地方人民政府建设行政主管部门和其他有关部门应当加强对有关建设工程质量的法律、法规和强制性标准执行情况的监督检查。

第四十八条 县级以上人民政府建设行政主管部门和其他有关部门履行监督检查职责时,有权采取下列措施:

(一)要求被检查的单位提供有关工程质量的文件和资料;

(二)进入被检查单位的施工现场进行检查;

(三)发现有影响工程质量的问题时,责令改正。

第四十九条 建设单位应当自建设工程竣工验收合格之日起15日内,将建设工程竣工验收报告和规划、公安消防、环保等部门出具的认可文件或者准许使用文件报建设行政主管部门或者其他有关部门备案。

建设行政主管部门或者其他有关部门发现建设单位在竣工验收过程中有违反国家有关建设工程质量管理规定行为的,责令停止使用,重新组织竣工验收。

第五十条 有关单位和个人对县级以上人民政府建设行政主管部门和其他有关部门进行的监督检查应当支持与配合,不得拒绝或者阻碍建设工程质量监督检查人员依法执行职务。

第五十一条 供水、供电、供气、公安消防等部门或者单位不得明示或者暗示建设单位、施工单位购买其指定的生产供应单位的建筑材料、建筑构配件和设备。

第五十二条 建设工程发生质量事故,有关单位应当在24小时内向当地建设行政主管部门和其他有关部门报告。对重大质量事故,事故发生地的建设行政主管部门和其他有关部门应当按照事故类别和等级向当地人民政府和上级建设行政主管部门和其他有关部门报告。

特别重大质量事故的调查程序按照国务院有关规定办理。

第五十三条 任何单位和个人对建设工程的质量事故、质量缺陷都有权检举、控告、投诉。

第八章 罚 则

第五十四条 违反本条例规定,建设单位将建设工程发包给不具有相应资质等级的勘察、设计、施工单位或者委托给不具有相应资质等级的工程监理单位的,责令改正,处50万元以上100万元以下的罚款。

第五十五条 违反本条例规定,建设单位将建设工程肢解发包的,责令改正,处工程合同价款百分之零点五以上百分之一以下的罚款;对全部或者部分使用国有资金的项目,并可以暂停项目执行或者暂停资金拨付。

第五十六条 违反本条例规定,建设单位有下列行为之一的,责令改正,处20万元以上50万元以下的罚款:

(一)迫使承包方以低于成本的价格竞标的;

(二)任意压缩合理工期的;

(三)明示或者暗示设计单位或者施工单位违反工程建设强制性标准,降低工程质量的;

(四)施工图设计文件未经审查或者审查不合格,擅自施工的;

(五)建设项目必须实行工程监理而未实行工程监理的;

(六)未按照国家规定办理工程质量监督手续的;

(七)明示或者暗示施工单位使用不合格的建筑材料、建筑构配件和设备的;

(八)未按照国家规定将竣工验收报告、有关认可文件或者准许使用文件报送备案的。

第五十七条 违反本条例规定,建设单位未取得施工许可证或者开工报告未经批准,擅自施工的，责令停止施工，限期改正，处工程合同价款百分之一以上百分之二以下的罚款。

第五十八条　违反本条例规定，建设单位有下列行为之一的，责令改正，处工程合同价款百分之二以上百分之四以下的罚款；造成损失的，依法承担赔偿责任：

（一）未组织竣工验收，擅自交付使用的；

（二）验收不合格，擅自交付使用的；

（三）对不合格的建设工程按照合格工程验收的。

第五十九条　违反本条例规定，建设工程竣工验收后，建设单位未向建设行政主管部门或者其他有关部门移交建设项目档案的，责令改正，处1万元以上10万元以下的罚款。

第六十条　违反本条例规定，勘察、设计、施工、工程监理单位超越本单位资质等级承揽工程的，责令停止违法行为，对勘察、设计单位或者工程监理单位处合同约定的勘察费、设计费或者监理酬金1倍以上2倍以下的罚款；对施工单位处工程合同价款百分之二以上百分之四以下的罚款，可以责令停业整顿，降低资质等级；情节严重的，吊销资质证书；有违法所得的，予以没收。

未取得资质证书承揽工程的，予以取缔，依照前款规定处以罚款；有违法所得的，予以没收。

以欺骗手段取得资质证书承揽工程的，吊销资质证书，依照本条第一款规定处以罚款；有违法所得的，予以没收。

第六十一条　违反本条例规定，勘察、设计、施工、工程监理单位允许其他单位或者个人以本单位名义承揽工程的，责令改正，没收违法所得，对勘察、设计单位和工程监理单位处合同约定的勘察费、设计费和监理酬金1倍以上2倍以下的罚款；对施工单位处工程合同价款百分之二以上百分之四以下的罚款；可以责令停业整顿，降低资质等级；情节严重的，吊销资质证书。

第六十二条　违反本条例规定，承包单位将承包的工程转包或者违法分包的，责令改正，没收违法所得，对勘察、设计单位处合同约定的勘察费、设计费百分之二十五以上百分之五十以下的罚款；对施工单位处工程合同价款百分之零点五以上百分之一以下的罚款；可以责令停业整顿，降低资质等级；情节严重的，吊销资质证书。

工程监理单位转让工程监理业务的，责令改正，没收违法所得，处合同约定的监理酬金百分之二十五以上百分之五十以下的罚款；可以责令停业整顿，降低资质等级；情节严重的，吊销资质证书。

第六十三条　违反本条例规定，有下列行为之一的，责令改正，处10万元以上30万元以下的罚款：

（一）勘察单位未按照工程建设强制性标准进行勘察的；

（二）设计单位未根据勘察成果文件进行工程设计的；

（三）设计单位指定建筑材料、建筑构配件的生产厂、供应商的；

（四）设计单位未按照工程建设强制性标准进行设计的。

有前款所列行为，造成工程质量事故的，责令停业整顿，降低资质等级；情节严重的，吊销资质证书；造成损失的，依法承担赔偿责任。

第六十四条　违反本条例规定，施工单位在施工中偷工减料的，使用不合格的建筑材料、建筑构配件和设备的，或者有不按照工程设计图纸或者施工技术标准施工的其他行为的，责令改正，处工程合同价款百分之二以上百分之四以下的罚款；造成建设工程质量不符合规定的质量标准的，负责返工、修理，并赔偿因此造成的损失；情节严重的，责令停业整顿，降低资质等级或者吊销资质证书。

第六十五条　违反本条例规定，施工单位未对建筑材料、建筑构配件、设备和商品混凝土进行检验，或者未对涉及结构安全的试块、试件以及有关材料取样检测的，责令改正，处10万元以上20万元以下的罚款；情节严重的，责令停业整顿，降低资质等级或者吊销资质证书；造成损失的，依法承担赔偿责任。

第六十六条 违反本条例规定，施工单位不履行保修义务或者拖延履行保修义务的，责令改正，处10万元以上20万元以下的罚款，并对在保修期内因质量缺陷造成的损失承担赔偿责任。

第六十七条 工程监理单位有下列行为之一的，责令改正，处50万元以上100万元以下的罚款，降低资质等级或者吊销资质证书；有违法所得的，予以没收；造成损失的，承担连带赔偿责任：

（一）与建设单位或者施工单位串通，弄虚作假、降低工程质量的；

（二）将不合格的建设工程、建筑材料、建筑构配件和设备按照合格签字的。

第六十八条 违反本条例规定，工程监理单位与被监理工程的施工承包单位以及建筑材料、建筑构配件和设备供应单位有隶属关系或者其他利害关系承担该项建设工程的监理业务的，责令改正，处5万元以上10万元以下的罚款，降低资质等级或者吊销资质证书；有违法所得的，予以没收。

第六十九条 违反本条例规定，涉及建筑主体或者承重结构变动的装修工程，没有设计方案擅自施工的，责令改正，处50万元以上100万元以下的罚款；房屋建筑使用者在装修过程中擅自变动房屋建筑主体和承重结构的，责令改正，处5万元以上10万元以下的罚款。

有前款所列行为，造成损失的，依法承担赔偿责任。

第七十条 发生重大工程质量事故隐瞒不报、谎报或者拖延报告期限的，对直接负责的主管人员和其他责任人员依法给予行政处分。

第七十一条 违反本条例规定，供水、供电、供气、公安消防等部门或者单位明示或者暗示建设单位或者施工单位购买其指定的生产供应单位的建筑材料、建筑构配件和设备的，责令改正。

第七十二条 违反本条例规定，注册建筑师、注册结构工程师、监理工程师等注册执业人员因过错造成质量事故的，责令停止执业1年；造成重大质量事故的，吊销执业资格证书，5年以内不予注册；情节特别恶劣的，终身不予注册。

第七十三条 依照本条例规定，给予单位罚款处罚的，对单位直接负责的主管人员和其他直接责任人员处单位罚款数额百分之五以上百分之十以下的罚款。

第七十四条 建设单位、设计单位、施工单位、工程监理单位违反国家规定，降低工程质量标准，造成重大安全事故，构成犯罪的，对直接责任人员依法追究刑事责任。

第七十五条 本条例规定的责令停业整顿，降低资质等级和吊销资质证书的行政处罚，由颁发资质证书的机关决定；其他行政处罚，由建设行政主管部门或者其他有关部门依照法定职权决定。

依照本条例规定被吊销资质证书的，由工商行政管理部门吊销其营业执照。

第七十六条 国家机关工作人员在建设工程质量监督管理工作中玩忽职守、滥用职权、徇私舞弊，构成犯罪的，依法追究刑事责任；尚不构成犯罪的，依法给予行政处分。

第七十七条 建设、勘察、设计、施工、工程监理单位的工作人员因调动工作、退休等原因离开该单位后，被发现在该单位工作期间违反国家有关建设工程质量管理规定，造成重大工程质量事故的，仍应当依法追究法律责任。

第九章 附 则

第七十八条 本条例所称肢解发包，是指建设单位将应当由一个承包单位完成的建设工程分解成若干部分发包给不同的承包单位的行为。

本条例所称违法分包，是指下列行为：

（一）总承包单位将建设工程分包给不具备相应资质条件的单位的；

（二）建设工程总承包合同中未有约定，又未经建设单位认可，承包单位将其承包的部分建设工程交由其他单位完成的；

（三）施工总承包单位将建设工程主体结构的施工分包给其他单位的；

（四）分包单位将其承包的建设工程再分包的。

本条例所称转包，是指承包单位承包建设工程后，不履行合同约定的责任和义务，将其承包的全部建设工程转给他人或者将其承包的全部建设工程肢解以后以分包的名义分别转给其他单位承包的行为。

第七十九条 本条例规定的罚款和没收的违法所得，必须全部上缴国库。

第八十条 抢险救灾及其他临时性房屋建筑和农民自建低层住宅的建设活动，不适用本条例。

第八十一条 军事建设工程的管理，按照中央军事委员会的有关规定执行。

第八十二条 本条例自发布之日起施行。

建设工程安全生产管理条例

1. 2003年11月24日国务院令第393号发布

2. 自2004年2月1日起施行

第一章 总 则

第一条 为了加强建设工程安全生产监督管理，保障人民群众生命和财产安全，根据《中华人民共和国建筑法》、《中华人民共和国安全生产法》，制定本条例。

第二条 在中华人民共和国境内从事建设工程的新建、扩建、改建和拆除等有关活动及实施对建设工程安全生产的监督管理，必须遵守本条例。

本条例所称建设工程，是指土木工程、建筑工程、线路管道和设备安装工程及装修工程。

第三条 建设工程安全生产管理，坚持安全第一、预防为主的方针。

第四条 建设单位、勘察单位、设计单位、施工单位、工程监理单位及其他与建设工程安全生产有关的单位，必须遵守安全生产法律、法规的规定，保证建设工程安全生产，依法承担建设工程安全生产责任。

第五条 国家鼓励建设工程安全生产的科学技术研究和先进技术的推广应用，推进建设工程安全生产的科学管理。

第二章 建设单位的安全责任

第六条 建设单位应当向施工单位提供施工现场及毗邻区域内供水、排水、供电、供气、供热、通信、广播电视等地下管线资料，气象和水文观测资料，相邻建筑物和构筑物、地下工程的有关资料，并保证资料的真实、准确、完整。

建设单位因建设工程需要，向有关部门或者单位查询前款规定的资料时，有关部门或者单位应当及时提供。

第七条 建设单位不得对勘察、设计、施工、工程监理等单位提出不符合建设工程安全生产法律、法规和强制性标准规定的要求，不得压缩合同约定的工期。

第八条 建设单位在编制工程概算时，应当确定建设工程安全作业环境及安全施工措施所需费用。

第九条 建设单位不得明示或者暗示施工单位购买、租赁、使用不符合安全施工要求的安全防护用具、机械设备、施工机具及配件、消防设施和器材。

第十条 建设单位在申请领取施工许可证时，应当提供建设工程有关安全施工措施的资料。

依法批准开工报告的建设工程，建设单位应当自开工报告批准之日起15日内，将保证安全施工的措施报送建设工程所在地的县级以上地方人民政府建设行政主管部门或者其他有关部门备案。

第十一条 建设单位应当将拆除工程发包给具有相应资质等级的施工单位。

建设单位应当在拆除工程施工15日前，将下列资料报送建设工程所在地的县级以上地方人民政府建设行政主管部门或者其他有关部门备案：

（一）施工单位资质等级证明；

（二）拟拆除建筑物、构筑物及可能危及毗邻建筑的说明；

（三）拆除施工组织方案；

（四）堆放、清除废弃物的措施。

实施爆破作业的，应当遵守国家有关民用爆炸物品管理的规定。

第三章 勘察、设计、工程监理及其他有关单位的安全责任

第十二条 勘察单位应当按照法律、法规和工程建设强制性标准进行勘察，提供的勘察文件应当真实、准确，满足建设工程安全生产的需要。

勘察单位在勘察作业时，应当严格执行操作规程，采取措施保证各类管线、设施和周边建筑物、构筑物的安全。

第十三条 设计单位应当按照法律、法规和工程建设强制性标准进行设计，防止因设计不合理导致生产安全事故的发生。

设计单位应当考虑施工安全操作和防护的需要，对涉及施工安全的重点部位和环节在设计文件中注明，并对防范生产安全事故提出指导意见。

采用新结构、新材料、新工艺的建设工程和特殊结构的建设工程，设计单位应当在设计中提出保障施工作业人员安全和预防生产安全事故的措施建议。

设计单位和注册建筑师等注册执业人员应当对其设计负责。

第十四条 工程监理单位应当审查施工组织设计中的安全技术措施或者专项施工方案是否符合工程建设强制性标准。

工程监理单位在实施监理过程中，发现存在安全事故隐患的，应当要求施工单位整改；情况严重的，应当要求施工单位暂时停止施工，并及时报告建设单位。施工单位拒不整改或者不停止施工的，工程监理单位应当及时向有关主管部门报告。

工程监理单位和监理工程师应当按照法律、法规和工程建设强制性标准实施监理，并对建设工程安全生产承担监理责任。

第十五条 为建设工程提供机械设备和配件的单位，应当按照安全施工的要求配备齐全有效的保险、限位等安全设施和装置。

第十六条 出租的机械设备和施工机具及配件，应当具有生产（制造）许可证、产品合格证。

出租单位应当对出租的机械设备和施工机具及配件的安全性能进行检测，在签订租赁协议时，应当出具检测合格证明。

禁止出租检测不合格的机械设备和施工机具及配件。

第十七条 在施工现场安装、拆卸施工起重机械和整体提升脚手架、模板等自升式架设设施，必须由具有相应资质的单位承担。

安装、拆卸施工起重机械和整体提升脚手架、模板等自升式架设设施，应当编制拆装方案、制定安全施工措施，并由专业技术人员现场监督。

施工起重机械和整体提升脚手架、模板等自升式架设设施安装完毕后，安装单位应当自检，出具自检合格证明，并向施工单位进行安全使用说明，办理验收手续并签字。

第十八条 施工起重机械和整体提升脚手架、模板等自升式架设设施的使用达到国家规定的检验检测期限的，必须经具有专业资质的检验检测机构检测。经检测不合格的，不得继续使用。

第十九条 检验检测机构对检测合格的施工起重机械和整体提升脚手架、模板等自升式架设设施，应当出具安全合格证明文件，并

对检测结果负责。

第四章　施工单位的安全责任

第二十条　施工单位从事建设工程的新建、扩建、改建和拆除等活动，应当具备国家规定的注册资本、专业技术人员、技术装备和安全生产等条件，依法取得相应等级的资质证书，并在其资质等级许可的范围内承揽工程。

第二十一条　施工单位主要负责人依法对本单位的安全生产工作全面负责。施工单位应当建立健全安全生产责任制度和安全生产教育培训制度，制定安全生产规章制度和操作规程，保证本单位安全生产条件所需资金的投入，对所承担的建设工程进行定期和专项安全检查，并做好安全检查记录。

施工单位的项目负责人应当由取得相应执业资格的人员担任，对建设工程项目的安全施工负责，落实安全生产责任制度、安全生产规章制度和操作规程，确保安全生产费用的有效使用，并根据工程的特点组织制定安全施工措施，消除安全事故隐患，及时、如实报告生产安全事故。

第二十二条　施工单位对列入建设工程概算的安全作业环境及安全施工措施所需费用，应当用于施工安全防护用具及设施的采购和更新、安全施工措施的落实、安全生产条件的改善，不得挪作他用。

第二十三条　施工单位应当设立安全生产管理机构，配备专职安全生产管理人员。

专职安全生产管理人员负责对安全生产进行现场监督检查。发现安全事故隐患，应当及时向项目负责人和安全生产管理机构报告；对违章指挥、违章操作的，应当立即制止。

专职安全生产管理人员的配备办法由国务院建设行政主管部门会同国务院其他有关部门制定。

第二十四条　建设工程实行施工总承包的，由总承包单位对施工现场的安全生产负总责。

总承包单位应当自行完成建设工程主体结构的施工。

总承包单位依法将建设工程分包给其他单位的，分包合同中应当明确各自的安全生产方面的权利、义务。总承包单位和分包单位对分包工程的安全生产承担连带责任。

分包单位应当服从总承包单位的安全生产管理，分包单位不服从管理导致生产安全事故的，由分包单位承担主要责任。

第二十五条　垂直运输机械作业人员、安装拆卸工、爆破作业人员、起重信号工、登高架设作业人员等特种作业人员，必须按照国家有关规定经过专门的安全作业培训，并取得特种作业操作资格证书后，方可上岗作业。

第二十六条　施工单位应当在施工组织设计中编制安全技术措施和施工现场临时用电方案，对下列达到一定规模的危险性较大的分部分项工程编制专项施工方案，并附具安全验算结果，经施工单位技术负责人、总监理工程师签字后实施，由专职安全生产管理人员进行现场监督：

（一）基坑支护与降水工程；

（二）土方开挖工程；

（三）模板工程；

（四）起重吊装工程；

（五）脚手架工程；

（六）拆除、爆破工程；

（七）国务院建设行政主管部门或者其他有关部门规定的其他危险性较大的工程。

对前款所列工程中涉及深基坑、地下暗挖工程、高大模板工程的专项施工方案，施工单位还应当组织专家进行论证、审查。

本条第一款规定的达到一定规模的危险性较大工程的标准，由国务院建设行政主管部门会同国务院其他有关部门制定。

第二十七条　建设工程施工前，施工单位负责项目管理的技术人员应当对有关安全施工的技术要求向施工作业班组、作业人员作出详细说明，并由双方签字确认。

第二十八条　施工单位应当在施工现场入口

处、施工起重机械、临时用电设施、脚手架、出入通道口、楼梯口、电梯井口、孔洞口、桥梁口、隧道口、基坑边沿、爆破物及有害危险气体和液体存放处等危险部位,设置明显的安全警示标志。安全警示标志必须符合国家标准。

施工单位应当根据不同施工阶段和周围环境及季节、气候的变化,在施工现场采取相应的安全施工措施。施工现场暂时停止施工的,施工单位应当做好现场防护,所需费用由责任方承担,或者按照合同约定执行。

第二十九条 施工单位应当将施工现场的办公、生活区与作业区分开设置,并保持安全距离;办公、生活区的选址应当符合安全性要求。职工的膳食、饮水、休息场所等应当符合卫生标准。施工单位不得在尚未竣工的建筑物内设置员工集体宿舍。

施工现场临时搭建的建筑物应当符合安全使用要求。施工现场使用的装配式活动房屋应当具有产品合格证。

第三十条 施工单位对因建设工程施工可能造成损害的毗邻建筑物、构筑物和地下管线等,应当采取专项防护措施。

施工单位应当遵守有关环境保护法律、法规的规定,在施工现场采取措施,防止或者减少粉尘、废气、废水、固体废物、噪声、振动和施工照明对人和环境的危害和污染。

在城市市区内的建设工程,施工单位应当对施工现场实行封闭围挡。

第三十一条 施工单位应当在施工现场建立消防安全责任制度,确定消防安全责任人,制定用火、用电、使用易燃易爆材料等各项消防安全管理制度和操作规程,设置消防通道、消防水源,配备消防设施和灭火器材,并在施工现场入口处设置明显标志。

第三十二条 施工单位应当向作业人员提供安全防护用具和安全防护服装,并书面告知危险岗位的操作规程和违章操作的危害。

作业人员有权对施工现场的作业条件、作业程序和作业方式中存在的安全问题提出批评、检举和控告,有权拒绝违章指挥和强令冒险作业。

在施工中发生危及人身安全的紧急情况时,作业人员有权立即停止作业或者在采取必要的应急措施后撤离危险区域。

第三十三条 作业人员应当遵守安全施工的强制性标准、规章制度和操作规程,正确使用安全防护用具、机械设备等。

第三十四条 施工单位采购、租赁的安全防护用具、机械设备、施工机具及配件,应当具有生产(制造)许可证、产品合格证,并在进入施工现场前进行查验。

施工现场的安全防护用具、机械设备、施工机具及配件必须由专人管理,定期进行检查、维修和保养,建立相应的资料档案,并按照国家有关规定及时报废。

第三十五条 施工单位在使用施工起重机械和整体提升脚手架、模板等自升式架设设施前,应当组织有关单位进行验收,也可以委托具有相应资质的检验检测机构进行验收;使用承租的机械设备和施工机具及配件的,由施工总承包单位、分包单位、出租单位和安装单位共同进行验收。验收合格的方可使用。

《特种设备安全监察条例》规定的施工起重机械,在验收前应当经有相应资质的检验检测机构监督检验合格。

施工单位应当自施工起重机械和整体提升脚手架、模板等自升式架设设施验收合格之日起30日内,向建设行政主管部门或者其他有关部门登记。登记标志应当置于或者附着于该设备的显著位置。

第三十六条 施工单位的主要负责人、项目负责人、专职安全生产管理人员应当经建设行政主管部门或者其他有关部门考核合格后方可任职。

施工单位应当对管理人员和作业人员每年至少进行一次安全生产教育培训,其教育培训情况记入个人工作档案。安全生产教育培训考核不合格的人员，不得上岗。

第三十七条　作业人员进入新的岗位或者新的施工现场前，应当接受安全生产教育培训。未经教育培训或者教育培训考核不合格的人员，不得上岗作业。

施工单位在采用新技术、新工艺、新设备、新材料时，应当对作业人员进行相应的安全生产教育培训。

第三十八条　施工单位应当为施工现场从事危险作业的人员办理意外伤害保险。

意外伤害保险费由施工单位支付。实行施工总承包的，由总承包单位支付意外伤害保险费。意外伤害保险期限自建设工程开工之日起至竣工验收合格止。

第五章　监督管理

第三十九条　国务院负责安全生产监督管理的部门依照《中华人民共和国安全生产法》的规定，对全国建设工程安全生产工作实施综合监督管理。

县级以上地方人民政府负责安全生产监督管理的部门依照《中华人民共和国安全生产法》的规定，对本行政区域内建设工程安全生产工作实施综合监督管理。

第四十条　国务院建设行政主管部门对全国的建设工程安全生产实施监督管理。国务院铁路、交通、水利等有关部门按照国务院规定的职责分工，负责有关专业建设工程安全生产的监督管理。

县级以上地方人民政府建设行政主管部门对本行政区域内的建设工程安全生产实施监督管理。县级以上地方人民政府交通、水利等有关部门在各自的职责范围内，负责本行政区域内的专业建设工程安全生产的监督管理。

第四十一条　建设行政主管部门和其他有关部门应当将本条例第十条、第十一条规定的有关资料的主要内容抄送同级负责安全生产监督管理的部门。

第四十二条　建设行政主管部门在审核发放施工许可证时，应当对建设工程是否有安全施工措施进行审查，对没有安全施工措施的，不得颁发施工许可证。

建设行政主管部门或者其他有关部门对建设工程是否有安全施工措施进行审查时，不得收取费用。

第四十三条　县级以上人民政府负有建设工程安全生产监督管理职责的部门在各自的职责范围内履行安全监督检查职责时，有权采取下列措施：

（一）要求被检查单位提供有关建设工程安全生产的文件和资料；

（二）进入被检查单位施工现场进行检查；

（三）纠正施工中违反安全生产要求的行为；

（四）对检查中发现的安全事故隐患，责令立即排除；重大安全事故隐患排除前或者排除过程中无法保证安全的，责令从危险区域内撤出作业人员或者暂时停止施工。

第四十四条　建设行政主管部门或者其他有关部门可以将施工现场的监督检查委托给建设工程安全监督机构具体实施。

第四十五条　国家对严重危及施工安全的工艺、设备、材料实行淘汰制度。具体目录由国务院建设行政主管部门会同国务院其他有关部门制定并公布。

第四十六条　县级以上人民政府建设行政主管部门和其他有关部门应当及时受理对建设工程生产安全事故及安全事故隐患的检举、控告和投诉。

第六章　生产安全事故的应急救援和调查处理

第四十七条　县级以上地方人民政府建设行政主管部门应当根据本级人民政府的要求，制定本行政区域内建设工程特大生产安全事故应急救援预案。

第四十八条　施工单位应当制定本单位生产安全事故应急救援预案，建立应急救援组织或者配备应急救援人员，配备必要的应急救援器材、设备，并定期组织演练。

第四十九条 施工单位应当根据建设工程施工的特点、范围，对施工现场易发生重大事故的部位、环节进行监控，制定施工现场生产安全事故应急救援预案。实行施工总承包的，由总承包单位统一组织编制建设工程生产安全事故应急救援预案，工程总承包单位和分包单位按照应急救援预案，各自建立应急救援组织或者配备应急救援人员，配备救援器材、设备，并定期组织演练。

第五十条 施工单位发生生产安全事故，应当按照国家有关伤亡事故报告和调查处理的规定，及时、如实地向负责安全生产监督管理的部门、建设行政主管部门或者其他有关部门报告；特种设备发生事故的，还应当同时向特种设备安全监督管理部门报告。接到报告的部门应当按照国家有关规定，如实上报。

实行施工总承包的建设工程，由总承包单位负责上报事故。

第五十一条 发生生产安全事故后，施工单位应当采取措施防止事故扩大，保护事故现场。需要移动现场物品时，应当做出标记和书面记录，妥善保管有关证物。

第五十二条 建设工程生产安全事故的调查、对事故责任单位和责任人的处罚与处理，按照有关法律、法规的规定执行。

第七章 法律责任

第五十三条 违反本条例的规定，县级以上人民政府建设行政主管部门或者其他有关行政管理部门的工作人员，有下列行为之一的，给予降级或者撤职的行政处分；构成犯罪的，依照刑法有关规定追究刑事责任：

（一）对不具备安全生产条件的施工单位颁发资质证书的；

（二）对没有安全施工措施的建设工程颁发施工许可证的；

（三）发现违法行为不予查处的；

（四）不依法履行监督管理职责的其他行为。

第五十四条 违反本条例的规定，建设单位未提供建设工程安全生产作业环境及安全施工措施所需费用的，责令限期改正；逾期未改正的，责令该建设工程停止施工。

建设单位未将保证安全施工的措施或者拆除工程的有关资料报送有关部门备案的，责令限期改正，给予警告。

第五十五条 违反本条例的规定，建设单位有下列行为之一的，责令限期改正，处 20 万元以上 50 万元以下的罚款；造成重大安全事故，构成犯罪的，对直接责任人员，依照刑法有关规定追究刑事责任；造成损失的，依法承担赔偿责任：

（一）对勘察、设计、施工、工程监理等单位提出不符合安全生产法律、法规和强制性标准规定的要求的；

（二）要求施工单位压缩合同约定的工期的；

（三）将拆除工程发包给不具有相应资质等级的施工单位的。

第五十六条 违反本条例的规定，勘察单位、设计单位有下列行为之一的，责令限期改正，处 10 万元以上 30 万元以下的罚款；情节严重的，责令停业整顿，降低资质等级，直至吊销资质证书；造成重大安全事故，构成犯罪的，对直接责任人员，依照刑法有关规定追究刑事责任；造成损失的，依法承担赔偿责任：

（一）未按照法律、法规和工程建设强制性标准进行勘察、设计的；

（二）采用新结构、新材料、新工艺的建设工程和特殊结构的建设工程，设计单位未在设计中提出保障施工作业人员安全和预防生产安全事故的措施建议的。

第五十七条 违反本条例的规定，工程监理单位有下列行为之一的，责令限期改正；逾期未改正的，责令停业整顿，并处 10 万元以上 30 万元以下的罚款；情节严重的，降低资质等级，直至吊销资质证书；造成重大安全事故，构成犯罪的，对直接责任人员，依照刑法有关规定追究刑事责任；造成损失的，依法承担赔偿责任：

（一）未对施工组织设计中的安全技术措施或者专项施工方案进行审查的；

（二）发现安全事故隐患未及时要求施工单位整改或者暂时停止施工的；

（三）施工单位拒不整改或者不停止施工，未及时向有关主管部门报告的；

（四）未依照法律、法规和工程建设强制性标准实施监理的。

第五十八条 注册执业人员未执行法律、法规和工程建设强制性标准的，责令停止执业3个月以上1年以下；情节严重的，吊销执业资格证书，5年内不予注册；造成重大安全事故的，终身不予注册；构成犯罪的，依照刑法有关规定追究刑事责任。

第五十九条 违反本条例的规定，为建设工程提供机械设备和配件的单位，未按照安全施工的要求配备齐全有效的保险、限位等安全设施和装置的，责令限期改正，处合同价款1倍以上3倍以下的罚款；造成损失的，依法承担赔偿责任。

第六十条 违反本条例的规定，出租单位出租未经安全性能检测或者经检测不合格的机械设备和施工机具及配件的，责令停业整顿，并处5万元以上10万元以下的罚款；造成损失的，依法承担赔偿责任。

第六十一条 违反本条例的规定，施工起重机械和整体提升脚手架、模板等自升式架设设施安装、拆卸单位有下列行为之一的，责令限期改正，处5万元以上10万元以下的罚款；情节严重的，责令停业整顿，降低资质等级，直至吊销资质证书；造成损失的，依法承担赔偿责任：

（一）未编制拆装方案、制定安全施工措施的；

（二）未由专业技术人员现场监督的；

（三）未出具自检合格证明或者出具虚假证明的；

（四）未向施工单位进行安全使用说明，办理移交手续的。

施工起重机械和整体提升脚手架、模板等自升式架设设施安装、拆卸单位有前款规定的第（一）项、第（三）项行为，经有关部门或者单位职工提出后，对事故隐患仍不采取措施，因而发生重大伤亡事故或者造成其他严重后果，构成犯罪的，对直接责任人员，依照刑法有关规定追究刑事责任。

第六十二条 违反本条例的规定，施工单位有下列行为之一的，责令限期改正；逾期未改正的，责令停业整顿，依照《中华人民共和国安全生产法》的有关规定处以罚款；造成重大安全事故，构成犯罪的，对直接责任人员，依照刑法有关规定追究刑事责任：

（一）未设立安全生产管理机构、配备专职安全生产管理人员或者分部分项工程施工时无专职安全生产管理人员现场监督的；

（二）施工单位的主要负责人、项目负责人、专职安全生产管理人员、作业人员或者特种作业人员，未经安全教育培训或者经考核不合格即从事相关工作的；

（三）未在施工现场的危险部位设置明显的安全警示标志，或者未按照国家有关规定在施工现场设置消防通道、消防水源、配备消防设施和灭火器材的；

（四）未向作业人员提供安全防护用具和安全防护服装的；

（五）未按照规定在施工起重机械和整体提升脚手架、模板等自升式架设设施验收合格后登记的；

（六）使用国家明令淘汰、禁止使用的危及施工安全的工艺、设备、材料的。

第六十三条 违反本条例的规定，施工单位挪用列入建设工程概算的安全生产作业环境及安全施工措施所需费用的，责令限期改正，处挪用费用20%以上50%以下的罚款；造成损失的，依法承担赔偿责任。

第六十四条 违反本条例的规定，施工单位有下列行为之一的，责令限期改正；逾期未改正的，责令停业整顿，并处5万元以上10万元以下的罚款；造成重大安全事故，构成犯罪的，对直接责任人员，依照刑法有关规定追究刑事责任：

（一）施工前未对有关安全施工的技术要求作出详细说明的；

（二）未根据不同施工阶段和周围环境及季节、气候的变化，在施工现场采取相应的安全施工措施，或者在城市市区内的建设工程的施工现场未实行封闭围挡的；

（三）在尚未竣工的建筑物内设置员工集体宿舍的；

（四）施工现场临时搭建的建筑物不符合安全使用要求的；

（五）未对因建设工程施工可能造成损害的毗邻建筑物、构筑物和地下管线等采取专项防护措施的。

施工单位有前款规定第（四）项、第（五）项行为，造成损失的，依法承担赔偿责任。

第六十五条 违反本条例的规定，施工单位有下列行为之一的，责令限期改正；逾期未改正的，责令停业整顿，并处10万元以上30万元以下的罚款；情节严重的，降低资质等级，直至吊销资质证书；造成重大安全事故，构成犯罪的，对直接责任人员，依照刑法有关规定追究刑事责任；造成损失的，依法承担赔偿责任：

（一）安全防护用具、机械设备、施工机具及配件在进入施工现场前未经查验或者查验不合格即投入使用的；

（二）使用未经验收或者验收不合格的施工起重机械和整体提升脚手架、模板等自升式架设设施的；

（三）委托不具有相应资质的单位承担施工现场安装、拆卸施工起重机械和整体提升脚手架、模板等自升式架设设施的；

（四）在施工组织设计中未编制安全技术措施、施工现场临时用电方案或者专项施工方案的。

第六十六条 违反本条例的规定，施工单位的主要负责人、项目负责人未履行安全生产管理职责的，责令限期改正；逾期未改正的，责令施工单位停业整顿；造成重大安全事故、重大伤亡事故或者其他严重后果，构成犯罪的，依照刑法有关规定追究刑事责任。

作业人员不服管理、违反规章制度和操作规程冒险作业造成重大伤亡事故或者其他严重后果，构成犯罪的，依照刑法有关规定追究刑事责任。

施工单位的主要负责人、项目负责人有前款违法行为，尚不够刑事处罚的，处2万元以上20万元以下的罚款或者按照管理权限给予撤职处分；自刑罚执行完毕或者受处分之日起，5年内不得担任任何施工单位的主要负责人、项目负责人。

第六十七条 施工单位取得资质证书后，降低安全生产条件的，责令限期改正；经整改仍未达到与其资质等级相适应的安全生产条件的，责令停业整顿，降低其资质等级直至吊销资质证书。

第六十八条 本条例规定的行政处罚，由建设行政主管部门或者其他有关部门依照法定职权决定。

违反消防安全管理规定的行为，由公安消防机构依法处罚。

有关法律、行政法规对建设工程安全生产违法行为的行政处罚决定机关另有规定的，从其规定。

第八章 附　　则

第六十九条 抢险救灾和农民自建低层住宅的安全生产管理，不适用本条例。

第七十条 军事建设工程的安全生产管理，按照中央军事委员会的有关规定执行。

第七十一条 本条例自2004年2月1日起施行。

国务院办公厅关于加强和规范新开工项目管理的通知

1. 2007年11月17日
2. 国办发〔2007〕64号

各省、自治区、直辖市人民政府，国务院各部委、各直属机构：

新开工项目管理是投资管理的重要环节，也是宏观调控的重要手段。近年来，新开工项目过多，特别是一些项目开工建设有法不依、执法不严、监管不力，加剧了投资增长过快、投资规模过大、低水平重复建设等矛盾，扰乱了投资建设秩序，成为影响经济稳定运行的突出问题。为深入贯彻落实科学发展观，加强和改善宏观调控，各地区、各有关部门要根据《国务院关于投资体制改革的决定》（国发〔2004〕20号）和国家法律法规有关规定，进一步深化投资体制改革，依法加强和规范新开工项目管理，切实从源头上把好项目开工建设关，维护投资建设秩序，以促进国民经济又好又快发展。经国务院同意，现就有关事项通知如下：

一、严格规范投资项目新开工条件

各类投资项目开工建设必须符合下列条件：

（一）符合国家产业政策、发展建设规划、土地供应政策和市场准入标准。

（二）已经完成审批、核准或备案手续。实行审批制的政府投资项目已经批准可行性研究报告，其中需审批初步设计及概算的项目已经批准初步设计及概算；实行核准制的企业投资项目，已经核准项目申请报告；实行备案制的企业投资项目，已经完成备案手续。

（三）规划区内的项目选址和布局必须符合城乡规划，并依照城乡规划法的有关规定办理相关规划许可手续。

（四）需要申请使用土地的项目必须依法取得用地批准手续，并已经签订国有土地有偿使用合同或取得国有土地划拨决定书。其中，工业、商业、旅游、娱乐和商品住宅等经营性投资项目，应当依法以招标、拍卖或挂牌出让方式取得土地。

（五）已经按照建设项目环境影响评价分类管理、分级审批的规定完成环境影响评价审批。

（六）已经按照规定完成固定资产投资项目节能评估和审查。

（七）建筑工程开工前，建设单位依照建筑法的有关规定，已经取得施工许可证或者开工报告，并采取保证建设项目工程质量安全的具体措施。

（八）符合国家法律法规的其他相关要求。

二、建立新开工项目管理联动机制

各级发展改革、城乡规划、国土资源、环境保护、建设和统计等部门要加强沟通，密切配合，明确工作程序和责任，建立新开工项目管理联动机制。

实行审批制的政府投资项目，项目单位应首先向发展改革等项目审批部门报送项目建议书，依据项目建议书批复文件分别向城乡规划、国土资源和环境保护部门申请办理规划选址、用地预审和环境影响评价审批手续。完成相关手续后，项目单位根据项目论证情况向发展改革等项目审批部门报送可行性研究报告，并附规划选址、用地预审和环评审批文件。项目单位依据可行性研究报告批复文件向城乡规划部门申请办理规划许可手续，向国土资源部门申请办理正式用地手续。

实行核准制的企业投资项目，项目单位分别向城乡规划、国土资源和环境保护部门申请办理规划选址、用地预审和环评审批手续。完成相关手续后，项目单位向发展改革等项目核准部门报送项目申请报告，并附规划选址、用地预审和环评审批文件。项目单位依据项目核准文件向城乡规划部门申请办理规划许可手续，向国土资源部门申请办理正式用地手续。

实行备案制的企业投资项目，项目单位必须首先向发展改革等备案管理部门办理备案手续，备案后，分别向城乡规划、国土资源和环境保护部门申请办理规划选址、用地和环评审批手续。

各级发展改革等项目审批（核准、备案）部门和城乡规划、国土资源、环境保护、建设等部门都要严格遵守上述程序和规定，加强相互衔接，确保各个工作环节按规定程序进行。对未取得规划选址、用地预审和环评审批文件的项目，发展改革等部门不得予以审批或核准。对于未履行备案手续或者未予备案的项目，城乡规划、国土资源、环境保护等部门不得办理相关手续。对应以招标、拍卖或挂牌出让方式取得土地的项目，国土资源管理部门要会同发展改革、城乡规划、环境保护等部门将有关要求纳入土地出让方案。对未按规定取得项目审批（核准、备案）、规划许可、环评审批、用地管理等相关文件的建筑工程项目，建设行政主管部门不得发放施工许可证。对于未按程序和规定办理审批和许可手续的，要撤销有关审批和许可文件，并依法追究相关人员的责任。

三、加强新开工项目统计和信息管理

各级发展改革、城乡规划、国土资源、环境保护、建设等部门要加快完善本部门的信息系统，并建立信息互通制度，将各自办理的项目审批、核准、备案和城乡规划、土地利用、环境影响评价等文件相互送达，同时抄送同级统计部门。统计部门要依据相关信息加强对新开工项目的统计检查，及时将统计的新开工项目信息抄送同级发展改革、城乡规划、国土资源、环境保护、建设等部门。部门之间要充分利用网络信息技术，逐步建立新开工项目信息共享平台，及时交换项目信息，实现资源共享。有关部门应制定实施细则，明确信息交流的内容、时间和具体方式等。

各级统计部门要坚持依法统计，以现行规定的标准为依据，切实做好新开工项目统计工作。要加强培训工作，不断提高基层统计人员的业务素质，保证新开工项目统计数据的质量。地方各级政府要树立科学发展观和正确的政绩观，不得干预统计工作。

各级发展改革部门应在信息互通制度的基础上，为总投资5000万元以上的拟建项目建立管理档案，包括项目基本情况、有关手续办理情况（文件名称和文号）等内容，定期向上级发展改革部门报送项目信息。在项目完成各项审批和许可手续后，各省级发展改革部门应将项目名称、主要建设内容和规模、各项审批和许可文件的名称和文号等情况，通过本单位的门户网站及其他方式，从2008年1月起按月向社会公告。

四、强化新开工项目的监督检查

各级发展改革、城乡规划、国土资源、环境保护、建设、统计等部门要切实负起责任，严格管理，强化对新开工项目事中、事后的监督检查。要建立部门联席会议制度等协调机制，对新开工项目管理及有关制度、规定执行情况进行交流和检查，不断完善管理办法。

各类投资主体要严格执行国家法律、法规、政策规定和投资建设程序。项目开工前，必须履行完各项建设程序，并自觉接受监督。对于以化整为零、提供虚假材料等不正当手段取得审批、核准或备案文件的项目，发展改革等项目审批（核准、备案）部门要依法撤销该项目的审批、核准或备案文件，并责令其停止建设。对于违反城乡规划、土地管理、环境保护、施工许可等法律法规和国家相关规定擅自开工建设的项目，一经发现，即应停止建设，并由城乡规划、国土资源、环境保护、建设部门依法予以处罚，由此造成的损失均由项目投资者承担。对于在建设过程中不遵守城乡规划、土地管理、环境保护和施工许可要求的项目，城乡规划、国土资源、环境保护、建设部门要依法予以处罚，责令其停止建设或停止生产，并追究有关单位和人员的责任。对于篡改、编造虚假数据和虚报、瞒报、拒报统计资料等行为,要依法追究有关单位和个人的责任。对于存在上述问题且情节严重、性质恶劣的项目单位和个人,除依法惩处外,还应将相关情况通过新闻媒体向社会公布。

上级发展改革、城乡规划、国土资源、环境保护、建设等部门要对下级部门加强指导和监督。对项目建设程序的政策规定执行不力并已造成严重影响的地区,要及时予以通报批评。

五、提高服务意识和工作效率

各级发展改革、城乡规划、国土资源、环境保护、建设等部门要严格执行国家法律法规和政策规定,努力提高工作效率,不断增强服务意识。对于符合国家产业政策、发展建设规划、市场准入标准和土地供应政策、环境保护政策,符合城乡规划、土地利用总体规划且纳入年度土地利用计划的项目,要积极给予指导和支持,尽快办理各项手续,主动帮助解决项目建设过程中遇到的问题和困难。要坚决贯彻有保有压、分类指导的宏观调控方针,引导投资向国家鼓励的产业和地区倾斜,加大对重点建设项目的扶持力度,推动投资结构优化升级,提高投资质量和效益。要切实加强投资建设法律法规的宣传培训工作,引导各类投资主体依法投资建设,营造和维护正常的投资建设秩序。

各地区、各有关部门要高度重视新开工项目管理工作,认真贯彻执行上述规定,抓紧制定相关配套措施和实施细则,不断提高投资管理水平。

中共中央办公厅、国务院办公厅关于开展工程建设领域突出问题专项治理工作的意见

1. 2009年7月9日
2. 中办发〔2009〕27号

中共中央办公厅、国务院办公厅近日印发了《关于开展工程建设领域突出问题专项治理工作的意见》,并发出通知,要求各地区各部门结合实际认真贯彻执行。《关于开展工程建设领域突出问题专项治理工作的意见》全文如下:

为认真贯彻落实《中共中央关于印发〈建立健全惩治和预防腐败体系2008—2012年工作规划〉的通知》(中发〔2008〕9号)的有关要求,规范工程建设领域市场交易行为和领导干部从政行为,维护社会主义市场经济秩序,促进反腐倡廉建设,现就开展工程建设领域突出问题专项治理工作提出如下意见。

一、治理工作的重要性和紧迫性

近年来,各地区各部门采取有效措施,认真治理工程建设领域中存在的问题,工程建设市场不断健全,监管体制日益完善,钱权交易、商业贿赂等腐败现象滋生蔓延的势头得到了一定程度的遏制。但是,必须清醒地看到,我国工程建设领域依然存在许多突出问题。一是一些领导干部利用职权插手干预工程建设,索贿受贿;二是一些部门违法违规决策上马项目和审批规划,违法违规审批和出让土地,擅自改变土地用途、提高建筑容积率;三是一些招标人和投标人规避招标、虚假招标,围标串标,转包和违法分包;四是一些招标代理机构违规操作,有的专家评标不公正;五是一些单位在工程建设过程中违规征地拆迁、损害群众利益、破坏生态环境、质量和安全责任不落实;六是一些地方违背科学决策、民主决策的原则,乱上项目,存在劳民伤财的"形象工程"、脱离实际的"政绩工程"和威胁人民生命财产安全的"豆腐渣"工程。上述这些问题严重损害公共利益,影响党群干群关系,破坏社会主义市场经济秩序,妨碍科学发展和社会和谐稳定,人民群众反映强烈。为此,中央决定,用2年左右的时间,集中开展工程建设领域突出问题专项治理工作。

各地区各部门要充分认识开展工程建

设领域突出问题专项治理工作的重要性和紧迫性，切实采取措施，加大治理力度，维护公平竞争的市场原则，推动以完善惩治和预防腐败体系为重点的反腐倡廉建设深入开展，促进工程建设项目高效、安全、廉洁运行，保证中央关于扩大内需促进经济平稳较快发展政策措施的贯彻落实，维护人民群众的根本利益，促进科学发展，保持社会和谐稳定。

二、治理工作的总体要求、主要任务和阶段性目标

（一）总体要求

高举中国特色社会主义伟大旗帜，以邓小平理论和"三个代表"重要思想为指导，深入贯彻落实科学发展观，全面贯彻落实党的十七大精神，紧紧围绕扩大内需、加快发展方式转变和结构调整、深化重点领域和关键环节改革、改善民生、促进和谐等任务，以政府投资和使用国有资金的项目为重点，以改革创新、科学务实的精神，坚持围绕中心、统筹协调，标本兼治、惩防并举，坚持集中治理与加强日常监管相结合，着力解决工程建设领域存在的突出问题，切实维护人民群众的根本利益，为经济社会又好又快发展提供坚强保证。

（二）主要任务

进一步规范招标投标活动，促进招标投标市场健康发展；进一步落实经营性土地使用权和矿业权招标拍卖挂牌出让制度，规范市场交易行为；进一步推进决策和规划管理工作公开透明，确保规划和项目审批依法实施；进一步加强监督管理，确保行政行为、市场行为更加规范；进一步深化有关体制机制制度改革，建立规范的工程建设市场体系；进一步落实工程建设质量和安全责任制，确保建设安全。

（三）阶段性目标

工程建设领域市场交易活动依法透明运行，统一规范的工程建设有形市场建立健全，互联互通的诚信体系初步建立，法律法规制度比较完善，相关改革不断深化，工程建设健康有序发展的长效机制基本形成，领导干部违法违规插手干预工程建设的行为受到严肃查处，腐败现象易发多发的势头得到进一步遏制。

三、治理工作的重点和主要措施

（一）认真进行排查，找准突出问题

深入开展自查。各地区各有关部门要对照有关法律法规和政策规定，认真查找项目决策、城乡规划审批、项目核准、土地审批和出让、环境评价、勘察设计和工程招标投标、征地拆迁、物资采购、资金拨付和使用、施工监理、工程质量、工程建设实施等重点部位和关键环节存在的突出问题。要紧密结合实际，认真开展自查，摸清存在问题的底数，掌握涉及问题单位和人员的基本情况。

深刻分析原因。针对发现的问题和隐患，从主观认识、法规制度、权力制约、行政监管、市场环境等方面，分析产生的根源，查找存在的漏洞和薄弱环节，提出改进的措施和办法，明确治理工作的目标和责任要求，增强治理工作的科学性、预见性和实效性。

严肃自查纪律。对不认真自查的地方和部门，要加强督导；对拒不自查、掩盖问题或弄虚作假的，要严肃处理。对自查出的违纪问题，要根据情节轻重、影响大小等作出处理。对虽有问题但能主动认识和纠正的，可以按照有关规定从轻、减轻或免予处分。各地区各部门要将自查情况书面报告中央治理工程建设领域突出问题工作领导小组。领导小组适时对自查情况进行重点检查。

（二）加大监管力度，增强监管效果

突出监管重点。着重加强项目建设程序的监管，严格执行投资项目审批、核准、备案管理程序，规范项目决策，科学确定项目规模、工程造价和标准，认真落实开工报告制度、施工许可证制度和安全生产许可证制度，确保工程项目审批和建设依法合规、公开透明运行。着重加强对招标投标活动的

监管，规范招标方式确定、招标文件编制、资格审查、标段划分、评标定标、招标代理等行为，改进和完善评标办法，确保招标投标活动公开、公平、公正。着重加强土地、矿产供应及开发利用情况的监管，完善土地及矿业权审批、供应、使用等管理的综合监管平台。着重加强控制性详细规划制定和实施监管，严格控制性详细规划的制定和修改程序。着重加强项目建设实施过程监管，严格依法征地拆迁，坚持合理工期、合理标价、合理标段，严格合同订立和履约，规范设计变更，科学组织施工，加强资金管理，控制建设成本，禁止转包和违法分包。着重加强工程质量与安全监管，落实工程质量和安全生产领导责任制，进一步完善质量与安全管理法规制度，明确质量标准，细化安全措施，强化施工监理，防止重、特大质量与安全事故的发生。

落实监管职责。各级政府要加强对工程建设项目全过程的监管，认真履行对政府投资项目的立项审批、项目管理、资金使用和实施效果等方面的职责。发展改革、工业和信息化、财政、国土资源、环境保护、住房城乡建设、安全监管等有关部门要依照有关法律法规，认真履行对项目决策、资金安排和管理、土地及矿业权审批和出让、节能评估审查、环境影响评价、城乡规划审批、安全生产等环节的行政管理职责。发展改革、工业和信息化、住房城乡建设、交通运输、铁道、水利、电监等部门要按照职责分工，重点做好对工程建设项目的监管。财政、审计部门要重点做好对政府投资项目资金和国有企业投资项目资金的监管，确保资金规范、高效、安全、廉洁使用。对因监管不力、行政不作为和乱作为以及行政过失等失职渎职行为造成重大损失的，要严肃追究责任单位领导和有关人员的责任。

创新监管方式。充分发挥招标投标部际联席会议机制作用，健全招标投标行政监督机制。建立健全相关制度，加强对招标投标从业机构和人员的规范管理。加大工程建设项目行政执法力度。组织实施对政府重大投资项目的跟踪审计。积极推进项目标准化、精细化、规范化和扁平化管理。发挥工程监理机构的专业监督作用，加强工程建设质量和安全生产的过程监管。推行管理骨干基本固定、劳务用工相对灵活、职责明确、高效运作的劳务管理模式。充分发挥新闻媒体的作用，加强对工程建设领域的舆论监督和社会监督。

（三）深化体制改革，创新机制制度

加快改革步伐。加强重大项目决策管理，推行专家评议和论证制度、公示和责任追究制度。发布招标投标法实施条例，抓紧研究起草政府投资条例、建筑市场管理条例。继续做好《标准施工招标资格预审文件》、《标准施工招标文件》贯彻实施工作，加快编制完成行业标准文件，实现招标投标规则统一。不断深化国库集中支付制度改革，加强工程项目政府采购管理。科学编制、严格实施土地利用总体规划，严格土地用途管制，严格土地使用权、矿业权出让审批管理。制定控制性详细规划编制审批管理办法，规范自由裁量权行使。严格执行国家有关法律法规，提高法律法规的执行力和落实度。

加强市场建设。按照政府建立、规范管理、公共服务、公平交易的原则，坚持政事分开、政企分开，打破地区封锁和行业垄断，整合和利用好各类有形建筑和建设市场资源，建立健全统一规范的工程建设有形市场，为工程交易提供场所，为交易各方提供服务，为信息发布提供平台，为政府监管提供条件。按规定必须招标的工程建设项目要实行统一进场、集中交易、行业监管、行政监察。建立健全统一规范的土地、矿业权等要素市场，大力推进土地市场、矿业权市场建设，探索显化土地使用权和矿业权转让市场的有效形式，规范土地使用权和矿业权市场交易行为。充分利用网络技术等现代科技手段，积极推行电子化招标投标。加强评标专家库管理，提高专家的职业道德水平。制定全国统一的评标专家分类标准和专家管理办法。加强中介组织管理，严格土地使用权、矿业权价格评估的监管，规范招标代理行为。

健全诚信体系。完善工程建设领域信誉评价、项目考核、合同履约、黑名单等市场信用记录，整合有关部门和行业信用信息资源，建立综合性数据库。充分利用各种信息平台，逐步形成全国互联互通的工程建设领域诚信体系，实现全行业诚信信息共建共享，并将相关信用信息纳入全国统一的企业和个人征信系统。建立健全失信惩戒制度和守信激励制度，严格市场准入。

（四）加大办案力度，坚决惩治腐败

严肃查处违纪违法案件。要坚决查办工程建设领域的腐败案件，发现一起，查处一起，决不姑息。重点查办国家工作人员特别是领导干部利用职权插手干预城乡规划审批、招标投标、土地审批和出让以谋取私利甚至索贿受贿的大案要案。严厉查处违法违规审批立项，规避和虚假招标，非法批地，低价出让土地，擅自变更规划和设计、改变土地用途和提高容积率，严重侵害群众利益等违纪违法案件。坚决查处在工程项目规划、立项审批中因违反决策程序或决策失误而造成重大损失或恶劣影响的案件。依法查处生产安全责任事故，严肃追究有关领导人的责任。既要坚决惩处受贿行为，又要严厉惩处行贿行为。坚决杜绝瞒案不报、压案不查的行为。

积极拓宽案源渠道。充分发挥各级纪检监察、司法、审计等机关和部门信访举报系统的作用，形成有效的举报投诉网络，健全举报投诉处理机制。注重在审计、财政监察、项目稽察、执法监察、专项检查、案件调查和新闻媒体报道中发现案件线索，深挖工程质量问题和安全事故背后的腐败问题。

健全办案协调机制。各级纪检监察机关、司法机关、审计部门和金融机构等要加强协作配合，完善情况通报、案件线索移送、案件协查、信息共享机制，形成查办案件的合力。对涉嫌犯罪案件，要及时移送司法机关依法查处。充分发挥查办案件的治本功能，深入剖析大案要案，严肃开展警示教育，认真查找体制机制制度方面存在的缺陷和漏洞，做到查处一起案件，教育一批干部，完善一套制度。

四、加强对治理工作的组织领导

成立中央治理工程建设领域突出问题工作领导小组，由中央纪委牵头，最高人民检察院、国家发展改革委、工业和信息化部、公安部、监察部、财政部、国土资源部、环境保护部、住房城乡建设部、交通运输部、铁道部、水利部、中国人民银行、审计署、国务院国资委、工商总局、安全监管总局、国务院法制办、电监会等为成员单位。领导小组下设办公室，承担日常工作。各地区各有关部门要切实加强领导，把治理工作作为一项重要任务列入工作日程，认真完成职责范围内的任务。各职能部门主要领导同志负总责，确定1名领导同志具体负责，落实责任分工。各级纪检监察机关要加强组织协调，会同有关部门作出总体部署，搞好任务分解，推动工作落实。各有关部门要及时沟通情况，加强协作配合，形成工作合力。

各地区各有关部门要结合实际，制定贯彻落实本意见的具体方案，确定治理重点，明确目标任务、工作进度、方式方法和时间要求。要深入排查问题、认真进行整改，完善体制机制制度，分阶段、有步骤地落实好专项治理工作的各项任务。中央治理工程建设领域突出问题工作领导小组适时组织对各地区各有关部门工作进展情况进行抽查。

各地区各有关部门要将专项治理工作与深入学习实践科学发展观活动相结合，着力解决影响和制约科学发展的突出问题以及党员干部党性党风党纪方面群众反映强烈的突出问题。要将专项治理工作与治理商业贿赂工作相结合，依法查处工程建设领域的商业贿赂案件，进一步规范市场秩序，维护公平竞争。要将专项治理工作与推进政务公开相结合，利用政府门户网站建立工程建设项目信息平台，向社会公示项目建设相关信息，明确审批流程，及时公布审批结果，实行行政审批电子监察。要将专项治理工作与纠正损害群众利益的不正之风相结合，大力加强部门和行业作风建设，着力解决工程建设领域侵害群众利益的突出问题。

各地区各有关部门要加强监督检查，开展分类指导，督促工作落实。要加强调查研究，注意解决苗头性、倾向性问题，总结经验，推动工作。对组织领导不到位、方法措施不得力、治理效果不明显的地方、部门和单位要提出整改要求，重点督查，限期整改，确保治理工作达到预期目标。

建筑工程设计招标投标管理办法

1. 2017年1月24日住房和城乡建设部令第33号发布
2. 自2017年5月1日起施行

第一条 为规范建筑工程设计市场，提高建筑工程设计水平，促进公平竞争，繁荣建筑创作，根据《中华人民共和国建筑法》、《中华人民共和国招标投标法》、《建设工程勘察设计管理条例》和《中华人民共和国招标投标法实施条例》等法律法规，制定本办法。

第二条 依法必须进行招标的各类房屋建筑工程，其设计招标投标活动，适用本办法。

第三条 国务院住房城乡建设主管部门依法对全国建筑工程设计招标投标活动实施监督。

县级以上地方人民政府住房城乡建设主管部门依法对本行政区域内建筑工程设计招标投标活动实施监督，依法查处招标投标活动中的违法违规行为。

第四条 建筑工程设计招标范围和规模标准按照国家有关规定执行，有下列情形之一的，可以不进行招标：

（一）采用不可替代的专利或者专有技术的；

（二）对建筑艺术造型有特殊要求，并经有关主管部门批准的；

（三）建设单位依法能够自行设计的；

（四）建筑工程项目的改建、扩建或者技术改造，需要由原设计单位设计，否则将影响功能配套要求的；

（五）国家规定的其他特殊情形。

第五条 建筑工程设计招标应当依法进行公开招标或者邀请招标。

第六条 建筑工程设计招标可以采用设计方案招标或者设计团队招标，招标人可以根据项目特点和实际需要选择。

设计方案招标，是指主要通过对投标人提交的设计方案进行评审确定中标人。

设计团队招标，是指主要通过对投标人拟派设计团队的综合能力进行评审确定中标人。

第七条 公开招标的，招标人应当发布招标公告。邀请招标的，招标人应当向3个以上潜在投标人发出投标邀请书。

招标公告或者投标邀请书应当载明招标人名称和地址、招标项目的基本要求、投标人的资质要求以及获取招标文件的办法等事项。

第八条 招标人一般应当将建筑工程的方案设计、初步设计和施工图设计一并招标。确需另行选择设计单位承担初步设计、施工图设计的，应当在招标公告或者投标邀请书中明确。

第九条 鼓励建筑工程实行设计总包。实行设计总包的，按照合同约定或者经招标人同意，设计单位可以不通过招标方式将建筑工程非主体部分的设计进行分包。

第十条 招标文件应当满足设计方案招标或者设计团队招标的不同需求，主要包括以下内容：

（一）项目基本情况；

（二）城乡规划和城市设计对项目的基本要求；

（三）项目工程经济技术要求；

（四）项目有关基础资料；

（五）招标内容；

（六）招标文件答疑、现场踏勘安排；

（七）投标文件编制要求；

（八）评标标准和方法；

（九）投标文件送达地点和截止时间；

（十）开标时间和地点；

（十一）拟签订合同的主要条款；

（十二）设计费或者计费方法；

（十三）未中标方案补偿办法。

第十一条 招标人应当在资格预审公告、招标公告或者投标邀请书中载明是否接受联合体投标。采用联合体形式投标的，联合体各方应当签订共同投标协议，明确约定各方承担的工作和责任，就中标项目向招标人承担连带责任。

第十二条 招标人可以对已发出的招标文件进行必要的澄清或者修改。澄清或者修改的内容可能影响投标文件编制的，招标人应当在投标截止时间至少 15 日前，以书面形式通知所有获取招标文件的潜在投标人，不足 15 日的，招标人应当顺延提交投标文件的截止时间。

潜在投标人或者其他利害关系人对招标文件有异议的，应当在投标截止时间 10 日前提出。招标人应当自收到异议之日起 3 日内作出答复；作出答复前，应当暂停招标投标活动。

第十三条 招标人应当确定投标人编制投标文件所需要的合理时间，自招标文件开始发出之日起至投标人提交投标文件截止之日止，时限最短不少于 20 日。

第十四条 投标人应当具有与招标项目相适应的工程设计资质。境外设计单位参加国内建筑工程设计投标的，按照国家有关规定执行。

第十五条 投标人应当按照招标文件的要求编制投标文件。投标文件应当对招标文件提出的实质性要求和条件作出响应。

第十六条 评标由评标委员会负责。

评标委员会由招标人代表和有关专家组成。评标委员会人数为 5 人以上单数，其中技术和经济方面的专家不得少于成员总数的 2/3。建筑工程设计方案评标时，建筑专业专家不得少于技术和经济方面专家总数的 2/3。

评标专家一般从专家库随机抽取，对于技术复杂、专业性强或者国家有特殊要求的项目，招标人也可以直接邀请相应专业的中国科学院院士、中国工程院院士、全国工程勘察设计大师以及境外具有相应资历的专家参加评标。

投标人或者与投标人有利害关系的人员不得参加评标委员会。

第十七条 有下列情形之一的，评标委员会应当否决其投标：

（一）投标文件未按招标文件要求经投标人盖章和单位负责人签字；

（二）投标联合体没有提交共同投标协议；

（三）投标人不符合国家或者招标文件规定的资格条件；

（四）同一投标人提交两个以上不同的投标文件或者投标报价，但招标文件要求提交备选投标的除外；

（五）投标文件没有对招标文件的实质性要求和条件作出响应；

（六）投标人有串通投标、弄虚作假、行贿等违法行为；

（七）法律法规规定的其他应当否决投标的情形。

第十八条 评标委员会应当按照招标文件确定的评标标准和方法，对投标文件进行评审。

采用设计方案招标的，评标委员会应当在符合城乡规划、城市设计以及安全、绿色、节能、环保要求的前提下，重点对功能、技术、经济和美观等进行评审。

采用设计团队招标的，评标委员会应当对投标人拟从事项目设计的人员构成、人员业绩、人员从业经历、项目解读、设计构思、投标人信用情况和业绩等进行评审。

第十九条　评标委员会应当在评标完成后，向招标人提出书面评标报告，推荐不超过3个中标候选人，并标明顺序。

第二十条　招标人应当公示中标候选人。采用设计团队招标的，招标人应当公示中标候选人投标文件中所列主要人员、业绩等内容。

第二十一条　招标人根据评标委员会的书面评标报告和推荐的中标候选人确定中标人。招标人也可以授权评标委员会直接确定中标人。

采用设计方案招标的，招标人认为评标委员会推荐的候选方案不能最大限度满足招标文件规定的要求的，应当依法重新招标。

第二十二条　招标人应当在确定中标人后及时向中标人发出中标通知书，并同时将中标结果通知所有未中标人。

第二十三条　招标人应当自确定中标人之日起15日内，向县级以上地方人民政府住房城乡建设主管部门提交招标投标情况的书面报告。

第二十四条　县级以上地方人民政府住房城乡建设主管部门应当自收到招标投标情况的书面报告之日起5个工作日内，公开专家评审意见等信息，涉及国家秘密、商业秘密的除外。

第二十五条　招标人和中标人应当自中标通知书发出之日起30日内，按照招标文件和中标人的投标文件订立书面合同。

第二十六条　招标人、中标人使用未中标方案的，应当征得提交方案的投标人同意并付给使用费。

第二十七条　国务院住房城乡建设主管部门，省、自治区、直辖市人民政府住房城乡建设主管部门应当加强建筑工程设计评标专家和专家库的管理。

建筑专业专家库应当按建筑工程类别细化分类。

第二十八条　住房城乡建设主管部门应当加快推进电子招标投标，完善招标投标信息平台建设，促进建筑工程设计招标投标信息化监管。

第二十九条　招标人以不合理的条件限制或者排斥潜在投标人的，对潜在投标人实行歧视待遇的，强制要求投标人组成联合体共同投标的，或者限制投标人之间竞争的，由县级以上地方人民政府住房城乡建设主管部门责令改正，可以处1万元以上5万元以下的罚款。

第三十条　招标人澄清、修改招标文件的时限，或者确定的提交投标文件的时限不符合本办法规定的，由县级以上地方人民政府住房城乡建设主管部门责令改正，可以处10万元以下的罚款。

第三十一条　招标人不按照规定组建评标委员会，或者评标委员会成员的确定违反本办法规定的，由县级以上地方人民政府住房城乡建设主管部门责令改正，可以处10万元以下的罚款，相应评审结论无效，依法重新进行评审。

第三十二条　招标人有下列情形之一的，由县级以上地方人民政府住房城乡建设主管部门责令改正，可以处中标项目金额10‰以下的罚款；给他人造成损失的，依法承担赔偿责任；对单位直接负责的主管人员和其他直接责任人员依法给予处分：

（一）无正当理由未按本办法规定发出中标通知书；

（二）不按照规定确定中标人；

（三）中标通知书发出后无正当理由改变中标结果；

（四）无正当理由未按本办法规定与中标人订立合同；

（五）在订立合同时向中标人提出附加条件。

第三十三条 投标人以他人名义投标或者以其他方式弄虚作假，骗取中标的，中标无效，给招标人造成损失的，依法承担赔偿责任；构成犯罪的，依法追究刑事责任。

投标人有前款所列行为尚未构成犯罪的，由县级以上地方人民政府住房城乡建设主管部门处中标项目金额5‰以上10‰以下的罚款，对单位直接负责的主管人员和其他直接责任人员处单位罚款数额5%以上10%以下的罚款；有违法所得的，并处没收违法所得；情节严重的，取消其1年至3年内参加依法必须进行招标的建筑工程设计招标的投标资格，并予以公告，直至由工商行政管理机关吊销营业执照。

第三十四条 评标委员会成员收受投标人的财物或者其他好处的，评标委员会成员或者参加评标的有关工作人员向他人透露对投标文件的评审和比较、中标候选人的推荐以及与评标有关的其他情况的，由县级以上地方人民政府住房城乡建设主管部门给予警告，没收收受的财物，可以并处3000元以上5万元以下的罚款。

评标委员会成员有前款所列行为的，由有关主管部门通报批评并取消担任评标委员会成员的资格，不得再参加任何依法必须进行招标的建筑工程设计招标投标的评标；构成犯罪的，依法追究刑事责任。

第三十五条 评标委员会成员违反本办法规定，对应当否决的投标不提出否决意见的，由县级以上地方人民政府住房城乡建设主管部门责令改正；情节严重的，禁止其在一定期限内参加依法必须进行招标的建筑工程设计招标投标的评标；情节特别严重的，由有关主管部门取消其担任评标委员会成员的资格。

第三十六条 住房城乡建设主管部门或者有关职能部门的工作人员徇私舞弊、滥用职权或者玩忽职守，构成犯罪的，依法追究刑事责任；不构成犯罪的，依法给予行政处分。

第三十七条 市政公用工程及园林工程设计招标投标参照本办法执行。

第三十八条 本办法自2017年5月1日起施行。2000年10月18日建设部颁布的《建筑工程设计招标投标管理办法》（建设部令第82号）同时废止。

建设部关于在建设工程项目中进一步推行工程担保制度的意见

1. *2006年12月7日*
2. *建市〔2006〕326号*

推行工程担保制度是规范建筑市场秩序的一项重要举措，对规范工程承发包交易行为，防范和化解工程风险，遏制拖欠工程款和农民工工资，保证工程质量和安全等具有重要作用。建设部于2004年8月和2005年5月分别印发了《关于在房地产开发项目中推行工程建设合同担保的若干规定（试行）》（建市〔2004〕137号）和《工程担保合同示范文本》，并在部分试点城市取得了经验。为了进一步推行工程担保制度，现提出如下意见。

一、充分认识推行工程担保制度的意义，明确目标和原则

1. 工程担保是指在工程建设活动中，由保证人向合同一方当事人（受益人）提供的，保证合同另一方当事人（被保证人）履行合同义务的担保行为，在被保证人不履行合同义务时，由保证人代为履行或承担代偿责任。引入工程担保机制，增加合同履行的责任主体，根据企业实力和信誉的不同实行有差别的担保，用市场手段加大违约失信的成本和惩戒力度，使工程建设各方主体行为更加规范透明，有利于转变建筑市场监管方式，有利于促进建筑市场优胜劣汰，有利于推动建设领域治理商业贿赂工作。

2. 工作目标:2007年6月份前,省会城市和计划单列市在房地产开发项目中推行试点;2008年年底前,全国地级以上城市在房地产开发项目中推行工程担保制度试点,有条件的地方可根据本地实际扩大推行范围;到2010年,工程担保制度应具备较为完善的法律法规体系、信用管理体系、风险控制体系和行业自律机制。

3. 基本原则:借鉴国际经验,结合中国国情,坚持促进发展与防范风险相结合,政府推进与行业自律相结合,政策性引导与市场化操作相结合,培育市场与扶优限劣相结合。发挥市场机制作用,结合信用体系建设,调动各方积极性,积极推行工程担保制度。

二、积极稳妥推进工程担保试点工作

4. 近几年来,一些地方在建立和推行工程担保制度方面开展了有成效的工作。2005年10月,建设部确定天津、深圳、厦门、青岛、成都、杭州、常州等七城市作为推行工程担保试点城市,为进一步推行工程担保制度积累了经验。各省、自治区、直辖市建设行政主管部门应在2007年3月底前确定本地区的工程担保试点城市或试点项目。

5. 各地要针对推行工程担保制度过程中存在的问题,如相关法律法规滞后,工程担保市场监管有待加强,专业化担保机构发育不成熟,工程担保行为不规范等,加强调查研究,及时总结经验,根据相关法律法规和本地区的实际情况,制定本地区实施工程担保制度的相关管理规定,推动地方工程担保制度的实施。

6. 工程建设合同造价在1000万元以上的房地产开发项目(包括新建、改建、扩建的项目),施工单位应当提供以建设单位为受益人的承包商履约担保,建设单位应当提供以施工单位为受益人的业主工程款支付担保。不按照规定提供担保的,地方建设行政主管部门应当要求其改正,并作为不良行为记录记入建设行业信用信息系统。其他工程担保品种除了另有规定外,可以由建设单位、施工单位自行选择实行。除了《关于在房地产开发项目中推行工程建设合同担保的若干规定(试行)》中所规定的投标担保、承包商履约担保、业主工程款支付担保、承包商付款担保等四个担保品种外,各地还应积极鼓励开展符合建筑市场需要的其他类型的工程担保品种,如预付款担保、分包履约担保、保修金担保等。

三、加强工程担保市场监管

7.《关于在房地产开发项目中推行工程建设合同担保的若干规定(试行)》已经明确:“国务院建设行政主管部门负责对工程建设合同的担保工作实行统一监督管理,县级以上地方人民政府建设行政主管部门负责对本行政区域内的工程建设合同担保进行监督管理;各级建设行政主管部门要落实责任,明确目标,加大工作力度,积极稳妥推进工程担保制度。”

8. 提供工程担保的保证人可以是在中华人民共和国境内注册的有资格的银行、专业担保公司、保险公司。专业担保公司应当具有与当地行政区域内的银行签订的合作协议,并取得银行一定额度的授信,或根据中国银行业监督管理委员会的规定具备与银行开展授信业务的条件。银行、专业担保公司、保险公司从事工程担保应当遵守相关法律法规和建设行政主管部门的有关规定。

9. 专业担保公司从事工程担保业务应符合资金规模和人员结构的要求,并在地方建设行政主管部门进行备案。专业担保公司开展工程担保业务应向地方建设行政主管部门报送反映其经营状况及相关资信的材料。地方建设行政主管部门应当根据本地区的实际情况,引导市场主体在工程建设活动中,要求具有与其所担保工程相适应的自有资金、专业人员的专业担保公司提供担保。

10. 已开展工程担保的地区应当尽快

建立对专业担保公司资信和担保能力的评价体系，使专业担保公司的信用信息在行业内公开化，以利于当事人对其选择和发挥行业与社会的监督作用。

11. 担保金额是指担保主合同的标的金额，担保余额是指某时点上已发生且尚未解除担保责任的金额，担保代偿是指保证人按照约定为债务人代为清偿债务的行为，再担保是指再担保人为保证人承保的担保业务提供全部保证或部分保证责任的担保行为。

12. 专业担保机构的担保余额一般应控制在该公司上一年度末净资产的10倍，单笔履约担保的担保金额不得超过该公司上一年度末净资产的50%，单笔业主工程款支付担保的担保金额不得超过该公司上一年度末净资产的20%。

13. 要尽快建立工程担保信息调查分析系统，便于对保证人的数量、市场份额、担保代偿情况、担保余额和保函的查询、统计和管理工作，担保余额超出担保能力的专业担保机构限制其出具保函或要求其做出联保、再担保等安排。

14. 工程担保监管措施完善的地方，在工程担保可以提交银行保函、专业担保公司或保险公司保函的情况下，应由被保证人自主选择其担保方式，但其提交的担保必须符合有关规定。使用外资建设的项目，投资人对工程担保有专门要求的除外。

15. 各地建设行政主管部门可以根据本地区的实际情况，制定合理的担保费率的最低限额，避免出现恶性竞争影响担保行业的健康发展。

四、规范工程担保行为

16. 地方建设行政主管部门可以参考建设部颁发的工程担保合同示范文本，制定本地区统一使用的工程担保合同或保函格式文本。

17. 保证人提供的保证方式应当是连带责任保证。保证人应当建立健全对被保证人和项目的保前评审、保后服务和风险监控制度，加强内部管理，规范经营。保证人对于承保的施工项目，应当有效地进行保后风险监控工作，定期出具保后跟踪调查报告。

18. 在保函有效期截止前30日，被保证人合同义务尚未实际履行完毕的，保证人应当对被保证人作出续保的提示，被保证人应当及时提交续保保函。被保证人在保函有效期截止日前未提交续保保函的，建设行政主管部门将该行为记入建设行业信用信息系统，并可以按照有关规定予以处理。

19. 工程担保保函应为不可撤销保函，在保函约定的有效期届满之前，除因主合同终止执行外，保证人、被保证人和受益人都不得以任何理由撤保。

20. 保证人要求被保证人提供第三方反担保的，该反担保人不得为受益人或受益人的关联企业。

21. 工程建设单位依承包商履约保函向保证人提出索赔之前，应当书面通知施工单位，说明导致索赔的原因，并向保证人提供项目总监理工程师及其监理单位对索赔理由的书面确认。项目总监理工程师及其监理单位应当在承发包合同约定的时间内对建设单位的索赔理由进行核实并作出相应的处理。施工单位依业主工程款支付保函向保证人提出索赔之前，应当书面通知建设单位和保证人，说明导致索赔的原因。建设单位应当在14天内向保证人提供能够证明工程款已按约定支付或工程款不应支付的有关证据，否则保证人应该在担保额度内予以代偿。

五、实行保函集中保管制度

22. 地方建设行政主管部门可以实行保函集中保管制度。建设行政主管部门可以委托建设工程交易服务中心或相关单位具体实施保函保管、工程担保信息的统计分析工作以及对索赔处理的监管。

23. 建设单位在申办建设工程施工许

可证前，应当将施工单位提供的承包商履约保函原件和建设单位提供的业主工程款支付保函原件提交建设行政主管部门或其委托单位保管。工程投标担保提倡以保函形式提交，把投标保函纳入集中保管的范围。实行分段滚动担保的，应将涵盖各阶段保证责任的保函原件分阶段提交建设行政主管部门或其委托单位保管。

24. 建设行政主管部门或其委托单位应当对保函的合规性（包括保证人主体的合规性和保函条件的合规性等）进行审核，发现保函不合规的，不予收存。建设行政主管部门或其委托单位对保函的真实性不承担责任，但有权对保函的真实性进行核查。建设单位、施工单位提供虚假担保资料或虚假保函的，建设行政主管部门将该行为记入建设行业信用信息系统，并可以根据相关规定给予处分。

25. 在保函约定的有效期内发生索赔时，索赔方可凭索赔文件到建设行政主管部门或其委托单位取回被索赔方的保函原件，向保证人提起索赔。经索赔后，如被索赔方的主合同义务尚未履行完毕，索赔方应当将被索赔方的保函原件交回建设行政主管部门或其委托单位保管；如被索赔方的保函金额已不足以保证主合同继续履行的，索赔方应当要求被索赔方续保，并将续保的保函原件送交建设行政主管部门或其委托单位保管。

26. 工程建设单位、施工单位的主合同义务已实际履行完毕，应当分别凭施工单位出具的工程款支付情况证明或工程竣工验收证明文件以及由建设行政主管部门出具的保函收讫证明原件，由保函受益人到建设行政主管部门或其委托单位分别取回保函原件，退回保证人。

27. 在保函有效期届满前，建设工程因故中止施工三个月以上，或建设工程未完工但工程承包合同解除，需要解除担保责任的，工程建设单位、施工单位经协商一致，应当凭双方中止施工的协议、中止施工的情况说明或合同解除备案证明，到建设行政主管部门或其委托单位取回保函原件，办理解除担保手续，恢复施工前应当按规定重新办理担保手续。

28. 建设行政主管部门或其委托单位应当建立保证人工程担保余额台账，进行有关信息的统计和管理工作，建立相应的数据库，为保证人的担保余额、保函的查询提供方便条件。

六、加快信用体系建设

29. 各地要按照建设部《关于加快推进建筑市场信用体系建设工作的意见》、《建筑市场诚信行为信息管理试行办法》和《全国建筑市场责任主体不良行为记录基本标准》等有关规定，加快建筑市场信用体系建设，为推行工程担保制度提供支持。

30. 保证人可依据建筑市场主体在资质、经营管理、安全与文明施工、质量管理和社会责任等方面的信用信息，实施担保费率差别化制度。对于资信良好的建设单位、施工单位，应当适当降低承保条件，实现市场奖优罚劣的功能。

31. 保证人在工程担保业务活动中存在以下情况的，应记入建筑市场信用信息系统，并作为不良行为记录予以公布，情节严重的，应禁止其开展工程担保业务：

（1）超出担保能力从事工程担保业务的；

（2）虚假注册、虚增注册资本金或抽逃资本金的；

（3）擅自挪用被保证人保证金的；

（4）违反约定，拖延或拒绝承担保证责任的；

（5）在保函备案时制造虚假资料或提供虚假信息的；

（6）撤保或变相撤保的；

（7）安排受益人和被保证人互保的；

（8）恶意压低担保收费，进行不正当竞争的；

(9)不进行风险预控和保后风险监控的;

(10)其他违反法律、法规规定的行为。

七、加强行业自律、宣传培训和专题研究

32. 建设行政主管部门、行业自律组织应积极宣传、介绍工程担保制度,开展有关的培训工作,特别应当注重对专业担保公司从业人员的培训,有条件的地方可以组织专业担保公司从业人员进行专业性的考核。

33. 建设行政主管部门、行业自律组织、有关科研机构应加强对工程担保推行情况的调研工作,进一步深化对工程担保品种、模式的研究,及时总结实践经验,设计切实可行的担保品种,推广有效的工程担保模式,促进工程担保制度健康发展。

关于加快推进房屋建筑和市政基础设施工程实行工程担保制度的指导意见

1. *2019年6月20日*
2. *建市〔2019〕68号*

各省、自治区住房和城乡建设厅、发展改革委、财政厅、人力资源社会保障厅,直辖市住房和城乡建设(管)委、发展改革委、财政局、人力资源社会保障局,计划单列市发展改革委,新疆生产建设兵团住房和城乡建设局、发展改革委、财政局、人力资源社会保障局,中国人民银行上海总部,各分行、营业管理部,省会(首府)城市中心支行,副省级城市中心支行,各银保监局:

工程担保是转移、分担、防范和化解工程风险的重要措施,是市场信用体系的主要支撑,是保障工程质量安全的有效手段。当前建筑市场存在着工程防风险能力不强,履约纠纷频发,工程欠款、欠薪屡禁不止等问题,亟需通过完善工程担保应用机制加以解决。为贯彻落实《国务院办公厅关于清理规范工程建设领域保证金的通知》(国办发〔2016〕49号)、《国务院办公厅关于促进建筑业持续健康发展的意见》(国办发〔2017〕19号)、《国务院办公厅关于全面开展工程建设项目审批制度改革的实施意见》(国办发〔2019〕11号),进一步优化营商环境,强化事中事后监管,保障工程建设各方主体合法权益,现就加快推进房屋建筑和市政基础设施工程实行工程担保制度提出如下意见。

一、总体要求

以习近平新时代中国特色社会主义思想为指导,深入贯彻党的十九大和十九届二中、三中全会精神,落实党中央、国务院关于防范应对各类风险、优化营商环境、减轻企业负担的工作部署,通过加快推进实施工程担保制度,推进建筑业供给侧结构性改革,激发市场主体活力,创新建筑市场监管方式,适应建筑业"走出去"发展需求。

二、工作目标

加快推行投标担保、履约担保、工程质量保证担保和农民工工资支付担保。支持银行业金融机构、工程担保公司、保险机构作为工程担保保证人开展工程担保业务。到2020年,各类保证金的保函替代率明显提升;工程担保保证人的风险识别、风险控制能力显著增强;银行信用额度约束力、建设单位及建筑业企业履约能力全面提升。

三、分类实施工程担保制度

(一)推行工程保函替代保证金。加快推行银行保函制度,在有条件的地区推行工程担保公司保函和工程保证保险。严格落实国务院清理规范工程建设领域保证金的工作要求,对于投标保证金、履约保证金、工程质量保证金、农民工工资保证金,建筑业企业可以保函的方式缴纳。严禁任何单位和部门将现金保证金挪作他用,保证金到期应当及时予以退还。

(二)大力推行投标担保。对于投标人在投标有效期内撤销投标文件、中标后在规定期限内不签订合同或未在规定的期限内提交履约担保等行为，鼓励将其纳入投标保函的保证范围进行索赔。招标人到期不按规定退还投标保证金及银行同期存款利息或投标保函的，应作为不良行为记入信用记录。

（三）着力推行履约担保。招标文件要求中标人提交履约担保的，中标人应当按照招标文件的要求提交。招标人要求中标人提供履约担保的，应当同时向中标人提供工程款支付担保。建设单位和建筑业企业应当加强工程风险防控能力建设。工程担保保证人应当不断提高专业化承保能力，增强风险识别能力，认真开展保中、保后管理，及时做好预警预案，并在违约发生后按保函约定及时代为履行或承担损失赔付责任。

（四）强化工程质量保证银行保函应用。以银行保函替代工程质量保证金的，银行保函金额不得超过工程价款结算总额的3%。在工程项目竣工前，已经缴纳履约保证金的，建设单位不得同时预留工程质量保证金。建设单位到期未退还保证金的，应作为不良行为记入信用记录。

（五）推进农民工工资支付担保应用。农民工工资支付保函全部采用具有见索即付性质的独立保函，并实行差别化管理。对被纳入拖欠农民工工资"黑名单"的施工企业，实施失信联合惩戒。工程担保保证人应不断提升专业能力，提前预控农民工工资支付风险。各地住房和城乡建设主管部门要会同人力资源社会保障部门加快应用建筑工人实名制平台，加强对农民工合法权益保障力度，推进建筑工人产业化进程。

四、促进工程担保市场健康发展

（六）加强风险控制能力建设。支持工程担保保证人与全过程工程咨询、工程监理单位开展深度合作，创新工程监管和化解工程风险模式。工程担保保证人的工作人员应当具有第三方风险控制能力和工程领域的专业技术能力。

（七）创新监督管理方式。修订保函示范文本，修改完善工程招标文件和合同示范文本，推进工程担保应用；积极发展电子保函，鼓励以工程再担保体系增强对担保机构的信用管理，推进"互联网＋"工程担保市场监管。

（八）完善风险防控机制。推进工程担保保证人不断完善内控管理制度，积极开展风险管理服务，有效防范和控制风险。保证人应不断规范工程担保行为，加强风险防控机制建设，发展保后风险跟踪和风险预警服务能力，增强处理合同纠纷、认定赔付责任等能力。全面提升工程担保保证人风险评估、风险防控能力，切实发挥工程担保作用。鼓励工程担保保证人遵守相关监管要求，积极为民营、中小建筑业企业开展保函业务。

（九）加强建筑市场监管。建设单位在办理施工许可时，应当有满足施工需要的资金安排。政府投资项目所需资金应当按照国家有关规定确保落实到位，不得由施工单位垫资建设。对于未履行工程款支付责任的建设单位，将其不良行为记入信用记录。

（十）加大信息公开力度。加大建筑市场信息公开力度，全面公开企业资质、人员资格、工程业绩、信用信息以及工程担保相关信息，方便与保函相关的人员及机构查询。

（十一）推进信用体系建设。引导各方市场主体树立信用意识，加强内部信用管理，不断提高履约能力，积累企业信用。积极探索建筑市场信用评价结果直接应用于工程担保的办法，为信用状况良好的企业提供便利，降低担保费用、简化担保程序；对恶意索赔等严重失信企业纳入建筑市场主体"黑名单"管理，实施联合惩戒，构建"一处失信、处处受制"的市场环境。

五、加强统筹推进

（十二）加强组织领导。各地有关部门要高度重视工程担保工作，依据职责明确分工，明晰工作目标，健全工作机制，完善配套政策，落实工作责任。加大对工程担保保证人的动态监管，不断提升保证人专业能力，防范化解工程风险。

（十三）做好宣传引导。各地有关部门要通过多种形式积极做好工程担保的宣传工作，加强舆论引导，促进建筑市场主体对工程担保的了解和应用，切实发挥工程担保防范和化解工程风险的作用。

信息产业部、建设部关于进一步规范住宅小区及商住楼通信管线及通信设施建设的通知

2007年1月15日

各省、自治区、直辖市建设厅（建委）、规划局（规委）、房地局、通信管理局，中国电信集团公司，中国网络通信集团公司、中国移动通信集团公司、中国联合通信有限公司、中国卫星通信集团公司、中国铁通集团有限公司：

为规范住宅小区和商住楼通信管线及通信设施的建设行为，减少不必要的重复建设，维护用户自由选择电信业务的权利，保障电信业务平等接入，根据《中华人民共和国城市规划法》、《中华人民共和国电信条例》及相关法律法规，特作如下规定：

一、住宅小区及商住楼内的通信设施建设应符合城乡规划要求，与电信发展规划相适应。

为保障消费者的合法权益，满足广大电信用户使用通信设施的需要，住宅小区及商住楼应同步建设建筑规划用地红线内的通信管道和楼内通信暗管、暗线，建设并预留用于安装通信线路配线设备的集中配线交接间，所需投资一并纳入相应住宅小区或商住楼的建设项目概算，并作为项目配套设施统一移交。

二、住宅小区及商住楼的通信管线等通信设施应纳入设计文件，设计审查部门在审批设计时，建设、规划主管部门在核发建设工程规划许可证、施工许可证时，应依法定职责严格把关。建设项目竣工后、接入公用电信网前，各省通信管理部门要严把接入关。建设单位应当在竣工验收3个月内向城乡建设档案管理部门报送有关竣工资料。

三、房地产开发企业、项目管理者不得就接入和使用住宅小区和商住楼内的通信管线等通信设施与电信运营企业签订垄断性协议，不得以任何方式限制其他电信运营企业的接入和使用，不得限制用户自由选择电信业务的权利。

四、各省、自治区、直辖市建设行政主管部门和通信管理部门要依据各自的管理职责严格落实相关责任，切实加强监督管理。在国家及行业有关住宅小区和商住楼内通信设施工程建设技术标准发布之前，各地可根据本地实际情况制定地方标准。

五、本通知自发布之日起施行。《关于在城市建设中进一步搞好通信设施及管线配套建设的联合通知》（邮部联〔1992〕488号）同时废止。

住房和城乡建设系统开展工程建设领域突出问题专项治理工作方案

1. *2009年10月26日发布*
2. *建市〔2009〕255号*

为贯彻落实《中共中央办公厅 国务院办公厅关于开展工程建设领域突出问题专项治理工作的意见》（中办发〔2009〕27号）和《工程建设领域突出问题专项治理工作实施方案》，结合实际，制定住房和城乡建设系统开展工程建设领域突出问题专项治理工作方案。

一、主要任务

以政府投资和使用国有资金项目特别

是扩大内需项目为重点，用两年左右的时间，着力解决城乡规划管理中违反法定权限和程序擅自改变城乡规划、改变土地用途、违规调整容积率的问题；着力解决工程招投标活动中规避招标、虚假招标、围标串标、评标不公等问题；着力解决工程建设实施和质量管理中的标后监管薄弱、转包和违法分包、不认真履行施工监管责任、建设质量低劣、安全生产责任不落实的问题。规范工程建设项目决策行为，推进建设项目信息公开和诚信体系建设，加大查办案件力度。坚持集中治理与日常监管工作相结合，坚持专项治理与长效机制建设相结合，完善配套法规制度，推进体制机制建设，健全工程建设市场体系，为住房和城乡建设事业又好又快发展提供保证。

二、工作措施

（一）规范工程建设项目决策行为

1. 科学合理确定项目的工期和造价。建设单位要严格执行基本建设程序，科学确定勘察、设计、施工等各环节的合理周期，任何单位和个人不得任意压缩合理工期。工程造价应严格按照国家有关工程造价计价办法和计价标准确定，工程招投标的中标价格要体现合理造价的要求，坚决制止不经评审的最低价中标做法，杜绝工程造价过低带来的质量和安全问题。

2. 认真落实施工许可证制度。按照《建筑法》、《建筑工程施工许可管理办法》等规定，严格执行施工许可法定条件，认真履行法定监管职责，对建设资金未按规定落实到位、不具备工程质量安全保证措施等办理施工许可证法定条件的项目，一律不得颁发施工许可证。对于建设单位未办理施工许可证擅自开工的违法行为，要依法严厉查处。切实防止借口加快建设、不履行法定建设程序情况的发生。

3. 加强建筑项目节能评估审查。要进一步贯彻落实《民用建筑节能条例》及国家建筑节能有关规定，重点对新建建筑在规划、设计、施工、竣工验收阶段执行强制性建筑节能标准情况进行监督检查，加强北方供暖地区供热计量及节能改造项目监管，依据相关法律法规和强制性标准对项目完成情况进行监督检查，确保改造项目实现预期的节能环保目标。

（二）规范招标投标活动

4. 抓紧研究起草《建筑市场管理条例》。推动《建筑市场管理条例》起草、调研和论证工作，争取2010年报送国务院法制办。

5. 加快编制行业标准文件。出台房屋建筑和市政工程标准施工招标资格预审文件和施工招标文件，各地要结合实际做好贯彻实施和试点工作。出台《房屋建筑和市政工程施工招标资格审查办法》，规范招标投标活动中资格审查行为。

6. 改革完善评标办法。落实国家标准《建设工程工程量清单计价规范》，实行合理价中标，防止和杜绝恶性“低价抢标”行为。充分利用网络技术等现代科技手段，倡导网上报名、资格审查和发售招标文件，实现招投标管理的网络化、系统化，以计算机辅助评标和异地远程评标为基础，逐步探索网上投标、开标和定标等电子化招投标方式。

7. 加强对工程建设项目的勘察设计管理，规范设计变更。健全勘察设计招投标管理制度，完善评标标准和方法，重点加强对勘察设计的经济、技术、功能的比选和评价，防止简单以价格竞标的评标行为。对于建设单位、设计单位未经批准擅自变更建设规模、建设地点、投资控制额等关键指标，不履行设计变更程序擅自修改设计文件的，要依法严肃查处。任何单位和个人不得擅自修改审查合格的施工图；确需修改的，建设单位应当将修改后的施工图送原审查机构审查。

8. 加强招标代理机构及其从业人员的规范管理。按照《招标投标法》规定，加强招标代理机构准入清出管理。要结合实际，研究制定工程建设项目招标代理机构考核办法，重点对其资格条件、市场行为、执业质量状况等进行定期检查和量化考核，规范招标代理行为；探索实行招标代理活动项目负责人负责制度，项目负责人应当具备造价工程师、监理工程师或者建造师等注册执业资格。

9. 加强评标专家库管理。研究制定全国房屋建筑和市政工程评标专家分类标准，建立涵盖房屋建筑和市政工程各相关专业的评标专家名册，逐步实现各地评标专家名册联网；加强对评标专家评标活动的监管，建立健全房屋建筑和市政工程专家评标后评估制度，督促评标专家客观公正地履行评标职责，提高评标质量和水平。

10. 逐步建立统一规范的工程建设有形市场。充分利用现有有形建筑市场资源，结合各地发展实际，进一步加强有形建筑市场的场所设施建设，完善有形建筑市场的交易服务平台功能，提高有形建筑市场信息化建设水平。逐步建立统一规范的工程建设有形市场，为行业主管部门监管创造条件，实现应招标的工程统一进场、集中交易、行业监管、行政监察的目标。

（三）规范城乡规划管理工作

11. 严格实施《城乡规划法》，完善配套法规制度。各地要进一步明确对本地区建设用地容积率调整的具体条件、审批程序及管理措施，加强对城乡规划编制、修改、审批、实施的监督检查，抓紧制定出台《违反城乡规划行为处分办法》和《控制性详细规划编制与审批办法》；按照国家关于建设用地容积率管理法律法规和政策规定，进一步清理各类规范性文件，完善《城乡规划法》相关配套法规制度，积极开展有关城乡规划许可的重点内容、城乡规划公开公示制度、违反城乡规划行为分类及处分量化标准等问题的研究。

12. 监督检查建设用地容积率指标的规划管理情况。重点检查在城市规划区内以划拨、出让、转让方式提供国有土地使用权的建设用地容积率等强制性指标的管理情况，风景名胜区范围内的建设用地容积率等强制性指标的管理情况，以及同一建设项目（含分期开发的建设项目）在给出规划条件、建设用地规划许可、规划方案审查、建设工程规划许可、建设项目竣工规划核实过程中对建设用地容积率等强制性指标的管理情况。

13. 监督检查重点治理调整容积率指标、改变土地使用性质的情况。逐一清理检查涉及提高容积率，以及将基础设施和公共服务设施用地、城市水源和河湖水系用地、绿化用地、自然与历史文化遗产保护用地、工业用地变更为商业、住宅用地的所有房地产开发项目；依法处理建设项目规划许可中，未履行法定公开程序，擅自提高容积率、改变土地使用性质，以及土地价款和配套规费流失等违法违规问题。

（四）加强工程建设实施和工程质量管理

14. 加强工程建设质量过程监管。创新工程质量监管机制，完善工程质量监督管理规定，明确监督机构的职责和定位，改进监督方式方法，强化监督巡查和抽查，强化“市场”与“现场”的监管联动，提高监管效能。组织开展全国建设工程质量监督执法检查，在各地自查的基础上，定期进行检查，同时不定期开展专项督查，督促各地认真开展在建工程质量隐患排查，切实消除质量隐患，确保工程质量。

15. 完善劳务分包制度。积极发展和规范劳务企业，建筑劳务作业实行企业化管理。劳务企业雇用农民工要“先培训、后上岗”，要依法与农民工签订劳务合同，禁止非法人组织承揽劳务作业。提高劳务队伍的职业素质和基本技能，保障工程质量和安全。对于使用非劳务企业形式从事劳务作业的总承包企业，有关部门要加强对其用工行为的监管，检查其与农民工签订劳动合同的情况。

16. 规范监理企业和监理人员行为。监理企业要建立质量安全管理制度体系，选派有资格的总监理工程师和监理人员进驻施工现场，保证专业配套、人员到位。要严格按照法律法规、工程建设强制性标准、监理规范和监理合同，认真履行职责。未经监理工程师签字，建筑材料、构配件和设备不得在工程上使用或者安装，施工企业不得进行下一道工序的施工。未经总监理工程师签字，建设单位不拨付工程款，不进行竣工验收。严禁转让监理业务。

17. 严格合同管理，禁止转包和违法分包。要加强对工程总承包、施工总承包、专业承包、劳务分包以及勘察、设计、监理等合同的管理，建立健全合同订立和履约监管机制，动态掌握合同履约情况，强化对合同备案特别是重大变更备案的管理，防范转包、违法分包行为。依法加大对转包、违法分包行为的处罚力度，追究有关责任单位和责任人的责任。

18. 完善质量法规制度，落实工程质量各方主体责任。推进修订《建设工程质量管理条例》，建立和完善质量保险、施工图审查、质量检测、竣工验收、质量保修等工程质量监督管理制度，进一步落实各方主体质量责任。要严格落实工程建设各方主体和注册执业人员的质量责任，进一步明确建设单位、工程总承包企业等主体质量责任要求。建立各负其责、齐抓共管的工程质量责任约束机制，完善工程质量责任追究制度，依法严厉查处各方主体在质量工作中存在的违法违规行为。

19. 完善安全生产管理法规制度。落实安全生产领导责任制，严格执行安全生产许可证制度，督促建设、勘察、设计、施工、监理等单位落实安全生产主体责任，加强施工现场安全生产管理，确保安全生产责任落到实处，积极防范建筑安全生产事故的发生。对于不履行职责、不落实责任，导致发生事故的责任单位和责任人员，要按照“四不放过”的原则，依法依规严肃查处。

（五）推进建设项目信息公开和信用体系建设

20. 推进建筑市场信用体系建设。加强全国统一的建筑市场信用体系建设，加快形成统一的信用信息平台、统一的信用评价标准、统一的信用法规体系和统一的信用奖惩机制。要进一步做好企业和个人市场行为信息的采集、管理、发布和报送工作，研究建立企业、个人信用信息和项目信息基础数据库，加快制定建筑市场主体信用评价标准，推动社会信用评价队伍建设，营造诚实守信的市场环境。

（六）加大查办案件力度

21. 把查处违法违规行为贯穿于住房城乡建设领域专项治理的全过程，认真受理群众举报和投诉，发现问题及时处理。尤其是要对涉及扩大内需、促进经济平稳较快发展的政府投资项目在规划审批、工程建设实施等环节存在的腐败问题进行重点检查。加强与纪检、监察、司法机关的工作联系和协调配合，建立情况通报、线索移送、案件协查和信息共享机制，严肃查办工程建设实施过程中涉及国家工作人员特别是领导干部利用职权插手干预工程建设的案件，依法追究有关人员的责任，坚决遏制工程建设领域腐败现象易发多发的势头。

三、组织机构

（一）成立住房和城乡建设部工程建设领域突出问题专项治理工作领导小组。领导小组组长由住房和城乡建设部部长姜伟新同志担任，副组长由副部长仇保兴同志、副部长郭允冲同志、驻部纪检组组长龙新南同志担任，成员为建筑市场监管司、驻部纪检组监察局、城乡规划司、工程质量安全监管司、标准定额司、建筑节能与科技司、稽查办公室等单位的负责人。下设综合协调办公室。综合协调办公室设在建筑市场监管司和驻部纪检组监察局。

（二）成立规范城乡规划管理工作协调组。组长由住房和城乡建设部副部长仇保兴同志担任，副组长由驻部纪检组组长龙新南同志、监察部副部长郝明金同志担任。下设办公室，办公室设在城乡规划司。

（三）成立加强工程建设实施和工程质量管理工作协调组。组长由住房和城乡建设部副部长郭允冲同志担任，成员为工程质量安全监管司、建筑市场监管司、稽查办公室和国务院有关部门的司局级负责同志。下设办公室，办公室设在工程质量安全监管司。

各地要按照当地政府的要求，成立相应的组织机构，认真做好专项治理的各项工作。

四、工作步骤

（一）深入排查问题，认真进行整改

1. 开展自查和重点督查。各地要按照统一部署，针对专项治理重点环节进行自查，找出存在的突出问题，分析原因，提出治理对策。要选择重点项目、重点环节进行督查。住房和城乡建设部专项治理工作领导小组将按照中央专项治理工作领导小组的要求，适时组织抽查。

2. 认真进行整改。各地要针对自查和督查发现的问题，制定和完善整改措施，落实整改责任，完善体制机制建设。专项治理中的有效做法和成功经验，要及时上报并总结推广，以点带面，推动专项治理工作的深入开展。

（二）巩固工作成果，建立长效机制

深入调查研究，把专项治理工作中的有效措施和经验转化为法规制度，建立健全长效机制。各地专项治理工作总结报告，按要求报住房和城乡建设部专项治理工作领导小组。

五、保证措施

（一）加强组织领导和统筹协调。要高度重视专项治理工作，加强领导，精心组织，建立健全责任机制，落实任务分工，抓好职能范围内的专项治理工作，指导、督促、检查有关工作措施的落实。把排查问题、进行整改、加强日常监管和完善法规制度有机结合，协调推进。

（二）加强重点治理注重取得实效。要结合实际，找准专项治理中突出问题，突出重点项目、重点环节的治理和监管，强调重点督查和整改，保证专项治理工作取得实效。

（三）加强分类研究和政策指导。深入调查研究，明确政策界限，创新工作思路，实施分类指导，解决难点问题。注意在专项治理中把握规律，研究提出解决对策。

最高人民法院关于建设工程价款优先受偿权问题的批复

1. *2002年6月11日最高人民法院审判委员会第1225次会议通过*
2. *2002年6月20日公布*
3. *法释〔2002〕16号*
4. *自2002年6月27日起施行*

上海市高级人民法院：

你院沪高法〔2001〕14号《关于合同法第286条理解与适用问题的请示》收悉。经研究，答复如下：

一、人民法院在审理房地产纠纷案件和办理执行案件中，应当依照《中华人民共和国合同法》第二百八十六条的规定，认定建筑工程的承包人的优先受偿权优于抵押权和其他债权。

二、消费者交付购买商品房的全部或者大部分款项后，承包人就该商品房享有的工程价款优先受偿权不得对抗买受人。

三、建筑工程价款包括承包人为建设工程应当支付的工作人员报酬、材料款等实际支出的费用，不包括承包人因发包人违约所造成的损失。

四、建设工程承包人行使优先权的期限为六个月,自建设工程竣工之日或者建设工程合同约定的竣工之日起计算。

五、本批复第一条至第三条自公布之日起施行,第四条自公布之日起六个月后施行。

此复

最高人民法院关于审理建设工程施工合同纠纷案件适用法律问题的解释

1. *2004年9月29日最高人民法院审判委员会第1327次会议通过*
2. *2004年10月25日公布*
3. *法释〔2004〕14号*
4. *自2005年1月1日起施行*

根据《中华人民共和国民法通则》、《中华人民共和国合同法》、《中华人民共和国招标投标法》、《中华人民共和国民事诉讼法》等法律规定,结合民事审判实际,就审理建设工程施工合同纠纷案件适用法律的问题,制定本解释。

第一条 建设工程施工合同具有下列情形之一的,应当根据合同法第五十二条第(五)项的规定,认定无效:

(一)承包人未取得建筑施工企业资质或者超越资质等级的;

(二)没有资质的实际施工人借用有资质的建筑施工企业名义的;

(三)建设工程必须进行招标而未招标或者中标无效的。

第二条 建设工程施工合同无效,但建设工程经竣工验收合格,承包人请求参照合同约定支付工程价款的,应予支持。

第三条 建设工程施工合同无效,且建设工程经竣工验收不合格的,按照以下情形分别处理:

(一)修复后的建设工程经竣工验收合格,发包人请求承包人承担修复费用的,应予支持;

(二)修复后的建设工程经竣工验收不合格,承包人请求支付工程价款的,不予支持。

因建设工程不合格造成的损失,发包人有过错的,也应承担相应的民事责任。

第四条 承包人非法转包、违法分包建设工程或者没有资质的实际施工人借用有资质的建筑施工企业名义与他人签订建设工程施工合同的行为无效。人民法院可以根据民法通则第一百三十四条规定,收缴当事人已经取得的非法所得。

第五条 承包人超越资质等级许可的业务范围签订建设工程施工合同,在建设工程竣工前取得相应资质等级,当事人请求按照无效合同处理的,不予支持。

第六条 当事人对垫资和垫资利息有约定,承包人请求按照约定返还垫资及其利息的,应予支持,但是约定的利息计算标准高于中国人民银行发布的同期同类贷款利率的部分除外。

当事人对垫资没有约定的,按照工程欠款处理。

当事人对垫资利息没有约定,承包人请求支付利息的,不予支持。

第七条 具有劳务作业法定资质的承包人与总承包人、分包人签订的劳务分包合同,当事人以转包建设工程违反法律规定为由请求确认无效的,不予支持。

第八条 承包人具有下列情形之一,发包人请求解除建设工程施工合同的,应予支持:

(一)明确表示或者以行为表明不履行合同主要义务的;

(二)合同约定的期限内没有完工,且在发包人催告的合理期限内仍未完工的;

(三)已经完成的建设工程质量不合格,并拒绝修复的;

(四)将承包的建设工程非法转包、违法分包的。

第九条 发包人具有下列情形之一,致使承包人无法施工,且在催告的合理期限内仍未履行相应义务，承包人请求解除建设工程施工合同的，应予支持：

（一）未按约定支付工程价款的；

（二）提供的主要建筑材料、建筑构配件和设备不符合强制性标准的；

（三）不履行合同约定的协助义务的。

第十条 建设工程施工合同解除后，已经完成的建设工程质量合格的，发包人应当按照约定支付相应的工程价款；已经完成的建设工程质量不合格的，参照本解释第三条规定处理。

因一方违约导致合同解除的，违约方应当赔偿因此而给对方造成的损失。

第十一条 因承包人的过错造成建设工程质量不符合约定，承包人拒绝修理、返工或者改建，发包人请求减少支付工程价款的，应予支持。

第十二条 发包人具有下列情形之一，造成建设工程质量缺陷，应当承担过错责任：

（一）提供的设计有缺陷；

（二）提供或者指定购买的建筑材料、建筑构配件、设备不符合强制性标准；

（三）直接指定分包人分包专业工程。

承包人有过错的，也应当承担相应的过错责任。

第十三条 建设工程未经竣工验收，发包人擅自使用后，又以使用部分质量不符合约定为由主张权利的，不予支持；但是承包人应当在建设工程的合理使用寿命内对地基基础工程和主体结构质量承担民事责任。

第十四条 当事人对建设工程实际竣工日期有争议的，按照以下情形分别处理：

（一）建设工程经竣工验收合格的，以竣工验收合格之日为竣工日期；

（二）承包人已经提交竣工验收报告，发包人拖延验收的，以承包人提交验收报告之日为竣工日期；

（三）建设工程未经竣工验收，发包人擅自使用的，以转移占有建设工程之日为竣工日期。

第十五条 建设工程竣工前，当事人对工程质量发生争议，工程质量经鉴定合格的，鉴定期间为顺延工期期间。

第十六条 当事人对建设工程的计价标准或者计价方法有约定的，按照约定结算工程价款。

因设计变更导致建设工程的工程量或者质量标准发生变化，当事人对该部分工程价款不能协商一致的，可以参照签订建设工程施工合同时当地建设行政主管部门发布的计价方法或者计价标准结算工程价款。

建设工程施工合同有效，但建设工程经竣工验收不合格的，工程价款结算参照本解释第三条规定处理。

第十七条 当事人对欠付工程价款利息计付标准有约定的，按照约定处理；没有约定的，按照中国人民银行发布的同期同类贷款利率计息。

第十八条 利息从应付工程价款之日计付。当事人对付款时间没有约定或者约定不明的，下列时间视为应付款时间：

（一）建设工程已实际交付的，为交付之日；

（二）建设工程没有交付的，为提交竣工结算文件之日；

（三）建设工程未交付，工程价款也未结算的，为当事人起诉之日。

第十九条 当事人对工程量有争议的，按照施工过程中形成的签证等书面文件确认。承包人能够证明发包人同意其施工，但未能提供签证文件证明工程量发生的，可以按照当事人提供的其他证据确认实际发生的工程量。

第二十条 当事人约定，发包人收到竣工结算文件后，在约定期限内不予答复，视为认可竣工结算文件的，按照约定处理。承包人请求按照竣工结算文件结算工程价款的，应予支持。

第二十一条 当事人就同一建设工程另行订

立的建设工程施工合同与经过备案的中标合同实质性内容不一致的，应当以备案的中标合同作为结算工程价款的根据。

第二十二条　当事人约定按照固定价结算工程价款，一方当事人请求对建设工程造价进行鉴定的，不予支持。

第二十三条　当事人对部分案件事实有争议的，仅对有争议的事实进行鉴定，但争议事实范围不能确定，或者双方当事人请求对全部事实鉴定的除外。

第二十四条　建设工程施工合同纠纷以施工行为地为合同履行地。

第二十五条　因建设工程质量发生争议的，发包人可以以总承包人、分包人和实际施工人为共同被告提起诉讼。

第二十六条　实际施工人以转包人、违法分包人为被告起诉的，人民法院应当依法受理。

实际施工人以发包人为被告主张权利的，人民法院可以追加转包人或者违法分包人为本案当事人。发包人只在欠付工程价款范围内对实际施工人承担责任。

第二十七条　因保修人未及时履行保修义务，导致建筑物毁损或者造成人身、财产损害的，保修人应当承担赔偿责任。

保修人与建筑物所有人或者发包人对建筑物毁损均有过错的，各自承担相应的责任。

第二十八条　本解释自2005年1月1日起施行。

施行后受理的第一审案件适用本解释。

施行前最高人民法院发布的司法解释与本解释相抵触的，以本解释为准。

最高人民法院关于审理建设工程施工合同纠纷案件适用法律问题的解释（二）

1. *2018年10月29日最高人民法院审判委员会第1751次会议通过*
2. *2018年12月29日公布*
3. *法释〔2018〕20号*
4. *自2019年2月1日起施行*

为正确审理建设工程施工合同纠纷案件，依法保护当事人合法权益，维护建筑市场秩序，促进建筑市场健康发展，根据《中华人民共和国民法总则》《中华人民共和国合同法》《中华人民共和国建筑法》《中华人民共和国招标投标法》《中华人民共和国民事诉讼法》等法律规定，结合审判实践，制定本解释。

第一条　招标人和中标人另行签订的建设工程施工合同约定的工程范围、建设工期、工程质量、工程价款等实质性内容，与中标合同不一致，一方当事人请求按照中标合同确定权利义务的，人民法院应予支持。

招标人和中标人在中标合同之外就明显高于市场价格购买承建房产、无偿建设住房配套设施、让利、向建设单位捐赠财物等另行签订合同，变相降低工程价款，一方当事人以该合同背离中标合同实质性内容为由请求确认无效的，人民法院应予支持。

第二条　当事人以发包人未取得建设工程规划许可证等规划审批手续为由，请求确认建设工程施工合同无效的，人民法院应予支持，但发包人在起诉前取得建设工程规划许可证等规划审批手续的除外。

发包人能够办理审批手续而未办理，并以未办理审批手续为由请求确认建设工程施工合同无效的，人民法院不予支持。

第三条　建设工程施工合同无效，一方当事人请求对方赔偿损失的，应当就对方过错、损失大小、过错与损失之间的因果关系承担举证责任。

损失大小无法确定，一方当事人请求参照合同约定的质量标准、建设工期、工程价款支付时间等内容确定损失大小的，人民法院可以结合双方过错程度、过错与损失之间的因果关系等因素作出裁判。

第四条 缺乏资质的单位或者个人借用有资质的建筑施工企业名义签订建设工程施工合同，发包人请求出借方与借用方对建设工程质量不合格等因出借资质造成的损失承担连带赔偿责任的，人民法院应予支持。

第五条 当事人对建设工程开工日期有争议的，人民法院应当分别按照以下情形予以认定：

（一）开工日期为发包人或者监理人发出的开工通知载明的开工日期；开工通知发出后，尚不具备开工条件的，以开工条件具备的时间为开工日期；因承包人原因导致开工时间推迟的，以开工通知载明的时间为开工日期。

（二）承包人经发包人同意已经实际进场施工的，以实际进场施工时间为开工日期。

（三）发包人或者监理人未发出开工通知，亦无相关证据证明实际开工日期的，应当综合考虑开工报告、合同、施工许可证、竣工验收报告或者竣工验收备案表等载明的时间，并结合是否具备开工条件的事实，认定开工日期。

第六条 当事人约定顺延工期应当经发包人或者监理人签证等方式确认，承包人虽未取得工期顺延的确认，但能够证明在合同约定的期限内向发包人或者监理人申请过工期顺延且顺延事由符合合同约定，承包人以此为由主张工期顺延的，人民法院应予支持。

当事人约定承包人未在约定期限内提出工期顺延申请视为工期不顺延的，按照约定处理，但发包人在约定期限后同意工期顺延或者承包人提出合理抗辩的除外。

第七条 发包人在承包人提起的建设工程施工合同纠纷案件中，以建设工程质量不符合合同约定或者法律规定为由，就承包人支付违约金或者赔偿修理、返工、改建的合理费用等损失提出反诉的，人民法院可以合并审理。

第八条 有下列情形之一，承包人请求发包人返还工程质量保证金的，人民法院应予支持：

（一）当事人约定的工程质量保证金返还期限届满。

（二）当事人未约定工程质量保证金返还期限的，自建设工程通过竣工验收之日起满二年。

（三）因发包人原因建设工程未按约定期限进行竣工验收的，自承包人提交工程竣工验收报告九十日后起当事人约定的工程质量保证金返还期限届满；当事人未约定工程质量保证金返还期限的，自承包人提交工程竣工验收报告九十日后起满二年。

发包人返还工程质量保证金后，不影响承包人根据合同约定或者法律规定履行工程保修义务。

第九条 发包人将依法不属于必须招标的建设工程进行招标后，与承包人另行订立的建设工程施工合同背离中标合同的实质性内容，当事人请求以中标合同作为结算建设工程价款依据的，人民法院应予支持，但发包人与承包人因客观情况发生了在招标投标时难以预见的变化而另行订立建设工程施工合同的除外。

第十条 当事人签订的建设工程施工合同与招标文件、投标文件、中标通知书载明的工程范围、建设工期、工程质量、工程价款不一致，一方当事人请求将招标文件、投标文件、中标通知书作为结算工程价款的依据的，人民法院应予支持。

第十一条 当事人就同一建设工程订立的数份建设工程施工合同均无效，但建设工程质量合格，一方当事人请求参照实际履行的合同结算建设工程价款的，人民法院应予支持。

实际履行的合同难以确定，当事人请求参照最后签订的合同结算建设工程价款的，人民法院应予支持。

第十二条 当事人在诉讼前已经对建设工程价款结算达成协议，诉讼中一方当事人申请对工程造价进行鉴定的，人民法院不予准许。

第十三条 当事人在诉讼前共同委托有关机构、人员对建设工程造价出具咨询意见，诉讼中一方当事人不认可该咨询意见申请鉴定的，人民法院应予准许，但双方当事人明确表示受该咨询意见约束的除外。

第十四条 当事人对工程造价、质量、修复费用等专门性问题有争议，人民法院认为需要鉴定的，应当向负有举证责任的当事人释明。当事人经释明未申请鉴定，虽申请鉴定但未支付鉴定费用或者拒不提供相关材料的，应当承担举证不能的法律后果。

一审诉讼中负有举证责任的当事人未申请鉴定，虽申请鉴定但未支付鉴定费用或者拒不提供相关材料，二审诉讼中申请鉴定，人民法院认为确有必要的，应当依照民事诉讼法第一百七十条第一款第三项的规定处理。

第十五条 人民法院准许当事人的鉴定申请后，应当根据当事人申请及查明案件事实的需要，确定委托鉴定的事项、范围、鉴定期限等，并组织双方当事人对争议的鉴定材料进行质证。

第十六条 人民法院应当组织当事人对鉴定意见进行质证。鉴定人将当事人有争议且未经质证的材料作为鉴定依据的，人民法院应当组织当事人就该部分材料进行质证。经质证认为不能作为鉴定依据的，根据该材料作出的鉴定意见不得作为认定案件事实的依据。

第十七条 与发包人订立建设工程施工合同的承包人，根据合同法第二百八十六条规定请求其承建工程的价款就工程折价或者拍卖的价款优先受偿的，人民法院应予支持。

第十八条 装饰装修工程的承包人，请求装饰装修工程价款就该装饰装修工程折价或者拍卖的价款优先受偿的，人民法院应予支持，但装饰装修工程的发包人不是该建筑物的所有权人的除外。

第十九条 建设工程质量合格，承包人请求其承建工程的价款就工程折价或者拍卖的价款优先受偿的，人民法院应予支持。

第二十条 未竣工的建设工程质量合格，承包人请求其承建工程的价款就其承建工程部分折价或者拍卖的价款优先受偿的，人民法院应予支持。

第二十一条 承包人建设工程价款优先受偿的范围依照国务院有关行政主管部门关于建设工程价款范围的规定确定。

承包人就逾期支付建设工程价款的利息、违约金、损害赔偿金等主张优先受偿的，人民法院不予支持。

第二十二条 承包人行使建设工程价款优先受偿权的期限为六个月，自发包人应当给付建设工程价款之日起算。

第二十三条 发包人与承包人约定放弃或者限制建设工程价款优先受偿权，损害建筑工人利益，发包人根据该约定主张承包人不享有建设工程价款优先受偿权的，人民法院不予支持。

第二十四条 实际施工人以发包人为被告主张权利的，人民法院应当追加转包人或者违法分包人为本案第三人，在查明发包人欠付转包人或者违法分包人建设工程价款的数额后，判决发包人在欠付建设工程价款范围内对实际施工人承担责任。

第二十五条 实际施工人根据合同法第七十三条规定，以转包人或者违法分包人怠于向发包人行使到期债权，对其造成损害为由，提起代位权诉讼的，人民法院应予支持。

第二十六条 本解释自 2019 年 2 月 1 日起施行。

本解释施行后尚未审结的一审、二审案件,适用本解释。

本解释施行前已经终审、施行后当事人申请再审或者按照审判监督程序决定再审的案件,不适用本解释。

最高人民法院以前发布的司法解释与本解释不一致的,不再适用。

最高人民法院、国土资源部、建设部关于依法规范人民法院执行和国土资源房地产管理部门协助执行若干问题的通知

1. *2004年2月10日*
2. *法发〔2004〕5号*

各省、自治区、直辖市高级人民法院,解放军军事法院,新疆维吾尔自治区高级人民法院生产建设兵团分院;各省、自治区、直辖市国土资源厅(国土环境资源厅、国土资源和房屋管理局、房屋土地资源管理局、规划和国土资源局),新疆生产建设兵团国土资源局;各省、自治区建设厅,新疆生产建设兵团建设局,各直辖市房地产管理局:

为保证人民法院生效判决、裁定及其他生效法律文书依法及时执行,保护当事人的合法权益,根据《中华人民共和国民事诉讼法》、《中华人民共和国土地管理法》、《中华人民共和国城市房地产管理法》等有关法律规定,现就规范人民法院执行和国土资源、房地产管理部门协助执行的有关问题通知如下:

一、人民法院在办理案件时,需要国土资源、房地产管理部门协助执行的,国土资源、房地产管理部门应当按照人民法院的生效法律文书和协助执行通知书办理协助执行事项。

国土资源、房地产管理部门依法协助人民法院执行时,除复制有关材料所必需的工本费外,不得向人民法院收取其他费用。登记过户的费用按照国家有关规定收取。

二、人民法院对土地使用权、房屋实施查封或者进行实体处理前,应当向国土资源、房地产管理部门查询该土地、房屋的权属。

人民法院执行人员到国土资源、房地产管理部门查询土地、房屋权属情况时,应当出示本人工作证和执行公务证,并出具协助查询通知书。

人民法院执行人员到国土资源、房地产管理部门办理土地使用权或者房屋查封、预查封登记手续时,应当出示本人工作证和执行公务证,并出具查封、预查封裁定书和协助执行通知书。

三、对人民法院查封或者预查封的土地使用权、房屋,国土资源、房地产管理部门应当及时办理查封或者预查封登记。

国土资源、房地产管理部门在协助人民法院执行土地使用权、房屋时,不对生效法律文书和协助执行通知书进行实体审查。国土资源、房地产管理部门认为人民法院查封、预查封或者处理的土地、房屋权属错误的,可以向人民法院提出审查建议,但不应当停止办理协助执行事项。

四、人民法院在国土资源、房地产管理部门查询并复制或者抄录的书面材料,由土地、房屋权属的登记机构或者其所属的档案室(馆)加盖印章。无法查询或者查询无结果的,国土资源、房地产管理部门应当书面告知人民法院。

五、人民法院查封时,土地、房屋权属的确认以国土资源、房地产管理部门的登记或者出具的权属证明为准。权属证明与权属登记不一致的,以权属登记为准。

在执行人民法院确认土地、房屋权属的生效法律文书时,应当按照人民法院生效法律文书所确认的权利人办理土地、房屋权属变更、转移登记手续。

六、土地使用权和房屋所有权归属同一权利人的,人民法院应当同时查封;土地使用权和房屋所有权归属不一致的,查封被执行人名

下的土地使用权或者房屋。

七、登记在案外人名下的土地使用权、房屋，登记名义人（案外人）书面认可该土地、房屋实际属于被执行人时，执行法院可以采取查封措施。

如果登记名义人否认该土地、房屋属于被执行人，而执行法院、申请执行人认为登记为虚假时，须经当事人另行提起诉讼或者通过其他程序，撤销该登记并登记在被执行人名下之后，才可以采取查封措施。

八、对被执行人因继承、判决或者强制执行取得，但尚未办理过户登记的土地使用权、房屋的查封，执行法院应当向国土资源、房地产管理部门提交被执行人取得财产所依据的继承证明、生效判决书或者执行裁定书及协助执行通知书，由国土资源、房地产管理部门办理过户登记手续后，办理查封登记。

九、对国土资源、房地产管理部门已经受理被执行人转让土地使用权、房屋的过户登记申请，尚未核准登记的，人民法院可以进行查封，已核准登记的，不得进行查封。

十、人民法院对可以分割处分的房屋应当在执行标的额的范围内分割查封，不可分割的房屋可以整体查封。

分割查封的，应当在协助执行通知书中明确查封房屋的具体部位。

十一、人民法院对土地使用权、房屋的查封期限不得超过二年。期限届满可以续封一次，续封时应当重新制作查封裁定书和协助执行通知书，续封的期限不得超过一年。确有特殊情况需要再续封的，应当经过所属高级人民法院批准，且每次再续封的期限不得超过一年。

查封期限届满，人民法院未办理继续查封手续的，查封的效力消灭。

十二、人民法院在案件执行完毕后，对未处理的土地使用权、房屋需要解除查封的，应当及时作出裁定解除查封，并将解除查封裁定书和协助执行通知书送达国土资源、房地产管理部门。

十三、被执行人全部缴纳土地使用权出让金但尚未办理土地使用权登记的，人民法院可以对该土地使用权进行预查封。

十四、被执行人部分缴纳土地使用权出让金但尚未办理土地使用权登记的，对可以分割的土地使用权，按已缴付的土地使用权出让金，由国土资源管理部门确认被执行人的土地使用权，人民法院可以对确认后的土地使用权裁定预查封。对不可以分割的土地使用权，可以全部进行预查封。

被执行人在规定的期限内仍未全部缴纳土地出让金的，在人民政府收回土地使用权的同时，应当将被执行人缴纳的按照有关规定应当退还的土地出让金交由人民法院处理，预查封自动解除。

十五、下列房屋虽未进行房屋所有权登记，人民法院也可以进行预查封：

（一）作为被执行人的房地产开发企业，已办理了商品房预售许可证且尚未出售的房屋；

（二）被执行人购买的已由房地产开发企业办理了房屋权属初始登记的房屋；

（三）被执行人购买的办理了商品房预售合同登记备案手续或者商品房预告登记的房屋。

十六、国土资源、房地产管理部门应当依据人民法院的协助执行通知书和所附的裁定书办理预查封登记。土地、房屋权属在预查封期间登记在被执行人名下的，预查封登记自动转为查封登记，预查封转为正式查封后，查封期限从预查封之日起开始计算。

十七、预查封的期限为二年。期限届满可以续封一次，续封时应当重新制作预查封裁定书和协助执行通知书，预查封的续封期限为一年。确有特殊情况需要再续封的，应当经过所属高级人民法院批准，且每次再续封的期限不得超过一年。

十八、预查封的效力等同于正式查封。预查封期限届满之日，人民法院未办理预查封续封手续的，预查封的效力消灭。

十九、两个以上人民法院对同一宗土地使用权、房屋进行查封的，国土资源、房地产管理部门为首先送达协助执行通知书的人民法院办理查封登记手续后，对后来办理查封登记的人民法院作轮候查封登记，并书面告知该土地使用权、房屋已被其他人民法院查封的事实及查封的有关情况。

二十、轮候查封登记的顺序按照人民法院送达协助执行通知书的时间先后进行排列。查封法院依法解除查封的，排列在先的轮候查封自动转为查封；查封法院对查封的土地使用权、房屋全部处理的，排列在后的轮候查封自动失效；查封法院对查封的土地使用权、房屋部分处理的，对剩余部分，排列在后的轮候查封自动转为查封。

预查封的轮侯登记参照第十九条和本条第一款的规定办理。

二十一、已被人民法院查封、预查封并在国土资源、房地产管理部门办理了查封、预查封登记手续的土地使用权、房屋，被执行人隐瞒真实情况，到国土资源、房地产管理部门办理抵押、转让等手续的，人民法院应当依法确认其行为无效，并可视情节轻重，依法追究有关人员的法律责任。国土资源、房地产管理部门应当按照人民法院的生效法律文书撤销不合法的抵押、转让等登记，并注销所颁发的证照。

二十二、国土资源、房地产管理部门对被人民法院依法查封、预查封的土地使用权、房屋，在查封、预查封期间不得办理抵押、转让等权属变更、转移登记手续。

国土资源、房地产管理部门明知土地使用权、房屋已被人民法院查封、预查封，仍然办理抵押、转让等权属变更、转移登记手续的，对有关的国土资源、房地产管理部门和直接责任人可以依照民事诉讼法第一百零二条的规定处理。

二十三、在变价处理土地使用权、房屋时，土地使用权、房屋所有权同时转移；土地使用权与房屋所有权归属不一致的，受让人继受原权利人的合法权利。

二十四、人民法院执行集体土地使用权时，经与国土资源管理部门取得一致意见后，可以裁定予以处理，但应当告知权利受让人到国土资源管理部门办理土地征用和国有土地使用权出让手续，缴纳土地使用权出让金及有关税费。

对处理农村房屋涉及集体土地的，人民法院应当与国土资源管理部门协商一致后再行处理。

二十五、人民法院执行土地使用权时，不得改变原土地用途和出让年限。

二十六、经申请执行人和被执行人协商同意，可以不经拍卖、变卖，直接裁定将被执行人以出让方式取得的国有土地使用权及其地上房屋经评估作价后交由申请执行人抵偿债务，但应当依法向国土资源和房地产管理部门办理土地、房屋权属变更、转移登记手续。

二十七、人民法院制作的土地使用权、房屋所有权转移裁定送达权利受让人时即发生法律效力，人民法院应当明确告知权利受让人及时到国土资源、房地产管理部门申请土地、房屋权属变更、转移登记。

国土资源、房地产管理部门依据生效法律文书进行权属登记时，当事人的土地、房屋权利应当追溯到相关法律文书生效之时。

二十八、人民法院进行财产保全和先予执行时适用本通知。

二十九、本通知下发前已经进行的查封，自本通知实施之日起计算期限。

三十、本通知自2004年3月1日起实施。

典型案例

江苏南通二建集团有限公司与吴江恒森房地产开发有限公司建设工程施工合同纠纷案

【裁判摘要】

承包人交付的建设工程应符合合同约定的交付条件及相关工程验收标准。工程实际存在明显的质量问题,承包人以工程竣工验收合格证明等主张工程质量合格的,人民法院不予支持。

在双方当事人已失去合作信任的情况下,为解决双方矛盾,人民法院可以判决由发包人自行委托第三方参照修复设计方案对工程质量予以整改,所需费用由承包人承担。

原告、反诉被告:江苏南通二建集团有限公司,住所地:江苏省启东市人民中路。

被告、反诉原告:吴江恒森房地产开发有限公司,住所地:江苏省吴江市松陵镇笠泽路。

江苏南通二建集团有限公司(以下简称南通二建)因与吴江恒森房地产开发有限公司(以下简称恒森公司)本诉支付工程余款、反诉赔偿屋面渗漏重作损失建设工程施工合同纠纷一案,向江苏省苏州市中级人民法院提起诉讼。该院于2010年8月5日作出(2006)苏中民一初字第0022号民事判决,南通二建、恒森公司均不服,向江苏省高级人民法院提起上诉。该院于2011年3月3日作出(2010)苏民终字第0188号民事裁定,撤销原判并发回重审。

重审中,原告南通二建诉称:2004年10月15日,原、被告签订《建设工程施工合同》一份,约定由原告承建吴江恒森国际广场的土建工程。2005年7月20日涉案工程全部竣工验收合格,并同时由被告恒森公司接收使用。被告仅支付了26815307元,余款计16207442元拒不支付。请求判令:1. 被告支付工程余款及逾期付款违约金153922.39元,合计16361364.39元。2. 被告赔偿由于设计变更造成原告钢筋成型损失6万元。

被告恒森公司辩称:被告已按约定要求支付工程款,请求驳回原告南通二建诉讼请求;并反诉称:1. 反诉被告偷工减料,未按设计图纸施工,质量不合格,导致屋面广泛渗漏,该部分重作的工程报价为3335092.99元,请求判令反诉被告赔偿该损失。2. 双方约定工程竣工日期为2005年4月中旬,实际工程竣工日期为2005年7月26日,逾期91.5天,反诉被告应赔偿延误工期违约金915万元。

南通二建针对恒森公司的反诉辩称:1. 涉案工程已竣工验收合格。对已竣工验收合格的工程,《建设工程质量管理条例》规定施工单位仅有保修义务。2. 屋面渗漏系原设计中楼盖板伸缩缝部位没有翻边等原因造成。且工程竣工后恒森公司的承租方在屋顶擅自打螺丝孔装灯,破坏了防水层。3. 根据双方会议纪要,恒森公司已承认是地下室等各种因素导致工期延误,明确不追究原合同工期,不奖也不罚。故对反诉请求不予认可。

江苏省苏州市中级人民法院一审查明:

2004年10月15日,南通二建与恒森公司依法签订建设工程施工合同,其中约定由南通二建承建恒森公司发包的吴江恒森国际广场全部土建工程,合同价款30079113元,开工日期2004年10月31日,竣工日期2005年4月28日。同日,双方签订补充协议约定:开工日期计划2004年10月2日(以开工令为准),竣工日期2005年3月11日,工期141天(春节前后15天不计算在内)。每迟后一天,南通二建支付违约金10万元。土建工程造价按标底暂定为3523万元,竣工结算经吴江市有资质的审计部门审计核实后,按审计决算总价下浮9.5%为本工程决算总价。补充协议还对付款方式进行了约定,并约定留总价5%款项作为保修保证金,两年后返还。

2004年10月30日,南通二建致函恒森公司,认为因设计变更造成其钢筋成型损失约6万元,要求恒森公司承担该损失。2004年11月10日,恒森公司致函南通二建,认为应对成型钢筋尽量利用,对确实无法利用的,由南通二建上报明细,经双方核对后,由恒森公司给予补偿。嗣后,南通二建未报损失明细。

2005年1月6日,南通二建与恒森公司签订会议纪要,双方确认南通二建为总包单位,由南通二建收取恒森公司分包合同总价1%总包管理费。该会议纪要同时明确,由于工期延误引发的争议已经双方协商解决,因地下室等各种因素的制约导致工期延误,双方不追究原合同工期,双方同意既不奖也不罚,但恒森公司法定代表人强调必须在2005年4月中旬全部竣工通验。

2005年4月20日,南通二建与恒森公司签订补充合同,约定恒森公司将恒森国际广场室外铺装总体工程发包给南通二建施工,工程总价暂按270万元计,最终结算价按江苏省建安2004定额审计下浮12%确认,室外工程工期为2005年4月20日至2005年6月20日。

2005年6月27日,南通二建与恒森公司就工程现场签证单确认问题等事项订立会议纪要,双方经协商确认工程于六月底前全部竣工,如不能如期竣工,根据原因由责任方承担责任。

施工期间,恒森公司陆续将水电、消防、暖通通风、二次装修、幕墙工程分别分包给第三方施工。其中幕墙分包工程固定总价205万元,另四份协议均约定由南通二建按分包合同总价2.5%向分包单位收取配合管理费。经确认,南通二建已收取配合管理费323750元。

涉案工程于2005年7月20日竣工验收。工程竣工后,恒森公司将其中建筑面积22275平方米的房屋出租。原一审中经现场勘查,承租人在屋顶场地中央打螺丝孔安装照明灯4盏。

原一审中,南通二建申请对工程造价进行审计;恒森公司申请对屋面渗漏的重作损失进行鉴定。一审法院依当事人申请,委托苏州市价格认证中心(以下简称认证中心)、苏州天正房屋安全司法鉴定所(以下简称天正鉴定所)及苏州东吴建筑设计院有限责任公司(以下简称东吴设计院)对相关事项予以鉴定。

认证中心的鉴定意见为:南通二建施工工程造价为35034260.23元,其中屋面结构层以上实际施工部分造价为1677635元。

天正鉴定所经鉴定确定,屋面渗漏部位主要位于伸缩缝、落水管、出屋面排气管及屋面板;南通二建实际施工部分与原设计图纸相比,屋面防水构造做法中无50厚粗砂隔离层、干铺无纺布一层、2.0厚聚合物水泥基弹性防水涂料层及20厚水泥砂浆找平层,伸缩缝部位另缺3.0厚防水卷材。鉴定意见为:屋面构造做法不符合原设计要求,屋面渗漏范围包括伸缩缝、部分落水管道、出屋面排气管及局部屋面板。

东吴设计院鉴定明确,因现有屋面板构造做法与原设计不符,局部修复方案不能保证屋面渗漏问题彻底有效解决(主要指局部维修施工带来其余部位的渗漏),建议将原防水层全面铲除,重做屋面防水层,并出具了全面设计方案。该全面设计方案中包括南通二建在实际施工中未施工工序,并在原设计方案伸缩缝部位增加了翻边。

认证中心根据东吴设计院上述全面设计方案出具的鉴证价格为3975454元(以2009年4月27日为鉴定基准日)。

重一审中,一审法院委托苏州市建设工程质量检测中心就本案原设计方案中伸缩缝部位无翻边设计是否符合国家和地方强制标准及屋顶安装4盏路灯与屋面渗漏是否存在因果关系进行鉴定。2012年3月15日该检测中心出具书面鉴定意见为:伸缩缝设计样式及用材均为参考而并无统一的强制性规范。所调查4处路灯基座,3处未见螺栓破坏现有防水层现象,其中一处路灯基座位置现有防水层存在局部破损现象,但其对屋面防水层整体防水功能的影响程度无法做出明确判断。

重一审中,认证中心出具汇总表一份,明

确在全面设计方案的总修复费用中，屋面防水构造做法中未施工的50厚粗砂隔离层、干铺无纺布一层、2.0厚聚合物水泥基弹性防水涂料层及20厚水泥砂浆找平层的工程款为755036.46元；伸缩缝部位50厚粗砂隔离层、干铺无纺布一层、2.0厚聚合物水泥基弹性防水涂料、3.0厚防水卷材的工程款为13267.56元；伸缩缝部位翻边的工程款为8713.30元。

一审法院认定本案争议焦点为：一、工程价款如何认定。二、因屋面渗漏，南通二建作为施工单位应如何承担责任。三、南通二建是否应承担延误工期的违约责任。

一、关于工程价款如何认定的问题。

诉讼中，南通二建、恒森公司均同意以鉴定造价35034260.23元作为工程款结算的依据，并一致认可已支付工程款26815307元。南通二建同时认为，工程价款还应加上总包管理费15万元及钢筋成型损失6万元。

一审认为，因诉讼中双方一致认可按司法鉴定造价为工程款结算依据，应予准许。关于总包管理费问题，施工期间双方曾确定南通二建为总包单位、南通二建可收取恒森公司分包合同总价1%总包管理费，此系双方真实意思表示，应予确认。恒森公司分包合同总价为1500万元，故恒森公司应按约支付15万元。关于钢筋成型损失问题，双方曾约定恒森公司给予损失补偿的前提是由南通二建上报无法利用钢筋的明细，现因南通二建未能提供因设计变更导致无法利用的钢筋数量明细，应视为该部分成型钢筋已合理用于本案工程中，施工方未实际发生成型钢筋损失，故对南通二建该项诉讼请求不予支持。另，因保修期限届满，且屋面广泛性渗漏问题将在本案中作出处理，故恒森公司应退还保修保证金。综上，一审法院认定恒森公司应付工程总价款为35184260.23元（35034260.23元+150000元），扣除恒森公司已付工程款26815307元，恒森公司尚应支付南通二建工程价款8368953.23元。恒森公司欠付工程款的利息可参照双方确认的补充协议中的付款期限计算。

二、关于屋面渗漏，南通二建作为施工单位应如何承担责任的问题。

一审认为，结合鉴定意见及现场情况，应确认屋面渗漏系南通二建未按原设计图纸施工导致隐患及承租人擅自安装路灯破坏防水层两方面因素所致，其中未按设计图纸施工为主要原因，路灯破坏防水层为局部和次要原因。南通二建提出的原设计不合理的问题，因标准或规范中对伸缩缝部位设计翻边并无强制性要求，其也无其他依据得出伸缩缝部位无翻边必然会漏水的结论，故对南通二建该抗辩不予支持。

南通二建主张自己仅应承担保修义务，而不应承担全面修复费用的问题。一审认为，因现有屋面板构造做法与原设计不符，存在质量隐患，局部修复方案不能保证屋面渗漏问题得到彻底解决，还会因维修施工带来其余部位的渗漏；况且，南通二建因偷工减料造成质量不符合设计要求是全面性而非局部性的问题。东吴设计院建议将原防水层全面铲除，重做屋面防水层，并由此出具全面设计方案，该方案较原设计方案相比，仅增加了伸缩缝翻边设计。因此，可以认定全面设计方案宜作为彻底解决本案屋面渗漏的修复方案。鉴于诉讼双方目前已失去良好的合作关系，由南通二建进场施工重做防水层缺乏可行性，故恒森公司可委托第三方参照全面设计方案对屋面缺陷予以整改，并由南通二建承担整改费用。

关于对全面设计方案修复费用3975454元应如何承担的问题。一审认为，全面设计方案中相较原设计，伸缩缝部位增加了一道翻边，由此增加的费用8713元应扣除。南通二建在实际施工中少做的工序并未计入工程总价款，而全面设计方案中包含了该几道工序，基于权利义务相一致的原则，该部分费用应扣除。但屋面渗漏主要系南通二建施工原因造成，工程实际修复时建筑行业人工、材料价格均有上涨，此事实上增加了恒森公司的负担，该上涨部分的费用应由南通二建承担。经鉴定，2004年10月15日，南通二建工程屋面结构层以上实际施工部分工程价款为1677635元,而2009年4月27日,相同工程量的工程价款为3198436.68元(全面修复总费用3975454元-屋面防水构造做法中增做部分755036.46元-伸缩缝部位增做部分13267.56元-伸缩缝翻边8713.30元)。因此,屋面防水构造做法与伸缩缝部位中应做而未做的部分在2004年10月15日的实际工程价款为402988.66元,而在2009年4月27日相应工程价款则为768304.02元,两者之间的差额365315.36元应由南通二建承担。另,承租人在屋顶打洞装灯破坏防水层,亦是导致屋面渗漏的原因之一,故应当相应减轻南通二建的责任。鉴于该处路灯位于屋面停车场中央较高位置及该路灯仅对屋面板渗漏有影响,而实际渗漏部位还包括伸缩缝、落水管、出屋面排气管等多部位,酌情认定应予扣除修复工程款金额15万元。综上,南通二建应支付的修复费用合计为3413752.04元。

三、关于南通二建是否应承担延误工期的违约责任。

一审认为,根据双方补充协议,南通二建应于2005年3月11日完工,否则按每天10万元承担违约责任;实际施工期间,因地基工程施工失败,双方约定由南通二建接替原地基工程施工单位实施地下室围护的抢险施工及围护桩加固工作,该项工作并非总包单位合同内容,属于增加工程,必然导致工期延长,故双方就工期协商约定互不追究原合同工期、既不奖也不罚,但恒森公司并未放弃工期要求,在承诺不针对原工期奖罚的同时要求南通二建必须于2005年4月中旬竣工。此外,恒森公司将室外铺装工程另行发包给南通二建施工,并明确室外铺装工程工期至2005年6月20日止,结合双方于2005年6月27日会议纪要中作出的工程应于六月底前竣工、否则根据原因由责任方承担责任的意思表示,可认为双方因地下室及工程量增加等原因,已协商将竣工时间延长至2005年6月30日。事实上,本案工程于2005年7月20日竣工,南通二建逾期完工20天,南通二建未能举证证明该20天存在可据实延长的情形,故逾期完工20天的责任应由南通二建承担。因恒森公司投资建房的目的之一系对外招租开设大卖场以获取租金收益,南通二建逾期完工必然导致恒森公司迟延接收使用房屋并获得租金收益,结合恒森公司将所建房屋对外实际出租的状况及规模,一审法院酌定由南通二建赔偿工期延误损失25万元。

综上,一审法院遂依照《中华人民共和国合同法》第七十七条、第一百零七条、第二百八十一条,最高人民法院《关于审理建设工程施工合同纠纷案件适用法律问题的解释》第十四条、第十七条、第十八条,《中华人民共和国民事诉讼法》(2007年修正)第十三条,最高人民法院《关于民事诉讼证据的若干规定》第二条、第七十一条之规定,于2012年8月31日作出判决:

一、恒森公司支付南通二建工程价款8368953.23元。二、恒森公司支付南通二建工程余款利息。三、南通二建赔偿恒森公司屋面修复费用3413752.04元。四、南通二建赔偿恒森公司工期延误损失250000元。五、驳回南通二建及恒森公司其他诉讼请求。

南通二建不服一审判决,向江苏省高级人民法院提起上诉称:1. 涉案工程已竣工验收合格,施工单位仅应履行保修义务,一审法院判决南通二建承担屋面整体重作费用没有法律依据。2. 原设计方案有缺陷,此也是造成屋面渗漏的原因,一审法院对原设计缺陷的责任未加认定错误。3. 双方合同已约定工程总价款下浮9.5%,故修复费用也应下浮9.5%。4. 0~100厚c30细石混凝土找平层系为配合伸缩缝翻边而增加的工序,原设计方案中没有此工序,该费用应予扣除。5. 一审法院确认屋面渗漏原因中,路灯破坏防水层为次要原因,仅减轻南通二建15万元赔偿责任不公平。综上,请求依法改判。

被上诉人恒森公司答辩认为:1. 南通二建认为涉案工程已验收合格,故只承担保修义务的理由不能成立,因为屋面渗漏系南通二建擅自减少工序而导致,不全面重作已不能有效解决渗漏,南通二建理应承担全面赔偿责任。2. 实际施工部分的工程款下浮是基于双方在施工合同中的约定,而全面设计方案的工程造价,是南通二建作为施工人向恒森公司承担的赔偿责任,不应下浮。3. 0～100 厚 c30 细石混凝土找平层费用不应扣除,因全面设计方案是为彻底解决屋面渗漏而设计的,而屋面渗漏是南通二建未按设计施工导致的,因此,不应扣除全面设计方案中的任何费用。请求驳回上诉,维持原判。

江苏省高级人民法院查明事实与一审相同。

二审法院另查明:东吴设计院鉴定人员在二审庭审中陈述,涉案工程原设计方案无0～100毫米厚细石混凝土找平层工程,该工程是为配合伸缩缝部位翻边设计而增设的。该部分费用合计 536379.74 元。经双方当事人确认,二审争议焦点为:1. 屋面渗漏的质量问题是否存在设计方面的原因;屋面渗漏的质量问题应按何种方案修复。2. 若选择全面设计方案修复,全面设计方案的费用应如何分担;全面设计方案的费用是否应下浮 9.5%;全面设计方案的费用中,0～100毫米厚细石混凝土找平层费用是否应当扣除。

江苏省高级人民法院二审认为:

一、屋面广泛性渗漏属客观存在并已经法院确认的事实,竣工验收合格证明及其他任何书面证明均不能对该客观事实形成有效对抗,故南通二建根据验收合格抗辩屋面广泛性渗漏,其理由不能成立。其依据《建设工程质量管理条例》,进而认为其只应承担保修责任而不应重作的问题,同样不能成立。因为该条例是管理性规范,而本案屋面渗漏主要系南通二建施工过程中偷工减料而形成,其交付的屋面本身不符合合同约定,且已对恒森公司形成仅保修无法救济的损害,故本案裁判的基本依据为民法通则、合同法等基本法律而非该条例,根据法律位阶关系,该条例在本案中只作参考。本案中屋面渗漏质量问题的赔偿责任应按谁造成、谁承担的原则处理,这是符合法律的公平原则的。

二、屋面渗漏的质量问题不在于原设计而在于南通二建偷工减料,未按设计要求施工,故应按全面设计方案修复。南通二建上诉提出,原设计方案中伸缩缝部位无翻边设计,不符合苏 J9503 图集要求;原设计方案中屋面伸缩缝未跨越坡低谷点,设计坡度不够;原设计方案中屋面伸缩缝以两种不匹配材料粘接。并认为上述设计缺陷均是造成屋面渗漏的原因。对南通二建所提的异议,工程质量检测中心曾于 2012 年 3 月 15 日出具鉴定意见,对原设计方案是否有缺陷以及与屋面渗漏是否存在因果关系作出说明。二审庭审中,工程质量检测中心的鉴定人员也出庭接受了质询。关于原设计方案中伸缩缝部位无翻边设计的问题,二审认为,苏 J9503 图集并非强制性规定,伸缩缝翻边仅是为进一步保险起见采取的更有效的防水措施,伸缩缝是否做翻边与屋面渗漏之间无必然联系,施工方如果按照原设计规范保质保量施工,结合一般工程施工实际考量,屋面不会渗漏。南通二建欲以原设计方案伸缩缝部位无翻边设计减轻其自身责任的上诉理由缺乏依据。关于原设计屋面伸缩缝未跨越坡低谷点的问题,二审认为,增大屋面坡度并跨越坡低谷点,其虽有利防水防漏,但南通二建严格按原设计标准施工即能防止渗漏,故南通二建该上诉理由亦不能成立。关于原设计中屋面伸缩缝以两种不匹配材料粘接的问题,二审认为,不同种材料原本难言完全匹配,且国家并没有相关规范或标准对材料粘接匹配作出禁止性规定,此点与屋面渗漏亦无必然联系,故南通二建该上诉理由也不能成立。退而言之,合同双方在合同的履行中均应认真而善意地关注对方的权利实现,这既属于合同的附随义务,亦与自身的权利实现紧密关联,故而南通二建的此类抗辩更应事前沟通而不应成为其推卸责任的充分理由。

关于本案屋面渗漏应按何种方案修复的

问题，二审认为，根据《中华人民共和国合同法》第一百零七条、第二百八十一条之规定，因施工方原因致使工程质量不符合约定的，施工方理应承担无偿修理、返工、改建或赔偿损失等违约责任。本案中，双方当事人对涉案屋面所做的工序进行了明确约定，然南通二建在施工过程中，擅自减少多道工序，尤其是缺少对防水起重要作用的2.0厚聚合物水泥基弹性防水涂料层，其交付的屋面不符合约定要求，导致屋面渗漏，其理应对此承担违约责任。鉴于恒森公司几经局部维修仍不能彻底解决屋面渗漏，双方当事人亦失去信任的合作基础，为彻底解决双方矛盾，原审法院按照司法鉴定意见认定按全面设计方案修复，并判决由恒森公司自行委托第三方参照全面设计方案对屋面渗漏予以整改，南通二建承担与改建相应责任有事实和法律依据，亦属必要。

三、全面设计方案修复费用应在考虑案情实际的基础上合理分担。二审认为，在确定赔偿责任时，应以造成损害后果的各种原因及原因力大小为原则。一审法院根据天正鉴定所及工程质量检测中心的鉴定意见，认定屋面渗漏南通二建未按设计图纸施工为主要原因，路灯破坏防水层为局部和次要原因。一审法院在鉴定机构就破坏防水层的路灯对屋面防水层整体防水功能的影响程度无法做出明确判断的情况下，鉴于屋面渗漏位置与路灯位置的关系、路灯局部破坏防水层对屋面渗漏整体情形的影响力大小等因素，且南通二建擅自减少工序在先，即使没有该处路灯螺栓孔洞影响防水层，也难避免屋面渗漏的事实，酌情减轻南通二建15万元赔偿责任尚属得当。至于全面设计方案的费用应否下浮9.5%的问题。二审认为，承担全面设计方案的工程造价，是南通二建作为施工人向恒森公司承担的违约责任，与工程实际施工工程款结算分属不同的法律关系，南通二建要求比照施工工程款下浮9.5%的方式计算全面设计方案修复费用，缺乏合同依据和法律依据。关于全面设计方案费用中，0～100毫米厚细石混凝土找平层费用536379.74元是否应当扣除的问题。二审认为，0～100毫米厚细石混凝土找平层是涉案工程原设计方案没有的，系全面设计方案中为配合伸缩缝部位翻边设计而增加的，由此增加的费用536379.74元应从总修复费用中扣除。综前所述，南通二建在本案中应支付的修复费用合计为2877372.30元（3198436.68元＋365315.36元－150000元－536379.74元）。

综上，江苏省高级人民法院遂依照《中华人民共和国民事诉讼法》第一百五十三条第一款第（三）项（2007年修正）之规定，于2012年12月15日作出判决：

维持一审判决主文第一项、第二项、第四项、第五项；变更一审判决主文第三项为：南通二建赔偿恒森公司屋面修复费用2877372.30元。

本判决为终审判决。

（来源：《最高人民法院公报》2014年第8期）

牡丹江市宏阁建筑安装有限责任公司诉牡丹江市华隆房地产开发有限责任公司、张继增建设工程施工合同纠纷案

【裁判要点】

人民法院接到民事抗诉书后，经审查发现案件纠纷已经解决，当事人申请撤诉，且不损害国家利益、社会公共利益或第三人利益的，应当依法作出对抗诉案终结审查的裁定；如果已裁定再审，应当依法作出终结再审诉讼的裁定。

【相关法条】

《中华人民共和国民事诉讼法》第一百四十条第一款第（十一）项

【基本案情】

2009年6月15日，黑龙江省牡丹江市华隆房地产开发有限责任公司（简称华隆公司）因与牡丹江市宏阁建筑安装有限责任公司（简称宏阁公司）、张继增建设工程施工合同纠纷一案，不服黑龙江省高级人民法院同年2月11日作出的（2008）黑民一终字第173号民事判

决,向最高人民法院申请再审。最高人民法院于同年12月8日作出(2009)民申字第1164号民事裁定,按照审判监督程序提审本案。在最高人民法院民事审判第一庭提审期间,华隆公司鉴于当事人之间已达成和解且已履行完毕,提交了撤回再审申请书。最高人民法院经审查,于2010年12月15日以(2010)民提字第63号民事裁定准许其撤回再审申请。

申诉人华隆公司在向法院申请再审的同时,也向检察院申请抗诉。2010年11月12日,最高人民检察院受理后决定对本案按照审判监督程序提出抗诉。2011年3月9日,最高人民法院立案一庭收到最高人民检察院高检民抗〔2010〕58号民事抗诉书后进行立案登记,同月11日移送审判监督庭审理。最高人民法院审判监督庭经审查发现,华隆公司曾向本院申请再审,其纠纷已解决,且申请检察院抗诉的理由与申请再审的理由基本相同,遂与最高人民检察院沟通并建议其撤回抗诉,最高人民检察院不同意撤回抗诉。再与华隆公司联系,华隆公司称当事人之间已就抗诉案达成和解且已履行完毕,纠纷已经解决,并于同年4月13日再次向最高人民法院提交了撤诉申请书。

【裁判结果】

最高人民法院于2011年7月6日以(2011)民抗字第29号民事裁定书,裁定本案终结审查。

【裁判理由】

最高人民法院认为:对于人民检察院抗诉再审的案件,或者人民法院依据当事人申请或依据职权裁定再审的案件,如果再审期间当事人达成和解并履行完毕,或者撤回申诉,且不损害国家利益、社会公共利益的,为了尊重和保障当事人在法定范围内对本人合法权利的自由处分权,实现诉讼法律效果与社会效果的统一,促进社会和谐,人民法院应当根据《最高人民法院关于适用〈中华人民共和国民事诉讼法〉审判监督程序若干问题的解释》第三十四条的规定,裁定终结再审诉讼。

本案中,申诉人华隆公司不服原审法院民事判决,在向最高人民法院申请再审的同时,也向检察机关申请抗诉。在本院提审期间,当事人达成和解,华隆公司向本院申请撤诉。由于当事人有权在法律规定的范围内自由处分自己的民事权益和诉讼权利,其撤诉申请意思表示真实,已裁定准许其撤回再审申请,本案当事人之间的纠纷已得到解决,且本案并不涉及国家利益、社会公共利益或第三人利益,故检察机关抗诉的基础已不存在,本案已无按抗诉程序裁定进入再审的必要,应当依法裁定本案终结审查。

(来源:《最高人民法院公报》2012年第12期)

五、房地产交易

1. 房地产交易管理

商品房销售管理办法

1. 2001年4月4日建设部令第88号发布
2. 自2001年6月1日起施行

第一章　总　　则

第一条　为了规范商品房销售行为,保障商品房交易双方当事人的合法权益,根据《中华人民共和国城市房地产管理法》、《城市房地产开发经营管理条例》,制定本办法。

第二条　商品房销售及商品房销售管理应当遵守本办法。

第三条　商品房销售包括商品房现售和商品房预售。

本办法所称商品房现售,是指房地产开发企业将竣工验收合格的商品房出售给买受人,并由买受人支付房价款的行为。

本办法所称商品房预售,是指房地产开发企业将正在建设中的商品房预先出售给买受人,并由买受人支付定金或者房价款的行为。

第四条　房地产开发企业可以自行销售商品房,也可以委托房地产中介服务机构销售商品房。

第五条　国务院建设行政主管部门负责全国商品房的销售管理工作。

省、自治区人民政府建设行政主管部门负责本行政区域内商品房的销售管理工作。

直辖市、市、县人民政府建设行政主管部门、房地产行政主管部门(以下统称房地产开发主管部门)按照职责分工,负责本行政区域内商品房的销售管理工作。

第二章　销售条件

第六条　商品房预售实行预售许可制度。

商品房预售条件及商品房预售许可证明的办理程序,按照《城市房地产开发经营管理条例》和《城市商品房预售管理办法》的有关规定执行。

第七条　商品房现售,应当符合以下条件:

(一)现售商品房的房地产开发企业应当具有企业法人营业执照和房地产开发企业资质证书;

(二)取得土地使用权证书或者使用土地的批准文件;

(三)持有建设工程规划许可证和施工许可证;

(四)已通过竣工验收;

(五)拆迁安置已经落实;

(六)供水、供电、供热、燃气、通讯等配套基础设施具备交付使用条件,其他配套基础设施和公共设施具备交付使用条件或者已确定施工进度和交付日期;

(七)物业管理方案已经落实。

第八条　房地产开发企业应当在商品房现售前将房地产开发项目手册及符合商品房现售条件的有关证明文件报送房地产开发主管部门备案。

第九条　房地产开发企业销售设有抵押权的商品房,其抵押权的处理按照《中华人民共和国担保法》、《城市房地产抵押管理办法》的有关规定执行。

第十条　房地产开发企业不得在未解除商品房买卖合同前,将作为合同标的物的商品房再行销售给他人。

第十一条 房地产开发企业不得采取返本销售或者变相返本销售的方式销售商品房。

房地产开发企业不得采取售后包租或者变相售后包租的方式销售未竣工商品房。

第十二条 商品住宅按套销售，不得分割拆零销售。

第十三条 商品房销售时，房地产开发企业选聘了物业管理企业的，买受人应当在订立商品房买卖合同时与房地产开发企业选聘的物业管理企业订立有关物业管理的协议。

第三章 广告与合同

第十四条 房地产开发企业、房地产中介服务机构发布商品房销售宣传广告，应当执行《中华人民共和国广告法》、《房地产广告发布暂行规定》等有关规定，广告内容必须真实、合法、科学、准确。

第十五条 房地产开发企业、房地产中介服务机构发布的商品房销售广告和宣传资料所明示的事项，当事人应当在商品房买卖合同中约定。

第十六条 商品房销售时，房地产开发企业和买受人应当订立书面商品房买卖合同。

商品房买卖合同应当明确以下主要内容：

（一）当事人名称或者姓名和住所；

（二）商品房基本状况；

（三）商品房的销售方式；

（四）商品房价款的确定方式及总价款、付款方式、付款时间；

（五）交付使用条件及日期；

（六）装饰、设备标准承诺；

（七）供水、供电、供热、燃气、通讯、道路、绿化等配套基础设施和公共设施的交付承诺和有关权益、责任；

（八）公共配套建筑的产权归属；

（九）面积差异的处理方式；

（十）办理产权登记有关事宜；

（十一）解决争议的方法；

（十二）违约责任；

（十三）双方约定的其他事项。

第十七条 商品房销售价格由当事人协商议定，国家另有规定的除外。

第十八条 商品房销售可以按套（单元）计价，也可以按套内建筑面积或者建筑面积计价。

商品房建筑面积由套内建筑面积和分摊的共有建筑面积组成，套内建筑面积部分为独立产权，分摊的共有建筑面积部分为共有产权，买受人按照法律、法规的规定对其享有权利，承担责任。

按套（单元）计价或者按套内建筑面积计价的，商品房买卖合同中应当注明建筑面积和分摊的共有建筑面积。

第十九条 按套（单元）计价的现售房屋，当事人对现售房屋实地勘察后可以在合同中直接约定总价款。

按套（单元）计价的预售房屋，房地产开发企业应当在合同中附所售房屋的平面图。平面图应当标明详细尺寸，并约定误差范围。房屋交付时，套型与设计图纸一致，相关尺寸也在约定的误差范围内，维持总价款不变；套型与设计图纸不一致或者相关尺寸超出约定的误差范围，合同中未约定处理方式的，买受人可以退房或者与房地产开发企业重新约定总价款。买受人退房的，由房地产开发企业承担违约责任。

第二十条 按套内建筑面积或者建筑面积计价的，当事人应当在合同中载明合同约定面积与产权登记面积发生误差的处理方式。

合同未作约定的，按以下原则处理：

（一）面积误差比绝对值在3%以内（含3%）的，据实结算房价款；

（二）面积误差比绝对值超出3%时，买受人有权退房。买受人退房的，房地产开发企业应当在买受人提出退房之日起30日内将买受人已付房价款退还给买受人，同时支付已付房价款利息。买受人不退房的，产权登记面积大于合同约定面积时，面积误差比在3%以内（含3%）部分的房价款由买受人补足；超出3%部分的房价款由房地产开发企业承担，产权归买受人。产权登记面积小于合同约定面积时，面积误差比绝对值在3%以内（含3%）部分的房价款由房地产开发企业返还买受人；绝对值超出3%部分的房价款由房地产开发企业双倍返还买受人。

$$\text{面积误差比}=\frac{\text{产权登记面积}-\text{合同约定面积}}{\text{合同约定面积}}\times 100\%$$

因本办法第二十四条规定的规划设计变更造成面积差异，当事人不解除合同的，应当签署补充协议。

第二十一条 按建筑面积计价的，当事人应当在合同中约定套内建筑面积和分摊的共有建筑面积，并约定建筑面积不变而套内建筑面积发生误差以及建筑面积与套内建筑面积均发生误差时的处理方式。

第二十二条 不符合商品房销售条件的，房地产开发企业不得销售商品房，不得向买受人收取任何预订款性质费用。

符合商品房销售条件的，房地产开发企业在订立商品房买卖合同之前向买受人收取预订款性质费用的，订立商品房买卖合同时，所收费用应当抵作房价款；当事人未能订立商品房买卖合同的，房地产开发企业应当向买受人返还所收费用；当事人之间另有约定的，从其约定。

第二十三条 房地产开发企业应当在订立商品房买卖合同之前向买受人明示《商品房销售管理办法》和《商品房买卖合同示范文本》；预售商品房的，还必须明示《城市商品房预售管理办法》。

第二十四条 房地产开发企业应当按照批准的规划、设计建设商品房。商品房销售后，房地产开发企业不得擅自变更规划、设计。

经规划部门批准的规划变更、设计单位同意的设计变更导致商品房的结构型式、户型、空间尺寸、朝向变化，以及出现合同当事人约定的其他影响商品房质量或者使用功能情形的，房地产开发企业应当在变更确立之日起10日内，书面通知买受人。

买受人有权在通知到达之日起15日内做出是否退房的书面答复。买受人在通知到达之日起15日内未作书面答复的，视同接受规划、设计变更以及由此引起的房价款的变更。房地产开发企业未在规定时限内通知买受人的，买受人有权退房；买受人退房的，由房地产开发企业承担违约责任。

第四章 销售代理

第二十五条 房地产开发企业委托中介服务机构销售商品房的，受托机构应当是依法设立并取得工商营业执照的房地产中介服务机构。

房地产开发企业应当与受托房地产中介服务机构订立书面委托合同，委托合同应当载明委托期限、委托权限以及委托人和被委托人的权利、义务。

第二十六条 受托房地产中介服务机构销售商品房时，应当向买受人出示商品房的有关证明文件和商品房销售委托书。

第二十七条 受托房地产中介服务机构销售商品房时，应当如实向买受人介绍所代理销售商品房的有关情况。

受托房地产中介服务机构不得代理销售不符合销售条件的商品房。

第二十八条 受托房地产中介服务机构在代理销售商品房时不得收取佣金以外的其他费用。

第二十九条 商品房销售人员应当经过专业培训，方可从事商品房销售业务。

第五章 交 付

第三十条 房地产开发企业应当按照合同约定，将符合交付使用条件的商品房按期交付给买受人。未能按期交付的，房地产开发企业应当承担违约责任。

因不可抗力或者当事人在合同中约定的其他原因，需延期交付的，房地产开发企业应当及时告知买受人。

第三十一条 房地产开发企业销售商品房时设置样板房的，应当说明实际交付的商品房质量、设备及装修与样板房是否一致，未作说明的,实际交付的商品房应当与样板房一致。

第三十二条 销售商品住宅时,房地产开发企业应当根据《商品住宅实行质量保证书和住宅使用说明书制度的规定》(以下简称《规定》),向买受人提供《住宅质量保证书》、《住宅使用说明书》。

第三十三条 房地产开发企业应当对所售商品房承担质量保修责任。当事人应当在合同中就保修范围、保修期限、保修责任等内容做出约定。保修期从交付之日起计算。

商品住宅的保修期限不得低于建设工程承包单位向建设单位出具的质量保修书约定保修期的存续期;存续期少于《规定》中确定的最低保修期限的,保修期不得低于《规定》中确定的最低保修期限。

非住宅商品房的保修期限不得低于建设工程承包单位向建设单位出具的质量保修书约定保修期的存续期。

在保修期限内发生的属于保修范围的质量问题,房地产开发企业应当履行保修义务,并对造成的损失承担赔偿责任。因不可抗力或者使用不当造成的损坏,房地产开发企业不承担责任。

第三十四条 房地产开发企业应当在商品房交付使用前按项目委托具有房产测绘资格的单位实施测绘,测绘成果报房地产行政主管部门审核后用于房屋权属登记。

房地产开发企业应当在商品房交付使用之日起60日内,将需要由其提供的办理房屋权属登记的资料报送房屋所在地房地产行政主管部门。

房地产开发企业应当协助商品房买受人办理土地使用权变更和房屋所有权登记手续。

第三十五条 商品房交付使用后,买受人认为主体结构质量不合格的,可以依照有关规定委托工程质量检测机构重新核验。经核验,确属主体结构质量不合格的,买受人有权退房;给买受人造成损失的,房地产开发企业应当依法承担赔偿责任。

第六章 法律责任

第三十六条 未取得营业执照,擅自销售商品房的,由县级以上人民政府工商行政管理部门依照《城市房地产开发经营管理条例》的规定处罚。

第三十七条 未取得房地产开发企业资质证书,擅自销售商品房的,责令停止销售活动,处5万元以上10万元以下的罚款。

第三十八条 违反法律、法规规定,擅自预售商品房的,责令停止违法行为,没收违法所得;收取预付款的,可以并处已收取的预付款1%以下的罚款。

第三十九条 在未解除商品房买卖合同前,将作为合同标的物的商品房再行销售给他人的,处以警告,责令限期改正,并处2万元以上3万元以下罚款;构成犯罪的,依法追究刑事责任。

第四十条 房地产开发企业将未组织竣工验收、验收不合格或者对不合格按合格验收的商品房擅自交付使用的,按照《建设工程质量管理条例》的规定处罚。

第四十一条 房地产开发企业未按规定将测绘成果或者需要由其提供的办理房屋权属登记的资料报送房地产行政主管部门的,处以警告,责令限期改正,并可处以2万元以上3万元以下罚款。

第四十二条 房地产开发企业在销售商品房中有下列行为之一的,处以警告,责令限期改正,并可处以1万元以上3万元以下罚款。

(一)未按照规定的现售条件现售商品房的;

(二)未按照规定在商品房现售前将房地产开发项目手册及符合商品房现售条件的有关证明文件报送房地产开发主管部门备案的;

(三)返本销售或者变相返本销售商品房的;

(四)采取售后包租或者变相售后包租方式销售未竣工商品房的;

（五）分割拆零销售商品住宅的；

（六）不符合商品房销售条件，向买受人收取预订款性质费用的；

（七）未按照规定向买受人明示《商品房销售管理办法》、《商品房买卖合同示范文本》、《城市商品房预售管理办法》的；

（八）委托没有资格的机构代理销售商品房的。

第四十三条 房地产中介服务机构代理销售不符合销售条件的商品房的，处以警告，责令停止销售，并可处以2万元以上3万元以下罚款。

第四十四条 国家机关工作人员在商品房销售管理工作中玩忽职守、滥用职权、徇私舞弊，依法给予行政处分；构成犯罪的，依法追究刑事责任。

第七章 附 则

第四十五条 本办法所称返本销售，是指房地产开发企业以定期向买受人返还购房款的方式销售商品房的行为。

本办法所称售后包租，是指房地产开发企业以在一定期限内承租或者代为出租买受人所购该企业商品房的方式销售商品房的行为。

本办法所称分割拆零销售，是指房地产开发企业以将成套的商品住宅分割为数部分分别出售给买受人的方式销售商品住宅的行为。

本办法所称产权登记面积，是指房地产行政主管部门确认登记的房屋面积。

第四十六条 省、自治区、直辖市人民政府建设行政主管部门可以根据本办法制定实施细则。

第四十七条 本办法由国务院建设行政主管部门负责解释。

第四十八条 本办法自2001年6月1日起施行。

城市房地产转让管理规定

1. 1995年8月7日建设部令第45号发布

2. 根据2001年8月15日建设部令第96号《关于修改〈城市房地产转让管理规定〉的决定》修正

第一条 为了加强对城市房地产转让的管理，维护房地产市场秩序，保障房地产转让当事人的合法权益，根据《中华人民共和国城市房地产管理法》，制定本规定。

第二条 凡在城市规划区国有土地范围内从事房地产转让，实施房地产转让管理，均应遵守本规定。

第三条 本规定所称房地产转让，是指房地产权利人通过买卖、赠与或者其他合法方式将其房地产转移给他人的行为。

前款所称其他合法方式，主要包括下列行为：

（一）以房地产作价入股、与他人成立企业法人，房地产权属发生变更的；

（二）一方提供土地使用权，另一方或者多方提供资金，合资、合作开发经营房地产，而使房地产权属发生变更的；

（三）因企业被收购、兼并或合并，房地产权属随之转移的；

（四）以房地产抵债的；

（五）法律、法规规定的其他情形。

第四条 国务院建设行政主管部门归口管理全国城市房地产转让工作。

省、自治区人民政府建设行政主管部门归口管理本行政区域内的城市房地产转让工作。

直辖市、市、县人民政府房地产行政主管部门（以下简称房地产管理部门）负责本行政区域内的城市房地产转让管理工作。

第五条 房地产转让时，房屋所有权和该房屋占用范围内的土地使用权同时转让。

第六条 下列房地产不得转让：

（一）以出让方式取得土地使用权但不

符合本规定第十条规定的条件的；

（二）司法机关和行政机关依法裁定，决定查封或者以其他形式限制房地产权利的；

（三）依法收回土地使用权的；

（四）共有房地产，未经其他共有人书面同意的；

（五）权属有争议的；

（六）未依法登记领取权属证书的；

（七）法律、行政法规规定禁止转让的其他情形。

第七条 房地产转让，应当按照下列程序办理：

（一）房地产转让当事人签订书面转让合同；

（二）房地产转让当事人在房地产转让合同签订后90日内持房地产权属证书、当事人的合法证明、转让合同等有关文件向房地产所在地的房地产管理部门提出申请，并申报成交价格；

（三）房地产管理部门对提供的有关文件进行审查，并在7日内作出是否受理申请的书面答复，7日内未作书面答复的，视为同意受理；

（四）房地产管理部门核实申报的成交价格，并根据需要对转让的房地产进行现场查勘和评估；

（五）房地产转让当事人按照规定缴纳有关税费；

（六）房地产管理部门办理房屋权属登记手续，核发房地产权属证书。

第八条 房地产转让合同应当载明下列主要内容：

（一）双方当事人的姓名或者名称、住所；

（二）房地产权属证书名称和编号；

（三）房地产坐落位置、面积、四至界限；

（四）土地宗地号、土地使用权取得的方式及年限；

（五）房地产的用途或使用性质；

（六）成交价格及支付方式；

（七）房地产交付使用的时间；

（八）违约责任；

（九）双方约定的其他事项。

第九条 以出让方式取得土地使用权的，房地产转让时，土地使用权出让合同载明的权利、义务随之转移。

第十条 以出让方式取得土地使用权的，转让房地产时，应当符合下列条件：

（一）按照出让合同约定已经支付全部土地使用权出让金，并取得土地使用权证书；

（二）按照出让合同约定进行投资开发，属于房屋建设工程的，应完成开发投资总额的25%以上；属于成片开发土地的，依照规划对土地进行开发建设，完成供排水、供电、供热、道路交通、通信等市政基础设施、公用设施的建设，达到场地平整，形成工业用地或者其他建设用地条件。

转让房地产时房屋已经建成的，还应当持有房屋所有权证书。

第十一条 以划拨方式取得土地使用权的，转让房地产时，按照国务院的规定，报有批准权的人民政府审批。有批准权的人民政府准予转让的，除符合本规定第十二条所列的可以不办理土地使用权出让手续的情形外，应当由受让方办理土地使用权出让手续，并依照国家有关规定缴纳土地使用权出让金。

第十二条 以划拨方式取得土地使用权的，转让房地产时，属于下列情形之一的，经有批准权的人民政府批准，可以不办理土地使用权出让手续，但应当将转让房地产所获收益中的土地收益上缴国家或者作其他处理。土地收益的缴纳和处理的办法按照国务院规定办理。

（一）经城市规划行政主管部门批准，转让的土地用于建设《中华人民共和国城市房地产管理法》第二十三条规定的项目的；

（二）私有住宅转让后仍用于居住的；

（三）按照国务院住房制度改革有关规定出售公有住宅的；

（四）同一宗土地上部分房屋转让而土

地使用权不可分割转让的；

（五）转让的房地产暂时难以确定土地使用权出让用途、年限和其他条件的；

（六）根据城市规划土地使用权不宜出让的；

（七）县级以上人民政府规定暂时无法或不需要采取土地使用权出让方式的其他情形。依照前款规定缴纳土地收益或作其他处理的，应当在房地产转让合同中注明。

第十三条 依照本规定第十二条规定转让的房地产再转让，需要办理出让手续、补交土地使用权出让金的，应当扣除已经缴纳的土地收益。

第十四条 国家实行房地产成交价格申报制度。

房地产权利人转让房地产，应当如实申报成交价格，不得瞒报或者作不实的申报。

房地产转让应当以申报的房地产成交价格作为缴纳税费的依据。成交价格明显低于正常市场价格的，以评估价格作为缴纳税费的依据。

第十五条 商品房预售按照建设部《城市商品房预售管理办法》执行。

第十六条 房地产管理部门在办理房地产转让时，其收费的项目和标准，必须经有批准权的物价部门和建设行政主管部门批准，不得擅自增加收费项目和提高收费标准。

第十七条 违反本规定第十条第一款和第十一条，未办理土地使用权出让手续，交纳土地使用权出让金的，按照《中华人民共和国城市房地产管理法》的规定进行处罚。

第十八条 房地产管理部门工作人员玩忽职守、滥用职权、徇私舞弊、索贿受贿的，依法给予行政处分；构成犯罪的，依法追究刑事责任。

第十九条 在城市规划区外的国有土地范围内进行房地产转让的，参照本规定执行。

第二十条 省、自治区人民政府建设行政主管部门、直辖市房地产行政主管部门可以根据本规定制定实施细则。

第二十一条 本规定由国务院建设行政主管部门负责解释。

第二十二条 本规定自1995年9月1日起施行。

城市商品房预售管理办法

1. 1994年11月15日建设部令第40号发布
2. 根据2001年8月15日建设部令第95号《关于修改〈城市商品房预售管理办法〉的决定》第一次修正
3. 根据2004年7月20日建设部令第131号《关于修改〈城市商品房预售管理办法〉的决定》第二次修正

第一条 为加强商品房预售管理，维护商品房交易双方的合法权益，根据《中华人民共和国城市房地产管理法》、《城市房地产开发经营管理条例》，制定本办法。

第二条 本办法所称商品房预售是指房地产开发企业（以下简称开发企业）将正在建设中的房屋预先出售给承购人，由承购人支付定金或房价款的行为。

第三条 本办法适用于城市商品房预售的管理。

第四条 国务院建设行政主管部门归口管理全国城市商品房预售管理；

省、自治区建设行政主管部门归口管理本行政区域内城市商品房预售管理；

市、县人民政府建设行政主管部门或房地产行政主管部门（以下简称房地产管理部门）负责本行政区域内城市商品房预售管理。

第五条 商品房预售应当符合下列条件：

（一）已交付全部土地使用权出让金，取得土地使用权证书；

（二）持有建设工程规划许可证和施工许可证；

（三）按提供预售的商品房计算，投入开发建设的资金达到工程建设总投资的25%以上，并已经确定施工进度和竣工交付日期。

第六条 商品房预售实行许可制度。开发企业进行商品房预售，应当向房地产管理部门申请预售许可，取得《商品房预售许可证》。

未取得《商品房预售许可证》的，不得进行商品房预售。

第七条 开发企业申请预售许可，应当提交下列证件（复印件）及资料：

（一）商品房预售许可申请表；

（二）开发企业的《营业执照》和资质证书；

（三）土地使用权证、建设工程规划许可证、施工许可证；

（四）投入开发建设的资金占工程建设总投资的比例符合规定条件的证明；

（五）工程施工合同及关于施工进度的说明；

（六）商品房预售方案。预售方案应当说明预售商品房的位置、面积、竣工交付日期等内容，并应当附预售商品房分层平面图。

第八条 商品房预售许可依下列程序办理：

（一）受理。开发企业按本办法第七条的规定提交有关材料，材料齐全的，房地产管理部门应当当场出具受理通知书；材料不齐的，应当当场或者5日内一次性书面告知需要补充的材料。

（二）审核。房地产管理部门对开发企业提供的有关材料是否符合法定条件进行审核。

开发企业对所提交材料实质内容的真实性负责。

（三）许可。经审查，开发企业的申请符合法定条件的，房地产管理部门应当在受理之日起10日内，依法作出准予预售的行政许可书面决定，发送开发企业，并自作出决定之日起10日内向开发企业颁发、送达《商品房预售许可证》。

经审查，开发企业的申请不符合法定条件的，房地产管理部门应当在受理之日起10日内，依法作出不予许可的书面决定。书面决定应当说明理由，告知开发企业享有依法申请行政复议或者提起行政诉讼的权利，并送达开发企业。

商品房预售许可决定书、不予商品房预售许可决定书应当加盖房地产管理部门的行政许可专用印章，《商品房预售许可证》应当加盖房地产管理部门的印章。

（四）公示。房地产管理部门作出的准予商品房预售许可的决定，应当予以公开，公众有权查阅。

第九条 开发企业进行商品房预售，应当向承购人出示《商品房预售许可证》。售楼广告和说明书应当载明《商品房预售许可证》的批准文号。

第十条 商品房预售，开发企业应当与承购人签订商品房预售合同。开发企业应当自签约之日起30日内，向房地产管理部门和市、县人民政府土地管理部门办理商品房预售合同登记备案手续。

房地产管理部门应当积极应用网络信息技术，逐步推行商品房预售合同网上登记备案。

商品房预售合同登记备案手续可以委托代理人办理。委托代理人办理的，应当有书面委托书。

第十一条 开发企业预售商品房所得款项应当用于有关的工程建设。

商品房预售款监管的具体办法，由房地产管理部门制定。

第十二条 预售的商品房交付使用之日起90日内，承购人应当依法到房地产管理部门和市、县人民政府土地管理部门办理权属登记手续。开发企业应当予以协助，并提供必要的证明文件。

由于开发企业的原因，承购人未能在房屋交付使用之日起90日内取得房屋权属证书的，除开发企业和承购人有特殊约定外，开发企业应当承担违约责任。

第十三条 开发企业未取得《商品房预售许可证》预售商品房的，依照《城市房地产开发经营管理条例》第三十九条的规定处罚。

第十四条 开发企业不按规定使用商品房预售款项的，由房地产管理部门责令限期纠正，并可处以违法所得3倍以下但不超过3万元的罚款。

第十五条 开发企业隐瞒有关情况、提供虚假材料，或者采用欺骗、贿赂等不正当手段取得商品房预售许可的，由房地产管理部门责令停止预售，撤销商品房预售许可，并处3万元罚款。

第十六条 省、自治区建设行政主管部门、直辖市建设行政主管部门或房地产行政管理部门可以根据本办法制定实施细则。

第十七条 本办法由国务院建设行政主管部门负责解释。

第十八条 本办法自1995年1月1日起施行。

商品房销售面积计算及公用建筑面积分摊规则（试行）

1. 1995年9月8日建设部发布
2. 建房〔1995〕517号

第一条 根据国家有关技术标准，制定《商品房销售面积计算及公用建筑面积分摊规则》（试行）。

第二条 本规则适用于商品房的销售和产权登记。

第三条 商品房销售以建筑面积为面积计算单位。建筑面积应按国家现行《建筑面积计算规则》进行计算。

第四条 商品房整栋销售，商品房的销售面积即为整栋商品房的建筑面积（地下室作为人防工程的，应从整栋商品房的建筑面积中扣除）。

第五条 商品房按"套"或"单元"出售，商品房的销售面积即为购房者所购买的套内或单元内建筑面积（以下简称套内建筑面积）与应分摊的公用建筑面积之和。

商品房销售面积 = 套内建筑面积 + 分摊的公用建筑面积

第六条 套内建筑面积由以下三部分组成：

1. 套（单元）内的使用面积；
2. 套内墙体面积；
3. 阳台建筑面积。

第七条 套内建筑面积各部分的计算原则如下：

1. 套（单元）内的使用面积

住宅按《住宅建筑设计规范》（GBJ96—86）规定的方法计算。其他建筑，按照专用建筑设计规范规定的方法或参照《住宅建筑设计规范》计算。

2. 套内墙体面积

商品房各套（单元）内使用空间周围的维护或承重墙体，有共用墙及非共用墙两种。

商品房各套（单元）之间的分隔墙、套（单元）与公用建筑空间之间的分隔墙以及外墙（包括山墙）均为共用墙，共用墙墙体水平投影面积的一半计入套内墙体面积。

非共用墙墙体水平投影面积全部计入套内墙体面积。

3. 阳台建筑面积

按国家现行《建筑面积计算规则》进行计算。

4. 套内建筑面积的计算公式为：

套内建筑面积 = 套内使用面积 + 套内墙体面积 + 阳台建筑面积

第八条 公用建筑面积由以下两部分组成：

1. 电梯井、楼梯间、垃圾道、变电室、设备间、公共门厅和过道、地下室、值班警卫室以及其他功能的为整栋建筑服务的公共用房和管理用房建筑面积；

2. 套（单元）与公用建筑空间之间的分隔墙以及外墙（包括山墙）墙体水平投影面积的一半。

第九条 公用建筑面积计算原则

凡已作为独立使用空间销售或出租的地下室、车棚等，不应计入公用建筑面积部分。作为人防工程的地下室也不计入公用建筑面积。

公用建筑面积按以下方法计算:

整栋建筑物的建筑面积扣除整栋建筑物各套(单元)套内建筑面积之和,并扣除已作为独立使用空间销售或出租的地下室、车棚及人防工程等建筑面积,即为整栋建筑物的公用建筑面积。

第十条 公用建筑面积分摊系数计算

将整栋建筑物的公用建筑面积除以整栋建筑物的各套套内建筑面积之和,得到建筑物的公用建筑面积分摊系数。

$$公用建筑面积分摊系数=\frac{公用建筑面积}{套内建筑面积之和}$$

第十一条 公用建筑面积分摊计算

各套(单元)的套内建筑面积乘以公用建筑面积分摊系数,得到购房者应合理分摊的公用建筑面积。

分摊的公用建筑面积 = 公用建筑面积分摊系数 × 套内建筑面积

第十二条 其他房屋的买卖和房地产权属登记,可参照本规则执行。

第十三条 本规则由建设部解释。

第十四条 本规则自 1995 年 12 月 1 日起施行。

住房和城乡建设部关于进一步加强房地产市场监管完善商品住房预售制度有关问题的通知

1. 2010年4月13日

2. 建房〔2010〕53号

各省、自治区住房和城乡建设厅,直辖市建委(房地局),新疆生产建设兵团建设局:

为贯彻落实《国务院办公厅关于促进房地产市场平稳健康发展的通知》(国办发〔2010〕4 号)要求,进一步加强房地产市场监管,完善商品住房预售制度,整顿和规范房地产市场秩序,维护住房消费者合法权益,现就有关问题通知如下:

一、进一步加强房地产市场监管

(一)加强商品住房预售行为监管。未取得预售许可的商品住房项目,房地产开发企业不得进行预售,不得以认购、预订、排号、发放 VIP 卡等方式向买受人收取或变相收取定金、预定款等性质的费用,不得参加任何展销活动。取得预售许可的商品住房项目,房地产开发企业要在 10 日内一次性公开全部准售房源及每套房屋价格,并严格按照申报价格,明码标价对外销售。房地产开发企业不得将企业自留房屋在房屋所有权初始登记前对外销售,不得采取返本销售、售后包租的方式预售商品住房,不得进行虚假交易。

(二)严肃查处捂盘惜售等违法违规行为。各地要加大对捂盘惜售、哄抬房价等违法违规行为的查处力度。对已经取得预售许可,但未在规定时间内对外公开销售或未将全部准售房源对外公开销售,以及故意采取畸高价格销售或通过签订虚假商品住房买卖合同等方式人为制造房源紧张的行为,要严肃查处。

(三)加强房地产销售代理和房地产经纪监管。实行代理销售商品住房的,应当委托在房地产主管部门备案的房地产经纪机构代理。房地产经纪机构应当将经纪服务项目、服务内容和收费标准在显著位置公示;额外提供的延伸服务项目,需事先向当事人说明,并在委托合同中明确约定,不得分解收费项目和强制收取代书费、银行按揭服务费等费用。房地产经纪机构和执业人员不得炒卖房号,不得在代理过程中赚取差价,不得通过签订“阴阳合同”违规交易,不得发布虚假信息和未经核实的信息,不得采取内部认购、雇人排队等手段制造销售旺盛的虚假氛围。

(四)加强商品住房买卖合同管理。各地要完善商品住房买卖合同示范文本,积极推行商品住房买卖合同网上签订和备案制度。商品住房买卖合同示范文本应对商品住房质量性能，物业会所、车位等设施归属，交付使用条件及其违约责任做出明确约定，并将《住宅质量保证书》、《住宅使用说明书》作为合同附件。房地产开发企业应当将商品住房买卖合同在合同订立前向购房人明示。

（五）健全房地产信息公开机制。各地要加强和完善房地产市场信息系统建设，及时准确地向社会公布市场信息。市、县房地产主管部门要及时将批准的预售信息、可售楼盘及房源信息、违法违规行为查处情况等向社会公开。房地产开发企业应将预售许可情况、商品住房预售方案、开发建设单位资质、代理销售的房地产经纪机构备案情况等信息，在销售现场清晰明示。

（六）鼓励推行商品住房现售试点。各地可结合当地实际，制定商品住房现售管理办法，鼓励和引导房地产开发企业现售商品住房。实行现售的商品住房，应符合《商品房销售管理办法》规定的现售条件；在商品住房现售前，房地产开发企业应当将符合现售条件的有关证明文件和房地产开发项目手册报送房地产开发主管部门备案。

二、完善商品住房预售制度

（七）严格商品住房预售许可管理。各地要结合当地实际，合理确定商品住房项目预售许可的最低规模和工程形象进度要求，预售许可的最低规模不得小于栋，不得分层、分单元办理预售许可。住房供应不足的地区，要建立商品住房预售许可绿色通道，提高行政办事效率，支持具备预售条件的商品住房项目尽快办理预售许可。

（八）强化商品住房预售方案管理。房地产开发企业应当按照商品住房预售方案销售商品住房。预售方案应当包括项目基本情况、建设进度安排、预售房屋套数、面积预测及分摊情况、公共部位和公共设施的具体范围、预售价格及变动幅度、预售资金监管落实情况、住房质量责任承担主体和承担方式、住房能源消耗指标和节能措施等。预售方案中主要内容发生变更的，应当报主管部门备案并公示。

（九）完善预售资金监管机制。各地要加快完善商品住房预售资金监管制度。尚未建立监管制度的地方，要加快制定本地区商品住房预售资金监管办法。商品住房预售资金要全部纳入监管账户，由监管机构负责监管，确保预售资金用于商品住房项目工程建设；预售资金可按建设进度进行核拨，但必须留有足够的资金保证建设工程竣工交付。

（十）严格预售商品住房退房管理。商品住房严格实行购房实名制，认购后不得擅自更改购房者姓名。各地要规范商品住房预订行为，对可售房源预订次数做出限制规定。购房人预订商品住房后，未在规定时间内签订预售合同的，预订应予以解除，解除的房源应当公开销售。已签订商品住房买卖合同并网上备案、经双方协商一致需解除合同的，双方应递交申请并说明理由，所退房源应当公开销售。

三、加强预售商品住房交付和质量管理

（十一）明确商品住房交付使用条件。各地要依据法律法规及有关建设标准，制定本地商品住房交付使用条件。商品住房交付使用条件应包括工程经竣工验收合格并在当地主管部门备案、配套基础设施和公共设施已建成并满足使用要求、北方地区住宅分户热计量装置安装符合设计要求、住宅质量保证书和住宅使用说明书制度已落实、商品住房质量责任承担主体已明确、前期物业管理已落实。房地产开发企业在商品住房交付使用时，应当向购房人出示上述相关证明资料。

（十二）完善商品住房交付使用制度。各地要建立健全商品住房交付使用管理制度，确保商品住房项目单体工程质量、节能环保性能、配套基础设施和公共设施符合交付使用的基本要求。有条件的地方可借鉴上海、山东等地经验，通过地方立法，完善新

建商品住房交付使用制度。各地要加强商品住房竣工验收管理，积极推行商品住房工程质量分户验收制度。北方地区要加强商品住房分户热计量装置安装的验收管理。

（十三）落实预售商品住房质量责任。房地产开发企业应当对其开发建设的商品住房质量承担首要责任，勘察、设计、施工、监理等单位应当依据有关法律、法规的规定或者合同的约定承担相应责任。房地产开发企业、勘察、设计、施工、监理等单位的法定代表人、工程项目负责人、工程技术负责人、注册执业人员按各自职责承担相应责任。预售商品住房存在质量问题的，购房人有权依照法律、法规及合同约定要求房地产开发企业承担责任并赔偿相应损失。房地产开发企业承担责任后，有权向造成质量问题的相关单位和个人追责。

（十四）强化预售商品住房质量保证机制。暂定资质的房地产开发企业在申请商品住房预售许可时提交的预售方案，应当明确企业破产、解散等清算情况发生后的商品住房质量责任承担主体，由质量责任承担主体提供担保函。质量责任承担主体必须具备独立的法人资格和相应的赔偿能力。各地要将房地产开发企业是否建立商品住房质量保证制度作为企业资质管理的重要内容。各地要鼓励推行预售商品住房质量保证金制度，研究建立专业化维修制度。

四、健全房地产市场监督管理机制

（十五）全面开展预售商品住房项目清理。各地近期要对所有在建的商品住房项目进行一次清理和整治。对已取得预售许可的商品住房项目逐一排查，准确掌握已预售的商品住房数量、正在预售的商品住房数量和尚未开盘的商品住房数量等情况，并将清理情况向社会公开；对尚未开盘的商品住房项目，要责成房地产开发企业限期公开销售。直辖市、省会城市（自治区首府城市）、计划单列市要将清理结果于今年6月底前报住房城乡建设部。

（十六）加大对违法违规行为的查处力度。各地要通过房地产信息网络公开、设立举报投诉电话、现场巡查等措施，加强房地产市场行为监管，加大对违法违规行为的查处力度。对退房率高、价格异常以及消费者投诉集中的项目，要重点核查。对存在违法违规行为的，要责令限期整改，记入房地产信用档案，并可暂停商品住房网上签约；对拒不整改的，要依法从严查处，直至取消其开发企业资质，并将有关信息通报土地、税收、金融、工商等相关部门，限制其参加土地购置、金融信贷等活动。

（十七）加强房地产信用管理。各地要积极拓展房地产信用档案功能和覆盖面，发挥信用档案作用，将销售行为、住房质量、交付使用、信息公开等方面内容纳入房地产信用体系，信用档案应当作为考核企业资质的依据。对违法违规销售、存在较为严重的质量问题、将不符合交付条件的住房交付使用、信息公开不及时不准确等行为，应当记入房地产开发企业信用档案，公开予以曝光。

（十八）严格相关人员责任追究制度。各地要加强对违法违规企业相关责任人的责任追究。对造成重大工程质量事故的房地产开发企业法定代表人、负责人，无论其在何职何岗，身居何处，都要依法追究相应责任。对在预售商品住房管理中工作不力、失职渎职的有关工作人员，要依法追究行政责任；对以权谋私、玩忽职守的，依法依规追究有关责任人的行政和法律责任。

（十九）落实监督检查责任制度。各地要强化房地产主管部门管理职能，加强房地产市场执法队伍建设。省级住房和城乡建设主管部门要加强对市、县（区）房地产市场监管工作的指导和检查。市、县（区）房地产主管部门要建立商品住房市场动态监管制度，加强销售现场巡查；建设、规划等部门要按照各自职责加强监管。各部门要加强协作、沟通和配合，建立健全信息共享、情况通报以及违法违规行为的联合查处机制。各地要畅通举报投诉渠道,重视和支持舆论监督,积极妥善处理矛盾纠纷,并及时公布处理结果。

其他商品房的市场监管参照本通知执行。

住房和城乡建设部、国家发展和改革委员会关于加强房地产经纪管理进一步规范房地产交易秩序的通知

1. 2011年5月11日
2. 建稽〔2011〕68号

各省、自治区住房和城乡建设厅、发展改革委(物价局),直辖市建委(房地局)、发展改革委(物价局):

为全面落实《国务院办公厅关于进一步做好房地产市场调控工作有关问题的通知》(国办发〔2011〕1号),巩固和扩大调控成果,坚决制止和查处房地产经纪违法违规行为,维护群众合法权益,结合近期实施的《房地产经纪管理办法》、《商品房屋租赁管理办法》等规定,现就有关问题通知如下:

一、加强房地产经纪机构管理。各地要以贯彻落实《房地产经纪管理办法》为契机,依法严肃查处未经备案从事房地产经纪业务、提供或者代办虚假证明材料、协助当事人签订"阴阳合同"、不履行必要告知说明义务,以及不实行明码标价、违规分解收费项目、变相提高收费标准等违法违规行为。对投诉率高、整改不力的房地产经纪机构,要通过限制网签资格、注销备案、公开曝光、记入信用档案等手段进行惩处,并将有关情况通报税收、金融、工商等部门。

二、加强房地产经纪人员管理。房地产经纪服务合同应当加盖房地产经纪机构印章,并由房地产经纪人员签名。通过房地产经纪机构成交的房地产交易,办理交易过户时要提交房地产经纪人员签名的房地产经纪服务合同。未取得房地产经纪人员职业资格的,不得在房地产经纪服务合同上签字;从事辅助工作的人员,要建立实名登记和工作卡制度,挂牌上岗。加大对房地产经纪人员出借证书、虚假注册等违法违规行为的查处力度,建立注册执业人员的诚信记录,并将注册执业人员参加相关培训的情况记入个人执业记录。

三、加强商品房预(销)售行为监管。房地产开发企业和房地产经纪机构要严格按照商品房预(销)售方案和申报价格对外销售。各地对无证售房、捂盘惜售、哄抬房价、发布虚假信息和广告、规避限购政策、违法返本销售和售后包租,以及不按规定明码标价、价外乱收费、价格欺诈等违法违规行为,要依法依规严肃处理;对不按要求公示价格信息、隐瞒真实情况以及群众投诉较多的房地产项目,要及时进行核实处理,情况查实的责令其限期整改,整改期间可暂停网签资格。要加大现场巡查力度,及时发现违法违规和不规范行为,并通过公开曝光、暂缓预售许可等手段加大惩处和监督力度,惩处情况及时通报国土、工商、金融等部门。

四、加强住房租赁市场监管。各地要结合住房租赁行为监管,依法严肃查处房地产经纪机构进行虚假宣传、提供虚假租赁房源、改变房屋内部结构分割出租、隐瞒真实房屋租赁信息,以及为不符合安全、防灾等强制性标准或属于违法建筑的房屋提供租赁经纪服务等违法违规行为。要加大政策宣传和落实力度,采取多种措施控制住房租金过快上涨,维护租赁关系的稳定。

五、建立规范化的日常动态监督管理机制。各地要坚持整顿规范和制度建设并重、专项整治和日常监督并重、加强管理和改善服务并重、受理投诉和主动监管并重,逐步建立规范化的日常动态监督管理机制。在监管理念上,要进一步加强过程监管、行为监管和

动态监管;在监管方式上,要进一步加大重点稽查和日常巡查的力度,强化多部门联动,形成监管合力,加大对典型案例及检查结果的曝光力度。要充分发挥举报投诉机制的作用,通过设立举报电话、开通举报信箱等多种方式,提供快速便捷的举报、投诉渠道,及时发现违法违规行为线索。对群众的举报和投诉,要认真接收、快速处理、及时反馈。

六、严格落实监督检查责任。各级房地产、价格主管部门今年5月至11月要集中开展一次专项整治,认真排查房地产经纪违法违规行为,做到"发现一起、查处一起"。各市、县认真制定整治工作方案,明确时间要求,细化工作任务,落实工作责任。省级房地产主管部门、价格主管部门要加强对市、县整治工作的指导和检查。市、县房地产主管部门、价格主管部门要加强协作、沟通和配合,建立健全信息共享、情况通报以及对违法违规行为联合查处机制。

各省、自治区、直辖市建设(房地产)、价格部门要于今年11月底前,将开展专项整治工作的有关情况以及典型案例上报住房城乡建设部、国家发展改革委。

文书范本

GF-2014-0171　　　　合同编号:

商品房买卖合同(预售)示范文本

出卖人:____________________________

买受人:____________________________

中华人民共和国住房和城乡建设部
中华人民共和国国家工商行政管理总局　制定

二〇一四年四月

目　录

说　明

1. 本合同文本为示范文本，由中华人民共和国住房和城乡建设部、中华人民共和国国家工商行政管理总局共同制定。各地可在有关法律法规、规定的范围内，结合实际情况调整合同相应内容。

2. 签订本合同前，出卖人应当向买受人出示《商品房预售许可证》及其他有关证书和证明文件。

3. 出卖人应当就合同重大事项对买受人尽到提示义务。买受人应当审慎签订合同，在签订本合同前，要仔细阅读合同条款，特别是审阅其中具有选择性、补充性、修改性的内容，注意防范潜在的市场风险和交易风险。

4. 本合同文本【　】中选择内容、空格部位填写内容及其他需要删除或添加的内容，双方当事人应当协商确定。【　】中选择内容，以划√方式选定；对于实际情况未发生或双方当事人不作约定时，应当在空格部位打×，以示删除。

5. 出卖人与买受人可以针对本合同文本中没有约定或者约定不明确的内容，根据所售项目的具体情况在相关条款后的空白行中进行补充约定，也可以另行签订补充协议。

6. 双方当事人可以根据实际情况决定本合同原件的份数，并在签订合同时认真核对，以确保各份合同内容一致；在任何情况下，出卖人和买受人都应当至少持有一份合同原件。

专业术语解释

1. 商品房预售：是指房地产开发企业将正在建设中的取得《商品房预售许可证》的商品房预先出售给买受人，并由买受人支付定金或房价款的行为。

2. 法定代理人：是指依照法律规定直接取得代理权的人。

3. 套内建筑面积：是指成套房屋的套内建筑面积，由套内使用面积、套内墙体面积、套内阳台建筑面积三部分组成。

4. 房屋的建筑面积：是指房屋外墙（柱）勒脚以上各层的外围水平投影面积，包括阳台、挑廊、地下室、室外楼梯等，且具备有上盖，结构牢固，层高2.20M以上（含2.20M）的永久性建筑。

5. 不可抗力：是指不能预见、不能避免并不能克服的客观情况。

6. 民用建筑节能:是指在保证民用建筑使用功能和室内热环境质量的前提下,降低其使用过程中能源消耗的活动。民用建筑是指居住建筑、国家机关办公建筑和商业、服务业、教育、卫生等其他公共建筑。

7. 房屋登记:是指房屋登记机构依法将房屋权利和其他应当记载的事项在房屋登记簿上予以记载的行为。

8. 所有权转移登记:是指商品房所有权从出卖人转移至买受人所办理的登记类型。

9. 房屋登记机构:是指直辖市、市、县人民政府建设(房地产)主管部门或者其设置的负责房屋登记工作的机构。

10. 分割拆零销售:是指房地产开发企业将成套的商品住宅分割为数部分分别出售给买受人的销售方式。

11. 返本销售:是指房地产开发企业以定期向买受人返还购房款的方式销售商品房的行为。

12. 售后包租:是指房地产开发企业以在一定期限内承租或者代为出租买受人所购该企业商品房的方式销售商品房的行为。

商品房买卖合同(预售)

出卖人向买受人出售其开发建设的房屋,双方当事人应当在自愿、平等、公平及诚实信用的基础上,根据《中华人民共和国合同法》、《中华人民共和国物权法》、《中华人民共和国城市房地产管理法》等法律、法规的规定,就商品房买卖相关内容协商达成一致意见,签订本商品房买卖合同。

第一章　合同当事人

出卖人:________________

通讯地址:________________

邮政编码:________________

营业执照注册号:________________

企业资质证书号:________________

法定代表人:________联系电话:________

委托代理人:________联系电话:________

委托销售经纪机构:________________

通讯地址:________________

邮政编码:________________

营业执照注册号:________________

经纪机构备案证明号:________________

法定代表人:________联系电话:________

买受人:________________

【法定代表人】【负责人】:________________

【国籍】【户籍所在地】:________________

证件类型:【居民身份证】【护照】【营业执照】【______】,证号:______
出生日期:______年____月____日,性别:______
通讯地址:______
邮政编码:______联系电话:______
【委托代理人】【法定代理人】:______
【国籍】【户籍所在地】:______
证件类型:【居民身份证】【护照】【营业执照】【______】,证号:______
出生日期:______年____月____日,性别:______
通讯地址:______
邮政编码:______联系电话:______
(买受人为多人时,可相应增加)

第二章　商品房基本状况

第一条　项目建设依据

1. 出卖人以【出让】【划拨】【______】方式取得坐落于______地块的建设用地使用权。该地块【国有土地使用证号】【______】为______,土地使用权面积为______平方米。买受人购买的商品房(以下简称该商品房)所占用的土地用途为______,土地使用权终止日期为______年____月____日。

2. 出卖人经批准,在上述地块上建设的商品房项目核准名称为______,建设工程规划许可证号为______,建筑工程施工许可证号为______。

第二条　预售依据

该商品房已由______批准预售,预售许可证号为______。

第三条　商品房基本情况

1. 该商品房的规划用途为【住宅】【办公】【商业】【______】。

2. 该商品房所在建筑物的主体结构为______,建筑总层数为____层,其中地上____层,地下____层。

3. 该商品房为第一条规定项目中的______【幢】【座】【______】______单元______层______号。房屋竣工后,如房号发生改变,不影响该商品房的特定位置。该商品房的平面图见附件一。

4. 该商品房的房产测绘机构为______,其预测建筑面积共____平方米,其中套内建筑面积____平方米,分摊共有建筑面积____平方米。该商品房共用部位见附件二。

该商品房层高为____米,有____个阳台,其中____个阳台为封闭式,____个阳台为非封闭式。阳台是否封闭以规划设计文件为准。

第四条　抵押情况

与该商品房有关的抵押情况为【抵押】【未抵押】。

抵押类型:______,抵押人:______,
抵押权人:______,抵押登记机构:______,
抵押登记日期:______,债务履行期限:______。
抵押类型:______,抵押人:______,

抵押权人:______________,抵押登记机构:____,

抵押登记日期:__________,债务履行期限:____。

抵押权人同意该商品房转让的证明及关于抵押的相关约定见附件三。

第五条 房屋权利状况承诺

1. 出卖人对该商品房享有合法权利;

2. 该商品房没有出售给除本合同买受人以外的其他人;

3. 该商品房没有司法查封或其他限制转让的情况;

4. ____;

5. ____。

如该商品房权利状况与上述情况不符,导致不能完成本合同登记备案或房屋所有权转移登记的,买受人有权解除合同。买受人解除合同的,应当书面通知出卖人。出卖人应当自解除合同通知送达之日起15日内退还买受人已付全部房款(含已付贷款部分),并自买受人付款之日起,按照____%(不低于中国人民银行公布的同期贷款基准利率)计算给付利息。给买受人造成损失的,由出卖人支付【已付房价款一倍】【买受人全部损失】的赔偿金。

第三章 商品房价款

第六条 计价方式与价款

出卖人与买受人按照下列第____种方式计算该商品房价款:

1. 按照套内建筑面积计算,该商品房单价为每平方米______(币种)______元,总价款为______(币种)______元(大写________________元整)。

2. 按照建筑面积计算,该商品房单价为每平方米______(币种)______元,总价款为______(币种)______元(大写________________元整)。

3. 按照套计算,该商品房总价款为______(币种)______元(大写________________元整)。

4. 按照______计算,该商品房总价款为______(币种)______元(大写________________元整)。

第七条 付款方式及期限

(一)签订本合同前,买受人已向出卖人支付定金______(币种)________________元(大写),该定金于【本合同签订】【交付首付款】【______】时【抵作】【______】商品房价款。

(二)买受人采取下列第____种方式付款:

1. 一次性付款。买受人应当在________年____月____日前支付该商品房全部价款。

2. 分期付款。买受人应当在________年____月____日前分____期支付该商品房全部价款,首期房价款______(币种)______元(大写:____________________________元整),应当于________年____月____日前支付。

3. 贷款方式付款:【公积金贷款】【商业贷款】【______】。买受人应当于________年____月____日前支付首期房价款_________(币种)_________元(大写________________元整),占全部房价款的____%。

余款______(币种)______元(大写____元整)向________________(贷款机构)申请贷款支付。

4. 其他方式:

____。

(三)出售该商品房的全部房价款应当存入预售资金监管账户,用于本工程建设。

该商品房的预售资金监管机构为________________________,预售资金监管账户名称为________________________,账号为__________________。

该商品房价款的计价方式、总价款、付款方式及期限的具体约定见附件四。

第八条　逾期付款责任

除不可抗力外,买受人未按照约定时间付款的,双方同意按照下列第____种方式处理:

1. 按照逾期时间,分别处理[(1)和(2)不作累加]。

(1)逾期在____日之内,买受人按日计算向出卖人支付逾期应付款万分之____的违约金。

(2)逾期超过____日[该期限应当与本条第(1)项中的期限相同]后,出卖人有权解除合同。出卖人解除合同的,应当书面通知买受人。买受人应当自解除合同通知送达之日起____日内按照累计应付款的____%向出卖人支付违约金,同时,出卖人退还买受人已付全部房款(含已付贷款部分)。

出卖人不解除合同的,买受人按日计算向出卖人支付逾期应付款万分之____[该比率不低于第(1)项中的比率]的违约金。

本条所称逾期应付款是指依照第七条及附件四约定的到期应付款与该期实际已付款的差额;采取分期付款的,按照相应的分期应付款与该期的实际已付款的差额确定。

2. ____。

第四章　商品房交付条件与交付手续

第九条　商品房交付条件

该商品房交付时应当符合下列第1、2、____、____项所列条件:

1. 该商品房已取得建设工程竣工验收备案证明文件;

2. 该商品房已取得房屋测绘报告;

3. ____;

4. ____。

该商品房为住宅的,出卖人还需提供《住宅使用说明书》和《住宅质量保证书》。

第十条　商品房相关设施设备交付条件

(一)基础设施设备

1. 供水、排水:交付时供水、排水配套设施齐全,并与城市公共供水、排水管网连接。使用自建设施供水的,供水的水质符合国家规定的饮用水卫生标准,____;

2. 供电:交付时纳入城市供电网络并正式供电,____;

3. 供暖:交付时供热系统符合供热配建标准,使用城市集中供热的,纳入城市集中供热管网,____;

4. 燃气:交付时完成室内燃气管道的敷设,并与城市燃气管网连接,保证燃气供应,____;

5. 电话通信:交付时线路敷设到户;

6. 有线电视:交付时线路敷设到户;

7. 宽带网络:交付时线路敷设到户。

以上第1、2、3项由出卖人负责办理开通手续并承担相关费用;第4、5、6、7项需要买受人自行办理开通手续。

如果在约定期限内基础设施设备未达到交付使用条件,双方同意按照下列第____种方式处理:

(1)以上设施中第1、2、3、4项在约定交付日未达到交付条件的,出卖人按照本合同第十二条的约定承担逾期交付责任。

第5项未按时达到交付使用条件的,出卖人按日向买受人支付______元的违约金;第6项未按时达到交付使用条件的,出卖人按日向买受人支付______元的违约金;第7项未按时达到交付使用条件的,出卖人按日向买受人支付______元的违约金。出卖人采取措施保证相关设施于约定交付日后____日之内达到交付使用条件。

(2)____。

(二)公共服务及其他配套设施(以建设工程规划许可为准)

1. 小区内绿地率:________年____月____日达到____;

2. 小区内非市政道路:________年____月____日达到____;

3. 规划的车位、车库:________年____月____日达到____;

4. 物业服务用房:________年____月____日达到____;

5. 医疗卫生机构:________年____月____日达到____;

6. 幼儿园:________年____月____日达到____;

7. 学校:________年____月____日达到____;

8. ____;

9. ____。

以上设施未达到上述条件的,双方同意按照以下方式处理:

1. 小区内绿地率未达到上述约定条件的,________________________。

2. 小区内非市政道路未达到上述约定条件的,________________________。

3. 规划的车位、车库未达到上述约定条件的,________________________。

4. 物业服务用房未达到上述约定条件的,________________________。

5. 其他设施未达到上述约定条件的,________________________。

关于本项目内相关设施设备的具体约定见附件五。

第十一条　交付时间和手续

(一)出卖人应当在________年____月____日前向买受人交付该商品房。

(二)该商品房达到第九条、第十条约定的交付条件后,出卖人应当在交付日期届满前____

日(不少于10日)将查验房屋的时间、办理交付手续的时间地点以及应当携带的证件材料的通知书面送达买受人。买受人未收到交付通知书的,以本合同约定的交付日期届满之日为办理交付手续的时间,以该商品房所在地为办理交付手续的地点。

____。

交付该商品房时,出卖人应当出示满足第九条约定的证明文件。出卖人不出示证明文件或者出示的证明文件不齐全,不能满足第九条约定条件的,买受人有权拒绝接收,由此产生的逾期交付责任由出卖人承担,并按照第十二条处理。

(三)查验房屋

1. 办理交付手续前,买受人有权对该商品房进行查验,出卖人不得以缴纳相关税费或者签署物业管理文件作为买受人查验和办理交付手续的前提条件。

2. 买受人查验的该商品房存在下列除地基基础和主体结构外的其他质量问题的,由出卖人按照有关工程和产品质量规范、标准自查验次日起____日内负责修复,并承担修复费用,修复后再行交付。

(1)屋面、墙面、地面渗漏或开裂等;

(2)管道堵塞;

(3)门窗翘裂、五金件损坏;

(4)灯具、电器等电气设备不能正常使用;

(5)____;

(6)____。

3. 查验该商品房后,双方应当签署商品房交接单。由于买受人原因导致该商品房未能按期交付的,双方同意按照以下方式处理:

(1)____;

(2)____。

第十二条　逾期交付责任

除不可抗力外,出卖人未按照第十一条约定的时间将该商品房交付买受人的,双方同意按照下列第____种方式处理:

1. 按照逾期时间,分别处理[(1)和(2)不作累加]。

(1)逾期在____日之内[该期限应当不多于第八条第1(1)项中的期限],自第十一条约定的交付期限届满之次日起至实际交付之日止,出卖人按日计算向买受人支付全部房价款万分之____的违约金[该违约金比率应当不低于第八条第1(1)项中的比率]。

(2)逾期超过____日[该期限应当与本条第(1)项中的期限相同]后,买受人有权解除合同。买受人解除合同的,应当书面通知出卖人。出卖人应当自解除合同通知送达之日起15日内退还买受人已付全部房款(含已付贷款部分),并自买受人付款之日起,按照____%(不低于中国人民银行公布的同期贷款基准利率)计算给付利息;同时,出卖人按照全部房价款的____%向买受人支付违约金。

买受人要求继续履行合同的,合同继续履行,出卖人按日计算向买受人支付全部房价款万分之____[该比率应当不低于本条第1(1)项中的比率]的违约金。

2. ____。

第五章　面积差异处理方式

第十三条　面积差异处理

该商品房交付时,出卖人应当向买受人出示房屋测绘报告,并向买受人提供该商品房的面积实测数据(以下简称实测面积)。实测面积与第三条载明的预测面积发生误差的,双方同意按照第____种方式处理。

1. 根据第六条按照套内建筑面积计价的约定,双方同意按照下列原则处理:

(1)套内建筑面积误差比绝对值在3%以内(含3%)的,据实结算房价款;

(2)套内建筑面积误差比绝对值超出3%时,买受人有权解除合同。

买受人解除合同的,应当书面通知出卖人。出卖人应当自解除合同通知送达之日起15日内退还买受人已付全部房款(含已付贷款部分),并自买受人付款之日起,按照____%(不低于中国人民银行公布的同期贷款基准利率)计算给付利息。

买受人选择不解除合同的,实测套内建筑面积大于预测套内建筑面积时,套内建筑面积误差比在3%以内(含3%)部分的房价款由买受人补足;超出3%部分的房价款由出卖人承担,产权归买受人所有。实测套内建筑面积小于预测套内建筑面积时,套内建筑面积误差比绝对值在3%以内(含3%)部分的房价款由出卖人返还买受人;绝对值超出3%部分的房价款由出卖人双倍返还买受人。

$$\text{套内建筑面积误差比}=\frac{\text{实测套内建筑面积}-\text{预测套内建筑面积}}{\text{预测套内建筑面积}}\times 100\%$$

2. 根据第六条按照建筑面积计价的约定,双方同意按照下列原则处理:

(1)建筑面积、套内建筑面积误差比绝对值均在3%以内(含3%)的,根据实测建筑面积结算房价款;

(2)建筑面积、套内建筑面积误差比绝对值其中有一项超出3%时,买受人有权解除合同。

买受人解除合同的,应当书面通知出卖人。出卖人应当自解除合同通知送达之日起15日内退还买受人已付全部房款(含已付贷款部分),并自买受人付款之日起,按照____%(不低于中国人民银行公布的同期贷款基准利率)计算给付利息。

买受人选择不解除合同的,实测建筑面积大于预测建筑面积时,建筑面积误差比在3%以内(含3%)部分的房价款由买受人补足,超出3%部分的房价款由出卖人承担,产权归买受人所有。实测建筑面积小于预测建筑面积时,建筑面积误差比绝对值在3%以内(含3%)部分的房价款由出卖人返还买受人;绝对值超出3%部分的房价款由出卖人双倍返还买受人。

$$\text{建筑面积误差比}=\frac{\text{实测建筑面积}-\text{预测建筑面积}}{\text{预测建筑面积}}\times 100\%$$

(3)因设计变更造成面积差异,双方不解除合同的,应当签署补充协议。

3. 根据第六条按照套计价的,出卖人承诺在房屋平面图中标明详细尺寸,并约定误差范围。该商品房交付时,套型与设计图纸不一致或者相关尺寸超出约定的误差范围,双方约定如下:

____。

4. 双方自行约定:

____。

第六章 规划设计变更

第十四条 规划变更

(一)出卖人应当按照城乡规划主管部门核发的建设工程规划许可证规定的条件建设商品房,不得擅自变更。

双方签订合同后，涉及该商品房规划用途、面积、容积率、绿地率、基础设施、公共服务及其他配套设施等规划许可内容经城乡规划主管部门批准变更的，出卖人应当在变更确立之日起10日内将书面通知送达买受人。出卖人未在规定期限内通知买受人的，买受人有权解除合同。

（二）买受人应当在通知送达之日起15日内做出是否解除合同的书面答复。买受人逾期未予以书面答复的，视同接受变更。

（三）买受人解除合同的，应当书面通知出卖人。出卖人应当自解除合同通知送达之日起15日内退还买受人已付全部房款（含已付贷款部分），并自买受人付款之日起，按照____%（不低于中国人民银行公布的同期贷款基准利率）计算给付利息；同时，出卖人按照全部房价款的____%向买受人支付违约金。

买受人不解除合同的，有权要求出卖人赔偿由此造成的损失，双方约定如下：

____。

第十五条　设计变更

（一）双方签订合同后，出卖人按照法定程序变更建筑工程施工图设计文件，涉及下列可能影响买受人所购商品房质量或使用功能情形的，出卖人应当在变更确立之日起10日内将书面通知送达买受人。出卖人未在规定期限内通知买受人的，买受人有权解除合同。

1. 该商品房结构形式、户型、空间尺寸、朝向；

2. 供热、采暖方式；

3. ____；

4. ____；

5. ____。

（二）买受人应当在通知送达之日起15日内做出是否解除合同的书面答复。买受人逾期未予以书面答复的，视同接受变更。

（三）买受人解除合同的，应当书面通知出卖人。出卖人应当自解除合同通知送达之日起15日内退还买受人已付全部房款（含已付贷款部分），并自买受人付款之日起，按照____%（不低于中国人民银行公布的同期贷款基准利率）计算给付利息；同时，出卖人按照全部房价款的____%向买受人支付违约金。

买受人不解除合同的，有权要求出卖人赔偿由此造成的损失，双方约定如下：____________

____。

第七章　商品房质量及保修责任

第十六条　商品房质量

（一）地基基础和主体结构

出卖人承诺该商品房地基基础和主体结构合格，并符合国家及行业标准。

经检测不合格的，买受人有权解除合同。买受人解除合同的，应当书面通知出卖人。出卖人应当自解除合同通知送达之日起15日内退还买受人已付全部房款（含已付贷款部分），并自买受人付款之日起，按照____%（不低于中国人民银行公布的同期贷款基准利率）计算给付利息。给买受人造成损失的，由出卖人支付【已付房价款一倍】【买受人全部损失】的赔偿金。因此而发生的检测费用由出卖人承担。

买受人不解除合同的，____。

（二）其他质量问题

该商品房质量应当符合有关工程质量规范、标准和施工图设计文件的要求。发现除地基基础和主体结构外质量问题的,双方按照以下方式处理:

(1)及时更换、修理;如给买受人造成损失的,还应当承担相应赔偿责任。

____。

(2)经过更换、修理,仍然严重影响正常使用的,买受人有权解除合同。买受人解除合同的,应当书面通知出卖人。出卖人应当自解除合同通知送达之日起15日内退还买受人已付全部房款(含已付贷款部分),并自买受人付款之日起,按照____%(不低于中国人民银行公布的同期贷款基准利率)计算给付利息。给买受人造成损失的,由出卖人承担相应赔偿责任。因此而发生的检测费用由出卖人承担。

买受人不解除合同的,____。

(三)装饰装修及设备标准

该商品房应当使用合格的建筑材料、构配件和设备,装置、装修、装饰所用材料的产品质量必须符合国家的强制性标准及双方约定的标准。

不符合上述标准的,买受人有权要求出卖人按照下列第(1)、____、____方式处理(可多选):

(1)及时更换、修理;

(2)出卖人赔偿双倍的装饰、设备差价;

(3)____;

(4)____。

具体装饰装修及相关设备标准的约定见附件六。

(四)室内空气质量、建筑隔声和民用建筑节能措施

1. 该商品房室内空气质量符合【国家】【地方】标准,标准名称:____,标准文号:______________。

该商品房为住宅的,建筑隔声情况符合【国家】【地方】标准,标准名称:____,标准文号:______________。

该商品房室内空气质量或建筑隔声情况经检测不符合标准,由出卖人负责整改,整改后仍不符合标准的,买受人有权解除合同。买受人解除合同的,应当书面通知出卖人。出卖人应当自解除合同通知送达之日起15日内退还买受人已付全部房款(含已付贷款部分),并自买受人付款之日起,按照____%(不低于中国人民银行公布的同期贷款基准利率)计算给付利息。给买受人造成损失的,由出卖人承担相应赔偿责任。经检测不符合标准的,检测费用由出卖人承担,整改后再次检测发生的费用仍由出卖人承担。因整改导致该商品房逾期交付的,出卖人应当承担逾期交付责任。

2. 该商品房应当符合国家有关民用建筑节能强制性标准的要求。

未达到标准的,出卖人应当按照相应标准要求补做节能措施,并承担全部费用;给买受人造成损失的,出卖人应当承担相应赔偿责任。

____。

第十七条　保修责任

(一)商品房实行保修制度。该商品房为住宅的,出卖人自该商品房交付之日起,按照《住宅质量保证书》承诺的内容承担相应的保修责任。该商品房为非住宅的,双方应当签订补充协议详细约定保修范围、保修期限和保修责任等内容。具体内容见附件七。

(二)下列情形,出卖人不承担保修责任:

1. 因不可抗力造成的房屋及其附属设施的损害；

2. 因买受人不当使用造成的房屋及其附属设施的损害；

3. ____。

（三）在保修期内，买受人要求维修的书面通知送达出卖人____日内，出卖人既不履行保修义务也不提出书面异议的，买受人可以自行或委托他人进行维修，维修费用及维修期间造成的其他损失由出卖人承担。

第十八条　质量担保

出卖人不按照第十六条、第十七条约定承担相关责任的，由______承担连带责任。

关于质量担保的证明见附件八。

第八章　合同备案与房屋登记

第十九条　预售合同登记备案

（一）出卖人应当自本合同签订之日起【30日内】【____日内】（不超过30日）办理商品房预售合同登记备案手续，并将本合同登记备案情况告知买受人。

（二）有关预售合同登记备案的其他约定如下：

____；

____。

第二十条　房屋登记

（一）双方同意共同向房屋登记机构申请办理该商品房的房屋所有权转移登记。

（二）因出卖人的原因，买受人未能在该商品房交付之日起____日内取得该商品房的房屋所有权证书的，双方同意按照下列第____种方式处理：

1. 买受人有权解除合同。买受人解除合同的，应当书面通知出卖人。出卖人应当自解除合同通知送达之日起15日内退还买受人已付全部房款（含已付贷款部分），并自买受人付款之日起，按照____%（不低于中国人民银行公布的同期贷款基准利率）计算给付利息。买受人不解除合同的，自买受人应当完成房屋所有权登记的期限届满之次日起至实际完成房屋所有权登记之日止，出卖人按日计算向买受人支付全部房价款万分之____的违约金。

2. ____。

（三）因买受人的原因未能在约定期限内完成该商品房的房屋所有权转移登记的，出卖人不承担责任。

第九章　前期物业管理

第二十一条　前期物业管理

（一）出卖人依法选聘的前期物业服务企业为______________________。

（二）物业服务时间从________年____月____日到________年____月____日。

（三）物业服务期间，物业收费计费方式为【包干制】【酬金制】【______】。物业服务费为______元/月·平方米（建筑面积）。

（四）买受人同意由出卖人选聘的前期物业服务企业代为查验并承接物业共用部位、共用设施设备，出卖人应当将物业共用部位、共用设施设备承接查验的备案情况书面告知买受人。

（五）买受人已详细阅读前期物业服务合同和临时管理规约，同意由出卖人依法选聘的物业服务企业实施前期物业管理，遵守临时管理规约。业主委员会成立后，由业主大会决定选聘或续聘物业服务企业。

该商品房前期物业服务合同、临时管理规约见附件九。

第十章 其他事项

第二十二条 建筑物区分所有权

(一)买受人对其建筑物专有部分享有占有、使用、收益和处分的权利。

(二)以下部位归业主共有:

1. 建筑物的基础、承重结构、外墙、屋顶等基本结构部分,通道、楼梯、大堂等公共通行部分,消防、公共照明等附属设施、设备,避难层、设备层或者设备间等结构部分;

2. 该商品房所在建筑区划内的道路(属于城镇公共道路的除外)、绿地(属于城镇公共绿地或者明示属于个人的除外)、占用业主共有的道路或者其他场地用于停放汽车的车位、物业服务用房;

3. ____。

(三)双方对其他配套设施约定如下:

1. 规划的车位、车库:____;

2. 会所:____;

3. ____。

第二十三条 税费

双方应当按照国家的有关规定,向相应部门缴纳因该商品房买卖发生的税费。因预测面积与实测面积差异,导致买受人不能享受税收优惠政策而增加的税收负担,由__________承担。

第二十四条 销售和使用承诺

1. 出卖人承诺不采取分割拆零销售、返本销售或者变相返本销售的方式销售商品房;不采取售后包租或者变相售后包租的方式销售未竣工商品房。

2. 出卖人承诺按照规划用途进行建设和出售,不擅自改变该商品房使用性质,并按照规划用途办理房屋登记。出卖人不得擅自改变与该商品房有关的共用部位和设施的使用性质。

3. 出卖人承诺对商品房的销售,不涉及依法或者依规划属于买受人共有的共用部位和设施的处分。

4. 出卖人承诺已将遮挡或妨碍房屋正常使用的情况告知买受人。具体内容见附件十。

5. 买受人使用该商品房期间,不得擅自改变该商品房的用途、建筑主体结构和承重结构。

6. ____。

7. ____。

第二十五条 送达

出卖人和买受人保证在本合同中记载的通讯地址、联系电话均真实有效。任何根据本合同发出的文件,均应采用书面形式,以【邮政快递】【邮寄挂号信】【________】方式送达对方。任何一方变更通讯地址、联系电话的,应在变更之日起____日内书面通知对方。变更的一方未履行通知义务导致送达不能的,应承担相应的法律责任。

第二十六条 买受人信息保护

出卖人对买受人信息负有保密义务。非因法律、法规规定或国家安全机关、公安机关、检察机关、审判机关、纪检监察部门执行公务的需要,未经买受人书面同意,出卖人及其销售人员和相关工作人员不得对外披露买受人信息,或将买受人信息用于履行本合同之外的其他用途。

第二十七条 争议解决方式

本合同在履行过程中发生的争议，由双方当事人协商解决，也可通过消费者协会等相关机构调解；或按照下列第____种方式解决：

1. 依法向房屋所在地人民法院起诉。

2. 提交________________仲裁委员会仲裁。

第二十八条　补充协议

对本合同中未约定或约定不明的内容，双方可根据具体情况签订书面补充协议（补充协议见附件十一）。

补充协议中含有不合理地减轻或免除本合同中约定应当由出卖人承担的责任，或不合理地加重买受人责任、排除买受人主要权利内容的，仍以本合同为准。

第二十九条　合同生效

本合同自双方签字或盖章之日起生效。本合同的解除应当采用书面形式。

本合同及附件共____页，一式____份，其中出卖人____份，买受人____份，【______】____份，【______】____份。合同附件与本合同具有同等法律效力。

出卖人（签字或盖章）：
【法定代表人】（签字或盖章）：
【委托代理人】（签字或盖章）：

签订时间：________年____月____日
签订地点：______________________

买受人（签字或盖章）：
【法定代表人】（签字或盖章）：
【委托代理人】（签字或盖章）：
【法定代理人】（签字或盖章）：
签订时间：________年____月____日
签订地点：______________________

附件一　房屋平面图（应当标明方位）

1. 房屋分层分户图（应当标明详细尺寸，并约定误差范围）

2. 建设工程规划方案总平面图

附件二　关于该商品房共用部位的具体说明（可附图说明）

1. 纳入该商品房分摊的共用部位的名称、面积和所在位置

2. 未纳入该商品房分摊的共用部位的名称、所在位置

附件三　抵押权人同意该商品房转让的证明及关于抵押的相关约定

1. 抵押权人同意该商品房转让的证明

2. 解除抵押的条件和时间

3. 关于抵押的其他约定

附件四　关于该商品房价款的计价方式、总价款、付款方式及期限的具体约定

附件五　关于本项目内相关设施、设备的具体约定

1. 相关设施的位置及用途

2. 其他约定

附件六　关于装饰装修及相关设备标准的约定

交付的商品房达不到本附件约定装修标准的，按照本合同第十六条第（三）款约定处理。出卖人未经双方约定增加的装置、装修、装饰，视为无条件赠送给买受人。

双方就装饰装修主要材料和设备的品牌、产地、规格、数量等内容约定如下：

1. 外墙：【瓷砖】【涂料】【玻璃幕墙】【______】；

______________________________。

2. 起居室：

（1）内墙：【涂料】【壁纸】【______】；

______________________________。

（2）顶棚：【石膏板吊顶】【涂料】【______】；

______________________________。

（3）室内地面：【大理石】【花岗岩】【水泥抹面】【实木地板】【______】；

______________________________。

3. 厨房：

（1）地面：【水泥抹面】【瓷砖】【______】；

______________________________。

（2）墙面：【耐水腻子】【瓷砖】【______】；

______________________________。

（3）顶棚：【水泥抹面】【石膏吊顶】【______】；

______________________________。

（4）厨具：______________________________。

4. 卫生间：

（1）地面：【水泥抹面】【瓷砖】【______】；

______________________________。

（2）墙面：【耐水腻子】【瓷砖】【______】；

______________________________。

（3）顶棚：【水泥抹面】【石膏吊顶】【______】；

______________________________。

（4）卫生器具：______________________________。

5. 阳台：【塑钢封闭】【铝合金封闭】【断桥铝合金封闭】【不封闭】【______】；

______________________________。

6. 电梯：

（1）品牌：______________________________；

（2）型号：______________________________。

7. 管道：

______________________________。

8. 窗户：

______________________________。

9. ______________________________。

10. ______________________________。

附件七　关于保修范围、保修期限和保修责任的约定

该商品房为住宅的，出卖人应当提供《住宅质量保证书》；该商品房为非住宅的，双方可参照《住宅质量保证书》中的内容对保修范围、保修期限和保修责任等进行约定。

该商品房的保修期自房屋交付之日起计算，关于保修期限的约定不应低于《建设工程质量管理条例》第四十条规定的最低保修期限。

（一）保修项目、期限及责任的约定

1. 地基基础和主体结构：

保修期限为：__________（不得低于设计文件规定的该工程的合理使用年限）；

____。

2. 屋面防水工程、有防水要求的卫生间、房间和外墙面的防渗漏：

保修期限为：__________（不得低于5年）；

____。

3. 供热、供冷系统和设备：

保修期限为：__________（不得低于2个采暖期、供冷期）；

____。

4. 电气管线、给排水管道、设备安装：

保修期限为：__________（不得低于2年）；

____。

5. 装修工程：

保修期限为：__________（不得低于2年）；

____。

6. ____。

7. ____。

8. ____。

（二）其他约定

____。

附件八　关于质量担保的证明

附件九　关于前期物业管理的约定

1. 前期物业服务合同
2. 临时管理规约

附件十　出卖人关于遮挡或妨碍房屋正常使用情况的说明

（如：该商品房公共管道检修口、柱子、变电箱等有遮挡或妨碍房屋正常使用的情况）

附件十一　补充协议

GF－2014－0172　　　　合同编号：

商品房买卖合同(现售)
示 范 文 本

出卖人：________________

买受人：________________

中华人民共和国住房和城乡建设部
中华人民共和国国家工商行政管理总局　制定

二〇一四年四月

目　录

说　明

1. 本合同文本为示范文本，由中华人民共和国住房和城乡建设部、中华人民共和国国家工商行政管理总局共同制定。各地可在有关法律法规、规定的范围内，结合实际情况调整合同相应内容。

2. 签订本合同前，出卖人应当向买受人出示有关权属证书或证明文件。

3. 出卖人应当就合同重大事项对买受人尽到提示义务。买受人应当审慎签订合同，在签订本合同前，要仔细阅读合同条款，特别是审阅其中具有选择性、补充性、修改性的内容，注意防范潜在的市场风险和交易风险。

4. 本合同文本【　】中选择内容、空格部位填写内容及其他需要删除或添加的内容，双方当事人应当协商确定。【　】中选择内容，以划√方式选定；对于实际情况未发生或双方当事人不作约定时，应当在空格部位打×，以示删除。

5. 出卖人与买受人可以针对本合同文本中没有约定或者约定不明确的内容，根据所售项目的具体情况在相关条款后的空白行中进行补充约定，也可以另行签订补充协议。

6. 双方当事人可以根据实际情况决定本合同原件的份数，并在签订合同时认真核对，以确保各份合同内容一致；在任何情况下，出卖人和买受人都应当至少持有一份合同原件。

专业术语解释

1. 商品房现售：是指房地产开发企业将竣工验收合格的商品房出售给买受人，并由买受人支付房价款的行为。

2. 法定代理人：是指依照法律规定直接取得代理权的人。

3. 套内建筑面积：是指成套房屋的套内建筑面积，由套内使用面积、套内墙体面积、套内阳台建筑面积三部分组成。

4. 房屋的建筑面积：是指房屋外墙（柱）勒脚以上各层的外围水平投影面积，包括阳台、挑廊、地下室、室外楼梯等，且具备有上盖，结构牢固，层高2.20M以上（含2.20M）的永久性建筑。

5. 不可抗力：是指不能预见、不能避免并不能克服的客观情况。

6. 民用建筑节能：是指在保证民用建筑使用功能和室内热环境质量的前提下，降低其使用过程中能源消耗的活动。民用建筑是指居住建筑、国家机关办公建筑和商业、服务业、教育、卫生等其他公共建筑。

7. 房屋登记:是指房屋登记机构依法将房屋权利和其他应当记载的事项在房屋登记簿上予以记载的行为。

8. 所有权转移登记:是指商品房所有权从出卖人转移至买受人所办理的登记类型。

9. 房屋登记机构:是指直辖市、市、县人民政府建设(房地产)主管部门或者其设置的负责房屋登记工作的机构。

10. 分割拆零销售:是指房地产开发企业将成套的商品住宅分割为数部分分别出售给买受人的销售方式。

11. 返本销售:是指房地产开发企业以定期向买受人返还购房款的方式销售商品房的行为。

商品房买卖合同(现售)

出卖人向买受人出售其开发建设的房屋,双方当事人应当在自愿、平等、公平及诚实信用的基础上,根据《中华人民共和国合同法》、《中华人民共和国物权法》、《中华人民共和国城市房地产管理法》等法律、法规的规定,就商品房买卖相关内容协商达成一致意见,签订本商品房买卖合同。

第一章　合同当事人

出卖人:______________________

通讯地址:______________________

邮政编码:______________________

营业执照注册号:______________________

企业资质证书号:______________________

法定代表人:____________联系电话:______________________

委托代理人:____________联系电话:______________________

委托销售经纪机构:______________________

通讯地址:______________________

邮政编码:______________________

营业执照注册号:______________________

经纪机构备案证明号:______________________

法定代表人:____________联系电话:______________________

买受人:______________________

【法定代表人】【负责人】:______________________

【国籍】【户籍所在地】:______________________

证件类型:【居民身份证】【护照】【营业执照】【______】,证号:______________________

出生日期:________年____月____日,性别:______________________

通讯地址:______________________

邮政编码:____________联系电话:______________________

【委托代理人】【法定代理人】:______________________

【国籍】【户籍所在地】:____________________

证件类型:【居民身份证】【护照】【营业执照】【______】,证号:____________________

出生日期:________年____月____日,性别:____________________

通讯地址:____________________

邮政编码:________________联系电话:____________________

(买受人为多人时,可相应增加)

第二章　商品房基本状况

第一条　项目建设依据

1. 出卖人以【出让】【划拨】【______】方式取得坐落于________________地块的建设用地使用权。该地块【国有土地使用证号】【______】为________________,土地使用权面积为________________平方米。买受人购买的商品房(以下简称该商品房)所占用的土地用途为______,土地使用权终止日期为________年____月____日。

2. 出卖人经批准,在上述地块上建设的商品房项目核准名称为,____________________,建设工程规划许可证号为______________________________,建筑工程施工许可证号为______________。

第二条　销售依据

该商品房已取得【建设工程竣工验收备案证明文件】【《房屋所有权证》】,【备案号】【《房屋所有权证》证号】为____________________,【备案机构】【房屋登记机构】为____________________。

第三条　商品房基本情况

1. 该商品房的规划用途为【住宅】【办公】【商业】【______】。

2. 该商品房所在建筑物的主体结构为______________,建筑总层数为____层,其中地上____层,地下____层。

3. 该商品房为第一条规定项目中的________________【幢】【座】【______】______单元______层______号。该商品房的平面图见附件一。

4. 该商品房的房产测绘机构为____________________,其实测建筑面积共____平方米,其中套内建筑面积____平方米,分摊共有建筑面积____平方米。该商品房共用部位见附件二。

该商品房层高为____米,有____个阳台,其中____个阳台为封闭式,____个阳台为非封闭式。阳台是否封闭以规划设计文件为准。

第四条　抵押情况

与该商品房有关的抵押情况为【抵押】【未抵押】。

抵押人:__________________,抵押权人:____________________,

抵押登记机构:____________,抵押登记日期:____________________,

债务履行期限:____________________。

抵押权人同意该商品房转让的证明及关于抵押的相关约定见附件三。

第五条　租赁情况

该商品房的租赁情况为【出租】【未出租】。

出卖人已将该商品房出租,【买受人为该商品房承租人】【承租人放弃优先购买权】。

租赁期限:从________年____月____日至________年____月____日。出卖人与买受人经协商一致,自本合同约定的交付日至租赁期限届满期间的房屋收益归【出卖人】【买受人】所有。

____。

出卖人提供的承租人放弃优先购买权的声明见附件四。

第六条 房屋权利状况承诺

1. 出卖人对该商品房享有合法权利;

2. 该商品房没有出售给除本合同买受人以外的其他人;

3. 该商品房没有司法查封或其他限制转让的情况;

4. ____;

5. ____。

如该商品房权利状况与上述情况不符,导致不能完成房屋所有权转移登记的,买受人有权解除合同。买受人解除合同的,应当书面通知出卖人。出卖人应当自解除合同通知送达之日起15日内退还买受人已付全部房款(含已付贷款部分),并自买受人付款之日起,按照____%(不低于中国人民银行公布的同期贷款基准利率)计算给付利息。给买受人造成损失的,由出卖人支付【已付房价款一倍】【买受人全部损失】的赔偿金。

第三章 商品房价款

第七条 计价方式与价款

出卖人与买受人按照下列第____种方式计算该商品房价款:

1. 按照套内建筑面积计算,该商品房单价为每平方米______(币种)______元,总价款为______(币种)______元(大写________________元整)。

2. 按照建筑面积计算,该商品房单价为每平方米______(币种)______元,总价款为______(币种)______元(大写________________元整)。

3. 按照套计算,该商品房总价款为______(币种)______元(大写________________元整)。

4. 按照______计算,该商品房总价款为______(币种)______元(大写________________元整)。

第八条 付款方式及期限

(一)签订本合同前,买受人已向出卖人支付定金______(币种)________________元(大写),该定金于【本合同签订】【交付首付款】【______】时【抵作】【______】商品房价款。

(二)买受人采取下列第____种方式付款:

1. 一次性付款。买受人应当在________年____月____日前支付该商品房全部价款。

2. 分期付款。买受人应当在________年____月____日前分____期支付该商品房全部价款,首期房价款______(币种)______元(大写:____________________元整),应当于________年____月____日前支付。

____。

3. 贷款方式付款:【公积金贷款】【商业贷款】【______】。买受人应当于________年____月____日前支付首期房价款______(币种)______元(大写________________元整),占全部房价款的____%。

余款______(币种)______元(大写____元整)向________________(贷款机构)申请贷款支付。

4. 其他方式：

____。

（三）双方约定全部房价款存入以下账户：账户名称为____________________，开户银行为____________________，账号为____________________。

该商品房价款的计价方式、总价款、付款方式及期限的具体约定见附件五。

第九条　逾期付款责任

除不可抗力外，买受人未按照约定时间付款的，双方同意按照下列第____种方式处理：

1. 按照逾期时间，分别处理[（1）和（2）不作累加]。

（1）逾期在____日之内，买受人按日计算向出卖人支付逾期应付款万分之____的违约金。

（2）逾期超过____日[该期限应当与本条第（1）项中的期限相同]后，出卖人有权解除合同。出卖人解除合同的，应当书面通知买受人。买受人应当自解除合同通知送达之日起____日内按照累计应付款的____%向出卖人支付违约金，同时，出卖人退还买受人已付全部房款（含已付贷款部分）。

出卖人不解除合同的，买受人按日计算向出卖人支付逾期应付款万分之____[该比率不低于第（1）项中的比率]的违约金。

本条所称逾期应付款是指依照第八条及附件五约定的到期应付款与该期实际已付款的差额；采取分期付款的，按照相应的分期应付款与该期的实际已付款的差额确定。

2. ____。

第四章　商品房交付条件与交付手续

第十条　商品房交付条件

该商品房交付时应当符合下列第1、2、____、____项所列条件：

1. 该商品房已取得建设工程竣工验收备案证明文件；

2. 该商品房已取得房屋测绘报告；

3. ____；

4. ____。

该商品房为住宅的，出卖人还需提供《住宅使用说明书》和《住宅质量保证书》。

第十一条　商品房相关设施设备交付条件

（一）基础设施设备

1. 供水、排水：交付时供水、排水配套设施齐全，并与城市公共供水、排水管网连接。使用自建设施供水的，供水的水质符合国家规定的饮用水卫生标准，____；

2. 供电：交付时纳入城市供电网络并正式供电，____；

3. 供暖：交付时供热系统符合供热配建标准，使用城市集中供热的，纳入城市集中供热管网，____；

4. 燃气：交付时完成室内燃气管道的敷设，并与城市燃气管网连接，保证燃气供应，____；

5. 电话通信:交付时线路敷设到户;
6. 有线电视:交付时线路敷设到户;
7. 宽带网络:交付时线路敷设到户。

以上第1、2、3项由出卖人负责办理开通手续并承担相关费用;第4、5、6、7项需要买受人自行办理开通手续。

如果在约定期限内基础设施设备未达到交付使用条件,双方同意按照下列第____种方式处理:

(1)以上设施中第1、2、3、4项在约定交付日未达到交付条件的,出卖人按照本合同第十三条的约定承担逾期交付责任。

第5项未按时达到交付使用条件的,出卖人按日向买受人支付______元的违约金;第6项未按时达到交付使用条件的,出卖人按日向买受人支付______元的违约金;第7项未按时达到交付使用条件的,出卖人按日向买受人支付______元的违约金。出卖人采取措施保证相关设施于约定交付日后____日之内达到交付使用条件。

(2)____。

(二)公共服务及其他配套设施(以建设工程规划许可为准)

1. 小区内绿地率:________年____月____日达到____;

2. 小区内非市政道路:________年____月____日达到____;

3. 规划的车位、车库:________年____月____日达到____;

4. 物业服务用房:________年____月____日达到____;

5. 医疗卫生机构:________年____月____日达到____;

6. 幼儿园:________年____月____日达到____;

7. 学校:________年____月____日达到____;

8. ____;

9. ____。

以上设施未达到上述条件的,双方同意按照以下方式处理:

1. 小区内绿地率未达到上述约定条件的,______________________________。

2. 小区内非市政道路未达到上述约定条件的,______________________________。

3. 规划的车位、车库未达到上述约定条件的,______________________________。

4. 物业服务用房未达到上述约定条件的,______________________________。

5. 其他设施未达到上述约定条件的,______________________________。

关于本项目内相关设施设备的具体约定见附件六。

第十二条　交付时间和手续

(一)出卖人应当在________年____月____日前向买受人交付该商品房。

（二）该商品房达到第十条、第十一条约定的交付条件后，出卖人应当在交付日期届满前____日（不少于10日）将查验房屋的时间、办理交付手续的时间地点以及应当携带的证件材料的通知书面送达买受人。买受人未收到交付通知书的，以本合同约定的交付日期届满之日为办理交付手续的时间，以该商品房所在地为办理交付手续的地点。

____。

交付该商品房时，出卖人应当出示满足第十条约定的证明文件。出卖人不出示证明文件或者出示的证明文件不齐全，不能满足第十条约定条件的，买受人有权拒绝接收，由此产生的逾期交付责任由出卖人承担，并按照第十三条处理。

（三）查验房屋

1. 办理交付手续前，买受人有权对该商品房进行查验，出卖人不得以缴纳相关税费或者签署物业管理文件作为买受人查验和办理交付手续的前提条件。

2. 买受人查验的该商品房存在下列除地基基础和主体结构外的其他质量问题的，由出卖人按照有关工程和产品质量规范、标准自查验次日起____日内负责修复，并承担修复费用，修复后再行交付。

（1）屋面、墙面、地面渗漏或开裂等；

（2）管道堵塞；

（3）门窗翘裂、五金件损坏；

（4）灯具、电器等电气设备不能正常使用；

（5）____；

（6）____。

3. 查验该商品房后，双方应当签署商品房交接单。由于买受人原因导致该商品房未能按期交付的，双方同意按照以下方式处理：

（1）____；

（2）____。

第十三条　逾期交付责任

除不可抗力外，出卖人未按照第十二条约定的时间将该商品房交付买受人的，双方同意按照下列第____种方式处理：

1. 按照逾期时间，分别处理[（1）和（2）不作累加]。

（1）逾期在____日之内[该期限应当不多于第九条第1（1）项中的期限]，自第十二条约定的交付期限届满之次日起至实际交付之日止，出卖人按日计算向买受人支付全部房价款万分之____的违约金[该违约金比率应当不低于第九条第1（1）项中的比率]。

（2）逾期超过____日[该期限应当与本条第（1）项中的期限相同]后，买受人有权解除合同。买受人解除合同的，应当书面通知出卖人。出卖人应当自解除合同通知送达之日起15日内退还买受人已付全部房款（含已付贷款部分），并自买受人付款之日起，按照____%（不低于中国人民银行公布的同期贷款基准利率）计算给付利息；同时，出卖人按照全部房价款的____%向买受人支付违约金。

买受人要求继续履行合同的，合同继续履行，出卖人按日计算向买受人支付全部房价款万分之____[该比率应当不低于本条第1（1）项中的比率]的违约金。

2. ____。

第五章 商品房质量及保修责任

第十四条 商品房质量

(一)地基基础和主体结构

出卖人承诺该商品房地基基础和主体结构合格,并符合国家及行业标准。

经检测不合格的,买受人有权解除合同。买受人解除合同的,应当书面通知出卖人。出卖人应当自解除合同通知送达之日起15日内退还买受人已付全部房款(含已付贷款部分),并自买受人付款之日起,按照____%(不低于中国人民银行公布的同期贷款基准利率)计算给付利息。给买受人造成损失的,由出卖人支付【已付房价款一倍】【买受人全部损失】的赔偿金。因此而发生的检测费用由出卖人承担。

买受人不解除合同的,____。

(二)其他质量问题

该商品房质量应当符合有关工程质量规范、标准和施工图设计文件的要求。发现除地基基础和主体结构外质量问题的,双方按照以下方式处理:

(1)及时更换、修理;如给买受人造成损失的,还应当承担相应赔偿责任。

____。

(2)经过更换、修理,仍然严重影响正常使用的,买受人有权解除合同。买受人解除合同的,应当书面通知出卖人。出卖人应当自解除合同通知送达之日起15日内退还买受人已付全部房款(含已付贷款部分),并自买受人付款之日起,按照____%(不低于中国人民银行公布的同期贷款基准利率)计算给付利息。给买受人造成损失的,由出卖人承担相应赔偿责任。因此而发生的检测费用由出卖人承担。

买受人不解除合同的,____。

(三)装饰装修及设备标准

该商品房应当使用合格的建筑材料、构配件和设备,装置、装修、装饰所用材料的产品质量必须符合国家的强制性标准及双方约定的标准。

不符合上述标准的,买受人有权要求出卖人按照下列第(1)、____、____方式处理(可多选):

(1)及时更换、修理;

(2)出卖人赔偿双倍的装饰、设备差价;

(3)____;

(4)____。

具体装饰装修及相关设备标准的约定见附件七。

(四)室内空气质量、建筑隔声和民用建筑节能措施

1. 该商品房室内空气质量符合【国家】【地方】标准,标准名称:____________________,标准文号:________________。

该商品房为住宅的,建筑隔声情况符合【国家】【地方】标准,标准名称:________________,标准文号:________________。

该商品房室内空气质量或建筑隔声情况经检测不符合标准,由出卖人负责整改,整改后仍不符合标准的,买受人有权解除合同。买受人解除合同的,应当书面通知出卖人。出卖人应当自解除合同通知送达之日起15日内退还买受人已付全部房款(含已付贷款部分),并自买受人付款之日起,按照____%(不低于中国人民银行公布的同期贷款基准利率)计算给付利息。给

买受人造成损失的，由出卖人承担相应赔偿责任。经检测不符合标准的，检测费用由出卖人承担，整改后再次检测发生的费用仍由出卖人承担。因整改导致该商品房逾期交付的，出卖人应当承担逾期交付责任。

2. 该商品房应当符合国家有关民用建筑节能强制性标准的要求。

未达到标准的，出卖人应当按照相应标准要求补做节能措施，并承担全部费用；给买受人造成损失的，出卖人应当承担相应赔偿责任。

____。

第十五条　保修责任

（一）商品房实行保修制度。该商品房为住宅的，出卖人自该商品房交付之日起，按照《住宅质量保证书》承诺的内容承担相应的保修责任。该商品房为非住宅的，双方应当签订补充协议详细约定保修范围、保修期限和保修责任等内容。具体内容见附件八。

（二）下列情形，出卖人不承担保修责任：

1. 因不可抗力造成的房屋及其附属设施的损害；

2. 因买受人不当使用造成的房屋及其附属设施的损害；

3. ____。

（三）在保修期内，买受人要求维修的书面通知送达出卖人____日内，出卖人既不履行保修义务也不提出书面异议的，买受人可以自行或委托他人进行维修，维修费用及维修期间造成的其他损失由出卖人承担。

第十六条　质量担保

出卖人不按照第十四条、第十五条约定承担相关责任的，由______承担连带责任。

关于质量担保的证明见附件九。

第六章　房屋登记

第十七条　房屋登记

（一）双方同意共同向房屋登记机构申请办理该商品房的房屋所有权转移登记。

（二）因出卖人的原因，买受人未能在该商品房交付之日起____日内取得该商品房的房屋所有权证书的，双方同意按照下列第____种方式处理：

1. 买受人有权解除合同。买受人解除合同的，应当书面通知出卖人。出卖人应当自解除合同通知送达之日起15日内退还买受人已付全部房款（含已付贷款部分），并自买受人付款之日起，按照____%（不低于中国人民银行公布的同期贷款基准利率）计算给付利息。买受人不解除合同的，自买受人应当完成房屋所有权登记的期限届满之次日起至实际完成房屋所有权登记之日止，出卖人按日计算向买受人支付全部房价款万分之____的违约金。

2. ____。

（三）因买受人的原因未能在约定期限内完成该商品房的房屋所有权转移登记的，出卖人不承担责任。

第七章　物业管理

第十八条　物业管理

（一）出卖人依法选聘的前期物业服务企业为______________________________。

（二）物业服务时间从________年____月____日到________年____月____日。

（三）物业服务期间，物业收费计费方式为【包干制】【酬金制】【______】。物业服务费为______元/月·平方米（建筑面积）。

（四）买受人同意由出卖人选聘的前期物业服务企业代为查验并承接物业共用部位、共用设施设备，出卖人应当将物业共用部位、共用设施设备承接查验的备案情况书面告知买受人。

（五）买受人已详细阅读前期物业服务合同和临时管理规约，同意由出卖人依法选聘的物业服务企业实施前期物业管理，遵守临时管理规约。

（六）业主大会设立前适用该章约定。业主委员会成立后，由业主大会决定选聘或续聘物业服务企业。

该商品房前期物业服务合同、临时管理规约见附件十。

第八章 其他事项

第十九条 建筑物区分所有权

（一）买受人对其建筑物专有部分享有占有、使用、收益和处分的权利。

（二）以下部位归业主共有：

1. 建筑物的基础、承重结构、外墙、屋顶等基本结构部分，通道、楼梯、大堂等公共通行部分，消防、公共照明等附属设施、设备，避难层、设备层或者设备间等结构部分；

2. 该商品房所在建筑区划内的道路（属于城镇公共道路的除外）、绿地（属于城镇公共绿地或者明示属于个人的除外）、占用业主共有的道路或者其他场地用于停放汽车的车位、物业服务用房；

3. ____。

（三）双方对其他配套设施约定如下：

1. 规划的车位、车库：______________________________________；

2. 会所：____；

3. ____。

第二十条 税费

双方应当按照国家的有关规定，向相应部门缴纳因该商品房买卖发生的税费。

第二十一条 销售和使用承诺

1. 出卖人承诺不采取分割拆零销售、返本销售或者变相返本销售的方式销售商品房。

2. 出卖人承诺按照规划用途进行建设和出售，不擅自改变该商品房使用性质，并按照规划用途办理房屋登记。出卖人不得擅自改变与该商品房有关的共用部位和设施的使用性质。

3. 出卖人承诺对商品房的销售，不涉及依法或者依规划属于买受人共有的共用部位和设施的处分。

4. 出卖人承诺已将遮挡或妨碍房屋正常使用的情况告知买受人。具体内容见附件十一。

5. 买受人使用该商品房期间，不得擅自改变该商品房的用途、建筑主体结构和承重结构。

6. ____。

7. ____。

第二十二条 送达

出卖人和买受人保证在本合同中记载的通讯地址、联系电话均真实有效。任何根据本合同发出的文件，均应采用书面形式，以【邮政快递】【邮寄挂号信】【______】方式送达对方。任何一方变更通讯地址、联系电话的，应在变更之日起____日内书面通知对方。变更的一方未履行通知义务导致送达不能的,应承担相应的法律责任。

第二十三条 买受人信息保护

出卖人对买受人信息负有保密义务。非因法律、法规规定或国家安全机关、公安机关、检察机关、审判机关、纪检监察部门执行公务的需要,未经买受人书面同意,出卖人及其销售人员和相关工作人员不得对外披露买受人信息,或将买受人信息用于履行本合同之外的其他用途。

第二十四条 争议解决方式

本合同在履行过程中发生的争议,由双方当事人协商解决,也可通过消费者协会等相关机构调解;或按照下列第____种方式解决:

1. 依法向房屋所在地人民法院起诉。

2. 提交________________仲裁委员会仲裁。

第二十五条 补充协议

对本合同中未约定或约定不明的内容,双方可根据具体情况签订书面补充协议(补充协议见附件十二)。

补充协议中含有不合理的减轻或免除本合同中约定应当由出卖人承担的责任,或不合理的加重买受人责任、排除买受人主要权利内容的,仍以本合同为准。

第二十六条 合同生效

本合同自双方签字或盖章之日起生效。本合同的解除应当采用书面形式。

本合同及附件共____页,一式____份,其中出卖人____份,买受人____份,【______】____份,【______】____份。合同附件与本合同具有同等法律效力。

出卖人(签字或盖章):	买受人(签字或盖章):
【法定代表人】(签字或盖章):	【法定代表人】(签字或盖章):
【委托代理人】(签字或盖章):	【委托代理人】(签字或盖章):
	【法定代理人】(签字或盖章):
签订时间:________年____月____日	签订时间:________年____月____日
签订地点:______________________	签订地点:______________________

附件一 房屋平面图(应当标明方位)

1. 房屋分层分户图(应当标明详细尺寸,并约定误差范围)

2. 建设工程规划方案总平面图

附件二 关于该商品房共用部位的具体说明(可附图说明)

1. 纳入该商品房分摊的共用部位的名称、面积和所在位置

2. 未纳入该商品房分摊的共用部位的名称、所在位置

附件三 抵押权人同意该商品房转让的证明及关于抵押的相关约定

1. 抵押权人同意该商品房转让的证明

2. 解除抵押的条件和时间

3. 关于抵押的其他约定

附件四 出卖人提供的承租人放弃优先购买权的声明

附件五 关于该商品房价款的计价方式、总价款、付款方式及期限的具体约定

附件六 关于本项目内相关设施、设备的具体约定

1. 相关设施的位置及用途

2. 其他约定

附件七 关于装饰装修及相关设备标准的约定

交付的商品房达不到本附件约定装修标准的，按照本合同第十四条第（三）款约定处理。出卖人未经双方约定增加的装置、装修、装饰，视为无条件赠送给买受人。

双方就装饰装修主要材料和设备的品牌、产地、规格、数量等内容约定如下：

1. 外墙：【瓷砖】【涂料】【玻璃幕墙】【______】；

____。

2. 起居室：

（1）内墙：【涂料】【壁纸】【______】；

____。

（2）顶棚：【石膏板吊顶】【涂料】【______】；

____。

（3）室内地面：【大理石】【花岗岩】【水泥抹面】【实木地板】【______】；

____。

3. 厨房：

（1）地面：【水泥抹面】【瓷砖】【______】；

____。

（2）墙面：【耐水腻子】【瓷砖】【______】；

____。

（3）顶棚：【水泥抹面】【石膏吊顶】【______】；

____。

（4）厨具：____。

4. 卫生间：

（1）地面：【水泥抹面】【瓷砖】【______】；

____。

（2）墙面：【耐水腻子】【瓷砖】【______】；

____。

（3）顶棚：【水泥抹面】【石膏吊顶】【______】；

____。

（4）卫生器具：____。

5. 阳台：【塑钢封闭】【铝合金封闭】【断桥铝合金封闭】【不封闭】【______】；

____。

6. 电梯：

(1)品牌：____；

(2)型号：____。

7. 管道：

____。

8. 窗户：

____。

9. ____。

10. ____。

附件八　关于保修范围、保修期限和保修责任的约定

该商品房为住宅的，出卖人应当提供《住宅质量保证书》；该商品房为非住宅的，双方可参照《住宅质量保证书》中的内容对保修范围、保修期限和保修责任等进行约定。

该商品房的保修期自房屋交付之日起计算，关于保修期限的约定不应低于《建设工程质量管理条例》第四十条规定的最低保修期限。

(一)保修项目、期限及责任的约定

1. 地基基础和主体结构：

保修期限为：__________(不得低于设计文件规定的该工程的合理使用年限)；

____。

2. 屋面防水工程、有防水要求的卫生间、房间和外墙面的防渗漏：

保修期限为：__________(不得低于5年)；

____。

3. 供热、供冷系统和设备：

保修期限为：__________(不得低于2个采暖期、供冷期)；

____。

4. 电气管线、给排水管道、设备安装：

保修期限为：__________(不得低于2年)；

____。

5. 装修工程：

保修期限为：__________(不得低于2年)；

____。

6. ____。

7. ____。

8. ____。

(二)其他约定

____。

附件九 关于质量担保的证明

附件十 关于物业管理的约定

1. 前期物业服务合同

2. 临时管理规约

附件十一 出卖人关于遮挡或妨碍房屋正常使用情况的说明

（如：该商品房公共管道检修口、柱子、变电箱等有遮挡或妨碍房屋正常使用的情况）

附件十二 补充协议

典型案例

李明柏诉南京金陵置业发展有限公司商品房预售合同纠纷案

【裁判摘要】

一、对于政府机关及其他职能部门出具的证明材料，人民法院应当对其真实性、合法性以及与待证事实的关联性进行判断，如上述证据不能反映案件的客观真实情况，则不能作为人民法院认定案件事实的根据。

二、因出卖人所售房屋存在质量问题，致购房人无法对房屋正常使用、收益，双方当事人对由此造成的实际损失如何计算未作明确约定的，人民法院可以房屋同期租金作为标准计算购房人的实际损失。

原告：李明柏，男，43岁，汉族，住江苏省南京市。

被告：南京金陵置业发展有限公司，住所地：江苏省南京市江宁经济技术开发区将军路。

法定代表人：赵裕源，该公司董事长。

原告李明柏因与被告南京金陵置业发展有限公司（以下简称金陵置业公司）发生商品房预售纠纷，向江苏省南京市江宁区人民法院提起诉讼。

原告李明柏诉称：2007年6月7日，其与被告金陵置业公司签订商品房买卖契约，约定由其购买金陵置业公司开发的位于南京市江宁区将军大道8号美仕别墅辣椒街区58幢01室房屋，因该房屋存在质量问题，其诉至法院要求金陵置业公司赔偿损失，但当时仅主张了2010年4月20日前的租金损失，现再次诉至法院，要求金陵置业公司赔偿其损失357 000元（自2010年4月21日至2011年9月21日止，按21 000元/月计算），并赔偿其向物业公司支付的2008年7月至2011年9月21日期间发生的所有费用29 638元。

被告金陵置业公司辩称：原告李明柏主张租金损失计算到2011年9月21日没有依据，其在对李明柏房屋加固后，李明柏不配合其进行检测，导致检测报告出具迟延，从检测结果来看，其完成加固后房屋完全可以使用，且即使租金损失继续存在，也应当以前一判决确定的租金标准为依据；本案与物业公司向李明柏主张物业管理费用不属于同一合同关系，且该房屋不具备安全居住条件并不表示李明柏不需要支付物业管理费用，该诉讼请求应当驳回。

南京市江宁区人民法院一审查明：

2007年6月7日，原告李明柏（乙方）与被告金陵置业公司（甲方）签订《美仕别墅》商品房买卖契约，约定：乙方向甲方购买位于江宁区将军大道8号美仕别墅辣椒街区58幢01室房屋,建筑面积276平方米,同年6月24日,金陵置业公司向李明柏交付了房屋(实际建筑面积为280.22平方米)。2008年,李明柏向金陵置业公司报告该房屋存在质量问题。2010年3月18日,锋固建筑公司针对该房屋出具了结构加固设计图、工程报价单,并于2010年3月29日进场施工,施工期为8天。施工结束后,双方仍存在争议,李明柏诉至法院,要求金陵置业公司对房屋楼板进行修复以达到安全使用的合格标准并赔偿损失50万元。该案审理中,李明柏与金陵置业公司进行协商,双方约定对房屋加固后的楼板是否达到安全使用的合格标准进行鉴定;鉴定机构为南京建研建设工程鉴定有限公司(以下简称建研鉴定公司);双方均不得以不是法院委托鉴定推翻鉴定结论。此后,由金陵置业公司委托建研公司进行了鉴定,2011年3月28日,建研鉴定公司作出(2011)建鉴字第5144号鉴定报告,结论为:该建筑一层客厅楼面板承载力满足相关规范要求。另外,就租金标准,一审法院曾向南京市江宁区物价局价格认证中心咨询,2010年,与本案讼争房屋同地段同类型的精装修房屋(建筑面积为240平方米至250平方米)月租金价格为7000元至8000元,毛坯房的租金价格为2000元(建筑面积为280.22平方米)。2007年至2010年,房屋租金上涨的幅度为8%~10%。法院对该案审理后认为,金陵置业公司交付的房屋存在质量问题,致使李明柏不能居住使用该房屋,故金陵置业公司应当赔偿因此给李明柏造成的租金损失,该损失应当截至李明柏知道房屋可以安全居住为止,故判决支持了李明柏就该房屋在2010年4月之前的租金损失(自2008年7月起算,扣除2008年12月至2009年3月装修期)。

现原告李明柏再次起诉,请求法院判令被告金陵置业公司支付2010年4月21日至2011年9月21日的租金损失及其他费用。审理中,关于租金损失计算的截止时间,金陵置业公司未举证证明其向李明柏寄送(2011)建鉴字第5144号鉴定报告的情况,从前一案件的审理情况来看,双方曾于2011年7月22日对该鉴定报告进行质证,李明柏认为在2011年7月22日之后还应当给其合理的准备时间,故其可主张租金损失至2011年9月21日;对于租金标准,李明柏提供租赁协议、租金发票等证据,证明2011年10月起,其房屋出租的月租金为21 000元,金陵置业公司则认为租金标准应当按照法院询价结果确定。此外,李明柏还向金陵置业公司主张其支付的物业服务费20 522.46元以及逾期付款违约金、诉讼费等共计29 638元,金陵置业公司认为该部分损失与本案无关,该费用亦不属于其应当承担的经济损失。

南京市江宁区人民法院一审认为:

原告李明柏与被告金陵置业公司签订的商品房买卖合同合法有效。金陵置业公司交付的房屋存在质量问题导致李明柏不能居住使用,故李明柏有权向金陵置业公司主张由此给其造成的损失,因李明柏在2011年7月22日已经知道该房屋可以安全居住,故该租金损失计算截止时间应当为2011年7月22日,关于李明柏提出的还应当再给其一定的合理准备时间的主张,无正当依据,不予支持。即李明柏可主张2010年4月22日至2011年7月22日间的租金损失;关于租金计算标准,法院根据此前南京市江宁区物价局价格认证中心给出的意见确定,其中2010年5月至2010年12月为72 000元(9000元/月×8个月),2011年1月1日至2011年7月22日为66 660元(9900元/月×6个月零22天),合计138 660元。对于李明柏提出的第二项诉讼请求,虽金陵置业公司已于2007年6月将房屋交付给了李明柏,但因金陵置业公司的房屋质量存在问题,导致李明柏无法正常居住使用该房屋,故2008年7月至11月以及2009年4月至2011年7月22日发生的物业服务费,李明柏可视为因金陵置业公司违约给其造成的损失,现李明柏仅提供2009年1月1日开始的物业费发票。故2009年4月之前部分,李明柏未提供证据，不予支持，之后的部分，费用共计为18 181.2元，应当由金陵置业公司赔偿，至于李明柏主张的逾期付款违约金以及诉讼费，不应当由金陵置业公司负担。

据此，南京市江宁区人民法院依据《中华人民共和国合同法》第一百零七条、第一百一十三条第一款、《中华人民共和国民事诉讼法》第六十四条第一款之规定，于2013年6月13日作出判决：

被告金陵置业公司赔偿原告李明柏损失138 660元及物业费18 181.2元，合计156 841.2元。

李明柏与金陵置业公司均不服，向南京市中级人民法院提出上诉：(1)原审判决租金计算标准没有事实和法律依据，所谓"江宁区物价局价格论证中心给出的意见"完全是工作人员的个人意见，没有任何数据支撑该工作人员的观点。上诉人已经提供同地段房屋租赁合同和发票，足以证明当前其房屋市场租赁价格不应低于21 000元。(2)损失计算到2011年7月22日不符合损失发生的实际情况。上诉人在2011年7月22日拿到鉴定报告，不可能当天就可以住进去，还需要进行装修整理，这段时间也是和房屋质量有问题有因果关系的。(3)2009年4月之前的上诉人物业费用，有证据可以支持。

金陵置业公司上诉称：(1)原一审法院以金陵置业公司未举证证明向李明柏寄送鉴定报告的情况为由，认定租金损失计算截止时间应当为2011年7月22日不当。房屋经加固后就已经完全可以使用，被上诉人没有积极配合房屋的检测，造成不必要的损失扩大应由其个人承担。(2)原一审判决认定金陵置业公司应赔偿李明柏支付的物业损失不当。

南京市中级人民法院经二审，确认了一审查明的事实。

二审中，上诉人李明柏提交2013年7月10日出具的付款方为辣椒58－1李明柏的物业公司代收公共电费561元发票存根联复印件一份，2013年7月11日编制的2008年9月至2013年4月辣椒58－1公摊电费明细表一份，2008年11月28日物业公司出具的付款方为辣椒58－1的2008年1月至12月物业管理费4612元发票复印件一份，欲证明其缴纳了相关费用及费用标准，上诉人金陵置业公司对该证据的真实性予以认可。

南京市中级人民法院二审认为：上诉人李明柏与上诉人金陵置业公司的商品房预售合同合法有效，双方均应按约履行。因房屋质量问题导致李明柏无法对涉案房屋使用、收益，金陵置业公司应该赔偿李明柏的相关损失。关于租金损失的计算标准问题，原审法院根据此前南京市江宁区物价局价格认证中心给出的意见确定租金损失，较为合理。李明柏要求按其2011年12月以后出租的价格计算2010年5月至2011年7月的租金损失，对此不予支持。关于损失计算截止时间问题，根据原审查明的事实，双方曾于2011年7月22日对鉴定报告进行质证，此时李明柏才看到建研公司的鉴定报告，原审法院认定的损失截止时间为7月22日，较为合乎情理，故金陵置业公司对此的上诉意见，法院不予支持。因鉴定报告表明房屋已可居住，故李明柏对此的上诉意见，法院不予采纳。关于物业费是否应当作为损失进行赔偿问题，因金陵置业公司交付的房屋质量不符合合同约定，金陵置业公司应当赔偿李明柏物业费的损失。故对金陵置业公司的上诉意见，法院不予采纳。李明柏在二审中提交的新证据可以证明2008年7月至11月期间其缴纳的物管费用为1922元(4612元÷12×5)，该费用在其原审主张的时间范围内(扣除2008年12月至2009年3月的装修期)，法院予以支持。对于超出其原审诉讼请求主张时间范围的物管费用，法院不予理涉。对于公共电费损失的上诉主张，因其在原审诉讼请求中并未提出，对该部分不予理涉。

综上，因上诉人李明柏在二审中提供了新证据，原审判决赔偿的物业费数额应变更为20 103.2元，与租金损失138 660元合计应为

158 763.2 元。南京市中级人民法院依据《中华人民共和国民事诉讼法》第一百七十条第一款第(二)项的规定,于 2013 年 11 月 8 日作出判决:

一、撤销南京市江宁区人民法院(2012)江宁开民初字第 808 号民事判决;二、金陵置业公司于本判决发生法律效力之日起 10 日内一次性赔偿李明柏损失共 158 763.2 元。

李明柏仍不服,向江苏省高级人民法院申请再审,其申请再审理由与上诉理由一致。

江苏省高级人民法院在申请再审审查期间,向南京市住建局调取了 2010 年至 2012 年间江宁区将军大道 8 号玛斯兰德辣椒街区多幢别墅的出租单价,调查结果表明,该街区别墅出租单价综合均价为:2010 年度每平方米每月租金 61.36 元,2011 年度每平方米每月租金 67.82 元。根据该标准,涉案房屋 2010 年月租金价格为 17 194.3 元,2011 年月租金价格为 19 004.52元。另查明,双方签订的《商品房买卖契约》第 12 条约定,该房屋在保修期内因质量问题造成乙方(李明柏)经济损失的,甲方(金陵置业公司)负责修理、更换,并承担乙方由此造成的、实际的、直接的损失。但对造成的实际的直接损失如何计算问题,双方在合同中没有明确约定。在审查期间,江苏省高级人民法院组织双方当事人对上述证据进行了质证。

江苏省高级人民法院经审查认为:人民法院应当以证据能够证明的案件事实为依据依法作出裁判,无论是当事人提供的证据,还是人民法院依职权调取的证据,均应客观真实的反映案件事实,并经双方当事人质证后,才能作为定案的依据。对于政府机关及其他职能部门出具的询价意见、咨询意见等证据材料,人民法院应当对其真实性、合法性以及与待证事实的关联性进行判断,如上述证据不能反映案件的客观真实情况,则不能作为人民法院认定案件事实的根据。本案中,金陵置业公司违反合同约定,交付的房屋存在质量问题致李明柏不能正常居住,应承担违约责任。李明柏请求以同期房屋租金为标准计算其因房屋质量问题而造成的实际损失,人民法院应予支持。关于租金损失的计算标准问题,原审法院以南京市江宁区物价局价格认证中心咨询的意见作为涉案房屋的租金标准,并以此计算房屋租金损失,即 2010 年涉案房屋租金认定为 9000 元/月,2011 年认定为 9900 元/月。根据市场一般行情,决定房屋租赁价格的因素主要包括房屋面积、户型、地理位置、装潢档次、周边环境等因素,物价局价格认证中心出具的询价意见仅是认定房屋租赁价格的参考和证据材料,而不应成为认定涉案房屋租金标准的直接依据。根据法院查明的事实,物价局价格认证中心出具的房屋租金标准远低于美仕别墅区位的同类房屋实际市场租赁价格,故该询价标准不符合当时涉案房屋租赁市场价格的实际情形。因此,原审法院仅以向物价局的询价标准来认定涉案房屋租金损失显失公平,在计算涉案房屋租金实际损失时,应当综合房屋市场租赁价格真实情况据实予以认定。而李明柏提交的同地段房屋租赁协议虽证明涉案小区有业主出租房屋租金可达到每月 21 000 元以上,但该租金价格仅系个别业主根据自己房屋的区位及装修情况,结合租房人的实际需求,协商达成的价格,并不具有普遍性。

基于上述事实和理由,江苏省高级人民法院于 2014 年 10 月 8 日作出裁定,认为李明柏的再审申请符合《中华人民共和国民事诉讼法》第二百条第(一)项、第(二)项规定的情形,裁定指令江苏省南京市中级人民法院再审本案。江苏省南京市中级人民法院于 2014 年 12 月 18 日作出裁定:撤销江苏省南京市中级人民法院(2013)宁民终字第 2605 号民事判决及南京市江宁区人民法院(2012)江宁开民初字第 808 号民事判决,并将本案发回南京市江宁区人民法院重审。

南京市江宁区人民法院经再审一审认为,原审原告李明柏与原审被告金陵置业公司签订的商品房预售合同合法有效,双方均应按约履行。因房屋质量问题,致李明柏无法对涉案房屋使用、收益，金陵置业公司应该赔偿李明柏的相关的租金及物业费损失。比较物价部门的询价意见和上级法院调取的同区域别墅租金清册，差距悬殊，后者所体现的租金单价更能反映案涉房屋当时的真实租赁价格，应予以采用。关于2010年4月21日至12月的租金损失，法院酌定为143 229元(61.36×280.22元/月×8.33个月)；2011年1月至7月22日的租金损失，法院酌定为127 330元(67.82×280.22元/月×6.7个月)，以上合计270 559元。李明柏2008年7月至11月期缴纳的物业费用损失1922元(扣除2008年12月至2009年3月的装修期)、2009年4月至2011年7月22日缴纳的物业费用18 181.2元，应当由金陵置业公司赔偿。

南京市江宁区人民法院依照《中华人民共和国合同法》第四十四条第一款、第六十条第一款、第一百零七条、第一百一十三条、《中华人民共和国民事诉讼法》第六十四条第一款、第二百零七条之规定，于2015年4月23日作出再审一审判决：

一、原审被告金陵置业公司于本判决发生法律效力之日起十日内赔偿原告李明柏损失290 662.2元(其中租金损失270 559元，物业费损失20 103.2元)，扣除原审生效后金陵置业公司已赔付李明柏的160 322.12元，原审被告金陵置业公司还应赔偿原审原告李明柏损失130 340.08元。

二、驳回原审原告李明柏的其他诉讼请求。

李明柏、金陵置业公司均不服再审一审判决，向南京市中级人民法院提起上诉。

南京市中级人民法院经审理认为，因金陵置业公司交付的房屋存在质量问题，致李明柏无法正常居住，李明柏要求赔偿损失，符合法律规定。关于损失计算标准问题，李明柏提交的房屋租赁协议虽证明涉案小区有业主出租房屋租金可达到每月21 000元以上，但该租金价格并不具有普遍性，而江苏省高级人民法院向南京市住建局调取的同区域别墅租金清册载明的价格，系综合多方因素得出的平均租金价格，更具有普遍性，再审一审法院在双方均不申请对案涉房屋装修前后出租价格进行评估的基础上，结合案涉房屋的具体情况，参考该租金清册所确定的租金价格并无不当。李明柏要求至少按每月21 000元标准进行补偿，不予支持。综上，再审一审判决认定事实清楚，所作判决并无不当。李明柏、金陵置业公司的上诉请求均不能成立，不予支持。

南京市中级人民法院依据《中华人民共和国民事诉讼法》第一百七十条第一款第(一)项之规定，于2015年9月25日作出再审二审判决：

驳回上诉，维持原判。

本判决为终审判决。

(来源：《最高人民法院公报》2016年第12期)

2. 住房公积金管理

住房公积金管理条例

1. 1999年4月3日国务院令第262号公布

2. 根据2002年3月24日国务院令第350号《关于修改〈住房公积金管理条例〉的决定》第一次修订

3. 根据2019年3月24日国务院令第710号《关于修改部分行政法规的决定》第二次修订

第一章　总　　则

第一条　【立法宗旨】为了加强对住房公积金的管理，维护住房公积金所有者的合法权益，促进城镇住房建设，提高城镇居民的居住水平，制定本条例。

第二条　【住房公积金的概念】本条例适用于中华人民共和国境内住房公积金的缴存、提取、使用、管理和监督。

本条例所称住房公积金，是指国家机关、国有企业、城镇集体企业、外商投资企业、城镇私营企业及其他城镇企业、事业单位、民办非企业单位、社会团体（以下统称单位）及其在职职工缴存的长期住房储金。

第三条 【住房公积金归属】职工个人缴存的住房公积金和职工所在单位为职工缴存的住房公积金，属于职工个人所有。

第四条 【基本原则】住房公积金的管理实行住房公积金管理委员会决策、住房公积金管理中心运作、银行专户存储、财政监督的原则。

第五条 【住房公积金用途】住房公积金应当用于职工购买、建造、翻建、大修自住住房，任何单位和个人不得挪作他用。

第六条 【住房公积金利率】住房公积金的存、贷利率由中国人民银行提出，经征求国务院建设行政主管部门的意见后，报国务院批准。

第七条 【住房公积金监督】国务院建设行政主管部门会同国务院财政部门、中国人民银行拟定住房公积金政策，并监督执行。

省、自治区人民政府建设行政主管部门会同同级财政部门以及中国人民银行分支机构，负责本行政区域内住房公积金管理法规、政策执行情况的监督。

第二章 机构及其职责

第八条 【住房公积金管理委员会】直辖市和省、自治区人民政府所在地的市以及其他设区的市（地、州、盟），应当设立住房公积金管理委员会，作为住房公积金管理的决策机构。住房公积金管理委员会的成员中，人民政府负责人和建设、财政、人民银行等有关部门负责人以及有关专家占1/3，工会代表和职工代表占1/3，单位代表占1/3。

住房公积金管理委员会主任应当由具有社会公信力的人士担任。

第九条 【管理委员会职责】住房公积金管理委员会在住房公积金管理方面履行下列职责：

（一）依据有关法律、法规和政策，制定和调整住房公积金的具体管理措施，并监督实施；

（二）根据本条例第十八条的规定，拟订住房公积金的具体缴存比例；

（三）确定住房公积金的最高贷款额度；

（四）审批住房公积金归集、使用计划；

（五）审议住房公积金增值收益分配方案；

（六）审批住房公积金归集、使用计划执行情况的报告。

第十条 【住房公积金管理中心】直辖市和省、自治区人民政府所在地的市以及其他设区的市（地、州、盟）应当按照精简、效能的原则，设立一个住房公积金管理中心，负责住房公积金的管理运作。县（市）不设立住房公积金管理中心。

前款规定的住房公积金管理中心可以在有条件的县（市）设立分支机构。住房公积金管理中心与其分支机构应当实行统一的规章制度，进行统一核算。

住房公积金管理中心是直属城市人民政府的不以营利为目的的独立的事业单位。

第十一条 【管理中心职责】住房公积金管理中心履行下列职责：

（一）编制、执行住房公积金的归集、使用计划；

（二）负责记载职工住房公积金的缴存、提取、使用等情况；

（三）负责住房公积金的核算；

（四）审批住房公积金的提取、使用；

（五）负责住房公积金的保值和归还；

（六）编制住房公积金归集、使用计划执行情况的报告；

（七）承办住房公积金管理委员会决定的其他事项。

第十二条 【委托银行】住房公积金管理委员会应当按照中国人民银行的有关规定，指定受委托办理住房公积金金融业务的商业银行（以下简称受委托银行）；住房公积金管理中心应当委托受委托银行办理住房公积金贷款、结算等金融业务和住房公积金账户的设立、缴存、归还等手续。

住房公积金管理中心应当与受委托银行签订委托合同。

第三章 缴 存

第十三条 【住房公积金帐户】住房公积金管理中心应当在受委托银行设立住房公积金专户。

单位应当向住房公积金管理中心办理住房公积金缴存登记,并为本单位职工办理住房公积金账户设立手续。每个职工只能有一个住房公积金账户。

住房公积金管理中心应当建立职工住房公积金明细帐,记载职工个人住房公积金的缴存、提取等情况。

第十四条 【单位变更与公积金缴存】新设立的单位应当自设立之日起30日内向住房公积金管理中心办理住房公积金缴存登记,并自登记之日起20日内,为本单位职工办理住房公积金账户设立手续。

单位合并、分立、撤销、解散或者破产的,应当自发生上述情况之日起30日内由原单位或者清算组织向住房公积金管理中心办理变更登记或者注销登记,并自办妥变更登记或者注销登记之日起20日内,为本单位职工办理住房公积金账户转移或者封存手续。

第十五条 【员工变动与公积金缴存】单位录用职工的,应当自录用之日起30日内向住房公积金管理中心办理缴存登记,并办理职工住房公积金账户的设立或者转移手续。

单位与职工终止劳动关系的,单位应当自劳动关系终止之日起30日内向住房公积金管理中心办理变更登记,并办理职工住房公积金账户转移或者封存手续。

第十六条 【一般员工的月缴存额】职工住房公积金的月缴存额为职工本人上一年度月平均工资乘以职工住房公积金缴存比例。

单位为职工缴存的住房公积金的月缴存额为职工本人上一年度月平均工资乘以单位住房公积金缴存比例。

第十七条 【新员工的月缴存额】新参加工作的职工从参加工作的第二个月开始缴存住房公积金,月缴存额为职工本人当月工资乘以职工住房公积金缴存比例。

单位新调入的职工从调入单位发放工资之日起缴存住房公积金,月缴存额为职工本人当月工资乘以职工住房公积金缴存比例。

第十八条 【缴存比例】职工和单位住房公积金的缴存比例均不得低于职工上一年度月平均工资的5%;有条件的城市,可以适当提高缴存比例。具体缴存比例由住房公积金管理委员会拟订,经本级人民政府审核后,报省、自治区、直辖市人民政府批准。

第十九条 【代扣代缴】职工个人缴存的住房公积金,由所在单位每月从其工资中代扣代缴。

单位应当于每月发放职工工资之日起5日内将单位缴存的和为职工代缴的住房公积金汇缴到住房公积金专户内,由受委托银行计入职工住房公积金账户。

第二十条 【缓缴或降低比例】单位应当按时、足额缴存住房公积金,不得逾期缴存或者少缴。

对缴存住房公积金确有困难的单位,经本单位职工代表大会或者工会讨论通过,并经住房公积金管理中心审核,报住房公积金管理委员会批准后,可以降低缴存比例或者缓缴;待单位经济效益好转后,再提高缴存比例或者补缴缓缴。

第二十一条 【计息时间】住房公积金自存入职工住房公积金账户之日起按照国家规定的利率计息。

第二十二条 【缴存凭证】住房公积金管理中心应当为缴存住房公积金的职工发放缴存住房公积金的有效凭证。

第二十三条 【缴存列支】单位为职工缴存的住房公积金,按照下列规定列支:

(一)机关在预算中列支;

（二）事业单位由财政部门核定收支后，在预算或者费用中列支；

（三）企业在成本中列支。

第四章 提取和使用

第二十四条 【住房公积金提取】职工有下列情形之一的，可以提取职工住房公积金账户内的存储余额：

（一）购买、建造、翻建、大修自住住房的；

（二）离休、退休的；

（三）完全丧失劳动能力，并与单位终止劳动关系的；

（四）出境定居的；

（五）偿还购房贷款本息的；

（六）房租超出家庭工资收入的规定比例的。

依照前款第（二）、（三）、（四）项规定，提取职工住房公积金的，应当同时注销职工住房公积金账户。

职工死亡或者被宣告死亡的，职工的继承人、受遗赠人可以提取职工住房公积金账户内的存储余额；无继承人也无受遗赠人的，职工住房公积金账户内的存储余额纳入住房公积金的增值收益。

第二十五条 【提取手续】职工提取住房公积金账户内的存储余额的，所在单位应当予以核实，并出具提取证明。

职工应当持提取证明向住房公积金管理中心申请提取住房公积金。住房公积金管理中心应当自受理申请之日起3日内作出准予提取或者不准提取的决定，并通知申请人；准予提取的，由受委托银行办理支付手续。

第二十六条 【住房公积金贷款】缴存住房公积金的职工，在购买、建造、翻建、大修自住住房时，可以向住房公积金管理中心申请住房公积金贷款。

住房公积金管理中心应当自受理申请之日起15日内作出准予贷款或者不准贷款的决定，并通知申请人；准予贷款的，由受委托银行办理贷款手续。

住房公积金贷款的风险，由住房公积金管理中心承担。

第二十七条 【贷款担保】申请人申请住房公积金贷款的，应当提供担保。

第二十八条 【住房公积金管理与使用的限制】住房公积金管理中心在保证住房公积金提取和贷款的前提下，经住房公积金管理委员会批准，可以将住房公积金用于购买国债。

住房公积金管理中心不得向他人提供担保。

第二十九条 【住房公积金增值收益的用途】住房公积金的增值收益应当存入住房公积金管理中心在受委托银行开立的住房公积金增值收益专户，用于建立住房公积金贷款风险准备金、住房公积金管理中心的管理费用和建设城市廉租住房的补充资金。

第三十条 【管理费用及其标准】住房公积金管理中心的管理费用，由住房公积金管理中心按照规定的标准编制全年预算支出总额，报本级人民政府财政部门批准后，从住房公积金增值收益中上交本级财政，由本级财政拨付。

住房公积金管理中心的管理费用标准，由省、自治区、直辖市人民政府建设行政主管部门会同同级财政部门按照略高于国家规定的事业单位费用标准制定。

第五章 监　　督

第三十一条 【财政部门监督】地方有关人民政府财政部门应当加强对本行政区域内住房公积金归集、提取和使用情况的监督，并向本级人民政府的住房公积金管理委员会通报。

住房公积金管理中心在编制住房公积金归集、使用计划时，应当征求财政部门的意见。

住房公积金管理委员会在审批住房公

积金归集、使用计划和计划执行情况的报告时，必须有财政部门参加。

第三十二条　【预决算审核与财务报告】住房公积金管理中心编制的住房公积金年度预算、决算，应当经财政部门审核后，提交住房公积金管理委员会审议。

住房公积金管理中心应当每年定期向财政部门和住房公积金管理委员会报送财务报告，并将财务报告向社会公布。

第三十三条　【审计监督】住房公积金管理中心应当依法接受审计部门的审计监督。

第三十四条　【督促单位履行义务】住房公积金管理中心和职工有权督促单位按时履行下列义务：

（一）住房公积金的缴存登记或者变更、注销登记；

（二）住房公积金账户的设立、转移或者封存；

（三）足额缴存住房公积金。

第三十五条　【督促受委托银行履行义务】住房公积金管理中心应当督促受委托银行及时办理委托合同约定的业务。

受委托银行应当按照委托合同的约定，定期向住房公积金管理中心提供有关的业务资料。

第三十六条　【职工与单位的查询权与复核权】职工、单位有权查询本人、本单位住房公积金的缴存、提取情况，住房公积金管理中心、受委托银行不得拒绝。

职工、单位对住房公积金账户内的存储余额有异议的，可以申请受委托银行复核；对复核结果有异议的，可以申请住房公积金管理中心重新复核。受委托银行、住房公积金管理中心应当自收到申请之日起5日内给予书面答复。

职工有权揭发、检举、控告挪用住房公积金的行为。

第六章　罚　　则

第三十七条　【单位未办理登记或帐户设立手续的法律责任】违反本条例的规定，单位不办理住房公积金缴存登记或者不为本单位职工办理住房公积金账户设立手续的，由住房公积金管理中心责令限期办理；逾期不办理的，处1万元以上5万元以下的罚款。

第三十八条　【单位不缴或少缴公积金的法律责任】违反本条例的规定，单位逾期不缴或者少缴住房公积金的，由住房公积金管理中心责令限期缴存；逾期仍不缴存的，可以申请人民法院强制执行。

第三十九条　【管理委员会失职的法律责任】住房公积金管理委员会违反本条例规定审批住房公积金使用计划的，由国务院建设行政主管部门会同国务院财政部门或者由省、自治区人民政府建设行政主管部门会同同级财政部门，依据管理职权责令限期改正。

第四十条　【管理中心失职的法律责任】住房公积金管理中心违反本条例规定，有下列行为之一的，由国务院建设行政主管部门或者省、自治区人民政府建设行政主管部门依据管理职权，责令限期改正；对负有责任的主管人员和其他直接责任人员，依法给予行政处分：

（一）未按照规定设立住房公积金专户的；

（二）未按照规定审批职工提取、使用住房公积金的；

（三）未按照规定使用住房公积金增值收益的；

（四）委托住房公积金管理委员会指定的银行以外的机构办理住房公积金金融业务的；

（五）未建立职工住房公积金明细账的；

（六）未为缴存住房公积金的职工发放缴存住房公积金的有效凭证的；

（七）未按照规定用住房公积金购买国债的。

第四十一条　【挪用公积金的法律责任】违反本条例规定，挪用住房公积金的，由国务院建设行政主管部门或者省、自治区人民政府建设行政主管部门依据管理职权，追回挪用的住房公积金，没收违法所得；对挪用或者批准挪用住房公积金的人民政府负责人和政府有关部门负责人以及住房公积金管理中心负有责任的主管人员和其他直接责任人员，依照刑法关于挪用公款罪或者其他罪的规定，依法追究刑事责任；尚不够刑事处罚的，给予降级或者撤职的行政处分。

第四十二条 【管理中心违反财政法规的法律责任】住房公积金管理中心违反财政法规的，由财政部门依法给予行政处罚。

第四十三条 【管理中心违规担保的法律责任】违反本条例规定，住房公积金管理中心向他人提供担保的，对直接负责的主管人员和其他直接责任人员依法给予行政处分。

第四十四条 【监督失职的法律责任】国家机关工作人员在住房公积金监督管理工作中滥用职权、玩忽职守、徇私舞弊，构成犯罪的，依法追究刑事责任；尚不构成犯罪的，依法给予行政处分。

第七章 附 则

第四十五条 【财务管理和会计核算办法】住房公积金财务管理和会计核算的办法，由国务院财政部门商国务院建设行政主管部门制定。

第四十六条 【缴存登记与帐户设立的时限】本条例施行前尚未办理住房公积金缴存登记和职工住房公积金账户设立手续的单位，应当自本条例施行之日起60日内到住房公积金管理中心办理缴存登记，并到受委托银行办理职工住房公积金账户设立手续。

第四十七条 【施行日期】本条例自发布之日起施行。

住房公积金行政监督办法

1. 2004年3月2日建设部、财政部、中国人民银行、中国银行业监督管理委员会发布
2. 建金管〔2004〕34号
3. 自2004年5月1日起施行

第一条 为了加强住房公积金行政监督，规范监督行为，保证住房公积金规范管理和安全运作，根据《住房公积金管理条例》等国家有关法律、法规，制定本办法。

第二条 建设部和省（自治区）建设厅分别会同同级财政、中国人民银行（分支机构）、中国银行业监督管理委员会（派出机构）等有关部门［以下简称监督部门，分为部级监督部门和省（自治区）监督部门］，依据管理职权，对住房公积金管理法规、政策执行情况实施的监督，适用本办法。

第三条 建设部会同有关部门，制定住房公积金行政监督的制度措施，并组织实施和监督执行。

省（自治区）监督部门负责本行政区域内的住房公积金行政监督工作，并向部级监督部门报告。

建设部、省（自治区）建设厅住房公积金监督管理机构，负责住房公积金行政监督的日常具体工作。

第四条 住房公积金行政监督应当遵循合法、客观、公正、效率的原则。

第五条 住房公积金行政监督包括以下内容：

（一）贯彻执行住房公积金管理法规和政策情况；

（二）住房公积金管理委员会履行决策职责情况；

（三）住房公积金管理中心履行职责情况，以及依法接受监督情况；

（四）受委托银行承办住房公积金有关金融业务和相关手续情况；

（五）住房公积金管理中的其他事项。

第六条 住房公积金行政监督方式包括现场监督和非现场监督。

现场监督是指监督部门对被监督单位实施的实地检查。必要时，监督部门可以聘请会计师事务所等社会中介机构协助检查或者审计。

非现场监督是指监督部门对被监督单位报送的住房公积金管理有关文件和数据资料进行的检查、分析。非现场监督分为常规监督和专项监督。常规监督是监督部门对被监督单位按要求上报有关文件和定期报送数据资料实施的监督；专项监督是监督部门对被监督单位就专项问题按要求报送文件和数据资料实施的监督。

第七条 现场监督实行定期检查和不定期检查相结合的制度。

省(自治区)监督部门和部级监督部门应在职责范围内拟定年度计划，定期对一定比例的设区城市(包括地、州、盟，以下同)或者省(区、市)进行检查。建设部会同有关部门拟定全国现场检查年度计划和比例，经由部级监督部门及相关部门组成的住房公积金工作联席会议审定后实施。

根据需要，监督部门可以不定期就一个或者一个以上专门问题进行专项检查。

第八条 监督部门实施现场检查，依照下列程序进行：

(一)根据检查计划或者专项检查需要，组成检查组，确定检查项目和检查内容，制定检查方案，在实施检查3日前通知被监督单位。监督部门认为必要，也可以在到达检查现场时出示检查通知，检查人员应当出具证件表明执法检查身份。

(二)检查组就检查事项听取被监督单位的汇报，查阅有关文件、资料，检查被监督单位有关会计凭证、会计账簿、会计报表、统计报表以及现金、实物、有价证券，向有关单位和个人调查取证等。

(三)检查组应在现场检查结束后，写出检查报告，送被监督单位征求意见。被监督单位有异议的，可以在接到检查报告15日内提出书面意见。逾期未提出书面意见的，视同无异议。

(四)检查组征求被监督单位意见后，将检查报告报监督部门审定。监督部门对检查事项做出评价，形成检查意见书，送被监督单位。对经查证存在问题的，监督部门还可以依照本办法做出监督决定或者监督建议。

第九条 监督部门及其工作人员在履行检查职责时，有权采取以下措施：

(一)要求被监督单位提供与监督事项有关的管理文件、财务账目、原始凭证及其他资料，进行查阅或者予以复制；

(二)向有关单位和个人进行调查，要求就监督事项涉及的问题做出解释和说明，并取得有关证明材料；

(三)对被监督单位和人员隐匿、伪造、篡改、毁弃会计凭证、会计账簿、会计报表，转移、隐匿住房公积金资产以及其他违反法律、法规和行政纪律的行为，责令停止和予以纠正；

(四)建议暂停有严重妨碍检查工作的人员执行公务。

第十条 在监督检查中，被监督单位、人员有权向监督部门进行陈述和申辩。

第十一条 监督部门实施非现场监督，依照下列程序进行：

(一)根据监督工作需要，提出报送文件和数据资料的内容、格式、报送方式及时限，通知被监督单位；

(二)审核被监督单位报送的文件和数据资料，对不符合要求的，通知被监督单位补报或重新报送；

(三)分析被监督单位报送的文件和数据资料，通过住房公积金监督管理信息系统查询有关信息，评估住房公积金管理和使用状况及存在的问题，必要时写出监督报告。

第十二条 有关部门、单位应当在以下事项发生后15日内，按照管理权限，报省(自治区)

监督部门或部级监督部门备案：

（一）为贯彻执行国家关于住房公积金监督和管理规定，拟定的具体办法和措施；

（二）住房公积金管理委员会组成情况、章程、决策制度以及做出的决议；

（三）有关住房公积金管理中心设立、编制和分支机构、业务经办网点、内设机构设置的文件及法人授权书；

（四）住房公积金管理中心与受委托银行签订的办理住房公积金金融业务和住房公积金账户设立等有关手续的委托合同；

（五）监督部门认为需要备案的其他事项。

监督部门发现备案事项违反国家有关规定的，有权责令改正。

第十三条 住房公积金管理委员会应当每年就住房公积金决策、管理和使用情况写出年度报告，并于下一年度2月底前向监督部门报告。

省（自治区）监督部门应当每年就本省（自治区）住房公积金决策、管理和使用情况写出年度报告，并于下一年度3月底前向部级监督部门报告。

第十四条 住房公积金管理中心应当按规定，按时向上级建设行政主管部门、财政部门报送住房公积金统计报表、会计报表，保证数据准确、完整、真实。纸质报表须由经办人和单位负责人签字，加盖单位公章。

省（自治区）建设行政主管部门、财政部门要对本行政区域内住房公积金管理中心的统计报表和会计报表进行汇总，按时向建设部、财政部报送。

第十五条 公民、法人和其他社会组织对住房公积金管理和使用方面的违法违规行为进行检举和控告的，监督部门应当及时受理，依法办理。部级监督部门接到举报的，可以批转省（自治区）监督部门办理，案情重大或复杂的也可以直接组织查处。对部级监督部门批转的事项，省（自治区）监督部门应当及时向部级监督部门报告办理情况。

实名举报的，监督部门应当承担对举报人有关情况的保密责任。

第十六条 建设部依托现有网络，建立健全国家、省（自治区）和设区城市三级联通的住房公积金监督管理信息系统，对全国住房公积金管理和使用情况进行适时监督。省（自治区）建设厅负责本行政区域内住房公积金监管信息系统的建设和正常运行。设区城市住房公积金管理中心业务管理信息系统应与监管信息系统保持联通，保证数据传输的及时、准确、完整和真实。

第十七条 建设部会同财政部等有关部门拟定统一的考核办法和标准，建立考核评价体系，组织、指导对住房公积金管理中心工作业绩、管理水平、服务质量和风险控制能力的考核工作；对直辖市、新疆生产建设兵团住房公积金管理中心进行考核。

省（自治区）建设厅会同财政等有关部门，负责对本行政区域内的住房公积金管理中心进行考核。

第十八条 住房公积金管理中心负责人必须符合建设部会同有关部门拟定的任职基本条件。

住房公积金管理中心的关键岗位应当按规定持证上岗。

第十九条 监督部门要加强对住房公积金管理中心负责人的监督，发现问题及时向设区城市人民政府反映。住房公积金管理中心负责人有下列情形之一的，监督部门可以提出撤换或者给予其他行政处分的建议：

（一）对应当由住房公积金管理委员会决策的事项自行决策，或者不执行住房公积金管理委员会依法做出的决策，情节较严重的；

（二）违反《住房公积金管理条例》规定挪用住房公积金，或者对批准挪用住房公积金行为不予抵制，也没有向监督部门及时报告的；

（三）住房公积金管理中心违反《住房公积金管理条例》第四十条规定，情节较严重的；

（四）住房公积金管理中心向他人提供担保；

（五）拒绝或者阻扰监督部门依法实施监督的；

（六）有贪污、贿赂行为，查证属实的；

（七）住房公积金管理中心连续三年未通过监督部门工作考核的；

（八）不同意辞去兼任的其他行政、事业单位和经济组织职务的；

（九）有其他违法违规行为的。

第二十条　实施监督过程中，监督部门发现被监督单位和有关个人有违法违规行为嫌疑，需要进行调查的，应当按照以下程序执行：

（一）对需要调查的事项予以立项；

（二）组织调查，收集证据；

（三）有证据证明违法违规行为属实的，依法做出监督决定或者监督建议；

（四）调查认定不存在违法违规行为或者不需要追究行政纪律责任的，应当将调查结果告知被监督单位和有关个人。

调查人员在调查时应当出具证件表明身份。

省（自治区）监督部门对重大、复杂事项的调查结果，应当向部级监督部门报告。

第二十一条　监督部门建立通报制度，定期或者不定期通报住房公积金管理法规、政策贯彻执行情况以及存在问题。对于贯彻执行较好的，可以通报表扬；对于存在问题较多或者较严重的，应当通报批评。

第二十二条　监督部门对被监督单位查证属实的违法违规行为，可以根据有关规定提出以下监督决定或者监督建议：

（一）责令被监督单位限期改正；

（二）建议按照干部管理权限对有关责任人给予行政处分；

（三）建议解聘住房公积金管理委员会委员或者撤换住房公积金管理中心负责人；

（四）建议住房公积金管理中心按规定解除与有关商业银行分支机构经办住房公积金金融业务和相关手续的委托关系；

（五）构成犯罪的，建议移送司法机关依法追究刑事责任；

（六）其他决定或建议。

第二十三条　建设部和省（自治区）建设厅对住房公积金管理和使用中查证属实的违法、违规行为，有权直接处理的，可以做出监督决定。应当由被监督单位处理，或者依照管理权限由有关部门处理，或者应当移送司法机关处理的，可以提出监督建议。监督决定和监督建议应当以统一的书面格式做出。

第二十四条　对监督部门做出的监督决定，被监督单位应当认真执行，并向监督部门报告执行情况。无正当理由的，不得拒绝执行。监督部门应当对监督决定的执行情况进行检查。

对监督部门做出的监督建议，有关单位、部门应当积极采纳；未采纳的，应当说明理由。

第二十五条　财政部门对住房公积金管理中执行财政法规情况进行监督，对违反财政法规行为依法给予行政处罚。

国务院财政部门负责拟定住房公积金财务管理和会计核算制度，并监督执行；省（自治区）财政部门负责本行政区域内住房公积金管理中心（包括分中心）执行《住房公积金财务管理办法》（财综字〔1999〕59号）和《住房公积金会计核算办法》（财会字〔1999〕33号）情况的监督检查，并组织设区城市财政部门建立对住房公积金管理和使用的全过程监督机制；设区城市财政部门负责对本行政区域内住房公积金管理和使用情况进行监督。

第二十六条　建设行政主管部门、财政部门、中国人民银行及其分支机构依据管理职权，对住房公积金管理中心在受委托银行设立住房公积金账户进行监督。

第二十七条　中国银行业监督管理委员会及其派出机构依照有关法规和《商业银行中间业务管理暂行规定》，对受委托银行承办的住房公积金金融业务和相关手续进行监督。

第二十八条 住房公积金管理中心应当认真接受审计部门依法对其财务收支的真实、合法、效益进行审计监督,住房公积金管理中心负责人应当接受经济责任审计。

第二十九条 建设部会同财政部、中国人民银行、中国银行业监督管理委员会等有关部门,依照本办法规定直接对直辖市和新疆生产建设兵团住房公积金决策、管理和使用情况实施监督。

第三十条 被监督单位有下列行为之一的,监督部门可以建议有权部门,对负有责任的主管人员和其他直接责任人员给予行政处分;构成犯罪的,由司法机关依法追究刑事责任:

(一)拒绝、阻挠监督人员进行监督的;

(二)拒绝或者故意拖延提供与监督事项有关文件、数据和资料的;

(三)隐瞒事实真相、出具伪证或者隐匿、转移、篡改、毁灭证据的;

(四)拒绝就监督部门所提问题做出解释和说明的;

(五)无正当理由,拒不执行监督决定的。

第三十一条 被监督单位和有关个人对控告人、检举人、监督人员进行报复陷害的,由有权部门对直接责任人给予行政处分;构成犯罪的,由司法机关依法追究刑事责任。

第三十二条 省(自治区)监督部门以及设区城市有关监督部门未按照有关规定履行监督职责的,上级主管部门应依据管理职权责令限期改正;造成资金损失的,对有关责任人给予行政处分。

第三十三条 监督人员滥用职权、徇私舞弊、玩忽职守的,由监督部门给予行政处分;构成犯罪的,由司法机关依法追究刑事责任。

第三十四条 各省(自治区)可以根据本办法,结合本地实际,制订实施细则贯彻执行。

第三十五条 本办法自2004年5月1日起实施。

全国住房公积金监督管理信息系统管理暂行办法

1. 2004年10月11日建设部发布

2. 建金管〔2004〕173号

第一条 为加强全国住房公积金监督管理信息系统(以下简称监管系统)规范管理,保障监管系统安全和有效运行,提高住房公积金监督管理水平,制定本办法。

第二条 本办法所称监管系统,是指以建设部数据专网为网络平台,以各设区城市(含新疆生产建设兵团,以下同)住房公积金管理中心(以下简称管理中心)业务管理系统为基础,采用建设部、省(自治区)建设厅、管理中心三级联网方式,对住房公积金管理和使用情况进行适时监督的行政监督管理信息系统。

第三条 监管系统管理实行统筹规划、统一标准、分级负责、安全运行、有效监督的原则。

第四条 建设部负责全国监管系统管理工作,履行以下职责:

(一)制定监管系统的建设规划、标准和管理办法,并监督执行;

(二)组织、指导和监督监管系统建设、运行和安全管理工作;

(三)组织制定监管系统建设技术方案,负责组织各省(自治区)建设厅节点专网联通及各节点IP地址等参数的管理工作;

(四)运用监管系统对全国住房公积金管理和使用情况进行适时监督,提出处理意见;

(五)负责本级监管系统的建设、运行和安全管理工作;

(六)组织有关人员的培训工作。

第五条 省(自治区)建设厅负责本行政区域内监管系统运行管理工作,履行以下职责:

(一)制定管理范围内监管系统管理办法和措施,并监督执行;

（二）组织、指导、监督管理范围内监管系统建设、运行和安全管理工作；

（三）负责管理范围内监管系统数据专网建设调试，并与全国监管系统联通；

（四）组织管理范围内管理中心监管数据接口软件测试工作，或统一组织开发数据接口软件；

（五）运用监管系统对管理范围内住房公积金管理和使用情况进行适时监督；

（六）负责管理范围内监管数据的收集、核查、汇总和上报工作；

（七）负责本级监管系统及数据传输网络的建设、运行和安全管理工作，并保持数据传输网络的畅通；

（八）组织管理范围内有关人员的培训工作。

第六条 管理中心负责管理范围内监管系统管理工作，履行以下职责：

（一）制定管理范围内监管系统运行管理制度，并具体实施；

（二）负责管理范围内监管系统及数据传输网络的建设、运行和安全管理工作，并保持数据传输网络的畅通；

（三）负责编制监管数据接口软件，或使用省（自治区）建设厅统一开发的接口软件；

（四）按照有关规定和要求提供监管数据，接受建设部、省（自治区）建设厅的监督、检查，对发现的问题进行处理并向建设部、省（自治区）建设厅报告。

第七条 建设部、省（自治区）建设厅和管理中心应确定应用管理员和系统管理员，明确相应的岗位职责。

第八条 应用管理员和系统管理员应选用德才兼备、责任心强、业务熟悉的人员担任。应用管理员和系统管理员分别负责系统应用操作和运行维护，不得混岗，不得相互代替工作。

第九条 建设部、省（自治区）建设厅和管理中心应明确技术支持单位，具体承担管理范围内监管系统建设、维护和技术服务等工作。技术支持单位人员不得代替应用管理员和系统管理员岗位的工作。

第十条 省（自治区）建设厅和管理中心应将监管系统的负责人、应用管理员、系统管理员、技术支持单位，报上级监督部门备案。

第十一条 建设部统一组织研发、测试监管软件，省（自治区）建设厅和管理中心组织安装运行。经建设部批准，省（自治区）建设厅组织研发的监管软件，必须符合建设部对监管系统的要求，且只能在管理范围内运行。

第十二条 建设部统一制定监管系统信息采集内容和采集标准，并监督执行。省（自治区）建设厅可根据本地区监管需要，补充相应的信息采集内容。

第十三条 监管数据应从业务系统中直接生成，并通过监管系统专网实现数据传送。如需从系统外获取数据，及尚未建立业务系统或业务系统暂不完善的，应通过录入界面手工将有关数据录入补全。

第十四条 监管数据应当符合真实、准确、及时、完整的要求：

（一）监管数据库与业务数据库相对应的数据必须一致，如实反映管理中心业务、发展及财务管理等情况；

（二）监管数据库各表中有关项目或存在勾稽关系的项目应相符；

（三）监管数据应按有关要求至少每日更新一次，保证序时连续；

（四）监管数据应包括管理中心管理范围内全部分支机构和业务经办网点的有关数据。

第十五条 监管数据库应按照建设部有关规定进行设置，由建设部、省（自治区）建设厅和管理中心按照管辖权限分别进行维护。建设部、省（自治区）建设厅应定期对监管数据库文件进行检查、校验和备份。

第十六条 监管数据库的各项监管数据，只能用于建设部、省（自治区）建设厅对住房公积金管理和使用情况进行监督,非经本单位监管系统负责人批准,不得擅自对外提供。

第十七条 监管软件中预警指标及有关阀值,由建设部、省(自治区)建设厅根据具体情况进行设置和管理。

第十八条 建设部、省(自治区)建设厅发现可疑信息,应及时将相关数据下载保存,报告本单位监管系统负责人后,按照行政监督管理职责责成有关单位进行核查处理。核查处理情况应记录备查。涉嫌违规问题的,应及时报告本单位负责人和建设部、省(自治区)建设厅。

第十九条 监管系统软件升级或更换等重大操作,由建设部统一部署,各省(自治区)建设厅和管理中心具体实施。

省(自治区)建设厅和管理中心应及时收集、整理监管软件运行中发生的问题,并报建设部。

第二十条 建设部、省(自治区)建设厅和管理中心应按照《中华人民共和国计算机信息系统安全保护条例》(国务院令 147 号),制定具体安全操作规程,加强对系统操作、数据库使用、用户身份认证等环节的权限管理,防止越权操作,加强系统安全管理。

第二十一条 不得在监管系统上安装编译工具、应用系统源程序及其他与住房公积金业务无关的软件。

第二十二条 不得擅自增加、删除网络节点及变更网络系统的结构、设备及重要参数。确需增加、删除或修改时,应经建设部同意。

第二十三条 不得擅自对监管数据库中的数据进行修改或恢复操作,确需操作时应严格履行审批手续,由系统管理员实施,并由有关人员监督执行。

第二十四条 建设部、省(自治区)建设厅应建立系统远程登录登记簿,详细记录登录人员、起止时间、批准人等项内容。首次登录后应立即更改相关的密码,且不得告知无关人员。有关岗位人员调离后,应及时更改相应密码。

第二十五条 建设部、省(自治区)建设厅和管理中心应采取切实有效措施,控制计算机病毒的传染源,做好计算机病毒的防范工作,并经常进行计算机病毒检查,发现病毒及时消除。

第二十六条 建设部、省(自治区)建设厅和管理中心应定期对监管系统主机设备、网络通信设备及相关设备的运行维护工作,坚持日常监测、检查和记录,发生故障及时组织排除。对监管系统主机、网络系统存在的隐患和漏洞,及时采取补救措施。建立监管系统运行维护和安全日志记录,并定期保留。

第二十七条 建设部、省(自治区)建设厅和管理中心要对信息进行安全稽核,防止信息被非法增加、删改或复制。使用监管系统网络存取、处理、传递业务数据,必须采取相应安全保密措施。未采取技术安全保密措施的数据库,不得与监管系统联网。

第二十八条 建设部、省(自治区)建设厅应对有关网络通信设备的配置参数、网络地址(如 IP 地址、端口号)等资料及时归档保管,并严格保密。

第二十九条 监管系统不得直接或间接地与国际互联网相连接,必须实行物理隔离。监管系统与政府信息网相连的,应采取相应的安全措施,保证系统安全。

监管数据不得在数据专网以外的计算机信息系统中存储、处理、传递。

第三十条 监管系统设备网络不得擅自关闭,对工作日间停止正常运行超过一天的,应向建设部、省(自治区)建设厅报告问题原因和处理情况。监管系统发生突发性事件,可能危及监管数据库和业务系统安全时,建设部、省(自治区)建设厅和管理中心可采取暂停联网、停机检查等应急措施。

第三十一条 建设部、省(自治区)建设厅和管理中心发现监管系统中发生重大安全事故或计算机犯罪案件时,应当采取应急措施,保留有关原始记录,在二十四小时内向建设部、省(自治区)建设厅和当地县级以上人民政府公安机关报告。

第三十二条 建设部、省(自治区)建设厅和管理中心应对已证实的重大的安全违规、违纪事件及泄密事件进行严肃处理,对违反规定的工作人员给予批评教育或行政处分;造成严重后果,构成犯罪的,移交有关司法机构依法追究刑事责任。

第三十三条 管理中心提供虚假数据或人为导致监管系统无法正常工作的,由建设部、省(自治区)建设厅严肃查处,并限期整改,情节严重的,追究管理中心负责人和直接责任人的责任。

第三十四条 任何单位或个人不得利用全国住房公积金监督系统从事危害国家利益、集体利益和公民合法利益的活动,不得危害监管系统的安全。

第三十五条 建设部、省(自治区)建设厅应建立监管系统运行情况通报制度,定期或不定期地通报监管系统运行情况。省级监督部门应按建设部的要求,定期以书面形式报告本行政区域内监管系统建设及运行管理情况。

第三十六条 各省(自治区)建设厅可结合本地实际情况,制定本省(自治区)监管系统管理实施办法,并报建设部备案。

第三十七条 本办法自印发之日起施行。

利用住房公积金发放保障性住房建设贷款财务管理办法

1. 2010年3月3日建设部发布

2. 财综〔2010〕12号

第一章 总 则

第一条 为加强住房公积金支持保障性住房建设贷款资金的财务管理,确保住房公积金安全,根据《住房公积金管理条例》、《住房公积金财务管理办法》(财综字〔1999〕59号)以及住房城乡建设部、财政部、国家发展改革委、中国人民银行、监察部、审计署、银监会联合印发的《关于利用住房公积金贷款支持保障性住房建设试点工作的实施意见》(建金〔2009〕160号),制定本办法。

第二条 本办法适用于经批准利用住房公积金贷款支持保障性住房建设试点工作的住房公积金管理中心(以下简称公积金中心)。

第二章 贷款审核

第三条 利用住房公积金发放保障性住房建设贷款(以下简称项目贷款)规模,应当纳入年度住房公积金归集使用财务收支计划,不得超计划、超规模发放项目贷款。

第四条 公积金中心要严格按照规定,将住房公积金发放项目贷款范围限定在经济适用住房、列入保障性住房规划的城市棚户区改造项目安置用房、政府投资的公共租赁住房建设,严禁用于商品住房开发和城市基础设施建设。

第五条 公积金中心利用住房公积金发放项目贷款必须符合建金〔2009〕160号文件规定的条件,并对贷款项目进行严格评审。经济适用住房和安置用房项目如无足额抵押的在建项目、房产或土地,公积金中心不得发放贷款。

第六条 公积金中心利用住房公积金发放项目贷款在提交住房公积金管理委员会审议之前,应当先书面征求同级财政部门意见,并征得同级财政部门同意。

第七条 经试点城市人民政府批准后,公积金中心与借款人、受委托银行签订贷款合同和抵押合同,应报送同级财政部门备案。

第三章 贷款发放

第八条 公积金中心应在受委托银行设立住房公积金委托贷款账户,加强项目贷款的核算与管理,按照工程进度委托银行发放贷款。

第九条 公积金中心对借款人设立的资金监管账户中的资金流动实行全程封闭管理。

第十条 公积金中心利用住房公积金发放项目贷款利率按照五年期以上个人住房公积金贷款利率上浮10%执行，并随个人住房公积金贷款利率变动相应调整。

第四章 贷款业务收入和支出

第十一条 公积金中心应严格按照规定回收贷款本金和利息。

第十二条 公积金中心应当对发放的项目贷款与职工个人贷款，在委托贷款项目中分别反映。

第十三条 公积金中心回收的贷款本金计入住房公积金存款账户；取得的贷款利息收入计入住房公积金业务收入中的委托贷款利息收入，并与发放职工个人贷款取得的利息收入分别反映。

第十四条 公积金中心利用住房公积金发放项目贷款逾期罚息收入计入住房公积金业务收入中的其他收入，并单独反映。

第十五条 公积金中心委托银行发放项目贷款支付的手续费支出计入住房公积金业务支出中的手续费支出，并单独反映。

第十六条 公积金中心发放项目贷款，按照年末项目贷款余额的4%计提贷款风险准备金，并从当年住房公积金增值收益中列支，当累计计提的项目贷款风险准备金余额达到项目贷款余额4%时，不再继续计提项目贷款风险准备金。项目贷款风险准备金与个人贷款风险准备金分别反映。

第十七条 项目贷款呆账的核销和转回，由公积金中心提供详实资料，经同级财政部门审核，报省、自治区、直辖市财政厅（局）批准核销或者转回。具体办法由财政部另行制定。

第十八条 公积金中心发放项目贷款产生的住房公积金增值收益，按照《住房公积金财务管理办法》的规定，统一分配和管理。

第五章 附 则

第十九条 公积金中心应当在年末向同级财政部门报送的住房公积金财务收支报告中，单独反映年度项目贷款发放和回收等相关情况，并作出财务分析。

第二十条 公积金中心发放项目贷款应当接受财政、审计等部门的监督检查。

第二十一条 本办法由财政部负责解释。

第二十二条 各省、自治区、直辖市、计划单列市财政部门可根据本办法制定实施细则，并报财政部备案。

第二十三条 本办法自印发之日起施行。

建设部、财政部、中国人民银行关于住房公积金管理若干具体问题的指导意见

2005年1月10日

各省、自治区建设厅、财政厅，人民银行各分支机构，直辖市、新疆生产建设兵团住房公积金管理委员会、住房公积金管理中心：

为进一步完善住房公积金管理，规范归集使用业务，健全风险防范机制，维护缴存人的合法权益，发挥住房公积金制度的作用，现就住房公积金管理若干具体问题提出如下意见：

一、国家机关、国有企业、城镇集体企业、外商投资企业、城镇私营企业及其他城镇企业、事业单位、民办非企业单位、社会团体（以下简称单位）及其在职职工，应当按《住房公积金管理条例》（国务院令第350号，以下简称《条例》）的规定缴存住房公积金。有条件的地方，城镇单位聘用进城务工人员，单位和职工可缴存住房公积金；城镇个体工商户、自由职业人员可申请缴存住房公积金，月缴存额的工资基数按照缴存人上一年度月平均纳税收入计算。

二、设区城市（含地、州、盟，下同）应当结合当地经济、社会发展情况，统筹兼顾各方面承受能力，严格按照《条例》规定程序，合理确定住房公积金缴存比例。单位和职工缴存

比例不应低于5%，原则上不高于12%。采取提高单位住房公积金缴存比例方式发放职工住房补贴的，应当在个人账户中予以注明。未按照规定程序报省、自治区、直辖市人民政府批准的住房公积金缴存比例，应予以纠正。

三、缴存住房公积金的月工资基数，原则上不应超过职工工作地所在设区城市统计部门公布的上一年度职工月平均工资的2倍或3倍。具体标准由各地根据实际情况确定。职工月平均工资应按国家统计局规定列入工资总额统计的项目计算。

四、各地要按照《条例》规定，建立健全单位降低缴存比例或者缓缴住房公积金的审批制度，明确具体条件、需要提供的文件和办理程序。未经本单位职工代表大会或者工会讨论通过的，住房公积金管理委员会和住房公积金管理中心（以下简称管理中心）不得同意降低缴存比例或者缓缴。

五、单位发生合并、分立、撤销、破产、解散或者改制等情形的，应当为职工补缴以前欠缴（包括未缴和少缴）的住房公积金。单位合并、分立和改制时无力补缴住房公积金的，应当明确住房公积金缴存责任主体，才能办理合并、分立和改制等有关事项。新设立的单位，应当按照规定及时办理住房公积金缴存手续。

六、单位补缴住房公积金（包括单位自行补缴和人民法院强制补缴）的数额，可根据实际采取不同方式确定：单位从未缴存住房公积金的，原则上应当补缴自《条例》（国务院令第262号）发布之月起欠缴职工的住房公积金。单位未按照规定的职工范围和标准缴存住房公积金的，应当为职工补缴。单位不提供职工工资情况或者职工对提供的工资情况有异议的，管理中心可依据当地劳动部门、司法部门核定的工资，或所在设区城市统计部门公布的上年职工平均工资计算。

七、职工符合规定情形，申请提取本人住房公积金账户内存储余额的，所在单位核实后，应出具提取证明。单位不为职工出具住房公积金提取证明的，职工可以凭规定的有效证明材料，直接到管理中心或者受委托银行申请提取住房公积金。

八、职工购买、建造、翻建、大修自住住房，未申请个人住房公积金贷款的，原则上职工本人及其配偶在购建和大修住房一年内，可以凭有效证明材料，一次或者分次提取住房公积金账户内的存储余额。夫妻双方累计提取总额不能超过实际发生的住房支出。

九、进城务工人员、城镇个体工商户、自由职业人员购买自住住房或者在户口所在地购建自住住房的，可以凭购房合同、用地证明及其他有效证明材料，提取本人及其配偶住房公积金账户内的存储余额。

十、职工享受城镇最低生活保障；与单位终止劳动关系未再就业、部分或者全部丧失劳动能力以及遇到其他突发事件，造成家庭生活严重困难的，提供有效证明材料，经管理中心审核，可以提取本人住房公积金账户内的存储余额。

十一、职工调动工作，原工作单位不按规定为职工办理住房公积金变更登记和账户转移手续的，职工可以向管理中心投诉，或者凭有效证明材料，直接向管理中心申请办理账户转移手续。

十二、职工调动工作到另一设区城市的，调入单位为职工办理住房公积金账户设立手续后，新工作地的管理中心应当向原工作地管理中心出具新账户证明及个人要求转账的申请。原工作地管理中心向调出单位核实后，办理变更登记和账户转移手续；原账户已经封存的，可直接办理转移手续。账户转移原则上采取转账方式，不能转账的，也可以电汇或者信汇到新工作地的管理中心。调入单位未建立住房公积金制度的，原工作地管理中心可将职工账户暂时封存。

十三、职工购买、建造、翻修和大修自住住房需申请个人住房贷款的，受委托银行应当首先提供住房公积金贷款。管理中心或者受委托银行要一次性告知职工需要提交的文件和资料，职工按要求提交文件资料后，应当在15个工作日内办完贷款手续。15日内未办完手续的，经管理中心负责人批准，可以延长5个工作日，并应当将延长期限的理由告知申请人。职工没有还清贷款前，不得再次申请住房公积金贷款。

十四、进城务工人员、城镇个体工商户和自由职业人员购买自住住房时，可按规定申请住房公积金贷款。

十五、管理中心和受委托银行应按照委托贷款协议的规定，严格审核借款人身份、还款能力和个人信用，以及购建住房的合法性和真实性，加强对抵押物和保证人担保能力审查。要逐笔审批贷款，逐笔委托银行办理贷款手续。

十六、贷款资金应当划入售房单位(售房人)或者建房、修房承担方在银行开设的账户内，不得直接划入借款人账户或者支付现金给借款人。

十七、借款人委托他人或者中介机构代办手续的，应当签订书面委托书。管理中心要建立借款人面谈制度，核实有关情况，指导借款人在借款合同、担保合同等有关文件上当面签字。

十八、各地要根据当地经济适用住房或者普通商品住房平均价格和居民家庭平均住房水平，拟订住房公积金贷款最高额度。职工个人贷款具体额度的确定，要综合考虑购建住房价格、借款人还款能力及其住房公积金账户存储余额等因素。

十九、职工使用个人住房贷款(包括商业性贷款和住房公积金贷款)的，职工本人及其配偶可按规定提取住房公积金账户内的余额，用于偿还贷款本息。每次提取额不得超过当期应还款付息额，提前还款的提取额不得超过住房公积金贷款余额。

二十、职工在缴存住房公积金所在地以外的设区城市购买自住住房的，可以向住房所在地管理中心申请住房公积金贷款，缴存住房公积金所在地管理中心要积极协助提供职工缴存住房公积金证明，协助调查还款能力和个人信用等情况。

本意见自发布之日起实施。各地可以结合实际制订具体办法。

住房城乡建设部、财政部、中国人民银行关于发展住房公积金个人住房贷款业务的通知

1. 2014年10月9日
2. 建金〔2014〕148号

各省、自治区、直辖市住房城乡建设厅(建委)、财政厅(局)，新疆生产建设兵团建设局、财务局，中国人民银行上海总部、有关分行、营业管理部、省会(首府)城市中心支行，直辖市、新疆生产建设兵团住房公积金管理委员会、住房公积金管理中心：

住房公积金个人住房贷款是提高缴存职工住房消费能力的重要途径，也是缴存职工的基本权益。当前，各地住房公积金个人住房贷款业务发展不平衡，部分城市贷款发放率较高，但多数城市发放率在85%以下，影响了缴存职工的合法权益，也削弱了住房公积金制度的作用。为提高住房公积金个人住房贷款发放率，支持缴存职工购买首套和改善型自住住房，现就发展住房公积金个人住房贷款业务的有关问题通知如下。

一、合理确定贷款条件。职工连续足额缴存住房公积金6个月(含)以上，可申请住房公积金个人住房贷款。对曾经在异地缴存住房公积金、在现缴存地缴存不满6个月的，缴存时间可根据原缴存地住房公积金管理中心出具的缴存证明合并计算。住房公积金贷款对象为购买首套自住住房或第二套改善型普通自住住房的缴存职工。住房公积金管理中心不得向购买第三套及以上住房

的缴存职工家庭发放住房公积金个人住房贷款。

二、适当提高首套贷款额度。住房公积金个人住房贷款发放率低于85%的设区城市,住房公积金管理委员会要根据当地商品住房价格和人均住房面积等情况,适当提高首套自住住房贷款额度,加大对购房缴存职工的支持力度。

三、推进异地贷款业务。各省、自治区、直辖市要实现住房公积金缴存异地互认和转移接续。职工在就业地缴存住房公积金,在户籍所在地购买自住住房的,可持就业地住房公积金管理中心出具的缴存证明,向户籍所在地住房公积金管理中心申请住房公积金个人住房贷款。

四、设区城市统筹使用资金。未按照《住房公积金管理条例》规定调整到位的分支机构,要尽快纳入设区城市住房公积金管理中心统一制度、统一决策、统一管理、统一核算。设区城市住房公积金管理中心统筹使用分支机构的住房公积金。

五、盘活存量贷款资产。住房公积金个人住房贷款发放率在85%以上的城市,要主动采取措施,积极协调商业银行发放住房公积金和商业银行的组合贷款。有条件的城市,要积极探索发展住房公积金个人住房贷款资产证券化业务。

六、降低贷款中间费用。住房公积金个人住房贷款担保以所购住房抵押为主。取消住房公积金个人住房贷款保险、公证、新房评估和强制性机构担保等收费项目,减轻贷款职工负担。

七、优化贷款办理流程。各地住房公积金管理中心与房屋产权登记机构应尽快联网,实现信息共享,简化贷款办理程序,缩短贷款办理周期。房屋产权登记机构应在受理抵押登记申请之日起10个工作日内完成抵押权登记手续;住房公积金管理中心应在抵押登记后5个工作日内完成贷款发放。房地产开发企业不得拒绝缴存职工使用住房公积金贷款购房。

八、提高贷款服务效率。各地住房公积金管理中心要健全贷款服务制度,完善服务手段,积极开展网上贷款业务咨询、贷款初审等业务,要全面开通12329服务热线和短信平台,向缴存职工提供数据查询、业务咨询、还款提示、投诉举报等服务。积极探索建立全省统一的12329服务热线和短信平台。

九、加强考核和检查。各省、自治区住房和城乡建设厅要加强对各市住房公积金个人住房贷款业务的考核,加大个人住房贷款业务考核权重。要定期进行现场专项检查,对工作不力的城市,要责令加大工作力度。住房城乡建设部每月通报全国住房公积金个人住房贷款发放情况。

各省、自治区住房城乡建设厅、财政厅、人民银行分支机构,直辖市、新疆生产建设兵团住房公积金管理委员会要按照本通知要求,根据不同城市住房公积金个人住房贷款发放情况,加强分类指导,加大对贷款发放率低的城市督促检查力度,提高资金使用效率,保障住房公积金有效使用和资金安全,并将本通知落实情况于2014年年底前报住房城乡建设部、财政部和人民银行。

住房城乡建设部、财政部、人民银行关于放宽提取住房公积金支付房租条件的通知

1. *2015年1月20日*
2. *建金〔2015〕19号*

各省、自治区、直辖市住房城乡建设厅(建委)、财政厅(局),新疆生产建设兵团建设局、财务局,中国人民银行上海总部、各分行、营业管理部、省会(首府)城市中心支行,直辖市、新疆生产建设兵团住房公积金管理委员会、住房公积金管理中心:

为保障住房公积金缴存职工合法权益,

改进住房公积金提取机制,提高制度有效性和公平性,促进住房租赁市场发展,现就有关问题通知如下。

一、明确租房提取条件。职工连续足额缴存住房公积金满3个月,本人及配偶在缴存城市无自有住房且租赁住房的,可提取夫妻双方住房公积金支付房租。

二、规范租房提取额度。职工租住公共租赁住房的,按照实际房租支出全额提取;租住商品住房的,各地住房公积金管理委员会根据当地市场租金水平和租住住房面积,确定租房提取额度。

三、简化租房提取要件。职工租房提取应向住房公积金管理中心提出申请,并提供以下材料:租住公共租赁住房,提供房屋租赁合同和租金缴纳证明;租住商品住房,提供本人及配偶名下无房产的证明。因租房提取住房公积金需出具房产信息查询结果证明的,房地产管理部门不收取费用。

四、提高提取审核效率。各设区城市要加强住房公积金服务网点建设,方便职工办理提取业务,要积极创造条件,抓紧开展网上提取咨询和业务办理。缴存职工提取申请资料齐全,审核无误后应即时办理。需对申请资料进一步核查时,应在受理提取申请之日起3个工作日内办结。提取支付住房租金,住房公积金管理中心可受缴存职工委托,定期将提取资金划转至缴存职工指定账户。

五、防范骗提套取行为。各设区城市要抓紧建立住房公积金、房屋交易和产权管理、公共租赁住房信息共享机制,核查职工租赁行为。对伪造合同、出具虚假证明、编造虚假租赁等骗提套取行为,住房公积金管理中心向职工工作单位通报,追回骗提套取资金,取消职工一定时限内提取住房公积金和申请住房公积金个人住房贷款资格。住房公积金管理中心将相关信息依法向社会公开并纳入征信系统;对协助造假的机构和人员,要严肃处理;构成犯罪的,依法追究刑事责任。

各设区城市要按照本通知要求,结合当地实际情况,抓紧制定实施细则,并报省、自治区住房城乡建设厅、财政厅和人民银行分支机构备案。

住房城乡建设部关于按照中国人民银行规定实施住房公积金存贷款利率调整的通知

1. 2015年8月27日

2. 建金〔2015〕126号

各省、自治区住房城乡建设厅,直辖市、新疆生产建设兵团住房公积金管理委员会、住房公积金管理中心:

根据《中国人民银行关于下调金融机构人民币贷款和存款基准利率并进一步推进利率市场化改革的通知》(银发〔2015〕265号),现就住房公积金存贷款利率调整有关事项通知如下:

一、从2015年8月26日起,下调个人住房公积金存款利率。其中,当年归集的个人住房公积金存款利率维持0.35%不变;上年结转的个人住房公积金存款利率下调0.25个百分点,由1.6%下调至1.35%。

二、从2015年8月26日起,下调个人住房公积金贷款利率。五年期以上个人住房公积金贷款利率下调0.25个百分点,由3.5%下调至3.25%。五年期以下(含五年)个人住房公积金贷款利率下调0.25个百分点,由3%下调到2.75%。

三、从2015年8月26日起,利用住房公积金支持保障性住房建设试点贷款利率,按照调整后的五年期以上个人住房公积金贷款利率上浮10%执行。

请各省、自治区住房和城乡建设厅立即将本通知转发相关住房公积金管理委员会、住房公积金管理中心执行。对利率调整后出现的新情况、新问题要及时处理并报我部。

附件:住房公积金存贷款利率调整表

附件:

住房公积金存贷款利率调整表

单位:年利率%

项目	调整前利率	调整后利率
一、个人住房公积金存款		
当年缴存	0.35	0.35
上年结转	1.6	1.35
二、个人住房公积金贷款		
五年以下(含五年)	3	2.75
五年以下	3.5	3.25
三、试点项目贷款	按五年以上个人住房公积金贷款利率上浮10%	按五年以上个人住房公积金贷款利率上浮10%

住房城乡建设部、财政部、中国人民银行关于调整住房公积金个人住房贷款购房最低首付款比例的通知

1. 2015年8月27日

2. 建金〔2015〕128号

各省、自治区、直辖市住房城乡建设厅(建委)、财政厅(局),新疆生产建设兵团建设局、财务局,中国人民银行各分行、营业管理部、各省会(首府)城市中心支行、副省级城市中心支行,直辖市、新疆生产建设兵团住房公积金管理委员会、住房公积金管理中心:

为进一步完善住房公积金个人住房贷款政策,支持缴存职工合理住房需求,对拥有1套住房并已结清相应购房贷款的居民家庭,为改善居住条件再次申请住房公积金委托贷款购买住房的,最低首付款比例由30%降低至20%。北京、上海、广州、深圳可在国家统一政策基础上,结合本地实际,自主决定申请住房公积金委托贷款购买第二套住房的最低首付款比例。

本通知自2015年9月1日起执行。

住房城乡建设部关于住房公积金异地个人住房贷款有关操作问题的通知

1. 2015年9月15日

2. 建金〔2015〕135号

各省、自治区住房城乡建设厅,直辖市、新疆生产建设兵团住房公积金管理委员会、住房公积金管理中心:

为落实《关于发展住房公积金个人住房贷款业务的通知》(建金〔2014〕148号)要求,推进住房公积金异地贷款业务,支持缴存职工异地购房需求,保障缴存职工权益,现就有关问题通知如下:

一、职责分工

(一)缴存城市公积金中心(含分中心,下同)负责审核职工缴存和已贷款情况,向贷款城市公积金中心出具书面证明,并配合贷款城市公积金中心核实相关信息。

(二)贷款城市公积金中心及受委托银行负责异地贷款的业务咨询、受理、审核、发放、回收、变更及贷后管理工作,并承担贷款风险。

(三)贷款城市公积金中心与缴存城市公积金中心要定期对异地贷款情况进行核对,掌握提取、还款、变更和逾期情况。

二、办理流程

(一)贷款城市公积金中心接受职工的

异地贷款业务咨询,并一次性告知贷款所需审核材料。

（二）职工本人或其委托人向缴存城市公积金中心提出申请,缴存城市公积金中心根据职工申请,核实职工缴存贷款情况,对未使用过住房公积金个人住房贷款或首次住房公积金个人住房贷款已经结清的缴存职工,出具《异地贷款职工住房公积金缴存使用证明》。

（三）贷款城市公积金中心受理职工异地贷款申请后,向缴存城市公积金中心核实《异地贷款职工住房公积金缴存使用证明》信息真实性和完整性。核实无误的,应按规定时限履行贷款审核审批手续,并将结果反馈缴存城市公积金中心。缴存城市公积金中心对职工异地贷款情况进行标识,并建立职工异地贷款情况明细台账。

（四）缴存职工在异地贷款还贷期间,如住房公积金个人账户转移,原缴存城市公积金中心应及时告知贷款城市公积金中心和转入城市公积金中心。转入城市公积金中心应在接收职工住房公积金账户后,及时对异地贷款情况重新标识和记录。

（五）异地贷款出现逾期时,缴存城市公积金中心应配合贷款城市公积金中心开展贷款催收等工作,根据贷款合同可扣划贷款职工公积金账户余额用于归还贷款。

三、相关要求

（一）各省、自治区住房城乡建设厅要加强对住房公积金异地贷款业务的指导监督。各城市和新疆生产建设兵团住房公积金管理委员会要抓紧出台异地贷款业务细则,确保异地贷款业务有序开展。

（二）异地贷款业务缴存信息核实联系人要尽职尽责。缴存城市公积金中心和贷款城市公积金中心要相互配合,认真核实相关信息。如信息核实联系人、联系方式有变动,请以书面形式,及时报我部住房公积金监管司予以更新。

（三）我部将建设全国住房公积金异地贷款业务信息交换系统。各城市和新疆生产建设兵团公积金中心要按照异地贷款政策要求,抓紧开展信息系统升级改造,优化个人住房贷款业务流程,适应全国异地贷款业务信息化要求。

住房和城乡建设部关于建立健全住房公积金综合服务平台的通知

1. *2019年5月9日*
2. *建金〔2019〕57号*

各省、自治区住房和城乡建设厅,直辖市、新疆生产建设兵团住房公积金管理委员会、住房公积金管理中心：

《住房城乡建设部关于加快建设住房公积金综合服务平台的通知》（建金〔2016〕14号）和《住房公积金综合服务平台建设导则》印发以来,各省、自治区住房和城乡建设厅和各地住房公积金管理中心（以下简称管理中心）认真贯彻落实,积极开展住房公积金综合服务平台（以下简称服务平台）建设,提升了住房公积金服务效率。但仍有部分管理中心存在思想认识不到位、服务平台建设滞后、综合管理系统不健全、线上业务种类少、风险防控能力弱、推广使用力度小等问题,服务平台作用未得到充分发挥。为进一步贯彻国务院"放管服"改革要求,切实提升住房公积金服务效能,规范服务平台建设和使用,现就有关要求通知如下：

一、充分认识建设服务平台重要意义

服务平台建设是落实国务院"放管服"改革要求,全面提升住房公积金服务水平的基础性工作,对满足缴存职工多样化需求,充分发挥住房公积金制度作用具有重要意义。各地要切实转变观念,提高服务意识,增强紧迫感,以"互联网+"为导向,充分利用大数据、云计算等信息技术,加快服务平台建设,完善服务平台功能,丰富线上业务办理种类,有效提高离柜率,切实提高住房公积金服务便捷度。

二、全面加强组织领导

服务平台建设涉及面广,政策性强,技术要求高,管理中心要成立服务平台建设工作领导小组,由一把手牵头负责,集中技术部门和业务部门骨干力量,制定工作方案,明确工作任务、关键环节和完成时限。根据线上服务特点,优化内部组织架构,组建专门的运营管理部门。重点抓好梳理服务事项、优化服务流程、建设综合管理系统和建立安全保障机制等关键环节。对服务平台承建单位明确提出建设需求、工作要求,跟踪考核工作进度和质量,严格项目评审。服务平台建设效果不符合《住房公积金综合服务平台建设导则》要求的,管理中心应督促承建单位及时改进。

三、合理确定资金投入

要坚持以缴存职工需求为中心、以服务工作中存在的问题为导向,按照经济适用原则,充分运用成熟、稳定、安全的技术手段,立足现有信息化设施,推进服务平台建设。综合考虑服务对象规模、管理运作的资金量、日常服务量等因素,在广泛调研、论证比较的基础上,合理确定建设费用,实现节约集约化建设。独立运作的分中心和管理部,原则上要接入和使用所在设区城市管理中心服务平台,减少重复投资,降低建设和运行维护成本。有条件的省、自治区,可集中组织建设部分服务渠道。各省、自治区住房和城乡建设厅和各地管理中心要积极与财政部门沟通,将服务平台建设、运行维护和信息安全评测等费用列入专项经费预算。

四、严格规范线上服务

管理中心要按照线上业务特点,梳理确定服务事项清单,制订住房公积金服务指南、服务平台操作手册,明确线上业务审核规则和评价指标。进一步优化线上服务流程,精简服务环节与要件,缩短办理时限。加强与相关部门沟通协调,不断扩大数据共享范围。充分利用管理中心自有数据和外部共享数据,加快实现后台自动审核比对,满足在线快速审批要求,提升在线服务效率。明晰服务工作相关岗位职责,严格设置服务平台管理和业务审核权限,规范线上操作行为。强化服务进度查询、办结时限监控和线上服务评价等功能,精准把握缴存职工诉求,及时化解服务工作中的堵点和痛点,主动接受社会监督。

五、统一管控各类渠道

管理中心要严格按照《住房公积金综合服务平台建设导则》要求,建设服务平台综合管理系统,有效管控各服务渠道,及时掌握服务情况。通过综合管理系统,确保各服务渠道协同一致,实现服务对象一个渠道注册,全渠道登录。综合管理系统应有效调节各电子渠道服务量,在线上服务并发高峰期,及时引导服务申请在不同渠道间合理分流。强化综合管理系统运行绩效分析功能,深度分析渠道运行、业务办理、用户信息、咨询投诉热点等指标,为持续改进服务提供数据支撑。

六、妥善对接政务平台

省、自治区或城市人民政府要求将服务平台纳入当地政务平台统一管理的,管理中心要积极做好对接工作,梳理拟纳入政务平台的服务事项,与政务平台管理部门明确管理、服务和安全运行维护等职责。通过与政务平台对接,更好地利用部门共享数据,开展业务信息联网核查,提升线上服务效率。通过政务平台受理的住房公积金服务事项,纳入服务平台统一管理。管理中心要以服务平台作为住房公积金线上服务主渠道,不得以政务平台替代服务平台建设,不得取消已建成并被缴存职工广泛使用的电子服务渠道。按照国办公开办函〔2018〕89 号文件要求,住房公积金 12329 服务热线可与城市政务服务热线实现并行接听、联动服务,但不得取消。

七、强化安全保障机制

管理中心要严格执行国家信息系统安全规范，落实物理环境安全、网络安全和数据保护安全等各项措施，加强服务平台运行监测和风险分析，借助第三方安全测评机构定期进行信息安全评测，及时排除风险隐患。管理中心要与承建单位和运营服务商签署协议，明确各方在平台建设、维护和安全等方面的责任。切实加强数据管理和使用工作，做好数据备份，定期校验备份数据有效性、完整性。建立健全电子档案，完善相关制度标准，加强线上线下各类业务票据、数据、资料管理。通过访问控制、数据脱敏、操作日志和系统留痕等措施，做到防泄漏、防窃取、防篡改，确保数据安全。除法律法规有明确规定外，管理中心原则上不得向第三方提供原始数据信息。用户登录服务平台各渠道时，应提醒其不得将用户名和密码等信息提供给非官方的第三方机构。管理中心与相关部门实现数据共享时，要签订安全协议，明确数据安全责任。基于缴存职工信息与第三方合作提供增值服务的，必须经缴存职工本人授权，明确法律责任。综合管理系统应采用松耦合的方式与管理中心业务系统对接，确保安全稳定。

八、加大监督指导力度

各省、自治区住房和城乡建设厅要加强对本行政区域各管理中心服务平台建设工作的督促指导，加大与省级相关部门协调力度，积极推进信息共享。对省级统建的服务平台或服务渠道，加强管理和运行维护。通过召开服务推进会、组织验收、举办人员培训等方式，推进服务平台建设。对服务平台已建成的管理中心，组织开展自评和验收。对已验收的管理中心，督促其按照验收意见及时整改，并做好推广、使用工作。重点督导未完成服务平台建设的管理中心加快工作进度。督促管理中心认真填报服务平台建设使用情况报表，严格审核填报数据的及时性、完整性和准确性。填报情况将作为我部评价各地服务平台建设使用情况的主要依据。对服务平台建设滞后的地方，我部将定期予以通报。

附件：建立健全住房公积金综合服务平台工作指引

附件

建立健全住房公积金综合服务平台工作指引

一、建设准备阶段

（一）梳理服务事项。

1. 对住房公积金服务事项全面梳理，规范查询、缴存、提取、贷款等服务事项的表单、数据项、申请要件等，形成服务事项清单，通过网络、媒体等渠道对外公布。依据服务事项清单，编制服务事项知识库，为线上服务提供支撑。

2. 制订线上服务规范、服务平台操作规程、监督考核办法等一系列服务相关制度，建立线上投诉、服务平台应急事件等快速处理机制。

3. 完善缴存单位和缴存职工基本信息。通过前台核对、单位专管员协查、部门信息比对等方式，确保缴存单位情况、职工姓名、身份证号、手机号、银行账号等信息准确无误。

（二）优化服务流程。

4. 梳理业务审核环节、流程和要件，根据线上服务特点，明确需精简的环节和要件，重新确定办理时限。通过系统自动审核比对，实现汇（补）缴和提取等业务的实时办理。

5. 制订并完善服务平台使用手册，规范管理、操作与运行维护。管理中心应建立完善的工单处理机制，咨询、建议和投诉类服务通过服务平台即时受理，及时处理。

（三）明确岗位职责。

6. 根据优化后的流程，重新明确内设机

构和相关岗位在线上服务方面的职责。明确负责服务工作的部门或机构,规范管理线上线下服务,对服务质量实施监督考核,统筹改进服务工作。

7. 设定业务审核与平台管理人员权限,对信息发布、参数修改、服务渠道启停、服务事项增删等操作建立严格的审核机制。

(四)提出建设需求。

8. 基于明晰的线上服务事项和流程,研究提出平台建设需求,包括平台功能、服务平台与业务系统对接方式、数据存储和传输方式、操作界面等内容。

9. 由业务、技术、服务等相关人员组成专门工作组,会同软件开发公司,深入研读导则,明确目标要求,对服务工作现状进行分析,设定线上服务场景,形成建设方案。

二、平台建设阶段

(五)建设电子服务渠道。

10. 重点建设移动互联服务渠道,可根据业务需要选择建设手机 APP、微信公众号,对接政务服务 APP,选用其他可信度高、受众广的第三方服务渠道。建设网上业务大厅并完善功能,实现单位业务和绝大部分个人业务均通过网上办理。打造 12329 服务热线,建立专业的热线服务团队并加强考核,充分利用新媒体,建设可集中管理的多功能互联网座席。自助终端可由管理中心自建,也可在政务服务自助终端或受委托银行自助终端机中加载住房公积金服务模块。在各渠道建设中,拓展人工智能技术应用。

11. 12329 短信平台由各省、自治区住房和城乡建设厅负责统一建设,各地管理中心应接入并使用。各省、自治区住房和城乡建设厅协调运营商,降低短信资费。

(六)建设综合管理系统。

12. 健全服务平台综合管理系统对电子渠道的管控功能,对各电子渠道服务活动进行统一管控,包括电子渠道和服务事项的启停,对服务量的监控与分流等。

13. 建立渠道协同机制,实现接口部署和运行、服务内容整合、渠道接入控制、用户签约登录等功能的统一管理。

14. 设置服务平台用户注册管理功能,实现一个渠道注册,全渠道登录。缴存单位和职工自主注册平台用户,管理中心加强对平台用户的规范管理。

15. 强化服务平台运行绩效分析功能,通过服务平台收集和掌握线上服务响应速度、办结率和群众满意度等情况,作为改进服务工作的重要依据。

(七)建立安全保障机制。

16. 执行国家信息系统安全规范,逐项落实保障渠道设施、终端设备、通讯线路和服务平台安全的措施,建立服务日志管理和留痕追溯机制。

17. 建立可靠的身份认证机制。对单位用户,采用第三方数字证书(如网银盾)、短信验证码等认证方式。对个人用户,采取身份证号码、银行卡校验、生物识别、短信验证码等多因素交叉核验措施,全面实施网上身份实名认证,逐步实现实人认证。

18. 按照法律法规有关规定,通过开发和改造服务平台接口,向政务平台或业务相关部门提供住房公积金数据信息服务。加强数据共享风险评估和安全审查,建立数据容灾备份、安全应急处置等机制。健全防泄漏、防窃取、防篡改措施,防止无权限机构非法获取数据。

(八)部署线上服务事项。

19. 打通管理中心内部数据,将查询、咨询、投诉及其他基于管理中心内部数据即可办结的服务事项,先行实现线上办理。对暂时无法实现信息共享的服务事项,可通过容缺受理、承诺声明等方式,结合失信惩戒机制,先行实现业务受理或部分业务环节的线上办理。

20. 梳理线上服务所需部门共享数据项,加强部门沟通协调。在实现与公安、房产交易、不动产登记、人民银行征信系统、民政等相关部门或政务平台对接的基础上,逐步开通所有线上服务事项,最终实现 7×24 小时不间断服务。

3. 房屋贷款管理

贷 款 通 则

1. 1996年6月28日中国人民银行发布
2. 自1996年8月1日起施行

第一章 总 则

第一条 为了规范贷款行为,维护借贷双方的合法权益,保证信贷资产的安全,提高贷款使用的整体效益,促进社会经济的持续发展,根据《中华人民共和国中国人民银行法》、《中华人民共和国商业银行法》等有关法律规定,制定本通则。

第二条 本通则所称贷款人,系指在中国境内依法设立的经营贷款业务的中资金融机构。

本通则所称借款人,系指从经营贷款业务的中资金融机构取得贷款的法人、其他经济组织、个体工商户和自然人。

本通则中所称贷款系指贷款人对借款人提供的并按约定的利率和期限还本付息的货币资金。

本通则中的贷款币种包括人民币和外币。

第三条 贷款的发放和使用应当符合国家的法律、行政法规和中国人民银行发布的行政规章,应当遵循效益性、安全性和流动性的原则。

第四条 借款人与贷款人的借贷活动应当遵循平等、自愿、公平和诚实信用的原则。

第五条 贷款人开展贷款业务,应当遵循公平竞争、密切协作的原则,不得从事不正当竞争。

第六条 中国人民银行及其分支机构是实施《贷款通则》的监管机关。

第二章 贷 款 种 类

第七条 自营贷款、委托贷款和特定贷款:

自营贷款,系指贷款人以合法方式筹集的资金自主发放的贷款,其风险由贷款人承担,并由贷款人收回本金和利息。

委托贷款,系指由政府部门、企事业单位及个人等委托人提供资金,由贷款人(即受托人)根据委托人确定的贷款对象、用途、金额、期限、利率等代为发放、监督使用并协助收回的贷款。贷款人(受托人)只收取手续费,不承担贷款风险。

特定贷款,系指经国务院批准并对贷款可能造成的损失采取相应补救措施后责成国有独资商业银行发放的贷款。

第八条 短期贷款、中期贷款和长期贷款:

短期贷款,系指贷款期限在1年以内(含1年)的贷款。

中期贷款,系指贷款期限在1年以上(不含1年)5年以下(含5年)的贷款。

长期贷款,系指贷款期限在5年(不含5年)以上的贷款。

第九条 信用贷款、担保贷款和票据贴现:

信用贷款,系指以借款人的信誉发放的贷款。

担保贷款,系指保证贷款、抵押贷款、质押贷款。

保证贷款,系指按《中华人民共和国担保法》规定的保证方式以第三人承诺在借款人不能偿还贷款时,按约定承担一般保证责任或者连带责任而发放的贷款。

抵押贷款,系指按《中华人民共和国担保法》规定的抵押方式以借款人或第三人的财产作为抵押物发放的贷款。

质押贷款,系指按《中华人民共和国担保法》规定的质押方式以借款人或第三人的动产或权利作为质物发放的贷款。

票据贴现,系指贷款人以购买借款人未到期商业票据的方式发放的贷款。

第十条 除委托贷款以外,贷款人发放贷款,借款人应当提供担保。贷款人应当对保证人的偿还能力,抵押物、质物的权属和价值以及实现抵押权、质权的可行性进行严格审查。

经贷款审查、评估,确认借款人资信良好,确能偿还贷款的,可以不提供担保。

第三章 贷款期限和利率

第十一条 贷款期限:

贷款期限根据借款人的生产经营周期、还款能力和贷款人的资金供给能力由借贷双方共同商议后确定,并在借款合同中载明。

自营贷款期限最长一般不得超过 10 年,超过 10 年应当报中国人民银行备案。

票据贴现的贴现期限最长不得超过 6 个月,贴现期限为从贴现之日起到票据到期日止。

第十二条 贷款展期:

不能按期归还贷款的,借款人应当在贷款到期日之前,向贷款人申请贷款展期。是否展期由贷款人决定。申请保证贷款、抵押贷款、质押贷款展期的,还应当由保证人、抵押人、出质人出具同意的书面证明。已有约定的,按照约定执行。

短期贷款展期期限累计不得超过原贷款期限;中期贷款展期期限累计不得超过原贷款期限的一半;长期贷款展期期限累计不得超过 3 年。国家另有规定者除外。借款人未申请展期或申请展期未得到批准,其贷款从到期日次日起,转入逾期贷款账户。

第十三条 贷款利率的确定:

贷款人应当按照中国人民银行规定的贷款利率的上下限,确定每笔贷款利率,并在借款合同中载明。

第十四条 贷款利息的计收:

贷款人和借款人应当按借款合同和中国人民银行有关计息规定按期计收或交付利息。

贷款的展期期限加上原期限达到新的利率期限档次时,从展期之日起,贷款利息按新的期限档次利率计收。

逾期贷款按规定计收罚息。

第十五条 贷款的贴息:

根据国家政策,为了促进某些产业和地区经济的发展,有关部门可以对贷款补贴利息。

对有关部门贴息的贷款,承办银行应当自主审查发放,并根据本通则有关规定严格管理。

第十六条 贷款停息、减息、缓息和免息:

除国务院决定外,任何单位和个人无权决定停息、减息、缓息和免息。贷款人应当依据国务院决定,按照职责权限范围具体办理停息、减息、缓息和免息。

第四章 借 款 人

第十七条 借款人应当是经工商行政管理机关(或主管机关)核准登记的企(事)业法人、其他经济组织、个体工商户或具有中华人民共和国国籍的具有完全民事行为能力的自然人。

借款人申请贷款,应当具备产品有市场、生产经营有效益、不挤占挪用信贷资金、恪守信用等基本条件,并且应当符合以下要求:

一、有按期还本付息的能力,原应付贷款利息和到期贷款已清偿;没有清偿的,已经做了贷款人认可的偿还计划。

二、除自然人和不需要经工商部门核准登记的事业法人外,应当经过工商部门办理年检手续。

三、已开立基本账户或一般存款账户。

四、除国务院规定外,有限责任公司和股份有限公司对外股本权益性投资累计额未超过其净资产总额的50%。

五、借款人的资产负债率符合贷款人的要求。

六、申请中期、长期贷款的,新建项目的企业法人所有者权益与项目所需总投资的比例不低于国家规定的投资项目的资本金比例。

第十八条 借款人的权利：

一、可以自主向主办银行或者其他银行的经办机构申请贷款并依条件取得贷款；

二、有权按合同约定提取和使用全部贷款；

三、有权拒绝借款合同以外的附加条件；

四、有权向贷款人的上级和中国人民银行反映、举报有关情况；

五、在征得贷款人同意后，有权向第三人转让债务。

第十九条 借款人的义务：

一、应当如实提供贷款人要求的资料（法律规定不能提供者除外），应当向贷款人如实提供所有开户行、账号及存贷款余额情况，配合贷款人的调查、审查和检查；

二、应当接受贷款人对其使用信贷资金情况和有关生产经营、财务活动的监督；

三、应当按借款合同约定用途使用贷款；

四、应当按借款合同约定及时清偿贷款本息；

五、将债务全部或部分转让给第三人的，应当取得贷款人的同意；

六、有危及贷款人债权安全情况时，应当及时通知贷款人，同时采取保全措施。

第二十条 对借款人的限制：

一、不得在一个贷款人同一辖区内的两个或两个以上同级分支机构取得贷款。

二、不得向贷款人提供虚假的或者隐瞒重要事实的资产负债表、损益表等。

三、不得用贷款从事股本权益性投资，国家另有规定的除外。

四、不得用贷款在有价证券、期货等方面从事投机经营。

五、除依法取得经营房地产资格的借款人以外，不得用贷款经营房地产业务；依法取得经营房地产资格的借款人，不得用贷款从事房地产投机。

六、不得套取贷款用于借贷牟取非法收入。

七、不得违反国家外汇管理规定使用外币贷款。

八、不得采取欺诈手段骗取贷款。

第五章 贷 款 人

第二十一条 贷款人必须经中国人民银行批准经营贷款业务，持有中国人民银行颁发的《金融机构法人许可证》或《金融机构营业许可证》，并经工商行政管理部门核准登记。

第二十二条 贷款人的权利：

根据贷款条件和贷款程序自主审查和决定贷款，除国务院批准的特定贷款外，有权拒绝任何单位和个人强令其发放贷款或者提供担保。

一、要求借款人提供与借款有关的资料；

二、根据借款人的条件，决定贷与不贷、贷款金额、期限和利率等；

三、了解借款人的生产经营活动和财务活动；

四、依合同约定从借款人账户上划收贷款本金和利息；

五、借款人未能履行借款合同规定义务的，贷款人有权依合同约定要求借款人提前归还贷款或停止支付借款人尚未使用的贷款；

六、在贷款将受或已受损失时，可依据合同规定，采取使贷款免受损失的措施。

第二十三条 贷款人的义务：

一、应当公布所经营的贷款的种类、期限和利率，并向借款人提供咨询。

二、应当公开贷款审查的资信内容和发放贷款的条件。

三、贷款人应当审议借款人的借款申请，并及时答复贷与不贷。短期贷款答复时间不得超过1个月，中期、长期贷款答复时间不得超过6个月；国家另有规定者除外。

四、应当对借款人的债务、财务、生产、

经营情况保密，但对依法查询者除外。

第二十四条　对贷款人的限制：

一、贷款的发放必须严格执行《中华人民共和国商业银行法》第三十九条关于资产负债比例管理的有关规定，第四十条关于不得向关系人发放信用贷款、向关系人发放担保贷款的条件不得优于其他借款人同类贷款条件的规定。

二、借款人有下列情形之一者，不得对其发放贷款：

（一）不具备本通则第四章第十七条所规定的资格和条件的；

（二）生产、经营或投资国家明文禁止的产品、项目的；

（三）违反国家外汇管理规定的；

（四）建设项目按国家规定应当报有关部门批准而未取得批准文件的；

（五）生产经营或投资项目未取得环境保护部门许可的；

（六）在实行承包、租赁、联营、合并（兼并）、合作、分立、产权有偿转让、股份制改造等体制变更过程中，未清偿原有贷款债务、落实原有贷款债务或提供相应担保的；

（七）有其他严重违法经营行为的。

三、未经中国人民银行批准，不得对自然人发放外币币种的贷款。

四、自营贷款和特定贷款，除按中国人民银行规定计收利息之外，不得收取其他任何费用；委托贷款，除按中国人民银行规定计收手续费之外，不得收取其他任何费用。

五、不得给委托人垫付资金，国家另有规定的除外。

六、严格控制信用贷款，积极推广担保贷款。

第六章　贷 款 程 序

第二十五条　贷款申请：

借款人需要贷款，应当向主办银行或者其他银行的经办机构直接申请。

借款人应当填写包括借款金额、借款用途、偿还能力及还款方式等主要内容的《借款申请书》并提供以下资料：

一、借款人及保证人基本情况；

二、财政部门或会计（审计）事务所核准的上年度财务报告，以及申请借款前一期的财务报告；

三、原有不合理占用的贷款的纠正情况；

四、抵押物、质物清单和有处分权人的同意抵押、质押的证明及保证人拟同意保证的有关证明文件；

五、项目建议书和可行性报告；

六、贷款人认为需要提供的其他有关资料。

第二十六条　对借款人的信用等级评估：

应当根据借款人的领导者素质、经济实力、资金结构、履约情况、经营效益和发展前景等因素，评定借款人的信用等级。评级可由贷款人独立进行，内部掌握，也可由有权部门批准的评估机构进行。

第二十七条　贷款调查：

贷款人受理借款人申请后，应当对借款人的信用等级以及借款的合法性、安全性、盈利性等情况进行调查，核实抵押物、质物、保证人情况，测定贷款的风险度。

第二十八条　贷款审批：

贷款人应当建立审贷分离、分级审批的贷款管理制度。审查人员应当对调查人员提供的资料进行核实、评定、复测贷款风险度，提出意见，按规定权限报批。

第二十九条　签订借款合同：

所有贷款应当由贷款人与借款人签订借款合同。借款合同应当约定借款种类，借款用途、金额、利率，借款期限，还款方式，借、贷双方的权利、义务，违约责任和双方认为需要约定的其他事项。

保证贷款应当由保证人与贷款人签订保证合同，或保证人在借款合同上载明与贷款人协商一致的保证条款，加盖保证人的法人公章，并由保证人的法定代表人或其授权代理人签署姓名。抵押贷款、质押贷款应当由抵押人、出质人与贷款人签订抵押合同、质押合同,需要办理登记的,应依法办理登记。

第三十条 贷款发放:

贷款人要按借款合同规定按期发放贷款。贷款人不按合同约定按期发放贷款的,应偿付违约金。借款人不按合同约定用款的,应偿付违约金。

第三十一条 贷后检查:

贷款发放后,贷款人应当对借款人执行借款合同情况及借款人的经营情况进行追踪调查和检查。

第三十二条 贷款归还:

借款人应当按照借款合同规定按时足额归还贷款本息。

贷款人在短期贷款到期1个星期之前、中长期贷款到期1个月之前,应当向借款人发送还本付息通知单;借款人应当及时筹备资金,按期还本付息。

贷款人对逾期的贷款要及时发出催收通知单,做好逾期贷款本息的催收工作。

贷款人对不能按借款合同约定期限归还的贷款,应当按规定加罚利息;对不能归还或者不能落实还本付息事宜的,应当督促归还或者依法起诉。

借款人提前归还贷款,应当与贷款人协商。

第七章 不良贷款监管

第三十三条 贷款人应当建立和完善贷款的质量监管制度,对不良贷款进行分类、登记、考核和催收。

第三十四条 不良贷款系指呆账贷款、呆滞贷款、逾期贷款。

呆账贷款,系指按财政部有关规定列为呆账的贷款。

呆滞贷款,系指按财政部有关规定,逾期(含展期后到期)超过规定年限以上仍未归还的贷款,或虽未逾期或逾期不满规定年限但生产经营已终止、项目已停建的贷款(不含呆账贷款)。

逾期贷款,系指借款合同约定到期(含展期后到期)未归还的贷款(不含呆滞贷款和呆账贷款)。

第三十五条 不良贷款的登记:

不良贷款由会计、信贷部门提供数据,由稽核部门负责审核并按规定权限认定,贷款人应当按季填报不良贷款情况表。在报上级行的同时,应当报中国人民银行当地分支机构。

第三十六条 不良贷款的考核:

贷款人的呆账贷款、呆滞贷款、逾期贷款不得超过中国人民银行规定的比例。贷款人应当对所属分支机构下达和考核呆账贷款、呆滞贷款和逾期贷款的有关指标。

第三十七条 不良贷款的催收和呆账贷款的冲销:

信贷部门负责不良贷款的催收,稽核部门负责对催收情况的检查。贷款人应当按照国家有关规定提取呆账准备金,并按照呆账冲销的条件和程序冲销呆账贷款。

未经国务院批准,贷款人不得豁免贷款。除国务院批准外,任何单位和个人不得强令贷款人豁免贷款。

第八章 贷款管理责任制

第三十八条 贷款管理实行行长(经理、主任,下同)负责制。

贷款实行分级经营管理,各级行长应当在授权范围内对贷款的发放和收回负全部责任。行长可以授权副行长或贷款管理部门负责审批贷款,副行长或贷款管理部门负责人应当对行长负责。

第三十九条 贷款人各级机构应当建立有行长或副行长(经理、主任,下同)和有关部门负责人参加的贷款审查委员会(小组),负责贷款的审查。

第四十条 建立审贷分离制:

贷款调查评估人员负责贷款调查评估,承担调查失误和评估失准的责任;贷款审查人员负责贷款风险的审查，承担审查失误的责任；贷款发放人员负责贷款的检查和清收，承担检查失误、清收不力的责任。

第四十一条　建立贷款分级审批制：

贷款人应当根据业务量大小、管理水平和贷款风险度确定各级分支机构的审批权限，超过审批权限的贷款，应当报上级审批。各级分支机构应当根据贷款种类、借款人的信用等级和抵押物、质物、保证人等情况确定每一笔贷款的风险度。

第四十二条　建立和健全信贷工作岗位责任制：

各级贷款管理部门应将贷款管理的每一个环节的管理责任落实到部门、岗位、个人，严格划分各级信贷工作人员的职责。

第四十三条　贷款人对大额借款人建立驻厂信贷员制度。

第四十四条　建立离职审计制：

贷款管理人员在调离原工作岗位时，应当对其在任职期间和权限内所发放的贷款风险情况进行审计。

第九章　贷款债权保全和清偿的管理

第四十五条　借款人不得违反法律规定，借兼并、破产或者股份制改造等途径，逃避银行债务，侵吞信贷资金；不得借承包、租赁等途径逃避贷款人的信贷监管以及偿还贷款本息的责任。

第四十六条　贷款人有权参与处于兼并、破产或股份制改造等过程中的借款人的债务重组，应当要求借款人落实贷款还本付息事宜。

第四十七条　贷款人应当要求实行承包、租赁经营的借款人，在承包、租赁合同中明确落实原贷款债务的偿还责任。

第四十八条　贷款人对实行股份制改造的借款人，应当要求其重新签订借款合同，明确原贷款债务的清偿责任。

对实行整体股份制改造的借款人，应当明确其所欠贷款债务由改造后公司全部承担；对实行部分股份制改造的借款人，应当要求改造后的股份公司按占用借款人的资本金或资产的比例承担原借款人的贷款债务。

第四十九条　贷款人对联营后组成新的企业法人的借款人，应当要求其依据所占用的资本金或资产的比例将贷款债务落实到新的企业法人。

第五十条　贷款人对合并（兼并）的借款人，应当要求其在合并（兼并）前清偿贷款债务或提供相应的担保。

借款人不清偿贷款债务或未提供相应担保，贷款人应当要求合并（兼并）企业或合并后新成立的企业承担归还原借款人贷款的义务，并与之重新签订有关合同或协议。

第五十一条　贷款人对与外商合资（合作）的借款人，应当要求其继续承担合资（合作）前的贷款归还责任，并要求其将所得收益优先归还贷款。借款人用已作为贷款抵押、质押的财产与外商合资（合作）时必须征求贷款人同意。

第五十二条　贷款人对分立的借款人，应当要求其在分立前清偿贷款债务或提供相应的担保。

借款人不清偿贷款债务或未提供相应担保，贷款人应当要求分立后的各企业，按照分立时所占资本或资产比例或协议，对原借款人所欠贷款承担清偿责任。对设立子公司的借款人，应当要求其子公司按所得资本或资产的比例承担和偿还母公司相应的贷款债务。

第五十三条　贷款人对产权有偿转让或申请解散的借款人，应当要求其在产权转让或解散前必须落实贷款债务的清偿。

第五十四条　贷款人应当按照有关法律参与借款人破产财产的认定与债权债务的处置，对于破产借款人已设定财产抵押、质押或其他担保的贷款债权，贷款人依法享有优先受偿权;无财产担保的贷款债权按法定程序和比例受偿。

第十章 贷款管理特别规定

第五十五条 建立贷款主办行制度:

借款人应按中国人民银行的规定与其开立基本账户的贷款人建立贷款主办行关系。

借款人发生企业分立、股份制改造、重大项目建设等涉及信贷资金使用和安全的重大经济活动,事先应当征求主办行的意见。一个借款人只能有一个贷款主办行,主办行应当随基本账户的变更而变更。

主办行不包资金,但应当按规定有计划地对借款人提供贷款,为借款人提供必要的信息咨询、代理等金融服务。

贷款主办行制度与实施办法,由中国人民银行另行规定。

第五十六条 银团贷款应当确定一个贷款人为牵头行,并签订银团贷款协议,明确各贷款人的权利和义务,共同评审贷款项目。牵头行应当按协议确定的比例监督贷款的偿还。银团贷款管理办法由中国人民银行另行规定。

第五十七条 特定贷款管理:

国有独资商业银行应当按国务院规定发放和管理特定贷款。

特定贷款管理办法另行规定。

第五十八条 非银行金融机构贷款的种类、对象、范围,应当符合中国人民银行规定。

第五十九条 贷款人发放异地贷款,或者接受异地存款,应当报中国人民银行当地分支机构备案。

第六十条 信贷资金不得用于财政支出。

第六十一条 各级行政部门和企事业单位、供销合作社等合作经济组织、农村合作基金会和其他基金会,不得经营存贷款等金融业务。企业之间不得违反国家规定办理借贷或者变相借贷融资业务。

第十一章 罚 则

第六十二条 贷款人违反资产负债比例管理有关规定发放贷款的,应当依照《中华人民共和国商业银行法》第七十五条,由中国人民银行责令改正,处以罚款,有违法所得的没收违法所得,并且应当依照第七十六条对直接负责的主管人员和其他直接责任人员给予处罚。

第六十三条 贷款人违反规定向关系人发放信用贷款或者发放担保贷款的条件优于其他借款人同类贷款条件的,应当依照《中华人民共和国商业银行法》第七十四条处罚,并且应当依照第七十六条对有关直接责任人员给予处罚。

第六十四条 贷款人的工作人员对单位或者个人强令其发放贷款或者提供担保未予拒绝的,应当依照《中华人民共和国商业银行法》第八十五条给予纪律处分,造成损失的应当承担相应的赔偿责任。

第六十五条 贷款人的有关责任人员违反本通则有关规定,应当给予纪律处分和罚款;情节严重或屡次违反的,应当调离工作岗位,取消任职资格;造成严重经济损失或者构成其他经济犯罪的,应当依照有关法律规定追究刑事责任。

第六十六条 贷款人有下列情形之一,由中国人民银行责令改正;逾期不改正的,中国人民银行可以处以5千元以上1万元以下罚款:

一、没有公布所经营贷款的种类、期限、利率的;

二、没有公开贷款条件和发放贷款时要审查的内容的;

三、没有在规定期限内答复借款人贷款申请的。

第六十七条 贷款人有下列情形之一,由中国人民银行责令改正;有违法所得的,没收违法所得,并处以违法所得1倍以上3倍以下罚款;没有违法所得的,处以5万元以上30万元以下罚款;构成犯罪的,依法追究刑事责任:

一、贷款人违反规定代垫委托贷款资

金的；

二、未经中国人民银行批准，对自然人发放外币贷款的；

三、贷款人违反中国人民银行规定，对自营贷款或者特定贷款在计收利息之外收取其他任何费用的，或者对委托贷款在计收手续费之外收取其他任何费用的。

第六十八条 任何单位和个人强令银行发放贷款或者提供担保的，应当依照《中华人民共和国商业银行法》第八十五条，对直接负责的主管人员和其他直接责任人员或者个人给予纪律处分；造成经济损失的，承担全部或者部分赔偿责任。

第六十九条 借款人采取欺诈手段骗取贷款，构成犯罪的，应当依照《中华人民共和国商业银行法》第八十条等法律规定处以罚款并追究刑事责任。

第七十条 借款人违反本通则第九章第四十二条规定，蓄意通过兼并、破产或者股份制改造等途径侵吞信贷资金的，应当依据有关法律规定承担相应部分的赔偿责任并处以罚款；造成贷款人重大经济损失的，应当依照有关法律规定追究直接责任人员的刑事责任。

借款人违反本通则第九章其他条款规定，致使贷款债务落空，由贷款人停止发放新贷款，并提前收回原发放的贷款。造成信贷资产损失的，借款人及其主管人员或其他个人，应当承担部分或全部赔偿责任。在未履行赔偿责任之前，其他任何贷款人不得对其发放贷款。

第七十一条 借款人有下列情形之一，由贷款人对其部分或全部贷款加收利息；情节特别严重的，由贷款人停止支付借款人尚未使用的贷款，并提前收回部分或全部贷款：

一、不按借款合同规定用途使用贷款的。

二、用贷款进行股本权益性投资的。

三、用贷款在有价证券、期货等方面从事投机经营的。

四、未依法取得经营房地产资格的借款人用贷款经营房地产业务的；依法取得经营房地产资格的借款人，用贷款从事房地产投机的。

五、不按借款合同规定清偿贷款本息的。

六、套取贷款相互借贷牟取非法收入的。

第七十二条 借款人有下列情形之一，由贷款人责令改正。情节特别严重或逾期不改正的，由贷款人停止支付借款人尚未使用的贷款，并提前收回部分或全部贷款：

一、向贷款人提供虚假或者隐瞒重要事实的资产负债表、损益表等资料的；

二、不如实向贷款人提供所有开户行、账号及存贷款余额等资料的；

三、拒绝接受贷款人对其使用信贷资金情况和有关生产经营、财务活动监督的。

第七十三条 行政部门、企事业单位、股份合作经济组织、供销合作社、农村合作基金会和其他基金会擅自发放贷款的；企业之间擅自办理借贷或者变相借贷的，由中国人民银行对出借方按违规收入处以1倍以上至5倍以下罚款，并由中国人民银行予以取缔。

第七十四条 当事人对中国人民银行处罚决定不服的，可按《中国人民银行行政复议办法(试行)》的规定申请复议，复议期间仍按原处罚执行。

第十二章 附 则

第七十五条 国家政策性银行、外资金融机构(含外资、中外合资、外资金融机构的分支机构等)的贷款管理办法，由中国人民银行另行制定。

第七十六条 有关外国政府贷款、出口信贷、外商贴息贷款、出口信贷项下的对外担保以及与上述贷款配套的国际商业贷款的管理办法，由中国人民银行另行制定。

第七十七条 贷款人可根据本通则制定实施

细则,报中国人民银行备案。

第七十八条 本通则自实施之日起,中国人民银行和各贷款人在此以前制定的各种规定,与本通则有抵触者,以本通则为准。

第七十九条 本通则由中国人民银行负责解释。

第八十条 本通则自1996年8月1日起施行。

商业银行房地产贷款风险管理指引

1. 2004年8月30日中国银行业监督管理委员会发布
2. 银监发〔2004〕57号

第一章 总 则

第一条 为提高商业银行房地产贷款的风险管理能力,根据有关银行监管法律法规和银行审慎监管要求,制定本指引。

第二条 本指引所称房地产贷款是指与房产或地产的开发、经营、消费活动有关的贷款。主要包括土地储备贷款、房地产开发贷款、个人住房贷款、商业用房贷款等。

本指引所称土地储备贷款是指向借款人发放的用于土地收购及土地前期开发、整理的贷款。土地储备贷款的借款人仅限于负责土地一级开发的机构。

房地产开发贷款是指向借款人发放的用于开发、建造向市场销售、出租等用途的房地产项目的贷款。

个人住房贷款是指向借款人发放的用于购买、建造和大修理各类型住房的贷款。

商业用房贷款是指向借款人发放的用于购置、建造和大修理以商业为用途的各类型房产的贷款。

第二章 风险控制

第三条 商业银行应建立房地产贷款的风险政策及其不同类型贷款的操作审核标准,明确不同类型贷款的审批标准、操作程序、风险控制、贷后管理以及中介机构的选择等内容。

商业银行办理房地产业务,要对房地产贷款市场风险、法律风险、操作风险等予以关注,建立相应的风险管理及内控制度。

第四条 商业银行应建立相应的监控流程,确保工作人员遵守上述风险政策及不同类型贷款的操作审核标准。

第五条 商业银行应根据房地产贷款的专业化分工,按照申请的受理、审核、审批、贷后管理等环节分别制定各自的职业道德标准和行为规范,明确相应的权责和考核标准。

第六条 商业银行应对内部职能部门和分支机构房地产贷款进行年度专项稽核,并形成稽核报告。稽核报告应包括以下内容:

(一)内部职能部门和分支机构上年度发放贷款的整体情况;

(二)稽核中发现的主要问题及处理意见;

(三)内部职能部门和分支机构对上次稽核报告中所提建议的整改情况。

第七条 商业银行对于介入房地产贷款的中介机构的选择,应着重于其企业资质、业内声誉和业务操作程序等方面的考核,择优选用,并签订责任条款,对于因中介机构的原因造成的银行业务损失应有明确的赔偿措施。

第八条 商业银行应建立房地产行业风险预警和评估体系,对房地产行业市场风险予以关注。

第九条 商业银行应建立完善的房地产贷款统计分析平台,对所发放贷款的情况进行详细记录,并及时对相关信息进行整理分析,保证贷款信息的准确性、真实性、完整性,以有效监控整体贷款状况。

第十条 商业银行应逐笔登记房地产贷款详细情况,以确保该信息可以准确录入银行监管部门及其他相关部门的统计或信贷登记咨询系统,以利于各商业银行之间、商业银行与社会征信机构之间的信息沟通,使各行充分了解借款人的整体情况。

第三章　土地储备贷款的风险管理

第十一条　商业银行对资本金没有到位或资本金严重不足、经营管理不规范的借款人不得发放土地储备贷款。

第十二条　商业银行发放土地储备贷款时，应对土地的整体情况调查分析，包括该土地的性质、权属关系、测绘情况、土地契约限制、在城市整体综合规划中的用途与预计开发计划是否相符等。

第十三条　商业银行应密切关注政府有关部门及相关机构对土地经济环境、土地市场发育状况、土地的未来用途及有关规划、计划等方面的政策和研究，实时掌握土地价值状况，避免由于土地价值虚增或其他情况而导致的贷款风险。

第十四条　商业银行应对发放的土地储备贷款设立土地储备机构资金专户，加强对土地经营收益的监控。

第四章　房地产开发贷款的风险管理

第十五条　商业银行对未取得国有土地使用证、建设用地规划许可证、建设工程规划许可证、建筑工程施工许可证的项目不得发放任何形式的贷款。

第十六条　商业银行对申请贷款的房地产开发企业，应要求其开发项目资本金比例不低于35%。

第十七条　商业银行在办理房地产开发贷款时，应建立严格的贷款项目审批机制，对该贷款项目进行尽职调查，以确保该项目符合国家房地产发展总体方向，有效满足当地城市规划和房地产市场的需求，确认该项目的合法性、合规性、可行性。

第十八条　商业银行应对申请贷款的房地产开发企业进行深入调查审核：包括企业的性质、股东构成、资质信用等级等基本背景，近三年的经营管理和财务状况，以往的开发经验和开发项目情况，与关联企业的业务往来等。对资质较差或以往开发经验较差的房地产开发企业，贷款应审慎发放；对经营管理存在问题、不具备相应资金实力或有不良经营记录的，贷款发放应严格限制。对于依据项目而成立的房地产开发项目公司，应根据其自身特点对其业务范围、经营管理和财务状况，以及股东及关联公司的上述情况以及彼此间的法律关系等进行深入调查审核。

第十九条　商业银行应严格落实房地产开发企业贷款的担保，确保担保真实、合法、有效。

第二十条　商业银行应建立完备的贷款发放、使用监控机制和风险防范机制。在房地产开发企业的自有资金得到落实后，可根据项目的进度和进展状况，分期发放贷款，并对其资金使用情况进行监控，防止贷款挪作他用。同时，积极采取措施应对项目开发过程中出现的项目自身的变化、房地产开发企业的变化、建筑施工企业的变化等，及时发现并制止违规使用贷款情况。

第二十一条　商业银行应严密监控建筑施工企业流动资金贷款使用情况，防止用流动资金贷款为房地产开发项目垫资。

第二十二条　商业银行应对有逾期未还款或有欠息现象的房地产开发企业销售款进行监控，在收回贷款本息之前，防止将销售款挪作他用。

第二十三条　商业银行应密切关注房地产开发企业的开发情况，确保对购买主体结构已封顶住房的个人发放个人住房贷款后，该房屋能够在合理期限内正式交付使用。

第二十四条　商业银行应密切关注建筑工程款优于抵押权受偿等潜在的法律风险。

第二十五条　商业银行应密切关注国家政策及市场的变化对房地产开发项目的影响，利用市场风险预警预报机制、区域市场分类的指标体系，建立针对市场风险程度和风险类型的阶段监测方案，并积极采取措施化解因此产生的各种风险。

第五章 个人住房贷款的风险管理

第二十六条 商业银行应严格遵照相关个人住房贷款政策规定,不得违反有关贷款年限和贷款与房产价值比率等方面的规定。

第二十七条 商业银行制定的个人住房贷款申请文件应包括借款人基本情况、借款人收支情况、借款人资产表、借款人现住房情况、借款人购房贷款资料、担保方式、借款人声明等要素(其中具体项目内容参见附件1〔略〕)。

第二十八条 商业银行应确保贷款经办人员向借款人说明其所提供的个人信息(包括借款人所提交的所有文件资料和个人资产负债情况)将经过贷款审核人员的调查确认,并要求借款人据此签署书面声明。

第二十九条 商业银行应将经贷款审核人员确认后的所有相关信息以风险评估报告的形式记录存档。上述相关信息包括个人信息的确认、银行对申请人偿还能力、偿还意愿的风险审核及对抵押品的评估情况(具体内容参见附件2〔略〕)。

第三十条 商业银行的贷款经办人员对借款人的借款申请初审同意后,应由贷款审核人员对借款人提交文件资料的完整性、真实性、准确性及合法性进行复审。

第三十一条 商业银行应通过借款人的年龄、学历、工作年限、职业、在职年限等信息判断借款人目前收入的合理性及未来行业发展对收入水平的影响;应通过借款人的收入水平、财务情况和负债情况判断其贷款偿付能力;应通过了解借款人目前居住情况及此次购房的首付支出判断其对于所购房产的目的及拥有意愿等因素,并据此对贷款申请做整体分析。

第三十二条 商业银行应对每一笔贷款申请做内部的信息调查,包括了解借款人在本行的贷款记录及存款情况。

第三十三条 商业银行应通过对包括借款人的聘用单位、税务部门、工商管理部门以及征信机构等独立的第三方进行调查,审核贷款申请的真实性及借款人的信用情况,以了解其本人及家庭的资产、负债情况、信用记录等。

商业银行对自雇人士(即自行成立法人机构或其他经济组织,或在上述机构内持有超过10%股份,或其个人收入的主要来源为上述机构的经营收入者)申请个人住房贷款进行审核时,不能仅凭个人开具的收入证明来判断其还款能力,应通过要求其提供有关资产证明、银行对账单、财务报表、税单证明和实地调查等方式,了解其经营情况和真实财务状况,全面分析其还款能力。

第三十四条 对以个人身份申请的商业用房贷款,如借款人是自雇人士或公司的股东、董事,商业银行应要求借款人提供公司财务报表,业务资料并进行审核。

第三十五条 商业银行应根据各地市场情况的不同制定合理的贷款成数上限,但所有住房贷款的贷款成数不超过80%。

第三十六条 商业银行应着重考核借款人还款能力。应将借款人住房贷款的月房产支出与收入比控制在50%以下(含50%),月所有债务支出与收入比控制在55%以下(含55%)。

房产支出与收入比的计算公式为:(本次贷款的月还款额+月物业管理费)/月均收入

所有债务与收入比的计算公式为:(本次贷款的月还款额+月物业管理费+其他债务月均偿付额)/月均收入

上述计算公式中提到的收入应该是指申请人自身的可支配收入,即单一申请为申请人本人可支配收入,共同申请为主申请人和共同申请人的可支配收入。但对于单一申请的贷款,如商业银行考虑将申请人配偶的收入计算在内,则应该先予以调查核实,同时对于已将配偶收入计算在内的贷款也应相应的把配偶的债务一并计入。

第三十七条 商业银行应通过调查非国内长

期居住借款人在国外的工作和收入背景，了解其在华购房的目的，并在对各项信息调查核实的基础上评估借款人的偿还能力和偿还意愿。

第三十八条　商业银行应区别判断抵押物状况。抵押物价值的确定以该房产在该次买卖交易中的成交价或评估价的较低者为准。

商业银行在发放个人住房贷款前应对新建房进行整体性评估，可根据各行实际情况选择内部评估，但要由具有房地产估价师执业资格的专业人士出具意见书，或委托独立的具有房地产价格评估资质的评估机构进行评估；对于精装修楼盘以及售价明显高出周边地区售价的楼盘的评估要重点关注。

对再交易房，应对每个用作贷款抵押的房屋进行独立评估。

第三十九条　商业银行在对贷款申请做出最终审批前，贷款经办人员须至少直接与借款人面谈一次，从而基本了解借款人的基本情况及其贷款用途。对于借款人递交的贷款申请表和贷款合同需有贷款经办人员的见证签署。

商业银行应向房地产管理部门查询拟抵押房屋的权属状况，决定发放抵押贷款的，应在贷款合同签署后及时到房地产管理部门办理房地产抵押登记。

第四十条　商业银行对未完全按照前述要求发放的贷款，应有专门的处理方法，除将发放原因和理由记录存档外，还应密切关注及监控该笔贷款的还款记录。

第四十一条　商业银行应建立逾期贷款的催收系统和催收程序。应将本行内相关的个人信用资料包括逾期客户名单等实行行内共享。

第六章　风险监管措施

第四十二条　银监会及其派出机构定期对商业银行房地产贷款发放规模、资产质量、偿付状况及催收情况、风险管理和内部贷款审核控制进行综合评价，并确定监管重点。

第四十三条　银监会及其派出机构根据非现场监管情况，每年至少选择两家商业银行，对房地产贷款的下列事项进行全面或者专项检查：

（一）贷款质量；

（二）偿付状况及催收情况；

（三）内部贷款审核控制；

（四）贷后资产的风险管理；

（五）遵守法律及相关规定；

（六）需要进行检查的其他事项。

第四十四条　银监会及其派出机构对现场检查中发现的房地产贷款管理存在严重问题的商业银行，将组织跟踪检查。

第四十五条　银监会及其派出机构或银行业自律组织对介入房地产贷款的中介机构，一旦发现其有违背行业规定和职业道德的行为，将及时予以通报。

第七章　附　　则

第四十六条　本指引由银监会负责解释。

第四十七条　本指引自发布之日起施行。

中国人民银行
关于进一步加强房地产
信贷业务管理的通知

1. 2003年6月5日

2. 银发〔2003〕121号

中国人民银行各分行、营业管理部，各国有独资商业银行、股份制商业银行：

为进一步落实房地产信贷政策，防范金融风险，促进房地产金融健康发展，现就加强房地产信贷业务管理的要求通知如下：

一、加强房地产开发贷款管理、引导规范贷款投向

房地产开发贷款对象应为具备房地产开发资质、信用等级较高、没有拖欠工程款的房地产开发企业。贷款应重点支持符合中低收入家庭购买能力的住宅项目,对大户型、大面积、高档商品房、别墅等项目应适当限制。对商品房空置量大、负债率高的房地产开发企业,要严格审批新增房地产开发贷款并重点监控。

各商业银行应严格执行《建设部、国家计委、财政部、国土资源部、中国人民银行、国家税务总局关于加强房地产市场宏观调控促进房地产市场健康发展的若干意见》(建住房〔2002〕217 号),对未取得土地使用权证书、建设用地规划许可证、建设工程规划许可证和施工许可证的项目,不得发放任何形式的贷款。

商业银行对房地产开发企业申请的贷款,只能通过房地产开发贷款科目发放,严禁以房地产开发流动资金贷款及其他形式贷款科目发放。对房地产开发企业已发放的非房地产开发贷款,各商业银行按照只收不放的原则执行。房地产开发企业申请银行贷款,其自有资金(指所有者权益)应不低于开发项目总投资的 30%。

商业银行发放的房地产贷款,只能用于本地区的房地产项目,严禁跨地区使用。

二、严格控制土地储备贷款的发放

各商业银行应规范对政府土地储备机构贷款的管理,在《土地储备机构贷款管理办法》颁布前,审慎发放此类贷款。对土地储备机构发放的贷款为抵押贷款,贷款额度不得超过所收购土地评估价值的 70%,贷款期限最长不得超过 2 年。

商业银行不得向房地产开发企业发放用于缴交土地出让金的贷款。

三、规范建筑施工企业流动资金贷款用途

商业银行要严格防止建筑施工企业使用银行贷款垫资房地产开发项目。承建房地产建设项目的建筑施工企业只能将获得的流动资金贷款用于购买施工所必需的设备(如塔吊、挖土机、推土机等)。企业将贷款挪作他用的,经办银行应限期追回挪用资金,并向当地其他的商业银行通报该企业违规行为,各商业银行不应再对该企业提供相应的信贷支持。对自有资金低、应收账款多的承建房地产建设项目的建筑施工企业,商业银行应限制对其发放贷款。

四、加强个人住房贷款管理,重点支持中低收入家庭购买住房的需要

商业银行应进一步扩大个人住房贷款的覆盖面,扩大住房贷款的受益群体。为减轻借款人不必要的利息负担,商业银行只能对购买主体结构已封顶住房的个人发放个人住房贷款。对借款人申请个人住房贷款购买第一套自住住房的,首付款比例仍执行 20% 的规定;对购买第二套以上(含第二套)住房的,应适当提高首付款比例。

商业银行应将发放的个人住房贷款情况登记在当地人民银行的信贷登记咨询系统,详细记载借款人的借款金额、贷款期限、借款人及其配偶的身份证号码。商业银行在发放个人住房贷款前,应到信贷登记咨询系统进行查询。

五、强化个人商业用房贷款管理

借款人申请个人商业用房贷款的抵借比不得超过 60%,贷款期限最长不得超过 10 年,所购商业用房为竣工验收的房屋。对借款人以“商住两用房”名义申请银行贷款的,商业银行一律按照个人商业用房贷款管理规定执行。

六、充分发挥利率杠杆对个人住房贷款需求的调节作用

对借款人申请个人住房贷款购买房改房或第一套自住住房的(高档商品房、别墅除外),商业银行按照中国人民银行公布的个人住房贷款利率(不得浮动)执行;购买高档商品房、别墅、商业用房或第二套以上(含第二套)住房的,商业银行按照中国人民银行公布的同期同档次贷款利率执行。

七、加强个人住房公积金委托贷款业务的管理

各商业银行应严格执行《中国人民银行关于加强住房公积金信贷业务管理的通知》(银发〔2002〕247 号)的有关规定,切实加强账户管理，理顺委托关系，对违反规定的有关行为应即刻纠正。住房委托贷款业务仅限于个人住房公积金委托贷款，对使用其他房改资金（包括单位售房款、购房补贴资金、住房维修基金等）委托办理贷款业务的，商业银行一律不得承办。

八、切实加强房地产信贷业务的管理

中国人民银行各分支行应建立房地产信贷业务分析制度，跟踪、调查、分析商业银行房地产信贷执行情况，对违法违规行为要责令商业银行限期改正，并依法给予行政处罚。

请中国人民银行各分行、营业管理部将本通知转发至辖区内各城市商业银行、城乡信用社。

各地在贯彻执行《条例》中遇到的重要情况和问题，请及时告我部住宅与房地产业司。

中国人民银行、中国银行业监督管理委员会关于加强商业性房地产信贷管理的通知

1. 2007年9月27日
2. 银发〔2007〕359号

中国人民银行上海总部，各分行、营业管理部，各省会（首府）城市中心支行、副省级城市中心支行；各银监局；各国有商业银行、股份制商业银行：

根据2007年全国城市住房工作会议精神及《国务院关于解决低收入家庭住房困难的若干意见》（国发〔2007〕24号）、《国务院办公厅转发建设部等部门关于调整住房供应结构稳定住房价格意见的通知》（国办发〔2006〕37号）等政策规定，现就加强商业性房地产信贷管理的有关事项通知如下：

一、严格房地产开发贷款管理

对项目资本金（所有者权益）比例达不到35%或未取得土地使用权证书、建设用地规划许可证、建设工程规划许可证和施工许可证的项目，商业银行不得发放任何形式的贷款；对经国土资源部门、建设主管部门查实具有囤积土地、囤积房源行为的房地产开发企业，商业银行不得对其发放贷款；对空置3年以上的商品房，商业银行不得接受其作为贷款的抵押物。

商业银行对房地产开发企业发放的贷款只能通过房地产开发贷款科目发放，严禁以房地产开发流动资金贷款或其他贷款科目发放。

商业银行发放的房地产开发贷款原则上只能用于本地区的房地产开发项目，不得跨地区使用。对确需用于异地房地产开发项目并已落实相应风险控制措施的贷款，商业银行在贷款发放前应向监管部门报备。

二、严格规范土地储备贷款管理

商业银行不得向房地产开发企业发放专门用于缴交土地出让金的贷款。对政府土地储备机构的贷款应以抵押贷款方式发放，且贷款额度不得超过所收购土地评估价值的70%，贷款期限最长不得超过2年。

三、严格住房消费贷款管理

商业银行应重点支持借款人购买首套中小户型自住住房的贷款需求，且只能对购买主体结构已封顶住房的个人发放住房贷款。

商业银行应提请借款人按诚实守信原则，在住房贷款合同中如实填写所贷款项用于购买第几套住房的相关信息。对购买首套自住房且套型建筑面积在90平方米以下的，贷款首付款比例（包括本外币贷款，下同）不得低于20%；对购买首套自住房且套型建筑面积在90平方米以上的，贷款首付款比例不得低于30%；对已利用贷款购买住房、又申请购买第二套（含）以上住房的，贷

款首付款比例不得低于40%，贷款利率不得低于中国人民银行公布的同期同档次基准利率的1.1倍，而且贷款首付款比例和利率水平应随套数增加而大幅度提高，具体提高幅度由商业银行根据贷款风险管理相关原则自主确定，但借款人偿还住房贷款的月支出不得高于其月收入的50%。

商业银行不得发放贷款额度随房产评估价值浮动、不指明用途的住房抵押贷款；对已抵押房产，在购房人没有全部归还贷款前，不得以再评估后的净值为抵押追加贷款。

四、严格商业用房购房贷款管理

利用贷款购买的商业用房应为已竣工验收的房屋。

商业用房购房贷款首付款比例不得低于50%，期限不得超过10年，贷款利率不得低于中国人民银行公布的同期同档次利率的1.1倍，具体的首付款比例、贷款期限和利率水平由商业银行根据贷款风险管理相关原则自主确定；对以"商住两用房"名义申请贷款的，首付款比例不得低于45%，贷款期限和利率水平按照商业性用房贷款管理规定执行。

五、加强房地产信贷征信管理

商业银行接受房地产开发企业贷款申请后，应及时通过中国人民银行企业信用信息基础数据库对借款企业信用状况进行查询；贷款申请批准后，应将相关信息录入企业信用信息基础数据库，详细记载房地产开发企业的基本信息、借款金额、贷款期限以及违约情况等。

商业银行接受个人住房贷款申请后，应及时通过中国人民银行个人信用信息基础数据库对借款人信用状况进行查询；贷款申请批准后，应将相关信息及时录入个人信用信息基础数据库，详细记载借款人及其配偶的身份证号码、购房套数、贷款金额、贷款期限、房屋抵押状况以及违约信息等。

六、加强房地产贷款监测和风险防范工作

商业银行应密切监测房地产价格变化及其对信贷资产质量的影响状况，切实加强商业性房地产信贷管理和内控机制建设，积极防范房地产信贷风险。

中国人民银行各分支机构、各银监局应加强辖区内金融机构房地产信贷管理的"窗口指导"，加大对相关违规行为的查处力度。要跟踪房地产信贷政策执行过程中出现的新情况、新问题，并及时向中国人民银行、中国银行业监督管理委员会报告。

各商业银行（包括中资银行、外商独资、中外合资商业银行以及外国银行分行等）要认真贯彻落实国家房地产宏观调控政策，切实加强房地产信贷风险管理，要根据本通知精神和国家各项房地产信贷政策规定，抓紧制定或完善房地产信贷业务管理操作细则，并向中国人民银行、中国银行业监督管理委员会报备。

各政策性银行未经中国人民银行、中国银行业监督管理委员会批准，不得发放商业性房地产贷款。

请中国人民银行各分行、营业管理部、省会（首府）城市中心支行，各省（自治区、直辖市）银监局将本通知联合转发至辖区内城市商业银行、农村商业银行、农村合作银行、城乡信用社及外资银行。

中国人民银行、中国银行业监督管理委员会关于加强商业性房地产信贷管理的补充通知

1. *2007年12月5日*
2. *银发〔2007〕452号*

中国人民银行上海总部，各分行、营业管理部，各省会（首府）城市中心支行、副省级城市中心支行，各银监局，各国有商业银行、股份制商业银行：

为进一步贯彻落实《中国人民银行　中

国银行业监督管理委员会关于加强商业性房地产信贷管理的通知》(银发〔2007〕359号,以下简称《通知》),依据国家住房消费政策和相关规定,现就执行《通知》第三部分“严格住房消费贷款管理”中的有关问题补充通知如下:

一、以借款人家庭(包括借款人、配偶及未成年子女)为单位认定房贷次数。

二、对于已利用银行贷款购买首套自住房的家庭,如其人均住房面积低于当地平均水平,再次向商业银行申请住房贷款的,可比照首套自住房贷款政策执行,但借款人应当提供当地房地产管理部门依据房屋登记信息系统出具的家庭住房总面积查询结果。当地人均住房平均水平以统计部门公布上年度数据为准。其他均按第二套房贷执行。

三、已利用住房公积金贷款购房的家庭,再次向商业银行申请住房贷款的,按前款规定执行。

四、商业银行应切实履行告知义务,要求借款人按诚信原则提交真实的房产、收入、户籍、税收等证明材料。凡发现填报虚假信息、提供虚假证明的,所有商业银行都不得受理其信贷申请。对于出具虚假收入证明并已被查实的单位,所有商业银行不得再采信其证明。对发生上述情况的借款人和单位,商业银行应及时向其所在地银行业协会报告,由银行业协会负责收集上述信息并予以通报,监管部门列入重点检查内容。

各商业银行应根据《通知》及本补充通知精神,制定具体实施细则,并向中国人民银行、中国银行业监督管理委员会报备。

请中国人民银行上海总部,各分行、营业管理部、省会(首府)城市中心支行,各省(自治区、直辖市)银监局将本通知联合转发至辖区内城市商业银行、农村商业银行、农村合作银行、城乡信用社及外资银行。

中国人民银行、住房城乡建设部、中国银行业监督管理委员会关于个人住房贷款政策有关问题的通知

1. 2015年3月30日

2. 银发〔2015〕98号

为进一步完善个人住房信贷政策,支持居民自住和改善性住房需求,促进房地产市场平稳健康发展,经国务院批准,现就有关事项通知如下:

一、继续做好住房金融服务工作,满足居民家庭改善性住房需求。鼓励银行业金融机构继续发放商业性个人住房贷款与住房公积金委托贷款的组合贷款,支持居民家庭购买普通自住房。对拥有1套住房且相应购房贷款未结清的居民家庭,为改善居住条件再次申请商业性个人住房贷款购买普通自住房,最低首付款比例调整为不低于40%,具体首付款比例和利率水平由银行业金融机构根据借款人的信用状况和还款能力等合理确定。

二、进一步发挥住房公积金对合理住房消费的支持作用。缴存职工家庭使用住房公积金委托贷款购买首套普通自住房,最低首付款比例为20%;对拥有1套住房并已结清相应购房贷款的缴存职工家庭,为改善居住条件再次申请住房公积金委托贷款购买普通自住房,最低首付款比例为30%。

三、加强政策指导,做好贯彻落实、监督和政策评估工作。人民银行、银监会各级派出机构要按照“因地施策,分类指导”的原则,做好与地方政府的沟通工作,加强对银行业金融机构执行差别化住房信贷政策情况的监督;在国家统一信贷政策基础上,指导银行业金融机构合理确定辖内商业性个人住房贷款最低首付款比例和利率水平;密切跟踪和评

估住房信贷政策的执行情况和实施效果，有效防范风险，促进当地房地产市场平稳健康发展。

请人民银行各分行、营业管理部、省会（首府）城市中心支行、副省级城市中心支行，各省（自治区、直辖市）银监局将本通知转发至辖区内城市商业银行、农村商业银行、农村合作银行、城乡信用社、外资银行、村镇银行。

建设部关于在商业性房地产信贷过程中依托房屋登记信息系统查询家庭住房总面积情况有关问题的通知

1. 2007年12月20日

2. 建住房〔2007〕281号

各省、自治区建设厅，直辖市房地局（建委）：

为了加强和改善房地产市场调控，配合中国人民银行、中国银行业监督管理委员会《关于加强商业性房地产信贷管理的通知》（银发〔2007〕359号）及《关于加强商业性房地产信贷管理的补充通知》（银发〔2007〕452号）的实施，协助做好个人住房贷款申请人（以下简称借款人）家庭住房情况的查询工作，现就有关事项通知如下：

一、根据《关于加强商业性房地产信贷管理的补充通知》的相关规定，借款人需要出具家庭住房面积情况的，借款人及家庭成员可向房屋所在地的房地产管理部门提出查询申请。申请人家庭成员范围以《补充通知》规定为准。

二、借款人及家庭成员申请查询时，应向房地产管理部门提交查询申请表、经贷款银行审查确认的家庭成员名单及有效身份证件、家庭成员名下房屋的坐落情况等有关材料。家庭成员委托借款人代为查询的，还应当提供书面委托书。

三、房地产管理部门应当严格按照《房屋权属登记信息查询暂行办法》（建住房〔2006〕244号）等相关规定，依托房屋登记信息系统查询借款人及家庭成员名下已经权属登记的住房面积情况。

四、房地产管理部门出具的书面查询结果，应当载明借款人及家庭成员住房总面积，并注明查询结果使用范围、查询方法、查询日期等事项。房屋登记信息系统数据不全或尚未建立房屋登记信息系统的，房地产管理部门可以通过房地产权属档案等进行查询，并对此情况做出特别说明。

五、房地产管理部门应当健全房屋登记信息查询制度，将有关查询程序、收费标准以适当方式进行明示，方便申请人查询。除按价格部门核定的标准收取查询费用外，房地产管理部门不得向查询人额外收取费用。

六、房地产管理部门及其工作人员应当对房屋权属登记信息的内容保密，不得擅自扩大登记信息的查询范围。对提供虚假查询信息的，按有关规定严肃处理。

4. 房地产中介服务

房地产经纪管理办法

1. 2011年1月20日住房和城乡建设部、国家发展和改革委员会、人力资源和社会保障部令第8号公布

2. 根据2016年3月1日《住房和城乡建设部、国家发展改革委、人力资源社会保障部关于修改〈房地产经纪管理办法〉的决定》修正

第一章　总　　则

第一条　为了规范房地产经纪活动，保护房地产交易及经纪活动当事人的合法权益，促进房地产市场健康发展，根据《中华人民共和国城市房地产管理法》、《中华人民共和国合同法》等法律法规，制定本办法。

第二条　在中华人民共和国境内从事房地产

经纪活动，应当遵守本办法。

第三条 本办法所称房地产经纪，是指房地产经纪机构和房地产经纪人员为促成房地产交易，向委托人提供房地产居间、代理等服务并收取佣金的行为。

第四条 从事房地产经纪活动应当遵循自愿、平等、公平和诚实信用的原则，遵守职业规范，恪守职业道德。

第五条 县级以上人民政府建设（房地产）主管部门、价格主管部门、人力资源和社会保障主管部门应当按照职责分工，分别负责房地产经纪活动的监督和管理。

第六条 房地产经纪行业组织应当按照章程实行自律管理，向有关部门反映行业发展的意见和建议，促进房地产经纪行业发展和人员素质提高。

第二章 房地产经纪机构和人员

第七条 本办法所称房地产经纪机构，是指依法设立，从事房地产经纪活动的中介服务机构。

房地产经纪机构可以设立分支机构。

第八条 设立房地产经纪机构和分支机构，应当具有足够数量的房地产经纪人员。

本办法所称房地产经纪人员，是指从事房地产经纪活动的房地产经纪人和房地产经纪人协理。

房地产经纪机构和分支机构与其招用的房地产经纪人员，应当按照《中华人民共和国劳动合同法》的规定签订劳动合同。

第九条 国家对房地产经纪人员实行职业资格制度，纳入全国专业技术人员职业资格制度统一规划和管理。

第十条 房地产经纪人协理和房地产经纪人职业资格实行全国统一大纲、统一命题、统一组织的考试制度，由房地产经纪行业组织负责管理和实施考试工作，原则上每年举行一次考试。国务院住房城乡建设主管部门、人力资源社会保障部门负责对房地产经纪人协理和房地产经纪人职业资格考试进行指导、监督和检查。

第十一条 房地产经纪机构及其分支机构应当自领取营业执照之日起30日内，到所在直辖市、市、县人民政府建设（房地产）主管部门备案。

第十二条 直辖市、市、县人民政府建设（房地产）主管部门应当将房地产经纪机构及其分支机构的名称、住所、法定代表人（执行合伙人）或者负责人、注册资本、房地产经纪人员等备案信息向社会公示。

第十三条 房地产经纪机构及其分支机构变更或者终止的，应当自变更或者终止之日起30日内，办理备案变更或者注销手续。

第三章 房地产经纪活动

第十四条 房地产经纪业务应当由房地产经纪机构统一承接，服务报酬由房地产经纪机构统一收取。分支机构应当以设立该分支机构的房地产经纪机构名义承揽业务。

房地产经纪人员不得以个人名义承接房地产经纪业务和收取费用。

第十五条 房地产经纪机构及其分支机构应当在其经营场所醒目位置公示下列内容：

（一）营业执照和备案证明文件；

（二）服务项目、内容、标准；

（三）业务流程；

（四）收费项目、依据、标准；

（五）交易资金监管方式；

（六）信用档案查询方式、投诉电话及12358价格举报电话；

（七）政府主管部门或者行业组织制定的房地产经纪服务合同、房屋买卖合同、房屋租赁合同示范文本；

（八）法律、法规、规章规定的其他事项。

分支机构还应当公示设立该分支机构的房地产经纪机构的经营地址及联系方式。

房地产经纪机构代理销售商品房项目的，还应当在销售现场明显位置明示商品房销售委托书和批准销售商品房的有关证明文件。

第十六条 房地产经纪机构接受委托提供房地产信息、实地看房、代拟合同等房地产经纪服务的，应当与委托人签订书面房地产经纪服务合同。

房地产经纪服务合同应当包含下列内容：

（一）房地产经纪服务双方当事人的姓名（名称）、住所等情况和从事业务的房地产经纪人员情况；

（二）房地产经纪服务的项目、内容、要求以及完成的标准；

（三）服务费用及其支付方式；

（四）合同当事人的权利和义务；

（五）违约责任和纠纷解决方式。

建设（房地产）主管部门或者房地产经纪行业组织可以制定房地产经纪服务合同示范文本，供当事人选用。

第十七条 房地产经纪机构提供代办贷款、代办房地产登记等其他服务的，应当向委托人说明服务内容、收费标准等情况，经委托人同意后，另行签订合同。

第十八条 房地产经纪服务实行明码标价制度。房地产经纪机构应当遵守价格法律、法规和规章规定，在经营场所醒目位置标明房地产经纪服务项目、服务内容、收费标准以及相关房地产价格和信息。

房地产经纪机构不得收取任何未予标明的费用；不得利用虚假或者使人误解的标价内容和标价方式进行价格欺诈；一项服务可以分解为多个项目和标准的，应当明确标示每一个项目和标准，不得混合标价、捆绑标价。

第十九条 房地产经纪机构未完成房地产经纪服务合同约定事项，或者服务未达到房地产经纪服务合同约定标准的，不得收取佣金。

两家或者两家以上房地产经纪机构合作开展同一宗房地产经纪业务的，只能按照一宗业务收取佣金，不得向委托人增加收费。

第二十条 房地产经纪机构签订的房地产经纪服务合同，应当加盖房地产经纪机构印章，并由从事该业务的一名房地产经纪人或者两名房地产经纪人协理签名。

第二十一条 房地产经纪机构签订房地产经纪服务合同前，应当向委托人说明房地产经纪服务合同和房屋买卖合同或者房屋租赁合同的相关内容，并书面告知下列事项：

（一）是否与委托房屋有利害关系；

（二）应当由委托人协助的事宜、提供的资料；

（三）委托房屋的市场参考价格；

（四）房屋交易的一般程序及可能存在的风险；

（五）房屋交易涉及的税费；

（六）经纪服务的内容及完成标准；

（七）经纪服务收费标准和支付时间；

（八）其他需要告知的事项。

房地产经纪机构根据交易当事人需要提供房地产经纪服务以外的其他服务的，应当事先经当事人书面同意并告知服务内容及收费标准。书面告知材料应当经委托人签名（盖章）确认。

第二十二条 房地产经纪机构与委托人签订房屋出售、出租经纪服务合同，应当查看委托出售、出租的房屋及房屋权属证书，委托人的身份证明等有关资料，并应当编制房屋状况说明书。经委托人书面同意后，方可以对外发布相应的房源信息。

房地产经纪机构与委托人签订房屋承购、承租经纪服务合同，应当查看委托人身份证明等有关资料。

第二十三条 委托人与房地产经纪机构签订房地产经纪服务合同，应当向房地产经纪机构提供真实有效的身份证明。委托出售、出租房屋的，还应当向房地产经纪机构提供真实有效的房屋权属证书。委托人未提供规定资料或者提供资料与实际不符的，房地产经纪机构应当拒绝接受委托。

第二十四条 房地产交易当事人约定由房地

产经纪机构代收代付交易资金的，应当通过房地产经纪机构在银行开设的客户交易结算资金专用存款账户划转交易资金。

交易资金的划转应当经过房地产交易资金支付方和房地产经纪机构的签字和盖章。

第二十五条　房地产经纪机构和房地产经纪人员不得有下列行为：

（一）捏造散布涨价信息，或者与房地产开发经营单位串通捂盘惜售、炒卖房号，操纵市场价格；

（二）对交易当事人隐瞒真实的房屋交易信息，低价收进高价卖（租）出房屋赚取差价；

（三）以隐瞒、欺诈、胁迫、贿赂等不正当手段招揽业务，诱骗消费者交易或者强制交易；

（四）泄露或者不当使用委托人的个人信息或者商业秘密，谋取不正当利益；

（五）为交易当事人规避房屋交易税费等非法目的，就同一房屋签订不同交易价款的合同提供便利；

（六）改变房屋内部结构分割出租；

（七）侵占、挪用房地产交易资金；

（八）承购、承租自己提供经纪服务的房屋；

（九）为不符合交易条件的保障性住房和禁止交易的房屋提供经纪服务；

（十）法律、法规禁止的其他行为。

第二十六条　房地产经纪机构应当建立业务记录制度，如实记录业务情况。

房地产经纪机构应当保存房地产经纪服务合同，保存期不少于5年。

第二十七条　房地产经纪行业组织应当制定房地产经纪从业规程，逐步建立并完善资信评价体系和房地产经纪房源、客源信息共享系统。

第四章　监督管理

第二十八条　建设（房地产）主管部门、价格主管部门应当通过现场巡查、合同抽查、投诉受理等方式，采取约谈、记入信用档案、媒体曝光等措施，对房地产经纪机构和房地产经纪人员进行监督。

房地产经纪机构违反人力资源和社会保障法律法规的行为，由人力资源和社会保障主管部门依法予以查处。

被检查的房地产经纪机构和房地产经纪人员应当予以配合，并根据要求提供检查所需的资料。

第二十九条　建设（房地产）主管部门、价格主管部门、人力资源和社会保障主管部门应当建立房地产经纪机构和房地产经纪人员信息共享制度。建设（房地产）主管部门应当定期将备案的房地产经纪机构情况通报同级价格主管部门、人力资源和社会保障主管部门。

第三十条　直辖市、市、县人民政府建设（房地产）主管部门应当构建统一的房地产经纪网上管理和服务平台，为备案的房地产经纪机构提供下列服务：

（一）房地产经纪机构备案信息公示；

（二）房地产交易与登记信息查询；

（三）房地产交易合同网上签订；

（四）房地产经纪信用档案公示；

（五）法律、法规和规章规定的其他事项。

经备案的房地产经纪机构可以取得网上签约资格。

第三十一条　县级以上人民政府建设（房地产）主管部门应当建立房地产经纪信用档案，并向社会公示。

县级以上人民政府建设（房地产）主管部门应当将在日常监督检查中发现的房地产经纪机构和房地产经纪人员的违法违规行为、经查证属实的被投诉举报记录等情况，作为不良信用记录记入其信用档案。

第三十二条　房地产经纪机构和房地产经纪人员应当按照规定提供真实、完整的信用档案信息。

第五章　法律责任

第三十三条　违反本办法，有下列行为之一的，由县级以上地方人民政府建设（房地产）主管部门责令限期改正，记入信用档案；对房地产经纪人员处以1万元罚款；对房地产经纪机构处以1万元以上3万元以下罚款：

（一）房地产经纪人员以个人名义承接房地产经纪业务和收取费用的；

（二）房地产经纪机构提供代办贷款、代办房地产登记等其他服务，未向委托人说明服务内容、收费标准等情况，并未经委托人同意的；

（三）房地产经纪服务合同未由从事该业务的一名房地产经纪人或者两名房地产经纪人协理签名的；

（四）房地产经纪机构签订房地产经纪服务合同前，不向交易当事人说明和书面告知规定事项的；

（五）房地产经纪机构未按照规定如实记录业务情况或者保存房地产经纪服务合同的。

第三十四条　违反本办法第十八条、第十九条、第二十五条第（一）项、第（二）项，构成价格违法行为的，由县级以上人民政府价格主管部门按照价格法律、法规和规章的规定，责令改正、没收违法所得、依法处以罚款；情节严重的，依法给予停业整顿等行政处罚。

第三十五条　违反本办法第二十二条，房地产经纪机构擅自对外发布房源信息的，由县级以上地方人民政府建设（房地产）主管部门责令限期改正，记入信用档案，取消网上签约资格，并处以1万元以上3万元以下罚款。

第三十六条　违反本办法第二十四条，房地产经纪机构擅自划转客户交易结算资金的，由县级以上地方人民政府建设（房地产）主管部门责令限期改正，取消网上签约资格，处以3万元罚款。

第三十七条　违反本办法第二十五条第（三）项、第（四）项、第（五）项、第（六）项、第（七）项、第（八）项、第（九）项、第（十）项的，由县级以上地方人民政府建设（房地产）主管部门责令限期改正，记入信用档案；对房地产经纪人员处以1万元罚款；对房地产经纪机构，取消网上签约资格，处以3万元罚款。

第三十八条　县级以上人民政府建设（房地产）主管部门、价格主管部门、人力资源和社会保障主管部门的工作人员在房地产经纪监督管理工作中，玩忽职守、徇私舞弊、滥用职权的，依法给予处分；构成犯罪的，依法追究刑事责任。

第六章　附　　则

第三十九条　各地可以依据本办法制定实施细则。

第四十条　本办法自2011年4月1日起施行。

城市房地产市场评估管理暂行办法

1. 1992年9月7日建设部发布

2. 建房〔1992〕579号

第一条　为加强城市房地产市场评估的管理，保障国家、集体、个人的合法权益，促进城市房地产市场的健康发展，制定本办法。

第二条　本办法适用城市规划区内房地产市场活动中需要确定房地产价值或价格的评估管理。关于不进入房地产市场的资产估价，另行规定。

第三条　国务院建设行政主管部门负责全国房地产市场估价管理工作。

县级以上人民政府房地产行政主管部门负责本行政区域内房地产市场估价管理工作。

第四条　城市人民政府房地产行政主管部门设立的房地产估价机构，是房地产市场估价的职能机构，是房地产市场管理机构的组成部分，承办本行政区域内涉及政府税费收入及由政府给予当事人补偿或赔偿费用的房地产估价业务以及受当事人委托的其他房地产估价业务。

第五条 其他要求从事房地产市场估价业务的单位，应向当地城市人民政府房地产行政主管部门提出申请，经资审同意，并经工商行政主管部门核发营业执照，成立房地产估价事务所，方可开业经营。

房地产估价事务所的资审条件和批准办法，由省、自治区、直辖市人民政府房地产行政主管部门规定，并报国务院建设行政主管部门备案。

第六条 房地产市场估价，当事人可委托房地产估价机构或房地产估价事务所进行。但涉及国家征收税费、由政府给予当事人补偿或赔偿费用的房地产买卖、租赁、赠与和拆迁补偿，其估价必须由当地人民政府房地产行政主管部门的估价机构承办。

第七条 凡违反本办法第六条规定，未经房地产估价机构估价的，房地产交易管理部门不得为其办理交易立契手续，房地产产权管理部门不得为其办理产权转移变更手续。

第八条 委托的房地产市场估价，委托人应和估价机构或估价事务所签订房地产估价委托协议书。

第九条 房地产市场估价，必须遵守有关的法律、法规、规章和政策规定，严格执行价格标准和估价程序，实行现场评估，按质论价。

第十条 房地产市场估价应当依照下列程序进行：

（一）申请估价。当事人应当依照本办法第六条的规定，向估价机构或估价事务所递交估价申请书。估价申请书应当载明下列内容：

1. 当事人的姓名（法人代表）、职业、地址；

2. 标的物的名称、面积、坐落；

3. 申请估价的理由、项目和要求；

4. 当事人认为其他需要说明的内容。

估价申请书应当附有标的物的产权证书和有关的图纸、资料或影印件。

（二）估价受理。估价机构或估价事务所收到估价申请书后，应当对当事人的身份证件、标的物产权证书及估价申请书进行审查。对符合条件者，交由估价人员承办。每个估价项目的承办，不得少于两名估价人员。

（三）现场勘估。承办人员应当制订估价方案。到标的物进行实地勘丈测估，核对各项数据和有关资料，调查标的物所处环境状况，并做好详细记录。

（四）综合作业。承办人员应综合各种因素进行全面分析，提出估价结果。书面估价结果应包括以下内容：

1. 估价的原因，标的物名称、面积、结构、地理位置、环境条件、使用情况，所处区域城市规划及发展前景，房地产市场行情；

2. 标的物及其附着物质量等级评定；

3. 估价的原则、方法、分析过程和估价结果；

4. 必要的附件。包括估价过程中作为估价依据的有关图纸，照片、背景材料，原始资料及实际勘测数据等；

5. 其他需要说明的问题。

估价结果书应由承办人员签名。

第十一条 估价结果书由承办估价业务的估价机构或估价事务所签署意见并加盖单位公章后，书面通知当事人。

按本办法第六条规定由房地产估价机构承办的估价业务，其估价结果是国家和地方政府有关房地产税费、确定房地产损失补偿或赔偿金额的依据。估价结果书应制成若干副本分送有关部门。

第十二条 对估价结果中需要保密的内容，估价机构及估价事务所均不得随意向他人提供。

第十三条 当事人如对本办法第六条范围内的估价结果有异议的，可以在收到估价结果书之日起十五日内，向原估价机构申请复核。对复核结果仍有异议的可以向当地房地产仲裁机构申请仲裁,也可以向人民法院起诉。

委托估价发生纠纷时,双方应协商解决。协商不成时,当事人可以向当地房地产仲裁机构申请仲裁,也可以向人民法院起诉。

第十四条 委托估价机构或估价事务所进行的房地产估价项目,当事人应当向承办单位交纳估价费。估价费标准由省、自治区、直辖市人民政府房地产行政主管部门制定,报物价行政主管部门批准实施。任何单位和个人不得擅自提高或变相提高收费标准。

第十五条 房地产市场估价的专业人员,通过资格考核,取得资格证书,并进行注册后,方可上岗工作。

估价人员的资格证书和注册办法,由国务院建设行政主管部门另行制定。

第十六条 估价人员如与申办估价项目的当事人有直接利害关系,应当主动回避。

第十七条 估价人员有下列行为之一的,房地产行政主管部门可以根据情节,给予警告,通报批评直至吊销估价人员资格证书。构成犯罪的,由司法机关追究其刑事责任。

(一)不按照估价程序和价格标准,造成严重估价失误的;

(二)弄虚作假,故意抬高或者压低标的物的价值或价格的;

(三)利用工作之便牟取私利的;

(四)因工作失职给国家和人民财产造成重大损失的。

第十八条 任何单位和个人都不得在估价过程中提供伪证。或者阻挠估价人员依法进行估价工作。对于提供伪证或者阻挠估价工作正常进行的,由房地产行政主管部门给予批评、教育。情节严重构成违反治安的,应提请公安机关予以处理。构成犯罪的,提请司法机关追究刑事责任。

第十九条 各省、自治区、直辖市人民政府房地产行政主管部门可根据本办法制定实施细则,报同级人民政府批准发布。

第二十条 本办法由建设部负责解释。

第二十一条 本办法自1992年10月1日起施行。

房地产估价师执业资格制度暂行规定

1. 1995年3月22日建设部发布

2. 建房〔1995〕147号

第一章 总 则

第一条 为了加强房地产估价人员的管理,充分发挥房地产估价在房地产交易中的作用,根据《中华人民共和国城市房地产管理法》,制定本规定。

第二条 本规定所称房地产估价师是指经全国统一考试,取得房地产估价师《执业资格证书》,并注册登记后从事房地产估价活动的人员。

第三条 国家实行房地产估价人员执业资格认证和注册登记制度。凡从事房地产评估业务的单位,必须配备有一定数量的房地产估价师。

第四条 建设部和人事部共同负责全国房地产估价师执业资格制度的政策制定、组织协调、考试、注册和监督管理工作。

第二章 考 试

第五条 房地产估价师执业资格实行全国统一考试制度。原则上每二年举行一次。

第六条 人事部负责审定考试科目、考试大纲和试题。会同建设部对考试进行检查、监督、指导和确定合格标准,组织实施各项考务工作。

第七条 建设部负责组织考试大纲的拟定、培训教材的编写和命题工作,统一规划并会同人事部组织或授权组织考前培训等有关工作。

培训工作必须按照与考试分开、自愿参

加的原则进行。

第八条 凡中华人民共和国公民，遵纪守法并具备下列条件之一的，可申请参加房地产估价师执业资格考试：

（一）取得房地产估价相关学科（包括房地产经营、房地产经济、土地管理、城市规划等，下同）中等专业学历，具有八年以上相关专业工作经历，其中从事房地产估价实务满五年；

（二）取得房地产估价相关学科大专学历，具有六年以上相关专业工作经历，其中从事房地产估价实务满四年；

（三）取得房地产估价相关学科学士学位，具有四年以上相关专业工作经历，其中从事房地产估价实务满三年；

（四）取得房地产估价相关学科硕士学位或第二学位、研究生班毕业，从事房地产估价实务满二年；

（五）取得房地产估价相关学科博士学位的；

（六）不具备上述规定学历，但通过国家统一组织的经济专业初级资格或审计、会计、统计专业助理级资格考试并取得相应资格，具有十年以上相关专业工作经历，其中从事房地产估价实务满六年，成绩特别突出的。

第九条 申请参加房地产估价师执业资格考试，需提供下列证明文件：

（一）房地产估价师执业资格考试报名申请表；

（二）学历证明；

（三）实践经历证明。

第十条 房地产估价师执业资格考试合格者，由人事部或其授权的部门颁发人事部统一印制，人事部和建设部用印的房地产估价师《执业资格证书》，经注册后全国范围有效。

第三章 注　　册

第十一条 建设部或其授权的部门为房地产估价师资格的注册管理机构。未取得《房地产估价师注册证》的人员，不得以房地产估价师的名义从事房地产估价业务。

第十二条 房地产估价师执业资格考试合格人员，必须在取得房地产估价师《执业资格证书》后三个月内办理注册登记手续。

第十三条 申请房地产估价师注册需提供下列证明文件：

（一）房地产估价师执业资格注册申请；

（二）房地产估价师《执业资格证书》；

（三）业绩证明；

（四）所在单位考核合格证明。

第十四条 房地产估价师执业资格注册，由本人提出申请，经聘用单位送省级房地产管理部门初审后，统一报建设部或其授权的部门注册。准予注册的申请人，由建设部或其授权的部门核发《房地产估价师注册证》。人事部和各级人事（职改）部门对房地产估价师执业资格注册和使用情况有检查、监督的责任。

第十五条 凡不具备民事行为能力的和不能按第十三条要求提供证明文件的，不予注册。

第十六条 房地产估价师执业资格注册有效期一般为三年，有效期满前三个月，持《房地产估价师注册证》者应当到原注册机关重新办理注册手续。

再次注册，应有受聘单位考核合格和知识更新、参加业务培训的证明。

第十七条 凡脱离房地产估价师工作岗位连续时间二年以上者（含二年），注册管理机构将取消其注册。

第十八条 房地产估价师执业资格注册登记内容变更，须在变更前30日内向原注册机关办理变更登记。

第十九条 房地产估价师执业资格注册后，有下列情形之一的，由原注册机关吊销其《房地产估价师注册证》：

（一）完全丧失民事行为能力；

（二）死亡或失踪；

（三）受刑事处罚的。

第四章 权利与义务

第二十条 房地产估价师在经批准的估价单位执行业务。估价单位的业务范围、工作规程由建设部按国家有关规定制定。

第二十一条 房地产估价师的作业范围包括房地产估价、房地产咨询以及与房地产估价有关的其他业务。

第二十二条 房地产估价师享有下列权利：

（一）有执行房地产估价业务的权利；

（二）有在房地产估价报告上签字的权利；

（三）有使用房地产估价师名称的权利。

第二十三条 房地产估价师必须履行下列义务：

（一）遵守房地产评估法规、技术规范和规程；

（二）保证估价结果的客观公正；

（三）遵守行业管理规定和职业道德规范；

（四）接受职业继续教育，不断提高业务水平；

（五）为委托人保守商业秘密。

第二十四条 房地产估价师承办业务，由其所在单位统一受理并与委托人签订委托合同。

房地产评估收费由所在单位统一收取。

第二十五条 房地产估价师执行业务可以根据需要查阅委托人的有关资料和文件，查看委托人的业务现场和设施，要求委托人提供必要的协助。

第二十六条 由于房地产估价失误给当事人造成经济损失的，由所在单位承担赔偿责任。所在单位可以对房地产估价师追偿。

第二十七条 房地产估价师与委托人有利害关系的，应当回避。委托人有权要求其回避。

第五章 罚 则

第二十八条 违反本规定，有下列行为之一的，由注册单位对当事人处以警告、没收非法所得、暂停执行业务、吊销房地产估价师《执业资格证书》、《房地产估价师注册证》，并可处以罚款，情节严重、构成犯罪的，由司法机关依法追究刑事责任：

（一）涂改、伪造或以虚假和不正当手段获取房地产估价师《执业资格证书》、《房地产估价师注册证》的；

（二）未按规定办理注册、变更登记和未经登记以房地产估价师的名义从事估价业务的；

（三）利用执行业务之便，索贿、受贿，谋取其他不正当的利益；

（四）允许他人以自己的名义从事房地产估价业务和同时在两个或两个以上估价单位执行业务；

（五）与委托人串通或故意做不实的估价报告和因工作失误，造成重大损失的；

（六）以个人名义承接房地产估价业务，收取费用的；

（七）因在房地产估价及管理工作中犯严重错误，受行政处罚或刑事处罚的。

第二十九条 房地产估价师执业资格管理部门的工作人员，在房地产估价师执业资格考试和注册管理中玩忽职守、滥用职权、构成犯罪的，依法追究刑事责任，未构成犯罪的，给予行政处分。

第三十条 当事人对行政处分决定不服的，可以依法申请复议或向上级人民法院起诉。

第六章 附 则

第三十一条 通过全国统一考试取得房地产估价师执业资格的人员，根据工作需要可直接聘任经济师职务。

第三十二条 根据国务院国发〔1993〕20号文件的规定，本规定所称房地产是指从事房屋资产和土地资产经营的行业。

第三十三条 本规定由建设部和人事部分别负责解释。

第三十四条 本规定自发布之日起施行。

房地产广告发布规定

1. 2015年12月24日国家工商行政管理总局令第80号公布
2. 自2016年2月1日起施行

第一条 发布房地产广告，应当遵守《中华人民共和国广告法》（以下简称《广告法》）、《中华人民共和国城市房地产管理法》、《中华人民共和国土地管理法》及国家有关规定。

第二条 本规定所称房地产广告，指房地产开发企业、房地产权利人、房地产中介服务机构发布的房地产项目预售、预租、出售、出租、项目转让以及其他房地产项目介绍的广告。

居民私人及非经营性售房、租房、换房广告，不适用本规定。

第三条 房地产广告必须真实、合法、科学、准确，不得欺骗、误导消费者。

第四条 房地产广告，房源信息应当真实，面积应当表明为建筑面积或者套内建筑面积，并不得含有下列内容：

（一）升值或者投资回报的承诺；

（二）以项目到达某一具体参照物的所需时间表示项目位置；

（三）违反国家有关价格管理的规定；

（四）对规划或者建设中的交通、商业、文化教育设施以及其他市政条件作误导宣传。

第五条 凡下列情况的房地产，不得发布广告：

（一）在未经依法取得国有土地使用权的土地上开发建设的；

（二）在未经国家征用的集体所有的土地上建设的；

（三）司法机关和行政机关依法裁定、决定查封或者以其他形式限制房地产权利的；

（四）预售房地产，但未取得该项目预售许可证的；

（五）权属有争议的；

（六）违反国家有关规定建设的；

（七）不符合工程质量标准，经验收不合格的；

（八）法律、行政法规规定禁止的其他情形。

第六条 发布房地产广告，应当具有或者提供下列相应真实、合法、有效的证明文件：

（一）房地产开发企业、房地产权利人、房地产中介服务机构的营业执照或者其他主体资格证明；

（二）建设主管部门颁发的房地产开发企业资质证书；

（三）土地主管部门颁发的项目土地使用权证明；

（四）工程竣工验收合格证明；

（五）发布房地产项目预售、出售广告，应当具有地方政府建设主管部门颁发的预售、销售许可证证明；出租、项目转让广告，应当具有相应的产权证明；

（六）中介机构发布所代理的房地产项目广告，应当提供业主委托证明；

（七）确认广告内容真实性的其他证明文件。

第七条 房地产预售、销售广告，必须载明以下事项：

（一）开发企业名称；

（二）中介服务机构代理销售的，载明该机构名称；

（三）预售或者销售许可证书号。

广告中仅介绍房地产项目名称的，可以不必载明上述事项。

第八条 房地产广告不得含有风水、占卜等封建迷信内容，对项目情况进行的说明、渲染，不得有悖社会良好风尚。

第九条 房地产广告中涉及所有权或者使用权的，所有或者使用的基本单位应当是有实际意义的完整的生产、生活空间。

第十条 房地产广告中对价格有表示的，应当清楚表示为实际的销售价格，明示价格的有效期限。

第十一条 房地产广告中的项目位置示意图，应当准确、清楚，比例恰当。

第十二条 房地产广告中涉及的交通、商业、文化教育设施及其他市政条件等，如在规划或者建设中，应当在广告中注明。

第十三条 房地产广告涉及内部结构、装修装饰的，应当真实、准确。

第十四条 房地产广告中不得利用其他项目的形象、环境作为本项目的效果。

第十五条 房地产广告中使用建筑设计效果图或者模型照片的，应当在广告中注明。

第十六条 房地产广告中不得出现融资或者变相融资的内容。

第十七条 房地产广告中涉及贷款服务的，应当载明提供贷款的银行名称及贷款额度、年期。

第十八条 房地产广告中不得含有广告主能够为入住者办理户口、就业、升学等事项的承诺。

第十九条 房地产广告中涉及物业管理内容的，应当符合国家有关规定；涉及尚未实现的物业管理内容，应当在广告中注明。

第二十条 房地产广告中涉及房地产价格评估的，应当表明评估单位、估价师和评估时间；使用其他数据、统计资料、文摘、引用语的，应当真实、准确，表明出处。

第二十一条 违反本规定发布广告，《广告法》及其他法律法规有规定的，依照有关法律法规规定予以处罚。法律法规没有规定的，对负有责任的广告主、广告经营者、广告发布者，处以违法所得三倍以下但不超过三万元的罚款；没有违法所得的，处以一万元以下的罚款。

第二十二条 本规定自2016年2月1日起施行。1998年12月3日国家工商行政管理局令第86号公布的《房地产广告发布暂行规定》同时废止。

房地产估价机构管理办法

1. 2005年10月12日建设部令第142号发布

2. 根据2013年10月16日《住房城乡建设部关于修改〈房地产估价机构管理办法〉的决定》第一次修正

3. 根据2015年5月4日《住房和城乡建设部关于修改〈房地产开发企业资质管理规定〉等部门规章的决定》第二次修正

第一章 总 则

第一条 为了规范房地产估价机构行为，维护房地产估价市场秩序，保障房地产估价活动当事人合法权益，根据《中华人民共和国城市房地产管理法》、《中华人民共和国行政许可法》和《国务院对确需保留的行政审批项目设定行政许可的决定》等法律、行政法规，制定本办法。

第二条 在中华人民共和国境内申请房地产估价机构资质，从事房地产估价活动，对房地产估价机构实施监督管理，适用本办法。

第三条 本办法所称房地产估价机构，是指依法设立并取得房地产估价机构资质，从事房地产估价活动的中介服务机构。

本办法所称房地产估价活动，包括土地、建筑物、构筑物、在建工程、以房地产为主的企业整体资产、企业整体资产中的房地产等各类房地产评估，以及因转让、抵押、房屋征收、司法鉴定、课税、公司上市、企业改制、企业清算、资产重组、资产处置等需要进行的房地产评估。

第四条 房地产估价机构从事房地产估价活动，应当坚持独立、客观、公正的原则，执行房地产估价规范和标准。

房地产估价机构依法从事房地产估价活动，不受行政区域、行业限制。任何组织或者个人不得非法干预房地产估价活动和估价结果。

第五条 国务院住房城乡建设主管部门负责全国房地产估价机构的监督管理工作。

省、自治区人民政府住房城乡建设主管部门、直辖市人民政府房地产主管部门负责本行政区域内房地产估价机构的监督管理工作。

市、县人民政府房地产主管部门负责本行政区域内房地产估价机构的监督管理工作。

第六条 房地产估价行业组织应当加强房地产估价行业自律管理。

鼓励房地产估价机构加入房地产估价行业组织。

第七条 国家建立全国统一的房地产估价行业管理信息平台，实现房地产估价机构资质核准、人员注册、信用档案管理等信息关联共享。

第二章 估价机构资质核准

第八条 房地产估价机构资质等级分为一、二、三级。

省、自治区人民政府住房城乡建设主管部门、直辖市人民政府房地产主管部门负责房地产估价机构资质许可。

省、自治区人民政府住房城乡建设主管部门、直辖市人民政府房地产主管部门应当执行国家统一的资质许可条件，加强房地产估价机构资质许可管理，营造公平竞争的市场环境。

国务院住房城乡建设主管部门应当加强对省、自治区人民政府住房城乡建设主管部门、直辖市人民政府房地产主管部门资质许可工作的指导和监督检查，及时纠正资质许可中的违法行为。

第九条 房地产估价机构应当由自然人出资，以有限责任公司或者合伙企业形式设立。

第十条 各资质等级房地产估价机构的条件如下：

（一）一级资质

1. 机构名称有房地产估价或者房地产评估字样；

2. 从事房地产估价活动连续6年以上，且取得二级房地产估价机构资质3年以上；

3. 有15名以上专职注册房地产估价师；

4. 在申请核定资质等级之日前3年平均每年完成估价标的物建筑面积50万平方米以上或者土地面积25万平方米以上；

5. 法定代表人或者执行合伙人是注册后从事房地产估价工作3年以上的专职注册房地产估价师；

6. 有限责任公司的股东中有3名以上、合伙企业的合伙人中有2名以上专职注册房地产估价师，股东或者合伙人中有一半以上是注册后从事房地产估价工作3年以上的专职注册房地产估价师；

7. 有限责任公司的股份或者合伙企业的出资额中专职注册房地产估价师的股份或者出资额合计不低于60%；

8. 有固定的经营服务场所；

9. 估价质量管理、估价档案管理、财务管理等各项企业内部管理制度健全；

10. 随机抽查的1份房地产估价报告符合《房地产估价规范》的要求；

11. 在申请核定资质等级之日前3年内无本办法第三十三条禁止的行为。

（二）二级资质

1. 机构名称有房地产估价或者房地产评估字样；

2. 取得三级房地产估价机构资质后从事房地产估价活动连续4年以上；

3. 有8名以上专职注册房地产估价师；

4. 在申请核定资质等级之日前3年平均每年完成估价标的物建筑面积30万平方米以上或者土地面积15万平方米以上；

5. 法定代表人或者执行合伙人是注册后从事房地产估价工作3年以上的专职注册房地产估价师；

6. 有限责任公司的股东中有3名以上、合伙企业的合伙人中有2名以上专职注册房地产估价师，股东或者合伙人中有一半以上是注册后从事房地产估价工作3年以上的专职注册房地产估价师；

7. 有限责任公司的股份或者合伙企业的出资额中专职注册房地产估价师的股份或者出资额合计不低于60%；

8. 有固定的经营服务场所；

9. 估价质量管理、估价档案管理、财务管理等各项企业内部管理制度健全；

10. 随机抽查的1份房地产估价报告符合《房地产估价规范》的要求；

11. 在申请核定资质等级之日前3年内无本办法第三十三条禁止的行为。

（三）三级资质

1. 机构名称有房地产估价或者房地产评估字样；

2. 有3名以上专职注册房地产估价师；

3. 在暂定期内完成估价标的物建筑面积8万平方米以上或者土地面积3万平方米以上；

4. 法定代表人或者执行合伙人是注册后从事房地产估价工作3年以上的专职注册房地产估价师；

5. 有限责任公司的股东中有2名以上、合伙企业的合伙人中有2名以上专职注册房地产估价师，股东或者合伙人中有一半以上是注册后从事房地产估价工作3年以上的专职注册房地产估价师；

6. 有限责任公司的股份或者合伙企业的出资额中专职注册房地产估价师的股份或者出资额合计不低于60%；

7. 有固定的经营服务场所；

8. 估价质量管理、估价档案管理、财务管理等各项企业内部管理制度健全；

9. 随机抽查的1份房地产估价报告符合《房地产估价规范》的要求；

10. 在申请核定资质等级之日前3年内无本办法第三十三条禁止的行为。

第十一条 申请核定房地产估价机构资质等级，应当如实向资质许可机关提交下列材料：

（一）房地产估价机构资质等级申请表（一式二份，加盖申报机构公章）；

（二）房地产估价机构原资质证书正本复印件、副本原件；

（三）营业执照正、副本复印件（加盖申报机构公章）；

（四）法定代表人或者执行合伙人的任职文件复印件（加盖申报机构公章）；

（五）专职注册房地产估价师证明；

（六）固定经营服务场所的证明；

（七）经工商行政管理部门备案的公司章程或者合伙协议复印件（加盖申报机构公章）及有关估价质量管理、估价档案管理、财务管理等企业内部管理制度的文件、申报机构信用档案信息；

（八）随机抽查的在申请核定资质等级之日前3年内申报机构所完成的1份房地产估价报告复印件（一式二份，加盖申报机构公章）。

申请人应当对其提交的申请材料实质内容的真实性负责。

第十二条 新设立的中介服务机构申请房地产估价机构资质的，应当提供第十一条第（一）项、第（三）项至第（八）项材料。

新设立中介服务机构的房地产估价机构资质等级应当核定为三级资质，设1年的暂定期。

第十三条 房地产估价机构资质核准中的房地产估价报告抽查，应当执行全国统一的标准。

第十四条 申请核定房地产估价机构资质的，应当向设区的市人民政府房地产主管部门提出申请，并提交本办法第十一条规定的材料。

设区的市人民政府房地产主管部门应当自受理申请之日起20日内审查完毕，并将初审意见和全部申请材料报省、自治区人民政府住房城乡建设主管部门、直辖市人民政府房地产主管部门。

省、自治区人民政府住房城乡建设主管部门、直辖市人民政府房地产主管部门应当自受理申请材料之日起20日内作出决定。

省、自治区人民政府住房城乡建设主管部门、直辖市人民政府房地产主管部门应当在作出资质许可决定之日起10日内，将准予资质许可的决定报国务院住房城乡建设主管部门备案。

第十五条 房地产估价机构资质证书分为正本和副本，由国务院住房城乡建设主管部门统一印制，正、副本具有同等法律效力。

房地产估价机构遗失资质证书的，应当在公众媒体上声明作废后，申请补办。

第十六条 房地产估价机构资质有效期为3年。

资质有效期届满，房地产估价机构需要继续从事房地产估价活动的，应当在资质有效期届满30日前向资质许可机关提出资质延续申请。资质许可机关应当根据申请作出是否准予延续的决定。准予延续的，有效期延续3年。

在资质有效期内遵守有关房地产估价的法律、法规、规章、技术标准和职业道德的房地产估价机构，经原资质许可机关同意，不再审查，有效期延续3年。

第十七条 房地产估价机构的名称、法定代表人或者执行合伙人、组织形式、住所等事项发生变更的，应当在工商行政管理部门办理变更手续后30日内，到资质许可机关办理资质证书变更手续。

第十八条 房地产估价机构合并的，合并后存续或者新设立的房地产估价机构可以承继合并前各方中较高的资质等级，但应当符合相应的资质等级条件。

房地产估价机构分立的，只能由分立后的一方房地产估价机构承继原房地产估价机构资质，但应当符合原房地产估价机构资质等级条件。承继原房地产估价机构资质的一方由各方协商确定；其他各方按照新设立的中介服务机构申请房地产估价机构资质。

第十九条 房地产估价机构的工商登记注销后，其资质证书失效。

第三章 分支机构的设立

第二十条 一级资质房地产估价机构可以按照本办法第二十一条的规定设立分支机构。二、三级资质房地产估价机构不得设立分支机构。

分支机构应当以设立该分支机构的房地产估价机构的名义出具估价报告，并加盖该房地产估价机构公章。

第二十一条 分支机构应当具备下列条件：

（一）名称采用“房地产估价机构名称＋分支机构所在地行政区划名＋分公司（分所）”的形式；

（二）分支机构负责人应当是注册后从事房地产估价工作3年以上并无不良执业记录的专职注册房地产估价师；

（三）在分支机构所在地有3名以上专职注册房地产估价师；

（四）有固定的经营服务场所；

（五）估价质量管理、估价档案管理、财务管理等各项内部管理制度健全。

注册于分支机构的专职注册房地产估价师，不计入设立分支机构的房地产估价机构的专职注册房地产估价师人数。

第二十二条 新设立的分支机构，应当自领取分支机构营业执照之日起30日内，到分支机构工商注册所在地的省、自治区人民政府住房城乡建设主管部门、直辖市人民政府房地产主管部门备案。

省、自治区人民政府住房城乡建设主管部门、直辖市人民政府房地产主管部门应当在接受备案后10日内，告知分支机构工商注册所在地的市、县人民政府房地产主管部门，并报国务院住房城乡建设主管部门备案。

第二十三条 分支机构备案，应当提交下列材料：

（一）分支机构的营业执照复印件；

（二）房地产估价机构资质证书正本复

印件；

（三）分支机构及设立该分支机构的房地产估价机构负责人的身份证明；

（四）拟在分支机构执业的专职注册房地产估价师注册证书复印件。

第二十四条 分支机构变更名称、负责人、住所等事项或房地产估价机构撤销分支机构，应当在工商行政管理部门办理变更或者注销登记手续后30日内，报原备案机关备案。

第四章 估价管理

第二十五条 从事房地产估价活动的机构，应当依法取得房地产估价机构资质，并在其资质等级许可范围内从事估价业务。

一级资质房地产估价机构可以从事各类房地产估价业务。

二级资质房地产估价机构可以从事除公司上市、企业清算以外的房地产估价业务。

三级资质房地产估价机构可以从事除公司上市、企业清算、司法鉴定以外的房地产估价业务。

暂定期内的三级资质房地产估价机构可以从事除公司上市、企业清算、司法鉴定、房屋征收、在建工程抵押以外的房地产估价业务。

第二十六条 房地产估价业务应当由房地产估价机构统一接受委托，统一收取费用。

房地产估价师不得以个人名义承揽估价业务，分支机构应当以设立该分支机构的房地产估价机构名义承揽估价业务。

第二十七条 房地产估价机构及执行房地产估价业务的估价人员与委托人或者估价业务相对人有利害关系的，应当回避。

第二十八条 房地产估价机构承揽房地产估价业务，应当与委托人签订书面估价委托合同。

估价委托合同应当包括下列内容：

（一）委托人的名称或者姓名和住所；

（二）估价机构的名称和住所；

（三）估价对象；

（四）估价目的；

（五）价值时点；

（六）委托人的协助义务；

（七）估价服务费及其支付方式；

（八）估价报告交付的日期和方式；

（九）违约责任；

（十）解决争议的方法。

第二十九条 房地产估价机构未经委托人书面同意，不得转让受托的估价业务。

经委托人书面同意，房地产估价机构可以与其他房地产估价机构合作完成估价业务，以合作双方的名义共同出具估价报告。

第三十条 委托人及相关当事人应当协助房地产估价机构进行实地查勘，如实向房地产估价机构提供估价所必需的资料，并对其所提供资料的真实性负责。

第三十一条 房地产估价机构和注册房地产估价师因估价需要向房地产主管部门查询房地产交易、登记信息时，房地产主管部门应当提供查询服务，但涉及国家秘密、商业秘密和个人隐私的内容除外。

第三十二条 房地产估价报告应当由房地产估价机构出具，加盖房地产估价机构公章，并有至少2名专职注册房地产估价师签字。

第三十三条 房地产估价机构不得有下列行为：

（一）涂改、倒卖、出租、出借或者以其他形式非法转让资质证书；

（二）超越资质等级业务范围承接房地产估价业务；

（三）以迎合高估或者低估要求、给予回扣、恶意压低收费等方式进行不正当竞争；

（四）违反房地产估价规范和标准；

（五）出具有虚假记载、误导性陈述或者重大遗漏的估价报告；

（六）擅自设立分支机构；

（七）未经委托人书面同意，擅自转让受托的估价业务；

（八）法律、法规禁止的其他行为。

第三十四条 房地产估价机构应当妥善保管房地产估价报告及相关资料。

房地产估价报告及相关资料的保管期限自估价报告出具之日起不得少于10年。保管期限届满而估价服务的行为尚未结束的，应当保管到估价服务的行为结束为止。

第三十五条 除法律、法规另有规定外，未经委托人书面同意，房地产估价机构不得对外提供估价过程中获知的当事人的商业秘密和业务资料。

第三十六条 房地产估价机构应当加强对执业人员的职业道德教育和业务培训，为本机构的房地产估价师参加继续教育提供必要的条件。

第三十七条 县级以上人民政府房地产主管部门应当依照有关法律、法规和本办法的规定，对房地产估价机构和分支机构的设立、估价业务及执行房地产估价规范和标准的情况实施监督检查。

第三十八条 县级以上人民政府房地产主管部门履行监督检查职责时，有权采取下列措施：

（一）要求被检查单位提供房地产估价机构资质证书、房地产估价师注册证书，有关房地产估价业务的文档，有关估价质量管理、估价档案管理、财务管理等企业内部管理制度的文件；

（二）进入被检查单位进行检查，查阅房地产估价报告以及估价委托合同、实地查勘记录等估价相关资料；

（三）纠正违反有关法律、法规和本办法及房地产估价规范和标准的行为。

县级以上人民政府房地产主管部门应当将监督检查的处理结果向社会公布。

第三十九条 县级以上人民政府房地产主管部门进行监督检查时，应当有两名以上监督检查人员参加，并出示执法证件，不得妨碍被检查单位的正常经营活动，不得索取或者收受财物、谋取其他利益。

有关单位和个人对依法进行的监督检查应当协助与配合，不得拒绝或者阻挠。

第四十条 房地产估价机构违法从事房地产估价活动的，违法行为发生地的县级以上地方人民政府房地产主管部门应当依法查处，并将违法事实、处理结果及处理建议及时报告该估价机构资质的许可机关。

第四十一条 有下列情形之一的，资质许可机关或者其上级机关，根据利害关系人的请求或者依据职权，可以撤销房地产估价机构资质：

（一）资质许可机关工作人员滥用职权、玩忽职守作出准予房地产估价机构资质许可的；

（二）超越法定职权作出准予房地产估价机构资质许可的；

（三）违反法定程序作出准予房地产估价机构资质许可的；

（四）对不符合许可条件的申请人作出准予房地产估价机构资质许可的；

（五）依法可以撤销房地产估价机构资质的其他情形。

房地产估价机构以欺骗、贿赂等不正当手段取得房地产估价机构资质的，应当予以撤销。

第四十二条 房地产估价机构取得房地产估价机构资质后，不再符合相应资质条件的，资质许可机关根据利害关系人的请求或者依据职权，可以责令其限期改正；逾期不改的，可以撤回其资质。

第四十三条 有下列情形之一的，资质许可机关应当依法注销房地产估价机构资质：

（一）房地产估价机构资质有效期届满未延续的；

（二）房地产估价机构依法终止的；

（三）房地产估价机构资质被撤销、撤回，或者房地产估价资质证书依法被吊销的；

（四）法律、法规规定的应当注销房地产估价机构资质的其他情形。

第四十四条 资质许可机关或者房地产估价

行业组织应当建立房地产估价机构信用档案。

房地产估价机构应当按照要求提供真实、准确、完整的房地产估价信用档案信息。

房地产估价机构信用档案应当包括房地产估价机构的基本情况、业绩、良好行为、不良行为等内容。违法行为、被投诉举报处理、行政处罚等情况应当作为房地产估价机构的不良记录记入其信用档案。

房地产估价机构的不良行为应当作为该机构法定代表人或者执行合伙人的不良行为记入其信用档案。

任何单位和个人有权查阅信用档案。

第五章 法律责任

第四十五条 申请人隐瞒有关情况或者提供虚假材料申请房地产估价机构资质的，资质许可机关不予受理或者不予行政许可，并给予警告，申请人在1年内不得再次申请房地产估价机构资质。

第四十六条 以欺骗、贿赂等不正当手段取得房地产估价机构资质的，由资质许可机关给予警告，并处1万元以上3万元以下的罚款，申请人3年内不得再次申请房地产估价机构资质。

第四十七条 未取得房地产估价机构资质从事房地产估价活动或者超越资质等级承揽估价业务的，出具的估价报告无效，由县级以上地方人民政府房地产主管部门给予警告，责令限期改正，并处1万元以上3万元以下的罚款；造成当事人损失的，依法承担赔偿责任。

第四十八条 违反本办法第十七条规定，房地产估价机构不及时办理资质证书变更手续的，由资质许可机关责令限期办理；逾期不办理的，可处1万元以下的罚款。

第四十九条 有下列行为之一的，由县级以上地方人民政府房地产主管部门给予警告，责令限期改正，并可处1万元以上2万元以下的罚款：

（一）违反本办法第二十条第一款规定设立分支机构的；

（二）违反本办法第二十一条规定设立分支机构的；

（三）违反本办法第二十二条第一款规定，新设立的分支机构不备案的。

第五十条 有下列行为之一的，由县级以上地方人民政府房地产主管部门给予警告，责令限期改正；逾期未改正的，可处5千元以上2万元以下的罚款；给当事人造成损失的，依法承担赔偿责任：

（一）违反本办法第二十六条规定承揽业务的；

（二）违反本办法第二十九条第一款规定，擅自转让受托的估价业务的；

（三）违反本办法第二十条第二款、第二十九条第二款、第三十二条规定出具估价报告的。

第五十一条 违反本办法第二十七条规定，房地产估价机构及其估价人员应当回避未回避的，由县级以上地方人民政府房地产主管部门给予警告，责令限期改正，并可处1万元以下的罚款；给当事人造成损失的，依法承担赔偿责任。

第五十二条 违反本办法第三十一条规定，房地产主管部门拒绝提供房地产交易、登记信息查询服务的，由其上级房地产主管部门责令改正。

第五十三条 房地产估价机构有本办法第三十三条行为之一的，由县级以上地方人民政府房地产主管部门给予警告，责令限期改正，并处1万元以上3万元以下的罚款；给当事人造成损失的，依法承担赔偿责任；构成犯罪的，依法追究刑事责任。

第五十四条 违反本办法第三十五条规定，房地产估价机构擅自对外提供估价过程中获知的当事人的商业秘密和业务资料，给当事人造成损失的，依法承担赔偿责任；构成犯罪的，依法追究刑事责任。

第五十五条 资质许可机关有下列情形之一

的，由其上级主管部门或者监察机关责令改正，对直接负责的主管人员和其他直接责任人员依法给予处分；构成犯罪的，依法追究刑事责任：

（一）对不符合法定条件的申请人准予房地产估价机构资质许可或者超越职权作出准予房地产估价机构资质许可决定的；

（二）对符合法定条件的申请人不予房地产估价机构资质许可或者不在法定期限内作出准予房地产估价机构资质许可决定的；

（三）利用职务上的便利，收受他人财物或者其他利益的；

（四）不履行监督管理职责，或者发现违法行为不予查处的。

第六章　附　　则

第五十六条　本办法自2005年12月1日起施行。1997年1月9日建设部颁布的《关于房地产价格评估机构资格等级管理的若干规定》（建房〔1997〕12号）同时废止。

本办法施行前建设部发布的规章的规定与本办法的规定不一致的，以本办法为准。

注册房地产估价师管理办法

1. 2006年12月25日建设部令第151号发布

2 根据2016年9月13日《住房城乡建设部关于修改〈勘察设计注册工程师管理规定〉等11个部门规章的决定》修正

第一章　总　　则

第一条　为了加强对注册房地产估价师的管理，完善房地产价格评估制度和房地产价格评估人员资格认证制度，规范注册房地产估价师行为，维护公共利益和房地产估价市场秩序，根据《中华人民共和国城市房地产管理法》、《中华人民共和国行政许可法》等有关法律、行政法规，制定本办法。

第二条　中华人民共和国境内注册房地产估价师的注册、执业、继续教育和监督管理，适用本办法。

第三条　本办法所称注册房地产估价师，是指通过全国房地产估价师执业资格考试或者资格认定、资格互认，取得中华人民共和国房地产估价师执业资格（以下简称执业资格），并按照本办法注册，取得中华人民共和国房地产估价师注册证书（以下简称注册证书），从事房地产估价活动的人员。

第四条　注册房地产估价师实行注册执业管理制度。

取得执业资格的人员，经过注册方能以注册房地产估价师的名义执业。

第五条　国务院住房城乡建设主管部门对全国注册房地产估价师注册、执业活动实施统一监督管理。

省、自治区、直辖市人民政府住房城乡建设（房地产）主管部门对本行政区域内注册房地产估价师的执业活动实施监督管理。”

市、县、市辖区人民政府建设（房地产）主管部门对本行政区域内注册房地产估价师的执业活动实施监督管理。

第六条　房地产估价行业组织应当加强注册房地产估价师自律管理。

鼓励注册房地产估价师加入房地产估价行业组织。

第二章　注　　册

第七条　注册房地产估价师的注册条件为：

（一）取得执业资格；

（二）达到继续教育合格标准；

（三）受聘于具有资质的房地产估价机构；

（四）无本办法第十四条规定不予注册的情形。

第八条　申请注册的，应当向国务院住房城乡建设主管部门提出注册申请。

对申请初始注册、变更注册、延续注册和注销注册的，国务院住房城乡建设主管部门应当自受理之日起15日内作出决定。

注册房地产估价师的初始注册、变更注册、延续注册和注销注册，逐步实行网上申报、受理和审批。

第九条 注册证书是注册房地产估价师的执业凭证。注册有效期为3年。

第十条 申请初始注册，应当提交下列材料：

（一）初始注册申请表；

（二）执业资格证件和身份证件复印件；

（三）与聘用单位签订的劳动合同复印件；

（四）取得执业资格超过3年申请初始注册的，应当提供达到继续教育合格标准的证明材料；

（五）聘用单位委托人才服务中心托管人事档案的证明和社会保险缴纳凭证复印件；或者劳动、人事部门颁发的离退休证复印件；或者外国人就业证书、台港澳人员就业证书复印件。

第十一条 注册有效期满需继续执业的，应当在注册有效期满30日前，按照本办法第八条规定的程序申请延续注册；延续注册的，注册有效期为3年。

延续注册需要提交下列材料：

（一）延续注册申请表；

（二）与聘用单位签订的劳动合同复印件；

（三）申请人注册有效期内达到继续教育合格标准的证明材料。

第十二条 注册房地产估价师变更执业单位，应当与原聘用单位解除劳动合同，并按本办法第八条规定的程序办理变更注册手续，变更注册后延续原注册有效期。

变更注册需要提交下列材料：

（一）变更注册申请表；

（二）与新聘用单位签订的劳动合同复印件；

（三）与原聘用单位解除劳动合同的证明文件；

（四）聘用单位委托人才服务中心托管人事档案的证明和社会保险缴纳凭证复印件；或者劳动、人事部门颁发的离退休证复印件；或者外国人就业证书、台港澳人员就业证书复印件。

第十三条 取得执业资格的人员，申请在新设立房地产估价机构、分支机构执业的，应当在申报房地产估价机构资质或者分支机构备案的同时，办理注册手续。

第十四条 申请人有下列情形之一的，不予注册：

（一）不具有完全民事行为能力的；

（二）刑事处罚尚未执行完毕的；

（三）因房地产估价及相关业务活动受刑事处罚，自刑事处罚执行完毕之日起至申请注册之日止不满5年的；

（四）因前项规定以外原因受刑事处罚，自刑事处罚执行完毕之日起至申请注册之日止不满3年的；

（五）被吊销注册证书，自被处罚之日起至申请注册之日止不满3年的；

（六）以欺骗、贿赂等不正当手段获准的房地产估价师注册被撤销，自被撤销注册之日起至申请注册之日止不满3年的；

（七）申请在2个或者2个以上房地产估价机构执业的；

（八）为现职公务员的；

（九）年龄超过65周岁的；

（十）法律、行政法规规定不予注册的其他情形。

第十五条 注册房地产估价师有下列情形之一的，其注册证书失效：

（一）聘用单位破产的；

（二）聘用单位被吊销营业执照的；

（三）聘用单位被吊销或者撤回房地产估价机构资质证书的；

（四）已与聘用单位解除劳动合同且未被其他房地产估价机构聘用的；

（五）注册有效期满且未延续注册的；

（六）年龄超过65周岁的；

（七）死亡或者不具有完全民事行为能

力的；

（八）其他导致注册失效的情形。

第十六条 有下列情形之一的，注册房地产估价师应当及时向国务院住房城乡建设主管部门提出注销注册的申请，交回注册证书，国务院住房城乡建设主管部门应当办理注销手续，公告其注册证书作废：

（一）有本办法第十五条所列情形发生的；

（二）依法被撤销注册的；

（三）依法被吊销注册证书的；

（四）受到刑事处罚的；

（五）法律、法规规定应当注销注册的其他情形。

注册房地产估价师有前款所列情形之一的，有关单位和个人有权向国务院住房城乡建设主管部门举报；县级以上地方人民政府建设（房地产）主管部门应当及时报告国务院住房城乡建设主管部门。

第十七条 被注销注册者或者不予注册者，在具备注册条件后，可以按照本办法第八条第一款、第二款规定的程序申请注册。

第十八条 注册房地产估价师遗失注册证书的，应当在公众媒体上声明后，按照本办法第八条第一款、第三款规定的程序申请补发。

第三章 执 业

第十九条 取得执业资格的人员，应当受聘于一个具有房地产估价机构资质的单位，经注册后方可从事房地产估价执业活动。

第二十条 注册房地产估价师可以在全国范围内开展与其聘用单位业务范围相符的房地产估价活动。

第二十一条 注册房地产估价师从事执业活动，由聘用单位接受委托并统一收费。

第二十二条 在房地产估价过程中给当事人造成经济损失，聘用单位依法应当承担赔偿责任的，可依法向负有过错的注册房地产估价师追偿。

第二十三条 注册房地产估价师在每一注册有效期内应当达到国务院住房城乡建设主管部门规定的继续教育要求。

注册房地产估价师继续教育分为必修课和选修课，每一注册有效期各为60学时。经继续教育达到合格标准的，颁发继续教育合格证书。

注册房地产估价师继续教育，由中国房地产估价师与房地产经纪人学会负责组织。

第二十四条 注册房地产估价师享有下列权利：

（一）使用注册房地产估价师名称；

（二）在规定范围内执行房地产估价及相关业务；

（三）签署房地产估价报告；

（四）发起设立房地产估价机构；

（五）保管和使用本人的注册证书；

（六）对本人执业活动进行解释和辩护；

（七）参加继续教育；

（八）获得相应的劳动报酬；

（九）对侵犯本人权利的行为进行申诉。

第二十五条 注册房地产估价师应当履行下列义务：

（一）遵守法律、法规、行业管理规定和职业道德规范；

（二）执行房地产估价技术规范和标准；

（三）保证估价结果的客观公正，并承担相应责任；

（四）保守在执业中知悉的国家秘密和他人的商业、技术秘密；

（五）与当事人有利害关系的，应当主动回避；

（六）接受继续教育，努力提高执业水准；

（七）协助注册管理机构完成相关工作。

第二十六条 注册房地产估价师不得有下列行为：

（一）不履行注册房地产估价师义务；

（二）在执业过程中，索贿、受贿或者谋取合同约定费用外的其他利益；

（三）在执业过程中实施商业贿赂；

（四）签署有虚假记载、误导性陈述或者重大遗漏的估价报告；

（五）在估价报告中隐瞒或者歪曲事实；

（六）允许他人以自己的名义从事房地产估价业务；

（七）同时在 2 个或者 2 个以上房地产估价机构执业；

（八）以个人名义承揽房地产估价业务；

（九）涂改、出租、出借或者以其他形式非法转让注册证书；

（十）超出聘用单位业务范围从事房地产估价活动；

（十一）严重损害他人利益、名誉的行为；

（十二）法律、法规禁止的其他行为。

第四章 监督管理

第二十七条 县级以上人民政府建设（房地产）主管部门，应当依照有关法律、法规和本办法的规定，对房地产估价师的执业和继续教育情况实施监督检查。

第二十八条 国务院住房城乡建设主管部门应当将注册房地产估价师注册信息告知省、自治区、直辖市建设（房地产）主管部门。

省、自治区人民政府建设（房地产）主管部门应当将注册房地产估价师注册信息告知本行政区域内市、县人民政府建设（房地产）主管部门。直辖市人民政府建设（房地产）主管部门应当将注册房地产估价师注册信息告知本行政区域内市、县、市辖区人民政府建设（房地产）主管部门。

第二十九条 县级以上人民政府建设（房地产）主管部门履行监督检查职责时，有权采取下列措施：

（一）要求被检查人员出示注册证书；

（二）要求被检查人员所在聘用单位提供有关人员签署的估价报告及相关业务文档；

（三）就有关问题询问签署估价报告的人员；

（四）纠正违反有关法律、法规和本办法及房地产估价规范和标准的行为。

第三十条 注册房地产估价师违法从事房地产估价活动的，违法行为发生地直辖市、市、县、市辖区人民政府建设（房地产）主管部门应当依法查处，并将违法事实、处理结果告知注册房地产估价师注册所在地的省、自治区、直辖市建设（房地产）主管部门；依法需撤销注册的，应当将违法事实、处理建议及有关材料报国务院住房城乡建设主管部门。

第三十一条 有下列情形之一的，国务院住房城乡建设主管部门依据职权或者根据利害关系人的请求，可以撤销房地产估价师注册：

（一）注册机关工作人员滥用职权、玩忽职守作出准予房地产估价师注册行政许可的；

（二）超越法定职权作出准予房地产估价师注册许可的；

（三）违反法定程序作出准予房地产估价师注册许可的；

（四）对不符合法定条件的申请人作出准予房地产估价师注册许可的；

（五）依法可以撤销房地产估价师注册的其他情形。

申请人以欺骗、贿赂等不正当手段获准房地产估价师注册许可的，应当予以撤销。

第三十二条 注册房地产估价师及其聘用单位应当按照要求，向注册机关提供真实、准确、完整的注册房地产估价师信用档案信息。

注册房地产估价师信用档案应当包括注册房地产估价师的基本情况、业绩、良好行为、不良行为等内容。违法违规行为、被投诉举报处理、行政处罚等情况应当作为注册房地产估价师的不良行为记入其信用档案。

注册房地产估价师信用档案信息按照有关规定向社会公示。

第五章 法律责任

第三十三条 隐瞒有关情况或者提供虚假材料申请房地产估价师注册的,建设(房地产)主管部门不予受理或者不予行政许可,并给予警告,在1年内不得再次申请房地产估价师注册。

第三十四条 聘用单位为申请人提供虚假注册材料的,由省、自治区、直辖市人民政府建设(房地产)主管部门给予警告,并可处以1万元以上3万元以下的罚款。

第三十五条 以欺骗、贿赂等不正当手段取得注册证书的,由国务院住房城乡建设主管部门撤销其注册,3年内不得再次申请注册,并由县级以上地方人民政府建设(房地产)主管部门处以罚款,其中没有违法所得的,处以1万元以下罚款,有违法所得的,处以违法所得3倍以下且不超过3万元的罚款;构成犯罪的,依法追究刑事责任。

第三十六条 违反本办法规定,未经注册,擅自以注册房地产估价师名义从事房地产估价活动的,所签署的估价报告无效,由县级以上地方人民政府建设(房地产)主管部门给予警告,责令停止违法活动,并可处以1万元以上3万元以下的罚款;造成损失的,依法承担赔偿责任。

第三十七条 违反本办法规定,未办理变更注册仍执业的,由县级以上地方人民政府建设(房地产)主管部门责令限期改正;逾期不改正的,可处以5000元以下的罚款。

第三十八条 注册房地产估价师有本办法第二十六条行为之一的,由县级以上地方人民政府建设(房地产)主管部门给予警告,责令其改正,没有违法所得的,处以1万元以下罚款,有违法所得的,处以违法所得3倍以下且不超过3万元的罚款;造成损失的,依法承担赔偿责任;构成犯罪的,依法追究刑事责任。

第三十九条 违反本办法规定,注册房地产估价师或者其聘用单位未按照要求提供房地产估价师信用档案信息的,由县级以上地方人民政府建设(房地产)主管部门责令限期改正;逾期未改正的,可处以1000元以上1万元以下的罚款。

第四十条 县级以上地方人民政府建设(房地产)主管部门依法给予注册房地产估价师或其聘用单位行政处罚的,应当将行政处罚决定以及给予行政处罚的事实、理由和依据,报国务院住房城乡建设主管部门备案。

第四十一条 县级以上人民政府建设(房地产)主管部门,在房地产估价师注册管理工作中,有下列情形之一的,由其上级行政机关或者监察机关责令改正,对直接负责的主管人员和其他直接责任人员依法给予处分;构成犯罪的,依法追究刑事责任:

(一)对不符合本办法规定条件的申请人准予房地产估价师注册的;

(二)对符合本办法规定条件的申请人不予房地产估价师注册或者不在法定期限内作出准予注册决定的;

(三)对符合法定条件的申请不予受理或者未在法定期限内初审完毕的;

(四)利用职务上的便利,收受他人财物或者其他好处的;

(五)不依法履行监督管理职责或者监督不力,造成严重后果的。

第六章 附则

第四十二条 大专院校、科研院所从事房地产教学、研究的人员取得执业资格的,经所在单位同意,可以参照本办法注册,但不得担任房地产估价机构法定代表人或者执行合伙人。

第四十三条 本办法自2007年3月1日起施行。1998年8月20日发布的《房地产估价师注册管理办法》(建设部令第64号)、2001年8月15日发布的《建设部关于修改〈房地产估价师注册管理办法〉的决定》(建设部令第100号)同时废止。

建设部关于加强房地产估价机构监管有关问题的通知

1. 2006年12月7日
2. 建住房〔2006〕294号

各省、自治区建设厅,直辖市房地局(建委),新疆生产建设兵团建设局:

《房地产估价机构管理办法》(建设部令第142号,以下简称《办法》)实施后,对规范房地产估价机构行为、维护房地产估价市场秩序、保障房地产估价活动当事人合法权益,发挥了重要作用。为进一步规范房地产估价机构资质许可行为,加强对房地产估价机构的日常监管,现就有关问题通知如下:

一、健全房地产估价机构和注册房地产估价师信用档案。要按照《办法》和《建设部关于建立房地产企业及执(从)业人员信用档案系统的通知》(建住房函〔2002〕192号)的要求,建立并公示房地产估价机构和注册房地产估价师信用档案,及时更新信用档案信息。房地产估价机构资质许可机关、初审机关(简称许可机关、初审机关,下同)应当根据信用档案公示的内容对房地产估价机构的资质申报材料进行审核。

二、加快电子政务建设,启用房地产估价机构资质核准和房地产估价师注册管理信息系统,规范行政许可行为。要通过房地产估价机构资质核准和房地产估价师注册管理信息系统,办理房地产估价机构资质核准和房地产估价师注册申请、初审和审批工作。

三、保证房地产估价机构资质初审和审批工作的公开透明。初审机关在提出初审意见前,应当将申请机构名称、法定代表人、专职注册房地产估价师等信息在初审机关信息网及许可机关信息网上公示10天,认真听取社会、业内意见。对反映的问题,经认真调查核实后,方可出具初审意见。许可机关受理申请后,应当将申请机构名单及时在许可机关网上公布,依法组织专家评审,接受社会监督。

四、建立资质升降衔接机制。申请延续原资质未获核准的房地产估价机构,应当自不予延续许可决定做出之日起至资质有效期届满前,申请核准相应资质等级;逾期不申请核准相应资质等级的,再次申请时,按新设立的机构对待。未申请资质延续或被撤回资质的房地产估价机构,不再具有房地产估价机构资质,不得从事房地产估价活动;重新申请核准资质的,按新设立的机构对待。

五、简化变更注册手续。房地产估价机构名称获准工商登记变更后,向许可机关申请变更机构名称时,应当一并申请办理本机构注册房地产估价师执业单位名称变更手续。许可机关应当一并办理。

六、加强估价报告及相关资料管理。房地产估价机构破产、解散时,其房地产估价报告及相关资料应当移交当地建设(房地产)行政主管部门或其指定的机构。

七、加强房地产估价业务日常监管。建设(房地产)行政主管部门、房地产估价行业组织要建立房地产估价报告定期抽查制度,制定房地产估价报告评审考核标准,实地检查房地产估价管理制度执行情况、房地产估价档案管理情况,并将检查结果记入信用档案向社会公示。

八、加强房地产估价机构资质日常检查和管理。在日常监管工作中,发现房地产估价机构不符合《办法》规定的相同资质等级条件的,应当按照《办法》的规定,责令其限期改正;逾期不改的,撤回其资质。对违反《办法》规定有禁止行为的机构,依《办法》严肃处理。

九、加强异地执业管理。房地产估价机构在其工商注册所在地行政区域外从事房地产估价业务的,完成估价业务后,房地产估价机构应向业务发生地县级以上地方人民政府建设(房地产)行政主管部门留存房地产估价报告备查。

十、加强房地产抵押估价管理。各地在办理房地产抵押登记时，应当按照《城市房地产抵押管理办法》（建设部令第98号）的规定，要求申请人提供抵押当事人议定房地产抵押价值的书面协议，或者具有房地产估价机构资质的机构出具的证明抵押房地产价值的估价报告。

十一、规范分支机构的设立。二级、三级房地产估价机构不得设立分支机构。各房地产估价机构不得设立类似分支机构性质的"办事处"、"联络点（站）"等机构。在《办法》实施前，二级、三级房地产估价机构已设立分支机构的，应当在2007年3月底以前完成整改工作。

十二、坚决查处房地产估价领域的商业贿赂。房地产行政主管部门和房地产估价行业组织要主动与相关部门和行业组织建立情况通报、信息共享的工作机制，依法严肃查处通过贿赂、回扣等不正当手段获取房地产估价业务的行为，营造公平、公正的执业环境。

十三、充分发挥房地产估价行业组织的作用。房地产估价行业组织应当加强行业自律管理，尚未建立房地产估价行业组织的地方，要尽快组建。中国房地产估价师与房地产经纪人学会要与地方房地产估价行业组织密切配合，组织对会员开展互检互查工作，并将检查结果向房地产行政主管部门通报，向社会公示。

近期，各级建设（房地产）行政主管部门要按照本通知精神，结合整顿规范房地产交易秩序工作部署，对房地产估价机构开展一次实地检查，切实规范房地产估价市场秩序。各省级建设（房地产）行政主管部门要在2007年3月底以前将检查情况报我部住宅与房地产业司。

典型案例

李彦东诉上海汉宇房地产顾问有限公司居间合同纠纷案

【裁判摘要】

在房屋买卖居间活动中，中介公司（居间人）对于受托事项及居间服务应承担符合专业主体要求的注意义务，注重审查核实与交易相关的主体身份、房产权属、委托代理、信用资信等证明材料的真实性。中介公司因未尽必要的注意义务而未能发现一方提供的相关材料存在重大瑕疵、缺陷，由此使另一方受欺诈遭受损失的，应根据其过错程度在相应的范围内承担赔偿责任。

原告：李彦东，男，29岁，汉族，住广东省深圳市宝安区。

被告：上海汉宇房地产顾问有限公司，住所地：上海市嘉定区安亭镇，实际经营地：上海市徐汇区肇嘉浜路。

法定代表人：施少鸣，该公司董事长。

原告李彦东因与被告上海汉宇房地产顾问有限公司（以下简称汉宇地产）居间合同纠纷案，向上海市嘉定区人民法院提起诉讼。

原告李彦东诉称：2012年3月7日，己方通过被告汉宇地产的居间介绍，与案外人周敏、蔡芳、陈炳玉达成位于上海市浦东新区上南路6869弄4号301室房屋（以下简称系争房屋）的买卖协议，己方于当日通过其配偶刘明明的账户向周敏支付了定金20万元并约定余款交付方式和过户时间等。2012年3月8日，己方发现系争房屋早已于2012年3月2日交易成功。周敏所持的公证书系伪造，己方遂于2012年3月14日向上海市公安局浦东分局周浦派出所报案，后经公安机关立案侦查，周敏被刑事拘留。李彦东认为，汉宇地产作为专业的中介机构，在提供专业的房屋居间服务时，应尽到基本的审核和调查义务，但汉宇地产未调查系争房屋是否已被交易，委托人与被委托人的确切信息,房屋产权的明晰状态等情况,造成己方巨大损失,汉宇地产应承担重大过失责任。请求判令汉宇地产赔偿损失20万元。

被告汉宇地产辩称:原告李彦东并未通过己方向案外人周敏支付定金20万元,而是李彦东直接支付给周敏的,该损失与己方无关,李彦东应向周敏主张该损失。己方在从事居间活动时,系争房屋仍在周敏等人的名下,是可以进行交易的,且李彦东在签订协议时也看过房产证,故己方已经尽到了相关的审核和调查等义务。请求驳回李彦东的诉讼请求。

上海市嘉定区人民法院一审查明:

2012年3月7日,原告李彦东、被告汉宇地产及案外人周敏签订一份《房地产买卖居间协议》,约定经汉宇地产居间介绍,李彦东向周敏购买位于上海市浦东新区康桥镇上南路6869弄4号301室房屋,房屋总价118万元。同日,三方签订一份《房地产买卖协议》,约定定金总额为20万元,由周敏委托汉宇地产代为收取并保管。在周敏签约当日将房屋产权证书等文件证明交由汉宇地产保管后,周敏可以取回由汉宇地产代为保管的定金。上述协议另对其他事项作了约定。同日,李彦东通过其配偶刘明明的账户向周敏支付了定金20万元。周敏于当日向李彦东出具一份定金收据,确认收到李彦东支付的定金20万元。2012年3月14日,李彦东向公安机关报案,称2012年3月7日,其通过汉宇地产与周敏签订了房屋买卖协议,并通过银行转账的方式向周敏支付了定金20万元,准备购买位于上海市浦东新区上南路6869弄4号301室房屋。后发现周敏提供的公证书系伪造,怀疑对方有欺诈行为。3月17日,上海市公安局浦东分局对周敏涉嫌合同诈骗一案立案侦查。2012年10月17日,周敏因犯信用卡诈骗罪、合同诈骗罪被上海市浦东新区人民法院判处有期徒刑八年,罚金人民币六万元并被责令退赔犯罪所得,返还被害银行及被害人(即李彦东)。判决后,周敏提出上诉。2012年12月14日,上海市第一中级人民法院裁定驳回上诉,维持原判。

系争房屋原系案外人周敏、周国左、蔡芳、陈炳玉按份共有,其中周敏占六分之一份额。系争房屋交易过程中,周敏曾向李彦东、汉宇地产出具一份公证书,载明周国左、蔡芳、陈炳玉委托周敏代为办理系争房屋交易的相关事宜。该公证书后被上海市国信公证处确认为系伪造。上海市浦东新区房地产登记处于2012年3月30日受理了系争房屋的过户事宜,2012年4月16日,该房屋过户至案外人夏桂华、沈小芳、夏宇豪名下。期间的2012年4月9日,系争房屋的抵押被注销。

上海市嘉定区人民法院一审认为:

被告汉宇地产作为专业的房屋中介机构,在进行居间服务时应尽到必要的、审慎的审查、核实义务,如核实房源信息、核实卖房人的身份信息、判断交易过程中的合理性等。买房人对于房屋交易也负有注意义务。本案中,汉宇地产虽进行了一定的调查、核实等行为,但未就系争房屋是否存在一房二卖、公证书是否系伪造等事宜进行调查核实,导致原告李彦东定金损失。而李彦东也未依约将定金交予汉宇地产保管,而是将定金直接支付于周敏,也未对公证书的真实性尽到注意义务,导致定金无法追回。双方在此过程中均有过错,应各自承担相应的责任。现周敏已被判处刑罚,并被责令退赔犯罪所得,结合李彦东、汉宇地产双方的过错程度,确定汉宇地产在3万元的数额范围内承担补充赔偿责任。

据此,上海市嘉定区人民法院依照《中华人民共和国合同法》第六十条、第四百二十五条之规定,于2013年1月23日判决:

被告上海汉宇房地产顾问有限公司应对案外人周敏刑事退赔不足部分在人民币3万元范围内赔偿原告李彦东损失。此款应于刑事退赔执行中止或终结之日起十日内支付。

李彦东不服一审判决,向上海市第二中级人民法院提起上诉。

李彦东上诉称:己方是应中介公司工作人员周宏林要求将定金直接支付给周敏,由中介开收据,三方一起到银行转账。己方并非擅自无因地直接向周敏交付定金,是在中介公司要求并对于房屋交易给予安全的肯定回复下才支付定金的。己方对卖方提供的相关资料有进行确认,并在中介公司给出安全肯定回复下,签订买卖协议。而汉宇地产为了签订买卖协议,故意捏造虚假事实,作引人误解的虚假宣传,骗取己方信任赚取中介费,存在严重过失。汉宇地产作为专业中介公司没有尽到基本义务,给己方造成巨大损失,应当承担全部责任。据此,请求撤销原判,改判支持己方原审诉讼请求。

汉宇地产亦不服一审判决,提起上诉称:李彦东直接向周敏支付定金,周敏出具收条,均未提出要将定金交由己方保管。李彦东在交易中极不慎重的态度导致现在后果,其本身存在重大过失。己方作为居间方无法核实公证书的真伪,且周敏提供的是公证书原件,在形式上具备公证书的基本要求。至于一房两卖问题,己方无法核实,且通过产权信息查询应无法正常得知房屋是否已出售。本次交易系周敏主观恶意欺诈及隐瞒,己方已尽到居间义务。据此,请求撤销原判,改判驳回李彦东的原审诉讼请求。

上海市第二中级人民法院经二审,确认了一审查明的事实。

另查明,伪造的公证书中,载明的蔡芳出生日期与其身份证号码记载不一致。双方在一审中对前述事实均未提及。

二审中,上诉人李彦东陈述,周敏是拿着户口本原件、周敏本人与蔡芳的身份证原件,和我、汉宇地产到派出所核对,户口本及身份证都是真实的。周敏在提供户口本、身份证原件的同时提供了委托书,口头核对后对公证书存在的问题口头提出异议。在付款之前,汉宇地产周宏林说已经确认过了。我让中介去确认,中介说需要到公证处现场才能确认。我就转而打电话确认,公证处表示电话不接待,必须到现场进行确认。由于当时公证处和周宏林之前的说法一致,周宏林保证说他已经确认过了,我就没有再去现场确认了。上诉人李彦东表示,请求二审法院改判汉宇地产在10万元范围内承担补充赔偿责任。

二审中,2013年3月27日,汉宇地产申请撤回上诉。2013年4月17日,法院要求汉宇地产通知其工作人员周宏林到庭作证。证人周宏林陈述,其不具备经纪人资格,没有发现公证书中存在的问题。没有到公证处现场核实公证书真伪,本人感觉是真的。公证处不接受电话查询,拿身份证和公证书原件就可以到公证处进行现场核查。签居间合同时,周敏和蔡芳都在场,没有问过周敏一房两卖的情况。在实际操作中,定金都是直接转给上家,居间合同中有关定金条款的约定基本是不用的。李彦东支付定金当天,为提取现金,由周敏转给我和李彦东各2万元,帮助周敏提现。

上海市第二中级人民法院二审认为:

上诉人汉宇地产申请撤回上诉,与法不悖,予以准许。根据查明的事实,上诉人李彦东系周敏实施合同诈骗的被害人,周敏骗得李彦东支付的购房定金20万元,周敏犯罪所得应予追缴并发还被害人。一审法院判令汉宇地产承担补充赔偿责任,符合案件事实,二审予以认同。

本案二审的主要争议在于汉宇地产承担补充赔偿责任的范围,对此应综合本案案情予以判定。根据二审查明的事实,伪造的公证书中载明的蔡芳出生日期与其身份证号码记载不一致,该事项无需专业知识即可判断。在公证机构无法提供电话核实真伪的情况下,汉宇地产理应赴公证机构进行现场核实,但汉宇地产未采取前述措施。而根据上诉人李彦东在二审时的陈述,其在付款前已注意到公证书存在的问题并提出异议,李彦东完全有机会主动核实公证书真伪后再行付款。由于李彦东、汉宇地产均未尽到前述审慎义务,致使李彦东本人成为周敏合同诈骗的被害人。汉宇地产作为专门从事居间活动的单位,开展经营业务理应尽职尽力维护好委托人的利益。根据查明的事实,汉宇地产经办本案居间业务的工作人员不具备经纪人资格，未认真核查系争房屋已被出卖情况，未严格按照合同约定履行定金保管义务，使案外人周敏得以实施诈骗，继而造成李彦东损失。综合前述情况，李彦东提出汉宇地产在10万元范围内承担补充赔偿责任，尚属合理，可予支持，对一审判决作相应调整。

综上，上海市第二中级人民法院依照《中华人民共和国民事诉讼法》第一百七十条第一款、第一百七十五条之规定，于2013年5月9日判决：

变更上海市嘉定区人民法院(2012)嘉民三(民)初字第809号民事判决中的金额为上海汉宇房地产顾问有限公司于本判决生效之日起十日内在人民币10万元范围内就案外人周敏刑事退赔不足部分对李彦东承担补充赔偿责任。

本判决系终审判决。

(来源：《最高人民法院公报》2015年第2期)

5. 房地产纠纷

最高人民法院关于非所有权人将他人房屋投资入股应如何处理问题的批复

1. 1987年2月23日

2. 〔1986〕民他字第29号

四川省高级人民法院：

你院〔86〕川法民示字第6号《关于非所有权人将他人房屋投资入股案件如何处理的请示》收悉。

据你院调查了解，曹桂芳在铜梁县平滩街上有铺面房计67.65平方米。1964年其侄女曹碧玉擅自将该铺面房折价120元投资入股，并领取股息，直至"文化大革命"中断。该房现由铜梁县供销社平滩区综合商店使用。1979年曹桂芳得知此情况后，向当地政府申请落实房屋产权。1983年5月，平滩区区公所决定将铺面房退还给曹桂芳，因县供销社对该决定坚持异议，房未退成。曹桂芳遂向铜梁县人民法院起诉，请求保护自有房屋的所有权。

经研究，我们同意你院审判委员会对本案的处理意见，即曹碧玉擅自将曹桂芳的房屋入股是一种侵权行为，非产权人的入股属无效的民事行为，人民法院应依法保护曹桂芳的房屋所有权。

最高人民法院关于私房改造中典当双方都是被改造户的回赎案件应如何处理问题的批复

1. 1990年7月25日

2. 法民〔1990〕6号

山东省高级人民法院：

你院〔1990〕鲁法民字第4号《关于处理房屋典当回赎问题的请示报告》收悉。

经研究，答复如下：

在私房社会主义改造中，房屋典当关系的双方都属于私房被改造户，承典人的私房被全部改造，而将承典的房屋作为自住房留下的，不论房管部门何时明确作为自住房，均应视为承典房和私房合并纳入改造后所留下的自住房。参照国家房产管理局〔65〕国房局字第105号《关于私房改造中处理典当房屋问题的意见》，此类房屋出典人要求回赎的，不予准许。

最高人民法院关于非产权人擅自出卖他人房屋其买卖协议应属无效的复函

1. 1991年3月22日

2. 〔90〕民他字第36号

福建省高级人民法院：

你院〔1989〕闽法民上字第30号关于蔡敏

卿与蔡奕新、柯碧莲等人房屋买卖纠纷上诉案的请示收悉。经研究,并征求了有关部门意见,原则上同意你院审判委员会的倾向性意见,即:蔡奕新擅自与柯碧莲签订的房屋买卖协议原则上应认定无效。柯碧莲、陈庆雄、陈庆法在讼争宅基地上所建房屋,亦不予保护为宜,但处理时要考虑柯碧莲、陈庆雄、陈庆法等人住房困难等实际情况,采取适当方式妥善解决,以防止矛盾激化。

以上意见,供参考。

最高人民法院关于审理离婚案件中公房使用、承租若干问题的解答

1. 1996年2月5日
2. 法发〔1996〕4号

人民法院审理离婚案件对公房使用、承租问题应当依照《中华人民共和国民法通则》、《中华人民共和国婚姻法》、《中华人民共和国妇女权益保障法》和其他有关法律规定,坚持男女平等和保护妇女、儿童合法权益等原则,考虑双方的经济收入,实事求是,合情合理地予以解决。现将审判实践中提出的一些问题,根据有关法律的规定,解答如下:

一、问:在离婚案件中,当事人对公房的使用、承租问题发生争议,人民法院可否予以处理?

答:在离婚案件中,当事人对公房的使用、承租问题发生争议,自行协商不成,或者经当事人双方单位或有关部门调解不成的,人民法院应根据案件的具体情况,依法予以妥善处理。

二、问:夫妻共同居住的公房,在什么情况下,离婚后双方均可承租?

答:夫妻共同居住的公房,具有下列情形之一的,离婚后,双方均可承租:

(一)婚前由一方承租的公房,婚姻关系存续5年以上的;

(二)婚前一方承租的本单位的房屋,离婚时,双方均为本单位职工的;

(三)一方婚前借款投资建房取得的公房承租权,婚后夫妻共同偿还借款的;

(四)婚后一方或双方申请取得公房承租权的;

(五)婚前一方承租的公房,婚后因该承租房屋拆迁而取得房屋承租权的;

(六)夫妻双方单位投资联建或联合购置的共有房屋的;

(七)一方将其承租的本单位的房屋,交回本单位或交给另一方单位后,另一方单位另给调换房屋的;

(八)婚前双方均租有公房,婚后合并调换房屋的;

(九)其他应当认定为夫妻双方均可承租的情形。

三、问:对夫妻双方均可承租的公房,应依照什么原则处理?

答:对夫妻双方均可承租的公房,应依照下列原则予以处理:

(一)照顾抚养子女的一方;

(二)男女双方在同等条件下,照顾女方;

(三)照顾残疾或生活困难的一方;

(四)照顾无过错一方。

四、问:对夫妻双方均可承租的公房而由一方承租的,承租方对另一方是否给予经济补偿?

答:对夫妻双方均可承租的公房而由一方承租的,承租方对另一方可给予适当的经济补偿。

五、问:夫妻双方均可承租的公房能够隔开分室居住使用的,可否由双方分别租住?

答:夫妻双方均可承租的公房,如其面积较大能够隔开分室居住使用的,可由双方分别租住;对可以另调房屋分别租住或承租方给另一方解决住房的,可予准许。

六、问:离婚时,一方对另一方婚前承租的公房无权承租的,可否暂时居住?

答:离婚时,一方对另一方婚前承租的公房无权承租而解决住房确有困难的,人民法院可调解或判决其暂时居住,暂住期限一般不超过两年。暂住期间,暂住方应交纳与房屋租金等额的使用费及其他必要的费用。

七、问:离婚时,一方对另一方婚前承租的公房无权承租而另行租房经济上确有困难的,如何处理?

答:离婚时,一方对另一方婚前承租的公房无权承租,另行租房经济上确有困难的,如承租公房一方有负担能力,应给予一次性经济帮助。

八、问:在调整和变更单位自管房屋租赁关系时,是否需征得自管房单位的同意?

答:人民法院在调整和变更单位自管房屋(包括单位委托房地产管理部门代管的房屋)的租赁关系时,应征求自管房单位的意见。经调解或判决变更房屋租赁关系的,承租人应依照有关规定办理房屋变更登记手续。

九、问:对夫妻双方共同出资而取得"部分产权"的房屋,应如何处理?

答:对夫妻共同出资而取得"部分产权"的房屋,人民法院可参照上述有关解答,予以妥善处理。但分得房屋"部分产权"的一方,一般应按所得房屋产权的比例,依照离婚时当地政府有关部门公布的同类住房标准价,给予对方一半价值的补偿。

十、问:对夫妻双方均争房屋"部分产权"的,可否采取竞价方式解决?

答:对夫妻双方均争房屋"部分产权"的,如双方同意或者双方经济、住房条件基本相同,可采取竞价方式解决。

最高人民法院关于审理商品房买卖合同纠纷案件适用法律若干问题的解释

1. 2003年3月24日最高人民法院审判委员会第1267次会议通过

2. 2003年4月28日公布

3. 法释〔2003〕7号

4. 自2003年6月1日起施行

为正确、及时审理商品房买卖合同纠纷案件,根据《中华人民共和国民法通则》、《中华人民共和国合同法》、《中华人民共和国城市房地产管理法》、《中华人民共和国担保法》等相关法律,结合民事审判实践,制定本解释。

第一条 本解释所称的商品房买卖合同,是指房地产开发企业(以下统称为出卖人)将尚未建成或者已竣工的房屋向社会销售并转移房屋所有权于买受人,买受人支付价款的合同。

第二条 出卖人未取得商品房预售许可证明,与买受人订立的商品房预售合同,应当认定无效,但是在起诉前取得商品房预售许可证明的,可以认定有效。

第三条 商品房的销售广告和宣传资料为要约邀请,但是出卖人就商品房开发规划范围内的房屋及相关设施所作的说明和允诺具体确定,并对商品房买卖合同的订立以及房屋价格的确定有重大影响的,应当视为要约。该说明和允诺即使未载入商品房买卖合同,亦应当视为合同内容,当事人违反的,应当承担违约责任。

第四条 出卖人通过认购、订购、预订等方式向买受人收受定金作为订立商品房买卖合同担保的,如果因当事人一方原因未能订立商品房买卖合同,应当按照法律关于定金的规定处理;因不可归责于当事人双方的事由,导致商品房买卖合同未能订立的,出卖人应当将定金返还买受人。

第五条 商品房的认购、订购、预订等协议具备《商品房销售管理办法》第十六条规定的商品房买卖合同的主要内容，并且出卖人已经按照约定收受购房款的，该协议应当认定为商品房买卖合同。

第六条 当事人以商品房预售合同未按照法律、行政法规规定办理登记备案手续为由，请求确认合同无效的，不予支持。

当事人约定以办理登记备案手续为商品房预售合同生效条件的，从其约定，但当事人一方已经履行主要义务，对方接受的除外。

第七条 拆迁人与被拆迁人按照所有权调换形式订立拆迁补偿安置协议，明确约定拆迁人以位置、用途特定的房屋对被拆迁人予以补偿安置，如果拆迁人将该补偿安置房屋另行出卖给第三人，被拆迁人请求优先取得补偿安置房屋的，应予支持。

被拆迁人请求解除拆迁补偿安置协议的，按照本解释第八条的规定处理。

第八条 具有下列情形之一，导致商品房买卖合同目的不能实现的，无法取得房屋的买受人可以请求解除合同、返还已付购房款及利息、赔偿损失，并可以请求出卖人承担不超过已付购房款一倍的赔偿责任：

（一）商品房买卖合同订立后，出卖人未告知买受人又将该房屋抵押给第三人；

（二）商品房买卖合同订立后，出卖人又将该房屋出卖给第三人。

第九条 出卖人订立商品房买卖合同时，具有下列情形之一，导致合同无效或者被撤销、解除的，买受人可以请求返还已付购房款及利息、赔偿损失，并可以请求出卖人承担不超过已付购房款一倍的赔偿责任：

（一）故意隐瞒没有取得商品房预售许可证明的事实或者提供虚假商品房预售许可证明；

（二）故意隐瞒所售房屋已经抵押的事实；

（三）故意隐瞒所售房屋已经出卖给第三人或者为拆迁补偿安置房屋的事实。

第十条 买受人以出卖人与第三人恶意串通，另行订立商品房买卖合同并将房屋交付使用，导致其无法取得房屋为由，请求确认出卖人与第三人订立的商品房买卖合同无效的，应予支持。

第十一条 对房屋的转移占有，视为房屋的交付使用，但当事人另有约定的除外。

房屋毁损、灭失的风险，在交付使用前由出卖人承担，交付使用后由买受人承担；买受人接到出卖人的书面交房通知，无正当理由拒绝接收的，房屋毁损、灭失的风险自书面交房通知确定的交付使用之日起由买受人承担，但法律另有规定或者当事人另有约定的除外。

第十二条 因房屋主体结构质量不合格不能交付使用，或者房屋交付使用后，房屋主体结构质量经核验确属不合格，买受人请求解除合同和赔偿损失的，应予支持。

第十三条 因房屋质量问题严重影响正常居住使用，买受人请求解除合同和赔偿损失的，应予支持。

交付使用的房屋存在质量问题，在保修期内，出卖人应当承担修复责任；出卖人拒绝修复或者在合理期限内拖延修复的，买受人可以自行或者委托他人修复。修复费用及修复期间造成的其他损失由出卖人承担。

第十四条 出卖人交付使用的房屋套内建筑面积或者建筑面积与商品房买卖合同约定面积不符，合同有约定的，按照约定处理；合同没有约定或者约定不明确的，按照以下原则处理：

（一）面积误差比绝对值在3%以内（含3%），按照合同约定的价格据实结算，买受人请求解除合同的，不予支持；

（二）面积误差比绝对值超出3%，买受人请求解除合同、返还已付购房款及利息的，应予支持。买受人同意继续履行合同，房屋实际面积大于合同约定面积的，面积误差比在3%以内(含3%)部分的房价款由买受人按照约定的价格补足,面积误差比超出3%部分的房价款由出卖人承担,所有权归买受人;房屋实际面积小于合同约定面积的,面积误差比在3%以内(含3%)部分的房价款及利息由出卖人返还买受人,面积误差比超过3%部分的房价款由出卖人双倍返还买受人。

第十五条 根据《合同法》第九十四条的规定,出卖人迟延交付房屋或者买受人迟延支付购房款,经催告后在三个月的合理期限内仍未履行,当事人一方请求解除合同的,应予支持,但当事人另有约定的除外。

法律没有规定或者当事人没有约定,经对方当事人催告后,解除权行使的合理期限为三个月。对方当事人没有催告的,解除权应当在解除权发生之日起一年内行使;逾期不行使的,解除权消灭。

第十六条 当事人以约定的违约金过高为由请求减少的,应当以违约金超过造成的损失30%为标准适当减少;当事人以约定的违约金低于造成的损失为由请求增加的,应当以违约造成的损失确定违约金数额。

第十七条 商品房买卖合同没有约定违约金数额或者损失赔偿额计算方法,违约金数额或者损失赔偿额可以参照以下标准确定:

逾期付款的,按照未付购房款总额,参照中国人民银行规定的金融机构计收逾期贷款利息的标准计算。

逾期交付使用房屋的,按照逾期交付使用房屋期间有关主管部门公布或者有资格的房地产评估机构评定的同地段同类房屋租金标准确定。

第十八条 由于出卖人的原因,买受人在下列期限届满未能取得房屋权属证书的,除当事人有特殊约定外,出卖人应当承担违约责任:

(一)商品房买卖合同约定的办理房屋所有权登记的期限;

(二)商品房买卖合同的标的物为尚未建成房屋的,自房屋交付使用之日起90日;

(三)商品房买卖合同的标的物为已竣工房屋的,自合同订立之日起90日。

合同没有约定违约金或者损失数额难以确定的,可以按照已付购房款总额,参照中国人民银行规定的金融机构计收逾期贷款利息的标准计算。

第十九条 商品房买卖合同约定或者《城市房地产开发经营管理条例》第三十三条规定的办理房屋所有权登记的期限届满后超过一年,由于出卖人的原因,导致买受人无法办理房屋所有权登记,买受人请求解除合同和赔偿损失的,应予支持。

第二十条 出卖人与包销人订立商品房包销合同,约定出卖人将其开发建设的房屋交由包销人以出卖人的名义销售的,包销期满未销售的房屋,由包销人按照合同约定的包销价格购买,但当事人另有约定的除外。

第二十一条 出卖人自行销售已经约定由包销人包销的房屋,包销人请求出卖人赔偿损失的,应予支持,但当事人另有约定的除外。

第二十二条 对于买受人因商品房买卖合同与出卖人发生的纠纷,人民法院应当通知包销人参加诉讼;出卖人、包销人和买受人对各自的权利义务有明确约定的,按照约定的内容确定各方的诉讼地位。

第二十三条 商品房买卖合同约定,买受人以担保贷款方式付款、因当事人一方原因未能订立商品房担保贷款合同并导致商品房买卖合同不能继续履行的,对方当事人可以请求解除合同和赔偿损失。因不可归责于当事人双方的事由未能订立商品房担保贷款合同并导致商品房买卖合同不能继续履行的,当事人可以请求解除合同,出卖人应当将收受的购房款本金及其利息或者定金返还买受人。

第二十四条 因商品房买卖合同被确认无效或者被撤销、解除,致使商品房担保贷款合同的目的无法实现,当事人请求解除商品房担保贷款合同的,应予支持。

第二十五条 以担保贷款为付款方式的商品房买卖合同的当事人一方请求确认商品房买卖合同无效或者撤销、解除合同的，如果担保权人作为有独立请求权第三人提出诉讼请求，应当与商品房担保贷款合同纠纷合并审理；未提出诉讼请求的，仅处理商品房买卖合同纠纷。担保权人就商品房担保贷款合同纠纷另行起诉的，可以与商品房买卖合同纠纷合并审理。

商品房买卖合同被确认无效或者被撤销、解除后，商品房担保贷款合同也被解除的，出卖人应当将收受的购房贷款和购房款的本金及利息分别返还担保权人和买受人。

第二十六条 买受人未按照商品房担保贷款合同的约定偿还贷款，亦未与担保权人办理商品房抵押登记手续，担保权人起诉买受人，请求处分商品房买卖合同项下买受人合同权利的，应当通知出卖人参加诉讼；担保权人同时起诉出卖人时，如果出卖人为商品房担保贷款合同提供保证的，应当列为共同被告。

第二十七条 买受人未按照商品房担保贷款合同的约定偿还贷款，但是已经取得房屋权属证书并与担保权人办理了商品房抵押登记手续，抵押权人请求买受人偿还贷款或者就抵押的房屋优先受偿的，不应当追加出卖人为当事人，但出卖人提供保证的除外。

第二十八条 本解释自2003年6月1日起施行。

《中华人民共和国城市房地产管理法》施行后订立的商品房买卖合同发生的纠纷案件，本解释公布施行后尚在一审、二审阶段的，适用本解释。

《中华人民共和国城市房地产管理法》施行后订立的商品房买卖合同发生的纠纷案件，在本解释公布施行前已经终审，当事人申请再审或者按照审判监督程序决定再审的，不适用本解释。

《中华人民共和国城市房地产管理法》施行前发生的商品房买卖行为，适用当时的法律、法规和《最高人民法院〈关于审理房地产管理法施行前房地产开发经营案件若干问题的解答〉》。

最高人民法院关于人民法院民事执行中查封、扣押、冻结财产的规定[①]

1. *2004年10月26日最高人民法院审判委员会第1330次会议通过*
2. *2004年11月4日公布*
3. *法释〔2004〕15号*
4. *自2005年1月1日起施行*

为了进一步规范民事执行中的查封、扣押、冻结措施，维护当事人的合法权益，根据《中华人民共和国民事诉讼法》等法律的规定，结合人民法院民事执行工作的实践经验，制定本规定。

第一条 人民法院查封、扣押、冻结被执行人的动产、不动产及其他财产权，应当作出裁定，并送达被执行人和申请执行人。

采取查封、扣押、冻结措施需要有关单位或者个人协助的，人民法院应当制作协助执行通知书，连同裁定书副本一并送达协助执行人。查封、扣押、冻结裁定书和协助执行通知书送达时发生法律效力。

第二条 人民法院可以查封、扣押、冻结被执行人占有的动产、登记在被执行人名下的不动产、特定动产及其他财产权。

未登记的建筑物和土地使用权，依据土地使用权的审批文件和其他相关证据确定权属。

对于第三人占有的动产或者登记在第三人名下的不动产、特定动产及其他财产权，第三人书面确认该财产属于被执行人

---

① 本文件根据2008年12月16日《最高人民法院关于调整司法解释等文件中引用〈中华人民共和国民事诉讼法〉条文序号的决定》修正。

的，人民法院可以查封、扣押、冻结。

第三条 作为执行依据的法律文书生效后至申请执行前，债权人可以向有执行管辖权的人民法院申请保全债务人的财产。人民法院可以参照民事诉讼法第九十二条的规定作出保全裁定，保全裁定应当立即执行。

第四条 诉讼前、诉讼中及仲裁中采取财产保全措施的，进入执行程序后，自动转为执行中的查封、扣押、冻结措施，并适用本规定第二十九条关于查封、扣押、冻结期限的规定。

第五条 人民法院对被执行人下列的财产不得查封、扣押、冻结：

（一）被执行人及其所扶养家属生活所必需的衣服、家具、炊具、餐具及其他家庭生活必需的物品；

（二）被执行人及其所扶养家属所必需的生活费用。当地有最低生活保障标准的，必需的生活费用依照该标准确定；

（三）被执行人及其所扶养家属完成义务教育所必需的物品；

（四）未公开的发明或者未发表的著作；

（五）被执行人及其所扶养家属用于身体缺陷所必需的辅助工具、医疗物品；

（六）被执行人所得的勋章及其他荣誉表彰的物品；

（七）根据《中华人民共和国缔结条约程序法》，以中华人民共和国、中华人民共和国政府或者中华人民共和国政府部门名义同外国、国际组织缔结的条约、协定和其他具有条约、协定性质的文件中规定免于查封、扣押、冻结的财产；

（八）法律或者司法解释规定的其他不得查封、扣押、冻结的财产。

第六条 对被执行人及其所扶养家属生活所必需的居住房屋，人民法院可以查封，但不得拍卖、变卖或者抵债。

第七条 对于超过被执行人及其所扶养家属生活所必需的房屋和生活用品，人民法院根据申请执行人的申请，在保障被执行人及其所扶养家属最低生活标准所必需的居住房屋和普通生活必需品后，可予以执行。

第八条 查封、扣押动产的，人民法院可以直接控制该项财产。人民法院将查封、扣押的动产交付其他人控制的，应当在该动产上加贴封条或者采取其他足以公示查封、扣押的适当方式。

第九条 查封不动产的，人民法院应当张贴封条或者公告，并可以提取保存有关财产权证照。

查封、扣押、冻结已登记的不动产、特定动产及其他财产权，应当通知有关登记机关办理登记手续。未办理登记手续的，不得对抗其他已经办理了登记手续的查封、扣押、冻结行为。

第十条 查封尚未进行权属登记的建筑物时，人民法院应当通知其管理人或者该建筑物的实际占有人，并在显著位置张贴公告。

第十一条 扣押尚未进行权属登记的机动车辆时，人民法院应当在扣押清单上记载该机动车辆的发动机编号。该车辆在扣押期间权利人要求办理权属登记手续的，人民法院应当准许并及时办理相应的扣押登记手续。

第十二条 查封、扣押的财产不宜由人民法院保管的，人民法院可以指定被执行人负责保管；不宜由被执行人保管的，可以委托第三人或者申请执行人保管。

由人民法院指定被执行人保管的财产，如果继续使用对该财产的价值无重大影响，可以允许被执行人继续使用；由人民法院保管或者委托第三人、申请执行人保管的，保管人不得使用。

第十三条 查封、扣押、冻结担保物权人占有的担保财产，一般应当指定该担保物权人作为保管人；该财产由人民法院保管的，质权、留置权不因转移占有而消灭。

第十四条 对被执行人与其他人共有的财产，人民法院可以查封、扣押、冻结，并及时通知共有人。

共有人协议分割共有财产，并经债权人认可的，人民法院可以认定有效。查封、扣押、冻结的效力及于协议分割后被执行人享有份额内的财产;对其他共有人享有份额内的财产的查封、扣押、冻结,人民法院应当裁定予以解除。

共有人提起析产诉讼或者申请执行人代位提起析产诉讼的,人民法院应当准许。诉讼期间中止对该财产的执行。

第十五条　对第三人为被执行人的利益占有的被执行人的财产,人民法院可以查封、扣押、冻结;该财产被指定给第三人继续保管的,第三人不得将其交付给被执行人。

对第三人为自己的利益依法占有的被执行人的财产,人民法院可以查封、扣押、冻结,第三人可以继续占有和使用该财产,但不得将其交付给被执行人。

第三人无偿借用被执行人的财产的,不受前款规定的限制。

第十六条　被执行人将其财产出卖给第三人,第三人已经支付部分价款并实际占有该财产,但根据合同约定被执行人保留所有权的,人民法院可以查封、扣押、冻结;第三人要求继续履行合同的,应当由第三人在合理期限内向人民法院交付全部余款后,裁定解除查封、扣押、冻结。

第十七条　被执行人将其所有的需要办理过户登记的财产出卖给第三人,第三人已经支付部分或者全部价款并实际占有该财产,但尚未办理产权过户登记手续的,人民法院可以查封、扣押、冻结;第三人已经支付全部价款并实际占有,但未办理过户登记手续的,如果第三人对此没有过错,人民法院不得查封、扣押、冻结。

第十八条　被执行人购买第三人的财产,已经支付部分价款并实际占有该财产,但第三人依合同约定保留所有权,申请执行人已向第三人支付剩余价款或者第三人书面同意剩余价款从该财产变价款中优先支付的,人民法院可以查封、扣押、冻结。

第三人依法解除合同的,人民法院应当准许,已经采取的查封、扣押、冻结措施应当解除,但人民法院可以依据申请执行人的申请,执行被执行人因支付价款而形成的对该第三人的债权。

第十九条　被执行人购买需要办理过户登记的第三人的财产,已经支付部分或者全部价款并实际占有该财产,虽未办理产权过户登记手续,但申请执行人已向第三人支付剩余价款或者第三人同意剩余价款从该财产变价款中优先支付的,人民法院可以查封、扣押、冻结。

第二十条　查封、扣押、冻结被执行人的财产时,执行人员应当制作笔录,载明下列内容:

(一)执行措施开始及完成的时间;

(二)财产的所在地、种类、数量;

(三)财产的保管人;

(四)其他应当记明的事项。

执行人员及保管人应当在笔录上签名,有民事诉讼法第二百二十一条规定的人员到场的,到场人员也应当在笔录上签名。

第二十一条　查封、扣押、冻结被执行人的财产,以其价额足以清偿法律文书确定的债权额及执行费用为限,不得明显超标的额查封、扣押、冻结。

发现超标的额查封、扣押、冻结的,人民法院应当根据被执行人的申请或者依职权,及时解除对超标的额部分财产的查封、扣押、冻结,但该财产为不可分物且被执行人无其他可供执行的财产或者其他财产不足以清偿债务的除外。

第二十二条　查封、扣押的效力及于查封、扣押物的从物和天然孳息。

第二十三条　查封地上建筑物的效力及于该地上建筑物使用范围内的土地使用权,查封土地使用权的效力及于地上建筑物,但土地使用权与地上建筑物的所有权分属被执行人与他人的除外。

地上建筑物和土地使用权的登记机关不是同一机关的,应当分别办理查封登记。

第二十四条　查封、扣押、冻结的财产灭失或者毁损的,查封、扣押、冻结的效力及于该财产的替代物、赔偿款。人民法院应当及时作出查封、扣押、冻结该替代物、赔偿款的裁定。

第二十五条 查封、扣押、冻结协助执行通知书在送达登记机关时,登记机关已经受理被执行人转让不动产、特定动产及其他财产的过户登记申请,尚未核准登记的,应当协助人民法院执行。人民法院不得对登记机关已经核准登记的被执行人已转让的财产实施查封、扣押、冻结措施。

查封、扣押、冻结协助执行通知书在送达登记机关时,其他人民法院已向该登记机关送达了过户登记协助执行通知书的,应当优先办理过户登记。

第二十六条 被执行人就已经查封、扣押、冻结的财产所作的移转、设定权利负担或者其他有碍执行的行为,不得对抗申请执行人。

第三人未经人民法院准许占有查封、扣押、冻结的财产或者实施其他有碍执行的行为的,人民法院可以依据申请执行人的申请或者依职权解除其占有或者排除其妨害。

人民法院的查封、扣押、冻结没有公示的,其效力不得对抗善意第三人。

第二十七条 人民法院查封、扣押被执行人设定最高额抵押权的抵押物的,应当通知抵押权人。抵押权人受抵押担保的债权数额自收到人民法院通知时起不再增加。

人民法院虽然没有通知抵押权人,但有证据证明抵押权人知道查封、扣押事实的,受抵押担保的债权数额从其知道该事实时起不再增加。

第二十八条 对已被人民法院查封、扣押、冻结的财产,其他人民法院可以进行轮候查封、扣押、冻结。查封、扣押、冻结解除的,登记在先的轮候查封、扣押、冻结即自动生效。

其他人民法院对已登记的财产进行轮候查封、扣押、冻结的,应当通知有关登记机关协助进行轮候登记,实施查封、扣押、冻结的人民法院应当允许其他人民法院查阅有关文书和记录。

其他人民法院对没有登记的财产进行轮候查封、扣押、冻结的,应当制作笔录,并经实施查封、扣押、冻结的人民法院执行人员及被执行人签字,或者书面通知实施查封、扣押、冻结的人民法院。

第二十九条 人民法院冻结被执行人的银行存款及其他资金的期限不得超过六个月,查封、扣押动产的期限不得超过一年,查封不动产、冻结其他财产权的期限不得超过二年。法律、司法解释另有规定的除外。

申请执行人申请延长期限的,人民法院应当在查封、扣押、冻结期限届满前办理续行查封、扣押、冻结手续,续行期限不得超过前款规定期限的二分之一。

第三十条 查封、扣押、冻结期限届满,人民法院未办理延期手续的,查封、扣押、冻结的效力消灭。

查封、扣押、冻结的财产已经被执行拍卖、变卖或者抵债的,查封、扣押、冻结的效力消灭。

第三十一条 有下列情形之一的,人民法院应当作出解除查封、扣押、冻结裁定,并送达申请执行人、被执行人或者案外人:

(一)查封、扣押、冻结案外人财产的;

(二)申请执行人撤回执行申请或者放弃债权的;

(三)查封、扣押、冻结的财产流拍或者变卖不成,申请执行人和其他执行债权人又不同意接受抵债的;

(四)债务已经清偿的;

(五)被执行人提供担保且申请执行人同意解除查封、扣押、冻结的;

(六)人民法院认为应当解除查封、扣押、冻结的其他情形。

解除以登记方式实施的查封、扣押、冻结的,应当向登记机关发出协助执行通知书。

第三十二条 财产保全裁定和先予执行裁定的执行适用本规定。

第三十三条 本规定自2005年1月1日起施

行。施行前本院公布的司法解释与本规定不一致的，以本规定为准。

最高人民法院关于人民法院民事执行中拍卖、变卖财产的规定

1. *2004年10月26日最高人民法院审判委员会第1330次会议通过*
2. *2004年11月15日公布*
3. *法释〔2004〕16号*
4. *自2005年1月1日起施行*

为了进一步规范民事执行中的拍卖、变卖措施，维护当事人的合法权益，根据《中华人民共和国民事诉讼法》等法律的规定，结合人民法院民事执行工作的实践经验，制定本规定。

第一条 在执行程序中，被执行人的财产被查封、扣押、冻结后，人民法院应当及时进行拍卖、变卖或者采取其他执行措施。

第二条 人民法院对查封、扣押、冻结的财产进行变价处理时，应当首先采取拍卖的方式，但法律、司法解释另有规定的除外。

第三条 人民法院拍卖被执行人财产，应当委托具有相应资质的拍卖机构进行，并对拍卖机构的拍卖进行监督，但法律、司法解释另有规定的除外。

第四条 对拟拍卖的财产，人民法院应当委托具有相应资质的评估机构进行价格评估。对于财产价值较低或者价格依照通常方法容易确定的，可以不进行评估。

当事人双方及其他执行债权人申请不进行评估的，人民法院应当准许。

对被执行人的股权进行评估时，人民法院可以责令有关企业提供会计报表等资料；有关企业拒不提供的，可以强制提取。

第五条 评估机构由当事人协商一致后经人民法院审查确定；协商不成的，从负责执行的人民法院或者被执行人财产所在地的人民法院确定的评估机构名册中，采取随机的方式确定；当事人双方申请通过公开招标方式确定评估机构的，人民法院应当准许。

第六条 人民法院收到评估机构作出的评估报告后，应当在五日内将评估报告发送当事人及其他利害关系人。当事人或者其他利害关系人对评估报告有异议的，可以在收到评估报告后十日内以书面形式向人民法院提出。

当事人或者其他利害关系人有证据证明评估机构、评估人员不具备相应的评估资质或者评估程序严重违法而申请重新评估的，人民法院应当准许。

第七条 拍卖机构由当事人协商一致后经人民法院审查确定；协商不成的，从负责执行的人民法院或者被执行人财产所在地的人民法院确定的拍卖机构名册中，采取随机的方式确定；当事人双方申请通过公开招标方式确定拍卖机构的，人民法院应当准许。

第八条 拍卖应当确定保留价。

拍卖保留价由人民法院参照评估价确定；未作评估的，参照市价确定，并应当征询有关当事人的意见。

人民法院确定的保留价，第一次拍卖时，不得低于评估价或者市价的百分之八十；如果出现流拍，再行拍卖时，可以酌情降低保留价，但每次降低的数额不得超过前次保留价的百分之二十。

第九条 保留价确定后，依据本次拍卖保留价计算，拍卖所得价款在清偿优先债权和强制执行费用后无剩余可能的，应当在实施拍卖前将有关情况通知申请执行人。申请执行人于收到通知后五日内申请继续拍卖的，人民法院应当准许，但应当重新确定保留价；重新确定的保留价应当大于该优先债权及强制执行费用的总额。

依照前款规定流拍的，拍卖费用由申请执行人负担。

第十条 执行人员应当对拍卖财产的权属状况、占有使用情况等进行必要的调查，制作

拍卖财产现状的调查笔录或者收集其他有关资料。

第十一条 拍卖应当先期公告。

拍卖动产的，应当在拍卖七日前公告；拍卖不动产或者其他财产权的，应当在拍卖十五日前公告。

第十二条 拍卖公告的范围及媒体由当事人双方协商确定；协商不成的，由人民法院确定。拍卖财产具有专业属性的，应当同时在专业性报纸上进行公告。

当事人申请在其他新闻媒体上公告或者要求扩大公告范围的，应当准许，但该部分的公告费用由其自行承担。

第十三条 拍卖不动产、其他财产权或者价值较高的动产的，竞买人应当于拍卖前向人民法院预交保证金。申请执行人参加竞买的，可以不预交保证金。保证金的数额由人民法院确定，但不得低于评估价或者市价的百分之五。

应当预交保证金而未交纳的，不得参加竞买。拍卖成交后，买受人预交的保证金充抵价款，其他竞买人预交的保证金应当在三日内退还；拍卖未成交的，保证金应当于三日内退还竞买人。

第十四条 人民法院应当在拍卖五日前以书面或者其他能够确认收悉的适当方式，通知当事人和已知的担保物权人、优先购买权人或者其他优先权人于拍卖日到场。

优先购买权人经通知未到场的，视为放弃优先购买权。

第十五条 法律、行政法规对买受人的资格或者条件有特殊规定的，竞买人应当具备规定的资格或者条件。

申请执行人、被执行人可以参加竞买。

第十六条 拍卖过程中，有最高应价时，优先购买权人可以表示以该最高价买受，如无更高应价，则拍归优先购买权人；如有更高应价，而优先购买权人不作表示的，则拍归该应价最高的竞买人。

顺序相同的多个优先购买权人同时表示买受的，以抽签方式决定买受人。

第十七条 拍卖多项财产时，其中部分财产卖得的价款足以清偿债务和支付被执行人应当负担的费用的，对剩余的财产应当停止拍卖，但被执行人同意全部拍卖的除外。

第十八条 拍卖的多项财产在使用上不可分，或者分别拍卖可能严重减损其价值的，应当合并拍卖。

第十九条 拍卖时无人竞买或者竞买人的最高应价低于保留价，到场的申请执行人或者其他执行债权人申请或者同意以该次拍卖所定的保留价接受拍卖财产的，应当将该财产交其抵债。

有两个以上执行债权人申请以拍卖财产抵债的，由法定受偿顺位在先的债权人优先承受；受偿顺位相同的，以抽签方式决定承受人。承受人应受清偿的债权额低于抵债财产的价额的，人民法院应当责令其在指定的期间内补交差额。

第二十条 在拍卖开始前，有下列情形之一的，人民法院应当撤回拍卖委托：

（一）据以执行的生效法律文书被撤销的；

（二）申请执行人及其他执行债权人撤回执行申请的；

（三）被执行人全部履行了法律文书确定的金钱债务的；

（四）当事人达成了执行和解协议，不需要拍卖财产的；

（五）案外人对拍卖财产提出确有理由的异议的；

（六）拍卖机构与竞买人恶意串通的；

（七）其他应当撤回拍卖委托的情形。

第二十一条 人民法院委托拍卖后，遇有依法应当暂缓执行或者中止执行的情形的，应当决定暂缓执行或者裁定中止执行，并及时通知拍卖机构和当事人。拍卖机构收到通知后，应当立即停止拍卖，并通知竞买人。

暂缓执行期限届满或者中止执行的事由消失后，需要继续拍卖的，人民法院应当在十五日内通知拍卖机构恢复拍卖。

第二十二条　被执行人在拍卖日之前向人民法院提交足额金钱清偿债务，要求停止拍卖的，人民法院应当准许，但被执行人应当负担因拍卖支出的必要费用。

第二十三条　拍卖成交或者以流拍的财产抵债的，人民法院应当作出裁定，并于价款或者需要补交的差价全额交付后十日内，送达买受人或者承受人。

第二十四条　拍卖成交后，买受人应当在拍卖公告确定的期限或者人民法院指定的期限内将价款交付到人民法院或者汇入人民法院指定的账户。

第二十五条　拍卖成交或者以流拍的财产抵债后，买受人逾期未支付价款或者承受人逾期未补交差价而使拍卖、抵债的目的难以实现的，人民法院可以裁定重新拍卖。重新拍卖时，原买受人不得参加竞买。

重新拍卖的价款低于原拍卖价款造成的差价、费用损失及原拍卖中的佣金，由原买受人承担。人民法院可以直接从其预交的保证金中扣除。扣除后保证金有剩余的，应当退还原买受人；保证金数额不足的，可以责令原买受人补交；拒不补交的，强制执行。

第二十六条　拍卖时无人竞买或者竞买人的最高应价低于保留价，到场的申请执行人或者其他执行债权人不申请以该次拍卖所定的保留价抵债的，应当在六十日内再行拍卖。

第二十七条　对于第二次拍卖仍流拍的动产，人民法院可以依照本规定第十九条的规定将其作价交申请执行人或者其他执行债权人抵债。申请执行人或者其他执行债权人拒绝接受或者依法不能交付其抵债的，人民法院应当解除查封、扣押，并将该动产退还被执行人。

第二十八条　对于第二次拍卖仍流拍的不动产或者其他财产权，人民法院可以依照本规定第十九条的规定将其作价交申请执行人或者其他执行债权人抵债。申请执行人或者其他执行债权人拒绝接受或者依法不能交付其抵债的，应当在六十日内进行第三次拍卖。

第三次拍卖流拍且申请执行人或者其他执行债权人拒绝接受或者依法不能接受该不动产或者其他财产权抵债的，人民法院应当于第三次拍卖终结之日起七日内发出变卖公告。自公告之日起六十日内没有买受人愿意以第三次拍卖的保留价买受该财产，且申请执行人、其他执行债权人仍不表示接受该财产抵债的，应当解除查封、冻结，将该财产退还被执行人，但对该财产可以采取其他执行措施的除外。

第二十九条　动产拍卖成交或者抵债后，其所有权自该动产交付时起转移给买受人或者承受人。

不动产、有登记的特定动产或者其他财产权拍卖成交或者抵债后，该不动产、特定动产的所有权、其他财产权自拍卖成交或者抵债裁定送达买受人或者承受人时起转移。

第三十条　人民法院裁定拍卖成交或者以流拍的财产抵债后，除有依法不能移交的情形外，应当于裁定送达后十五日内，将拍卖的财产移交买受人或者承受人。被执行人或者第三人占有拍卖财产应当移交而拒不移交的，强制执行。

第三十一条　拍卖财产上原有的担保物权及其他优先受偿权，因拍卖而消灭，拍卖所得价款，应当优先清偿担保物权人及其他优先受偿权人的债权，但当事人另有约定的除外。

拍卖财产上原有的租赁权及其他用益物权，不因拍卖而消灭，但该权利继续存在于拍卖财产上，对在先的担保物权或者其他优先受偿权的实现有影响的，人民法院应当依法将其除去后进行拍卖。

第三十二条　拍卖成交的，拍卖机构可以按照下列比例向买受人收取佣金：

拍卖成交价200万元以下的，收取佣金

的比例不得超过5%；超过200万元至1000万元的部分，不得超过3%；超过1000万元至5000万元的部分，不得超过2%；超过5000万元至1亿元的部分，不得超过1%；超过1亿元的部分，不得超过0.5%。

采取公开招标方式确定拍卖机构的，按照中标方案确定的数额收取佣金。

拍卖未成交或者非因拍卖机构的原因撤回拍卖委托的，拍卖机构为本次拍卖已经支出的合理费用，应当由被执行人负担。

第三十三条 在执行程序中拍卖上市公司国有股和社会法人股的，适用最高人民法院《关于冻结、拍卖上市公司国有股和社会法人股若干问题的规定》。

第三十四条 对查封、扣押、冻结的财产，当事人双方及有关权利人同意变卖的，可以变卖。

金银及其制品、当地市场有公开交易价格的动产、易腐烂变质的物品、季节性商品、保管困难或者保管费用过高的物品，人民法院可以决定变卖。

第三十五条 当事人双方及有关权利人对变卖财产的价格有约定的，按照其约定价格变卖；无约定价格但有市价的，变卖价格不得低于市价；无市价但价值较大、价格不易确定的，应当委托评估机构进行评估，并按照评估价格进行变卖。

按照评估价格变卖不成的，可以降低价格变卖，但最低的变卖价不得低于评估价的二分之一。

变卖的财产无人应买的，适用本规定第十九条的规定将该财产交申请执行人或者其他执行债权人抵债；申请执行人或者其他执行债权人拒绝接受或者依法不能交付其抵债的，人民法院应当解除查封、扣押，并将该财产退还被执行人。

第三十六条 本规定自2005年1月1日起施行。施行前本院公布的司法解释与本规定不一致的，以本规定为准。

典型案例

唐兰与程永莉房屋买卖合同纠纷案

（一）基本案情

2000年11月7日，重庆市九龙坡区土地房屋权属登记中心收到以唐兰为卖方、程永莉为买方的《房屋买卖合同》、《房地产交易合同登记申请表》等关于唐兰所有房屋的房屋买卖材料，材料上均盖有“唐兰”字样私章，部分材料签有“唐兰”字样签名，重庆市九龙坡区土地房屋权属登记中心凭上述材料将登记在唐兰名下的房屋过户给了程永莉。2003年4月17日，唐兰以其从未与程永莉签订房屋买卖合同为由向法院提起行政诉讼。重庆市第一中级人民法院二审以主体不适格为由裁定驳回唐兰的起诉，并在裁判理由中认为：唐兰与程永莉盖章签订制式房地产买卖合同，经登记部门审查，获准房屋权属转移登记。2007年3月，唐兰向重庆市九龙坡区人民法院提起本案民事诉讼，请求确认房屋买卖合同无效，并判令程永莉将诉争房屋返还给唐兰。诉讼中，法院查明，上述“唐兰”的签名均为程永莉丈夫所签，“唐兰”字样的私章无法证明为唐兰所有。该案经一审、二审以及重庆高院再审，均在合同是有效还是与无效之间争议，重庆高院再审判决认为合同有效并据此驳回了唐兰的诉讼请求。唐兰不服，向检察机关申诉，2012年5月16日，最高人民检察院向最高人民法院提起抗诉。

（二）裁判结果

最高人民法院再审认为，涉案合同不涉及有效与无效的问题，而是是否成立的问题。在双方当事人就合同关系是否成立存在争议的情况下，根据法律规定，应由主张合同关系成立的一方当事人承担举证责任，在"唐兰"签名被证实并非唐兰本人所签的情况下，程永莉不能证明"唐兰"字样的私章为唐兰本人所有并加盖时，应当承担举证不能的诉讼后果。行政裁定书认定的事实只能证明房管部门行政行为的合规性，并不能证明民事行为的成立，且多方面证据均证明唐兰并未签订《房地产买卖合同》，唐兰与程永莉之间没有就涉案房屋成立房屋买卖合同关系。据此最高人民法院判决程永莉向唐兰返还房屋。

（三）典型意义

该案庭审过程中，最高人民检察院首次接受当事人当庭质证，对于我国民事抗诉程序的丰富和发展具有重要意义。在该案的合同效力形态上，当事人在有效与无效之间争议，原审法院也在合同有效与无效之间裁判，但经审理发现涉案合同仅涉及是否成立的问题，并在此基础上正确运用合同成立的举证规则，合理分配举证责任，从而做到对当事人实体权利的保护，对于民事判决中举证责任的适用方法具有指导意义。

（来源：最高人民法院 2014 年 4 月 30 日公布的五起典型案例）

6. 房屋租赁、抵押

中华人民共和国担保法

1. 1995 年 6 月 30 日第八届全国人民代表大会常务委员会第十四次会议通过

2. 1995 年 6 月 30 日中华人民共和国主席令第 50 号公布

3. 自 1995 年 10 月 1 日起施行

目　　录

第一章　总　　则

第一条　【立法目的】为促进资金融通和商品流通，保障债权的实现，发展社会主义市场经济，制定本法。

第二条　【适用范围及担保方式】在借贷、买卖、货物运输、加工承揽等经济活动中，债权人需要以担保方式保障其债权实现的，可以依照本法规定设定担保。

本法规定的担保方式为保证、抵押、质押、留置和定金。

第三条　【担保活动基本原则】担保活动应当遵循平等、自愿、公平、诚实信用的原则。

第四条　【反担保】第三人为债务人向债权人提供担保时，可以要求债务人提供反担保。

反担保适用本法担保的规定。

第五条　【担保合同与主合同的关系以及担保合同无效后的法律后果】担保合同是主合同的从合同，主合同无效，担保合同无效。担保合同另有约定的，按照约定。

担保合同被确认无效后，债务人、担保人、债权人有过错的，应当根据其过错各自承担相应的民事责任。

第二章　保　　证

第一节　保证和保证人

第六条　【保证的定义】本法所称保证，是指保证人和债权人约定，当债务人不履行债务时，保证人按照约定履行债务或者承担责任的行为。

第七条 【保证人的资格和范围】具有代为清偿债务能力的法人、其他组织或者公民，可以作保证人。

第八条 【国家机关作为保证人的禁止与例外】国家机关不得为保证人，但经国务院批准为使用外国政府或者国际经济组织贷款进行转贷的除外。

第九条 【公益法人作为保证人的禁止】学校、幼儿园、医院等以公益为目的的事业单位、社会团体不得为保证人。

第十条 【企业法人分支机构、职能部门作为保证人的禁止与例外】企业法人的分支机构、职能部门不得为保证人。

企业法人的分支机构有法人书面授权的，可以在授权范围内提供保证。

第十一条 【强令提供担保的禁止】任何单位和个人不得强令银行等金融机构或者企业为他人提供保证；银行等金融机构或者企业对强令其为他人提供保证的行为，有权拒绝。

第十二条 【共同保证】同一债务有两个以上保证人的，保证人应当按照保证合同约定的保证份额，承担保证责任。没有约定保证份额的，保证人承担连带责任，债权人可以要求任何一个保证人承担全部保证责任，保证人都负有担保全部债权实现的义务。已经承担保证责任的保证人，有权向债务人追偿，或者要求承担连带责任的其他保证人清偿其应当承担的份额。

第二节 保证合同和保证方式

第十三条 【保证合同的订立】保证人与债权人应当以书面形式订立保证合同。

第十四条 【一时保证与最高额保证】保证人与债权人可以就单个主合同分别订立保证合同，也可以协议在最高债权额限度内就一定期间连续发生的借款合同或者某项商品交易合同订立一个保证合同。

第十五条 【保证合同的内容】保证合同应当包括以下内容：

（一）被保证的主债权种类、数额；

（二）债务人履行债务的期限；

（三）保证的方式；

（四）保证担保的范围；

（五）保证的期间；

（六）双方认为需要约定的其他事项。

保证合同不完全具备前款规定内容的，可以补正。

第十六条 【保证的方式】保证的方式有：

（一）一般保证；

（二）连带责任保证。

第十七条 【一般保证及先诉抗辩权】当事人在保证合同中约定，债务人不能履行债务时，由保证人承担保证责任的，为一般保证。

一般保证的保证人在主合同纠纷未经审判或者仲裁，并就债务人财产依法强制执行仍不能履行债务前，对债权人可以拒绝承担保证责任。

有下列情形之一的，保证人不得行使前款规定的权利：

（一）债务人住所变更，致使债权人要求其履行债务发生重大困难的；

（二）人民法院受理债务人破产案件，中止执行程序的；

（三）保证人以书面形式放弃前款规定的权利的。

第十八条 【连带责任保证】当事人在保证合同中约定保证人与债务人对债务承担连带责任的，为连带责任保证。

连带责任保证的债务人在主合同规定的债务履行期届满没有履行债务的，债权人可以要求债务人履行债务，也可以要求保证人在其保证范围内承担保证责任。

第十九条 【保证方式没有约定或约定不明的推定】当事人对保证方式没有约定或者约定不明确的，按照连带责任保证承担保证责任。

第二十条 【保证人的一般抗辩权】一般保证

和连带责任保证的保证人享有债务人的抗辩权。债务人放弃对债务的抗辩权的，保证人仍有权抗辩。

抗辩权是指债权人行使债权时，债务人根据法定事由，对抗债权人行使请求权的权利。

第三节 保证责任

第二十一条 【保证范围】保证担保的范围包括主债权及利息、违约金、损害赔偿金和实现债权的费用。保证合同另有约定的，按照约定。

当事人对保证担保的范围没有约定或者约定不明确的，保证人应当对全部债务承担责任。

第二十二条 【债权让与对保证责任的影响】保证期间，债权人依法将主债权转让给第三人的，保证人在原保证担保的范围内继续承担保证责任。保证合同另有约定的，按照约定。

第二十三条 【债务承担对保证责任的影响】保证期间，债权人许可债务人转让债务的，应当取得保证人书面同意，保证人对未经其同意转让的债务，不再承担保证责任。

第二十四条 【债的变更对保证责任的影响】债权人与债务人协议变更主合同的，应当取得保证人书面同意，未经保证人书面同意的，保证人不再承担保证责任。保证合同另有约定的，按照约定。

第二十五条 【一般保证的保证期间】一般保证的保证人与债权人未约定保证期间的，保证期间为主债务履行期届满之日起六个月。

在合同约定的保证期间和前款规定的保证期间，债权人未对债务人提起诉讼或者申请仲裁的，保证人免除保证责任；债权人已提起诉讼或者申请仲裁的，保证期间适用诉讼时效中断的规定。

第二十六条 【连带责任的保证期间】连带责任保证的保证人与债权人未约定保证期间的，债权人有权自主债务履行期届满之日起六个月内要求保证人承担保证责任。

在合同约定的保证期间和前款规定的保证期间，债权人未要求保证人承担保证责任的，保证人免除保证责任。

第二十七条 【最高额保证的保证期间】保证人依照本法第十四条规定就连续发生的债权作保证，未约定保证期间的，保证人可以随时书面通知债权人终止保证合同，但保证人对于通知到债权人前所发生的债权，承担保证责任。

第二十八条 【保证担保与物的担保并存时保证责任的承担】同一债权既有保证又有物的担保的，保证人对物的担保以外的债权承担保证责任。

债权人放弃物的担保的，保证人在债权人放弃权利的范围内免除保证责任。

第二十九条 【企业法人的分支机构订立的无效保证合同的处理】企业法人的分支机构未经法人书面授权或者超出授权范围与债权人订立保证合同的，该合同无效或者超出授权范围的部分无效，债权人和企业法人有过错的，应当根据其过错各自承担相应的民事责任；债权人无过错的，由企业法人承担民事责任。

第三十条 【保证责任的免除】有下列情形之一的，保证人不承担民事责任：

（一）主合同当事人双方串通，骗取保证人提供保证的；

（二）主合同债权人采取欺诈、胁迫等手段，使保证人在违背真实意思的情况下提供保证的。

第三十一条 【保证人的追偿权】保证人承担保证责任后，有权向债务人追偿。

第三十二条 【保证人追偿权的预先行使】人民法院受理债务人破产案件后，债权人未申报债权的，保证人可以参加破产财产分配，预先行使追偿权。

第三章 抵 押

第一节 抵押和抵押物

第三十三条 【抵押、抵押人、抵押权人和抵押

物】本法所称抵押，是指债务人或者第三人不转移对本法第三十四条所列财产的占有，将该财产作为债权的担保。债务人不履行债务时，债权人有权依照本法规定以该财产折价或者以拍卖、变卖该财产的价款优先受偿。

前款规定的债务人或者第三人为抵押人，债权人为抵押权人，提供担保的财产为抵押物。

第三十四条 【抵押财产的范围】下列财产可以抵押：

（一）抵押人所有的房屋和其他地上定着物；

（二）抵押人所有的机器、交通运输工具和其他财产；

（三）抵押人依法有权处分的国有的土地使用权、房屋和其他地上定着物；

（四）抵押人依法有权处分的国有的机器、交通运输工具和其他财产；

（五）抵押人依法承包并经发包方同意抵押的荒山、荒沟、荒丘、荒滩等荒地的土地使用权；

（六）依法可以抵押的其他财产。

抵押人可以将前款所列财产一并抵押。

第三十五条 【超额抵押之禁止】抵押人所担保的债权不得超出其抵押物的价值。

财产抵押后，该财产的价值大于所担保债权的余额部分，可以再次抵押，但不得超出其余额部分。

第三十六条 【设定抵押时房屋与土地使用权间的关系】以依法取得的国有土地上的房屋抵押的，该房屋占用范围内的国有土地使用权同时抵押。

以出让方式取得的国有土地使用权抵押的，应当将抵押时该国有土地上的房屋同时抵押。

乡（镇）、村企业的土地使用权不得单独抵押。以乡（镇）、村企业的厂房等建筑物抵押的，其占用范围内的土地使用权同时抵押。

第三十七条 【不得设定抵押的财产】下列财产不得抵押：

（一）土地所有权；

（二）耕地、宅基地、自留地、自留山等集体所有的土地使用权，但本法第三十四条第（五）项、第三十六条第三款规定的除外；

（三）学校、幼儿园、医院等以公益为目的的事业单位、社会团体的教育设施、医疗卫生设施和其他社会公益设施；

（四）所有权、使用权不明或者有争议的财产；

（五）依法被查封、扣押、监管的财产；

（六）依法不得抵押的其他财产。

第二节 抵押合同和抵押物登记

第三十八条 【抵押合同的订立】抵押人和抵押权人应当以书面形式订立抵押合同。

第三十九条 【抵押合同内容】抵押合同应当包括以下内容：

（一）被担保的主债权种类、数额；

（二）债务人履行债务的期限；

（三）抵押物的名称、数量、质量、状况、所在地、所有权权属或者使用权权属；

（四）抵押担保的范围；

（五）当事人认为需要约定的其他事项。

抵押合同不完全具备前款规定内容的，可以补正。

第四十条 【抵押合同的禁止】订立抵押合同时，抵押权人和抵押人在合同中不得约定在债务履行期届满抵押权人未受清偿时，抵押物的所有权转移为债权人所有。

第四十一条 【抵押物登记及其效力】当事人以本法第四十二条规定的财产抵押的，应当办理抵押物登记，抵押合同自登记之日起生效。

第四十二条 【抵押物登记机关】办理抵押物登记的部门如下：

（一）以无地上定着物的土地使用权抵押的，为核发土地使用权证书的土地管理部门；

（二）以城市房地产或者乡（镇）、村企业的厂房等建筑物抵押的，为县级以上地方人民政府规定的部门；

（三）以林木抵押的，为县级以上林木主管部门；

（四）以航空器、船舶、车辆抵押的，为运输工具的登记部门；

（五）以企业的设备和其他动产抵押的，为财产所在地的工商行政管理部门。

第四十三条　【抵押物的自愿登记】当事人以其他财产抵押的，可以自愿办理抵押物登记，抵押合同自签订之日起生效。

当事人未办理抵押物登记的，不得对抗第三人。当事人办理抵押物登记的，登记部门为抵押人所在地的公证部门。

第四十四条　【办理抵押物登记应提交的文件】办理抵押物登记，应当向登记部门提供下列文件或者其复印件：

（一）主合同和抵押合同；

（二）抵押物的所有权或者使用权证书。

第四十五条　【抵押登记资料的公开】登记部门登记的资料，应当允许查阅、抄录或者复印。

第三节　抵押的效力

第四十六条　【抵押担保的范围】抵押担保的范围包括主债权及利息、违约金、损害赔偿金和实现抵押权的费用。抵押合同另有约定的，按照约定。

第四十七条　【抵押权对抵押物所生孳息的效力】债务履行期届满，债务人不履行债务致使抵押物被人民法院依法扣押的，自扣押之日起抵押权人有权收取由抵押物分离的天然孳息以及抵押人就抵押物可以收取的法定孳息。抵押权人未将扣押抵押物的事实通知应当清偿法定孳息的义务人的，抵押权的效力不及于该孳息。

前款孳息应当先充抵收取孳息的费用。

第四十八条　【抵押权对抵押物上已存在的租赁权的效力】抵押人将已出租的财产抵押的，应当书面告知承租人，原租赁合同继续有效。

第四十九条　【抵押权的效力对抵押物处分权的影响】抵押期间，抵押人转让已办理登记的抵押物的，应当通知抵押权人并告知受让人转让物已经抵押的情况；抵押人未通知抵押权人或者未告知受让人的，转让行为无效。

转让抵押物的价款明显低于其价值的，抵押权人可以要求抵押人提供相应的担保；抵押人不提供的，不得转让抵押物。

抵押人转让抵押物所得的价款，应当向抵押权人提前清偿所担保的债权或者向与抵押权人约定的第三人提存。超过债权数额的部分，归抵押人所有，不足部分由债务人清偿。

第五十条　【抵押权转移的从属性】抵押权不得与债权分离而单独转让或者作为其他债权的担保。

第五十一条　【抵押权人在抵押权受侵害时的权利】抵押人的行为足以使抵押物价值减少的，抵押权人有权要求抵押人停止其行为。抵押物价值减少时，抵押权人有权要求抵押人恢复抵押物的价值，或者提供与减少的价值相当的担保。

抵押人对抵押物价值减少无过错的，抵押权人只能在抵押人因损害而得到的赔偿范围内要求提供担保。抵押物价值未减少的部分，仍作为债权的担保。

第五十二条　【抵押权消灭的从属性】抵押权与其担保的债权同时存在，债权消灭的，抵押权也消灭。

第四节　抵押权的实现

第五十三条　【抵押权实现的条件和方式】债务履行期届满抵押权人未受清偿的，可以与抵押人协议以抵押物折价或者以拍卖、变卖该抵押物所得的价款受偿；协议不成的，抵押权人可以向人民法院提起诉讼。

抵押物折价或者拍卖、变卖后，其价款

超过债权数额的部分归抵押人所有,不足部分由债务人清偿。

第五十四条 【抵押权的次序】同一财产向两个以上债权人抵押的,拍卖、变卖抵押物所得的价款按照以下规定清偿:

(一)抵押合同以登记生效的,按照抵押物登记的先后顺序清偿;顺序相同的,按照债权比例清偿;

(二)抵押合同自签订之日起生效的,该抵押物已登记的,按照本条第(一)项规定清偿;未登记的,按照合同生效时间的先后顺序清偿,顺序相同的,按照债权比例清偿。抵押物已登记的先于未登记的受偿。

第五十五条 【房地产抵押权的实现】城市房地产抵押合同签订后,土地上新增的房屋不属于抵押物。需要拍卖该抵押的房地产时,可以依法将该土地上新增的房屋与抵押物一同拍卖,但对拍卖新增房屋所得,抵押权人无权优先受偿。

依照本法规定以承包的荒地的土地使用权抵押的,或者以乡(镇)、村企业的厂房等建筑物占用范围内的土地使用权抵押的,在实现抵押权后,未经法定程序不得改变土地集体所有和土地用途。

第五十六条 【划拨国有土地使用权后抵押权的实现】拍卖划拨的国有土地使用权所得的价款,在依法缴纳相当于应缴纳的土地使用权出让金的款额后,抵押权人有优先受偿权。

第五十七条 【物上保证人的追偿权】为债务人抵押担保的第三人,在抵押权人实现抵押权后,有权向债务人追偿。

第五十八条 【抵押物灭失的法律后果】抵押权因抵押物灭失而消灭。因灭失所得的赔偿金,应当作为抵押财产。

第五节 最高额抵押

第五十九条 【最高额抵押的定义】本法所称最高额抵押,是指抵押人与抵押权人协议,在最高债权额限度内,以抵押物对一定期间内连续发生的债权作担保。

第六十条 【最高额抵押适用范围】借款合同可以附最高额抵押合同。

债权人与债务人就某项商品在一定期间内连续发生交易而签订的合同,可以附最高额抵押合同。

第六十一条 【最高额抵押的主债权转让的禁止】最高额抵押的主合同债权不得转让。

第六十二条 【最高额抵押的法律适用】最高额抵押除适用本节规定外,适用本章其他规定。

第四章 质 押

第一节 动产质押

第六十三条 【动产质押的定义】本法所称动产质押,是指债务人或者第三人将其动产移交债权人占有,将该动产作为债权的担保。债务人不履行债务时,债权人有权依照本法规定以该动产折价或者以拍卖、变卖该动产的价款优先受偿。

前款规定的债务人或者第三人为出质人,债权人为质权人,移交的动产为质物。

第六十四条 【质押合同的订立及其生效】出质人和质权人应当以书面形式订立质押合同。

质押合同自质物移交于质权人占有时生效。

第六十五条 【质押合同内容】质押合同应当包括以下内容:

(一)被担保的主债权种类、数额;

(二)债务人履行债务的期限;

(三)质物的名称、数量、质量、状况;

(四)质押担保的范围;

(五)质物移交的时间;

(六)当事人认为需要约定的其他事项。

质押合同不完全具备前款规定内容的,可以补正。

第六十六条 【留质契约的禁止】出质人和质权人在合同中不得约定在债务履行期届满质权人未受清偿时,质物的所有权转移为质权人所有。

第六十七条 【质押担保的范围】质押担保的范围包括主债权及利息、违约金、损害赔偿金、质物保管费用和实现质权的费用。质押合同另有约定的，按照约定。

第六十八条 【质物孳息的收取权】质权人有权收取质物所生的孳息。质押合同另有约定的，按照约定。

前款孳息应当先充抵收取孳息的费用。

第六十九条 【质物的保管义务】质权人负有妥善保管质物的义务。因保管不善致使质物灭失或者毁损的，质权人应当承担民事责任。

质权人不能妥善保管质物可能致使其灭失或者毁损的，出质人可以要求质权人将质物提存，或者要求提前清偿债权而返还质物。

第七十条 【质权人的物上代位权】质物有损坏或者价值明显减少的可能，足以危害质权人权利的，质权人可以要求出质人提供相应的担保。出质人不提供的，质权人可以拍卖或者变卖质物，并与出质人协议将拍卖或者变卖所得的价款用于提前清偿所担保的债权或者向与出质人约定的第三人提存。

第七十一条 【质权人返还质物的义务、质权人的优先受偿权及质权的实现】债务履行期届满债务人履行债务的，或者出质人提前清偿所担保的债权的，质权人应当返还质物。

债务履行期届满质权人未受清偿的，可以与出质人协议以质物折价，也可以依法拍卖、变卖质物。

质物折价或者拍卖、变卖后，其价款超过债权数额的部分归出质人所有，不足部分由债务人清偿。

第七十二条 【物上保证人的追偿权】为债务人质押担保的第三人，在质权人实现质权后，有权向债务人追偿。

第七十三条 【质物灭失的法律后果】质权因质物灭失而消灭。因灭失所得的赔偿金，应当作为出质财产。

第七十四条 【质权消灭的从属性】质权与其担保的债权同时存在，债权消灭的，质权也消灭。

第二节 权利质押

第七十五条 【可以质押的权利】下列权利可以质押：

（一）汇票、支票、本票、债券、存款单、仓单、提单；

（二）依法可以转让的股份、股票；

（三）依法可以转让的商标专用权，专利权、著作权中的财产权；

（四）依法可以质押的其他权利。

第七十六条 【证券债权质押的设定】以汇票、支票、本票、债券、存款单、仓单、提单出质的，应当在合同约定的期限内将权利凭证交付质权人。质押合同自权利凭证交付之日起生效。

第七十七条 【证券债权质权的效力】以载明兑现或者提货日期的汇票、支票、本票、债券、存款单、仓单、提单出质的，汇票、支票、本票、债券、存款单、仓单、提单兑现或者提货日期先于债务履行期的，质权人可以在债务履行期届满前兑现或者提货，并与出质人协议将兑现的价款或者提取的货物用于提前清偿所担保的债权或者向与出质人约定的第三人提存。

第七十八条 【股权质权的设定及股权质权的效力】以依法可以转让的股票出质的，出质人与质权人应当订立书面合同，并向证券登记机构办理出质登记。质押合同自登记之日起生效。

股票出质后，不得转让，但经出质人与质权人协商同意的可以转让。出质人转让股票所得的价款应当向质权人提前清偿所担保的债权或者向与质权人约定的第三人提存。

以有限责任公司的股份出质的，适用公司法股份转让的有关规定。质押合同自股份出质记载于股东名册之日起生效。

第七十九条 【知识产权质权的设定】以依法可以转让的商标专用权,专利权、著作权中的财产权出质的,出质人与质权人应当订立书面合同,并向其管理部门办理出质登记。质押合同自登记之日起生效。

第八十条 【知识产权质权的效力】本法第七十九条规定的权利出质后,出质人不得转让或者许可他人使用,但经出质人与质权人协商同意的可以转让或者许可他人使用。出质人所得的转让费、许可费应当向质权人提前清偿所担保的债权或者向与质权人约定的第三人提存。

第八十一条 【权利质押的法律适用】权利质押除适用本节规定外,适用本章第一节的规定。

第五章 留 置

第八十二条 【留置与留置权】本法所称留置,是指依照本法第八十四条的规定,债权人按照合同约定占有债务人的动产,债务人不按照合同约定的期限履行债务的,债权人有权依照本法规定留置该财产,以该财产折价或者以拍卖、变卖该财产的价款优先受偿。

第八十三条 【留置担保的范围】留置担保的范围包括主债权及利息、违约金、损害赔偿金、留置物保管费用和实现留置权的费用。

第八十四条 【留置的适用范围】因保管合同、运输合同、加工承揽合同发生的债权,债务人不履行债务的,债权人有留置权。

法律规定可以留置的其他合同,适用前款规定。

当事人可以在合同中约定不得留置的物。

第八十五条 【留置物的价值】留置的财产为可分物的,留置物的价值应当相当于债务的金额。

第八十六条 【留置物的保管义务】留置权人负有妥善保管留置物的义务。因保管不善致使留置物灭失或者毁损的,留置权人应当承担民事责任。

第八十七条 【留置权的实现】债权人与债务人应当在合同中约定,债权人留置财产后,债务人应当在不少于两个月的期限内履行债务。债权人与债务人在合同中未约定的,债权人留置债务人财产后,应当确定两个月以上的期限,通知债务人在该期限内履行债务。

债务人逾期仍不履行的,债权人可以与债务人协议以留置物折价,也可以依法拍卖、变卖留置物。

留置物折价或者拍卖、变卖后,其价款超过债权数额的部分归债务人所有,不足部分由债务人清偿。

第八十八条 【留置权的消灭】留置权因下列原因消灭:

(一)债权消灭的;

(二)债务人另行提供担保并被债权人接受的。

第六章 定 金

第八十九条 【定金及其法律效力】当事人可以约定一方向对方给付定金作为债权的担保。债务人履行债务后,定金应当抵作价款或者收回。给付定金的一方不履行约定的债务的,无权要求返还定金;收受定金的一方不履行约定的债务的,应当双倍返还定金。

第九十条 【定金的成立】定金应当以书面形式约定。当事人在定金合同中应当约定交付定金的期限。定金合同从实际交付定金之日起生效。

第九十一条 【定金的数额】定金的数额由当事人约定,但不得超过主合同标的额的百分之二十。

第七章 附 则

第九十二条 【动产与不动产】本法所称不动产是指土地以及房屋、林木等地上定着物。

本法所称动产是指不动产以外的物。

第九十三条 【担保合同的表现形式】本法所称保证合同、抵押合同、质押合同、定金合同可以是单独订立的书面合同，包括当事人之间的具有担保性质的信函、传真等，也可以是主合同中的担保条款。

第九十四条 【担保物折价或变卖的价格确定】抵押物、质物、留置物折价或者变卖，应当参照市场价格。

第九十五条 【本法适用的例外】海商法等法律对担保有特别规定的，依照其规定。

第九十六条 【生效日期】本法自1995年10月1日起施行。

融资担保公司监督管理补充规定

1. 2019年10月9日中国银保监会、发展改革委、工业和信息化部、财政部、住房和城乡建设部、农业农村部、商务部、人民银行、市场监管总局公布

2. 银保监发〔2019〕37号

为全面、深入贯彻实施《融资担保公司监督管理条例》（国务院令第683号，以下简称《条例》），实现融资担保机构和融资担保业务监管全覆盖，融资性担保业务监管部际联席会议决定将未取得融资担保业务经营许可证但实际上经营融资担保业务的住房置业担保公司、信用增进公司等机构纳入监管，现将有关事项补充规定如下：

一、从严规范融资担保业务牌照管理

各地融资担保公司监督管理部门（以下简称监督管理部门）要进行全面排查，对实质经营融资担保业务的机构严格实行牌照管理。

（一）依据《关于印发〈住房置业担保管理试行办法〉的通知》（建住房〔2000〕108号）设立的住房置业担保公司（中心）应当纳入融资担保监管。

1. 对本规定印发后继续开展住房置业担保业务的住房置业担保公司（中心），应于2020年6月前向监督管理部门申领融资担保业务经营许可证，经营范围以监督管理部门批准文件为准，并接受监督管理部门的监管，严格执行《条例》及配套制度的监管要求。本规定印发前发生的存量住房公积金贷款担保业务，可不计入融资担保责任余额，但应向监督管理部门单独列示报告。监督管理部门与住房和城乡建设主管部门要加强沟通协调，核实相关情况，积极稳妥推进牌照申领工作。对有存量住房公积金贷款担保业务的住房置业担保公司（中心），监督管理部门可给予不同时限的过渡期安排，达标时限应不晚于2020年末。

2. 对本规定印发后不再新增住房置业担保业务，仍有存量住房置业担保业务的住房置业担保公司（中心），可以不申领融资担保业务经营许可证，但应当根据《中华人民共和国担保法》《中华人民共和国合同法》等法律法规及规章制度要求，依法依规履行担保责任，并接受监督管理部门的监管。

3. 对本规定印发后新设立开展住房置业担保业务的融资担保公司，应当向监督管理部门申领融资担保业务经营许可证，严格执行《条例》及配套制度的监管要求，接受监督管理部门的监管。监督管理部门不得给予过渡期安排。

（二）开展债券发行保证、担保业务的信用增进公司，由债券市场管理部门统筹管理，同时应当按照《条例》规定，向属地监督管理部门申领融资担保业务经营许可证，并接受其对相关业务的监管。

（三）未经监督管理部门批准，汽车经销商、汽车销售服务商等机构不得经营汽车消费贷款担保业务，已开展的存量业务应当妥善结清；确有需要开展相关业务的，应当按照《条例》规定设立融资担保公司经营相关业务。对存在违法违规经营、严重侵害消费者（被担保人）合法权益的融资担保公司，监督管理部门应当加大打击力度，并适时向银行业金融机构通报相关情况，共同保护消费者合法权益。

（四）为各类放贷机构提供客户推介、信用评估等服务的机构，未经批准不得提供或变相提供融资担保服务。对于无融资担保业务经营许可证但实际上经营融资担保业务的，监督管理部门应当按照《条例》规定予以取缔，妥善结清存量业务。拟继续从事融资担保业务的，应当按照《条例》规定设立融资担保公司。

二、做好融资担保名称规范管理工作

监督管理部门要会同市场监督管理部门做好辖内融资担保公司名称规范管理工作。融资担保公司的名称中应当标明融资担保字样；再担保公司应当标明融资再担保或融资担保字样；不持有融资担保业务经营许可证的公司，名称和经营范围中不得标明融资担保字样。

三、关于《融资担保责任余额计量办法》的补充规定

（一）《关于印发〈融资担保公司监督管理条例〉四项配套制度的通知》（银保监发〔2018〕1号）的《融资担保责任余额计量办法》（以下简称《计量办法》）第四条修改为：

“第四条　融资担保公司应当按照本办法的规定计量和管理融资担保责任余额。本办法中的净资产应当根据融资担保公司非合并财务报表计算。”

（二）《计量办法》第六条修改为：

“第六条　单户在保余额500万元人民币以下且被担保人为小微企业的借款类担保业务权重为75%。

单户在保余额200万元人民币以下且被担保人为农户的借款类担保业务权重为75%。

为支持居民购买住房的住房置业担保业务权重为30%。住房置业担保业务仅包括住房公积金贷款担保业务和银行个人住房贷款担保业务。”

（三）《计量办法》第十一条修改为：

“第十一条　借款类担保责任余额＝单户在保余额500万元人民币以下的小微企业借款类担保在保余额×75%＋单户在保余额200万元人民币以下的农户借款类担保在保余额×75%＋住房置业担保在保余额×30%＋其他借款类担保在保余额×100%。”

城市房地产抵押管理办法

1. 1997年5月9日建设部令第56号发布

2. 根据2001年8月15日建设部令第98号《关于修改〈城市房地产抵押管理办法〉的决定》修正

第一章　总　　则

第一条　为了加强房地产抵押管理，维护房地产市场秩序，保障房地产抵押当事人的合法权益，根据《中华人民共和国城市房地产管理法》、《中华人民共和国担保法》，制定本办法。

第二条　凡在城市规划区国有土地范围内从事房地产抵押活动的，应当遵守本办法。

地上无房屋（包括建筑物、构筑物及在建工程）的国有土地使用权设定抵押的，不适用本办法。

第三条　本办法所称房地产抵押，是指抵押人以其合法的房地产以不转移占有的方式向抵押权人提供债务履行担保的行为。债务人不履行债务时，债权人有权依法以抵押的房地产拍卖所得的价款优先受偿。

本办法所称抵押人，是指将依法取得的房地产提供给抵押权人，作为本人或者第三人履行债务担保的公民、法人或者其他组织。

本办法所称抵押权人，是指接受房地产抵押作为债务人履行债务担保的公民、法人或者其他组织。

本办法所称预购商品房贷款抵押，是指购房人在支付首期规定的房价款后，由贷款银行代其支付其余的购房款，将所购商品房抵押给贷款银行作为偿还贷款履行担保的行为。

本办法所称在建工程抵押，是指抵押人为取得在建工程继续建造资金的贷款，以其合法方式取得的土地使用权连同在建工程的投入资产，以不转移占有的方式抵押给贷款银行作为偿还贷款履行担保的行为。

第四条　以依法取得的房屋所有权抵押的，该

房屋占用范围内的土地使用权必须同时抵押。

第五条　房地产抵押,应当遵循自愿、互利、公平和诚实信用的原则。

依法设定的房地产抵押,受国家法律保护。

第六条　国家实行房地产抵押登记制度。

第七条　国务院建设行政主管部门归口管理全国城市房地产抵押管理工作。

省、自治区建设行政主管部门归口管理本行政区域内的城市房地产抵押管理工作。

直辖市、市、县人民政府房地产行政主管部门(以下简称房地产管理部门)负责管理本行政区域内的房地产抵押管理工作。

第二章　房地产抵押权的设定

第八条　下列房地产不得设定抵押:

(一)权属有争议的房地产;

(二)用于教育、医疗、市政等公共福利事业的房地产;

(三)列入文物保护的建筑物和有重要纪念意义的其他建筑物;

(四)已依法公告列入拆迁范围的房地产;

(五)被依法查封、扣押、监管或者以其他形式限制的房地产;

(六)依法不得抵押的其他房地产。

第九条　同一房地产设定两个以上抵押权的,抵押人应当将已经设定过的抵押情况告知抵押权人。

抵押人所担保的债权不得超出其抵押物的价值。

房地产抵押后,该抵押房地产的价值大于所担保债权的余额部分,可以再次抵押,但不得超出余额部分。

第十条　以两宗以上房地产设定同一抵押权的,视为同一抵押房地产。但抵押当事人另有约定的除外。

第十一条　以在建工程已完工部分抵押的,其土地使用权随之抵押。

第十二条　以享受国家优惠政策购买的房地产抵押的,其抵押额以房地产权利人可以处分和收益的份额比例为限。

第十三条　国有企业、事业单位法人以国家授予其经营管理的房地产抵押的,应当符合国有资产管理的有关规定。

第十四条　以集体所有制企业的房地产抵押的,必须经集体所有制企业职工(代表)大会通过,并报其上级主管机关备案。

第十五条　以中外合资企业、合作经营企业和外商独资企业的房地产抵押的,必须经董事会通过,但企业章程另有规定的除外。

第十六条　以有限责任公司、股份有限公司的房地产抵押的,必须经董事会或者股东大会通过,但企业章程另有规定的除外。

第十七条　有经营期限的企业以其所有的房地产设定抵押的,所担保债务的履行期限不应当超过该企业的经营期限。

第十八条　以具有土地使用年限的房地产设定抵押的,所担保债务的履行期限不得超过土地使用权出让合同规定的使用年限减去已经使用年限后的剩余年限。

第十九条　以共有的房地产抵押的,抵押人应当事先征得其他共有人的书面同意。

第二十条　预购商品房贷款抵押的,商品房开发项目必须符合房地产转让条件并取得商品房预售许可证。

第二十一条　以已出租的房地产抵押的,抵押人应当将租赁情况告知抵押权人,并将抵押情况告知承租人。原租赁合同继续有效。

第二十二条　设定房地产抵押时,抵押房地产的价值可以由抵押当事人协商议定,也可以由房地产价格评估机构评估确定。

法律、法规另有规定的除外。

第二十三条　抵押当事人约定对抵押房地产保险的,由抵押人为抵押的房地产投保,保险费由抵押人负担。抵押房地产投保的,抵押人应当将保险单移送抵押权人保管。在抵押期间,抵押权人为保险赔偿的第一受益人。

第二十四条 企业、事业单位法人分立或者合并后，原抵押合同继续有效，其权利和义务由变更后的法人享有和承担。

抵押人死亡、依法被宣告死亡或者被宣告失踪时，其房地产合法继承人或者代管人应当继续履行原抵押合同。

第三章 房地产抵押合同的订立

第二十五条 房地产抵押，抵押当事人应当签订书面抵押合同。

第二十六条 房地产抵押合同应当载明下列主要内容：

（一）抵押人、抵押权人的名称或者个人姓名、住所；

（二）主债权的种类、数额；

（三）抵押房地产的处所、名称、状况、建筑面积、用地面积以及四至等；

（四）抵押房地产的价值；

（五）抵押房地产的占用管理人、占用管理方式、占用管理责任以及意外损毁、灭失的责任；

（六）债务人履行债务的期限；

（七）抵押权灭失的条件；

（八）违约责任；

（九）争议解决方式；

（十）抵押合同订立的时间与地点；

（十一）双方约定的其他事项。

第二十七条 以预购商品房贷款抵押的，须提交生效的预购房屋合同。

第二十八条 以在建工程抵押的，抵押合同还应当载明以下内容：

（一）《国有土地使用权证》、《建设用地规划许可证》和《建设工程规划许可证》编号；

（二）已交纳的土地使用权出让金或需交纳的相当于土地使用权出让金的款额；

（三）已投入在建工程的工程款；

（四）施工进度及工程竣工日期；

（五）已完成的工作量和工程量。

第二十九条 抵押权人要求抵押房地产保险的，以及要求在房地产抵押后限制抵押人出租、转让抵押房地产或者改变抵押房地产用途的，抵押当事人应当在抵押合同中载明。

第四章 房地产抵押登记

第三十条 房地产抵押合同自签订之日起30日内，抵押当事人应当到房地产所在地的房地产管理部门办理房地产抵押登记。

第三十一条 房地产抵押合同自抵押登记之日起生效。

第三十二条 办理房地产抵押登记，应当向登记机关交验下列文件：

（一）抵押当事人的身份证明或法人资格证明；

（二）抵押登记申请书；

（三）抵押合同；

（四）《国有土地使用权证》、《房屋所有权证》或《房地产权证》，共有的房屋还必须提交《房屋共有权证》和其他共有人同意抵押的证明；

（五）可以证明抵押人有权设定抵押权的文件与证明材料；

（六）可以证明抵押房地产价值的资料；

（七）登记机关认为必要的其他文件。

第三十三条 登记机关应当对申请人的申请进行审核。凡权属清楚、证明材料齐全的，应当在受理登记之日起7日内决定是否予以登记，对不予登记的，应当书面通知申请人。

第三十四条 以依法取得的房屋所有权证书的房地产抵押的，登记机关应当在原《房屋所有权证》上作他项权利记载后，由抵押人收执。并向抵押权人颁发《房屋他项权证》。

以预售商品房或者在建工程抵押的，登记机关应当在抵押合同上作记载。抵押的房地产在抵押期间竣工的，当事人应当在抵押人领取房地产权属证书后，重新办理房地产抵押登记。

第三十五条 抵押合同发生变更或者抵押关

系终止时,抵押当事人应当在变更或者终止之日起15日内,到原登记机关办理变更或者注销抵押登记。

因依法处分抵押房地产而取得土地使用权和土地建筑物、其他附着物所有权的,抵押当事人应当自处分行为生效之日起30日内,到县级以上地方人民政府房地产管理部门申请房屋所有权转移登记,并凭变更后的房屋所有权证书向同级人民政府土地管理部门申请土地使用权变更登记。

第五章 抵押房地产的占用与管理

第三十六条 已作抵押的房地产,由抵押人占用与管理。

抵押人在抵押房地产占用与管理期间应当维护抵押房地产的安全与完好。抵押权人有权按照抵押合同的规定监督、检查抵押房地产的管理情况。

第三十七条 抵押权可以随债权转让。抵押权转让时,应当签订抵押权转让合同,并办理抵押权变更登记。抵押权转让后,原抵押权人应当告知抵押人。

经抵押权人同意,抵押房地产可以转让或者出租。

抵押房地产转让或者出租所得价款,应当向抵押权人提前清偿所担保的债权。超过债权数额的部分,归抵押人所有,不足部分由债务人清偿。

第三十八条 因国家建设需要,将已设定抵押权的房地产列入拆迁范围的,抵押人应当及时书面通知抵押权人;抵押双方可以重新设定抵押房地产,也可以依法清理债权债务,解除抵押合同。

第三十九条 抵押人占用与管理的房地产发生损毁、灭失的,抵押人应当及时将情况告知抵押权人,并应当采取措施防止损失的扩大。抵押的房地产因抵押人的行为造成损失使抵押房地产价值不足以作为履行债务的担保时,抵押权人有权要求抵押人重新提供或者增加担保以弥补不足。

抵押人对抵押房地产价值减少无过错的,抵押权人只能在抵押人因损害而得到的赔偿的范围内要求提供担保。抵押房地产价值未减少的部分,仍作为债务的担保。

第六章 抵押房地产的处分

第四十条 有下列情况之一的,抵押权人有权要求处分抵押的房地产:

(一)债务履行期满,抵押权人未受清偿的,债务人又未能与抵押权人达成延期履行协议的;

(二)抵押人死亡,或者被宣告死亡而无人代为履行到期债务的;或者抵押人的合法继承人、受遗赠人拒绝履行到期债务的;

(三)抵押人被依法宣告解散或者破产的;

(四)抵押人违反本办法的有关规定,擅自处分抵押房地产的;

(五)抵押合同约定的其他情况。

第四十一条 有本办法第四十条规定情况之一的,经抵押当事人协商可以通过拍卖等合法方式处分抵押房地产。协议不成的,抵押权人可以向人民法院提起诉讼。

第四十二条 抵押权人处分抵押房地产时,应当事先书面通知抵押人;抵押房地产为共有或者出租的,还应当同时书面通知共有人或承租人;在同等条件下,共有人或承租人依法享有优先购买权。

第四十三条 同一房地产设定两个以上抵押权时,以抵押登记的先后顺序受偿。

第四十四条 处分抵押房地产时,可以依法将土地上新增的房屋与抵押财产一同处分,但对处分新增房屋所得,抵押权人无权优先受偿。

第四十五条 以划拨方式取得的土地使用权连同地上建筑物设定的房地产抵押进行处分时,应当从处分所得的价款中缴纳相当于应当缴纳的土地使用权出让金的款额后,抵押权人方可优先受偿。

法律、法规另有规定的依照其规定。

第四十六条 抵押权人对抵押房地产的处分，因下列情况而中止：

（一）抵押权人请求中止的；

（二）抵押人申请愿意并证明能够及时履行债务，并经抵押权人同意的；

（三）发现被拍卖抵押物有权属争议的；

（四）诉讼或仲裁中的抵押房地产；

（五）其他应当中止的情况。

第四十七条 处分抵押房地产所得金额，依下列顺序分配：

（一）支付处分抵押房地产的费用；

（二）扣除抵押房地产应缴纳的税款；

（三）偿还抵押权人债权本息及支付违约金；

（四）赔偿由债务人违反合同而对抵押权人造成的损害；

（五）剩余金额交还抵押人。

处分抵押房地产所得金额不足以支付债务和违约金、赔偿金时，抵押权人有权向债务人追索不足部分。

第七章 法律责任

第四十八条 抵押人隐瞒抵押的房地产存在共有、产权争议或者被查封、扣押等情况的，抵押人应当承担由此产生的法律责任。

第四十九条 抵押人擅自以出售、出租、交换、赠与或者以其他方式处分抵押房地产的，其行为无效；造成第三人损失的，由抵押人予以赔偿。

第五十条 抵押当事人因履行抵押合同或者处分抵押房地产发生争议的，可以协商解决；协商不成的，抵押当事人可以根据双方达成的仲裁协议向仲裁机构申请仲裁；没有仲裁协议的，也可以直接向人民法院提起诉讼。

第五十一条 因国家建设需要，将已设定抵押权的房地产列入拆迁范围时，抵押人违反前述第三十八条的规定，不依法清理债务，也不重新设定抵押房地产的，抵押权人可以向人民法院提起诉讼。

第五十二条 登记机关工作人员玩忽职守、滥用职权，或者利用职务上的便利，索取他人财物，或者非法收受他人财物为他人谋取利益的，依法给予行政处分；构成犯罪的，依法追究刑事责任。

第八章 附 则

第五十三条 在城市规划区外国有土地上进行房地产抵押活动的，参照本办法执行。

第五十四条 本办法由国务院建设行政主管部门负责解释。

第五十五条 本办法自1997年6月1日起施行。

城镇廉租住房租金管理办法

1. 2005年3月14日国家发展和改革委员会、建设部发布

2. 发改价格〔2005〕405号

3. 自2005年5月1日起施行

第一条 为规范城镇廉租住房租金管理，保障城镇最低收入家庭的基本住房权益，根据《价格法》及相关规定，制定本办法。

第二条 本办法适用于城镇规划区内城镇廉租住房的租金管理。

第三条 本办法所称廉租住房租金，是指享受廉租住房待遇的城镇最低收入家庭承租廉租住房应当交纳的住房租金。

第四条 县级以上地方人民政府价格主管部门是廉租住房租金的主管部门，依法对本地区廉租住房租金实施管理。

县级以上地方人民政府房地产行政主管部门应协助价格主管部门做好廉租住房租金管理工作。

第五条 廉租住房租金实行政府定价。具体定价权限按照地方定价目录的规定执行。

第六条 廉租住房租金标准原则上由房屋的维修费和管理费两项因素构成，并与城镇最低收入家庭的经济承受能力相适应。

维修费是指维持廉租住房在预定使用期限内正常使用所必需的修理、养护等费用。

管理费是指实施廉租住房管理所需的人员、办公等正常开支费用。

第七条 廉租住房的计租单位应当与当地公有住房租金计租单位一致。

第八条 制定和调整廉租住房租金标准,应当遵循公正、公开的原则,充分听取社会各有关方面的意见。

第九条 廉租住房租金标准制定或调整,应当在媒体上公布,并通过政府公报、政府网站或政府信息公告栏等方式进行公示。

第十条 因收入等情况变化而不再符合租住廉租住房条件而继续租住的,应当按商品住房的市场租金补交租金差额。

第十一条 廉租住房管理单位应严格按照规定或合同约定提供相应的服务,政府价格主管部门要加强对廉租住房租金的监督检查。廉租住房管理单位违反价格法律、法规和本办法规定的价格行为,由政府价格主管部门依据《价格法》和《价格违法行为行政处罚规定》予以处罚。

第十二条 本办法由国家发展改革委会同建设部负责解释。

第十三条 各省、自治区、直辖市政府价格主管部门可会同房地产行政主管部门根据本办法制定实施细则,并抄报国家发展改革委、建设部。

第十四条 本办法自2005年5月1日起施行。

城镇最低收入家庭廉租住房申请、审核及退出管理办法

1. 2005年7月7日建设部、财政部发布
2. 建住房〔2005〕122号
3. 自2005年10月1日起施行

第一条 为规范城镇最低收入家庭廉租住房管理,完善廉租住房工作机制,根据《城镇最低收入家庭廉租住房管理办法》(建设部令第120号),制定本办法。

第二条 城镇最低收入家庭廉租住房的申请、审核及退出管理,适用本办法。

第三条 市、县人民政府房地产行政主管部门负责城镇最低收入家庭廉租住房的申请、审核及退出管理工作。

第四条 申请廉租住房的家庭(以下简称申请家庭)应当同时具备下列条件:

(一)申请家庭人均收入符合当地廉租住房政策确定的收入标准;

(二)申请家庭人均现住房面积符合当地廉租住房政策确定的面积标准;

(三)申请家庭成员中至少有1人为当地非农业常住户口;

(四)申请家庭成员之间有法定的赡养、扶养或者抚养关系;

(五)符合当地廉租住房政策规定的其他标准。

第五条 申请廉租住房,应当由申请家庭的户主作为申请人;户主不具有完全民事行为能力的,申请家庭推举具有完全民事行为能力的家庭成员作为申请人。

申请人应当向户口所在地街道办事处或乡镇人民政府(以下简称受理机关)提出书面申请,并提供下列申请材料:

(一)民政部门出具的最低生活保障、救助证明或政府认定有关部门或单位出具的收入证明;

(二)申请家庭成员所在单位或居住地街道办事处出具的现住房证明;

(三)申请家庭成员身份证和户口簿;

(四)地方政府或房地产行政主管部门规定需要提交的其他证明材料。

申请人为非户主的,还应当出具其他具有完全行为能力的家庭成员共同签名的书面委托书。

第六条 受理机关收到廉租住房申请材料后,应当及时作出是否受理的决定,并向申请人

出具书面凭证。申请资料不齐全或者不符合法定形式的，应当在5日内书面告知申请人需要补正的全部内容，受理时间从申请人补齐资料的次日起计算；逾期不告知的，自收到申请材料之日起即为受理。

材料齐备后，受理机关应当及时签署意见并将全部申请资料移交房地产行政主管部门。

第七条 接到受理机关移交的申请资料后，房地产行政主管部门应当会同民政等部门组成审核小组予以审核。并可以通过查档取证、入户调查、邻里访问以及信函索证等方式对申请家庭收入、家庭人口和住房状况进行调查。申请家庭及有关单位、组织或者个人应当如实提供有关情况。房地产行政主管部门应当自收到申请材料之日起15日内向申请人出具审核决定。

经审核不符合条件的，房地产行政主管部门应当书面通知申请人，说明理由。经审核符合条件的，房地产行政主管部门应当在申请人的户口所在地、居住地或工作单位将审核决定予以公示，公示期限为15日。

第八条 经公示无异议或者异议不成立的，由房地产行政主管部门予以登记，并书面通知申请人。

经公示有异议的，房地产行政主管部门应在10日内完成核实。经核实异议成立的，不予登记。对不予登记的，应当书面通知申请人，说明不予登记的理由。

第九条 对于已登记的、申请租赁住房补贴或者实物配租的家庭，由房地产行政主管部门按照规定条件排队轮候。经民政等部门认定的由于无劳动能力、无生活来源、无法定赡养人、扶养人或抚养人、优抚对象、重度残疾等原因造成困难的家庭可优先予以解决。

轮候期间，申请家庭收入、人口、住房等情况发生变化，申请人应当及时告知房地产行政主管部门，经审核后，房地产行政主管部门应对变更情况进行变更登记，不再符合廉租住房条件的，由房地产行政主管部门取消资格。

第十条 已准予租赁住房补贴的家庭，应当与房地产行政主管部门签订《廉租住房租赁补贴协议》。协议应当明确租赁住房补贴标准、停止廉租住房补贴的规定及违约责任。租赁补贴家庭根据协议约定，可以根据居住需要，选择适当的住房，在与出租人达成租赁意向后，报房地产行政主管部门审查。经审查同意后，方可与出租人签订房屋租赁合同，并报房地产行政主管部门备案。房地产行政主管部门按规定标准向该家庭发放租赁补贴，用于冲减房屋租金。

第十一条 已准予实物配租的家庭，应当与廉租住房产权人签订廉租住房租赁合同。合同应当明确廉租住房情况、租金标准、腾退住房方式及违约责任等内容。承租人应当按照合同约定的标准缴纳租金，并按约定的期限腾退原有住房。

确定实物配租的最低收入家庭不接受配租方案的，原则上不再享有实物配租资格，房地产行政主管部门可视情况采取发放租赁住房补贴或其他保障方式对其实施住房保障。

第十二条 已准予租金核减的家庭，由房地产行政主管部门出具租金核减认定证明，到房屋产权单位办理租金核减手续。

第十三条 房地产行政主管部门应当在发放租赁住房补贴、配租廉租住房或租金核减后一个月内将结果在一定范围内予以公布。

第十四条 享受廉租住房保障的最低收入家庭应当按年度向房地产行政主管部门如实申报家庭收入、人口及住房变动情况。

房地产行政主管部门应当每年会同民政等相关部门对享受廉租住房保障家庭的收入、人口及住房等状况进行复核，并根据复核结果对享受廉租住房保障的资格、方式、额度等进行及时调整并书面告知当事人。

第十五条 享受廉租住房保障的家庭有下列情况之一的，由房地产行政主管部门作出取

消保障资格的决定,收回承租的廉租住房,或者停止发放租赁补贴,或者停止租金核减:

（一）未如实申报家庭收入、家庭人口及住房状况的;

（二）家庭人均收入连续一年以上超出当地廉租住房政策确定的收入标准的;

（三）因家庭人数减少或住房面积增加,人均住房面积超出当地廉租住房政策确定的住房标准的;

（四）擅自改变房屋用途的;

（五）将承租的廉租住房转借、转租的;

（六）连续六个月以上未在廉租住房居住的。

第十六条 房地产行政主管部门作出取消保障资格的决定后,应当在5日内书面通知当事人,说明理由。享受实物配租的家庭应当将承租的廉租住房在规定的期限内退回。逾期不退回的,房地产行政主管部门可以依法申请人民法院强制执行。

第十七条 房地产行政主管部门或者其他有关行政管理部门工作人员,违反本办法规定,在廉租住房管理工作中利用职务上的便利,收受他人财物或者其他好处的,对已批准的廉租住房不依法履行监督管理职责的,或者发现违法行为不予查处的,依法给予行政处分;构成犯罪的,依法追究刑事责任。

第十八条 各地可根据当地的实际情况制定具体细则。

第十九条 纳入廉租住房管理的其他家庭的申请、审核及退出管理办法,由各地结合当地实际情况,比照本办法自行制定。

第二十条 本办法自2005年10月1日起施行。

廉租住房保障办法

1. 2007年11月8日建设部、国家发展和改革委员会、监察部等发布

2. 自2007年12月1日起施行

第一章 总 则

第一条 为促进廉租住房制度建设,逐步解决城市低收入家庭的住房困难,制定本办法。

第二条 城市低收入住房困难家庭的廉租住房保障及其监督管理,适用本办法。

本办法所称城市低收入住房困难家庭,是指城市和县人民政府所在地的镇范围内,家庭收入、住房状况等符合市、县人民政府规定条件的家庭。

第三条 市、县人民政府应当在解决城市低收入家庭住房困难的发展规划及年度计划中,明确廉租住房保障工作目标、措施,并纳入本级国民经济与社会发展规划和住房建设规划。

第四条 国务院建设主管部门指导和监督全国廉租住房保障工作。县级以上地方人民政府建设(住房保障)主管部门负责本行政区域内廉租住房保障管理工作。廉租住房保障的具体工作可以由市、县人民政府确定的实施机构承担。

县级以上人民政府发展改革(价格)、监察、民政、财政、国土资源、金融管理、税务、统计等部门按照职责分工,负责廉租住房保障的相关工作。

第二章 保障方式

第五条 廉租住房保障方式实行货币补贴和实物配租等相结合。货币补贴是指县级以上地方人民政府向申请廉租住房保障的城市低收入住房困难家庭发放租赁住房补贴,由其自行承租住房。实物配租是指县级以上地方人民政府向申请廉租住房保障的城市低收入住房困难家庭提供住房,并按照规定标准收取租金。

实施廉租住房保障,主要通过发放租赁补贴,增强城市低收入住房困难家庭承租住房的能力。廉租住房紧缺的城市,应当通过新建和收购等方式,增加廉租住房实物配租的房源。

第六条 市、县人民政府应当根据当地家庭平均住房水平、财政承受能力以及城市低收入住房困难家庭的人口数量、结构等因素,以户为单位确定廉租住房保障面积标准。

第七条 采取货币补贴方式的,补贴额度按照城市低收入住房困难家庭现住房面积与保障面积标准的差额、每平方米租赁住房补贴标准确定。

每平方米租赁住房补贴标准由市、县人民政府根据当地经济发展水平、市场平均租金、城市低收入住房困难家庭的经济承受能力等因素确定。其中对城市居民最低生活保障家庭,可以按照当地市场平均租金确定租赁住房补贴标准;对其他城市低收入住房困难家庭,可以根据收入情况等分类确定租赁住房补贴标准。

第八条 采取实物配租方式的,配租面积为城市低收入住房困难家庭现住房面积与保障面积标准的差额。

实物配租的住房租金标准实行政府定价。实物配租住房的租金,按照配租面积和市、县人民政府规定的租金标准确定。有条件的地区,对城市居民最低生活保障家庭,可以免收实物配租住房中住房保障面积标准内的租金。

第三章 保障资金及房屋来源

第九条 廉租住房保障资金采取多种渠道筹措。

廉租住房保障资金来源包括:

(一)年度财政预算安排的廉租住房保障资金;

(二)提取贷款风险准备金和管理费用后的住房公积金增值收益余额;

(三)土地出让净收益中安排的廉租住房保障资金;

(四)政府的廉租住房租金收入;

(五)社会捐赠及其他方式筹集的资金。

第十条 提取贷款风险准备金和管理费用后的住房公积金增值收益余额,应当全部用于廉租住房建设。

土地出让净收益用于廉租住房保障资金的比例,不得低于10%。

政府的廉租住房租金收入应当按照国家财政预算支出和财务制度的有关规定,实行收支两条线管理,专项用于廉租住房的维护和管理。

第十一条 对中西部财政困难地区,按照中央预算内投资补助和中央财政廉租住房保障专项补助资金的有关规定给予支持。

第十二条 实物配租的廉租住房来源主要包括:

(一)政府新建、收购的住房;

(二)腾退的公有住房;

(三)社会捐赠的住房;

(四)其他渠道筹集的住房。

第十三条 廉租住房建设用地,应当在土地供应计划中优先安排,并在申报年度用地指标时单独列出,采取划拨方式,保证供应。

廉租住房建设用地的规划布局,应当考虑城市低收入住房困难家庭居住和就业的便利。

廉租住房建设应当坚持经济、适用原则,提高规划设计水平,满足基本使用功能,应当按照发展节能省地环保型住宅的要求,推广新材料、新技术、新工艺。廉租住房应当符合国家质量安全标准。

第十四条 新建廉租住房,应当采取配套建设与相对集中建设相结合的方式,主要在经济适用住房、普通商品住房项目中配套建设。

新建廉租住房,应当将单套的建筑面积控制在50平方米以内,并根据城市低收入住房困难家庭的居住需要,合理确定套型结构。

配套建设廉租住房的经济适用住房或者普通商品住房项目，应当在用地规划、国有土地划拨决定书或者国有土地使用权出让合同中，明确配套建设的廉租住房总建筑面积、套数、布局、套型以及建成后的移交或回购等事项。

第十五条　廉租住房建设免征行政事业性收费和政府性基金。

鼓励社会捐赠住房作为廉租住房房源或捐赠用于廉租住房的资金。

政府或经政府认定的单位新建、购买、改建住房作为廉租住房，社会捐赠廉租住房房源、资金，按照国家规定的有关税收政策执行。

第四章　申请与核准

第十六条　申请廉租住房保障，应当提供下列材料：

（一）家庭收入情况的证明材料；

（二）家庭住房状况的证明材料；

（三）家庭成员身份证和户口簿；

（四）市、县人民政府规定的其他证明材料。

第十七条　申请廉租住房保障，按照下列程序办理：

（一）申请廉租住房保障的家庭，应当由户主向户口所在地街道办事处或者镇人民政府提出书面申请；

（二）街道办事处或者镇人民政府应当自受理申请之日起30日内，就申请人的家庭收入、家庭住房状况是否符合规定条件进行审核，提出初审意见并张榜公布，将初审意见和申请材料一并报送市（区）、县人民政府建设（住房保障）主管部门；

（三）建设（住房保障）主管部门应当自收到申请材料之日起15日内，就申请人的家庭住房状况是否符合规定条件提出审核意见，并将符合条件的申请人的申请材料转同级民政部门；

（四）民政部门应当自收到申请材料之日起15日内，就申请人的家庭收入是否符合规定条件提出审核意见，并反馈同级建设（住房保障）主管部门；

（五）经审核，家庭收入、家庭住房状况符合规定条件的，由建设（住房保障）主管部门予以公示，公示期限为15日；对经公示无异议或者异议不成立的，作为廉租住房保障对象予以登记，书面通知申请人，并向社会公开登记结果。

经审核，不符合规定条件的，建设（住房保障）主管部门应当书面通知申请人，说明理由。申请人对审核结果有异议的，可以向建设（住房保障）主管部门申诉。

第十八条　建设（住房保障）主管部门、民政等有关部门以及街道办事处、镇人民政府，可以通过入户调查、邻里访问以及信函索证等方式对申请人的家庭收入和住房状况等进行核实。申请人及有关单位和个人应当予以配合，如实提供有关情况。

第十九条　建设（住房保障）主管部门应当综合考虑登记的城市低收入住房困难家庭的收入水平、住房困难程度和申请顺序以及个人申请的保障方式等，确定相应的保障方式及轮候顺序，并向社会公开。

对已经登记为廉租住房保障对象的城市居民最低生活保障家庭，凡申请租赁住房货币补贴的，要优先安排发放补贴，基本做到应保尽保。

实物配租应当优先面向已经登记为廉租住房保障对象的孤、老、病、残等特殊困难家庭，城市居民最低生活保障家庭以及其他急需救助的家庭。

第二十条　对轮候到位的城市低收入住房困难家庭，建设（住房保障）主管部门或者具体实施机构应当按照已确定的保障方式，与其签订租赁住房补贴协议或者廉租住房租赁合同，予以发放租赁住房补贴或者配租廉租住房。

发放租赁住房补贴和配租廉租住房的结果，应当予以公布。

第二十一条 租赁住房补贴协议应当明确租赁住房补贴额度、停止发放租赁住房补贴的情形等内容。

廉租住房租赁合同应当明确下列内容：

（一）房屋的位置、朝向、面积、结构、附属设施和设备状况；

（二）租金及其支付方式；

（三）房屋用途和使用要求；

（四）租赁期限；

（五）房屋维修责任；

（六）停止实物配租的情形，包括承租人已不符合规定条件的，将所承租的廉租住房转借、转租或者改变用途，无正当理由连续6个月以上未在所承租的廉租住房居住或者未交纳廉租住房租金等；

（七）违约责任及争议解决办法，包括退回廉租住房、调整租金、依照有关法律法规规定处理等；

（八）其他约定。

第五章 监督管理

第二十二条 国务院建设主管部门、省级建设（住房保障）主管部门应当会同有关部门，加强对廉租住房保障工作的监督检查，并公布监督检查结果。

市、县人民政府应当定期向社会公布城市低收入住房困难家庭廉租住房保障情况。

第二十三条 市（区）、县人民政府建设（住房保障）主管部门应当按户建立廉租住房档案，并采取定期走访、抽查等方式，及时掌握城市低收入住房困难家庭的人口、收入及住房变动等有关情况。

第二十四条 已领取租赁住房补贴或者配租廉租住房的城市低收入住房困难家庭，应当按年度向所在地街道办事处或者镇人民政府如实申报家庭人口、收入及住房等变动情况。

街道办事处或者镇人民政府可以对申报情况进行核实、张榜公布，并将申报情况及核实结果报建设（住房保障）主管部门。

建设（住房保障）主管部门应当根据城市低收入住房困难家庭人口、收入、住房等变化情况，调整租赁住房补贴额度或实物配租面积、租金等；对不再符合规定条件的，应当停止发放租赁住房补贴，或者由承租人按照合同约定退回廉租住房。

第二十五条 城市低收入住房困难家庭不得将所承租的廉租住房转借、转租或者改变用途。

城市低收入住房困难家庭违反前款规定或者有下列行为之一的，应当按照合同约定退回廉租住房：

（一）无正当理由连续6个月以上未在所承租的廉租住房居住的；

（二）无正当理由累计6个月以上未交纳廉租住房租金的。

第二十六条 城市低收入住房困难家庭未按照合同约定退回廉租住房的，建设（住房保障）主管部门应当责令其限期退回；逾期未退回的，可以按照合同约定，采取调整租金等方式处理。

城市低收入住房困难家庭拒绝接受前款规定的处理方式的，由建设（住房保障）主管部门或者具体实施机构依照有关法律法规规定处理。

第二十七条 城市低收入住房困难家庭的收入标准、住房困难标准等以及住房保障面积标准，实行动态管理，由市、县人民政府每年向社会公布一次。

第二十八条 任何单位和个人有权对违反本办法规定的行为进行检举和控告。

第六章 法律责任

第二十九条 城市低收入住房困难家庭隐瞒有关情况或者提供虚假材料申请廉租住房保障的，建设（住房保障）主管部门不予受理，并给予警告。

第三十条 对以欺骗等不正当手段，取得审核同意或者获得廉租住房保障的，由建设（住房保障）主管部门给予警告；对已经登记但尚未获得廉租住房保障的，取消其登记；对已经获得廉租住房保障的，责令其退还已领取的租赁住房补贴，或者退出实物配租的住房并按市场价格补交以前房租。

第三十一条 廉租住房保障实施机构违反本办法规定，不执行政府规定的廉租住房租金标准的，由价格主管部门依法查处。

第三十二条 违反本办法规定，建设(住房保障)主管部门及有关部门的工作人员或者市、县人民政府确定的实施机构的工作人员，在廉租住房保障工作中滥用职权、玩忽职守、徇私舞弊的，依法给予处分；构成犯罪的，依法追究刑事责任。

第七章 附 则

第三十三条 对承租直管公房的城市低收入家庭，可以参照本办法有关规定，对住房保障面积标准范围内的租金予以适当减免。

第三十四条 本办法自2007年12月1日起施行。2003年12月31日发布的《城镇最低收入家庭廉租住房管理办法》(建设部、财政部、民政部、国土资源部、国家税务总局令第120号)同时废止。

廉租住房建设贷款管理办法

1. 2008年12月3日中国人民银行、中国银行业监督管理委员会发布
2. 银发〔2008〕355号

第一条 为支持廉租住房建设，维护借贷双方的合法权益，根据国家有关法律法规，制定本办法。

第二条 本办法所称廉租住房建设贷款是指用于支持廉租住房新建、改建的贷款。

第三条 本办法所称贷款人是指中华人民共和国境内依法设立的、经中国银行业监督管理委员会及其派驻机构批准的银行业金融机构。

本办法所称借款人是指依法设立的，具有房地产开发资质的，从事廉租住房建设的房地产开发企业。

第四条 申请廉租住房建设贷款应具备以下条件：

(一)廉租住房项目应已纳入政府年度廉租住房建设计划，并按规定取得政府有关部门的批准文件。

(二)已与政府签订廉租住房回购协议。

(三)在贷款银行开立专用存款账户。

(四)提供贷款人认可的有效担保。

(五)新建廉租住房项目已取得所需的《国有土地使用证》、《建设用地规划许可证》、《建设工程规划许可证》和《建设工程施工许可证》；改建廉租住房已取得有关部门颁发的许可文件。

(六)新建廉租住房项目资本金不低于项目总投资20%的比例；改建廉租住房项目资本金不低于项目总投资30%的比例。

(七)借款人信用状况良好，无不良记录。

(八)贷款人规定的其他条件。

第五条 贷款人应对借款人和建设项目进行调查、评估，加强贷款审查。借款人应按要求向贷款人提供有关资料。

第六条 贷款申请金额不得高于回购协议确定的回购价款。

第七条 廉租住房建设贷款期限最长不超过5年，具体由借贷双方协商确定。

第八条 廉租住房建设贷款利率应按中国人民银行公布的同期同档次贷款基准利率下浮10%执行。

第九条 一个廉租住房建设项目的贷款业务原则上由一家银行主办。对规模较大的项目，可以由主办银行组织银团贷款。

第十条 贷款人应对廉租住房建设贷款单独管理，设立单独的会计科目进行核算，并进行单项统计。

第十一条 廉租住房建设贷款应实行封闭管理，在项目资本金投入项目建设后，按照工程进度进行资金拨付。贷款人应通过专用存款账户对资金的流入和流出等进行有效监控管理,并建立单独台账,对每笔贷款发生时间、流向、用途、收款单位、金额、审核人等进行详细记录。借贷双方应另行签订封闭管理协议。

第十二条 贷款人应监督借款人按以下原则用款:

(一)专款专用,不得挤占挪用。

(二)先使用项目资本金,后使用贷款。

(三)按项目进度用款。

第十三条 贷款人应逐笔审查贷款使用情况;借款人应按期通报贷款使用情况、廉租住房建设进展情况以及财务状况。

第十四条 廉租住房建设贷款应为担保贷款。借款人不能提供足额抵(质)押的,应由贷款人认可的第三方提供承担连带责任的保证。

第十五条 借款人违约时,贷款人可做如下处理:

借款人挪用贷款,贷款人可以停发贷款,并收回已发放贷款;

借款人不按合同约定使用贷款或归还贷款本息的,贷款人可以按合同约定计收罚息;

经借贷双方协商,借款人可以提前归还贷款,贷款人可以不收取提前还款违约金。

第十六条 凡开办廉租住房建设贷款业务的银行业金融机构,应依据本办法制定相应的操作细则。

第十七条 本办法由中国人民银行会同中国银行业监督管理委员会负责解释。中国人民银行将会同有关部门定期对各城市和地区的廉租住房建设贷款质量等信息进行披露。

第十八条 本办法自颁布之日起 30 日后施行。

商品房屋租赁管理办法

1. 2010 年 12 月 1 日住房和城乡建设部令第 6 号公布
2. 自 2011 年 2 月 1 日起施行

第一条 为加强商品房屋租赁管理,规范商品房屋租赁行为,维护商品房屋租赁双方当事人的合法权益,根据《中华人民共和国城市房地产管理法》等有关法律、法规,制定本办法。

第二条 城市规划区内国有土地上的商品房屋租赁(以下简称房屋租赁)及其监督管理,适用本办法。

第三条 房屋租赁应当遵循平等、自愿、合法和诚实信用原则。

第四条 国务院住房和城乡建设主管部门负责全国房屋租赁的指导和监督工作。

县级以上地方人民政府建设(房地产)主管部门负责本行政区域内房屋租赁的监督管理。

第五条 直辖市、市、县人民政府建设(房地产)主管部门应当加强房屋租赁管理规定和房屋使用安全知识的宣传,定期分区域公布不同类型房屋的市场租金水平等信息。

第六条 有下列情形之一的房屋不得出租:

(一)属于违法建筑的;

(二)不符合安全、防灾等工程建设强制性标准的;

(三)违反规定改变房屋使用性质的;

(四)法律、法规规定禁止出租的其他情形。

第七条 房屋租赁当事人应当依法订立租赁合同。房屋租赁合同的内容由当事人双方约定,一般应当包括以下内容:

(一)房屋租赁当事人的姓名(名称)和住所;

(二)房屋的坐落、面积、结构、附属设施,家具和家电等室内设施状况;

(三)租金和押金数额、支付方式;

（四）租赁用途和房屋使用要求；

（五）房屋和室内设施的安全性能；

（六）租赁期限；

（七）房屋维修责任；

（八）物业服务、水、电、燃气等相关费用的缴纳；

（九）争议解决办法和违约责任；

（十）其他约定。

房屋租赁当事人应当在房屋租赁合同中约定房屋被征收或者拆迁时的处理办法。

建设（房地产）管理部门可以会同工商行政管理部门制定房屋租赁合同示范文本，供当事人选用。

第八条 出租住房的，应当以原设计的房间为最小出租单位，人均租住建筑面积不得低于当地人民政府规定的最低标准。

厨房、卫生间、阳台和地下储藏室不得出租供人员居住。

第九条 出租人应当按照合同约定履行房屋的维修义务并确保房屋和室内设施安全。未及时修复损坏的房屋，影响承租人正常使用的，应当按照约定承担赔偿责任或者减少租金。

房屋租赁合同期内，出租人不得单方面随意提高租金水平。

第十条 承租人应当按照合同约定的租赁用途和使用要求合理使用房屋，不得擅自改动房屋承重结构和拆改室内设施，不得损害其他业主和使用人的合法权益。

承租人因使用不当等原因造成承租房屋和设施损坏的，承租人应当负责修复或者承担赔偿责任。

第十一条 承租人转租房屋的，应当经出租人书面同意。

承租人未经出租人书面同意转租的，出租人可以解除租赁合同，收回房屋并要求承租人赔偿损失。

第十二条 房屋租赁期间内，因赠与、析产、继承或者买卖转让房屋的，原房屋租赁合同继续有效。

承租人在房屋租赁期间死亡的，与其生前共同居住的人可以按照原租赁合同租赁该房屋。

第十三条 房屋租赁期间出租人出售租赁房屋的，应当在出售前合理期限内通知承租人，承租人在同等条件下有优先购买权。

第十四条 房屋租赁合同订立后三十日内，房屋租赁当事人应当到租赁房屋所在地直辖市、市、县人民政府建设（房地产）主管部门办理房屋租赁登记备案。

房屋租赁当事人可以书面委托他人办理房屋租赁登记备案。

第十五条 办理房屋租赁登记备案，房屋租赁当事人应当提交下列材料：

（一）房屋租赁合同；

（二）房屋租赁当事人身份证明；

（三）房屋所有权证书或者其他合法权属证明；

（四）直辖市、市、县人民政府建设（房地产）主管部门规定的其他材料。

房屋租赁当事人提交的材料应当真实、合法、有效，不得隐瞒真实情况或者提供虚假材料。

第十六条 对符合下列要求的，直辖市、市、县人民政府建设（房地产）主管部门应当在三个工作日内办理房屋租赁登记备案，向租赁当事人开具房屋租赁登记备案证明：

（一）申请人提交的申请材料齐全并且符合法定形式；

（二）出租人与房屋所有权证书或者其他合法权属证明记载的主体一致；

（三）不属于本办法第六条规定不得出租的房屋。

申请人提交的申请材料不齐全或者不符合法定形式的，直辖市、市、县人民政府建设（房地产）主管部门应当告知房屋租赁当事人需要补正的内容。

第十七条 房屋租赁登记备案证明应当载明出租人的姓名或者名称，承租人的姓名或者名称、有效身份证件种类和号码，出租房屋的坐落、租赁用途、租金数额、租赁期限等。

第十八条 房屋租赁登记备案证明遗失的,应当向原登记备案的部门补领。

第十九条 房屋租赁登记备案内容发生变化、续租或者租赁终止的,当事人应当在三十日内,到原租赁登记备案的部门办理房屋租赁登记备案的变更、延续或者注销手续。

第二十条 直辖市、市、县建设(房地产)主管部门应当建立房屋租赁登记备案信息系统,逐步实行房屋租赁合同网上登记备案,并纳入房地产市场信息系统。

房屋租赁登记备案记载的信息应当包含以下内容:

(一)出租人的姓名(名称)、住所;

(二)承租人的姓名(名称)、身份证件种类和号码;

(三)出租房屋的坐落、租赁用途、租金数额、租赁期限;

(四)其他需要记载的内容。

第二十一条 违反本办法第六条规定的,由直辖市、市、县人民政府建设(房地产)主管部门责令限期改正,对没有违法所得的,可处以五千元以下罚款;对有违法所得的,可以处以违法所得一倍以上三倍以下,但不超过三万元的罚款。

第二十二条 违反本办法第八条规定的,由直辖市、市、县人民政府建设(房地产)主管部门责令限期改正,逾期不改正的,可处以五千元以上三万元以下罚款。

第二十三条 违反本办法第十四条第一款、第十九条规定的,由直辖市、市、县人民政府建设(房地产)主管部门责令限期改正;个人逾期不改正的,处以一千元以下罚款;单位逾期不改正的,处以一千元以上一万元以下罚款。

第二十四条 直辖市、市、县人民政府建设(房地产)主管部门对符合本办法规定的房屋租赁登记备案申请不予办理、对不符合本办法规定的房屋租赁登记备案申请予以办理,或者对房屋租赁登记备案信息管理不当,给租赁当事人造成损失的,对直接负责的主管人员和其他直接责任人员依法给予处分;构成犯罪的,依法追究刑事责任。

第二十五条 保障性住房租赁按照国家有关规定执行。

第二十六条 城市规划区外国有土地上的房屋租赁和监督管理,参照本办法执行。

第二十七条 省、自治区、直辖市人民政府住房和城乡建设主管部门可以依据本办法制定实施细则。

第二十八条 本办法自2011年2月1日起施行,建设部1995年5月9日发布的《城市房屋租赁管理办法》(建设部令第42号)同时废止。

公共租赁住房管理办法

1. 2012年5月28日住房和城乡建设部令第11号公布

2. 自2012年7月15日起施行

第一章 总 则

第一条 为了加强对公共租赁住房的管理,保障公平分配,规范运营与使用,健全退出机制,制定本办法。

第二条 公共租赁住房的分配、运营、使用、退出和管理,适用本办法。

第三条 本办法所称公共租赁住房,是指限定建设标准和租金水平,面向符合规定条件的城镇中等偏下收入住房困难家庭、新就业无房职工和在城镇稳定就业的外来务工人员出租的保障性住房。

公共租赁住房通过新建、改建、收购、长期租赁等多种方式筹集,可以由政府投资,也可以由政府提供政策支持、社会力量投资。

公共租赁住房可以是成套住房,也可以是宿舍型住房。

第四条 国务院住房和城乡建设主管部门负责全国公共租赁住房的指导和监督工作。

县级以上地方人民政府住房城乡建设

（住房保障）主管部门负责本行政区域内的公共租赁住房管理工作。

第五条　直辖市和市、县级人民政府住房保障主管部门应当加强公共租赁住房管理信息系统建设，建立和完善公共租赁住房管理档案。

第六条　任何组织和个人对违反本办法的行为都有权进行举报、投诉。

住房城乡建设（住房保障）主管部门接到举报、投诉，应当依法及时核实、处理。

第二章　申请与审核

第七条　申请公共租赁住房，应当符合以下条件：

（一）在本地无住房或者住房面积低于规定标准；

（二）收入、财产低于规定标准；

（三）申请人为外来务工人员的，在本地稳定就业达到规定年限。

具体条件由直辖市和市、县级人民政府住房保障主管部门根据本地区实际情况确定，报本级人民政府批准后实施并向社会公布。

第八条　申请人应当根据市、县级人民政府住房保障主管部门的规定，提交申请材料，并对申请材料的真实性负责。申请人应当书面同意市、县级人民政府住房保障主管部门核实其申报信息。

申请人提交的申请材料齐全的，市、县级人民政府住房保障主管部门应当受理，并向申请人出具书面凭证；申请材料不齐全的，应当一次性书面告知申请人需要补正的材料。

对在开发区和园区集中建设面向用工单位或者园区就业人员配租的公共租赁住房，用人单位可以代表本单位职工申请。

第九条　市、县级人民政府住房保障主管部门应当会同有关部门，对申请人提交的申请材料进行审核。

经审核，对符合申请条件的申请人，应当予以公示，经公示无异议或者异议不成立的，登记为公共租赁住房轮候对象，并向社会公开；对不符合申请条件的申请人，应当书面通知并说明理由。

申请人对审核结果有异议，可以向市、县级人民政府住房保障主管部门申请复核。市、县级人民政府住房保障主管部门应当会同有关部门进行复核，并在15个工作日内将复核结果书面告知申请人。

第三章　轮候与配租

第十条　对登记为轮候对象的申请人，应当在轮候期内安排公共租赁住房。

直辖市和市、县级人民政府住房保障主管部门应当根据本地区经济发展水平和公共租赁住房需求，合理确定公共租赁住房轮候期，报本级人民政府批准后实施并向社会公布。轮候期一般不超过5年。

第十一条　公共租赁住房房源确定后，市、县级人民政府住房保障主管部门应当制定配租方案并向社会公布。

配租方案应当包括房源的位置、数量、户型、面积，租金标准，供应对象范围，意向登记时限等内容。

企事业单位投资的公共租赁住房的供应对象范围，可以规定为本单位职工。

第十二条　配租方案公布后，轮候对象可以按照配租方案，到市、县级人民政府住房保障主管部门进行意向登记。

市、县级人民政府住房保障主管部门应当会同有关部门，在15个工作日内对意向登记的轮候对象进行复审。对不符合条件的，应当书面通知并说明理由。

第十三条　对复审通过的轮候对象，市、县级人民政府住房保障主管部门可以采取综合评分、随机摇号等方式，确定配租对象与配租排序。

综合评分办法、摇号方式及评分、摇号的过程和结果应当向社会公开。

第十四条　配租对象与配租排序确定后应当

予以公示。公示无异议或者异议不成立的，配租对象按照配租排序选择公共租赁住房。

配租结果应当向社会公开。

第十五条 复审通过的轮候对象中享受国家定期抚恤补助的优抚对象、孤老病残人员等，可以优先安排公共租赁住房。优先对象的范围和优先安排的办法由直辖市和市、县级人民政府住房保障主管部门根据本地区实际情况确定，报本级人民政府批准后实施并向社会公布。

社会力量投资和用人单位代表本单位职工申请的公共租赁住房，只能向经审核登记为轮候对象的申请人配租。

第十六条 配租对象选择公共租赁住房后，公共租赁住房所有权人或者其委托的运营单位与配租对象应当签订书面租赁合同。

租赁合同签订前，所有权人或者其委托的运营单位应当将租赁合同中涉及承租人责任的条款内容和应当退回公共租赁住房的情形向承租人明确说明。

第十七条 公共租赁住房租赁合同一般应当包括以下内容：

（一）合同当事人的名称或姓名；

（二）房屋的位置、用途、面积、结构、室内设施和设备，以及使用要求；

（三）租赁期限、租金数额和支付方式；

（四）房屋维修责任；

（五）物业服务、水、电、燃气、供热等相关费用的缴纳责任；

（六）退回公共租赁住房的情形；

（七）违约责任及争议解决办法；

（八）其他应当约定的事项。

省、自治区、直辖市人民政府住房城乡建设（住房保障）主管部门应当制定公共租赁住房租赁合同示范文本。

合同签订后，公共租赁住房所有权人或者其委托的运营单位应当在30日内将合同报市、县级人民政府住房保障主管部门备案。

第十八条 公共租赁住房租赁期限一般不超过5年。

第十九条 市、县级人民政府住房保障主管部门应当会同有关部门，按照略低于同地段住房市场租金水平的原则，确定本地区的公共租赁住房租金标准，报本级人民政府批准后实施。

公共租赁住房租金标准应当向社会公布，并定期调整。

第二十条 公共租赁住房租赁合同约定的租金数额，应当根据市、县级人民政府批准的公共租赁住房租金标准确定。

第二十一条 承租人应当根据合同约定，按时支付租金。

承租人收入低于当地规定标准的，可以依照有关规定申请租赁补贴或者减免。

第二十二条 政府投资的公共租赁住房的租金收入按照政府非税收入管理的有关规定缴入同级国库，实行收支两条线管理，专项用于偿还公共租赁住房贷款本息及公共租赁住房的维护、管理等。

第二十三条 因就业、子女就学等原因需要调换公共租赁住房的，经公共租赁住房所有权人或者其委托的运营单位同意，承租人之间可以互换所承租的公共租赁住房。

第四章 使用与退出

第二十四条 公共租赁住房的所有权人及其委托的运营单位应当负责公共租赁住房及其配套设施的维修养护，确保公共租赁住房的正常使用。

政府投资的公共租赁住房维修养护费用主要通过公共租赁住房租金收入以及配套商业服务设施租金收入解决，不足部分由财政预算安排解决；社会力量投资建设的公共租赁住房维修养护费用由所有权人及其委托的运营单位承担。

第二十五条 公共租赁住房的所有权人及其委托的运营单位不得改变公共租赁住房的保障性住房性质、用途及其配套设施的规划用途。

第二十六条 承租人不得擅自装修所承租公共租赁住房。确需装修的，应当取得公共租赁住房的所有权人或其委托的运营单位同意。

第二十七条 承租人有下列行为之一的，应当退回公共租赁住房：

（一）转借、转租或者擅自调换所承租公共租赁住房的；

（二）改变所承租公共租赁住房用途的；

（三）破坏或者擅自装修所承租公共租赁住房，拒不恢复原状的；

（四）在公共租赁住房内从事违法活动的；

（五）无正当理由连续6个月以上闲置公共租赁住房的。

承租人拒不退回公共租赁住房的，市、县级人民政府住房保障主管部门应当责令其限期退回；逾期不退回的，市、县级人民政府住房保障主管部门可以依法申请人民法院强制执行。

第二十八条 市、县级人民政府住房保障主管部门应当加强对公共租赁住房使用的监督检查。

公共租赁住房的所有权人及其委托的运营单位应当对承租人使用公共租赁住房的情况进行巡查，发现有违反本办法规定行为的，应当及时依法处理或者向有关部门报告。

第二十九条 承租人累计6个月以上拖欠租金的，应当腾退所承租的公共租赁住房；拒不腾退的，公共租赁住房的所有权人或者其委托的运营单位可以向人民法院提起诉讼，要求承租人腾退公共租赁住房。

第三十条 租赁期届满需要续租的，承租人应当在租赁期满3个月前向市、县级人民政府住房保障主管部门提出申请。

市、县级人民政府住房保障主管部门应当会同有关部门对申请人是否符合条件进行审核。经审核符合条件的，准予续租，并签订续租合同。

未按规定提出续租申请的承租人，租赁期满应当腾退公共租赁住房；拒不腾退的，公共租赁住房的所有权人或者其委托的运营单位可以向人民法院提起诉讼，要求承租人腾退公共租赁住房。

第三十一条 承租人有下列情形之一的，应当腾退公共租赁住房：

（一）提出续租申请但经审核不符合续租条件的；

（二）租赁期内，通过购买、受赠、继承等方式获得其他住房并不再符合公共租赁住房配租条件的；

（三）租赁期内，承租或者承购其他保障性住房的。

承租人有前款规定情形之一的，公共租赁住房的所有权人或者其委托的运营单位应当为其安排合理的搬迁期，搬迁期内租金按照合同约定的租金数额缴纳。

搬迁期满不腾退公共租赁住房，承租人确无其他住房的，应当按照市场价格缴纳租金；承租人有其他住房的，公共租赁住房的所有权人或者其委托的运营单位可以向人民法院提起诉讼，要求承租人腾退公共租赁住房。

第三十二条 房地产经纪机构及其经纪人员不得提供公共租赁住房出租、转租、出售等经纪业务。

第五章 法律责任

第三十三条 住房城乡建设（住房保障）主管部门及其工作人员在公共租赁住房管理工作中不履行本办法规定的职责，或者滥用职权、玩忽职守、徇私舞弊的，对直接负责的主管人员和其他直接责任人员依法给予处分；构成犯罪的，依法追究刑事责任。

第三十四条 公共租赁住房的所有权人及其委托的运营单位违反本办法，有下列行为之一的，由市、县级人民政府住房保障主管部门责令限期改正，并处以3万元以下罚款：

（一）向不符合条件的对象出租公共租赁住房的；

（二）未履行公共租赁住房及其配套设施维修养护义务的；

（三）改变公共租赁住房的保障性住房性质、用途，以及配套设施的规划用途的。

公共租赁住房的所有权人为行政机关的，按照本办法第三十三条处理。

第三十五条 申请人隐瞒有关情况或者提供虚假材料申请公共租赁住房的，市、县级人民政府住房保障主管部门不予受理，给予警告，并记入公共租赁住房管理档案。

以欺骗等不正手段，登记为轮候对象或者承租公共租赁住房的，由市、县级人民政府住房保障主管部门处以1000元以下罚款，记入公共租赁住房管理档案；登记为轮候对象的，取消其登记；已承租公共租赁住房的，责令限期退回所承租公共租赁住房，并按市场价格补缴租金，逾期不退回的，可以依法申请人民法院强制执行，承租人自退回公共租赁住房之日起五年内不得再次申请公共租赁住房。

第三十六条 承租人有下列行为之一的，由市、县级人民政府住房保障主管部门责令按市场价格补缴从违法行为发生之日起的租金，记入公共租赁住房管理档案，处以1000元以下罚款；有违法所得的，处以违法所得3倍以下但不超过3万元的罚款：

（一）转借、转租或者擅自调换所承租公共租赁住房的；

（二）改变所承租公共租赁住房用途的；

（三）破坏或者擅自装修所承租公共租赁住房，拒不恢复原状的；

（四）在公共租赁住房内从事违法活动的；

（五）无正当理由连续6个月以上闲置公共租赁住房的。

有前款所列行为，承租人自退回公共租赁住房之日起五年内不得再次申请公共租赁住房；造成损失的，依法承担赔偿责任。

第三十七条 违反本办法第三十二条的，依照《房地产经纪管理办法》第三十七条，由县级以上地方人民政府住房城乡建设（房地产）主管部门责令限期改正，记入房地产经纪信用档案；对房地产经纪人员，处以1万元以下罚款；对房地产经纪机构，取消网上签约资格，处以3万元以下罚款。

第六章 附 则

第三十八条 省、自治区、直辖市住房城乡建设（住房保障）主管部门可以根据本办法制定实施细则。

第三十九条 本办法自2012年7月15日起施行。

建设部、中国人民银行、中国银行业监督管理委员会关于规范与银行信贷业务相关的房地产抵押估价管理有关问题的通知

1. *2006年1月13日*
2. *建住房〔2006〕8号*

各省、自治区建设厅，直辖市房地局（建委），中国人民银行各分行、营业管理部、各省会（自治区首府）城市中心支行、副省级城市中心支行，各银监局，各国有商业银行、股份制商业银行：

为了加强房地产抵押估价管理，防范房地产信贷风险，维护房地产抵押当事人的合法权益，根据有关法律法规，现就有关问题通知如下：

一、房地产管理部门要建立和完善房地产估价机构、注册房地产估价师信用档案，完善商品房预售合同登记备案、房屋权属登记等信息系统，为公众提供便捷的查询服务。

房屋权属档案和有关原始凭证的查阅，按照《城市房地产权属档案管理办法》的有关规定办理。

二、商业银行在发放房地产抵押贷款前，应当确定房地产抵押价值。房地产抵押价值由抵押当事人协商议定，或者由房地产估价机构进行评估。

房地产抵押价值由抵押当事人协商议定的，应当向房地产管理部门提供确定房地产抵押价值的书面协议；由房地产估价机构评估的，应当向房地产管理部门提供房地产抵押估价报告。

房地产管理部门不得要求抵押当事人委托评估房地产抵押价值，不得指定房地产估价机构评估房地产抵押价值。

三、房地产抵押估价原则上由商业银行委托，但商业银行与借款人另有约定的，从其约定。估价费用由委托人承担。

四、房地产估价机构的选用，由商业银行内信贷决策以外的部门，按照公正、公开、透明的原则，择优决定。

商业银行内部对房地产抵押价值进行审核的人员，应当具备房地产估价专业知识和技能，不得参与信贷决策。

房地产估价机构的选用办法由商业银行制定。

五、商业银行及其工作人员不得以任何形式向房地产估价机构收取中间业务费、业务协作费、回扣以及具有类似性质的不合理或非法费用。

六、任何单位和个人不得非法干预房地产抵押估价活动和估价结果。

七、房地产估价机构应当坚持独立、客观、公正的原则，严格执行房地产估价规范和标准，不得以迎合高估或者低估要求、给予“回扣”、恶意压低收费等不正当方式承揽房地产抵押估价业务。

八、商业银行应当加强对已抵押房地产市场价格变化的监测，及时掌握抵押价值变化情况。可以委托房地产估价机构定期或者在市场价格变化较快时，评估房地产抵押价值。

处置抵押房地产前，应当委托房地产估价机构进行评估，了解房地产的市场价值。

九、房地产管理部门要定期对房地产估价报告进行抽检，对有高估或低估等禁止行为的房地产估价机构和注册房地产估价师，要依法严肃查处，并记入其信用档案，向社会公示。

十、房地产抵押价值评估应当按照《房地产抵押估价指导意见》的要求进行。

十一、违反本通知规定的，由相关部门按照有关规定进行查处，并依法追究有关责任人的责任。

附：房地产抵押估价指导意见

附：

房地产抵押估价指导意见

第一条 为了规范房地产抵押估价行为，保证房地产抵押估价质量，维护房地产抵押当事人的合法权益，防范房地产信贷风险，根据《中华人民共和国城市房地产管理法》、《中华人民共和国担保法》以及《房地产估价规范》、《商业银行房地产贷款风险管理指引》，制定本意见。

第二条 本意见适用于各类房地产抵押估价活动。

第三条 本意见所称房地产抵押估价，是指为确定房地产抵押贷款额度提供价值参考依据，对房地产抵押价值进行分析、估算和判定的活动。

第四条 房地产抵押价值为抵押房地产在估价时点的市场价值，等于假定未设立法定优先受偿权利下的市场价值减去房地产估价师知悉的法定优先受偿款。

本意见所称抵押房地产，包括拟抵押房地产和已抵押房地产。

法定优先受偿款是指假定在估价时点实现抵押权时，法律规定优先于本次抵押贷款受偿的款额，包括发包人拖欠承包人的建筑工程价款，已抵押担保的债权数额，以及其他法定优先受偿款。

第五条 房地产抵押估价应当遵守独立、客观、公正、合法、谨慎的原则。

第六条 房地产估价机构、房地产估价人员与房地产抵押当事人有利害关系或者是房地产抵押当事人的,应当回避。

第七条 从事房地产抵押估价的房地产估价师,应当具备相关金融专业知识和相应的房地产市场分析能力。

第八条 委托人应当向房地产估价机构如实提供房地产抵押估价所必需的情况和资料,并对所提供情况和资料的真实性、合法性和完整性负责。

房地产估价师应当勤勉尽责,了解抵押房地产的法定优先受偿权利等情况;必要时,应当对委托人提供的有关情况和资料进行核查。

第九条 房地产抵押估价目的,应当表述为"为确定房地产抵押贷款额度提供参考依据而评估房地产抵押价值"。

第十条 房地产抵押估价时点,原则上为完成估价对象实地查勘之日,但估价委托合同另有约定的除外。

估价时点不是完成实地查勘之日的,应当在"估价的假设和限制条件"中假定估价对象在估价时点的状况与在完成实地查勘之日的状况一致,并在估价报告中提醒估价报告使用者注意。

第十一条 法律、法规规定不得抵押的房地产,不应作为抵押估价对象。

第十二条 房地产抵押估价报告应当全面、详细地界定估价对象的范围和在估价时点的法定用途、实际用途以及区位、实物、权益状况。

第十三条 房地产估价师了解估价对象在估价时点是否存在法定优先受偿权利等情况的,房地产抵押相关当事人应当协助。

法定优先受偿权利等情况的书面查询资料和调查记录,应当作为估价报告的附件。

第十四条 房地产估价师应当对估价对象进行实地查勘,将估价对象现状与相关权属证明材料上记载的内容逐一进行对照,全面、细致地了解估价对象,做好实地查勘记录,拍摄能够反映估价对象外观、内部状况和周围环境、景观的照片。

内外部状况照片应当作为估价报告的附件。由于各种原因不能拍摄内外部状况照片的,应当在估价报告中予以披露。

实地查勘记录应当作为估价档案资料妥善保管。

第十五条 在存在不确定因素的情况下,房地产估价师作出估价相关判断时,应当保持必要的谨慎,充分估计抵押房地产在处置时可能受到的限制、未来可能发生的风险和损失,不高估市场价值,不低估知悉的法定优先受偿款,并在估价报告中作出必要的风险提示。

在运用市场比较法估价时,不应选取成交价格明显高于市场价格的交易实例作为可比实例,并应当对可比实例进行必要的实地查勘。

在运用成本法估价时,不应高估土地取得成本、开发成本、有关费税和利润,不应低估折旧。

在运用收益法估价时,不应高估收入或者低估运营费用,选取的报酬率或者资本化率不应偏低。

在运用假设开发法估价时,不应高估未来开发完成后的价值,不应低估开发成本、有关费税和利润。

房地产估价行业组织已公布报酬率、资本化率、利润率等估价参数值的,应当优先选用;不选用的,应当在估价报告中说明理由。

第十六条 估价对象的土地使用权是以划拨方式取得的,应当选择下列方式之一评估其抵押价值:

(一)直接评估在划拨土地使用权下的市场价值;

(二)评估假设在出让土地使用权下的

市场价值，然后扣除划拨土地使用权应缴纳的土地使用权出让金或者相当于土地使用权出让金的价款。

选择上述方式评估抵押价值，均应当在估价报告中注明划拨土地使用权应缴纳的土地使用权出让金或者相当于土地使用权出让金价款的数额。该数额按照当地政府规定的标准测算；当地政府没有规定的，参照类似房地产已缴纳的标准估算。

第十七条 评估在建工程的抵押价值时，在建工程发包人与承包人应当出具在估价时点是否存在拖欠建筑工程价款的书面说明；存在拖欠建筑工程价款的，应当以书面形式提供拖欠的数额。

第十八条 房地产估价师知悉估价对象已设定抵押权的，应当在估价报告中披露已抵押及其担保的债权情况。

第十九条 房地产估价师不得滥用假设和限制条件，应当针对房地产抵押估价业务的具体情况，在估价报告中合理且有依据地明确相关假设和限制条件。

已作为假设和限制条件，对估价结果有重大影响的因素，应当在估价报告中予以披露，并说明其对估价结果可能产生的影响。

第二十条 房地产抵押估价报告应当包含估价的依据、原则、方法、相关数据来源与确定、相关参数选取与运用、主要计算过程等必要信息，使委托人和估价报告使用者了解估价对象的范围，合理理解估价结果。

第二十一条 房地产抵押估价报告应当确定估价对象的抵押价值，并分别说明假定未设立法定优先受偿权利下的市场价值，以及房地产估价师知悉的各项法定优先受偿款。

第二十二条 房地产抵押估价报告应当向估价报告使用者作如下提示：

（一）估价对象状况和房地产市场状况因时间变化对房地产抵押价值可能产生的影响；

（二）在抵押期间可能产生的房地产信贷风险关注点；

（三）合理使用评估价值；

（四）定期或者在房地产市场价格变化较快时对房地产抵押价值进行再评估。

第二十三条 房地产抵押估价应当关注房地产抵押价值未来下跌的风险，对预期可能导致房地产抵押价值下跌的因素予以分析和说明。

在评估续贷房地产的抵押价值时，应当对房地产市场已经发生的变化予以充分考虑和说明。

第二十四条 房地产抵押估价报告应当包括估价对象的变现能力分析。

变现能力是指假定在估价时点实现抵押权时，在没有过多损失的条件下，将抵押房地产转换为现金的可能性。

变现能力分析应当包括抵押房地产的通用性、独立使用性或者可分割转让性，假定在估价时点拍卖或者变卖时最可能实现的价格与评估的市场价值的差异程度，变现的时间长短以及费用、税金的种类、数额和清偿顺序。

第二十五条 在处置房地产时，应当评估房地产的公开市场价值，同时给出快速变现价值意见及其理由。

第二十六条 估价报告应用有效期从估价报告出具之日起计，不得超过一年；房地产估价师预计估价对象的市场价格将有较大变化的，应当缩短估价报告应用有效期。

超过估价报告应用有效期使用估价报告的，相关责任由使用者承担。在估价报告应用有效期内使用估价报告的，相关责任由出具估价报告的估价机构承担，但使用者不当使用的除外。

第二十七条 房地产抵押估价报告的名称，应当为“房地产抵押估价报告”，由房地产估价机构出具，加盖房地产估价机构公章，并有至少二名专职注册房地产估价师签字。

第二十八条 在房地产抵押估价活动中，本意见未作规定的事宜，应当按照《房地产估价规范》执行。

第二十九条 本意见由中国房地产估价师与房地产经纪人学会负责解释。

第三十条 本意见自2006年3月1日起施行。

住房城乡建设部、财政部关于做好城镇住房保障家庭租赁补贴工作的指导意见

1. 2016年12月8日
2. 建保〔2016〕281号

各省、自治区住房城乡建设厅、财政厅，北京市住房城乡建设委、财政局，天津市城乡建设委、国土资源房屋管理局、财政局，上海市住房城乡建设管理委、财政局，重庆市城乡建设委、国土资源房屋管理局、财政局，新疆生产建设兵团建设局、财务局：

为贯彻落实《国务院办公厅关于加快培育和发展住房租赁市场的若干意见》（国办发〔2016〕39号），进一步做好城镇住房保障家庭租赁补贴工作，完善住房保障制度，现提出以下意见：

一、总体要求

（一）指导思想。

深入贯彻党的十八大和十八届三中、四中、五中、六中全会以及中央城市工作会议精神，认真落实国务院决策部署，以建立购房与租房并举、市场配置与政府保障相结合的住房制度为主要方向，进一步完善住房保障制度。城镇住房保障采取实物配租与租赁补贴相结合的方式，逐步转向以租赁补贴为主。

（二）基本原则。

1. 因地制宜，因城施策。各地要根据经济发展水平、房地产市场状况、政府财政承受能力、住房保障对象需求等因素，合理确定租赁补贴的发放规模和发放对象。公租房存量较大、租赁补贴需求较小的地区，应加大公租房分配入住力度。

2. 市场导向，动态调整。各地要结合当地住房市场租金水平、人均住房面积等情况，合理确定租赁补贴标准和补贴面积等，建立健全租赁补贴制度，并动态调整。

3. 分类保障，差别补贴。根据住房保障家庭的住房困难程度和支付能力，各地可分类别、分层次对在市场租房居住的住房保障家庭予以差别化的租赁补贴，保障其基本居住需求。

二、明确租赁补贴具体政策

（一）研究制定准入条件。各地要研究制定租赁补贴申请家庭的住房、收入、财产等准入条件，原则上租赁补贴申请家庭的人均可支配收入应低于当地城镇人均可支配收入的一定比例，具体条件和比例由各地研究确定，并动态调整，向社会公布。

（二）分档确定补贴标准。各地要结合当地住房租赁市场的租金水平、补贴申请家庭支付能力以及财力水平等因素，分档确定租赁补贴的标准，具体标准由各地研究确定，并动态调整，向社会公布。

（三）合理确定租赁补贴面积。各地要结合租赁补贴申请家庭的成员数量和本地区人均住房面积等情况，合理确定租赁补贴面积标准，原则上住房保障家庭应租住中小户型住房，户均租赁补贴面积不超过60平方米，超出部分由住房保障家庭自行承担。

（四）加大政策支持力度。各地发放租赁补贴的户数列入全国城镇保障性安居工程年度计划。市、县财政要安排专项资金发放租赁补贴，省级财政要继续支持市、县租赁补贴工作，中央财政城镇保障性安居工程专项资金可统筹用于发放租赁补贴。

三、强化租赁补贴监督管理

（一）规范合同备案制度。租赁补贴申请家庭应与房屋产权人或其委托人签订租赁合同，并及时将租赁合同、房屋权属证明、租赁发票等材料提交住房城乡建设部门审核。各地要根据轮候排序结果，与补贴申请家庭签订租赁补贴协议，明确补贴标准、发

放期限和停发补贴事项及违约责任等，并按月或季度发放租赁补贴，在每年12月25日前完成年度最后一次租赁补贴的核发。租赁补贴发放方式由各地自行确定，确保用于住房保障家庭租赁住房。

（二）建立退出机制。各地要按户建立租赁补贴档案，定期进行复核，及时掌握补贴发放家庭的人口、收入、住房等信息的变动状况。对符合条件的，继续发放租赁补贴；对不再符合租赁补贴保障条件的家庭，应终止发放租赁补贴。领取补贴期间申请实物配租公租房的，配租入住后停止发放租赁补贴。

（三）健全信息公开和监督机制。各地要建立健全租赁补贴的申请、受理、审核、公示和发放机制，全面公开租赁补贴的发放计划、发放对象、申请审核程序、发放结果及退出情况等信息，畅通投诉举报渠道，主动接受社会监督，确保租赁补贴发放的公平、公开、公正。

四、加强组织领导

（一）进一步提高对租赁补贴工作重要性的认识。切实做好城镇住房保障家庭租赁补贴有关工作，是优化住房保障方式，深化住房制度改革，加快改善城镇住房困难家庭居住条件的重要举措；也是引导城镇居民合理住房消费，促进房地产市场平稳健康发展，培育和发展住房租赁市场，推动新型城镇化进程的必然要求。各地要结合实际，研究出台或修订具体实施意见（方案），确保租赁补贴工作的顺利开展。

（二）明确部门职责及协调机制。各地要建立健全租赁补贴申请家庭对申请材料真实性负责的承诺、授权审核制度。住房城乡建设、财政等部门要根据职责，做好租赁补贴申请材料的受理、审核工作，建立信息共享机制，着力提高补贴发放资格审核的准确性，对符合条件的住房保障家庭及时予以公示。财政部门根据审核结果，及时拨付租赁补贴资金，并对资金使用情况履行监管职责。对租赁补贴工作中存在违法违规行为的单位或个人，应依法依规追究相关责任。

住房城乡建设部、国家发展改革委、公安部、财政部、国土资源部、中国人民银行、国家税务总局、国家工商总局、证监会关于在人口净流入的大中城市加快发展住房租赁市场的通知

1. *2017年7月18日*
2. *建房〔2017〕153号*

各省、自治区、直辖市住房城乡建设厅（建委、房地局）、发展改革委、公安厅（局）、国土资源主管部门、工商局（市场监督管理部门）、证监局，中国人民银行上海总部、各分行、营业管理部、省会（首府）城市中心支行、副省级城市中心支行，各省、自治区、直辖市、计划单列市财政厅（局）、国家税务局、地方税务局：

当前人口净流入的大中城市住房租赁市场需求旺盛、发展潜力大，但租赁房源总量不足、市场秩序不规范、政策支持体系不完善，租赁住房解决城镇居民特别是新市民住房问题的作用没有充分发挥。为进一步贯彻落实《国务院办公厅关于加快培育和发展住房租赁市场的若干意见》（国办发〔2016〕39号），加快推进租赁住房建设，培育和发展住房租赁市场，现就有关事项通知如下。

一、充分认识加快发展住房租赁市场的重要意义

党中央、国务院高度重视培育和发展住房租赁市场，近年来作出了一系列决策部署。各地区有关部门要将思想和行动统一到党中央、国务院的决策部署上来，充分认识到加快推进租赁住房建设、培育和发展住房租赁市场，是贯彻落实“房子是用来住的、

不是用来炒的”这一定位的重要举措，是加快房地产市场供给侧结构性改革和建立购租并举住房制度的重要内容，是解决新市民住房问题、加快推进新型城镇化的重要方式，是实现全面建成小康社会住有所居目标的重大民生工程。

二、多措并举，加快发展住房租赁市场

（一）培育机构化、规模化住房租赁企业。

鼓励国有、民营的机构化、规模化住房租赁企业发展，鼓励房地产开发企业、经纪机构、物业服务企业设立子公司拓展住房租赁业务。人口净流入的大中城市要充分发挥国有企业的引领和带动作用，支持相关国有企业转型为住房租赁企业。住房租赁企业申请工商登记时，经营范围统一规范为住房租赁经营。公安部门要比照酒店业管理方式，将住房租赁企业登记的非本地户籍租住人员信息接入暂住人口管理信息系统，实现对租客信息的有效对接。加大对住房租赁企业的金融支持力度，拓宽直接融资渠道，支持发行企业债券、公司债券、非金融企业债务融资工具等公司信用类债券及资产支持证券，专门用于发展住房租赁业务。鼓励地方政府出台优惠政策，积极支持并推动发展房地产投资信托基金（REITs）。

（二）建设政府住房租赁交易服务平台。

城市住房城乡建设主管部门要会同有关部门共同搭建政府住房租赁交易服务平台，提供便捷的租赁信息发布服务，推行统一的住房租赁合同示范文本，实现住房租赁合同网上备案；建立住房租赁信息发布标准，确保信息真实准确，规范住房租赁交易流程，保障租赁双方特别是承租人的权益；建立健全住房租赁企业和房地产经纪机构备案制度，强化住房租赁信用管理，建立多部门守信联合激励和失信联合惩戒机制；加强住房租赁市场监测，为政府决策提供数据基础。

（三）增加租赁住房有效供应。

鼓励各地通过新增用地建设租赁住房，在新建商品住房项目中配建租赁住房等方式，多渠道增加新建租赁住房供应，优先面向公租房保障对象和新市民供应。按照国土资源部、住房城乡建设部的统一工作部署，超大城市、特大城市可开展利用集体建设用地建设租赁住房试点工作。鼓励开发性金融等银行业金融机构在风险可控、商业可持续的前提下，加大对租赁住房项目的信贷支持力度，通过合理测算未来租赁收入现金流，向住房租赁企业提供分期还本等符合经营特点的长期贷款和金融解决方案。支持金融机构创新针对住房租赁项目的金融产品和服务。鼓励住房租赁企业和金融机构运用利率衍生工具对冲利率风险。

积极盘活存量房屋用于租赁。鼓励住房租赁国有企业将闲置和低效利用的国有厂房、商业办公用房等，按规定改建为租赁住房；改建后的租赁住房，水电气执行民用价格，并应具备消防安全条件。探索采取购买服务模式，将公租房、人才公寓等政府或国有企业的房源，委托给住房租赁企业运营管理。

要落实“放管服”改革的总体要求，梳理新建、改建租赁住房项目立项、规划、建设、竣工验收、运营管理等规范性程序，建立快速审批通道，探索实施并联审批。

（四）创新住房租赁管理和服务体制。

各地要建立部门相互协作配合的工作机制，明确住房城乡建设、发展改革、公安、财政、国土资源、金融、税务、工商等部门在规范发展住房租赁市场工作中的职责分工，整顿规范市场秩序，严厉打击住房租赁违法违规行为。推进部门间信息共享，承租人可按照国家有关规定凭登记备案的住房租赁合同等有关证明材料申领居住证，享受相关公共服务。充分发挥街道、乡镇，尤其是居民委员会和村民委员会等基层组织的作用，将住房租赁管理和服务的重心下移，实行住房租赁的网格化管理；建立纠纷调处机制，及时化解租赁矛盾纠纷。

三、工作要求

（一）加强组织领导。各地区有关部门要切实加强组织领导，健全工作机制，做好宣传引导，营造良好环境。要结合当地实际研究制定具体实施办法，落实工作责任，确保各项工作有序推进。

（二）积极开展试点。选取部分人口净流入的大中城市开展试点工作。试点期间，各城市应于每年1、4、7、10月的15日前，定期报送上一季度试点工作进展情况，由省级住房城乡建设部门汇总后报送住房城乡建设部、国家发展改革委、财政部和国土资源部。住房城乡建设部会同有关部门及时总结试点工作取得的经验，形成一批可复制、可推广的试点成果，向全国进行推广。

（三）加强督促指导。各地区有关部门要按照职责分工，加强对人口净流入的大中城市发展住房租赁市场工作的督促指导。要注意分类指导，尊重基层首创精神，健全激励和容错纠错机制，允许进行差别化探索，发现问题及时纠偏。住房城乡建设部、国家发展改革委、财政部和国土资源部会同有关部门，跟踪指导各地工作开展情况，总结经验，不断完善政策。

最高人民法院关于人民法院执行设定抵押的房屋的规定①

1. 2005年11月14日最高人民法院审判委员会第1371次会议通过

2. 2005年12月14日公布

3. 法释〔2005〕14号

根据《中华人民共和国民事诉讼法》等法律的规定，结合人民法院民事执行工作的实践，对人民法院根据抵押权人的申请，执行设定抵押的房屋的问题规定如下：

第一条 对于被执行人所有的已经依法设定抵押的房屋，人民法院可以查封，并可以根据抵押权人的申请，依法拍卖、变卖或者抵债。

第二条 人民法院对已经依法设定抵押的被执行人及其所扶养家属居住的房屋，在裁定拍卖、变卖或者抵债后，应当给予被执行人六个月的宽限期。在此期限内，被执行人应当主动腾空房屋，人民法院不得强制被执行人及其所扶养家属迁出该房屋。

第三条 上述宽限期届满后，被执行人仍未迁出的，人民法院可以作出强制迁出裁定，并按照民事诉讼法第二百二十六条的规定执行。

强制迁出时，被执行人无法自行解决居住问题的，经人民法院审查属实，可以由申请执行人为被执行人及其所扶养家属提供临时住房。

第四条 申请执行人提供的临时住房，其房屋品质、地段可以不同于被执行人原住房，面积参照建设部、财政部、民政部、国土资源部和国家税务总局联合发布的《城镇最低收入家属廉租住房管理办法》所规定的人均廉租住房面积标准确定。

第五条 申请执行人提供的临时住房，应当计收租金。租金标准由申请执行人和被执行人双方协商确定；协商不成的，由人民法院参照当地同类房屋租金标准确定，当地无同类房屋租金标准可以参照的，参照当地房屋租赁市场平均租金标准确定。

已经产生的租金，可以从房屋拍卖或者变卖价款中优先扣除。

第六条 被执行人属于低保对象且无法自行解决居住问题的，人民法院不应强制迁出。

第七条 本规定自公布之日起施行。施行前本院已公布的司法解释与本规定不一致的，以本规定为准。

---

① 本文件根据2008年12月16日《最高人民法院关于调整司法解释等文件中引用〈中华人民共和国民事诉讼法〉条文序号的决定》修正。

最高人民法院关于审理城镇房屋租赁合同纠纷案件具体应用法律若干问题的解释

1. 2009年6月22日最高人民法院审判委员会第1469次会议通过
2. 2009年7月30日公布
3. 法释〔2009〕11号
4. 自2009年9月1日起施行

为正确审理城镇房屋租赁合同纠纷案件,依法保护当事人的合法权益,根据《中华人民共和国民法通则》、《中华人民共和国物权法》、《中华人民共和国合同法》等法律规定,结合民事审判实践,制定本解释。

第一条 本解释所称城镇房屋,是指城市、镇规划区内的房屋。

乡、村庄规划区内的房屋租赁合同纠纷案件,可以参照本解释处理。但法律另有规定的,适用其规定。

当事人依照国家福利政策租赁公有住房、廉租住房、经济适用住房产生的纠纷案件,不适用本解释。

第二条 出租人就未取得建设工程规划许可证或者未按照建设工程规划许可证的规定建设的房屋,与承租人订立的租赁合同无效。但在一审法庭辩论终结前取得建设工程规划许可证或者经主管部门批准建设的,人民法院应当认定有效。

第三条 出租人就未经批准或者未按照批准内容建设的临时建筑,与承租人订立的租赁合同无效。但在一审法庭辩论终结前经主管部门批准建设的,人民法院应当认定有效。

租赁期限超过临时建筑的使用期限,超过部分无效。但在一审法庭辩论终结前经主管部门批准延长使用期限的,人民法院应当认定延长使用期限内的租赁期间有效。

第四条 当事人以房屋租赁合同未按照法律、行政法规规定办理登记备案手续为由,请求确认合同无效的,人民法院不予支持。

当事人约定以办理登记备案手续为房屋租赁合同生效条件的,从其约定。但当事人一方已经履行主要义务,对方接受的除外。

第五条 房屋租赁合同无效,当事人请求参照合同约定的租金标准支付房屋占有使用费的,人民法院一般应予支持。

当事人请求赔偿因合同无效受到的损失,人民法院依照合同法的有关规定和本司法解释第九条、第十三条、第十四条的规定处理。

第六条 出租人就同一房屋订立数份租赁合同,在合同均有效的情况下,承租人均主张履行合同的,人民法院按照下列顺序确定履行合同的承租人:

(一)已经合法占有租赁房屋的;

(二)已经办理登记备案手续的;

(三)合同成立在先的。

不能取得租赁房屋的承租人请求解除合同、赔偿损失的,依照合同法的有关规定处理。

第七条 承租人擅自变动房屋建筑主体和承重结构或者扩建,在出租人要求的合理期限内仍不予恢复原状,出租人请求解除合同并要求赔偿损失的,人民法院依照合同法第二百一十九条的规定处理。

第八条 因下列情形之一,导致租赁房屋无法使用,承租人请求解除合同的,人民法院应予支持:

(一)租赁房屋被司法机关或者行政机关依法查封的;

(二)租赁房屋权属有争议的;

(三)租赁房屋具有违反法律、行政法规关于房屋使用条件强制性规定情况的。

第九条 承租人经出租人同意装饰装修,租赁合同无效时,未形成附合的装饰装修物,出租人同意利用的,可折价归出租人所有;不同意利用的,可由承租人拆除。因拆除造成房屋毁损的,承租人应当恢复原状。

已形成附合的装饰装修物,出租人同意利用的,可折价归出租人所有;不同意利用的,由双方各自按照导致合同无效的过错分担现值损失。

第十条 承租人经出租人同意装饰装修,租赁期间届满或者合同解除时,除当事人另有约定外,未形成附合的装饰装修物,可由承租人拆除。因拆除造成房屋毁损的,承租人应当恢复原状。

第十一条 承租人经出租人同意装饰装修,合同解除时,双方对已形成附合的装饰装修物的处理没有约定的,人民法院按照下列情形分别处理:

(一)因出租人违约导致合同解除,承租人请求出租人赔偿剩余租赁期内装饰装修残值损失的,应予支持;

(二)因承租人违约导致合同解除,承租人请求出租人赔偿剩余租赁期内装饰装修残值损失的,不予支持。但出租人同意利用的,应在利用价值范围内予以适当补偿;

(三)因双方违约导致合同解除,剩余租赁期内的装饰装修残值损失,由双方根据各自的过错承担相应的责任;

(四)因不可归责于双方的事由导致合同解除的,剩余租赁期内的装饰装修残值损失,由双方按照公平原则分担。法律另有规定的,适用其规定。

第十二条 承租人经出租人同意装饰装修,租赁期间届满时,承租人请求出租人补偿附合装饰装修费用的,不予支持。但当事人另有约定的除外。

第十三条 承租人未经出租人同意装饰装修或者扩建发生的费用,由承租人负担。出租人请求承租人恢复原状或者赔偿损失的,人民法院应予支持。

第十四条 承租人经出租人同意扩建,但双方对扩建费用的处理没有约定的,人民法院按照下列情形分别处理:

(一)办理合法建设手续的,扩建造价费用由出租人负担;

(二)未办理合法建设手续的,扩建造价费用由双方按照过错分担。

第十五条 承租人经出租人同意将租赁房屋转租给第三人时,转租期限超过承租人剩余租赁期限的,人民法院应当认定超过部分的约定无效。但出租人与承租人另有约定的除外。

第十六条 出租人知道或者应当知道承租人转租,但在六个月内未提出异议,其以承租人未经同意为由请求解除合同或者认定转租合同无效的,人民法院不予支持。

因租赁合同产生的纠纷案件,人民法院可以通知次承租人作为第三人参加诉讼。

第十七条 因承租人拖欠租金,出租人请求解除合同时,次承租人请求代承租人支付欠付的租金和违约金以抗辩出租人合同解除权的,人民法院应予支持。但转租合同无效的除外。

次承租人代为支付的租金和违约金超出其应付的租金数额,可以折抵租金或者向承租人追偿。

第十八条 房屋租赁合同无效、履行期限届满或者解除,出租人请求负有腾房义务的次承租人支付逾期腾房占有使用费的,人民法院应予支持。

第十九条 承租人租赁房屋用于以个体工商户或者个人合伙方式从事经营活动,承租人在租赁期间死亡、宣告失踪或者宣告死亡,其共同经营人或者其他合伙人请求按照原租赁合同租赁该房屋的,人民法院应予支持。

第二十条 租赁房屋在租赁期间发生所有权变动,承租人请求房屋受让人继续履行原租赁合同的,人民法院应予支持。但租赁房屋具有下列情形或者当事人另有约定的除外:

(一)房屋在出租前已设立抵押权,因抵押权人实现抵押权发生所有权变动的;

(二)房屋在出租前已被人民法院依法查封的。

第二十一条 出租人出卖租赁房屋未在合理期限内通知承租人或者存在其他侵害承租人优先购买权情形，承租人请求出租人承担赔偿责任的，人民法院应予支持。但请求确认出租人与第三人签订的房屋买卖合同无效的，人民法院不予支持。

第二十二条 出租人与抵押权人协议折价、变卖租赁房屋偿还债务，应当在合理期限内通知承租人。承租人请求以同等条件优先购买房屋的，人民法院应予支持。

第二十三条 出租人委托拍卖人拍卖租赁房屋，应当在拍卖5日前通知承租人。承租人未参加拍卖的，人民法院应当认定承租人放弃优先购买权。

第二十四条 具有下列情形之一，承租人主张优先购买房屋的，人民法院不予支持：

（一）房屋共有人行使优先购买权的；

（二）出租人将房屋出卖给近亲属，包括配偶、父母、子女、兄弟姐妹、祖父母、外祖父母、孙子女、外孙子女的；

（三）出租人履行通知义务后，承租人在十五日内未明确表示购买的；

（四）第三人善意购买租赁房屋并已经办理登记手续的。

第二十五条 本解释施行前已经终审，本解释施行后当事人申请再审或者按照审判监督程序决定再审的案件，不适用本解释。

文书范本

个人住房贷款借款合同

提示：

为了维护您的利益，请您在签署本合同前，仔细阅读以下注意事项：

1. 本合同文本仅适用于贷款担保由贷款所购房屋做抵押，在尚未办妥抵押登记前，由售房者（开发商或售房单位）提供连带责任保证的贷款形式；

2. 您已经具有向银行借款购房和担保的法律常识；

3. 您已阅读本合同的所有条款，并已知悉其含义；

4. 您已确保提交给银行的有关证件及资料是真实、合法、有效的；

5. 您已确认自己有权在本合同上签字；

6. 您已确知任何欺诈、违约行为将要承担的相应法律后果；

7. 您将本着诚实、信用的原则，善意签订并依约履行本合同；

8. 请您使用钢笔、毛笔或签字笔工整地填写需要您填写的内容。

甲方（借款人、抵押人）：

身份证件名称及号码：

住　　所：

联系电话：

邮政编码：

开户金融机构：

账　　号：

乙方（贷款人、抵押权人）：

住　　所：

联系电话：

邮政编码：

丙方(保证人，即开发商或售房单位)：

住　　所：

联系电话：

邮政编码：

开户金融机构：

账　　号：

目　　录

第一章　总　　则

第一条　签订合同依据

《中华人民共和国民法通则》、《中华人民共和国合同法》、《中华人民共和国担保法》、《贷款通则》等法律、法规和规章制度。

第二条　当事人各方本着平等自愿、诚实信用的原则，经协商一致，签订本合同，并承诺严格履约。

第三条　本合同包括借款、抵押、保证等内容。

第二章　贷　　款

第四条　借款用途

见本合同第四十六条。

第五条　借款金额

见本合同第四十七条。

第六条　借款期限

见本合同第四十八条。

第七条　贷款利率

见本合同第四十九条。

本合同项下贷款利率在借款期限内，遇国家法定利率调整时，于下年1月1日开始，按相应期限档次利率执行新的利率；但借款期限在1年以内(含1年)的，执行本合同利率，遇法定利率调整不调整合同利率。

国家法定利率调整时，乙方有义务直接执行中国人民银行有关规定，不再另行通知甲方。

第八条　划款方式

甲乙双方约定采用专项划款方式即乙方将贷款款项直接划入丙方在乙方开立的存款账户内。账户名及账号见本合同第五十条。

第三章　还　　款

第九条　还款原则

借款期限在1年以内(含1年),实行到期一次还本付息。

借款期限在1年以上的,甲方从贷款发放的次月起偿还贷款本息。在还款期内每月偿还一次贷款本金及利息,最后一次还款不能迟于本合同期限届满日。

甲、乙双方同意遵循先还息后还本、息随本清的原则,甲方还入款项按照“期前欠息　当期利息 - 本金”的顺序依次入账。

第十条　还款总期数

甲、乙双方约定甲方按月还款,确定还款总期数,具体约定见本合同第五十一条。

第十一条　还款方法

甲方借款期限在1年以内(含1年)的,实行到期本息一次性清偿的还款方法。

甲方借款期限在1年以上的,甲、乙双方约定采用以下两种还款方法中的一种,具体约定见本合同第五十二条。

一、等额本息还款法,即甲方按月以相等的金额偿还贷款本息。

每月还款额 = 月利率 × (1 + 月利率) × 还款总期数 - 1 × 贷款本金

二、等额本金还款法,即甲方每月等额偿还本金,贷款利息随本金逐月递减。

每月还款额 = 贷款本金还款总期数 + (贷款本金 - 累计已还本金) × 月利率

第十二条　还款方式

甲乙双方约定采取以下两种还款方式中的一种,具体约定见本合同第五十三条。

一、委托扣款方式即甲方委托乙方在每月扣划日从甲方在建设银行北京市分行开立的活期存款账户中直接扣划还款。活期存款账户是指储蓄卡账户、信用卡账户、储蓄存折账户之一。采取委托扣款方式的,须签订《代扣还款委托书》,并在乙方指定的营业网点开立还款专用的活期存款账户。

如甲方提供的个人账户出现冻结、扣划、变更等情况而造成乙方无法扣收本息的,甲方须及时向乙方提供新的活期存款账户用于扣收贷款本息。

如甲方在借款期内要变更指定还款账户,须提前一天向乙方提出申请,经乙方同意并重新签订《代扣还款委托书》、约定新账户启用日期后方可实施。

二、柜面还款方式即甲方在还款期内的任何一个工作日直接到乙方规定的营业柜台以现金、支票或信用卡、储蓄卡办理还款。甲方前期如有拖欠的,应将所有拖欠款项和当期还款额一并交纳。

第十三条　提前还款

甲方提出提前还款时,须于预定的提前还款日前____个工作日向乙方提出书面申请,经乙方审核同意,可提前偿还部分或全部贷款。

甲方申请提前部分还本,经乙方审核确认甲方未有拖欠本息及已还清当期本息后方可提前还款。

提前归还的部分贷款本金必须是1万元的整数倍,并必须在还款前由甲乙双方签订《变更协议》,在还款期限不变的前提下,就提前归还部分贷款本金后甲方每月还款额作出约定。

甲方申请提前清偿全部贷款,经乙方同意,应先归还当月应还贷款本息,再还清全部剩余贷款。

乙方按合同约定的利率已计收的利息不随还款期限、国家法定利率的调整而调整。

第十四条　延长还款期限

甲方在本合同履行期间,如因客观原因导致不能按照合同约定按期归还借款,须提前____个工作日向乙方申请延长借款期限,经乙方批准后,双方签订延期还款协议并办理延长还款期限等有关手续。甲方申请借款延期只限一次。原借款期限与延长期限之和最长不超过30年。原借款期限加上延长期限达到新的利率期限档次时,从延期之日起,贷款利率按新的期限档次利率执行,并根据贷款余额、剩余期限及新利率重新计算月均还款额。已计收的利息不再调整。

第四章　贷 款 担 保

第十五条　本合同项下的贷款担保为抵押加阶段性保证。

抵押加阶段性保证指本合同项下贷款以本合同项下贷款资金所购房屋作抵押,在甲方取得该房屋《房屋所有权证》并办妥抵押登记之前,由丙方提供连带责任保证。

第十六条　本合同项下担保条款的效力独立于本合同。

第十七条　抵押物

抵押物是指甲方以本合同项下贷款资金所购买的房屋,具体内容见本合同第五十四条。

第十八条　抵押担保范围

抵押担保的范围包括本合同项下的贷款金额、利息(包括罚息)、甲方应支付的违约金、赔偿金以及乙方为实现债权而发生的费用(包括处分抵押物的费用等)。

第十九条　本合同项下抵押物的共有人同意将本合同项下的抵押物作抵押,并同意受本合同约束,见本合同第五十五条。

第二十条　甲方取得所购房屋的《房屋所有权证》后,必须立即依照法律规定办妥抵押物的登记手续。抵押登记费用由甲方承担。

第二十一条　抵押期限

抵押担保的期限自所购房屋取得房屋所有权证并办妥抵押登记之日起至担保的债权全部清偿之日止。

第二十二条　抵押期间,甲方应将《房屋他项权证》及其他有关资料交乙方,由乙方代为保管。

第二十三条　抵押期间,如果因第三人的行为导致抵押物价值减少的,甲方应将损害赔偿金存入乙方指定的账户。该损害赔偿金有以下几种处理方法可供选择:

一、提前清偿贷款;

二、转为定期存款,存单用于质押;

三、用于修复抵押物,以恢复抵押物价值。

具体约定见本合同第五十六条。

在借款人未足额清偿债务或抵押物价值未恢复之前,甲方不得动用此笔款项。抵押物价值未减少的部分,仍作为债权的担保。

第二十四条　抵押关系终止

甲方还清全部借款本息及其他应付款项后,则抵押关系终止。抵押终止后,当事人应到原登记部门办理抵押注销登记手续。

第二十五条　保证范围

保证担保的范围包括甲方的借款本金、利息(包括罚息)、甲方应支付的违约金、赔偿金以及乙方为实现债权而发生的相关费用等。

第二十六条　保证方式

在保证期间,丙方愿对甲方的债务承担连带责任,如甲方未能依照合同约定按时偿还贷款本息或相关费用,乙方有权要求丙方就全部债务承担保证责任,丙方同意乙方从其在乙方开立的存款账户中直接扣划。

第二十七条　保证期间

保证期间自借款合同生效之日起至抵押的房屋取得《房屋所有权证》,办妥房产保险和抵押登记,并将《房屋他项权证》及其他有关资料交乙方代为保管之日止。

第二十八条　除以下情况外,甲方与乙方协议变更借款合同的,无需得到丙方的同意:

一、延长借款期限;

二、增加借款金额。

第二十九条　保证期间,遇国家法定利率调整而变更借款合同利率的,无需得到丙方的任何事前的书面或口头的同意或事后的追认。

第五章　保　　险

第三十条　保险

一、本合同签订以后,甲方须办理抵押财产保险。有关保险手续可到乙方认可的保险公司或委托乙方办理。保险期限届满日不能迟于本合同项下的借款期限届满日。保险期满,甲方未能清偿本合同项下全部债务时,甲方须对抵押物续办保险,在债务存续期间,不得以任何理由中断或撤销保险。投保金额不得低于贷款本息,保险费由甲方负担。

二、甲方应将保险单正本交由乙方保管。

保险期间,抵押房屋如发生保险责任以外的毁损而不足以清偿本合同项下全部债务时,甲方应重新提供乙方认可的抵押物,并办妥保险手续。

三、保险单必须注明乙方为保险第一受益人,并在保险单中特别约定,一旦发生保险事故,保险人应将保险赔偿金直接划付至乙方指定的账户。该保险赔偿金有以下几种处理方法可供选择:

(一)提前清偿贷款;

(二)转为定期存款,存单用于质押;

(三)用于修复抵押物,恢复抵押物价值。

具体约定见本合同第五十七条。

第六章　权利和义务

第三十一条　甲方的权利和义务

一、甲方有了解、咨询、知悉购房借款有关事项的权利;

二、甲方有义务保证其向乙方提供的借款有关资料、文件的真实性;

三、甲方有权依本合同的约定获得相应的借款;

四、在甲方借款清偿前并正常还款的情况下,甲方有权自行居住,或者征得乙方书面同意后,将抵押房屋转让、出租、重复抵押或作其他处分;

五、甲方在还清借款后，有权从乙方取回《房屋他项权证》及其他有关文件资料，办理抵押登记注销手续；

六、甲方应按本合同的约定按期归还借款本息；

七、甲方必须按本合同约定用途使用借款，不得将借款挪作他用，甲方无条件接受乙方对贷款使用情况进行检查；

八、甲方承担抵押物的评估、保险、鉴定、登记等费用；

九、甲方的通讯地址（如住址、联系电话等）发生变更，须在变更后10天内书面通知乙方；

十、抵押期间，甲方应妥善保管抵押物，保持抵押物完好无损，并随时接受乙方的检查。如果抵押物发生毁损、灭失或其他使抵押物价值减损的情况时，应及时恢复抵押物价值，或在30天内重新提供相应的经乙方认可的其他等值抵押物；

十一、抵押期间，甲方转让抵押物所得价款应优先用于向乙方提前清偿所担保的债权。

第三十二条　乙方的权利和义务

一、乙方有权对甲方提供的资料、文件的合法性、真实性进行调查；

二、乙方及其授权代理人有权对甲方所购买的房屋进行查询和认证；

三、乙方有权检查贷款的使用情况；

四、乙方有权依照本合同规定对抵押物进行处分，并获得优先受偿；

五、设定的抵押物意外毁损或灭失，以及因甲方的行为导致抵押物价值减少，足以影响借款合同项下的贷款本息清偿的，乙方有权要求甲方提供新的担保或恢复抵押物价值；

六、保证期间，乙方有权对丙方的资金和财产状况进行监督，有权要求丙方如实提供其财务报表等资料；

七、乙方应按本合同约定的时间及时发放贷款；

八、乙方有妥善保管《房屋他项权证》及其他有关文件资料的责任，若有遗失或毁损，乙方负责补办；造成损失的，乙方将承担民事责任。

第三十三条　丙方的权利和义务

一、丙方有了解、咨询、知悉本合同有关事项的权利；

二、保证期间，丙方失去担保能力或发生承包、租赁、合并和兼并、合资、分立、联营、股份制改造、撤销等行为，丙方应提前30天书面通知乙方。本合同项下的全部义务由变更后的机构或由对丙方作出撤销决定的机构承担。如乙方认为变更后的机构不具备完全的保证能力，由丙方或作出撤销决定的机构落实为乙方所接受的保证人，并重新签订保证合同；

三、保证期间，丙方有义务接受乙方对其资金和财产状况进行监督，并向乙方如实提供其财务报表等资料；

四、保证期间，丙方不得向第三方提供超出其自身负担能力的担保；

五、丙方的通信地址发生变更，须在变更后10天内书面通知乙方。

第七章　合同的变更

第三十四条　本合同生效后，任何一方不得擅自变更和解除本合同。

第三十五条　甲方因转让用本合同项下的借款所购买的房屋而将本合同项下的权利、义务转让给他人时，应事先经乙方书面同意，并征得丙方认同，方可由受让人与乙方和丙方重新签订借款合同。

第三十六条　甲方在合同履行期间死亡（包括宣告死亡）、宣告失踪或丧失民事行为能力，除其遗产或财产的继承人、受遗赠人、监护人、财产代管人同意继续履行甲方签订的借款合同外,乙方在其债权未获清偿时,有权请求人民法院取消继承人、受遗赠人、监护人、财产代管人接受甲方所购房屋的权利,并将该房屋折价、拍卖、变卖以清偿甲方的债务。

甲方遗产的继承人、受遗赠人同意继续履行本合同义务的,应持经公证的继承协议、文件与乙方签订债务承担协议。

第三十七条　甲方申请延长贷款期限,经乙方同意后,甲乙双方应签订延期还款协议,同时重新办理公证、保险、抵押登记和贷款担保变更手续。

第八章　违约责任

第三十八条　甲方的违约责任

一、甲方未按合同约定用途使用借款,乙方对挪用部分从挪用之日起按本合同第五十八条规定之利率计收利息;

二、甲方未按本合同约定清偿贷款本息,乙方从贷款逾期之日起按本合同第五十九条规定之利率对逾期本息计收利息;

上述两项违约责任中,若甲方的借款既逾期又挤占挪用,乙方只择其重者采用,而不并处。

三、发生下列情况之一时,乙方有权停止向甲方发放贷款,有权解除本合同,提前收回已发放贷款本息,并有权依法处分抵押物或要求保证人履行保证责任:

1. 甲方向乙方提供虚假的证明材料而取得贷款的;

2. 甲方未按本合同约定用途使用贷款的;

3. 借款期间,甲方累计六个月(包括计划还款当月)未偿还贷款本息和相关费用的;

4. 借款到期,甲方未按期归还贷款本息,并自乙方发出催还通知书之日起30天内(以挂号寄出时间为准)仍未清偿的;

5. 甲方拒绝或阻碍乙方对贷款使用情况实施监督检查的;

6. 甲方未经乙方书面同意,将设定抵押物拆除、转让、出租、重复抵押或作其他处分的;

7. 抵押期间,甲方转让抵押物所得价款未优先用于向乙方提前清偿借款的;

8. 甲方拒绝或阻碍乙方对抵押物使用情况实施监督检查的;

9. 甲方与他方签订有损乙方权益的合同;

10. 甲方在借款期内间断或撤销保险或拒不续办保险的;

11. 甲方在合同履行期间死亡、宣告失踪或丧失民事行为能力后,其继承人、受遗赠人、监护人、财产代管人拒绝继续履行借款合同的;

12. 甲方卷入或即将卷入重大的诉讼或仲裁程序及其他法律纠纷,足以影响其偿债能力的;

13. 丙方违反保证合同或丧失承担连带保证责任能力,抵押物因意外毁损不足以清偿贷款本息,而甲方未按乙方要求落实新的保证人或提供新抵押的;

14. 甲方发生其他足以影响其偿还债务能力的事件。

四、甲方因隐瞒抵押物存在共有、争议、被查封、被扣压或已设定抵押等情况,而给乙方造成损失的,应向乙方予以足额赔偿。乙方有权就甲方应承担的赔偿金直接从甲方在乙方开立的存款账户中扣划。

第三十九条　乙方的违约责任

乙方未按合同约定及时足额发放贷款,影响甲方按本合同规定使用借款,乙方应对未发放的贷款金额和违约天数按本合同第六十条约定的违约金率向甲方支付违约金。

第四十条　丙方的违约责任

保证期间，丙方发生下列情况之一的，乙方有权停止向甲方发放贷款，有权解除借款合同，提前收回已发放贷款本息：

一、丙方拒绝乙方对其资金和财产状况进行监督的；

二、丙方向第三人提供超出其自身负担能力的担保的。

第四十一条　处分抵押物所得价款的清偿顺序

乙方对处分抵押物所得价款按下列顺序和原则清偿：

一、支付处分抵押物的有关费用；

二、清偿甲方所欠乙方贷款本息（包括罚息）；

三、清偿甲方应给付乙方而未给付的违约金和赔偿金等；

四、所得价款在支付上述款项后的剩余部分，乙方应返还甲方；若所得价款不足清偿甲方所欠乙方贷款，乙方可向甲方继续追偿，甲方仍承担相应还款义务。

第九章　其他约定事项

第四十二条　合同争议解决方式

本合同在履行过程中，当事人各方发生争议，可协商解决，协商不成，可以向乙方所在地人民法院或有专属管辖权的人民法院起诉。在协商或诉讼期间，本合同不涉及争议部分的条款仍需履行。

第四十三条　合同的生效和终止

本合同经甲方签字、乙方和丙方签字并加盖公章后生效，至本合同项下贷款本息和相关费用全部清偿完毕后终止。

第四十四条　其他约定事项

具体约定见本合同第六十一条。

第四十五条　合同文本份数

见本合同第六十二条。

第十章　特别签订条款

第四十六条　对第四条的约定

本借款用于购买。

第四十七条　对第五条的约定

乙方向甲方提供人民币贷款（大写）________（小写：________元）。

第四十八条　对第六条的约定

本合同约定借款期限共计（大写）____月，自乙方将借款划入到甲方所指定并经乙方认可的账户之日起计算，即从________年____月____日起至________年____月____日止。

第四十九条　对第七条的约定

贷款月利率为____‰，以乙方实际划款当日国家法定利率为准。

第五十条　对第八条的约定

甲方的借款由乙方直接划入丙方在乙方开立的存款账户内。账户名称：________，账号：________。

第五十一条　对第十条的约定

甲方应从贷款发放的次月开始，按月偿还贷款本息，还款总期数为____期。

第五十二条　对第十一条的约定

甲、乙双方约定采用本合同第十一条确认的第____种还款方法。

在当前利率水平下，若采用第一种还款方法，则每月归还本息金额为人民币________元；若采用第二种还款方法，则每月归还本金金额为人民币________元，利息逐月结算还清。

借款期内，如遇国家法定利率调整，由乙方按中国人民银行有关文件规定相应调整每月还款额。

第五十三条　对第十二条的约定

甲、乙双方约定采用本合同第十二条所述的第____种还款方式。

第五十四条　对第十七条的约定

甲方借款所购买并作为抵押物的住房具体内容如下：

房地产坐落地号

抵押房地产评估总价值（元）大写________小写________

抵押土地面积（平方米）

土地使用年限（年）

土地来源

《国有土地使用证》号______________

抵押土地评估价值（元）大写________小写________

抵押房屋

现房抵押房屋建筑面积（平方米）

《房屋所有权证》号

房屋所有权人

《房屋共有权证》号

共有房屋面积（平方米）

共有权人及其共有权份额

1. ______________

2. ______________

3. ______________

4. ________抵押房屋评估价值（元）大写________小写________

期房抵押

抵押房屋建筑面积（平方米）

房屋所有权人

《北京市内（外）销商品房预售契约》号

抵押房屋评估价值（元）大写________小写________

抵押人身份证号

保证人

抵押权人

抵押人代理人身份证号

抵押权人代理人身份证号

借款人

贷款金额（元）________

贷款用途

抵押率(%)

本次:______________

累计:______________

抵押期限自________年____月____日起至________年____月____日止。

第五十五条 对第十九条的约定

共有人________同意将本合同项下的房屋用于抵押。

共有人:________(签字) (盖章)

共有人:________(签字) (盖章)

第五十六条 对第二十三条的约定

甲乙双方约定采用第____种处理方式,即________。

第五十七条 对第三十条第三款的约定

甲乙双方约定采用第____种处理方式,即________。

第五十八条 对第三十八条第一款的约定

挪用贷款部分按每日万分之____计收利息。

第五十九条 对第三十八条第二款的约定

逾期贷款部分按每日万分之____计收利息。

第六十条 对第三十九条的约定

由于乙方未按借款合同约定及时、足额向借款人提供贷款,乙方应对未发放的贷款金额和违约天数按每日万分之____的违约金率支付违约金。

第六十一条 对第四十四条的约定

一、

二、

三、

第六十二条 对第四十五条的约定

本合同正本一式____份。

甲方(签字):

年 月 日

乙方(公章):

法定代表人或授权代理人(签字):

年 月 日

丙方(公章):

法定代表人或授权代理人(签字):

年 月 日

房地产抵押合同

抵押人(甲方):

住所:

法定代表人:

电话: 邮政编码: 传真:

抵押权人(乙方):

住所:

法定代表人:

电话: 邮政编码: 传真:

________年____月____日乙方与借款人(以下简称"借款人")签订了____号借款合同(以下简称"借款合同"),乙方向借款人提供(币种)____元贷款。为保障乙方向借款人发放的全部贷款债权的实现,甲方愿意向乙方提供抵押担保。甲、乙双方经平等协商,共同订立本合同。

第一条 甲方抵押担保的范围为乙方依据借款合同向借款人发放的全部贷款本金及利息(包括因借款人违约计收的复利和加收的利息)、借款人违约金和实现抵押权的费用。

第二条 甲方以其有权处分的财产作抵押,抵押财产由本合同项下的抵押物清单载明(见附件),该清单为本合同的组成部分。

第三条 甲方承诺:

(一)保证对其抵押物依法享有所有权或处分权;

(二)在抵押期间甲方应妥善保管抵押财产,并负责维修、保养、保证抵押财产的完好无损。乙方如需对抵押财产的状况进行了解,甲方应给予合作;

(三)对乙方要求保险的抵押物,甲方应在本合同生效前办妥抵押财产保险手续并保证到期续保;

(四)甲方负责办理本合同项下有关评估、公证、保险、鉴定、登记、运输及保管等事宜并承担全部费用;

(五)依法向抵押物登记部门办理抵押物登记。

第四条 抵押期间,由于甲方的行为造成抵押物价值减少,甲方应在抵押物价值减少情况发生后30天内向乙方增补与减少的价值相当的财产抵押或有效担保。

第五条 抵押期间,抵押物如发生投保范围内的损失,或因第三人的行为导致抵押物价值的减少,保险赔偿金或损害赔偿金应(选择):

(一)存入乙方指定账户,抵押期间甲方不得动用;

(二)甲方同意提前归还贷款。

第六条 在抵押期间,甲方出租抵押物应征得乙方同意。

第七条 在抵押期间,经乙方书面同意,甲方转让抵押物所得价款应(选择):

(一)存入乙方指定的账户,抵押期间甲方不得动用;

(二)甲方同意提前归还贷款。

第八条 甲方有下列情形之一,应及时书面通知乙方:

(一)经营机制发生变化,如实行承包、租赁、联营、合并(兼并)、分立、股份制改造、与外商合资(合作)等;

(二)涉及重大经济纠纷的诉讼;

(三)抵押的权利发生争议;

(四)破产、歇业、解散、被停业整顿、被吊销营业执照、被撤销;

(五)法人代表、住所、电话发生变更。

甲方发生前款(一)的情形应提前30天通知乙方;发生前款其他情形在事后7日内通知乙方。

第九条 甲方违反第四条、第五条、第七条、第八条约定给乙方造成损失的,应承担赔偿责任。

第十条　如发生依据借款合同的约定提前收回贷款,其借款合同项下的债权未得到足额清偿,乙方有权提前处置抵押物收回贷款本息。

第十一条　本合同生效后,借款人与乙方协议延长借款合同履行期限,应事先取得甲方书面同意。甲方有义务向登记机关变更登记,延长抵押期间。

第十二条　借款合同履行期限届满,借款人未清偿债务,乙方有权拍卖、变卖抵押物并以所得价款优先受偿;或经双方协商以抵押物折价实现抵押权。

第十三条　本合同自办理抵押物登记之日起生效。

第十四条　本合同一式两份,由抵押人、抵押权人各执一份,副本____份,登记部门一份,由____各执一份。

抵押人(公章):
法定代表人(签字):
(或授权代理人)
抵押权人(公章):
负责人(签字):
(或授权代理人)
签订合同地点:
签订合同时间:________年____月____日
附件:抵押物清单
抵押合同编号:
序号抵押物
种类抵押物
凭证编号单位数量自报价值(万元)
评估值(万元)
(银行认可)抵押率(%)
抵押价值(%)
保险单保险号码起止时间

经抵押权人评估认定,清单所列抵押物抵押价值总额为____万元,抵押人对此无异议,并将下列文件交抵押权人保管:

1. ______ 2. ______ 3. ______ 4. ______

本清单正本一式两份,由抵押人和抵押权人各执一份,副本____份,由____各执一份,作为____号借款合同附件。

抵押人(公章):	抵押权人(公章):
法定代表人(签字):	法定代表人(签字):
(或授权代理人)	(或授权代理人)
年　月　日	年　月　日

房屋租赁合同

编号：

本租约由下列双方于________年____月____日在________市签订。

出租方(甲方)：

姓名或名称：

国籍或注册地：

证件种类与号码：

法定地址：

电　　话：

传　　真：

法定代表人：

承租方(乙方)：

姓名或名称：

国籍或注册地：

证件种类与号码：

法定地址：

电　　话：

传　　真：

法定代表人：

甲、乙双方经平等协商，就出租与承租坐落于北京市____区____街____座____层____室(该房屋)达成如下协议。

第一条　该房屋

1. 该房屋建筑面积(含共有共用面积、分摊面积)为________平方米，国有土地使用面积(含共有共用面积)________平方米。

2. 该房屋应包括《市外销商品房预售契约》规定的设备、设施及甲方提供的装修、家具，该房屋平面图、装修、家具及房屋状况见本租约附件一。

第二条　租赁用途

乙方同意只将该房屋作住宅之用，乙方如确需改变该房屋用途，应提前一个月征得甲方同意，并按有关规定办理变更手续。

第三条　租赁期限

1. 起租日

甲、乙双方一致同意起租日为________年____月____日，甲方于起租日将该房屋交付乙方使用。

2. 租赁期

甲、乙双方一致同意租赁期为____年，自起租日起计算。

3. 续租

房屋租赁期限届满，租约自动终止。乙方如需要继续租用的，应当在租赁期限届满前3个月提出，并经甲方同意后，重新签订租约。

第四条　租金及支付

1. 该房屋每月租金为________元,即____币(大写)____万____仟____佰____拾____角____分;

2. 租金支付方式为________。

第五条 税费

如因该房屋租赁而发生下列税费,由双方分别按以下约定承担:

1. 印花税由甲乙双方各自承担一半;

2. 因办理该房屋租赁登记而发生的房屋登记费、房屋租赁手续费和房屋租赁凭证工本费等费用由甲乙双方按有关部门规定各自承担。

第六条 市政设施使用费及物业管理费

1. 除租金外,乙方同意按其实际使用量依《____物业管理公约》规定缴纳应缴费用,包括但不限于水费、电费、燃气费、电话费,乙方须在收到缴费通知单后10日内缴付。

2. 乙方并同意向该房屋的物业管理部门按其所签订的有关协议支付物业管理费。

第七条 付款方法

乙方依本租约将应付的租金、押租、市政设施使用费保证金、管理费保证金及其他所有费用、开支均以____币种存入甲方书面指定的账户。乙方须遵守甲方有关该账户的所有书面指令。

甲方指定银行为:

开户行:

账号:

户名:

第八条 保证金

1. 租金保证金(押租)

本租约签订时,乙方须向甲方支付相当于____月租金的押租,计人民币________元。

2. 市政设施使用费及物业管理费的保证金

本租约签订时,乙方并须向甲方支付________元作为市政设施使用费及物业管理费的保证金。

3. 上述保证金均由甲方保管至租赁期满,倘若乙方违反本租约的规定给甲方造成经济损失,甲方有权根据本租约规定扣除部分或全部保证金,并于扣除次日书面通知乙方。

甲方有权在扣除相应数额后,将租赁保证金余额退还乙方;保证金不足时,甲方将书面通知乙方要求补足,乙方在收到甲方通知15日内应将款项汇至甲方指定账户。

第九条 房屋维修

1. 租赁期内,甲方须保持该房屋包括主体结构、排水系统、各种管道、电线、电缆及其他各种设施均处于完好、清洁及可供使用的状态。

2. 非经甲方书面同意,乙方不得改动该房屋内部结构、设计,但甲方不合理地拒绝发出此同意除外。

3. 乙方须对其本人、家属、朋友、访客对该房屋或设施造成的损害负责。

4. 租赁期满后,如乙方决定不购买该房屋,乙方应按其接收时的状态将该房屋交还给甲方,正常损耗除外。

第十条 电话线路及电讯费用

1. 甲方将提供________条电话线路并负责所有安装费用。

2. 乙方须准时缴付电话/或其他电讯服务费用。

第十一条　甲方保证、权利与义务

甲方保证：

1. 甲方保证其为该房屋合法所有人；

2. 甲方保证该房屋的出租已获必要的政府批准；

3. 甲方保证该房屋权利及相应土地使用权未受到司法机关或行政机关依法裁定、决定查封或者以其他形式进行任何限制；

4. 甲方保证该房屋如为共有房屋，则该房屋出租已取得其共有人同意；

5. 甲方保证该房屋不存在权属争议；

6. 甲方保证该房屋符合安全标准及公安、环保、卫生等主管部门有关规定；

7. 甲方保证该房屋未作全部或部分抵押，或虽已作抵押，但该房屋出租已经抵押权人同意。

甲方权利：

1. 甲方可在租赁期满以前3个月内，陪同意欲承租该房屋的人员，在通知乙方并征得乙方同意的情况下进入该房屋内进行察看；

2. 乙方同意在乙方违反本租约的情况下，甲方在此已作出授权而届时无需另行通知，即可由物业管理公司至少以中断该房屋的水、电、煤气、热力、电话供应等方式敦促乙方更正其违约行为，赔偿相应的损失；

3. 若本租约期满或提前终止与解除后5日内，乙方仍未将其全部或部分私有财产和自置设备、物品搬出该房屋，则作乙方放弃权利处理，届时甲方（或甲方授权的代理人）有权委派人员将乙方的上述财产与物品予以处理，并无需给予乙方任何补偿；

4. 甲方有权授权代理人并由甲方授权的代理人代为交付该房屋、收回房屋、收取租金及行使甲方赋予的其他权利。

甲方义务：

1. 甲方应依据租约规定期限将该房屋交付给乙方；

2. 甲方负责于本租约签订后30日内向房地产管理部门提出登记；

3. 甲方将依据本租约规定及法律规定缴纳其作为该房屋出租人应缴付的税费；

4. 该房屋的自然损坏应由甲方负责修复，但乙方擅自改变该房屋用途，如从事生产或经营活动，则修缮责任由乙方承担；

5. 甲方在租赁期限内确需提前收回该房屋时，应当事先商得乙方同意。

第十二条　乙方权利与义务

1. 乙方应按本租约规定按期足额缴纳租金；

2. 乙方如发现该房屋及设施有任何损坏或险情，须及时通知甲方或管理公司，采取适当措施防止损坏或险情扩大，并予以积极配合；

3. 乙方未明确续租或购买该房屋的情况下，乙方应允许甲方在租赁期届满前3个月内在适当时间，并提前通知的条件下带有承租、购买意向的人参观该房屋；

4. 未经甲方书面同意，乙方不得转让、转租或与他人互换使用或共同使用该房屋；

5. 乙方应按本租约规定正当使用及妥善保管该房屋及有关设施；

6. 未经甲方书面同意，乙方不得安装、改建、加建供排水设备、电线、水管、燃气管或安装任何设备、装置以致需要额外的电线、燃气总管道、水管，也不得于该房屋内安置、堆放、悬挂任何物件以致超出该房屋的承重限度。

第十三条 违约责任

甲方违约责任：

1. 如甲方不能保证该房屋及其出租的合法性和适租性而引致乙方正常使用受到干扰或行政处罚等损失概由甲方承担。

2. 如甲方逾期____天仍不能将该房屋交付乙方使用，乙方有权解除本租约或要求将起租日顺延相应天数。在乙方选择解除本租约的情况下，甲方须于收到乙方的书面通知后____日内将乙方所支付的全部款项及利息（按活期存款利率计）返还给乙方，并将所收定金双倍返还乙方作为甲方违约金。

3. 如甲方未能对该房屋及其附着物进行定期检查或因甲方延误该房屋维修而致使该房屋发生破坏性事故，造成乙方或第三人财产损失或者人身伤害的，甲方应赔偿一切经济损失。

4. 如甲方未经乙方同意即提前收回该房屋，无论自用或者转租，均按违约处理，违约金相当于____个月租金；因此给乙方造成经济损失的，甲方应予以赔偿。

乙方违约责任：

1. 乙方逾期交付租金的，每逾期一日，由甲方按月租金额的1‰向乙方加收违约金。如乙方逾期20日仍未缴纳前述违约金，或如在接到甲方通知后未在规定期限内补足保证金，则除按本租约规定向甲方补交保证金及违约金外，甲方有权解除本租约。

2. 如因乙方本人或其应负责的其他人的过错造成了该房屋或设施的损坏，乙方应负责赔偿或维修至甲方满意的程度。

3. 乙方自行转让该房屋，或未经甲方同意擅自转租、转借或与他人互换使用该房屋的，除乙方因此所得收入全部归甲方所有外，乙方还应向甲方支付相当于____个月租金的违约金，甲方有权解除本租约。

4. 乙方违反本租约规定的其他义务且经两次书面通知后未纠正，甲方即有权解除本租约或从乙方支付的保证金中扣除乙方应承担的款项（包括但不限于欠付租金、费用）。在甲方因乙方违约而解除本租约时，甲方应将所收乙方款项扣除乙方应支付的租金、费用、赔偿、违约金（按____个月租金计）后在本租约解除后____日内返还给乙方，如乙方所支付的保证金尚不足弥补甲方应收取的款项，甲方有权向乙方追索。

第十四条 转让与转租

1. 该房屋所有权在租赁期限内发生转让、继承的，该房屋受让人或继承人应当继续履行本租约的规定；

2. 乙方在租赁期限内可以将该房屋的部分或全部转租给他人，但须事先征得甲方书面同意，并按有关规定办理登记备案手续；

3. 除非经甲方书面同意，该转租的租金收入不得低于本租约规定的租金标准；

4. 转租契约的终止日期不得超过本租约规定的终止日期，但甲方与转租双方另有约定的除外；

5. 转租契约生效后，乙方享有并承担转租契约规定的出租人的权利和义务，但乙方仍应履行本租约规定乙方应承担的义务；

6. 转租期间，如本租约变更、解除或者终止，则转租契约也随之相应地变更、解除或者终止。

第十五条 契约变更与终止

有下列情形之一的，甲乙双方可以变更或者终止本租约：

1. 甲乙双方协商一致的；

2. 因不可抗力致使本租约不能继续履行的；

3. 因政府房屋租赁政策或法律规定必须终止的。

乙方有下列行为之一的，甲方有权终止本租约并收回该房屋，因此而造成的损失，由乙方赔偿：

1. 将该房屋擅自转让、转租、转借或擅自与他人调换使用的；

2. 将承租的房屋擅自拆改结构或改变用途的；

3. 利用该房屋进行违法活动的；

4. 故意损坏该房屋的。

第十六条　不可抗力

由于地震、台风、暴雨、大火、战争以及其他不能预见，并且对其发生和后果不能防止或避免的人力不可抗拒事件，而影响任何一方不能履行本租约或不能按本租约约定的条件履行本租约时，遇有上述不可抗力的一方，应立即以电报或传真方式通知另一方，并在15日内提供不可抗力详情及本租约不能履行，或部分不能履行，或者需要延期履行的理由的有效证明文件。此项证明文件应由不可抗力发生地区的公证机构出具，按该不可抗力事件对履行本租约的影响程度，由双方协议决定是否解除本租约，或者部分免除履行本租约的责任，或者延期履行本租约。

第十七条　适用法律

本租约的订立、效力、解释、履行、争议解决均适用中华人民共和国现行有效的法律。

第十八条　争议的解决

凡因执行本租约而发生的或与本租约有关的一切争议，双方均以友好协商的方法解决，如协商未果，任何一方有权将争议提请北京仲裁委员会仲裁，仲裁裁决是终局的，双方均应自动履行，仲裁费用由仲裁庭指定方承担。

第十九条　其他

1. 本租约项下通知除另有规定外均须以书面通知方式进行。通知可以传真、邮寄、面交方式送达本租约之首所列双方地址。如以传真方式送达，则以传真发出的时间为送达时间；如以面交方式送达，则以接收方收到的时间为送达时间；如以邮寄（包括特快专递）方式送达，则以寄出后15日为送达时间。

2. 本租约以中文为准，任何外文译本仅供参考。

3. 本租约自甲乙双方签字之日起生效。

4. 本租约正本一式四份，由甲方及其代理人各执一份，乙方执一份，交有关行政管理部门登记备案一份。

有关各方签章：

甲方：

法定代表人：

甲方代理人：________房地产发展有限公司

法定代表人：

（或授权代理人）

年　　月　　日

乙方：
法定代表人：
（或授权代理人）
　　年　　月　　日

商品房以租代售租赁合同

出租人：北京________房地产有限公司（下称："甲方"）
法定代表人：
职　　务：
法定地址：
邮政编码：
电　　话：
传　　真：
承 租 人：
（下称："乙方"）
住　　所：
邮政编码：
电　　话：
传　　真：

鉴于按如下条款和条件甲方同意出租，乙方同意承租________花园别墅之物业，甲、乙双方根据国家法律、法规，建设部和北京市有关规定，经友好协商，于________年____月____日订立本租赁合同书（下称"本合同"）。

第一章　出租之物业

第一条　出租物业之坐落

甲方同意出租，乙方同意承租坐落于北京市朝阳区北四环东路________花园别墅____区____座之物业（下称"该物业"）。该物业之平面图见本合同之附件一。

第二条　该物业之面积

该物业之建筑面积为________平方米，土地使用面积为________平方米（含共有共用面积）。

第三条　该物业之装修及设施状况

该物业之装修及设施状况详见本合同之附件二。

第四条　该物业之用途

乙方租赁该物业，用于____住宅。

第二章　租 赁 期 限

第五条　该物业之租赁期限为____年，自________年____月____日（下称"起租日"）起至________年____月____日（下称"止租日"）止。

第三章　该物业之交付

第六条　交付与签收

甲方应于起租日前____天，即于________年____月____日向乙方发出书面出租交付通知，交付符合本合同要求之该物业。乙方收到该交付通知时，办理书面签收手续。

第七条　承诺与保证

甲方在签署本合同及向乙方交付该物业时，不可撤销地向乙方承诺并保证：

（一）甲方开发该物业之法律手续齐备。

（二）该物业未受到司法机关和行政机关裁定、决定查封或者其他形式的限制。

（三）甲方系该物业之唯一、合法的所有权人，且该物业之权属无任何争议。

（四）该物业之开发、建设符合国家及北京市的有关规定，符合安全标准，并符合公安、环保、卫生等主管部门之有关规定，符合该物业租赁之使用要求。

（五）乙方承诺同意于本合同租赁期限内，甲方有权对该物业设置抵押。

第四章　租金及其他费用

第八条　租金及物业管理费

（一）乙方同意向甲方支付租金，并同意向甲方指定的物业管理公司（下称“物业管理公司”）支付物业管理费。

（二）本合同签订当日，乙方向甲方支付租金押金________元。甲、乙双方商定，该物业租金之支付标准与方式详见本合同之附件三（以租代售付款表）。该物业之物业管理费（与市政设施使用费以下又合称为“其他费用”）标准为每建筑平方米____币______元/月（甲方有权根据北京市有关主管部门的审批进行调整）。首期租金与物业管理费于________年____月____日分别向甲方和物业管理公司支付，其余当月租金与物业管理费于每____的第____日之前分别向甲方和物业管理公司支付。乙方并同意在付清首期租金与物业管理费的同时，向物业管理公司支付相当于3个月的物业管理费基金及水、电、燃气基金和维修基金。

第九条　市政设施使用费

甲方或物业管理公司保证按国家及北京市有关规定，代为收取包括但不限于水、电、煤气、暖气、电话、传真、有线电视等市政设施使用费。乙方将于收到甲方或物业管理公司转交之市政设施使用费缴费通知后____天内缴付有关费用。甲方或物业管理公司并承诺不向乙方收取任何市政设施使用费之手续费或附加费。

第十条　租金及其他费用之支付方式

乙方将按本合同第八条、第九条之规定以____方式向甲方或物业管理公司之银行账号支付该物业之租金及其他费用。甲方或物业管理公司之银行账号见本合同之附件四。

第五章　以租代售之条件与实施

第十一条　乙方之购买权

甲方向乙方出租该物业，系按以租代售方式进行的。乙方基于本合同享有于本合同租赁期限届满时购买该物业之权利，即于本合同租赁期届满时，乙方已付清本合同附件三之各期与全部款项，即为乙方正式购买该物业之明确的意思表示。

第十二条　以租代售之条件

（一）以租代售之价格

甲、乙双方同意该物业之以租代售价格（包括含租金之价格）为每建筑平方米____币____元，并以该价格作为该物业之出售价格，即甲、乙双方就该物业签署之《北京市外销商品房买卖契约》（下称“该契约”）规定的甲方向乙方出售之价格。该物业购房价款总计为____币______元。

(二)该契约之付款方式

将本合同之租金支付作为该契约之购房价款支付之组成部分。由于甲方给予乙方分期付款的优惠,乙方于签署该契约的同时向甲方支付延期付款补偿金,该补偿金的计算期间为________年____月____日至________年____月____日,以各该期应付租金为本金,按各该期中国人民银行同期固定资产贷款利率计算。

(三)该契约文本

甲、乙双方同意采用市房地局制定之《北京市外销商品房买卖契约》文本或市房地局新文本。

第十三条　以租代售之实施

(一)乙方按本合同第十一条作出购买该物业的明确意思表示后或于1999年8月一次付清全部购房价款后,甲乙双方于____日内,按本合同第十二条规定之条件签署该契约及其补充协议。

(二)乙方按该契约及其补充协议之规定向甲方付清该物业之购房价款后,甲方该物业之权属证件即开始办理。

第六章　该物业之修缮与室内装修

第十四条　该物业之修缮

甲方对该物业不符合本合同附件二之装修及设施状况的部分,应于该物业起租日起____天内予以修缮至符合上述要求。

在本合同履行期内,负责按《建筑工程质量管理办法》的规定,负责对该物业承担保修责任。

第十五条　该物业之室内装修

甲方向乙方交付符合本合同要求的该物业后,乙方有权对该物业进行室内装修。本合同依约终止时,乙方应及时将该物业交还甲方。乙方应于交还该物业时,将其恢复原状或按甲方要求对装修予以保留。乙方对该物业之装修费用,甲方不予退还或作出任何补偿。

第七章　双 方 责 任

第十六条　甲方责任

(一)甲方应当按本合同约定的期限将该物业交付乙方。在本合同有效期内,甲方不得收回该物业。

(二)甲方负责该物业之保修,负责对该物业及其设备、设施和附着物等进行日常维修,以保证该物业处于良好的使用状态。甲方保证该物业公用部位的清洁卫生及24小时的保安工作。

(三)乙方选择履行该契约时,甲方应按该契约规定履行该物业卖方之义务。

第十七条　乙方责任

(一)按本合同规定,按期向甲方或物业管理公司支付租金和其他费用。

(二)乙方应当爱护并合理使用该物业及其附属设施,乙方在租赁期间或将来购房后,不得随意更改该物业的结构、外观、设备和用途,亦不得在亭院内搭设任何建筑物等,否则,由此产生的一切后果由乙方负责。

(三)乙方应当遵守该物业之《物业管理公约》。

(四)对于甲方对该物业进行之日常维修,乙方得给予甲方进出该物业之方便,并给予适当协助。

第八章　不 可 抗 力

第十八条　不可抗力之事由

甲、乙双方一致同意，不可抗力事件包括：

（一）人力所不能预见、不能避免并不能克服的自然灾害；

（二）人力所不能预见、不能避免并不能克服的其他事件。

第十九条　不可抗力事由之主张

本合同双方在向对方提供有关主管部门之证明文件后，方可作为主张本合同免责的事由。

第九章　违 约 责 任

第二十条　甲方之违约责任

（一）在本合同履行期间，若发生与甲方有关或与该物业有关的产权纠纷或债务纠纷，概由甲方负责清理，并承担相应责任。

（二）甲方未能于本合同规定的该物业之交付日期向乙方交付该物业，甲方应当向乙方支付违约金。违约金计算期间自该物业应交付之日第二日起到实际交付日止，以该期间甲方应收之租金金额的日万分之____进行计算。逾期超过____天，甲方未交付该物业，则乙方有权终止本合同，本合同终止自乙方书面通知送达甲方之日起生效。同时，甲方应向乙方返还全部已付的租金及其他费用，并按中国人民银行同期贷款利率，向乙方支付自乙方实际付款日起至甲方将全部款项实际退还乙方之日止的全部利息。由此给乙方造成损失的，甲方应负责赔偿。

第二十一条　乙方之违约责任

（一）乙方如不按期支付租金，应当按未付之租金部分的日万分之____向甲方支付违约金。逾期超过____天，乙方未支付租金，则甲方有权终止本合同，本合同终止自甲方书面通知送达乙方之日起生效。同时，乙方应向甲方支付所拖欠之全部租金及其他费用。乙方除向甲方继续支付上述违约金外，并应按中国人民银行同期贷款利率，向甲方支付自乙方应付款日起至乙方将全部款项实际支付甲方之日止的全部利息。由此给甲方造成损失的，乙方应负责赔偿。租金押金作为乙方履约的保证。在租赁期限内，如乙方单方中止合同，该押金不予退回；如至________年____月，履约正常，乙方无任何违约行为，则该押金充抵租金。

（二）因乙方过错造成房屋损坏的，由乙方负责修复或者赔偿。

第十章　附则及其他

第二十二条　税费

本合同所发生之税费，由甲方和乙方分别按政府规定缴纳。

第二十三条　合同效力与法律适用

（一）本合同自甲、乙双方签章之日起，即对甲、乙双方产生法律效力。

（二）本合同及其附件之手写与印刷文字经甲、乙双方确认后具有同等法律效力。如有更改，须经甲、乙双方附签。

（三）本合同的订立、效力、解释、履行和争议的解决均受中华人民共和国法律的管辖。

第二十四条　合同的变更或解除

有下列情形之一的，甲、乙双方可以变更或者解除本合同：

（一）符合法律规定或者本合同约定可以变更或解除合同条款的；

（二）因不可抗力使本合同不能继续履行的；

（三）甲、乙双方协商一致的。

因变更或者解除本合同使一方当事人遭受损失的，除依法可以免除责任的以外，应当由责任方负责赔偿。

第二十五条 文字

本合同及其附件均用中文书写，任何译本只做参考，其他文字文本之条款或意思表示与中文文本不一致者，均以中文文本为准。

第二十六条 通知与送达

（一）所有通知可用电传、传真或挂号邮件发出。各方相互发出的通知及书信须按照本合同所列的各方地址发出。

（二）每一方在任何时候更改其通讯地址时，可用电传、传真或挂号邮件通知另一方。

（三）任何用电传或传真发出的重要通知或书信应该使用信件挂号寄出加以确认（但未能发出此种确认不得使电传或传真发出的通知或书信失效）。

（四）任何用电传或传真发出的每一通知或书信，发出时间须被视为收到时间（但如果发出当日并非一营业日，则下一营业日开始营业时须被视为收到时间，以及用传真发出时，发出的电传机自动显示出收件人的电传号码及接收代号时须被视为收到时间）；如用信件发出，在人手交递时或在出寄后14天，须被视为收到时间。

第二十七条 争议的解决

因本合同引起的或与本合同有关的任何争议，均提请北京仲裁委员会按照该会仲裁规则进行仲裁。仲裁裁决是终局的，对双方均有约束力。

第二十八条 文本

本合同正本一式两份，甲、乙双方各执一份，具有同等法律效力。副本两份，由见证律师事务所及有关机关备案各一份。

甲方：____________ 乙方：

（签章） （签章）

年 月 日 年 月 日

法定代表人：

授权代表：

年 月 日

见证人：________律师事务所

律 师：

年 月 日

房地产委托代理销售协议

委托方（甲方）：

受托方（乙方）：

甲乙双方经过友好协商，就乙方代理销售甲方所开发建设的大厦（花园、别墅、公寓等）事宜达成一致协议。

一、甲方责任

1. 提供营业执照复印件,法人代表证明书。

2. 提供所委托销售项目的有关批文,包括物业名称证明、立项批复、土地使用证、土地出让合同、建设用地规划许可证、建设工程规划许可证、建设工程开工许可证、商品房预售或销售许可证等文件的复印件。

3. 提供上述项目的设计图纸、装修标准及技术指标文件,提供上述项目周围环境及土地使用情况、建设情况及交通状况等资料和文件。

二、乙方责任

1. 根据市场情况制定销售计划,安排销售时间表。

2. 在甲方帮助下,安排客户实地考察并介绍项目当地环境。

3. 乙方与客户接洽之后,以传真方式与甲方联系,确认客户。凡经甲方确认后的客户,成交后均视为乙方成交。

4. 在甲方与客户正式签署售楼合同之前,以代理人身份与客户签署有关认购意向书,并在规定时间内安排客户与甲方正式签署买卖合同。

三、销售价格

本物业第一期销售价格暂定为每平方米________元。

四、代理佣金

甲乙双方同意代理佣金为房价的2%,佣金在客户与甲方正式签署买卖合同时全部支付。

五、代理期限与销售面积

甲方同意乙方的代理期限为半年,从双方签订本协议之日起计算,在代理期间,乙方须售出________平方米。

六、违约责任

如在代理期限内乙方未按合同规定销售出________平方米的物业即构成违约,双方另行确定对违约行为的处理。

七、广告宣传

甲方同意支付所有与销售有关的广告费用,广告分为三期,分别在报上刊出。

八、争议解决

甲乙双方同意由本代理协议产生的一切纠纷,均采用友好协商的方法予以解决,如果协商的方法不能解决,双方一致同意将争议提到北京仲裁委员会予以仲裁,仲裁的裁决是终局的。

本合同一式两份,甲乙双方各持一份,自双方代表盖章签字之日起生效。

甲方: 乙方:

年 月 日 年 月 日

房屋出租委托合同

编　　号:

委托人(下称甲方):

姓名/公司名称:

地　　址：

证件种类及号码：

电　　话：

传　　真：

受托人(下称乙方)：

公司名称：

地　　址：

电　　话：

传　　真：

甲、乙双方经友好协商,达成协议如下：

1. 甲方委托乙方出租其拥有之位于北京市________区________街________号第____座____层单位房产(下称"该房产"),有关买卖契约或产权证明见附件,委托期限两年。该房产的建筑面积为________平方米(需以产权证所载数为准)。甲方合法拥有该房产的所有权及其占用土地的土地使用权,且甲方愿将房产出租。

2. 甲方出租房产的条件如下：

(1)租约年期：

(2)租金：

(3)租金支付：

(4)押金：

(5)其他：

3. 乙方应积极为甲方寻找适合租户并最大限度地满足甲方要求。

4. 甲方同意乙方为甲方介绍客户完成该房产租赁后,乙方可获得相当于该房产租约中所签订之全年租金总额的平均租金作为代理费。甲方授权乙方可在签署正式房产租约前收取订金,此订金可作为之后乙方应得之代理费的一部分,不足部分由甲方在甲方与承租人签署该房产正式租赁合约(包括甲方应收之租房订金到位)之日起7日内缴付乙方。

5. 当乙方向甲方介绍可能承租人时,甲方应积极配合,自行与承租方签约,并尽快办理签署租约所需的有关手续。

6. 甲方亦可授权乙方作为代理人代理签署有关租约,有关事宜将在授权书中另行约定。

7. 甲方除委托乙方代为出租该房产外,亦可自行寻求或委托他人寻求该房产的可能承租人。如甲乙双方中任何一方最先寻求到该房产的承租人,均须以书面形式通知对方,否则将赔偿因此给对方造成的损失。

8. 在委托期及委托期终止后6个月内,若甲方私下与乙方所介绍的承租方签订租约,甲方也须将按照本协议订明的代理费支付给乙方。

9. 本协议书在以下情形下即告失效：

(1)委托期满且双方并无续约；

(2)甲方与经乙方介绍的承租方签约且付清应付乙方之代理费；

(3)甲、乙双方书面同意提前终止本协议。

10. 甲、乙双方均须为本协议书内容予以保密,未经双方许可不得将有关内容泄露给任何第三方。

11. 本委托书依照中华人民共和国法律拟定,如有未尽事宜,双方可另拟补充条款。如有争议而双方不能协商解决将依照中华人民共和国有关法律通过北京仲裁委员会仲裁解决。

12. 本委托书一式两份,甲、乙双方各执一份,自双方签字之日起即行生效。

甲方:　　　　　　　　　　　　　　　　　　　　　　　　乙方:

年　　月　　日　　　　　　　　　　　　　　　　　　　　年　　月　　日

六、房产管理

1. 房屋权属管理

不动产登记暂行条例

1. 2014年11月24日国务院令第656号公布
2. 根据2019年3月24日国务院令第710号《关于修改部分行政法规的决定》修订

第一章　总　　则

第一条　为整合不动产登记职责，规范登记行为，方便群众申请登记，保护权利人合法权益，根据《中华人民共和国物权法》等法律，制定本条例。

第二条　本条例所称不动产登记，是指不动产登记机构依法将不动产权利归属和其他法定事项记载于不动产登记簿的行为。

本条例所称不动产，是指土地、海域以及房屋、林木等定着物。

第三条　不动产首次登记、变更登记、转移登记、注销登记、更正登记、异议登记、预告登记、查封登记等，适用本条例。

第四条　国家实行不动产统一登记制度。

不动产登记遵循严格管理、稳定连续、方便群众的原则。

不动产权利人已经依法享有的不动产权利，不因登记机构和登记程序的改变而受到影响。

第五条　下列不动产权利，依照本条例的规定办理登记：

（一）集体土地所有权；

（二）房屋等建筑物、构筑物所有权；

（三）森林、林木所有权；

（四）耕地、林地、草地等土地承包经营权；

（五）建设用地使用权；

（六）宅基地使用权；

（七）海域使用权；

（八）地役权；

（九）抵押权；

（十）法律规定需要登记的其他不动产权利。

第六条　国务院国土资源主管部门负责指导、监督全国不动产登记工作。

县级以上地方人民政府应当确定一个部门为本行政区域的不动产登记机构，负责不动产登记工作，并接受上级人民政府不动产登记主管部门的指导、监督。

第七条　不动产登记由不动产所在地的县级人民政府不动产登记机构办理；直辖市、设区的市人民政府可以确定本级不动产登记机构统一办理所属各区的不动产登记。

跨县级行政区域的不动产登记，由所跨县级行政区域的不动产登记机构分别办理。不能分别办理的，由所跨县级行政区域的不动产登记机构协商办理；协商不成的，由共同的上一级人民政府不动产登记主管部门指定办理。

国务院确定的重点国有林区的森林、林木和林地，国务院批准项目用海、用岛，中央国家机关使用的国有土地等不动产登记，由国务院国土资源主管部门会同有关部门规定。

第二章　不动产登记簿

第八条　不动产以不动产单元为基本单位进行登记。不动产单元具有唯一编码。

不动产登记机构应当按照国务院国土

资源主管部门的规定设立统一的不动产登记簿。

不动产登记簿应当记载以下事项：

（一）不动产的坐落、界址、空间界限、面积、用途等自然状况；

（二）不动产权利的主体、类型、内容、来源、期限、权利变化等权属状况；

（三）涉及不动产权利限制、提示的事项；

（四）其他相关事项。

第九条 不动产登记簿应当采用电子介质，暂不具备条件的，可以采用纸质介质。不动产登记机构应当明确不动产登记簿唯一、合法的介质形式。

不动产登记簿采用电子介质的，应当定期进行异地备份，并具有唯一、确定的纸质转化形式。

第十条 不动产登记机构应当依法将各类登记事项准确、完整、清晰地记载于不动产登记簿。任何人不得损毁不动产登记簿，除依法予以更正外不得修改登记事项。

第十一条 不动产登记工作人员应当具备与不动产登记工作相适应的专业知识和业务能力。

不动产登记机构应当加强对不动产登记工作人员的管理和专业技术培训。

第十二条 不动产登记机构应当指定专人负责不动产登记簿的保管，并建立健全相应的安全责任制度。

采用纸质介质不动产登记簿的，应当配备必要的防盗、防火、防渍、防有害生物等安全保护设施。

采用电子介质不动产登记簿的，应当配备专门的存储设施，并采取信息网络安全防护措施。

第十三条 不动产登记簿由不动产登记机构永久保存。不动产登记簿损毁、灭失的，不动产登记机构应当依据原有登记资料予以重建。

行政区域变更或者不动产登记机构职能调整的，应当及时将不动产登记簿移交相应的不动产登记机构。

第三章 登记程序

第十四条 因买卖、设定抵押权等申请不动产登记的，应当由当事人双方共同申请。

属于下列情形之一的，可以由当事人单方申请：

（一）尚未登记的不动产首次申请登记的；

（二）继承、接受遗赠取得不动产权利的；

（三）人民法院、仲裁委员会生效的法律文书或者人民政府生效的决定等设立、变更、转让、消灭不动产权利的；

（四）权利人姓名、名称或者自然状况发生变化，申请变更登记的；

（五）不动产灭失或者权利人放弃不动产权利，申请注销登记的；

（六）申请更正登记或者异议登记的；

（七）法律、行政法规规定可以由当事人单方申请的其他情形。

第十五条 当事人或者其代理人应当向不动产登记机构申请不动产登记。

不动产登记机构将申请登记事项记载于不动产登记簿前，申请人可以撤回登记申请。

第十六条 申请人应当提交下列材料，并对申请材料的真实性负责：

（一）登记申请书；

（二）申请人、代理人身份证明材料、授权委托书；

（三）相关的不动产权属来源证明材料、登记原因证明文件、不动产权属证书；

（四）不动产界址、空间界限、面积等材料；

（五）与他人利害关系的说明材料；

（六）法律、行政法规以及本条例实施细则规定的其他材料。

不动产登记机构应当在办公场所和门

户网站公开申请登记所需材料目录和示范文本等信息。

第十七条　不动产登记机构收到不动产登记申请材料，应当分别按照下列情况办理：

（一）属于登记职责范围，申请材料齐全、符合法定形式，或者申请人按照要求提交全部补正申请材料的，应当受理并书面告知申请人；

（二）申请材料存在可以当场更正的错误的，应当告知申请人当场更正，申请人当场更正后，应当受理并书面告知申请人；

（三）申请材料不齐全或者不符合法定形式的，应当当场书面告知申请人不予受理并一次性告知需要补正的全部内容；

（四）申请登记的不动产不属于本机构登记范围的，应当当场书面告知申请人不予受理并告知申请人向有登记权的机构申请。

不动产登记机构未当场书面告知申请人不予受理的，视为受理。

第十八条　不动产登记机构受理不动产登记申请的，应当按照下列要求进行查验：

（一）不动产界址、空间界限、面积等材料与申请登记的不动产状况是否一致；

（二）有关证明材料、文件与申请登记的内容是否一致；

（三）登记申请是否违反法律、行政法规规定。

第十九条　属于下列情形之一的，不动产登记机构可以对申请登记的不动产进行实地查看：

（一）房屋等建筑物、构筑物所有权首次登记；

（二）在建建筑物抵押权登记；

（三）因不动产灭失导致的注销登记；

（四）不动产登记机构认为需要实地查看的其他情形。

对可能存在权属争议，或者可能涉及他人利害关系的登记申请，不动产登记机构可以向申请人、利害关系人或者有关单位进行调查。

不动产登记机构进行实地查看或者调查时，申请人、被调查人应当予以配合。

第二十条　不动产登记机构应当自受理登记申请之日起30个工作日内办结不动产登记手续，法律另有规定的除外。

第二十一条　登记事项自记载于不动产登记簿时完成登记。

不动产登记机构完成登记，应当依法向申请人核发不动产权属证书或者登记证明。

第二十二条　登记申请有下列情形之一的，不动产登记机构应当不予登记，并书面告知申请人：

（一）违反法律、行政法规规定的；

（二）存在尚未解决的权属争议的；

（三）申请登记的不动产权利超过规定期限的；

（四）法律、行政法规规定不予登记的其他情形。

第四章　登记信息共享与保护

第二十三条　国务院国土资源主管部门应当会同有关部门建立统一的不动产登记信息管理基础平台。

各级不动产登记机构登记的信息应当纳入统一的不动产登记信息管理基础平台，确保国家、省、市、县四级登记信息的实时共享。

第二十四条　不动产登记有关信息与住房城乡建设、农业、林业、海洋等部门审批信息、交易信息等应当实时互通共享。

不动产登记机构能够通过实时互通共享取得的信息，不得要求不动产登记申请人重复提交。

第二十五条　国土资源、公安、民政、财政、税务、工商、金融、审计、统计等部门应当加强不动产登记有关信息互通共享。

第二十六条　不动产登记机构、不动产登记信息共享单位及其工作人员应当对不动产登记信息保密；涉及国家秘密的不动产登记信息，应当依法采取必要的安全保密措施。

第二十七条 权利人、利害关系人可以依法查询、复制不动产登记资料，不动产登记机构应当提供。

有关国家机关可以依照法律、行政法规的规定查询、复制与调查处理事项有关的不动产登记资料。

第二十八条 查询不动产登记资料的单位、个人应当向不动产登记机构说明查询目的，不得将查询获得的不动产登记资料用于其他目的；未经权利人同意，不得泄露查询获得的不动产登记资料。

第五章 法律责任

第二十九条 不动产登记机构登记错误给他人造成损害，或者当事人提供虚假材料申请登记给他人造成损害的，依照《中华人民共和国物权法》的规定承担赔偿责任。

第三十条 不动产登记机构工作人员进行虚假登记，损毁、伪造不动产登记簿，擅自修改登记事项，或者有其他滥用职权、玩忽职守行为的，依法给予处分；给他人造成损害的，依法承担赔偿责任；构成犯罪的，依法追究刑事责任。

第三十一条 伪造、变造不动产权属证书、不动产登记证明，或者买卖、使用伪造、变造的不动产权属证书、不动产登记证明的，由不动产登记机构或者公安机关依法予以收缴；有违法所得的，没收违法所得；给他人造成损害的，依法承担赔偿责任；构成违反治安管理行为的，依法给予治安管理处罚；构成犯罪的，依法追究刑事责任。

第三十二条 不动产登记机构、不动产登记信息共享单位及其工作人员，查询不动产登记资料的单位或者个人违反国家规定，泄露不动产登记资料、登记信息，或者利用不动产登记资料、登记信息进行不正当活动，给他人造成损害的，依法承担赔偿责任；对有关责任人员依法给予处分；有关责任人员构成犯罪的，依法追究刑事责任。

第六章 附 则

第三十三条 本条例施行前依法颁发的各类不动产权属证书和制作的不动产登记簿继续有效。

不动产统一登记过渡期内，农村土地承包经营权的登记按照国家有关规定执行。

第三十四条 本条例实施细则由国务院国土资源主管部门会同有关部门制定。

第三十五条 本条例自2015年3月1日起施行。本条例施行前公布的行政法规有关不动产登记的规定与本条例规定不一致的，以本条例规定为准。

不动产登记暂行条例实施细则

1. 2016年1月1日国土资源部令第63号公布施行

2. 根据2019年7月24日自然资源部令第5号《自然资源部关于第一批废止和修改的部门规章的决定》修正

第一章 总 则

第一条 为规范不动产登记行为，细化不动产统一登记制度，方便人民群众办理不动产登记，保护权利人合法权益，根据《不动产登记暂行条例》（以下简称《条例》），制定本实施细则。

第二条 不动产登记应当依照当事人的申请进行，但法律、行政法规以及本实施细则另有规定的除外。

房屋等建筑物、构筑物和森林、林木等定着物应当与其所依附的土地、海域一并登记，保持权利主体一致。

第三条 不动产登记机构依照《条例》第七条第二款的规定，协商办理或者接受指定办理跨县级行政区域不动产登记的，应当在登记完毕后将不动产登记簿记载的不动产权利人以及不动产坐落、界址、面积、用途、权利类型等登记结果告知不动产所跨区域的其他不动产登记机构。

第四条 国务院确定的重点国有林区的森林、

林木和林地，由自然资源部受理并会同有关部门办理，依法向权利人核发不动产权属证书。

国务院批准的项目用海、用岛的登记，由自然资源部受理，依法向权利人核发不动产权属证书。

第二章 不动产登记簿

第五条 《条例》第八条规定的不动产单元，是指权属界线封闭且具有独立使用价值的空间。

没有房屋等建筑物、构筑物以及森林、林木定着物的，以土地、海域权属界线封闭的空间为不动产单元。

有房屋等建筑物、构筑物以及森林、林木定着物的，以该房屋等建筑物、构筑物以及森林、林木定着物与土地、海域权属界线封闭的空间为不动产单元。

前款所称房屋，包括独立成幢、权属界线封闭的空间，以及区分套、层、间等可以独立使用、权属界线封闭的空间。

第六条 不动产登记簿以宗地或者宗海为单位编成，一宗地或者一宗海范围内的全部不动产单元编入一个不动产登记簿。

第七条 不动产登记机构应当配备专门的不动产登记电子存储设施，采取信息网络安全防护措施，保证电子数据安全。

任何单位和个人不得擅自复制或者篡改不动产登记簿信息。

第八条 承担不动产登记审核、登簿的不动产登记工作人员应当熟悉相关法律法规，具备与其岗位相适应的不动产登记等方面的专业知识。

自然资源部会同有关部门组织开展对承担不动产登记审核、登簿的不动产登记工作人员的考核培训。

第三章 登记程序

第九条 申请不动产登记的，申请人应当填写登记申请书，并提交身份证明以及相关申请材料。

申请材料应当提供原件。因特殊情况不能提供原件的，可以提供复印件，复印件应当与原件保持一致。

第十条 处分共有不动产申请登记的，应当经占份额三分之二以上的按份共有人或者全体共同共有人共同申请，但共有人另有约定的除外。

按份共有人转让其享有的不动产份额，应当与受让人共同申请转移登记。

建筑区划内依法属于全体业主共有的不动产申请登记，依照本实施细则第三十六条的规定办理。

第十一条 无民事行为能力人、限制民事行为能力人申请不动产登记的，应当由其监护人代为申请。

监护人代为申请登记的，应当提供监护人与被监护人的身份证或者户口簿、有关监护关系等材料；因处分不动产而申请登记的，还应当提供为被监护人利益的书面保证。

父母之外的监护人处分未成年人不动产的，有关监护关系材料可以是人民法院指定监护的法律文书、经过公证的对被监护人享有监护权的材料或者其他材料。

第十二条 当事人可以委托他人代为申请不动产登记。

代理申请不动产登记的，代理人应当向不动产登记机构提供被代理人签字或者盖章的授权委托书。

自然人处分不动产，委托代理人申请登记的，应当与代理人共同到不动产登记机构现场签订授权委托书，但授权委托书经公证的除外。

境外申请人委托他人办理处分不动产登记的，其授权委托书应当按照国家有关规定办理认证或者公证。

第十三条 申请登记的事项记载于不动产登记簿前，全体申请人提出撤回登记申请的，登记机构应当将登记申请书以及相关材料退还申请人。

第十四条 因继承、受遗赠取得不动产，当事人申请登记的，应当提交死亡证明材料、遗嘱或者全部法定继承人关于不动产分配的协议以及与被继承人的亲属关系材料等，也可以提交经公证的材料或者生效的法律文书。

第十五条 不动产登记机构受理不动产登记申请后，还应当对下列内容进行查验：

（一）申请人、委托代理人身份证明材料以及授权委托书与申请主体是否一致；

（二）权属来源材料或者登记原因文件与申请登记的内容是否一致；

（三）不动产界址、空间界限、面积等权籍调查成果是否完备，权属是否清楚、界址是否清晰、面积是否准确；

（四）法律、行政法规规定的完税或者缴费凭证是否齐全。

第十六条 不动产登记机构进行实地查看，重点查看下列情况：

（一）房屋等建筑物、构筑物所有权首次登记，查看房屋坐落及其建造完成等情况；

（二）在建建筑物抵押权登记，查看抵押的在建建筑物坐落及其建造等情况；

（三）因不动产灭失导致的注销登记，查看不动产灭失等情况。

第十七条 有下列情形之一的，不动产登记机构应当在登记事项记载于登记簿前进行公告，但涉及国家秘密的除外：

（一）政府组织的集体土地所有权登记；

（二）宅基地使用权及房屋所有权，集体建设用地使用权及建筑物、构筑物所有权，土地承包经营权等不动产权利的首次登记；

（三）依职权更正登记；

（四）依职权注销登记；

（五）法律、行政法规规定的其他情形。

公告应当在不动产登记机构门户网站以及不动产所在地等指定场所进行，公告期不少于15个工作日。公告所需时间不计算在登记办理期限内。公告期满无异议或者异议不成立的，应当及时记载于不动产登记簿。

第十八条 不动产登记公告的主要内容包括：

（一）拟予登记的不动产权利人的姓名或者名称；

（二）拟予登记的不动产坐落、面积、用途、权利类型等；

（三）提出异议的期限、方式和受理机构；

（四）需要公告的其他事项。

第十九条 当事人可以持人民法院、仲裁委员会的生效法律文书或者人民政府的生效决定单方申请不动产登记。

有下列情形之一的，不动产登记机构直接办理不动产登记：

（一）人民法院持生效法律文书和协助执行通知书要求不动产登记机构办理登记的；

（二）人民检察院、公安机关依据法律规定持协助查封通知书要求办理查封登记的；

（三）人民政府依法做出征收或者收回不动产权利决定生效后，要求不动产登记机构办理注销登记的；

（四）法律、行政法规规定的其他情形。

不动产登记机构认为登记事项存在异议的，应当依法向有关机关提出审查建议。

第二十条 不动产登记机构应当根据不动产登记簿，填写并核发不动产权属证书或者不动产登记证明。

除办理抵押权登记、地役权登记和预告登记、异议登记，向申请人核发不动产登记证明外，不动产登记机构应当依法向权利人核发不动产权属证书。

不动产权属证书和不动产登记证明，应当加盖不动产登记机构登记专用章。

不动产权属证书和不动产登记证明样式，由自然资源部统一规定。

第二十一条 申请共有不动产登记的，不动产登记机构向全体共有人合并发放一本不动产权属证书；共有人申请分别持证的，可以为共有人分别发放不动产权属证书。

共有不动产权属证书应当注明共有情况,并列明全体共有人。

第二十二条　不动产权属证书或者不动产登记证明污损、破损的,当事人可以向不动产登记机构申请换发。符合换发条件的,不动产登记机构应当予以换发,并收回原不动产权属证书或者不动产登记证明。

不动产权属证书或者不动产登记证明遗失、灭失,不动产权利人申请补发的,由不动产登记机构在其门户网站上刊发不动产权利人的遗失、灭失声明15个工作日后,予以补发。

不动产登记机构补发不动产权属证书或者不动产登记证明的,应当将补发不动产权属证书或者不动产登记证明的事项记载于不动产登记簿,并在不动产权属证书或者不动产登记证明上注明"补发"字样。

第二十三条　因不动产权利灭失等情形,不动产登记机构需要收回不动产权属证书或者不动产登记证明的,应当在不动产登记簿上将收回不动产权属证书或者不动产登记证明的事项予以注明;确实无法收回的,应当在不动产登记机构门户网站或者当地公开发行的报刊上公告作废。

第四章　不动产权利登记

第一节　一般规定

第二十四条　不动产首次登记,是指不动产权利第一次登记。

未办理不动产首次登记的,不得办理不动产其他类型登记,但法律、行政法规另有规定的除外。

第二十五条　市、县人民政府可以根据情况对本行政区域内未登记的不动产,组织开展集体土地所有权、宅基地使用权、集体建设用地使用权、土地承包经营权的首次登记。

依照前款规定办理首次登记所需的权属来源、调查等登记材料,由人民政府有关部门组织获取。

第二十六条　下列情形之一的,不动产权利人可以向不动产登记机构申请变更登记:

(一)权利人的姓名、名称、身份证明类型或者身份证明号码发生变更的;

(二)不动产的坐落、界址、用途、面积等状况变更的;

(三)不动产权利期限、来源等状况发生变化的;

(四)同一权利人分割或者合并不动产的;

(五)抵押担保的范围、主债权数额、债务履行期限、抵押权顺位发生变化的;

(六)最高额抵押担保的债权范围、最高债权额、债权确定期间等发生变化的;

(七)地役权的利用目的、方法等发生变化的;

(八)共有性质发生变更的;

(九)法律、行政法规规定的其他不涉及不动产权利转移的变更情形。

第二十七条　因下列情形导致不动产权利转移的,当事人可以向不动产登记机构申请转移登记:

(一)买卖、互换、赠与不动产的;

(二)以不动产作价出资(入股)的;

(三)法人或者其他组织因合并、分立等原因致使不动产权利发生转移的;

(四)不动产分割、合并导致权利发生转移的;

(五)继承、受遗赠导致权利发生转移的;

(六)共有人增加或者减少以及共有不动产份额变化的;

(七)因人民法院、仲裁委员会的生效法律文书导致不动产权利发生转移的;

(八)因主债权转移引起不动产抵押权转移的;

(九)因需役地不动产权利转移引起地役权转移的;

(十)法律、行政法规规定的其他不动产权利转移情形。

第二十八条　有下列情形之一的,当事人可以申请办理注销登记：

（一）不动产灭失的；

（二）权利人放弃不动产权利的；

（三）不动产被依法没收、征收或者收回的；

（四）人民法院、仲裁委员会的生效法律文书导致不动产权利消灭的；

（五）法律、行政法规规定的其他情形。

不动产上已经设立抵押权、地役权或者已经办理预告登记，所有权人、使用权人因放弃权利申请注销登记的，申请人应当提供抵押权人、地役权人、预告登记权利人同意的书面材料。

第二节　集体土地所有权登记

第二十九条　集体土地所有权登记，依照下列规定提出申请：

（一）土地属于村农民集体所有的，由村集体经济组织代为申请，没有集体经济组织的，由村民委员会代为申请；

（二）土地分别属于村内两个以上农民集体所有的，由村内各集体经济组织代为申请，没有集体经济组织的，由村民小组代为申请；

（三）土地属于乡（镇）农民集体所有的，由乡（镇）集体经济组织代为申请。

第三十条　申请集体土地所有权首次登记的，应当提交下列材料：

（一）土地权属来源材料；

（二）权籍调查表、宗地图以及宗地界址点坐标；

（三）其他必要材料。

第三十一条　农民集体因互换、土地调整等原因导致集体土地所有权转移，申请集体土地所有权转移登记的，应当提交下列材料：

（一）不动产权属证书；

（二）互换、调整协议等集体土地所有权转移的材料；

（三）本集体经济组织三分之二以上成员或者三分之二以上村民代表同意的材料；

（四）其他必要材料。

第三十二条　申请集体土地所有权变更、注销登记的，应当提交下列材料：

（一）不动产权属证书；

（二）集体土地所有权变更、消灭的材料；

（三）其他必要材料。

第三节　国有建设用地使用权及房屋所有权登记

第三十三条　依法取得国有建设用地使用权，可以单独申请国有建设用地使用权登记。

依法利用国有建设用地建造房屋的，可以申请国有建设用地使用权及房屋所有权登记。

第三十四条　申请国有建设用地使用权首次登记，应当提交下列材料：

（一）土地权属来源材料；

（二）权籍调查表、宗地图以及宗地界址点坐标；

（三）土地出让价款、土地租金、相关税费等缴纳凭证；

（四）其他必要材料。

前款规定的土地权属来源材料，根据权利取得方式的不同，包括国有建设用地划拨决定书、国有建设用地使用权出让合同、国有建设用地使用权租赁合同以及国有建设用地使用权作价出资（入股）、授权经营批准文件。

申请在地上或者地下单独设立国有建设用地使用权登记的，按照本条规定办理。

第三十五条　申请国有建设用地使用权及房屋所有权首次登记的，应当提交下列材料：

（一）不动产权属证书或者土地权属来源材料；

（二）建设工程符合规划的材料；

（三）房屋已经竣工的材料；

（四）房地产调查或者测绘报告；

（五）相关税费缴纳凭证；

（六）其他必要材料。

第三十六条 办理房屋所有权首次登记时，申请人应当将建筑区划内依法属于业主共有的道路、绿地、其他公共场所、公用设施和物业服务用房及其占用范围内的建设用地使用权一并申请登记为业主共有。业主转让房屋所有权的，其对共有部分享有的权利依法一并转让。

第三十七条 申请国有建设用地使用权及房屋所有权变更登记的，应当根据不同情况，提交下列材料：

（一）不动产权属证书；

（二）发生变更的材料；

（三）有批准权的人民政府或者主管部门的批准文件；

（四）国有建设用地使用权出让合同或者补充协议；

（五）国有建设用地使用权出让价款、税费等缴纳凭证；

（六）其他必要材料。

第三十八条 申请国有建设用地使用权及房屋所有权转移登记的，应当根据不同情况，提交下列材料：

（一）不动产权属证书；

（二）买卖、互换、赠与合同；

（三）继承或者受遗赠的材料；

（四）分割、合并协议；

（五）人民法院或者仲裁委员会生效的法律文书；

（六）有批准权的人民政府或者主管部门的批准文件；

（七）相关税费缴纳凭证；

（八）其他必要材料。

不动产买卖合同依法应当备案的，申请人申请登记时须提交经备案的买卖合同。

第三十九条 具有独立利用价值的特定空间以及码头、油库等其他建筑物、构筑物所有权的登记，按照本实施细则中房屋所有权登记有关规定办理。

第四节 宅基地使用权及房屋所有权登记

第四十条 依法取得宅基地使用权，可以单独申请宅基地使用权登记。

依法利用宅基地建造住房及其附属设施的，可以申请宅基地使用权及房屋所有权登记。

第四十一条 申请宅基地使用权及房屋所有权首次登记的，应当根据不同情况，提交下列材料：

（一）申请人身份证和户口簿；

（二）不动产权属证书或者有批准权的人民政府批准用地的文件等权属来源材料；

（三）房屋符合规划或者建设的相关材料；

（四）权籍调查表、宗地图、房屋平面图以及宗地界址点坐标等有关不动产界址、面积等材料；

（五）其他必要材料。

第四十二条 因依法继承、分家析产、集体经济组织内部互换房屋等导致宅基地使用权及房屋所有权发生转移申请登记的，申请人应当根据不同情况，提交下列材料：

（一）不动产权属证书或者其他权属来源材料；

（二）依法继承的材料；

（三）分家析产的协议或者材料；

（四）集体经济组织内部互换房屋的协议；

（五）其他必要材料。

第四十三条 申请宅基地等集体土地上的建筑物区分所有权登记的，参照国有建设用地使用权及建筑物区分所有权的规定办理登记。

第五节 集体建设用地使用权及建筑物、构筑物所有权登记

第四十四条 依法取得集体建设用地使用权，可以单独申请集体建设用地使用权登记。

依法利用集体建设用地兴办企业，建设

公共设施，从事公益事业等的，可以申请集体建设用地使用权及地上建筑物、构筑物所有权登记。

第四十五条 申请集体建设用地使用权及建筑物、构筑物所有权首次登记的，申请人应当根据不同情况，提交下列材料：

（一）有批准权的人民政府批准用地的文件等土地权属来源材料；

（二）建设工程符合规划的材料；

（三）权籍调查表、宗地图、房屋平面图以及宗地界址点坐标等有关不动产界址、面积等材料；

（四）建设工程已竣工的材料；

（五）其他必要材料。

集体建设用地使用权首次登记完成后，申请人申请建筑物、构筑物所有权首次登记的，应当提交享有集体建设用地使用权的不动产权属证书。

第四十六条 申请集体建设用地使用权及建筑物、构筑物所有权变更登记、转移登记、注销登记的，申请人应当根据不同情况，提交下列材料：

（一）不动产权属证书；

（二）集体建设用地使用权及建筑物、构筑物所有权变更、转移、消灭的材料；

（三）其他必要材料。

因企业兼并、破产等原因致使集体建设用地使用权及建筑物、构筑物所有权发生转移的，申请人应当持相关协议及有关部门的批准文件等相关材料，申请不动产转移登记。

第六节　土地承包经营权登记

第四十七条 承包农民集体所有的耕地、林地、草地、水域、滩涂以及荒山、荒沟、荒丘、荒滩等农用地，或者国家所有依法由农民集体使用的农用地从事种植业、林业、畜牧业、渔业等农业生产的，可以申请土地承包经营权登记；地上有森林、林木的，应当在申请土地承包经营权登记时一并申请登记。

第四十八条 依法以承包方式在土地上从事种植业或者养殖业生产活动的，可以申请土地承包经营权的首次登记。

以家庭承包方式取得的土地承包经营权的首次登记，由发包方持土地承包经营合同等材料申请。

以招标、拍卖、公开协商等方式承包农村土地的，由承包方持土地承包经营合同申请土地承包经营权首次登记。

第四十九条 已经登记的土地承包经营权有下列情形之一的，承包方应当持原不动产权属证书以及其他证实发生变更事实的材料，申请土地承包经营权变更登记：

（一）权利人的姓名或者名称等事项发生变化的；

（二）承包土地的坐落、名称、面积发生变化的；

（三）承包期限依法变更的；

（四）承包期限届满，土地承包经营权人按照国家有关规定继续承包的；

（五）退耕还林、退耕还湖、退耕还草导致土地用途改变的；

（六）森林、林木的种类等发生变化的；

（七）法律、行政法规规定的其他情形。

第五十条 已经登记的土地承包经营权发生下列情形之一的，当事人双方应当持互换协议、转让合同等材料，申请土地承包经营权的转移登记：

（一）互换；

（二）转让；

（三）因家庭关系、婚姻关系变化等原因导致土地承包经营权分割或者合并的；

（四）依法导致土地承包经营权转移的其他情形。

以家庭承包方式取得的土地承包经营权，采取转让方式流转的，还应当提供发包方同意的材料。

第五十一条 已经登记的土地承包经营权发生下列情形之一的，承包方应当持不动产权属证书、证实灭失的材料等，申请注销登记：

（一）承包经营的土地灭失的；

（二）承包经营的土地被依法转为建设用地的；

（三）承包经营权人丧失承包经营资格或者放弃承包经营权的；

（四）法律、行政法规规定的其他情形。

第五十二条 以承包经营以外的合法方式使用国有农用地的国有农场、草场，以及使用国家所有的水域、滩涂等农用地进行农业生产，申请国有农用地的使用权登记的，参照本实施细则有关规定办理。

国有农场、草场申请国有未利用地登记的，依照前款规定办理。

第五十三条 国有林地使用权登记，应当提交有批准权的人民政府或者主管部门的批准文件，地上森林、林木一并登记。

第七节 海域使用权登记

第五十四条 依法取得海域使用权，可以单独申请海域使用权登记。

依法使用海域，在海域上建造建筑物、构筑物的，应当申请海域使用权及建筑物、构筑物所有权登记。

申请无居民海岛登记的，参照海域使用权登记有关规定办理。

第五十五条 申请海域使用权首次登记的，应当提交下列材料：

（一）项目用海批准文件或者海域使用权出让合同；

（二）宗海图以及界址点坐标；

（三）海域使用金缴纳或者减免凭证；

（四）其他必要材料。

第五十六条 有下列情形之一的，申请人应当持不动产权属证书、海域使用权变更的文件等材料，申请海域使用权变更登记：

（一）海域使用权人姓名或者名称改变的；

（二）海域坐落、名称发生变化的；

（三）改变海域使用位置、面积或者期限的；

（四）海域使用权续期的；

（五）共有性质变更的；

（六）法律、行政法规规定的其他情形。

第五十七条 有下列情形之一的，申请人可以申请海域使用权转移登记：

（一）因企业合并、分立或者与他人合资、合作经营、作价入股导致海域使用权转移的；

（二）依法转让、赠与、继承、受遗赠海域使用权的；

（三）因人民法院、仲裁委员会生效法律文书导致海域使用权转移的；

（四）法律、行政法规规定的其他情形。

第五十八条 申请海域使用权转移登记的，申请人应当提交下列材料：

（一）不动产权属证书；

（二）海域使用权转让合同、继承材料、生效法律文书等材料；

（三）转让批准取得的海域使用权，应当提交原批准用海的海洋行政主管部门批准转让的文件；

（四）依法需要补交海域使用金的，应当提交海域使用金缴纳的凭证；

（五）其他必要材料。

第五十九条 申请海域使用权注销登记的，申请人应当提交下列材料：

（一）原不动产权属证书；

（二）海域使用权消灭的材料；

（三）其他必要材料。

因围填海造地等导致海域灭失的，申请人应当在围填海造地等工程竣工后，依照本实施细则规定申请国有土地使用权登记，并办理海域使用权注销登记。

第八节 地役权登记

第六十条 按照约定设定地役权，当事人可以持需役地和供役地的不动产权属证书、地役权合同以及其他必要文件，申请地役权首次登记。

第六十一条 经依法登记的地役权发生下列

情形之一的，当事人应当持地役权合同、不动产登记证明和证实变更的材料等必要材料，申请地役权变更登记：

（一）地役权当事人的姓名或者名称等发生变化；

（二）共有性质变更的；

（三）需役地或者供役地自然状况发生变化；

（四）地役权内容变更的；

（五）法律、行政法规规定的其他情形。

供役地分割转让办理登记，转让部分涉及地役权的，应当由受让人与地役权人一并申请地役权变更登记。

第六十二条 已经登记的地役权因土地承包经营权、建设用地使用权转让发生转移的，当事人应当持不动产登记证明、地役权转移合同等必要材料，申请地役权转移登记。

申请需役地转移登记的，或者需役地分割转让，转让部分涉及已登记的地役权的，当事人应当一并申请地役权转移登记，但当事人另有约定的除外。当事人拒绝一并申请地役权转移登记的，应当出具书面材料。不动产登记机构办理转移登记时，应当同时办理地役权注销登记。

第六十三条 已经登记的地役权，有下列情形之一的，当事人可以持不动产登记证明、证实地役权发生消灭的材料等必要材料，申请地役权注销登记：

（一）地役权期限届满；

（二）供役地、需役地归于同一人；

（三）供役地或者需役地灭失；

（四）人民法院、仲裁委员会的生效法律文书导致地役权消灭；

（五）依法解除地役权合同；

（六）其他导致地役权消灭的事由。

第六十四条 地役权登记，不动产登记机构应当将登记事项分别记载于需役地和供役地登记簿。

供役地、需役地分属不同不动产登记机构管辖的，当事人应当向供役地所在地的不动产登记机构申请地役权登记。供役地所在地不动产登记机构完成登记后，应当将相关事项通知需役地所在地不动产登记机构，并由其记载于需役地登记簿。

地役权设立后，办理首次登记前发生变更、转移的，当事人应当提交相关材料，就已经变更或者转移的地役权，直接申请首次登记。

第九节　抵押权登记

第六十五条 对下列财产进行抵押的，可以申请办理不动产抵押登记：

（一）建设用地使用权；

（二）建筑物和其他土地附着物；

（三）海域使用权；

（四）以招标、拍卖、公开协商等方式取得的荒地等土地承包经营权；

（五）正在建造的建筑物；

（六）法律、行政法规未禁止抵押的其他不动产。

以建设用地使用权、海域使用权抵押的，该土地、海域上的建筑物、构筑物一并抵押；以建筑物、构筑物抵押的，该建筑物、构筑物占用范围内的建设用地使用权、海域使用权一并抵押。

第六十六条 自然人、法人或者其他组织为保障其债权的实现，依法以不动产设定抵押的，可以由当事人持不动产权属证书、抵押合同与主债权合同等必要材料，共同申请办理抵押登记。

抵押合同可以是单独订立的书面合同，也可以是主债权合同中的抵押条款。

第六十七条 同一不动产上设立多个抵押权的，不动产登记机构应当按照受理时间的先后顺序依次办理登记，并记载于不动产登记簿。当事人对抵押权顺位另有约定的，从其规定办理登记。

第六十八条 有下列情形之一的，当事人应当持不动产权属证书、不动产登记证明、抵押权变更等必要材料，申请抵押权变更登记：

（一）抵押人、抵押权人的姓名或者名称变更的；

（二）被担保的主债权数额变更的；

（三）债务履行期限变更的；

（四）抵押权顺位变更的；

（五）法律、行政法规规定的其他情形。

因被担保债权主债权的种类及数额、担保范围、债务履行期限、抵押权顺位发生变更申请抵押权变更登记时，如果该抵押权的变更将对其他抵押权人产生不利影响的，还应当提交其他抵押权人书面同意的材料与身份证或者户口簿等材料。

第六十九条 因主债权转让导致抵押权转让的，当事人可以持不动产权属证书、不动产登记证明、被担保主债权的转让协议、债权人已经通知债务人的材料等相关材料，申请抵押权的转移登记。

第七十条 有下列情形之一的，当事人可以持不动产登记证明、抵押权消灭的材料等必要材料，申请抵押权注销登记：

（一）主债权消灭；

（二）抵押权已经实现；

（三）抵押权人放弃抵押权；

（四）法律、行政法规规定抵押权消灭的其他情形。

第七十一条 设立最高额抵押权的，当事人应当持不动产权属证书、最高额抵押合同与一定期间内将要连续发生的债权的合同或者其他登记原因材料等必要材料，申请最高额抵押权首次登记。

当事人申请最高额抵押权首次登记时，同意将最高额抵押权设立前已经存在的债权转入最高额抵押担保的债权范围的，还应当提交已存在债权的合同以及当事人同意将该债权纳入最高额抵押权担保范围的书面材料。

第七十二条 有下列情形之一的，当事人应当持不动产登记证明、最高额抵押权发生变更的材料等必要材料，申请最高额抵押权变更登记：

（一）抵押人、抵押权人的姓名或者名称变更的；

（二）债权范围变更的；

（三）最高债权额变更的；

（四）债权确定的期间变更的；

（五）抵押权顺位变更的；

（六）法律、行政法规规定的其他情形。

因最高债权额、债权范围、债务履行期限、债权确定的期间发生变更申请最高额抵押权变更登记时，如果该变更将对其他抵押权人产生不利影响的，当事人还应当提交其他抵押权人的书面同意文件与身份证或者户口簿等。

第七十三条 当发生导致最高额抵押权担保的债权被确定的事由，从而使最高额抵押权转变为一般抵押权时，当事人应当持不动产登记证明、最高额抵押权担保的债权已确定的材料等必要材料，申请办理确定最高额抵押权的登记。

第七十四条 最高额抵押权发生转移的，应当持不动产登记证明、部分债权转移的材料、当事人约定最高额抵押权随同部分债权的转让而转移的材料等必要材料，申请办理最高额抵押权转移登记。

债权人转让部分债权，当事人约定最高额抵押权随同部分债权的转让而转移的，应当分别申请下列登记：

（一）当事人约定原抵押权人与受让人共同享有最高额抵押权的，应当申请最高额抵押权的转移登记；

（二）当事人约定受让人享有一般抵押权、原抵押权人就扣减已转移的债权数额后继续享有最高额抵押权的，应当申请一般抵押权的首次登记以及最高额抵押权的变更登记；

（三）当事人约定原抵押权人不再享有最高额抵押权的，应当一并申请最高额抵押权确定登记以及一般抵押权转移登记。

最高额抵押权担保的债权确定前，债权人转让部分债权的，除当事人另有约定外，不动产登记机构不得办理最高额抵押权转移登记。

第七十五条 以建设用地使用权以及全部或者部分在建建筑物设定抵押的，应当一并申请建设用地使用权以及在建建筑物抵押权的首次登记。

当事人申请在建建筑物抵押权首次登记时，抵押财产不包括已经办理预告登记的预购商品房和已经办理预售备案的商品房。

前款规定的在建建筑物，是指正在建造、尚未办理所有权首次登记的房屋等建筑物。

第七十六条 申请在建建筑物抵押权首次登记的，当事人应当提交下列材料：

（一）抵押合同与主债权合同；

（二）享有建设用地使用权的不动产权属证书；

（三）建设工程规划许可证；

（四）其他必要材料。

第七十七条 在建建筑物抵押权变更、转移或者消灭的，当事人应当提交下列材料，申请变更登记、转移登记、注销登记：

（一）不动产登记证明；

（二）在建建筑物抵押权发生变更、转移或者消灭的材料；

（三）其他必要材料。

在建建筑物竣工，办理建筑物所有权首次登记时，当事人应当申请将在建建筑物抵押权登记转为建筑物抵押权登记。

第七十八条 申请预购商品房抵押登记，应当提交下列材料：

（一）抵押合同与主债权合同；

（二）预购商品房预告登记材料；

（三）其他必要材料。

预购商品房办理房屋所有权登记后，当事人应当申请将预购商品房抵押预告登记转为商品房抵押权首次登记。

第五章 其他登记

第一节 更正登记

第七十九条 权利人、利害关系人认为不动产登记簿记载的事项有错误，可以申请更正登记。

权利人申请更正登记的，应当提交下列材料：

（一）不动产权属证书；

（二）证实登记确有错误的材料；

（三）其他必要材料。

利害关系人申请更正登记的，应当提交利害关系材料、证实不动产登记簿记载错误的材料以及其他必要材料。

第八十条 不动产权利人或者利害关系人申请更正登记，不动产登记机构认为不动产登记簿记载确有错误的，应当予以更正；但在错误登记之后已经办理了涉及不动产权利处分的登记、预告登记和查封登记的除外。

不动产权属证书或者不动产登记证明填制错误以及不动产登记机构在办理更正登记中，需要更正不动产权属证书或者不动产登记证明内容的，应当书面通知权利人换发，并把换发不动产权属证书或者不动产登记证明的事项记载于登记簿。

不动产登记簿记载无误的，不动产登记机构不予更正，并书面通知申请人。

第八十一条 不动产登记机构发现不动产登记簿记载的事项错误，应当通知当事人在30个工作日内办理更正登记。当事人逾期不办理的，不动产登记机构应当在公告15个工作日后，依法予以更正；但在错误登记之后已经办理了涉及不动产权利处分的登记、预告登记和查封登记的除外。

第二节 异议登记

第八十二条 利害关系人认为不动产登记簿记载的事项错误，权利人不同意更正的，利害关系人可以申请异议登记。

利害关系人申请异议登记的，应当提交下列材料：

（一）证实对登记的不动产权利有利害关系的材料；

（二）证实不动产登记簿记载的事项错

误的材料;

（三）其他必要材料。

第八十三条 不动产登记机构受理异议登记申请的,应当将异议事项记载于不动产登记簿,并向申请人出具异议登记证明。

异议登记申请人应当在异议登记之日起15日内,提交人民法院受理通知书、仲裁委员会受理通知书等提起诉讼、申请仲裁的材料;逾期不提交的,异议登记失效。

异议登记失效后,申请人就同一事项以同一理由再次申请异议登记的,不动产登记机构不予受理。

第八十四条 异议登记期间,不动产登记簿上记载的权利人以及第三人因处分权利申请登记的,不动产登记机构应当书面告知申请人该权利已经存在异议登记的有关事项。申请人申请继续办理的,应当予以办理,但申请人应当提供知悉异议登记存在并自担风险的书面承诺。

第三节 预告登记

第八十五条 有下列情形之一的,当事人可以按照约定申请不动产预告登记:

（一）商品房等不动产预售的;

（二）不动产买卖、抵押的;

（三）以预购商品房设定抵押权的;

（四）法律、行政法规规定的其他情形。

预告登记生效期间,未经预告登记的权利人书面同意,处分该不动产权利申请登记的,不动产登记机构应当不予办理。

预告登记后,债权未消灭且自能够进行相应的不动产登记之日起3个月内,当事人申请不动产登记的,不动产登记机构应当按照预告登记事项办理相应的登记。

第八十六条 申请预购商品房的预告登记,应当提交下列材料:

（一）已备案的商品房预售合同;

（二）当事人关于预告登记的约定;

（三）其他必要材料。

预售人和预购人订立商品房买卖合同后,预售人未按照约定与预购人申请预告登记,预购人可以单方申请预告登记。

预购人单方申请预购商品房预告登记,预售人与预购人在商品房预售合同中对预告登记附有条件和期限的,预购人应当提交相应材料。

申请预告登记的商品房已经办理在建建筑物抵押权首次登记的,当事人应当一并申请在建建筑物抵押权注销登记,并提交不动产权属转移材料、不动产登记证明。不动产登记机构应当先办理在建建筑物抵押权注销登记,再办理预告登记。

第八十七条 申请不动产转移预告登记的,当事人应当提交下列材料:

（一）不动产转让合同;

（二）转让方的不动产权属证书;

（三）当事人关于预告登记的约定;

（四）其他必要材料。

第八十八条 抵押不动产,申请预告登记的,当事人应当提交下列材料:

（一）抵押合同与主债权合同;

（二）不动产权属证书;

（三）当事人关于预告登记的约定;

（四）其他必要材料。

第八十九条 预告登记未到期,有下列情形之一的,当事人可以持不动产登记证明、债权消灭或者权利人放弃预告登记的材料,以及法律、行政法规规定的其他必要材料申请注销预告登记:

（一）预告登记的权利人放弃预告登记的;

（二）债权消灭的;

（三）法律、行政法规规定的其他情形。

第四节 查封登记

第九十条 人民法院要求不动产登记机构办理查封登记的,应当提交下列材料:

（一）人民法院工作人员的工作证;

（二）协助执行通知书;

（三）其他必要材料。

第九十一条 两个以上人民法院查封同一不动产的，不动产登记机构应当为先送达协助执行通知书的人民法院办理查封登记，对后送达协助执行通知书的人民法院办理轮候查封登记。

轮候查封登记的顺序按照人民法院协助执行通知书送达不动产登记机构的时间先后进行排列。

第九十二条 查封期间，人民法院解除查封的，不动产登记机构应当及时根据人民法院协助执行通知书注销查封登记。

不动产查封期限届满，人民法院未续封的，查封登记失效。

第九十三条 人民检察院等其他国家有权机关依法要求不动产登记机构办理查封登记的，参照本节规定办理。

第六章 不动产登记资料的查询、保护和利用

第九十四条 不动产登记资料包括：

（一）不动产登记簿等不动产登记结果；

（二）不动产登记原始资料，包括不动产登记申请书、申请人身份材料、不动产权属来源、登记原因、不动产权籍调查成果等材料以及不动产登记机构审核材料。

不动产登记资料由不动产登记机构管理。不动产登记机构应当建立不动产登记资料管理制度以及信息安全保密制度，建设符合不动产登记资料安全保护标准的不动产登记资料存放场所。

不动产登记资料中属于归档范围的，按照相关法律、行政法规的规定进行归档管理，具体办法由自然资源部会同国家档案主管部门另行制定。

第九十五条 不动产登记机构应当加强不动产登记信息化建设，按照统一的不动产登记信息管理基础平台建设要求和技术标准，做好数据整合、系统建设和信息服务等工作，加强不动产登记信息产品开发和技术创新，提高不动产登记的社会综合效益。

各级不动产登记机构应当采取措施保障不动产登记信息安全。任何单位和个人不得泄露不动产登记信息。

第九十六条 不动产登记机构、不动产交易机构建立不动产登记信息与交易信息互联共享机制，确保不动产登记与交易有序衔接。

不动产交易机构应当将不动产交易信息及时提供给不动产登记机构。不动产登记机构完成登记后，应当将登记信息及时提供给不动产交易机构。

第九十七条 国家实行不动产登记资料依法查询制度。

权利人、利害关系人按照《条例》第二十七条规定依法查询、复制不动产登记资料的，应当到具体办理不动产登记的不动产登记机构申请。

权利人可以查询、复制其不动产登记资料。

因不动产交易、继承、诉讼等涉及的利害关系人可以查询、复制不动产自然状况、权利人及其不动产查封、抵押、预告登记、异议登记等状况。

人民法院、人民检察院、国家安全机关、监察机关等可以依法查询、复制与调查和处理事项有关的不动产登记资料。

其他有关国家机关执行公务依法查询、复制不动产登记资料的，依照本条规定办理。

涉及国家秘密的不动产登记资料的查询，按照保守国家秘密法的有关规定执行。

第九十八条 权利人、利害关系人申请查询、复制不动产登记资料应当提交下列材料：

（一）查询申请书；

（二）查询目的的说明；

（三）申请人的身份材料；

（四）利害关系人查询的，提交证实存在利害关系的材料。

权利人、利害关系人委托他人代为查询的，还应当提交代理人的身份证明材料、授权委托书。权利人查询其不动产登记资料

无需提供查询目的的说明。

有关国家机关查询的，应当提供本单位出具的协助查询材料、工作人员的工作证。

第九十九条 有下列情形之一的，不动产登记机构不予查询，并书面告知理由：

（一）申请查询的不动产不属于不动产登记机构管辖范围的；

（二）查询人提交的申请材料不符合规定的；

（三）申请查询的主体或者查询事项不符合规定的；

（四）申请查询的目的不合法的；

（五）法律、行政法规规定的其他情形。

第一百条 对符合本实施细则规定的查询申请，不动产登记机构应当当场提供查询；因情况特殊，不能当场提供查询的，应当在5个工作日内提供查询。

第一百零一条 查询人查询不动产登记资料，应当在不动产登记机构设定的场所进行。

不动产登记原始资料不得带离设定的场所。

查询人在查询时应当保持不动产登记资料的完好，严禁遗失、拆散、调换、抽取、污损登记资料，也不得损坏查询设备。

第一百零二条 查询人可以查阅、抄录不动产登记资料。查询人要求复制不动产登记资料的，不动产登记机构应当提供复制。

查询人要求出具查询结果证明的，不动产登记机构应当出具查询结果证明。查询结果证明应注明查询目的及日期，并加盖不动产登记机构查询专用章。

第七章 法律责任

第一百零三条 不动产登记机构工作人员违反本实施细则规定，有下列行为之一，依法给予处分；构成犯罪的，依法追究刑事责任：

（一）对符合登记条件的登记申请不予登记，对不符合登记条件的登记申请予以登记；

（二）擅自复制、篡改、毁损、伪造不动产登记簿；

（三）泄露不动产登记资料、登记信息；

（四）无正当理由拒绝申请人查询、复制登记资料；

（五）强制要求权利人更换新的权属证书。

第一百零四条 当事人违反本实施细则规定，有下列行为之一，构成违反治安管理行为的，依法给予治安管理处罚；给他人造成损失的，依法承担赔偿责任；构成犯罪的，依法追究刑事责任：

（一）采用提供虚假材料等欺骗手段申请登记；

（二）采用欺骗手段申请查询、复制登记资料；

（三）违反国家规定，泄露不动产登记资料、登记信息；

（四）查询人遗失、拆散、调换、抽取、污损登记资料的；

（五）擅自将不动产登记资料带离查询场所、损坏查询设备的。

第八章 附 则

第一百零五条 本实施细则施行前，依法核发的各类不动产权属证书继续有效。不动产权利未发生变更、转移的，不动产登记机构不得强制要求不动产权利人更换不动产权属证书。

不动产登记过渡期内，农业部会同自然资源部等部门负责指导农村土地承包经营权的统一登记工作，按照农业部有关规定办理耕地的土地承包经营权登记。不动产登记过渡期后，由自然资源部负责指导农村土地承包经营权登记工作。

第一百零六条 不动产信托依法需要登记的，由自然资源部会同有关部门另行规定。

第一百零七条 军队不动产登记，其申请材料经军队不动产主管部门审核后，按照本实施细则规定办理。

第一百零八条 自然资源部委托北京市规划

和自然资源委员会直接办理在京中央国家机关的不动产登记。

在京中央国家机关申请不动产登记时，应当提交《不动产登记暂行条例》及本实施细则规定的材料和有关机关事务管理局出具的不动产登记审核意见。不动产权属资料不齐全的，还应当提交由有关机关事务管理局确认盖章的不动产权属来源说明函。不动产权籍调查由有关机关事务管理局会同北京市规划和自然资源委员会组织进行的，还应当提交申请登记不动产单元的不动产权籍调查资料。

北京市规划和自然资源委员会办理在京中央国家机关不动产登记时，应当使用自然资源部制发的“自然资源部不动产登记专用章”。

第一百零九条 本实施细则自公布之日起施行。

城市房地产权属档案管理办法

1. 2001 年 8 月 29 日建设部令第 101 号发布
2. 自 2001 年 12 月 1 日起施行

第一章 总 则

第一条 为了加强城市房地产权属档案管理，保障房地产权利人的合法权益，有效保护和利用城市房地产权属档案，根据《中华人民共和国城市房地产管理法》、《中华人民共和国档案法》、《中华人民共和国档案法实施办法》等法律法规，制定本办法。

第二条 本办法适用于城市规划区国有土地范围内房地产权属档案的管理。

第三条 房地产权属档案是城市房地产行政主管部门在房地产权属登记、调查、测绘、权属转移、变更等房地产权属管理工作中直接形成的有保存价值的文字、图表、声像等不同形式的历史记录，是城市房地产权属登记管理工作的真实记录和重要依据，是城市建设档案的组成部分。

第四条 国务院建设行政主管部门负责全国城市房地产权属档案管理工作。

省、自治区人民政府建设行政主管部门负责本行政区域内的房地产权属档案的管理工作。

直辖市、市、县人民政府房地产行政主管部门负责本行政区域内的房地产权属档案的具体管理工作。

房地产权属档案管理业务上受同级城建档案管理部门的监督和指导。

第五条 市(县)人民政府房地产行政主管部门应当根据房地产权属档案管理工作的需要，建立房地产权属档案管理机构，配备专职档案管理人员，健全工作制度，配备必要的安全保护设施，确保房地产权属档案的完整、准确、安全和有效利用。

第六条 从事房地产权属档案管理的工作人员经过业务培训后，方可上岗。

第二章 房地产权属档案的收集、整理和归档

第七条 房地产权属登记管理部门应当建立健全房地产权属文件材料的收集、整理、归档制度。

第八条 下列文件材料属于房地产权属档案的归档范围：

一、房地产权利人、房地产权属登记确权、房地产权属转移及变更、设定他项权利等有关的证明和文件：

(一)房地产权利人(自然人或法人)的身份(资格)证明、法人代理人的身份证明、授权委托书等；

(二)建设工程规划许可证，建设用地规划许可证，土地使用权证书或者土地来源证明，房屋拆迁批件及补偿安置协议书，联建或者统建合同，翻改扩建及固定资产投资批准文件，房屋竣工验收有关材料等；

(三)房地产买卖合同书、房产继承书、房产赠与书、房产析产协议书、房产交换协议书、房地产调拨凭证、有关房产转移的上

级批件、有关房产的判决、裁决、仲裁文书及公证文书等；

(四)设定房地产他项权利的有关合同、文件等。

二、房屋及其所占用的土地使用权权属界定位置图；房地产分幅平面图、分丘平面图、分层分户平面图等。

三、房地产产权登记工作中形成的各种文件材料，包括房产登记申请书、收件收据存根、权属变更登记表、房地产状况登记表、房地产勘测调查表、墙界表、房屋面积计算表、房地产登记审批表、房屋灭籍申请表、房地产税费收据存根等。

四、反映和记载房地产权属状况的信息资料，包括统计报表、摄影片、照片、录音带、录像带、缩微胶片、计算机软盘、光盘等。

五、其他有关房地产权属的文件资料，包括房地产权属冻结文件、房屋权属代管文件、历史形成的各种房地产权证、契证、账、册、表、卡等。

第九条 每件(宗)房地产权属登记工作完成后，权属登记人员应当及时将整理好的权属文件材料，经权属登记负责人审查后，送交房地产权属档案管理机构立卷归档。任何单位和个人都不得将房地产权属文件材料据为己有或者拒不归档。国家规定不得归档的材料，禁止归档。

第十条 归档的有关房地产权属的资料，应当是原件；原件已存城市建设档案馆或者经房地产管理部门批准认定的，可以是复印、复制件。复印、复制件应当由经办人与原件校对、签章，并注明校对日期及原件的存放处。

第十一条 归档的房地产权属资料，应当做到书写材料合乎标准、字迹工整、内容规范、图形清晰、数据准确、符合档案保护的要求。

第十二条 房地产权属档案管理机构应当按照档案管理的规定对归档的各种房地产权属档案材料进行验收，不符合要求的，不予归档。

第三章 房地产权属档案的管理

第十三条 房地产权属档案管理机构对归档的房地产权属文件材料应当及时进行登记、整理、分类编目、划分密级、编制检索工具。

第十四条 房地产权属档案应当以丘为单元建档。丘号的编定按照国家《房产测量规范》标准执行。

第十五条 房地产权属档案应当以房地产权利人(即权属单元)为宗立卷。卷内文件排列，应当按照房地产权属变化、产权文件形成时间及权属文件主次关系为序。

第十六条 房地产权属档案管理机构应当掌握房地产权属变化情况，及时补充有关权属档案材料，保持房地产权属档案与房地产权属现状的一致。

第十七条 房地产权属档案管理人员应当严格执行权属档案管理的有关规定，不得擅自修改房地产权属档案。确需变更和修改的，应当经房地产权属登记机关批准，按照规定程序进行。

第十八条 房地产权属档案应当妥善保存，定期检查和鉴定。对破损或者变质的档案，应当及时修复；档案毁损或者丢失，应当采取补救措施。未经批准，任何人不得以任何借口擅自销毁房地产权属档案。

第十九条 保管房地产权属档案应当配备符合设计规范的专用库房，并按照国家《档案库房技术管理暂行规定》实施管理。

第二十条 房地产权属档案管理应当逐步采用新技术、新设备，实现管理现代化。

第二十一条 房地产权属档案管理机构应当与城市建设档案管理机构密切联系，加强信息沟通，逐步实现档案信息共享。

第二十二条 房地产权属档案管理机构的隶属关系及档案管理人员发生变动，应当及时办理房地产权属档案的交接手续。

第二十三条 房屋自然灭失或者依法被拆除后，房地产权属档案管理机构应当自档案整理归档完毕之日起15日内书面通知城市建设档案馆。

第四章 房地产权属档案的利用

第二十四条 房地产权属档案管理机构应当充分利用现有的房地产权属档案，及时为房地产权属登记、房地产交易、房地产纠纷仲裁、物业管理、房屋拆迁、住房制度改革、城市规划、城市建设等各项工作提供服务。

第二十五条 房地产权属档案管理机构应当严格执行国家档案管理的保密规定，防止房地产权属档案的散失、泄密；定期对房地产权属档案的密级进行审查，根据有关规定，及时调整密级。

第二十六条 查阅、抄录和复制房地产权属档案材料应当履行审批手续，并登记备案。

涉及军事机密和其他保密的房地产权属档案，以及向境外团体和个人提供的房地产权属档案应当按照国家安全、保密等有关规定保管和利用。

第二十七条 向社会提供利用房地产权属档案，可以按照国家有关规定，实行有偿服务。

第五章 法律责任

第二十八条 有下列行为之一的，由县级以上人民政府房地产行政主管部门对直接负责的主管人员或者其他直接责任人员依法给予行政处分；构成犯罪的，依法追究刑事责任：

（一）损毁、丢失房地产权属档案的；

（二）擅自提供、抄录、公布、销毁房地产权属档案的；

（三）涂改、伪造房地产权属档案的；

（四）擅自出卖或者转让房地产权属档案的；

（五）违反本办法第九条规定，不按照规定归档的；

（六）档案管理工作人员玩忽职守，造成房地产权属档案损失的。

第二十九条 违反《中华人民共和国档案法》、《中华人民共和国档案法实施办法》以及本办法的规定，造成房地产权属档案损失的，由县级以上人民政府房地产行政主管部门根据损失档案的价值，责令赔偿损失。

第三十条 有下列行为之一的，按照有关法律法规的规定处罚：

（一）在利用房地产权属档案的过程中，损毁、丢失、涂改、伪造房地产权属档案或者擅自提供、抄录、公布、销毁房地产权属档案的；

（二）企事业组织或者个人擅自出卖或者转让房地产权属档案的。

第六章 附　　则

第三十一条 房地产权属档案管理机构的设置、编制、经费，房地产权属档案管理工作人员的职称、奖惩办法等参照国家档案管理的有关规定执行。

第三十二条 城市规划区集体土地范围内和城市规划区外土地上的房地产权属档案管理可以参照本办法执行。

第三十三条 各省、自治区人民政府建设行政主管部门、直辖市房地产行政主管部门可以根据本办法制定实施细则。

第三十四条 本办法由国务院建设行政主管部门负责解释。

第三十五条 本办法自 2001 年 12 月 1 日起施行。

建设部关于房改售房权属登记发证若干规定的通知

1. *1995 年 8 月 16 日*
2. *建房〔1995〕472 号*

国务院国发〔1994〕43 号《关于深化城镇住房制度改革的决定》中规定："职工购买住房，都要由房产管理部门办理住房过户和产权转移登记手续，同时要办理相应的土地使用权变更登记手续，并领取统一制订的产权证书，产权证书应注明产权属性，按标准价购买的住房应注明产权比例。"为保证住房制度改革的顺利实施,保障产权人的合法权益,规范房改中公有住房出售后的权属登记发证管理工作,现作如下规定,请遵照执行。

一、凭证出售公用住房

按照房改政策出售公有住房的单位(以下简称售房单位),必须持有合法的《房屋所有权证》,尚未登记确权的,不得出售。凡房屋所有权不清或有争议的,应当暂缓出售,待确权发证后再行出售;已登记确权尚未发证的,房地产权属登记机关应当优先发证,凭证出售。

二、申请权属登记

(一)购房人按规定一次性付清价款的,从付款之日起(以开具发票日期为准)3个月内凭有关文件到房屋所在地房地产权属登记机关办理权属转移登记手续,由购房人签章领证。

(二)购房人以抵押贷款方式购买的,在办理权属登记时,应同时提交抵押贷款协议(或合同),并办理他项权利登记,在《房屋所有权证》上填注设定他项权利摘要,另发《他项权利证》,交抵押权人存执。

(三)发证与权证注记

1. 职工以成本价购买的住房,产权归个人所有,经登记核实后,发给《房屋所有权证》,产别为"私产",注记:"房改出售的成本价房,总价款:××元"。

2. 职工以标准价购买住房,拥有部分产权。经登记核实后,也发给《房屋所有权证》,产别为"私产(部分产权)",注记:"房改出售的标准价房,总价款:××元,售房单位××××,产权比例为××(个人),××(单位)。"

3. 上述两款的"总价款",是指实际售价与购得建筑面积的乘积,不是指按规定折扣后的实际付款额。

4. 以成本价或标准价购买的住房,应在《房屋所有权证》上注记限定进入市场的时间,以签发《房屋所有权证》的日期推算。

5. 以成本价或标准价购买的住房,产权来源为"房改售房"。

6. 数人出资购房并要求核发《房屋共有权证》的,经登记核实后,可发给权利人《房屋共有权证》,并根据投资比例,注记每人所占份额。

(四)凡未按上述规定办理权属登记的,应采取有效步骤按本规定予以更正与规范。

三、房改售房的权属登记发证工作,只能由房地产行政管理部门办理,任何部门(或单位)均不得以任何借口自行印制与颁发证明房屋权属关系、带有确权性质的任何证书。已经颁发的,由当地房地产行政管理部门公告宣布无效;颁发部门(或单位)应立即停止这一行为,限期将已颁发证书收回、销毁;重新到房地产行政管理部门办理权属登记和领证。

四、对于住房投资体制改革以来,所建造的各类房屋产权的确认,如集资建房、合作建房、单位补贴房、解困房等,原则上应以建房时所订立的协议(或合同)中所规定的产权划分条款为准。产权划分条款订立不明确的,应由当事人再行协商,补签协议予以明确,按补签协议划分产权。今后,各类建房协议(或合同)凡涉及产权划分的,都应明确规定房屋建成后的产权分配。

建设部关于房屋建筑面积计算与房屋权属登记有关问题的通知

1. *2002年3月27日*
2. *建住房〔2002〕74号*

各省、自治区建设厅,直辖市建委及有关部门:

为了切实做好房屋面积计算和房屋权属登记工作,保护当事人合法权益,现就有关问题通知如下:

一、在房屋权属证书附图中应注明施测的房产测绘单位名称、房屋套内建筑面积(在图上标注尺寸)和房屋分摊的共有建筑面积。

二、根据《房产测绘管理办法》的有关规定,由房产测绘单位对其完成的房产测绘成果的质量负责。

三、房屋权属登记涉及的有关房屋建筑面积计算问题,《房产测量规范》未作规定或规定不明确的,暂按下列规定执行:

(一)房屋层高

计算建筑面积的房屋,层高(高度)均应在2.20米以上(含2.20米,以下同)。

(二)外墙墙体

同一楼层外墙,既有主墙,又有玻璃幕墙的,以主墙为准计算建筑面积,墙厚按主墙体厚度计算。

各楼层墙体厚度不同时,分层分别计算。

金属幕墙及其他材料幕墙,参照玻璃幕墙的有关规定处理。

(三)斜面结构屋顶

房屋屋顶为斜面结构(坡屋顶)的,层高(高度)2.20米以上的部位计算建筑面积。

(四)不规则围护物

阳台、挑廊、架空通廊的外围水平投影超过其底板外沿的,以底板水平投影计算建筑面积。

(五)变形缝

与室内任意一边相通,具备房屋的一般条件,并能正常利用的伸缩缝、沉降缝应计算建筑面积。

(六)非垂直墙体

对倾斜、弧状等非垂直墙体的房屋,层高(高度)2.20米以上的部位计算建筑面积。

房屋墙体向外倾斜,超出底板外沿的,以底板投影计算建筑面积。

(七)楼梯下方空间

楼梯已计算建筑面积的,其下方空间不论是否利用均不再计算建筑面积。

(八)公共通道

临街楼房、挑廊下的底层作为公共道路街巷通行的,不论其是否有柱,是否有维护结构,均不计算建筑面积。

(九)二层及二层以上的房屋建筑面积均按《房产测量规范》中多层房屋建筑面积计算的有关规定执行。

(十)与室内不相通的类似于阳台、挑廊、檐廊的建筑,不计算建筑面积。

(十一)室外楼梯的建筑面积,按其在各楼层水平投影面积之和计算。

四、房屋套内具有使用功能但层高(高度)低于2.20米的部分,在房屋权属登记中应明确其相应权利的归属。

五、本通知自2002年5月1日起执行。

各地在执行中有何问题,请及时告我部住宅与房地产业司。

最高人民法院关于审理房屋登记案件若干问题的规定

1. 2010年8月2日最高人民法院审判委员会第1491次会议通过

2. 2010年11月5日公布

3. 法释〔2010〕15号

4. 自2010年11月18日起施行

为正确审理房屋登记案件,根据《中华人民共和国物权法》、《中华人民共和国城市房地产管理法》、《中华人民共和国行政诉讼法》等有关法律规定,结合行政审判实际,制定本规定。

第一条 公民、法人或者其他组织对房屋登记机构的房屋登记行为以及与查询、复制登记资料等事项相关的行政行为或者相应的不作为不服,提起行政诉讼的,人民法院应当依法受理。

第二条 房屋登记机构根据人民法院、仲裁委员会的法律文书或者有权机关的协助执行通知书以及人民政府的征收决定办理的房屋登记行为,公民、法人或者其他组织不服提起行政诉讼的,人民法院不予受理,但公民、法人或者其他组织认为登记与有关文书内容不一致的除外。

房屋登记机构作出未改变登记内容的换发、补发权属证书、登记证明或者更新登记簿的行为，公民、法人或者其他组织不服提起行政诉讼的，人民法院不予受理。

房屋登记机构在行政诉讼法施行前作出的房屋登记行为，公民、法人或者其他组织不服提起行政诉讼的，人民法院不予受理。

第三条 公民、法人或者其他组织对房屋登记行为不服提起行政诉讼的，不受下列情形的影响：

（一）房屋灭失；

（二）房屋登记行为已被登记机构改变；

（三）生效法律文书将房屋权属证书、房屋登记簿或者房屋登记证明作为定案证据采用。

第四条 房屋登记机构为债务人办理房屋转移登记，债权人不服提起诉讼，符合下列情形之一的，人民法院应当依法受理：

（一）以房屋为标的物的债权已办理预告登记的；

（二）债权人为抵押权人且房屋转让未经其同意的；

（三）人民法院依债权人申请对房屋采取强制执行措施并已通知房屋登记机构的；

（四）房屋登记机构工作人员与债务人恶意串通的。

第五条 同一房屋多次转移登记，原房屋权利人、原利害关系人对首次转移登记行为提起行政诉讼的，人民法院应当依法受理。

原房屋权利人、原利害关系人对首次转移登记行为及后续转移登记行为一并提起行政诉讼的，人民法院应当依法受理；人民法院判决驳回原告就在先转移登记行为提出的诉讼请求，或者因保护善意第三人确认在先房屋登记行为违法的，应当裁定驳回原告对后续转移登记行为的起诉。

原房屋权利人、原利害关系人未就首次转移登记行为提起行政诉讼，对后续转移登记行为提起行政诉讼的，人民法院不予受理。

第六条 人民法院受理房屋登记行政案件后，应当通知没有起诉的下列利害关系人作为第三人参加行政诉讼：

（一）房屋登记簿上载明的权利人；

（二）被诉异议登记、更正登记、预告登记的权利人；

（三）人民法院能够确认的其他利害关系人。

第七条 房屋登记行政案件由房屋所在地人民法院管辖，但有下列情形之一的也可由被告所在地人民法院管辖：

（一）请求房屋登记机构履行房屋转移登记、查询、复制登记资料等职责的；

（二）对房屋登记机构收缴房产证行为提起行政诉讼的；

（三）对行政复议改变房屋登记行为提起行政诉讼的。

第八条 当事人以作为房屋登记行为基础的买卖、共有、赠与、抵押、婚姻、继承等民事法律关系无效或者应当撤销为由，对房屋登记行为提起行政诉讼的，人民法院应当告知当事人先行解决民事争议，民事争议处理期间不计算在行政诉讼起诉期限内；已经受理的，裁定中止诉讼。

第九条 被告对被诉房屋登记行为的合法性负举证责任。被告保管证据原件的，应当在法庭上出示。被告不保管原件的，应当提交与原件核对一致的复印件、复制件并作出说明。当事人对被告提交的上述证据提出异议的，应当提供相应的证据。

第十条 被诉房屋登记行为合法的，人民法院应当判决驳回原告的诉讼请求。

第十一条 被诉房屋登记行为涉及多个权利主体或者房屋可分，其中部分主体或者房屋的登记违法应予撤销的，可以判决部分撤销。

被诉房屋登记行为违法，但该行为已被

登记机构改变的，判决确认被诉行为违法。

被诉房屋登记行为违法，但判决撤销将给公共利益造成重大损失或者房屋已为第三人善意取得的，判决确认被诉行为违法，不撤销登记行为。

第十二条 申请人提供虚假材料办理房屋登记，给原告造成损害，房屋登记机构未尽合理审慎职责的，应当根据其过错程度及其在损害发生中所起作用承担相应的赔偿责任。

第十三条 房屋登记机构工作人员与第三人恶意串通违法登记，侵犯原告合法权益的，房屋登记机构与第三人承担连带赔偿责任。

第十四条 最高人民法院以前所作的相关的司法解释，凡与本规定不一致的，以本规定为准。

农村集体土地上的房屋登记行政案件参照本规定。

典型案例

陈爱华诉南京市江宁区住房和城乡建设局不履行房屋登记法定职责案

【裁判摘要】

国家对不动产实行统一登记制度。统一登记的范围、登记机构和登记办法，由法律、行政法规规定。司法部、建设部《关于房产登记管理中加强公证的联合通知》不属于法律、行政法规、地方性法规、规章的范畴，且与《物权法》《继承法》《房屋登记办法》等有关法律法规相抵触，不能成为房屋登记主管部门不履行房屋登记法定职责的依据。

原告：陈爱华，女，55岁，汉族，住江苏省滨海县。

被告：南京市江宁区住房和城乡建设局，住所地：江苏省南京市江宁区东山街道天元东路。

原告陈爱华因与被告南京市江宁区住房和城乡建设局（以下简称区住建局）发生不履行房屋登记法定职责纠纷，向南京市江宁区人民法院提起行政诉讼。

原告陈爱华诉称：南京市江宁区双龙大道833号南方花园A组团23－201室住房原为曹振林所有。2011年5月23日，曹振林亲笔书写遗嘱，将该房产及一间储藏室（8平方米）、以及曹振林名下所有存款金、曹振林住房中的全部用品无条件赠给陈爱华。后曹振林于2011年6月22日在医院去世。2011年7月22日，原告经南京市公证处作出公证，声明接受曹振林的全部遗赠。2011年8月3日，原告携带曹振林遗嘱、房产证、公证书等材料前往被告下设的房地产交易中心办理过户手续被拒绝。2011年10月10日，原告向被告提出书面申请要求被告依法为其办理房屋所有权转移登记，被告于2011年10月27日书面回复，以“遗嘱未经公证，又无‘遗嘱继承公证书’”为由不予办理遗产转移登记。综上，原告认为被告强制公证的做法，与我国现行的《继承法》《物权法》《公证法》等多部法律相抵触。故提起行政诉讼，要求法院确认被告拒为原告办理房屋所有权转移登记的行为违法，责令被告就该涉案房屋为原告办理房屋所有权转移登记。

原告陈爱华提交如下证据：1. 曹振林所书《我的遗言》，证明曹振林将涉案房屋遗赠给原告；2. 曹振林身份证及户籍信息证明复印件各1份，证明曹振林的身份；3. 江宁房权证东山第J00043260号《房屋产权证》、宁江国用（2006）第19372号《国有土地使用权证》各1份，证明曹振林对遗言中所涉及房产有合法处置权；4. 编号为0000974号《证明》1份，证明曹振林已过世并被安葬；5. 南京市南京公证处出具《公证书》1份，证明原告已声明接受曹振林的遗赠;6. 房产分层分户平面图、取号单、发票各1份,证明原告前往被告处办理房屋所有权转移登记,并办理好配图手续及交纳费用,但是被告拒绝为其办理的事实;7.《关于办理过户登记的申请》及国内特快专递邮件详情单各1份,证明原告向被告书面申请办理过户登记的事实;8. 区住建局作出的《关于陈爱华办理过户登记申请的回复》1份,证明被告回复无法为原告办理房屋所有权转移登记;9. 南京师范大学司法鉴定中心出具的鉴定意见书1份,证明曹振林所书《我的遗言》是其本人书写,是其真实意思表示;10. 曹振林的死亡医学证明书1份,证明曹振林于2011年6月22日在南京市第一医院肿瘤内科病房去世的事实。

被告区住建局辩称:根据司法部、建设部《关于房产登记管理中加强公证的联合通知》(以下简称《联合通知》)第二条之规定:"遗嘱人为处分房产而设立的遗嘱,应当办理公证。遗嘱人死亡后,遗嘱受益人须持公证机关出具的'遗嘱公证书'和'遗嘱继承权公证书'或'接受遗赠公证书',以及房产所有权证、契证到房地产管理机关办理房产所有权转移登记手续。处分房产的遗嘱未经公证,在遗嘱生效后其法定继承人或遗嘱受益人可根据遗嘱内容协商签订遗产分割协议,经公证证明后到房地产管理机关办理房产所有权转移登记手续。对遗嘱内容有争议,经协商不能达成遗产分割协议的,可向人民法院提起诉讼。房地产管理机关根据判决办理房产所有权转移登记手续。"而本案原告陈爱华仅依据曹振林所立书面遗嘱为依据提出房屋所有权转移登记申请,该遗嘱并未经过公证,且原告也未提供该遗嘱分割协议,故不符合《联合通知》的规定,不应为其办理房屋所有权转移登记。综上,被告不予办理房屋所有权转移登记的具体行政行为事实清楚、程序合法、适用法律正确,请求法院依法驳回原告的诉讼请求。

南京市江宁区人民法院经审理查明:

南京市江宁区双龙大道833号南方花园A组团23－201室房屋所有权人为曹振林。2011年5月23日,曹振林亲笔书写遗嘱,将该房产及一间储藏室(8平方米)以及曹振林名下所有存款金、曹振林住房中的全部用品无条件赠给原告陈爱华。后曹振林于2011年6月22日在医院去世。2011年7月22日,原告经江苏省南京市南京公证处作出公证,声明接受曹振林的全部遗赠。2011年8月3日,原告携带曹振林遗嘱、房产证、公证书等材料前往被告区住建局下设的房地产交易中心办理房屋所有权转移登记被拒绝。2011年10月10日,原告向被告提出书面申请要求被告依法为其办理房屋所有权转移登记,被告于2011年10月27日书面回复,以"遗嘱未经公证,又无'遗嘱继承公证书'"为由不予办理遗产转移登记。综上,原告认为被告强制公证的做法,与我国现行的《继承法》《物权法》《公证法》等多部法律相抵触。故向本院提起行政诉讼,要求法院确认被告拒为原告办理房屋所有权转移登记的行为违法,责令被告就涉案房屋为原告办理房屋所有权转移登记。

本案的争议焦点是:关于司法部、建设部《联合通知》效力的认定。

南京市江宁区人民法院一审认为:

根据相关法律法规规定,房屋登记,由房屋所在地的房屋登记机构办理。被告区住建局作为房屋登记行政主管部门,负责其辖区内的房屋登记工作。本案中,曹振林书面遗嘱的真实性已进行司法鉴定,南京师范大学司法鉴定中心出具的鉴定结论为:曹振林该书面遗嘱中"曹振林"签名与提供的签名样本是同一人书写。

根据《中华人民共和国行政诉讼法》第五十二条之规定:"人民法院审理行政案件,以法律和行政法规、地方性法规为依据。地方性法规适用于本行政区域内发生的行政案件。"及第五十三条之规定:"人民法院审理行政案件,参照国务院部、委根据法律和国务院的行政法规、决定、命令制定、发布的规章以及省、自治区、直辖市和省、自治区的人民政府所在地的市和经国务院批准的较大的市的人民政府根据法律和国务院的行政法规制定、发布的规章。”另《中华人民共和国物权法》第十条规定：“国家对不动产实行统一登记制度。统一登记的范围、登记机构和登记办法，由法律、行政法规规定。”《中华人民共和国继承法》第十六条第三款规定：“公民可以立遗嘱将个人财产赠给国家、集体或者法定继承人以外的人。”以及第十七条第二款规定：“自书遗嘱由遗嘱人亲笔书写，签名，注明年、月、日。”另《房屋登记办法》第三十二条规定：“发生下列情形之一的，当事人应当在有关法律文件生效或者事实发生后申请房屋所有权转移登记……（三）赠与……。”且《房屋登记办法》并无规定，要求遗嘱受益人须持公证机关出具的遗嘱公证书才能办理房屋转移登记。

本案中，《联合通知》是由司法部和建设部联合发布的政府性规范文件，不属于法律、行政法规、地方性法规或规章的范畴，其规范的内容不得与《物权法》《继承法》《房屋登记办法》等法律法规相抵触。行政机关行使行政职能时必须符合法律规定，行使法律赋予的行政权力，其不能在有关法律法规规定之外创设新的权力来限制或剥夺行政相对人的合法权利。行政机构以此为由干涉行政相对人的合法权利，要求其履行非依法赋予的责任义务，法院不予支持。故，被告依据《联合通知》的规定要求原告必须出示遗嘱公证书才能办理房屋转移登记的行为与法律法规相抵触，对该涉案房屋不予办理房屋所有权转移登记的具体行政行为违法。

据此，南京市江宁区人民法院依照《中华人民共和国行政诉讼法》第五十四条第（二）项、第（三）项之规定，于2013年7月24日判决如下：

一、撤销被告区住建局于2011年10月27日作出的《关于陈爱华办理过户登记申请的回复》；

二、责令被告区住建局在本判决书发生法律效力后30日内履行对原告陈爱华办理该涉案房屋所有权转移登记的法定职责。

区住建局不服一审判决，向南京市中级人民法院提起上诉，审理过程中，上诉人区住建局同意为被上诉人陈爱华办理涉案房屋登记手续并申请撤回上诉，南京市中级人民法院于2013年10月8日裁定如下：准予上诉人区住建局撤回上诉。

（来源：《最高人民法院公报》2014年第8期）

2. 房屋物业管理

物业管理条例

1. 2003年6月8日国务院令第379号公布
2. 根据2007年8月26日国务院令第504号《关于修改〈物业管理条例〉的决定》第一次修订
3. 根据2016年2月6日国务院令第666号《关于修改部分行政法规的决定》第二次修订
4. 根据2018年3月19日国务院令第698号《关于修改和废止部分行政法规的决定》第三次修订

第一章 总 则

第一条 为了规范物业管理活动，维护业主和物业服务企业的合法权益，改善人民群众的生活和工作环境，制定本条例。

第二条 本条例所称物业管理，是指业主通过选聘物业服务企业，由业主和物业服务企业按照物业服务合同约定，对房屋及配套的设施设备和相关场地进行维修、养护、管理，维护物业管理区域内的环境卫生和相关秩序的活动。

第三条 国家提倡业主通过公开、公平、公正的市场竞争机制选择物业服务企业。

第四条 国家鼓励采用新技术、新方法，依靠科技进步提高物业管理和服务水平。

第五条 国务院建设行政主管部门负责全国物业管理活动的监督管理工作。

县级以上地方人民政府房地产行政主管部门负责本行政区域内物业管理活动的监督管理工作。

第二章 业主及业主大会

第六条 房屋的所有权人为业主。

业主在物业管理活动中，享有下列权利：

（一）按照物业服务合同的约定，接受物业服务企业提供的服务；

（二）提议召开业主大会会议，并就物业管理的有关事项提出建议；

（三）提出制定和修改管理规约、业主大会议事规则的建议；

（四）参加业主大会会议，行使投票权；

（五）选举业主委员会成员，并享有被选举权；

（六）监督业主委员会的工作；

（七）监督物业服务企业履行物业服务合同；

（八）对物业共用部位、共用设施设备和相关场地使用情况享有知情权和监督权；

（九）监督物业共用部位、共用设施设备专项维修资金（以下简称专项维修资金）的管理和使用；

（十）法律、法规规定的其他权利。

第七条 业主在物业管理活动中，履行下列义务：

（一）遵守管理规约、业主大会议事规则；

（二）遵守物业管理区域内物业共用部位和共用设施设备的使用、公共秩序和环境卫生的维护等方面的规章制度；

（三）执行业主大会的决定和业主大会授权业主委员会作出的决定；

（四）按照国家有关规定交纳专项维修资金；

（五）按时交纳物业服务费用；

（六）法律、法规规定的其他义务。

第八条 物业管理区域内全体业主组成业主大会。

业主大会应当代表和维护物业管理区域内全体业主在物业管理活动中的合法权益。

第九条 一个物业管理区域成立一个业主大会。

物业管理区域的划分应当考虑物业的共用设施设备、建筑物规模、社区建设等因素。具体办法由省、自治区、直辖市制定。

第十条 同一个物业管理区域内的业主，应当在物业所在地的区、县人民政府房地产行政主管部门或者街道办事处、乡镇人民政府的指导下成立业主大会，并选举产生业主委员会。但是，只有一个业主的，或者业主人数较少且经全体业主一致同意，决定不成立业主大会的，由业主共同履行业主大会、业主委员会职责。

第十一条 下列事项由业主共同决定：

（一）制定和修改业主大会议事规则；

（二）制定和修改管理规约；

（三）选举业主委员会或者更换业主委员会成员；

（四）选聘和解聘物业服务企业；

（五）筹集和使用专项维修资金；

（六）改建、重建建筑物及其附属设施；

（七）有关共有和共同管理权利的其他重大事项。

第十二条 业主大会会议可以采用集体讨论的形式，也可以采用书面征求意见的形式；但是，应当有物业管理区域内专有部分占建筑物总面积过半数的业主且占总人数过半数的业主参加。

业主可以委托代理人参加业主大会会议。

业主大会决定本条例第十一条第（五）项和第（六）项规定的事项，应当经专有部分占建筑物总面积 2/3 以上的业主且占总人数 2/3 以上的业主同意；决定本条例第十一条规定的其他事项，应当经专有部分占建筑物总面积过半数的业主且占总人数过半数的业主同意。

业主大会或者业主委员会的决定，对业主具有约束力。

业主大会或者业主委员会作出的决定

侵害业主合法权益的，受侵害的业主可以请求人民法院予以撤销。

第十三条 业主大会会议分为定期会议和临时会议。

业主大会定期会议应当按照业主大会议事规则的规定召开。经20%以上的业主提议，业主委员会应当组织召开业主大会临时会议。

第十四条 召开业主大会会议，应当于会议召开15日以前通知全体业主。

住宅小区的业主大会会议，应当同时告知相关的居民委员会。

业主委员会应当做好业主大会会议记录。

第十五条 业主委员会执行业主大会的决定事项，履行下列职责：

（一）召集业主大会会议，报告物业管理的实施情况；

（二）代表业主与业主大会选聘的物业服务企业签订物业服务合同；

（三）及时了解业主、物业使用人的意见和建议，监督和协助物业服务企业履行物业服务合同；

（四）监督管理规约的实施；

（五）业主大会赋予的其他职责。

第十六条 业主委员会应当自选举产生之日起30日内，向物业所在地的区、县人民政府房地产行政主管部门和街道办事处、乡镇人民政府备案。

业主委员会委员应当由热心公益事业、责任心强、具有一定组织能力的业主担任。

业主委员会主任、副主任在业主委员会成员中推选产生。

第十七条 管理规约应当对有关物业的使用、维护、管理，业主的共同利益，业主应当履行的义务，违反管理规约应当承担的责任等事项依法作出约定。

管理规约应当尊重社会公德，不得违反法律、法规或者损害社会公共利益。

管理规约对全体业主具有约束力。

第十八条 业主大会议事规则应当就业主大会的议事方式、表决程序、业主委员会的组成和成员任期等事项作出约定。

第十九条 业主大会、业主委员会应当依法履行职责，不得作出与物业管理无关的决定，不得从事与物业管理无关的活动。

业主大会、业主委员会作出的决定违反法律、法规的，物业所在地的区、县人民政府房地产行政主管部门或者街道办事处、乡镇人民政府，应当责令限期改正或者撤销其决定，并通告全体业主。

第二十条 业主大会、业主委员会应当配合公安机关，与居民委员会相互协作，共同做好维护物业管理区域内的社会治安等相关工作。

在物业管理区域内，业主大会、业主委员会应当积极配合相关居民委员会依法履行自治管理职责，支持居民委员会开展工作，并接受其指导和监督。

住宅小区的业主大会、业主委员会作出的决定，应当告知相关的居民委员会，并认真听取居民委员会的建议。

第三章 前期物业管理

第二十一条 在业主、业主大会选聘物业服务企业之前，建设单位选聘物业服务企业的，应当签订书面的前期物业服务合同。

第二十二条 建设单位应当在销售物业之前，制定临时管理规约，对有关物业的使用、维护、管理，业主的共同利益，业主应当履行的义务，违反临时管理规约应当承担的责任等事项依法作出约定。

建设单位制定的临时管理规约，不得侵害物业买受人的合法权益。

第二十三条 建设单位应当在物业销售前将临时管理规约向物业买受人明示，并予以说明。

物业买受人在与建设单位签订物业买卖合同时，应当对遵守临时管理规约予以书面承诺。

第二十四条　国家提倡建设单位按照房地产开发与物业管理相分离的原则，通过招投标的方式选聘物业服务企业。

住宅物业的建设单位，应当通过招投标的方式选聘物业服务企业；投标人少于3个或者住宅规模较小的，经物业所在地的区、县人民政府房地产行政主管部门批准，可以采用协议方式选聘物业服务企业。

第二十五条　建设单位与物业买受人签订的买卖合同应当包含前期物业服务合同约定的内容。

第二十六条　前期物业服务合同可以约定期限；但是，期限未满、业主委员会与物业服务企业签订的物业服务合同生效的，前期物业服务合同终止。

第二十七条　业主依法享有的物业共用部位、共用设施设备的所有权或者使用权，建设单位不得擅自处分。

第二十八条　物业服务企业承接物业时，应当对物业共用部位、共用设施设备进行查验。

第二十九条　在办理物业承接验收手续时，建设单位应当向物业服务企业移交下列资料：

（一）竣工总平面图，单体建筑、结构、设备竣工图，配套设施、地下管网工程竣工图等竣工验收资料；

（二）设施设备的安装、使用和维护保养等技术资料；

（三）物业质量保修文件和物业使用说明文件；

（四）物业管理所必需的其他资料。

物业服务企业应当在前期物业服务合同终止时将上述资料移交给业主委员会。

第三十条　建设单位应当按照规定在物业管理区域内配置必要的物业管理用房。

第三十一条　建设单位应当按照国家规定的保修期限和保修范围，承担物业的保修责任。

第四章　物业管理服务

第三十二条　从事物业管理活动的企业应当具有独立的法人资格。

国务院建设行政主管部门应当会同有关部门建立守信联合激励和失信联合惩戒机制，加强行业诚信管理。

第三十三条　一个物业管理区域由一个物业服务企业实施物业管理。

第三十四条　业主委员会应当与业主大会选聘的物业服务企业订立书面的物业服务合同。

物业服务合同应当对物业管理事项、服务质量、服务费用、双方的权利义务、专项维修资金的管理与使用、物业管理用房、合同期限、违约责任等内容进行约定。

第三十五条　物业服务企业应当按照物业服务合同的约定，提供相应的服务。

物业服务企业未能履行物业服务合同的约定，导致业主人身、财产安全受到损害的，应当依法承担相应的法律责任。

第三十六条　物业服务企业承接物业时，应当与业主委员会办理物业验收手续。

业主委员会应当向物业服务企业移交本条例第二十九条第一款规定的资料。

第三十七条　物业管理用房的所有权依法属于业主。未经业主大会同意，物业服务企业不得改变物业管理用房的用途。

第三十八条　物业服务合同终止时，物业服务企业应当将物业管理用房和本条例第二十九条第一款规定的资料交还给业主委员会。

物业服务合同终止时，业主大会选聘了新的物业服务企业的，物业服务企业之间应当做好交接工作。

第三十九条　物业服务企业可以将物业管理区域内的专项服务业务委托给专业性服务企业，但不得将该区域内的全部物业管理一并委托给他人。

第四十条　物业服务收费应当遵循合理、公开以及费用与服务水平相适应的原则，区别不同物业的性质和特点，由业主和物业服务企业按照国务院价格主管部门会同国务院建设行政主管部门制定的物业服务收费办法，在物业服务合同中约定。

第四十一条 业主应当根据物业服务合同的约定交纳物业服务费用。业主与物业使用人约定由物业使用人交纳物业服务费用的，从其约定，业主负连带交纳责任。

已竣工但尚未出售或者尚未交给物业买受人的物业，物业服务费用由建设单位交纳。

第四十二条 县级以上人民政府价格主管部门会同同级房地产行政主管部门，应当加强对物业服务收费的监督。

第四十三条 物业服务企业可以根据业主的委托提供物业服务合同约定以外的服务项目，服务报酬由双方约定。

第四十四条 物业管理区域内，供水、供电、供气、供热、通信、有线电视等单位应当向最终用户收取有关费用。

物业服务企业接受委托代收前款费用的，不得向业主收取手续费等额外费用。

第四十五条 对物业管理区域内违反有关治安、环保、物业装饰装修和使用等方面法律、法规规定的行为，物业服务企业应当制止，并及时向有关行政管理部门报告。

有关行政管理部门在接到物业服务企业的报告后，应当依法对违法行为予以制止或者依法处理。

第四十六条 物业服务企业应当协助做好物业管理区域内的安全防范工作。发生安全事故时，物业服务企业在采取应急措施的同时，应当及时向有关行政管理部门报告，协助做好救助工作。

物业服务企业雇请保安人员的，应当遵守国家有关规定。保安人员在维护物业管理区域内的公共秩序时，应当履行职责，不得侵害公民的合法权益。

第四十七条 物业使用人在物业管理活动中的权利义务由业主和物业使用人约定，但不得违反法律、法规和管理规约的有关规定。

物业使用人违反本条例和管理规约的规定，有关业主应当承担连带责任。

第四十八条 县级以上地方人民政府房地产行政主管部门应当及时处理业主、业主委员会、物业使用人和物业服务企业在物业管理活动中的投诉。

第五章 物业的使用与维护

第四十九条 物业管理区域内按照规划建设的公共建筑和共用设施，不得改变用途。

业主依法确需改变公共建筑和共用设施用途的，应当在依法办理有关手续后告知物业服务企业；物业服务企业确需改变公共建筑和共用设施用途的，应当提请业主大会讨论决定同意后，由业主依法办理有关手续。

第五十条 业主、物业服务企业不得擅自占用、挖掘物业管理区域内的道路、场地，损害业主的共同利益。

因维修物业或者公共利益，业主确需临时占用、挖掘道路、场地的，应当征得业主委员会和物业服务企业的同意；物业服务企业确需临时占用、挖掘道路、场地的，应当征得业主委员会的同意。

业主、物业服务企业应当将临时占用、挖掘的道路、场地，在约定期限内恢复原状。

第五十一条 供水、供电、供气、供热、通信、有线电视等单位，应当依法承担物业管理区域内相关管线和设施设备维修、养护的责任。

前款规定的单位因维修、养护等需要，临时占用、挖掘道路、场地的，应当及时恢复原状。

第五十二条 业主需要装饰装修房屋的，应当事先告知物业服务企业。

物业服务企业应当将房屋装饰装修中的禁止行为和注意事项告知业主。

第五十三条 住宅物业、住宅小区内的非住宅物业或者与单幢住宅楼结构相连的非住宅物业的业主，应当按照国家有关规定交纳专项维修资金。

专项维修资金属于业主所有，专项用于物业保修期满后物业共用部位、共用设施设备的维修和更新、改造,不得挪作他用。

专项维修资金收取、使用、管理的办法由国务院建设行政主管部门会同国务院财政部门制定。

第五十四条 利用物业共用部位、共用设施设备进行经营的,应当在征得相关业主、业主大会、物业服务企业的同意后,按照规定办理有关手续。业主所得收益应当主要用于补充专项维修资金,也可以按照业主大会的决定使用。

第五十五条 物业存在安全隐患,危及公共利益及他人合法权益时,责任人应当及时维修养护,有关业主应当给予配合。

责任人不履行维修养护义务的,经业主大会同意,可以由物业服务企业维修养护,费用由责任人承担。

第六章 法律责任

第五十六条 违反本条例的规定,住宅物业的建设单位未通过招投标的方式选聘物业服务企业或者未经批准,擅自采用协议方式选聘物业服务企业的,由县级以上地方人民政府房地产行政主管部门责令限期改正,给予警告,可以并处10万元以下的罚款。

第五十七条 违反本条例的规定,建设单位擅自处分属于业主的物业共用部位、共用设施设备的所有权或者使用权的,由县级以上地方人民政府房地产行政主管部门处5万元以上20万元以下的罚款;给业主造成损失的,依法承担赔偿责任。

第五十八条 违反本条例的规定,不移交有关资料的,由县级以上地方人民政府房地产行政主管部门责令限期改正;逾期仍不移交有关资料的,对建设单位、物业服务企业予以通报,处1万元以上10万元以下的罚款。

第五十九条 违反本条例的规定,物业服务企业将一个物业管理区域内的全部物业管理一并委托给他人的,由县级以上地方人民政府房地产行政主管部门责令限期改正,处委托合同价款30%以上50%以下的罚款。委托所得收益,用于物业管理区域内物业共用部位、共用设施设备的维修、养护,剩余部分按照业主大会的决定使用;给业主造成损失的,依法承担赔偿责任。

第六十条 违反本条例的规定,挪用专项维修资金的,由县级以上地方人民政府房地产行政主管部门追回挪用的专项维修资金,给予警告,没收违法所得,可以并处挪用数额2倍以下的罚款;构成犯罪的,依法追究直接负责的主管人员和其他直接责任人员的刑事责任。

第六十一条 违反本条例的规定,建设单位在物业管理区域内不按照规定配置必要的物业管理用房的,由县级以上地方人民政府房地产行政主管部门责令限期改正,给予警告,没收违法所得,并处10万元以上50万元以下的罚款。

第六十二条 违反本条例的规定,未经业主大会同意,物业服务企业擅自改变物业管理用房的用途的,由县级以上地方人民政府房地产行政主管部门责令限期改正,给予警告,并处1万元以上10万元以下的罚款;有收益的,所得收益用于物业管理区域内物业共用部位、共用设施设备的维修、养护,剩余部分按照业主大会的决定使用。

第六十三条 违反本条例的规定,有下列行为之一的,由县级以上地方人民政府房地产行政主管部门责令限期改正,给予警告,并按照本条第二款的规定处以罚款;所得收益,用于物业管理区域内物业共用部位、共用设施设备的维修、养护,剩余部分按照业主大会的决定使用:

(一)擅自改变物业管理区域内按照规划建设的公共建筑和共用设施用途的;

(二)擅自占用、挖掘物业管理区域内道路、场地,损害业主共同利益的;

(三)擅自利用物业共用部位、共用设施设备进行经营的。

个人有前款规定行为之一的,处1000元以上1万元以下的罚款;单位有前款规定行为之一的,处5万元以上20万元以下的罚款。

第六十四条 违反物业服务合同约定,业主逾期不交纳物业服务费用的,业主委员会应当督促其限期交纳;逾期仍不交纳的,物业服务企业可以向人民法院起诉。

第六十五条 业主以业主大会或者业主委员会的名义,从事违反法律、法规的活动,构成犯罪的,依法追究刑事责任;尚不构成犯罪的,依法给予治安管理处罚。

第六十六条 违反本条例的规定,国务院建设行政主管部门、县级以上地方人民政府房地产行政主管部门或者其他有关行政管理部门的工作人员利用职务上的便利,收受他人财物或者其他好处,不依法履行监督管理职责,或者发现违法行为不予查处,构成犯罪的,依法追究刑事责任;尚不构成犯罪的,依法给予行政处分。

第七章 附　　则

第六十七条 本条例自2003年9月1日起施行。

业主大会和业主委员会指导规则

1. 2009年12月1日

2. 建房〔2009〕274号

第一章 总　　则

第一条 为了规范业主大会和业主委员会的活动,维护业主的合法权益,根据《中华人民共和国物权法》、《物业管理条例》等法律法规的规定,制定本规则。

第二条 业主大会由物业管理区域内的全体业主组成,代表和维护物业管理区域内全体业主在物业管理活动中的合法权利,履行相应的义务。

第三条 业主委员会由业主大会依法选举产生,履行业主大会赋予的职责,执行业主大会决定的事项,接受业主的监督。

第四条 业主大会或者业主委员会的决定,对业主具有约束力。

业主大会和业主委员会应当依法履行职责,不得作出与物业管理无关的决定,不得从事与物业管理无关的活动。

第五条 业主大会和业主委员会,对业主损害他人合法权益和业主共同利益的行为,有权依照法律、法规以及管理规约,要求停止侵害、消除危险、排除妨害、赔偿损失。

第六条 物业所在地的区、县房地产行政主管部门和街道办事处、乡镇人民政府负责对设立业主大会和选举业主委员会给予指导和协助,负责对业主大会和业主委员会的日常活动进行指导和监督。

第二章 业 主 大 会

第七条 业主大会根据物业管理区域的划分成立,一个物业管理区域成立一个业主大会。

只有一个业主的,或者业主人数较少且经全体业主同意,不成立业主大会的,由业主共同履行业主大会、业主委员会职责。

第八条 物业管理区域内,已交付的专有部分面积超过建筑物总面积50%时,建设单位应当按照物业所在地的区、县房地产行政主管部门或者街道办事处、乡镇人民政府的要求,及时报送下列筹备首次业主大会会议所需的文件资料:

(一)物业管理区域证明;

(二)房屋及建筑物面积清册;

(三)业主名册;

(四)建筑规划总平面图;

(五)交付使用共用设施设备的证明;

(六)物业服务用房配置证明;

(七)其他有关的文件资料。

第九条 符合成立业主大会条件的,区、县房地产行政主管部门或者街道办事处、乡镇人民政府应当在收到业主提出筹备业主大会书面申请后60日内,负责组织、指导成立首次业主大会会议筹备组。

第十条 首次业主大会会议筹备组由业主代表、建设单位代表、街道办事处、乡镇人民政府代表和居民委员会代表组成。筹备组成员人数应为单数，其中业主代表人数不低于筹备组总人数的一半，筹备组组长由街道办事处、乡镇人民政府代表担任。

第十一条 筹备组中业主代表的产生，由街道办事处、乡镇人民政府或者居民委员会组织业主推荐。

筹备组应当将成员名单以书面形式在物业管理区域内公告。业主对筹备组成员有异议的，由街道办事处、乡镇人民政府协调解决。

建设单位和物业服务企业应当配合协助筹备组开展工作。

第十二条 筹备组应当做好以下筹备工作：

（一）确认并公示业主身份、业主人数以及所拥有的专有部分面积；

（二）确定首次业主大会会议召开的时间、地点、形式和内容；

（三）草拟管理规约、业主大会议事规则；

（四）依法确定首次业主大会会议表决规则；

（五）制定业主委员会委员候选人产生办法，确定业主委员会委员候选人名单；

（六）制定业主委员会选举办法；

（七）完成召开首次业主大会会议的其他准备工作。

前款内容应当在首次业主大会会议召开15日前以书面形式在物业管理区域内公告。业主对公告内容有异议的，筹备组应当记录并作出答复。

第十三条 依法登记取得或者根据物权法第二章第三节规定取得建筑物专有部分所有权的人，应当认定为业主。

基于房屋买卖等民事法律行为，已经合法占有建筑物专有部分，但尚未依法办理所有权登记的人，可以认定为业主。

业主的投票权数由专有部分面积和业主人数确定。

第十四条 业主委员会委员候选人由业主推荐或者自荐。筹备组应当核查参选人的资格，根据物业规模、物权份额、委员的代表性和广泛性等因素，确定业主委员会委员候选人名单。

第十五条 筹备组应当自组成之日起90日内完成筹备工作，组织召开首次业主大会会议。

业主大会自首次业主大会会议表决通过管理规约、业主大会议事规则，并选举产生业主委员会之日起成立。

第十六条 划分为一个物业管理区域的分期开发的建设项目，先期开发部分符合条件的，可以成立业主大会，选举产生业主委员会。首次业主大会会议应当根据分期开发的物业面积和进度等因素，在业主大会议事规则中明确增补业主委员会委员的办法。

第十七条 业主大会决定以下事项：

（一）制定和修改业主大会议事规则；

（二）制定和修改管理规约；

（三）选举业主委员会或者更换业主委员会委员；

（四）制定物业服务内容、标准以及物业服务收费方案；

（五）选聘和解聘物业服务企业；

（六）筹集和使用专项维修资金；

（七）改建、重建建筑物及其附属设施；

（八）改变共有部分的用途；

（九）利用共有部分进行经营以及所得收益的分配与使用；

（十）法律法规或者管理规约确定应由业主共同决定的事项。

第十八条 管理规约应当对下列主要事项作出规定：

（一）物业的使用、维护、管理；

（二）专项维修资金的筹集、管理和使用；

（三）物业共用部分的经营与收益分配；

（四）业主共同利益的维护；

（五）业主共同管理权的行使；

（六）业主应尽的义务；

（七）违反管理规约应当承担的责任。

第十九条 业主大会议事规则应当对下列主要事项作出规定：

（一）业主大会名称及相应的物业管理区域；

（二）业主委员会的职责；

（三）业主委员会议事规则；

（四）业主大会会议召开的形式、时间和议事方式；

（五）业主投票权数的确定方法；

（六）业主代表的产生方式；

（七）业主大会会议的表决程序；

（八）业主委员会委员的资格、人数和任期等；

（九）业主委员会换届程序、补选办法等；

（十）业主大会、业主委员会工作经费的筹集、使用和管理；

（十一）业主大会、业主委员会印章的使用和管理。

第二十条 业主拒付物业服务费，不缴存专项维修资金以及实施其他损害业主共同权益行为的，业主大会可以在管理规约和业主大会议事规则中对其共同管理权的行使予以限制。

第二十一条 业主大会会议分为定期会议和临时会议。

业主大会定期会议应当按照业主大会议事规则的规定由业主委员会组织召开。

有下列情况之一的，业主委员会应当及时组织召开业主大会临时会议：

（一）经专有部分占建筑物总面积20%以上且占总人数20%以上业主提议的；

（二）发生重大事故或者紧急事件需要及时处理的；

（三）业主大会议事规则或者管理规约规定的其他情况。

第二十二条 业主大会会议可以采用集体讨论的形式，也可以采用书面征求意见的形式；但应当有物业管理区域内专有部分占建筑物总面积过半数的业主且占总人数过半数的业主参加。

采用书面征求意见形式的，应当将征求意见书送交每一位业主；无法送达的，应当在物业管理区域内公告。凡需投票表决的，表决意见应由业主本人签名。

第二十三条 业主大会确定业主投票权数，可以按照下列方法认定专有部分面积和建筑物总面积：

（一）专有部分面积按照不动产登记簿记载的面积计算；尚未进行登记的，暂按测绘机构的实测面积计算；尚未进行实测的，暂按房屋买卖合同记载的面积计算；

（二）建筑物总面积，按照前项的统计总和计算。

第二十四条 业主大会确定业主投票权数，可以按照下列方法认定业主人数和总人数：

（一）业主人数，按照专有部分的数量计算，一个专有部分按一人计算。但建设单位尚未出售和虽已出售但尚未交付的部分，以及同一买受人拥有一个以上专有部分的，按一人计算；

（二）总人数，按照前项的统计总和计算。

第二十五条 业主大会应当在业主大会议事规则中约定车位、摊位等特定空间是否计入用于确定业主投票权数的专有部分面积。

一个专有部分有两个以上所有权人的，应当推选一人行使表决权，但共有人所代表的业主人数为一人。

业主为无民事行为能力人或者限制民事行为能力人的，由其法定监护人行使投票权。

第二十六条 业主因故不能参加业主大会会议的，可以书面委托代理人参加业主大会会议。

未参与表决的业主，其投票权数是否可以计入已表决的多数票，由管理规约或者业主大会议事规则规定。

第二十七条 物业管理区域内业主人数较多的,可以幢、单元、楼层为单位,推选一名业主代表参加业主大会会议,推选及表决办法应当在业主大会议事规则中规定。

第二十八条 业主可以书面委托的形式,约定由其推选的业主代表在一定期限内代其行使共同管理权,具体委托内容、期限、权限和程序由业主大会议事规则规定。

第二十九条 业主大会会议决定筹集和使用专项维修资金以及改造、重建建筑物及其附属设施的,应当经专有部分占建筑物总面积三分之二以上的业主且占总人数三分之二以上的业主同意;决定本规则第十七条规定的其他共有和共同管理权利事项的,应当经专有部分占建筑物总面积过半数且占总人数过半数的业主同意。

第三十条 业主大会会议应当由业主委员会作出书面记录并存档。

业主大会的决定应当以书面形式在物业管理区域内及时公告。

第三章 业主委员会

第三十一条 业主委员会由业主大会会议选举产生,由 5 至 11 人单数组成。业主委员会委员应当是物业管理区域内的业主,并符合下列条件:

(一)具有完全民事行为能力;

(二)遵守国家有关法律、法规;

(三)遵守业主大会议事规则、管理规约,模范履行业主义务;

(四)热心公益事业,责任心强,公正廉洁;

(五)具有一定的组织能力;

(六)具备必要的工作时间。

第三十二条 业主委员会委员实行任期制,每届任期不超过 5 年,可连选连任,业主委员会委员具有同等表决权。

业主委员会应当自选举之日起 7 日内召开首次会议,推选业主委员会主任和副主任。

第三十三条 业主委员会应当自选举产生之日起 30 日内,持下列文件向物业所在地的区、县房地产行政主管部门和街道办事处、乡镇人民政府办理备案手续:

(一)业主大会成立和业主委员会选举的情况;

(二)管理规约;

(三)业主大会议事规则;

(四)业主大会决定的其他重大事项。

第三十四条 业主委员会办理备案手续后,可持备案证明向公安机关申请刻制业主大会印章和业主委员会印章。

业主委员会任期内,备案内容发生变更的,业主委员会应当自变更之日起 30 日内将变更内容书面报告备案部门。

第三十五条 业主委员会履行以下职责:

(一)执行业主大会的决定和决议;

(二)召集业主大会会议,报告物业管理实施情况;

(三)与业主大会选聘的物业服务企业签订物业服务合同;

(四)及时了解业主、物业使用人的意见和建议,监督和协助物业服务企业履行物业服务合同;

(五)监督管理规约的实施;

(六)督促业主交纳物业服务费及其他相关费用;

(七)组织和监督专项维修资金的筹集和使用;

(八)调解业主之间因物业使用、维护和管理产生的纠纷;

(九)业主大会赋予的其他职责。

第三十六条 业主委员会应当向业主公布下列情况和资料:

(一)管理规约、业主大会议事规则;

(二)业主大会和业主委员会的决定;

(三)物业服务合同;

(四)专项维修资金的筹集、使用情况;

(五)物业共有部分的使用和收益情况;

(六)占用业主共有的道路或者其他场地用于停放汽车车位的处分情况;

(七)业主大会和业主委员会工作经费的收支情况;

(八)其他应当向业主公开的情况和资料。

第三十七条 业主委员会应当按照业主大会议事规则的规定及业主大会的决定召开会议。经三分之一以上业主委员会委员的提议,应当在7日内召开业主委员会会议。

第三十八条 业主委员会会议由主任召集和主持,主任因故不能履行职责,可以委托副主任召集。

业主委员会会议应有过半数的委员出席,作出的决定必须经全体委员半数以上同意。

业主委员会委员不能委托代理人参加会议。

第三十九条 业主委员会应当于会议召开7日前,在物业管理区域内公告业主委员会会议的内容和议程,听取业主的意见和建议。

业主委员会会议应当制作书面记录并存档,业主委员会会议作出的决定,应当有参会委员的签字确认,并自作出决定之日起3日内在物业管理区域内公告。

第四十条 业主委员会应当建立工作档案,工作档案包括以下主要内容:

(一)业主大会、业主委员会的会议记录;

(二)业主大会、业主委员会的决定;

(三)业主大会议事规则、管理规约和物业服务合同;

(四)业主委员会选举及备案资料;

(五)专项维修资金筹集及使用账目;

(六)业主及业主代表的名册;

(七)业主的意见和建议。

第四十一条 业主委员会应当建立印章管理规定,并指定专人保管印章。

使用业主大会印章,应当根据业主大会议事规则的规定或者业主大会会议的决定;使用业主委员会印章,应当根据业主委员会会议的决定。

第四十二条 业主大会、业主委员会工作经费由全体业主承担。工作经费可以由业主分摊,也可以从物业共有部分经营所得收益中列支。工作经费的收支情况,应当定期在物业管理区域内公告,接受业主监督。

工作经费筹集、管理和使用的具体办法由业主大会决定。

第四十三条 有下列情况之一的,业主委员会委员资格自行终止:

(一)因物业转让、灭失等原因不再是业主的;

(二)丧失民事行为能力的;

(三)依法被限制人身自由的;

(四)法律、法规以及管理规约规定的其他情形。

第四十四条 业主委员会委员有下列情况之一的,由业主委员会三分之一以上委员或者持有20%以上投票权数的业主提议,业主大会或者业主委员会根据业主大会的授权,可以决定是否终止其委员资格:

(一)以书面方式提出辞职请求的;

(二)不履行委员职责的;

(三)利用委员资格谋取私利的;

(四)拒不履行业主义务的;

(五)侵害他人合法权益的;

(六)因其他原因不宜担任业主委员会委员的。

第四十五条 业主委员会委员资格终止的,应当自终止之日起3日内将其保管的档案资料、印章及其他属于全体业主所有的财物移交业主委员会。

第四十六条 业主委员会任期内,委员出现空缺时,应当及时补足。业主委员会委员候补办法由业主大会决定或者在业主大会议事规则中规定。业主委员会委员人数不足总数的二分之一时,应当召开业主大会临时会议,重新选举业主委员会。

第四十七条 业主委员会任期届满前3个月,应当组织召开业主大会会议,进行换届选举,并报告物业所在地的区、县房地产行政主管部门和街道办事处、乡镇人民政府。

第四十八条 业主委员会应当自任期届满之日起10日内,将其保管的档案资料、印章及其他属于业主大会所有的财物移交新一届业主委员会。

第四章 指导和监督

第四十九条 物业所在地的区、县房地产行政主管部门和街道办事处、乡镇人民政府应当积极开展物业管理政策法规的宣传和教育活动,及时处理业主、业主委员会在物业管理活动中的投诉。

第五十条 已交付使用的专有部分面积超过建筑物总面积50%,建设单位未按要求报送筹备首次业主大会会议相关文件资料的,物业所在地的区、县房地产行政主管部门或者街道办事处、乡镇人民政府有权责令建设单位限期改正。

第五十一条 业主委员会未按业主大会议事规则的规定组织召开业主大会定期会议,或者发生应当召开业主大会临时会议的情况,业主委员会不履行组织召开会议职责的,物业所在地的区、县房地产行政主管部门或者街道办事处、乡镇人民政府可以责令业主委员会限期召开;逾期仍不召开的,可以由物业所在地的居民委员会在街道办事处、乡镇人民政府的指导和监督下组织召开。

第五十二条 按照业主大会议事规则的规定或者三分之一以上委员提议,应当召开业主委员会会议的,业主委员会主任、副主任无正当理由不召集业主委员会会议的,物业所在地的区、县房地产行政主管部门或者街道办事处、乡镇人民政府可以指定业主委员会其他委员召集业主委员会会议。

第五十三条 召开业主大会会议,物业所在地的区、县房地产行政主管部门和街道办事处、乡镇人民政府应当给予指导和协助。

第五十四条 召开业主委员会会议,应当告知相关的居民委员会,并听取居民委员会的建议。

在物业管理区域内,业主大会、业主委员会应当积极配合相关居民委员会依法履行自治管理职责,支持居民委员会开展工作,并接受其指导和监督。

第五十五条 违反业主大会议事规则或者未经业主大会会议和业主委员会会议的决定,擅自使用业主大会印章、业主委员会印章的,物业所在地的街道办事处、乡镇人民政府应当责令限期改正,并通告全体业主;造成经济损失或者不良影响的,应当依法追究责任人的法律责任。

第五十六条 业主委员会委员资格终止,拒不移交所保管的档案资料、印章及其他属于全体业主所有的财物的,其他业主委员会委员可以请求物业所在地的公安机关协助移交。

业主委员会任期届满后,拒不移交所保管的档案资料、印章及其他属于全体业主所有的财物的,新一届业主委员会可以请求物业所在地的公安机关协助移交。

第五十七条 业主委员会在规定时间内不组织换届选举的,物业所在地的区、县房地产行政主管部门或者街道办事处、乡镇人民政府应当责令其限期组织换届选举;逾期仍不组织的,可以由物业所在地的居民委员会在街道办事处、乡镇人民政府的指导和监督下,组织换届选举工作。

第五十八条 因客观原因未能选举产生业主委员会或者业主委员会委员人数不足总数的二分之一的,新一届业主委员会产生之前,可以由物业所在地的居民委员会在街道办事处、乡镇人民政府的指导和监督下,代行业主委员会的职责。

第五十九条 业主大会、业主委员会作出的决定违反法律法规的,物业所在地的区、县房地产行政主管部门和街道办事处、乡镇人民政府应当责令限期改正或者撤销其决定,并通告全体业主。

第六十条 业主不得擅自以业主大会或者业主委员会的名义从事活动。业主以业主大会或者业主委员会的名义,从事违反法律、法规的活动,构成犯罪的,依法追究刑事责任;尚不构成犯罪的,依法给予治安管理处罚。

第六十一条 物业管理区域内,可以召开物业管理联席会议。物业管理联席会议由街道办事处、乡镇人民政府负责召集,由区、县房地产行政主管部门、公安派出所、居民委员会、业主委员会和物业服务企业等方面的代表参加,共同协调解决物业管理中遇到的问题。

第五章 附 则

第六十二条 业主自行管理或者委托其他管理人管理物业,成立业主大会,选举业主委员会的,可参照执行本规则。

第六十三条 物业所在地的区、县房地产行政主管部门与街道办事处、乡镇人民政府在指导、监督业主大会和业主委员会工作中的具体职责分工,按各省、自治区、直辖市人民政府有关规定执行。

第六十四条 本规则自2010年1月1日起施行。《业主大会规程》(建住房〔2003〕131号)同时废止。

城市居民住宅安全防范设施建设管理规定

1. 1996年1月5日建设部、公安部发布

2. 自1996年2月1日起施行

第一条 为加强城市居民住宅安全防范设施的建设和管理,提高居民住宅安全防范功能,保护居民人身财产安全,制定本规定。

第二条 在中华人民共和国境内从事城市居民住宅安全防范设施的建设和管理,应当遵守本规定。

第三条 本规定所称城市,是指国家按行政建制设立的直辖市、市、镇。

本规定所称居民住宅安全防范设施,是指附属于住宅建筑主体并具有安全防范功能的防盗门、防盗锁、防踹板、防护墙、监控和报警装置,以及居民住宅或住宅区内附设的治安值班室。

第四条 城市居民住宅安全防范设施,必须具备防撬、防踹、防攀缘、防跨越、防爬人等安全防范功能。

第五条 城市居民住宅安全防范设施的建设,应当遵循下列原则:

(一)适用、安全、经济、美观;

(二)符合消防法规、技术规范、标准的要求和城市容貌规定;

(三)符合当地居民习俗;

(四)因地制宜。

第六条 城市居民住宅安全防范设施的建设,应当纳入住宅建设的规划,并同时设计、同时施工,同时投入使用。

第七条 设计单位应当依据与住宅安全防范设施建设有关的规范、标准、规定进行设计。

第八条 建设行政主管部门组织审批的有关住宅建筑设计文件应当包括城市居民住宅安全防范设施部分。对不符合安全防范设施规范、标准、规定的设计文件,应责成原设计单位修改。

第九条 施工单位应当严格按照安全防范设计要求进行施工,不得擅自改动。必须修改的,应当由原设计单位出具变更设计通知书及相应的图纸并报设计审批部门重新审批后方可进行。

第十条 城市居民住宅安全防范设施所用产品、设备和材料,必须是符合有关标准规定并经鉴定合格的产品。未经鉴定和不合格的产品不得采用。

第十一条 城市居民住宅竣工后,工程质量监督部门和住宅管理单位必须按规定对安全防范设施进行验收,不合格的不得交付使用。

第十二条 城市居民住宅安全防范设施建设所需费用,由产权人或使用人承担。

第十三条 城市居民住宅安全防范设施的管理,由具体管理住宅的单位实施。

公安机关负责城市居民住宅安全防范设施管理的监督检查。

第十四条 居民住宅区的防护墙、治安值班室等公共安全防范设施应由产权人和使用人妥善使用与保护，不得破坏或挪作他用。

第十五条 公民和单位有责任保护居民住宅安全防范设施，对破坏居民住宅安全防范设施的行为有权向公安机关举报。

第十六条 违反本规定，有下列行为之一的，由城市人民政府建设行政主管部门责令增补、修改、停工、返工、恢复原状，或采取其他补救措施，并可处以罚款：

（一）未按有关规范、标准、规定进行设计的；

（二）擅自改动设计文件中安全防范设施内容的；

（三）使用未经鉴定和鉴定不合格的产品、材料、设备的；

（四）安全防范设施未经验收或验收不合格而交付使用的。

有（三）、（四）行为之一，造成经济损失的，由责任者负责赔偿损失。

第十七条 违反本规定，破坏居民住宅安全防范设施，由公安机关责令其改正、恢复原状，并可依据《治安管理处罚条例》的规定予以处罚；构成犯罪的，依法追究刑事责任。

第十八条 本规定由建设部、公安部负责解释。

第十九条 省、自治区、直辖市人民政府建设行政主管部门、公安行政主管部门，可根据本规定制定实施细则。

第二十条 本规定自1996年2月1日起施行。

前期物业管理招标投标管理暂行办法

1. 2003年6月26日建设部发布
2. 建住房〔2003〕130号
3. 自2003年9月1日起施行

第一章 总 则

第一条 为了规范前期物业管理招标投标活动，保护招标投标当事人的合法权益，促进物业管理市场的公平竞争，制定本办法。

第二条 前期物业管理，是指在业主、业主大会选聘物业管理企业之前，由建设单位选聘物业管理企业实施的物业管理。

建设单位通过招投标的方式选聘具有相应资质的物业管理企业和行政主管部门对物业管理招投标活动实施监督管理，适用本办法。

第三条 住宅及同一物业管理区域内非住宅的建设单位，应当通过招投标的方式选聘具有相应资质的物业管理企业；投标人少于3个或者住宅规模较小的，经物业所在地的区、县人民政府房地产行政主管部门批准，可以采用协议方式选聘具有相应资质的物业管理企业。

国家提倡其他物业的建设单位通过招投标的方式，选聘具有相应资质的物业管理企业。

第四条 前期物业管理招标投标应当遵循公开、公平、公正和诚实信用的原则。

第五条 国务院建设行政主管部门负责全国物业管理招标投标活动的监督管理。

省、自治区人民政府建设行政主管部门负责本行政区域内物业管理招标投标活动的监督管理。

直辖市、市、县人民政府房地产行政主管部门负责本行政区域内物业管理招标投标活动的监督管理。

第六条 任何单位和个人不得违反法律、行政法规规定，限制或者排斥具备投标资格的物业管理企业参加投标，不得以任何方式非法干涉物业管理招标投标活动。

第二章 招 标

第七条 本办法所称招标人是指依法进行前期物业管理招标的物业建设单位。

前期物业管理招标由招标人依法组织实施。招标人不得以不合理条件限制或者排斥潜在投标人，不得对潜在投标人实行歧视待遇,不得对潜在投标人提出与招标物业管理项目实际要求不符的过高的资格等要求。

第八条 前期物业管理招标分为公开招标和邀请招标。

招标人采取公开招标方式的,应当在公共媒介上发布招标公告,并同时在中国住宅与房地产信息网和中国物业管理协会网上发布免费招标公告。

招标公告应当载明招标人的名称和地址,招标项目的基本情况以及获取招标文件的办法等事项。

招标人采取邀请招标方式的,应当向 3 个以上物业管理企业发出投标邀请书,投标邀请书应当包含前款规定的事项。

第九条 招标人可以委托招标代理机构办理招标事宜;有能力组织和实施招标活动的,也可以自行组织实施招标活动。

物业管理招标代理机构应当在招标人委托的范围内办理招标事宜,并遵守本办法对招标人的有关规定。

第十条 招标人应当根据物业管理项目的特点和需要,在招标前完成招标文件的编制。

招标文件应包括以下内容:

(一)招标人及招标项目简介,包括招标人名称、地址、联系方式、项目基本情况、物业管理用房的配备情况等;

(二)物业管理服务内容及要求,包括服务内容、服务标准等;

(三)对投标人及投标书的要求,包括投标人的资格、投标书的格式、主要内容等;

(四)评标标准和评标方法;

(五)招标活动方案,包括招标组织机构、开标时间及地点等;

(六)物业服务合同的签订说明;

(七)其他事项的说明及法律法规规定的其他内容。

第十一条 招标人应当在发布招标公告或者发出投标邀请书的 10 日前,提交以下材料报物业项目所在地的县级以上地方人民政府房地产行政主管部门备案:

(一)与物业管理有关的物业项目开发建设的政府批件;

(二)招标公告或者招标邀请书;

(三)招标文件;

(四)法律、法规规定的其他材料。

房地产行政主管部门发现招标有违反法律、法规规定的,应当及时责令招标人改正。

第十二条 公开招标的招标人可以根据招标文件的规定,对投标申请人进行资格预审。

实行投标资格预审的物业管理项目,招标人应当在招标公告或者投标邀请书中载明资格预审的条件和获取资格预审文件的办法。

资格预审文件一般应当包括资格预审申请书格式、申请人须知,以及需要投标申请人提供的企业资格文件、业绩、技术装备、财务状况和拟派出的项目负责人与主要管理人员的简历、业绩等证明材料。

第十三条 经资格预审后,公开招标的招标人应当向资格预审合格的投标申请人发出资格预审合格通知书,告知获取招标文件的时间、地点和方法,并同时向资格不合格的投标申请人告知资格预审结果。

在资格预审合格的投标申请人过多时,可以由招标人从中选择不少于 5 家资格预审合格的投标申请人。

第十四条 招标人应当确定投标人编制投标文件所需要的合理时间。公开招标的物业管理项目,自招标文件发出之日起至投标人提交投标文件截止之日止,最短不得少于 20 日。

第十五条 招标人对已发出的招标文件进行必要的澄清或者修改的,应当在招标文件要求提交投标文件截止时间至少 15 日前,以书面形式通知所有的招标文件收受人。该澄清或者修改的内容为招标文件的组成部分。

第十六条 招标人根据物业管理项目的具体

情况,可以组织潜在的投标申请人踏勘物业项目现场,并提供隐蔽工程图纸等详细资料。对投标申请人提出的疑问应当予以澄清并以书面形式发送给所有的招标文件收受人。

第十七条 招标人不得向他人透露已获取招标文件的潜在投标人的名称、数量以及可能影响公平竞争的有关招标投标的其他情况。

招标人设有标底的,标底必须保密。

第十八条 在确定中标人前,招标人不得与投标人就投标价格、投标方案等实质内容进行谈判。

第十九条 通过招标投标方式选择物业管理企业的,招标人应当按照以下规定时限完成物业管理招标投标工作:

(一)新建现售商品房项目应当在现售前30日完成;

(二)预售商品房项目应当在取得《商品房预售许可证》之前完成;

(三)非出售的新建物业项目应当在交付使用前90日完成。

第三章 投　　标

第二十条 本办法所称投标人是指响应前期物业管理招标、参与投标竞争的物业管理企业。

投标人应当具有相应的物业管理企业资质和招标文件要求的其他条件。

第二十一条 投标人对招标文件有疑问需要澄清的,应当以书面形式向招标人提出。

第二十二条 投标人应当按照招标文件的内容和要求编制投标文件,投标文件应当对招标文件提出的实质性要求和条件作出响应。

投标文件应当包括以下内容:

(一)投标函;

(二)投标报价;

(三)物业管理方案;

(四)招标文件要求提供的其他材料。

第二十三条 投标人应当在招标文件要求提交投标文件的截止时间前,将投标文件密封送达投标地点。招标人收到投标文件后,应当向投标人出具标明签收人和签收时间的凭证,并妥善保存投标文件。在开标前,任何单位和个人均不得开启投标文件。在招标文件要求提交投标文件的截止时间后送达的投标文件,为无效的投标文件,招标人应当拒收。

第二十四条 投标人在招标文件要求提交投标文件的截止时间前,可以补充、修改或者撤回已提交的投标文件,并书面通知招标人。补充、修改的内容为投标文件的组成部分,并应当按照本办法第二十三条的规定送达、签收和保管。在招标文件要求提交投标文件的截止时间后送达的补充或者修改的内容无效。

第二十五条 投标人不得以他人名义投标或者以其他方式弄虚作假,骗取中标。

投标人不得相互串通投标,不得排挤其他投标人的公平竞争,不得损害招标人或者其他投标人的合法权益。

投标人不得与招标人串通投标,损害国家利益、社会公共利益或者他人的合法权益。

禁止投标人以向招标人或者评标委员会成员行贿等不正当手段谋取中标。

第四章 开标、评标和中标

第二十六条 开标应当在招标文件确定的提交投标文件截止时间的同一时间公开进行;开标地点应当为招标文件中预先确定的地点。

第二十七条 开标由招标人主持,邀请所有投标人参加。开标应当按照下列规定进行:

由投标人或者其推选的代表检查投标文件的密封情况,也可以由招标人委托的公证机构进行检查并公证。经确认无误后,由工作人员当众拆封,宣读投标人名称、投标价格和投标文件的其他主要内容。

招标人在招标文件要求提交投标文件的截止时间前收到的所有投标文件,开标时都应当当众予以拆封。

开标过程应当记录，并由招标人存档备查。

第二十八条 评标由招标人依法组建的评标委员会负责。

评标委员会由招标人代表和物业管理方面的专家组成，成员为5人以上单数，其中招标人代表以外的物业管理方面的专家不得少于成员总数的2/3。

评标委员会的专家成员，应当由招标人从房地产行政主管部门建立的专家名册中采取随机抽取的方式确定。

与投标人有利害关系的人不得进入相关项目的评标委员会。

第二十九条 房地产行政主管部门应当建立评标的专家名册。省、自治区、直辖市人民政府房地产行政主管部门可以将专家数量少的城市的专家名册予以合并或者实行专家名册计算机联网。

房地产行政主管部门应当对进入专家名册的专家进行有关法律和业务培训，对其评标能力、廉洁公正等进行综合考评，及时取消不称职或者违法违规人员的评标专家资格。被取消评标专家资格的人员，不得再参加任何评标活动。

第三十条 评标委员会成员应当认真、公正、诚实、廉洁地履行职责。

评标委员会成员不得与任何投标人或者与招标结果有利害关系的人进行私下接触，不得收受投标人、中介人、其他利害关系人的财物或者其他好处。

评标委员会成员和与评标活动有关的工作人员不得透露对投标文件的评审和比较、中标候选人的推荐情况以及与评标有关的其他情况。

前款所称与评标活动有关的工作人员，是指评标委员会成员以外的因参与评标监督工作或者事务性工作而知悉有关评标情况的所有人员。

第三十一条 评标委员会可以用书面形式要求投标人对投标文件中含义不明确的内容作必要的澄清或者说明。投标人应当采用书面形式进行澄清或者说明，其澄清或者说明不得超出投标文件的范围或者改变投标文件的实质性内容。

第三十二条 在评标过程中召开现场答辩会的，应当事先在招标文件中说明，并注明所占的评分比重。

评标委员会应当按照招标文件的评标要求，根据标书评分、现场答辩等情况进行综合评标。

除了现场答辩部分外，评标应当在保密的情况下进行。

第三十三条 评标委员会应当按照招标文件确定的评标标准和方法，对投标文件进行评审和比较，并对评标结果签字确认。

第三十四条 评标委员会经评审，认为所有投标文件都不符合招标文件要求的，可以否决所有投标。

依法必须进行招标的物业管理项目的所有投标被否决的，招标人应当重新招标。

第三十五条 评标委员会完成评标后，应当向招标人提出书面评标报告，阐明评标委员会对各投标文件的评审和比较意见，并按照招标文件规定的评标标准和评标方法，推荐不超过3名有排序的合格的中标候选人。

招标人应当按照中标候选人的排序确定中标人。当确定中标的中标候选人放弃中标或者因不可抗力提出不能履行合同的，招标人可以依序确定其他中标候选人为中标人。

第三十六条 招标人应当在投标有效期截止时限30日前确定中标人。投标有效期应当在招标文件中载明。

第三十七条 招标人应当向中标人发出中标通知书，同时将中标结果通知所有未中标的投标人，并应当返还其投标书。

招标人应当自确定中标人之日起15日内，向物业项目所在地的县级以上地方人民政府房地产行政主管部门备案。备案资料应当包括开标评标过程、确定中标人的方式及理由、评标委员会的评标报告、中标人的投标文件等资料。委托代理招标的，还应当附招标代理委托合同。

第三十八条 招标人和中标人应当自中标通知书发出之日起30日内，按照招标文件和中标人的投标文件订立书面合同；招标人和中标人不得再行订立背离合同实质性内容的其他协议。

第三十九条 招标人无正当理由不与中标人签订合同，给中标人造成损失的，招标人应当给予赔偿。

第五章 附 则

第四十条 投标人和其他利害关系人认为招标投标活动不符合本办法有关规定的，有权向招标人提出异议，或者依法向有关部门投诉。

第四十一条 招标文件或者投标文件使用两种以上语言文字的，必须有一种是中文；如对不同文本的解释发生异议的，以中文文本为准。用文字表示的数额与数字表示的金额不一致的，以文字表示的金额为准。

第四十二条 本办法第三条规定住宅规模较小的，经物业所在地的区、县人民政府房地产行政主管部门批准，可以采用协议方式选聘物业管理企业的，其规模标准由省、自治区、直辖市人民政府房地产行政主管部门确定。

第四十三条 业主和业主大会通过招投标的方式选聘具有相应资质的物业管理企业的，参照本办法执行。

第四十四条 本办法自2003年9月1日起施行。

物业服务收费管理办法

1. 2003年11月13日国家发展改革委员会、建设部发布

2. 发改价格〔2003〕1864号

3. 自2004年1月1日起施行

第一条 为规范物业服务收费行为，保障业主和物业管理企业的合法权益，根据《中华人民共和国价格法》和《物业管理条例》，制定本办法。

第二条 本办法所称物业服务收费，是指物业管理企业按照物业服务合同的约定，对房屋及配套的设施设备和相关场地进行维修、养护、管理，维护相关区域内的环境卫生和秩序，向业主所收取的费用。

第三条 国家提倡业主通过公开、公平、公正的市场竞争机制选择物业管理企业；鼓励物业管理企业开展正当的价格竞争，禁止价格欺诈，促进物业服务收费通过市场竞争形成。

第四条 国务院价格主管部门会同国务院建设行政主管部门负责全国物业服务收费的监督管理工作。

县级以上地方人民政府价格主管部门会同同级房地产行政主管部门负责本行政区域内物业服务收费的监督管理工作。

第五条 物业服务收费应当遵循合理、公开以及费用与服务水平相适应的原则。

第六条 物业服务收费应当区分不同物业的性质和特点分别实行政府指导价和市场调节价。具体定价形式由省、自治区、直辖市人民政府价格主管部门会同房地产行政主管部门确定。

第七条 物业服务收费实行政府指导价的，有定价权限的人民政府价格主管部门应当会同房地产行政主管部门根据物业管理服务等级标准等因素，制定相应的基准价及其浮动幅度，并定期公布。具体收费标准由业主与物业管理企业根据规定的基准价和浮动幅度在物业服务合同中约定。

实行市场调节价的物业服务收费，由业主与物业管理企业在物业服务合同中约定。

第八条 物业管理企业应当按照政府价格主管部门的规定实行明码标价，在物业管理区域内的显著位置，将服务内容、服务标准以及收费项目、收费标准等有关情况进行公示。

第九条 业主与物业管理企业可以采取包干制或者酬金制等形式约定物业服务费用。

包干制是指由业主向物业管理企业支付固定物业服务费用，盈余或者亏损均由物业管理企业享有或者承担的物业服务计费方式。

酬金制是指在预收的物业服务资金中按约定比例或者约定数额提取酬金支付给物业管理企业，其余全部用于物业服务合同约定的支出，结余或者不足均由业主享有或者承担的物业服务计费方式。

第十条 建设单位与物业买受人签订的买卖合同，应当约定物业管理服务内容、服务标准、收费标准、计费方式及计费起始时间等内容，涉及物业买受人共同利益的约定应当一致。

第十一条 实行物业服务费用包干制的，物业服务费用的构成包括物业服务成本、法定税费和物业管理企业的利润。

实行物业服务费用酬金制的，预收的物业服务资金包括物业服务支出和物业管理企业的酬金。

物业服务成本或者物业服务支出构成一般包括以下部分：

1. 管理服务人员的工资、社会保险和按规定提取的福利费等；

2. 物业共用部位、共用设施设备的日常运行、维护费用；

3. 物业管理区域清洁卫生费用；

4. 物业管理区域绿化养护费用；

5. 物业管理区域秩序维护费用；

6. 办公费用；

7. 物业管理企业固定资产折旧；

8. 物业共用部位、共用设施设备及公众责任保险费用；

9. 经业主同意的其他费用。

物业共用部位、共用设施设备的大修、中修和更新、改造费用，应当通过专项维修资金予以列支，不得计入物业服务支出或者物业服务成本。

第十二条 实行物业服务费用酬金制的，预收的物业服务支出属于代管性质，为所交纳的业主所有，物业管理企业不得将其用于物业服务合同约定以外的支出。

物业管理企业应当向业主大会或者全体业主公布物业服务资金年度预决算并每年不少于一次公布物业服务资金的收支情况。

业主或者业主大会对公布的物业服务资金年度预决算和物业服务资金的收支情况提出质询时，物业管理企业应当及时答复。

第十三条 物业服务收费采取酬金制方式，物业管理企业或者业主大会可以按照物业服务合同约定聘请专业机构对物业服务资金年度预决算和物业服务资金的收支情况进行审计。

第十四条 物业管理企业在物业服务中应当遵守国家的价格法律法规，严格履行物业服务合同，为业主提供质价相符的服务。

第十五条 业主应当按照物业服务合同的约定按时足额交纳物业服务费用或者物业服务资金。业主违反物业服务合同约定逾期不交纳服务费用或者物业服务资金的，业主委员会应当督促其限期交纳；逾期仍不交纳的，物业管理企业可以依法追缴。

业主与物业使用人约定由物业使用人交纳物业服务费用或者物业服务资金的，从其约定，业主负连带交纳责任。

物业发生产权转移时，业主或者物业使用人应当结清物业服务费用或者物业服务资金。

第十六条 纳入物业管理范围的已竣工但尚未出售，或者因开发建设单位原因未按时交给物业买受人的物业，物业服务费用或者物业服务资金由开发建设单位全额交纳。

第十七条 物业管理区域内，供水、供电、供气、供热、通讯、有线电视等单位应当向最终用户收取有关费用。物业管理企业接受委托代收上述费用的，可向委托单位收取手续费,不得向业主收取手续费等额外费用。

第十八条 利用物业共用部位、共用设施设备进行经营的,应当在征得相关业主、业主大会、物业管理企业的同意后,按照规定办理有关手续。业主所得收益应当主要用于补充专项维修资金,也可以按照业主大会的决定使用。

第十九条 物业管理企业已接受委托实施物业服务并相应收取服务费用的,其他部门和单位不得重复收取性质和内容相同的费用。

第二十条 物业管理企业根据业主的委托提供物业服务合同约定以外的服务,服务收费由双方约定。

第二十一条 政府价格主管部门会同房地产行政主管部门,应当加强对物业管理企业的服务内容、标准和收费项目、标准的监督。物业管理企业违反价格法律、法规和规定,由政府价格主管部门依据《中华人民共和国价格法》和《价格违法行为行政处罚规定》予以处罚。

第二十二条 各省、自治区、直辖市人民政府价格主管部门、房地产行政主管部门可以依据本办法制定具体实施办法,并报国家发展和改革委员会、建设部备案。

第二十三条 本办法由国家发展和改革委员会会同建设部负责解释。

第二十四条 本办法自2004年1月1日起执行,原国家计委、建设部印发的《城市住宅小区物业管理服务收费暂行办法》(计价费〔1996〕266号)同时废止。

物业服务收费明码标价规定

1. 2004年7月19日国家发展改革委员会、建设部发布
2. 发改价检〔2004〕1428号
3. 自2004年10月1日起施行

第一条 为进一步规范物业服务收费行为,提高物业服务收费透明度,维护业主和物业管理企业的合法权益,促进物业管理行业的健康发展,根据《中华人民共和国价格法》、《物业管理条例》和《关于商品和服务实行明码标价的规定》,制定本规定。

第二条 物业管理企业向业主提供服务(包括按照物业服务合同约定提供物业服务以及根据业主委托提供物业服务合同约定以外的服务),应当按照本规定实行明码标价,标明服务项目、收费标准等有关情况。

第三条 物业管理企业实行明码标价,应当遵循公开、公平和诚实信用的原则,遵守国家价格法律、法规、规章和政策。

第四条 政府价格主管部门应当会同同级房地产主管部门对物业服务收费明码标价进行管理。政府价格主管部门对物业管理企业执行明码标价规定的情况实施监督检查。

第五条 物业管理企业实行明码标价应当做到价目齐全,内容真实,标示醒目,字迹清晰。

第六条 物业服务收费明码标价的内容包括:物业管理企业名称、收费对象、服务内容、服务标准、计费方式、计费起始时间、收费项目、收费标准、价格管理形式、收费依据、价格举报电话12358等。

实行政府指导价的物业服务收费应当同时标明基准收费标准、浮动幅度,以及实际收费标准。

第七条 物业管理企业在其服务区域内的显著位置或收费地点,可采取公示栏、公示牌、收费表、收费清单、收费手册、多媒体终端查询等方式实行明码标价。

第八条 物业管理企业接受委托代收供水、供电、供气、供热、通讯、有线电视等有关费用的,也应当依照本规定第六条、第七条的有关内容和方式实行明码标价。

第九条 物业管理企业根据业主委托提供的物业服务合同约定以外的服务项目,其收费标准在双方约定后应当以适当的方式向业主进行明示。

第十条 实行明码标价的物业服务收费的标准等发生变化时,物业管理企业应当在执行新标准前一个月，将所标示的相关内容进行调整，并应标示新标准开始实行的日期。

第十一条 物业管理企业不得利用虚假的或者使人误解的标价内容、标价方式进行价格欺诈。不得在标价之外，收取任何未予标明的费用。

第十二条 对物业管理企业不按规定明码标价或者利用标价进行价格欺诈的行为，由政府价格主管部门依照《中华人民共和国价格法》、《价格违法行为行政处罚规定》、《关于商品和服务实行明码标价的规定》、《禁止价格欺诈行为的规定》进行处罚。

第十三条 本规定自2004年10月1日起施行。

城市危险房屋管理规定

1. 1989年11月21日建设部令第4号发布

2. 2004年7月20日建设部令第129号《关于修改〈城市危险房屋管理规定〉的决定》修正

第一章 总 则

第一条 为加强城市危险房屋管理，保障居住和使用安全，促进房屋有效利用，制定本规定。

第二条 本规定适用于城市（指直辖市、市、建制镇，下同）内各种所有制的房屋。

本规定所称危险房屋，系指结构已严重损坏或承重构件已属危险构件，随时有可能丧失结构稳定和承载能力，不能保证居住和使用安全的房屋。

第三条 房屋所有人、使用人，均应遵守本规定。

第四条 房屋所有人和使用人，应当爱护和正确使用房屋。

第五条 建设部负责全国的城市危险房屋管理工作。

县级以上地方人民政府房地产行政主管部门负责本辖区的城市危险房屋管理工作。

第二章 鉴 定

第六条 市、县人民政府房地产行政主管部门应设立房屋安全鉴定机构（以下简称鉴定机构），负责房屋的安全鉴定，并统一启用“房屋安全鉴定专用章”。

第七条 房屋所有人或使用人向当地鉴定机构提供鉴定申请时，必须持有证明其具备相关民事权利的合法证件。

鉴定机构接到鉴定申请后，应及时进行鉴定。

第八条 鉴定机构进行房屋安全鉴定应按下列程序进行：

（一）受理申请；

（二）初始调查，摸清房屋的历史和现状；

（三）现场查勘、测试、记录各种损坏数据和状况；

（四）检测验算，整理技术资料；

（五）全面分析，论证定性，作出综合判断，提出处理建议；

（六）签发鉴定文书。

第九条 对被鉴定为危险房屋的，一般可分为以下四类进行处理：

（一）观察使用。适用于采取适当安全技术措施后，尚能短期使用，但需继续观察的房屋。

（二）处理使用。适用于采取适当技术措施后，可解除危险的房屋。

（三）停止使用。适用于已无修缮价值，暂时不便拆除，又不危及相邻建筑和影响他人安全的房屋。

（四）整体拆除。适用于整幢危险且无修缮价值，需立即拆除的房屋。

第十条 进行安全鉴定，必须有两名以上鉴定人员参加。对特殊复杂的鉴定项目，鉴定机构可另外聘请专业人员或邀请有关部门派员参与鉴定。

第十一条 房屋安全鉴定应使用统一术语，填写鉴定文书，提出处理意见。

经鉴定属危险房屋的，鉴定机构必须及

时发出危险房屋通知书；属于非危险房屋的，应在鉴定文书上注明在正常使用条件下的有效时限，一般不超过一年。

第十二条 房屋经安全鉴定后，鉴定机构可以收取鉴定费。鉴定费的收取标准，可根据当地情况，由鉴定机构提出，经市、县人民政府房地产行政主管部门会同物价部门批准后执行。

房屋所有人和使用人都可提出鉴定申请。经鉴定为危险房屋的，鉴定费由所有人承担；经鉴定为非危险房屋的，鉴定费由申请人承担。

第十三条 受理涉及危险房屋纠纷案件的仲裁或审判机关，可指定纠纷案件的当事人申请房屋安全鉴定；必要时，亦可直接提出房屋安全鉴定的要求。

第十四条 鉴定危险房屋执行部颁《危险房屋鉴定标准》（CJ—86）。对工业建筑、公共建筑、高层建筑及文物保护建筑等的鉴定，还应参照有关专业技术标准、规范和规程进行。

第三章 治　理

第十五条 房屋所有人应定期对其房屋进行安全检查。在暴风、雨雪季节，房屋所有人应做好排险解危的各项准备；市、县人民政府房地产行政主管部门要加强监督检查，并在当地政府统一领导下，做好抢险救灾工作。

第十六条 房屋所有人对危险房屋能解危的，要及时解危；解危暂时有困难的，应采取安全措施。

第十七条 房屋所有人对经鉴定的危险房屋，必须按照鉴定机构的处理建议，及时加固或修缮治理；如房屋所有人拒不按照处理建议修缮治理，或使用人有阻碍行为的，房地产行政主管部门有权指定有关部门代修，或采取其他强制措施。发生的费用由责任人承担。

第十八条 房屋所有人进行抢险解危需要办理各项手续时，各有关部门应给予支持，及时办理，以免延误时间发生事故。

第十九条 治理私有危险房屋，房屋所有人确有经济困难无力治理时，其所在单位可给予借贷；如系出租房屋，可以和承租人合资治理，承租人付出的修缮费用可以折抵租金或由出租人分期偿还。

第二十条 经鉴定机构鉴定为危险房屋，并需要拆除重建时，有关部门应酌情给予政策优惠。

第二十一条 异产毗连危险房屋的各所有人，应按照国家对异产毗连房屋的有关规定，共同履行治理责任。拒不承担责任的，由房屋所在地房地产行政主管部门调处；当事人不服的，可向当地人民法院起诉。

第四章 法 律 责 任

第二十二条 因下列原因造成事故的，房屋所有人应承担民事或行政责任：

（一）有险不查或损坏不修；

（二）经鉴定机构鉴定为危险房屋而未采取有效的解危措施。

第二十三条 因下列原因造成事故的，使用人、行为人应承担民事责任：

（一）使用人擅自改变房屋结构、构件、设备或使用性质；

（二）使用人阻碍房屋所有人对危险房屋采取解危措施；

（三）行为人由于施工、堆物、碰撞等行为危及房屋。

第二十四条 有下列情况的，鉴定机构应承担民事或行政责任：

（一）因故意把非危险房屋鉴定为危险房屋而造成损失；

（二）因过失把危险房屋鉴定为非危险房屋，并在有效时限内发生事故；

（三）因拖延鉴定时间而发生事故。

第二十五条 有本章第二十二、二十三、二十四条所列行为，给他人造成生命财产损失，已构成犯罪的，由司法机关依法追究刑事责任。

第五章 附 则

第二十六条 县级以上地方人民政府房地产行政主管部门可依据本规定,结合当地情况,制定实施细则,经同级人民政府批准后,报上一级主管部门备案。

第二十七条 未设镇建制的工矿区可参照本规定执行。

第二十八条 本规定由建设部负责解释。

第二十九条 本规定自 1990 年 1 月 1 日起施行。

物业服务定价成本监审办法(试行)

1. 2007年9月10日国家发展改革委员会、建设部发布
2. 发改价格〔2007〕2285号
3. 自2007年10月1日起施行

第一条 为提高政府制定物业服务收费的科学性、合理性,根据《政府制定价格成本监审办法》、《物业服务收费管理办法》等有关规定,制定本办法。

第二条 本办法适用于政府价格主管部门制定或者调整实行政府指导价的物业服务收费标准,对相关物业服务企业实施定价成本监审的行为。

本办法所称物业服务,是指物业服务企业按照物业服务合同的约定,对房屋及配套的设施设备和相关场地进行维修、养护、管理,维护物业管理区域内的环境卫生和秩序的活动。

本办法所称物业服务定价成本,是指价格主管部门核定的物业服务社会平均成本。

第三条 物业服务定价成本监审工作由政府价格主管部门负责组织实施,房地产主管部门应当配合价格主管部门开展工作。

第四条 在本行政区域内物业服务企业数量众多的,可以选取一定数量、有代表性的物业服务企业进行成本监审。

第五条 物业服务定价成本监审应当遵循以下原则:

(一)合法性原则。计入定价成本的费用应当符合有关法律、行政法规和国家统一的会计制度的规定。

(二)相关性原则。计入定价成本的费用应当为与物业服务直接相关或者间接相关的费用。

(三)对应性原则。计入定价成本的费用应当与物业服务内容及服务标准相对应。

(四)合理性原则。影响物业服务定价成本各项费用的主要技术、经济指标应当符合行业标准或者社会公允水平。

第六条 核定物业服务定价成本,应当以经会计师事务所审计的年度财务会计报告、原始凭证与账册或者物业服务企业提供的真实、完整、有效的成本资料为基础。

第七条 物业服务定价成本由人员费用、物业共用部位共用设施设备日常运行和维护费用、绿化养护费用、清洁卫生费用、秩序维护费用、物业共用部位共用设施设备及公众责任保险费用、办公费用、管理费分摊、固定资产折旧以及经业主同意的其他费用组成。

第八条 人员费用是指管理服务人员工资、按规定提取的工会经费、职工教育经费,以及根据政府有关规定应当由物业服务企业缴纳的住房公积金和养老、医疗、失业、工伤、生育保险等社会保险费用。

第九条 物业共用部位共用设施设备日常运行和维护费用是指为保障物业管理区域内共用部位共用设施设备的正常使用和运行、维护保养所需的费用。不包括保修期内应由建设单位履行保修责任而支出的维修费、应由住宅专项维修资金支出的维修和更新、改造费用。

第十条 绿化养护费是指管理、养护绿化所需的绿化工具购置费、绿化用水费、补苗费、农药化肥费等。不包括应由建设单位支付的种苗种植费和前期维护费。

第十一条 清洁卫生费是指保持物业管理区域内环境卫生所需的购置工具费、消杀防疫费、化粪池清理费、管道疏通费、清洁用料费、环卫所需费用等。

第十二条 秩序维护费是指维护物业管理区域秩序所需的器材装备费、安全防范人员的人身保险费及由物业服务企业支付的服装费等。其中器材装备不包括共用设备中已包括的监控设备。

第十三条 物业共用部位共用设施设备及公众责任保险费用是指物业管理企业购买物业共用部位共用设施设备及公众责任保险所支付的保险费用,以物业服务企业与保险公司签订的保险单和所交纳的保险费为准。

第十四条 办公费是指物业服务企业为维护管理区域正常的物业管理活动所需的办公用品费、交通费、房租、水电费、取暖费、通讯费、书报费及其他费用。

第十五条 管理费分摊是指物业服务企业在管理多个物业项目情况下,为保证相关的物业服务正常运转而由各物业服务小区承担的管理费用。

第十六条 固定资产折旧是指按规定折旧方法计提的物业服务固定资产的折旧金额。物业服务固定资产指在物业服务小区内由物业服务企业拥有的、与物业服务直接相关的、使用年限在一年以上的资产。

第十七条 经业主同意的其他费用是指业主或者业主大会按规定同意由物业服务费开支的费用。

第十八条 物业服务定价成本相关项目按本办法第十九条至第二十二条规定的方法和标准审核。

第十九条 工会经费、职工教育经费、住房公积金以及医疗保险费、养老保险费、失业保险费、工伤保险费、生育保险费等社会保险费的计提基数按照核定的相应工资水平确定;工会经费、职工教育经费的计提比例按国家统一规定的比例确定,住房公积金和社会保险费的计提比例按当地政府规定比例确定,超过规定计提比例的不得计入定价成本。医疗保险费用应在社会保险费中列支,不得在其他项目中重复列支;其他应在工会经费和职工教育经费中列支的费用,也不得在相关费用项目中重复列支。

第二十条 固定资产折旧采用年限平均法,折旧年限根据固定资产的性质和使用情况合理确定。企业确定的固定资产折旧年限明显低于实际可使用年限的,成本监审时应当按照实际可使用年限调整折旧年限。固定资产残值率按3%—5%计算;个别固定资产残值较低或者较高的,按照实际情况合理确定残值率。

第二十一条 物业服务企业将专业性较强的服务内容外包给有关专业公司的,该项服务的成本按照外包合同所确定的金额核定。

第二十二条 物业服务企业只从事物业服务的,其所发生费用按其所管辖的物业项目的物业服务计费面积或者应收物业服务费加权分摊;物业服务企业兼营其他业务的,应先按实现收入的比重在其他业务和物业服务之间分摊,然后按上述方法在所管辖的各物业项目之间分摊。

第二十三条 本办法未具体规定审核标准的其他费用项目按照有关财务制度和政策规定审核,原则上据实核定,但应符合一定范围内社会公允的平均水平。

第二十四条 各省、自治区、直辖市价格主管部门可根据本办法,结合本地实际制定具体实施细则。

第二十五条 本办法由国家发展和改革委员会解释。

第二十六条 本办法自2007年10月1日起施行。

附:物业服务定价成本监审表(略)

住宅专项维修资金管理办法

1. 2007年12月4日建设部、财政部公布
2. 自2008年2月1日起施行

第一章 总 则

第一条 为了加强对住宅专项维修资金的管

理,保障住宅共用部位、共用设施设备的维修和正常使用,维护住宅专项维修资金所有者的合法权益,根据《物权法》、《物业管理条例》等法律、行政法规,制定本办法。

第二条 商品住宅、售后公有住房住宅专项维修资金的交存、使用、管理和监督,适用本办法。本办法所称住宅专项维修资金,是指专项用于住宅共用部位、共用设施设备保修期满后的维修和更新、改造的资金。

第三条 本办法所称住宅共用部位,是指根据法律、法规和房屋买卖合同,由单幢住宅内业主或者单幢住宅内业主及与之结构相连的非住宅业主共有的部位,一般包括:住宅的基础、承重墙体、柱、梁、楼板、屋顶以及户外的墙面、门厅、楼梯间、走廊通道等。

本办法所称共用设施设备,是指根据法律、法规和房屋买卖合同,由住宅业主或者住宅业主及有关非住宅业主共有的附属设施设备,一般包括电梯、天线、照明、消防设施、绿地、道路、路灯、沟渠、池、井、非经营性车场车库、公益性文体设施和共用设施设备使用的房屋等。

第四条 住宅专项维修资金管理实行专户存储、专款专用、所有权人决策、政府监督的原则。

第五条 国务院建设主管部门会同国务院财政部门负责全国住宅专项维修资金的指导和监督工作。

县级以上地方人民政府建设(房地产)主管部门会同同级财政部门负责本行政区域内住宅专项维修资金的指导和监督工作。

第二章 交　存

第六条 下列物业的业主应当按照本办法的规定交存住宅专项维修资金:

(一)住宅,但一个业主所有且与其他物业不具有共用部位、共用设施设备的除外;

(二)住宅小区内的非住宅或者住宅小区外与单幢住宅结构相连的非住宅。

前款所列物业属于出售公有住房的,售房单位应当按照本办法的规定交存住宅专项维修资金。

第七条 商品住宅的业主、非住宅的业主按照所拥有物业的建筑面积交存住宅专项维修资金,每平方米建筑面积交存首期住宅专项维修资金的数额为当地住宅建筑安装工程每平方米造价的5%至8%。

直辖市、市、县人民政府建设(房地产)主管部门应当根据本地区情况,合理确定、公布每平方米建筑面积交存首期住宅专项维修资金的数额,并适时调整。

第八条 出售公有住房的,按照下列规定交存住宅专项维修资金:

(一)业主按照所拥有物业的建筑面积交存住宅专项维修资金,每平方米建筑面积交存首期住宅专项维修资金的数额为当地房改成本价的2%。

(二)售房单位按照多层住宅不低于售房款的20%、高层住宅不低于售房款的30%,从售房款中一次性提取住宅专项维修资金。

第九条 业主交存的住宅专项维修资金属于业主所有。

从公有住房售房款中提取的住宅专项维修资金属于公有住房售房单位所有。

第十条 业主大会成立前,商品住宅业主、非住宅业主交存的住宅专项维修资金,由物业所在地直辖市、市、县人民政府建设(房地产)主管部门代管。

直辖市、市、县人民政府建设(房地产)主管部门应当委托所在地一家商业银行,作为本行政区域内住宅专项维修资金的专户管理银行,并在专户管理银行开立住宅专项维修资金专户。

开立住宅专项维修资金专户,应当以物业管理区域为单位设账,按房屋户门号设分户账;未划定物业管理区域的,以幢为单位设账,按房屋户门号设分户账。

第十一条 业主大会成立前,已售公有住房住宅专项维修资金,由物业所在地直辖市、市、县人民政府财政部门或者建设(房地产)主管部门负责管理。

负责管理公有住房住宅专项维修资金的部门应当委托所在地一家商业银行,作为本行政区域内公有住房住宅专项维修资金的专户管理银行,并在专户管理银行开立公有住房住宅专项维修资金专户。

开立公有住房住宅专项维修资金专户,应当按照售房单位设账,按幢设分账;其中,业主交存的住宅专项维修资金,按房屋户门号设分户账。

第十二条 商品住宅的业主应当在办理房屋入住手续前,将首期住宅专项维修资金存入住宅专项维修资金专户。

已售公有住房的业主应当在办理房屋入住手续前,将首期住宅专项维修资金存入公有住房住宅专项维修资金专户或者交由售房单位存入公有住房住宅专项维修资金专户。

公有住房售房单位应当在收到售房款之日起30日内,将提取的住宅专项维修资金存入公有住房住宅专项维修资金专户。

第十三条 未按本办法规定交存首期住宅专项维修资金的,开发建设单位或者公有住房售房单位不得将房屋交付购买人。

第十四条 专户管理银行、代收住宅专项维修资金的售房单位应当出具由财政部或者省、自治区、直辖市人民政府财政部门统一监制的住宅专项维修资金专用票据。

第十五条 业主大会成立后,应当按照下列规定划转业主交存的住宅专项维修资金:

(一)业主大会应当委托所在地一家商业银行作为本物业管理区域内住宅专项维修资金的专户管理银行,并在专户管理银行开立住宅专项维修资金专户。

开立住宅专项维修资金专户,应当以物业管理区域为单位设账,按房屋户门号设分户账。

(二)业主委员会应当通知所在地直辖市、市、县人民政府建设(房地产)主管部门;涉及已售公有住房的,应当通知负责管理公有住房住宅专项维修资金的部门。

(三)直辖市、市、县人民政府建设(房地产)主管部门或者负责管理公有住房住宅专项维修资金的部门应当在收到通知之日起30日内,通知专户管理银行将该物业管理区域内业主交存的住宅专项维修资金账面余额划转至业主大会开立的住宅专项维修资金账户,并将有关账目等移交业主委员会。

第十六条 住宅专项维修资金划转后的账目管理单位,由业主大会决定。业主大会应当建立住宅专项维修资金管理制度。

业主大会开立的住宅专项维修资金账户,应当接受所在地直辖市、市、县人民政府建设(房地产)主管部门的监督。

第十七条 业主分户账面住宅专项维修资金余额不足首期交存额30%的,应当及时续交。

成立业主大会的,续交方案由业主大会决定。

未成立业主大会的,续交的具体管理办法由直辖市、市、县人民政府建设(房地产)主管部门会同同级财政部门制定。

第三章 使　　用

第十八条 住宅专项维修资金应当专项用于住宅共用部位、共用设施设备保修期满后的维修和更新、改造,不得挪作他用。

第十九条 住宅专项维修资金的使用,应当遵循方便快捷、公开透明、受益人和负担人相一致的原则。

第二十条 住宅共用部位、共用设施设备的维修和更新、改造费用,按照下列规定分摊:

(一)商品住宅之间或者商品住宅与非住宅之间共用部位、共用设施设备的维修和更新、改造费用,由相关业主按照各自拥有物业建筑面积的比例分摊。

(二)售后公有住房之间共用部位、共用设施设备的维修和更新、改造费用,由相关业主和公有住房售房单位按照所交存住宅专项维修资金的比例分摊；其中，应由业主承担的，再由相关业主按照各自拥有物业建筑面积的比例分摊。

（三）售后公有住房与商品住宅或者非住宅之间共用部位、共用设施设备的维修和更新、改造费用，先按照建筑面积比例分摊到各相关物业。其中，售后公有住房应分摊的费用，再由相关业主和公有住房售房单位按照所交存住宅专项维修资金的比例分摊。

第二十一条 住宅共用部位、共用设施设备维修和更新、改造，涉及尚未售出的商品住宅、非住宅或者公有住房的，开发建设单位或者公有住房单位应当按照尚未售出商品住宅或者公有住房的建筑面积，分摊维修和更新、改造费用。

第二十二条 住宅专项维修资金划转业主大会管理前，需要使用住宅专项维修资金的，按照以下程序办理：

（一）物业服务企业根据维修和更新、改造项目提出使用建议；没有物业服务企业的，由相关业主提出使用建议；

（二）住宅专项维修资金列支范围内专有部分占建筑物总面积三分之二以上的业主且占总人数三分之二以上的业主讨论通过使用建议；

（三）物业服务企业或者相关业主组织实施使用方案；

（四）物业服务企业或者相关业主持有关材料，向所在地直辖市、市、县人民政府建设（房地产）主管部门申请列支；其中，动用公有住房住宅专项维修资金的，向负责管理公有住房住宅专项维修资金的部门申请列支；

（五）直辖市、市、县人民政府建设（房地产）主管部门或者负责管理公有住房住宅专项维修资金的部门审核同意后，向专户管理银行发出划转住宅专项维修资金的通知；

（六）专户管理银行将所需住宅专项维修资金划转至维修单位。

第二十三条 住宅专项维修资金划转业主大会管理后，需要使用住宅专项维修资金的，按照以下程序办理：

（一）物业服务企业提出使用方案，使用方案应当包括拟维修和更新、改造的项目、费用预算、列支范围、发生危及房屋安全等紧急情况以及其他需临时使用住宅专项维修资金的情况的处置办法等；

（二）业主大会依法通过使用方案；

（三）物业服务企业组织实施使用方案；

（四）物业服务企业持有关材料向业主委员会提出列支住宅专项维修资金；其中，动用公有住房住宅专项维修资金的，向负责管理公有住房住宅专项维修资金的部门申请列支；

（五）业主委员会依据使用方案审核同意，并报直辖市、市、县人民政府建设（房地产）主管部门备案；动用公有住房住宅专项维修资金的，经负责管理公有住房住宅专项维修资金的部门审核同意；直辖市、市、县人民政府建设（房地产）主管部门或者负责管理公有住房住宅专项维修资金的部门发现不符合有关法律、法规、规章和使用方案的，应当责令改正；

（六）业主委员会、负责管理公有住房住宅专项维修资金的部门向专户管理银行发出划转住宅专项维修资金的通知；

（七）专户管理银行将所需住宅专项维修资金划转至维修单位。

第二十四条 发生危及房屋安全等紧急情况，需要立即对住宅共用部位、共用设施设备进行维修和更新、改造的，按照以下规定列支住宅专项维修资金：

（一）住宅专项维修资金划转业主大会管理前，按照本办法第二十二条第四项、第五项、第六项的规定办理；

（二）住宅专项维修资金划转业主大会管理后，按照本办法第二十三条第四项、第五项、第六项和第七项的规定办理。

发生前款情况后，未按规定实施维修和

更新、改造的,直辖市、市、县人民政府建设(房地产)主管部门可以组织代修,维修费用从相关业主住宅专项维修资金分户账中列支;其中,涉及已售公有住房的,还应当从公有住房住宅专项维修资金中列支。

第二十五条 下列费用不得从住宅专项维修资金中列支:

(一)依法应当由建设单位或者施工单位承担的住宅共用部位、共用设施设备维修、更新和改造费用;

(二)依法应当由相关单位承担的供水、供电、供气、供热、通讯、有线电视等管线和设施设备的维修、养护费用;

(三)应当由当事人承担的因人为损坏住宅共用部位、共用设施设备所需的修复费用;

(四)根据物业服务合同约定,应当由物业服务企业承担的住宅共用部位、共用设施设备的维修和养护费用。

第二十六条 在保证住宅专项维修资金正常使用的前提下,可以按照国家有关规定将住宅专项维修资金用于购买国债。

利用住宅专项维修资金购买国债,应当在银行间债券市场或者商业银行柜台市场购买一级市场新发行的国债,并持有到期。

利用业主交存的住宅专项维修资金购买国债的,应当经业主大会同意;未成立业主大会的,应当经专有部分占建筑物总面积三分之二以上的业主且占总人数三分之二以上业主同意。

利用从公有住房售房款中提取的住宅专项维修资金购买国债的,应当根据售房单位的财政隶属关系,报经同级财政部门同意。

禁止利用住宅专项维修资金从事国债回购、委托理财业务或者将购买的国债用于质押、抵押等担保行为。

第二十七条 下列资金应当转入住宅专项维修资金滚存使用:

(一)住宅专项维修资金的存储利息;

(二)利用住宅专项维修资金购买国债的增值收益;

(三)利用住宅共用部位、共用设施设备进行经营的,业主所得收益,但业主大会另有决定的除外;

(四)住宅共用设施设备报废后回收的残值。

第四章 监督管理

第二十八条 房屋所有权转让时,业主应当向受让人说明住宅专项维修资金交存和结余情况并出具有效证明,该房屋分户账中结余的住宅专项维修资金随房屋所有权同时过户。

受让人应当持住宅专项维修资金过户的协议、房屋权属证书、身份证等到专户管理银行办理分户账更名手续。

第二十九条 房屋灭失的,按照以下规定返还住宅专项维修资金:

(一)房屋分户账中结余的住宅专项维修资金返还业主;

(二)售房单位交存的住宅专项维修资金账面余额返还售房单位;售房单位不存在的,按照售房单位财务隶属关系,收缴同级国库。

第三十条 直辖市、市、县人民政府建设(房地产)主管部门,负责管理公有住房住宅专项维修资金的部门及业主委员会,应当每年至少一次与专户管理银行核对住宅专项维修资金账目,并向业主、公有住房售房单位公布下列情况:

(一)住宅专项维修资金交存、使用、增值收益和结存的总额;

(二)发生列支的项目、费用和分摊情况;

(三)业主、公有住房售房单位分户账中住宅专项维修资金交存、使用、增值收益和结存的金额;

(四)其他有关住宅专项维修资金使用和管理的情况。

业主、公有住房售房单位对公布的情况有异议的，可以要求复核。

第三十一条 专户管理银行应当每年至少一次向直辖市、市、县人民政府建设（房地产）主管部门，负责管理公有住房住宅专项维修资金的部门及业主委员会发送住宅专项维修资金对账单。

直辖市、市、县建设（房地产）主管部门，负责管理公有住房住宅专项维修资金的部门及业主委员会对资金账户变化情况有异议的，可以要求专户管理银行进行复核。

专户管理银行应当建立住宅专项维修资金查询制度，接受业主、公有住房售房单位对其分户账中住宅专项维修资金使用、增值收益和账面余额的查询。

第三十二条 住宅专项维修资金的管理和使用，应当依法接受审计部门的审计监督。

第三十三条 住宅专项维修资金的财务管理和会计核算应当执行财政部有关规定。

财政部门应当加强对住宅专项维修资金收支财务管理和会计核算制度执行情况的监督。

第三十四条 住宅专项维修资金专用票据的购领、使用、保存、核销管理，应当按照财政部以及省、自治区、直辖市人民政府财政部门的有关规定执行，并接受财政部门的监督检查。

第五章 法律责任

第三十五条 公有住房售房单位有下列行为之一的，由县级以上地方人民政府财政部门会同同级建设（房地产）主管部门责令限期改正：

（一）未按本办法第八条、第十二条第三款规定交存住宅专项维修资金的；

（二）违反本办法第十三条规定将房屋交付买受人的；

（三）未按本办法第二十一条规定分摊维修、更新和改造费用的。

第三十六条 开发建设单位违反本办法第十三条规定将房屋交付买受人的，由县级以上地方人民政府建设（房地产）主管部门责令限期改正；逾期不改正的，处以 3 万元以下的罚款。

开发建设单位未按本办法第二十一条规定分摊维修、更新和改造费用的，由县级以上地方人民政府建设（房地产）主管部门责令限期改正；逾期不改正的，处以 1 万元以下的罚款。

第三十七条 违反本办法规定，挪用住宅专项维修资金的，由县级以上地方人民政府建设（房地产）主管部门追回挪用的住宅专项维修资金，没收违法所得，可以并处挪用金额2倍以下的罚款；构成犯罪的，依法追究直接负责的主管人员和其他直接责任人员的刑事责任。

物业服务企业挪用住宅专项维修资金，情节严重的，除按前款规定予以处罚外，还应由颁发资质证书的部门吊销资质证书。

直辖市、市、县人民政府建设（房地产）主管部门挪用住宅专项维修资金的，由上一级人民政府建设（房地产）主管部门追回挪用的住宅专项维修资金，对直接负责的主管人员和其他直接责任人员依法给予处分；构成犯罪的，依法追究刑事责任。

直辖市、市、县人民政府财政部门挪用住宅专项维修资金的，由上一级人民政府财政部门追回挪用的住宅专项维修资金，对直接负责的主管人员和其他直接责任人员依法给予处分；构成犯罪的，依法追究刑事责任。

第三十八条 直辖市、市、县人民政府建设（房地产）主管部门违反本办法第二十六条规定的，由上一级人民政府建设（房地产）主管部门责令限期改正，对直接负责的主管人员和其他直接责任人员依法给予处分；造成损失的，依法赔偿；构成犯罪的，依法追究刑事责任。

直辖市、市、县人民政府财政部门违反本办法第二十六条规定的，由上一级人民政府财政部门责令限期改正,对直接负责的主管人员和其他直接责任人员依法给予处分;造成损失的,依法赔偿;构成犯罪的,依法追究刑事责任。

业主大会违反本办法第二十六条规定的,由直辖市、市、县人民政府建设(房地产)主管部门责令改正。

第三十九条 对违反住宅专项维修资金专用票据管理规定的行为,按照《财政违法行为处罚处分条例》的有关规定追究法律责任。

第四十条 县级以上人民政府建设(房地产)主管部门、财政部门及其工作人员利用职务上的便利,收受他人财物或者其他好处,不依法履行监督管理职责,或者发现违法行为不予查处的,依法给予处分;构成犯罪的,依法追究刑事责任。

第六章 附 则

第四十一条 省、自治区、直辖市人民政府建设(房地产)主管部门会同同级财政部门可以依据本办法,制定实施细则。

第四十二条 本办法实施前,商品住宅、公有住房已经出售但未建立住宅专项维修资金的,应当补建。具体办法由省、自治区、直辖市人民政府建设(房地产)主管部门会同同级财政部门依据本办法制定。

第四十三条 本办法由国务院建设主管部门、财政部门共同解释。

第四十四条 本办法自2008年2月1日起施行,1998年12月16日建设部、财政部发布的《住宅共用部位共用设施设备维修基金管理办法》(建住房〔1998〕213号)同时废止。

物业承接查验办法

1. 2010年10月14日住房和城乡建设部公布

2. 建房〔2010〕165号

3. 自2011年1月1日起施行

第一条 为了规范物业承接查验行为,加强前期物业管理活动的指导和监督,维护业主的合法权益,根据《中华人民共和国物权法》、《中华人民共和国合同法》和《物业管理条例》等法律法规的规定,制定本办法。

第二条 本办法所称物业承接查验,是指承接新建物业前,物业服务企业和建设单位按照国家有关规定和前期物业服务合同的约定,共同对物业共用部位、共用设施设备进行检查和验收的活动。

第三条 物业承接查验应当遵循诚实信用、客观公正、权责分明以及保护业主共有财产的原则。

第四条 鼓励物业服务企业通过参与建设工程的设计、施工、分户验收和竣工验收等活动,向建设单位提供有关物业管理的建议,为实施物业承接查验创造有利条件。

第五条 国务院住房和城乡建设主管部门负责全国物业承接查验活动的指导和监督工作。

县级以上地方人民政府房地产行政主管部门负责本行政区域内物业承接查验活动的指导和监督工作。

第六条 建设单位与物业买受人签订的物业买卖合同,应当约定其所交付物业的共用部位、共用设施设备的配置和建设标准。

第七条 建设单位制定的临时管理规约,应当对全体业主同意授权物业服务企业代为查验物业共用部位、共用设施设备的事项作出约定。

第八条 建设单位与物业服务企业签订的前期物业服务合同,应当包含物业承接查验的内容。

前期物业服务合同就物业承接查验的内容没有约定或者约定不明确的,建设单位与物业服务企业可以协议补充。

不能达成补充协议的,按照国家标准、行业标准履行;没有国家标准、行业标准的,按照通常标准或者符合合同目的的特定标准履行。

第九条 建设单位应当按照国家有关规定和

物业买卖合同的约定,移交权属明确、资料完整、质量合格、功能完备、配套齐全的物业。

第十条 建设单位应当在物业交付使用15日前,与选聘的物业服务企业完成物业共用部位、共用设施设备的承接查验工作。

第十一条 实施承接查验的物业,应当具备以下条件:

(一)建设工程竣工验收合格,取得规划、消防、环保等主管部门出具的认可或者准许使用文件,并经建设行政主管部门备案;

(二)供水、排水、供电、供气、供热、通信、公共照明、有线电视等市政公用设施设备按规划设计要求建成,供水、供电、供气、供热已安装独立计量表具;

(三)教育、邮政、医疗卫生、文化体育、环卫、社区服务等公共服务设施已按规划设计要求建成;

(四)道路、绿地和物业服务用房等公共配套设施按规划设计要求建成,并满足使用功能要求;

(五)电梯、二次供水、高压供电、消防设施、压力容器、电子监控系统等共用设施设备取得使用合格证书;

(六)物业使用、维护和管理的相关技术资料完整齐全;

(七)法律、法规规定的其他条件。

第十二条 实施物业承接查验,主要依据下列文件:

(一)物业买卖合同;

(二)临时管理规约;

(三)前期物业服务合同;

(四)物业规划设计方案;

(五)建设单位移交的图纸资料;

(六)建设工程质量法规、政策、标准和规范。

第十三条 物业承接查验按照下列程序进行:

(一)确定物业承接查验方案;

(二)移交有关图纸资料;

(三)查验共用部位、共用设施设备;

(四)解决查验发现的问题;

(五)确认现场查验结果;

(六)签订物业承接查验协议;

(七)办理物业交接手续。

第十四条 现场查验20日前,建设单位应当向物业服务企业移交下列资料:

(一)竣工总平面图,单体建筑、结构、设备竣工图,配套设施、地下管网工程竣工图等竣工验收资料;

(二)共用设施设备清单及其安装、使用和维护保养等技术资料;

(三)供水、供电、供气、供热、通信、有线电视等准许使用文件;

(四)物业质量保修文件和物业使用说明文件;

(五)承接查验所必需的其他资料。

未能全部移交前款所列资料的,建设单位应当列出未移交资料的详细清单并书面承诺补交的具体时限。

第十五条 物业服务企业应当对建设单位移交的资料进行清点和核查,重点核查共用设施设备出厂、安装、试验和运行的合格证明文件。

第十六条 物业服务企业应当对下列物业共用部位、共用设施设备进行现场检查和验收:

(一)共用部位:一般包括建筑物的基础、承重墙体、柱、梁、楼板、屋顶以及外墙、门厅、楼梯间、走廊、楼道、扶手、护栏、电梯井道、架空层及设备间等;

(二)共用设备:一般包括电梯、水泵、水箱、避雷设施、消防设备、楼道灯、电视天线、发电机、变配电设备、给排水管线、电线、供暖及空调设备等;

(三)共用设施:一般包括道路、绿地、人造景观、围墙、大门、信报箱、宣传栏、路灯、排水沟、渠、池、污水井、化粪池、垃圾容器、污水处理设施、机动车(非机动车)停车设施、休闲娱乐设施、消防设施、安防监控设施、人防设施、垃圾转运设施以及物业服务用房等。

第十七条 建设单位应当依法移交有关单位的供水、供电、供气、供热、通信和有线电视等共用设施设备，不作为物业服务企业现场检查和验收的内容。

第十八条 现场查验应当综合运用核对、观察、使用、检测和试验等方法，重点查验物业共用部位、共用设施设备的配置标准、外观质量和使用功能。

第十九条 现场查验应当形成书面记录。查验记录应当包括查验时间、项目名称、查验范围、查验方法、存在问题、修复情况以及查验结论等内容，查验记录应当由建设单位和物业服务企业参加查验的人员签字确认。

第二十条 现场查验中，物业服务企业应当将物业共用部位、共用设施设备的数量和质量不符合约定或者规定的情形，书面通知建设单位，建设单位应当及时解决并组织物业服务企业复验。

第二十一条 建设单位应当委派专业人员参与现场查验，与物业服务企业共同确认现场查验的结果，签订物业承接查验协议。

第二十二条 物业承接查验协议应当对物业承接查验基本情况、存在问题、解决方法及其时限、双方权利义务、违约责任等事项作出明确约定。

第二十三条 物业承接查验协议作为前期物业服务合同的补充协议，与前期物业服务合同具有同等法律效力。

第二十四条 建设单位应当在物业承接查验协议签订后10日内办理物业交接手续，向物业服务企业移交物业服务用房以及其他物业共用部位、共用设施设备。

第二十五条 物业承接查验协议生效后，当事人一方不履行协议约定的交接义务，导致前期物业服务合同无法履行的，应当承担违约责任。

第二十六条 交接工作应当形成书面记录。交接记录应当包括移交资料明细、物业共用部位、共用设施设备明细、交接时间、交接方式等内容。交接记录应当由建设单位和物业服务企业共同签章确认。

第二十七条 分期开发建设的物业项目，可以根据开发进度，对符合交付使用条件的物业分期承接查验。建设单位与物业服务企业应当在承接最后一期物业时，办理物业项目整体交接手续。

第二十八条 物业承接查验费用的承担，由建设单位和物业服务企业在前期物业服务合同中约定。没有约定或者约定不明确的，由建设单位承担。

第二十九条 物业服务企业应当自物业交接后30日内，持下列文件向物业所在地的区、县（市）房地产行政主管部门办理备案手续：

（一）前期物业服务合同；

（二）临时管理规约；

（三）物业承接查验协议；

（四）建设单位移交资料清单；

（五）查验记录；

（六）交接记录；

（七）其他承接查验有关的文件。

第三十条 建设单位和物业服务企业应当将物业承接查验备案情况书面告知业主。

第三十一条 物业承接查验可以邀请业主代表以及物业所在地房地产行政主管部门参加，可以聘请相关专业机构协助进行，物业承接查验的过程和结果可以公证。

第三十二条 物业交接后，建设单位未能按照物业承接查验协议的约定，及时解决物业共用部位、共用设施设备存在的问题，导致业主人身、财产安全受到损害的，应当依法承担相应的法律责任。

第三十三条 物业交接后，发现隐蔽工程质量问题，影响房屋结构安全和正常使用的，建设单位应当负责修复；给业主造成经济损失的，建设单位应当依法承担赔偿责任。

第三十四条 自物业交接之日起，物业服务企业应当全面履行前期物业服务合同约定的、法律法规规定的以及行业规范确定的维修、养护和管理义务,承担因管理服务不当致使物业共用部位、共用设施设备毁损或者灭失的责任。

第三十五条 物业服务企业应当将承接查验有关的文件、资料和记录建立档案并妥善保管。

物业承接查验档案属于全体业主所有。前期物业服务合同终止,业主大会选聘新的物业服务企业的,原物业服务企业应当在前期物业服务合同终止之日起 10 日内,向业主委员会移交物业承接查验档案。

第三十六条 建设单位应当按照国家规定的保修期限和保修范围,承担物业共用部位、共用设施设备的保修责任。

建设单位可以委托物业服务企业提供物业共用部位、共用设施设备的保修服务,服务内容和费用由双方约定。

第三十七条 建设单位不得凭借关联关系滥用股东权利,在物业承接查验中免除自身责任,加重物业服务企业的责任,损害物业买受人的权益。

第三十八条 建设单位不得以物业交付期限届满为由,要求物业服务企业承接不符合交用条件或者未经查验的物业。

第三十九条 物业服务企业擅自承接未经查验的物业,因物业共用部位、共用设施设备缺陷给业主造成损害的,物业服务企业应当承担相应的赔偿责任。

第四十条 建设单位与物业服务企业恶意串通、弄虚作假,在物业承接查验活动中共同侵害业主利益的,双方应当共同承担赔偿责任。

第四十一条 物业承接查验活动,业主享有知情权和监督权。物业所在地房地产行政主管部门应当及时处理业主对建设单位和物业服务企业承接查验行为的投诉。

第四十二条 建设单位、物业服务企业未按本办法履行承接查验义务的,由物业所在地房地产行政主管部门责令限期改正;逾期仍不改正的,作为不良经营行为记入企业信用档案,并予以通报。

第四十三条 建设单位不移交有关承接查验资料的,由物业所在地房地产行政主管部门责令限期改正;逾期仍不移交的,对建设单位予以通报,并按照《物业管理条例》第五十九条的规定处罚。

第四十四条 物业承接查验中发生的争议,可以申请物业所在地房地产行政主管部门调解,也可以委托有关行业协会调解。

第四十五条 前期物业服务合同终止后,业主委员会与业主大会选聘的物业服务企业之间的承接查验活动,可以参照执行本办法。

第四十六条 省、自治区、直辖市人民政府住房和城乡建设主管部门可以依据本办法,制定实施细则。

第四十七条 本办法由国务院住房和城乡建设主管部门负责解释。

第四十八条 本办法自 2011 年 1 月 1 日起施行。

建设部办公厅关于物业管理企业资质管理有关问题的通知

1. 2004 年 5 月 18 日
2. 建办住房函〔2004〕286 号

各省、自治区建设厅,直辖市房地局:

为贯彻执行《行政许可法》和《物业管理企业资质管理办法》(建设部令第 125 号),现就物业管理企业资质管理的有关问题通知如下:

一、物业管理企业资质审批部门应严格按照《行政许可法》和《物业管理企业资质管理办法》的规定,依法审批物业管理企业资质。要通过资质管理加强对物业管理企业的监督检查,规范物业管理企业的行为,切实维护人民群众的利益。

二、物业管理企业申报资质,应当如实向相应的资质审批部门提交《物业管理企业资质申报表》和有关资质条件证明材料,并对其申报材料实质内容的真实性负责。

申报一级资质的物业管理企业，将申报材料提交省、自治区建设厅或直辖市房地局，省、自治区建设厅或直辖市房地局应对企业有关情况进行审查，提出审查意见，并在规定期限内将申报材料和审查意见一并报送我部。

《物业管理企业资质申报表》可通过中国住宅与房地产信息网(http://www.realestate.gov.cn)下载。

三、物业管理企业资质证书(包括正本一份、副本两份)由北京印钞厂证券分厂统一印制，省、自治区建设厅，直辖市房地局统一订购；订购费用应列入各资质审批部门行政预算，不得向企业收取和转嫁。

建设部办公厅关于执行《物业管理企业资质管理办法》有关问题的复函

1. 2004年7月5日

2. 建办法函〔2004〕385号

云南省建设厅：

你厅《关于执行〈物业管理企业资质管理办法〉有关问题的请示》收悉。经研究，答复如下：

一、《物业管理企业资质管理办法》(以下简称《办法》)第四条第三款规定中的设区的市是直辖市、省会城市以及其他设区的市和地、州、盟的统称。

二、《物业管理条例》第三十二条第二款规定："国家对从事物业管理活动的企业实行资质管理制度。具体办法由国务院建设行政主管部门制定。"《办法》根据《物业管理条例》的规定，分别规定了一、二、三级物业管理企业的资质条件，其中对物业管理企业的管理业绩提出了要求。但由于新设立的企业尚未从事物业管理业务，没有物业管理业绩，不能满足物业管理企业的资质条件，《办法》规定，新设立企业的资质等级按照最低等级核定，并设一年的暂定期。暂定期内，如果企业未能承接到物业管理项目，则其资质失效；如果企业承接了物业管理项目，则可以按照《办法》的规定申请核定三级及三级以上资质。

此复

最高人民法院关于审理物业服务纠纷案件具体应用法律若干问题的解释

1. 2009年4月20日最高人民法院审判委员会第1466次会议通过

2. 2009年5月15日公布

3. 法释〔2009〕8号

4. 自2009年10月1日起施行

为正确审理物业服务纠纷案件，依法保护当事人的合法权益，根据《中华人民共和国民法通则》、《中华人民共和国物权法》、《中华人民共和国合同法》等法律规定，结合民事审判实践，制定本解释。

第一条 建设单位依法与物业服务企业签订的前期物业服务合同，以及业主委员会与业主大会依法选聘的物业服务企业签订的物业服务合同，对业主具有约束力。业主以其并非合同当事人为由提出抗辩的，人民法院不予支持。

第二条 符合下列情形之一，业主委员会或者业主请求确认合同或者合同相关条款无效的，人民法院应予支持：

(一)物业服务企业将物业服务区域内的全部物业服务业务一并委托他人而签订的委托合同；

(二)物业服务合同中免除物业服务企业责任、加重业主委员会或者业主责任、排除业主委员会或者业主主要权利的条款。

前款所称物业服务合同包括前期物业

服务合同。

第三条 物业服务企业不履行或者不完全履行物业服务合同约定的或者法律、法规规定以及相关行业规范确定的维修、养护、管理和维护义务，业主请求物业服务企业承担继续履行、采取补救措施或者赔偿损失等违约责任的，人民法院应予支持。

物业服务企业公开作出的服务承诺及制定的服务细则，应当认定为物业服务合同的组成部分。

第四条 业主违反物业服务合同或者法律、法规、管理规约，实施妨害物业服务与管理的行为，物业服务企业请求业主承担恢复原状、停止侵害、排除妨害等相应民事责任的，人民法院应予支持。

第五条 物业服务企业违反物业服务合同约定或者法律、法规、部门规章规定，擅自扩大收费范围、提高收费标准或者重复收费，业主以违规收费为由提出抗辩的，人民法院应予支持。

业主请求物业服务企业退还其已收取的违规费用的，人民法院应予支持。

第六条 经书面催交，业主无正当理由拒绝交纳或者在催告的合理期限内仍未交纳物业费，物业服务企业请求业主支付物业费的，人民法院应予支持。物业服务企业已经按照合同约定以及相关规定提供服务，业主仅以未享受或者无需接受相关物业服务为抗辩理由的，人民法院不予支持。

第七条 业主与物业的承租人、借用人或者其他物业使用人约定由物业使用人交纳物业费，物业服务企业请求业主承担连带责任的，人民法院应予支持。

第八条 业主大会按照物权法第七十六条规定的程序作出解聘物业服务企业的决定后，业主委员会请求解除物业服务合同的，人民法院应予支持。

物业服务企业向业主委员会提出物业费主张的，人民法院应当告知其向拖欠物业费的业主另行主张权利。

第九条 物业服务合同的权利义务终止后，业主请求物业服务企业退还已经预收，但尚未提供物业服务期间的物业费的，人民法院应予支持。

物业服务企业请求业主支付拖欠的物业费的，按照本解释第六条规定处理。

第十条 物业服务合同的权利义务终止后，业主委员会请求物业服务企业退出物业服务区域、移交物业服务用房和相关设施，以及物业服务所必需的相关资料和由其代管的专项维修资金的，人民法院应予支持。

物业服务企业拒绝退出、移交，并以存在事实上的物业服务关系为由，请求业主支付物业服务合同权利义务终止后的物业费的，人民法院不予支持。

第十一条 本解释涉及物业服务企业的规定，适用于物权法第七十六条、第八十一条、第八十二条所称其他管理人。

第十二条 因物业的承租人、借用人或者其他物业使用人实施违反物业服务合同，以及法律、法规或者管理规约的行为引起的物业服务纠纷，人民法院应当参照本解释关于业主的规定处理。

第十三条 本解释自2009年10月1日起施行。

本解释施行前已经终审，本解释施行后当事人申请再审或者按照审判监督程序决定再审的案件，不适用本解释。

最高人民法院关于审理建筑物区分所有权纠纷案件具体应用法律若干问题的解释

1. 2009年3月23日最高人民法院审判委员会第1464次会议通过
2. 2009年5月14日公布
3. 法释〔2009〕7号
4. 自2009年10月1日起施行

为正确审理建筑物区分所有权纠纷案

件，依法保护当事人的合法权益，根据《中华人民共和国物权法》等法律的规定，结合民事审判实践，制定本解释。

第一条 依法登记取得或者根据物权法第二章第三节规定取得建筑物专有部分所有权的人，应当认定为物权法第六章所称的业主。

基于与建设单位之间的商品房买卖民事法律行为，已经合法占有建筑物专有部分，但尚未依法办理所有权登记的人，可以认定为物权法第六章所称的业主。

第二条 建筑区划内符合下列条件的房屋，以及车位、摊位等特定空间，应当认定为物权法第六章所称的专有部分：

（一）具有构造上的独立性，能够明确区分；

（二）具有利用上的独立性，可以排他使用；

（三）能够登记成为特定业主所有权的客体。

规划上专属于特定房屋，且建设单位销售时已经根据规划列入该特定房屋买卖合同中的露台等，应当认定为物权法第六章所称专有部分的组成部分。

本条第一款所称房屋，包括整栋建筑物。

第三条 除法律、行政法规规定的共有部分外，建筑区划内的以下部分，也应当认定为物权法第六章所称的共有部分：

（一）建筑物的基础、承重结构、外墙、屋顶等基本结构部分，通道、楼梯、大堂等公共通行部分，消防、公共照明等附属设施、设备，避难层、设备层或者设备间等结构部分；

（二）其他不属于业主专有部分，也不属于市政公用部分或者其他权利人所有的场所及设施等。

建筑区划内的土地，依法由业主共同享有建设用地使用权，但属于业主专有的整栋建筑物的规划占地或者城镇公共道路、绿地占地除外。

第四条 业主基于对住宅、经营性用房等专有部分特定使用功能的合理需要，无偿利用屋顶以及与其专有部分相对应的外墙面等共有部分的，不应认定为侵权。但违反法律、法规、管理规约，损害他人合法权益的除外。

第五条 建设单位按照配置比例将车位、车库，以出售、附赠或者出租等方式处分给业主的，应当认定其行为符合物权法第七十四条第一款有关“应当首先满足业主的需要”的规定。

前款所称配置比例是指规划确定的建筑区划内规划用于停放汽车的车位、车库与房屋套数的比例。

第六条 建筑区划内在规划用于停放汽车的车位之外，占用业主共有道路或者其他场地增设的车位，应当认定为物权法第七十四条第三款所称的车位。

第七条 改变共有部分的用途、利用共有部分从事经营性活动、处分共有部分，以及业主大会依法决定或者管理规约依法确定应由业主共同决定的事项，应当认定为物权法第七十六条第一款第（七）项规定的有关共有和共同管理权利的“其他重大事项”。

第八条 物权法第七十六条第二款和第八十条规定的专有部分面积和建筑物总面积，可以按照下列方法认定：

（一）专有部分面积，按照不动产登记簿记载的面积计算；尚未进行物权登记的，暂按测绘机构的实测面积计算；尚未进行实测的，暂按房屋买卖合同记载的面积计算；

（二）建筑物总面积，按照前项的统计总和计算。

第九条 物权法第七十六条第二款规定的业主人数和总人数，可以按照下列方法认定：

（一）业主人数，按照专有部分的数量计算，一个专有部分按一人计算。但建设单位尚未出售和虽已出售但尚未交付的部分，以及同一买受人拥有一个以上专有部分的，按一人计算；

（二）总人数，按照前项的统计总和计算。

第十条 业主将住宅改变为经营性用房，未按照物权法第七十七条的规定经有利害关系的业主同意,有利害关系的业主请求排除妨害、消除危险、恢复原状或者赔偿损失的,人民法院应予支持。

将住宅改变为经营性用房的业主以多数有利害关系的业主同意其行为进行抗辩的,人民法院不予支持。

第十一条 业主将住宅改变为经营性用房,本栋建筑物内的其他业主,应当认定为物权法第七十七条所称"有利害关系的业主"。建筑区划内,本栋建筑物之外的业主,主张与自己有利害关系的,应证明其房屋价值、生活质量受到或者可能受到不利影响。

第十二条 业主以业主大会或者业主委员会作出的决定侵害其合法权益或者违反了法律规定的程序为由,依据物权法第七十八条第二款的规定请求人民法院撤销该决定的,应当在知道或者应当知道业主大会或者业主委员会作出决定之日起一年内行使。

第十三条 业主请求公布、查阅下列应当向业主公开的情况和资料的,人民法院应予支持:

(一)建筑物及其附属设施的维修资金的筹集、使用情况;

(二)管理规约、业主大会议事规则,以及业主大会或者业主委员会的决定及会议记录;

(三)物业服务合同、共有部分的使用和收益情况;

(四)建筑区划内规划用于停放汽车的车位、车库的处分情况;

(五)其他应当向业主公开的情况和资料。

第十四条 建设单位或者其他行为人擅自占用、处分业主共有部分、改变其使用功能或者进行经营性活动,权利人请求排除妨害、恢复原状、确认处分行为无效或者赔偿损失的,人民法院应予支持。

属于前款所称擅自进行经营性活动的情形,权利人请求行为人将扣除合理成本之后的收益用于补充专项维修资金或者业主共同决定的其他用途的,人民法院应予支持。行为人对成本的支出及其合理性承担举证责任。

第十五条 业主或者其他行为人违反法律、法规、国家相关强制性标准、管理规约,或者违反业主大会、业主委员会依法作出的决定,实施下列行为的,可以认定为物权法第八十三条第二款所称的其他"损害他人合法权益的行为":

(一)损害房屋承重结构,损害或者违章使用电力、燃气、消防设施,在建筑物内放置危险、放射性物品等危及建筑物安全或者妨碍建筑物正常使用;

(二)违反规定破坏、改变建筑物外墙面的形状、颜色等损害建筑物外观;

(三)违反规定进行房屋装饰装修;

(四)违章加建、改建,侵占、挖掘公共通道、道路、场地或者其他共有部分。

第十六条 建筑物区分所有权纠纷涉及专有部分的承租人、借用人等物业使用人的,参照本解释处理。

专有部分的承租人、借用人等物业使用人,根据法律、法规、管理规约、业主大会或者业主委员会依法作出的决定,以及其与业主的约定,享有相应权利,承担相应义务。

第十七条 本解释所称建设单位,包括包销期满,按照包销合同约定的包销价格购买尚未销售的物业后,以自己名义对外销售的包销人。

第十八条 人民法院审理建筑物区分所有权案件中,涉及有关物权归属争议的,应当以法律、行政法规为依据。

第十九条 本解释自2009年10月1日起施行。

因物权法施行后实施的行为引起的建筑物区分所有权纠纷案件,适用本解释。

本解释施行前已经终审,本解释施行后当事人申请再审或者按照审判监督程序决定再审的案件,不适用本解释。

文书范本

前期物业管理服务合同(示范文本)

委托方(以下简称甲方):

名称:______________________________

法定代表人:______________________________

注册地:______________________________

住所地:______________________________

邮编:______________________________

联系电话:______________________________

受托方(以下简称乙方):

名称:______________________________

法定代表人:______________________________

注册地:______________________________

住所地:______________________________

邮编:______________________________

联系电话:______________________________

甲、乙双方根据有关法律、法规的规定,在自愿、平等、协商一致的基础上,就甲方将______(物业名称)委托乙方实行物业管理有关事宜,达成一致意见,特订立本合同。

第一章 总 则

第一条 物业基本状况

物业名称:______________________________

物业类型:______________________________

坐落位置:________(市)________区________

四 至:东________南________西________北________

占地面积:________平方米

建筑面积:________平方米

委托管理的物业构成细目详见本合同附件一。

第二条 乙方提供服务的受益人为本物业的全体业主和物业使用人。

第三条 乙方应参与本物业的竣工验收,并在本物业移交接管时,与甲方共同办理物业管理书面交接手续。

第四条 本物业交付使用后的质量责任,按国家《建设工程质量管理条例》和《房屋建筑工程质量保修办法》等有关法律、法规的规定承担。

第二章 委托管理服务事项

乙方接受甲方委托,提供以下物业管理服务:

第五条 房屋建筑共用部位的维修、养护和管理,包括:楼盖、屋顶、外墙面、承重结构、楼梯间、走廊通道、门厅、______________________。

第六条 共用设施、设备的维修、养护、运行和管理,包括:共用的上下水管道、落水管、垃圾道、烟囱、共用照明天线、中央空调、暖气干线、供暖锅炉房、高压泵房、楼内消防设施设备、电梯、中央监控设备、建筑物防雷设施、__________________。

第七条 附属建筑物、构筑物的维修、养护和管理，包括道路、室外上下水管道、化粪池、沟渠、池、井、自行车棚、停车场、__________________。

第八条 共用绿地、花木的养护与管理、__________________。

第九条 附属配套建筑和设施的维修、养护和管理，包括商业网点、文化体育娱乐场所、__________________________。

第十条 公共环境卫生：包括公共场所、房屋共用部位的清洁卫生、垃圾的归集、清运、__________________。

第十一条 交通与车辆停放秩序的管理、__________________。

本物业管理区域内的业主在本物业管理区域的公共场地停放车辆的，停放人应与乙方签订专项合同，并按该专项合同的约定承担各项责任和义务。

第十二条 维护公共秩序，包括安全监控、巡视、门岗执勤、________________；前款约定的事项不包含业主的人身与财产保险和财产保管责任，乙方与业主另行签订人身、财产保险和财产保管等专项合同的，按该专项合同的约定承担各项责任和义务。

第十三条 管理与本物业相关的工程图纸、住用户档案与竣工验收资料、________。

第十四条 协助组织开展本物业管理区域内的文化娱乐活动。

第十五条 业主和物业使用人房屋的自管部位、自用设施及设备的维修、养护，在业主和物业使用人提出委托时，乙方原则上应接受委托，具体收费事宜应按照乙方制订并公布的收费标准由当事人双方另行协商。

第十六条 对业主和物业使用人违反业主临时公约或物业使用守则的行为，针对具体行为并根据情节轻重采取报告、规劝、制止、________________等措施。

第十七条 其他委托事项：

1. ____；

2. ____；

3. ____。

第三章 委托管理服务期限

第十八条 本合同规定的物业管理委托期限暂定为____年，自本合同生效之日起至________年____月____日止。本合同期限届满，若需要续签合同，双方另行签订书面合同。

第十九条 本合同期限届满或业主委员会成立与业主大会所选聘的物业管理公司签订的物业管理服务合同生效时，本合同自然终止。

第四章 甲、乙双方的权利和义务

第二十条 甲方的权利和义务

1. 应当在销售物业之前，制定《业主临时公约》，对有关物业的使用、维护、管理，业主的共同利益，业主应当履行的义务，违反公约应当承担的责任等事项依法作出约定。

2. 应当在物业销售前将《业主临时公约》向物业买受人明示，并要求物业买受人在订立物业买卖合同时，做出遵守《业主临时公约》的书面承诺。

3. 在物业竣工交付使用时，负责向物业买受人提供房屋质量保证书和房屋使用说明书。

4. 审定乙方拟定的物业管理方案并在乙方提交上述物业管理方案之日起____日内出具书

面审定意见。

5. 检查监督乙方管理工作的实施及制度的执行情况并每年进行一次考核评定;并将管理情况报物业管理主管部门备案。

6. 审定乙方提出的物业管理服务年度计划、财务预算及决算报告并在乙方提交上述材料之日起____日内出具书面审定意见。

7. 保证委托乙方管理的房屋、设施、设备达到国家验收标准及要求。在保修责任内,如存在质量问题,按以下第____种方式处理:

(1)甲方负责返修;

(2)委托乙方返修,由甲方支出全部费用;

(3)____。

8. 在本合同生效之日起____日内向乙方提供经营性商业用房(指非住宅房屋),由乙方按每月每平方米________元的标准租用,其租金收入仅用于________。

9. 在本合同生效之日起____日内向乙方提供________平方米建筑面积的物业管理用房,由乙方按下列第____项方式使用:

(1)无偿使用;

(2)按建筑面积每月每平方米________元的标准租用,其租金收入仅用于________。

10. 在物业管理交接验收时,负责向乙方移交下列资料:

(1)竣工总平面图,单体建筑、结构、设备竣工图,附属配套设施、地下管网工程竣工图等竣工验收资料;

(2)设备设施的安装、使用和维护保养技术资料;

(3)物业质量保修文件和物业使用说明文件;

(4)物业管理所必需的其他资料。

11. 为实现本合同约定的物业管理服务要求而发生的物业管理服务费用,除由业主、物业使用人按规定缴纳外,不足部分由甲方承担。

12. 协调、处理本合同生效前发生的管理遗留问题,包括但不限于以下事项:

(1)____;

(2)____。

13. 协助乙方做好物业管理工作和宣传教育、文化活动。

14. 及时缴纳空置房屋的物业管理服务费;依法提供物业维修专项资金。

15. 甲方有权指定专业审计机构,对本合同约定的物业管理服务费用收支状况进行审计。

16. ____。

第二十一条　乙方的权利和义务

1. 据有关法律、法规及本合同的约定,制定物业管理方案;自主开展物业经营管理服务活动。

2. 对项目设计和施工提供管理方面的整改和完善建议。

3. 配备工作人员参与物业管理区域内的共用部位、共用设施设备调试、验收和交接。

4. 对业主和物业使用人违反法规、规章的行为,提请有关部门处理。

5. 按本合同的约定,对业主和物业使用人违反业主临时公约或物业使用守则及相关管理规定的行为进行制止和处理。

6. 可以将物业管理区域内的专项服务业务委托给专业性服务企业,但不得将本区域内的全部物业管理一并委托给第三方。乙方将物业管理区域内的专项服务业务委托给专业性服务企业的，相关的物业管理责任仍由乙方向甲方、业主及物业使用人承担。

7. 负责编制房屋及其附属建筑物、构筑物、设施、设备、绿化等的年度维修养护计划和保修期满后的大修、中修、更新、改造方案，经甲、乙双方议定后由乙方组织实施。

8. 向业主和物业使用人告知物业使用的有关规定，当业主和物业使用人装修物业时，告知有关注意事项和禁止行为，与业主和物业使用人订立书面约定，并负责监督。

9. 负责编制物业管理年度管理计划，资金使用计划及决算报告，并最迟于每年____月之前以________方式向甲方提出上述计划和报告；经甲方审定后组织实施。

10. 负责每____个月向全体业主和物业使用人公布一次物业管理服务费用收支账目；并将物业管理服务收费项目和收费标准以及向业主和物业使用人提供专项服务的收费项目和收费标准在本物业管理区域内以书面方式公示。

11. 对本物业的公共设施不得擅自占用和改变使用功能，如需在本物业内改、扩建或改善配套项目，须与甲方协商经甲方同意后报有关部门批准方可实施；不得擅自改变房屋共用部位的用途。

12. 不得擅自在物业管理区域内从事物业服务以外的经营活动；不得在处理物业管理事务活动中侵犯业主及物业使用人的合法权益。

13. 建立、妥善保管和正确使用本物业的管理档案，并负责及时记载有关变更情况。

14. 本合同终止时，乙方必须在本合同终止之日起____日内向甲方移交甲方提供的全部经营性商业用房、管理用房及物业管理的全部档案资料。

15. 接受业主、物业使用人、甲方和物业管理主管部门等的监督，不断完善物业管理服务，定期以书面方式向甲方报告本合同履行情况。

16. ____。

第五章　物业管理服务质量标准

第二十二条　乙方须按下列标准，完成本合同约定的物业管理事项：

1. 房屋外观：完好整洁；每____年组织实施清洗外墙____次（费用由业主承担）；公共内墙、走廊楼梯等每____年粉饰____次；公共防盗门每____年刷新____次；

2. 设备运行：电梯按规定时间________运行；水泵、发电机等设备____日检查____次；

3. 房屋及设施、设备的维修、养护：屋面及房屋渗漏____日修好；

4. 公共环境：道路：________；室内外排水________；沙井________清理一次；

5. 清洁卫生：

（1）公共场地每天以________标准清扫____次；

（2）电梯卫生每天清扫、保洁____次；

（3）定期组织实施化粪池清掏（费用由业主承担）；

（4）________________________。

6. 绿化：绿地完好率达到____%以上；

7. 交通秩序：室内（外）停车场一天____小时保管；

8. 保安：实行____小时保安制度，岗位设置____个，____小时轮流值守；

9. 急修：停水不超过____小时；停电不超过____小时；下水道、沙井堵塞不超过____小时内开工；小修：报修____小时内开工；

10. 业主和物业使用人对乙方的满意率达到____%。

有关上述物业管理服务质量标准的约定详见本合同附件二。

第六章 物业管理服务费用

第二十三条 物业管理服务费

1. 本物业的管理服务费用执行国家及北京市有关物业管理服务费用的相关规定。

2. 本物业管理服务费,住宅房屋由业主按其拥有建筑面积每月每平方米________元向乙方交纳;非住宅房屋由业主按其拥有建筑面积每月每平方米________元向乙方交纳。本物业管理费包括如下费用:________________。

3. 本物业管理服务费每____〔月〕/〔季〕/〔半年〕交纳一次,每次交纳费用时间为________。

4. 空置房屋的物业管理服务费,分别由________按其拥有建筑面积每月每平方米______元向乙方交纳。

5. 本物业管理服务费标准的调整,按________调整。

6. 业主出租其拥有的物业,其应承担的物业管理服务费由业主缴纳,业主与承租人另有约定的,从其约定,但业主应将此约定送乙方备案并就物业管理服务费的缴纳负有连带责任。

7. 业主转让物业时,须交清转让之前该业主应承担的物业管理服务费。

8. 物业管理服务费中未计入的共用设施设备运行、能耗费用,按________〔该幢〕/〔该物业〕住户实际用量共同分摊。

9. 业主和物业使用人逾期交纳物业管理服务费的,按以下第____项方式处理:

(1)从逾期之日起按每天________元交纳滞纳金;

(2)从逾期之日起每天按应付物业管理服务费的万分之____交纳滞纳金;

(3)____。

第二十四条 车位使用费不得高于有权核定部门规定的现行标准,由车位使用人按下列标准向乙方交纳:

1. 露天车位:每日________元,每月________元,每年________元;

2. 车库:每日________元,每月________元,每年________元;

3. 摩托车:每日________元,每月________元,每年________元;

4. 自行车:每日________元,每月________元,每年________元;

5. ____。

第二十五条 乙方受业主、物业使用人的委托对其房屋自用部位、自用设备的维修、养护及其他特约服务的费用,由当事人自行约定。

第二十六条 乙方向业主和物业使用人提供的其他服务项目和收费标准如下:

1. ____;

2. ____;

3. ____。

第二十七条 房屋的共用部位、共用设施、设备、公共场地的维修、养护费用:

1. 保修期内属保修范围内的房屋共用部位、共用设施设备、公共场地的维修、养护费用由甲方承担。

2. 不属保修范围内的________、________、________维修、养护费用,由业主按其拥有的权属份额或________承担。

3. 保修期满后,本物业共用部位、共用设施设备的大修、中修、更新、改造费用,在本物业维修专项资金中列支。

第七章 违约责任

第二十八条 甲方违反本合同第二十条的约定，使乙方未完成约定管理目标，乙方有权要求甲方在一定期限内解决，逾期未解决的，乙方有权终止合同；由于甲方违约给乙方造成经济损失的，甲方应给予乙方经济赔偿。

第二十九条 乙方违反本合同第五章的约定，未能达到约定的管理目标，甲方有权要求乙方限期整改并达到本合同约定的标准；逾期未整改的，或整改不符合本合同约定的，甲方有权终止合同；由于乙方违约给甲方造成经济损失的，乙方应给予甲方经济赔偿。

第三十条 乙方违反本合同第六章的约定，擅自提高收费标准的，甲方有权督促和要求乙方清退所收费用，退还利息并按________支付违约金；由此给甲方造成经济损失的，乙方应给予甲方经济赔偿。

第三十一条 甲、乙双方任何一方无正当理由不得提前终止本合同，否则应向对方支付______元的违约金；由此给对方造成的经济损失超出违约金的，对超出部分还应给予赔偿。

第三十二条 因房屋建筑质量、设备设施质量或安装技术等原因，达不到使用功能，造成重大事故的，由甲方承担责任并作善后处理。因乙方管理不善或操作不当等原因造成重大事故的，由乙方承担责任并负责善后处理。产生质量事故的直接原因，以相关主管部门的鉴定为准。

第三十三条 甲、乙双方任何一方如通过不正当竞争手段而取得管理权或致使对方失去管理权的，或由此给对方造成经济损失的，应当由施加损害的一方承担全部责任。

第三十四条 由于一方违约而致使本合同提前终止的，提出解除合同的一方应及时通知对方，合同自上述书面通知送达对方时即行终止。

第三十五条 本合同期限届满或本合同提前终止的，甲乙双方应在本合同终止之日起____日内办理完毕全部物业管理交接手续。

第八章 附 则

第三十六条 自本合同生效之日起____天内，根据甲方委托管理事项，办理完交接验收手续。

第三十七条 为维护公众、业主、物业使用人的切身利益，在不可预见情况下，如发生煤气泄漏；漏电、火灾、水管破裂、救助人命、协助公安机关执行任务等突发事件，乙方因采取紧急避险措施造成业主必要的财产损失的，当事双方按有关法律规定处理。

第三十八条 甲、乙双方经协商一致，可对本合同的条款进行补充，以书面形式签订补充协议，补充协议与本合同具有同等效力。

第三十九条 本合同之附件均为本合同有效组成部分。本合同及其附件内，空格部分填写的文字与印刷文字具有同等效力。

第四十条 本合同及其附件和补充协议中未规定的事宜，均遵照中华人民共和国有关法律、法规和规章执行。

第四十一条 本合同正本连同附件共____页，一式三份，甲、乙双方及物业管理行政主管部门（备案）各执一份，具有同等法律效力。

第四十二条 本合同执行期间，如遇不可抗力，致使本合同无法履行时，甲、乙双方应按有关法律规定及时协商处理。

第四十三条　本合同在履行中如发生争议,甲、乙双方应友好协商解决,协商不成的,甲、乙双方同意按下列第____种方式解决:

(1)提交____________仲裁委员会仲裁;

(2)依法向有管辖权的人民法院起诉。

第四十四条　本合同自________起生效。

第四十五条　本合同约定的相关内容若与现行有效的法律、法规、规章以及政府文件相抵触时,该约定无效。若在本合同的履行中,遇国家相关法律、法规、规章以及政府文件发生变化时,自然也应按变化后国家相关法律、法规、规章以及政府文件执行。

甲方签章:　　　　乙方签章:

法定代表人:　　　　法定代表人:

授权代表:　　　　授权代表:

日期:　　年　月　日　　　　日期:　　年　月　日

合同签订地:

附件:

一、本物业构成细目

二、本物业管理质量目标

三、本物业的管理方案

物业管理服务合同(示范文本)

委托方(以下简称甲方):全体业主

全体业主代表:______________________________业主委员会

负责人:____________________

办公场所:____________________

联系电话:____________________

受托方(以下简称乙方):

名称:______________________________________物业公司

法定代表人:____________________

注册地:____________________

住所地:____________________

邮编:____________________

联系电话:__________________________________

甲、乙双方根据有关法律、法规的规定,在自愿、平等、协商一致的基础上,就甲方将______(物业名称)委托乙方实行物业管理有关事宜,达成一致意见,特订立本合同。

第一章　总　　则

第一条　物业基本状况

物业名称:____

物业类型:____

坐落位置:________(市)________区________

四　　至:东________南________西________北________

占地面积:____________平方米

建筑面积:____________平方米

委托管理的物业构成细目详见本合同附件一。

第二条　乙方提供服务的受益人为本物业的全体业主。甲方应当要求本物业的全体业主根据业主公约履行本合同中的相应义务,承担相应责任,并遵守本物业共用部位和共用设施设备的使用、公共秩序和环境卫生的维护等方面的管理制度。

第三条　乙方应参与本物业的交接,并在本物业移交接管时,与甲方共同办理物业管理书面交接手续。

第四条　本物业交付使用后的质量责任,按国家《建设工程质量管理条例》和《房屋建筑工程质量保修办法》等有关法律、法规的规定承担。

第二章　委托管理服务事项

乙方接受甲方委托,提供以下物业管理服务:

第五条　房屋建筑共用部位的维修、养护和管理,包括:楼盖、屋顶、外墙面、承重结构、楼梯间、走廊通道、门厅、________________________________。

第六条　共用设施、设备的维修、养护、运行和管理,包括:共用的上下水管道、落水管、垃圾道、烟囱、共用照明天线、中央空调、暖气干线、供暖锅炉房、高压泵房、楼内消防设施设备、电梯、中央监控设备、建筑物防雷设施、________________________。

第七条　附属建筑物、构筑物的维修、养护和管理,包括道路、室外上下水管道、化粪池、沟渠、池、井、自行车棚、停车场、____________________________。

第八条　共用绿地、花木的养护与管理、____________________________。

第九条　附属配套建筑和设施的维修、养护和管理,包括商业网点、文化体育娱乐场所、________________。

第十条　公共环境卫生:包括公共场所、房屋共用部位的清洁卫生、垃圾的归集、清运、____________。

第十一条　交通与车辆停放秩序的管理、________________________;

本物业管理区域内的业主在本物业管理区域的公共场地停放车辆的,停放人应与乙方签订专项合同,并按该专项合同的约定承担各项责任和义务。

第十二条　维护公共秩序,包括安全监控、巡视、门岗执勤、________________;

前款约定的事项不包含业主的人身与财产保险和财产保管责任,乙方与业主另行签订人身、财产保险和财产保管等专项合同的,按该专项合同的约定承担各项责任和义务。

第十三条　管理与本物业相关的工程图纸、住用户档案与竣工验收资料、__________。

第十四条　根据甲方的委托组织开展本物业管理区域内的文化娱乐活动。

第十五条　业主和物业使用人房屋的自管部位、自用设施及设备的维修、养护,在业主和物业使用人提出委托时,乙方原则上应接受委托,具体收费事宜应按照乙方制订并公布的收费标准由当事人双方另行协商。

第十六条　对业主和物业使用人违反业主临时公约或物业使用守则的行为,针对具体行为并根据情节轻重采取报告、规劝、制止、____________等措施。

第十七条 其他委托事项：

1. ____；

2. ____；

3. ____。

第三章 委托管理服务期限

第十八条 本合同规定的物业管理委托期限为____年，自本合同生效之日起至______年____月____日止。本合同期限届满，如需续签，双方另行签订书面合同。

第四章 甲、乙双方的权利和义务

第十九条 甲方的权利和义务

1. 代表和维护业主的合法权益；经常听取业主的意见和建议，并及时将上述意见和建议反馈给乙方；协调业主与乙方之间的关系。

2. 监督业主遵守业主公约及物业共用部位和共用设施设备的使用、公共秩序和环境卫生的维护等方面的管理制度；采取措施督促业主按时交纳物业管理公共服务费用。

3. 审定乙方拟定的物业管理方案并在乙方提交上述物业管理方案之日起____日内出具书面审定意见。

4. 检查监督乙方管理工作的实施及制度的执行情况。

5. 审定乙方提出的物业管理服务年度计划、财务预算及决算报告并在乙方提交上述材料之日起____日内出具书面审定意见。

6. 审批物业维修专项资金的使用预算，并监督物业共用部位、共用设施设备大中修、更新、改造的竣工验收；审查乙方提供的物业共用部位、共用设施设备大中修、更新、改造的书面报告。

7. 在本合同生效之日起____日内向乙方提供经营性商业用房（指非住宅房屋），由乙方按每月每平方米______元的标准租用，其租金收入仅用于____________。

8. 在本合同生效之日起____日内向乙方提供________平方米建筑面积的物业管理用房，由乙方按下列第____项方式使用：

（1）无偿使用；

（2）按建筑面积每月每平方米________元的标准租用，其租金收入仅用于________。

9. 应在本合同生效之日起____日内，向乙方移交下列资料：

（1）竣工总平面图，单体建筑、结构、设备竣工图，附属配套设施、地下管网工程竣工图等竣工验收资料；

（2）设备设施的安装、使用和维护保养技术资料；

（3）物业质量保修文件和物业使用说明文件；

（4）物业管理所必需的其他资料。

10. 协调、处理本合同生效前发生的管理遗留问题，包括但不限于以下事项：

（1）____；

（2）____。

11. 协助乙方做好物业管理工作和宣传教育、文化活动。

12. 负责本物业维修专项资金的筹集，督促业主缴纳物业维修专项资金。

13. 甲方有权指定专业审计机构，对本合同约定的物业管理公共服务费收支状况进行审计。

14. 经本物业管理区域内全体业主所持投票权 2/3 以上通过，有权代表业主大会提前终止本合同。

15. ____。

第二十条　乙方的权利和义务

1. 根据有关法律、法规及本合同的约定，制定物业管理方案，自主开展物业经营管理服务活动。

2. 对业主违反法规、规章的行为，提请有关部门处理。

3. 按本合同的约定，对业主违反业主临时公约或物业使用守则及相关管理规定的行为进行制止和处理。

4. 可以将物业管理区域内的专项服务业务委托给专业性服务企业，但不得将本区域内的全部物业管理一并委托给第三方。乙方将物业管理区域内的专项服务业务委托给专业性服务企业的，相关的物业管理责任仍由乙方向甲方、业主承担。

5. 负责编制房屋及其附属建筑物、构筑物、设施、设备、绿化等的年度维修养护计划和保修期满后的大修、中修、更新、改造方案，经甲、乙双方议定后由乙方组织实施。

6. 向业主告知物业使用的有关规定，当业主装修物业时，告知有关注意事项和禁止行为，与业主订立书面约定，并负责监督。

7. 按养护计划和操作规程，对房屋共用部位、共用设施设备状况进行检查，发现安全隐患或险情及时排除。

8. 负责编制物业管理年度管理计划，资金使用计划及决算报告，并最迟于每年____月之前以____________方式向甲方提出上述计划和报告；经甲方审定后组织实施。

9. 负责每____个月向全体业主公布一次物业管理服务费用收支账目和物业维修专项资金使用情况；并将物业管理服务收费项目和收费标准以及向业主提供专项服务的收费项目和收费标准在本物业管理区域内以书面方式公示。

10. 对本物业的公共设施不得擅自占用和改变使用功能，如需在本物业内改、扩建或改善配套项目，须与甲方协商经甲方同意后报有关部门批准方可实施；不得擅自改变房屋共用部位的用途。

11. 不得擅自在物业管理区域内从事物业服务以外的经营活动；不得在处理物业管理事务活动中侵犯业主的合法权益。

12. 建立、妥善保管和正确使用本物业的管理档案，并负责及时记载有关变更情况。

13. 本合同终止时，乙方必须在本合同终止之日起____日内向甲方移交甲方提供的全部经营性商业用房、管理用房及物业管理的全部档案资料。

14. 接受业主、甲方和物业管理主管部门等的监督，不断完善物业管理服务，定期以书面方式向甲方报告本合同履行情况。

15. ____。

第五章　物业管理服务质量标准

第二十一条　乙方须按下列标准，完成本合同约定的物业管理事项：

1. 房屋外观：完好整洁；每____年组织实施清洗外墙____次（费用由业主承担）；公共内

墙、走廊楼梯等每____年粉饰____次;公共防盗门每____年刷新____次;

2. 设备运行:电梯按规定时间______运行;水泵、发电机等设备____日检查____次;

3. 房屋及设施、设备的维修、养护:屋面及房屋渗漏____日修好;

4. 公共环境:道路:________;室内外排水________;沙井________清理一次;

5. 清洁卫生:

(1)公共场地每天以________标准清扫____次;

(2)电梯卫生每天清扫、保洁____次;

(3)定期组织实施化粪池清掏(费用由业主承担);

(4)__________________________。

6. 绿化:绿地完好率达到____%以上;

7. 交通秩序:室内(外)停车场一天____小时保管;

8. 保安:实行小时保安制度,岗位设置____个,____小时轮流值守;

9. 急修:停水不超过____小时;停电不超过____小时;下水道、沙井堵塞不超过____小时内开工;小修:报修____小时内开工;

10. 业主和物业使用人对乙方的满意率达到____%。

有关上述物业管理服务质量标准的约定详见本合同附件二。

第六章　物业管理服务费用

第二十二条　物业管理服务费

1. 本物业的管理服务费用执行国家及北京市有关物业管理服务费用的相关规定。

2. 本物业管理服务费,住宅房屋由业主按其拥有建筑面积每月每平方米________元向乙方交纳;非住宅房屋由业主按其拥有建筑面积每月每平方米________元向乙方交纳。本物业管理服务费包括如下费用:____________。

3. 本物业管理服务费每____〔月〕/〔季〕/〔半年〕交纳一次,每次交纳费用时间为____________。

4. 空置房屋的物业管理服务费,分别由__________________按其拥有建筑面积每月每平方米____________元向乙方交纳。

5. 本物业管理服务费标准的调整,按以下第____种方式调整:

(1)由甲方召开业主大会讨论决定,乙方据此向物价主管部门申报并依核定的标准进行调整;

(2)甲方召开业主大会决定新的收费标准,甲、乙双方协商后调整。

6. 业主出租其拥有的物业,其应承担的物业管理服务费由业主交纳,业主与承租人另有约定的,从其约定,但业主应将此约定送乙方备案并就物业管理服务费的缴纳负由连带责任。

7. 业主转让物业时,须交清转让之前该业主应承担的物业管理服务费。

8. 物业管理服务费中未计入的共用设施设备运行、能耗费用,按____________〔该幢〕/〔该物业〕住户实际用量共同分摊。

9. 业主和物业使用人逾期交纳物业管理服务费的,按以下第____项方式处理:

(1)从逾期之日起按每天____________元交纳滞纳金;

(2)从逾期之日起每天按应付物业管理服务费的万分之____交纳滞纳金;

(3)____。

第二十三条　车位使用费不得高于有权核定部门规定的现行标准，由车位使用人按下列标准向乙方交纳：

1. 露天车位：每日________元，每月________元，每年________元；

2. 车库：每日________元，每月________元，每年________元；

3. 摩托车：每日________元，每月________元，每年________元；

4. 自行车：每日________元，每月________元，每年________元；

5. ____。

第二十四条　乙方受业主、物业使用人的委托对其房屋自用部位、自用设备的维修、养护及其他特约服务的费用，由当事人自行约定。

第二十五条　乙方向业主和物业使用人提供的其他服务项目和收费标准如下：

1. ____；

2. ____；

3. ____。

第二十六条　房屋的共用部位、共用设施、设备、公共场地的维修、养护费用：

1. 本物业的房屋共用部位、共用设施设备保修期满后的日常养护费用，由乙方在收取的物业管理服务费中列支。

2. 保修期满后，本物业共用部位、共用设施设备的大修、中修、更新、改造费用，在本物业维修专项资金中列支。

3. 共用的专项设备运行的能耗，应设独立计量表核算，根据实际用量合理分摊计收费用。

第二十七条　经甲方同意，物业管理主管部门将本物业当年度需用维修专项资金移交给乙方代管的，乙方应当定期接受甲方的检查与监督。

第二十八条　乙方发生变更时，代管的维修专项资金账目经甲方审核无误后，应当办理账户转移手续。账户转移手续应当自双方签字盖章起10日内送当地物业管理主管部门和甲方备案。

第二十九条　房屋共用部位、共用设施设备的保险由乙方代行办理，保险费用由全体业主按各自所占有的房屋建筑面积比例分摊。业主、物业使用人的家庭财产与人身安全的保险由业主自行办理；____________。

第七章　违约责任

第三十条　甲方违反本合同第二十条的约定，使乙方未完成约定管理目标，乙方有权要求甲方在一定期限内解决，逾期未解决的，乙方有权终止合同；由于甲方违约给乙方造成经济损失的，甲方应给予乙方经济赔偿。

第三十一条　乙方违反本合同第五章的约定，未能达到约定的管理目标，甲方有权要求乙方限期整改并达到本合同约定的标准；逾期未整改的，或整改不符合本合同约定的，甲方有权终止合同；由于乙方违约给甲方造成经济损失的，乙方应给予甲方经济赔偿。

第三十二条　乙方违反本合同第六章的约定，擅自提高收费标准的，甲方有权督促和要求乙方清退所收费用，退还利息并按____________支付违约金；由此给甲方造成经济损失的，乙方应给予甲方经济赔偿。

第三十三条　甲方违反本合同规定，未能敦促业主按其拥有的房屋建筑面积按本合同约定的物业管理服务费标准和时间交纳费用的，乙方有权要求甲方向业主催促补交并从逾期之日起按__________交纳违约金或__________。

第三十四条 甲、乙双方任何一方无正当理由不得提前终止本合同，否则应向对方支付__________元的违约金；由此给对方造成的经济损失超出违约金的，对超出部分还应给予赔偿。

第三十五条 因房屋建筑质量、设备设施质量或安装技术等原因，达不到使用功能，造成重大事故的，由甲乙双方向开发建设单位索赔。

第三十六条 因乙方管理不善或操作不当等原因造成重大事故的，由乙方承担责任并负责善后处理。产生质量事故的直接原因，以相关主管部门的鉴定为准。

第三十七条 甲、乙双方任何一方如通过不正当竞争手段而取得管理权或致使对方失去管理权，或由此给对方造成经济损失的，应当由施加损害的一方承担全部责任。

第三十八条 由于一方违约而致使本合同提前终止的，提出解除合同的一方应及时通知对方，合同自上述书面通知送达对方时即行终止。

第三十九条 本合同期限届满或本合同提前终止的，甲乙双方应在本合同终止之日起____日内办理完毕全部物业管理交接手续。

第八章 附 则

第四十条 自本合同生效之日起____天内，根据甲方委托管理事项，办理完交接验收手续。

第四十一条 本合同期限届满前____个月内，乙方以书面方式向甲方提出续签本合同的意向的，可以参加甲方的管理招投标，并有权在同等条件下优先获得管理权，但根据法规政策或主管部门规定被取消投标资格或优先管理资格的除外。

第四十二条 为维护公众、业主、物业使用人的切身利益，在不可预见情况下，如发生煤气泄漏、漏电、火灾、水管破裂、救助人命、协助公安机关执行任务等突发事件，乙方因采取紧急避险措施造成业主必要的财产损失的，当事双方按有关法律规定处理。

第四十三条 甲、乙双方经协商一致，可对本合同的条款进行补充，以书面形式签订补充协议，补充协议与本合同具有同等效力。

第四十四条 本合同之附件均为本合同有效组成部分。本合同及其附件内，空格部分填写的文字与印刷文字具有同等效力。

第四十五条 本合同及其附件和补充协议中未规定的事宜，均遵照中华人民共和国有关法律、法规和规章执行。

第四十六条 本合同正本连同附件共____页，一式三份，甲、乙双方及物业管理行政主管部门（备案）各执一份，具有同等法律效力。

第四十七条 本合同执行期间，如遇不可抗力，致使本合同无法履行时，甲、乙双方应按有关法律规定处理。

第四十八条 本合同在履行中如发生争议，甲、乙双方应友好协商解决，协商不成的，甲、乙双方同意按下列第____种方式解决：

（1）提交__________仲裁委员会仲裁；

（2）依法向有管辖权的人民法院起诉。

第四十九条 本合同自__________起生效。

甲方签章：	乙方签章：
法定代表人：	法定代表人：
授权代表：	授权代表：
日期：　　年　月　日	日期：　　年　月　日
合同签订地：	合同签订地：

附件：

一、本物业构成细目

二、本物业管理质量目标

三、本物业的管理方案

四、业主公约

业主大会章程(示范文本)

第一章　总　　则

第一条　为了维护________小区业主的合法权益，明确业主与建设单位、物业管理公司三方的权利义务关系，规范业主、业主大会与业主委员会的组织与行为，根据国务院颁布的《物业管理条例》及建设部颁布的《业主大会规程》制定本章程。

第二条　________业主大会由该小区全体业主组成，于________年____月____日在__________小区经政府有关部门指导下成立。

第三条　________业主大会下设________业主委员会于________年____月____日在__________小区由第____届业主大会选举产生。

第四条　业主委员会全称：__________________。

第五条　业主委员会地址：__________________。

第六条　业主委员会主任为________________小区业主委员会的代表人，对内行使业主大会所授予的权力，对外代表业主大会和业主委员会。

第七条　本章程的宗旨是代表和维护本物业全体业主、使用人的合法权益，保障物业的合理与安全使用，维护本物业区域内的公共秩序，创造整洁、优美、安全、舒适、文明的居住环境。

第八条　本章程自生效之日起，即成为规范业主大会、业主委员会的组织与行为，业主、业主大会与业主委员会之间权利义务关系的，具有法律约束力的文件。业主委员会依据本章程的规定，行使权利，履行义务。

第二章　业主和业主大会

第一节　业　　主

第九条　________小区的房屋所有权人为________________小区业主，包括享有物业产权的个人、公司或其他组织。建设单位以不予出售的自营部分产权可成为业主。房屋所有权人为两人以上时，房屋所有权共有人共同作为物业业主。经房屋所有权人授权，房屋承租人可以行使业主依据本章程所享有的权利。

业主按照其拥有的投票权享有权利，承担义务。

第十条　房屋产权证书是证明房屋所有人为业主的充分证据，在________小区开发商未协助房屋所有人办理房屋产权证之前,购房合同或其他房屋所有权证明是证明房屋购买人为业主的证据。

第十一条 业主享有下列权利:

(一)按照物业服务合同的约定,接受物业服务企业提供的服务;

(二)提议召开业主大会会议,并就物业管理的有关事项提出建议;

(三)提出制定和修改业主公约、业主大会议事规则的建议;

(四)参加业主大会会议,行使投票权;

(五)选举和罢免业主委员会委员,并享有被选举权;

(六)监督业主委员会的工作;

(七)监督物业服务企业履行物业服务合同;

(八)对物业共用部位、共用设施设备和相关场地使用情况享有知情权和监督权;

(九)监督物业共用部位、共用设施设备专项维修资金(以下简称专项维修资金)的管理和使用;

(十)法律、法规规定的其他权利。

第十二条 业主在物业管理活动中,履行下列义务:

(一)遵守业主公约、业主大会议事规则;

(二)遵守物业管理区域内物业共用部位和共用设施设备的使用、公共秩序和环境卫生的维护等方面的规章制度;

(三)执行业主大会的决定和业主大会授权业主委员会作出的决定;

(四)按照国家有关规定交纳专项维修资金;

(五)按时交纳物业服务费用;

(六)法律、法规规定的其他义务。

第十三条 业主依照法律和本章程的规定,有权获得下列信息和资料:

(一)缴付成本费用后得到本章程;

(二)有权查阅和缴付成本费用后复印:

1. 业主委员会与物业管理公司签订的物业委托管理合同;

2. 业主大会、业主委员会会议记录;

3. 物业共用部位、共用设施设备和相关场地使用情况的记录;

4. 物业共用部位、共用设施设备专项维修资金部分的账册。

业主提出查阅前条所述有关信息或者索取资料的,应当向业主委员会提供证明其为业主的书面文件,业主委员会经核实业主身份后按照业主的要求予以提供。

第十四条 业主大会、业主委员会的决议违反法律、行政法规的或者与物业管理公司签订的物业委托管理合同权利义务明显不对等的,侵犯业主合法权益的,业主有权向房地产管理部门投诉,要求停止或撤销该违法行为和侵害行为。

第二节 业主大会

第十五条 业主大会是________小区物业管理的最高权力机构,由小区内全体业主组成,代表和维护全体业主在物业管理活动中的合法权益。

第十六条 业主大会分为定期会议和临时会议。

定期会议每年两次,并应于每年____月____日之前召开。

有下列情形之一的，应在事实发生之日起两个月以内召开临时业主大会：

（1）委员人数少于章程所定人数的三分之二时；

（2）距物业管理合同到期日三个月时；

（3）业主委员会任期届满两个月前；

（4）业主委员会认为必要时；

（5）经20%以上的业主书面请求时；

（6）发生重大事故或者紧急事件需要及时处理的；

（7）业主大会议事规则或者业主公约规定的其他情况。

临时业主大会只对通知中列明的事项做出决议。

第十七条　业主大会会议由业主委员会依法召集，由委员会主任主持。业主委员会主任因故不能履行职务时，由业主委员会主任指定的副主任或其他委员主持；主任和副主任均不能出席会议，主任也未指定会议主持人的，由出席会议的业主共同推举一名业主主持会议。

第十八条　召开业主大会，业主委员会应当在会议召开15日以前通知全体业主，通知可以采用书面或公告形式。经业主委员会决定也可以采用包括书面或公告形式在内的多种形式。

第十九条　业主可以亲自参加，也可以书面委托代理人参加业主大会。住宅类房屋业主为房屋所有权共有人的，任何一共有人均可行使依照本章程享有的投票表决权，其他共有人在该共有人行使投票表决权后，不再享有表决权。商业性房屋业主为房屋所有权共有人的，需全体共有人共同书面指定或委托一人行使依照本章程享有的投票表决权。

第二十条　业主（包括业主代理人）以其所代表的房屋套数行使表决权，每一房屋拥有一票投票表决权。

如业主房屋超过________平方米（此数额为所有业主房屋建筑面积的平均数）的，每超过前述1倍的业主多拥有一票投票表决权，拥有表决权的票数依此类推。同一业主（包括同一房屋的多个房屋共有人作为业主的）拥有多票投票表决权的，不得分开行使。

第二十一条　业主大会会议可以采用集体讨论的形式，也可以采用书面征求意见的形式。但应当有本小区内持有1/2以上投票表决权的业主参加。

第二十二条　物业管理区域内业主人数较多的，可以幢、单元、楼层等为单位，推选一名业主代表参加业主大会会议。

推选业主代表参加业主大会会议的，业主代表应当于参加业主大会会议3日前，就业主大会会议拟讨论的事项书面征求其所代表的业主意见，凡需投票表决的，业主的赞同、反对及弃权的具体票数经本人签字后，由业主代表在业主大会投票时如实反映。

业主代表因故不能参加业主大会会议的，其所代表的业主可以另外推选一名业主代表参加。

第二十三条　业主大会决议分为普通决议和特别决议。

业主大会做出普通决议，应当经代表1/2以上投票表决权的业主通过。业主大会做出特别决议，应当经代表2/3以上投票表决权的业主通过。（鉴于业主大会章程初始制定时，小区入住率低，可经达代表1/2投票表决权的业主通过即可）

第二十四条　下列事项由业主大会以普通决议通过：

（1）选举、更换业主委员会委员；

（2）监督业主委员会工作；

(3)监督物业公司的工作;

(4)监督实施专项维修资金的使用及续筹方案;

(5)需要聘请会计师或律师时;

(6)法律、法规或者业主大会议事规则规定的其他有关物业管理的职责。

第二十五条　下列事项由业主大会以特别决议通过:

(1)修改本章程;

(2)制定和修改业主公约、业主大会议事规则;

(3)选聘、解聘物业服务企业;

(4)决定专项维修资金的使用和续筹方案;

(5)决定业主交纳业主大会、业主委员会的办公经费的具体数额时;

(6)需要确定业主委员会每位成员的津贴数额时;

(7)需要提起审批业主委员会制订的年度经费计划时;

(8)法律法规规定的其他重要事宜。

第二十六条　业主大会议事规则应当就业主大会的议事方式、表决程序、业主投票权确定办法、业主委员会的组成和委员任期等事项依法做出约定。

第二十七条　业主公约应当对有关物业的使用、维护、管理、业主的共同利益,业主应当履行的义务,违反公约应当承担的责任等事项依法做出约定。

第二十八条　业主大会会议应当由业主委员会作书面记录并存档。

第二十九条　业主大会做出的决定对物业管理区域内的全体业主具有约束力。业主大会的决定应当以书面形式在物业管理区域内及时公告。

第三章　业主委员会

第一节　委　　员

第三十条　委员必须是本小区业主或与本小区业主同一家庭人员。

第三十一条　委员由业主大会选举或更换,任期两年。委员任期届满可连选连任。委员任期从业主大会决议通过之日起计算,至本届业主委员会任期届满时为止。

业主____人以上联名,可向业主大会推荐委员候选人。推荐者应向大会介绍委员候选人的情况。

首届业主委员会的选举时,业主大会筹备组成员中符合委员条件并且愿意竞选委员的,可直接向大会提交自荐书,无须经过业主联名推选。

第三十二条　采取差额选举方式选举委员,在本章程规定数额内,获得票数多的委员候选人的当选为正式委员,差额部分为候补委员。候补委员为正式委员候补人选,当正式委员因故不能履行职责而辞职或被解任时,候补委员按顺序自动补任为正式委员。

候补委员可自愿参加业主委员会会议,但不享有投票表决权。

第三十三条　业主委员会委员应当符合下列条件:

(一)本物业管理区域内具有完全民事行为能力的业主;

(二)遵守国家有关法律、法规;

(三)遵守业主大会议事规则、业主公约,模范履行业主义务;

(四)热心公益事业,责任心强,公正廉洁,具有社会公信力;

(五)具有一定组织能力;

(六)具备必要的工作时间。

第三十四条　委员应当忠实履行职责,维护业主利益。当其自身的利益与业主的整体利益相冲突时,应当以业主的整体利益为行为准则。

第三十五条　业主委员会委员有下列情形之一的,经业主大会会议通过,其业主委员会委员资格终止:

(一)因物业转让、灭失等原因不再是业主的;

(二)因身体上或精神上的疾病而丧失履行职责的能力;

(三)无故缺席会议连续三次以上,或累计缺席会议五次以上的;

(四)有犯罪行为的;

(五)以书面形式向业主大会提出辞呈的;

(六)拒不履行业主义务的;

(七)有其他不适宜担任业主委员会委员的情形。

第三十六条　任何委员停任时,必须在停任后三日内将由其管理、保存的业主委员会文件、资料、账簿、档案、印章以及属于业主委员会所有的其他财物交还给业主委员会。

第三十七条　委员非经业主大会同意不得直接或间接从建设单位、物业管理公司取得个人利益。如委员违反本条从上述单位取得的个人利益,应归全体业主所有,委员为取得个人利益而损害业主权利的,应当承担法律责任。

第二节　业主委员会

第三十八条　业主委员会为业主大会的常设执行机构,对业主大会负责。

第三十九条　业主委员会由5—9名委员组成,设主任1人,副主任1—2人,业主委员会秘书(委员兼任或外聘专职秘书)1人。

第四十条　业主委员会行使下列职权:

(一)负责召集业主大会,并向大会报告物业管理的实施情况;

(二)执行业主大会的决议;

(三)考察、选择并组织实施对物业公司的招标或协商工作,代表业主与业主大会选聘的物业服务企业签订物业服务合同;

(四)根据物业服务合同,审议批准物业服务企业对社区的年度管理计划;

(五)根据物业服务合同,监督物业服务企业的履约情况,以及服务质量。在物业管理合同到期日两个月前,征集业主对物业服务企业的满意度。在物业管理合同到期日一个月前,根据物业服务企业的履约情况、服务质量以及业主满意度向业主大会提出报告,该报告向全体业主公布;

(六)审议社区年度费用预算及决算报告,并向业主大会提出建议;

(七)制定或审议批准物业服务企业制订的物业管理规章制度;

(八)监督业主公约的实施;

(九)对损害业主整体利益的行为,可代表全体业主提起诉讼;

(十)督促违反物业服务合同约定逾期不交纳物业服务费用的业主,限期交纳物业服务费用;

(十一)业主大会赋予的其他职责。

第四十一条　业主委员会制定业主委员会议事规则,以确保业主委员会的工作效率和科学决策。

第四十二条 业主委员会主任行使下列职权：

（一）主持业主大会和召集、主持业主委员会会议；

（二）督促、检查业主委员会决议的执行；

（三）签署业主委员会重要文件和其他应由业主委员会代表人签署的文件；

（四）行使业主委员会代表人职权；

（五）业主委员会授予的其他职权。

第四十三条 业主委员会秘书的主要职责是：

（一）筹备业主委员会会议和业主大会，并负责会议的记录和会议文件、记录的保管；

（二）保管与本小区物业管理有关的各种文件；

（三）负责向业主公告有关物业管理的各项信息，负责接待查阅上述信息的业主。

第四十四条 业主委员会主任不能履行职权时，业主委员会主任应当指定业主委员会委员代行其职权。

第四十五条 业主委员会以业主委员会会议决议方式作出决定。业主委员会会议决议应当向全体业主公布。

第四十六条 业主委员会会议每3个月召开一次，有1/3委员书面提议，或主任认为有必要时，可召开业主委员会临时会议。

第四十七条 由业主委员会秘书做好每次业主委员会会议记录，并由与会全体委员签字后存档保存。

第四十八条 业主委员会任期届满2个月前，应当召开业主大会会议进行业主委员会的换届选举；逾期未换届的，业主或业主大会可以请求房地产行政主管部门指派工作人员指导其换届工作。

原业主委员会应当在其任期届满之日起10日内，将其保管的档案资料、印章及其他属于业主大会所有的财物移交新一届业主委员会，并做好交接手续。

第四十九条 业主大会和业主委员会的印章依照有关法律法规和业主大会议事规则的规定刻制、使用、管理。

违反印章使用规定，造成经济损失或者不良影响的，由责任人承担相应的责任。

第四章 聘用物业管理公司程序

第五十条 业主大会以招标形式选择具有相应资质的物业管理公司。

第五十一条 业主大会应当在确定选择物业管理公司的因素（包括物业管理内容、范围、收费及服务要求，对投标单位要求等）及评比标准后，授权业主委员会或委托律师、物业顾问等专家组成招标委员会进行具体的选聘物业管理公司的事务。

第五十二条 招标委员会应当根据业主大会的授权并按照相关法律规定的程序选择物业管理公司。

第五十三条 如招标委员会发出招标邀请书后，投标的物业管理公司不足三家的，招标委员会可以协议方式选聘物业管理公司。但应当将投标的物业管理公司不足三家这一情况向全体业主公告说明。

第五十四条 招标委员会以协议方式选聘物业管理公司的，应至少与三家物业管理公司发出要约邀请，根据经谈判后物业管理公司发出的要约并结合业主大会确定的评比标准确定其中最合适的物业服务企业。

第五章 维 权 程 序

第五十五条　发生下列情形之一的，业主委员会应当与有关方面协商。如协商不成时，业主委员会应当向政府有关部门申诉或经业主大会通过代表业主以业主名义向人民法院起诉，以维护业主的共同利益：

（一）建设单位擅自处分物业共用部位、共用设施设备的所有权或者使用权的；

（二）建设单位未按照规定在物业管理区域内配置必要的物业管理用房的；

（三）建设单位未按照规定的保修期限和保修范围，承担物业的保修责任的；

（四）物业管理公司未按照物业服务合同的约定，提供相应服务的；

（五）物业管理公司擅自改变物业管理用房的用途的；

（六）物业管理公司在物业服务合同终止时未将物业管理资料移交业主委员会；

（七）个别业主、物业管理公司擅自占用、挖掘道路、场地的；

（八）擅自改变物业管理区域内按照规划建设的公共建筑和共用设施用途的；

（九）其他损害业主共同利益的行为，需要业主委员会依法维权的。

第五十六条　业主委员会可以聘请律师等专业人员处理前条纠纷，费用在业主委员会经费中支出。

第五十七条　如发生本章程第五十五条所列情况时，业主委员会在合理期限内未采取有效措施维护业主权益的，业主可以向业主委员会发出书面通知，请求其依法维护业主权益。业主委员会在收到通知时起应采取有效措施维护业主权益。如业主委员会在收到业主维权通知30日内仍未采取有效措施的，业主有权自行采取维权措施。业主的维权措施合法且获得政府有关部门或人民法院支持的，业主为维护业主共同利益支付的合理费用由业主委员会在其经费中负担。

第六章 业主委员会经费

第五十八条　业主委员会经费由下列几部分组成：

（一）小区顶楼和外墙的广告收入减去合理支出后的净收益中归全体业主所有的部分；

（二）小区全体共用部位作为经营场所所得的经营收入减去合理支出后的净收益；

（三）违反《物业管理条例》规定，取得非法收益中用于物业管理区域内物业共用部位、共用设施设备的维修、养护后的剩余部分；

（四）业主交纳的业主委员会经费。

第五十九条　业主委员会的经费开支包括：

（一）业主大会和业主委员会会议支出；

（二）有关人员的津贴；

（三）必要的日常办公费用；

（四）维护业主共同利益所支出的费用；

（五）聘请会计师、律师、物业管理顾问及专职秘书支出的费用；

（六）业主大会依法决定的其他费用。

第六十条　业主委员会经费单笔支出在________元以下的，由业主委员会主任依据本章程规定使用，并由业主委员会秘书签字备案。单笔支出在________元以上的，或某一单个项目需累计支出________元以上的，由业主委员会讨论决定。

业主大会和业主委员会经费的使用情况应当定期以书面形式在物业管理区域内公告,接受业主的质询。

第六十一条 经费中由业主交纳的数额由业主委员会负责拟订,经业主大会批准后向业主收取。如依本章程第五十八条(一)至(三)项取得的经费能够保证业主委员会正常工作需要的,不得向业主另行收取业主委员会经费。

第六十二条 业主委员会的经费中由业主交纳的部分由业主在物业管理费用之外另行缴纳,经业主大会授权也可由物业管理公司在收取物业管理费时一并收取,然后向业主委员会移交。由物业管理公司收取的,应向业主明示该项费用的用途及性质。

第七章 通知与公告

第一节 通 知

第六十三条 本章程所涉及的通知以下列形式发出:

(一)以专人送出;

(二)以投递方式送出;

(三)以公告方式进行;

(四)章程规定的其他形式。

第六十四条 发出通知,以公告方式进行的,一经公告,视为所有相关人员收到通知。

第六十五条 召开业主大会的会议通知,以投递方式和公告方式进行。

第六十六条 召开业主委员会的会议通知,以专人送出的方式进行。

第六十七条 通知以专人送出方式进行的,由被送达人在送达回执上签名,被送达人签收日期为送达日期。通知以投递方式送出的,送至被通知人信箱时视为送达日期,通知以公告方式送出的,第一次公告刊登日为送达日期。

第六十八条 因意外遗漏未向个别有权得到通知的人送出会议通知或者该等人没有收到会议通知,会议及会议做出的决议并不因此无效。

第二节 公 告

第六十九条 业主委员会秘书负责在小区公告栏刊登公告和其他需要披露的信息。

第八章 附 则

第七十条 有下列情形之一的,应当修改章程:

(一)有关法律、行政法规修改后,章程规定的事项与修改后的法律、行政法规相抵触的;

(二)业主大会决定修改的。

第七十一条 本章程所称“以上”、“以内”、“以下”都含本数;“不满”、“以外”不含本数。

第七十二条 本章程由业主大会筹备组拟订,并经出席________小区第____次业主大会的业主及业主授权的代表达________的投票表决权通过。

第七十三条 本章程一经通过即对业主大会、业主委员会及全体业主发生效力,任何人不得违反。

第七十四条 本章程由业主委员会负责解释。

第七十五条 本章程在业主委员会成立后30日内,由业主委员会报房地产行政主管部门备案。

管理规约(示范文本)

目　　录

第一章　总　　则

第一条　立约目的

本规约的立约目的如下所列：

1. 阐明本小区(公寓、别墅、大厦)业主、开发企业、物业服务企业的权利和义务。

2. 规定对本小区(公寓、别墅、大厦)内各单元及共用部位及共用设施设备的管理、保养、保险、维修,达到对本小区(公寓、别墅、大厦)的统一管理,使各业主有效享有其购置的单元,使得小区(公寓、别墅、大厦)内环境整齐、卫生、清洁、美观,使得建筑物的使用期限延长。

3. 规定业主大会及业主委员会的设立及职责,以保障民主决策、维护业主的合法权益。

第二条　本规约在各方签署列为本规约附件的承诺书后生效。因此,本小区(公寓、别墅、大厦)的所有业主(包括其受让人)、开发企业、物业服务企业均受本规约的约束。

第二章　物 业 状 况

第三条　物业名称：

第四条　物业坐落：

第五条　物业四至：

第六条　土地使用权面积及使用期限：

第七条　国有土地使用权证文号：

第八条　总建筑面积及划分单元：

第九条　共用部位：

第十条　共用设施设备：

第三章　规约中各主体情况

第十一条　开发企业：

名　　称：
注册地址：
邮　　编：
法定代表人：
注册资本：
联系电话：
联系人：

第十二条　业主投票权分配原则：

1. 业主指在小区（公寓、别墅、大厦）中拥有全部或部分房屋所有权及相应土地使用权的公民、法人或其他组织。

业主（包括业主代理人）以其所代表的房屋套数行使表决权，每一套房屋拥有一票投票表决权。

2. 如业主房屋超过________平方米（此数额为所有业主房屋建筑面积的平均数）的，每超过前述1倍的业主多拥有一票投票表决权，拥有表决权的票数依此类推。同一业主（包括同一房屋的多个房屋共有人作为业主的）拥有多票投票表决权的，不得分开行使。

第十三条　物业服务企业：

1. 开发企业在物业销售前选聘的物业服务企业名称为：
2. 物业管理资质证书号：
3. 注册地址：
4. 邮　　编：
5. 法定代表人：
6. 注册资本：
7. 联系电话：
8. 联 系 人：
9. 在业主委员会成立前，除下列情况外，开发企业不得变更物业服务企业：

A. 该企业被取消物业管理资质；
B. 该企业被吊销营业执照；
C. 该企业宣布解散或进入破产清算程序；
D. 该企业与其他企业合并或分立。

10. 业主委员会成立后可以按国家及当地有关规定解聘和重新选聘物业服务企业，重新选聘的物业服务企业应签署本规约附件的承诺书（届时可以调整），本规约在其签署承诺书后对其产生约束力。

第四章　业主的权利和义务

第十四条　业主的权利：

1. 对其购置的房屋享有占有、使用、收益和处分权；
2. 有权按规定和设置目的使用共用部位和共用设施设备，对共用部位、共用设施设备和相关场地使用情况有知情权和监督权；
3. 有权提出制定和修改管理规约、业主大会议事规则的建议；
4. 有权要求召开、参加业主大会，享有业主委员会委员的选举权和被选举权；

5. 对物业管理的重大事项享有表决权；

6. 有权监督业主委员会、物业服务企业的工作，并向业主委员会、物业服务企业就物业管理的有关问题提出意见、建议和要求；

7. 有权向物业管理行政主管部门投诉；

8. 有权按有关规定进行房屋自用部位的装饰装修；

9. 有权自行聘请他人对物业自用部位设施设备进行维修、养护；

10. 有权根据房屋建筑共用部位、共用设施设备的状况，建议物业服务企业及时修缮；

11. 有权监督共用部位、共用设施设备专项维修基金的管理和使用；

12. 有权监督物业管理的收费情况，并要求业主委员会和物业服务企业按照规定的期限公布物业管理服务费用收支账目，并接受审核；

13. 有权要求异产毗连部位的其他维修责任人承担维修养护责任。对方拒不维修并造成他人损失的，可向业主委员会投诉直至提请有关部门调解、仲裁或诉讼；

14. 法律、法规规定的其他权利。

第十五条　业主的义务：

1. 签署本规约所附《承诺书》（见附件），承诺遵守本规约的所有条款；

2. 转让或出租所拥有的独立单元时，应提前30日书面通知物业服务企业，并要求受让人或承租人签署《承诺书》（见附件），承诺遵守本公约的所有条款；（其他物业使用人亦应遵守）

3. 遵守物业管理法律、法规、规章、政策和本规约规定，接受物业服务企业的管理；遵守物业服务企业依有关规定和规约订立的本物业管理区域内的规章制度；

4. 执行业主大会决定及业主大会授权业主委员会做出的决定；

5. 按规定和约定缴纳物业管理服务费、共用部位、共用设施设备维修基金及水、电、天然气等能源费用；

6. 爱护并合理使用共用部位和共用设施设备；

7. 在获得物业服务企业书面同意前，不得在房屋的外墙上安装任何户外遮光帘、遮篷、花架、旗杆、招牌或其他任何伸出物或结构，亦不得堵塞任何窗户、外墙采光通风口；不得在窗户或外墙上安装任何空调或其他固定设施；

8. 不得做出与本规约相违背，或引致小区的保险无效或使该保险金提高的行为。如有前述事情发生，则违约的业主对因此而产生的所有损失、损害、费用、诉讼、索赔及要求，或因此引起的额外或增加的保险金对物业服务企业及其他业主负责。如因该业主违约行为引致小区被损毁或侵害，则违约业主须立即将全部重建或修复损毁部分的重建或修复的一切费用支付给物业服务企业；

9. 不得在小区内任何部分存放武器、弹药、烟花、危险及易燃物品、存放触犯或可能触犯任何法规或对其他业主及使用者构成损害、滋扰或危险的物品；

10. 不得妨碍、阻塞或堵塞任何共用部位、放置或弃置任何垃圾、弃置物或物件于共用部位或共用设施；

11. 在获得物业服务企业书面同意前，不得在其房屋内饲养任何宠物；

12. 无权直接惩罚或处分物业服务企业所属员工；如对员工作出投诉，须向物业服务企业提出，由物业服务企业采取其认为合适的行动；

13. 如果业主所有的房屋长期无人居住或使用，业主应在物业服务企业登记，说明管理费等费用的支付方式；留下有效通讯地址，以便物业服务企业送达有关通知、函件等；同时应关好门、窗，水、电、天然气总阀门等，以确保安全；

14. 产权人应约定与使用人之间的权利义务关系、要求使用人遵守本规约的约定，并对其违约行为承担连带责任；

15. 法律、法规规定的其他义务。

第五章　开发企业的权利和义务

第十六条　开发企业的权利：

1. 开发企业对其拥有的或尚未售出的物业，享有与其他业主同等的权利；

2. 业主委员会成立前，开发企业有权选聘物业服务企业对本物业进行管理，与物业服务企业签订《物业服务委托合同》，并依法制定本规约。

第十七条　开发企业义务：

1. 开发企业对其拥有的或尚未售出的物业，承担与其他产权人同等的义务。对已竣工尚未出售或尚未交给物业买受人的物业应由开发企业缴纳物业管理费；

2. 在保修期间，开发企业应按有关规定承担保修范围内的维修责任，及时处理有关保修事宜；或委托物业服务企业进行处理，而发生的费用由开发企业负责；

3. 开发企业应保证在其转让、抵押、出租、批准占有或以其他任何方式处理该物业的任何部分时（已售出部分除外），其受让人、抵押权人或承租人等均应履行开发企业对外已经做出的承诺；

4. 物业交付使用时，开发企业应当向物业服务企业移交下列材料：

（1）竣工总平面图；

（2）单体建筑、结构、设备竣工图；

（3）附属公共建筑配套设施、地下管网工程竣工图；

（4）有关设施、设备安装、使用和维护保养技术资料；

（5）各单项工程竣工验收证明材料；

（6）房屋质量保证文件和房屋使用说明文件；

（7）房屋销售清单和产权资料；

（8）公共配套设施的产权及收益归属清单；

（9）物业管理所必需的其他资料。

5. 开发企业应按照规定在物业管理区域内配置必要的物业管理用房。

第六章　物业服务企业的权利和义务

第十八条　物业服务企业的权利：

1. 按照有关法律、法规和《物业服务委托合同》的约定，制定、实施物业管理的制度包括但不限于《装修守则》、《住户手册》、《房屋使用手册》、《车位管理规定》等；

2. 对物业实施管理；

3. 按照有关法规、规章和《物业服务委托合同》收取物业管理服务费用；

4. 维护物业公共安全环境和秩序，制止违反物业管理制度的行为；

5. 协助有关部门对物业的治安、交通、消防等事项进行管理；

6. 委托他人协助专项管理。

第十九条　物业服务企业的义务：

1. 听取业主及使用人的意见和建议，接受业主及业主大会、业主委员会的监督；

2. 接受政府有关主管部门的监督指导;
3. 重大维护管理事项和年度维护计划应与委托人协商;
4. 定期公布共用部位、共用设施设备维修基金收支账目,接受质询和审计;
5. 定期公布物业管理服务费收支账目,接受质询和审计。

第七章　物业管理服务内容

第二十条　物业管理服务的基本内容:
1. 小区内房屋建筑及公共服务设施的使用管理、维修养护、巡视检查;
2. 共用部位园林绿地的管理养护;
3. 共用部位环境卫生的管理服务;
4. 公共秩序的维护;
5. 参与物业竣工交付使用时的验收交接;
6. 入住管理;
7. 物业装饰装修施工监督管理;
8. 车辆行驶、停放管理及其场地的维修养护;
9. 物业档案资料的管理;
10. 接受供水、供电、供气、供热、通讯、有线电视等单位委托代收相关费用;
11. 接受产权人委托,提供物业管理委托合同以外的服务项目。
第二十一条　在下列非物业服务企业原因的情况下,物业服务企业不承担管理责任:
1. 无法避免的水、电、天然气等燃料或材料短缺,火灾、水灾、地震等不可抗力导致的服务中断;
2. 涉及产权人和其他房屋使用人双方的纠纷,而造成的损失;
3. 涉及刑事责任、无意或蓄意破坏而造成的损失;
4. 涉及业主财物,包括但不限于机动车或非机动车失窃、损坏的;
5. 在小区内使用共用设施设备时,因自身原因造成身体伤亡或财产损坏的;
6. 物业服务企业无法控制的其他一切原因。

第八章　物业管理服务费与公共维修基金

第二十二条　物业管理服务费(以下简称“物业费”):
1. 物业费标准为:____元/平方米/月(依据物业管理委托合同的约定)。
2. 物业费包括:
物业服务企业酬金;
物业服务企业成本和费用(员工薪金、行政费、税费、固定资产折旧等);
共用区域的保安费、保洁费、绿化费、保险费、公用事业费(水、电费等);
共用设施设备的维修、保养费等;
双方约定的其他费用。
3. 物业服务企业应在每月第一日从物业费账户内提取当月的物业服务企业酬金,数额不超过物业管理实际支出的____%。
4. 业主应在每季度(1月、4月、7月、10月)第一个工作日前向物业服务企业预付当季度物业费。
5. 自物业交付使用之日起,无论物业是否占用、出租或空置,业主均须缴付100%的物业费和其他应付费用。

第二十三条 共用部位、共用设施设备维修基金：

1. 业主在购买房屋时，须按购房款2%的比例缴交共用部位、共用设施设备维修基金。

2. 共用部位、共用设施设备维修基金使用和管理按政府有关文件执行。

3. 共用部位、共用设施设备维修基金不敷使用时，经房地产行政主管部门或业主委员会研究决定，按建筑面积比例向业主续筹。

4. 业主在出售、转让、抵押或馈赠其房屋时，所缴交的共用部位、共用设施设备维修基金不予退还，随房屋所有权同时过户。

第九章 房屋使用、管理、维修的具体规定

第二十四条 业主、使用人应当遵守法律、法规和规章的规定，按照有利于小区外貌保持、使用安全等原则，妥善处理供水、排污、通行、通风、采光、维修、装饰装修、环境卫生、环境保护等方面的相邻关系。

第二十五条 小区内禁止下列行为：

1. 未经政府有关部门批准和业主委员会、物业服务企业同意，擅自改变房屋结构、外貌和用途；

2. 擅自移动共用设施设备；

3. 在庭院、平台、绿地、道路或其他共用部位、场地搭建建筑物、构筑物；

4. 侵占或损坏道路、绿地、花卉树木、艺术景观和文娱、体育及休闲设施；

5. 随意倾倒或抛弃垃圾、杂物；

6. 堆放易燃、易爆、剧毒、放射性物品，排放有毒害物质或者发出超过规定标准的噪声；

7. 私设摊点；

8. 利用物业从事危害公共利益、有违社会公共道德的活动；

9. 法律、法规及规章禁止的其他行为。

第二十六条 业主或其使用人装饰装修房屋，应当事先将装饰装修方案报经物业服务企业认可，并签订《装饰装修管理协议》。物业服务企业应当将房屋装饰装修的禁止行为和注意事项告知业主或使用人。装饰装修房屋，不得影响共用部位、共用设备设施的正常使用和维修养护以及相邻业主的合法权益，因装饰装修导致共用部位、共用设备设施以及其他业主利益受损，业主或使用人应当承担修复及赔偿责任。

第二十七条 房屋应当按设计用途使用。因特殊情况需要改变使用性质的，应征得业主委员会的书面同意，并报政府有关主管部门批准。物业管理区域内按照规划建设的公共建筑和公共设施，不得改变用途，确需改变用途的，由业主大会讨论决定并办理有关手续。

第二十八条 因房屋维修或公共利益需要临时占用、挖掘道路、场地的，应当与业主委员会和物业服务企业签订书面协议，并在约定的期限内恢复原状，造成损失的，应作相应赔偿。

第二十九条 利用物业设置广告等经营性设施的，应当在征得业主委员会的书面同意后，方可向有关部门办理报批手续。

第三十条 利用共用部位、共用设施设备经营的应征得业主大会、物业服务企业同意后，按规定办理有关手续，所得收益应补充共用部位、共用设施设备维修基金。

第三十一条 业主转让或者出租房屋时，应当将本规约作为转让合同或租赁合同的必要附件。当事人应将房屋转让或出租情况书面告知物业服务企业。

第三十二条　房屋及其配套设施应当定期维修养护，出现危害物业安全、影响外观或妨碍公共利益的情况时，业主委员会、物业服务企业应督促责任人维修养护。

第三十三条　物业服务企业实施对物业共用部位、共用设施设备进行维修养护时，有关业主和使用人应当给予配合。业主、使用人阻挠维修造成物业损坏及财产损失的，应当负责修复或者赔偿。

第三十四条　物业服务企业进入业主或使用人的单元进行维修工作，应事先通知业主或使用人并取得其同意。紧急情况下无法通知业主或使用人的，物业服务企业可在第三方机构的监督下，进入单元内部，但事后应及时通知业主或使用人。

第三十五条　如房屋因火灾、台风、地震、地陷或其他原因而破坏，以致大部分不能使用，则业主委员会应该召开特别业主大会，决定房屋是否修复或重建以及修复或重建费用的筹集办法；如业主大会决定放弃修复和重建，则业主委员会应拍卖剩余房产，并将拍卖所得与共有部位、共用设施设备维修基金及业主其他共有财产按建筑面积比例返还给各业主。

第十章　业主大会及业主委员会

第三十六条　业主大会的召开与业主委员会：

1. 在业主入住率达到____%及以上时，业主代表、开发企业或物业服务企业应在物业所在区县房地产行政主管部门和街道办事处（乡镇人民政府）的指导下、监督下组成业主大会筹备组，在规定的时间内，组织召开业主大会（或业主代表大会）第一次全体会议，选举产生业主委员会。

2. 开发企业、物业服务企业逾期不组织召开业主大会的，____区小区办可以指定业主代表自行组织召开业主大会，选举产生业主委员会。

第三十七条　业主大会的职责：

1. 制定、修改业主公约和业主大会议事规则；
2. 选举、更换业主委员会委员；
3. 制定、修改业主委员会章程；
4. 监督业主委员会的工作；
5. 选聘、解聘物业服务企业；
6. 审议、批准物业服务企业的年度工作计划；
7. 决定共用部位、共用设施设备维修基金的使用、续筹方案，并监督实施；
8. 决定物业管理的其他重大事项。

第三十八条　业主委员会的职责：

1. 组织召开业主大会；
2. 代表业主与业主大会选聘的物业服务企业签订或解除物业服务合同；
3. 监督公共维修基金的使用和管理；
4. 听取业主、使用人的意见和建议，监督物业服务企业的管理服务活动；
5. 执行业主大会的决议、决定；
6. 协助物业服务企业开展各项工作；
7. 规约、会议记录、签到簿、出席委托书及有关文件由业主委员会保管，业主或利害关系人如有书面请求阅览，业主委员会不得拒绝。

第十一章　违约责任

第三十九条　业主、开发企业、物业服务企业执行本规约产生的纠纷和争议，可通过协商和调解的方式解决,也可向____市仲裁委员会申请仲裁(或向物业所在地人民法院提起诉讼)。

第四十条　业主、使用人违反本规约和物业使用管理维修规定的,应承担相应的民事责任。对违反本规约的,业主委员会、相关业主及使用人、物业服务企业可依照本规约向物业管理行政主管部门投诉,也可直接向有管辖权的人民法院(或仲裁机构)提起诉讼(或仲裁)。

第四十一条　业主、使用人未按照本公约或《物业服务委托合同》缴纳物业费的,物业服务企业可按每日加收应缴纳费用的____‰的滞纳金或按约定加收滞纳金。对于超过18个月不缴纳物业费的业主,业主委员会、物业服务企业可向房地产行政主管部门申请禁止该业主所欠费物业的转让、出租和抵押,也可向人民法院申请追缴。

第四十二条　业主大会、业主委员会做出的决定违反本规约或公共利益的,业主、物业服务企业可以向政府物业管理行政主管部门或人民法院申请撤销业主大会、业主委员会的决定。

第四十三条　开发企业未履行工程质量保修责任的,业主及业主委员会可要求其赔偿损失。

第四十四条　物业服务企业违反《物业服务委托合同》规定或本规约的,业主及业主委员会可依照合同或本规约追究其经济责任。

第十二章　附　　则

第四十五条　本规约的效力及于开发企业、业主和物业服务企业。

第四十六条　本公司适用中华人民共和国法律、法规、政府规章有关政策以及____市法规、政府规章和有关政策。规约不得与前述法律、法规、规章、政策相抵触,如有抵触,该条款无效,但不影响其他条款的有效性。

第四十七条　业主委员会拥有对规约的解释权,但在业主委员会成立前,由开发企业解释。业主委员会成立前,开发企业不得对已核准的规约进行修改。业主委员会成立后,可由业主委员会根据业主大会决议对规约进行修改。修改后的规约,应重新申请核准。

第四十八条　本规约报____市国土资源和房屋管理局备案。

第四十九条　本规约向____市国土资源和房屋管理局报审一式六份,经核准后,____市国土资源和房屋管理局备案两份,____区小区办备案一份,开发企业留存一份,物业服务企业一份,业主委员会一份。

业主大会议事规则(示范文本)

第一章　总　　则

第一条　为了规范业主大会的活动,维护业主的合法权益,根据《物业管理条例》、《业主大会规程》及《业主大会章程》制定本业主大会议事规则。

第二章　业主大会中业主投票权的确定办法

第二条　业主在业主大会会议上的投票表决权,按业主拥有房屋的套数行使,业主每拥有一套房屋拥有一票投票表决权。

如业主房屋超过__________平方米(此数额为所有业主房屋建筑面积的平均数),每超过前述平均数1倍的业主,其拥有两票投票表决权,若超过前述平均数2倍的业主,其拥有三票投票表决权,房屋面积若超出3倍以上的,按此方法依次类推,若房屋面积虽然超过前述平均数,但实际面积不是平均数的倍数,则超过部分的投票表决权忽略不计。

第三条　业主大会会议召开之前，业主委员会的秘书应将小区内每一位业主的姓名、住址、通讯地址、联系电话、拥有的投票表决权的票数登记造册，同时要提前3天将每一位业主在今后所有的业主大会会议中拥有的投票表决权的票数书面通知每一位业主。

每一位业主收到秘书的书面通知后，对所持有的投票数持有异议，应在15日以内向业主委员会申请复议一次，逾期申请或未申请复议，均视为其同意秘书所登记的其所拥有的投票数。

第三章　业主委员会委员的组成和委员的任期及业主委员会会议的方式

第四条　业主委员会系业主大会的执行机构。首次业主大会会议由业主大会筹备组组织召开，业主委员会的委员由首次业主大会选举产生。以后的业主大会由业主委员会组织召开。

第五条　业主委员会经业主大会选举共有5至9名委员组成，委员名单为：__________。每名委员的任期为2年，可以连选连任。

第六条　业主委员会应当自选举产生之日起3日内召开首次业主委员会会议，推选产生业主委员会主任1人，副主任1—2人，秘书1人，业主委员会的委员均享有同等的投票权。业主委员会的主任为：________；副主任为：________；秘书为：______。

第七条　业主委员会会议应当有过半数委员出席，做出决定必须经全体委员人数半数以上同意。

第八条　业主委员会的会议方式可以是电话会议，也可以到小区的固定场所集体讨论，也可以采取互发电子邮件等方式召开，但业主委员会会议应当由秘书在当时或事后作书面记录，由参与或出席会议的委员签字后存档。

业主委员会的决定应当由秘书以书面形式在物业管理区域内及时公告。

第九条　经三分之一以上业主委员会委员提议或者业主委员会主任认为有必要的，应当及时召开业主委员会会议。会议召开3天前，由秘书电话通知每位委员。

第四章　业主大会的议事方式

第十条　业主大会会议由业主委员会依法召集，由委员会主任主持。业主委员会主任因故不能履行职务时，由业主委员会主任指定的副主任或其他委员主持。主任和副主任均不能出席会议，主任也未指定会议主持人的，由出席会议的业主共同推举一名业主主持会议，会后应及时将会议内容告知未出席的委员，并且要书面记录该委员的具体意见。

第十一条　业主委员会应当在业主大会会议召开10日前，由业主委员会的秘书将会议通知及会议拟讨论的事项以书面挂号信的形式寄往每一位业主所登记的通讯地址，该挂号信寄出三天后即视为送达，具体时间从挂号信寄出后的第二天开始计算。此外，业主委员会的秘书同时要将会议通知在物业管理区域内提前10日公告。

住宅小区的业主大会会议，业主委员会的秘书应当同时告知相关的居民委员会。

第十二条　业主在收到业主委员会秘书书面的召开大会的通知后，本人未亲自到会，也未委托他人出席会议的，视为其放弃了自己的投票表决权，但该次业主大会形成的决议其必须服从。若该业主提前三天向业主委员会秘书提出请假申请，则在业主大会闭会后的三天内，秘书必须将大会会议内容通知该业主，该业主仍可在当天内以书面形式对会议内容进行投票，秘书必须将业主大会业主的投票数重新进行整理。若该业主没有在规定的期限内发表书面意见，则视为其同意业主大会的决议。

第十三条 物业管理区域内业主人数较多的，可以幢、单元、楼层等为单位，推选一名业主代表参加业主大会会议。

推选业主代表参加业主大会会议的，业主代表应当于参加业主大会会议 3 日前，就业主大会会议拟讨论的事项书面征求其所代表的业主意见，凡需投票表决的，业主的赞同、反对及弃权的具体票数经本人签字后，由业主代表在业主大会投票时如实反映。业主代表出席会议时，须向业主大会提供业主书面的委托书。

业主代表因故不能参加业主大会会议的，其所代表的业主可以另外推选一名业主代表参加。

第十四条 业主大会会议的地点可以是固定的，也可以是不固定的，会议形式可以采用集体讨论的形式，当场由业主委员会秘书记录，最后形成决议，也可以是业主委员会秘书给每位业主送达书面征求意见函，随后根据业主的书面答复进行整理，最后按本规则所约定的计票方法统计业主的投数，最后形成大会决议，该决议在 3 天之内，秘书必须在公告栏内公告。

每次业主大会的召开必须有本小区内持有 1/2 以上投票表决权的业主参加方为有效。

第十五条 业主大会会议分为定期会议和临时会议。

业主大会应当每年召开两次定期会议，由业主委员会组织召开，召开的时间可以确定为每年年初的____月____日和年末的____月____日。特殊情况时间若有变化，秘书另行书面通知。

有下列情形之一的，随时可以召开临时业主大会：

(1)委员人数少于章程所定人数的三分之二时；

(2)需要向业主收取业主大会、业主委员会的办公经费时；

(3)需要确定业主委员会每位委员的津贴数额时；

(4)需要审批业主委员会制订的年度经费预算计划时；

(5)需要审议业主委员会上一年度的经费开支是否合理时；

(6)距物业管理合同到期日三个月前；

(7)业主委员会任期届满两个月前；

(8)小区业主的公共利益遭到侵害时，需要聘请会计师审查物业公司的账目时，或为了维护公共利益，需要聘请律师以全体业主名义提起诉讼时；

(9)经 20% 以上的业主书面请求时；

(10)发生重大事故或者紧急事件需要及时处理的；

(11)业主委员会认为有必要时；

(12)业主大会章程或者业主公约规定的其他情况。

临时业主大会只对通知中列明的事项做出决议。

第五章 业主大会的表决程序

第十六条 业主大会决议分为普通决议和特别决议。

业主大会做出普通决议，应当经代表 1/2 以上投票表决权的业主通过。业主大会做出特别决议，应当经代表 2/3 以上投票表决权的业主通过。

第十七条 下列事项由业主大会以普通决议通过：

(1)选举、更换业主委员会委员；

(2)监督物业公司的工作；

(3)监督实施专项维修资金的使用及续筹方案；

(4)需要聘请会计师或律师时。

第十八条　下列事项由业主大会以特别决议通过：

(1)修改业主大会章程；

(2)制定和修改业主公约及本业主大会议事规则；

(3)选聘、解聘物业服务企业；

(4)决定专项维修资金的使用和续筹方案；

(5)决定业主交纳业主大会、业主委员会的办公经费的具体数额时；

(6)需要确定业主委员会每位成员的津贴数额时；

(7)需要提前审批业主委员会制订的年度经费计划时；

(8)法律、法规或者业主大会章程规定的其他重要事宜。

第十九条　业主大会会议应当由业主委员会秘书作书面记录并存档。

第二十条　业主的投票由业主委员会的秘书统计，业主大会的决定应当以书面形式在物业管理区域内及时公告。若业主认为投票的统计数额有误，可以到业主委员会秘书处查看投票的书面凭证。

第六章　业主大会及业主委员会的办公经费

第二十一条　业主大会和业主委员会开展工作的经费由全体业主承担。

第二十二条　业主大会及业主委员会的办公经费的来源及组成：

(1)小区顶楼和外墙的广告收入；

(2)小区全体共用部位作为经营场所所得的经营收入；

(3)业主大会或业主委员会依据《管理规约》及《业主大会章程》等对违反公共利益的相关业主要求其支付的违约金；

(4)业主交纳的业主大会及业主委员会的办公经费。

第二十三条　在没有第二十二条的前三项的费用之前，由业主委员会组织召开临时业主大会，决定每位业主先行交纳前述费用的具体数额，并有业主委员会秘书负责收取。如第二十二条前三项的费用已经实际存在，并且能够保证业主大会及业主委员会正常工作需要的，不得向业主另行收取任何前述经费。

第二十四条　业主大会及业主委员会的办公经费中由业主交纳的部分由业主在物业管理费用之外另行缴纳，经业主大会授权也可由物业管理公司在收取物业费时一并收取，并在收款收据上加盖业主大会的公章，然后其所代收的经费向业主委员会移交。

第二十五条　业主大会及业主委员会的办公经费由业主委员会设置专用活期存折进行统一管理，该经费的开支由业主委员会主任签字方可开支。

第二十六条　业主大会及业主委员会的经费开支包括：

(1)业主大会和业主委员会会议支出；

(2)业主委员会人员的津贴；

(3)必要的日常办公费用；

(4)维护业主共同利益所支出的费用；

(5)聘请会计师、律师所支出的费用；

(6)业主大会决定的其他须开支的费用。

第二十七条　业主大会和业主委员会工作经费的使用情况业主委员会秘书应当定期以书

面形式在物业管理区域内公告,接受业主的质询。并且该经费的使用情况,业主委员会必须在年终业主大会上向全体参加会议的代表汇报。第2年经费的使用额度由前1年年终业主大会上由业主代表讨论,最后制订一个预算方案,第2年经费必须在预算内支出。

第七章　业主大会及业主委员会的印章

第二十八条　业主大会和业主委员会的印章由业主委员会负责到有关部门各刻制一枚,并到相关的政府部门登记备案。

第二十九条　上述两枚印章均由业主委员会负责管理,业主委员会内部实行主任负责制。

第三十条　上述两枚印章的使用必须是业主大会和业主委员会按业主大会章程的规定履行其应尽职责时方能使用。印章的使用每次必须有业主委员会主任的书面签字方能使用,使用人须在秘书处做书面登记,且盖章的文件必须在秘书处备案一份。

第三十一条　违反印章使用规定,造成经济损失或者不良影响的,由责任人承担相应的责任。

第八章　效　　力

第三十二条　本业主大会议事规则由业主大会筹备组成员2/3投票权的业主通过即产生法律效力。

第三十三条　本业主大会议事规则不得与现行或将来国家法律、法规、部门规章及政府文件相抵触,否则,相抵触的相关条款无效。

物业管理招标书招标须知(示范文本)

1　物业概述

1.1　物业名称(以下简称该项目):

1.2　物业地点:____市____区____街____号

1.3　物业规模:________________

1.3.1　建筑面积____万平方米,其中地上占____万平方米,地下占____万平方米;

1.3.2　停车场规模____个车位;

1.3.3　物业管理区内人口____人;

1.3.4　物业管理区占地面积____万平方米;

1.3.5　物业管理区内的其他设施:________________________________。

1.4　物业管理合同形式:小区业主委员会委托物业公司管理,签订专业的委托管理合同。

1.5　招标范围:

1.6　招标方式:邀请招标。

1.7　本次招标将按照《中华人民共和国招投标法》和____市的有关规定遵循公开、公平、公正的原则进行。

2　合格条件与资格要求

2.1　投标人应至少满足以下合格条件

a　具有物业管理____级资质;

b　有独立法人资格;

c　有相关小区管理经验;

d　信誉良好、实力雄厚、管理科学、能使本小区管理上一档次，满足小区居民的要求。

2.2　为了被授予签订合同的资格，投标单位应按招投标书附表格式提供令招标人满意的资格文件。为此，所提交投标文件中至少应包括下列资料：

a　有关确立投标单位法律地位的原始文件的复印件（包括营业执照、资质等级证书等其他相关资料）；

b　投标单位近年完成小区管理和现在正在管理小区的情况；

c　提供小区物业管理经理、各部门主要负责人（物业经理）简历及拟投入本项目的其他管理和主要人员情况；

d　提供为完成本小区管理拟采用的主要经营策略；

e　投标银行保函；

f　投标保证金契约担保书；

g　投标人保证书；

h　授权书。

2.3　由两个或两个以上单位组成联合体共同投标时，除按本条上述要求提供参加联合体的每一成员资料外，还应符合下列要求：

a　投标人的投标文件及中标后签署的合同协议书对联合体的每一成员均有法律约束力；

b　联合体的各成员应签订联合体协议书，明确所有联合体成员按合同条件实施合同所共同和分别承担的责任、义务及连带责任，联合体协议书须由所有成员的合法代表共同签署，该协议书副本应随投标文件一同提交招标人；

c　在联合体协议书中必须明确一家联合体成员作为主办人，该主办人被授权代表任何或全部联合体成员承担合同中的一切责任和接受指示，合同的整个实施应由该主办人负责，联合体主办人授权书应由联合体所有成员的合法代表共同签署，并附在联合体协议书中；

d　尽管委托了联合体主办人，但联合体各成员在投标、签订合同协议书及履行合同的过程中，仍负有共同和分别的法律责任；

e　参加联合体的各成员不得再以自己的名义单独投标，否则，有关投标将被拒绝。

2.4　除非另有规定或说明，本须知中“投标人”一词亦指联合体各成员。

3　投标费用

3.1　投标人应自行承担编制、递交投标文件所涉及的一切费用。招标人无须对投标人因本次招标事宜引起的任何费用或损失负责。

4　管理目标

该项目无论从设计上、建筑上以及规模上，都可在本地乃至全国名列前茅，因此在管理上也应达到与之相匹配的水平，具体管理目标是：

4.1　树立正确的物业管理观念，以“服务至上，客户第一”为管理宗旨，从而达到一流的管理、一流的形象、一流的效益，以提高整个物业的档次和社会形象。

4.2　该物业入伙开园后1年内，使该物业的管理水平达到本地区先进。

4.3　2年内使该物业达到省（直辖市）内先进水平。

4.4　3年内力争达到全国物业管理优秀的标准。

5　投标文件的组成内容

5.1　投标人准备的投标文件至少应包括以下各项内容：

a　投标书及其附录、附表格式；

b 授权书(法定代表人及项目经理授权书);

c 物业管理建议书;

d 合同协议书格式;

e 履约担保格式;

f 证明合格条件和资格的其他材料。

5.2 投标人应认真阅读招标文件的全部内容。如果投标文件不能满足招标文件要求,责任由投标人自负。

5.3 凡获得招标文件者,无论投标人中标与否,均应对招标文件保密,并承担因其泄密而引起的一切责任。

6 招标文件的修改

6.1 招标人在投标截止日期前的任何时候,可因任何原因对招标文件进行修改,并以向投标人发出补充招标文件的形式做出。

6.2 招标补充文件将以书面形式发给所有获得招标文件的投标人。投标人收到招标补充文件后,应在24小时内以书面形式向招标人确认收到。

6.3 如果招标人对招标文件进行了修改,当他认为必要时,可以通知投标人延长投标截止日期。

7 现场考察

7.1 投标人应按投标邀请书规定的时间和地点,参加由招标人组织的对现场及周围环境进行的考察,有关费用由投标人自理。

7.2 招标人组织的现场考察仅是对招标物业现场基本情况的初步考察,并不承担满足投标人获取投标所需全部资料的责任。投标人应自负其责地获得与编制投标文件有关的一切必需材料。

7.3 现场考察后,投标人将被认为已了解该物业的基本情况,物业的地理环境、各种配套设施、文化背景、市政配套情况、通讯、交通、周边物业状况、工作环境及一切可能对该物业管理构成影响的现场和周围环境情况,并已充分认识到自己应承担的义务、责任和风险,以便将所有因现场环境因素产生的费用包括在投标报价中。招标人不再接受任何与现场环境有关的索赔。

7.4 在现场考察过程中,投标人如发生人身伤亡、财产或其他损失,不论何种原因所造成,招标人均不负责。

8 语言

8.1 投标文件及投标人与招标人之间的一切往来函件均应使用中文。投标人随投标书提供的证明文件和印刷品可以使用其他语言,但必须附中文译本。投标书的解释以中文为准。

8.2 投标人准备的投标文件必须毫无例外地使用招标文件所提供的投标文件格式。

9 报价编制要求

9.1 投标单位按物业管理目标及管理预算方案、____市有关规定、结合市场实际情况编制该项目管理费用概(预)算书。

9.2 该物业业主保留对中标人某项报价偏高且明显不合理而无法接受的单价进行调整的权利,并以此作为签订合同协议书的条件之一。

9.3 该投标价将被认为是全面达到本招标文件中已明确的优质物业管理标准的报价。

10 投标货币

10.1 本招标物业项目采用人民币。

11　投标书有效期

11.1　自递交投标书截止日算起60天。

11.2　在原定投标书有效期届满之前，招标人可向投标人提出延长投标书有效期的要求。这种要求和答复应以书面形式进行。拒绝延期的投标人将失去中标资格，但不会失去投标保证金或保函。接受延期的投标人，不需要也不允许修改它的投标文件，但必须相应地延长投标保证的有效期。

12　投标文件的形式和签署

12.1　投标人应按本投标书第5条的规定，向招标人递交一式五份投标文件，正本一份，副本四份，并应在文件封面上标明“正本”和“副本”字样，当正本与副本不一致时，以正本为准。

12.2　所有文件均应打印（签字除外）。

12.3　“投标书”应由投标人的合法代表（法定代表人或其授权的代理人）签署。投标文件中正本的任何一页，都要由“投标书”签署人小签。投标文件不应有任何改动，否则应由“投标书”签署人在改动处签字并加盖投标单位公章。

13　投标文件的密封与标识

13.1　投标人应将投标文件的正本和副本分别密封在内、外两层信封中，并在内、外两层信封上均标明“正本”、“副本”字样。

13.2　递交投标文件时，正、副本应分别包装在两个密封袋中。

内层信封上应分别写明投标人（作为收件人）和招标人（作为发件人）的名称及地址，以便因标书迟到或其他原因宣布不能接受时，招标人得以将标书原封退回。内层信封的封口外应加盖投标单位公章和法定代表人名章。

13.3　投标密封必须在投标文件袋背面上方开口外密封，并填写密封日期。封条上加盖投标单位公章和法人代表印鉴各两枚。投标文件袋正面按照规定加盖投标单位公章和法定代表人印鉴各一枚。

14　投标截止时间

14.1　投标人应在投标邀请书规定的递交投标书截止时间之前，将投标文件送到招标人指定地点。未密封的投标文件将不予接受。迟到的投标文件将被原封退回。

14.2　投标人在递交投标文件的同时必须退回全部资料。否则，投标文件将不被接收。

15　开标

15.1　本招标项目将按投标邀请书中规定的时间和地点，对所有已签收的投标文件进行开标。投标人应派法定代表人（持本人身份证明）或其授权代表（携本人身份证明及授权书）出席。

15.2　在开标时，招标人将当场对已签收的所有投标文件的正本进行开封，并核查每一份投标文件的密封、签署、投标书内容等有关情况，以确定其完备性。

15.3　在进行上述核查后，将宣布不符合要求的投标人的名称，并同时宣布符合要求的投标单位名称。

15.4　开标结果宣布完后，由各投标人的合法代表人对开标结果当场签署确认。投标人不出席开标活动，将被视为自动放弃投标。

15.5　有下列情况之一者，将以废标处理，予以拒绝：

a　投标文件签署不全或不符合要求；

b　“投标书”中未填报总价；

c 投标文件将招标文件的格式、文字进行任何改动；

d 投标文件未按招标文件规定的内容、格式、顺序编写。

16 投标文件的评价和比较

16.1 在评标阶段，招标人认为需要时可要求投标人澄清投标书中的问题，或要求补充部分其他资料，或要求对其管理方案进行答辩。对此投标人不得拒绝，并应以书面形式送交招标人。但投标人不得借澄清问题的机会，对原投标报价和标书内容提出任何形式的修改。

16.2 在对投标文件进行评审前，招标人将首先对投标文件按照本招标书中的有关规定进行符合性审查。

16.3 对于通过符合性审查的投标文件，招标人将对其管理方案和管理（概）预算进行校核，并对管理（概）预算在算术上或累加运算上的错误予以修正。

16.4 招标人将只对合格的招标单位管理费用（概）预算符合性和算术性审查，并对符合招标文件规定的投标文件进行评价和比较。经招标人对所有符合投标进行加权平均，计算出复合标底。

复合标底＝各符合投标报价之和/符合投标单位个数

高于复合标底＋50%以上（不含＋50%）的投标，将被视为无竞争性而不进入评比，低于复合标底－20%以下（不含－20%）的投标，将被视为低于成本价也不进入评比。

16.5 除评标价之外，招标人还将进行商务评审和技术评审，一经评审后合理代价中标。

商务评审的主要内容是：

a 总管理（概）预算标价应合理；

b 其他影响该物业内业主增加或减少支付的因素；

c 投标价与复合标底价相比较；

d 未提出与招标文件中合同条款相悖的要求；

e 良好的信誉和优良的业绩。

技术评审的主要内容是：

a 总经理及各项目经理部项目经理、总工的资质、资历；

b 现场组织机构，项目经理部其他人员资质、资历；

c 以往类似项目经验、管理情况；

d 物业管理方案的合理、可行、科学及技术先进性；

e 对该物业周边环境的保护措施；

f 物业管理各项应急措施；

g 质量、消防、交通、环保及安全保证体系及措施；

h 专业技术力量能否满足物业管理目标要求。

16.6 定标方式

招标人将从管理方案的可行性、投标报价、物业管理技术的先进性、质量、安全、消防、交通、环保等保证体系、投标人履约能力、履约信誉、社会声誉等多方面进行商务评审和技术评审，以经评审后确定中标人。

16.7 招标人没有义务必须接受最低报价的投标。

17 接受和拒绝投标的权利

17.1 招标人在发出中标通知书前有权接受和拒绝任何投标，宣布投标无效或拒绝所有投标，并对由此引起的对投标人的影响不承担责任，也不解释原因。

18　中标通知书

18.1　评标结束后，招标人将在投标文件有效期截止日前向中标单位发出中标通知书。中标通知书中写明该物业业主委员会（如在未成立业主委员会前，由该物业的开发商代表全体业主）将与中标单位所签订委托管理合同规定实施和完成本物业项目管理费用总价（即合同价格）。

18.2　中标通知书是合同的组成部分。

18.3　招标人将通知未中标的投标人，但不负责解释未中标原因。

19　履约担保

19.1　中标人在收到中标通知书后10天内，应按招标人的指定或合同条款的规定，向招标人提交一份由银行出具的履约保函，担保金额为合同总价的10%。

20　合同协议书

20.1　中标人应在接到中标通知书后10天内，持履约保函，与招标人签订委托管理合同协议书。

20.2　合同协议书须经双方法定代表人或其授权的代理人签署，加盖公章后生效。

20.3　如果中标人未能遵守前款规定，招标人可宣布中标无效，将合同授予下一个预期中标人，或重新组织招标。

典型案例

孙庆军诉南京市清江花苑小区业主委员会业主知情权纠纷案

【裁判摘要】

业主作为建筑物区分所有人，享有知情权，享有了解本小区建筑区划内涉及业主共有权及共同管理权等相关事项的权利，业主委员会应全面、合理公开其掌握的情况和资料。对于业主行使知情权亦应加以合理限制，防止滥用权利，其范围应限于涉及业主合法权益的信息，并遵循简便的原则。

原告：孙庆军，男，43岁，住南京市鼓楼区。

被告：南京市清江花苑小区业主委员会，住所地：南京市鼓楼区清江花苑圆梦园1幢101室。

原告孙庆军与被告南京市清江花苑小区业主委员会（以下简称清江花苑业委会）发生业主知情权纠纷，向南京市鼓楼区人民法院提起诉讼。

原告孙庆军诉称：原告系清江花苑小区业主，本届业主委员会自2012年12月接手小区以来，管理混乱，财务收支不透明，从不公开依法应公开的信息，甚至出现违法行为，致原告等广大业主合法权益受到损害。原告曾至业委会要求查询相关信息被借故推脱。为维护业主合法权益，原告向法院提起诉讼，请求依法判决：一、被告清江花苑业委会在小区公告栏公布下列情况及资料：1.公布清江花苑小区建筑物及附属设施的维修资金筹集使用情况；2.公布本届业主委员会所有决定、决议和会议记录；3.公布本届业主委员会与物业公司之间的服务合同和共有部分的使用及收益情况；4.公布本小区停车费收支分配和车位处分情况；5.公布本届业主委员任期内的各年度财务收支账目、收支凭证；二、诉讼费用由被告承担。

被告清江花苑业委会辩称：1.原告孙庆军的请求应通过业主大会集体行使。现因部分业主与被告产生冲突导致业委会无法召开，故原告起诉公布事项无法通过业主大会进行公示。2.原告要求公布维修资金的情况，被告将当庭公示原告所属单元的维修资金使用情况。而且小区维修资金的使用应向相关管理部门申报，业委会并未掌握相关情况。3.关于车位的情况。车位使用是根据先到先用的原则分配，故无法提供具体处分情况，原告应向小区物业公司质询。对于其他的诉求，被告已经予以公示。

南京市鼓楼区人民法院经审理查明：原告孙庆军系南京市鼓楼区清风园×幢×单元××室房屋的所有权人，其房屋位于清江花苑住宅小区内。

2014年4月4日，被告清江花苑业委会于小区公告栏张贴《关于目前业委会账户资金情况的说明》，主要内容为：2014年1月27日业委会代表小区收取过街通道征地补偿款2 334 820元，为使公共收益保值增值，业委会工作人员于2014年2月26至28日通过网上银行分四笔合计260万借用个人账户购买两支货币基金，后应法院要求，于2014年4月3日申请赎回，4月4日本金260万元及收益10 443.12元均已归入业委会公共账户，特予以公示。后被告在小区公告栏对2013年度、2014年度的业委会收支情况进行公示，2013年度收支一览表载明收支各5项；2014年度收支一览表载明收入3项、支出4项。2015年7月11日，被告在小区公告栏张贴公告，告知全体业主：小区物业变更及2014年业委会财务收支账目等信息已公布，如业主对有关信息需要进一步了解，请到业委会办公室询问和查阅。

另查明：2012年12月14日，上届清江花苑业委会与无锡市谐和物业管理有限公司（以下简称谐和公司）签订《清江花苑小区物业服务合同》，委托其对小区物业进行管理。该物业服务合同已在小区公告栏张贴。2015年3月15日，被告清江花苑业委会向谐和公司发函催缴2014年度公共收益，谐和公司答复称，将于2015年3月30日前将2014年度公共收益情况提交并公示，具体欠缴金额及结算日期将与被告商定后实施。2015年6月19日，被告在小区公告栏张贴《物业变更公示》，告知小区业主：接谐和公司通知，因其面临破产，推荐江苏启成物业服务公司（以下简称启成公司）进行托管。后被告与启成公司签订物业服务合同，并在小区公告栏公布《物业服务合同》。原告孙庆军因要求被告公开相关信息，与被告产生纠纷，诉至法院，要求判如所请。

庭审中，被告清江花苑业委会举证招标时间为2013年7月的清江花苑小区屋面、墙体防水工程的开标、评标公示、招标文件、中标通知书、维修资金申请使用征询意见表及部分公摊明细等涉及维修资金使用情况的文件。原告孙庆军对此认可，但认为被告应公布全部维修资金的情况，而非专项维修资金的情况。

南京市鼓楼区人民法院审理认为：

业主对小区公共事务和物业管理的相关事项享有知情权，可以向业委会、物业公司要求公布、查阅依法应当向业主公开，且确由业委会和物业公司掌握的情况和资料。原告孙庆军作为业主，可以向被告清江花苑业委会主张公布由被告掌握的情况和资料。根据最高人民法院《关于审理建筑物区分所有权纠纷案件具体应用法律若干问题的解释》第十三条之规定，业主有权请求公布、查阅以下资料：（一）建筑物及其附属设施的维修资金的筹集、使用情况；（二）管理规约、业主大会议事规则，以及业主大会或者业主委员会的决定及会议记录；（三）物业服务合同、共有部分的使用和收益情况；（四）建筑区划内规划用于停放汽车的车位、车库的处分情况；（五）其他应当向业主公开的情况和资料。因此被告认为原告主张的权利应通过业主大会予以集体行使的抗辩理由，没有法律依据，且有违经济、便利原则，不利于业主上述知情权利的行使与保护，因此不予支持。清江花苑业委会应保障业主对上述资料进行查阅的权利，并及时公布与业主利益相关的资料。

关于原告孙庆军请求公布清江花苑小区建筑物及附属设施的维修资金筹集使用情况的主张。建筑物及附属设施的维修资金属于业主共有，用于住宅共有部位、共用设施设备保修期满后的维修及更新，业主有权了解其使用情况。被告清江花苑业委会作为小区全体业主的代表对小区进行管理，对于维修资金的筹集及使用情况应当知晓，而且资金是否由其直接掌握不影响其对维修资金情况的公布。被告向法院提交的2013年清江花苑小区屋面、墙体防水工程等资金使用情况，仅为部分资金的使用情况，并非全部维修资金的筹集、使用情况。故对原告的该项诉请，予以支持。关于原告要求公布本届业主委员会所有决定、决议和会议记录的主张。业委会作出的决定、决议和会议记录与业主的权利紧密相关，应予公开，并提供业主查阅。在本案审理过程中，被告虽已提交了相关会议纪要等证据，但并未在小区向全体业主公布，故对原告的该项诉请，予以支持。关于原告要求公布本届业主委员会与物业公司之间的物业服务合同和共有部分的使用及收益情况的主张。被告在小区公告栏已经张贴与谐和公司、启成公司所签订的《物业服务合同》，原告亦可通过被告办公室查阅上述物业服务合同，因此对于原告该项主张，不予支持。小区共有部分使用和收益与业主的利益亦是密切相关，虽存在谐和公司未及时上缴公共收益等的问题，但是被告作为全体业主代表应及时追缴，保障业主的合法权利，并将目前的使用和收益情况及时公布。关于原告要求公布本小区停车费收支分配和车位处分情况的主张。小区共有停车位，即规划区外的车位，虽由物业公司代管，归属小区全体业主共有，业主对于小区共有部分停车费的收支分配及停车位处分情况享有知情权。被告应及时联系物业公司，及时公布上述信息。故对于原告的该项主张，予以支持。关于原告主张公布本届业主委员任期内的各年度财务收支账目、收支凭证的主张。小区财务收支与小区业主具体利益息息相关，业委会应予公布。被告虽在小区公告栏公布了2013年度及2014年度的收支一览表，项目较少且不尽详细，后被告虽在庭审中提供账目明细表及凭证，但并未履行公布的义务，因此支持原告的主张。

综上，南京市鼓楼区人民法院依照最高人民法院《关于审理建筑物区分所有权纠纷案件具体应用法律若干问题的解释》第十三条、《中华人民共和国民事诉讼法》第六十四条以及最高人民法院《关于适用〈中华人民共和国民事诉讼法〉的解释》第九十条之规定，于2015年9月16日作出判决：

一、被告南京市清江花苑小区业主委员会于本判决生效之日起三十日内在小区公告栏内或公共区域内张贴公布本届业主委员会成立以来清江花苑小区建筑物及附属设施的维修资金筹集、使用情况。

二、被告南京市清江花苑小区业主委员会于本判决生效之日起三十日内在小区公告栏内或公共区域内张贴公布本届业主委员会成立以来业主委员会的决定、决议和会议记录。

三、被告南京市清江花苑小区业主委员会于本判决生效之日起三十日内在小区公告栏内或公共区域内张贴公布本届业主委员会成立以来（每半年一次）清江花苑小区共有部分的使用及收益情况。

四、被告南京市清江花苑小区业主委员会于本判决生效之日起三十日内在小区公告栏内或公共区域内张贴公布本届业主委员会成立以来清江花苑小区停车费收支分配及车位处分情况。

五、被告南京市清江花苑小区业主委员会于本判决生效之日起三十日内在小区公告栏内或公共区域内张贴公布本届业主委员会成立以来各年度财务收支账目明细、收支凭证。

一审判决后，双方均未上诉，该判决已发生法律效力。

（来源：《最高人民法院公报》2015年第12期）

3. 房屋装修装饰

住宅室内装饰装修管理办法

1. 2002年3月5日建设部令第110号发布
2. 根据2011年1月26日《住房和城乡建设部关于废止和修改部分规章的决定》修正

第一章 总 则

第一条 为加强住宅室内装饰装修管理，保证装饰装修工程质量和安全，维护公共安全和公众利益，根据有关法律、法规，制定本办法。

第二条 在城市从事住宅室内装饰装修活动，实施对住宅室内装饰装修活动的监督管理，应当遵守本办法。

本办法所称住宅室内装饰装修，是指住宅竣工验收合格后，业主或者住宅使用人（以下简称装修人）对住宅室内进行装饰装修的建筑活动。

第三条 住宅室内装饰装修应当保证工程质量和安全，符合工程建设强制性标准。

第四条 国务院建设行政主管部门负责全国住宅室内装饰装修活动的管理工作。

省、自治区人民政府建设行政主管部门负责本行政区域内的住宅室内装饰装修活动的管理工作。

直辖市、市、县人民政府房地产行政主管部门负责本行政区域内的住宅室内装饰装修活动的管理工作。

第二章 一般规定

第五条 住宅室内装饰装修活动，禁止下列行为：

（一）未经原设计单位或者具有相应资质等级的设计单位提出设计方案，变动建筑主体和承重结构；

（二）将没有防水要求的房间或者阳台改为卫生间、厨房间；

（三）扩大承重墙上原有的门窗尺寸，拆除连接阳台的砖、混凝土墙体；

（四）损坏房屋原有节能设施，降低节能效果；

（五）其他影响建筑结构和使用安全的行为。

本办法所称建筑主体，是指建筑实体的结构构造，包括屋盖、楼盖、梁、柱、支撑、墙体、连接接点和基础等。

本办法所称承重结构，是指直接将本身自重与各种外加作用力系统地传递给基础地基的主要结构构件和其连接接点，包括承重墙体、立杆、柱、框架柱、支墩、楼板、梁、屋架、悬索等。

第六条 装修人从事住宅室内装饰装修活动，未经批准，不得有下列行为：

（一）搭建建筑物、构筑物；

（二）改变住宅外立面，在非承重外墙上开门、窗；

（三）拆改供暖管道和设施；

（四）拆改燃气管道和设施。

本条所列第（一）项、第（二）项行为，应当经城市规划行政主管部门批准；第（三）项行为，应当经供暖管理单位批准；第（四）项行为应当经燃气管理单位批准。

第七条 住宅室内装饰装修超过设计标准或者规范增加楼面荷载的，应当经原设计单位或者具有相应资质等级的设计单位提出设计方案。

第八条 改动卫生间、厨房间防水层的，应当按照防水标准制订施工方案，并做闭水试验。

第九条 装修人经原设计单位或者具有相应资质等级的设计单位提出设计方案变动建筑主体和承重结构的，或者装修活动涉及本办法第六条、第七条、第八条内容的，必须委托具有相应资质的装饰装修企业承担。

第十条 装饰装修企业必须按照工程建设强制性标准和其他技术标准施工，不得偷工减料，确保装饰装修工程质量。

第十一条 装饰装修企业从事住宅室内装饰装修活动，应当遵守施工安全操作规程，按照规定采取必要的安全防护和消防措施，不得擅自动用明火和进行焊接作业，保证作业人员和周围住房及财产的安全。

第十二条 装修人和装饰装修企业从事住宅室内装饰装修活动，不得侵占公共空间，不得损害公共部位和设施。

第三章 开工申报与监督

第十三条 装修人在住宅室内装饰装修工程

开工前,应当向物业管理企业或者房屋管理机构(以下简称物业管理单位)申报登记。

非业主的住宅使用人对住宅室内进行装饰装修,应当取得业主的书面同意。

第十四条 申报登记应当提交下列材料:

(一)房屋所有权证(或者证明其合法权益的有效凭证);

(二)申请人身份证件;

(三)装饰装修方案;

(四)变动建筑主体或者承重结构的,需提交原设计单位或者具有相应资质等级的设计单位提出的设计方案;

(五)涉及本办法第六条行为的,需提交有关部门的批准文件,涉及本办法第七条、第八条行为的,需提交设计方案或者施工方案;

(六)委托装饰装修企业施工的,需提供该企业相关资质证书的复印件。

非业主的住宅使用人,还需提供业主同意装饰装修的书面证明。

第十五条 物业管理单位应当将住宅室内装饰装修工程的禁止行为和注意事项告知装修人和装修人委托的装饰装修企业。

装修人对住宅进行装饰装修前,应当告知邻里。

第十六条 装修人,或者装修人和装饰装修企业,应当与物业管理单位签订住宅室内装饰装修管理服务协议。

住宅室内装饰装修管理服务协议应当包括下列内容:

(一)装饰装修工程的实施内容;

(二)装饰装修工程的实施期限;

(三)允许施工的时间;

(四)废弃物的清运与处置;

(五)住宅外立面设施及防盗窗的安装要求;

(六)禁止行为和注意事项;

(七)管理服务费用;

(八)违约责任;

(九)其他需要约定的事项。

第十七条 物业管理单位应当按照住宅室内装饰装修管理服务协议实施管理,发现装修人或者装饰装修企业有本办法第五条行为的,或者未经有关部门批准实施本办法第六条所列行为的,或者有违反本办法第七条、第八条、第九条规定行为的,应当立即制止;已造成事实后果或者拒不改正的,应当及时报告有关部门依法处理。对装修人或者装饰装修企业违反住宅室内装饰装修管理服务协议的,追究违约责任。

第十八条 有关部门接到物业管理单位关于装修人或者装饰装修企业有违反本办法行为的报告后,应当及时到现场检查核实,依法处理。

第十九条 禁止物业管理单位向装修人指派装饰装修企业或者强行推销装饰装修材料。

第二十条 装修人不得拒绝和阻碍物业管理单位依据住宅室内装饰装修管理服务协议的约定,对住宅室内装饰装修活动的监督检查。

第二十一条 任何单位和个人对住宅室内装饰装修中出现的影响公众利益的质量事故、质量缺陷以及其他影响周围住户正常生活的行为,都有权检举、控告、投诉。

第四章 委托与承接

第二十二条 承接住宅室内装饰装修工程的装饰装修企业,必须经建设行政主管部门资质审查,取得相应的建筑业企业资质证书,并在其资质等级许可的范围内承揽工程。

第二十三条 装修人委托企业承接其装饰装修工程的,应当选择具有相应资质等级的装饰装修企业。

第二十四条 装修人与装饰装修企业应当签订住宅室内装饰装修书面合同,明确双方的权利和义务。

住宅室内装饰装修合同应当包括下列主要内容:

(一)委托人和被委托人的姓名或者单位名称、住所地址、联系电话;

（二）住宅室内装饰装修的房屋间数、建筑面积，装饰装修的项目、方式、规格、质量要求以及质量验收方式；

（三）装饰装修工程的开工、竣工时间；

（四）装饰装修工程保修的内容、期限；

（五）装饰装修工程价格，计价和支付方式、时间；

（六）合同变更和解除的条件；

（七）违约责任及解决纠纷的途径；

（八）合同的生效时间；

（九）双方认为需要明确的其他条款。

第二十五条 住宅室内装饰装修工程发生纠纷的，可以协商或者调解解决。不愿协商、调解或者协商、调解不成的，可以依法申请仲裁或者向人民法院起诉。

第五章 室内环境质量

第二十六条 装饰装修企业从事住宅室内装饰装修活动，应当严格遵守规定的装饰装修施工时间，降低施工噪音，减少环境污染。

第二十七条 住宅室内装饰装修过程中所形成的各种固体、可燃液体等废物，应当按照规定的位置、方式和时间堆放和清运。严禁违反规定将各种固体、可燃液体等废物堆放于住宅垃圾道、楼道或者其他地方。

第二十八条 住宅室内装饰装修工程使用的材料和设备必须符合国家标准，有质量检验合格证明和有中文标识的产品名称、规格、型号、生产厂厂名、厂址等。禁止使用国家明令淘汰的建筑装饰装修材料和设备。

第二十九条 装修人委托企业对住宅室内进行装饰装修的，装饰装修工程竣工后，空气质量应当符合国家有关标准。装修人可以委托有资格的检测单位对空气质量进行检测。检测不合格的，装饰装修企业应当返工，并由责任人承担相应损失。

第六章 竣工验收与保修

第三十条 住宅室内装饰装修工程竣工后，装修人应当按照工程设计合同约定和相应的质量标准进行验收。验收合格后，装饰装修企业应当出具住宅室内装饰装修质量保修书。

物业管理单位应当按照装饰装修管理服务协议进行现场检查，对违反法律、法规和装饰装修管理服务协议的，应当要求装修人和装饰装修企业纠正，并将检查记录存档。

第三十一条 住宅室内装饰装修工程竣工后，装饰装修企业负责采购装饰装修材料及设备的，应当向业主提交说明书、保修单和环保说明书。

第三十二条 在正常使用条件下，住宅室内装饰装修工程的最低保修期限为二年，有防水要求的厨房、卫生间和外墙面的防渗漏为五年。保修期自住宅室内装饰装修工程竣工验收合格之日起计算。

第七章 法律责任

第三十三条 因住宅室内装饰装修活动造成相邻住宅的管道堵塞、渗漏水、停水停电、物品毁坏等，装修人应当负责修复和赔偿；属于装饰装修企业责任的，装修人可以向装饰装修企业追偿。

装修人擅自拆改供暖、燃气管道和设施造成损失的，由装修人负责赔偿。

第三十四条 装修人因住宅室内装饰装修活动侵占公共空间，对公共部位和设施造成损害的，由城市房地产行政主管部门责令改正，造成损失的，依法承担赔偿责任。

第三十五条 装修人未申报登记进行住宅室内装饰装修活动的，由城市房地产行政主管部门责令改正，处5百元以上1千元以下的罚款。

第三十六条 装修人违反本办法规定，将住宅室内装饰装修工程委托给不具有相应资质等级企业的，由城市房地产行政主管部门责令改正，处5百元以上1千元以下的罚款。

第三十七条 装饰装修企业自行采购或者向装修人推荐使用不符合国家标准的装饰装修材料，造成空气污染超标的，由城市房地产行政主管部门责令改正，造成损失的，依法承担赔偿责任。

第三十八条 住宅室内装饰装修活动有下列行为之一的，由城市房地产行政主管部门责令改正，并处罚款：

（一）将没有防水要求的房间或者阳台改为卫生间、厨房间的，或者拆除连接阳台的砖、混凝土墙体的，对装修人处5百元以上1千元以下的罚款，对装饰装修企业处1千元以上1万元以下的罚款；

（二）损坏房屋原有节能设施或者降低节能效果的，对装饰装修企业处1千元以上5千元以下的罚款；

（三）擅自拆改供暖、燃气管道和设施的，对装修人处5百元以上1千元以下的罚款；

（四）未经原设计单位或者具有相应资质等级的设计单位提出设计方案，擅自超过设计标准或者规范增加楼面荷载的，对装修人处5百元以上1千元以下的罚款，对装饰装修企业处1千元以上1万元以下的罚款。

第三十九条 未经城市规划行政主管部门批准，在住宅室内装饰装修活动中搭建建筑物、构筑物的，或者擅自改变住宅外立面、在非承重外墙上开门、窗的，由城市规划行政主管部门按照《中华人民共和国城乡规划法》及相关法规的规定处罚。

第四十条 装修人或者装饰装修企业违反《建设工程质量管理条例》的，由建设行政主管部门按照有关规定处罚。

第四十一条 装饰装修企业违反国家有关安全生产规定和安全生产技术规程，不按照规定采取必要的安全防护和消防措施，擅自动用明火作业和进行焊接作业的，或者对建筑安全事故隐患不采取措施予以消除的，由建设行政主管部门责令改正，并处1千元以上1万元以下的罚款；情节严重的，责令停业整顿，并处1万元以上3万元以下的罚款；造成重大安全事故的，降低资质等级或者吊销资质证书。

第四十二条 物业管理单位发现装修人或者装饰装修企业有违反本办法规定的行为不及时向有关部门报告的，由房地产行政主管部门给予警告，可处装饰装修管理服务协议约定的装饰装修管理服务费2至3倍的罚款。

第四十三条 有关部门的工作人员接到物业管理单位对装修人或者装饰装修企业违法行为的报告后，未及时处理，玩忽职守的，依法给予行政处分。

第八章　附　　则

第四十四条 工程投资额在30万元以下或者建筑面积在300平方米以下，可以不申请办理施工许可证的非住宅装饰装修活动参照本办法执行。

第四十五条 住宅竣工验收合格前的装饰装修工程管理，按照《建设工程质量管理条例》执行。

第四十六条 省、自治区、直辖市人民政府建设行政主管部门可以依据本办法，制定实施细则。

第四十七条 本办法由国务院建设行政主管部门负责解释。

第四十八条 本办法自2002年5月1日起施行。

家庭居室装饰装修管理试行办法

1997年4月15日建设部发布

第一章　总　　则

第一条 为了加强家庭居室装饰装修管理，保证家庭居室装饰装修工程质量，维护各方当事人的合法权益，根据有关规定，制定本办法。

第二条 本办法所称家庭居室装饰装修，是指居民为改善自己的居住环境，自行或者委托他人对居住的房屋进行修饰处理的工程建设活动。

第三条　凡对家庭居室进行装饰装修和承接家庭居室装饰装修的单位及个人，应当遵守本办法。

第四条　房屋所有人、使用人进行家庭居室装饰装修，凡涉及拆改主体结构和明显加大荷载的，必须按照建设部令第46号《建筑装饰装修管理规定》第八条规定的程序办理；进行简易装饰装修（如仅作面层涂料、贴墙低、铺面砖等）的，应当到房屋产权单位或物业管理单位登记备案。

第五条　国务院建设行政主管部门归口管理全国家庭居室装饰装修的管理。

县级以上地方人民政府建设行政主管部门归口管理本行政区域家庭居室装饰装修的管理。

第二章　家庭居室装饰装修市场管理

第六条　凡承接家庭居室装饰装修工程的单位，应当持有建设行政主管部门颁发的具有建筑装饰装修工程承包范围的《建筑业企业资质证书》。

对于承接家庭居室装饰装修工程的个体装饰装修从业者，应当持所在地乡镇以上人民政府有关主管部门出具的务工证明、本人身份证、暂时居住证，向工程所在地的建设行政主管部门或者其指定的机构登记备案，实行“登记注册、培训考核、技能鉴定、持证上岗”的制度。具体办法由省、自治区、直辖市人民政府建设行政主管部门制订。

第七条　凡没有《建筑业企业资质证书》或者建设行政主管部门发放的个体装饰装修从业者上岗证书的单位和个人，不得承接家庭居室装饰装修工程。

第八条　从事家庭居室装饰装修的单位和个人应当遵循以下规则：

（一）采用的装饰材料不得以次充好、弄虚作假；

（二）施工应符合有关规范要求，不得偷工减料、粗制滥造；

（三）不得野蛮施工，危及建筑物自身的安全；

（四）不得欺行霸市、强迫交易；

（五）不得冒用其他企业名称和商标；

（六）不得损害居民和其他经营者权益；

（七）国家和地方规定和其他规则。

第九条　有条件的城市可逐步建立家庭居室装饰装修交易市场，为开展家庭居室装饰装修材料营销、装饰承包等活动提供交易场所。建设行政主管部门要加强对家庭居室装饰装修交易市场的管理。

家庭居室装饰装修交易市场可以开展信息咨询、投诉、质量评估等服务，以满足家庭居室装饰装修消费者和经营者的需求。

第三章　家庭居室装饰装修工程质量管理

第十条　除自行装饰装修外，居民对于家庭居室装饰装修工程应当选择并委托具有《建筑业企业资质证书》的施工单位，或者具有个体装饰从业者上岗证书个人进行。

第十一条　进行家庭居室装饰装修，不得随意在承重墙上穿洞，拆除连接阳台门窗的墙体，扩大原有门窗尺寸或者另建门窗；不得随意增加楼地面静荷载，在室内砌墙或者超负荷吊顶、安装大型灯具及吊扇；不得任意刨凿顶板，不经穿管直接埋设电线或者改线；不得破坏或者拆改厨房、厕所的地面防水层，以及水、暖、电、煤气等配套设施；不得大量使用易燃装饰材料等。

第十二条　家庭居室装饰装工程可以委托有关质量监督机构进行监督，并按照规定支付监督费用。

第四章　家庭居室装饰装修合同与价格管理

第十三条　实行委托的家庭居室装饰装修，委托人和被委托人应当遵循诚实、平等、公平、自愿的原则，遵照国家和地方的有关规定，签订家庭居室装饰装修合同。

家庭居室装饰装修合同应当包括以下内容：

（一）委托人和被委托人的姓名或者单位名称、住所地址、联系电话、邮政编码，其中个体装装修从业者还应当填写本人身份证和个体装饰装修从业者上岗证书的号码；

（二）家庭居室装饰装修的间数、面积、装饰装修的项目、方式、规格、质量要求以及质量验收方式；

（三）装饰装修工程的开工、完工时间；

（四）工程保修内容、期限；

（五）装饰工程价格及支付的方式、时间；

（六）合同变更和解除的条件；

（七）违约责任及解决纠纷的途径；

（八）合同的生效方式；

（九）双方认为需要明确的其他条款。

第十四条 家庭居室装饰装修工程的价格，根据市场竞争、优质优价的原则，由委托人和被委托人在合同中约定。

第十五条 家庭居室装饰装修纠纷，可以向当地建设行政主管部门或者其指定的机构进行投诉，也可以向当地人民法院提起民事诉讼。

第五章 家庭居室装饰装修作业现场管理

第十六条 家庭居室装饰装修不论是自行进行还是委托他人进行，都应当采取有效措施，减轻或者避免对相邻居民正常生活所造成的影响。

第十七条 承接家庭居室装饰装修工程的单位和个人，应当采取必要的安全防护和消防措施，保障作业人员和相邻居民的安全。

第十八条 家庭居室装饰装修所形成的各种废弃物，应当按照有关部门指定的位置、方式和时间进行堆放及清运。严禁从楼上向地面或由垃圾道、下水道抛弃因装饰装修居室而产生的废弃物及其他物品。

第十九条 因进行家庭居室装饰装修而造成相邻居民住房的管道堵塞、渗漏水、停电、物品毁坏等，应由家庭居室装饰装修的委托人负责修复和赔偿；如属被委托人的责任，由委托人找被委托人负责修复和赔偿。

第六章 附 则

第二十条 省、自治区、直辖市人民政府建设行政主管部门可以依据本办法，制定实施细则。

第二十一条 本办法自发布之日起试行。

民用建筑节能管理规定

1. 2005年11月10日建设部令第143号发布

2. 自2006年1月1日起施行

第一条 为了加强民用建筑节能管理，提高能源利用效率，改善室内热环境质量，根据《中华人民共和国节约能源法》、《中华人民共和国建筑法》、《建设工程质量管理条例》，制定本规定。

第二条 本规定所称民用建筑，是指居住建筑和公共建筑。

本规定所称民用建筑节能，是指民用建筑在规划、设计、建造和使用过程中，通过采用新型墙体材料，执行建筑节能标准，加强建筑物用能设备的运行管理，合理设计建筑围护结构的热工性能，提高采暖、制冷、照明、通风、给排水和通道系统的运行效率，以及利用可再生能源，在保证建筑物使用功能和室内热环境质量的前提下，降低建筑能源消耗，合理、有效地利用能源的活动。

第三条 国务院建设行政主管部门负责全国民用建筑节能的监督管理工作。

县级以上地方人民政府建设行政主管部门负责本行政区域内民用建筑节能的监督管理工作。

第四条 国务院建设行政主管部门根据国家节能规划，制定国家建筑节能专项规划；省、自治区、直辖市以及设区城市人民政府建设行政主管部门应当根据本地节能规划，制定本地建筑节能专项规划，并组织实施。

第五条 编制城乡规划应当充分考虑能源、资源的综合利用和节约，对城镇布局、功能区设置、建筑特征，基础设施配置的影响进行研究论证。

第六条 国务院建设行政主管部门根据建筑节能发展状况和技术先进、经济合理的原则，组织制定建筑节能相关标准，建立和完善建筑节能标准体系；省、自治区、直辖市人民政府建设行政主管部门应当严格执行国家民用建筑节能有关规定，可以制定严于国家民用建筑节能标准的地方标准或者实施细则。

第七条 鼓励民用建筑节能的科学研究和技术开发，推广应用节能型的建筑、结构、材料、用能设备和附属设施及相应的施工工艺、应用技术和管理技术，促进可再生能源的开发利用。

第八条 鼓励发展下列建筑节能技术和产品：

（一）新型节能墙体和屋面的保温、隔热技术与材料；

（二）节能门窗的保温隔热和密闭技术；

（三）集中供热和热、电、冷联产联供技术；

（四）供热采暖系统温度调控和分户热量计量技术与装置；

（五）太阳能、地热等可再生能源应用技术及设备；

（六）建筑照明节能技术与产品；

（七）空调制冷节能技术与产品；

（八）其他技术成熟、效果显著的节能技术和节能管理技术。

鼓励推广应用和淘汰的建筑节能部品及技术的目录，由国务院建设行政主管部门制定；省、自治区、直辖市建设行政主管部门可以结合该目录，制定适合本区域的鼓励推广应用和淘汰的建筑节能部品及技术的目录。

第九条 国家鼓励多元化、多渠道投资既有建筑的节能改造，投资人可以按照协议分享节能改造的收益；鼓励研究制定本地区既有建筑节能改造资金筹措办法和相关激励政策。

第十条 建筑工程施工过程中，县级以上地方人民政府建设行政主管部门应当加强对建筑物的围护结构（含墙体、屋面、门窗、玻璃幕墙等）、供热采暖和制冷系统、照明和通风等电器设备是否符合节能要求的监督检查。

第十一条 新建民用建筑应当严格执行建筑节能标准要求，民用建筑工程扩建和改建时，应当对原建筑进行节能改造。

既有建筑节能改造应当考虑建筑物的寿命周期，对改造的必要性、可行性以及投入收益比进行科学论证。节能改造要符合建筑节能标准要求，确保结构安全，优化建筑物使用功能。

寒冷地区和严寒地区既有建筑节能改造应当与供热系统节能改造同步进行。

第十二条 采用集中采暖制冷方式的新建民用建筑应当安设建筑物室内温度控制和用能计量设施，逐步实行基本冷热价和计量冷热价共同构成的两部制用能价格制度。

第十三条 供热单位、公共建筑所有权人或者其委托的物业管理单位应当制定相应的节能建筑运行管理制度，明确节能建筑运行状态各项性能指标、节能工作诸环节的岗位目标责任等事项。

第十四条 公共建筑的所有权人或者委托的物业管理单位应当建立用能档案，在供热或者制冷间歇期委托相关检测机构对用能设备和系统的性能进行综合检测评价，定期进行维护、维修、保养及更新置换，保证设备和系统的正常运行。

第十五条 供热单位、房屋产权单位或者其委托的物业管理等有关单位，应当记录并按有关规定上报能源消耗资料。

鼓励新建民用建筑和既有建筑实施建筑能效测评。

第十六条 从事建筑节能及相关管理活动的单位，应当对其从业人员进行建筑节能标准与技术等专业知识的培训。

建筑节能标准和节能技术应当作为注册城市规划师、注册建筑师、勘察设计注册工程师、注册监理工程师、注册建造师等继续教育的必修内容。

第十七条 建设单位应当按照建筑节能政策要求和建筑节能标准委托工程项目的设计。

建设单位不得以任何理由要求设计单位、施工单位擅自修改经审查合格的节能设计文件,降低建筑节能标准。

第十八条 房地产开发企业应当将所售商品住房的节能措施、围护结构保温隔热性能指标等基本信息在销售现场显著位置予以公示,并在《住宅使用说明书》中予以载明。

第十九条 设计单位应当依据建筑节能标准的要求进行设计,保证建筑节能设计质量。

施工图设计文件审查机构在进行审查时,应当审查节能设计的内容,在审查报告中单列节能审查章节;不符合建筑节能强制性标准的,施工图设计文件审查结论应当定为不合格。

第二十条 施工单位应当按照审查合格的设计文件和建筑节能施工标准的要求进行施工,保证工程施工质量。

第二十一条 监理单位应当依照法律、法规以及建筑节能标准、节能设计文件、建设工程承包合同及监理合同对节能工程建设实施监理。

第二十二条 对超过能源消耗指标的供热单位、公共建筑的所有权人或者其委托的物业管理单位,责令限期达标。

第二十三条 对擅自改变建筑围护结构节能措施,并影响公共利益和他人合法权益的,责令责任人及时予以修复,并承担相应的费用。

第二十四条 建设单位在竣工验收过程中,有违反建筑节能强制性标准行为的,按照《建设工程质量管理条例》的有关规定,重新组织竣工验收。

第二十五条 建设单位未按照建筑节能强制性标准委托设计,擅自修改节能设计文件,明示或暗示设计单位、施工单位违反建筑节能设计强制性标准,降低工程建设质量的,处20万元以上50万元以下的罚款。

第二十六条 设计单位未按照建筑节能强制性标准进行设计的,应当修改设计。未进行修改的,给予警告,处10万元以上30万元以下罚款;造成损失的,依法承担赔偿责任;两年内,累计三项工程未按照建筑节能强制性标准设计的,责令停业整顿,降低资质等级或者吊销资质证书。

第二十七条 对未按照节能设计进行施工的施工单位,责令改正;整改所发生的工程费用,由施工单位负责;可以给予警告,情节严重的,处工程合同价款2%以上4%以下的罚款;两年内,累计三项工程未按照符合节能标准要求的设计进行施工的,责令停业整顿,降低资质等级或者吊销资质证书。

第二十八条 本规定的责令停业整顿、降低资质等级和吊销资质证书的行政处罚,由颁发资质证书的机关决定;其他行政处罚,由建设行政主管部门依照法定职权决定。

第二十九条 农民自建低层住宅不适用本规定。

第三十条 本规定自2006年1月1日起施行。原《民用建筑节能管理规定》(建设部令第76号)同时废止。

商品住宅装修一次到位实施细则

1. 2002年6月26日建设部发布

2. 自2002年6月26日起施行

1 导 则

1.1 总 则

1.1.1 为贯彻国务院办公厅1999年72号文件转发的建设部等部门《关于推进住宅产业现代化提高住宅质量的若干意见》,“加强对住宅装修的管理,积极推广装修一次到位或菜单式装修模式,避免二次装修造成的破坏结构、浪费和扰民等现象”,落实《住宅室内装饰装修管理办法》(建设部令第110号)的有关规定,特编制本实施细则。

1.1.2 商品住宅装修一次到位所指商品住宅为新建城镇商品住宅中的集合式住宅。装修一次到位是指房屋交钥匙前,所有功能空间的固定面全部铺装或粉刷完成,厨房和卫生间的基本设备全部安装完成,简称全装修住宅。

1.1.3 本实施细则率先在国家康居示范工程和申请商品住宅性能认定项目执行,其他新建城镇商品住宅可采取分地区、分阶段的方式逐步全面推行。

1.1.4 推行装修一次到位的根本目的在于:逐步取消毛坯房,直接向消费者提供全装修成品房;规范装修市场,促使住宅装修生产从无序走向有序。坚持技术创新和可持续发展的原则,贯彻节能、节水、节材和环保方针,鼓励开发住宅装修新材料新部品,带动相关产业发展,提高效率,缩短工期,保证质量,降低造价。

1.1.5 坚持住宅产业现代化的技术路线,积极推行住宅装修工业化生产,提高现场装配化程度,减少手工作业,开发和推广新技术,使之成为工业化住宅建筑体系的重要组成部分。

1.1.6 住宅装修产业链框图。(略)

1.2 住宅开发

1.2.1 住宅开发单位必须更新观念,建造全装修住宅,做到住宅内部所有功能空间全部装修一次到位,销售成品房的价格中包含装修费用,并应在商品房预售合同中单独标明装修标准。

1.2.2 住宅装修应在市场调查的基础上正确定位,装修档次和标准应和住宅本身的定位相一致。在标准化、通用化的前提下,力求多样化。

1.2.3 加强住宅装修组织与管理。对设计、施工和监理单位进行资质审查,运用公开招标形式优选设计、施工和监理单位。贯彻执行国家有关规范、规定和标准,坚持高起点、高标准、高效率和高科技含量,创出装修设计、施工和管理的新水平。

1.3 装修设计

1.3.1 住宅装修必须进行装修设计,由开发单位委托具有相应资质条件的设计单位设计。

住宅装修设计是住宅建筑设计的延续,必须将装修设计作为一个相对独立的设计阶段,并强化与土建设计的相互衔接,住宅装修设计应在住宅主体施工动工前进行。

1.3.2 住宅装修设计必须树立以人为本的设计思想,多方听取意见,细化设计方案,做到符合人体工程学,适应不同的结构形式,功能合理齐全,环境舒适卫生,造价适宜不高,贴近业主的实际需要。装修简洁化,装饰个性化。

1.3.3 住宅装修设计必须执行《住宅建筑模数协调标准》,厨卫设备与管线的布置应符合净模数的要求,在设计阶段就予以定型定位,以适应住宅装修工业化生产的要求,提高装配化程度。

1.3.4 积极推广应用住宅装修新技术、新工艺、新材料和新部品,提高科技含量,取得经济效益、环境效益和社会效益。

1.4 材料和部品的选用

1.4.1 建立和健全住宅装修材料和部品的标准化体系,淘汰技术落后、性能差或不符合卫生要求的材料和部品,开发和发展住宅装修新材料和新部品,进行标准化、系列化、集约化生产,实现住宅装修材料和部品生产的现代化。

1.4.2 住宅装修部品的选用应遵循《住宅建筑模数协调标准》,执行优化参数、公差配合和接口技术等有关规定,以提高其互换性和通用性。

1.4.3 实施材料和部品配套供应，形成成套技术。不但要求主体材料和辅助材料、主件和配件配套、施工专用机具配套，而且要求有关设计、施工、验收等技术文件配套，做到产品先进有标准，设计方便有依据，施工快捷质量有保证。

1.4.4 材料与部品的选择应符合产业的发展方向，经过国家授权机构的测试，满足国家有关环保、节能和节水的最新标准要求，对产品质量责任进行投保；生产企业通过ISO9000或ISO14000系列认证。

1.4.5 材料与部品采购体现集团批量采购的优势，大幅度降低采购成本。

1.5 装修施工

1.5.1 住宅装修由开发单位委托具有相应资质条件的建筑装饰施工单位施工。

住宅装修应积极推行工业化施工方法，鼓励使用装修部品，减少现场作业量，积极引进和开发、应用施工专用机具，提高施工工艺水平，有效缩短施工周期。

1.5.2 加强施工组织管理，编制施工组织设计，拟定相应措施，有效控制装修施工。

1.5.3 加强质量管理，制定质量通病防治措施，争创优质工程。严把材料和部品质量关，不合格产品不准进入施工现场。

1.5.4 加强安全生产、文明施工管理，坚持安全第一、预防为主的方针，创造良好的施工环境。

1.6 工程监理

1.6.1 住宅装修必须实施工程监理，由开发单位委托具有相应资质条件的监理单位监理。开发单位与所委托的监理单位订立书面委托监理合同。

1.6.2 装修工程监理的目标是：控制投资、进度和质量，强化合同管理和信息管理，协调各方关系。包括以下内容：审核装修合同、审核设计方案、审核设计图纸、审核工程预算、查验装饰材料和设备、验收隐蔽工程、检查工艺作法、监督工程进度、检查工程质量、协助甲方验收装修工程。

1.7 质量保证

1.7.1 确立开发单位为住宅装修质量的第一责任人，承担住宅装修工程质量责任，负责相应的售后服务。建筑装饰施工单位、装修材料和部品生产厂家负责相应施工和产品的质量责任。

1.7.2 建立和推行住宅装修质量保证体系，将设计、生产和施工的质量保证有机地联系起来，便于发现问题，研究对策，改进措施，使装修质量经得起长时间的检验。

1.7.3 住宅开发单位必须向购房者提交装修质量保证书，包括装修明细表，装修平面图和主要材料及部品的生产厂家，并执行有关的保修期。

2 装修管理

2.1 资质管理

2.1.1 推行装修一次到位的商品住宅，由住宅开发单位负责装修工程的全过程，不允许购房者个人聘请施工单位自行装修。

2.1.2 开发单位要严格选择装修设计和装修施工的单位。

(1)根据建设部建设〔2001〕9号文《关于加强建筑装饰设计市场管理的意见》和《建筑装饰设计资质分级标准》，装修设计单位分为甲、乙、丙三个级别，其承担的工程项目不得超过相应级别所规定的业务范围。

(2)装修施工单位，应持有建设行政主管部门颁发的具有建筑装饰装修工程承包范围的《建筑业企业资质证书》、个体装饰装修从业者应具有上岗证书，否则不得承接家庭居室装修工程。

(3)由住宅开发单位通过招标选择的装修施工单位，必须具备一定的规模和经济实力，应符合下列条件：

①具有独立法人资格；

②配备相应的工程预决算人员、工程技术人员和施工管理人员；

③有固定的施工队伍，施工队伍工种齐

全,主要技术工人应持有有关部门颁发的技能等级证书;

④装修施工前,应办理一定数额的工程保险。

(4)装修施工单位应当遵循以下规则:

①采用的装饰材料不得以次充好,弄虚作假;

②施工不得偷工减料,粗制滥造;

③不得野蛮施工,危及建筑物自身的安全;

④不得冒用其他企业名称和商标;

⑤不得损害居民和开发单位的权益;

⑥国家和地方规定的有关规范和规则。

2.2 质量管理

2.2.1 工程监理单位或装修质量监督机构对装修工程进行监理,严格执行每道工序特别是隐蔽工程的签字验收制度,以保证对施工质量的控制。

2.2.2 装修施工单位应当按月填写单项工程汇总表,报开发单位和监理单位,以保证施工进度。

开发单位应根据工程汇总表和预算额按时支付费用。

2.2.3 居室装修质量首先应表现在样板间上,样板间要真实地反映装修档次和装修施工质量。交付给购房者的装修质量,不应低于样板间的质量水平。作为装修质量的衡量标准,样板间在购房者入住之前不宜拆除。

2.3 合同管理

2.3.1 住宅开发单位和购房者应按照国家和地方的有关规定签订制式合同,并在房屋结构及设备标准中设置相关全装修标准的内容(参见表4—3《全装修套餐选择表》和表4—2《全装修标准装饰材料》)。

2.3.2 住宅开发单位应在和装修设计单位、施工单位等签订合同,合同中包括全装修的套餐选择和标准装饰材料等内容(参见表4—3《全装修套餐选择表》、表4—2《全装修标准装饰材料》),并规定实施中应贯彻全装修住宅的思想,实行工业化装修方式。

3 装修设计

3.1 一般规定

3.1.1 室内装修的功能

(1)室内空间的美化功能。

主要包括:

①造型艺术处理;

②照明艺术处理;

③材料的色彩,材料的质感。

(2)室内空间的利用和再塑。

①空间的竖向分隔;

②空间的水平分隔;

③空间的有效使用;

④室内外空间的相互渗透。

(3)结构及设备的隐蔽功能。

①土建饰面层的保护;

②水暖电管线及设备的隐蔽和保护;

③防渗防潮的措施。

(4)住宅物理性能的提高。

①提高保温、隔热、隔声、防尘性能;

②提高防火、防跌、防滑、防晒性能;

③延长住宅的使用寿命。

3.1.2 设计步骤与思路

(1)确定标准

配合开发单位通过市场调查研究,结合装修的流行趋势,明确销售对象,确定装修标准。其装修水平至少应达到购房者所期望的档次和标准。

装修一次到位应在土建施工开工前,确定装修设计方案,由开发单位优选队伍,统一组织,采用工业化的集成方式加以实施。装修一次到位应建立在通用化的设计基础之上,其前提是规范化的有序管理。

装修的多样化,可表现在不同套型平面采用不同“菜单”的差异上,精选出具有代表性的装修方案,强调在同一档次上的统一性和均好性,同时通过设计引导消费者向装饰个性化方向发展。

(2)提前衔接

建造全装修住宅,首先要实施土建设计和装修设计一体化。土建设计方案确定后,装修设计单位就应提前介入,针对住宅套内的平面布置、设备及管线的位置,提出相应的装修方案图,两个方案相互补充完善并进行调整。重点解决土建、设备与装修的衔接问题,解决界面的联系,真正达到装修的标准化、模数化、通用化,为装修的工业化生产打下基础,改变土建、装修相互脱节的局面,使室内空间更趋合理。

①土建设计宜选用净模制,用模数空间包容部品群;

②土建设计宜选用定型门窗洞口系列。尽量避免使用刀把门,为后装房门、做门套提供便利条件;

③水、暖、气等设施管道系统应集中定型定位布置,竖向管道宜综合设计应固定在轻钢龙骨支架上,形成定型的预制管束,逐层吊装对接后包敷。水平管道可利用地石垫层、吊顶布置,或采用布管矮墙连接管束中的竖管和洁具;

④强、弱电线路,最好采用独立的布线系统,以便维护、更新线路和增加、改变用电点位置,从而避免影响其他部品和装修面层的完好。

(3)部品集成

设计人员应了解材料部品的规格、式样和品质,以及生产厂家的加工能力和安装方式等,通过组合先在图纸上加以集成。尤其是厨房、卫生间的设备配置,必须通过排列才能确定空间的各种尺寸。对于非标准装修的部位,要进行尺寸实测。工厂加工,现场组装,要求装修设计为现场的快速组装创造接合条件,尽可能减少手工加工的环节。

(4)提供图纸

设计图纸完成后,应向装修施工单位进行交底,说明施工中应注意的问题和技术要求。

设计单位应向开发单位和施工单位提供以下图纸资料:

①装修施工详图(包括水暖电附属专业图);

②设备部品清单;

③概算。

开发单位应向购房者提供以下竣工图:

①套型(套内)平面图及使用面积;

②选材和设备配置使用说明书;

③设备接口位置和接口图、套内面积。

装修设计图纸作为必备资料交给购房者,购房者对照图纸进行验收。

(5)指导施工

首先指导施工单位做出样板间,以引导装修工程按一个标准全面展开。样板间应以交付给购房者时的实景为主,以带个性化装饰为辅,真实地反映装修一次到位的商品房的内在质量。

设计人员要配合开发单位、监理单位、施工单位,对材料和部品进行把关,现场解决在安装集成过程中的问题,确保装修按图纸施工。

3.1.3 装修的环保原则

室内装修必须十分重视环保及防污问题。要在选材、施工用料方面坚持如下原则:

(1)节约资源

①提倡使用可重复使用、可循环使用、可再生使用的材料。

②选用良好的密封材料,改进装修节点,提高外墙外门窗的气密性。

③选用先进的节能采暖制冷技术与设备。

④选用高效节能的光源及照明新技术。

⑤节约用水,要强制性淘汰耗水型器具,推广节水器具,选用节水水嘴和节水便器。

(2)减少室内空气污染

①选用环保型装修材料。

②选择无毒、无害、无污染环境、有益于人体健康的材料和部品。宜采用取得国家环境标志的材料和部品。

③使用能改善室内空气质量的先进技术及设备。

④防止成品家具对室内造成的污染。

3.2 住宅功能空间设备配置推荐标准

3.2.1 商品住宅装修必须达到购房者入

住即可使用的标准,从装修入手,整合提高住宅的品质,达到相应等级的舒适程度。

3.2.2 住宅功能空间的推荐标准:

(1)住宅功能空间推荐标准

标准室内空间等级		设备名称					
		电视插口	电话	空调专用线	电热水器专用线	电源插座	信息插口
主卧室	普通住宅	1	1	√		3 组	1
	中高级住宅	1	1	√		4 组	
	高级住宅	1	1	√		5 组	
双人卧室	普通住宅			√		2 组	
	中高级住宅	1	1	√		3 组	
	高级住宅	1	1	√		4 组	
单人卧室	普通住宅			√		2 组	1
	中高级住宅	1		√		3 组	1
	高级住宅	1	1	√		3 组	1
起居室	普通住宅	1	1	√		4 组	
	中高级住宅	1	1	√		5 组	
	高级住宅	1	1	√		6 组	1
厨房	普通住宅					3 组	
	中高级住宅					4 组	
	高级住宅	1	1	√		5 组	
卫生间	普通住宅					3 组(含洗衣机插座)	
	中高级住宅				√	4 组	
	高级住宅		1		√	5 组	
餐厅	中高级住宅					1 组	
	高级住宅	1	1	√		2 组	
书房	中高级住宅		1	√		3 组	1
	高级住宅		1	√		4 组	1
其余设备	给水设备	用水量 200 升 300 升人 7 日 热水管道系统					
	采暖通风	散热器(空调机)北方地区采暖如用电					
	电器设备	电表 5(20)A 10(40)A(特殊设备选型用电量,设计定) 负荷 6000W 以上					

注:这里将住宅分为:普通住宅、中高级住宅、高级住宅。普通住宅相当于商品住宅性能评定中的 A 级商品住宅;中高级住宅相当于商品住宅性能评定中的 AA 级商品住宅;高级住宅相当于商品住宅性能评定中的 AAA 级商品住宅。

（2）厨房、卫生间部分

标准功能空间	设施配置标准	
厨房	普通住宅	灶台、调理台、洗池台、吊柜，冰箱位、排油烟机（操作面延长线≮2400mm）（防水防尘）吸顶灯，配置厨房电器插座3组
	中高级住宅	灶台、调理台、洗池台、搁置台、吊柜，冰箱位、排油烟机（操作面延长线≮2700mm）、消毒柜、微波炉位、厨房电器插座4组，吸顶灯（防水、防尘型）
	高级住宅	灶台（带烤箱）、调理台、洗池台、洗碗机、搁置台、吊柜，冰箱位、排油烟机（操作面延长线≮3000mm）微波炉位、电话、电视插口、厨房电器插座5组、吸顶灯（防水、防尘型）
卫生间	普通住宅	淋浴、洗面盆、坐便器、镜（箱），洗衣机位、自然换气（风道）吸风机、电剃须等电器插座3组，吸顶灯（防水型）、镜灯
	中高级住宅	浴盆（1.5m）和淋浴器、（蒸汽房）洗面化妆台、化妆镜、洗衣机位、座便器（2个），排风扇、风道吹风机、电剃须等电器插座4组，电话（挂墙式分机）接口
	高级住宅	浴盆（水按摩）和淋浴器、（蒸汽房）洗面化妆台、化妆镜、洗衣机位、座便器（2个），净身盆、换气扇、红外线灯、吹风机、电剃须等电器插座5组，电话接口、吸顶灯、镜灯

注：不含整体浴室。

3.3 商品住宅装修防火与安全

3.3.1 住宅装修设计应严格执行建筑设计防火规范（GBJ16—87）、高层民用建筑设计防火规范（GB50045—95）、建筑内部装修设计防火规范（GB50222—95）及1999年局部修订条文等规范相关条文。住宅装修设计安全因素要把防火设计放在首要位置。

3.3.2 商品住宅装修防火等级：分为高层住宅及低层、多层住宅两个等级，高层住宅为一级防火，低层、多层住宅二级防火。

3.3.3 装修材料按其燃烧性能划分为四级，见下表：

装修材料燃烧性能等级

等级	装修材料燃烧性能
A	不燃性
B1	难燃性
B2	可燃性
B3	易燃性

3.3.4 高层住宅内部装修材料的燃烧性能等级不应低于下表规定：

高层住宅各部位装修材料的燃烧性能等级

建筑等级	顶棚	墙面	地面	隔断	固定家具	装饰织物				其他装饰材料
						窗帘	帷幕	床罩	家具包布	
普通住宅	B1	B2	B2	B2	B2	B2		B2	B2	B2
高级住宅	A	B1	B2	B1	B2	B1		B1	B2	B1

注:本细则中,中高级住宅装修材料的燃烧等级由设计人员视情况确定。

3.3.5 低层及多层住宅内部装修材料燃烧性能等级不应低于下表规定:

低层、多层住宅各部位装修材料的燃烧性能等级

建筑等级	装饰材料燃烧性能等级							
	顶棚	墙面	地面	隔断	固定家具	装饰织物		其他装饰材料
						窗帘	帷幕	
普通住宅	B1	B1	B1	B1	B2	B2		B2
高级住宅	A	B1	B1	B1	B2	B2		B2

注:高级住宅中含中高级住宅。

3.3.6 住宅内部常用装修材料燃烧性能等级划分举例见下表:

材料类别	级别	材料举例
各部位材料	A	花岗石、大理石、水磨石、水泥制品、混凝土制品、石膏板、石灰制品、粘土制品、玻璃、瓷砖、马赛克、钢铁、铝、铜合金等
顶棚材料	B1	纸面石膏板、纤维石膏板、水泥刨花板、矿棉装饰吸声板、玻璃棉装饰吸声板、珍珠岩装饰吸声板、难燃胶合板、难燃中密度纤维板、岩棉装饰板、难燃木材、铝箔复合材料、难燃酚醛胶合板、铝箔玻璃钢复合材料等
墙面材料	B1	纸面石膏板、纤维石膏板、水泥刨花板、矿棉板、玻璃棉板、珍珠岩板、难燃胶合板、难燃中密度纤维板、防火塑料装饰板、难燃双面刨花板、多彩涂料、难燃玻璃钢平板、PVC 塑料护墙板、轻质高强复合墙板、阻燃模压木质复合板材、彩色阻燃人造板、难燃玻璃钢等
	B2	各类天然木材、木制人造板、竹材、纸制装饰板、装饰微薄木贴面板、印刷木纹人造板、塑料贴面装饰板、聚脂装饰板、复塑装饰板、塑纤板、胶合板、塑料壁纸、无纺贴墙布、墙布、复合壁纸、天然材料壁纸、人造革等
地面材料	B1	硬 PVC 塑料地板,水泥刨花板、水泥木丝板、氯丁橡胶地板等
	B2	半硬质 PVC 塑料地板、PVC 卷材地板、木地板氯纶地毯等
装饰织物	B1	经阻燃处理的各类难燃织物等
	B2	纯毛装饰布、纯麻装饰布、经阻燃处理的其他织物等

续表

材料类别	级别	材料举例
其他装饰材料	B1	聚氯乙烯塑料、酚醛塑料,聚碳酸酯塑料、聚四氟乙烯塑料、三聚氰胺、脲醛塑料、硅树脂塑料装饰型材、经阻燃处理的各类织物等。另见顶棚材料和墙面材料内中的有关材料
	B2	经阻燃处理的聚乙烯、聚丙烯、聚氨酯、聚苯乙烯、玻璃钢、化纤织物、木制品等

3.3.7 商品住宅内部装修材料燃烧性能升级使用措施:住宅内部装修应根据不同防火等级的建筑及不同使用部位选择相应的燃烧性能等级的材料。如不能达到以上标准,则应采取必要的防火措施:

(1)安装在钢龙骨上燃烧性能达到B1级的纸面石膏板、矿棉吸声板,可作为A级装修材料使用。当胶合板表面涂覆一级饰面型防火涂料时,可作为B1级装修材料使用。

(2)当胶合板用于顶棚和墙面装修并且不内含电器、电线等物体时,宜仅在胶合板外表面涂覆防火涂料;当胶合板用于顶棚和墙面装修并且内含有电器、电线等物体时,胶合板的内、外表面以及相应的木龙骨应涂覆防火涂料,或采用阻燃浸渍处理达到B1级。

(3)当低层、多层民用建筑需要内部装修的空间内装有自动灭火系统时,除顶棚外,其内部装修材料的燃烧材料等级可在3.3.5表规定的基础上降低一级;当同时装有火灾自动报警装置和自动灭火系统时,其顶棚装修材料的燃烧性能等级可在3.3.5表规定的基础上降低一级,其他装修材料的燃烧性能等级可不限制。

3.3.8 厨房装修材料的燃烧性能规定及消防措施:厨房顶棚、墙面、地面均应采用A级装修材料,可考虑安装烟感及喷淋设备。

3.3.9 住宅内灯具安装部位装修材料规定:照明灯具的高温部位,当靠近非A级装修材料时,应采取隔热、散热等防火保护措施。灯饰所用材料的燃烧性能等级不应低于B1级。

3.3.10 住宅内灯具安装要点:

(1)灯具高温部位与可燃物之间应采取隔热、散热等防火保护措施。如设绝缘隔热物,以隔绝高温;加强通风降温散热措施。

(2)灯饰所用材料的燃烧性能等级不应低于B1级。

(3)功率在100W以上的灯具不准使用塑胶灯座,而必须采用瓷质灯座。

(4)镇流器不准直接安装在可燃建筑构件上,否则,应用隔热材料进行隔离。

(5)碘钨灯的灯管附近的导线应采用耐热绝缘材料(玻璃浮、石棉、瓷珠)制成的护套,或采用耐热线,以免灯管内高温破坏绝缘层,引起短路。

(6)功率较大的白炽灯泡的吸顶灯、嵌入式灯应采用耐热绝缘护套对引入电源线加以保护。

(7)有一定重量的饰物、吊灯、吊柜以及悬挂的其他物件,一定要解决好构造安装牢固可靠。

3.3.11 装修设计要充分考虑建筑结构的完好性,对结构主体不得拆改。

3.3.12 装修设计不得破坏消防器材及设备,不得影响其使用和标示。

3.3.13 住宅设计中阳台荷载最小,装修设计不宜扩大其原有功能,地面不宜铺设石材。在放置花盆处,必须采取防坠措施。

3.4 装修对室内环境的控制

3.4.1 室内环境质量标准,以满足《民用建筑工程室内环境污染控制规范》的要求。

室内物理环境质量标准

<table>
<tr><th colspan="2">项　　目</th><th colspan="3">指　　标</th></tr>
<tr><td rowspan="7">光环境</td><td>采光</td><td colspan="3">≥1%（室外全天空光照度与室内距窗 1 米高天然光照度比）</td></tr>
<tr><td rowspan="6">照明</td><td>起居厅及一般活动区</td><td>30Lx</td><td>70Lx</td></tr>
<tr><td>卧室、书写阅读</td><td>150 Lx</td><td>300Lx</td></tr>
<tr><td>床头阅读</td><td>75Lx</td><td>150Lx</td></tr>
<tr><td>餐厅、厨房</td><td>50 Lx</td><td>100Lx</td></tr>
<tr><td>卫生间</td><td>20 Lx</td><td>50Lx</td></tr>
<tr><td>楼梯间</td><td>15Lx</td><td>30Lx</td></tr>
<tr><td>声环境</td><td>空气隔声
撞击隔声</td><td colspan="3">分护墙、楼板≥40dB　50dB
楼板≤75dB　65dB</td></tr>
<tr><td rowspan="3">热环境（按不同气候区别）</td><td rowspan="2">冬季</td><td>采暖区</td><td colspan="2">16℃　　21℃</td></tr>
<tr><td>非采暖区</td><td colspan="2">12℃　　21℃</td></tr>
<tr><td>夏季</td><td colspan="3"><28℃</td></tr>
</table>

3.4.2　改善室内热环境措施：

（1）装修设计应妥善考虑散热器的位置及散热效果，不应把散热器包严封死，影响室内热空气的对流。提倡采用先进采暖技术，或选用美观、热效高的新型散热器。

（2）装修设计应充分考虑门窗安装节点，严格门窗安装规程，确保室内的气密性。

（3）装修设计宜通过设置百叶窗或多种窗帘来反射、吸纳阳光，从而达到降低或提高室温的目的。

（4）空调机的室内机安装位置要考虑最佳效果。外窗可附加风扇，加强空气对流。提倡增加新风的设备，改善室内空气质量。

3.4.3　改善室内声环境措施：

（1）铺设架空或有软垫层的地板、地毯、半软质的橡胶地板、软木复合地板，减少固体传声。

（2）提倡采用隔声优良的门、窗和分室隔墙。

（3）提倡墙面贴墙纸、墙布，悬挂装饰物达到吸声效果。

3.4.4　改善室内光环境措施：

（1）尽量采用自然光改善居室卫生指标。

（2）装修设计宜采用浅色及低反射系数的材料，以提高室内亮度，同时避免过强的阳光影响购房者的工作、休息。

（3）通过窗帘的设置，将直射光线变为漫射光线，改善透光系数，调节室内明亮程度。

（4）人工照明应选择恰当的光源及灯具，照度应符合 3.4.1 表光环境照明部分的规定。

3.4.5　改善室内空气质量：

（1）住宅穿堂风，通风排气烟道和通风设施是保持空气净化、防止空气污染的有效设计，装修时应充分利用，不应破坏。

（2）为避免燃气热水器排出有害气体对人的影响，应采用专用排气道或采用平衡式燃气热水器。

（3）设有空调和采暖设备的房间应增加补充新风的设备或安通风窗，减少空气的滞留。

（4）装修应避免形成通风死角。厨房、卫生间宜装排气扇及门下装百叶，形成负压，有利于空气流动，有利于换气。

3.5 住宅电器线路的装修设计

3.5.1 配电线路应有完善的保护措施，且有短路保护，过负荷保护和接地故障保护，作用于切断供电电源。配电箱内的开关均采用功能完善的低压断路器。每栋住宅楼的总电源进线断路器，应具有漏电保护功能，配电用保护管采用热镀锌钢管或聚氯乙烯阻燃塑料管，阻燃塑料管的质量应符合行业标准规定（氧指数不大于27）。吊顶内强电严禁采用塑料管布线。

3.5.2 电气线路采用符合防火要求的暗敷配线，导线采用绝缘铜线，表前线不应小于 $10mm^2$，户内分支线不小于 $2.5mm^2$。厨房、空调分支线不应小于 $4mm^2$，每套住宅的空调电源插座、与照明电源分路设计，电源插座回路设有漏电保护，分支回路数不少于6回。采用可靠的接地方式，并进行等电位联结，且安装质量合格。主要电气材料设备具有出厂合格证等质量保证资料，电源插座均采用安全型。

3.5.3 导线耐压等级应高于线路工作电压，截面的安全电流应大于负荷电流和满足机械强度要求，绝缘层应符合线路安装方式和环境条件。

3.5.4 线路应避开热源，如必须通过时，应做隔热处理，使导线周围温度不超过35℃。

3.5.5 线路敷设用的金属器件应做防腐处理。

3.5.6 各种明布线应水平垂直敷设。导线水平敷设时距地面不小于2.5m，垂直敷设时不小于1.5m，否则需加保护，防止机械损伤。

3.5.7 布线便于检修，导线与导线、管道交叉时，需套以绝缘管或作隔离处理。

3.5.8 导线应尽量减少接头。导线在连接和分支处不应受机械应力的作用。导线与电器端子连接时要牢靠压实。大截面导线连接应使用与导线同种金属的接线端子。

3.5.9 导线穿墙应装过墙管，两端伸出墙面不小于100mm。线路接地绝缘电阻不应小于每伏工作电压1000Ω。

3.5.10 考虑到智能化的发展，要为住宅智能化布线安装预留线路。可以隐藏在可拆卸的压顶线、挂镜线、踢脚线中，便于更换。结合装修平面设计，在各功能空间内预留数字视频、信息网络接口，且位置恰当。

商品住宅性能认定对不同等级住宅规定的智能设施标准示于下表。在装修时应考虑各信息点的布线到位，以满足用户方便使用的要求。一般应与智能化设计的集成商共同研究确定。

商品住宅性能等级的智能系统设施

商品住宅等级	高级	中高级	普通
智能设施	▲	▲	▲
设置出入口及周边安防报警和电视监控系统	▲	▲	▲
设置电子巡更系统	▲	▲	▲
设置可视对讲与门控系统	▲	▲	▲
水、电、燃气三表户外计量，有供暖温控、计量设施	▲	▲	▲
设置供电、公共照明、供水、消防、车库等公共设施的电视监控系统	▲	▲	
设置物业管理计算机局部网络系统	▲	▲	▲
设置有线电视网、高速宽带数据光纤传输、交互式数字视频服务信息网络系统	▲		
设置购房者内安防和紧急呼救报警系统	▲		

4 装修实施

4.0.1 住宅装修一次到位的具体实施步骤(表4—1)应围绕全装修住宅精心组织每个阶段的工作,努力解决传统做法中所带来的一系列问题。

4.0.2 表4—1到4—3以工程实例为样本,可以在实施中参照执行。

表4—1 传统装修方式和装修一次到位实施对比

装修流程	传统装修做法	装修一次到位	实施提示
装修时间	由购房者自行组织实施。时间在毛坯房或初装修房交房后随个人入住时间而定,容易对周围购房者形成干扰。	由住宅开发单位统一组织,时间在土建完成以后购房者入住之前,不对购房者形成干扰。	住宅开发单位应通过大量的市场调查确定装修标准。 表4—3:全装修套餐选择表
装修设计	有的由装修公司设计,也有的没有专门设计。装修和装饰同时进行。装修设计和土建设计脱节,装修设计经常改变管线和隔墙位置。	统一对装修设计进行招标,对装修设计资质严格把关,进行多方案比较并和土建设计相衔接和协调,将装修设计的意见及时反馈给土建设计,注意运用标准化、模数化和通用化,为住宅装修的工业化生产创造条件。	将装修和装饰分开为两个阶段,装修风格简洁大方实用,着重解决功能问题。装修设计造价应和住宅本身的定位相适应,反映装修最新进展,使用新材料和新部品。装修设计的提前介入对土建设计提出了更高的要求,促使土建设计更趋合理。
装修施工组织	多由规模较小的装修企业甚至马路游击队进行施工,无法对施工资质进行把关,与购房者之间缺少稳定的合同关系。	住宅开发单位组织对装修施工进行招标,对装修施工企业资质严格把关,优选信誉好、水平高和具有工业化生产住宅部品的企业完成施工。	装修施工企业应择优选择一家总包单位。
装修材料和部品采购	购房者到装饰市场采购装修材料和部品,因为对装修产品不熟悉,无法保证产品的品质和环保要求。	由住宅开发单位统一组织对装修材料和部品进行招标,企业有责任避免选用对人体有危害的材料。	集团采购大幅度降低装修材料和部品成本。
装修施工	交房时的初装修多被拆毁,造成大量的建筑垃圾和浪费。现场作业工作量大,多以手工操作为主,噪音大,精度差,工期长,工作环境差,危害现场工人身心健康,噪音影响周围购房者。甚至随意拆墙打洞、改动管线,给整栋住宅带来抗震、消防等安全隐患,影响建筑物的使用寿命。	建造全装修住宅 ,推行住宅装修工业化生产,大大提高劳动生产率,加快施工速度,保证装修质量。	
装修监理	大多数无。	由住宅开发单位选定监理公司进行装修监理。	

续表

装修流程	传统装修做法	装修一次到位	实施提示
质量验收	住宅开发单位交房时为毛坯房,由购房者自行组织装修和对装修质量进行验收,推迟了购房者实际入住时间。	建造全装修住宅,将土建与装修进行紧密衔接,并由住宅开发单位对质量首先进行验收。购房者可以对照样板间对所购住房的装修标准和质量进行验收。	样板间作为装修质量的衡量标准,用于购房者参照验收,在购房者入住之前不宜拆除。 表4—2:全装修标准装饰材料
保修、保险和维护	多数无法得到正常的保修和维护,无保险。	由住宅开发单位和选定的装修公司对所有购房者实行统一的质量保证和保修制度,并可和物业公司协商维护。全装修住宅为保险制度在住宅装修中的引入创造条件。	合理界定住宅开发单位和购房者之间的责任。
厨房	交房时的初装修多被购房者拆掉,造成大量的建筑垃圾和浪费。		
	土建设计没有考虑室内空间的模数化和标准化,造成空间的浪费和布局不合理,管线位置没有结合室内家具和设备的布置。	装修设计和土建设计同步完成并互相衔接,综合考虑烟道和管线对炊事流程设置的影响。由工厂定型生产各种标准化接口。	重点解决厨房内各种管线的合理敷设问题,使用复合材料管线的暗埋应用技术。
	改动管线可能带来防火方面的安全隐患。	管线应采用新型复合管材,进行隐蔽和暗藏。为加强管道及管件的防腐性能,宜采用新型管材。a 给水管宜采用铝塑复合管,交联聚乙烯(PE—X)管;b 排水管宜采用 UPVC 塑料管,有压力部分应采用防腐焊接管;c 热水管宜采用铜管或 PE—X 管或 PPR 管;d 燃气管干管应采用防腐无缝钢管,支管应采用 PE—X 管或热镀锌管;e 电线套管应采用阻燃塑料管或热镀锌管。	设立集中管井于厨房的一角。厨房水平管线应设在橱柜的后面或下方墙角处;对远离集中管井的厨房废水,应设立单独的排水立管。排水管线和水槽与厨房家具的结合应严密不渗漏水。
	现场测量尺寸现场制作橱柜,不符合家电模数标准和炊事流程的要求,加工周期长,成本高,产品非标化。	根据装修设计,采购符合标准化、模数化和通用化要求的厨房设备,工厂批量生产。实现厨房设备商品化供应和专业化安装服务。成本低,速度快。厨房设备种类和色彩由购房者自行选择。	重视整体设计,厨房家具设备和配件在尺度上要符合建筑模数和设计要求。 表4—3:全装修套餐选择表

续表

装修流程	传统装修做法	装修一次到位	实施提示
厨房	墙面砖和地板砖都在现场切割并磨砖对缝,材料不符合模数化的要求,精度差,浪费大。	墙面砖和地板砖有可能根据设计的需要和模数化的要求进行批量化定型生产,提高功能的合理性,突出装修特色。	
		烟道采用成品烟道,有效防止倒灌和串味。	
卫生间	建筑设计未考虑室内净尺寸的模数化,管线位置没有结合卫生洁具和洗衣机等的布置。	室内设计和土建设计互相衔接,综合考虑洗衣机和卫生洁具的位置,由工厂定型生产各种标准化接口。	
		采用节水型和品牌卫生洁具。	集团采购降低品牌卫生洁具的成本。
	装修施工中经常无意破坏防水层,造成渗漏。	装修施工和土建施工衔接良好,有利于提高防火防渗性能。	防水工程和饰面工程同期完成。
	回水弯在下层,检修不方便	管线采用新型复合管材(具体参照厨房),进行隐蔽和暗藏。竖管走管道井,回水弯在同层,检修不对其他层购房者形成干扰。	竖管走管道井,卫生间楼板下沉处理,或设置管束或管墙。
	墙面砖和地板砖都在现场切割并磨砖对缝,材料不符合模数化的要求,精度差,浪费大。	墙面砖和地板砖可以根据设计的要求进行批量化定型生产,提高功能的合理性,突出装修特色。	土建设计和装修设计考虑标准化模数化的要求,为工业化生产提供条件。表4—3:全装修套餐选择表
		整体浴室由工厂生产,现场装配,减轻结构自重,提高工业化生产水平,减少现场作业工作量,极大地缩短施工周期,克服跑、冒、滴、漏的质量通病。	用SMC一体化浴缸防水盘或浴缸和SMC防水盘组合、一体化洗面盆或洗面盆和台板组合、壁板、顶板构成的SMC整体框架,配上各种功能洁具形成的独立卫生单元。土建设计阶段开始选用整体卫生间定型产品,土建施工后期现场装配。

续表

装修流程	传统装修做法	装修一次到位	实施提示
木制产成品	原材料未经处理，含水率偏高，易变形。	木材含水率经严格处理，达到企业或国家标准。	表4—3：全装修套餐选择表
	以手工作业为主，机械加工为辅，加工精度差。	以工业化机械加工为主，加工精度高，周期短。	
	现场作业噪音较大，对周围购房者干扰大。	现场作业以拼装为主，噪音小，施工周期短。	
	现场制作的木制品，表面着色、刷漆，施工环境恶劣，施工条件无法保证施工质量。气味长期难以散尽，影响人体健康。	由工厂提供木制产成品，在工厂完成着色、喷漆等工艺流程，现场用胶粘接。	装修订货安装合同
地面	装修材料不适合地面设计保留的厚度，形成地面高差，甚至材料使用不当加大地面荷载，形成安全隐患。	装修材料可由住宅开发单位提供有限的菜单，购房者在购房时进行选择。	在装修设计过程中考虑到土建设计的要求，土建设计给装修设计选择地面留有余地。 表4—3：全装修套餐选择表
	地面面材现场手工切割，精度较低，成本较高，材料浪费大。	地面面材在工厂切割，精度高，成本低。	

表4—2 全装修标准装饰材料

位置	项目	名称	品牌	规格/型号	颜色	备注
客厅	地坪	实木地板	* * *	90 * 900	金黄/暗红	可供客户选择
		仿古地板	* * *	500 * 500		
	墙面	乳胶漆	* * *		浅黄	
	平顶	乳胶漆	* * *		白色	
	过道平顶	乳胶漆	* * *		白色	
	踢脚板	红橡木	* * *	12 * 120	木色	
	灯具	多头吊灯	* * *		白色	
	分户门	多木大门	* * *	900 * 2050	木色	
	门套线	实木	* * *		木色	
	大门锁		* * *		金黄	
	门槛石	大理石	* * *	280 * 900	绿色	

续表

位置	项目	名称	品牌	规格/型号	颜色	备　注
客厅	跃层扶手	实木扶手	* * *	900 高		
	台阶面	大理石	* * *		绿色	
	开关、插座		* * *		白色	
餐厅	地坪	实木地板	* * *	90 * 900	金黄/暗红	可供客户选择
		仿古地板	* * *	500 * 500	米黄	
	墙面	乳胶漆	* * *		浅黄	
	平顶	乳胶漆	* * *	白色		
	踢脚板	红橡木	* * *	12 * 120	木色	
	门槛石	大理石	* * *	280 * 900	绿色	
	灯具	多头吊灯	* * *		白色	
	开关、插座		* * *		白色	
主卧	地	实木地板	* * *	90 * 900	金黄/暗红	
	墙面	乳胶漆	* * *		浅黄	可供客户选择
	平顶	乳胶漆	* * *	白色		
	踢脚板	红橡木	* * *	12 * 120	木色	
	灯具	多关吊灯	* * *	白色		
	卧房门	夹板木门	* * *	720 * 2050	木色	
	门套线	实木	* * *		木色	
	门锁		* * *		金黄	
	窗台面	大理石	* * *		米黄	
	开关、插座		* * *		黄色	
客卧（1、2）	地	实木地板	* * *	90 * 900	金黄/暗红	
	墙面	乳胶漆	* * *		浅黄	供客户选择
	平顶	乳胶漆	* * *		白色	
	踢脚板	红橡木	* * *	12 * 120	木色	
	灯具、	多关吊灯	* * *		白色	
	卧房门	夹板木门	* * *	720 * 2050	木色	
	门套线	实木	* * *		木色	
	门锁		* * *		金黄	

续表

位置	项目	名称	品牌	规格/型号	颜色	备　　注
客卧(1、2)	窗台面	大理石(进口)	* * *		米黄	
	开关、插座		* * *		白色	
主卫	地坪	仿古砖	* * *	300 * 300	土黄/浅蓝	
	墙面	瓷片	* * *	280 * 330	白色	供客户选择
	平顶	铝扣板	* * *	0.8cm	白色/蓝色	
	灯具	多头吊灯	* * *		白色	
	卫生间门	夹板木门	* * *	720 * 2050	木色	
	门套线	实木	* * *		木色	
	卫生间门锁		* * *		金黄色	
	洁具		* * *		白色	座厕为6升节水型
	洗面盆台面	人造石	* * *		灰白/绿色	供客户选择
	门槛石	大理石	* * *	280 * 900	绿色	
	开关、插座		* * *		白色	
客卫	地坪	仿古砖	* * *	300 * 300	米黄/白色	
	墙面	瓷片	* * *	200 * 300		
	平顶	铝扣板	* * *	0.8cm	白色/蓝色	
	灯具	多关吊灯	* * *		白色	
	卫生间门	夹板木门	* * *	720 * 2050	木色	
	门套线	实木	* * *		木色	
	卫生间门锁		* * *		金黄色	
	洁具		* * *		白色	
	洗面盆台面	人造石	* * *		灰白/绿色	座便器为6升
	门槛石	大理石	* * *		绿色	供客户选择
	开关、插座		* * *		白色	
厨房	地坪	仿古砖	* * *	300 * 300	土红/浅黄	供客户选择
	墙面	瓷片	* * *	200 * 200 * 330 * 280		
	平顶	铝扣板	* * *	0.8cm	白色	
	灯具	多关吊灯	* * *		白色/绿色	
	门套线	夹板木门	* * *		白色	

续表

位置	项目	名称	品牌	规格/型号	颜色	备　　注
厨房	橱柜	实木	* * *			供客户选择
	台面石	大理石	* * *		绿色	
	洗涤盆	不锈钢洗涤盆	* * *	双星		
	水嘴	洗涤盆龙头	* * *			
	开关、插座		* * *		白色	
阳台	阳台地面	仿古砖	* * *	300 * 300		
	阳台护栏	铝合金框 全夹胶玻璃 护栏	* * *			
	阳台落地门	断桥式铝金 中空玻璃 节能门	* * *		外(内) 框黄(白色) 玻璃白玻	意大利引进 设备涂料 美国杜邦
	窗	断桥式铝金 中空玻璃 节能窗	* * *		外(内) 框黄(白色) 玻璃白玻	

表4—3　全装修套餐选择表

序号	项目名称	选择方案	选择意向
一	客厅、餐厅地面套餐选择	1. 500 * 500 规格 * * 牌米黄仿古地砖	
		2. 金黄色木制地板	
		3. 暗红色木制地板	
二	厨房地、墙面套餐选择	1. 300 * 米黄色 * * 牌仿古地砖配 200 * 200 白瓷片	
		2. 300 * 土黄色 * * 牌仿古地砖配 200 * 200 白瓷片	
		3. 300 * 米黄色 * * 牌仿古地砖配 280 * 330 白瓷片	
		4. 300 * 土黄色 * * 牌仿古地砖配 280 * 330 白瓷片	
三	次卫生间地、墙面套餐选择	1. 300 * 米黄色 * * 牌仿古地砖配 200 * 300 白瓷片	
		2. 300 * 白色 * * 牌仿古地砖配 200 * 300 白瓷片	

续表

序号	项目名称	选择方案	选择意向
四	主卫生间地、墙面套餐选择	1. 300＊土黄色＊＊牌仿古地砖配 280＊30 白瓷片	
		2. 300＊米浅蓝色＊＊牌仿古地砖配 280＊300 白瓷片	
五	卫生间洗手台面套餐选择	1. 浅灰色＊＊牌人造石	
		2. 绿色＊＊牌人造石	
六	近户门及房门套餐选择	1. 白色艺＊＊牌模压门	
		2. 进口木皮饰面木门	
七	厨房橱柜颜色搭配选择	1. 浅绿色以与米黄色柜门搭配	
		2. 浅绿色与白色柜门搭配	
		3. 深绿色与米黄色柜门搭配	

注：表 4—1 和表 4—2 为国家康居示范工程的一个实例样本，品牌略，可参照执行。

建设部关于加强建筑工程室内环境质量管理的若干意见

1. 2002 年 3 月 1 日
2. 建办质〔2002〕17 号

为了预防和控制新建、扩建、改建的民用建筑工程室内环境污染，建设部制定了《民用建筑工程室内环境污染控制规范》（以下简称《规范》），对建筑工程室内氡、甲醛、苯、氨、总挥发性有机化合物（TVOC）含量的控制指标作了规定。这是我国第一部控制室内环境污染的工程建设强制性标准，将从颁布之日起施行。现就贯彻执行《规范》和加强建筑工程室内环境质量管理提出以下意见：

一、提高对建筑工程室内环境污染严重性和控制室内环境污染紧迫性的认识。近年来由于建筑工程环境污染日益严重，已引起社会各界的关注。有关部门制定的建筑和装修材料的环境指标，以及《规划》的颁布实施，基本形成了控制建筑工程室内环境污染的技术标准体系。各地建设行政主管部门要把控制室内环境污染作为确保建筑工程质量和居民身体健康的一项重要工作，抓实抓好。

二、在勘察设计和施工过程中严格执行《规范》。各地要组织工程建设有关单位学习《规范》，对有关人员进行室内环境污染与控制知识的培训。勘察设计单位要在工程勘察和室内通风、装饰装修设计中充分考虑室内环境污染控制。施工单位和监理单位要做好材料进场检验工作，凡无出厂环境指标检验报告或者放射性指标、有害物质含量指标超标的产品不得使用在工程上。积极引导和鼓励勘察、设计、施工企业贯彻 ISO14000 环境管理体系认证，不断改进施工工艺，开展洁净生产。

三、建立民用建筑工程室内环境竣工验收检测制度。建筑工程竣工时，建设单位要按照《规范》要求对室内环境质量检查验收，委托经考核认可的检测机构对建筑工程室内氡、甲醛、苯、氨、总挥发性有机化合物(TVOC)的含量指标进行检测。建筑工程室内有害物质含量指标不符合《规范》规定的,不得投入使用。

从事建筑工程室内环境质量检测的机构要经过有关部门认证后,方可从事建筑工程室内环境质量检测。

四、加强对建筑工程室内环境质量的监督管理。各级工程质量监督机构应将建筑工程室内环境质量作为工程质量监督的重要内容之一。在工程质量监督机构报送给工程竣工验收备案机关的工程质量监督报告中,应包括对建筑工程室内环境质量监督的结论性意见。备案机关发现建筑工程室内环境质量不符合规范规定的,不得同意备案。对于施工单位不按照设计图纸和强制性标准施工,或者使用国家明令淘汰的建筑材料的,使用没有出厂检验报告的建筑材料,不按规定对有关建筑材料进行有害物质含量指标复验的,要根据《建设工程质量管理条例》第六十四条、第六十五条规定对现任单位进行处罚。对于建设单位在竣工验收时不对室内有害物质含量进行检查,或检查不合格擅自投入使用的,要根据《建设工程质量管理条例》第五十八条规定对现任单位进行处罚。

住房和城乡建设部关于进一步加强住宅装饰装修管理的通知

1. 2008年7月29日
2. 建质〔2008〕133号

各省、自治区建设厅,直辖市建委(房管局):

近年来,随着我国经济快速发展和人民生活水平的提高,住宅装饰装修市场规模不断扩大,在增加就业、带动经济发展、改善人居条件等方面发挥了重要作用。但是,在住宅装饰装修过程中,一些用户违反国家法律法规,擅自改变房屋使用功能、损坏房屋结构等情况时有发生,给人民生命和财产安全带来很大隐患。为进一步加强住宅装饰装修管理,切实保障住宅质量安全和使用寿命,现将有关事项通知如下:

一、提高思想认识,加强组织领导

住宅装饰装修与人民群众的生活和安全息息相关,由装饰装修引发的结构安全问题时有发生,特别是在汶川地震遭受破坏的建筑中尤为突出,这直接关系到人民生命财产安全,也关系到社会稳定和社会主义和谐社会的构建。各级建设主管部门要从落实科学发展观的高度,进一步转变思想,提高认识,增强做好装饰装修管理工作的责任感和紧迫感,切实把这项工作摆到重要议事日程上来。要根据本地区实际,以治理野蛮装修、防止破坏房屋结构为重点,不断健全工作机制,创新工作方法,改进工作作风,加强领导,明确责任,狠抓落实,着力把好住宅装饰装修安全关。

二、严格管理制度,落实相关责任

各级建设主管部门要根据国务院《建设工程质量管理条例》和《住宅室内装饰装修管理办法》(建设部令第110号)等有关规定,进一步完善本地区住宅装饰装修管理制度,落实装修人、装修企业和物业服务企业等住宅管理单位的责任。要加快建立装修企业信用管理制度,严格对装修人和装修企业违法违规行为的处罚。要坚持完善装修开工申报制度,装饰装修企业要严格执行《住宅装饰装修工程施工规范》(GB5037-2001),确保装修质量。要采取切实有效措施,充分调动物业服务企业等住宅管理单位、居委会和住宅使用者参与监督的积极性,逐步形成各方力量共同参与、相互配合的联合监督机制。

三、切实加强监管,确保质量安全

各级建设主管部门要会同有关部门,切实加强住宅装饰装修过程中的监督巡查,发现未经批准擅自开工、不按装修方案施工或破坏房屋结构行为的,责令立即整改。物业服务企业等住宅管理单位应按照装饰装修管理服务协议进行现场检查，进一步强化竣工验收环节的管理，发现影响结构质量安全的问题，应要求装修人和装修企业改正，并报政府主管部门处理。建设主管部门要健全装修投诉举报机制，对住宅装饰装修中出现的影响公众利益的质量事故和质量缺陷，必须依法认真调查，立即责令纠正，严肃处理。

四、完善扶持政策，推广全装修房

各地要继续贯彻落实《关于推进住宅产业现代化提高住宅质量若干意见》（国办发〔1999〕72号）和《商品住宅装修一次到位实施导则》（建住房〔2002〕190号），制定出台相关扶持政策，引导和鼓励新建商品住宅一次装修到位或菜单式装修模式。要根据本地实际，科学规划，分步实施，逐步达到取消毛坯房，直接向消费者提供全装修成品房的目标。

五、强化宣传培训，营造良好环境

各地要充分发挥宣传舆论的导向作用，利用网络、电视、广播、报纸和杂志等宣传手段，采用板报标语、宣传图册等群众喜闻乐见、易于接受的宣传形式，大力宣传装修过程中私拆滥改的危害，普及住宅装饰装修基本知识，增强广大业主维护自身权益的法律意识和质量安全意识，树立文明装修、合理使用的思想。要针对物业服务企业等住宅管理单位和装修企业，有组织地开展相关培训，提高他们的质量意识和技术水平。要在建筑装饰装修行业积极开展创优评先活动，加强行业自律，建设诚信体系，营造人人重视安全、人人保障安全的良好执、守法环境。

七、房屋拆迁、补偿、安置

国有土地上房屋征收与补偿条例

1. 2011年1月21日国务院令第590号公布

2. 自2011年1月21日起施行

第一章 总 则

第一条 为了规范国有土地上房屋征收与补偿活动,维护公共利益,保障被征收房屋所有权人的合法权益,制定本条例。

第二条 为了公共利益的需要,征收国有土地上单位、个人的房屋,应当对被征收房屋所有权人(以下称被征收人)给予公平补偿。

第三条 房屋征收与补偿应当遵循决策民主、程序正当、结果公开的原则。

第四条 市、县级人民政府负责本行政区域的房屋征收与补偿工作。

市、县级人民政府确定的房屋征收部门(以下称房屋征收部门)组织实施本行政区域的房屋征收与补偿工作。

市、县级人民政府有关部门应当依照本条例的规定和本级人民政府规定的职责分工,互相配合,保障房屋征收与补偿工作的顺利进行。

第五条 房屋征收部门可以委托房屋征收实施单位,承担房屋征收与补偿的具体工作。房屋征收实施单位不得以营利为目的。

房屋征收部门对房屋征收实施单位在委托范围内实施的房屋征收与补偿行为负责监督,并对其行为后果承担法律责任。

第六条 上级人民政府应当加强对下级人民政府房屋征收与补偿工作的监督。

国务院住房城乡建设主管部门和省、自治区、直辖市人民政府住房城乡建设主管部门应当会同同级财政、国土资源、发展改革等有关部门,加强对房屋征收与补偿实施工作的指导。

第七条 任何组织和个人对违反本条例规定的行为,都有权向有关人民政府、房屋征收部门和其他有关部门举报。接到举报的有关人民政府、房屋征收部门和其他有关部门对举报应当及时核实、处理。

监察机关应当加强对参与房屋征收与补偿工作的政府和有关部门或者单位及其工作人员的监察。

第二章 征收决定

第八条 为了保障国家安全、促进国民经济和社会发展等公共利益的需要,有下列情形之一,确需征收房屋的,由市、县级人民政府作出房屋征收决定:

(一)国防和外交的需要;

(二)由政府组织实施的能源、交通、水利等基础设施建设的需要;

(三)由政府组织实施的科技、教育、文化、卫生、体育、环境和资源保护、防灾减灾、文物保护、社会福利、市政公用等公共事业的需要;

(四)由政府组织实施的保障性安居工程建设的需要;

(五)由政府依照城乡规划法有关规定组织实施的对危房集中、基础设施落后等地段进行旧城区改建的需要;

(六)法律、行政法规规定的其他公共利益的需要。

第九条 依照本条例第八条规定,确需征收房屋的各项建设活动,应当符合国民经济和社会发展规划、土地利用总体规划、城乡规划和专项规划。保障性安居工程建设、旧城区改建,应当纳入市、县级国民经济和社会发展年度计划。

制定国民经济和社会发展规划、土地利用总体规划、城乡规划和专项规划,应当广泛征求社会公众意见,经过科学论证。

第十条 房屋征收部门拟定征收补偿方案,报市、县级人民政府。

市、县级人民政府应当组织有关部门对征收补偿方案进行论证并予以公布,征求公众意见。征求意见期限不得少于30日。

第十一条 市、县级人民政府应当将征求意见情况和根据公众意见修改的情况及时公布。

因旧城区改建需要征收房屋,多数被征收人认为征收补偿方案不符合本条例规定的,市、县级人民政府应当组织由被征收人和公众代表参加的听证会,并根据听证会情况修改方案。

第十二条 市、县级人民政府作出房屋征收决定前,应当按照有关规定进行社会稳定风险评估;房屋征收决定涉及被征收人数量较多的,应当经政府常务会议讨论决定。

作出房屋征收决定前,征收补偿费用应当足额到位、专户存储、专款专用。

第十三条 市、县级人民政府作出房屋征收决定后应当及时公告。公告应当载明征收补偿方案和行政复议、行政诉讼权利等事项。

市、县级人民政府及房屋征收部门应当做好房屋征收与补偿的宣传、解释工作。

房屋被依法征收的,国有土地使用权同时收回。

第十四条 被征收人对市、县级人民政府作出的房屋征收决定不服的,可以依法申请行政复议,也可以依法提起行政诉讼。

第十五条 房屋征收部门应当对房屋征收范围内房屋的权属、区位、用途、建筑面积等情况组织调查登记,被征收人应当予以配合。调查结果应当在房屋征收范围内向被征收人公布。

第十六条 房屋征收范围确定后,不得在房屋征收范围内实施新建、扩建、改建房屋和改变房屋用途等不当增加补偿费用的行为;违反规定实施的,不予补偿。

房屋征收部门应当将前款所列事项书面通知有关部门暂停办理相关手续。暂停办理相关手续的书面通知应当载明暂停期限。暂停期限最长不得超过1年。

第三章 补　　偿

第十七条 作出房屋征收决定的市、县级人民政府对被征收人给予的补偿包括:

(一)被征收房屋价值的补偿;

(二)因征收房屋造成的搬迁、临时安置的补偿;

(三)因征收房屋造成的停产停业损失的补偿。

市、县级人民政府应当制定补助和奖励办法,对被征收人给予补助和奖励。

第十八条 征收个人住宅,被征收人符合住房保障条件的,作出房屋征收决定的市、县级人民政府应当优先给予住房保障。具体办法由省、自治区、直辖市制定。

第十九条 对被征收房屋价值的补偿,不得低于房屋征收决定公告之日被征收房屋类似房地产的市场价格。被征收房屋的价值,由具有相应资质的房地产价格评估机构按照房屋征收评估办法评估确定。

对评估确定的被征收房屋价值有异议的,可以向房地产价格评估机构申请复核评估。对复核结果有异议的,可以向房地产价格评估专家委员会申请鉴定。

房屋征收评估办法由国务院住房城乡建设主管部门制定,制定过程中,应当向社会公开征求意见。

第二十条 房地产价格评估机构由被征收人协商选定;协商不成的,通过多数决定、随机选定等方式确定,具体办法由省、自治区、直辖市制定。

房地产价格评估机构应当独立、客观、

公正地开展房屋征收评估工作,任何单位和个人不得干预。

第二十一条 被征收人可以选择货币补偿,也可以选择房屋产权调换。

被征收人选择房屋产权调换的,市、县级人民政府应当提供用于产权调换的房屋,并与被征收人计算、结清被征收房屋价值与用于产权调换房屋价值的差价。

因旧城区改建征收个人住宅,被征收人选择在改建地段进行房屋产权调换的,作出房屋征收决定的市、县级人民政府应当提供改建地段或者就近地段的房屋。

第二十二条 因征收房屋造成搬迁的,房屋征收部门应当向被征收人支付搬迁费;选择房屋产权调换的,产权调换房屋交付前,房屋征收部门应当向被征收人支付临时安置费或者提供周转用房。

第二十三条 对因征收房屋造成停产停业损失的补偿,根据房屋被征收前的效益、停产停业期限等因素确定。具体办法由省、自治区、直辖市制定。

第二十四条 市、县级人民政府及其有关部门应当依法加强对建设活动的监督管理,对违反城乡规划进行建设的,依法予以处理。

市、县级人民政府作出房屋征收决定前,应当组织有关部门依法对征收范围内未经登记的建筑进行调查、认定和处理。对认定为合法建筑和未超过批准期限的临时建筑的,应当给予补偿;对认定为违法建筑和超过批准期限的临时建筑的,不予补偿。

第二十五条 房屋征收部门与被征收人依照本条例的规定,就补偿方式、补偿金额和支付期限、用于产权调换房屋的地点和面积、搬迁费、临时安置费或者周转用房、停产停业损失、搬迁期限、过渡方式和过渡期限等事项,订立补偿协议。

补偿协议订立后,一方当事人不履行补偿协议约定的义务的,另一方当事人可以依法提起诉讼。

第二十六条 房屋征收部门与被征收人在征收补偿方案确定的签约期限内达不成补偿协议,或者被征收房屋所有权人不明确的,由房屋征收部门报请作出房屋征收决定的市、县级人民政府依照本条例的规定,按照征收补偿方案作出补偿决定,并在房屋征收范围内予以公告。

补偿决定应当公平,包括本条例第二十五条第一款规定的有关补偿协议的事项。

被征收人对补偿决定不服的,可以依法申请行政复议,也可以依法提起行政诉讼。

第二十七条 实施房屋征收应当先补偿、后搬迁。

作出房屋征收决定的市、县级人民政府对被征收人给予补偿后,被征收人应当在补偿协议约定或者补偿决定确定的搬迁期限内完成搬迁。

任何单位和个人不得采取暴力、威胁或者违反规定中断供水、供热、供气、供电和道路通行等非法方式迫使被征收人搬迁。禁止建设单位参与搬迁活动。

第二十八条 被征收人在法定期限内不申请行政复议或者不提起行政诉讼,在补偿决定规定的期限内又不搬迁的,由作出房屋征收决定的市、县级人民政府依法申请人民法院强制执行。

强制执行申请书应当附具补偿金额和专户存储账号、产权调换房屋和周转用房的地点和面积等材料。

第二十九条 房屋征收部门应当依法建立房屋征收补偿档案,并将分户补偿情况在房屋征收范围内向被征收人公布。

审计机关应当加强对征收补偿费用管理和使用情况的监督,并公布审计结果。

第四章 法律责任

第三十条 市、县级人民政府及房屋征收部门的工作人员在房屋征收与补偿工作中不履行本条例规定的职责,或者滥用职权、玩忽职守、徇私舞弊的,由上级人民政府或者本级人民政府责令改正,通报批评;造成损失的,依法承担赔偿责任;对直接负责的主管人员和其他直接责任人员,依法给予处分;构成犯罪的,依法追究刑事责任。

第三十一条 采取暴力、威胁或者违反规定中断供水、供热、供气、供电和道路通行等非法方式迫使被征收人搬迁,造成损失的,依法承担赔偿责任;对直接负责的主管人员和其他直接责任人员,构成犯罪的,依法追究刑事责任;尚不构成犯罪的,依法给予处分;构成违反治安管理行为的,依法给予治安管理处罚。

第三十二条 采取暴力、威胁等方法阻碍依法进行的房屋征收与补偿工作,构成犯罪的,依法追究刑事责任;构成违反治安管理行为的,依法给予治安管理处罚。

第三十三条 贪污、挪用、私分、截留、拖欠征收补偿费用的,责令改正,追回有关款项,限期退还违法所得,对有关责任单位通报批评、给予警告;造成损失的,依法承担赔偿责任;对直接负责的主管人员和其他直接责任人员,构成犯罪的,依法追究刑事责任;尚不构成犯罪的,依法给予处分。

第三十四条 房地产价格评估机构或者房地产估价师出具虚假或者有重大差错的评估报告的,由发证机关责令限期改正,给予警告,对房地产价格评估机构并处5万元以上20万元以下罚款,对房地产估价师并处1万元以上3万元以下罚款,并记入信用档案;情节严重的,吊销资质证书、注册证书;造成损失的,依法承担赔偿责任;构成犯罪的,依法追究刑事责任。

第五章　附　　则

第三十五条 本条例自公布之日起施行。2001年6月13日国务院公布的《城市房屋拆迁管理条例》同时废止。本条例施行前已依法取得房屋拆迁许可证的项目,继续沿用原有的规定办理,但政府不得责成有关部门强制拆迁。

房屋拆迁证据保全公证细则

1. 1993年12月1日司法部发布
2. 自1994年2月1日起施行

第一条 为规范城市房屋拆迁证据保全公证活动,根据《中华人民共和国公证暂行条例》、《城市房屋拆迁管理条例》、《公证程序规则(试行)》,制订本细则。

第二条 房屋拆迁证据保全公证是指在房屋拆迁之前,公证机关对房屋及附属物的现状依法采取勘测、拍照或摄像等保全措施,以确保其真实性和证明力的活动。

第三条 本细则适用于《城市房屋拆迁管理条例》规定的拆除依法代管的房屋,代管人是房屋主管部门的;拆除有产权纠纷的房屋,在房屋拆迁主管部门公布的规定期限内纠纷未解决的;拆除设有抵押权的房屋实行产权调换,抵押权人和抵押人在房屋拆迁主管部门公布的规定期限内达不成抵押协议的;以及其他房屋拆迁证据保全的公证事项。

第四条 房屋拆迁证据保全公证,由被拆迁房屋所在地公证处管辖。

第五条 房屋拆迁证据保全公证申请人是拆迁人或被拆迁人,房屋拆迁主管部门也可以作为申请人。上述申请人可以委托他人代为提出公证申请。

第六条 申请人应填写公证申请表,并提交下列材料:

(一)身份证明;申请人为法人的,应提交法人资格和法定代表人的身份证明;被拆迁人为公民个人的,应提交身份证明;

(二)资格证明;拆迁人应提交房屋拆迁主管部门核发的拆迁许可证明;接受拆迁委托的被委托人应提交房屋拆迁资格证书;被拆迁人应提交作为被拆除房屋及其附属物的所有人(包括代管人、国家授权的国有房屋及其附属物的管理人)和被拆除房屋及其附属物的使用人的证明;

（三）拆除有产权纠纷的房屋，提交由县级以上人民政府房屋拆迁主管部门批准的补偿安置方案的证明；

（四）实施强制拆迁的房屋，提交县级以上人民政府作出的限期拆迁的决定或人民法院院长签发的限期拆迁的公告；

（五）公证人员认为应当提交的其他有关材料。

第七条 符合下列条件的申请，公证处应予受理，并书面通知申请人：

（一）申请人符合本细则第五条的规定；

（二）申请公证事项属于本公证处管辖；

（三）提供本细则第六条所需材料。

不符合前款规定条件的申请，公证处应作出不予受理的决定，通知申请人，并告知对拒绝受理不服的复议程序。

受理或拒绝受理的决定，应在申请人依据本细则规定正式提出申请后的七日内作出。

第八条 公证人员应认真接待申请人，应按《公证程序规则（试行）》第二十四条的规定制作谈话笔录，并着重记录下列内容：

（一）申请证据保全的目的和理由；

（二）申请证据保全的种类、名称、地点和现存状况；

（三）证据保全的方式；

（四）公证人员认为应当记录的其他内容。

申请人也可以提交包含上述内容的书面材料。

第九条 符合证据保全公证条件的，公证处应派两名以上公证人员（其中至少有一名公证员）参与整个证据保全活动。

第十条 办理房屋拆迁证据保全公证，公证员应当客观、全面地记录被拆迁房屋的现场状况，收集、提取有关证据。应该根据被保全对象的不同特点，采取勘测、拍照、摄像等方式进行证据保全。

第十一条 对房屋进行勘测的，应当制作勘测记录，记明勘测时间、地点、测验人、记录人、被保全房屋的产权人、坐落、四至、房屋性质、结构、层次、面积、新旧程度、屋面及地面质地、附属设施以及其他应当记明的事项；能够用图示标明的房屋长度、宽度应当图示；记录应当由勘测人、公证员签名或者盖章；拆迁活动当事人在场的，应请当事人签名或盖章；该当事人拒绝签名或盖章的，公证员应在记录中记明。

第十二条 对房屋进行拍照和摄像的，应当全面反映、记录房屋的全貌。房屋结构、门窗、厨房以及附属设施等，要有单独的图片显示。

第十三条 公证机关对保全事项认为需要勘测的，应当聘请专业技术部门或其他部门中有该项能力的人员进行勘测。

专业技术部门及其勘测人应当提出书面勘测结论，在勘测书上签名或者盖章。其他部门勘测人勘测的，应由勘测人所在单位加盖印章，证明勘测人身份。

第十四条 实施强制拆迁房屋证据保全时，公证机关应通知被拆迁人到场。如其拒不到场，公证员应在笔录中记明。

实施强制拆迁房屋中有物品的，公证员应当组织对所有物品逐一核对、清点、登记，分类造册。并记录上述活动的时间、地点，交两名有完全行为能力的在场人员核对后，由公证员和在场人在记录上签名。被拆迁人拒绝签名的，公证员应在记录中记明。

物品清点登记后，凡不能立即交与被拆迁人接收的，公证员要监督拆迁人将物品存放在其提供的仓库中，并对物品挂签标码，丢失损坏的，仓库保管人应承担赔偿责任。

拆迁人应制作通知书，通知当事人在一定期限内领取物品。逾期不领的，公证处可以接受拆迁人的提存申请，办理提存。

第十五条 公证员对房屋证据保全的活动结束后应出具公证书。公证书应当按照《公证程序规则（试行）》第三十八条的规定及《公证书格式（试行）》第四十八式保全证据公证书格式（之二）制作。公证词应当记明申请保全的理由及时间,公证员审查申请人主体资格及证据情况的内容,采取保全的时间、地点、方法,保全证据所制作的笔录、拍摄的照片、录像带的名称、数量及保存地点。

第十六条 本细则自 1994 年 2 月 1 日起施行。

城市房屋拆迁行政裁决工作规程

1. 2003 年 12 月 30 日建设部发布
2. 建住房〔2003〕252 号
3. 自 2004 年 3 月 1 日起施行

第一条 为了规范城市房屋拆迁行政裁决行为,维护拆迁当事人的合法权益,根据《城市房屋拆迁管理条例》,制定本工作规程。

第二条 按照《城市房屋拆迁管理条例》的规定,因拆迁人与被拆迁人就搬迁期限、补偿方式、补偿标准以及搬迁过渡方式、过渡期限等原因达不成协议,当事人申请裁决的,适用本规程。

第三条 市、县人民政府城市房屋拆迁管理部门负责本行政区域内城市房屋拆迁行政裁决工作。房屋拆迁管理部门及其工作人员应当按照有关法律、法规规定,依法履行行政裁决职责。

第四条 行政裁决应当以事实为依据、以法律为准绳,坚持公平、公正、及时的原则。

第五条 拆迁人申请行政裁决,应当提交下列资料:

(一)裁决申请书;

(二)法定代表人的身份证明;

(三)被拆迁房屋权属证明材料;

(四)被拆迁房屋的估价报告;

(五)对被申请人的补偿安置方案;

(六)申请人与被申请人的协商记录;

(七)未达成协议的被拆迁人比例及原因;

(八)其他与裁决有关的资料。

第六条 被拆迁人申请行政裁决,应当提交下列资料:

(一)裁决申请书;

(二)申请人的身份证明;

(三)被拆迁房屋的权属证明;

(四)申请裁决的理由及相关证明材料;

(五)房屋拆迁管理部门认为应当提供的与行政裁决有关的其他材料。

第七条 未达成拆迁补偿安置协议户数较多或比例较高的,房屋拆迁管理部门在受理裁决申请前,应当进行听证。具体标准、程序由省、自治区、直辖市人民政府房屋拆迁管理部门规定。

第八条 有下列情形之一的,房屋拆迁管理部门不予受理行政裁决申请:

(一)对拆迁许可证合法性提出行政裁决的;

(二)申请人或者被申请人不是拆迁当事人的;

(三)拆迁当事人达成补偿安置协议后发生合同纠纷,或者行政裁决做出后,当事人就同一事由再次申请裁决的;

(四)房屋已经灭失的;

(五)房屋拆迁管理部门认为依法不予受理的其他情形。

对裁决申请不予受理的,房屋拆迁管理部门应当自收到申请之日起 5 个工作日内书面通知申请人。

第九条 房屋拆迁管理部门受理房屋拆迁裁决申请后,经审核,资料齐全、符合受理条件的,应当在收到申请之日起 5 个工作日内向申请人发出裁决受理通知书;申请裁决资料不齐全、需要补充资料的,应当在 5 个工作日内一次性书面告知申请人,可以当场补正的,应当当场补正。受理时间从申请人补齐资料的次日起计算。

第十条 房屋拆迁管理部门受理房屋拆迁裁决申请后,应当按照下列程序进行:

(一)向被申请人送达房屋拆迁裁决申请书副本及答辩通知书,并告知被申请人的权利。

（二）审核相关资料、程序的合法性。

（三）组织当事人调解。房屋拆迁管理部门必须充分听取当事人的意见，对当事人提出的事实、理由和证据进行复核；对当事人提出的合理要求应当采纳。房屋拆迁管理部门不得因当事人申辩而做出损害申辩人合法权益的裁决。

拆迁当事人拒绝调解的，房屋拆迁管理部门应依法作出裁决。

（四）核实补偿安置标准。当事人对评估结果有异议，且未经房屋所在地房地产专家评估委员会鉴定的，房屋拆迁管理部门应当委托专家评估委员会进行鉴定，并以鉴定后的估价结果作为裁决依据。鉴定时间不计入裁决时限。

（五）经调解，达成一致意见的，出具裁决终结书；达不成一致意见的，房屋拆迁管理部门应当作出书面裁决。部分事项达成一致意见的，裁决时应当予以确认。书面裁决必须经房屋拆迁管理部门领导班子集体讨论决定。

第十一条 行政裁决工作人员与当事人有利害关系或者有其他关系可能影响公正裁决的，应当回避。

第十二条 有下列情形之一的，中止裁决并书面告知当事人：

（一）发现新的需要查证的事实；

（二）裁决需要以相关裁决或法院判决结果为依据的，而相关案件未结案的；

（三）作为自然人的申请人死亡，需等待其近亲属表明是否参加裁决的；

（四）因不可抗力或者其他特殊情况需要中止的情况。

中止裁决的因素消除后，恢复裁决。中止时间不计入裁决时限。

第十三条 有下列情形之一的，终结裁决并书面告知当事人：

（一）受理裁决申请后，当事人自行达成协议的；

（二）发现申请人或者被申请人不是裁决当事人的；

（三）作为自然人的申请人死亡，15天之内没有近亲属或者近亲属未表示参加裁决或放弃参加裁决的；

（四）申请人撤回裁决申请的。

第十四条 行政裁决应当自收到申请之日起30日内做出。房屋拆迁管理部门做出裁决，应当出具裁决书。

裁决书应当包括下列内容：

（一）申请人与被申请人的基本情况；

（二）争议的主要事实和理由；

（三）裁决的依据、理由；

（四）根据行政裁决申请需要裁决的补偿方式、补偿金额、安置用房面积和安置地点、搬迁期限、搬迁过渡方式和过渡期限等；

（五）告知当事人行政复议、行政诉讼的权利及申请复议期限、起诉期限；

（六）房屋拆迁管理部门的名称、裁决日期并加盖公章。

行政裁决规定的搬迁期限不得少于15天。

第十五条 裁决书应当通过直接送达、留置送达、委托送达或邮寄送达等方式送达。

第十六条 当事人对行政裁决不服的，可以依法申请行政复议或者向人民法院起诉。

第十七条 被拆迁人或者房屋承租人在裁决规定的搬迁期限内未搬迁的，由市、县人民政府责成有关部门行政强制拆迁，或者由房屋拆迁管理部门依法申请人民法院强制拆迁。

第十八条 房屋拆迁管理部门申请行政强制拆迁前，应当邀请有关管理部门、拆迁当事人代表以及具有社会公信力的代表等，对行政强制拆迁的依据、程序、补偿安置标准的测算依据等内容，进行听证。

房屋拆迁管理部门申请行政强制拆迁，必须经领导班子集体讨论决定后，方可向政府提出行政强制拆迁申请。未经行政裁决，不得实施行政强制拆迁。

第十九条 拆迁人未按裁决意见向被拆迁人提供拆迁补偿资金或者符合国家质量安全标准的安置用房、周转用房的，不得实施强制拆迁。

第二十条 房屋拆迁管理部门申请行政强制拆迁，应当提交下列资料：

（一）行政强制拆迁申请书；

（二）裁决调解记录和裁决书；

（三）被拆迁人不同意拆迁的理由；

（四）被拆迁房屋的证据保全公证书；

（五）被拆迁人提供的安置用房、周转用房权属证明或者补偿资金证明；

（六）被拆迁人拒绝接收补偿资金的，应当提交补偿资金的提存证明；

（七）市、县人民政府房屋拆迁管理部门规定的其他材料。

第二十一条 依据强制拆迁决定实施行政强制拆迁，房屋拆迁管理部门应当提前15日通知被拆迁人，并认真做好宣传解释工作，动员被拆迁人自行搬迁。

第二十二条 行政强制拆迁应当严格依法进行。强制拆迁时，应当组织街道办事处（居委会）、被拆迁人单位代表到现场作为强制拆迁证明人，并由公证部门对被拆迁房屋及其房屋内物品进行证据保全。

第二十三条 房屋拆迁管理部门工作人员或者行政强制拆迁执行人员违反本规程的，由所在单位给予警告；造成错案的，按照有关规定追究错案责任；触犯刑律的，依法追究刑事责任。

第二十四条 拆迁人、接受委托的拆迁单位在实施拆迁中采用恐吓、胁迫以及停水、停电、停止供气、供热等手段，强迫被拆迁人搬迁或者擅自组织强制拆迁的，由所在市、县房屋拆迁管理部门责令停止拆迁，并依法予以处罚；触犯刑律的，依法追究刑事责任。

第二十五条 房屋拆迁管理部门是被拆迁人的，由同级人民政府裁决。

第二十六条 在城市规划区外国有土地上实施房屋拆迁申请行政裁决的，可参照本规程执行。

第二十七条 本规程自2004年3月1日起施行。

城市房屋拆迁工作规程

1. *2005年10月31日建设部发布*
2. *建住房〔2005〕200号*
3. *自2005年12月1日起施行*

第一条 为进一步规范城市房屋拆迁工作程序，加强拆迁管理，维护拆迁当事人合法权益，保障建设项目顺利实施，根据《城市规划法》、《城市房屋拆迁管理条例》及有关规定，制定本规程。

第二条 在城市规划区内国有土地上实施房屋拆迁，并需要对被拆迁人补偿安置的，适用本规程。

第三条 城市房屋拆迁管理工作程序是：拆迁计划管理、拆迁许可审批、拆迁补偿安置；必要时还应当依法进行行政裁决或者强制拆迁。城市房屋拆迁管理应当严格按照上述程序进行，前一程序未进行或者未达到规定要求的，不得进入后一程序。

第四条 城市房屋拆迁实行年度计划审批备案制度。市、县人民政府应当根据本地区经济社会发展的实际情况，依据城市总体规划、近期建设规划和控制性详细规划，编制房屋拆迁中长期规划和年度计划，由省、自治区、直辖市人民政府建设（房地产）行政主管部门会同发展改革（计划）部门审批下达。

第五条 需要拆迁的项目，应当按照《城市房屋拆迁管理条例》第七条的规定取得房屋拆迁许可证。

对于面积较大或者户数较多的拆迁项目，房屋拆迁管理部门应当在核发拆迁许可证前，就拆迁许可有关事项召开听证会，听取拆迁当事人意见。需听证项目的面积或者户数的具体标准，由省、自治区和直辖市人民政府建设（房地产）行政主管部门制定。

第六条 拆迁许可听证应当对拆迁许可条件，特别是拆迁计划、拆迁方案和拆迁补偿安置资金落实情况进行听证。听证意见作为房屋拆迁管理部门核发拆迁许可证的重要参考依据。

第七条 对于符合拆迁许可证核发条件的，房屋拆迁管理部门应当依法核发拆迁许可证，同时将房屋拆迁许可证中载明的拆迁人、拆迁范围、拆迁期限等事项，以房屋拆迁公告的形式予以公布。对于补偿安置方案、补偿安置资金不落实的项目，房屋拆迁管理部门不得核发拆迁许可证。

第八条 在取得拆迁许可前，拆迁人应当对拆迁范围内房屋情况进行摸底，区分有产权证与无产权证房屋。

对于未取得房产证但能够证明该房屋是合法拥有的，由所在地房地产管理部门确认后，依法补偿；对于手续不全或者无产权产籍的房屋，应当经有关部门进行合法性认定后，依据相关法律法规处理；对于存在产权或者使用权（承租权）争议的，应当通过民事诉讼后，按照诉讼结果依法补偿。

第九条 对于拆迁中的住房困难和低收入家庭，地方政府要通过健全和完善住房保障制度等办法，切实采取有效措施，确保其得到妥善安置。对于符合廉租住房条件的，要及时纳入廉租房保障范围。

第十条 拆迁人应当在房屋拆迁许可证确定的拆迁范围和拆迁期限内，实施房屋拆迁。需要延长拆迁期限的，拆迁人应当依法办理相关手续。

第十一条 《城市规划法》实施后，未取得规划许可证或违反规划许可证规定进行建设的，以及临时建筑使用期限届满未拆除的为违法建筑。对违法建筑依据《城市规划法》及地方城市规划实施条例规定处理。

《城市规划法》实施前违法建筑的认定，由县级以上地方人民政府城市规划行政主管部门充分考虑历史情况，依据所在省、自治区、直辖市人民政府规定处理。

第十二条 拆迁当事人应当按照《城市房屋拆迁管理条例》等有关法律法规规定，就补偿方式和补偿金额、安置用房面积和安置地点、搬迁期限、搬迁过渡方式和过渡期限等事项进行协商，订立拆迁补偿安置协议。

第十三条 对于达不成补偿安置协议的，应当按照《城市房屋拆迁管理条例》、《城市房屋拆迁行政裁决工作规程》的规定进行裁决。

第十四条 当事人对裁决不服的，可以依法申请行政复议或者向人民法院起诉。但拆迁人已按规定对被拆迁人给予货币补偿或者提供安置用房、周转用房的，诉讼期间不停止拆迁的执行。

第十五条 被拆迁人或者房屋承租人在裁决规定的搬迁期限内未搬迁的，由市、县人民政府责成有关部门强制拆迁，或者由房屋拆迁管理部门依法申请人民法院强制拆迁。

第十六条 房屋拆迁管理部门申请行政强制拆迁前，应当邀请有关管理部门、拆迁当事人代表以及具有社会公信力的代表等，对行政强制拆迁的依据、程序、补偿安置标准的测算依据等内容进行听证。

房屋拆迁管理部门申请行政强制拆迁，必须经领导班子集体讨论决定后，方可向政府提出强制拆迁申请。

第十七条 实施行政强制拆迁时，应当组织街道办事处（居委会）、被拆迁人单位代表到现场作为强制拆迁证明人，并由公证部门对被拆迁房屋及其房屋内物品进行证据保全。

第十八条 各级房屋拆迁管理部门，要加强对拆迁程序执行情况的监督检查。对不依法行政、滥用职权、侵害拆迁当事人合法权益并造成严重后果的工作人员，要依法追究责任。

第十九条 在城市规划区外国有土地上实施房屋拆迁，并需要对被拆迁人补偿安置的，参照本规程执行。

第二十条 本规程自2005年12月1日起施行。

国有土地上房屋征收评估办法

1. 2011年6月3日住房和城乡建设部发布
2. 建房〔2011〕77号

第一条 为规范国有土地上房屋征收评估活动，保证房屋征收评估结果客观公平，根据《国有土地上房屋征收与补偿条例》，制定本办法。

第二条 评估国有土地上被征收房屋和用于产权调换房屋的价值，测算被征收房屋类似房地产的市场价格，以及对相关评估结果进行复核评估和鉴定，适用本办法。

第三条 房地产价格评估机构、房地产估价师、房地产价格评估专家委员会（以下称评估专家委员会）成员应当独立、客观、公正地开展房屋征收评估、鉴定工作，并对出具的评估、鉴定意见负责。

任何单位和个人不得干预房屋征收评估、鉴定活动。与房屋征收当事人有利害关系的，应当回避。

第四条 房地产价格评估机构由被征收人在规定时间内协商选定；在规定时间内协商不成的，由房屋征收部门通过组织被征收人按照少数服从多数的原则投票决定，或者采取摇号、抽签等随机方式确定。具体办法由省、自治区、直辖市制定。

房地产价格评估机构不得采取迎合征收当事人不当要求、虚假宣传、恶意低收费等不正当手段承揽房屋征收评估业务。

第五条 同一征收项目的房屋征收评估工作，原则上由一家房地产价格评估机构承担。房屋征收范围较大的，可以由两家以上房地产价格评估机构共同承担。

两家以上房地产价格评估机构承担的，应当共同协商确定一家房地产价格评估机构为牵头单位；牵头单位应当组织相关房地产价格评估机构就评估对象、评估时点、价值内涵、评估依据、评估假设、评估原则、评估技术路线、评估方法、重要参数选取、评估结果确定方式等进行沟通，统一标准。

第六条 房地产价格评估机构选定或者确定后，一般由房屋征收部门作为委托人，向房地产价格评估机构出具房屋征收评估委托书，并与其签订房屋征收评估委托合同。

房屋征收评估委托书应当载明委托人的名称、委托的房地产价格评估机构的名称、评估目的、评估对象范围、评估要求以及委托日期等内容。

房屋征收评估委托合同应当载明下列事项：

（一）委托人和房地产价格评估机构的基本情况；

（二）负责本评估项目的注册房地产估价师；

（三）评估目的、评估对象、评估时点等评估基本事项；

（四）委托人应提供的评估所需资料；

（五）评估过程中双方的权利和义务；

（六）评估费用及收取方式；

（七）评估报告交付时间、方式；

（八）违约责任；

（九）解决争议的方法；

（十）其他需要载明的事项。

第七条 房地产价格评估机构应当指派与房屋征收评估项目工作量相适应的足够数量的注册房地产估价师开展评估工作。

房地产价格评估机构不得转让或者变相转让受托的房屋征收评估业务。

第八条 被征收房屋价值评估目的应当表述为“为房屋征收部门与被征收人确定被征收房屋价值的补偿提供依据，评估被征收房屋的价值”。

用于产权调换房屋价值评估目的应当表述为“为房屋征收部门与被征收人计算被征收房屋价值与用于产权调换房屋价值的差价提供依据，评估用于产权调换房屋的价值”。

第九条 房屋征收评估前，房屋征收部门应当组织有关单位对被征收房屋情况进行调查，明确评估对象。评估对象应当全面、客观，不得遗漏、虚构。

房屋征收部门应当向受托的房地产价格评估机构提供征收范围内房屋情况，包括已经登记的房屋情况和未经登记建筑的认定、处理结果情况。调查结果应当在房屋征收范围内向被征收人公布。

对于已经登记的房屋，其性质、用途和建筑面积，一般以房屋权属证书和房屋登记簿的记载为准；房屋权属证书与房屋登记簿的记载不一致的，除有证据证明房屋登记簿确有错误外，以房屋登记簿为准。对于未经登记的建筑，应当按照市、县级人民政府的认定、处理结果进行评估。

第十条 被征收房屋价值评估时点为房屋征收决定公告之日。

用于产权调换房屋价值评估时点应当与被征收房屋价值评估时点一致。

第十一条 被征收房屋价值是指被征收房屋及其占用范围内的土地使用权在正常交易情况下，由熟悉情况的交易双方以公平交易方式在评估时点自愿进行交易的金额，但不考虑被征收房屋租赁、抵押、查封等因素的影响。

前款所述不考虑租赁因素的影响，是指评估被征收房屋无租约限制的价值；不考虑抵押、查封因素的影响，是指评估价值中不扣除被征收房屋已抵押担保的债权数额、拖欠的建设工程价款和其他法定优先受偿款。

第十二条 房地产价格评估机构应当安排注册房地产估价师对被征收房屋进行实地查勘，调查被征收房屋状况，拍摄反映被征收房屋内外部状况的照片等影像资料，做好实地查勘记录，并妥善保管。

被征收人应当协助注册房地产估价师对被征收房屋进行实地查勘，提供或者协助搜集被征收房屋价值评估所必需的情况和资料。

房屋征收部门、被征收人和注册房地产估价师应当在实地查勘记录上签字或者盖章确认。被征收人拒绝在实地查勘记录上签字或者盖章的，应当由房屋征收部门、注册房地产估价师和无利害关系的第三人见证，有关情况应当在评估报告中说明。

第十三条 注册房地产估价师应当根据评估对象和当地房地产市场状况，对市场法、收益法、成本法、假设开发法等评估方法进行适用性分析后，选用其中一种或者多种方法对被征收房屋价值进行评估。

被征收房屋的类似房地产有交易的，应当选用市场法评估；被征收房屋或者其类似房地产有经济收益的，应当选用收益法评估；被征收房屋是在建工程的，应当选用假设开发法评估。

可以同时选用两种以上评估方法评估的，应当选用两种以上评估方法评估，并对各种评估方法的测算结果进行校核和比较分析后，合理确定评估结果。

第十四条 被征收房屋价值评估应当考虑被征收房屋的区位、用途、建筑结构、新旧程度、建筑面积以及占地面积、土地使用权等影响被征收房屋价值的因素。

被征收房屋室内装饰装修价值，机器设备、物资等搬迁费用，以及停产停业损失等补偿，由征收当事人协商确定；协商不成的，可以委托房地产价格评估机构通过评估确定。

第十五条 房屋征收评估价值应当以人民币为计价的货币单位，精确到元。

第十六条 房地产价格评估机构应当按照房屋征收评估委托书或者委托合同的约定，向房屋征收部门提供分户的初步评估结果。分户的初步评估结果应当包括评估对象的构成及其基本情况和评估价值。房屋征收部门应当将分户的初步评估结果在征收范围内向被征收人公示。

公示期间，房地产价格评估机构应当安

排注册房地产估价师对分户的初步评估结果进行现场说明解释。存在错误的，房地产价格评估机构应当修正。

第十七条 分户初步评估结果公示期满后，房地产价格评估机构应当向房屋征收部门提供委托评估范围内被征收房屋的整体评估报告和分户评估报告。房屋征收部门应当向被征收人转交分户评估报告。

整体评估报告和分户评估报告应当由负责房屋征收评估项目的两名以上注册房地产估价师签字，并加盖房地产价格评估机构公章。不得以印章代替签字。

第十八条 房屋征收评估业务完成后，房地产价格评估机构应当将评估报告及相关资料立卷、归档保管。

第十九条 被征收人或者房屋征收部门对评估报告有疑问的，出具评估报告的房地产价格评估机构应当向其作出解释和说明。

第二十条 被征收人或者房屋征收部门对评估结果有异议的，应当自收到评估报告之日起10日内，向房地产价格评估机构申请复核评估。

申请复核评估的，应当向原房地产价格评估机构提出书面复核评估申请，并指出评估报告存在的问题。

第二十一条 原房地产价格评估机构应当自收到书面复核评估申请之日起10日内对评估结果进行复核。复核后，改变原评估结果的，应当重新出具评估报告；评估结果没有改变的，应当书面告知复核评估申请人。

第二十二条 被征收人或者房屋征收部门对原房地产价格评估机构的复核结果有异议的，应当自收到复核结果之日起10日内，向被征收房屋所在地评估专家委员会申请鉴定。被征收人对补偿仍有异议的，按照《国有土地上房屋征收与补偿条例》第二十六条规定处理。

第二十三条 各省、自治区住房城乡建设主管部门和设区城市的房地产管理部门应当组织成立评估专家委员会，对房地产价格评估机构做出的复核结果进行鉴定。

评估专家委员会由房地产估价师以及价格、房地产、土地、城市规划、法律等方面的专家组成。

第二十四条 评估专家委员会应当选派成员组成专家组，对复核结果进行鉴定。专家组成员为3人以上单数，其中房地产估价师不得少于二分之一。

第二十五条 评估专家委员会应当自收到鉴定申请之日起10日内，对申请鉴定评估报告的评估程序、评估依据、评估假设、评估技术路线、评估方法选用、参数选取、评估结果确定方式等评估技术问题进行审核，出具书面鉴定意见。

经评估专家委员会鉴定，评估报告不存在技术问题的，应当维持评估报告；评估报告存在技术问题的，出具评估报告的房地产价格评估机构应当改正错误，重新出具评估报告。

第二十六条 房屋征收评估鉴定过程中，房地产价格评估机构应当按照评估专家委员会要求，就鉴定涉及的评估相关事宜进行说明。需要对被征收房屋进行实地查勘和调查的，有关单位和个人应当协助。

第二十七条 因房屋征收评估、复核评估、鉴定工作需要查询被征收房屋和用于产权调换房屋权属以及相关房地产交易信息的，房地产管理部门及其他相关部门应当提供便利。

第二十八条 在房屋征收评估过程中，房屋征收部门或者被征收人不配合、不提供相关资料的，房地产价格评估机构应当在评估报告中说明有关情况。

第二十九条 除政府对用于产权调换房屋价格有特别规定外，应当以评估方式确定用于产权调换房屋的市场价值。

第三十条 被征收房屋的类似房地产是指与被征收房屋的区位、用途、权利性质、档次、新旧程度、规模、建筑结构等相同或者相似的房地产。

被征收房屋类似房地产的市场价格是指被征收房屋的类似房地产在评估时点的平均交易价格。确定被征收房屋类似房地产的市场价格，应当剔除偶然的和不正常的因素。

第三十一条 房屋征收评估、鉴定费用由委托人承担。但鉴定改变原评估结果的，鉴定费用由原房地产价格评估机构承担。复核评估费用由原房地产价格评估机构承担。房屋征收评估、鉴定费用按照政府价格主管部门规定的收费标准执行。

第三十二条 在房屋征收评估活动中，房地产价格评估机构和房地产估价师的违法违规行为，按照《国有土地上房屋征收与补偿条例》、《房地产估价机构管理办法》、《注册房地产估价师管理办法》等规定处罚。违反规定收费的，由政府价格主管部门依照《中华人民共和国价格法》规定处罚。

第三十三条 本办法自公布之日起施行。2003 年 12 月 1 日原建设部发布的《城市房屋拆迁估价指导意见》同时废止。但《国有土地上房屋征收与补偿条例》施行前已依法取得房屋拆迁许可证的项目，继续沿用原有规定。

国务院宗教事务局、建设部关于城市建设中拆迁教堂、寺庙等房屋问题处理意见的通知

1. 1993 年 1 月 20 日
2. 国宗发〔1993〕21 号

各省、自治区、直辖市政府宗教事务局、建委（建设厅）：

最近，一些地方在城市建设中拆迁教堂、寺庙等房屋时出现一些纠纷。处理意见如下：

（一）在城市建设中涉及到教堂、寺庙等房屋的拆迁问题，应依照国务院《城市房屋拆迁管理条例》（以下简称《条例》）有关规定办理，既要服从城市建设的需要，又要维护宗教团体的合法权益。

（二）因城市建设需要拆迁教堂、寺庙等房屋时，应根据《条例》和中央、国务院的宗教政策以及有关规定，征询当地政府宗教事务部门意见，并与产权当事人协商，合理补偿，适当照顾，妥善处理。

（三）对教堂、寺庙等房屋，除因城市整体规划或成片开发必须拆迁外，一般应尽量避免拆迁。必须拆迁时，在安置工作中要考虑到便利信教群众过宗教生活的需要。

（四）需拆迁的教堂、寺庙等房屋，如属文物古迹，按国家关于文物保护的法律、法规处理。

（五）城市宗教事务主管部门和有关团体，应支持当地人民政府房屋拆迁主管部门依法拆迁。

（六）城市人民政府应加强对拆迁宗教团体和宗教活动场所房屋的领导，做好组织协调工作，保证这项工作的顺利进行。

国务院法制办公室对北京市人民政府法制办公室《关于城市私有房屋拆迁补偿适用法律问题的请示》的答复

1. 2002 年 1 月 24 日
2. 国法秘函〔2002〕15 号

北京市人民政府法制办公室：

你办《关于城市私有房屋拆迁补偿适用法律问题的请示》收悉。经商建设部、国土资源部，现答复如下：

一、关于 1999 年 1 月 1 日现行土地管理法施行前拆迁城市私有房屋的补偿问题

根据法不溯及既往的原则，1999 年 1 月 1 日现行土地管理法实施之前拆迁城市私有房屋的补偿，应当适用原土地管理法和原

城市房屋拆迁管理条例的规定。

二、关于1999年1月1日现行土地管理法施行后至2001年11月1日现行城市房屋拆迁管理条例施行前，拆迁城市私有房屋的补偿问题

现行土地管理法第五十八条规定，收回国有土地使用权，对土地使用权人应当给予适当补偿。《北京市城市房屋拆迁管理办法》第二十八条第二款规定："拆除执行国家规定租金标准的私有出租住宅房屋，拆迁人对被拆迁房屋所有人应当按照被拆迁房屋原建筑面积的重置价及成新，结合被拆除房屋所在区位给予补偿。具体补偿办法由各区、县房地局确定并报市房地局批准。"根据立法法有关中央专属立法权以外的事项地方可依照本地情况作出具体规定的精神，在国家统一的补偿办法、标准出台前，北京市人民政府作出上述规定，将土地使用权补偿因素纳入补偿范畴，不存在法律问题。因此，北京市可以依照上述规定对被拆除的房屋进行补偿。

三、关于2001年11月1日现行城市房屋拆迁管理条例施行后，拆迁城市私有房屋的补偿问题

2001年11月1日起施行的现行《城市房屋拆迁管理条例》第二十四条规定："货币补偿的金额，根据被拆迁房屋的区位、用途、建筑面积等因素，以房地产市场评估价格确定。"根据上述规定，2001年11月1日以后实施的拆迁，货币补偿款中包括对土地使用权的补偿。今后，对被拆除房屋的补偿应当按照《城市房屋拆迁管理条例》的规定执行。

附：

北京市人民政府法制办公室关于城市私有房屋拆迁补偿适用法律问题的请示

（2001年12月11日
京政法制规字〔2001〕43号）

国务院法制办公室：

为了贯彻实施《中华人民共和国土地管理法》和国务院《城市房屋拆迁管理条例》，切实保障被拆迁人的合法权益，现就城市私有房屋拆迁补偿适用法律问题请示如下：

一、关于现行《中华人民共和国土地管理法》施行以前拆迁城市私有房屋的补偿问题

现行的《中华人民共和国土地管理法》自1999年1月1日起施行，该法第五十八条规定："有下列情形之一的，由有关人民政府土地行政主管部门报经原批准用地的人民政府或者有批准权的人民政府批准，可以收回国有土地使用权：

（一）为公共利益需要使用土地的；

（二）为实施城市规划进行旧城区改建，需要调整使用土地的；

（三）土地出让等有偿使用合同约定的使用期限届满，土地使用者未申请续期或者申请续期未获批准的；

（四）因单位撤销、迁移等原因，停止使用原划拨的国有土地的；

（五）公路、铁路、机场、矿场等经核准报废的。

依照前款第（一）项、第（二）项的规定收回国有土地使用权的，对土地使用权人应当给予适当补偿。"

根据国务院法制办公室《关于对被拆迁私房的产权人原使用的国有土地使用权是否给予补偿的报告》（国法综〔2000〕13号）的意见，可否认为，对现行《中华人民共和国土地管理法》生效以前发生的私有房屋拆迁补偿，应当适用当时的土地管理和城市房屋拆迁管理的法律、行政法规的规定，不适用现行《中华人民共和国土地管理法》第五十八条关于“对土地使用权人应当给予适当补偿”的规定。

二、关于现行《城市房屋拆迁管理条例》施行以后，拆迁城市私有房屋的补偿问题

现行《城市房屋拆迁管理条例》（以下简称《条例》）自2001年11月1日起施行。《条例》第二十四条中规定：“货币补偿的金额，根据被拆迁房屋的区位、用途、建筑面积等因素，以房地产市场评估价格确定。”据此，可否认为，自2001年11月1日起，凡依据《条例》规定对私有房屋所有权人进行拆迁补偿的，其中已包含了对收回的国有土地使用权的补偿。

三、关于现行《中华人民共和国土地管理法》施行以后至《条例》施行之前，拆迁城市私有房屋的补偿问题

现行《中华人民共和国土地管理法》施行以后至《条例》施行之前，国家法律、行政法规和部门规章没有具体规定在拆迁私有房屋中对土地使用权人如何给予补偿。根据国家有关规定并结合我市实际情况，市人民政府于1998年10月15日颁布了《北京市城市房屋拆迁管理办法》（以下简称《办法》），自1998年12月1日起施行。《办法》第二十八条第二款规定：“拆除执行国家规定租金标准的私有出租住宅房屋，拆迁人对被拆除房屋所有人应当按照被拆除房屋原建筑面积的重置价格及成新，结合被拆除房屋所在区位给予补偿。具体补偿办法由各区、县房地局确定并报市房地局批准。”实际执行中，市房地局一般批复区、县房地局对拆除执行国家规定租金标准的私有出租住宅的所有权人给予两项补偿：一是按照被拆除房屋原建筑面积的重置价格结合成新给予作价补偿；二是按照被拆迁房屋原建筑面积和房屋所在地的区人民政府确定的被拆除房屋所在区位拆迁补偿价格的20%给予补偿。《办法》第二十九条第一款中规定：“被拆除房屋所在区位的拆迁补偿价格由各区、县根据拆迁地点等因素确定，并报市房地局批准后执行。”市人民政府《关于调整本市城市房屋拆迁补偿办法的批复》（京政函〔2000〕60号）进一步明确：“拆迁补偿价格由各区、县政府参照被拆除房屋所在地区届时普通住宅商品房价确定，并报市国土资源和房屋管理局批准后执行。”

综上所述，可否认为，在国家没有出台统一的对土地使用权进行补偿的办法之前，我市制定《办法》并依《办法》规定对私有出租住宅所有权人进行的拆迁补偿中，已经包含了土地使用权补偿的因素，即具体落实了现行《中华人民共和国土地管理法》第五十八条第二款的规定。

特此请示

国务院法制办公室关于对建设部办公厅《关于对房屋拆迁政策法规的答复是否属于具体行政行为的请示》的复函

1. 2002年8月27日

2. 国法秘函〔2002〕148号

建设部办公厅：

你厅《关于对房屋拆迁政策法规的答复是否属于具体行政行为的请示》（建办法函〔2002〕300号）收悉。对四川省建设委员会《关于对自贡市房地产管理局〈关于对自贡市高新技术产业开发区房屋拆迁如何执行法规政策的请示〉的答复》（川建委房发〔1999〕0125号）的性质认定问题，你们认为：“该答复是对《土地管理法》和《城市房屋拆迁管理条例》适用问题的答复，并不是针对行政相对人、就特定的具体事项、作出的有关行政相对人权利义务的单方行政行为，因此不属于具体行政行为。”对此，我们没有不同意见。

建设部办公厅关于如何界定拆迁项目适用新老条例的复函

1. 2002年12月16日
2. 建办法函〔2002〕592号

吉林省建设厅：

你厅《关于如何界定拆迁项目适用新老条例的请示函》（吉建办函字〔2002〕58号）收悉。经研究，答复如下：

《城市房屋拆迁管理条例》第四十条规定："本条例自2001年11月1日起施行。1991年3月22日国务院公布的《城市房屋拆迁管理条例》同时废止。"根据上述规定，对2001年11月1日以后颁发房屋拆迁许可证的项目，应当按照新《条例》的规定执行。

最高人民法院关于违法的建筑物、构筑物、设施等强制拆除问题的批复

1. 2013年3月25日最高人民法院审判委员会第1572次会议通过
2. 2013年3月27日公布
3. 法释〔2013〕5号
4. 自2013年4月3日起施行

北京市高级人民法院：

根据行政强制法和城乡规划法有关规定精神，对涉及违反城乡规划法的违法建筑物、构筑物、设施等的强制拆除，法律已经授予行政机关强制执行权，人民法院不受理行政机关提出的非诉行政执行申请。

文书范本

房屋拆迁安置补偿合同

甲方（拆迁人）：____________________
地址：____________邮政编码：______电话：____________
法定代表人：____________职务：_____________________
乙方（被拆迁人）：________________
地址：____________邮政编码：______电话：____________
法定代表人：__________职务：__________

甲方因建设需要，须拆除乙方使用的房屋，根据城市房屋拆迁安置补偿法规、政策的有关规定，甲乙双方经协商，就房屋拆迁安置补偿达成如下协议。

第一条　项目名称、地点。建设项目名称____________，建设地点______________，建设单位________，《拆迁许可证》文号________。

第二条　被拆房屋现状。（一）乙方在拆迁范围内有房屋____间，建筑面积____平方米，使用面积____平方米，居住面积____平方米。（二）乙方有正式户口____人，常住人口____人，应安置人口____人，分别是____（姓名、性别、年龄、关系等）。（三）被拆迁房屋的产权属于______。

第三条　拆迁安置。（一）乙方安置到____，房屋____间，建筑面积______平方米，使用面积____平方米，居住面积____平方米。甲方负责为乙方办理住房进住手续。（二）乙方临时过渡到________年____月____日。甲方保证乙方在过渡期限内回迁，乙方在收到正式安置通知____日内，应迁入安置用房内。

第四条　安置房屋的标准。（一）甲方提供给乙方的安置房屋，其建造标准应当符合____

颁发的____标准;(二)建造质量应当符合________;(三)房屋内应当有以下设施:1. ____________;2. ____________;3. ____________。

第五条 拆迁安置房屋产权。(一)乙方被安置房屋的产权属于乙方应与____签订房屋租赁合同并交纳房租及其他费用。(二)乙方被安置房屋的产权属于甲、乙双方应另行签订房屋买卖合同,持该合同办理房屋产权转移手续,该合同作为本合同附件与本合同具有同等法律的约束力。

第六条 房屋拆迁补助。甲方支付乙方搬家补助费____元;临时过渡费(含交通补助、供暖补助等)____元;转学补助费____元;提前搬家奖励费____元;其他补助费____元;共计人民币____元。

第七条 被拆迁房屋补偿。甲方对被拆除房屋的产权人按以下方式进行补偿:1. 作价补偿。被拆迁房屋____间,建筑面积____平方米,按每平方米____元作价补偿,甲方支付乙方拆迁补偿费______元。本合同签订后,由乙方负责办理被拆除房屋产权的注销手续。2. 产权调换。甲方以______地点,______房屋,____间,____平方米,补偿乙方;乙方需支付:(1)结构差价____元;(2)面积差价____元;(3)房屋成新差价____元。3. ________。

第八条 乙方在________年____月____日前将原住房腾空,并交甲方拆除。

第九条 乙方私自搭建的违章建筑或附属设施应在________年____月____日前自行拆除,逾期不拆除的,甲方有权拆除。

第十条 乙方安置属于临时过渡的,应在收到甲方正式安置通知____日内迁入安置住房内。逾期不搬迁的,不再享受各种补助费,并每逾期一天罚款____元。

第十一条 乙方安置属于临时过渡的,在临时过渡期内,甲方按每月____元支付乙方临时过渡费。

第十二条 甲方应在本合同第三项约定的临时过渡期限届满前保证乙方按期回迁,逾期不能回迁的,甲方应在临时过渡期届满____天前通知乙方,并按以下方法之一处理:1. 甲方提供同面积、同质量的安置房屋。2. 逾期____个月内,甲方按本合同第十一条约定的临时过渡费的____%向乙方加付临时过渡费,逾期超过____个月,甲方按本合同第十一条约定的临时过渡费的____%向乙方加付临时过渡费。3. ____________。

第十三条 特殊情况下安置逾期的处理如果出现下列情况,乙方同意甲方逾期提供安置房屋:1. 不可抗力造成安置房屋建筑延期;2. 因拆迁户搬迁迟延造成安置房屋建设延期;3. ________出现上述情况,甲方应当在情况发生的____天内通知乙方。因以上情况造成安置延期的,逾期安置时期的临时过渡费按第十二条规定的方式处理。

第十四条 本合同自双方签字盖章之日起生效。

第十五条 本合同一式三份,甲、乙双方各持一份,另一份报房屋拆迁主管部门备案。

甲方:________________ 代表人:____________

________年____月____日

乙方:________________ 代表人:____________

________年____月____日

建设工程拆迁房屋合同

建设单位:________〔以下简称甲方〕;

拆迁户(单位):______市(县)________区(镇)______街(路)______号房主(代表人)________〔以下简称乙方〕。

根据________建筑安装工程的建设需要,经规划部门和拆迁房屋主管机关批准,拆迁乙方现有住房。为了明确甲乙双方权利义务,保证拆迁工作的顺利进行,经甲乙双方充分协商,特订立本合同,以供双方遵守执行。

第一条 乙方在甲方用地范围内共有________结构的住房____幢____间,共____平方米(原住房面积的数量,私有房屋以产权证标明自住的数量为准;租住公房以承租数量为准,单位公用房屋按拆除房屋的建筑面积为准),全部交给甲方拆除(乙方自行拆除的,甲方应付给乙方拆除费)。甲方负责于________年____月____日以前为乙方安排住房(拆除单位的公用房屋,一般由甲方拨给相应的投资、材料,由其挖掘土地潜力自行迁建,或由甲方在城市规划管理部门批准的地区内进行迁建)____平方米(安置房屋原则上不超过原住房面积,乙方原住房过宽或有出租的房屋,在对其安置时应适当压缩,但对压缩面积应按房地产管理部门的规定作价补偿;乙方原住房严重拥挤不便的,应按其家庭人口情况给予适当照顾)。

第二条 乙方应于________年____月____日以前搬往甲方安置的住房或周转房(或乙方自找的周转房),甲方于乙方搬迁后____日内一次性付给乙方搬迁费____元。

第三条 甲方对乙方在临时周转期间按下列情况给予补助:

1. 乙方自行找房周转,每人每月补助____元;

2. 由乙方所在工作单位解决乙方周转房致使其家庭人口分散居住的,每人每月补助____元;

3. 乙方用甲方的简易房周转的,周转期间免收房租。简易周转房没有取暖装置的,取暖季节每人每月补助____元取暖费,并按规定补助增加的公共交通月票费用。

第四条 甲方安置乙方的住房位于____,共____套____间,____层____号,配有____等装备。

第五条 乙方家庭的全部成员(18岁以上者)____等____人一致签字同意____作为乙方代表人,授权他(她)在合同文本和其他文件上签字。甲方付给乙方的各项费用,一律由乙方代表人____领取。甲方对乙方家庭成员中发生与拆迁房屋有关的分家析产、继承纠纷等,一律不负责任。

第六条 甲方如不按合同规定的日期向乙方交付各种费用,逾期一日,应按所欠款额的____%向乙方偿付违约金(如不按时按量向乙方单位拨给相应的投资、材料和迁建用地,每逾期一日,应向乙方偿付____元违约金);甲方如不按合同规定的地点和面积、层次给乙方安置住房,应向乙方偿付____元的违约金,乙方可以向有管辖权的法院起诉,要求甲方按合同履行义务。

乙方如经甲方按合同规定安置住房后,仍拒不搬迁的,由甲方申请当地房地产管理部门对乙方限期搬出,如逾期仍不搬迁的,每逾期一日,应向甲方偿付违约金____元,甲方并可向有管辖权的人民法院起诉。乙方如遇阴雨天或其他不可抗力原因不能按时搬迁,时间顺延,但必须告知甲方情况。

第七条　其他：________。

本合同自甲乙双方签字之日起生效，合同生效后，甲乙双方均不得擅自修改或解除合同。合同中如有未尽事宜，须经双方共同协商，作出补充规定。补充规定与本合同具有同等效力。合同执行中如发生纠纷，经双方协商仍不能解决的，可提请当地房地产管理部门调解，调解不成的，可提请合同管理机关仲裁或有管辖权的人民法院裁决。

本合同正本一式二份，甲乙双方各执一份；合同副本一式____份，交____市（县）房地产管理局、建设银行、建委、计委____等单位各留存一份。

建设单位（甲方）：________（公章）

地址：________________________

代表人：______________________

电话：________________________

银行账户：____________________

拆迁户（乙方）代表人：________（盖章）

家庭18岁以上成员：________（盖章或签名）

地址：________________________

（乙方如系单位，则应有单位公章、地址、代表人、电话、银行账户）

________年____月____日签订

八、房地产税费

中华人民共和国税收征收管理法

1. 1992年9月4日第七届全国人民代表大会常务委员会第二十七次会议通过
2. 根据1995年2月28日第八届全国人民代表大会常务委员会第十二次会议《关于修改〈中华人民共和国税收征收管理法〉的决定》第一次修正
3. 2001年4月28日第九届全国人民代表大会常务委员会第二十一次会议修订
4. 根据2013年6月29日第十二届全国人民代表大会常务委员会第三次会议《关于修改〈中华人民共和国文物保护法〉等十二部法律的决定》第二次修正
5. 根据2015年4月24日第十二届全国人民代表大会常务委员会第十四次会议《关于修改〈中华人民共和国港口法〉等七部法律的决定》第三次修正

目　　录

第一章　总　　则

第一条　【立法目的】为了加强税收征收管理，规范税收征收和缴纳行为，保障国家税收收入，保护纳税人的合法权益，促进经济和社会发展，制定本法。

第二条　【适用范围】凡依法由税务机关征收的各种税收的征收管理，均适用本法。

第三条　【法律适用】税收的开征、停征以及减税、免税、退税、补税，依照法律的规定执行；法律授权国务院规定的，依照国务院制定的行政法规的规定执行。

任何机关、单位和个人不得违反法律、行政法规的规定，擅自作出税收开征、停征以及减税、免税、退税、补税和其他同税收法律、行政法规相抵触的决定。

第四条　【纳税人】法律、行政法规规定负有纳税义务的单位和个人为纳税人。

法律、行政法规规定负有代扣代缴、代收代缴税款义务的单位和个人为扣缴义务人。

纳税人、扣缴义务人必须依照法律、行政法规的规定缴纳税款、代扣代缴、代收代缴税款。

第五条　【税务主管】国务院税务主管部门主管全国税收征收管理工作。各地国家税务局和地方税务局应当按照国务院规定的税收征收管理范围分别进行征收管理。

地方各级人民政府应当依法加强对本行政区域内税收征收管理工作的领导或者协调，支持税务机关依法执行职务，依照法定税率计算税额，依法征收税款。

各有关部门和单位应当支持、协助税务机关依法执行职务。

税务机关依法执行职务，任何单位和个人不得阻挠。

第六条　【信息】国家有计划地用现代信息技术装备各级税务机关，加强税收征收管理信息系统的现代化建设，建立、健全税务机关与政府其他管理机关的信息共享制度。

纳税人、扣缴义务人和其他有关单位应当按照国家有关规定如实向税务机关提供与纳税和代扣代缴、代收代缴税款有关的信息。

第七条 【税务宣传与咨询】税务机关应当广泛宣传税收法律、行政法规,普及纳税知识,无偿地为纳税人提供纳税咨询服务。

第八条 【纳税人和扣缴义务人的权利】纳税人、扣缴义务人有权向税务机关了解国家税收法律、行政法规的规定以及与纳税程序有关的情况。

纳税人、扣缴义务人有权要求税务机关为纳税人、扣缴义务人的情况保密。税务机关应当依法为纳税人、扣缴义务人的情况保密。

纳税人依法享有申请减税、免税、退税的权利。

纳税人、扣缴义务人对税务机关所作出的决定,享有陈述权、申辩权;依法享有申请行政复议、提起行政诉讼、请求国家赔偿等权利。

纳税人、扣缴义务人有权控告和检举税务机关、税务人员的违法违纪行为。

第九条 【税务机关与人员的职责】税务机关应当加强队伍建设,提高税务人员的政治业务素质。

税务机关、税务人员必须秉公执法,忠于职守,清正廉洁,礼貌待人,文明服务,尊重和保护纳税人、扣缴义务人的权利,依法接受监督。

税务人员不得索贿受贿、徇私舞弊、玩忽职守、不征或者少征应征税款;不得滥用职权多征税款或者故意刁难纳税人和扣缴义务人。

第十条 【税务机关的管理制度】各级税务机关应当建立、健全内部制约和监督管理制度。

上级税务机关应当对下级税务机关的执法活动依法进行监督。

各级税务机关应当对其工作人员执行法律、行政法规和廉洁自律准则的情况进行监督检查。

第十一条 【职责及相互关系】税务机关负责征收、管理、稽查、行政复议的人员的职责应当明确,并相互分离、相互制约。

第十二条 【回避】税务人员征收税款和查处税收违法案件,与纳税人、扣缴义务人或者税收违法案件有利害关系的,应当回避。

第十三条 【检举】任何单位和个人都有权检举违反税收法律、行政法规的行为。收到检举的机关和负责查处的机关应当为检举人保密。税务机关应当按照规定对检举人给予奖励。

第十四条 【税务机关】本法所称税务机关是指各级税务局、税务分局、税务所和按照国务院规定设立的并向社会公告的税务机构。

第二章 税务管理

第一节 税务登记

第十五条 【税务登记】企业,企业在外地设立的分支机构和从事生产、经营的场所,个体工商户和从事生产、经营的事业单位(以下统称从事生产、经营的纳税人)自领取营业执照之日起三十日内,持有关证件,向税务机关申报办理税务登记。税务机关应当于收到申报的当日办理登记并发给税务登记证件。

工商行政管理机关应当将办理登记注册、核发营业执照的情况,定期向税务机关通报。

本条第一款规定以外的纳税人办理税务登记和扣缴义务人办理扣缴税款登记的范围和办法,由国务院规定。

第十六条 【变更登记与注销登记】从事生产、经营的纳税人,税务登记内容发生变化的,自工商行政管理机关办理变更登记之日起三十日内或者在向工商行政管理机关申请办理注销登记之前,持有关证件向税务机关申报办理变更或者注销税务登记。

第十七条 【帐户帐号】从事生产、经营的纳税人应当按照国家有关规定，持税务登记证件，在银行或者其他金融机构开立基本存款帐户和其他存款帐户，并将其全部帐号向税务机关报告。

银行和其他金融机构应当在从事生产、经营的纳税人的帐户中登录税务登记证件号码，并在税务登记证件中登录从事生产、经营的纳税人的帐户帐号。

税务机关依法查询从事生产、经营的纳税人开立帐户的情况时，有关银行和其他金融机构应当予以协助。

第十八条 【税务登记证件】纳税人按照国务院税务主管部门的规定使用税务登记证件。税务登记证件不得转借、涂改、损毁、买卖或者伪造。

第二节 帐簿、凭证管理

第十九条 【帐簿】纳税人、扣缴义务人按照有关法律、行政法规和国务院财政、税务主管部门的规定设置帐簿，根据合法、有效凭证记帐，进行核算。

第二十条 【财务、会计制度或者财务、会计处理办法】从事生产、经营的纳税人的财务、会计制度或者财务、会计处理办法和会计核算软件，应当报送税务机关备案。

纳税人、扣缴义务人的财务、会计制度或者财务、会计处理办法与国务院或者国务院财政、税务主管部门有关税收的规定抵触的，依照国务院或者国务院财政、税务主管部门有关税收的规定计算应纳税款、代扣代缴和代收代缴税款。

第二十一条 【发票】税务机关是发票的主管机关，负责发票印制、领购、开具、取得、保管、缴销的管理和监督。

单位、个人在购销商品、提供或者接受经营服务以及从事其他经营活动中，应当按照规定开具、使用、取得发票。

发票的管理办法由国务院规定。

第二十二条 【发票的印制】增值税专用发票由国务院税务主管部门指定的企业印制；其他发票，按照国务院税务主管部门的规定，分别由省、自治区、直辖市国家税务局、地方税务局指定企业印制。

未经前款规定的税务机关指定，不得印制发票。

第二十三条 【税控装置】国家根据税收征收管理的需要，积极推广使用税控装置。纳税人应当按照规定安装、使用税控装置，不得损毁或者擅自改动税控装置。

第二十四条 【资料保管】从事生产、经营的纳税人、扣缴义务人必须按照国务院财政、税务主管部门规定的保管期限保管帐簿、记帐凭证、完税凭证及其他有关资料。

帐簿、记帐凭证、完税凭证及其他有关资料不得伪造、变造或者擅自损毁。

第三节 纳 税 申 报

第二十五条 【申报】纳税人必须依照法律、行政法规规定或者税务机关依照法律、行政法规的规定确定的申报期限、申报内容如实办理纳税申报，报送纳税申报表、财务会计报表以及税务机关根据实际需要要求纳税人报送的其他纳税资料。

扣缴义务人必须依照法律、行政法规规定或者税务机关依照法律、行政法规的规定确定的申报期限、申报内容如实报送代扣代缴、代收代缴税款报告表以及税务机关根据实际需要要求扣缴义务人报送的其他有关资料。

第二十六条 【申报方式】纳税人、扣缴义务人可以直接到税务机关办理纳税申报或者报送代扣代缴、代收代缴税款报告表，也可以按照规定采取邮寄、数据电文或者其他方式办理上述申报、报送事项。

第二十七条 【延期申报】纳税人、扣缴义务人不能按期办理纳税申报或者报送代扣代缴、代收代缴税款报告表的，经税务机关核准，可以延期申报。

经核准延期办理前款规定的申报、报送事项的，应当在纳税期内按照上期实际缴纳的税额或者税务机关核定的税额预缴税款，并在核准的延期内办理税款结算。

第三章 税款征收

第二十八条 【依法征税】税务机关依照法律、行政法规的规定征收税款，不得违反法律、行政法规的规定开征、停征、多征、少征、提前征收、延缓征收或者摊派税款。

农业税应纳税额按照法律、行政法规的规定核定。

第二十九条 【税款征收权】除税务机关、税务人员以及经税务机关依照法律、行政法规委托的单位和人员外，任何单位和个人不得进行税款征收活动。

第三十条 【扣缴义务人】扣缴义务人依照法律、行政法规的规定履行代扣、代收税款的义务。对法律、行政法规没有规定负有代扣、代收税款义务的单位和个人，税务机关不得要求其履行代扣、代收税款义务。

扣缴义务人依法履行代扣、代收税款义务时，纳税人不得拒绝。纳税人拒绝的，扣缴义务人应当及时报告税务机关处理。

税务机关按照规定付给扣缴义务人代扣、代收手续费。

第三十一条 【缴纳与解缴期限】纳税人、扣缴义务人按照法律、行政法规规定或者税务机关依照法律、行政法规的规定确定的期限，缴纳或者解缴税款。

纳税人因有特殊困难，不能按期缴纳税款的，经省、自治区、直辖市国家税务局、地方税务局批准，可以延期缴纳税款，但是最长不得超过三个月。

第三十二条 【滞纳税款】纳税人未按照规定期限缴纳税款的，扣缴义务人未按照规定期限解缴税款的，税务机关除责令限期缴纳外，从滞纳税款之日起，按日加收滞纳税款万分之五的滞纳金。

第三十三条 【减免税】纳税人依照法律、行政法规的规定办理减税、免税。

地方各级人民政府、各级人民政府主管部门、单位和个人违反法律、行政法规规定，擅自作出的减税、免税决定无效，税务机关不得执行，并向上级税务机关报告。

第三十四条 【完税凭证】税务机关征收税款时，必须给纳税人开具完税凭证。扣缴义务人代扣、代收税款时，纳税人要求扣缴义务人开具代扣、代收税款凭证的，扣缴义务人应当开具。

第三十五条 【核定税额】纳税人有下列情形之一的，税务机关有权核定其应纳税额：

（一）依照法律、行政法规的规定可以不设置帐簿的；

（二）依照法律、行政法规的规定应当设置帐簿但未设置的；

（三）擅自销毁帐簿或者拒不提供纳税资料的；

（四）虽设置帐簿，但帐目混乱或者成本资料、收入凭证、费用凭证残缺不全，难以查帐的；

（五）发生纳税义务，未按照规定的期限办理纳税申报，经税务机关责令限期申报，逾期仍不申报的；

（六）纳税人申报的计税依据明显偏低，又无正当理由的。

税务机关核定应纳税额的具体程序和方法由国务院税务主管部门规定。

第三十六条 【合理调整】企业或者外国企业在中国境内设立的从事生产、经营的机构、场所与其关联企业之间的业务往来，应当按照独立企业之间的业务往来收取或者支付价款、费用；不按照独立企业之间的业务往来收取或者支付价款、费用，而减少其应纳税的收入或者所得额的，税务机关有权进行合理调整。

第三十七条 【税务扣押】对未按照规定办理税务登记的从事生产、经营的纳税人以及临时从事经营的纳税人，由税务机关核定其应纳税额，责令缴纳；不缴纳的，税务机关可以扣押其价值相当于应纳税款的商品、货物。扣押后缴纳应纳税款的，税务机关必须立即解除扣押，并归还所扣押的商品、货物；扣押后仍不缴纳应纳税款的，经县以上税务局（分局）局长批准，依法拍卖或者变卖所扣押的商品、货物，以拍卖或者变卖所得抵缴税款。

第三十八条　【限期缴纳、纳税担保与税收保全】税务机关有根据认为从事生产、经营的纳税人有逃避纳税义务行为的，可以在规定的纳税期之前，责令限期缴纳应纳税款；在限期内发现纳税人有明显的转移、隐匿其应纳税的商品、货物以及其他财产或者应纳税的收入的迹象的，税务机关可以责成纳税人提供纳税担保。如果纳税人不能提供纳税担保，经县以上税务局（分局）局长批准，税务机关可以采取下列税收保全措施：

（一）书面通知纳税人开户银行或者其他金融机构冻结纳税人的金额相当于应纳税款的存款；

（二）扣押、查封纳税人的价值相当于应纳税款的商品、货物或者其他财产。

纳税人在前款规定的限期内缴纳税款的，税务机关必须立即解除税收保全措施；限期期满仍未缴纳税款的，经县以上税务局（分局）局长批准，税务机关可以书面通知纳税人开户银行或者其他金融机构从其冻结的存款中扣缴税款，或者依法拍卖或者变卖所扣押、查封的商品、货物或者其他财产，以拍卖或者变卖所得抵缴税款。

个人及其所扶养家属维持生活必需的住房和用品，不在税收保全措施的范围之内。

第三十九条　【税务赔偿】纳税人在限期内已缴纳税款，税务机关未立即解除税收保全措施，使纳税人的合法利益遭受损失的，税务机关应当承担赔偿责任。

第四十条　【强制执行措施】从事生产、经营的纳税人、扣缴义务人未按照规定的期限缴纳或者解缴税款，纳税担保人未按照规定的期限缴纳所担保的税款，由税务机关责令限期缴纳，逾期仍未缴纳的，经县以上税务局（分局）局长批准，税务机关可以采取下列强制执行措施：

（一）书面通知其开户银行或者其他金融机构从其存款中扣缴税款；

（二）扣押、查封、依法拍卖或者变卖其价值相当于应纳税款的商品、货物或者其他财产，以拍卖或者变卖所得抵缴税款。

税务机关采取强制执行措施时，对前款所列纳税人、扣缴义务人、纳税担保人未缴纳的滞纳金同时强制执行。

个人及其所扶养家属维持生活必需的住房和用品，不在强制执行措施的范围之内。

第四十一条　【保全措施与强制执行措施权力的行使】本法第三十七条、第三十八条、第四十条规定的采取税收保全措施、强制执行措施的权力，不得由法定的税务机关以外的单位和个人行使。

第四十二条　【措施的依法采取】税务机关采取税收保全措施和强制执行措施必须依照法定权限和法定程序，不得查封、扣押纳税人个人及其所扶养家属维持生活必需的住房和用品。

第四十三条　【赔偿责任】税务机关滥用职权违法采取税收保全措施、强制执行措施，或者采取税收保全措施、强制执行措施不当，使纳税人、扣缴义务人或者纳税担保人的合法权益遭受损失的，应当依法承担赔偿责任。

第四十四条　【阻止出境】欠缴税款的纳税人或者他的法定代表人需要出境的，应当在出境前向税务机关结清应纳税款、滞纳金或者提供担保。未结清税款、滞纳金，又不提供担保的，税务机关可以通知出境管理机关阻止其出境。

第四十五条　【税收优先】税务机关征收税款，税收优先于无担保债权，法律另有规定的除外；纳税人欠缴的税款发生在纳税人以其财产设定抵押、质押或者纳税人的财产被留置之前的，税收应当先于抵押权、质权、留置权执行。

纳税人欠缴税款,同时又被行政机关决定处以罚款、没收违法所得的,税收优先于罚款、没收违法所得。

税务机关应当对纳税人欠缴税款的情况定期予以公告。

第四十六条 【欠税情况】纳税人有欠税情形而以其财产设定抵押、质押的,应当向抵押权人、质权人说明其欠税情况。抵押权人、质权人可以请求税务机关提供有关的欠税情况。

第四十七条 【扣押收据与查封清单】税务机关扣押商品、货物或者其他财产时,必须开付收据;查封商品、货物或者其他财产时,必须开付清单。

第四十八条 【纳税人的合并与分立】纳税人有合并、分立情形的,应当向税务机关报告,并依法缴清税款。纳税人合并时未缴清税款的,应当由合并后的纳税人继续履行未履行的纳税义务;纳税人分立时未缴清税款的,分立后的纳税人对未履行的纳税义务应当承担连带责任。

第四十九条 【财产处分报告】欠缴税款数额较大的纳税人在处分其不动产或者大额资产之前,应当向税务机关报告。

第五十条 【代位权与撤销权】欠缴税款的纳税人因怠于行使到期债权,或者放弃到期债权,或者无偿转让财产,或者以明显不合理的低价转让财产而受让人知道该情形,对国家税收造成损害的,税务机关可以依照合同法第七十三条、第七十四条的规定行使代位权、撤销权。

税务机关依照前款规定行使代位权、撤销权的,不免除欠缴税款的纳税人尚未履行的纳税义务和应承担的法律责任。

第五十一条 【税款退还】纳税人超过应纳税额缴纳的税款,税务机关发现后应当立即退还;纳税人自结算缴纳税款之日起三年内发现的,可以向税务机关要求退还多缴的税款并加算银行同期存款利息,税务机关及时查实后应当立即退还;涉及从国库中退库的,依照法律、行政法规有关国库管理的规定退还。

第五十二条 【税款的未缴或者少缴】因税务机关的责任,致使纳税人、扣缴义务人未缴或者少缴税款的,税务机关在三年内可以要求纳税人、扣缴义务人补缴税款,但是不得加收滞纳金。

因纳税人、扣缴义务人计算错误等失误,未缴或者少缴税款的,税务机关在三年内可以追征税款、滞纳金;有特殊情况的,追征期可以延长到五年。

对偷税、抗税、骗税的,税务机关追征其未缴或者少缴的税款、滞纳金或者所骗取的税款,不受前款规定期限的限制。

第五十三条 【税款的入库】国家税务局和地方税务局应当按照国家规定的税收征收管理范围和税款入库预算级次,将征收的税款缴入国库。

对审计机关、财政机关依法查出的税收违法行为,税务机关应当根据有关机关的决定、意见书,依法将应收的税款、滞纳金按照税款入库预算级次缴入国库,并将结果及时回复有关机关。

第四章 税务检查

第五十四条 【税务检查的范围】税务机关有权进行下列税务检查:

(一)检查纳税人的帐簿、记帐凭证、报表和有关资料,检查扣缴义务人代扣代缴、代收代缴税款帐簿、记帐凭证和有关资料;

(二)到纳税人的生产、经营场所和货物存放地检查纳税人应纳税的商品、货物或者其他财产,检查扣缴义务人与代扣代缴、代收代缴税款有关的经营情况;

(三)责成纳税人、扣缴义务人提供与纳税或者代扣代缴、代收代缴税款有关的文件、证明材料和有关资料;

(四)询问纳税人、扣缴义务人与纳税或者代扣代缴、代收代缴税款有关的问题和情况；

（五）到车站、码头、机场、邮政企业及其分支机构检查纳税人托运、邮寄应纳税商品、货物或者其他财产的有关单据、凭证和有关资料；

（六）经县以上税务局（分局）局长批准，凭全国统一格式的检查存款帐户许可证明，查询从事生产、经营的纳税人、扣缴义务人在银行或者其他金融机构的存款帐户。税务机关在调查税收违法案件时，经设区的市、自治州以上税务局（分局）局长批准，可以查询案件涉嫌人员的储蓄存款。税务机关查询所获得的资料，不得用于税收以外的用途。

第五十五条 【税务检查中的税收保全措施和强制执行措施】税务机关对从事生产、经营的纳税人以前纳税期的纳税情况依法进行税务检查时，发现纳税人有逃避纳税义务行为，并有明显的转移、隐匿其应纳税的商品、货物以及其他财产或者应纳税的收入的迹象的，可以按照本法规定的批准权限采取税收保全措施或者强制执行措施。

第五十六条 【接受税务检查】纳税人、扣缴义务人必须接受税务机关依法进行的税务检查，如实反映情况，提供有关资料，不得拒绝、隐瞒。

第五十七条 【税务调查】税务机关依法进行税务检查时，有权向有关单位和个人调查纳税人、扣缴义务人和其他当事人与纳税或者代扣代缴、代收代缴税款有关的情况，有关单位和个人有义务向税务机关如实提供有关资料及证明材料。

第五十八条 【情况和资料处置】税务机关调查税务违法案件时，对与案件有关的情况和资料，可以记录、录音、录像、照相和复制。

第五十九条 【出示证件与通知书】税务机关派出的人员进行税务检查时，应当出示税务检查证和税务检查通知书，并有责任为被检查人保守秘密；未出示税务检查证和税务检查通知书的，被检查人有权拒绝检查。

第五章 法律责任

第六十条 【纳税人的一般法律责任】纳税人有下列行为之一的，由税务机关责令限期改正，可以处二千元以下的罚款；情节严重的，处二千元以上一万元以下的罚款：

（一）未按照规定的期限申报办理税务登记、变更或者注销登记的；

（二）未按照规定设置、保管帐簿或者保管记帐凭证和有关资料的；

（三）未按照规定将财务、会计制度或者财务、会计处理办法和会计核算软件报送税务机关备查的；

（四）未按照规定将其全部银行帐号向税务机关报告的；

（五）未按照规定安装、使用税控装置，或者损毁或者擅自改动税控装置的。

纳税人不办理税务登记的，由税务机关责令限期改正；逾期不改正的，经税务机关提请，由工商行政管理机关吊销其营业执照。

纳税人未按照规定使用税务登记证件，或者转借、涂改、损毁、买卖、伪造税务登记证件的，处二千元以上一万元以下的罚款；情节严重的，处一万元以上五万元以下的罚款。

第六十一条 【扣缴义务人的法律责任】扣缴义务人未按照规定设置、保管代扣代缴、代收代缴税款帐簿或者保管代扣代缴、代收代缴税款记帐凭证及有关资料的，由税务机关责令限期改正，可以处二千元以下的罚款；情节严重的，处二千元以上五千元以下的罚款。

第六十二条 【迟延办理纳税申报和迟延报送纳税资料】纳税人未按照规定的期限办理纳税申报和报送纳税资料的，或者扣缴义务人未按照规定的期限向税务机关报送代扣代缴、代收代缴税款报告表和有关资料的，由税务机关责令限期改正，可以处二千元以下的罚款；情节严重的，可以处二千元以上一万元以下的罚款。

第六十三条 【偷税】纳税人伪造、变造、隐匿、擅自销毁帐簿、记帐凭证，或者在帐簿上多列支出或者不列、少列收入，或者经税务机关通知申报而拒不申报或者进行虚假的纳税申报，不缴或者少缴应纳税款的，是偷税。对纳税人偷税的，由税务机关追缴其不缴或者少缴的税款、滞纳金，并处不缴或者少缴的税款百分之五十以上五倍以下的罚款；构成犯罪的，依法追究刑事责任。

扣缴义务人采取前款所列手段，不缴或者少缴已扣、已收税款，由税务机关追缴其不缴或者少缴的税款、滞纳金，并处不缴或者少缴的税款百分之五十以上五倍以下的罚款；构成犯罪的，依法追究刑事责任。

第六十四条 【编制虚假计税依据与不进行纳税申报等】纳税人、扣缴义务人编造虚假计税依据的，由税务机关责令限期改正，并处五万元以下的罚款。

纳税人不进行纳税申报，不缴或者少缴应纳税款的，由税务机关追缴其不缴或者少缴的税款、滞纳金，并处不缴或者少缴的税款百分之五十以上五倍以下的罚款。

第六十五条 【欠税且转移或隐匿财产的责任】纳税人欠缴应纳税款，采取转移或者隐匿财产的手段，妨碍税务机关追缴欠缴的税款的，由税务机关追缴欠缴的税款、滞纳金，并处欠缴税款百分之五十以上五倍以下的罚款；构成犯罪的，依法追究刑事责任。

第六十六条 【骗取出口退税款】以假报出口或者其他欺骗手段，骗取国家出口退税款的，由税务机关追缴其骗取的退税款，并处骗取税款一倍以上五倍以下的罚款；构成犯罪的，依法追究刑事责任。

对骗取国家出口退税款的，税务机关可以在规定期间内停止为其办理出口退税。

第六十七条 【抗税】以暴力、威胁方法拒不缴纳税款的，是抗税，除由税务机关追缴其拒缴的税款、滞纳金外，依法追究刑事责任。情节轻微，未构成犯罪的，由税务机关追缴其拒缴的税款、滞纳金，并处拒缴税款一倍以上五倍以下的罚款。

第六十八条 【逾期缴纳者的责任】纳税人、扣缴义务人在规定期限内不缴或者少缴应纳或者应解缴的税款，经税务机关责令限期缴纳，逾期仍未缴纳的，税务机关除依照本法第四十条的规定采取强制执行措施追缴其不缴或者少缴的税款外，可以处不缴或者少缴的税款百分之五十以上五倍以下的罚款。

第六十九条 【扣缴义务人违反义务的责任】扣缴义务人应扣未扣、应收而不收税款的，由税务机关向纳税人追缴税款，对扣缴义务人处应扣未扣、应收未收税款百分之五十以上三倍以下的罚款。

第七十条 【阻挠税务检查】纳税人、扣缴义务人逃避、拒绝或者以其他方式阻挠税务机关检查的，由税务机关责令改正，可以处一万元以下的罚款；情节严重的，处一万元以上五万元以下的罚款。

第七十一条 【非法印制发票】违反本法第二十二条规定，非法印制发票的，由税务机关销毁非法印制的发票，没收违法所得和作案工具，并处一万元以上五万元以下的罚款；构成犯罪的，依法追究刑事责任。

第七十二条 【收缴发票与停止向其发售发票】从事生产、经营的纳税人、扣缴义务人有本法规定的税收违法行为，拒不接受税务机关处理的，税务机关可以收缴其发票或者停止向其发售发票。

第七十三条 【金融机构拒绝税务检查】纳税人、扣缴义务人的开户银行或者其他金融机构拒绝接受税务机关依法检查纳税人、扣缴义务人存款帐户，或者拒绝执行税务机关作出的冻结存款或者扣缴税款的决定，或者在接到税务机关的书面通知后帮助纳税人、扣缴义务人转移存款，造成税款流失的，由税务机关处十万元以上五十万元以下的罚款，对直接负责的主管人员和其他直接责任人员处一千元以上一万元以下的罚款。

第七十四条 【税务所决定的行政罚款额】本法规定的行政处罚，罚款额在二千元以下的，可以由税务所决定。

第七十五条 【罚没收入的入库】税务机关和司法机关的涉税罚没收入，应当按照税款入库预算级次上缴国库。

第七十六条 【擅改征税范围和入库预算级次的责任】税务机关违反规定擅自改变税收征收管理范围和税款入库预算级次的，责令限期改正，对直接负责的主管人员和其他直接责任人员依法给予降级或者撤职的行政处分。

第七十七条 【涉嫌税务犯罪】纳税人、扣缴义务人有本法第六十三条、第六十五条、第六十六条、第六十七条、第七十一条规定的行为涉嫌犯罪的，税务机关应当依法移交司法机关追究刑事责任。

税务人员徇私舞弊，对依法应当移交司法机关追究刑事责任的不移交，情节严重的，依法追究刑事责任。

第七十八条 【未经税务机关依法委托征收税款的责任】未经税务机关依法委托征收税款的，责令退还收取的财物，依法给予行政处分或者行政处罚；致使他人合法权益受到损失的，依法承担赔偿责任；构成犯罪的，依法追究刑事责任。

第七十九条 【查封、扣押个人及其所扶养家属维持生活必需的住房和用品者的责任】税务机关、税务人员查封、扣押纳税人个人及其所扶养家属维持生活必需的住房和用品的，责令退还，依法给予行政处分；构成犯罪的，依法追究刑事责任。

第八十条 【税务人员与纳税人和扣缴义务人相勾结的违法与犯罪】税务人员与纳税人、扣缴义务人勾结，唆使或者协助纳税人、扣缴义务人有本法第六十三条、第六十五条、第六十六条规定的行为，构成犯罪的，依法追究刑事责任；尚不构成犯罪的，依法给予行政处分。

第八十一条 【受贿或索贿】税务人员利用职务上的便利，收受或者索取纳税人、扣缴义务人财物或者谋取其他不正当利益，构成犯罪的，依法追究刑事责任；尚不构成犯罪的，依法给予行政处分。

第八十二条 【税务人员的徇私舞弊或玩忽职守等】税务人员徇私舞弊或者玩忽职守，不征或者少征应征税款，致使国家税收遭受重大损失，构成犯罪的，依法追究刑事责任；尚不构成犯罪的，依法给予行政处分。

税务人员滥用职权，故意刁难纳税人、扣缴义务人的，调离税收工作岗位，并依法给予行政处分。

税务人员对控告、检举税收违法违纪行为的纳税人、扣缴义务人以及其他检举人进行打击报复的，依法给予行政处分；构成犯罪的，依法追究刑事责任。

税务人员违反法律、行政法规的规定，故意高估或者低估农业税计税产量，致使多征或者少征税款，侵犯农民合法权益或者损害国家利益，构成犯罪的，依法追究刑事责任；尚不构成犯罪的，依法给予行政处分。

第八十三条 【提前征收、延缓征收与摊派税款】违反法律、行政法规的规定提前征收、延缓征收或者摊派税款的，由其上级机关或者行政监察机关责令改正，对直接负责的主管人员和其他直接责任人员依法给予行政处分。

第八十四条 【违法的税收决定】违反法律、行政法规的规定，擅自作出税收的开征、停征或者减税、免税、退税、补税以及其他同税收法律、行政法规相抵触的决定的，除依照本法规定撤销其擅自作出的决定外，补征应征未征税款，退还不应征收而征收的税款，并由上级机关追究直接负责的主管人员和其他直接责任人员的行政责任；构成犯罪的，依法追究刑事责任。

第八十五条 【未依法回避】税务人员在征收税款或者查处税收违法案件时，未按照本法规定进行回避的，对直接负责的主管人员和其他直接责任人员，依法给予行政处分。

第八十六条 【未被发现的应受行政处罚的税收违法行为】违反税收法律、行政法规应当给予行政处罚的行为，在五年内未被发现的，不再给予行政处罚。

第八十七条 【违反保密规定的责任】未按照本法规定为纳税人、扣缴义务人、检举人保密的，对直接负责的主管人员和其他直接责任人员，由所在单位或者有关单位依法给予行政处分。

第八十八条 【纳税争议】纳税人、扣缴义务人、纳税担保人同税务机关在纳税上发生争议时，必须先依照税务机关的纳税决定缴纳或者解缴税款及滞纳金或者提供相应的担保，然后可以依法申请行政复议；对行政复议决定不服的，可以依法向人民法院起诉。

当事人对税务机关的处罚决定、强制执行措施或者税收保全措施不服的，可以依法申请行政复议，也可以依法向人民法院起诉。

当事人对税务机关的处罚决定逾期不申请行政复议也不向人民法院起诉、又不履行的，作出处罚决定的税务机关可以采取本法第四十条规定的强制执行措施，或者申请人民法院强制执行。

第六章　附　　则

第八十九条 【代办税务事宜】纳税人、扣缴义务人可以委托税务代理人代为办理税务事宜。

第九十条 【立法委任】耕地占用税、契税、农业税、牧业税征收管理的具体办法，由国务院另行制定。

关税及海关代征税收的征收管理，依照法律、行政法规的有关规定执行。

第九十一条 【国际条约优先】中华人民共和国同外国缔结的有关税收的条约、协定同本法有不同规定的，依照条约、协定的规定办理。

第九十二条 【不同规定的法律适用】本法施行前颁布的税收法律与本法有不同规定的，适用本法规定。

第九十三条 【实施细则】国务院根据本法制定实施细则。

第九十四条 【生效日期】本法自2001年5月1日起施行。

中华人民共和国
税收征收管理法实施细则

1. 2002年9月7日国务院令第362号公布
2. 根据2012年11月9日国务院令第628号《关于修改和废止部分行政法规的决定》第一次修订
3. 根据2013年7月18日国务院令第638号《关于废止和修改部分行政法规的决定》第二次修订
4. 根据2016年2月6日国务院令第666号《关于修改部分行政法规的决定》第三次修订

第一章　总　　则

第一条 根据《中华人民共和国税收征收管理法》（以下简称税收征管法）的规定，制定本细则。

第二条 凡依法由税务机关征收的各种税收的征收管理，均适用税收征管法及本细则；税收征管法及本细则没有规定的，依照其他有关税收法律、行政法规的规定执行。

第三条 任何部门、单位和个人作出的与税收法律、行政法规相抵触的决定一律无效，税务机关不得执行，并应当向上级税务机关报告。

纳税人应当依照税收法律、行政法规的规定履行纳税义务；其签订的合同、协议等与税收法律、行政法规相抵触的，一律无效。

第四条 国家税务总局负责制定全国税务系统信息化建设的总体规划、技术标准、技术方案与实施办法；各级税务机关应当按照国家税务总局的总体规划、技术标准、技术方案与实施办法，做好本地区税务系统信息化建设的具体工作。

地方各级人民政府应当积极支持税务系统信息化建设，并组织有关部门实现相关信息的共享。

第五条 税收征管法第八条所称为纳税人、扣缴义务人保密的情况,是指纳税人、扣缴义务人的商业秘密及个人隐私。纳税人、扣缴义务人的税收违法行为不属于保密范围。

第六条 国家税务总局应当制定税务人员行为准则和服务规范。

上级税务机关发现下级税务机关的税收违法行为,应当及时予以纠正;下级税务机关应当按照上级税务机关的决定及时改正。

下级税务机关发现上级税务机关的税收违法行为,应当向上级税务机关或者有关部门报告。

第七条 税务机关根据检举人的贡献大小给予相应的奖励,奖励所需资金列入税务部门年度预算,单项核定。奖励资金具体使用办法以及奖励标准,由国家税务总局会同财政部制定。

第八条 税务人员在核定应纳税额、调整税收定额、进行税务检查、实施税务行政处罚、办理税务行政复议时,与纳税人、扣缴义务人或者其法定代表人、直接责任人有下列关系之一的,应当回避:

(一)夫妻关系;

(二)直系血亲关系;

(三)三代以内旁系血亲关系;

(四)近姻亲关系;

(五)可能影响公正执法的其他利害关系。

第九条 税收征管法第十四条所称按照国务院规定设立的并向社会公告的税务机构,是指省以下税务局的稽查局。稽查局专司偷税、逃避追缴欠税、骗税、抗税案件的查处。

国家税务总局应当明确划分税务局和稽查局的职责,避免职责交叉。

第二章 税务登记

第十条 国家税务局、地方税务局对同一纳税人的税务登记应当采用同一代码,信息共享。

税务登记的具体办法由国家税务总局制定。

第十一条 各级工商行政管理机关应当向同级国家税务局和地方税务局定期通报办理开业、变更、注销登记以及吊销营业执照的情况。

通报的具体办法由国家税务总局和国家工商行政管理总局联合制定。

第十二条 从事生产、经营的纳税人应当自领取营业执照之日起30日内,向生产、经营地或者纳税义务发生地的主管税务机关申报办理税务登记,如实填写税务登记表,并按照税务机关的要求提供有关证件、资料。

前款规定以外的纳税人,除国家机关和个人外,应当自纳税义务发生之日起30日内,持有关证件向所在地的主管税务机关申报办理税务登记。

个人所得税的纳税人办理税务登记的办法由国务院另行规定。

税务登记证件的式样,由国家税务总局制定。

第十三条 扣缴义务人应当自扣缴义务发生之日起30日内,向所在地的主管税务机关申报办理扣缴税款登记,领取扣缴税款登记证件;税务机关对已办理税务登记的扣缴义务人,可以只在其税务登记证件上登记扣缴税款事项,不再发给扣缴税款登记证件。

第十四条 纳税人税务登记内容发生变化的,应当自工商行政管理机关或者其他机关办理变更登记之日起30日内,持有关证件向原税务登记机关申报办理变更税务登记。

纳税人税务登记内容发生变化,不需要到工商行政管理机关或者其他机关办理变更登记的,应当自发生变化之日起30日内,持有关证件向原税务登记机关申报办理变更税务登记。

第十五条 纳税人发生解散、破产、撤销以及其他情形,依法终止纳税义务的,应当在向工商行政管理机关或者其他机关办理注销登记前,持有关证件向原税务登记机关申报办理注销税务登记;按照规定不需要在工商行政管理机关或者其他机关办理注册登记的，应当自有关机关批准或者宣告终止之日起15日内，持有关证件向原税务登记机关申报办理注销税务登记。

纳税人因住所、经营地点变动，涉及改变税务登记机关的，应当在向工商行政管理机关或者其他机关申请办理变更或者注销登记前或者住所、经营地点变动前，向原税务登记机关申报办理注销税务登记，并在30日内向迁达地税务机关申报办理税务登记。

纳税人被工商行政管理机关吊销营业执照或者被其他机关予以撤销登记的，应当自营业执照被吊销或者被撤销登记之日起15日内，向原税务登记机关申报办理注销税务登记。

第十六条 纳税人在办理注销税务登记前，应当向税务机关结清应纳税款、滞纳金、罚款，缴销发票、税务登记证件和其他税务证件。

第十七条 从事生产、经营的纳税人应当自开立基本存款账户或者其他存款账户之日起15日内，向主管税务机关书面报告其全部账号；发生变化的，应当自变化之日起15日内，向主管税务机关书面报告。

第十八条 除按照规定不需要发给税务登记证件的外，纳税人办理下列事项时，必须持税务登记证件：

（一）开立银行账户；

（二）申请减税、免税、退税；

（三）申请办理延期申报、延期缴纳税款；

（四）领购发票；

（五）申请开具外出经营活动税收管理证明；

（六）办理停业、歇业；

（七）其他有关税务事项。

第十九条 税务机关对税务登记证件实行定期验证和换证制度。纳税人应当在规定的期限内持有关证件到主管税务机关办理验证或者换证手续。

第二十条 纳税人应当将税务登记证件正本在其生产、经营场所或者办公场所公开悬挂，接受税务机关检查。

纳税人遗失税务登记证件的，应当在15日内书面报告主管税务机关，并登报声明作废。

第二十一条 从事生产、经营的纳税人到外县（市）临时从事生产、经营活动的，应当持税务登记证副本和所在地税务机关填开的外出经营活动税收管理证明，向营业地税务机关报验登记，接受税务管理。

从事生产、经营的纳税人外出经营，在同一地累计超过180天的，应当在营业地办理税务登记手续。

第三章 账簿、凭证管理

第二十二条 从事生产、经营的纳税人应当自领取营业执照或者发生纳税义务之日起15日内，按照国家有关规定设置账簿。

前款所称账簿，是指总账、明细账、日记账以及其他辅助性账簿。总账、日记账应当采用订本式。

第二十三条 生产、经营规模小又确无建账能力的纳税人，可以聘请经批准从事会计代理记账业务的专业机构或者财会人员代为建账和办理账务。

第二十四条 从事生产、经营的纳税人应当自领取税务登记证件之日起15日内，将其财务、会计制度或者财务、会计处理办法报送主管税务机关备案。

纳税人使用计算机记账的，应当在使用前将会计电算化系统的会计核算软件、使用说明书及有关资料报送主管税务机关备案。

纳税人建立的会计电算化系统应当符合国家有关规定，并能正确、完整核算其收入或者所得。

第二十五条 扣缴义务人应当自税收法律、行政法规规定的扣缴义务发生之日起10日内，按照所代扣、代收的税种，分别设置代扣代缴、代收代缴税款账簿。

第二十六条 纳税人、扣缴义务人会计制度健全,能够通过计算机正确、完整计算其收入和所得或者代扣代缴、代收代缴税款情况的,其计算机输出的完整的书面会计记录,可视同会计账簿。

纳税人、扣缴义务人会计制度不健全,不能通过计算机正确、完整计算其收入和所得或者代扣代缴、代收代缴税款情况的,应当建立总账及与纳税或者代扣代缴、代收代缴税款有关的其他账簿。

第二十七条 账簿、会计凭证和报表,应当使用中文。民族自治地方可以同时使用当地通用的一种民族文字。外商投资企业和外国企业可以同时使用一种外国文字。

第二十八条 纳税人应当按照税务机关的要求安装、使用税控装置,并按照税务机关的规定报送有关数据和资料。

税控装置推广应用的管理办法由国家税务总局另行制定,报国务院批准后实施。

第二十九条 账簿、记账凭证、报表、完税凭证、发票、出口凭证以及其他有关涉税资料应当合法、真实、完整。

账簿、记账凭证、报表、完税凭证、发票、出口凭证以及其他有关涉税资料应当保存10年;但是,法律、行政法规另有规定的除外。

第四章 纳税申报

第三十条 税务机关应当建立、健全纳税人自行申报纳税制度。纳税人、扣缴义务人可以采取邮寄、数据电文方式办理纳税申报或者报送代扣代缴、代收代缴税款报告表。

数据电文方式,是指税务机关确定的电话语音、电子数据交换和网络传输等电子方式。

第三十一条 纳税人采取邮寄方式办理纳税申报的,应当使用统一的纳税申报专用信封,并以邮政部门收据作为申报凭据。邮寄申报以寄出的邮戳日期为实际申报日期。

纳税人采取电子方式办理纳税申报的,应当按照税务机关规定的期限和要求保存有关资料,并定期书面报送主管税务机关。

第三十二条 纳税人在纳税期内没有应纳税款的,也应当按照规定办理纳税申报。

纳税人享受减税、免税待遇的,在减税、免税期间应当按照规定办理纳税申报。

第三十三条 纳税人、扣缴义务人的纳税申报或者代扣代缴、代收代缴税款报告表的主要内容包括:税种、税目,应纳税项目或者应代扣代缴、代收代缴税款项目,计税依据,扣除项目及标准,适用税率或者单位税额,应退税项目及税额、应减免税项目及税额,应纳税额或者应代扣代缴、代收代缴税额,税款所属期限、延期缴纳税款、欠税、滞纳金等。

第三十四条 纳税人办理纳税申报时,应当如实填写纳税申报表,并根据不同的情况相应报送下列有关证件、资料:

(一)财务会计报表及其说明材料;

(二)与纳税有关的合同、协议书及凭证;

(三)税控装置的电子报税资料;

(四)外出经营活动税收管理证明和异地完税凭证;

(五)境内或者境外公证机构出具的有关证明文件;

(六)税务机关规定应当报送的其他有关证件、资料。

第三十五条 扣缴义务人办理代扣代缴、代收代缴税款报告时,应当如实填写代扣代缴、代收代缴税款报告表,并报送代扣代缴、代收代缴税款的合法凭证以及税务机关规定的其他有关证件、资料。

第三十六条 实行定期定额缴纳税款的纳税人,可以实行简易申报、简并征期等申报纳税方式。

第三十七条 纳税人、扣缴义务人按照规定的期限办理纳税申报或者报送代扣代缴、代收代缴税款报告表确有困难,需要延期的,应当在规定的期限内向税务机关提出书面延期申请,经税务机关核准,在核准的期限内办理。

纳税人、扣缴义务人因不可抗力，不能按期办理纳税申报或者报送代扣代缴、代收代缴税款报告表的，可以延期办理；但是，应当在不可抗力情形消除后立即向税务机关报告。税务机关应当查明事实，予以核准。

第五章　税款征收

第三十八条　税务机关应当加强对税款征收的管理，建立、健全责任制度。

税务机关根据保证国家税款及时足额入库、方便纳税人、降低税收成本的原则，确定税款征收的方式。

税务机关应当加强对纳税人出口退税的管理，具体管理办法由国家税务总局会同国务院有关部门制定。

第三十九条　税务机关应当将各种税收的税款、滞纳金、罚款，按照国家规定的预算科目和预算级次及时缴入国库，税务机关不得占压、挪用、截留，不得缴入国库以外或者国家规定的税款账户以外的任何账户。

已缴入国库的税款、滞纳金、罚款，任何单位和个人不得擅自变更预算科目和预算级次。

第四十条　税务机关应当根据方便、快捷、安全的原则，积极推广使用支票、银行卡、电子结算方式缴纳税款。

第四十一条　纳税人有下列情形之一的，属于税收征管法第三十一条所称特殊困难：

（一）因不可抗力，导致纳税人发生较大损失，正常生产经营活动受到较大影响的；

（二）当期货币资金在扣除应付职工工资、社会保险费后，不足以缴纳税款的。

计划单列市国家税务局、地方税务局可以参照税收征管法第三十一条第二款的批准权限，审批纳税人延期缴纳税款。

第四十二条　纳税人需要延期缴纳税款的，应当在缴纳税款期限届满前提出申请，并报送下列材料：申请延期缴纳税款报告，当期货币资金余额情况及所有银行存款账户的对账单，资产负债表，应付职工工资和社会保险费等税务机关要求提供的支出预算。

税务机关应当自收到申请延期缴纳税款报告之日起20日内作出批准或者不予批准的决定；不予批准的，从缴纳税款期限届满之日起加收滞纳金。

第四十三条　享受减税、免税优惠的纳税人，减税、免税期满，应当自期满次日起恢复纳税；减税、免税条件发生变化的，应当在纳税申报时向税务机关报告；不再符合减税、免税条件的，应当依法履行纳税义务；未依法纳税的，税务机关应当予以追缴。

第四十四条　税务机关根据有利于税收控管和方便纳税的原则，可以按照国家有关规定委托有关单位和人员代征零星分散和异地缴纳的税收，并发给委托代征证书。受托单位和人员按照代征证书的要求，以税务机关的名义依法征收税款，纳税人不得拒绝；纳税人拒绝的，受托代征单位和人员应当及时报告税务机关。

第四十五条　税收征管法第三十四条所称完税凭证，是指各种完税证、缴款书、印花税票、扣（收）税凭证以及其他完税证明。

未经税务机关指定，任何单位、个人不得印制完税凭证。完税凭证不得转借、倒卖、变造或者伪造。

完税凭证的式样及管理办法由国家税务总局制定。

第四十六条　税务机关收到税款后，应当向纳税人开具完税凭证。纳税人通过银行缴纳税款的，税务机关可以委托银行开具完税凭证。

第四十七条　纳税人有税收征管法第三十五条或者第三十七条所列情形之一的，税务机关有权采用下列任何一种方法核定其应纳税额：

（一）参照当地同类行业或者类似行业中经营规模和收入水平相近的纳税人的税负水平核定；

（二）按照营业收入或者成本加合理的费用和利润的方法核定；

（三）按照耗用的原材料、燃料、动力等推算或者测算核定；

（四）按照其他合理方法核定。

采用前款所列一种方法不足以正确核定应纳税额时，可以同时采用两种以上的方法核定。

纳税人对税务机关采取本条规定的方法核定的应纳税额有异议的，应当提供相关证据，经税务机关认定后，调整应纳税额。

第四十八条 税务机关负责纳税人纳税信誉等级评定工作。纳税人纳税信誉等级的评定办法由国家税务总局制定。

第四十九条 承包人或者承租人有独立的生产经营权，在财务上独立核算，并定期向发包人或者出租人上缴承包费或者租金的，承包人或者承租人应当就其生产、经营收入和所得纳税，并接受税务管理；但是，法律、行政法规另有规定的除外。

发包人或者出租人应当自发包或者出租之日起30日内将承包人或者承租人的有关情况向主管税务机关报告。发包人或者出租人不报告的，发包人或者出租人与承包人或者承租人承担纳税连带责任。

第五十条 纳税人有解散、撤销、破产情形的，在清算前应当向其主管税务机关报告；未结清税款的，由其主管税务机关参加清算。

第五十一条 税收征管法第三十六条所称关联企业，是指有下列关系之一的公司、企业和其他经济组织：

（一）在资金、经营、购销等方面，存在直接或者间接的拥有或者控制关系；

（二）直接或者间接地同为第三者所拥有或者控制；

（三）在利益上具有相关联的其他关系。

纳税人有义务就其与关联企业之间的业务往来，向当地税务机关提供有关的价格、费用标准等资料。具体办法由国家税务总局制定。

第五十二条 税收征管法第三十六条所称独立企业之间的业务往来，是指没有关联关系的企业之间按照公平成交价格和营业常规所进行的业务往来。

第五十三条 纳税人可以向主管税务机关提出与其关联企业之间业务往来的定价原则和计算方法，主管税务机关审核、批准后，与纳税人预先约定有关定价事项，监督纳税人执行。

第五十四条 纳税人与其关联企业之间的业务往来有下列情形之一的，税务机关可以调整其应纳税额：

（一）购销业务未按照独立企业之间的业务往来作价；

（二）融通资金所支付或者收取的利息超过或者低于没有关联关系的企业之间所能同意的数额，或者利率超过或者低于同类业务的正常利率；

（三）提供劳务，未按照独立企业之间业务往来收取或者支付劳务费用；

（四）转让财产、提供财产使用权等业务往来，未按照独立企业之间业务往来作价或者收取、支付费用；

（五）未按照独立企业之间业务往来作价的其他情形。

第五十五条 纳税人有本细则第五十四条所列情形之一的，税务机关可以按照下列方法调整计税收入额或者所得额：

（一）按照独立企业之间进行的相同或者类似业务活动的价格；

（二）按照再销售给无关联关系的第三者的价格所应取得的收入和利润水平；

（三）按照成本加合理的费用和利润；

（四）按照其他合理的方法。

第五十六条 纳税人与其关联企业未按照独立企业之间的业务往来支付价款、费用的，税务机关自该业务往来发生的纳税年度起3年内进行调整；有特殊情况的，可以自该业务往来发生的纳税年度起10年内进行调整。

第五十七条 税收征管法第三十七条所称未按照规定办理税务登记从事生产、经营的纳税人,包括到外县(市)从事生产、经营而未向营业地税务机关报验登记的纳税人。

第五十八条 税务机关依照税收征管法第三十七条的规定,扣押纳税人商品、货物的,纳税人应当自扣押之日起15日内缴纳税款。

对扣押的鲜活、易腐烂变质或者易失效的商品、货物,税务机关根据被扣押物品的保质期,可以缩短前款规定的扣押期限。

第五十九条 税收征管法第三十八条、第四十条所称其他财产,包括纳税人的房地产、现金、有价证券等不动产和动产。

机动车辆、金银饰品、古玩字画、豪华住宅或者一处以外的住房不属于税收征管法第三十八条、第四十条、第四十二条所称个人及其所扶养家属维持生活必需的住房和用品。

税务机关对单价5000元以下的其他生活用品,不采取税收保全措施和强制执行措施。

第六十条 税收征管法第三十八条、第四十条、第四十二条所称个人所扶养家属,是指与纳税人共同居住生活的配偶、直系亲属以及无生活来源并由纳税人扶养的其他亲属。

第六十一条 税收征管法第三十八条、第八十八条所称担保,包括经税务机关认可的纳税保证人为纳税人提供的纳税保证,以及纳税人或者第三人以其未设置或者未全部设置担保物权的财产提供的担保。

纳税保证人,是指在中国境内具有纳税担保能力的自然人、法人或者其他经济组织。

法律、行政法规规定的没有担保资格的单位和个人,不得作为纳税担保人。

第六十二条 纳税担保人同意为纳税人提供纳税担保的,应当填写纳税担保书,写明担保对象、担保范围、担保期限和担保责任以及其他有关事项。担保书须经纳税人、纳税担保人签字盖章并经税务机关同意,方为有效。

纳税人或者第三人以其财产提供纳税担保的,应当填写财产清单,并写明财产价值以及其他有关事项。纳税担保财产清单须经纳税人、第三人签字盖章并经税务机关确认,方为有效。

第六十三条 税务机关执行扣押、查封商品、货物或者其他财产时,应当由两名以上税务人员执行,并通知被执行人。被执行人是自然人的,应当通知被执行人本人或者其成年家属到场;被执行人是法人或者其他组织的,应当通知其法定代表人或者主要负责人到场;拒不到场的,不影响执行。

第六十四条 税务机关执行税收征管法第三十七条、第三十八条、第四十条的规定,扣押、查封价值相当于应纳税款的商品、货物或者其他财产时,参照同类商品的市场价、出厂价或者评估价估算。

税务机关按照前款方法确定应扣押、查封的商品、货物或者其他财产的价值时,还应当包括滞纳金和拍卖、变卖所发生的费用。

第六十五条 对价值超过应纳税额且不可分割的商品、货物或者其他财产,税务机关在纳税人、扣缴义务人或者纳税担保人无其他可供强制执行的财产的情况下,可以整体扣押、查封、拍卖。

第六十六条 税务机关执行税收征管法第三十七条、第三十八条、第四十条的规定,实施扣押、查封时,对有产权证件的动产或者不动产,税务机关可以责令当事人将产权证件交税务机关保管,同时可以向有关机关发出协助执行通知书,有关机关在扣押、查封期间不再办理该动产或者不动产的过户手续。

第六十七条 对查封的商品、货物或者其他财产,税务机关可以指令被执行人负责保管,保管责任由被执行人承担。

继续使用被查封的财产不会减少其价值的,税务机关可以允许被执行人继续使用;因被执行人保管或者使用的过错造成的损失,由被执行人承担。

第六十八条 纳税人在税务机关采取税收保全措施后，按照税务机关规定的期限缴纳税款的，税务机关应当自收到税款或者银行转回的完税凭证之日起1日内解除税收保全。

第六十九条 税务机关将扣押、查封的商品、货物或者其他财产变价抵缴税款时，应当交由依法成立的拍卖机构拍卖；无法委托拍卖或者不适于拍卖的，可以交由当地商业企业代为销售，也可以责令纳税人限期处理；无法委托商业企业销售，纳税人也无法处理的，可以由税务机关变价处理，具体办法由国家税务总局规定。国家禁止自由买卖的商品，应当交由有关单位按照国家规定的价格收购。

拍卖或者变卖所得抵缴税款、滞纳金、罚款以及拍卖、变卖等费用后，剩余部分应当在3日内退还被执行人。

第七十条 税收征管法第三十九条、第四十三条所称损失，是指因税务机关的责任，使纳税人、扣缴义务人或者纳税担保人的合法利益遭受的直接损失。

第七十一条 税收征管法所称其他金融机构，是指信托投资公司、信用合作社、邮政储蓄机构以及经中国人民银行、中国证券监督管理委员会等批准设立的其他金融机构。

第七十二条 税收征管法所称存款，包括独资企业投资人、合伙企业合伙人、个体工商户的储蓄存款以及股东资金账户中的资金等。

第七十三条 从事生产、经营的纳税人、扣缴义务人未按照规定的期限缴纳或者解缴税款的，纳税担保人未按照规定的期限缴纳所担保的税款的，由税务机关发出限期缴纳税款通知书，责令缴纳或者解缴税款的最长期限不得超过15日。

第七十四条 欠缴税款的纳税人或者其法定代表人在出境前未按照规定结清应纳税款、滞纳金或者提供纳税担保的，税务机关可以通知出入境管理机关阻止其出境。阻止出境的具体办法，由国家税务总局会同公安部制定。

第七十五条 税收征管法第三十二条规定的加收滞纳金的起止时间，为法律、行政法规规定或者税务机关依照法律、行政法规的规定确定的税款缴纳期限届满次日起至纳税人、扣缴义务人实际缴纳或者解缴税款之日止。

第七十六条 县级以上各级税务机关应当将纳税人的欠税情况，在办税场所或者广播、电视、报纸、期刊、网络等新闻媒体上定期公告。

对纳税人欠缴税款的情况实行定期公告的办法，由国家税务总局制定。

第七十七条 税收征管法第四十九条所称欠缴税款数额较大，是指欠缴税款5万元以上。

第七十八条 税务机关发现纳税人多缴税款的，应当自发现之日起10日内办理退还手续；纳税人发现多缴税款，要求退还的，税务机关应当自接到纳税人退还申请之日起30日内查实并办理退还手续。

税收征管法第五十一条规定的加算银行同期存款利息的多缴税款退税，不包括依法预缴税款形成的结算退税、出口退税和各种减免退税。

退税利息按照税务机关办理退税手续当天中国人民银行规定的活期存款利率计算。

第七十九条 当纳税人既有应退税款又有欠缴税款的，税务机关可以将应退税款和利息先抵扣欠缴税款；抵扣后有余额的，退还纳税人。

第八十条 税收征管法第五十二条所称税务机关的责任，是指税务机关适用税收法律、行政法规不当或者执法行为违法。

第八十一条 税收征管法第五十二条所称纳税人、扣缴义务人计算错误等失误，是指非主观故意的计算公式运用错误以及明显的笔误。

第八十二条 税收征管法第五十二条所称特殊情况，是指纳税人或者扣缴义务人因计算错误等失误,未缴或者少缴、未扣或者少扣、未收或者少收税款,累计数额在10万元以上的。

第八十三条 税收征管法第五十二条规定的补缴和追征税款、滞纳金的期限,自纳税人、扣缴义务人应缴未缴或者少缴税款之日起计算。

第八十四条 审计机关、财政机关依法进行审计、检查时,对税务机关的税收违法行为作出的决定,税务机关应当执行;发现被审计、检查单位有税收违法行为的,向被审计、检查单位下达决定、意见书,责成被审计、检查单位向税务机关缴纳应当缴纳的税款、滞纳金。税务机关应当根据有关机关的决定、意见书,依照税收法律、行政法规的规定,将应收的税款、滞纳金按照国家规定的税收征收管理范围和税款入库预算级次缴入国库。

税务机关应当自收到审计机关、财政机关的决定、意见书之日起30日内将执行情况书面回复审计机关、财政机关。

有关机关不得将其履行职责过程中发现的税款、滞纳金自行征收入库或者以其他款项的名义自行处理、占压。

第六章 税务检查

第八十五条 税务机关应当建立科学的检查制度,统筹安排检查工作,严格控制对纳税人、扣缴义务人的检查次数。

税务机关应当制定合理的税务稽查工作规程,负责选案、检查、审理、执行的人员的职责应当明确,并相互分离、相互制约,规范选案程序和检查行为。

税务检查工作的具体办法,由国家税务总局制定。

第八十六条 税务机关行使税收征管法第五十四条第(一)项职权时,可以在纳税人、扣缴义务人的业务场所进行;必要时,经县以上税务局(分局)局长批准,可以将纳税人、扣缴义务人以前会计年度的账簿、记账凭证、报表和其他有关资料调回税务机关检查,但是税务机关必须向纳税人、扣缴义务人开付清单,并在3个月内完整退还;有特殊情况的,经设区的市、自治州以上税务局局长批准,税务机关可以将纳税人、扣缴义务人当年的账簿、记账凭证、报表和其他有关资料调回检查,但是税务机关必须在30日内退还。

第八十七条 税务机关行使税收征管法第五十四条第(六)项职权时,应当指定专人负责,凭全国统一格式的检查存款账户许可证明进行,并有责任为被检查人保守秘密。

检查存款账户许可证明,由国家税务总局制定。

税务机关查询的内容,包括纳税人存款账户余额和资金往来情况。

第八十八条 依照税收征管法第五十五条规定,税务机关采取税收保全措施的期限一般不得超过6个月;重大案件需要延长的,应当报国家税务总局批准。

第八十九条 税务机关和税务人员应当依照税收征管法及本细则的规定行使税务检查职权。

税务人员进行税务检查时,应当出示税务检查证和税务检查通知书;无税务检查证和税务检查通知书的,纳税人、扣缴义务人及其他当事人有权拒绝检查。税务机关对集贸市场及集中经营业户进行检查时,可以使用统一的税务检查通知书。

税务检查证和税务检查通知书的式样、使用和管理的具体办法,由国家税务总局制定。

第七章 法律责任

第九十条 纳税人未按照规定办理税务登记证件验证或者换证手续的,由税务机关责令限期改正,可以处2000元以下的罚款;情节严重的,处2000元以上1万元以下的罚款。

第九十一条 非法印制、转借、倒卖、变造或者伪造完税凭证的,由税务机关责令改正,处2000元以上1万元以下的罚款;情节严重的，处1万元以上5万元以下的罚款；构成犯罪的，依法追究刑事责任。

第九十二条 银行和其他金融机构未依照税收征管法的规定在从事生产、经营的纳税人的账户中登录税务登记证件号码，或者未按规定在税务登记证件中登录从事生产、经营的纳税人的账户账号的，由税务机关责令其限期改正，处2000元以上2万元以下的罚款；情节严重的，处2万元以上5万元以下的罚款。

第九十三条 为纳税人、扣缴义务人非法提供银行账户、发票、证明或者其他方便，导致未缴、少缴税款或者骗取国家出口退税款的，税务机关除没收其违法所得外，可以处未缴、少缴或者骗取的税款1倍以下的罚款。

第九十四条 纳税人拒绝代扣、代收税款的，扣缴义务人应当向税务机关报告，由税务机关直接向纳税人追缴税款、滞纳金；纳税人拒不缴纳的，依照税收征管法第六十八条的规定执行。

第九十五条 税务机关依照税收征管法第五十四条第（五）项的规定，到车站、码头、机场、邮政企业及其分支机构检查纳税人有关情况时，有关单位拒绝的，由税务机关责令改正，可以处1万元以下的罚款；情节严重的，处1万元以上5万元以下的罚款。

第九十六条 纳税人、扣缴义务人有下列情形之一的，依照税收征管法第七十条的规定处罚：

（一）提供虚假资料，不如实反映情况，或者拒绝提供有关资料的；

（二）拒绝或者阻止税务机关记录、录音、录像、照相和复制与案件有关的情况和资料的；

（三）在检查期间，纳税人、扣缴义务人转移、隐匿、销毁有关资料的；

（四）有不依法接受税务检查的其他情形的。

第九十七条 税务人员私分扣押、查封的商品、货物或者其他财产，情节严重，构成犯罪的，依法追究刑事责任；尚不构成犯罪的，依法给予行政处分。

第九十八条 税务代理人违反税收法律、行政法规，造成纳税人未缴或者少缴税款的，除由纳税人缴纳或者补缴应纳税款、滞纳金外，对税务代理人处纳税人未缴或者少缴税款50%以上3倍以下的罚款。

第九十九条 税务机关对纳税人、扣缴义务人及其他当事人处以罚款或者没收违法所得时，应当开付罚没凭证；未开付罚没凭证的，纳税人、扣缴义务人以及其他当事人有权拒绝给付。

第一百条 税收征管法第八十八条规定的纳税争议，是指纳税人、扣缴义务人、纳税担保人对税务机关确定纳税主体、征税对象、征税范围、减税、免税及退税、适用税率、计税依据、纳税环节、纳税期限、纳税地点以及税款征收方式等具体行政行为有异议而发生的争议。

第八章 文书送达

第一百零一条 税务机关送达税务文书，应当直接送交受送达人。

受送达人是公民的，应当由本人直接签收；本人不在的，交其同住成年家属签收。

受送达人是法人或者其他组织的，应当由法人的法定代表人、其他组织的主要负责人或者该法人、组织的财务负责人、负责收件的人签收。受送达人有代理人的，可以送交其代理人签收。

第一百零二条 送达税务文书应当有送达回证，并由受送达人或者本细则规定的其他签收人在送达回证上记明收到日期，签名或者盖章，即为送达。

第一百零三条 受送达人或者本细则规定的其他签收人拒绝签收税务文书的，送达人应当在送达回证上记明拒收理由和日期，并由送达人和见证人签名或者盖章，将税务文书留在受送达人处，即视为送达。

第一百零四条 直接送达税务文书有困难的，

可以委托其他有关机关或者其他单位代为送达，或者邮寄送达。

第一百零五条 直接或者委托送达税务文书的，以签收人或者见证人在送达回证上的签收或者注明的收件日期为送达日期；邮寄送达的，以挂号函件回执上注明的收件日期为送达日期，并视为已送达。

第一百零六条 有下列情形之一的，税务机关可以公告送达税务文书，自公告之日起满30日，即视为送达：

（一）同一送达事项的受送达人众多；

（二）采用本章规定的其他送达方式无法送达。

第一百零七条 税务文书的格式由国家税务总局制定。本细则所称税务文书，包括：

（一）税务事项通知书；

（二）责令限期改正通知书；

（三）税收保全措施决定书；

（四）税收强制执行决定书；

（五）税务检查通知书；

（六）税务处理决定书；

（七）税务行政处罚决定书；

（八）行政复议决定书；

（九）其他税务文书。

第九章 附 则

第一百零八条 税收征管法及本细则所称"以上"、"以下"、"日内"、"届满"均含本数。

第一百零九条 税收征管法及本细则所规定期限的最后一日是法定休假日的，以休假日期满的次日为期限的最后一日；在期限内有连续3日以上法定休假日的，按休假日天数顺延。

第一百一十条 税收征管法第三十条第三款规定的代扣、代收手续费，纳入预算管理，由税务机关依照法律、行政法规的规定付给扣缴义务人。

第一百一十一条 纳税人、扣缴义务人委托税务代理人代为办理税务事宜的办法，由国家税务总局规定。

第一百一十二条 耕地占用税、契税、农业税、牧业税的征收管理，按照国务院的有关规定执行。

第一百一十三条 本细则自2002年10月15日起施行。1993年8月4日国务院发布的《中华人民共和国税收征收管理法实施细则》同时废止。

中华人民共和国
城市维护建设税暂行条例

1. 1985年2月8日国务院公布

2. 根据2011年1月8日国务院令第588号《关于废止和修改部分行政法规的决定》修订

第一条 为了加强城市的维护建设，扩大和稳定城市维护建设资金的来源，特制定本条例。

第二条 凡缴纳消费税、增值税、营业税的单位和个人，都是城市维护建设税的纳税义务人（以下简称纳税人），都应当依照本条例的规定缴纳城市维护建设税。

第三条 城市维护建设税，以纳税人实际缴纳的消费税、增值税、营业税税额为计税依据，分别与消费税、增值税、营业税同时缴纳。

第四条 城市维护建设税税率如下：

纳税人所在地在市区的，税率为7%；

纳税人所在地在县城、镇的，税率为5%；

纳税人所在地不在市区、县城或镇的，税率为1%。

第五条 城市维护建设税的征收、管理、纳税环节、奖罚等事项，比照消费税、增值税、营业税的有关规定办理。

第六条 城市维护建设税应当保证用于城市的公用事业和公共设施的维护建设，具体安排由地方人民政府确定。

第七条 按照本条例第四条第三项规定缴纳的税款，应当专用于乡镇的维护和建设。

第八条 开征城市维护建设税后，任何地区和部门，都不得再向纳税人摊派资金或物资。遇到摊派情况，纳税人有权拒绝执行。

第九条 省、自治区、直辖市人民政府可以根据本条例，制定实施细则，并送财政部备案。

第十条 本条例自1985年度起施行。

中华人民共和国
房产税暂行条例

1. *1986年9月15日国务院公布*
2. *根据2011年1月8日国务院令第588号《关于废止和修改部分行政法规的决定》修订*

第一条 房产税在城市、县城、建制镇和工矿区征收。

第二条 房产税由产权所有人缴纳。产权属于全民所有的，由经营管理的单位缴纳。产权出典的，由承典人缴纳。产权所有人、承典人不在房产所在地的，或者产权未确定及租典纠纷未解决的，由房产代管人或者使用人缴纳。

前款列举的产权所有人、经营管理单位、承典人、房产代管人或者使用人，统称为纳税义务人（以下简称纳税人）。

第三条 房产税依照房产原值一次减除10%至30%后的余值计算缴纳。具体减除幅度，由省、自治区、直辖市人民政府规定。

没有房产原值作为依据的，由房产所在地税务机关参考同类房产核定。

房产出租的，以房产租金收入为房产税的计税依据。

第四条 房产税的税率，依照房产余值计算缴纳的，税率为1.2%；依照房产租金收入计算缴纳的，税率为12%。

第五条 下列房产免纳房产税：

一、国家机关、人民团体、军队自用的房产；

二、由国家财政部门拨付事业经费的单位自用的房产；

三、宗教寺庙、公园、名胜古迹自用的房产；

四、个人所有非营业用的房产；

五、经财政部批准免税的其他房产。

第六条 除本条例第五条规定者外，纳税人纳税确有困难的，可由省、自治区、直辖市人民政府确定，定期减征或者免征房产税。

第七条 房产税按年征收、分期缴纳。纳税期限由省、自治区、直辖市人民政府规定。

第八条 房产税的征收管理，依照《中华人民共和国税收征收管理法》的规定办理。

第九条 房产税由房产所在地的税务机关征收。

第十条 本条例由财政部负责解释；施行细则由省、自治区、直辖市人民政府制定，抄送财政部备案。

第十一条 本条例自1986年10月1日起施行。

中华人民共和国
印花税暂行条例

1. *1988年8月6日国务院令第11号公布*
2. *根据2011年1月8日国务院令第588号《关于废止和修改部分行政法规的决定》修订*

第一条 在中华人民共和国境内书立、领受本条例所列举凭证的单位和个人，都是印花税的纳税义务人（以下简称纳税人），应当按照本条例规定缴纳印花税。

第二条 下列凭证为应纳税凭证：

1. 购销、加工承揽、建设工程承包、财产租赁、货物运输、仓储保管、借款、财产保险、技术合同或者具有合同性质的凭证；
2. 产权转移书据；
3. 营业帐簿；
4. 权利、许可证照；
5. 经财政部确定征税的其他凭证。

第三条 纳税人根据应纳税凭证的性质，分别按比例税率或者按件定额计算应纳税额。具体税率、税额的确定，依照本条例所附《印花税税目税率表》执行。

应纳税额不足一角的，免纳印花税。

应纳税额在一角以上的，其税额尾数不满五分的不计，满五分的按一角计算缴纳。

第四条　下列凭证免纳印花税：

1. 已缴纳印花税的凭证的副本或者抄本；

2. 财产所有人将财产赠给政府、社会福利单位、学校所立的书据；

3. 经财政部批准免税的其他凭证。

第五条　印花税实行由纳税人根据规定自行计算应纳税额，购买并一次贴足印花税票（以下简称贴花）的缴纳办法。

为简化贴花手续，应纳税额较大或者贴花次数频繁的，纳税人可向税务机关提出申请，采取以缴款书代替贴花或者按期汇总缴纳的办法。

第六条　印花税票应当粘贴在应纳税凭证上，并由纳税人在每枚税票的骑缝处盖戳注销或者画销。

已贴用的印花税票不得重用。

第七条　应纳税凭证应当于书立或者领受时贴花。

第八条　同一凭证，由两方或者两方以上当事人签订并各执一份的，应当由各方就所执的一份各自全额贴花。

第九条　已贴花的凭证，修改后所载金额增加的，其增加部分应当补贴印花税票。

第十条　印花税由税务机关负责征收管理。

第十一条　印花税票由国家税务局监制。票面金额以人民币为单位。

第十二条　发放或者办理应纳税凭证的单位，负有监督纳税人依法纳税的义务。

第十三条　纳税人有下列行为之一的，由税务机关根据情节轻重，予以处罚：

1. 在应纳税凭证上未贴或者少贴印花税票的，税务机关除责令其补贴印花税票外，可处以应补贴印花税票金额 20 倍以下的罚款；

2. 违反本条例第六条第一款规定的，税务机关可处以未注销或者画销印花税票金额 10 倍以下的罚款；

3. 违反本条例第六条第二款规定的，税务机关可处以重用印花税票金额 30 倍以下的罚款。

伪造印花税票的，由税务机关提请司法机关依法追究刑事责任。

第十四条　印花税的征收管理，除本条例规定者外，依照《中华人民共和国税收征收管理法》的有关规定执行。

第十五条　本条例由财政部负责解释；施行细则由财政部制定。

第十六条　本条例自 1988 年 10 月 1 日起施行。

附：印花税税目税率表（略）

中华人民共和国
土地增值税暂行条例

1. 1993 年 12 月 13 日国务院令第 138 号公布

2. 根据 2011 年 1 月 8 日国务院令第 588 号《关于废止和修改部分行政法规的决定》修订

第一条　为了规范土地、房地产市场交易秩序，合理调节土地增值收益，维护国家权益，制定本条例。

第二条　转让国有土地使用权、地上的建筑物及其附着物（以下简称转让房地产）并取得收入的单位和个人，为土地增值税的纳税义务人（以下简称纳税人），应当依照本条例缴纳土地增值税。

第三条　土地增值税按照纳税人转让房地产所取得的增值额和本条例第七条规定的税率计算征收。

第四条　纳税人转让房地产所取得的收入减除本条例第六条规定扣除项目金额后的余额，为增值额。

第五条　纳税人转让房地产所取得的收入，包括货币收入、实物收入和其他收入。

第六条　计算增值额的扣除项目：

（一）取得土地使用权所支付的金额；

（二）开发土地的成本、费用；

（三）新建房及配套设施的成本、费用，或者旧房及建筑物的评估价格；

（四）与转让房地产有关的税金；

（五）财政部规定的其他扣除项目。

第七条 土地增值税实行四级超率累进税率：

增值额未超过扣除项目金额50%的部分，税率为30%。

增值额超过扣除项目金额50%、未超过扣除项目金额100%的部分，税率为40%。

增值额超过扣除项目金额100%、未超过扣除项目金额200%的部分，税率为50%。

增值额超过扣除项目金额200%的部分，税率为60%。

第八条 有下列情形之一的，免征土地增值税：

（一）纳税人建造普通标准住宅出售，增值额未超过扣除项目金额20%的；

（二）因国家建设需要依法征收、收回的房地产。

第九条 纳税人有下列情形之一的，按照房地产评估价格计算征收：

（一）隐瞒、虚报房地产成交价格的；

（二）提供扣除项目金额不实的；

（三）转让房地产的成交价格低于房地产评估价格，又无正当理由的。

第十条 纳税人应当自转让房地产合同签订之日起七日内向房地产所在地主管税务机关办理纳税申报，并在税务机关核定的期限内缴纳土地增值税。

第十一条 土地增值税由税务机关征收。土地管理部门、房产管理部门应当向税务机关提供有关资料，并协助税务机关依法征收土地增值税。

第十二条 纳税人未按照本条例缴纳土地增值税的，土地管理部门、房产管理部门不得办理有关的权属变更手续。

第十三条 土地增值税的征收管理，依据《中华人民共和国税收征收管理法》及本条例有关规定执行。

第十四条 本条例由财政部负责解释，实施细则由财政部制定。

第十五条 本条例自1994年1月1日起施行。各地区的土地增值费征收办法，与本条例相抵触的，同时停止执行。

中华人民共和国
土地增值税暂行条例实施细则

1. 1995年1月27日财政部发布

2. 财法字〔1995〕6号

第一条 根据《中华人民共和国土地增值税暂行条例》（以下简称条例）第十四条规定，制定本细则。

第二条 条例第二条所称的转让国有土地使用权、地上的建筑物及其附着物并取得收入，是指以出售或者其他方式有偿转让房地产的行为，不包括以继承、赠与方式无偿转让房地产的行为。

第三条 条例第二条所称的国有土地，是指按国家法律规定属于国家所有的土地。

第四条 条例第二条所称的地上的建筑物，是指建于地上的一切建筑物，包括地上地下的各种附属设施。

条例第二条所称的附着物，是指附着于土地上的不能移动，一经移动即遭损坏的物品。

第五条 条例第二条所称的收入，包括转让房地产的全部价款及有关的经济收益。

第六条 条例第二条所称的单位，是指各类企业单位、事业单位、国家机关和社会团体及其他组织。

条例第二条所称个人，包括个体经营者。

第七条 条例第六条所列的计算增值额的扣除项目，具体为：

（一）取得土地使用权所支付的金额，是

指纳税人为取得土地使用权所支付的地价款和按国家统一规定交纳的有关费用。

（二）开发土地和新建房及配套设施（以下简称房地产开发）的成本，是指纳税人房地产开发项目实际发生的成本（以下简称房地产开发成本），包括土地征用及拆迁补偿费、前期工程费、建筑安装工程费、基础设施费、公共配套设施费、开发间接费用。

土地征用及拆迁补偿费，包括土地征用费、耕地占用税、劳动力安置费及有关地上、地下附着物拆迁补偿的净支出、安置动迁用房支出等。

前期工程费，包括规划、设计、项目可行性研究和水文、地质、勘察、测绘、“三通一平”等支出。

建筑安装工程费，是指以出包方式支付给承包单位的建筑安装工程费，以自营方式发生的建筑安装工程费。

基础设施费，包括开发小区内道路、供水、供电、供气、排污、排洪、通讯、照明、环卫、绿化等工程发生的支出。

公共配套设施费，包括不能有偿转让的开发小区内公共配套设施发生的支出。

开发间接费用，是指直接组织、管理开发项目发生的费用，包括工资、职工福利费、折旧费、修理费、办公费、水电费、劳动保护费、周转房摊销等。

（三）开发土地和新建房及配套设施的费用（以下简称房地产开发费用），是指与房地产开发项目有关的销售费用、管理费用、财务费用。

财务费用中的利息支出，凡能够按转让房地产项目计算分摊并提供金融机构证明的，允许据实扣除，但最高不能超过按商业银行同类同期贷款利率计算的金额。其他房地产开发费用，按本条（一）、（二）项规定计算的金额之和的5%以内计算扣除。

凡不能按转让房地产项目计算分摊利息支出或不能提供金融机构证明的，房地产开发费用按本条（一）、（二）项规定计算的金额之和的10%以内计算扣除。

上述计算扣除的具体比例，由各省、自治区、直辖市人民政府规定。

（四）旧房及建筑物的评估价格，是指在转让已使用的房屋及建筑物时，由政府批准设立的房地产评估机构评定的重置成本价乘以成新度折扣率后的价格。评估价格须经当地税务机关确认。

（五）与转让房地产有关的税金，是指在转让房地产时缴纳的营业税、城市维护建设税、印花税。因转让房地产交纳的教育费附加，也可视同税金予以扣除。

（六）根据条例第六条（五）项规定，对从事房地产开发的纳税人可按本条（一）、（二）项规定计算的金额之和，加计20%的扣除。

第八条 土地增值税以纳税人房地产成本核算的最基本的核算项目或核算对象为单位计算。

第九条 纳税人成片受让土地使用权后，分期分批开发、转让房地产的，其扣除项目金额的确定，可按转让土地使用权的面积占总面积的比例计算分摊，或按建筑面积计算分摊，也可按税务机关确认的其他方式计算分摊。

第十条 条例第七条所列四级超率累进税率，每级“增值额未超过扣除项目金额”的比例，均包括本比例数。

计算土地增值税税额，可按增值额乘以适用的税率减去扣除项目金额乘以速算扣除系数的简便方法计算，具体公式如下：

（一）增值额未超过扣除项目金额50%

土地增值税税额＝增值额×30%

（二）增值额超过扣除项目金额50%，未超过100%

土地增值税税额＝增值额×40%－扣除项目金额×5%

（三）增值额超过扣除项目金额100%，未超过200%

土地增值税税额＝增值额×50%－扣

除项目金额×15%

（四）增值额超过扣除项目金额200%

土地增值税税额=增值额×60%－扣除项目金额×35%

公式中的5%、15%、35%为速算扣除系数。

第十一条 条例第八条（一）项所称的普通标准住宅，是指按所在地一般民用住宅标准建造的居住用住宅。高级公寓、别墅、度假村等不属于普通标准住宅。普通标准住宅与其他住宅的具体划分界限由各省、自治区、直辖市人民政府规定。

纳税人建造普通标准住宅出售，增值额未超过本细则第七条（一）、（二）、（三）、（五）、（六）项扣除项目金额之和20%的，免征土地增值税；增值额超过扣除项目金额之和20%的，应就其全部增值额按规定计税。

条例第八条（二）项所称的因国家建设需要依法征用、收回的房地产，是指因城市实施规划、国家建设的需要而被政府批准征用的房产或收回的土地使用权。

因城市实施规划、国家建设的需要而搬迁，由纳税人自行转让原房地产的，比照本规定免征土地增值税。

符合上述免税规定的单位和个人，须向房地产所在地税务机关提出免税申请，经税务机关审核后，免予征收土地增值税。

第十二条 个人因工作调动或改善居住条件而转让原自用住房，经向税务机关申报核准，凡居住满五年或五年以上的，免予征收土地增值税；居住满三年未满五年的，减半征收土地增值税。居住未满三年的，按规定计征土地增值税。

第十三条 条例第九条所称的房地产评估价格，是指由政府批准设立的房地产评估机构根据相同地段、同类房地产进行综合评定的价格。评估价格须经当地税务机关确认。

第十四条 条例第九条（一）项所称的隐瞒、虚报房地产成交价格，是指纳税人不报或有意低报转让土地使用权、地上建筑物及其附着物价款的行为。

条例第九条（二）项所称的提供扣除项目金额不实的，是指纳税人在纳税申报时不据实提供扣除项目金额的行为。

条例第九条（三）项所称的转让房地产的成交价格低于房地产评估价格，又无正当理由的，是指纳税人申报的转让房地产的实际成交价低于房地产评估机构评定的交易价，纳税人又不能提供凭据或无正当理由的行为。

隐瞒、虚报房地产成交价格，应由评估机构参照同类房地产的市场交易价格进行评估。税务机关根据评估价格确定转让房地产的收入。

提供扣除项目金额不实的，应由评估机构按照房屋重置成本价乘以成新度折扣率计算的房屋成本价和取得土地使用权时的基准地价进行评估。税务机关根据评估价格确定扣除项目金额。

转让房地产的成交价格低于房地产评估价格，又无正当理由的，由税务机关参照房地产评估价格确定转让房地产的收入。

第十五条 根据条例第十条的规定，纳税人应按照下列程序办理纳税手续：

（一）纳税人应在转让房地产合同签订后的七日内，到房地产所在地主管税务机关办理纳税申报，并向税务机关提交房屋及建筑物产权、土地使用权证书，土地转让、房产买卖合同，房地产评估报告及其他与转让房地产有关的资料。

纳税人因经常发生房地产转让而难以在每次转让后申报的，经税务机关审核同意后，可以定期进行纳税申报，具体期限由税务机关根据情况确定。

（二）纳税人按照税务机关核定的税额及规定的期限缴纳土地增值税。

第十六条 纳税人在项目全部竣工结算前转让房地产取得的收入，由于涉及成本确定或其他原因，而无法据以计算土地增值税的，可以预征土地增值税，待该项目全部竣工、办理结算后再进行清算,多退少补。具体办法由各省、自治区、直辖市地方税务局根据当地情况制定。

第十七条 条例第十条所称的房地产所在地,是指房地产的坐落地。纳税人转让房地产坐落在两个或两个以上地区的,应按房地产所在地分别申报纳税。

第十八条 条例第十一条所称的土地管理部门、房产管理部门应当向税务机关提供有关资料,是指向房地产所在地主管税务机关提供有关房屋及建筑物产权、土地使用权、土地出让金数额、土地基准地价、房地产市场交易价格及权属变更等方面的资料。

第十九条 纳税人未按规定提供房屋及建筑物产权、土地使用权证书,土地转让、房产买卖合同,房地产评估报告及其他与转让房地产有关资料的,按照《中华人民共和国税收征收管理法》(以下简称《征管法》)第三十九条的规定进行处理。

纳税人不如实申报房地产交易额及规定扣除项目金额造成少缴或未缴税款的,按照《征管法》第四丨条的规定进行处理。

第二十条 土地增值税以人民币为计算单位。转让房地产所取得的收入为外国货币的,以取得收入当天或当月1日国家公布的市场汇价折合成人民币,据以计算应纳土地增值税税额。

第二十一条 条例第十五条所称的各地区的土地增值税征收办法是指与本条例规定的计征对象相同的土地增值税、土地收益金等征收办法。

第二十二条 本细则由财政部解释,或者由国家税务总局解释。

第二十三条 本细则自发布之日起施行。

第二十四条 1994年1月1日至本细则发布之日期间的土地增值税参照本细则的规定计算征收。

中华人民共和国
契税暂行条例

1. 1997年10月28日财法字〔1997〕52号发布

2. 根据2019年3月2日国务院令第709号《关于修改部分行政法规的决定》修订

第一条 在中华人民共和国境内转移土地、房屋权属,承受的单位和个人为契税的纳税人,应当依照本条例的规定缴纳契税。

第二条 本条例所称转移土地、房屋权属是指下列行为:

(一)国有土地使用权出让;

(二)土地使用权转让,包括出售、赠与和交换;

(三)房屋买卖;

(四)房屋赠与;

(五)房屋交换。

前款第二项土地使用权转让,不包括农村集体土地承包经营权的转移。

第三条 契税税率为3%~5%。

契税的适用税率,由省、自治区、直辖市人民政府在前款规定的幅度内按照本地区的实际情况确定,并报财政部和国家税务总局备案。

第四条 契税的计税依据:

(一)国有土地使用权出让、土地使用权出售、房屋买卖,为成交价格;

(二)土地使用权赠与、房屋赠与,由征收机关参照土地使用权出售、房屋买卖的市场价格核定;

(三)土地使用权交换、房屋交换,为所交换的土地使用权、房屋的价格的差额。

前款成交价格明显低于市场价格并且无正当理由的,或者所交换土地使用权、房屋的价格的差额明显不合理并且无正当理由的,由征收机关参照市场价格核定。

第五条 契税应纳税额,依照本条例第三条规定的税率和第四条规定的计税依据计算征收。应纳税额计算公式：

应纳税额＝计税依据×税率

应纳税额以人民币计算。转移土地、房屋权属以外汇结算的，按照纳税义务发生之日中国人民银行公布的人民币市场汇率中间价折合成人民币计算。

第六条 有下列情形之一的，减征或者免征契税：

（一）国家机关、事业单位、社会团体、军事单位承受土地、房屋用于办公、教学、医疗、科研和军事设施的，免征；

（二）城镇职工按规定第一次购买公有住房的，免征；

（三）因不可抗力灭失住房而重新购买住房的，酌情准予减征或者免征；

（四）财政部规定的其他减征、免征契税的项目。

第七条 经批准减征、免征契税的纳税人改变有关土地、房屋的用途，不再属于本条例第六条规定的减征、免征契税范围的，应当补缴已经减征、免征的税款。

第八条 契税的纳税义务发生时间，为纳税人签订土地、房屋权属转移合同的当天，或者纳税人取得其他具有土地、房屋权属转移合同性质凭证的当天。

第九条 纳税人应当自纳税义务发生之日起10日内，向土地、房屋所在地的契税征收机关办理纳税申报，并在契税征收机关核定的期限内缴纳税款。

第十条 纳税人办理纳税事宜后，契税征收机关应当向纳税人开具契税完税凭证。

第十一条 纳税人应当持契税完税凭证和其他规定的文件材料，依法向土地管理部门、房产管理部门办理有关土地、房屋的权属变更登记手续。

纳税人未出具契税完税凭证的，土地管理部门、房产管理部门不予办理有关土地、房屋的权属变更登记手续。

第十二条 契税征收机关为土地、房屋所在地的税务机关。

土地管理部门、房产管理部门应当向契税征收机关提供有关资料，并协助契税征收机关依法征收契税。

第十三条 契税的征收管理，依照本条例和有关法律、行政法规的规定执行。

第十四条 财政部根据本条例制定细则。

第十五条 本条例自1997年10月1日起施行。1950年4月3日中央人民政府政务院发布的《契税暂行条例》同时废止。

中华人民共和国
城镇土地使用税暂行条例

1. 1988年7月12日国务院第12次常务会议通过
2. 1988年9月27日国务院令第17号发布
3. 根据2006年12月31日国务院令第483号《关于修改〈中华人民共和国城镇土地使用税暂行条例〉的决定》第一次修订
4. 根据2011年1月8日国务院令第588号《关于废止和修改部分行政法规的决定》第二次修订
5. 根据2013年12月7日国务院令第645号《关于修改部分行政法规的决定》第三次修订
6. 根据2019年3月2日国务院令第709号《关于修改部分行政法规的决定》第四次修订

第一条 为了合理利用城镇土地，调节土地级差收入，提高土地使用效益，加强土地管理，制定本条例。

第二条 在城市、县城、建制镇、工矿区范围内使用土地的单位和个人，为城镇土地使用税（以下简称土地使用税）的纳税人，应当依照本条例的规定缴纳土地使用税。

前款所称单位，包括国有企业、集体企业、私营企业、股份制企业、外商投资企业、外国企业以及其他企业和事业单位、社会团体、国家机关、军队以及其他单位；所称个人，包括个体工商户以及其他个人。

第三条 土地使用税以纳税人实际占用的土地面积为计税依据，依照规定税额计算征收。

前款土地占用面积的组织测量工作，由省、自治区、直辖市人民政府根据实际情况确定。

第四条　土地使用税每平方米年税额如下：

（一）大城市1.5元至30元；

（二）中等城市1.2元至24元；

（三）小城市0.9元至18元；

（四）县城、建制镇、工矿区0.6元至12元。

第五条　省、自治区、直辖市人民政府，应当在本条例第四条规定的税额幅度内，根据市政建设状况、经济繁荣程度等条件，确定所辖地区的适用税额幅度。

市、县人民政府应当根据实际情况，将本地区土地划分为若干等级，在省、自治区、直辖市人民政府确定的税额幅度内，制定相应的适用税额标准，报省、自治区、直辖市人民政府批准执行。

经省、自治区、直辖市人民政府批准，经济落后地区土地使用税的适用税额标准可以适当降低，但降低额不得超过本条例第四条规定最低税额的30%。经济发达地区土地使用税的适用税额标准可以适当提高，但须报经财政部批准。

第六条　下列土地免缴土地使用税：

（一）国家机关、人民团体、军队自用的土地；

（二）由国家财政部门拨付事业经费的单位自用的土地；

（三）宗教寺庙、公园、名胜古迹自用的土地；

（四）市政街道、广场、绿化地带等公共用地；

（五）直接用于农、林、牧、渔业的生产用地；

（六）经批准开山填海整治的土地和改造的废弃土地，从使用的月份起免缴土地使用税5年至10年；

（七）由财政部另行规定免税的能源、交通、水利设施用地和其他用地。

第七条　除本条例第六条规定外，纳税人缴纳土地使用税确有困难需要定期减免的，由县以上税务机关批准。

第八条　土地使用税按年计算、分期缴纳。缴纳期限由省、自治区、直辖市人民政府确定。

第九条　新征收的土地，依照下列规定缴纳土地使用税：

（一）征收的耕地，自批准征收之日起满1年时开始缴纳土地使用税；

（二）征收的非耕地，自批准征收次月起缴纳土地使用税。

第十条　土地使用税由土地所在地的税务机关征收。土地管理机关应当向土地所在地的税务机关提供土地使用权属资料。

第十一条　土地使用税的征收管理，依照《中华人民共和国税收征收管理法》及本条例的规定执行。

第十二条　土地使用税收入纳入财政预算管理。

第十三条　本条例的实施办法由省、自治区、直辖市人民政府制定。

第十四条　本条例自1988年11月1日起施行，各地制定的土地使用费办法同时停止执行。

国家税务总局关于个人从事房地产经营业务征收营业税问题的批复

1. 1996年12月12日
2. 国税函〔1996〕718号

浙江省地方税务局：

你局《浙江省地方税务局关于个人从事房地产业务有关营业税问题的请示》（浙地税一〔1996〕59号）收悉。关于个人经营房地产应如何征收营业税等问题，经研究，现批复如下：

个人以各购房户代表的身份与提供土地使用权的单位或个人（以下简称“地主”）签订联合建房协议，由个人出资并负责雇请施工队建房,房屋建成后,再由个人将分得的房屋销售给各购房户。这实际上是个人先通过合作建房的方式取得房屋,再将房屋销售给各购房户。因此对个人应按“销售不动产”税目征营业税,其营业额为个人向各购房户收取的全部价款和价外费用。另一方面,个人与地主的关系,属于一方提供土地使用权,另一方提供资金合作建房的行为。对其双方应按《国家税务总局关于印发〈营业税问题解答(之一)〉的通知》国税函发〔1995〕156 号第 17 条的有关规定征收营业税。

附:

营业税问题解答(之一)

(1995 年 4 月 17 日国家税务总局发布)

一、问:税制改革以前,原营业税规定的减税、免税项目,在 1994 年 1 月 1 日起实行新的营业税制以后是否还继续执行?

答:实行新税制后,原营业税的法规均已废止,过去所作的减征或免征营业税的规定自然也一律停止执行。营业税暂行条例规定:“营业税的免税、减税项目由国务院规定。任何地区、部门均不得规定免税、减税项目。”因此,在 1994 年 1 月 1 日实行新税制后如果还继续执行原营业税的减税、免税项目,是属于违反税法的行为,应当坚决予以纠正。

二、问:公安部门拍卖机动车牌照,交通部门拍卖公交线路运营权,是否征收营业税?

答:公安部门拍卖机动车牌照,交通部门拍卖公交线路运营权,这两种行为均不属于营业税的征税范围,因而不征收营业税。

三、问:运输企业在境外载运旅客或货物入境,是否征收营业税?

答:根据营业税暂行条例实施细则第七条第二款关于“在境内载运旅客或货物出境”属于境内提供应税劳务的规定,运输企业在境外载运旅客或货物入境,不属于在境内提供应税劳务,因而不征收营业税。

四、问:航空公司用飞机开展飞洒农药业务是否免征营业税?

答:营业税暂行条例第六条第(五)款规定农业病虫害防治免征营业税,营业税暂行条例实施细则第二十六条第(四)款明确农业病虫害防治“是指从事农业、林业、牧业、渔业的病虫害测报和防治的业务。”航空公司用飞机开展飞洒农药业务属于从事农业病虫害防治业务,因而应当免征营业税。

五、问:单位所属内部施工队伍承担其所隶属单位的建筑安装工程是否征收营业税?

答:这首先要看此类施工队伍是否属于独立核算单位。如果属于独立核算单位,不论承担其所隶属单位(以下称本单位)的建筑安装工程业务,还是承担其他单位的建筑安装工程业务,均应当征收营业税。如果属于非独立核算单位,承担其他单位建筑安装工程业务应当征收营业税;而承担本单位的建筑安装工程业务是否应当缴纳营业税,则要看其与本单位之间是否结算工程价款。营业税暂行条例实施细则第十一条规定,负有营业税纳税义务的单位为发生应税行为并向对方收取货币、货物或其他经济利益的单位,包括独立核算的单位和不独立核算的单位。根据这一规定,内部施工队伍为本单位承担建筑安装业务,凡同本单位结算工程价款的,不论是否编制工程概(预)算,也不论工程价款中是否包括营业税税金,均应当征收营业税;凡不与本单位结算工程价款的,不征收营业税。

六、问:对绿化工程应按何税目征税?

答:绿化工程往往与建筑工程相连,或者本身就是某个建筑工程的一个组成部分,例如,绿化与平整土地就分不开,而平整土地本身就属于建筑业中的“其他工程作业”。为了减少划分,便于征管,对绿化工程按“建筑业—其他工程作业”征收营业税。

七、问：对工程承包公司承包的建筑安装工程按何税目征税？

答：根据营业税暂行条例第五条第（三）款“建筑业的总承包人将工程分包或转包给他人的，以工程的全部承包额减去付给分包人或者转包人的价款后的余额为营业额”的规定，工程承包公司承包建筑安装工程业务，即工程承包公司与建设单位签订承包合同的建筑安装工程业务，无论其是否参与施工，均应按“建筑业”税目征收营业税。工程承包公司不与建设单位签订承包建筑安装工程合同，只是负责工程的组织协调业务，对工程承包公司的此项业务则按“服务业”税目征收营业税。

八、问：对境外机构总承包建筑安装工程如何征税？

答：根据营业税暂行条例第十一条第（二）款“建筑安装业务实行分包或者转包的，以总承包人为扣缴义务人”和营业税暂行条例实施细则第二十九条第（一）款“境外单位或者个人在境内发生应税行为而在境内未设有经营机构的，其应缴税款以代理者为扣缴义务人；没有代理者的，以受让者或购买者为扣缴义务人”的规定，建筑安装工程的总承包人为境外机构，如果该机构在境内设有机构的，则境内所设机构负责缴纳其承包工程营业税，并负责扣缴分包或转包工程的营业税税款；如果该机构在境内未设有机构，但有代理者的，则不论其承包的工程是否实行分包或转包，全部工程应纳的营业税款均由代理者扣缴；如果该机构在境内未设有机构，又没有代理者的，不论其总承包的工程是否实行分包或转包，全部工程应纳的营业税税款均由建设单位扣缴。

九、问：银行贷款给单位和个人，借款者以房屋作抵押，如果期满后借款者无力还贷，抵押的房屋归银行所有，对此是否应当征税？如果房屋归银行所有后，银行将房屋销售，是否应当征税？

答：借款者无力归还贷款，抵押的房屋被银行收走以抵作贷款本息，这表明房屋的所有权被借款者有偿转让给银行，应对借款者转让房屋所有权的行为按“销售不动产”税目征收营业税。

同样，银行如果将收归其所有的房屋销售，也应按“销售不动产”税目征收营业税。

十、问：非金融机构将资金提供给对方，并收取资金占用费，如企业与企业之间借用周转金而收取资金占用费，行政机关或企业主管部门将资金提供给所属单位或企业而收取资金占用费，农村合作基金会将资金提供给农民而收取资金占用费等，应如何征收营业税？

答：《营业税税目注释》规定，贷款属于“金融保险业”税目的征收范围，而贷款是指将资金贷与他人使用的行为。根据这一规定，不论金融机构还是其他单位，只要是发生将资金贷与他人使用的行为，均应视为发生贷款行为，按“金融保险业”税目征收营业税。

十一、问：保险公司开展财产、人身保险时向投保者收取的全部保费记入“储金”科目，储金的利息记入“保费收入”科目，储金到期返还给用户。对保险公司开展财产、人身保险征收营业税的营业额是向投保者收取的保费，还是储金的利息？对于到期返还给用户的储金是否准许从其营业额中扣除？

答：营业税暂行条例第五条规定：除另有规定者外，“纳税人的营业额为纳税人提供应税劳务、转让无形资产或者销售不动产向对方收取的全部价款和价外费用。”根据此项规定，首先，保险公司开展财产、人身保险的营业额为向投保者收取的全部保费，而不是储金的利息收入。因为，就提供保险劳务而言，此项规定所说的“对方”是指投保者，保险公司向投保者收取的是保费，而储金利息是保险公司向银行收取的，不是向投保者收取的。其次，应以保费金额为营业额，对到期返还给用户的储金不能从营业额中扣除。

十二、问:邮政部门收取的“电话初装费”按什么税目征税?

答:根据《营业税税目注释》对“邮电通信业”税目的解释,为用户安装电话的业务属于该税目的征收范围。“电话初装费”是邮政部门为用户安装电话而收取的费用,应按“邮电通信业”税目征税。

十三、问:电信部门开办 168 台电话,利用电话开展有偿咨询、点歌等业务,对此项收费按什么税目征税?

答:168 台是具有特殊用途的电话台,其业务属于《营业税税目注释》所说的“用电传设备传递语言的业务”,应按“邮电通信业”税目征收营业税。

十四、问:对邮电局(所)经营的邮电礼仪活动按什么税目征收营业税?其营业额如何确定?

答:邮电礼仪是指邮电局(所)根据客户的要求将写有祝词的电报,或者使用客户支付的价款购买的礼物传递给客户所指定的对象。对于这种业务应按“邮电通信业”税目征收营业税,其营业额为邮电部门向用户收取的全部价款和价外费用,包括所购礼物的价款在内。

十五、问:文化培训适用哪个税目?

答:根据《营业税税目注释》规定,“文化体育业”税目中的“其他文化业”是指除经营表演、播映活动以外的文化活动的业务,如各种展览、培训活动,举办文学、艺术、科技讲座、演讲、报告会,图书馆的图书和资料借阅业务等。此项规定所称培训活动包括各种培训活动,因此对文化培训应按“文化体育业”税目征税。

十六、问:学校取得的赞助收入是否征税?应如何征税?

答:根据营业税暂行条例及其实施细则规定,凡有偿提供应税劳务、有偿转让无形资产或者有偿转让不动产所有权的单位和个人,均应依照税法规定缴纳营业税,而所谓“有偿”是指取得货币、货物或其他经济利益。根据以上规定,对学校取得的各种名目的赞助收入是否征税,要看学校是否发生向赞助方提供应税劳务、转让无形资产或转让不动产所有权的行为。学校如果没有向赞助方提供应税劳务、转让无形资产或转让不动产所有权,此项赞助收入系属无偿取得,不征收营业税;反之,学校如果向赞助方提供应税劳务、转让无形资产或转让不动产所有权,此项赞助收入系属有偿取得,应征收营业税。这里需要附带说明的是,不仅对学校取得的赞助收入应按这一原则确定应否征收营业税,对于其他单位和个人取得的赞助收入也应按这一原则确定是否征收营业税。

十七、问:对合作建房行为应如何征收营业税?

答:合作建房,是指由一方(以下简称甲方)提供土地使用权,另一方(以下简称乙方)提供资金,合作建房。合作建房的方式一般有两种:

第一种方式是纯粹的“以物易物”,即双方以各自拥有的土地使用权和房屋所有权相互交换。具体的交换方式也有以下两种:

(一)土地使用权和房屋所有权相互交换,双方都取得了拥有部分房屋的所有权。在这一合作过程中,甲方以转让部分土地使用权为代价,换取部分房屋的所有权,发生了转让土地使用权的行为;乙方则以转让部分房屋的所有权为代价,换取部分土地的使用权,发生了销售不动产的行为。因而合作建房的双方都发生了营业税的应税行为。对甲方应按“转让无形资产”税目中的“转让土地使用权”子目征税;对乙方应按“销售不动产”税目征税。由于双方没有进行货币结算,因此应当按照《中华人民共和国营业税暂行条例实施细则》第十五条的规定分别核定双方各自的营业额。如果合作建房的双方(或任何一方)将分得的房屋销售出去,则又发生了销售不动产行为,应对其销售收入再按“销售不动产”税目征收营业税。

(二)以出租土地使用权为代价换取房屋所有权。例如,甲方将土地使用权出租给乙方若干年,乙方投资在该土地上建造建筑物并使用,租赁期满后,乙方将土地使用权连同所建的建筑物归还甲方。在这一经营过程中,乙方是以建筑物为代价换得若干年的土地使用权,甲方是以出租土地使用权为代价换取建筑物。甲方发生了出租土地使用权的行为,对其按“服务业——租赁业”征收营业税;乙方发生了销售不动产的行为,对其按“销售不动产”税目征收营业税。对双方分别征税时,其营业额也按《中华人民共和国营业税暂行条例实施细则》第十五条的规定核定。

第二种方式是甲方以土地使用权乙方以货币资金合股,成立合营企业,合作建房。对此种形式的合作建房,则要视具体情况确定如何征税。

(一)房屋建成后如果双方采取风险共担、利润共享的分配方式,按照营业税“以无形资产投资入股,参与接受投资方的利润分配、共同承担投资风险的行为,不征营业税”的规定,对甲方向合营企业提供的土地使用权,视为投资入股,对其不征营业税;只对合营企业销售房屋取得的收入按销售不动产征税;对双方分得的利润不征营业税。

(二)房屋建成后甲方如果采取按销售收入的一定比例提成的方式参与分配,或提取固定利润,则不属营业税所称的投资入股不征营业税的行为,而属于甲方将土地使用权转让给合营企业的行为,那么,对甲方取得的固定利润或从销售收入按比例提取的收入按“转让无形资产”征税;

对合营企业则按全部房屋的销售收入依“销售不动产”税目征收营业税。

(三)如果房屋建成后双方按一定比例分配房屋,则此种经营行为,也未构成营业税所称的以无形资产投资入股,共同承担风险的不征营业税的行为。因此,首先对甲方向合营企业转让的土地,按“转让无形资产”征税,其营业额按实施细则第十五条的规定核定。因此,对合营企业的房屋,在分配给甲乙方后,如果各自销售,则再按“销售不动产”征税。

十八、问:对于转让土地使用权或销售不动产的预收定金,应如何确定其纳税义务发生时间?

答:营业税暂行条例实施细则第二十八条规定:“纳税人转让土地使用权或销售不动产,采用预收款方式的,其纳税义务发生时间为收到预收款的当天。”此项规定所称预收款,包括预收定金。因此,预收定金的营业税纳税义务发生时间为收到预收定金的当天。

十九、问:对个人将不动产无偿赠与他人的行为,是否视同销售不动产征收营业税?

答:根据营业税暂行条例实施细则第四条规定,“单位将不动产无偿赠与他人,视同销售不动产”,应当征收营业税。由此可见,只有单位无偿赠送不动产的行为才视同销售不动产征收营业税,对个人无偿赠送不动产的行为,不应视同销售不动产征收营业税。

二十、问:以“还本”方式销售建筑物,在计征营业税时可否从营业额中减除“还本”支出?

答:以“还本”方式销售建筑物,是指商品房经营者在销售建筑物时许诺若干年后可将房屋价款归还购房者,这是经营者为了加快资金周转而采取的一种促销手段。对以“还本”方式销售建筑物的行为,应按向购买者收取的全部价款和价外费用征收营业税,不得减除所谓“还本”支出。

国家税务总局关于离婚后房屋权属变化是否征收契税的批复

1. *1999年6月3日*
2. *国税函〔1999〕391号*

广东省财政厅:

你厅《关于对离婚后房屋权属变化是否征收契税的请示》(粤财字〔1999〕85号)收悉,经研究，现批复如下：

根据我国婚姻法的规定，夫妻共有房屋属共同共有财产。因夫妻财产分割而将原共有房屋产权归属一方，是房产共有权的变动而不是现行契税政策规定征税的房屋产权转移行为。因此，对离婚后原共有房屋产权的归属人不征收契税。

国家税务总局关于出售或租赁房屋使用权是否征收契税问题的批复

1. 1999年7月8日

2. 国税函〔1999〕465号

河南省财政厅：

你厅《关于出售或租赁房屋使用权征收契税的请示》（豫财农税字〔1999〕27号）收悉。经研究，现批复如下：

房屋使用权与房屋所有权是两种不同性质的权属。根据现行契税法规的规定，房屋使用权的转移行为不属于契税征收范围，不应征收契税。

国家税务总局关于抵押贷款购买商品房征收契税的批复

1. 1999年9月16日

2. 国税函〔1999〕613号

青岛市财政局：

你局《关于抵押贷款购买商品房征收契税的请示》（青财农税〔1999〕12号）收悉。经研究，批复如下：

购房人以按揭、抵押贷款方式购买房屋，当其从银行取得抵押凭证时，购房人与原产权人之间的房屋产权转移已经完成，契税纳税义务已经发生，必须依法缴纳契税。

财政部、国家税务总局、建设部关于个人出售住房所得征收个人所得税有关问题的通知

1. 1999年12月2日

2. 根据2010年9月29日《财政部、国家税务总局、住房和城乡建设部关于调整房地产交易环节契税个人所得税优惠政策的通知》修正

各省、自治区、直辖市、计划单列市财政厅（局）、国家税务局、地方税务局、建委（建设厅），各直辖市房地局：

为促进我国居民住宅市场的健康发展，经国务院批准，现就个人出售住房所得征收个人所得税的有关问题通知如下：

一、根据个人所得税法的规定，个人出售自有住房取得的所得应按照“财产转让所得”项目征收个人所得税。

二、个人出售自有住房的应纳税所得额，按下列原则确定：

（一）个人出售除已购公有住房以外的其他自有住房，其应纳税所得额按照个人所得税法的有关规定确定。

（二）个人出售已购公有住房，其应纳税所得额为个人出售已购公有住房的销售价，减除住房面积标准的经济适用住房价款、原支付超过住房面积标准的房价款、向财政或原产权单位缴纳的所得收益以及税法规定的合理费用后的余额。

已购公有住房是指城镇职工根据国家和县级（含县级）以上人民政府有关城镇住房制度改革政策规定，按照成本价（或标准价）购买的公有住房。

经济适用住房价格按县级（含县级）以上地方人民政府规定的标准确定。

（三）职工以成本价（或标准价）出资的集资合作建房、安居工程住房、经济适用住

房以及拆迁安置住房，比照已购公有住房确定应纳税所得额。

三、对个人转让自用5年以上、并且是家庭惟一生活用房取得的所得，继续免征个人所得税。

四、为了确保有关住房转让的个人所得税政策得到全面、正确的实施，各级房地产交易管理部门应与税务机关加强协作、配合，主管税务机关需要有关本地区房地产交易情况的，房地产交易管理部门应及时提供。

国家税务总局关于外商投资企业征收城市房地产税若干问题的通知

1. *2000年3月8日*
2. *国税发〔2000〕44号*

各省、自治区、直辖市和计划单列市地方税务局：

一个时期以来，由于外商投资企业和内资企业分别适用《城市房地产税暂行条例》和《中华人民共和国房产税暂行条例》，在对外商投资企业征收城市房地产税过程中陆续反映出一些问题。为便于各地执行，现将有关问题明确如下：

一、关于利用人防工程免征城市房地产税问题

为鼓励利用地下人防设施，对外商投资企业利用人防工程中的房屋进行经营活动的，可比照《关于检发〈关于房产税若干具体问题的解释和暂行规定〉、〈关于车船使用税若干具体问题的解释和暂行规定〉的通知》（财政部税务总局〔1986〕财地税字008号）的有关规定，暂不征收房产税。

二、关于出租柜台征收城市房地产税问题

出租房屋以优先从租计征城市房地产税为原则，外商投资企业将房屋内的柜台出租给其他经营者等并收取租金的，应按租金计征城市房地产税。凡按租金计征的房产税税额超过按房产价值计征的，按租金收入计征城市房地产税；未超过的，按房产价值计征。

对外商投资企业在商品房开发过程中搭建临时铺面出租经营的，如果房地产管理部门对该临时铺面不予确定产权，企业“固定资产”账上也不反映的，为支持商品房开发，对该出租经营用的临时铺面暂不征收城市房地产税。建造的商品房交付使用后依旧保留的出租经营用的临时铺面，无论如何计账，是否确定产权，均应照章征收城市房地产税。

三、关于外籍个人购置的房产免征城市房地产税问题

外籍个人（包括华侨，港、澳、台同胞）购置的非营业用房产，可比照《中华人民共和国房产税暂行条例》第五条的有关规定，暂免征城市房地产税。

四、本通知自2000年1月1日起执行。

财政部、国家税务总局关于公有制单位职工首次购买住房免征契税的通知

1. *2000年11月29日*
2. *财税〔2000〕130号*

各省、自治区、直辖市和计划单列市财政厅（局）、地方税务局：

为配合国家住房制度改革，减轻城镇职工购房负担，现就契税有关政策明确如下：

对各类公有制单位为解决职工住房而采取集资建房方式建成的普通住房或由单位购买的普通商品住房，经当地县以上人民政府房改部门批准、按照国家房改政策出售给本单位职工的，如属职工首次购买住房，均比照《中华人民共和国契税暂行条例》第六条第二款“城镇职工按规定第一次购买公有住房的，免征”的规定，免征契税。

本规定从发文之日起实施，此前已征税款不予退还。

国家税务总局关于房产税、城镇土地使用税有关政策规定的通知

1. 2003年7月15日

2. 根据2006年12月25日《财政部、国家税务总局关于房产税、城镇土地使用税有关政策的通知》修正

随着我国房地产市场的迅猛发展，涉及房地产税收的政策问题日益增多，经调查研究和广泛听取各方面的意见，现对房产税、城镇土地使用税有关政策问题明确如下：

一、关于房地产开发企业开发的商品房征免房产税问题

鉴于房地产开发企业开发的商品房在出售前，对房地产开发企业而言是一种产品，因此，对房地产开发企业建造的商品房，在售出前，不征收房产税；但对售出前房地产开发企业已使用或出租、出借的商品房应按规定征收房产税。

二、关于确定房产税、城镇土地使用税纳税义务发生时间问题

（一）购置新建商品房，自房屋交付使用之次月起计征房产税和城镇土地使用税。

（二）购置存量房，自办理房屋权属转移、变更登记手续，房地产权属登记机关签发房屋权属证书之次月起计征房产税和城镇土地使用税。

（三）出租、出借房产，自交付出租、出借房产之次月起计征房产税和城镇土地使用税。

国家税务总局关于继承土地、房屋权属有关契税问题的批复

1. 2004年9月2日

2. 国税函〔2004〕1036号

河南省财政厅：

你厅《关于继承土地房屋权属是否征收契税的请示》（豫财农税〔2004〕21号）收悉，现批复如下：

一、对于《中华人民共和国继承法》规定的法定继承人（包括配偶、子女、父母、兄弟姐妹、祖父母、外祖父母）继承土地、房屋权属，不征契税。

二、按照《中华人民共和国继承法》规定，非法定继承人根据遗嘱承受死者生前的土地、房屋权属，属于赠与行为，应征收契税。

财政部、国家税务总局关于调整城镇土地使用税有关减免税政策的通知

1. 2004年10月25日

2. 财税〔2004〕180号

各省、自治区、直辖市、计划单列市财政厅（局）、地方税务局，新疆生产建设兵团财务局：

为了规范税收政策，进一步加强城镇土地使用税的征收管理，经研究决定，对《国家税务局关于印发〈关于土地使用税若干具体问题的补充规定〉的通知》（〔89〕国税地字第140号）的部分内容做适当修改。即：取消《关于土地使用税若干具体问题的补充规定》中第九条“企业关闭、撤销后，其占地未作他用的，经各省、自治区、直辖市税务局批准，可暂免征收土地使用税”的规定。

本通知自2004年7月1日起执行。

国家税务总局、财政部、建设部关于加强房地产税收管理的通知

1. 2005年5月27日国税发〔2005〕89号发布

2. 根据2018年6月15日国家税务总局公告2018年第31号《关于修改部分税收规范性文件的公告》修正

各省、自治区、直辖市财政厅（局）、地方税务局、建设厅（建委、房地局），计划单列市财政局、地方税务局、建委（建设局、房地局），扬州税务进修学院，新疆生产建设兵团建设局：

为贯彻落实《国务院办公厅转发建设部等部门关于做好稳定住房价格工作意见的通知》（国办发〔2005〕26号），进一步加强房地产税收征管，促进房地产市场的健康发展，现将有关事项及要求通知如下：

一、各级税务、财政部门和房地产管理部门，要认真贯彻执行房地产税收有关法律、法规和政策规定，建立和完善信息共享、情况通报制度，加强部门间的协作配合。各级税务、财政部门要切实加强房地产税收征管，并主动与当地的房地产管理部门取得联系；房地产管理部门要积极配合。

二、2005年5月31日以前，各地要根据国办发〔2005〕26号文件规定，公布本地区享受优惠政策的普通住房标准（以下简称普通住房）。其中，住房平均交易价格，是指报告期内同级别土地上住房交易的平均价格，经加权平均后形成的住房综合平均价格。由市、县房地产管理部门会同有关部门测算，报当地人民政府确定，每半年公布一次。各级别土地上住房平均交易价格的测算，依据房地产市场信息系统生成数据；没有建立房地产市场信息系统的，依据房地产交易登记管理系统生成数据。

对单位或个人将购买住房对外销售的，市、县房地产管理部门应在办理房屋权属登记的当月，向同级税务、财政部门提供权属登记房屋的坐落、产权人、房屋面积、成交价格等信息。

市、县规划管理部门要将已批准的容积率在1.0以下的住宅项目清单，一次性提供给同级税务、财政部门。新批住宅项目中容积率在1.0以下的，按月提供。

税务、财政部门要将当月房地产税收征管的有关信息向市、县房地产管理部门提供。

各级税务、财政部门从房地产管理部门获得的房地产交易登记资料，只能用于征税之目的，并有责任予以保密。违反规定的，要追究责任。

三、各级税务、财政部门要严格执行调整后的个人住房营业税税收政策。

（一）2005年6月1日后，个人将购买不足2年的住房对外销售的，应全额征收营业税。

（二）2005年6月1日后，个人将购买超过2年（含2年）的符合当地公布的普通住房标准的住房对外销售，应持该住房的坐落、容积率、房屋面积、成交价格等证明材料及税务部门要求的其他材料，向税务部门申请办理免征营业税手续。税务部门应根据当地公布的普通住房标准，利用房地产管理部门和规划管理部门提供的相关信息，对纳税人申请免税的有关材料进行审核，凡符合规定条件的，给予免征营业税。

（三）2005年6月1日后，个人将购买超过2年（含2年）的住房对外销售不能提供属于普通住房的证明材料或经审核不符合规定条件的，一律按非普通住房的有关营业税政策征收营业税。

（四）个人购买住房以取得的房屋产权证或契税完税证明上注明的时间作为其购买房屋的时间。

（五）个人对外销售住房，应持依法取得的房屋权属证书，并到税务部门申请开具发票。

（六）对个人购买的非普通住房超过2年（含2年）对外销售的，在向税务部门申请

按其售房收入减去购买房屋价款后的差额缴纳营业税时，需提供购买房屋时取得的税务部门监制的发票作为差额征税的扣除凭证。

（七）各级税务、财政部门要严格执行税收政策，对不符合规定条件的个人对外销售住房，不得减免营业税，确保调整后的营业税政策落实到位；对个人承受不享受优惠政策的住房，不得减免契税。对擅自变通政策、违反规定，不符合规定条件的个人住房给予税收优惠，影响调整后的税收政策落实的，要追究当事人的责任。对政策执行中出现的问题和有关情况，应及时上报国家税务总局。

四、各级税务、财政部门要充分利用房地产交易与权属登记信息，加强房地产税收管理。要建立、健全房地产税收税源登记档案和税源数据库，并根据变化情况及时更新税源登记档案和税源数据库的信息；要定期将从房地产管理部门取得的权属登记资料等信息，与房地产税收征管信息进行比对，查找漏征税款，建立催缴制度，及时查补税款。

各级税务、财政部门在房地产税收征管工作中，如发现纳税人未进行权属登记的，应及时将有关信息告知当地房地产管理部门，以便房地产管理部门加强房地产权属管理。

五、各级税务、财政部门和房地产管理部门要积极协商，创造条件，在房地产交易和权属登记等场所，设立房地产税收征收窗口，方便纳税人。

六、市、县房地产管理部门在办理房地产权属登记时，应严格按照《中华人民共和国契税暂行条例》、《中华人民共和国土地增值税暂行条例》的规定，要求出具完税（或减免）凭证；对于未出具完税（或减免）凭证的，房地产管理部门不得办理权属登记。

七、各级税务、财政部门应努力改进征缴税款的办法，减少现金收取，逐步实现税银联网、划卡缴税。由于种种原因，仍需收取现金税款的，应规范解缴程序，加强安全管理。

八、对于房地产管理部门配合税收管理增加的支出，地方财税部门应给予必要的经费支持。

九、各省税务部门要积极参与本地区房地产市场分析监测工作，密切关注营业税税收政策调整后的政策执行效果，及时做出营业税政策调整对本地区的房地产市场产生影响的评估报告，并将分析评估报告按季上报国家税务总局。

十、各地税务、财政部门和房地产管理部门，可结合本地情况，共同协商研究制定贯彻落实本通知的具体办法。

国家税务总局关于个人住房转让所得征收个人所得税有关问题的通知

1. 2006 年7 月18 日国税发〔2006〕108 号公布

2. 根据2018 年6 月15 日国家税务总局公告2018 年第31 号《关于修改部分税收规范性文件的公告》修正

各省、自治区、直辖市和计划单列市地方税务局，河北、黑龙江、江苏、浙江、山东、安徽、福建、江西、河南、湖南、广东、广西、重庆、贵州、青海、宁夏、新疆、甘肃省（自治区、直辖市）财政厅（局），青岛、宁波、厦门市财政局：

《中华人民共和国个人所得税法》及其实施条例规定，个人转让住房，以其转让收入额减除财产原值和合理费用后的余额为应纳税所得额，按照“财产转让所得”项目缴纳个人所得税。之后，根据我国经济形势发展需要，《财政部、国家税务总局、建设部关于个人出售住房所得征收个人所得税有关问题的通知》（财税字〔1999〕278 号）对个人转让住房的个人所得税应纳税所得额计算和换购住房的个人所得税有关问题做了具体规定。目前，在征收个人转让住房的个人所得税中，各地又反映出一些需要进一步明确的问题。为完善制度，加强征管，根据个人所得税法和税收征收管理法的有关规定精神，现就有关问题通知如下：

一、对住房转让所得征收个人所得税时，以实际成交价格为转让收入。纳税人申报的住房成交价格明显低于市场价格且无正当理由的，征收机关依法有权根据有关信息核定其转让收入，但必须保证各税种计税价格一致。

二、对转让住房收入计算个人所得税应纳税所得额时，纳税人可凭原购房合同、发票等有效凭证，经税务机关审核后，允许从其转让收入中减除房屋原值、转让住房过程中缴纳的税金及有关合理费用。

（一）房屋原值具体为：

1. 商品房：购置该房屋时实际支付的房价款及交纳的相关税费。

2. 自建住房：实际发生的建造费用及建造和取得产权时实际交纳的相关税费。

3. 经济适用房（含集资合作建房、安居工程住房）：原购房人实际支付的房价款及相关税费，以及按规定交纳的土地出让金。

4. 已购公有住房：原购公有住房标准面积按当地经济适用房价格计算的房价款，加上原购公有住房超标准面积实际支付的房价款以及按规定向财政部门（或原产权单位）交纳的所得收益及相关税费。

已购公有住房是指城镇职工根据国家和县级（含县级）以上人民政府有关城镇住房制度改革政策规定，按照成本价（或标准价）购买的公有住房。

经济适用房价格按县级（含县级）以上地方人民政府规定的标准确定。

5. 城镇拆迁安置住房：根据《城市房屋拆迁管理条例》（国务院令第305号）和《建设部关于印发〈城市房屋拆迁估价指导意见〉的通知》（建住房〔2003〕234号）等有关规定，其原值分别为：

（1）房屋拆迁取得货币补偿后购置房屋的，为购置该房屋实际支付的房价款及交纳的相关税费；

（2）房屋拆迁采取产权调换方式的，所调换房屋原值为《房屋拆迁补偿安置协议》注明的价款及交纳的相关税费；

（3）房屋拆迁采取产权调换方式，被拆迁人除取得所调换房屋，又取得部分货币补偿的，所调换房屋原值为《房屋拆迁补偿安置协议》注明的价款和交纳的相关税费，减去货币补偿后的余额；

（4）房屋拆迁采取产权调换方式，被拆迁人取得所调换房屋，又支付部分货币的，所调换房屋原值为《房屋拆迁补偿安置协议》注明的价款，加上所支付的货币及交纳的相关税费。

（二）转让住房过程中缴纳的税金是指：纳税人在转让住房时实际缴纳的营业税、城市维护建设税、教育费附加、土地增值税、印花税等税金。

（三）合理费用是指：纳税人按照规定实际支付的住房装修费用、住房贷款利息、手续费、公证费等费用。

1. 支付的住房装修费用。纳税人能提供实际支付装修费用的税务统一发票，并且发票上所列付款人姓名与转让房屋产权人一致的，经税务机关审核，其转让的住房在转让前实际发生的装修费用，可在以下规定比例内扣除：

（1）已购公有住房、经济适用房：最高扣除限额为房屋原值的15%；

（2）商品房及其他住房：最高扣除限额为房屋原值的10%。

纳税人原购房为装修房，即合同注明房价款中含有装修费（铺装了地板，装配了洁具、厨具等）的，不得再重复扣除装修费用。

2. 支付的住房贷款利息。纳税人出售以按揭贷款方式购置的住房的，其向贷款银行实际支付的住房贷款利息，凭贷款银行出具的有效证明据实扣除。

3. 纳税人按照有关规定实际支付的手续费、公证费等，凭有关部门出具的有效证明据实扣除。

本条规定自2006年8月1日起执行。

三、纳税人未提供完整、准确的房屋原值凭证，不能正确计算房屋原值和应纳税额的，税务机关可根据《中华人民共和国税收征收管理法》第三十五条的规定，对其实行核定征税，即按纳税人住房转让收入的一定比例核定应纳个人所得税额。具体比例由省税务局或者省税务局授权的市税务局根据纳税人出售住房的所处区域、地理位置、建造时间、房屋类型、住房平均价格水平等因素，在住房转让收入1% -3%的幅度内确定。

四、各级税务机关要严格执行《国家税务总局关于进一步加强房地产税收管理的通知》（国税发〔2005〕82号）和《国家税务总局关于实施房地产税收一体化管理若干具体问题的通知》（国税发〔2005〕156号）的规定。为方便出售住房的个人依法履行纳税义务，加强税收征管，主管税务机关要在房地产交易场所设置税收征收窗口，个人转让住房应缴纳的个人所得税，应与转让环节应缴纳的营业税、契税、土地增值税等税收一并办理；税务机关暂没有条件在房地产交易场所设置税收征收窗口的，应委托契税征收部门一并征收个人所得税等税收。

五、各级税务机关要认真落实有关住房转让个人所得税优惠政策。按照《财政部、国家税务总局、建设部关于个人出售住房所得征收个人所得税有关问题的通知》（财税字〔1999〕278号）的规定，对出售自有住房并拟在现住房出售1年内按市场价重新购房的纳税人，其出售现住房所缴纳的个人所得税，先以纳税保证金形式缴纳，再视其重新购房的金额与原住房销售额的关系，全部或部分退还纳税保证金；对个人转让自用5年以上，并且是家庭唯一生活用房取得的所得，免征个人所得税。要不折不扣地执行上述优惠政策，确保维护纳税人的合法权益。

六、各级税务机关要做好住房转让的个人所得税纳税保证金收取、退还和有关管理工作。要按照《财政部、国家税务总局、建设部关于个人出售住房所得征收个人所得税有关问题的通知》（财税字〔1999〕278号）和《国家税务总局、财政部、中国人民银行关于印发〈税务代保管资金账户管理办法〉的通知》（国税发〔2005〕181号）要求，按规定建立个人所得税纳税保证金专户，为缴纳纳税保证金的纳税人建立档案，加强对纳税保证金信息的采集、比对、审核；向纳税人宣传解释纳税保证金的征收、退还政策及程序；认真做好纳税保证金退还事宜，符合条件的确保及时办理。

七、各级税务机关要认真宣传和落实有关税收政策，维护纳税人的各项合法权益。一是要持续、广泛地宣传个人所得税法及有关税收政策，加强对纳税人和征收人员如何缴纳住房交易所得个人所得税的纳税辅导；二是要加强与房地产管理部门、中介机构的协调、沟通，充分发挥中介机构协税护税作用，促使其协助纳税人准确计算税款；三是严格执行住房交易所得的减免税条件和审批程序，明确纳税人应报送的有关资料，做好涉税资料审查鉴定工作；四是对于符合减免税政策的个人住房交易所得，要及时办理减免税审批手续。

财政部、税务总局关于个人取得有关收入适用个人所得税应税所得项目的公告（节录）

2019年6月13日财政部、税务总局公告2019年第74号公布

为贯彻落实修改后的《中华人民共和国个人所得税法》，做好政策衔接工作，现将个人取得的有关收入适用个人所得税应税所得项目的事项公告如下：

一、个人为单位或他人提供担保获得收入，按照“偶然所得”项目计算缴纳个人所得税。

二、房屋产权所有人将房屋产权无偿赠与他人的，受赠人因无偿受赠房屋取得的受赠收入，按照"偶然所得"项目计算缴纳个人所得税。按照《财政部、国家税务总局关于个人无偿受赠房屋有关个人所得税问题的通知》（财税〔2009〕78号）第一条规定，符合以下情形的，对当事双方不征收个人所得税：

（一）房屋产权所有人将房屋产权无偿赠与配偶、父母、子女、祖父母、外祖父母、孙子女、外孙子女、兄弟姐妹；

（二）房屋产权所有人将房屋产权无偿赠与对其承担直接抚养或者赡养义务的抚养人或者赡养人；

（三）房屋产权所有人死亡，依法取得房屋产权的法定继承人、遗嘱继承人或者受遗赠人。

前款所称受赠收入的应纳税所得额按照《财政部、国家税务总局关于个人无偿受赠房屋有关个人所得税问题的通知》（财税〔2009〕78号）第四条规定计算。

三、企业在业务宣传、广告等活动中，随机向本单位以外的个人赠送礼品（包括网络红包，下同），以及企业在年会、座谈会、庆典以及其他活动中向本单位以外的个人赠送礼品，个人取得的礼品收入，按照"偶然所得"项目计算缴纳个人所得税，但企业赠送的具有价格折扣或折让性质的消费券、代金券、抵用券、优惠券等礼品除外。

前款所称礼品收入的应纳税所得额按照《财政部、国家税务总局关于企业促销展业赠送礼品有关个人所得税问题的通知》（财税〔2011〕50号）第三条规定计算。

四、个人按照《财政部、税务总局、人力资源社会保障部、中国银行保险监督管理委员会、证监会关于开展个人税收递延型商业养老保险试点的通知》（财税〔2018〕22号）的规定，领取的税收递延型商业养老保险的养老金收入，其中25%部分予以免税，其余75%部分按照10%的比例税率计算缴纳个人所得税，税款计入"工资、薪金所得"项目，由保险机构代扣代缴后，在个人购买税延养老保险的机构所在地办理全员全额扣缴申报。

财政部、国家税务总局关于单位低价向职工售房有关个人所得税问题的通知

1. 2007年2月8日

2. 财税〔2007〕13号

各省、自治区、直辖市、计划单列市财政厅（局）、地方税务局：

近日部分地区来文反映，一些企事业单位将自建住房以低于购置或建造成本价格销售给职工，对此是否征收个人所得税希望予以明确。经研究，现对有关政策问题的处理明确如下：

一、根据住房制度改革政策的有关规定，国家机关、企事业单位及其他组织（以下简称单位）在住房制度改革期间，按照所在地县级以上人民政府规定的房改成本价格向职工出售公有住房，职工因支付的房改成本价格低于房屋建造成本价格或市场价格而取得的差价收益，免征个人所得税。

二、除本通知第一条规定情形外，根据《中华人民共和国个人所得税法》及其实施条例的有关规定，单位按低于购置或建造成本价格出售住房给职工，职工因此而少支出的差价部分，属于个人所得税应税所得，应按照"工资、薪金所得"项目缴纳个人所得税。

前款所称差价部分，是指职工实际支付的购房价款低于该房屋的购置或建造成本价格的差额。

三、[①]对职工取得的上述应税所得，比照《国家

① 2018年12月27日，财政部和税务总局公布的《关于个人所得税法修改后有关优惠政策衔接问题的通知》（财税〔2018〕164号）废止了本文件的第三条。——编者注

税务总局关于调整个人取得全年一次性奖金等计算征收个人所得税方法问题的通知》(国税发〔2005〕9号)规定的全年一次性奖金的征税办法,计算征收个人所得税,即先将全部所得数额除以12,按其商数并根据个人所得税法规定的税率表确定适用的税率和速算扣除数,再根据全部所得数额、适用的税率和速算扣除数,按照税法规定计算征税。

四、本通知自印发之日起执行。此前未征税款不再追征,已征税款不予退还。

请遵照执行。

国家税务总局关于承受装修房屋契税计税价格问题的批复

1. 2007年6月1日
2. 国税函〔2007〕606号

江苏省财政厅:

你厅《关于对房屋买卖契税计税价格构成问题的请示》(苏财基层〔2007〕4号)收悉,批复如下:

房屋买卖的契税计税价格为房屋买卖合同的总价款,买卖装修的房屋,装修费用应包括在内。

国家税务总局关于个人销售拆迁补偿住房征收营业税问题的批复

1. 2007年7月16日
2. 国税函〔2007〕768号

广东省地方税务局:

你局《关于个人销售拆迁补偿住房征收营业税问题的请示》(粤地税发〔2007〕125号)收悉。经研究,批复如下:

一、关于拆迁补偿住房取得方式问题

房地产开发公司对被拆迁户实行房屋产权调换时,其实质是以不动产所有权为表现形式的经济利益的交换。房地产开发公司将所拥有的不动产所有权转移给了被拆迁户,并获得了相应的经济利益,根据现行营业税有关规定,应按"销售不动产"税目缴纳营业税;被拆迁户以其原拥有的不动产所有权从房地产开发公司处获得了另一处不动产所有权,该行为不属于通过受赠、继承、离婚财产分割等非购买形式取得的住房。

二、关于购买时间确定问题

被拆迁户销售与房地产开发公司产权调换而取得的拆迁补偿住房时,应按《国家税务总局财政部建设部关于加强房地产税收管理的通知》(国税发〔2005〕89号)文件的规定确定该住房的购买时间。

国家税务总局关于土地使用者将土地使用权归还给土地所有者行为营业税问题的通知

1. 2008年3月27日
2. 国税函〔2008〕277号

各省、自治区、直辖市和计划单列市地方税务局,西藏、宁夏、青海省(自治区)国家税务局:

近接部分地区反映如何界定土地使用者将土地使用权归还给土地所有者行为的问题,经研究,现明确如下:

纳税人将土地使用权归还给土地所有者时,只要出具县级(含)以上地方人民政府收回土地使用权的正式文件,无论支付征地补偿费的资金来源是否为政府财政资金,该行为均属于土地使用者将土地使用权归还给土地所有者的行为,按照《国家税务总局关于印发〈营业税税目注释(试行稿)〉的通知》(国税发〔1993〕149号)规定,不征收营业税。

国家税务总局关于无效产权转移征收契税的批复

1. 2008年5月20日

2. 国税函〔2008〕438号

黑龙江省财政厅：

你厅《关于法院判决撤销房屋所有权证是否应予退还契税问题的请示》（黑财农村〔2008〕4号）收悉。批复如下：

按照现行契税政策规定，对经法院判决的无效产权转移行为不征收契税。法院判决撤销房屋所有权证后，已纳契税款应予退还。

财政部、国家税务总局关于企业为个人购买房屋或其他财产征收个人所得税问题的批复

1. 2008年6月10日

2. 财税〔2008〕83号

江苏省财政厅、地方税务局：

江苏省地税局《关于以企业资金为个人购房是否征收个人所得税问题的请示》（苏地税发〔2007〕11号）收悉。经研究，批复如下：

一、根据《中华人民共和国个人所得税法》和《财政部　国家税务总局关于规范个人投资者个人所得税征收管理的通知》（财税〔2003〕158号）的有关规定，符合以下情形的房屋或其他财产，不论所有权人是否将财产无偿或有偿交付企业使用，其实质均为企业对个人进行了实物性质的分配，应依法计征个人所得税。

（一）企业出资购买房屋及其他财产，将所有权登记为投资者个人、投资者家庭成员或企业其他人员的；

（二）企业投资者个人、投资者家庭成员或企业其他人员向企业借款用于购买房屋及其他财产，将所有权登记为投资者、投资者家庭成员或企业其他人员，且借款年度终了后未归还借款的。

二、对个人独资企业、合伙企业的个人投资者或其家庭成员取得的上述所得，视为企业对个人投资者的利润分配，按照"个体工商户的生产、经营所得"项目计征个人所得税；对除个人独资企业、合伙企业以外其他企业的个人投资者或其家庭成员取得的上述所得，视为企业对个人投资者的红利分配，按照"利息、股息、红利所得"项目计征个人所得税；对企业其他人员取得的上述所得，按照"工资、薪金所得"项目计征个人所得税。

财政部、国家税务总局关于调整房地产交易环节税收政策的通知

1. 2008年10月22日

2. 根据2010年9月29日《财政部、国家税务总局、住房和城乡建设部关于调整房地产交易环节契税个人所得税优惠政策的通知》修正

各省、自治区、直辖市、计划单列市财政厅（局）、地方税务局，新疆生产建设兵团财务局：

为适当减轻个人住房交易的税收负担，支持居民首次购买普通住房，经国务院批准，现就房地产交易环节有关税收政策问题通知如下：

一、对个人销售或购买住房暂免征收印花税。

二、对个人销售住房暂免征收土地增值税。

本通知自2008年11月1日起实施。

财政部、国家税务总局关于企业改制过程中以国家作价出资(入股)方式转移国有土地使用权有关契税问题的通知

1. 2008年10月22日
2. 财税〔2008〕129号

各省、自治区、直辖市、计划单列市财政厅(局)、地方税务局,新疆生产建设兵团财务局:

经研究,现对以国家作价出资(入股)方式转移国有土地使用权的契税政策明确如下:

一、根据《中华人民共和国契税暂行条例》第二条第一款规定,国有土地使用权出让属于契税的征收范围。根据《中华人民共和国契税暂行条例细则》第八条第一款规定,以土地、房屋权属作价投资、入股方式转移土地、房屋权属的,视同土地使用权转让征税。因此,对以国家作价出资(入股)方式转移国有土地使用权的行为,应视同土地使用权转让,由土地使用权的承受方按规定缴纳契税。

二、以国家作价出资(入股)方式转移国有土地使用权的行为不适用《财政部、国家税务总局关于企业改制重组若干契税政策的通知》(财税〔2003〕184号)。

财政部、国家税务总局关于房产税城镇土地使用税有关问题的通知

1. 2008年12月18日
2. 财税〔2008〕152号

各省、自治区、直辖市、计划单列市财政厅(局)、地方税务局,新疆生产建设兵团财务局:

为统一政策,规范执行,现将房产税、城镇土地使用税有关问题明确如下:

一、关于房产原值如何确定的问题

对依照房产原值计税的房产,不论是否记载在会计账簿固定资产科目中,均应按照房屋原价计算缴纳房产税。房屋原价应根据国家有关会计制度规定进行核算。对纳税人未按国家会计制度规定核算并记载的,应按规定予以调整或重新评估。

《财政部 税务总局关于房产税若干具体问题的解释和暂行规定》(财税地字〔1986〕第008号)第十五条同时废止。

二、关于索道公司经营用地应否缴纳城镇土地使用税的问题

公园、名胜古迹内的索道公司经营用地,应按规定缴纳城镇土地使用税。

三、关于房产税、城镇土地使用税纳税义务截止时间的问题

纳税人因房产、土地的实物或权利状态发生变化而依法终止房产税、城镇土地使用税纳税义务的,其应纳税款的计算应截止到房产、土地的实物或权利状态发生变化的当月末。

四、本通知自2009年1月1日起执行。

财政部、国家税务总局关于房产税城镇土地使用税有关问题的通知

1. 2009年11月22日
2. 财税〔2009〕128号

各省、自治区、直辖市、计划单列市财政厅(局)、地方税务局,西藏、宁夏、青海省(自治区)国家税务局,新疆生产建设兵团财务局:

为完善房产税、城镇土地使用税政策,堵塞税收征管漏洞,现将房产税、城镇土地使用税有关问题明确如下:

一、关于无租使用其他单位房产的房产税问题

无租使用其他单位房产的应税单位和个人，依照房产余值代缴纳房产税。

二、关于出典房产的房产税问题

产权出典的房产，由承典人依照房产余值缴纳房产税。

三、关于融资租赁房产的房产税问题

融资租赁的房产，由承租人自融资租赁合同约定开始日的次月起依照房产余值缴纳房产税。合同未约定开始日的，由承租人自合同签订的次月起依照房产余值缴纳房产税。

四、关于地下建筑用地的城镇土地使用税问题

对在城镇土地使用税征税范围内单独建造的地下建筑用地，按规定征收城镇土地使用税。其中，已取得地下土地使用权证的，按土地使用权证确认的土地面积计算应征税款；未取得地下土地使用权证或地下土地使用权证上未标明土地面积的，按地下建筑垂直投影面积计算应征税款。

对上述地下建筑用地暂按应征税款的50%征收城镇土地使用税。

五、本通知自2009年12月1日起执行。《财政部税务总局关于房产税若干具体问题的解释和暂行规定》（(86)财税地字第008号）第七条、《国家税务总局关于安徽省若干房产税业务问题的批复》（国税函发〔1993〕368号）第二条同时废止。

财政部、国家税务总局关于对外资企业及外籍个人征收房产税有关问题的通知

1. *2009年1月12日*
2. *财税〔2009〕3号*

各省、自治区、直辖市、计划单列市财政厅（局）、地方税务局，新疆生产建设兵团财务局：

根据2008年12月31日国务院发布的第546号令，自2009年1月1日起，废止《中华人民共和国城市房地产税暂行条例》，外商投资企业、外国企业和组织以及外籍个人（包括港澳台资企业和组织以及华侨、港澳台同胞，以下统称外资企业及外籍个人）依照《中华人民共和国房产税暂行条例》（国发〔1986〕90号）缴纳房产税。为做好外资企业及外籍个人房产税征收工作，现将有关事项通知如下：

一、自2009年1月1日起，对外资企业及外籍个人的房产征收房产税，在征税范围、计税依据、税率、税收优惠、征收管理等方面按照《中华人民共和国房产税暂行条例》（国发〔1986〕90号）及有关规定执行。各地要及时了解外资企业及外籍个人房产税的征收情况，对遇到的问题及时反映，确保相关政策落实到位。

二、以人民币以外的货币为记账本位币的外资企业及外籍个人在缴纳房产税时，均应将其根据记账本位币计算的税款按照缴款上月最后一日的人民币汇率中间价折合成人民币。

三、房产税由房产所在地的地方税务机关征收，其征收管理按《中华人民共和国税收征收管理法》及相关规定执行。

房地产开发经营业务企业所得税处理办法

1. *2009年3月6日国税发〔2009〕31号公布*
2. *根据2018年6月15日国家税务总局公告2018年第31号《关于修改部分税收规范性文件的公告》修正*

第一章 总 则

第一条 根据《中华人民共和国企业所得税法》及其实施条例、《中华人民共和国税收征收管理法》及其实施细则等有关税收法律、行政法规的规定，制定本办法。

第二条 本办法适用于中国境内从事房地产开发经营业务的企业（以下简称企业）。

第三条 企业房地产开发经营业务包括土地的开发，建造、销售住宅、商业用房以及其他建筑物、附着物、配套设施等开发产品。除土地开发之外，其他开发产品符合下列条件之一的，应视为已经完工：

（一）开发产品竣工证明材料已报房地产管理部门备案。

（二）开发产品已开始投入使用。

（三）开发产品已取得了初始产权证明。

第四条 企业出现《中华人民共和国税收征收管理法》第三十五条规定的情形，税务机关可对其以往应缴的企业所得税按核定征收方式进行征收管理，并逐步规范，同时按《中华人民共和国税收征收管理法》等税收法律、行政法规的规定进行处理，但不得事先确定企业的所得税按核定征收方式进行征收、管理。

第二章 收入的税务处理

第五条 开发产品销售收入的范围为销售开发产品过程中取得的全部价款，包括现金、现金等价物及其他经济利益。企业代有关部门、单位和企业收取的各种基金、费用和附加等，凡纳入开发产品价内或由企业开具发票的，应按规定全部确认为销售收入；未纳入开发产品价内并由企业之外的其他收取部门、单位开具发票的，可作为代收代缴款项进行管理。

第六条 企业通过正式签订《房地产销售合同》或《房地产预售合同》所取得的收入，应确认为销售收入的实现，具体按以下规定确认：

（一）采取一次性全额收款方式销售开发产品的，应于实际收讫价款或取得索取价款凭据（权利）之日，确认收入的实现。

（二）采取分期收款方式销售开发产品的，应按销售合同或协议约定的价款和付款日确认收入的实现。付款方提前付款的，在实际付款日确认收入的实现。

（三）采取银行按揭方式销售开发产品的，应按销售合同或协议约定的价款确定收入额，其首付款应于实际收到日确认收入的实现，余款在银行按揭贷款办理转账之日确认收入的实现。

（四）采取委托方式销售开发产品的，应按以下原则确认收入的实现：

1. 采取支付手续费方式委托销售开发产品的，应按销售合同或协议中约定的价款于收到受托方已销开发产品清单之日确认收入的实现。

2. 采取视同买断方式委托销售开发产品的，属于企业与购买方签订销售合同或协议，或企业、受托方、购买方三方共同签订销售合同或协议的，如果销售合同或协议中约定的价格高于买断价格，则应按销售合同或协议中约定的价格计算的价款于收到受托方已销开发产品清单之日确认收入的实现；如果属于前两种情况中销售合同或协议中约定的价格低于买断价格，以及属于受托方与购买方签订销售合同或协议的，则应按买断价格计算的价款于收到受托方已销开发产品清单之日确认收入的实现。

3. 采取基价（保底价）并实行超基价双方分成方式委托销售开发产品的，属于由企业与购买方签订销售合同或协议，或企业、受托方、购买方三方共同签订销售合同或协议的，如果销售合同或协议中约定的价格高于基价，则应按销售合同或协议中约定的价格计算的价款于收到受托方已销开发产品清单之日确认收入的实现，企业按规定支付受托方的分成额，不得直接从销售收入中减除；如果销售合同或协议约定的价格低于基价的，则应按基价计算的价款于收到受托方已销开发产品清单之日确认收入的实现。属于由受托方与购买方直接签订销售合同的，则应按基价加上按规定取得的分成额于收到受托方已销开发产品清单之日确认收入的实现。

4. 采取包销方式委托销售开发产品的，

包销期内可根据包销合同的有关约定，参照上述1至3项规定确认收入的实现；包销期满后尚未出售的开发产品，企业应根据包销合同或协议约定的价款和付款方式确认收入的实现。

第七条　企业将开发产品用于捐赠、赞助、职工福利、奖励、对外投资、分配给股东或投资人、抵偿债务、换取其他企事业单位和个人的非货币性资产等行为，应视同销售，于开发产品所有权或使用权转移，或于实际取得利益权利时确认收入（或利润）的实现。确认收入（或利润）的方法和顺序为：

（一）按本企业近期或本年度最近月份同类开发产品市场销售价格确定；

（二）由主管税务机关参照当地同类开发产品市场公允价值确定；

（三）按开发产品的成本利润率确定。开发产品的成本利润率不得低于15%，具体比例由主管税务机关确定。

第八条　企业销售未完工开发产品的计税毛利率由各省、自治、直辖市税务局按下列规定进行确定：

（一）开发项目位于省、自治区、直辖市和计划单列市人民政府所在地城市城区和郊区的，不得低于15%。

（二）开发项目位于地及地级市城区及郊区的，不得低于10%。

（三）开发项目位于其他地区的，不得低于5%。

（四）属于经济适用房、限价房和危改房的，不得低于3%。

第九条　企业销售未完工开发产品取得的收入，应先按预计计税毛利率分季（或月）计算出预计毛利额，计入当期应纳税所得额。开发产品完工后，企业应及时结算其计税成本并计算此前销售收入的实际毛利额，同时将其实际毛利额与其对应的预计毛利额之间的差额，计入当年度企业本项目与其他项目合并计算的应纳税所得额。

在年度纳税申报时，企业须出具对该项开发产品实际毛利额与预计毛利额之间差异调整情况的报告以及税务机关需要的其他相关资料。

第十条　企业新建的开发产品在尚未完工或办理房地产初始登记、取得产权证前，与承租人签订租赁预约协议的，自开发产品交付承租人使用之日起，出租方取得的预租价款按租金确认收入的实现。

第三章　成本、费用扣除的税务处理

第十一条　企业在进行成本、费用的核算与扣除时，必须按规定区分期间费用和开发产品计税成本、已销开发产品计税成本与未销开发产品计税成本。

第十二条　企业发生的期间费用、已销开发产品计税成本、营业税金及附加、土地增值税准予当期按规定扣除。

第十三条　开发产品计税成本的核算应按第四章的规定进行处理。

第十四条　已销开发产品的计税成本，按当期已实现销售的可售面积和可售面积单位工程成本确认。可售面积单位工程成本和已销开发产品的计税成本按下列公式计算确定：

可售面积单位工程成本 = 成本对象总成本 ÷ 成本对象总可售面积

已销开发产品的计税成本 = 已实现销售的可售面积 × 可售面积单位工程成本

第十五条　企业对尚未出售的已完工开发产品和按照有关法律、法规或合同规定对已售开发产品（包括共用部位、共用设施设备）进行日常维护、保养、修理等实际发生的维修费用，准予在当期据实扣除。

第十六条　企业将已计入销售收入的共用部位、共用设施设备维修基金按规定移交给有关部门、单位的，应于移交时扣除。

第十七条　企业在开发区内建造的会所、物业管理场所、电站、热力站、水厂、文体场馆、幼儿园等配套设施，按以下规定进行处理：

（一）属于非营利性且产权属于全体业主的，或无偿赠与地方政府、公用事业单位的，可将其视为公共配套设施，其建造费用按公共配套设施费的有关规定进行处理。

（二）属于营利性的，或产权归企业所有的，或未明确产权归属的，或无偿赠与地方政府、公用事业单位以外其他单位的，应当单独核算其成本。除企业自用应按建造固定资产进行处理外，其他一律按建造开发产品进行处理。

第十八条 企业在开发区内建造的邮电通讯、学校、医疗设施应单独核算成本，其中，由企业与国家有关业务管理部门、单位合资建设，完工后有偿移交的，国家有关业务管理部门、单位给予的经济补偿可直接抵扣该项目的建造成本，抵扣后的差额应调整当期应纳税所得额。

第十九条 企业采取银行按揭方式销售开发产品的，凡约定企业为购买方的按揭贷款提供担保的，其销售开发产品时向银行提供的保证金（担保金）不得从销售收入中减除，也不得作为费用在当期税前扣除，但实际发生损失时可据实扣除。

第二十条 企业委托境外机构销售开发产品的，其支付境外机构的销售费用（含佣金或手续费）不超过委托销售收入10%的部分，准予据实扣除。

第二十一条 企业的利息支出按以下规定进行处理：

（一）企业为建造开发产品借入资金而发生的符合税收规定的借款费用，可按企业会计准则的规定进行归集和分配，其中属于财务费用性质的借款费用，可直接在税前扣除。

（二）企业集团或其成员企业统一向金融机构借款分摊集团内部其他成员企业使用的，借入方凡能出具从金融机构取得借款的证明文件，可以在使用借款的企业间合理的分摊利息费用，使用借款的企业分摊的合理利息准予在税前扣除。

第二十二条 企业因国家无偿收回土地使用权而形成的损失，可作为财产损失按有关规定在税前扣除。

第二十三条 企业开发产品（以成本对象为计量单位）整体报废或毁损，其净损失按有关规定审核确认后准予在税前扣除。

第二十四条 企业开发产品转为自用的，其实际使用时间累计未超过12个月又销售的，不得在税前扣除折旧费用。

第四章 计税成本的核算

第二十五条 计税成本是指企业在开发、建造开发产品（包括固定资产，下同）过程中所发生的按照税收规定进行核算与计量的应归入某项成本对象的各项费用。

第二十六条① 成本对象是指为归集和分配开发产品开发、建造过程中的各项耗费而确定的费用承担项目。计税成本对象的确定原则如下：

（一）可否销售原则。开发产品能够对外经营销售的，应作为独立的计税成本对象进行成本核算；不能对外经营销售的，可先作为过渡性成本对象进行归集，然后再将其相关成本摊入能够对外经营销售的成本对象。

（二）分类归集原则。对同一开发地点、竣工时间相近、产品结构类型没有明显差异的群体开发的项目，可作为一个成本对象进行核算。

（三）功能区分原则。开发项目某组成部分相对独立，且具有不同使用功能时，可以作为独立的成本对象进行核算。

（四）定价差异原则。开发产品因其产品类型或功能不同等而导致其预期售价存在较大差异的，应分别作为成本对象进行核算。

（五）成本差异原则。开发产品因建筑

---

① 该条第二款已被《国家税务总局关于房地产开发企业成本对象管理问题的公告》废止。——编者注

上存在明显差异可能导致其建造成本出现较大差异的，要分别作为成本对象进行核算。

（六）权益区分原则。开发项目属于受托代建的或多方合作开发的，应结合上述原则分别划分成本对象进行核算。

成本对象由企业在开工之前合理确定，并报主管税务机关备案。成本对象一经确定，不能随意更改或相互混淆，如确需改变成本对象的，应征得主管税务机关同意。

第二十七条 开发产品计税成本支出的内容如下：

（一）土地征用费及拆迁补偿费。指为取得土地开发使用权（或开发权）而发生的各项费用，主要包括土地买价或出让金、大市政配套费、契税、耕地占用税、土地使用费、土地闲置费、土地变更用途和超面积补交的地价及相关税费、拆迁补偿支出、安置及动迁支出、回迁房建造支出、农作物补偿费、危房补偿费等。

（二）前期工程费。指项目开发前期发生的水文地质勘察、测绘、规划、设计、可行性研究、筹建、场地通平等前期费用。

（三）建筑安装工程费。指开发项目开发过程中发生的各项建筑安装费用。主要包括开发项目建筑工程费和开发项目安装工程费等。

（四）基础设施建设费。指开发项目在开发过程中所发生的各项基础设施支出，主要包括开发项目内道路、供水、供电、供气、排污、排洪、通讯、照明等社区管网工程费和环境卫生、园林绿化等园林环境工程费。

（五）公共配套设施费：指开发项目内发生的、独立的、非营利性的，且产权属于全体业主的，或无偿赠与地方政府、政府公用事业单位的公共配套设施支出。

（六）开发间接费。指企业为直接组织和管理开发项目所发生的，且不能将其归属于特定成本对象的成本费用性支出。主要包括管理人员工资、职工福利费、折旧费、修理费、办公费、水电费、劳动保护费、工程管理费、周转房摊销以及项目营销设施建造费等。

第二十八条 企业计税成本核算的一般程序如下：

（一）对当期实际发生的各项支出，按其性质、经济用途及发生的地点、时间区进行整理、归类，并将其区分为应计入成本对象的成本和应在当期税前扣除的期间费用。同时还应按规定对在有关预提费用和待摊费用进行计量与确认。

（二）对应计入成本对象中的各项实际支出、预提费用、待摊费用等合理的划分为直接成本、间接成本和共同成本，并按规定将其合理的归集、分配至已完工成本对象、在建成本对象和未建成本对象。

（三）对期前已完工成本对象应负担的成本费用按已销开发产品、未销开发产品和固定资产进行分配，其中应由已销开发产品负担的部分，在当期纳税申报时进行扣除，未销开发产品应负担的成本费用待其实际销售时再予扣除。

（四）对本期已完工成本对象分类为开发产品和固定资产并对其计税成本进行结算。其中属于开发产品的，应按可售面积计算其单位工程成本，据此再计算已销开发产品计税成本和未销开发产品计税成本。对本期已销开发产品的计税成本，准予在当期扣除，未销开发产品计税成本待其实际销售时再予扣除。

（五）对本期未完工和尚未建造的成本对象应当负担的成本费用，应按分别建立明细台账，待开发产品完工后再予结算。

第二十九条 企业开发、建造的开发产品应按制造成本法进行计量与核算。其中，应计入开发产品成本中的费用属于直接成本和能够分清成本对象的间接成本，直接计入成本对象，共同成本和不能分清负担对象的间接成本，应按受益的原则和配比的原则分配至各成本对象，具体分配方法可按以下规定选择其一：

（一）占地面积法。指按已动工开发成本对象占地面积占开发用地总面积的比例进行分配。

1. 一次性开发的，按某一成本对象占地面积占全部成本对象占地总面积的比例进行分配。

2. 分期开发的，首先按本期全部成本对象占地面积占开发用地总面积的比例进行分配，然后再按某一成本对象占地面积占期内全部成本对象占地总面积的比例进行分配。

期内全部成本对象应负担的占地面积为期内开发用地占地面积减除应由各期成本对象共同负担的占地面积。

（二）建筑面积法。指按已动工开发成本对象建筑面积占开发用地总建筑面积的比例进行分配。

1. 一次性开发的，按某一成本对象建筑面积占全部成本对象建筑面积的比例进行分配。

2. 分期开发的，首先按期内成本对象建筑面积占开发用地计划建筑面积的比例进行分配，然后再按某一成本对象建筑面积占期内成本对象总建筑面积的比例进行分配。

（三）直接成本法。指按期内某一成本对象的直接开发成本占期内全部成本对象直接开发成本的比例进行分配。

（四）预算造价法。指按期内某一成本对象预算造价占期内全部成本对象预算造价的比例进行分配。

第三十条 企业下列成本应按以下方法进行分配：

（一）土地成本，一般按占地面积法进行分配。如果确需结合其他方法进行分配的，应商税务机关同意。

土地开发同时连结房地产开发的，属于一次性取得土地分期开发房地产的情况，其土地开发成本经商税务机关同意后可先按土地整体预算成本进行分配，待土地整体开发完毕再行调整。

（二）单独作为过渡性成本对象核算的公共配套设施开发成本，应按建筑面积法进行分配。

（三）借款费用属于不同成本对象共同负担的，按直接成本法或按预算造价法进行分配。

（四）其他成本项目的分配法由企业自行确定。

第三十一条 企业以非货币交易方式取得土地使用权的，应按下列规定确定其成本：

（一）企业、单位以换取开发产品为目的，将土地使用权投资企业的，按下列规定进行处理：

1. 换取的开发产品如为该项土地开发、建造的，接受投资的企业在接受土地使用权时暂不确认其成本，待首次分出开发产品时，再按应分出开发产品（包括首次分出的和以后应分出的）的市场公允价值和土地使用权转移过程中应支付的相关税费计算确认该项土地使用权的成本。如涉及补价，土地使用权的取得成本还应加上应支付的补价款或减除应收到的补价款。

2. 换取的开发产品如为其他土地开发、建造的，接受投资的企业在投资交易发生时，按应付出开发产品市场公允价值和土地使用权转移过程中应支付的相关税费计算确认该项土地使用权的成本。如涉及补价，土地使用权的取得成本还应加上应支付的补价款或减除应收到的补价款。

（二）企业、单位以股权的形式，将土地使用权投资企业的，接受投资的企业应在投资交易发生时，按该项土地使用权的市场公允价值和土地使用权转移过程中应支付的相关税费计算确认该项土地使用权的取得成本。如涉及补价，土地使用权的取得成本还应加上应支付的补价款或减除应收到的补价款。

第三十二条 除以下几项预提（应付）费用外，计税成本均应为实际发生的成本。

（一）出包工程未最终办理结算而未取

得全额发票的,在证明资料充分的前提下,其发票不足金额可以预提,但最高不得超过合同总金额的10%。

（二）公共配套设施尚未建造或尚未完工的,可按预算造价合理预提建造费用。此类公共配套设施必须符合已在售房合同、协议或广告、模型中明确承诺建造且不可撤销,或按照法律法规规定必须配套建造的条件。

（三）应向政府上交但尚未上交的报批报建费用、物业完善费用可以按规定预提。物业完善费用是指按规定应由企业承担的物业管理基金、公建维修基金或其他专项基金。

第三十三条 企业单独建造的停车场所,应作为成本对象单独核算。利用地下基础设施形成的停车场所,作为公共配套设施进行处理。

第三十四条 企业在结算计税成本时其实际发生的支出应当取得但未取得合法凭据的,不得计入计税成本,待实际取得合法凭据时,再按规定计入计税成本。

第三十五条 开发产品完工以后,企业可在完工年度企业所得税汇算清缴前选择确定计税成本核算的终止日,不得滞后。凡已完工开发产品在完工年度未按规定结算计税成本,主管税务机关有权确定或核定其计税成本,据此进行纳税调整,并按《中华人民共和国税收征收管理法》的有关规定对其进行处理。

第五章 特定事项的税务处理

第三十六条 企业以本企业为主体联合其他企业、单位、个人合作或合资开发房地产项目,且该项目未成立独立法人公司的,按下列规定进行处理:

（一）凡开发合同或协议中约定向投资各方(即合作、合资方,下同)分配开发产品的,企业在首次分配开发产品时,如该项目已经结算计税成本,其应分配给投资方开发产品的计税成本与其投资额之间的差额计入当期应纳税所得额;如未结算计税成本,则将投资方的投资额视同销售收入进行相关的税务处理。

（二）凡开发合同或协议中约定分配项目利润的,应按以下规定进行处理:

1. 企业应将该项目形成的营业利润额并入当期应纳税所得额统一申报缴纳企业所得税,不得在税前分配该项目的利润。同时不能因接受投资方投资额而在成本中摊销或在税前扣除相关的利息支出。

2. 投资方取得该项目的营业利润应视同股息、红利进行相关的税务处理。

第三十七条 企业以换取开发产品为目的,将土地使用权投资其他企业房地产开发项目的,按以下规定进行处理:

企业应在首次取得开发产品时,将其分解为转让土地使用权和购入开发产品两项经济业务进行所得税处理,并按应从该项目取得的开发产品(包括首次取得的和以后应取得的)的市场公允价值计算确认土地使用权转让所得或损失。

第六章 附 则

第三十八条 从事房地产开发经营业务的外商投资企业在2007年12月31日前存有销售未完工开发产品取得的收入,至该项开发产品完工后,一律按本办法第九条规定的办法进行税务处理。

第三十九条 本通知自2008年1月1日起执行。

财政部、国家税务总局关于个人无偿受赠房屋有关个人所得税问题的通知

1. *2009年5月25日*
2. *财税〔2009〕78号*

各省、自治区、直辖市、计划单列市财政厅(局)、地方税务局,宁夏、西藏、青海省(自

治区)国家税务局,新疆生产建设兵团财务局:

为了加强个人所得税征管,堵塞税收漏洞,根据《中华人民共和国个人所得税法》有关规定,现就个人无偿受赠房屋有关个人所得税问题通知如下:

一、以下情形的房屋产权无偿赠与,对当事双方不征收个人所得税:

(一)房屋产权所有人将房屋产权无偿赠与配偶、父母、子女、祖父母、外祖父母、孙子女、外孙子女、兄弟姐妹;

(二)房屋产权所有人将房屋产权无偿赠与对其承担直接抚养或者赡养义务的抚养人或者赡养人;

(三)房屋产权所有人死亡,依法取得房屋产权的法定继承人、遗嘱继承人或者受遗赠人。

二、赠与双方办理免税手续时,应向税务机关提交以下资料:

(一)《国家税务总局关于加强房地产交易个人无偿赠与不动产税收管理有关问题的通知》(国税发〔2006〕144号)第一条规定的相关证明材料;

(二)赠与双方当事人的有效身份证件;

(三)属于本通知第一条第(一)项规定情形的,还须提供公证机构出具的赠与人和受赠人亲属关系的公证书(原件);

(四)属于本通知第一条第(二)项规定情形的,还须提供公证机构出具的抚养关系或者赡养关系公证书(原件),或者乡镇政府或街道办事处出具的抚养关系或者赡养关系证明。

税务机关应当认真审核赠与双方提供的上述资料,资料齐全并且填写正确的,在提交的《个人无偿赠与不动产登记表》上签字盖章后复印留存,原件退还提交人,同时办理个人所得税不征税手续。

三、①除本通知第一条规定情形以外,房屋产权所有人将房屋产权无偿赠与他人的,受赠人因无偿受赠房屋取得的受赠所得,按照“经国务院财政部门确定征税的其他所得”项目缴纳个人所得税,税率为20%。

四、对受赠人无偿受赠房屋计征个人所得税时,其应纳税所得额为房地产赠与合同上标明的赠与房屋价值减除赠与过程中受赠人支付的相关税费后的余额。赠与合同标明的房屋价值明显低于市场价格或房地产赠与合同未标明赠与房屋价值的,税务机关可依据受赠房屋的市场评估价格或采取其他合理方式确定受赠人的应纳税所得额。

五、受赠人转让受赠房屋的,以其转让受赠房屋的收入减除原捐赠人取得该房屋的实际购置成本以及赠与和转让过程中受赠人支付的相关税费后的余额,为受赠人的应纳税所得额,依法计征个人所得税。受赠人转让受赠房屋价格明显偏低且无正当理由的,税务机关可以依据该房屋的市场评估价格或其他合理方式确定的价格核定其转让收入。

六、本通知自发布之日起执行。

国家税务总局
关于明确国有土地使用权
出让契税计税依据的批复

1. 2009年10月27日

2. 国税函〔2009〕603号

北京市地方税务局:

你局《关于国有土地使用权出让契税计税依据确定问题的请示》(京地税地〔2009〕124号)收悉。经商财政部,现批复如下:

根据《财政部　国家税务总局关于土地使用权出让等有关契税问题的通知》(财税〔2004〕134号)规定,出让国有土地使用权,契

① 2019年6月13日,财政部、税务总局公告2019年第74号《关于个人取得有关收入适用个人所得税应税所得项目的公告》废止了本文件的第三条。——编者注

税计税价格为承受人为取得该土地使用权而支付的全部经济利益。对通过“招、拍、挂”程序承受国有土地使用权的，应按照土地成交总价款计征契税，其中的土地前期开发成本不得扣除。

财政部、国家税务总局、住房和城乡建设部关于调整房地产交易环节契税个人所得税优惠政策的通知

1. 2010年9月29日
2. 财税〔2010〕94号

各省、自治区、直辖市、计划单列市财政厅（局）、地方税务局、住房城乡建设厅（建委、房地局），西藏、宁夏、青海省（自治区）国税局，新疆生产建设兵团财务局、建设局：

经国务院批准，现就调整房地产交易环节契税、个人所得税有关优惠政策通知如下：

一、关于契税政策

（一）对个人购买普通住房，且该住房属于家庭（成员范围包括购房人、配偶以及未成年子女，下同）唯一住房的，减半征收契税。对个人购买90平方米及以下普通住房，且该住房属于家庭唯一住房的，减按1%税率征收契税。

征收机关应查询纳税人契税纳税记录；无记录或有记录但有疑义的，根据纳税人的申请或授权，由房地产主管部门通过房屋登记信息系统查询纳税人家庭住房登记记录，并出具书面查询结果。如因当地暂不具备查询条件而不能提供家庭住房登记查询结果的，纳税人应向征收机关提交家庭住房实有套数书面诚信保证。诚信保证不实的，属于虚假纳税申报，按照《中华人民共和国税收征收管理法》的有关规定处理。

具体操作办法由各省、自治区、直辖市财政、税务、房地产主管部门共同制定。

（二）个人购买的普通住房，凡不符合上述规定的，不得享受上述优惠政策。

二、关于个人所得税政策

对出售自有住房并在1年内重新购房的纳税人不再减免个人所得税。

本通知自2010年10月1日起执行。《财政部　国家税务总局关于调整房地产市场若干税收政策的通知》（财税字〔1999〕210号）第一条有关契税的规定、《财政部　国家税务总局关于调整房地产交易环节税收政策的通知》（财税〔2008〕137号）第一条、《财政部　国家税务总局　建设部关于个人出售住房所得征收个人所得税有关问题的通知》（财税字〔1999〕278号）第三条同时废止。

特此通知。

财政部、国家税务总局关于调整个人住房转让营业税政策的通知

1. 2015年3月30日
2. 财税〔2015〕39号

各省、自治区、直辖市、计划单列市财政厅（局）、地方税务局，西藏、宁夏、青海省（自治区）国家税务局，新疆生产建设兵团财务局：

为促进房地产市场健康发展，经国务院批准，现将个人住房转让营业税政策通知如下：

一、个人将购买不足2年的住房对外销售的，全额征收营业税；个人将购买2年以上（含2年）的非普通住房对外销售的，按照其销售收入减去购买房屋的价款后的差额征收营业税；个人将购买2年以上（含2年）的普通住房对外销售的，免征营业税。

二、上述普通住房和非普通住房的标准、办理免税的具体程序、购买房屋的时间、开具发票、差额征税扣除凭证、非购买形式取得住

房行为及其他相关税收管理规定，按照《国务院办公厅转发建设部等部门关于做好稳定住房价格工作意见的通知》(国办发〔2005〕26号)、《国家税务总局　财政部　建设部关于加强房地产税收管理的通知》(国税发〔2005〕89号)和《国家税务总局关于房地产税收政策执行中几个具体问题的通知》(国税发〔2005〕172号)的有关规定执行。

三、本通知自2015年3月31日起执行，《财政部　国家税务总局关于调整个人住房转让营业税政策的通知》(财税〔2011〕12号)同时废止。

国家税务总局关于简化个人无偿赠与不动产土地使用权免征营业税手续的公告

2015年6月29日公布

为切实减轻纳税人负担，现将简化个人无偿赠与不动产、土地使用权免征营业税手续的有关事项公告如下：

个人以离婚财产分割、赠与特定亲属、赠与抚养人或赡养人方式无偿赠与不动产、土地使用权，符合《财政部　国家税务总局关于个人金融商品买卖等营业税若干免税政策的通知》(财税〔2009〕111号)第二条免征营业税规定的，在办理营业税免税手续时，无需提供房产所有人"赠与公证书"、受赠人"接受赠与公证书"，或双方"赠与合同公证书"。

本公告自2015年7月1日起实施。此前尚未进行税务处理的，按照本公告规定执行。《国家税务总局关于加强房地产交易个人无偿赠与不动产税收管理有关问题的通知》(国税发〔2006〕144号)第一条中"属于其他情况无偿赠与不动产的，受赠人应当提交房产所有人'赠与公证书'和受赠人'接受赠与公证书'，或持双方共同办理的'赠与合同公证书'"同时废止。

特此公告。

国家税务总局关于进一步简化和规范个人无偿赠与或受赠不动产免征营业税、个人所得税所需证明资料的公告

2015年11月10日公布

为落实国务院关于简政放权、方便群众办事的有关要求，进一步减轻纳税人负担，现就简化和规范个人无偿赠与或受赠不动产免征营业税、个人所得税所需的证明资料公告如下：

一、纳税人在办理个人无偿赠与或受赠不动产免征营业税、个人所得税手续时，应报送《个人无偿赠与不动产登记表》、双方当事人的身份证明原件及复印件(继承或接受遗赠的，只须提供继承人或接受遗赠人的身份证明原件及复印件)、房屋所有权证原件及复印件。属于以下四类情形之一的，还应分别提交相应证明资料：

(一)离婚分割财产的，应当提交：

1. 离婚协议或者人民法院判决书或者人民法院调解书的原件及复印件；

2. 离婚证原件及复印件。

(二)亲属之间无偿赠与的，应当提交：

1. 无偿赠与配偶的，提交结婚证原件及复印件；

2. 无偿赠与父母、子女、祖父母、外祖父母、孙子女、外孙子女、兄弟姐妹的，提交户口簿或者出生证明或者人民法院判决书或者人民法院调解书或者其他部门(有资质的机构)出具的能够证明双方亲属关系的证明资料原件及复印件。

(三)无偿赠与非亲属抚养或赡养关系人的，应当提交：

人民法院判决书或者人民法院调解书

或者乡镇政府或街道办事处出具的抚养（赡养）关系证明或者其他部门（有资质的机构）出具的能够证明双方抚养（赡养）关系的证明资料原件及复印件。

（四）继承或接受遗赠的，应当提交：

1. 房屋产权所有人死亡证明原件及复印件；

2. 经公证的能够证明有权继承或接受遗赠的证明资料原件及复印件。

二、税务机关应当认真核对上述资料，资料齐全并且填写正确的，在《个人无偿赠与不动产登记表》上签字盖章，留存《个人无偿赠与不动产登记表》复印件和有关证明资料复印件，原件退还纳税人，同时办理免税手续。

三、各地税务机关要不折不扣地落实税收优惠政策，维护纳税人的合法权益。要通过办税服务厅、税务网站、12366纳税服务热线、纳税人学堂等多种渠道，积极宣传税收优惠政策规定和办理程序，及时回应、准确答复纳税人咨询，做好培训辅导工作，避免纳税人多头找、多头跑，切实方便纳税人办理涉税事宜。有条件的地区可探索通过政府部门间信息交换共享，查询证明信息，减少纳税人报送资料。

四、本公告自公布之日起施行。《国家税务总局关于加强房地产交易个人无偿赠与不动产税收管理有关问题的通知》（国税发〔2006〕144号）第一条第一款“关于加强个人无偿赠与不动产营业税税收管理问题”的规定同时废止。

特此公告。

九、城市住房改革

1. 公有住房改革

国务院关于进一步深化城镇住房制度改革加快住房建设的通知

1. 1998年7月3日
2. 国发〔1998〕23号

为贯彻党的十五大精神，进一步深化城镇住房制度改革，加快住房建设，现就有关问题通知如下：

一、指导思想、目标和基本原则

（一）深化城镇住房制度改革的指导思想是：稳步推进住房商品化、社会化，逐步建立适应社会主义市场经济体制和我国国情的城镇住房新制度；加快住房建设，促使住宅业成为新的经济增长点，不断满足城镇居民日益增长的住房需求。

（二）深化城镇住房制度改革的目标是：停止住房实物分配，逐步实行住房分配货币化；建立和完善以经济适用住房为主的多层次城镇住房供应体系；发展住房金融，培育和规范住房交易市场。

（三）深化城镇住房制度改革工作的基本原则是：坚持在国家统一政策目标指导下，地方分别决策，因地制宜，量力而行；坚持国家、单位和个人合理负担；坚持"新房新制度、老房老办法"，平稳过渡，综合配套。

二、停止住房实物分配，逐步实行住房分配货币化

（四）1998年下半年开始停止住房实物分配，逐步实行住房分配货币化，具体时间、步骤由各省、自治区、直辖市人民政府根据本地实际确定。停止住房实物分配后，新建经济适用住房原则上只售不租。职工购房资金来源主要有：职工工资，住房公积金，个人住房贷款，以及有的地方由财政、单位原有住房建设资金转化的住房补贴等。

（五）全面推行和不断完善住房公积金制度。到1999年底，职工个人和单位住房公积金的缴交率应不低于5%，有条件的地区可适当提高。要建立健全职工个人住房公积金账户，进一步提高住房公积金的归集率，继续按照"房委会决策，中心运作，银行专户，财政监督"的原则，加强住房公积金管理工作。

（六）停止住房实物分配后，房价收入比（即本地区一套建筑面积为60平方米的经济适用住房的平均价格与双职工家庭年平均工资之比）在4倍以上，且财政、单位原有住房建设资金可转化为住房补贴的地区，可以对无房和住房面积未达到规定标准的职工实行住房补贴。住房补贴的具体办法，由市（县）人民政府根据本地实际情况制订，报省、自治区、直辖市人民政府批准后执行。

三、建立和完善以经济适用住房为主的住房供应体系

（七）对不同收入家庭实行不同的住房供应政策。最低收入家庭租赁由政府或单位提供的廉租住房；中低收入家庭购买经济适用住房；其他收入高的家庭购买、租赁市场价商品住房。住房供应政策具体办法，由市（县）人民政府制定。

（八）调整住房投资结构，重点发展经济

适用住房(安居工程),加快解决城镇住房困难居民的住房问题。新建的经济适用住房出售价格实行政府指导价,按保本微利原则确定。其中经济适用住房的成本包括征地和拆迁补偿费、勘察设计和前期工程费、建安工程费、住宅小区基础设施建设费(含小区非营业性配套公建费)、管理费、贷款利息和税金等7项因素,利润控制在3%以下。要采取有效措施,取消各种不合理收费,特别是降低征地和拆迁补偿费,切实降低经济适用住房建设成本,使经济适用住房价格与中低收入家庭的承受能力相适应,促进居民购买住房。

(九)廉租住房可以从腾退的旧公有住房中调剂解决,也可以由政府或单位出资兴建。廉租住房的租金实行政府定价。具体标准由市(县)人民政府制定。

(十)购买经济适用住房和承租廉租住房实行申请、审批制度。具体办法由市(县)人民政府制定。

四、继续推进现有公有住房改革,培育和规范住房交易市场

(十一)按照《国务院关于深化城镇住房制度改革的决定》(以下简称《决定》)规定,继续推进租金改革。租金改革要考虑职工的承受能力,与提高职工工资相结合。租金提高后,对家庭确有困难的离退休职工、民政部门确定的社会救济对象和非在职的优抚对象等,各地可根据实际情况制定减、免政策。

(十二)按照《决定》规定,进一步搞好现有公有住房出售工作,规范出售价格。从1998年下半年起,出售现有公有住房,原则上实行成本价,并与经济适用住房房价相衔接。要保留足够的公有住房供最低收入家庭廉价租赁。

校园内不能分割及封闭管理的住房不能出售,教师公寓等周转用房不得出售。具体办法按教育部、建设部有关规定执行。

(十三)要在对城镇职工家庭住房状况进行认真普查,清查和纠正住房制度改革过程中的违纪违规行为,建立个人住房档案,制定办法,先行试点的基础上,并经省、自治区、直辖市人民政府批准,稳步开放已购公有住房和经济适用住房的交易市场。已购公有住房和经济适用住房上市交易实行准入制度,具体办法由建设部会同有关部门制定。

五、采取扶持政策,加快经济适用住房建设

(十四)经济适用住房建设应符合土地利用总体规划和城市总体规划,坚持合理利用土地、节约用地的原则。经济适用住房建设用地应在建设用地年度计划中统筹安排,并采取行政划拨方式供应。

(十五)各地可以从本地实际出发,制定对经济适用住房建设的扶持政策。要控制经济适用住房设计和建设标准,大力降低征地拆迁费用,理顺城市建设配套资金来源,控制开发建设利润。停止征收商业网点建设费,不再无偿划拨经营性公建设施。

(十六)经济适用住房的开发建设应实行招标投标制度,用竞争方式确定开发建设单位。要严格限制工程环节的不合理转包,加强对开发建设企业的成本管理和监控。

(十七)在符合城市总体规划和坚持节约用地的前提下,可以继续发展集资建房和合作建房,多渠道加快经济适用住房建设。

(十八)完善住宅小区的竣工验收制度,推行住房质量保证书制度、住房和设备及部件的质量赔偿制度和质量保险制度,提高住房工程质量。

(十九)经济适用住房建设要注重节约能源,节约原材料。应加快住宅产业现代化的步伐,大力推广性能好、价格合理的新材料和住宅部件,逐步建立标准化、集约化、系列化的住宅部件、配件生产供应方式。

六、发展住房金融

(二十)扩大个人住房贷款的发放范围,所有商业银行在所有城镇均可发放个人住房贷款。取消对个人住房贷款的规模限制,适当放宽个人住房贷款的贷款期限。

（二十一）对经济适用住房开发建设贷款，实行指导性计划管理。商业银行在资产负债比例管理要求内，优先发放经济适用住房开发建设贷款。

（二十二）完善住房产权抵押登记制度，发展住房贷款保险，防范贷款风险，保证贷款安全。

（二十三）调整住房公积金贷款方向，主要用于职工个人购买、建造、大修理自住住房贷款。

（二十四）发展住房公积金贷款与商业银行贷款相结合的组合住房贷款业务。住房资金管理机构和商业银行要简化手续，提高服务效率。

七、加强住房物业管理

（二十五）加快改革现行的住房维修、管理体制，建立业主自治与物业管理企业专业管理相结合的社会化、专业化、市场化的物业管理体制。

（二十六）加强住房售后的维修管理，建立住房共用部位、设备和小区公共设施专项维修资金，并健全业主对专项维修资金管理和使用的监督制度。

（二十七）物业管理企业要加强内部管理，努力提高服务质量，向用户提供质价相符的服务，不得只收费不服务或多收费少服务，切实减轻住户负担。物业管理要引入竞争机制，促进管理水平的提高。有关主管部门要加强对物业管理企业的监管。

八、加强领导，统筹安排，保证改革的顺利实施

（二十八）各级地方人民政府要切实加强对城镇住房制度，改革工作的领导。各地可根据本通知精神，结合本地区实际制定具体的实施方案，报经省、自治区、直辖市人民政府批准后实施。建设部要会同有关部门根据本通知要求抓紧制定配套政策，并加强对地方工作的指导和监督。

（二十九）加强舆论引导，做好宣传工作，转变城镇居民住房观念，保证城镇住房制度改革的顺利实施。

（三十）严肃纪律，加强监督检查。对违反《决定》和本通知精神，继续实行无偿实物分配住房，低价出售公有住房，变相增加住房补贴，用成本价或低于成本价超标出售、购买公有住房，公房私租牟取暴利等行为，各级监察部门要认真查处，从严处理。国务院责成建设部会同监察部等有关部门监督检查本通知的贯彻执行情况。

本通知自发布之日起实行。原有的有关政策和规定，凡与本通知不一致的，一律以本通知为准。

已购公有住房和经济适用住房上市出售管理暂行办法

1. 1999年4月19日建设部发布
2. 自1999年5月1日起施行

第一条 为规范已购公有住房和经济适用住房的上市出售活动，促进房地产市场的发展和存量住房的流通，满足居民改善居住条件的需要，根据《国务院关于进一步深化城镇住房制度改革加快住房建设的通知》及有关规定，制定本办法。

第二条 本办法适用于已购公有住房和经济适用住房首次进入市场出售的管理。

第三条 本办法所称已购公有住房和经济适用住房，是指城镇职工根据国家和县级以上地方人民政府有关城镇住房制度改革政策规定，按照成本价（或者标准价）购买的公有住房，或者按照地方人民政府指导价购买的经济适用住房。

本办法所称经济适用住房包括安居工程住房和集资合作建设的住房。

第四条 经省、自治区、直辖市人民政府批准，具备下列条件的市、县可以开放已购公有住房和经济适用住房上市出售的交易市场：

（一）已按照个人申报、单位审核、登记

立档的方式对城镇职工家庭住房状况进行了普查,并对申报人在住房制度改革中有违法、违纪行为的进行了处理;

(二)已制定了已购公有住房和经济适用住房上市出售收益分配管理办法;

(三)已制定了已购公有住房和经济适用住房上市出售的具体实施办法;

(四)法律、法规规定的其他条件。

第五条 已取得合法产权证书的已购公有住房和经济适用住房可以上市出售,但有下列情形之一的已购公有住房和经济适用住房不得上市出售:

(一)以低于房改政策规定的价格购买且没有按照规定补足房价款的;

(二)住房面积超过省、自治区、直辖市人民政府规定的控制标准,或者违反规定利用公款超标准装修,且超标部分未按照规定退回或者补足房价款及装修费用的;

(三)处于户籍冻结地区并已列入拆迁公告范围内的;

(四)产权共有的房屋,其他共有人不同意出售的;

(五)已抵押且未经抵押权人书面同意转让的;

(六)上市出售后形成新的住房困难的;

(七)擅自改变房屋使用性质的;

(八)法律、法规以及县级以上人民政府规定其他不宜出售的。

第六条 已购公有住房和经济适用住房所有权人要求将已购公有住房和经济适用住房上市出售的,应当向房屋所在地的县级以上人民政府房地产行政主管部门提出申请,并提交下列材料:

(一)职工已购公有住房和经济适用住房上市出售申请表;

(二)房屋所有权证书、土地使用权证书或者房地产权证书;

(三)身份证及户籍证明或者其他有效身份证件;

(四)同住成年人同意上市出售的书面意见;

(五)个人拥有部分产权的住房,还应当提供原产权单位在同等条件下保留或者放弃优先购买权的书面意见。

第七条 房地产行政主管部门对已购公有住房和经济适用住房所有权人提出的上市出售申请进行审核,并自收到申请之日起十五日内作出是否准予其上市出售的书面意见。

第八条 经房地产行政主管部门审核,准予出售的房屋,由买卖当事人向房屋所在地房地产交易管理部门申请办理交易过户手续,如实申报成交价格。并按照规定到有关部门缴纳有关税费和土地收益。

成交价格按照政府宏观指导下的市场原则,由买卖双方协商议定。房地产交易管理部门对所申报的成交价格进行核实,对需要评估的房屋进行现场查勘和评估。

第九条 买卖当事人在办理完毕交易过户手续之日起三十日内,应当向房地产行政主管部门申请办理房屋所有权转移登记手续,并凭变更后的房屋所有权证书向同级人民政府土地行政主管部门申请土地使用权变更登记手续。

在本办法实施前,尚未领取土地使用权证书的已购公有住房和经济适用住房在2000年底以前需要上市出售的,房屋产权人可以凭房屋所有权证书先行办理交易过户手续,办理完毕房屋所有权转移登记手续之日起三十日内由受让人持变更后的房屋所有权证书到房屋所在地的市、县人民政府土地行政主管部门办理土地使用权变更登记手续。

第十条 城镇职工以成本价购买、产权归个人所有的已购公有住房和经济适用住房上市出售的,其收入在按照规定交纳有关税费和土地收益后归职工个人所有。

以标准价购买、职工拥有部分产权的已购公有住房和经济适用住房上市出售的,可以先按照成本价补足房价款及利息,原购住房全部产权归个人所有后,该已购公有住房和经济适用住房上市出售收入按照本条前款的规定处理；也可以直接上市出售，其收入在按照规定交纳有关税费和土地收益后，由职工与原产权单位按照产权比例分成。原产权单位撤销的，其应当所得部分由房地产交易管理部门代收后，纳入地方住房基金专户管理。

第十一条 鼓励城镇职工家庭为改善居住条件，将已购公有住房和经济适用住房上市出售换购住房。已购公有住房和经济适用住房上市出售后一年内该户家庭按照市场价购买住房，或者已购公有住房和经济适用住房上市出售前一年内该户家庭已按照市场价购买住房的，可以视同房屋产权交换。

第十二条 已购公有住房和经济适用住房上市出售后，房屋维修仍按照上市出售前公有住房售后维修管理的有关规定执行。个人缴交的住房共用部位、共用设施设备维修基金的结余部分不予退还，随房屋产权同时过户。

第十三条 已购公有住房和经济适用住房上市出售后，该户家庭不得再按照成本价或者标准价购买公有住房，也不得再购买经济适用住房等政府提供优惠政策建设的住房。

第十四条 违反本办法第五条的规定，将不准上市出售的已购公有住房和经济适用住房上市出售的，并处以10000元以上30000元以下罚款。

第十五条 违反本办法第十三条的规定，将已购公有住房和经济适用住房上市出售后，该户家庭又以非法手段按照成本价（或者标准价）购买公有住房或者政府提供优惠政策建设的住房的，由房地产行政主管部门责令退回所购房屋，不予办理产权登记手续，并处以10000元以上30000元以下罚款；或者按照商品房市场价格补齐房价款，并处以10000元以上30000元以下罚款。

第十六条 房地产行政主管部门工作人员玩忽职守、滥用职权、徇私舞弊、贪污受贿的，由其所在单位或者上级主管部门给予行政处分；情节严重、构成犯罪的，依法追究刑事责任。

第十七条 省、自治区、直辖市人民政府可以根据本办法的规定和当地实际情况，选择部分条件比较成熟的市、县先行试点。

第十八条 已购公有住房和经济适用住房上市出售补交土地收益的具体办法另行规定。

第十九条 本办法由国务院建设行政主管部门负责解释。

第二十条 本办法自1999年5月1日起施行。

在京中央和国家机关进一步深化住房制度改革实施方案

1. *1999年8月16日中共中央办公厅、国务院办公厅转发*
2. *厅字〔1999〕10号*

根据《国务院关于进一步深化城镇住房制度改革加快住房建设的通知》（国发〔1998〕23号，以下简称《通知》）精神，结合在京中央和国家机关的实际情况，制定本方案。

一、指导思想、主要内容和基本原则

（一）在京中央和国家机关进一步深化住房制度改革的指导思想是：按照建立与社会主义市场经济体制相适应的新的城镇住房制度的要求，稳步推进在京中央和国家机关住房商品化、社会化进程，建立适合在京中央和国家机关职工特点的住房新体制，加快解决在京中央和国家机关职工住房问题。

（二）在京中央和国家机关进一步深化住房制度改革的主要内容是：停止住房实物分配，进一步完善住房公积金制度，建立住房补贴制度，逐步实行住房分配货币化；继续推进现有公有住房改革，加快实现住房商品化；改革住房供应方式，逐步实行住房供应社会化。

（三）在京中央和国家机关进一步深化住房制度改革的基本原则是：统一政策，归口管理；国家、单位、个人合理负担，量力而行；新房新制度，老房老办法；一次性补贴和按月补贴相结合；与地方政策相衔接，协调推进。

二、停止住房实物分配，进一步完善住房公积金制度

（四）从1998年底起，在京中央和国家机关停止住房实物分配，逐步实行住房分配货币化。新建经济适用住房和腾退的旧公有住房，除根据需要留出一部分作为廉租住房外，原则上只售不租。职工在个人合理负担的基础上，通过使用住房公积金、住房补贴和住房贷款购买住房。

凡在1998年底前已开工的单位自建住房，或已交纳购房预定金购买的商品住房，并于1999年底前竣工的，可按《通知》规定的办法向职工出售，也可按届时北京市人民政府根据《国务院关于深化城镇住房制度改革的决定》（国发〔1994〕43号，以下简称《决定》）规定的出售现有公有住房的成本价向职工出售。

最低收入的职工家庭，可申请租住廉租住房。最低收入职工家庭根据北京市人民政府公布的标准确定。

（五）全面贯彻落实《住房公积金管理条例》（国务院令第262号），进一步完善住房公积金制度。到2000年底，职工和单位住房公积金缴存比例分别达到8%。按照“住房委员会决策、住房公积金管理中心运作、银行专户存储、财政监督”的原则，加强住房公积金的管理。建立职工个人住房公积金账户。住房公积金应当用于职工购买、建造、翻建、大修自住住房，任何单位和个人不得挪作他用。

三、建立住房补贴制度，逐步实行住房分配货币化

（六）建立住房补贴制度。无房和住房未达到职工（含离退休职工），在按经济适用住房价格和市场价购买住房（包括新建经济适用住房、腾退的旧公有住房和商品住房）时，均可按规定申请住房补贴。

（七）职工住房补贴包括基准补贴和建立住房公积金制度前的工龄补贴。

1. 每平方米建筑面积基准补贴额根据北京市经济适用住房基准价格除以2与个人合理负担额之差测定；职工个人负担额按不低于在京中央和国家机关职工年平均工资的4倍除以60平方米（建筑面积）确定。

基准补贴额随职工工资、经济适用住房价格、住房公积金缴存比例的变动而变动。北京市1999年度每平方米建筑面积经济适用住房基准价格为4000元，每平方米建筑面积基准补贴额为1265元。

2. 工龄补贴额按年度每平方米建筑面积工龄补贴额（以下简称年度工龄补贴额）与职工建立住房公积金制度前的工龄以及职工购房补贴建筑面积标准的乘积计算。其中，年度工龄补贴额按《决定》规定的出售公有住房工龄折扣办法计算。1999年年度工龄补贴额为13元。

职工购房补贴建筑面积按下列标准执行：

公务员：科级下以，60平方米；正、副科级，70平方米；副处级，80平方米；正处级，90平方米；副司（局）级，105平方米；正司（局）级，120平方米。

机关工勤人员：技术工人中的初、中级工和25年以下工龄的普通工人，60平方米；技术工人中的高级工、技师和25年（含25年）以上工龄的普通工人，70平方米；技术工人中的高级技师，80平方米。

职工家庭实际购房面积由职工根据家庭支付能力自主决定。

（八）1998年12月31日（含）前参加工作的无房职工（以下简称无房老职工），其1999年1月1日后工作年限内的住房补贴，以及1998年12月31日后参加工作的职工（以下简称新职工）的住房补贴，均按月发放,计入职工个人账户,专项用于住房消费。

月住房补贴额为职工当月标准工作(基础工资、职务工资、级别工资和工龄工资之和,下同)乘年度月住房补贴系数。年度月住房补贴系数以基准补贴额、职工购房补贴建筑面积标准和职工月标准工资为基数测算,由财政部、建设部会同国务院机关事务管理局(以下简称国管局)、中共中央直属机关事务管理局(以下简称中直管理局)定期公布。1999 年年度月住房补贴系数为 0.66。

(九)无房老职工 1998 年底以前工作年限内的住房补贴采取一次性发放方式,在职工购买住房时,向所在单位提出申请并得到批准后,直接划入售房单位。

一次性发放的住房补贴额为〔职工 1998 年月均标准工资 × 1999 年年度月住房补贴系数 × 职工 1998 年前的工作月之和〕+〔1999 年年度工龄补贴额 × 职工建立住房公积金制度前的工龄 × 职工购房补贴建筑面积标准〕。

(十)住房未达标的老职工的补差办法,由国管局、中直管理局另行制定。

(十一)住房补贴资金来源于原国家预算内在京中央和国家机关住房建设资金划转部分、各单位出售公有住房的收入和原各单位自筹的建房资金。原国家预算内在京中央和国家机关住房建设资金划转部分,原则上不低于原有住房建设资金投入总额。

(十二)在京中央和国家机关各部门(以下简称各部门)按规定时间,将本部门下年度所需住房补贴资金总额,按经费领拨关系由主管部门汇总报财政部。财政部根据各部门住房状况和售房资金收入、无房和未达标的老职工人数,以及新职工人数,审核确定住房补贴的年度补贴指标,按经费领拨关系下达到主管部门,再由主管部门分解下达到各部门。

住房补贴的分配情况,由财政部会同国管局、中直管理局按年度向各部门公布。

(十三)各部门要按规定做好原有住房资金的核定、划转工作,建立单位住房基金,设立住房补贴资金专户。按照效率优先、兼顾公平的原则,综合考虑职工的工龄、职务等因素,确定老职工的住房补贴发放顺序。

申请住房补贴的购房职工,应向所在单位如实提供本人和配偶住房状况等有关材料。

(十四)在京中央和国家机关住房补贴资金的筹集、申请、审批、拨付和管理的具体办法,由财政部商国管局、中直管理局另行制定。

四、继续推进现有公有住房改革,加快实现住房商品化

(十五)稳步提高在京中央和国家机关的现有公有住房租金,租金标准和提租时间原则上与北京市同步。租金标准的提高要与提高职工(包括离退休职工)收入相结合。对民政部门确定的社会救济对象及其他低收入家庭和领取提租补贴后仍有困难的离退休职工家庭要减收或免收新增租金。租金减、免的具体办法参照北京市人民政府的有关规定,由国管局、中直管理局另行制定。

(十六)职工现承租的公有住房,除按有关规定不宜出售的外,继续按届时北京市人民政府根据《决定》规定的出售现有公有住房的成本价向职工出售。出售现有公有住房收回的资金,除按规定提取房屋公共部位和共用设施、设备的维修养护专项基金外,纳入单位住房基金,专项用于发放住房补贴。

(十七)部级(含副部级,下同)干部现住房出售问题,要抓紧进行调查研究,制定出售办法。同时要继续加强对部级干部,特别是离退休部级干部住房的维修和管理。

五、改革住房供应方式,逐步实行住房供应社会化

(十八)停止对各部门机关住房建设拨款,逐步实行住房供应社会化。近期在京中央和国家机关职工经济适用住房供应多渠道并存。

1. 在一定时期内，国管局、中直管理局可统一组织建设经济适用住房，按建造成本价向在京中央和国家机关职工出售。

2. 有建房土地或对拥有产权的危旧住宅小区进行改建的单位，在符合城市规划的前提下，经有关部门批准，近期可利用本单位现有土地自建住房，按不低于同等地段经济适用住房价格向本单位职工出售。

3. 支持职工购买北京市向在京中央和国家机关职工提供的经济适用住房。

（十九）经济适用住房建设用地采取行政划拨方式供应；开发建设按《通知》规定的经济适用住房价格（7 项成本因素，利润控制在 3% 以下）进行招投标，确定开发建设单位，确保工程质量。

（二十）加强已售公有住房和经济适用住房的物业管理工作，研究制定改革房屋管理体制的办法和措施，逐步引入竞争机制，规范物业管理收费行为，提高服务质量。

（二十一）廉租住房主要从腾退的旧公有住房中调剂解决，也可以由财政出资新建。廉租住房的租金实行统一定价，定期公布。当承租人家庭收入超过规定标准时，应迁出廉租住房或提高租金标准。承租廉租住房的申请、审批办法由国管局会同中直管理局另行制定。

六、加强组织领导，严肃住房制度改革纪律

（二十二）国管局、中直管理局负责在京中央和国家机关职工住房状况普查的组织管理工作。在住房普查基础上，建立在京中央和国家机关职工住房档案；在住房普查、建立职工住房档案、纠正违纪违规问题的基础上，稳步开放职工已购公有住房和经济适用住房的交易市场。

（二十三）国管局、中直管理局分别负责中央国家机关和中共中央直属机关住房制度改革的组织实施工作。

各部门要切实加强对本部门住房制度改革工作的组织领导，做好职工思想工作，转变职工住房观念。

（二十四）严肃住房制度改革纪律，加强监督检查。严肃查处违反国家政策，继续进行实物分配住房，低价出售公有住房，用房改标准价、成本价超面积标准出售或购买公有住房以及公房私租牟取暴利等行为。具体办法由国管局、中直管理局另行制定。

（二十五）对未按规定管理和发放住房补贴，不如实申报住房状况和售房收入、无房和未达标老职工人数以及新职工人数的，要追究有关人员和领导的责任。对隐瞒现住房情况和配偶住房情况，弄虚作假领取住房补贴的个人，除令其退出住房和退回全部住房补贴外，根据情节轻重给予职工个人、住房情况证明机构及其负责人相应处罚，具体处罚办法由财政部会同国管局、中直管理局另行制定。

（二十六）财政、审计部门负责在京中央和国家机关住房补贴发放、管理的监督、检查工作。

各部门行政监察机构负责对本部门深化住房制度改革中违纪违规行为进行清查、纠正和处理。

七、附则

（二十七）本方案所指“在京中央和国家机关”包括党中央各部门，全国人大机关，全国政协机关，最高人民法院、最高人民检察院，国务院各部委以及各直属机构，各人民团体。

（二十八）中央在京事业单位职工进一步深化住房制度改革的实施方案，由各单位参照本方案并结合实际情况制定，报主管部门批准后执行。事业单位职工购房补贴面积标准，由各单位在本方案规定的机关职工购房补贴面积标准范围内、结合本单位补贴资金来源和职工住房情况自行确定；事业单位职工基准补贴额、月住房补贴系数按该单位职工工资水平、职工购房补贴面积标准，以及单位所在地区（或地段）经济适用住房基准价格测定。

（二十九）本方案由建设部会同国管局、中直管理局负责解释。

（三十）本方案自发布之日起实施。

在京中央和国家机关职工住房面积核定及未达标、超标处理办法

1. 2000年2月21日国务院机关事务管理局、中共中央直属机关事务管理局发布

2. 国管房改字〔2000〕36号

一、总　　则

第一条　根据《中共中央办公厅、国务院办公厅关于转发建设部等单位关于〈在京中央和国家机关进一步深化住房制度改革实施方案〉的通知》（厅字〔1999〕10号，以下简称《方案》）的有关规定，制定本办法。

第二条　在京中央和国家机关（包括党中央各部门，全国人大机关，全国政协机关，最高人民法院，最高人民检察院，国务院各部委及各直属机构，各人民团体）1998年12月31日（含）前参加工作的有房老职工承租或购买公有住房面积核定和未达标、超标等问题的处理，均适用本办法。

中央在京事业、企业单位职工承租或购买公有住房的面积核定和未达标、超标处理办法，由各单位参照本办法并结合实际情况制定，报主管部门批准后执行。

二、职工住房面积的核定

第三条　下列住房的面积均核定为职工住房面积：

（一）职工（含离退休人员，下同）及其配偶按规定的普通公有住房租金标准承租的公有住房；

（二）职工及其配偶以房改成本价或标准价购买的公有住房；

（三）按照城市房屋拆迁政策，对被拆迁公有住房使用人和执行统一租金标准的城镇私人出租住房使用人，已实行货币补偿的，其计算货币补偿金额的房屋建筑面积；

（四）职工及其配偶按房改成本价或标准价集资合作建造的住房；

（五）单位资助职工及其配偶购建的住房减去扣除面积的部分。

扣除面积＝〔职工集资购（建）房款－职工按当年房改成本价购房房价款〕÷所购住房总房价款或所建住房成本价款×集资购建住房面积。

第四条　有两个（含）以上家庭共同承租公有住房的，住房面积按职工居住的居室面积与应分摊的面积之和核定。

第五条　房屋原承租人去世后，实际承租人经房屋产权单位同意并按规定办理变更租赁手续的，核定为实际承租人及其配偶的住房面积。

第六条　职工及其配偶既未以规定的普通公有住房租金标准承租公有住房，也未以房改成本价或标准价购买公有住房的，为无房职工。

第七条　职工及其配偶申请承租或购买一套以上公有住房的，住房面积合并计算。住房现承租人或购买人无论是职工及其配偶，还是其子女，原则上核定为职工及其配偶的住房面积。

第八条　职工现有住房面积按建筑面积核定，建筑面积计算方法按有关规定执行。承租住房的，按租赁合同上注明的住房使用面积折算建筑面积；购买住房的，按产权证上注明的建筑面积计算。

职工现住高层住宅建筑面积的核定，按全部公共面积分摊计算建筑面积的，可减少10%的建筑面积；按实际使用面积乘以1.333系数换算建筑面积的，不减少10%的建筑面积。

第九条　下列住房面积不核定为职工住房面积：

（一）职工全额出资以市场价或经济适用住房价格购买、建造的住房和以市场租金承租的住房；

（二）已按规定补交房价款购买的超标部分公有住房；

（三）职工及其配偶以继承、受赠等方式取得的私有住房。

三、职工住房未达标的处理

第十条 职工按公有住房租金标准承租或按房改成本价购买公有住房的建筑面积标准（简称职工住房面积标准，下同），执行《方案》规定的职工购房补贴建筑面积标准：

公务员：科级以下60平方米；正副科级70平方米；副处级80平方米；正处级90平方米；副司（局）级105平方米；正司（局）级120平方米。

机关工勤人员：技术工人中的初、中级工和25年以下工龄的普通工人60平方米；技术工人中的高级工、技师和25年（含25年）以上工龄的普通工人70平方米；技术工人中的高级技师80平方米。

第十一条 按照本办法第三至九条核定的职工住房建筑面积低于职工住房面积标准的，为住房未达标。

第十二条 职工住房未达标的，差额面积由所在单位一次性计发差额补贴。差额补贴计算公式为：

差额补贴=（1999年度基准补贴额+1999年度工龄补贴额×建立住房公积金前的工龄）×差额面积

差额面积=职工住房面积标准－现住房建筑面积

其中，1999年度基准补贴额为1265元，工龄补贴额为13元。建立住房公积金前离退休职工，工龄按国家规定的离退休年龄计算。

第十三条 职工已按房改成本价或标准价购买现住房且未达标的，不再办理退房手续，差额面积可由所在单位一次性计发差额补贴，但上市出售时不得按《北京市城近郊八区已购公有住房和经济适用住房上市出售土地出让金和收益分配管理暂行规定》（〔99〕京房改字第130号）的有关规定申请返还其住房未达标面积的补贴。

第十四条 职工现承租公有住房且未达标的，可继续承租现住房，按本办法规定申领差额补贴。租住不可售公有住房的，也可经所在单位同意后，退出现住房，视同无房老职工，由所在单位按照《方案》的规定计发住房补贴。

第十五条 1998年12月31日（含）前参加工作的有房老职工职务晋升、工勤人员晋升技术等级，一次性计发级差补贴。计算公式为：

级差补贴=（届时基准补贴额+届时工龄补贴额×建立住房公积金前工龄）×级差面积

级差面积=晋升后购房补贴建筑面积标准－晋升前购房补贴建筑面积标准

第十六条 职工差额补贴、级差补贴资金计入职工个人账户，按《在京中央和国家机关住房补贴资金管理办法》管理，专项用于个人住房消费。

四、职工住房超标的处理

第十七条 按照本办法核定的职工住房超过其住房面积标准的，为住房超标。

第十八条 职工购买现承租的公有住房，其住房面积标准之内的部分，按当年规定的出售公有住宅楼房的价格和优惠政策购买。

职工购买现住房超标，能分割退回的，要分割退回；不能分割退回的，可上浮一个职级（正司级上浮20平方米），作为住房控制面积标准，本职级与上一个职级住房面积标准之差的部分，按当年房改成本价购买，可享受住房折旧政策优惠，不享受工龄折扣、现住房折扣、西藏内调人员和教师购房等政策优惠。

超过住房控制面积标准而确实难以分割退回的，每建筑平方米按4000元计价；实际价值低于4000元的，按实际价值确定房价，但不得低于当年房改成本价。

第十九条 职工承租公有住房的，住房控制面积标准之内的部分执行届时规定的普通公有住房的租金标准。职工承租住房超标，能分割退回的，要分割退回；不能分割退回的，超过控制面积标准的部分，暂按届时公有住房租金标准的两倍计租，逐步提高到市场租金。职工职务变动后下月起，根据职工住房面积标准重新计算房租。

第二十条 职工1999年度（含）前已按房改成本价或标准价购买了超标住房的，须按本办法重新计算房价款，并在本办法印发之日起1年内补交差额房价款。一次性补交差额房价款确有困难的，可申请个人住房贷款；经房屋产权单位同意并签订协议后，可允许离退休人员采取分期付款的方式，分期付款期限不得超过3年，分期付款的利率按届时住房公积金贷款利率执行。

第二十一条 职工补交的差额房价款列入单位住房基金，存入售房收入专户，专项用于住房制度改革。

第二十二条 职工及其配偶申请承租或购买一套以上公有住房合并计算后面积超标，且其产权分属一个以上单位的，由其中建筑面积较大一套住房的产权单位处理超标事宜。

五、附　　则

第二十三条 职工住房面积核定和未达标、超标处理的具体情况，应如实计入职工住房档案。

第二十四条 严肃房改纪律，加强监督检查。对不如实申报住房状况，隐瞒现住房情况和配偶住房情况，弄虚作假领取差额补贴或不按规定补缴超标房价款的个人，除令其退回差额补贴或补缴超标房价款外，根据情节轻重给予职工个人、住房情况证明机构及其负责人相应处罚，并追究有关人员和领导的责任。

第二十五条 本办法由国务院机关事务管理局、中共中央直属机关事务管理局负责解释。

第二十六条 本办法自印发之日起施行。

中央在京单位已购公有住房上市出售管理办法

1. 2003年8月14日国务院机关事务管理局、中共中央直属机关事务管理局发布

2. 国管房改〔2003〕165号

第一条 为规范中央在京单位已购公有住房（以下简称已购公房）上市出售工作，适应职工改善住房条件的需要，根据有关规定及中央在京单位实际情况，制定本办法。

第二条 本办法适用于中央在京单位已购公房首次进入市场出售的管理。

本办法所称已购公房，是指职工按房改成本价或标准价（含标准价优惠办法，下同）购买的原产权属于中央在京单位的公有住房。职工根据国家政策，按照房改成本价或者标准价购买的由中央在京单位建设的安居工程住房和集资合作建设的住房，也视为已购公房。

第三条 中央在京单位已购公房上市出售遵循统一市场、定点代理、方便职工、系统监管的原则。

第四条 国务院机关事务管理局（以下简称国管局）和中共中央直属机关事务管理局（以下简称中直管理局）是中央在京单位已购公房上市出售的主管部门，负责本办法的组织实施和监督检查。

国管局和中直管理局成立在京中央和国家机关住房交易办公室（以下简称交易办公室），负责为中央在京单位已购公房上市出售提供住房档案等信息服务和政策咨询，监管交易活动，收集、记录交易结果并向原产权单位及职工所在单位反馈。

第五条 交易办公室选择三家以上符合条件的房地产中介机构，作为中央在京单位已购公房上市出售的定点交易代理服务机构（以下简称定点交易机构），承担中央在京单位已购公房上市交易的代理服务工作。

第六条 出售人应填写《中央在京单位已购公房上市出售登记表》，交易办公室根据职工住房档案进行核对。核对无误的，出售人可到房屋所在区、县国土房管局交易管理、权属登记部门办理过户手续，也可委托定点交易机构代为办理房屋买卖以及交易过户手续。并提供以下材料：

（一）房屋所有权证书；

（二）房屋共有权人同意出售的书面意见；

（三）身份证或者其他有效身份证明；

（四）与原产权单位签订的公有住房买卖合同；

（五）与买受人签订的已购公房买卖合同；

（六）物业费、供暖费清结证明。

出售人没有建立住房档案的，应当补建住房档案。出售人无法提交与原产权单位签订的公有住房买卖合同的，可以房改售房的档案材料或原产权单位出具的证明作为依据。

第七条 已购公房上市出售后，定点交易机构应将交易情况及时反馈交易办公室备案。

第八条 凡属超标而未经处理的住房，须经原产权单位按规定超标处理后方可上市出售；按房改政策规定属不可售住房但已向职工出售的，不得上市出售。

涉及国家安全、保密的特殊部门的住房，党政机关、科研部门及大专院校等单位在机关办公、教学、科研区内的住房，原产权单位认为不宜公开上市出售的，应报交易办公室备案，并在职工住房档案中注记。该类住房可按规定向原产权单位腾退，也可在原产权单位职工范围内进行交易。

法律、法规规定的其他不得上市出售的已购公房或与原产权单位有特殊约定的已购公房（规定住满五年内容的除外），应按法律、法规规定或与原产权单位的约定执行。

第九条 上市出售的已购公房，由买受人在办理房屋权属登记手续时按当年房改成本价的1%补交土地出让金或相当于土地出让金的价款。

第十条 已购公房的土地使用权是以划拨方式取得的，土地出让金划转北京市财政。

已购公房的土地使用权是以出让方式取得的，相当于土地出让金的价款按已购公房原产权单位的财务隶属关系和财政体制，分别划转中央财政或者返还原产权单位，专项用于住房补贴。其中，已购公房原产权属于中央行政机关的，全额划转中央财政；属于中央事业单位的，50%划转中央财政，50%返还原产权单位；属于中央企业单位（包括实行企业化管理的事业单位）的，全额返还原产权单位。

第十一条 凡以房改成本价购买的住房上市出售的，在按规定缴纳税费后，收入全部归产权人个人所有，不再与原产权单位进行收益分成。

凡以标准价购买的住房，出售人可按购房当年房改成本价向原产权单位补交房价款，取得全部产权后上市出售；也可在交易过程中按购房当年房改成本价的6%计算应扣除的价款，划转到原产权单位售房款专户，在按规定缴纳税费后，收入全部归产权人个人所有。远郊区县另有规定的按其规定办理。

第十二条 已购公房上市出售后，买受人应与该房屋的供暖、物业部门签订新的协议，新发生的供暖、物业管理等费用由买受人承担，原产权单位及出售人所在单位不再承担该房屋的上述费用。房屋的公共维修基金按有关规定执行。

第十三条 出售人提供的各项材料应真实、准确，出售人提供虚假信息的，按有关法律、法规和房改纪律的规定处理。

第十四条 交易办公室定期公布定点交易机构名单。

定点交易机构应依据本办法及相关规定，按照提高效率、方便交易的原则，为出售人代理交易并办理相关手续。定点交易机构应按法律及相关政策规定合理收费。

定点交易机构违反本办法及相关规定，不能向交易人提供有效服务的，将取消其定点交易资格。

第十五条 本办法不含部级干部住房上市出售。

第十六条 凡涉及交易过户、权属登记以及税费缴纳等事宜，按《北京市人民政府关于印发〈北京市已购公有住房上市出售实施办法〉的通知》（京政发〔2003〕3号）及相关规定执行。

第十七条 本办法所指“中央在京单位”包括党中央各部门，全国人大机关，全国政协机关，最高人民法院，最高人民检察院，国务院各部委、各直属机构，各人民团体，及其所属单位。

住房制度改革归口国管局、中直管理局管理的中央在京企业，及其所属单位已购公房上市出售，按本办法的规定执行。

第十八条 本办法由国管局、中直管理局负责解释。

第十九条 本办法自2003年10月1日起施行。

附：

关于做好中央在京单位已购公房上市出售工作有关问题的通知

（2003年8月28日中央国家机关住房制度改革办公室、中共中央直属机关住房制度改革办公室发布　国机房改〔2003〕41号）

在京中央和国家机关各部门、各单位：

为保证《关于印发中央在京单位已购公有住房上市出售管理办法的通知》（国管房改〔2003〕165号）的顺利实施，现就启动已购公房上市出售前应抓紧做好的有关工作通知如下：

一、已购公有住房产权证的办理和发放

房屋所有权证是已购公房上市出售的必备要条，原公有住房已经上级单位批复准予向职工出售，且职工已按规定缴纳购房款、各项材料齐全的，各部门、各单位要集中力量、组织人员，在本通知印发两个月内，完成房屋所有权证的办理和发放工作，为方便职工办理已购公房上市手续创造条件。由于本部门、本单位工作安排等原因，在规定时间内没有按时办理并发放产权证的，要向购房职工说明具体原因，并做好解释工作。对于不顾群众利益，不按政策办事，故意拖延办理房产证的，要进行通报批评。

由于北京市区县发证部门原因造成产权证发放缓慢的，售房单位、购房人可向市、区（县）房屋土地管理局纪检监察部门投诉，也可向中央国家机关房改办或中直机关房改反映，由其进行协调督促。

二、职工住房档案建立和变更

职工上市出售已购公房，交易办公室要根据职工住房档案进行核对，核对无误的方可上市出售。职工没有建立住房档案的，应当补建住房档案；已经建立住房档案，住房及职工个有情况发生变化的，各部门、各单位应做好职工住房档案的变更工作。

三、不宜上市出售住房的确认和备案

凡涉及国家安全、保密的特殊部门的住房，党政机关、科研部门及大专院校等单位在机关办公、教学、科研区内的住房，原产权单位认为不宜公开上市出售的，应根据本单位具体情况，按上述范围，填写《中央在京单位不宜上市出售住房登记表》（样式附后〔略〕），经单位主管领导审核后，于9月20日前报交易办公室备案。职工有异议的，可按房改隶属关系分别向中央国家机关房改办、中直机关房改办申请复核。

不宜上市出售住房经交易办公室备案后，产权单位和档案管理部门须在职工住房档案中注记。

四、住房超标处理

超标处理是房改工作的重要内容，也是已购公房上市出售的先决条件。凡属超标住房，须经原产权单位按规定进行超标处理后方可上市出售。各部门、各单位要抓紧做好这项工作,不能由于超标处理滞后而影响已购公房上市出售工作。

五、《中央在京单位已购公房上市出售登记表》的发放

各部门、各单位可到中央国家机关房改办或中直机关房改办领取统一制式的《中央在京单位已购公房上市出售登记表》,向准备将已购公房上市的职工发放,职工也可到定点交易代理服务机构网点或交易办公室领取该表。

国务院住房制度改革领导小组、财政部、建设部关于住房资金的筹集、使用和管理的暂行规定

1. 1992年3月1日

2. 财综字〔1992〕31号

为了保证和促进住房制度改革的顺利进行,加快住房建设,正确疏导、理顺和管理住房资金,根据国务院国发〔1988〕11号文件、国发〔1991〕30号和国办发〔1991〕73号文件精神,并结合房改试点城市的实践经验,现对住房资金的有关问题作如下规定:

一、住房资金是指国家、企业、行政事业单位和个人按规定建立的城市住房基金、企业(单位)住房基金和个人住房基金,以及在住房制度改革中筹集的其他资金。

二、住房资金要按照政府、单位和个人共同负担的原则进行筹集,首先要立足于原有住房资金的转化,不足部分,按国务院国发〔1988〕11号文件的规定,要有控制地在成本和预算中列支;同时做好房改后新增住房资金的融通和管理工作,确保住房资金专项用于房改和住房建设。

三、住房资金的来源

(一)各级政府、各部门、各单位和企业按原有渠道列支的公有住房建设、维修、管理和房租补贴的资金;

(二)公有住房出租、出售收入及其统筹收入;

(三)企业可从留利中按一定比例提取住房资金,行政事业单位可从预算外收入中按一定比例提取住房资金;

(四)通过集资建房、收取租赁保证金和发放住房债券等形式筹集的住房资金;

(五)按照国务院国发〔1988〕11号文件规定,经各级财政部门核定并报各级政府批准,在成本和国家预算中列支的资金。本地区企业住房券进入成本要控制在20%以内(包括12%的房产税),机关、事业单位发放的住房券,列入财政经费预算的部分一般要控制在50%以内;新房实转的住房券资金来源,企业可进入成本,机关、事业单位可列入财政经费预算;当地提取的住房房产税通过财政预算纳入城市住房基金;

(六)建立公积金制度筹集的资金。职工个人交纳的公积金由职工个人负担。国营企业交纳的公积金,由企业公有住房提取的折旧和其他划转的资金解决;不足部分经各级财政部门核定,可在成本中列支,本地区在成本中列支的公积金暂定不得超过企业缴纳公积金总额的20%。行政事业单位交纳的公积金,原则上由其自有资金和其他划转的资金解决,不足部分经各级财政部门核定后,可由国家预算适当安排,在预算中列支的公积金不得超过单位缴纳公积金总额的50%。

公积金的缴存比例,由房改、财政、房地产行政主管部门共同测算和确定,报经当地人民政府批准后执行;

(七)住房资金的利息收入;

(八)住房资金的经营收益;

(九)其他住房资金。

四、住房资金的使用范围

住房资金必须按来源渠道不同,分别专项用于住房制度改革的提租补贴和住房建设、维修与管理,专款专用,不得挪作他用。

具体使用项目如下：

（一）用于发放提租补贴；

（二）用于缴纳或支付公积金本息；

（三）用于公有住房的维修和管理；

（四）解决住房困难户、危旧房改造等其他住房问题；

（五）用于发放住房专项贷款；

（六）用于新建、改建和购买住房；

（七）用于房改的其他支出。

五、住房资金的划转和管理

（一）在各级人民政府住房制度改革领导小组领导下，由财政部门会同有关部门核定和划转住房资金。核定划转后的资金分别计入各项住房基金，并存入当地人民政府指定和委托的房改金融机构，开立专户，专款专用；

（二）各部门、各单位和企业原有建房投资和用于住房的支出，按投资和支出金额计入各项住房基金，暂维持其来源渠道。预算内的有关支出，纳入统一的预算科目；

（三）各部门、各单位和企业原有用于公有住房维修和补贴资金的划转，各地可根据实际情况，采取划转或抵补的具体形式；

（四）住房资金，按其来源渠道，分别按预算内、预算外管理办法加强管理。城市住房基金按预算内资金管理办法管理，企业住房基金、行政事业单位住房基金等（不包括财政预算拨款的资金）按预算外资金管理办法管理；

（五）住房资金的预（决）算和财务管理办法，以及会计制度，由财政部另行制定。

六、住房制度改革对财政收支的影响，按现行财政体制和隶属关系，由中央和地方财政分别负担，并不得因此而调整地方财政包干体制和企业承包任务。

七、各级计划、财政、银行、房地产等有关部门要在当地人民政府住房制度改革领导小组的领导下，各尽其责，密切配合，共同搞好住房资金的筹集、使用和管理工作，推动住房制度改革的顺利进行。

八、过去有关住房制度改革的规定与本暂行规定有抵触的，一律以本暂行规定为准。

九、本暂行规定自发布之日起执行。

建设部关于进一步搞好公有住房出售工作有关问题的通知

1. 1999年2月10日

2. 建房改〔1999〕43号

各省、自治区、直辖市及计划单列城市、省会城市住房制度改革领导小组（住房委员会）：

最近，国务院有关部门相继对部分省市出售公有住房情况进行了检查。从检查情况看，多数省、自治区、直辖市都能较好地贯彻执行《国务院关于深化城镇住房制度改革的决定》（国发〔1994〕43号，以下简称《决定》）的有关政策规定，保证了公有住房出售工作的健康推进。但也有部分省市在公有住房出售中违反《决定》规定，擅自提高折扣率和变相增加优惠，客观上形成了以过低的价格出售公有住房，造成新的分配不公和公有资产流失，也引起了一些地方的竞相攀比，不利于国家统一政策的贯彻执行和住房新制度的建立。

根据《国务院关于进一步深化城镇住房制度改革，加快住房建设的通知》（国发〔1998〕23号）的有关精神，为搞好新老政策衔接，促进公有住房出售工作的健康发展，加快建立城镇住房新体制，现就现有公房出售的有关问题通知如下：

一、从1999年起，现有公有住房的出售，原则上实行成本价，并逐步与经济适用住房价格相衔接。各地要结合实际情况，对现有公有住房出售取消标准价，执行成本价的时间、步骤，作出具体规定。对已按标准价出售的公有住房，各地要制定切实可行的措施办法，鼓励购房职工在自愿的基础上按成本价补足房价款及利息后，产权归个人所有。

二、严格执行《决定》规定的各项售房政策，不得随意增加折扣项目和扩大折扣幅度。

1. 根据《决定》关于一次付款折扣率参照当地购房政策性贷款利率与银行储蓄存款利率的差额，以及分期付款的控制年限确定的要求，随着银行储蓄存款利率的下调，目前计算的一次付款折扣率已为负数，因此一次付款折扣应予取消。

2. 根据《决定》关于"职工购买现已住用的公有住房、可适当给予折扣，1994 年折扣率为负担价的 5%，今后要逐年减少，2000 年前全部取消"的要求，2000 年一律取消职工购买现住房折扣。

3. 凡不符合《决定》规定，擅自出台的折扣政策，一律停止执行。

三、各省、自治区、直辖市住房制度改革领导小组（住房委员会）要对辖区内各市县的公有住房出售政策进行一次全面检查清理，并于 1999 年 4 月 30 日前将检查、纠正情况书面报建设部。

已购公有住房和经济适用住房上市出售土地出让金和收益分配管理的若干规定

1. 1999 年 7 月 15 日财政部、国土资源部、建设部发布
2. 财综字〔1999〕113 号

为了深化城镇住房制度改革，培育和发展住房二级市场，规范已购公有住房和经济适用住房上市出售的收益分配和管理，根据《中华人民共和国城市房地产管理法》和《国务院关于深化城镇住房制度改革加快住房建设的通知》的有关规定，现对已购公有住房和经济适用住房上市出售土地出让金和收益分配管理问题规定如下：

一、职工个人购买的经济适用住房和按成本价购买的公有住房，房屋产权归职工个人所有。

二、已购公有住房和经济适用住房上市出售时，由购房者按规定缴纳土地出让金或相当于土地出让金的价款。缴纳标准按不低于所购买的已购公有住房或经济适用住房坐落位置的标定地价的 10% 确定。

购房者缴纳土地出让金或相当于土地出让金的价款后，按出让土地使用权的商品住宅办理产权登记。

三、职工个人上市出售已购公有住房取得的价款，扣除住房面积标准的经济适用住房价款和原支付超过住房面积标准的房价款以及有关税费后的净收益，按规定缴纳所得收益。其中，住房面积标准内的净收益按超额累进比例或一定比例缴纳；超过住房面积标准的净收益全额缴纳。

职工个人上市出售已购经济适用住房，原则上不再缴纳所得收益。

四、土地出让金按规定全额上交财政；相当于土地出让金的价款和所得收益，已购公有住房产权属行政机关的，全额上交财政；属事业单位的，50% 上交财政，50% 返还事业单位；属企业的，全额返还企业。

五、上交财政的相当于土地出让金的价款和所得收益，按已购公有住房原产权单位的财务隶属关系和财政体制，分别上交中央财政和地方财政，专项用于住房补贴；返还给企业和事业单位的相当于土地出让金的价款和所得收益，分别纳入企业和单位住房基金管理，专项用于住房补贴。

六、土地出让金、相当于土地出让金的价款和所得收益缴纳和返还的具体办法，由各地财政部门会同土地行政管理部门和房产行政主管部门制定。

七、本规定由财政部商国土资源部、建设部负责解释。

八、本规定自发布之日起执行。各地区、各部门有关文件与本规定有抵触的，一律以本规定为准。

建设部关于进一步推进现有公有住房改革的通知

1. 1999 年 8 月 13 日
2. 建住房〔1999〕209 号

继续积极稳妥地推进现有公有住房改革,对于进一步增强城镇居民住房商品化意识,扩大居民住房消费,促进国民经济发展,具有重要意义。根据《国务院关于进一步深化城镇住房制度改革,加快住房建设的通知》(国发〔1998〕23 号,以下简称《通知》)规定,现就进一步推进现有公有住房改革的有关问题通知如下:

一、各地要进一步明确可出售公有住房和不宜出售公有住房的范围。城镇成套现有公有住房,一般除按照规划近期需要拆除改造的住房;党政、科研机关及大专院校内与机关、办公不可分割的住房;具有历史纪念意义的住房;严重损坏房、危旧房;以及当地人民政府规定的其他不宜出售的住房外,均属于可售公有住房范围。具体可售公有住房与不宜出售公有住房范围,由各地人民政府确定并公布。

二、凡属各地房屋管理部门直管的成套公有住房,除按规定不宜出售的外,均应向有购房意愿的现住户出售。

各国有单位自管的公有住房,原则上应按照上述要求向本单位职工和正常工作调离的非本单位现住户出售。鼓励单位向职工出售现住房的具体规定,由各地人民政府确定。

三、凡在可出售范围的现有公有住房,产权单位应预先编制、上报售房方案;房改部门应在收到单位售房方案后 15 个工作日内完成审批工作,并将批准件同时抄送房地产交易和产权登记部门;产权单位在收到售房批准件后应积极组织出售工作,并在与购房职工签订购房协议、收取购房款(或订金)后 20 个工作日内,组织或协助购房职工到房地产交易和产权登记部门办理交易、领证手续;房地产交易和产权登记部门应在收到申请一个月内完成测绘、交易、发证工作。

四、国有单位之间产权有争议的住房,凡在可出售住房范围内的,原则上由现管房单位向当地房地产管理部门出具书面具结保证后,可批准其向职工个人出售,并按规定办理职工个人房屋产权登记手续。售房款按规定比例留足维修基金后,存入当地政府指定的账户予以封存,待原产权关系明晰后再转至原产权单位。

五、向高收入家庭出售现住房执行市场价,向低收入家庭出售现住房执行成本价。成本价要按《国务院关于深化城镇住房制度改革的决定》(国发〔1994〕43 号,以下简称《决定》)规定的七项因素逐年测定、提前公布、按时实施,并逐步与经济适用住房价格相衔接。

六、要按照《决定》和《通知》的规定,在职工家庭合理支出范围内加大现有公有住房,特别是可售公有住房租金改革的力度,促进职工购房。租金标准的提高要与提高职工收入相结合,对民政部门确定的社会救济对象及其他低收入家庭和领取提租补贴后仍有困难的离退休职工家庭,要减收或免收新增租金。

七、对职工已按标准价购买的住房,要鼓励职工在自愿的基础上按成本价补足房价款及利息。职工按成本价补足房价款及利息后,住房产权归职工个人所有。

八、各地房改、房地产行政主管部门要切实加强对公有住房出售和提租工作的指导、宣传和监督,结合实际情况,采取切实措施,促进现有公有住房改革的顺利实施。对居住在不宜出售公房的住户要做好宣传解释工作,鼓励有条件的单位采取调换公房的办法向职工出售住房。

建设部、财政部、国家经济贸易委员会、全国总工会关于进一步深化国有企业住房制度改革加快解决职工住房问题的通知

2000年5月8日

各省、自治区、直辖市住房制度改革领导小组(房委会)、建委(建设厅)、财政厅(局)、经贸委、总工会:

为贯彻落实党的十五届四中全会《关于国有企业改革和发展若干问题的决定》和九届全国人大三次会议精神,根据《国务院关于进一步深化城镇住房制度改革加快住房建设的通知》(以下简称《通知》)的有关规定,现就进一步深化企业房改、加快解决职工住房的有关问题通知如下:

一、指导思想、目标和原则

(一)企业住房制度改革的指导思想是:加快建立适应社会主义市场经济体制要求、符合企业特点的住房新体制,为国有企业的改革和发展创造条件;进一步调动职工住房消费的积极性,使住宅建设真正成为国民经济的重要产业;不断改善职工住房条件,促进职工队伍稳定。

(二)企业住房制度改革的目标是:改革住房实物分配方式,逐步实行住房分配货币化,为理顺企业内部的收入分配关系、建立与现代企业制度相适应的收入分配制度服务;逐步实现企业的主辅分离,把住房建设和维修管理职能从企业生产经营职能中分离出来,减轻企业办社会负担,实现住房建设和维修管理的社会化。

(三)企业住房制度改革的原则是:坚持在国家房改统一政策指导下,因企制宜,方式多样,方案自选,民主决策,稳步实施;坚持与建立现代企业制度相结合;兼顾国家、单位、个人三者利益,坚持三者合理负担。

二、积极稳妥地推进现有公有住房改革

(四)按照《国务院关于深化城镇住房制度改革的决定》(国发〔1994〕43号)和《通知》规定,根据当地人民政府的统一部署,继续积极稳妥地推进企业自管公有住房的改革。近期要进一步加快自管公有住房向职工出售的步伐,盘活存量住房资产。有条件的单位,可结合职工收入水平的提高,在当地人民政府规定的公房租金水平基础上,适应加大租金改革步伐,逐步实现住房租售比价的合理化。

(五)各级房地产行政管理部门,要简化办事程序,改进工作作风,提高服务质量,积极协助企业为购房职工办理住房产权登记手续,保证职工购房产权证及时发放。

三、停止住房实物分配,逐步实行住房分配货币化

(六)停止住房实物分配、实行住房分配货币化是企业住房商品化、社会化的前提和基础。各企业应根据《通知》精神,按照当地人民政府关于住房分配制度改革的总体部署,结合本企业的实际情况,加快推进住房分配货币化进程。住房货币分配的主要形式,包括职工工资中的住房消费含量、职工住房公积金(含补充公积金)中的单位资助部分,以及由单位原有住房建设资金转化的住房补贴等。

(七)各企业应按照《住房公积金管理条例》的规定和当地人民政府的具体要求,为本单位职工交纳住房公积金,建立住房公积金制度。

(八)凡符合《通知》和当地人民政府规定的发放住房补贴条件,且原有住房建设资金可转化为住房补贴的企业,可以建立职工住房补贴制度,对无房和住房未达到规定购房补贴建筑面积标准的职工发放住房补贴。

住房补贴水平,应根据企业所在地区(或地段)经济适用住房基准价格、本企业职工工资水平、不同职级购房补贴建筑面积标

准，以及有房职工按房改成本价购房负担水平等因素具体确定。企业职工购房补贴建筑面积标准，可参照当地机关公务人员购房补贴建筑面积标准、结合本企业职工住房的实际情况制定。

住房补贴方式，可参照当地人民政府关于住房分配货币化的有关原则，结合本单位补贴资金来源情况确定。

（九）新参加工作的职工、实行聘任制的职工、新设立企业的职工，全部进入住房新体制，实行住房分配货币化。

四、多渠道加快住房建设，加快解决职工住房问题

（十）停止住房实物分配之后，职工可利用工资积累、住房公积金、住房补贴资金，并通过住房贷款，自主购买商品房或申请购买经济适用住房。

（十一）在一定时期内，对有自用土地的企业，在符合土地利用总体规划、城市规划和单位发展规划的前提下，经批准可以在自用土地上自建住房。所建住房原则上按建造成本价向本单位职工出售。已经取消单位建房的地区，按当地人民政府的有关规定执行。

（十二）鼓励成立城市社会型住宅合作社，进行合作住房建设，按照住房建设成本向职工收取建房费用，解决城市低收入职工家庭中住房困难户的住房问题。

（十三）对合作建房和单位自建住房给予政策扶持。住宅合作社进行的合作建房和企业利用自用土地建房，执行当地人民政府关于经济适用住房建设的有关政策。

（十四）各市、县人民政府应尽快建立和完善具有社会保障性质的廉租住房供应体系。符合当地人民政府规定条件的最低收入职工家庭，可申请租住廉租住房。

五、积极推行物业管理，不断改善职工居住环境

（十五）住房建设、管理社会化是建立现代企业制度的要求，是住房制度改革的目标之一。

企业应积极改革现行的福利型住房维修、管理模式，通过资产分离、或委托管理等方式，把住房管理服务从企业经营中分离出去，加快建立起社会化、专业化、市场化的物业管理体制。

企业现行的住房管理机构，要改革为独立核算、自主经营、自负盈亏的经济实体，并逐步走向社会；有条件的可按照《中华人民共和国公司法》规定，规范改制为有限责任公司，独立从事住房开发、建设和经营管理业务。

（十六）加强房改售房与物业管理的衔接，在规划允许的范围内完善配套设施。合理解决物业管理服务用房，为公房出售后实施物业管理创造条件。

（十七）出售公有住房，应按照有关规定建立住宅共用部位共用设施设备维修基金，并健全维修基金使用与管理制度，实施有效监督。

六、加强领导，保证企业房改工作顺利实施

（十八）企业住房制度改革是促进国有企业改革和发展的重要配套措施，也是城镇住房制度改革工作的重点，各级房改、建设、财政、经贸等部门和工会组织，应从促进经济发展、保持社会稳定的高度，提高对企业房改和住房建设工作重要性的认识，密切配合，共同搞好对企业房改和住房建设工作的指导和服务，帮助企业解决进一步深化房改中的困难和问题。

（十九）企业住房制度改革政策性强，涉及广大职工的切身利益，应当坚持走群众路线。各企业住房制度改革方案要经职工代表大会讨论通过，报上级有关部门审核，在当地房改部门备案后执行。

（二十）已实施住房补贴理入工资的国有企业，要在原方案基础上，不断完善政策，加快住房社会化进程。

（二十一）企业原有公有住房按国家和当地人民政府的有关规定向职工出售后的

资产处理,以及住房补贴资金的财务处理办法,由财政部会同有关部门制订。

(二十二)各地人民政府和石油、铁路系统,根据本通知并结合实际情况,制定本地区、本系统进一步深化企业房改、加快解决职工住房问题的具体实施意见。

(二十三)本通知所称国有企业,指国有及国有控股企业。集体企业和其他所有制企业,以及实行企业化管理、执行企业财务制度的事业单位,参照本通知执行。

国务院机关事务管理局、中共中央直属机关事务管理局关于房改售房工作中几个具体问题处理意见的通知

1. *2000年6月26日*
2. *国管房改字〔2000〕130号*

中央和国家机关各部门、各单位:

《中共中央办公厅、国务院办公厅关于转发建设部等单位关于〈在京中央和国家机关进一步深化住房制度改革实施方案〉的通知》(厅字〔1999〕10号)和《国务院机关事务管理局、中共中央直属机关事务管理局关于印发〈在京中央和国家机关职工住房面积核定及未达标、超标处理办法〉的通知》(国管房改字〔2000〕36号)印发后,在实际工作中各方面提出不少具体问题亟待进一步明确。经房改七人小组讨论同意,现就几个具体问题的处理意见通知如下:

一、关于阳台、复式结构的阁楼、独立使用的平台的面积核定问题

阳台均按建筑面积的50%核定为职工住房面积;复式结构的阁楼按建筑面积的70%核定为职工住房面积。

独立使用的平台不核定为职工住房面积,但应另行计价,独立使用平台的房价款 = 平台建筑面积 × 30% × 届时房改成本价 × (1 - 已竣工年限 × 年折旧率)。

二、关于超过控制面积标准部分的实际价值问题

各单位可采取评估的方式确定房价,也可采用折扣方法确定房价。当地地段经济适用房价为每建筑平方米4000元的,竣工年限5年(含)以下的公有住宅楼房,按4000元计价;竣工年限5年以上的公有住宅楼房,从第6年开始,在4000元的基础上进行折扣,每年每建筑平方米折扣50元,折扣年限最长不超过30年。

当地地段经济适用住房价格每建筑平方米低于4000元的,超过住房控制面积标准的部分,在当地经济适用住房价格基础上按前款规定的方法和相应的折扣率进行折扣,但不得低于该地段当年的房改成本价。

三、关于住房装修设备价的计算问题

购买部级干部住房应收取装修设备价,装修设备价和房价款分别计算,一并收取。

1990年(含)前竣工且未进行综合维修的,装修设备价为0;1990年后竣工且未进行综合维修的,装修设备价为每使用平方米30元,每年可给2%的折扣,实际装修设备价 = 本套楼房使用面积 × 30元 × (1 - 已竣工年限 × 2%);1999年1月1日以后已进行综合维修的,装修设备价为每使用平方米30元,没有2%的折扣,实际装修设备价 = 本套楼房使用面积 × 30元。

各单位建设、购买的职工住房,其装修设备条件高于普通住房的,在出售时按上述原则参照执行。

四、关于职工承租或购买一套以上住房面积超标的处理问题

职工及其配偶在同一产权单位申请购买或者承租一套以上公有住房,合并计算面积超标的,由该产权单位依照有关规定处理超标事宜;职工及其配偶在不同产权单位申请购买和承租一套以上公有住房,合并计算面积超标的,由承租住房的产权单位处理超

标事宜。

五、关于职工及其配偶住房面积标准的认定问题

职工及其配偶承租、购买公有住房面积超标的，按夫妇双方职级较高一方的住房面积标准处理。

六、关于职工住房面积核定的方式问题

核定职工住房面积时，多层住宅楼房既可采用实测的方法，也可采用按本套住房使用面积×1.333的计算方式；高层住宅楼房既可采用实测的方法，也可采用按本套住房使用面积×1.333的计算方式，若是按全部公共面积分摊计算建筑面积的，可采用减10%的建筑面积的方式。

住宅楼房面积核定方式的选择，由产权单位依据上述对多层和高层楼房面积核定的具体规定自主确定，但同一栋楼房只能采用一种核定方式。

七、关于职工承租或购买军产房的面积核定问题

职工及其配偶承租或购买军产房的，其中可售住房应核定为其住房面积；不可售住房不核定为其住房面积，待其腾退军产房后，可按有关规定申领住房补贴和差额补贴。

八、关于革命烈士的工龄计算问题

革命烈士配偶未再婚的，购房时，本人工龄和革命烈士工龄合并计算。革命烈士的工龄超过35年的，按实际工龄计算；不足35年的，按35年计算。

革命烈士配偶再婚的，购房时，按本人和现配偶工龄合并计算。

九、关于在京中央和国家机关已售住房的上市交易问题

在京中央和国家机关已售公有住房和经济适用住房待进行房屋普查、建立住房档案、上市出售审批办法印发后，方可上市交易。

以上房改工作中几个具体问题的处理意见，请遵照执行。

2. 经济适用住房

国务院关于解决城市低收入家庭住房困难的若干意见

1. *2007年8月7日*
2. *国发〔2007〕24号*

各省、自治区、直辖市人民政府，国务院各部委、各直属机构：

住房问题是重要的民生问题。党中央、国务院高度重视解决城市居民住房问题，始终把改善群众居住条件作为城市住房制度改革和房地产业发展的根本目的。20多年来，我国住房制度改革不断深化，城市住宅建设持续快速发展，城市居民住房条件总体上有了较大改善。但也要看到，城市廉租住房制度建设相对滞后，经济适用住房制度不够完善，政策措施还不配套，部分城市低收入家庭住房还比较困难。为切实加大解决城市低收入家庭住房困难工作力度，现提出以下意见：

一、明确指导思想、总体要求和基本原则

（一）指导思想。以邓小平理论和“三个代表”重要思想为指导，深入贯彻落实科学发展观，按照全面建设小康社会和构建社会主义和谐社会的目标要求，把解决城市（包括县城，下同）低收入家庭住房困难作为维护群众利益的重要工作和住房制度改革的重要内容，作为政府公共服务的一项重要职责，加快建立健全以廉租住房制度为重点、多渠道解决城市低收入家庭住房困难的政策体系。

（二）总体要求。以城市低收入家庭为对象，进一步建立健全城市廉租住房制度，改进和规范经济适用住房制度，加大棚户区、旧住宅区改造力度，力争到“十一五”期末，使低收入家庭住房条件得到明显改善，农民工等其他城市住房困难群体的居住条

件得到逐步改善。

（三）基本原则。解决低收入家庭住房困难，要坚持立足国情，满足基本住房需要；统筹规划，分步解决；政府主导，社会参与；统一政策，因地制宜；省级负总责，市县抓落实。

二、进一步建立健全城市廉租住房制度

（四）逐步扩大廉租住房制度的保障范围。城市廉租住房制度是解决低收入家庭住房困难的主要途径。2007 年底前，所有设区的城市要对符合规定住房困难条件、申请廉租住房租赁补贴的城市低保家庭基本做到应保尽保；2008 年底前，所有县城要基本做到应保尽保。“十一五”期末，全国廉租住房制度保障范围要由城市最低收入住房困难家庭扩大到低收入住房困难家庭；2008 年底前，东部地区和其他有条件的地区要将保障范围扩大到低收入住房困难家庭。

（五）合理确定廉租住房保障对象和保障标准。廉租住房保障对象的家庭收入标准和住房困难标准，由城市人民政府按照当地统计部门公布的家庭人均可支配收入和人均住房水平的一定比例，结合城市经济发展水平和住房价格水平确定。廉租住房保障面积标准，由城市人民政府根据当地家庭平均住房水平及财政承受能力等因素统筹研究确定。廉租住房保障对象的家庭收入标准、住房困难标准和保障面积标准实行动态管理，由城市人民政府每年向社会公布一次。

（六）健全廉租住房保障方式。城市廉租住房保障实行货币补贴和实物配租等方式相结合，主要通过发放租赁补贴，增强低收入家庭在市场上承租住房的能力。每平方米租赁补贴标准由城市人民政府根据当地经济发展水平、市场平均租金、保障对象的经济承受能力等因素确定。其中，对符合条件的城市低保家庭，可按当地的廉租住房保障面积标准和市场平均租金给予补贴。

（七）多渠道增加廉租住房房源。要采取政府新建、收购、改建以及鼓励社会捐赠等方式增加廉租住房供应。小户型租赁住房短缺和住房租金较高的地方，城市人民政府要加大廉租住房建设力度。新建廉租住房套型建筑面积控制在 50 平方米以内，主要在经济适用住房以及普通商品住房小区中配建，并在用地规划和土地出让条件中明确规定建成后由政府收回或回购；也可以考虑相对集中建设。积极发展住房租赁市场，鼓励房地产开发企业开发建设中小户型住房面向社会出租。

（八）确保廉租住房保障资金来源。地方各级人民政府要根据廉租住房工作的年度计划，切实落实廉租住房保障资金：一是地方财政要将廉租住房保障资金纳入年度预算安排。二是住房公积金增值收益在提取贷款风险准备金和管理费用之后全部用于廉租住房建设。三是土地出让净收益用于廉租住房保障资金的比例不得低于10%，各地还可根据实际情况进一步适当提高比例。四是廉租住房租金收入实行收支两条线管理，专项用于廉租住房的维护和管理。对中西部财政困难地区，通过中央预算内投资补助和中央财政廉租住房保障专项补助资金等方式给予支持。

三、改进和规范经济适用住房制度

（九）规范经济适用住房供应对象。经济适用住房供应对象为城市低收入住房困难家庭，并与廉租住房保障对象衔接。经济适用住房供应对象的家庭收入标准和住房困难标准，由城市人民政府确定，实行动态管理，每年向社会公布一次。低收入住房困难家庭要求购买经济适用住房的，由该家庭提出申请，有关单位按规定的程序进行审查，对符合标准的，纳入经济适用住房供应对象范围。过去享受过福利分房或购买过经济适用住房的家庭不得再购买经济适用住房。已经购买了经济适用住房的家庭又购买其他住房的，原经济适用住房由政府按

规定回购。

（十）合理确定经济适用住房标准。经济适用住房套型标准根据经济发展水平和群众生活水平，建筑面积控制在60平方米左右。各地要根据实际情况，每年安排建设一定规模的经济适用住房。房价较高、住房结构性矛盾突出的城市，要增加经济适用住房供应。

（十一）严格经济适用住房上市交易管理。经济适用住房属于政策性住房，购房人拥有有限产权。购买经济适用住房不满5年，不得直接上市交易，购房人因各种原因确需转让经济适用住房的，由政府按照原价格并考虑折旧和物价水平等因素进行回购。购买经济适用住房满5年，购房人可转让经济适用住房，但应按照届时同地段普通商品住房与经济适用住房差价的一定比例向政府交纳土地收益等价款，具体交纳比例由城市人民政府确定，政府可优先回购；购房人向政府交纳土地收益等价款后，也可以取得完全产权。上述规定应在经济适用住房购房合同中予以明确。政府回购的经济适用住房，继续向符合条件的低收入住房困难家庭出售。

（十二）加强单位集资合作建房管理。单位集资合作建房只能由距离城区较远的独立工矿企业和住房困难户较多的企业，在符合城市规划前提下，经城市人民政府批准，并利用自用土地组织实施。单位集资合作建房纳入当地经济适用住房供应计划，其建设标准、供应对象、产权关系等均按照经济适用住房的有关规定执行。在优先满足本单位住房困难职工购买基础上房源仍有多余的，由城市人民政府统一向符合经济适用住房购买条件的家庭出售，或以成本价收购后用作廉租住房。各级国家机关一律不得搞单位集资合作建房；任何单位不得新征用或新购买土地搞集资合作建房；单位集资合作建房不得向非经济适用住房供应对象出售。

四、逐步改善其他住房困难群体的居住条件

（十三）加快集中成片棚户区的改造。对集中成片的棚户区，城市人民政府要制定改造计划，因地制宜进行改造。棚户区改造要符合以下要求：困难住户的住房得到妥善解决；住房质量、小区环境、配套设施明显改善；困难家庭的负担控制在合理水平。

（十四）积极推进旧住宅区综合整治。对可整治的旧住宅区要力戒大拆大建。要以改善低收入家庭居住环境和保护历史文化街区为宗旨，遵循政府组织、居民参与的原则，积极进行房屋维修养护、配套设施完善、环境整治和建筑节能改造。

（十五）多渠道改善农民工居住条件。用工单位要向农民工提供符合基本卫生和安全条件的居住场所。农民工集中的开发区和工业园区，应按照集约用地的原则，集中建设向农民工出租的集体宿舍，但不得按商品住房出售。城中村改造时，要考虑农民工的居住需要，在符合城市规划和土地利用总体规划的前提下，集中建设向农民工出租的集体宿舍。有条件的地方，可比照经济适用住房建设的相关优惠政策，政府引导，市场运作，建设符合农民工特点的住房，以农民工可承受的合理租金向农民工出租。

五、完善配套政策和工作机制

（十六）落实解决城市低收入家庭住房困难的经济政策和建房用地。一是廉租住房和经济适用住房建设、棚户区改造、旧住宅区整治一律免收城市基础设施配套费等各种行政事业性收费和政府性基金。二是廉租住房和经济适用住房建设用地实行行政划拨方式供应。三是对廉租住房和经济适用住房建设用地，各地要切实保证供应。要根据住房建设规划，在土地供应计划中予以优先安排，并在申报年度用地指标时单独列出。四是社会各界向政府捐赠廉租住房房源的，执行公益性捐赠税收扣除的有关政策。五是社会机构投资廉租住房或经济适用住房建设、棚户区改造、旧住宅区整治的，

可同时给予相关的政策支持。

（十七）确保住房质量和使用功能。廉租住房和经济适用住房建设、棚户区改造以及旧住宅区整治，要坚持经济、适用的原则。要提高规划设计水平，在较小的户型内实现基本的使用功能。要按照发展节能省地环保型住宅的要求，推广新材料、新技术、新工艺。要切实加强施工管理，确保施工质量。有关住房质量和使用功能等方面的要求，应在建设合同中予以明确。

（十八）健全工作机制。城市人民政府要抓紧开展低收入家庭住房状况调查，于2007年底之前建立低收入住房困难家庭住房档案，制订解决城市低收入家庭住房困难的工作目标、发展规划和年度计划，纳入当地经济社会发展规划和住房建设规划，并向社会公布。要按照解决城市低收入家庭住房困难的年度计划，确保廉租住房保障的各项资金落实到位；确保廉租住房、经济适用住房建设用地落实到位，并合理确定区位布局。要规范廉租住房保障和经济适用住房供应的管理，建立健全申请、审核和公示办法，并于2007年9月底之前向社会公布；要严格做好申请人家庭收入、住房状况的调查审核，完善轮候制度，特别是强化廉租住房的年度复核工作，健全退出机制。要严肃纪律，坚决查处弄虚作假等违纪违规行为和有关责任人员，确保各项政策得以公开、公平、公正实施。

（十九）落实工作责任。省级人民政府对本地区解决城市低收入家庭住房困难工作负总责，要对所属城市人民政府实行目标责任制管理，加强监督指导。有关工作情况，纳入对城市人民政府的政绩考核之中。解决城市低收入家庭住房困难是城市人民政府的重要责任。城市人民政府要把解决城市低收入家庭住房困难摆上重要议事日程，加强领导，落实相应的管理工作机构和具体实施机构，切实抓好各项工作；要接受人民群众的监督，每年在向人民代表大会所作的《政府工作报告》中报告解决城市低收入家庭住房困难年度计划的完成情况。

房地产市场宏观调控部际联席会议负责研究提出解决城市低收入家庭住房困难的有关政策，协调解决工作实施中的重大问题。国务院有关部门要按照各自职责，加强对各地工作的指导，抓好督促落实。建设部会同发展改革委、财政部、国土资源部等有关部门抓紧完善廉租住房管理办法和经济适用住房管理办法。民政部会同有关部门抓紧制定城市低收入家庭资格认定办法。财政部会同建设部、民政部等有关部门抓紧制定廉租住房保障专项补助资金的实施办法。发展改革委会同建设部抓紧制定中央预算内投资对中西部财政困难地区新建廉租住房项目的支持办法。财政部、税务总局抓紧研究制定廉租住房建设、经济适用住房建设和住房租赁的税收支持政策。人民银行会同建设部、财政部等有关部门抓紧研究提出对廉租住房和经济适用住房建设的金融支持意见。

（二十）加强监督检查。2007年底前，直辖市、计划单列市和省会（首府）城市要把解决城市低收入家庭住房困难的发展规划和年度计划报建设部备案，其他城市报省（区、市）建设主管部门备案。建设部会同监察部等有关部门负责本意见执行情况的监督检查，对工作不落实、措施不到位的地区，要通报批评，限期整改，并追究有关领导责任。对在解决城市低收入家庭住房困难工作中以权谋私、玩忽职守的，要依法依规追究有关责任人的行政和法律责任。

（二十一）继续抓好国务院关于房地产市场各项调控政策措施的落实。各地区、各有关部门要在认真解决城市低收入家庭住房困难的同时，进一步贯彻落实国务院关于房地产市场各项宏观调控政策措施。要加大住房供应结构调整力度，认真落实《国务院办公厅转发建设部等部门关于调整住房供应结构稳定住房价格意见的通知》（国办发〔2006〕37 号），重点发展中低价位、中小套型普通商品住房，增加住房有效供应。城市新审批、新开工的住房建设，套型建筑面积 90 平方米以下住房面积所占比重，必须达到开发建设总面积的 70% 以上。廉租住房、经济适用住房和中低价位、中小套型普通商品住房建设用地的年度供应量不得低于居住用地供应总量的 70%。要加大住房需求调节力度，引导合理的住房消费，建立符合国情的住房建设和消费模式。要加强市场监管，坚决整治房地产开发、交易、中介服务、物业管理及房屋拆迁中的违法违规行为，维护群众合法权益。要加强房地产价格的监管，抑制房地产价格过快上涨，保持合理的价格水平，引导房地产市场健康发展。

（二十二）凡过去文件规定与本意见不一致的，以本意见为准。

城镇经济适用住房建设管理办法

1. 1994 年 12 月 15 日建设部、国务院住房制度改革领导小组、财政部发布

2. 建房〔1994〕761 号

第一条 为了建立以中低收入家庭为对象，具有社会保障性质的经济适用住房供应体系，加快经济适用住房建设，提高城镇职工、居民的住房水平，加强对经济适用住房建设的管理，根据《国务院关于深化城镇住房制度改革的决定》，制定本办法。

第二条 国务院建设行政主管部门负责全国经济适用住房的建设管理工作，制定经济适用住房的方针、政策，根据国家住宅建设发展规划制定经济适用住房发展计划，并进行宏观指导。

各省、自治区建设行政主管部门根据国家的方针、政策，制定本行政区域的实施方案，编制经济适用住房的发展计划与规划，指导经济适用住房的建设。

各直辖市、市、县建设或房地产行政主管部门负责制定本地区经济适用住房建设计划、具体实施方案；负责经济适用住房建设计划的实施和管理工作。

第三条 经济适用住房是指以中低收入家庭住房困难户为供应对象，并按国家住宅建设标准（不含别墅、高级公寓、外销住宅）建设的普通住宅。

第四条 中低收入家庭住房困难户认定的标准由地方人民政府确定。

对离退休职工、教师家庭住房困难户应优先安排经济适用住房。

第五条 经济适用住房建设要体现经济、适用、美观的原则，使用功能要满足居民的基本生活需要。

第六条 地方人民政府要在计划、规划、拆迁、税费等方面对经济适用住房的建设制定政策措施，予以扶持。

第七条 地方人民政府根据经济适用住房建设计划，优先安排建设用地。

经济适用住房建设用地的供应原则上实行划拨方式。

第八条 经济适用住房建设资金通过以下几个方面筹集：

（一）地方政府用于住宅建设的资金；

（二）政策性贷款；

（三）其他资金。

第九条 建设或房地产行政主管部门根据每年经济适用住房的建设计划，提出建设资金的使用计划，报当地人民政府批准后执行。

第十条 经济适用住房建设的主管部门按照政企分开的原则，指定或设立专门机构，承担经济适用住房的建设、出售、出租等工作，并对其进行监督和管理；暂不具备条件的地区，可由房地产行政主管部门具体组织实施经济适用住房的建设。

第十一条 经济适用住房一般应以招标的方式选择施工单位建设。

承建单位要按合同规定的工期和成本确保经济适用住房的建设质量。

第十二条 经济适用住房价格由经济适用住房建设的主管部门会同同级物价管理部门按建设成本确定,报当地人民政府审批后执行。

建设成本构成:

(一)征地及拆迁补偿安置费;

(二)勘察设计及前期工程费;

(三)住宅建筑及设备安装工程费;

(四)小区内基础设施和非经营性公用配套设施建设费;

(五)贷款利息;

(六)税金;

(七)以(一)至(四)项费用之和为基数1%—3%的管理费。

第十三条 购房者购买的经济适用住房,按规定办理房屋产权登记手续。

第十四条 各省、自治区、直辖市建设行政主管部门可根据本办法制定实施细则。

第十五条 本办法由建设部负责解释。

第十六条 本办法自发布之日起实施。

经济适用住房管理办法

1. 2007年11月19日建设部、国家发展和改革委员会、监察部、财政部、国土资源部、中国人民银行、国家税务总局发布

2. 建住房〔2007〕258号

第一章 总 则

第一条 为改进和规范经济适用住房制度,保护当事人合法权益,制定本办法。

第二条 本办法所称经济适用住房,是指政府提供政策优惠,限定套型面积和销售价格,按照合理标准建设,面向城市低收入住房困难家庭供应,具有保障性质的政策性住房。

本办法所称城市低收入住房困难家庭,是指城市和县人民政府所在地镇的范围内,家庭收入、住房状况等符合市、县人民政府规定条件的家庭。

第三条 经济适用住房制度是解决城市低收入家庭住房困难政策体系的组成部分。经济适用住房供应对象要与廉租住房保障对象相衔接。经济适用住房的建设、供应、使用及监督管理,应当遵守本办法。

第四条 发展经济适用住房应当在国家统一政策指导下,各地区因地制宜,政府主导、社会参与。市、县人民政府要根据当地经济社会发展水平、居民住房状况和收入水平等因素,合理确定经济适用住房的政策目标、建设标准、供应范围和供应对象等,并组织实施。省、自治区、直辖市人民政府对本行政区域经济适用住房工作负总责,对所辖市、县人民政府实行目标责任制管理。

第五条 国务院建设行政主管部门负责对全国经济适用住房工作的指导和实施监督。县级以上地方人民政府建设或房地产行政主管部门(以下简称"经济适用住房主管部门")负责本行政区域内经济适用住房管理工作。

县级以上人民政府发展改革(价格)、监察、财政、国土资源、税务及金融管理等部门根据职责分工,负责经济适用住房有关工作。

第六条 市、县人民政府应当在解决城市低收入家庭住房困难发展规划和年度计划中,明确经济适用住房建设规模、项目布局和用地安排等内容,并纳入本级国民经济与社会发展规划和住房建设规划,及时向社会公布。

第二章 优惠和支持政策

第七条 经济适用住房建设用地以划拨方式供应。经济适用住房建设用地应纳入当地年度土地供应计划,在申报年度用地指标时单独列出,确保优先供应。

第八条 经济适用住房建设项目免收城市基础设施配套费等各种行政事业性收费和政府性基金。经济适用住房项目外基础设施建设费用,由政府负担。经济适用住房建设单位可以以在建项目作抵押向商业银行申请住房开发贷款。

第九条 购买经济适用住房的个人向商业银行申请贷款，除符合《个人住房贷款管理办法》规定外，还应当出具市、县人民政府经济适用住房主管部门准予购房的核准通知。

购买经济适用住房可提取个人住房公积金和优先办理住房公积金贷款。

第十条 经济适用住房的贷款利率按有关规定执行。

第十一条 经济适用住房的建设和供应要严格执行国家规定的各项税费优惠政策。

第十二条 严禁以经济适用住房名义取得划拨土地后，以补交土地出让金等方式，变相进行商品房开发。

第三章 建设管理

第十三条 经济适用住房要统筹规划、合理布局、配套建设，充分考虑城市低收入住房困难家庭对交通等基础设施条件的要求，合理安排区位布局。

第十四条 在商品住房小区中配套建设经济适用住房的，应当在项目出让条件中，明确配套建设的经济适用住房的建设总面积、单套建筑面积、套数、套型比例、建设标准以及建成后移交或者回购等事项，并以合同方式约定。

第十五条 经济适用住房单套的建筑面积控制在60平方米左右。市、县人民政府应当根据当地经济发展水平、群众生活水平、住房状况、家庭结构和人口等因素，合理确定经济适用住房建设规模和各种套型的比例，并进行严格管理。

第十六条 经济适用住房建设按照政府组织协调、市场运作的原则，可以采取项目法人招标的方式，选择具有相应资质和良好社会责任的房地产开发企业实施；也可以由市、县人民政府确定的经济适用住房管理实施机构直接组织建设。在经济适用住房建设中，应注重发挥国有大型骨干建筑企业的积极作用。

第十七条 经济适用住房的规划设计和建设必须按照发展节能省地环保型住宅的要求，严格执行《住宅建筑规范》等国家有关住房建设的强制性标准，采取竞标方式优选规划设计方案，做到在较小的套型内实现基本的使用功能。积极推广应用先进、成熟、适用、安全的新技术、新工艺、新材料、新设备。

第十八条 经济适用住房建设单位对其建设的经济适用住房工程质量负最终责任，向买受人出具《住宅质量保证书》和《住宅使用说明书》，并承担保修责任，确保工程质量和使用安全。有关住房质量和性能等方面的要求，应在建设合同中予以明确。

经济适用住房的施工和监理，应当采取招标方式，选择具有资质和良好社会责任的建筑企业和监理公司实施。

第十九条 经济适用住房项目可采取招标方式选择物业服务企业实施前期物业服务，也可以在社区居委会等机构的指导下，由居民自我管理，提供符合居住区居民基本生活需要的物业服务。

第四章 价格管理

第二十条 确定经济适用住房的价格应当以保本微利为原则。其销售基准价格及浮动幅度，由有定价权的价格主管部门会同经济适用住房主管部门，依据经济适用住房价格管理的有关规定，在综合考虑建设、管理成本和利润的基础上确定并向社会公布。房地产开发企业实施的经济适用住房项目利润率按不高于3%核定；市、县人民政府直接组织建设的经济适用住房只能按成本价销售，不得有利润。

第二十一条 经济适用住房销售应当实行明码标价，销售价格不得高于基准价格及上浮幅度，不得在标价之外收取任何未予标明的费用。经济适用住房价格确定后应当向社会公布。价格主管部门应依法进行监督管理。

第二十二条 经济适用住房实行收费卡制度，各有关部门收取费用时，必须填写价格主管部门核发的交费登记卡。任何单位不得以押金、保证金等名义,变相向经济适用住房建设单位收取费用。

第二十三条　价格主管部门要加强成本监审,全面掌握经济适用住房成本及利润变动情况,确保经济适用住房做到质价相符。

第五章　准入和退出管理

第二十四条　经济适用住房管理应建立严格的准入和退出机制。经济适用住房由市、县人民政府按限定的价格,统一组织向符合购房条件的低收入家庭出售。经济适用住房供应实行申请、审核、公示和轮候制度。市、县人民政府应当制定经济适用住房申请、审核、公示和轮候的具体办法,并向社会公布。

第二十五条　城市低收入家庭申请购买经济适用住房应同时符合下列条件:

(一)具有当地城镇户口;

(二)家庭收入符合市、县人民政府划定的低收入家庭收入标准;

(三)无房或现住房面积低于市、县人民政府规定的住房困难标准。

经济适用住房供应对象的家庭收入标准和住房困难标准,由市、县人民政府根据当地商品住房价格、居民家庭可支配收入、居住水平和家庭人口结构等因素确定,实行动态管理,每年向社会公布一次。

第二十六条　经济适用住房资格申请采取街道办事处(镇人民政府)、市(区)、县人民政府逐级审核并公示的方式认定。审核单位应当通过入户调查、邻里访问以及信函索证等方式对申请人的家庭收入和住房状况等情况进行核实。申请人及有关单位、组织或者个人应当予以配合,如实提供有关情况。

第二十七条　经审核公示通过的家庭,由市、县人民政府经济适用住房主管部门发放准予购买经济适用住房的核准通知,注明可以购买的面积标准。然后按照收入水平、住房困难程度和申请顺序等因素进行轮候。

第二十八条　符合条件的家庭,可以持核准通知购买一套与核准面积相对应的经济适用住房。购买面积原则上不得超过核准面积。购买面积在核准面积以内的,按核准的价格购买;超过核准面积的部分,不得享受政府优惠,由购房人按照同地段同类普通商品住房的价格补交差价。

第二十九条　居民个人购买经济适用住房后,应当按照规定办理权属登记。房屋、土地登记部门在办理权属登记时,应当分别注明经济适用住房、划拨土地。

第三十条　经济适用住房购房人拥有有限产权。

购买经济适用住房不满5年,不得直接上市交易,购房人因特殊原因确需转让经济适用住房的,由政府按照原价格并考虑折旧和物价水平等因素进行回购。

购买经济适用住房满5年,购房人上市转让经济适用住房的,应按照届时同地段普通商品住房与经济适用住房差价的一定比例向政府交纳土地收益等相关价款,具体交纳比例由市、县人民政府确定,政府可优先回购;购房人也可以按照政府所定的标准向政府交纳土地收益等相关价款后,取得完全产权。

上述规定应在经济适用住房购买合同中予以载明,并明确相关违约责任。

第三十一条　已经购买经济适用住房的家庭又购买其他住房的,原经济适用住房由政府按规定及合同约定回购。政府回购的经济适用住房,仍应用于解决低收入家庭的住房困难。

第三十二条　已参加福利分房的家庭在退回所分房屋前不得购买经济适用住房,已购买经济适用住房的家庭不得再购买经济适用住房。

第三十三条　个人购买的经济适用住房在取得完全产权以前不得用于出租经营。

第六章 单位集资合作建房

第三十四条 距离城区较远的独立工矿企业和住房困难户较多的企业，在符合土地利用总体规划、城市规划、住房建设规划的前提下，经市、县人民政府批准，可以利用单位自用土地进行集资合作建房。参加单位集资合作建房的对象，必须限定在本单位符合市、县人民政府规定的低收入住房困难家庭。

第三十五条 单位集资合作建房是经济适用住房的组成部分，其建设标准、优惠政策、供应对象、产权关系等均按照经济适用住房的有关规定严格执行。单位集资合作建房应当纳入当地经济适用住房建设计划和用地计划管理。

第三十六条 任何单位不得利用新征用或新购买土地组织集资合作建房；各级国家机关一律不得搞单位集资合作建房。单位集资合作建房不得向不符合经济适用住房供应条件的家庭出售。

第三十七条 单位集资合作建房在满足本单位低收入住房困难家庭购买后，房源仍有少量剩余的，由市、县人民政府统一组织向符合经济适用住房购房条件的家庭出售，或由市、县人民政府以成本价收购后用作廉租住房。

第三十八条 向职工收取的单位集资合作建房款项实行专款管理、专项使用，并接受当地财政和经济适用住房主管部门的监督。

第三十九条 已参加福利分房、购买经济适用住房或参加单位集资合作建房的人员，不得再次参加单位集资合作建房。严禁任何单位借集资合作建房名义，变相实施住房实物分配或商品房开发。

第四十条 单位集资合作建房原则上不收取管理费用，不得有利润。

第七章 监督管理

第四十一条 市、县人民政府要加强对已购经济适用住房的后续管理，经济适用住房主管部门要切实履行职责，对已购经济适用住房家庭的居住人员、房屋的使用等情况进行定期检查，发现违规行为及时纠正。

第四十二条 市、县人民政府及其有关部门应当加强对经济适用住房建设、交易中违纪违法行为的查处。

（一）擅自改变经济适用住房或集资合作建房用地性质的，由国土资源主管部门按有关规定处罚。

（二）擅自提高经济适用住房或集资合作建房销售价格等价格违法行为的，由价格主管部门依法进行处罚。

（三）未取得资格的家庭购买经济适用住房或参加集资合作建房的，其所购买或集资建设的住房由经济适用住房主管部门限期按原价格并考虑折旧等因素作价收购；不能收购的，由经济适用住房主管部门责成其补缴经济适用住房或单位集资合作建房与同地段同类普通商品住房价格差，并对相关责任单位和责任人依法予以处罚。

第四十三条 对弄虚作假、隐瞒家庭收入和住房条件，骗购经济适用住房或单位集资合作建房的个人，由市、县人民政府经济适用住房主管部门限期按原价格并考虑折旧等因素作价收回所购住房，并依法和有关规定追究责任。对出具虚假证明的，依法追究相关责任人的责任。

第四十四条 国家机关工作人员在经济适用住房建设、管理过程中滥用职权、玩忽职守、徇私舞弊的，依法依纪追究责任；涉嫌犯罪的，移送司法机关处理。

第四十五条 任何单位和个人有权对违反本办法规定的行为进行检举和控告。

第八章 附 则

第四十六条 省、自治区、直辖市人民政府经济适用住房主管部门会同发展改革（价格）、监察、财政、国土资源、金融管理、税务主管部门根据本办法，可以制定具体实施办法。

第四十七条 本办法由建设部会同发展改革委、监察部、财政部、国土资源部、人民银行、税务总局负责解释。

第四十八条 本办法下发后尚未销售的经济适用住房,执行本办法有关准入和退出管理、价格管理、监督管理等规定;已销售的经济适用住房仍按原有规定执行。此前已审批但尚未开工的经济适用住房项目,凡不符合本办法规定内容的事项,应按本办法做相应调整。

第四十九条 建设部、发展改革委、国土资源部、人民银行《关于印发〈经济适用住房管理办法〉的通知》(建住房〔2004〕77号)同时废止。

经济适用住房开发贷款管理办法

1. 2008年1月18日中国人民银行、中国银行业监督管理委员会发布
2. 银发〔2008〕13号
3. 自2008年2月18日起施行

第一条 为支持经济适用住房建设,维护借贷双方的合法权益,根据《中华人民共和国中国人民银行法》、《中华人民共和国银行业监督管理法》、《中华人民共和国商业银行法》、《中华人民共和国物权法》、《中华人民共和国担保法》、《经济适用住房管理办法》等国家有关法律和政策规定制定本办法。

第二条 本办法所称经济适用住房开发贷款是指贷款人向借款人发放的专项用于经济适用住房项目开发建设的贷款。

第三条 本办法所称贷款人是指中华人民共和国境内依法设立的商业银行和其他银行业金融机构。

本办法所称借款人是指具有法人资格,并取得房地产开发资质的房地产开发企业。

各政策性银行未经批准,不得从事经济适用住房开发贷款业务。

第四条 经济适用住房开发贷款条件:

(一)借款人已取得贷款证(卡)并在贷款银行开立基本存款账户或一般存款账户。

(二)借款人产权清晰,法人治理结构健全,经营管理规范,财务状况良好,核心管理人员素质较高。

(三)借款人实收资本不低于人民币1000万元,信用良好,具有按期偿还贷款本息的能力。

(四)建设项目已列入当地经济适用住房年度建设投资计划和土地供应计划,能够进行实质性开发建设。

(五)借款人已取得建设项目所需的《国有土地使用证》、《建设用地规划许可证》、《建设工程规划许可证》和《建设工程开工许可证》。

(六)建设项目资本金(所有者权益)不低于项目总投资的30%,并在贷款使用前已投入项目建设。

(七)建设项目规划设计符合国家相关规定。

(八)贷款人规定的其他条件。

第五条 经济适用住房开发贷款必须专项用于经济适用住房项目建设,不得挪作他用。

严禁以流动资金贷款形式发放经济适用住房开发贷款。

第六条 经济适用住房开发贷款期限一般为3年,最长不超过5年。

第七条 经济适用住房开发贷款利率按中国人民银行利率政策执行,可适当下浮,但下浮比例不得超过10%。

第八条 经济适用住房开发贷款应以项目销售收入及借款人其他经营收入作为还款来源。

第九条 贷款人应当依法开展经济适用住房开发贷款业务。

贷款人应对借款人和建设项目进行调查、评估,加强贷款审查。借款人应按要求向贷款人提供有关资料。

任何单位和个人不得强令贷款人发放经济适用住房开发贷款。

第十条 借款人申请经济适用住房贷款应提供贷款人认可的有效担保。

第十一条 贷款人应与借款人签订书面合同，办妥担保手续。采用抵(质)押担保方式的，贷款人应及时办理抵(质)押登记。

第十二条 经济适用住房开发贷款实行封闭管理。借贷双方应签订资金监管协议，设定资金监管账户。贷款人应通过资金监管账户对资金的流出和流入等情况进行有效监控管理。

第十三条 贷款人应对经济适用住房开发贷款使用情况进行有效监督和检查，借款人应定期向贷款人提供项目建设进度、贷款使用、项目销售等方面的信息以及财务会计报表等有关资料。

第十四条 中国银行业监督管理委员会及其派出机构依法对相关借贷经营活动实施监管。中国人民银行及其分支机构可以建议中国银行业监督管理委员会及其派出机构对相关借贷经营活动进行监督检查。

第十五条 经济适用住房开发贷款列入房地产贷款科目核算。

第十六条 经有关管理部门批准，符合相关政策规定的单位集资合作建房项目的贷款业务参照本办法执行。

第十七条 本办法由中国人民银行、中国银行业监督管理委员会负责解释。

第十八条 本办法自发布之日起30日后实施。《经济适用住房开发贷款管理暂行规定》(银发〔1999〕129号文印发)同时废止。

附录

住房和城乡建设部关于取消部分部门规章和规范性文件设定的证明事项的决定

取消部门规章设定的证明事项目录①

（共36项）

序号	证明事项名称	证明用途	设定依据	取消后的办理方式
1	企业具有相应专业技术人员和管理人员条件的社保证明、劳动合同	企业从事城市生活垃圾经营性处置服务的审批	《城市生活垃圾管理办法》（建设部令第157号，根据住房和城乡建设部令第24号修正）	申请人不再提交，向主管部门作出书面承诺，由主管部门内部核查。
2	权属关系证明材料	申请关闭、闲置或者拆除城市生活垃圾处置设施、场所的核准		申请人不再提交，向主管部门作出书面承诺，由主管部门内部核查。
3	设施丧失使用功能或其使用功能被其他设施替代的证明	申请办理拆除环境卫生设施方案审批		申请人不再提交，向主管部门作出书面承诺，由主管部门内部核查。
4	在公众媒体刊登遗失声明	建筑业企业资质证书遗失补办	《建筑业企业资质管理规定》（住房和城乡建设部令第22号，根据住房和城乡建设部令第32号、第45号修正）	申请人不再提交，由申请人告知资质许可机关，由资质许可机关在官网发布信息。
5	固定经营服务场所证明	房地产估价机构备案	《房地产估价机构管理办法》（建设部令第142号，根据住房城乡建设部令第14号、第24号修正）	申请人不再提交，由主管部门根据营业执照确认。
6	固定经营服务场所证明	房地产估价机构备案证书变更		申请人不再提交，由主管部门根据营业执照确认。
7	专职注册房地产估价师证明	房地产估价机构备案		申请人不再提交，向主管部门作出书面承诺，由主管部门内部核查。

① 2019年9月16日，住房和城乡建设部公布了《关于取消部分部门规章和规范性文件设定的证明事项的决定》（建法规〔2019〕6号），相关证明事项自公布之日起取消。——编者注

续表

序号	证明事项名称	证明用途	设定依据	取消后的办理方式
8	道路运输经营许可证	申请城市建筑垃圾准运许可	《建设部关于纳入国务院决定的十五项行政许可的条件的规定》(建设部令第135号,根据住房和城乡建设部令第9号、第10号修正)	申请人不再提交,向主管部门作出书面承诺,由主管部门内部核查。
9	消纳场具有相应的摊铺、碾压、除尘、照明等机械和设备以及排水、消防等设施的证明	城市建筑垃圾处置核准		申请人不再提交,向主管部门作出书面承诺,由主管部门内部核查。
10	工程造价咨询营业收入的财务审计报告	企业申请工程造价咨询企业资质	《工程造价咨询企业管理办法》(建设部令第149号,根据住房和城乡建设部令第24号、32号修正)	申请人不再提交。
11	税务部门出具的缴纳工程造价咨询营业收入的营业税完税证明	企业申请工程造价咨询企业资质		申请人不再提交,改为上传营业收入发票和对应的工程造价咨询合同扫描件。
12	专职专业人员(含技术负责人)的造价工程师注册证书、造价员资格证书	企业申请工程造价咨询企业资质		申请人不再提交,由主管部门内部核查。
13	专职专业人员(含技术负责人)的人事代理合同	企业申请工程造价咨询企业资质	《工程造价咨询企业管理办法》(建设部令第149号,根据住房和城乡建设部令第24号、32号修正)	申请人不再提交,向主管部门作出书面承诺。
14	企业为专职专业人员交纳的本年度社会基本养老保险费用的凭证	企业申请工程造价咨询企业资质		申请人不再提交,向主管部门作出书面承诺。
15	在公众媒体上声明作废	工程造价咨询企业资质证书遗失补办		申请人不再提交,由申请人告知资质许可机关,由资质许可机关在官网发布信息。
16	在公众媒体上声明作废	建筑施工企业安全生产许可证遗失补办	《建筑施工企业安全生产许可证管理规定》(建设部令第128号,根据住房和城乡建设部令第23号修正)	申请人不再提交,由申请人告知资质许可机关,由资质许可机关在官网发布信息。

续表

序号	证明事项名称	证明用途	设定依据	取消后的办理方式
17	执业资格证书复印件	申请勘察设计注册工程师执业资格初始注册	《勘察设计注册工程师管理规定》(建设部令第137号发布,根据住房和城乡建设部令第32号修正)	申请人不再提交,向主管部门作出书面承诺。
18	达到继续教育要求的证明材料	逾期申请勘察设计注册工程师执业资格初始注册和申请延续注册		申请人不再提交,向主管部门作出书面承诺。
19	受聘单位的企业资质证书	申请勘察设计注册工程师执业资格初始注册、延续注册和变更注册		申请人不再提交,向主管部门作出书面承诺。
20	相应的从业经历和良好的业绩证明	市政公用事业特许经营权事项审批	《市政公用事业特许经营管理办法》(建设部令第126号,根据住房和城乡建设部令第24号修正)	申请人不再提交,向主管部门作出书面承诺,由主管部门内部核查。
21	在公众媒体上刊登的遗失声明的证明	注册建筑师注册证书遗失补办	《中华人民共和国注册建筑师条例实施细则》(建设部令第167号)	申请人不再提交,由申请人告知许可机关,由许可机关在官网发布信息。
22	公众媒体上刊登的遗失声明的证明	注册证书或执业印章遗失补办	《注册建造师管理规定》(建设部令第153号发布,根据住房和城乡建设部令第32号修正)	申请人不再提交,由申请人告知许可机关,由许可机关在官网发布信息。
23	"执业资格证书复印件"	申请一级注册建造师执业资格初始注册		申请人不再提交,向主管部门作出书面承诺。
24	执业资格证书	申请注册监理工程师执业资格初始注册	《注册监理工程师管理规定》(建设部令第147号,根据住房和城乡建设部令第32号修正)	申请人不再提交,向主管部门作出书面承诺。
25	工程造价岗位工作证明	申请一级注册造价工程师执业资格初始注册	《注册造价工程师管理办法》(建设部令第150号,根据住房和城乡建设部令第32号修正)	申请人不再提交,向主管部门作出书面承诺。
26	注册造价工程师与原聘用单位解除劳动合同的证明文件	注册造价工程师申请变更注册		申请人不再提交,向主管部门作出书面承诺。
27	在公众媒体上声明作废	注册证书或执业印章遗失补办		申请人不再提交,由申请人告知许可机关,由许可机关在官网发布信息。

续表

序号	证明事项名称	证明用途	设定依据	取消后的办理方式
28	在公众媒体刊登遗失声明	工程监理企业资质证书遗失补办	《工程监理企业资质管理规定》（建设部令第158号，根据住房和城乡建设部令第24号、第32号、第45号修正）	申请人不再提交，由申请人告知资质许可机关，由资质许可机关在官网发布信息。
29	公共媒体上声明作废	建筑施工企业管理人员安全生产任职资格认定证书遗失补发	《建筑施工企业主要负责人、项目负责人和专职安全生产管理人员安全生产管理规定》（住房和城乡建设部令第17号）	申请人不再提交，由申请人告知许可机关，由许可机关在官网发布信息。
30	在公众媒体上发布的遗失声明	注册房地产估价师注册证书遗失补办	《注册房地产估价师管理办法》（建设部令第151号，根据住房和城乡建设部令第32号修正）	申请人不再提交，由申请人告知许可机关，由许可机关在官网发布信息。
31	专业技术人员的名单、职称证书或者执业资格证书及其工作经历的证明材料	招标人自行办理施工招标事宜备案	《房屋建筑和市政基础实施工程施工招标投标管理办法》（建设部令第89号，根据住房和城乡建设部令第43号、第47号修正）	申请人不再提交，向主管部门作出书面承诺。
32	仪器设备的检定、校准证书	证明申报机构具备符合开展检测工作所需的仪器、设备	《建设工程质量检测管理办法》（建设部令第141号，根据住房和城乡建设部令第24号修正）	申请人不再提交，向主管部门作出书面承诺。
33	放弃优先购买权证明（住房保障部门办理）	房地产交易与成交价格申报审核	《城市房地产转让管理规定》（建设部令第45号发布，根据建设部令第96号修正）	申请人不再提交，向主管部门作出书面承诺，由主管部门内部核查。
34	排水许可申请受理之日前一个月内由具有计量认证资格的排水监测机构出具的排水水质、水量检测报告	城镇污水排入排水管网许可	《城镇污水排入排水管网许可管理办法》（住房和城乡建设部令第21号）	申请人不再提交，向主管部门作出书面承诺，事后监督检查。

续表

序号	证明事项名称	证明用途	设定依据	取消后的办理方式
35	在公众媒体上刊登的遗失声明	建设工程勘察设计企业资质证书遗失补办	《建设工程勘察设计资质管理规定》(建设部令第160号,根据住房和城乡建设部令第24号、第32号、第45号修正)	申请人不再提交,由申请人告知许可机关,由许可机关在官网发布信息。
36	“在新闻媒体上发布的遗失声明”	房地产开发企业办理资质证书遗失补办	《房地产开发企业资质管理规定》(建设部令第77号,根据住房和城乡建设部令第24号、第45号修正)	申请人不再提交,由申请人告知资质许可机关,由资质许可机关在官网发布信息。

取消规范性文件设定的证明事项目录①

(共25项)

序号	证明事项名称	证明用途	设定依据	取消后的办理方式
1	建设工程企业资质申报业绩核查的证明	建筑业企业资质核准	《住房城乡建设部办公厅关于加强建设工程企业资质申报业绩核查工作的通知》(建办市〔2012〕36号)	申请人不再提交,向主管部门作出书面承诺。
2	军队或高校从事工程勘察的事业编制的注册人员和专业技术人员,所在企业上级人事主管部门的人事证明材料	工程勘察企业资质审批	《工程勘察资质标准实施办法》(建市〔2013〕86号)	申请人不再提交,向主管部门作出书面承诺。
3	提取业务时纸质申请书(表)	办理提取业务	《住房城乡建设部 财政部 人民银行 银监会关于加强和改进住房公积金服务工作的通知》(建金〔2011〕9号)	申请人不再提交,向主管部门作出书面承诺,由主管部门内部核查。
4	二手房估价报告	办理二手房住房公积金贷款		申请人不再提交,向主管部门作出书面承诺,由主管部门内部核查。

① 2019年9月16日,住房和城乡建设部公布了《关于取消部分部门规章和规范性文件设定的证明事项的决定》(建法规〔2019〕6号),相关证明事项自公布之日起取消。——编者注

续表

序号	证明事项名称	证明用途	设定依据	取消后的办理方式
5	企业组织机构代码证书副本复印件	建筑业企业申请部批资质延续	《住房城乡建设部关于建设工程企业资质资格延续审查有关问题的通知》（建市〔2013〕106号）；《建筑业企业资质管理规定和资质标准实施意见》（建市〔2015〕20号）	申请人不再提交，向主管部门作出书面承诺。
6	企业组织机构代码证书副本复印件	建筑业企业首次申请资质	《建筑业企业资质管理规定和资质标准实施意见》（建市〔2015〕20号）	申请人不再提交，向主管部门作出书面承诺。
7	企业组织机构代码证书副本复印件	建筑业企业申请资质延续		申请人不再提交，向主管部门作出书面承诺。
8	企业组织机构代码证书副本复印件	建筑业企业申请重新核定资质		申请人不再提交，向主管部门作出书面承诺。
9	企业组织机构代码证书副本复印件	符合简化审批手续情况的建筑业企业跨省变更	《建筑业企业资质管理规定和资质标准实施意见》（建市〔2015〕20号）	申请人不再提交，向主管部门作出书面承诺。
10	企业组织机构代码证书副本复印件	符合简化审批手续情况的建筑业企业合并后申请资质		申请人不再提交，向主管部门作出书面承诺。
11	企业组织机构代码证书副本复印件	符合简化审批手续情况的全资子公司间重组分立后申请资质		申请人不再提交，向主管部门作出书面承诺。
12	企业组织机构代码证书副本复印件	符合简化审批手续情况的国有企业改制重组分立后申请资质		申请人不再提交，向主管部门作出书面承诺。
13	企业组织机构代码证书副本复印件	符合简化审批手续情况的企业外资退出		申请人不再提交，向主管部门作出书面承诺。
14	企业章程	建筑业企业资质简单变更		申请人不再提交，向主管部门作出书面承诺。

续表

序号	证明事项名称	证明用途	设定依据	取消后的办理方式
15	工程设计企业原工商注册地省、自治区、直辖市人民政府建设主管部门同意资质变更的书面意见	工程设计企业办理跨省资质变更	《住房城乡建设部关于建设工程企业发生重组、合并、分立等情况资质核定有关问题的通知》（建市〔2014〕79号）	申请人不再提交。
16	工程勘察企业原工商注册地省、自治区、直辖市人民政府建设主管部门同意资质变更的书面意见	工程勘察企业办理跨省资质变更		申请人不再提交。
17	遵守国家法律、职业道德及工作业绩证明	一级注册结构工程师资格考试报名	《关于一九九七年全国一级注册结构工程师资格考试及有关工作的通知》（建设〔1997〕233号）	申请人不再提交，向主管部门作出书面承诺。
18	经省级注册管理部门批准的注册建造师初始注册或变更注册材料（新企业无资质的）	建筑业企业资质核准	《关于新设立建筑业企业注册建造师认定的函》（建市监函〔2007〕86号）	申请人不再提交，向主管部门作出书面承诺。
19	解除聘用劳动合同的证明，或近一个月的社保证明复印件；军队或高校从事工程勘察的事业编制的注册人员和专业技术人员，所在企业上级人事主管部门的人事证明材料	工程设计企业资质审批	《建设工程勘察设计资质管理规定实施意见》（建市〔2007〕202号）；《工程勘察资质标准实施办法》（建市〔2013〕86号）	申请人不再提交，向主管部门作出书面承诺。
20	企业章程或合伙人协议文本复印件（建筑工程设计事务所除外）	建设工程勘察设计企业申请资质首次申请、增项、升级和延续，勘察设计企业资质证书变更		申请人不再提交，向主管部门作出书面承诺。
21	注册执业人员注册证书	建设工程勘察设计企业申请增项、升级和延续，勘察设计企业资质证书变更		申请人不再提交，向主管部门作出书面承诺。

续表

序号	证明事项名称	证明用途	设定依据	取消后的办理方式
22	1. 租住公共租赁住房的，家庭收入证明；2. 租住商品住房的，房屋租赁合同、租金缴纳证明和家庭收入证明	租房提取公积金	《关于加强和改进住房公积金服务工作的通知》（建金〔2011〕52号）	申请人不再提交，向主管部门作出书面承诺，由部门内部核查。
23	社保证明	申请注册监理工程师执业资格初始注册、延续注册和变更注册	《注册监理工程师注册管理工作规程》（建市监函〔2017〕51号）	申请人不再提交，向主管部门作出书面承诺。
24	聘用单位新名称的营业执照	申请注册监理工程师执业资格变更注册		申请人不再提交，向主管部门作出书面承诺。
25	聘用单位新名称的工商核准通知书扫描件	申请注册监理工程师执业资格变更注册		申请人不再提交，向主管部门作出书面承诺。

专业法规信息平台　伴您走进法治时代

《新编房地产法小全书》增补登记表

<table>
<tr><td>购书时间</td><td></td><td>购书地点</td><td>□新华书店　□法律书店　□网上书店</td></tr>
<tr><td>姓　　名</td><td></td><td>职　　业</td><td></td></tr>
<tr><td>电　　话</td><td colspan="3"></td></tr>
<tr><td>通讯地址</td><td colspan="3"></td></tr>
<tr><td rowspan="3">反馈意见</td><td colspan="3">1. 您最需要的法规文件是：</td></tr>
<tr><td colspan="3">2. 您对本书的期望是：</td></tr>
<tr><td colspan="3">3. 其他建议：</td></tr>
<tr><td>免费增补服务</td><td colspan="3">向＿＿＿＿＿＿＿＿＿＿＿＿＿＿（电子邮箱）发送免费法规增补材料。
对所有认真填写反馈意见的读者，免费提供一次法规增补材料（电子版）。</td></tr>
</table>

备注：1. 您可将本表剪下寄回法规出版分社或传真至010－83938114，邮寄地址：北京市丰台区莲花池西里7号法律出版社法规分社（100073），陶玉霞收。

2. 您可将本表拍照发至邮箱 taoyuxia@ sina. com，标明“免费增补”。